*Prov. Schlesien
...nzmark Pofen-Weftpreußen)*

1919/20 polnisch

P O L...

II

III

MILITSCH

GR.
WAR-
TEN-
BG.

TREBNITZ

OELS

Weide

...ESLAU

NAMS-
LAU

KREUZBG.

IV

OHLAU

ROSENBERG

BRIEG

OPPELN

GUTTENTAG

Malapane

...N...

STREHLEN

FALKEN-
BERG

LUBLINITZ

...ENSTEIN

GROTT-
KAU

GROSS
STREHLITZ

...e

NEISSE

TOST-
GLEIWITZ

TARN.
BEUTHEN
...T.

NEUSTADT

...DT

COSEL

Sch.

KATTOWITZ

LEOBSCHÜTZ

RATIBOR

RYBNIK

PLESS

IIIa

HULTSCHIN

Weichsel

*1919/20
Tschechoslow.*

BIELITZ

Oder

TESCHEN

*Okt.1938-
Okt.1939
zur Wojwodsch.
Schlefien*

0   50   100
               km

Hindenburg; Kö = Königshütte; Sch. = Schwientochlowitz; Tarn. = Tarnowitz

KRÖNERS TASCHENAUSGABE BAND 316

HANDBUCH
DER HISTORISCHEN STÄTTEN

SCHLESIEN

Herausgegeben von
DR. HUGO WECZERKA

12 Karten, 15 Stadtpläne, 7 Stammtafeln

ALFRED KRÖNER VERLAG STUTTGART

CIP-Kurztitelaufnahme der Deutschen Bibliothek

Handbuch der historischen Stätten. – Stuttgart :
Kröner.
Schlesien / hrsg. von Hugo Weczerka. – 1. Aufl.
– 1977.
   (Kröners Taschenausgabe ; Bd. 316)
   ISBN 3-520-31601-3

NE: Weczerka, Hugo [Hrsg.]

MITARBEITER

Dr. Hans-Ludwig *Abmeier*, Studiendirektor, Ibbenbüren (Ab)
Dr. Ernst *Birke*, Professor, Marburg/Lahn (Bi)
Dr. Wolf-Herbert *Deus*, Stadtoberarchivrat i. R., Soest (De)
Hans *Enden*, Studiendirektor, Nürnberg (En)
Dr. Bernhard *Geisler*, Ltd. Regierungsdirektor a. D., Münster (Ge)
Dr. Joseph *Gottschalk*, Msgr., Fulda (Go)
Dr. Günter *Granicky*, Ministerialrat, Düsseldorf-Wittlaer (Gra)
Dr. Dieter *Großmann*, Marburg/Lahn (Gro)
Dr. Günther *Grundmann* (†), Professor, Museumsdirektor i. R., Hamburg (Gru)
Dr. Franz *Heiduk*, Würzburg (Hei)
Georg *Hyckel* (†), Direktor a. D., Warendorf (Hy)
Ernst *Jäkel*, Verwaltungsangestellter, Kassel (Jä)
Dr. Joachim *Köhler*, Tübingen (Kö)
Dr. Walter *Kuhn*, Professor, Salzburg (Ku)
Dr. Josef Joachim *Menzel*, Professor, Mainz (Me)
Dr. Gotthard *Münch*, Oberstudiendirektor i. R., Heppenheim (Mü)
Dr. Helmut *Neubach*, Zornheim bei Mainz (Nb)
Dr. Helene *Neugebauer*, geb. Krahmer, Lübeck (Ngb-K)
Dr. Werner *Neugebauer*, Senatsdirektor i. R. Lübeck, (Ngb)
Dr. Chr. *Pescheck*, Professor, Würzburg (Pe)
Dr. Guntram *Philipp*, Köln (Ph)
Dr. Leonhard *Radler*, Oberstudienrat i. R., Bad Harzburg (Ra)
Dr. Gerhard *Reichling*, Regierungsdirektor, Bad Homburg (Rei)
Paul *Ronge* (†), Rektor i. R., Bottrop (Ron)
P. Dr. Ambrosius *Rose* OSB, Archivar, Kellenried (Ro)
Dr. Alfred *Sabisch* (†), Msgr., Bochum (Sab)
Dr. Robert *Samulski*, Bibliotheksdirektor a. D., Münster (Sam)
Dr. Herbert *Schlenger* (†), Professor, Kiel (Schl)
Karl *Schodrok*, Schulrat i. R., Würzburg (Schd)
Jürgen *Schölzel*, Oberstudienrat, Lippstadt (Schö)
Walter *Scholz*, Verwaltungsangestellter, Maintal 4 (Scho)
Georg *Steller* (†), Oberstudienrat, Düsseldorf-Heerdt (St)
Dr. Maria Luise Gräfin *Strachwitz*, Bad Krozingen (Str)
Dr. Gerhard *Webersinn*, Oberverwaltungsgerichtsrat a. D., Münster (Web)
Dr. Hugo *Weczerka*, Marburg/Lahn (We)

INHALT

VORWORT

Nach dem Erscheinen von mehr als einem Dutzend von Bänden des »Handbuches der historischen Stätten« ist zur Genüge bekannt, was unter einer »historischen Stätte« zu verstehen ist, aber auch, daß nach den landschaftlichen Gegebenheiten und je nach dem individuellen Verständnis des Begriffs bei Artikelverfasser und Herausgeber der Rahmen für die Auswahl der historischen Stätten enger oder weiter gefaßt und innerhalb der Artikel die Schwerpunkte verschieden gesetzt werden können. Die »historischen Stätten« als »Örtlichkeiten, an denen sich geschichtliches Werden verdichtet hat, wo Geschichte zum individuellen Ereignis wurde« (so in den Bearbeitungsgrundsätzen des Verlages), schließen ein: 1. Schauplätze einmaliger Geschehnisse von überlokaler Bedeutung; diese Geschehnisse können eine Schlacht, einen Vertragsabschluß oder eine sonstige wichtige historische Begegnung, auch einen in Sagen oder dichterischen Werken geschilderten Vorgang beinhalten. Geburt, Wirken und Tod einer bekannten Persönlichkeit sollten zwar nicht alleiniger Grund für die Erhebung eines Ortes zur »historischen Stätte« sein, aber doch nicht unbeachtet bleiben. Bei falscher Verknüpfung eines Ereignisses mit einem Ort ist auf diese sowie auf die neueste wissenschaftliche Erkenntnis hinzuweisen. 2. Orte, die politisch-administrative, kirchliche, kulturelle oder wirtschaftliche Zentren gewesen sind; das kann für Städte, Burgen und Schlösser, Klöster und Wallfahrtsstätten, alte Kultplätze, aber auch für Industrieanlagen gelten, die durch ihre Einmaligkeit, durch pionierhaftes frühes Auftreten oder durch überragende Leistungsfähigkeit besonderes Gewicht erlangt haben. 3. Stätten, an denen sich Zeugnisse der Vergangenheit erhalten haben, die auf überlokale Zusammenhänge hinweisen, so Burgwälle, Burgruinen, Wehrtürme, Denkmäler u. ä. 4. Orte vorgeschichtlicher Funde, soweit bestimmte Kulturen oder Fundtypen nach ihnen benannt sind oder soweit die Fundstücke seltene Belege bedeutender vorgeschichtlicher Vorgänge bzw. hoher künstlerischer Qualität darstellen. 5. Kleinere historische Landschaften, die nicht durch die allgemeine Landesgeschichte hinreichend bekannt sind, und andere geographisch lokalisierbare, aber nicht auf einen Punkt konzentrierte historisch relevante Erscheinungen.

Hinsichtlich der Anwendung dieser Prinzipien auf Schlesien sind einige Bemerkungen zu machen. Die Städte sind so gut wie vollständig aufgenommen, auch die kleinsten und die Fehlgründungen sowie die nach 1945 zu Städten erhobenen Industrie- und Arbeitersiedlungen und Kurorte, weil sie alle eine gewisse Zentralität anzeigen. Ebenso sind möglichst alle Burgen berücksichtigt worden. Hingegen hat von den Adelssitzen wegen ihrer überaus großen Zahl nur ein Teil Stichwortartikel erhalten können, wobei die Hauptsitze großer Grundherrschaften, Besitzungen bekannter Familien und auch künstlerisch hervorragende Schlösser bevorzugt worden sind. Auch die in Schlesien häufig anzutreffenden Burgwälle, insbesondere aus der frühgeschichtlich-slawischen Epoche, konnten nur in kleiner Zahl berücksichtigt werden. Abgesehen von besonders großen oder auch schriftlich überlieferten Anlagen, ist ihnen kein selbständiger Artikel zugestanden worden, sondern sie sind nur im Zusammenhang mit einem benachbarten, auf Grund anderer Kriterien als historische Stätte aufgenommenen Ort behandelt worden; soweit sie nicht in der Nähe eines Artikelortes liegen, bleiben sie unerwähnt. In der Gruppe der nicht auf einen Punkt konzentrierten historischen Erscheinungen sind berücksichtigt worden die sechs slawischen Gaue der Frühzeit (Boborane, Dedosize, Golensize, Opolane, Slensane, Trebowane), die »Dreigräben« und die »Preseka« als lokalisierbare Einrichtungen der frühen Landesverteidigung, der Queiskreis als historische Grenzlandschaft, die »Hohe Straße« und die »Niedere Straße« als bedeutende Verkehrswege des Mittelalters, das auf Grund ethnischer Besonderheit 1919/20 von Preußisch-Schlesien abgetrennte und auf diese Weise zu einem historischen Begriff gewordene Hultschiner Ländchen und das Waldenburger Bergland, dessen Name zunächst einen geographischen Raum, dann auch ein Industrierevier bezeichnete.

Die insgesamt 531 Artikel wurden individuell gestaltet. Es wurde jedoch darauf geachtet, daß bestimmte Elemente nach Möglichkeit überall berücksichtigt wurden. Zum historisch gewordenen Ortsnamen (Stand: 1918), der den Artikelkopf abgibt, wurden der – soweit vorhanden – jüngere deutsche und der polnische (tschechische) Name hinzugesetzt; wer nur die zuletzt genannten beiden Namengruppen kennt, kann mit Hilfe der Ortsnamenkonkordanz die Artikelbezeichnung feststellen. Vielfach erwies es sich – trotz Übersichtskarten – als nützlich, die Lage eines Ortes zur nächstgelegenen größeren Stadt anzugeben. Bei den Städten wurden zum Zwecke der Vergleichbarkeit durchgehend die Einwohnerzahlen für bestimmte Stichjahre (1787, 1825, 1905, 1939 bzw. in der Wojewodschaft Schlesien 1931, ferner 1961, 1970 bzw. 1971) übernommen, ebenso Angaben über Eisenbahnanschluß und Industriebetriebe angestrebt. Die Darstellung historischer Entwicklungen wurde über das Jahr 1945 hinaus möglichst nah an die Gegenwart herangeführt. Ob ein historisches Bauwerk die Zerstörungen der Kriegs- und Nachkriegszeit überdauert hat bzw. wiederaufgebaut ist, war gelegentlich nicht feststellbar; in solchen Fällen wurde vorsichtshalber der den Bestand eines Baudenkmals anzeigende Kursivdruck nicht angewandt. An ortsgeschichtlicher Literatur wurden wissenschaftlich fundierte Gesamtdarstellungen, ferner neueste deutsche und polnische Arbeiten bevorzugt zitiert; vielfach bot der Forschungsstand jedoch keine große Auswahlmöglichkeit. Das allgemeine Literaturverzeichnis sollte den letzten Stand sowohl der deutschen als auch der polnischen Forschung dokumentieren; es mußte angesichts des begrenzten Raumes eine

strenge Auswahl getroffen werden, bei der Aufsätze nur ausnahmsweise berücksichtigt werden konnten.

Bei der Festlegung des Bearbeitungsgebietes ist vom Umfang der
beiden administrativen Einheiten ausgegangen worden, die als
letzte in völkerrechtlich anerkannten Grenzen den Namen »Schlesien« geführt haben: die preußische Provinz Schlesien und die
polnische Wojewodschaft Schlesien (Województwo Śląskie), beide
nach dem Stand vom 1. 10. 1938. Dieser Stichtag wurde aus zwei
Gründen gewählt: Einerseits sollte der Kreis Fraustadt, der zum
1. 10. 1938 in die Provinz Schlesien eingegliedert worden ist, in
die Darstellung einbezogen werden; denn das Fraustädter Ländchen hatte bis ins 14. Jh. zu Schlesien gehört und hätte als von
schlesischem und polnischem Gebiet eingeschlossener Teil der
Grenzmark Posen-Westpreußen der Jahre 1919/22–38 in keinem
anderen Band des Handbuches Aufnahme gefunden. Andererseits
begann an demselben 1. 10. 1938 die Besetzung des tschechoslowakischen sogenannten »Olsagebietes« durch polnische Truppen,
die als Episode unberücksichtigt bleiben sollte. Auch die während
des Zweiten Weltkrieges vom nationalsozialistischen Deutschland
vorgenommene Erweiterung Schlesiens nach Osten konnte nicht
als Grundlage für dieses historische Werk gewählt werden, und
bei der Neugliederung des Landes als Teil Polens nach 1945
nahm man keine Rücksicht auf die historischen Grenzen, so daß
auch sie der Erfassung des historischen Raumes nicht dienlich sein
konnte.

Abweichend vom Umfang des deutschen und polnischen Schlesien nach dem Stand vom 1. 10. 1938 wurden die historischen
Stätten der 1919/20 polnisch gewordenen kleinen Gebietsteile
der Kreise Guhrau, Groß Wartenberg und Namslau (Artikel Bralin, Reichthal und Tabor) sowie die zur selben Zeit an die Tschechoslowakei gefallenen Hultschiner Ländchens (Artikel Beneschau,
Hultschin, Hultschiner Ländchen und Zauditz) in den Band aufgenommen, um ihrer langen historischen Zugehörigkeit zu Schlesien Rechnung zu tragen. Auf diese Weise umschließt das Be-
arbeitungsgebiet die alte preußische Provinz Schlesien in den
Grenzen von 1914 (östlich der Lausitzer Neiße), zusätzlich den
1920 an Polen gefallenen Teil von Österreichisch-Schlesien.

In diesem Zusammenhang sind auch Überlegungen angestellt
worden, ganz Österreichisch-Schlesien in dieses Handbuch einzubeziehen. Aus folgenden Gründen sind sie – wenn auch mit Be-
dauern – verworfen worden: Erstens nahm Österreichisch-Schlesien seit 1742 eine andere Entwicklung als das sieben Achtel Ge-
samtschlesiens umfassende Preußisch-Schlesien, das schließlich
vielfach mit Schlesien schlechthin identifiziert wurde. Zweitens verlor Österreichisch-Schlesien für lange Zeit seine Selbständigkeit
und war mit Mähren vereinigt, nämlich von 1782 bis 1849 und
seit 1928. Drittens geriet dieser Teil Schlesiens durch die staatliche
Aufteilung in starkem Maße auch in einen anderen Forschungs-
zusammenhang, der Bearbeitungsschwierigkeiten bereitete. Vier-

tens – und das ist entscheidend – ist zu beachten, daß, sollte einmal ein die Böhmischen Länder behandelnder Band zustande
kommen – was wünschenswert wäre –, der schlesische Landesteil
gewiß ebenso in ihn einbezogen werden würde, wie etwa die einst
schlesischen Gebiete Crossen und Schwiebus im Band Berlin/
Brandenburg berücksichtigt worden sind.

Auf Grund der gegenwärtigen Grenzverläufe sind die westlich
der Lausitzer Neiße im Gebiet der DDR gelegenen historischen
Stätten der alten preußischen Provinz Schlesien im Band Sachsen
(hg. von Walter Schlesinger, Stuttgart 1965) enthalten. Um alle
historischen Stätten beider Schlesien in den Grenzen von 1938
in einem Alphabet zusammenzufassen, sind in den vorliegenden
Band Verweise auf die schlesischen Artikel des Bandes Sachsen
eingefügt worden.

Die Bearbeitung des Bandes Schlesien war mit vielen Schwierigkeiten verbunden und zog sich genau ein Jahrzehnt hin. Daß
ich als Nichtschlesier die Herausgabe übernahm, ist auf meine
zeitweilige Tätigkeit als Referent für Schlesien am Johann-Gottfried-Herder-Institut in Marburg/Lahn zurückzuführen. Meine
ersten Schlesien-Kenntnisse habe ich in geschichtswissenschaftlichen Veranstaltungen der Professoren Hermann Aubin (†) und
Walter Kuhn an der Universität Hamburg und dann bei der Bearbeitung der historisch-politischen und kirchenhistorischen Karten für den »Atlas Östliches Mitteleuropa« (hg. von Th. Kraus,
E. Meynen, H. Mortensen, H. Schlenger, Bielefeld u. a. 1959) in
enger Zusammenarbeit mit Prof. Dr. Herbert Schlenger (†) erworben. Die Anregung, daß ich die Herausgabe des Bandes übernehmen sollte, ging vom Vorstand des Johann-Gottfried-Herder-
Forschungsrates aus; sie wurde unterstützt von der Historischen
Kommission für Schlesien, damals unter dem Vorsitz von Prof.
Dr. Herbert Schlenger, heute von Prof. Dr. Ludwig Petry (Mainz),
der das Unternehmen mit großem Wohlwollen begleitet hat.

Die Gewinnung von Mitarbeitern für das Handbuch war nicht
leicht. Manche der angesprochenen Sachkenner lehnten die Mitarbeit wegen ihres hohen Alters oder ihres derzeitigen andersartigen Aufgabenbereiches ab, andere mußten sich deswegen auf
die Übernahme einiger weniger Artikel oder auch nur einer einzigen, ihnen besonders vertrauten historischen Stätte beschränken.
Unter den Mitarbeitern waren auch Nicht-Fachhistoriker; sie gaben den Artikeln ihren Interessen entsprechende Akzente, die
durchaus von Gewinn waren und auch belassen, jedoch um Angaben, die die historische Fragestellung erforderlich machte, vermehrt wurden. Schwierigkeiten bereiteten häufig die Unzugänglichkeit von Spezialliteratur und die Notwendigkeit, die neueste
polnischsprachige Literatur zu verwenden. Ohne die Bibliothek
des J. G. Herder-Instituts in Marburg, die einen Großteil der benötigten Werke besitzt und deren Benutzung mir als Mitarbeiter
dieses Instituts besonders bequem war, wäre die Aufgabe überhaupt nicht zu bewältigen gewesen. Vertieftes Studium der Li

teratur mußte in den meisten Fällen auch einen direkten Besuch der historischen Stätten in Schlesien ersetzen.

Es erfüllt mich mit großer Dankbarkeit und Genugtuung, daß es schließlich doch gelungen ist, das Werk zu vollenden. Der erste Dank gilt den Verfassern von Artikeln für die Mitarbeit im allgemeinen und für die gute Zusammenarbeit bei verschiedentlich notwendig gewordenen redaktionellen Maßnahmen im besonderen. Zu danken habe ich ebenso Frau Hanna Schlesinger (Marburg/Lahn) dafür, daß sie auch in Zeiten starker persönlicher Belastung die Karten und Pläne dieses Bandes in altbewährter Weise gezeichnet hat. Bedrückend ist für mich, daß als Folge der langen Bearbeitungszeit fünf Mitarbeiter das Erscheinen des Bandes nicht mehr erlebt haben: Prof. Dr. Günther Grundmann († 19. 6. 1976), Direktor a. D. Georg Hyckel († 22. 6. 1975), Rektor a. D. Paul Ronge († 24. 5. 1977), Msgr. Dr. Alfred Sabisch († 3. 3. 1977), Prof. Dr. Herbert Schlenger († 3. 12. 1968) und Oberstudienrat Georg Steller († 9. 4. 1972).

Mein Dank gilt auch dem J. G. Herder-Institut und seinem Direktor, Herrn Prof. Dr. Roderich Schmidt. Die grundlegenden Vorarbeiten für das Handbuch konnte ich vor Jahren im Rahmen meiner Tätigkeit im Herder-Institut durchführen, bis die Übernahme neuer Aufgabenbereiche innerhalb desselben dazu führte, daß ich die Arbeit am Handbuch nur noch privat fortsetzen konnte, intensiv erst nach Abschluß anderer wissenschaftlicher Vorhaben. Die Herstellung des Bandes schritt auch deshalb nur langsam voran, weil ich mangels geeigneter Artikelbearbeiter rund 250 Stichwortartikel selber verfassen mußte. Mit Dank ist zu vermerken, daß die Reinschrift mancher Texte mit freundlicher Genehmigung des Direktors im Herder-Institut hergestellt werden konnte.

Meiner Familie – insbesonders meiner Frau, die mir auch bei der Aufstellung des Personen- und Ortsregisters wertvolle Hilfe geleistet hat – habe ich einen Dank abzustatten dafür, daß sie die durch diese Arbeiten notwendig gewordene erhebliche Einschränkung gemeinsamer Freizeit mit Verständnis hingenommen hat.

Ein ganz besonders herzlicher Dank gilt dem Verleger dieses Werkes, Herrn Arno Klemm: für die umsichtige Betreuung des Bandes, für die Geduld, die er bei Nichteinhaltung vereinbarter Termine aufgebracht hat, für die Großzügigkeit, mit der er die starke Erweiterung des Bandes gegenüber der ursprünglichen Planung gestattet hat.

Im Bewußtsein, daß manches noch besser hätte sein können und daß mancher Fehler sich eingeschlichen haben wird, sei dieses Buch allen an Schlesien Interessierten – in Deutschland, in Polen und anderswo – als ein Baustein zu einer unvoreingenommenen Erforschung dieses Landes übergeben. Dem aufmerksamen Leser sei für Hinweise auf mögliche Verbesserungen im voraus gedankt.

Marburg/Lahn, im Dezember 1977 Hugo Weczerka

ABKÜRZUNGEN

A. = Anfang
Äbtn. = Äbtissin
bes. = besonder(s)
Bev. = Bevölkerung
Bf. = Bischof
bischl. = bischöflich
böhm. = böhmisch
Brand. = Brandenburg
brand. = brandenburgisch
Bst. = Bistum
dt. = deutsch
dtrechtl. = deutschrechtlich
E. = Ende
ehem. = ehemalig, ehemals
engl. = englisch
Ew. = Einwohner
erstm. = erstmalig, erstmals
evg. = evangelisch
Fa. = Firma
Fam. = Familie
fläm. = flämisch
fränk. = fränkisch
Frh. = Freiherr
franz. = französisch
frühgesch. = frühgeschichtlich
Fst., Fstn. = Fürst, Fürstin
Fstbf. = Fürstbischof
fstbischl. = fürstbischöflich
fstl. = fürstlich
Fstm. = Fürstentum
Geb. = Gebirge
geb. = geboren
gegr. = gegründet
Gem. = Gemeinde
Gen. = General
gen. = genannt
germ. = germanisch
Ges. = Gesellschaft
gesch. = geschichtlich
gest. = gestorben
Gf., Gfn. = Graf, Gräfin
gfl. = gräflich

Gfsch. = Grafschaft
got. = gotisch
Grundherrsch. = Grundherr-
    schaft
grundherrschl. = grundherr-
    schaftlich
H. = Hälfte
habsb. = habsburgisch
Hg. = Herausgeber
hg. = herausgegeben
hl. = heilig
Herrsch. = Herrschaft
herrschl. = herrschaftlich
holl. = holländisch
Hz., Hzn. = Herzog, Herzogin
hzl. = herzoglich
Hzt. = Herzogtum
ital. = italienisch
j. = jährig
Jh. = Jahrhundert
jüd. = jüdisch
kath. = katholisch
Kfst., Kurfst. = Kurfürst
Kg., Kgn. = König, Königin
kgl. = königlich
Kgr. = Königreich
Kl. = Kloster
klassiz. = klassizistisch
Kr. = Kreis
Ks., Ksn. = Kaiser, Kaiserin
ksl. = kaiserlich
l. = link, links
lat. = lateinisch
lausitz. = lausitzisch
luth. = lutherisch
LV = Literaturverzeichnis
M. = Mitte
Ma. = Mittelalter
ma. = mittelalterlich
mähr. = mährisch
Minderstandesherrsch. =
    Minderstandesherrschaft

N, n. = Nord(en), nördlich
Nachf. = Nachfolger
Niederschles., niederschles. =
   Niederschlesien, niederschle-
   sisch
norw. = norwegisch
O, ö. = Ost(en), östlich
österr. = österreichisch
oberlausitz. = oberlausitzisch
Oberschles., oberschles. =
   Oberschlesien, oberschlesisch
ON = Ortsname
piast. = piastisch
poln. = polnisch
polnrechtl. = polnischrechtlich
preuß. = preußisch
prot. = protestantisch
Prov. = Provinz
Pz., Pzn. = Prinz, Prinzessin
r. = recht, rechts
Ref. = Reformation
ref. = reformiert
rel. = religiös
rom. = romanisch
russ. = russisch

S, s., = Süd(en), südlich
sächs. = sächsisch
Schles., schles., = Schlesien,
   schlesisch
schwed. = schwedisch
Siedl. = Siedlung
slaw. = slawisch
sog. = sogenannt
stadtart. Siedl. = stadtartige
   Siedlung (poln. osiedle)
städt. = städtisch
Standesherrsch. = Standesherrschaft
ung. = ungarisch
Urk. = Urkunde
urk. = urkundlich
urspr. = ursprünglich
Verf. = Verfasser
verm. = vermutlich
vorgesch. = vorgeschichtlich
W, w. = West(en), westlich
wahrsch. = wahrscheinlich
wirtschl. = wirtschaftlich
wiss. = wissenschaftlich
Woj. = Wojewodschaft

Verdoppelung des letzten Buchstabens = Mehrzahl, z. B. Gff. = Grafen.
Das Artikel-Stichwort gibt den amtlichen Ortsnamen vor 1918 wieder; ein
eventueller jüngerer deutscher (mit Jahr der Einführung) und der polnische
Name stehen dahinter in Klammern. Bei Ortsteilen und historischen Stätten
außerhalb geschlossener Ortschaften ist die Gemeindezugehörigkeit (einschl.
des polnischen Namens der Gemeinde) nach dem Stand von Ende 1938 angegeben. Die Kreisangabe erfolgt nach der Verwaltungsgliederung Ende
1938; bei Abweichungen in der Kreiszugehörigkeit 1970 gegenüber Ende 1938
ist der neue Kreisname – durch einen Schrägstrich vom alten getrennt – hinzugefügt. (Zum 1. 6. 1975 wurde die Kreiseinteilung aufgehoben.)
Noch vorhandene historische Anlagen, Gebäude, Denkmäler usw. sind im
Text *kursiv* gesetzt. Baudenkmäler, deren derzeitige Existenz aus der Literatur nicht ermittelt werden konnte, sind vorsichtshalber nicht kursiv gedruckt worden; fehlender Kursivdruck bedeutet daher nicht unbedingt Verlust des Baudenkmals.
Die römische Zahl vor dem Verfassersigel verweist auf die jeweilige Ge-
bietskarte am Schluß des Bandes, welche die Lage des betreffenden Ortes
zeigt.

ABBILDUNGSNACHWEIS

Die Geschichtskarten sind vom Herausgeber entworfen worden. Die Stadtpläne hat er auf der Grundlage nachgewiesener Vorlagen (alte Pläne, Re-
konstruktionen) auf die Bedürfnisse des Handbuches und auf die Artikel-
texte abgestimmt; es wird nach Möglichkeit ein für die topographische Entwicklung der jeweiligen Stadt optimaler Zustand dargestellt, darüber hinaus
werden auch markante Objekte davorliegender oder späterer Epochen lokalisiert.
Sämtliche Karten und Pläne hat Frau Hanna Schlesinger, Marburg, eigens
für das vorliegende Buch gezeichnet.

GESCHICHTLICHE EINFÜHRUNG

von Hugo Weczerka

1. Die Grenzen Schlesiens im Wandel der Zeiten

Das mit dem Namen »Schlesien« belegte Territorium hat im Laufe eines Jahrtausends häufig Erweiterungen und Schrumpfungen erfahren.

Der slawische Gau der Slensane, den die Völkertafel des sog. Bayerischen Geographen aus der Mitte des 9. Jh. und Thietmar von Merseburg am Anfang des 11. Jh. erwähnen, wird die mittelschlesische Ackerebene beiderseits der Oder umfaßt haben, etwa von der Glatzer Neiße und dem Stober im Osten bis zum Striegauer Wasser im Westen. Der endgültige Umfang der unter den polnischen Piasten zusammengefaßten Gaue des Oderlandes (Dedosize, Boborane, Trebowane, Slensane, Opolane) spiegelt sich in den Grenzen des Bistums Breslau wider, die in einer Papsturkunde von 1155 mit der Aufzählung der dazugehörigen Kastellaneien erstmalig umrissen, in späterer Zeit genauer fixiert worden sind; sie haben unverändert gegenüber Böhmen-Mähren bis ins 17. Jh., im übrigen sogar bis 1821 Bestand gehabt.

Das in Richtung des von Südosten nach Nordwesten streichenden Gebirgszuges der Sudeten und des parallel hierzu fließenden Oderstromes gestreckte Schlesierland wurde im äußersten Südosten durch die Beskiden, den westlichen Teil der Karpaten, gegenüber dem damaligen Ungarn abgegrenzt. Die Grenze verlief dann seit dem 1137 zwischen Polen und Böhmen vereinbarten Glatzer Frieden nach Norden entlang der Ostrawitza bis zu deren Mündung in die Oder, weiter in diesem Fluß bis zur Einmündung der Zinna und diese aufwärts nach Nordwesten durch das Vorgebirgshügelland, schließlich durch eine Schwenkung nach Süden auf den Gebirgskamm, der den weiteren Grenzverlauf ungefähr bestimmte: Gesenke, Reichensteiner und Eulengebirge, Waldenburger Bergland, Riesen- und Isergebirge. Neben drei kleineren Verschiebungen zugunsten Schlesiens (Weichbild Neustadt 1337, Schömberg 1289, Friedland b. Waldenburg 1356/69) trat noch im Mittelalter eine bedeutendere Veränderung an Schlesiens Südgrenze ein: Das Herzogtum Troppau, Hauptsiedlungsgebiet des Golensize-Stammes, der bis ins 12. Jh. zwischen Schlesien und Mähren geschwankt hatte, wie noch die Einbeziehung der Stammesburg Grätz in das Bistum Breslau 1155 und der Streit zwischen Breslau und Olmütz um die kirchliche Zugehörigkeit der »provincia Golassizch« in der 1. Hälfte des 13. Jh. zeigen, wurde 1348 aus der Zugehörigkeit zu Mähren herausgelöst und allmählich in den Territorialverband Schlesien eingegliedert (1372 belegt). Den Anlaß hierzu bot der Umstand, daß der Přemyslide Nikolaus II. von Troppau, Sohn Nikolaus' I., der als natürlicher Sohn König Ottokars II. von Böhmen das Land Troppau erhalten hatte, 1336 als Schwager des letzten Ratiborer Piasten mit dem

seinem Stammland benachbarten Herzogtum Ratibor belehnt
worden war.

Die Westgrenze Schlesiens wurde ursprünglich von dem im
Isergebirge entspringenden Queis und dem diesen aufnehmen-
den Bober gebildet; kurz vor der Mündung des Bober in die
Oder verließ die Grenze den Fluß und strebte nordwestwärts in
Richtung auf die Mündung der Lausitzer Neiße, bei der die Oder
nach Norden umschwenkt. Schon um 1210 griff Schlesien auf der
Höhe von Sagan mit dem bis an die Neiße reichenden Priebuser
Zipfel über die Bober-Queis-Linie in die Lausitz aus. Weiter
südlich gehörte für kurze Zeit (1319–29/46) das Land Görlitz mit
dem Queiskreis dem schlesischen Herzog Heinrich von Jauer. Im
Nordwesten wurde im Zuge der Herrschaftsbildung um den alten
schlesischen Kastellaneivorort Crossen beiderseits der Oder zwischen Bober- und Neißemündung die alte schlesische Grenze in
die (Nieder-)Lausitz wie auch in das zeitweilig den Herzögen
von Schlesien gehörige Land Lebus hinein überschritten. Durch
Erbschaft fiel dann aber das ganze Herzogtum Crossen an die
Brandenburger Hohenzollern, zunächst 1482 als Pfand, 1537 als
dauerhafter Besitz; das Gebiet blieb zwar böhmisches Lehen,
schied aber praktisch aus dem schlesischen Territorialverband aus,
die Nordwestspitze von Schlesien, das Gebiet von Schwiebus,
wurde zur Exklave.

Die schlesische Nordgrenze zog vom Unterlauf der Faulen Obra
am Nordrand der Oder- und dann der Bartschniederung hin ostwärts und sprang vom Oberlauf der Bartsch auf den Prosna-Fluß
über, dem sie aufwärts bis ins Quellgebiet folgte. Obwohl dieser
Grenzverlauf keine ausgeprägte natürliche Scheidelinie darstellte,
veränderte er sich nur wenig. Er wurde im Laufe der Jahrhunderte lediglich an zwei Stellen zurückgenommen: Der Landstrich
westlich der oberen Prosna um Schildberg (Ostrzeszów) und Kempen (Kępno) ging schon in der ersten Hälfte des 13. Jh. verloren.
Weiter westlich fiel die Gegend um Fraustadt, die im 13. Jh. zwischen Großpolen und Schlesien umstritten war, aber doch meistens zum letzteren gehört hatte, 1343 an Polen.

Hinsichtlich der Ostgrenze Schlesiens muß zunächst darauf hingewiesen werden, daß die Herzöge von Oppeln-Ratibor sich vom
Anfang des 13. Jh. bis ins 14. Jh. nicht als Herzöge von »Schlesien« bezeichneten, wie es die mittel- und niederschlesischen Fürsten taten; ihr Land wird hier trotzdem als Teil Schlesiens betrachtet. – Die ursprüngliche Ostgrenze Schlesiens verlief – wie
noch die Breslauer Bistumsgrenze bis 1821 – westlich von Beuthen und Pleß und an der Biala. Um 1178 bekam Herzog Mieszko I. von Ratibor von seinem Krakauer Verwandten, Herzog
Kasimir II. von Polen, den östlich anschließenden Landstrich mit
Beuthen und Sewerien, Nikolai und Pleß sowie Auschwitz bis zur
Skawa (1274 bis zur Skawina erweitert) geschenkt. Ein Teil dieser Erwerbungen ging im 15. Jh. wieder an Polen verloren: 1442
wurde Sewerien an den Bischof von Krakau, 1457 das Herzogtum

Auschwitz und 1494 das aus diesem hervorgegangene, nunmehr von polnischem Territorium umschlossene Herzogtum Zator an den König von Polen verkauft. – Schon 1391 waren nördlich von Auschwitz die Dörfer Imielin, Kosztow und Groß Chelm am Westufer des Grenzflusses Przemsa mit allen landesherrlichen Rechten dem Bischof von Krakau abgetreten worden und damit aus Schlesien ausgeschieden. – Übrigens erinnerte man sich 1815 auf dem Wiener Kongreß der einstigen Zugehörigkeit von Auschwitz-Zator zu Schlesien und bezog auf Grund dessen diesen Teil des österreichischen Galizien in den auf altes Reichsgebiet beschränkten Deutschen Bund ein.

Die gegen Ende des 15. Jh. erreichten äußeren Grenzen Schlesiens blieben – sieht man von der zeitweiligen Abtretung der Exklave Schwiebus an Brandenburg ab (1686–94) – zweieinhalb Jahrhunderte lang konstant. Dann erzwang der Preußenkönig Friedrich II. in den gegen das Haus Habsburg geführten Schlesischen Kriegen eine Teilung des Landes. Die am Ende des 1. Schlesischen Krieges 1742 festgelegte Teilungsgrenze wurde im Hubertusburger Frieden von 1763 bestätigt: Nur das Herzogtum Teschen sowie der südliche Teil des Herzogtums Troppau-Jägerndorf und des Neisse-Grottkauer Bistumslandes blieben bei Österreich. Das übrige Schlesien wurde preußisch – 35 786 von insgesamt etwa 40 625 qkm. Obendrein wurden die Grafschaft Glatz (1636 qkm) und die innerhalb des nördlichen Teiles von Troppau-Jägerndorf gelegene mährische Exklave Katscher (58 qkm) an Preußen abgetreten und fortan zu Schlesien gerechnet. Die Teilungsgrenze verlief vom Reichensteiner Gebirge am Nordostrand der Grafschaft Glatz ostwärts südlich an Patschkau, Ziegenhals und Neustadt vorbei, sie umging die mährische Exklave Hotzenplotz, stieß bei Olbersdorf an die Oppa, folgte dieser flußabwärts – unter Aussparung der Stadtgebiete von Jägerndorf und Troppau, die österreichisch blieben – bis zur Mündung in die Oder, erreichte oderabwärts die Olsamündung, führte – von hier die alte Teschener Nordgrenze einhaltend – ein Stück die Olsa aufwärts, griff dann auf die Weichsel südwestlich Pleß über, die bis zur Bialamündung das letzte Grenzstück bildete.

Nachdem es Preußen im Südosten gelungen war, in den Dörfern des Krakauer Bischofs westlich der Przemsa zunächst seine Souveränität durchzusetzen und dann auch die Grundherrschaft zu erwerben (1796, Amt Imielin, 34 qkm), umfaßte die preußische Provinz Schlesien 37 514 qkm. Österreichisch-Schlesien bedeckte hingegen nur eine Fläche von rund 4839 qkm; es wurde 1849 durch den Anschluß der mährischen Exklave Hotzenplotz und des mährischen Schlauches westlich Troppau nur unwesentlich auf 5147 qkm vergrößert.

Die neuerliche Vergrößerung von Preußisch-Schlesien durch den Erwerb des an Südost-Oberschlesien angrenzenden polnischen Gebietes bis zur Pilica (mit dem ehemals schlesischen Sewerien) in der Dritten Teilung Polens 1795 blieb eine Episode, da Preußen dieses »Neuschlesien« schon 1807 wieder verlor. Von Dauer war dagegen die Ausdehnung nach Westen im Anschluß an den Wiener Kongreß: Der damals von Sachsen an Preußen abgetretene Teil der Oberlausitz wurde in die Provinz Schlesien eingegliedert, zunächst der Teil östlich der Spree, 1825 auch der westlich von ihr sich erstreckende Kreis Hoyerswerda; die ganze preußische Oberlausitz umfaßte 3340 qkm. Im Zuge der in diesen Jahren erfolgten Neufestsetzung der preußischen Verwaltungseinheiten wurden an der Nordwestgrenze Schlesiens einerseits die Stadt Rothenburg/O. und die Dörfer Poln. Nettkow und Drehnow von Brandenburg an Schlesien überwiesen (53 qkm), anderseits empfing die Provinz Brandenburg die von ihr umschlossenen schlesischen Exklaven, nämlich den Kreis Schwiebus und die Saganer Exklaven westlich der Lausitzer Neiße (zus. 622 qkm). Im Endergebnis besaß die preußische Provinz Schlesien einen Umfang von rund 40 300 qkm. Diese Größe behielt sie bis zum Ende des 1. Weltkrieges.

Nach Beendigung des 1. Weltkrieges forderten die neuen östlichen Nachbarstaaten Deutschlands – Polen und die Tschechoslowakei – auf Grund der volkstumsmäßigen Zusammensetzung der Bevölkerung u. a. die Abtretung bestimmter schlesischer Gebiete. Der Friedensvertrag von Versailles vom 28. 6. 1919, wirksam geworden am 10. 1. 1920, entschied, daß Teile der Kreise Guhrau, Militsch, Groß Wartenberg und Namslau, insgesamt 512 qkm, an Polen und der südliche Teil des Kreises Ratibor, das sogenannte Hultschiner Ländchen (316 qkm), an die Tschechoslowakei abzutreten seien. Über Polens Forderungen auf Teile Oberschlesiens wurde erst nach der Volksabstimmung vom 20. 3. 1921 durch die Botschafterkonferenz am 20. 10. 1921 beschlossen. Mit Wirkung vom 15. 7. 1922 fielen die Kreise Kattowitz (Stadt und Land), Königshütte (Stadt) und Pleß sowie Teile der Kreise Beuthen (Stadt und Land), Groß Strehlitz, Hindenburg, Lublinitz, Ratibor (Land), Rybnik, Tarnowitz und Tost-Gleiwitz mit insgesamt 3213 qkm an Polen.

Der polnische Staat beanspruchte aber auch von der Tschechoslowakei einen Teil des vormaligen Österreichisch-Schlesien. Auf Beschluß der Botschaftskonferenz vom 28. 7. 1920 wurde das Teschener Schlesien etwa an der Olsa zwischen der Tschechoslowakei (1284 qkm) und Polen (1008 qkm) aufgeteilt.

Die Gliederung des historischen Schlesiens wurde zusätzlich durch die Einrichtung einer selbständigen preußischen Provinz Oberschlesien im Umfang des Regierungsbezirks Oppeln mit Wirkung vom 8. 11. 1919 verändert; die endgültigen Grenzen dieser Provinz ergaben sich erst nach dem Verlust Ostoberschlesiens im Jahre 1922.

So verteilte sich das historische Schlesien nach 1922 auf folgende Staaten und Verwaltungseinheiten:

1. Deutsches Reich (Land Preußen): a) Provinz Niederschlesien (26592 qkm), b) Provinz Oberschlesien (9713 qkm),

2. Polen: Wojewodschaft Schlesien (Województwo Śląskie, 4232 qkm), bestehend aus dem vorher preußischen Ostober-schlesien und dem östlichen Teil des Teschener Schlesien,
3. Tschechoslowakei: Land Schlesien (4455 qkm), das um den öst-lichen Teil des Teschener Gebietes verkleinerte, dafür um das Hultschiner Ländchen erweiterte ehemalige Österreichisch-Schlesien.

Von diesen drei Länderkomplexen, die den Namen »Schlesien« trugen, wurde Tschechisch-Schlesien als erster aufgelöst; zum 1. 1. 1928 wurde es mit Mähren zum Land Mähren-Schlesien vereinigt, und 1949 wurden die historischen Länder der böhmi-schen Krone überhaupt aufgehoben und in 13 Kraj-Gebiete ein-geteilt.

Polnisch-Schlesien dehnte sich zunächst nach dem Münchner Ab-kommen auf Kosten der Tschechoslowakei im Teschener Gebiet aus; mit dem am 1. 10. 1938 besetzten »Olsa-Gebiet« (865 qkm) hatte Polen den größten Teil des einstigen Herzogtums Teschen in seiner Hand, nur ein schmaler Streifen östlich der Ostrawitza mit Friedek verblieb bei der Tschechoslowakei. Mit dem Zusam-menbruch des polnischen Staates im September 1939 fand auch Polnisch-Schlesien sein Ende.

Der deutsche Teil von Schlesien erfuhr noch vor Kriegsausbruch durch Grenzbereinigung und Verwaltungskonzentration drei Ver-änderungen. Zum 1. 4. 1938 wurden die beiden Provinzen Nieder- und Oberschlesien wieder zu einer Provinz Schlesien vereinigt, und zum 1. 10. desselben Jahres wurden bei der Auflösung der Grenzmark Posen-Westpreußen der Kreis Fraustadt und zehn Gemeinden des Kreises Bomst in die Provinz Schlesien eingeglie-dert. Zum 15. 4. 1939 wurde das nach dem Münchner Abkom-men wieder deutsch gewordene Hultschiner Ländchen nach Schle-sien zurückgegliedert.

Nach der Besetzung der westlichen Hälfte Polens durch deutsche Truppen im September 1939 wurden die Wojewodschaft Schle-sien (einschl. des Olsa-Gebietes) und Teile der östlich anschlie-ßenden Wojewodschaften Krakau (Kreise Biala und Saybusch/ Żywiec, Teile der Kreise Chrzanów und Wadowitz/Wadowice) und Kielce (Stadtkreis Sosnowitz/Sosnowiec, Kreise Zawiercie und Będzin, Teile des Kreises Olkusz) als Regierungsbezirk Kat-towitz der Provinz Schlesien angeschlossen. Von diesen Teilen der Wojewodschaften Krakau und Kielce hatte fast die Hälfte im Mittelalter zu Schlesien gehört, nämlich Auschwitz-Zator und Sewerien. Die erhebliche Erweiterung der ohnehin großen Pro-vinz Schlesien führte zur erneuten Einrichtung einer Provinz Oberschlesien (zum 1. 4. 1941); sie umfaßte den Regierungsbezirk Oppeln, also den deutschen Teil von Oberschlesien, und den En-de 1939 gebildeten Regierungsbezirk Kattowitz und hatte eine Größe von 20 636 qkm (Niederschlesien 1943: 26 985 qkm). Sitz des Oberpräsidenten war Kattowitz.

Die Nachkriegsentwicklung führte dann zum Verschwinden des Begriffs »Schlesien« als Verwaltungseinheit.

Die westlich der Lausitzer Neiße gelegenen Teile der Provinz Niederschlesien wurden in das innerhalb der Sowjetischen Besatzungszone wieder erstandene Land Sachsen einbezogen und gingen mit diesem 1952 in der Bezirksgliederung der DDR unter.

Der unter polnische Verwaltung gekommene Teil von Niederschlesien bildete zunächst den »Verwaltungsbezirk Niederschlesien«. Er wurde im Mai 1946 in die Wojewodschaft Breslau umgewandelt, der auch die östlich der Lausitzer Neiße gelegenen Teile des sächsischen Stadt- und Landkreises Zittau zugeschlagen wurden. Bei der endgültigen Verwaltungsgliederung der Neuerwerbungen Polens Mitte 1950 verlor die Wojewodschaft Breslau über den schon 1945 abgegebenen Kreis Grünberg hinaus die schlesischen Kreise Sagan-Sprottau, Freystadt und Glogau, die zusammen mit einst ostbrandenburgischen und grenzmärkischen Gebietsteilen die neue Wojewodschaft Grünberg bildeten, sowie die Kreise Brieg (Stadt und Land) und Namslau, die an die Wojewodschaft Oppeln kamen. In Oberschlesien wurden die Grenzfestsetzungen der Kriegszeit insofern beibehalten, als das Dombrowaer Industriegebiet mit den Kreisen Będzin, Zawiercie und Sosnowitz (Stadt) mit Oberschlesien verbunden blieb. Die alte Wojewodschaft Schlesien (Woj. Śląskie), das ehemals deutsche Oberschlesien (Oppelner Schlesien) und das Dombrowaer Industriegebiet bildeten – nach Rückgabe des Hultschiner Ländchens und des Olsa-Gebiets an die Tschechoslowakei – 1945–50 die Wojewodschaft Schlesien-Dombrowa (Województwo Śląsko-Dąbrowskie) mit der Wojewodschaftshauptstadt Kattowitz. 1950 fiel dann auch in der Verwaltungseinteilung Oberschlesiens die Bezeichnung »Schlesien« weg; das Gebiet wurde in die Wojewodschaften Kattowitz (unter Einbeziehung des Kreises Tschenstochau/Częstochowa) und Oppeln aufgeteilt. Umfaßten die Wojewodschaften Breslau und Oppeln bis auf den sächsischen Zipfel ausschließlich schlesische Landesteile, so schlossen die Wojewodschaften Grünberg und Kattowitz beträchtliche nichtschlesische Teile ein. Die neue Verwaltungsgliederung Polens von 1975 verwischte vollends die historischen Grenzen Schlesiens gegenüber den übrigen Teilen des heutigen Polen. Die neuen Wojewodschaften Grünberg, Lissa (Leszno), Kalisch (Kalisz), Tschenstochau, Kattowitz und Bielitz-Biala vereinigen Gebiete beiderseits der alten schlesischen Nord- und Ostgrenze. Schlesien ist somit heute nur noch ein historischer und geographischer Begriff.

2. Die naturräumliche Gliederung

Schlesien ist das Einzugsgebiet der oberen und mittleren Oder mit ihren Nebenflüssen. Die im Mährischen Gesenke entspringende Oder fließt zunächst im Breslau-Magdeburger Urstromtal und dann – nachdem sie nach einer Nordschwenkung unterhalb der Katzbachmündung den Schlesischen Landrücken durchbrochen hat – im Glogau-Baruther Urstromtal; nahe der Mündung der Lausitzer Neiße verläßt sie Schlesien. Während der rechten Oderzuflüsse (u. a. Malapane, Stober, Weide, Bartsch) wie die Oder selbst den Urstromtälern folgen, sind die linken Nebenflüsse (u. a. Zinna, Glatzer Neiße, Ohle, Lohe, Weistritz, Striegauer Wasser, Katzbach, Bober mit Queis, Lausitzer Neiße) in ihrem Lauf von der Streichungsrichtung der Sudeten beeinflußt: aus ihnen entspringend, suchen sie quer zum Gebirge einen Weg zur Oder.

So wie die Schlesien einigermaßen in der Mitte durchfließende Oder die Achse des Landes bildet, stellt das Gebirge im Süden und Südwesten die einzige natürliche, schützende Grenze dar. Schlesien lehnt sich in seiner Südostecke an die Westbeskiden und an der langen Südwestgrenze an den parallel zur Hauptrichtung des Oderlaufs vom Südosten nach Nordwesten streichenden, vorwiegend aus alten Gesteinen wie Granit und Schiefer bestehenden Gebirgszug der Sudeten an. Diese beginnen im Südosten an der Mährischen Pforte mit dem Gesenke, das sich aus einer im Durchschnitt 4–600 m hohen, von Oder, Mohra und Oppa durchschnittenen Hochfläche (Niederes Gesenke) zu einem steilen Kamm entwickelt (Hohes Gesenke oder Altvatergebirge, höchste Erhebung der Altvater, 1490 m), und setzen sich im Nordwesten im Reichensteiner Gebirge und im Eulengebirge mit Höhen bis knapp über 1000 m fort. Reichensteiner Gebirge und Eulengebirge bilden zugleich die Nordost-Begrenzung des Glatzer Kessels, der in der Form eines unregelmäßigen länglichen Rechtecks aus dem schlesisch-mährischen bzw. schlesisch-böhmischen Grenzverlauf herausspringt und ursprünglich auch nicht zu Schlesien gehörte. Die gegenüberliegende Längsseite des Kessels schließt das Habelschwerdter Gebirge ab, die südöstliche Schmalseite das Glatzer Schneegebirge (Schneeberg 1425 m), während die nordwestliche Schmalseite nur teilweise durch das quer zur Glatzer Nordwestgrenze verlaufende Heuscheuergebirge abgeriegelt wird. Um die nördlichen Ausläufer dieses Sandsteingebirges legen sich in einem nördlichen Bogen die Porphyr- und Melaphyr-Berge des Waldenburger Berglandes, die wiederum von Neurode über Liebau bis ins Böhmische ein Kranz von Kohlenfeldern umgibt, welche die Grundlage für die Entstehung des Waldenburger Industriegebietes abgaben. Das Waldenburger Bergland wird im Westen durch den Boberfluß vom Riesengebirge getrennt. Dieses gliedert sich in mehrere Teile: Am Südrand erhebt sich im Zentrum das Massiv des eigentlichen Riesengebirges mit der Schneekoppe (1605 m), flankiert im Osten vom Landeshuter Kamm, im Westen vom Isergebirge; es fällt im Norden ab zu dem vom Bober durchflossenen Hirschberger Kessel (Hirschberger Tal), der im Norden vom hohen Südteil des Bober-Katzbach-Gebirges begrenzt wird, mit dem der gebirgige Teil Schlesiens am weitesten ins Landesinnere vorgeschoben ist.

Der Gebirgszone ist ein Hügelland vorgelagert, ein meist mit Lößlehm bedeckter fruchtbarer Landstreifen. Er zieht sich vom rechtsodrigen Oberschlesien südlich der Ruda bis in die Oberlausitz hin; seine Nordgrenze wird ungefähr markiert durch die Orte Pleß, Cosel, Krappitz, Strehlen, Striegau, Jauer, Goldberg, Bunzlau und Görlitz. Aus diesem Hügelland ragen einige Berggruppen heraus, so die Strehlener Berge (Rummelsberg, 393 m), das Zobtengebirge (Zobtenberg, 719 m) und die Striegauer Berge (353 m).

Das anschließende Flachland wird nur durch zwei sanfte Höhenzüge unterbrochen: den Oberschlesischen Muschelkalkrücken, der sich in einer Breite von etwa 20 km von der Gegend Myslowitz-Tarnowitz bis zur Oder südlich Oppeln hinzieht (höchste Erhebung Annaberg, 413 m), und den Schlesischen Landrücken, der rechtsodrig zwischen Weide und Bartsch verläuft (Katzengebirge oder Trebnitzer Hügel, 255 m) und jenseits der Oder, die ihn in der Gegend Steinau-Köben durchschneidet, sich südlich Glogau und Freystadt bis zum Bober fortsetzt (Dalkauer Berge, Burgberg 217 m). Von der Bodenart und der Bodenbedeckung her betrachtet, zerfällt die schlesische Ebene in zwei Zonen. Die eine umfaßt die fruchtbaren, mit Lößlehm, Geschiebelehm oder (südlich Breslau beiderseits der Lohe) auch mit fetter Schwarzerde bedeckten Flußtäler: linksodrig das Gebiet nördlich des Gebirgsvorlandes etwa bis zur Linie Bunzlau–Liegnitz–Neumarkt und entlang der Oder ostwärts bis zur Mündung der Glatzer Neiße sowie im Bereich Glogau–Sprottau–Sagan–Freystadt, rechtsodrig den Landstreifen im Flußgebiet von Stober und Weide vom Kreuzburger Land bis gegen Oels (Oels-Kreuzburger Ackerebene), ferner die Gegend südlich Trebnitz und schließlich den Oberschlesischen Muschelkalkrücken. Das übrige Flachland besteht aus diluvialem Sandboden, der von ausgedehnten Wäldern – ganz besonders Kiefernwäldern – bedeckt war und es in starkem Maße auch noch ist. Solche Waldgebiete sind die Niederschlesisch-Lausitzer Heide, das nordoberschlesische Stober-Malapane-Waldland, das Falkenberger Land und Teile des nordschlesischen Grenzgebietes.

Durch seine geographische Lage ist Schlesien schon seit der Vorzeit ein Durchgangsland weitreichenden Verkehrs. Die Verbindungen zu den Nachbarländern schuf weniger die Oder – diese spielte wegen unzureichender Wasserführung, Mühlenwehren und handelspolitischer Hindernisse am Unterlauf bis ins 18. Jh. für Schlesien keine nennenswerte Rolle als Wasserweg –, sondern vielmehr das Landstraßennetz. Der am stärksten von der Natur vorgezeichnete Landweg war der im Mittelalter als »Hohe Straße« bekannte, eine wichtige West-Ost-Verbindung, die parallel zum Mittelgebirgszug durch das nördliche Gebirgsvorland führte, letztlich vom Unterrhein bis zum Schwarzen Meer. Schlesien war aber dank der günstigen Gebirgspässe auch in Nord-Süd-Richtung Durchgangsgebiet des Fernhandels; es sei nur an die in der

Römerzeit von der Ostsee durch Schlesien nach Süden führende Bernsteinstraße erinnert. Im Mittelalter liefen die von Norden (Danzig, Thorn, Posen, Stettin) kommenden Straßen vor allem in Breslau zusammen, wo sie die Hohe Straße kreuzten, und strebten dann den Pässen nach Böhmen und Mähren zu. Die wichtigsten von ihnen waren die Landeshuter Pforte zwischen dem Landeshuter Kamm und dem Waldenburger Bergland, der in die Grafschaft Glatz überleitende Wartha-Paß, die auf Olmütz ausgerichteten Übergänge über das Niedere Gesenke, die Mährische Pforte und schließlich in den Beskiden der den Weg nach Ungarn öffnende Jablunka-Paß.

3. Vorgeschichte

Die Verkehrsoffenheit und die siedlungsfreundliche Landschaftskammerung führten schon in ältester Zeit zur Niederlassung von Bevölkerungsgruppen im schlesischen Raum. Die archäologischen Funde reichen bis in die Ältere Steinzeit zurück. Die Jäger und Sammler der Älteren und Mittleren Steinzeit wurden in der Jüngeren Steinzeit (3500 v. Chr.) durch bäuerliche Gruppen aus dem mittleren Donaugebiet, die Träger der Bandkeramiker-Kultur, verdrängt. Sie bevölkerten zunächst die schlesischen Löß- und Schwarzerdegebiete und griffen dann auch auf die leichteren Böden der Randgebiete über. Eine neue Welle von Einwanderern aus Ungarn brachte erstmalig Geräte und Schmuck aus Kupfer ins Land; ihre Kultur ist mit dem Ortsnamen Jordansmühl verbunden (um 2000 v. Chr.). Um diese Zeit oder etwas später ließen sich, aus dem Osten kommend, neue, kulturell höherstehende Bevölkerungsgruppen, die Träger der Trichterbecherkultur, in Schlesien nieder; sie führten die Pferdezucht ein und erweiterten den Siedlungsraum, indem sie auch minderwertigere Böden Ost- und Nordschlesiens in Bearbeitung nahmen, wahrscheinlich schon mit Hilfe eines pflugartigen Ackergeräts. Am Ende der Kupferzeit steht die Streitaxt-, Becher- oder schnurkeramische Kultur, deren Träger ebenfalls aus dem Osten, aus Südrußland, stammten; das Material ihrer Streitäxte, die ebenso wie die Becher als Grabbeigaben gefunden werden, kamen aus Werkstätten am Zobtenberg, wo Steinbrüche geeignetes Material lieferten. Auf dem Wege des Ausgleichs war am Ende der Kupferzeit aus den aus verschiedenen Zeitschichten und Räumen hervorgegangenen Formen der sog. Marschwitzer Kulturgruppe entstanden, mit gewissen Abweichungen in Mittel- und Südschlesien einerseits und Nordschlesien anderseits, unterbrochen nur von der aus dem Westen und Süden vereinzelt eingedrungenen, hochstehenden sog. Glockenbecher-Kultur.

In der Bronzezeit (1800–700 v. Chr.) entwickelt sich Schlesien wieder stärker zum Berührungsgebiet verschiedener Kulturen: die Schwarmitzer oder Grobia-Smiardowo-Gruppe in Nordschlesien zeigt Beziehungen zum nördlichen Mitteleuropa, der Osten schließt sich der Trziniec-Kultur (bis zur mittleren Weichsel) an, in Mittelschlesien verstärkt die Marschwitzer Gruppe durch Zuwanderung und Handel ihre Ähnlichkeit zur ostböhmischen Aunjetitzer Kultur.

Im 15. Jh. v. Chr. erreicht, aus Ungarn über Niederösterreich und Mähren einströmend, die nach der Bestattungssitte benannte Hügelgräberkultur den größten Teil Schlesiens (nur der Osten verbleibt im Bereich der Trziniec-Kultur); zu ihren weiteren Kennzeichen gehören vor allem Waffen und Gerät aus Bronze, die weite Verbreitung finden. Ebenfalls durch Vermittlung des ungarischen Raumes folgt um 1300 v. Chr. die schließlich ganz Mitteleuropa überdeckende Urnenfelder-Kultur, die sich in Schlesien besonders in den siedlungsbeständigen Ackerbaugebieten der Mitte und des Südens ausbreitet, während der Norden zwar die Urnenbestattung übernimmt, aber vielfach darüber noch das Hügelgrab errichtet. Neue Kulturformen dringen etwa im 12. Jh. v. Chr. aus dem nordungarischen Raum nach Süd- und in Teile von Mittelschlesien ein. Gleichzeitig oder etwas später tauchen als Gegenströmung nördlichere, etwas archaischere Formen in Mittelschlesien auf, das sich auf diese Weise aus dem früheren Zusammenhang mit Südschlesien löst und stärkere Verbindungen zum Norden entwickelt, ohne seinen Charakter als Kernlandschaft Schlesiens aufzugeben. Hier finden sich aus dieser Epoche die Befestigungsanlagen bei Oswitz unweit Breslau, und der Zobtenberg wird vermutlich damals erstmalig eine Kultstätte getragen haben.

Bei der Mittleren und Jüngeren Bronzezeit (Urnenfelder-Bronzezeit, 1250–700 v. Chr.) und der frühen Eisenzeit setzen die Versuche der Wissenschaft ein, die archäologisch erkennbaren Kulturen mit bestimmten ethnischen Gruppen in Verbindung zu bringen. So werden seit langem Vergleiche zwischen illyrischen und venetischen Gruppen der adriatischen Küste und der Bevölkerung Schlesiens gezogen und dabei geographische, insbesondere Flußnamen des schlesischen Raumes mit der Sprache dieser Stämme in Beziehung gesetzt. Wenn diese Ansichten auch nicht beweisbar sind, so besitzen sie doch mehr Glaubwürdigkeit als die von manchen polnischen Forschern vertretene Theorie, die Träger der sog. »Lausitzer Kultur« – eines Teiles der Urnenfelder-Kultur – seien Urslawen gewesen, die nach Jahrhunderten der Unterdrückung durch germanische Stämme im 6. Jh. n. Chr. wieder zur Geltung gekommen wären. Schon die Verbreitung der Lausitzer Kultur wird je nach der Auswahl der kennzeichnenden Kriterien (u. a. Buckelurne, Setzung der Urnengefäße mit dem Boden nach oben, zahlreiche Beigefäße und Tonfiguren in Bestattungen) unterschiedlich angenommen. Während auf deutscher Seite meist ein Kernraum in der Ober- und Niederlausitz und in Nordsachsen und ein östliches Randgebiet bis in die Posener Gegend und nach Niederschlesien angesetzt wird, gehen polnische Forscher von einem Gebiet aus, das von der Elbe im Westen bis östlich der Weichsel und von Pommern und Ostpreußen im Norden bis nach Böhmen, Mähren, Niederösterreich und Ungarn reicht. Wie immer die Grenzen dieser Kultur gezogen werden: der sprachliche Brückenschlag von ihren Trägern zu den späteren Slawen wird – unabhängig von dem Problem der Siedlungskontinuität – kaum haltbar sein.

In der frühen Eisenzeit (Hallstattzeit, 700–500 v. Chr.) lassen sich in Schlesien mehrere Gruppierungen erkennen: Der Nordwesten und Westen zeigen Zusammenhänge mit dem Zentrum der Lausitzer Kultur, der Süden solche mit Böhmen und Mähren. Der Nordosten und Osten treten als Zentrum der Eisenverarbeitung hervor. Die Kultur dieser Zeit wird in Schlesien aber vor allem durch bemalte und typenreiche Gefäßkeramik bestimmt. Handelsbeziehungen von der Weichselmündung durch Schlesien zum südöstlichen Alpenrand und weiter nach Oberitalien und Bosnien zeichnen sich ab.

Um die Mitte des letzten Jahrtausends tritt in der vorher kontinuierlichen Entwicklung des schlesischen Raumes ein deutlicher Bruch ein. Aus Südrußland kommend, unternehmen die Skythen einen Beutezug bis zur Oder, viele Siedlungen werden zerstört und verlassen; nur Nordschlesien scheint verschont geblieben zu sein. Vom Norden her dringt nach diesem Einbruch die durch die Verbreitung von Gesichtsurnen (zwischen Ostsee, Oder und Weichsel) gekennzeichnete Bevölkerungsgruppe vor, die früher mit den angeblich von der Ostseeküste stammenden im 3. Jh. v. Chr. am Schwarzen Meer auftauchenden germanischen Stämmen der Bastarnen und Skiren identifiziert wurde; dies wird heute skeptisch beurteilt. Jedenfalls ziehen die Gesichtsurnen-Leute recht bald wieder ab; nur kleine Gruppen bleiben in Nordschlesien zurück. Von Böhmen und Mähren wandern im 4. Jh. v. Chr. Kelten nach Schlesien ein und bringen ihre hohe Kultur mit technischen Neuerungen, ausgeprägter Gebietsorganisation und stadtartigen »oppida« mit – ein oppidum ist in Südschlesien bei Bieskau im Kr. Leobschütz nachweisbar, ein zweites wird um den Zobtenberg vermutet, dessen Gipfel die Kelten als Kultstätte entscheidend ausgestaltet haben. Ihre Zentren sind im linksodrigen Schlesien, aber sie werden auch in das Eisenerzgebiet rechts der Oder ausgegriffen haben.

Die Existenz der Kelten in Schlesien wurde bald durch Germanen gefährdet. Die Kimbern und Teutonen (2. Jh. v. Chr.) konnten ostwärts auf die Mittelkarpaten abgedrängt werden, ein nächster germanischer Vorstoß um 100 v. Chr. zwang jedoch die Kelten zur Flucht nach Süden; nur in Südschlesien hielten sie sich noch bis nach Christi Geburt. Bei den sich in Schlesien festsetzenden Germanen handelte es sich um die »Lugier« der antiken Quellen, die den zunächst anscheinend übergeordneten Namen der Wandalen (»Wandilier«) übernahmen. Ihre archäologische Hinterlassenschaft wurde daher früher als »wandalisch« bezeichnet, heute spricht man oft von der »Oder-Warthe-Gruppe« oder nach polnischem

Vorbild von der »Przeworsker Kultur«. Auch die Lugier setzten
sich aus verschiedenen Gruppen mit selbständigen Namen zusammen. Der Name der Naharnavalen scheint von einer Priester-
kaste abgeleitet zu sein, die das Heiligtum auf dem Zobtenberg
betreute, und sich erst später auf die Bewohner der Umgebung
ausgedehnt zu haben. Die Nachfolge der Naharnavalen traten die
Silinger an, deren Name ursprünglich auch mit einem religiösen Kult verbunden gewesen sein könnte; seit dem 4. Jh. n. Chr.
war es die Bezeichnung für alle in Schlesien wohnenden Wandalen – weiter im Südosten saßen die asdingischen Wandalen. Die
Bevölkerungsbewegung kam durch die Wanderung verschiedener
anderer germanischer Stämme erst allmählich zur Ruhe. Die Germanen entwickelten eine reiche handwerkliche Tätigkeit, wobei
sie germanische und keltische Formen miteinander verbanden,
und nahmen an einem schwungvollen Handel teil, der von der
Donau über Ostböhmen und den Paß von Wartha durch Schlesien an die untere Oder führte. In der Jüngeren Römischen Kai-
serzeit zeigen sich in der germanischen Produktion (Waffen,
Schmuck, Keramik u. a.) neben eigenen Formen auch Einflüsse
aus den römischen Provinzen und den gotischen Gebieten in Südrußland und sogar direkte Nachahmung provinzial-römischer
Stücke. Schlesien erlebte in dieser Zeit einen wirtschaftlichen und
kulturellen Aufschwung, die Bevölkerungsdichte stieg an, die
Stammesorganisation mit einem Königtum an der Spitze dehnte
sich fast über ganz Schlesien aus, wobei Mittelschlesien wiederum
das Kernland bildete. Zeugnisse dieser Verhältnisse bieten die
steingebauten Gräber dieser Epoche mit reichhaltigem Inhalt wie
die von Sakrau.
Die geringer werdende Funddichte deutet aber auf eine Abnahme
der Bevölkerung schon vom 3. Jh. n. Chr. an hin, vielleicht die
Folge der großräumigen Herrschaftsbildung in Schlesien, die Un-
zufriedene zur Abwanderung gezwungen haben könnte. Die
Auswirkungen des Hunneneinbruchs in Europa um 375, der
Schlesien nicht direkt traf, scheinen das Land um 400 erreicht zu
haben. Ein Teil der Silinger schloß sich damals den westwärts
ziehenden asdingischen Wandalen an. Das silingische Königtum
in Schlesien ging jedoch erst ein Jahrhundert später nach dem Zusammenbruch der hunnischen Macht im Donauraum im Zusammenhang mit dem Kampf um das Erbe Attilas unter. Über die
näheren Umstände ist nichts bekannt.
Die germanischen Bewohner werden aber nicht ganz aus Schlesien verschwunden gewesen sein, als von der Mitte des 6. Jh. an
Slawen in das Land einsickerten. Dies bezeugen schon die geographischen Namen, die an sie zu erinnern scheinen. Dazu gehören vor allem der alte Name des Zobtenberges, der noch im
12./13. Jh. als »mons Silencii«, »Slenz« u. ä. überliefert ist, und
die ursprüngliche Bezeichnung »Sclenza«, »Slenze« für den bei
Breslau in die Oder mündenden Lohe-Fluß. Beide Namen werden meist auf den Stammesnamen der wandalischen Silinger zu-

rückgeführt, der sich über den heidnischen Kultberg Schlesiens, den Zobten, auf den Slawenstamm der Slensane und von diesem schließlich auf das ganze Land Schlesien (lat. Silesia, poln. Śląsk) übertragen hat; polnische Wissenschaftler wollen allerdings sowohl den Berg- als auch den Flußnamen von slaw. śląg = Nässe, Feuchtigkeit ableiten. Ein Zusammenleben von Germanen und Slawen scheinen auch manche Funde anzudeuten, so etwa der frühslawische Burgwall von Kleinitz, bei dem manche keramische Funde auf schlesische (germanische) Formen der Völkerwanderungszeit verweisen. Vielleicht hatten aber die Slawen diese Formen schon vor ihrer Einwanderung nach Schlesien durch ihre Nachbarschaft zu Germanen auf dem Handelswege kennengelernt.

Die Slawen sind wahrscheinlich sowohl aus dem Osten als auch – im Gefolge der Awaren nach Böhmen und Mähren gekommen – aus dem Süden eingewandert. Sie werden die leergewordenen Siedlungsplätze der Silinger besetzt, das Land allmählich wieder mit Leben erfüllt, die Reste der Vorbewohner assimiliert haben. Über diese Vorgänge kann allerdings ebensowenig wie über den Untergang der Silinger genaueres ausgesagt werden.

4. Territoriale Anfänge zwischen böhmischer und polnischer Herrschaft

Der Beginn der territorial-staatlichen Entwicklung in Schlesien liegt im dunkeln. Grundlage der späteren Einheit des Landes waren die Stammesgaue, die sich schon früh innerhalb der einzelnen natürlichen Siedlungslandschaften gebildet haben müssen, umgeben von Waldgürteln, an deren Innenseite Verhaue, die Preseka, den Schutz vor Angriffen von außen verstärkten. Schriftlich erstmalig überliefert sind die schlesischen Stammesgaue in der Völkertafel des sogenannten Bayerischen Geographen aus der Mitte des 9. Jh.; sie kennt die »regiones« der Dedosize (im Nordwesten), Slensane (Slenzane, in Mittelschlesien), Opolane (im Osten) und Golensize (im Süden). Die Boborane und Trebowane erscheinen erst in der Bestätigungsurkunde Kaiser Heinrichs IV. für das Bistum Prag von 1086, die allerdings die Verhältnisse des späten 10. Jh. wiedergeben soll; es mag sein, daß diese beiden Stämme, von denen der erstere nach seinem Namen unschwer im Flußgebiet des Bober lokalisiert werden kann, der zweite dagegen nur vermutungsweise östlich anschließend angenommen wird, sich spät von den Dedosize abgespalten haben und daher im 9. Jh. noch nicht erwähnt werden. Der Bayerische Geograph nennt in den einzelnen Gauen eine Anzahl von »civitates«: bei den Dedosize und Opolane je 20, den Slensane 15 und den Golensize fünf. Diese »civitates« waren anscheinend kleine Siedlungskammern mit einer Burg als Mittelpunkt. Eine Identifizierung dieser Burgen mit den zahlreich nachweisbaren Burgwällen der Slawenzeit – meist recht kleinen runden bis ovalen Holz-Erde-Konstruktionen – ist nicht möglich, zumal solche Burgen nicht unbedingt

Karte 1

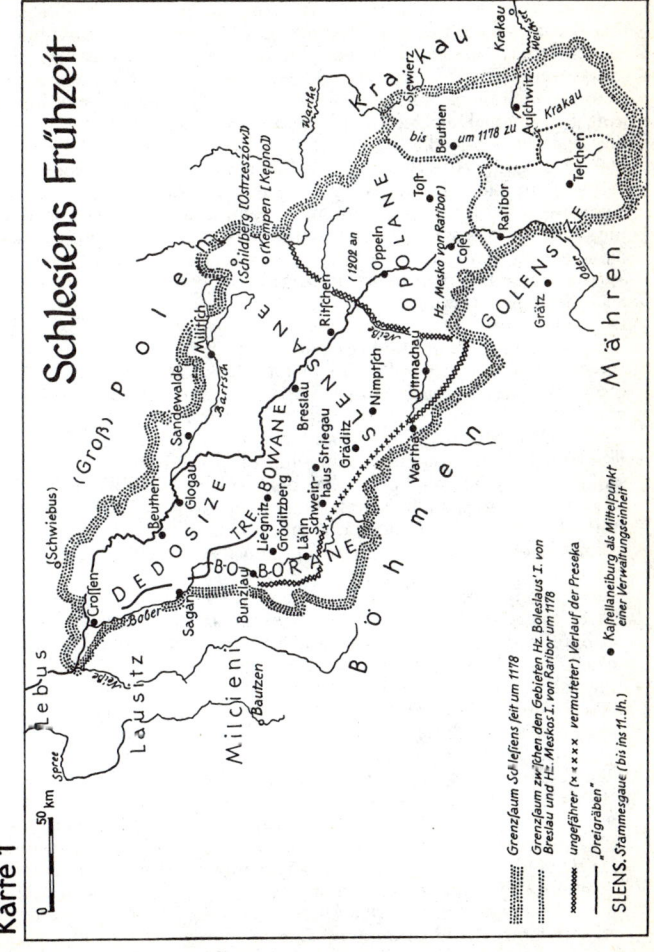

Schlesiens Frühzeit

Sitz einer aufkommenden noch so einfachen Gebietsorganisation zu sein brauchten, sondern auch als Stätte des Schutzes vor feindlichen Angriffen (Fluchtburgen), mit steigender sozialer Differenzierung der Bevölkerung sogar schlicht als befestigter Hof eines Adligen betrachtet werden können. Im Stadium eines festeren Zusammenschlusses der einzelnen Siedlungskammern bildeten sich auch Gauhauptburgen heraus, um die Suburbien als Märkte und Sitze des Handwerks entstanden und die nach Auflösung der Stammeseinheiten vielfach eine herausgehobene Stellung behielten. Die Dedosize hatten ihre Hauptburg in Glogau, die Opolane – wie der Name schon verrät – in Oppeln, die Golensize in Grätz, die Boborane wohl in Bunzlau, die Trebowane vielleicht in Liegnitz; als Hauptburg des Slensane-Gebietes wird gelegentlich Nimptsch angenommen, jedoch ist zumindest in der jüngeren Stammeszeit diese Funktion Breslau zuzusprechen, das dank seiner zentralen, verkehrsgünstigen Lage schließlich zum administrativen, kirchlichen und wirtschaftlichen Mittelpunkt ganz Schlesiens geworden ist.

Der Zusammenhalt zwischen den Stämmen scheint unterschiedlich gewesen zu sein. Die Golensize sind im 9. Jh. wahrscheinlich als einziger schlesischer Stamm in das Großmährische Reich einbezogen gewesen; nach dessen Verfall werden sie vor den übrigen Schlesiern unter den Einfluß Böhmens geraten sein und engere Bindungen zu diesem Land entwickelt haben, so daß bei der endgültigen Grenzfestlegung im 12. Jh. zumindest ihr Kern außerhalb Schlesiens blieb (das bei Schlesien verbliebene Teschener Gebiet wird meist als zum Gau Golensize gehörig betrachtet). Den Zusammenhang mit den übrigen schlesischen Stämmen erweist ihre zeitweise Zugehörigkeit zum Bistum Breslau.

Die Opolane haben sich offenbar gegenüber den mittel- und niederschlesischen Stämmen etwas abgesondert. Dies legt schon die im Bereich des Stober und der Glatzer Neiße gut erkennbare Preseka, die in dieser Schärfe sonst nur im Südwesten nach Böhmen hin und im Westen gegenüber der Landschaft Milcieni auftritt, nahe. Die spätere Sonderstellung des Oppelner Herzogtums scheint sich in dieser frühen Abgeschlossenheit des Opolane-Gebietes schon anzudeuten.

Demgegenüber scheint es zwischen den mittel- und niederschlesischen Gauen keine wirklichen Barrieren gegeben zu haben. Eine politisch herausgehobene Stellung gewann das Slensane-Land mit Breslau und der fruchtbaren, dichtbesiedelten Lößebene südlich der Oder als Kerngebiet, gestützt auch auf das ebenfalls altbewohnte Hinterland um Trebnitz und Oels. Die Führungsrolle dieses Gebietes fand in der Übertragung des Slensane-Namens auf das ganze Land ihren Niederschlag. Lange vorher aber müssen die Slawenstämme des schlesischen Raumes Gemeinsamkeiten – politischer, kultischer, gesellschaftlicher Natur – entwickelt haben; sonst wäre ihre kirchliche Zusammenfassung im Jahre 1000 im Bistum Breslau nicht so dauerhaft gewesen. Über die Art dieser Gemeinsamkeiten schweigen aber die Quellen.

Bevor jedoch die Gründung des Bistums Breslau vollzogen werden konnte, sollte Schlesien zum heftig umkämpften Streitobjekt zwischen den durch Staatsgründung erstarkenden Nachbarn werden.

Als erstes Nachbarland dehnte Böhmen seine Macht über Schlesien aus. Nachdem der Přemyslide Vratislav (894–921) zu Beginn des 10. Jh. die böhmischen und mährischen Gebiete unter seiner Führung vereinigt und damit wohl auch den Gau der Golensize bis zur Oder erworben hatte, eroberte er Mittelschlesien links der Oder; Breslau soll von ihm als Grenzfestung begründet und nach ihm benannt worden sein (Vratislavia). Auf seinen Sohn Boleslav I. (935–72) wird der Name Bunzlau (Boleslavia) zurückgeführt; er soll nach dem Boborane-Gau um 950–965 das Wislanen-Gebiet um Krakau und damit auch den dazwischenliegenden Opolane-Gau seinem Reich eingegliedert sowie zeitweise sogar den Dedosize-Gau besessen haben. Wie damals üblich, wird die Machtausbreitung Böhmens in Schlesien mit Missionsversuchen einhergegangen oder gar mit diesen begründet worden sein; das von Bayern her missionierte Böhmen erhielt 973 mit dem Bistum Prag (Mainzer Suffraganbistum) ein eigenes Missionszentrum, das in die eroberten Gebiete hineinwirken konnte. Das schlesische Land wird aber durch die böhmische Herrschaft auch Anschluß an den damaligen internationalen Handel gefunden haben. Der bekannte jüdische Kaufmann Ibrāhīm ibn Ja'qūb reiste 973 von Prag nach Krakau – natürlich durch das südliche Schlesien; die Strecke war ein Teil der im 12. Jh. wichtigen West-Ost-Route Regensburg–Prag–Krakau–Kiev.

Böhmen sollte sich jedoch nicht lange ungestört des Besitzes von Schlesien erfreuen. Auch westlich und nördlich des Landes erfolgte in jenen Jahrzehnten die Konzentration politischer Kräfte, die das Christentum in heidnische Gebiete tragen und dabei auch ihre weltliche Macht ausdehnen wollten.

Westlich der Bober-Queis-Linie machte sich die energische Ostpolitik Kaiser Ottos I. bemerkbar. Mit der Errichtung der Kirchenprovinz Magdeburg zur Missionierung des slawischen Ostens 968 wurde in Meißen, dessen Burg von Ottos Vater Heinrich I. 929 erbaut worden war, ein Bistum gegründet. Sein Sprengel erstreckte sich ostwärts der Zwickauer Mulde über die damals eingerichtete (sächsische) Ostmark, die spätere Mark Meißen. Die Oberhirten von Meißen ließen aber bald Ausdehnungsbestrebungen in Richtung Schlesien erkennen; 971 schenkte Otto I. der bischöflichen Kirche von Meißen den Zehnten von vier Landschaften der Mark sowie von »Diedesa«, also dem schlesischen Gau der Dedosize, um 996 bestimmte Otto III. die Oder von der Quelle bis zur Burg »Zulbiza« (?) zur Ostgrenze des Bistums Meißen, dem damit ein großer Teil Schlesiens unterstellt werden sollte. Allerdings hat diese kaiserliche Verfügung wahrscheinlich keinerlei Folgen gezeitigt; denn um diese Zeit hatte bereits eine dritte Macht in die Geschicke des schlesischen Landes eingegriffen. Um die Mitte des 10. Jh. war zwischen mittlerer Warthe, mittlerer Weichsel und Pilica ein polnischer Staat entstanden, der 966 oder 967 unter Herzog Mieszko I. aus dem Hause der Piasten (um 960–92) wohl durch Vermittlung tschechischer sowie deutscher und westeuropäischer Geistlicher das Christentum annahm – 968 ist das Bistum Posen belegt – und in enge Verbindung zum Römischen Reich trat. Schon in den 970er Jahren sollen die Polen im Bestreben, ihre Grenzen möglichst weit hinauszuschieben, das Gebiet der Dedosize besetzt haben; vielleicht gehen die die Grenze dieses Gaues nach Westen und Südwesten sichernden »Dreigräben« auf polnische Maßnahmen jener Zeit zurück. 990 drang Mieszko mit deutscher Unterstützung gegen Boleslav II. von Böhmen (972–99), seinen den Nachbarn zu mächtig gewordenen Schwager aus erster Ehe, nach Mittelschlesien vor und nahm den böhmischen Stützpunkt Nimptsch ein. Unter Mieszkos Nachfolger Boleslaus dem Tapferen (Bolesław Chrobry, 992–1025) gelangten im Laufe des folgenden Jahrzehnts auch die Gaue der Opolane und Golensize (gleichzeitig mit dem Wislanen-Gebiet um Krakau) in polnische Hand. Bei der Einrichtung einer selbständigen polnischen Kirchenprovinz im Jahre 1000 wurde den neuen Grenzen des polnischen Staates Rechnung getragen: zu den neu begründeten Suffraganbistümern von Gnesen gehörte neben Kolberg und Krakau ein Bistum Breslau. Boleslaus der Tapfere konnte seine Macht zeitweise über Schlesien hinweg auf Böhmen (1003–04) und Mähren (1003–18/21), vor allem aber – den Tod Kaiser Ottos III. ausnutzend – nach Westen auf die (Nieder-)Lausitz und einen Teil der Mark Meißen (von 1002 mit Unterbrechungen bis 1031) ausdehnen. In den drei zwischen 1002 und 1018 gegen Boleslaus geführten Kriegen zogen Heere Kaiser Heinrichs II. auch nach Schlesien (Glogau, Nimptsch), ohne jedoch erfolgreich zu sein.

Mit dem Tode Boleslaus' (1025) geriet aber das von ihm aufgebaute Großreich durch innere Schwierigkeiten und Streit in Verfall, Randgebiete gingen verloren, im Inneren brachte eine unter heidnischen Vorzeichen geführte Empörung (1037/38) die noch nicht verwurzelte christliche Kirche in Gefahr. In Breslau mußte der Bischof fliehen, er suchte Zuflucht zunächst offenbar im abgelegenen Schmograu bei Namslau, dann in der Burg Ritschen nahe der Oder. In Breslau aber ging die Kirche wohl völlig unter; nur so ist die Behauptung der »Chronica principum Poloniae« (1382–85) verständlich, Schmograu und Ritschen seien die ersten Bischofssitze von Schlesien gewesen, Breslau der dritte. Ob der Volksaufstand in Schlesien auch Unzufriedenheit der einheimischen Bevölkerung – besonders der Großen – mit den polnischen Eroberern widerspiegelt, bleibt unklar. Der böhmische Herzog Břetislav I. (1034–55) nützte jedenfalls die Gelegenheit, um Schlesien wieder zu besetzen. Darüber hinaus holte er in einem Kriegszug nach Großpolen die Gebeine des hl. Adalbert – jenes böhmischen Prinzen, der 997 in Preußen den Märtyrertod erlitten hatte – aus Gnesen und brachte sie über Schlesien nach Prag (um 1038). Zwar konnten sich die Polen um 1050 wieder in Schlesien festsetzen, aber es war nur ein (allerdings großer) Teil des Landes, und auch für diesen mußten sie auf Grund des durch Kaiser Heinrich III. vermittelten Friedens von Quedlinburg (1054) den Böhmen einen Tribut zahlen, was den Anlaß zu häufigen Kriegen zwischen Polen und Böhmen lieferte. Erst der Glatzer Pfingstfriede des Jahres 1137 brachte Schlesien einen dauerhaften Frieden und eine sichere Grenze gegenüber Böhmen-Mähren. Der Glatzer Kessel, in den die Polen manchmal ausgegriffen hatten, blieb bei Böhmen, aber auch der südlich der Zinna gelegene Teil des schlesischen Golensize-Gaues, der gegen Ende des 12. Jh. auch kirchlich Schlesien verlorenging.

Bei den polnisch-böhmischen Auseinandersetzungen spielten teilweise innerpolnische und auch innerschlesische Parteiungen eine Rolle. Die Herrscher Polens hatten polnische Besatzungen in die schlesischen Burgen gelegt und die auf den Stammesgauen beruhende Landesorganisation durch die polnische Kastellaneiverfassung ersetzt. Die führenden Positionen im Lande wurden anscheinend z. T. mit Landfremden besetzt, was die Unzufriedenheit steigerte. So fanden die polnischen Gegner des einflußreichen Palatins Herzog Wladislaus Hermans (1079–1102), Sieciech, in Schlesien Anhänger, allen voran den Breslauer Kastellan Graf Magnus. Der folgende Aufstand (1093) wurde zwar von den nach wie vor an Schlesien interessierten Böhmen unterstützt, hatte jedoch ebensowenig Erfolg wie der zugunsten der Böhmen und des mit ihnen verbündeten vertriebenen Mitregenten von Polen, Zbigniew, unternommene Kriegszug König Heinrichs V. (1109), der am rechten Oderufer von Glogau bis in die Breslauer (Hundsfeld) und Ritschener Gegend führte.

Ein Jahr nach dem Friedensschluß von Glatz trat ein für Schlesien noch wichtigeres Ereignis ein: Beim Tode des Herzogs Boleslaus III. Schiefmund (Bolesław III. Krzywousty) 1138 wurde in Polen die von ihm testamentarisch festgelegte Senioratsverfassung eingeführt, die für die vier ältesten Vertreter des Geschlechts je ein Teilgebiet, für den ältesten, den die Politik des Gesamtstaates bestimmenden Senior, obendrein das Gebiet von Krakau als Ausstattung vorsah. Schlesien wurde eines der Teilgebiete, und zwar dasjenige des Seniors Wladislaus (Władysław) II. Schon im 11. Jh. war es als polnisches »Herogtum« (ducatus) angesehen worden; Breslau, dessen Kastellan den Herrscher von Polen in Schlesien vertrat, entwickelte sich zum unbestrittenen Vorort des Landes. – Da das Band des Seniorats sich als zu schwach erwies, um die Teilgebiete zusammenzuhalten, vielmehr zum Anlaß blutiger Auseinandersetzungen wurde und mit dem Tode des letzten Sohnes Boleslaus' III. (Mieszkos des Alten, † 1202) endgültig riß, führte diese Nachfolgeregelung praktisch zur Aufteilung Polens in selbständige Fürstentümer. Sie dauerte zwei Jahrhunderte, und als sie im ersten Viertel des 14. Jh. überwunden wurde, war Schlesien andere Bindungen und Verbindungen eingegangen; die Herrscher des neuen Königreiches Polen konnten nur noch das Ausscheiden Schlesiens aus dem Verband der polnischen Länder bestätigen.

5. Vom polnischen Teilfürstentum zum böhmischen Kronland (1138–1419)

Wladislaus II. (1138–46, † 1159) wurde Stammvater einer selbständigen Linie der Piastendynastie, der schlesischen Piasten, die sich ihrerseits in mehrere Zweige aufspalteten. Der letzte von ihnen starb im Mannesstamm 1675 aus, viel später als die übrigen Piasten (im Königreich Polen 1370, in Masowien 1526).
Die Anfänge der schlesischen Piasten schienen allerdings nicht auf eine so lange Zukunft hinzuweisen. Wladislaus II., der einzige Sohn Boleslaus' III. aus der Ehe mit der Kiever Prinzessin Zbislava, sah sich bald mit der Gegnerschaft seiner vier Halbbrüder aus der zweiten Ehe seines Vaters mit Salomea von Berg konfrontiert, die mit dem Erzbischof von Gnesen und dem Adel verbündet waren. Unter letzterem ragte der einflußreiche Palatin und Kastellan von Breslau Graf Peter Wlast hervor, der sich durch die Gründung der ersten Klöster in Schlesien – der Benediktinerabtei St. Vinzenz in Breslau und dem Augustiner-Chorherrenstift auf dem Zobtenberg (später auf die Breslauer Sandinsel verlegt) – verewigt hat. Der durch den Herzog verursachte Sturz des Palatins 1145 führte ein Jahr später zu dessen eigener Vertreibung aus dem Lande. Wladislaus suchte beim Halbbruder seiner Gemahlin (Agnes von Österreich), dem deutschen König Konrad III., Zuflucht. Zwar unternahm 1146 Konrad III. und 1157 sein Nachfolger Kaiser Friedrich I. Barbarossa einen Kriegszug gegen Polen. Im Vordergrund ihrer Unternehmungen stand aber die Wiederherstellung der Lehnsabhängigkeit Polens vom Römischen Reich, und da der nachgerückte Senior von Polen, Boleslaus IV. »Kraushaar« (Bolesław IV. Kędzierzawy, 1146–73), diese anerkannte, erreichte er eine vorläufige Einigung mit den deutschen Herrschern, zumal da er Verhandlungen über die Wiedereinsetzung des im thüringischen Altenburg im Exil lebenden Wladislaus versprach, allerdings ohne zu solchen zu erscheinen. Als Friedrich nach seinem Italienzug sich wieder der Angelegenheit zuwandte, war Wladislaus bereits verstorben (1159); der Kaiser erreichte aber 1163 für dessen drei Söhne, daß sie das Erbe ihres Vaters, Schlesien, übertragen bekamen. Diese standen auch nach ihrer Einsetzung als Herzöge von Schlesien unter dem Schutz des Kaisers; sie waren ihm allerdings auch zu einer besonderen Tributzahlung verpflichtet, trotz der Einbindung ihres Landes in die Senioratsverfassung Polens. Hatten die deutschen Könige und Kaiser bisher nur zugunsten einer der beiden um

Schlesien ringenden Parteien – der Böhmen und Polen – eingegriffen, so bezeugte Friedrich I. damit ein direktes Interesse des Reiches an dem Land.

Die Brüder regierten Schlesien bis zum Tode des Seniors Boleslaus IV. (1173), der ihnen Schwierigkeiten bereitete und dadurch Kaiser Friedrich zu erneutem Eingreifen zwang (1172), anscheinend gemeinsam. Bei der danach vorgenommenen Landesteilung fiel mit den Gebieten Breslau, Liegnitz und Oppeln der größte und bedeutendste Anteil an den ältesten der Brüder, Boleslaus I., den Langen (Bolesław Wysoki, 1163–1201). Seine Machtgrundlage war um so größer, als er auch den Anteil des jüngsten Bruders, Konrad, der in Fulda auf den geistlichen Beruf vorbereitet wurde, mit verwaltete und nach dessen frühem Tode (zwischen 1180 und 1190) sich aneignete (Gebiete Sagan, Glogau und Crossen). Verglichen damit nahm sich der Anteil des mittleren Sohnes des Wladislaus, Mieszko (1163–1211), der nur die Gebiete Ratibor und Teschen umfaßte, äußerst bescheiden aus. Dies wohl veranlaßte den neuen Senior, Herzog Kasimir II., den Gerechten (1177–94), Mieszko vom Krakauer Land Sewerien und die Gebiete Beuthen, Nikolai und Auschwitz abzutreten (um 1178). Das Gleichgewicht zum Herrschaftsgebiet Boleslaus' war damit jedoch keineswegs hergestellt, und so war Mieszko von Ratibor auf weiteren Landerwerb bedacht. Die Gelegenheit hierzu bot sich nach dem Tode seines Bruders Boleslaus I. von Breslau: Dieser hatte nach einer Empörung seines Sohnes aus der Ehe mit der Kiever Prinzessin Zvinislava, Jaroslaus, das große, aber dünn besiedelte Land Oppeln ihm auf Lebenszeit übertragen müssen. Als Jaroslaus, seit 1198 Bischof von Breslau, im März 1201 und sein Vater Boleslaus I. wenige Monate später (Dez. 1201) gestorben waren, besetzte Mieszko das Oppelner Land. Boleslaus' Sohn aus zweiter Ehe (mit Adelheid v. Sulzbach oder einer nicht näher bekannten Christina?) und Erbe, Heinrich, sah sich gezwungen, nicht nur auf Oppeln zu verzichten, sondern auch darin einzuwilligen, daß zwischen den von Boleslaus I. von Breslau und Mieszko I. von Ratibor ausgehenden Fürstenhäusern kein Erbrecht bestehen sollte (25. 11. 1202). Diese Bestimmung wurde maßgebend für die Sonderentwicklung des später mit dem Namen »Oberschlesien« belegten Landes. Seine Fürsten – auch die Besitzer von Teilgebieten – nannten sich fortan »Herzöge von Oppeln« und verwendeten bis ins 14. Jh. hinein den Namen »Schlesien« überhaupt nicht. Die in Mittel- und Niederschlesien regierenden Piasten hingegen führten den Titel »Herzöge von Schlesien« auch dann noch, als das Land bereits in Teilherzogtümer mit eigenen Namen zerfallen war.

Das Jahr 1202 ist für die Geschichte Schlesiens noch aus einem anderen Grunde bedeutsam: damals wurde in Polen mit dem Tode Mieszkos des Alten die Senioratsverfassung endgültig aufgehoben. Damit waren die beiden schlesischen Herzogtümer zu staatsrechtlich unabhängigen Herrschaften geworden, wenn auch

durch die verwandtschaftlichen Bande zwischen den Herrscher-
familien und durch die gemeinsame Vergangenheit in zwei Jahr-
hunderten das Zusammengehörigkeitsbewußtsein aller polnischen
Länder noch weiterlebte. Aber der langjährige Aufenthalt der
Söhne Wladislaus' II. in Deutschland, die vornehmlich nach
Deutschland und Böhmen geknüpften Heiratsverbindungen der
Fürsten und in deren Gefolge der Zuzug von Adligen und Geist-
lichen, schließlich die von Westen und Süden an die Grenzen
Schlesiens herangeführte deutsche Ostsiedlung mit modernen
Wirtschafts-, Sozial- und Verfassungsformen bewirkten, daß sich
das Land freiwillig der deutschen Kultur und auch den deutschen
Siedlern öffnete. Dies schloß nicht aus, daß die Herren Schlesiens
sich auch weiterhin in die Angelegenheiten Polens einmischten.
So nahm z. B. Heinrich I. von Schlesien (1201–38) regen Anteil an
den polnischen Erbauseinandersetzungen und Machtkämpfen und
baute sich auf diese Weise ein ausgedehntes Herrschaftsgebiet
auf, das über seine Erblande Mittel- und Niederschlesien hinaus
Teile Großpolens (bis zur Warthe) einschließlich des Landes Lebus und das Krakauer Teilgebiet umfaßte; im Westen gehörten
ihm zeitweise auch der Barnim und der Teltow sowie Teile der
(Nieder-) Lausitz, und als Vormund minderjähriger Fürsten regierte er auch im Oppelner und Sandomirer Land.
Die überragende und bleibende geschichtliche Leistung Heinrichs I., der bedeutendsten Herrscherpersönlichkeit des schlesischen
Mittelalters, liegt jedoch in der entscheidenden Anregung und
Förderung der Einwanderung deutscher Siedler, die einen Wandel der inneren Verhältnisse des Landes einleiteten. Heinrich
wurde dabei von seiner Gemahlin, Hedwig von Andechs-Meran
(† 1243), unterstützt. 1202/03 gründete das Herrscherpaar mit Zisterzienserinnen aus Bamberg in Trebnitz das erste Nonnenkloster
Schlesiens und stattete es reich aus; Hedwigs einstige Lehrerin in
Kitzingen am Main, Petrissa, wurde die erste Äbtissin des Klo-
sters. Hedwig genoß wegen ihres segensreichen Wirkens und ihrer
Frömmigkeit hohe Verehrung, sie wurde 1267 auf Betreiben ihres
Enkels Wladislaus, Herzog von Breslau und Erzbischof von Salzburg, heiliggesprochen und erlangte das Ansehen einer Landes-
patronin von Schlesien.

Schlesien war um 1200 im ganzen ziemlich dünn besiedelt, etwas dichter in der fruchtbaren mittelschlesischen Ackerebene südlich der Oder. Die Siedlungen bestanden aus kleinen Weilern
mit jeweils einigen wenigen Bauernstellen, zu denen kleine, unregelmäßige Blockfluren gehörten, auf denen extensiver Ackerbau
betrieben wurde. Zentren der Verwaltung, des Handels und des
Handwerks sowie der Kirche waren in der Regel die Kastellaneisitze. Um die Burgen als Sitze der landesherrlichen Verwaltung waren enge Suburbien als Stätten des Handels und Handwerks entstanden; das ausgegrabene alte Oppeln bietet hier ein
gutes Beispiel. Es gab aber auch Marktorte ohne Anlehnung an

Burgen (Neumarkt, Zobten). Die größten dieser Siedlungen waren schon beachtliche Städte im wirtschaftlichen Sinne, mit weitreichenden Handelsbeziehungen. Es waren dies vor allem die Residenzen der Fürsten, so Breslau, Liegnitz, Oppeln und Ratibor. Die Kastellaneiorte waren mit den Burgkirchen auch die wichtigsten Stützpunkte der Kirchenorganisation. Das Netz der kirchlichen Einrichtungen war sehr großmaschig, so daß zahlreiche Dörfer zu einer Pfarrei gehörten.

Zu den ersten Vermittlern westlicher Kulturformen gehörten Romanen, und zwar Wallonen; es sei auf die auf dem Zobtenberg angesetzten Augustiner-Chorherren aus Arrouaise in Flandern (zwischen 1121 und 1138), auf die wallonischen Weber in Breslau (Mitte 12. Jh.?) und Ohlau und auf wallonische Bauern in der Nähe von Breslau, Ohlau und Namslau hingewiesen. In den großen Handelszentren werden sich früh neben romanischen und deutschen auch jüdische Kaufleute niedergelassen haben; in Liegnitz lehnte sich das Judenviertel direkt an die Burg an.

Im Gefolge des aus dem thüringischen Exil heimkehrenden Herzogs Boleslaus I. (1163) werden gewiß manche Deutsche nach Schlesien gekommen sein, vielleicht auch schon die Mönche aus dem Zisterzienserkloster Pforta, die 1175 einen Stiftungsbrief für das Kloster Leubus an der Oder erhielten. Darin wurde ihnen zugestanden, auf ihren Gütern Deutsche anzusiedeln. Sie haben zumindest seit der Wende zum 13. Jh. von dieser Erlaubnis Gebrauch gemacht. Im ersten Jahrzehnt des 13. Jh. setzte aber auch schon die von Herzog Heinrich I. eingeleitete systematische Ansiedlung von Deutschen ein, die in der Mehrzahl wahrscheinlich aus Mitteldeutschland einwanderten.

Die Leistung Heinrichs I. und die hervorragende Stellung der von ihm eingeleiteten Besiedlung wird durch die Feststellung deutlich, daß die von der alten Reichsgrenze ostwärts voranschreitende deutsche Siedlung um 1200 erst etwa die Linie Schwerin–Spandau–Zinna–Dresden erreicht hatte. Sie näherte sich der Grenze Niederschlesiens nur mit einer schwachen Wachstumsspitze im schmalen verkehrswichtigen Landstreifen des Gebirgsvorlandes zwischen dem Gebirgszug und der Niederschlesisch-Lausitzer Heide, wo am Anfang des 13. Jh. Bautzen und um 1215 Görlitz gegründet wurden. Um diese Zeit hatte Herzog Heinrich I. bereits als erster slawischer Fürst außerhalb des Reiches mit der Ansiedlung von Deutschen im Waldgebiet begonnen; denn schon 1215 gab es zwischen dem Herzog und dem Bischof von Breslau Streit wegen der Zehntzahlung der im Walde siedelnden Deutschen.

Die wichtigste Aufgabe, die sich Heinrich I. gestellt hatte, war die Aussetzung neuer bäuerlicher Siedlungen, die zugleich eine Sicherung der Grenzen gewähren sollten. Zunächst ergriff die Gründungswelle den Bereich des Grenzverhaus, der Preseka, dann drang sie nach außen in die Grenzwälder vor. Auf diese Weise entstand in der Regierungszeit Heinrichs I. (1201–38) und seines

Sohnes Heinrich II. (1238–41) am Westrand des Landes im Bober-Queis-Gebiet und räumlich anschließend im Südwesten am Gebirgsrand auf Rodungsboden ein breiter Streifen großer deutscher Bauerndörfer, die den Kern für den deutschen Neustamm der Schlesier abgaben. Deutsche Dörfer entstanden auch in Waldinseln innerhalb des slawischen Siedlungsgebietes, so etwa im Dreieck Breslau–Liegnitz–Frankenstein. Die deutsche Besiedlung erfolgte meist auf herzoglichem Boden. Aber der Herzog schenkte für diesen Zweck auch ausgedehnte Ländereien – vor allem in Grenznähe – an geistliche Einrichtungen, die sich um die Kolonisation sehr verdient machten, so an die Zisterzienser von Leubus und Heinrichau, die Zisterzienserinnen von Trebnitz, die Augustiner-Chorherren von Naumburg am Bober (später Sagan), vom Breslauer Sandstift (Gebiet um Sarsisk, Siedlungserfolg fraglich) und von Kamenz (Augustiner 1246/48 durch Zisterzienser ersetzt) sowie an den Deutschen Ritterorden (Gebiet um Reichthal), die Templer (Land Lebus, Gebiet um Klein Öls) und die Johanniter (Gebiet um Striegau); unter den Enkeln Heinrichs I. erhielt der Spitalsorden der Kreuzherren mit dem roten Stern Land um das spätere Kreuzburg. Der Bischof von Breslau beteiligte sich in der der Kirche gehörenden Kastellanei Ottmachau an den Siedlungsunternehmen, und auch der Adel – der einheimische wie der zugewanderte deutsche – tat dies vielfach auf seinen Besitzungen.

Ein zweites Anliegen des Herzogs war die bessere Ausnutzung der Bodenschätze (Silber und Gold) durch die modernen Abbaumethoden deutscher Bergleute. Es ist kein Zufall, daß – abgesehen von Breslau – die beiden Bergbauorte Goldberg (1211) und Löwenberg (1217) die beiden ältesten belegten deutschrechtlichen Städte Schlesiens sind.

Die Einführung des westlichen Städtewesens überhaupt war ein weiteres Ziel Heinrichs I. Neben den genannten Bergstädten erhielten bis zum Mongoleneinfall (1241) einige slawische Städte im wirtschaftlichen Sinne oder Marktorte deutsches Recht – so Breslau, Neumarkt, Zobten und Ohlau –, vor allem aber entstanden neue deutsche Städte als Mittelpunkte der Neusiedlungsgebiete; dazu gehörte u. a. die Städtereihe am Gebirgsrand mit Naumburg am Queis, Schönau, Bolkenhain, Striegau, Freiburg, Reichenbach, Neisse, Ziegenhals (einwandfreie Belege nicht in allen Fällen vorhanden).

Während die Siedlungspolitik Heinrichs I. auch auf seine außerschlesischen Besitzungen übergriff, blieb die Entwicklung in den Oppelner Ländern etwas zurück, und daß die deutsche Kolonisation dort überhaupt vor 1241 in Gang kam, ist vornehmlich äußerem Druck zu verdanken. Die von den Markgrafen von Mähren und den Königen von Böhmen schon im 2. Jahrzehnt des 13. Jh. eingeleitete deutsche Siedlung an der Nordgrenze Mährens (Mähr. Neustadt 1213, Bergstadt Freudenthal vor 1223, Troppau vor 1224, Leobschütz vor 1230) zwang zu einer Gegensiedlung auf

Oppelner Seite, die vor allem von geistlichen Institutionen durchgeführt wurde; so entstanden Alt Zülz vor 1225, Kostenthal 1225. Darüber hinaus sind schon 1217 in den beiden Residenzorten Ratibor und Oppeln Deutsche belegt, und als erstes bedeutenderes Unternehmen rechts der Oder setzte der Bischof von Breslau 1223 die Stadt Ujest mit umliegenden Dörfern aus.

Der Mongoleneinfall von 1241 brachte dem schlesischen Lande zwar Verluste bei; sie waren jedoch auf die schmale Durchzugsschneise der Mongolen – etwa im Zuge der Hohen Straße von Krakau über Oppeln–Breslau bis in die Liegnitzer Gegend und dann nach Südosten zur Mährischen Pforte – beschränkt und wurden im Rahmen der unverzüglich weitergeführten Kolonisation ausgeglichen.

Die Zeit nach 1241 brachte eine starke Ausweitung der deutschen Siedlung, durchgeführt vor allem mit Menschen aus den älteren deutschen Orten Schlesiens. In Niederschlesien links der Oder rückte die Kolonisation vom Gebirgsrand ins Gebirge selbst hinauf, gefördert besonders von den Herzögen Bernhard von Löwenberg (1278–86) und Bolko I. von Jauer-Löwenberg-Schweidnitz (1278 bis 1301) sowie den Breslauer Bischöfen Thomas I. (1232–68) und Thomas II. (1270–92). Dies löste eine von Tschechen und Deutschen getragene Gegensiedlung auf böhmisch-mährischer Seite aus, z. T. wohl auch mit Siedlern aus Schlesien, wie die Verbreitung des Magdeburger Rechts im nördlichen Teil von Böhmen-Mähren und auch des wohl typisch schlesischen Waldhufendorfes anzeigt. Der bedeutendste Förderer der Siedlung in Böhmen-Mähren war König Ottokar II. (1253–78). In Mähren trat der Bischof von Olmütz Bruno von Schaumburg (1245–81) als tüchtiger Kolonisator auf, wobei er auch Siedler aus seiner westfälischen Heimat heranzog; u. a. hat er den später Schlesien einverleibten Olmützer Bistumsbesitz von Katscher und Hotzenplotz besiedelt.

Die neuerlichen Aktivitäten auf mährischer Seite führten nunmehr im Oppelner Herzogtum auch rechts der Oder zu einer regen Gegensiedlung unter Herzog Wladislaus I. (1246–81), vor allem etwa von der Linie Ratibor–Sohrau–Auschwitz südwärts bis südlich von Teschen–Bielitz, aber auch weiter nördlich im Bereich des Oberschlesischen Muschelkalkrückens – beginnend mit der deutschrechtlichen Aussetzung von Beuthen 1253, mit der auch der Bergbau gefördert werden sollte. Auch im niederschlesischen Teil des rechtsodrigen Schlesien drang die deutsche Siedlung in dieser Zeit vor, insbesondere in der Oels-Namslau-Kreuzburger Ackerebene und in dem sie durchschneidenden Abschnitt der Preseka.

Neben der Ansiedlung von Deutschen erfolgte in der 2. Hälfte des 13. Jh. in verstärktem Maße auch die Umsetzung der polnischen Dörfer zu deutschem Recht – oft unter Mitwirkung deutscher Siedler –, was mit einer starken Erweiterung der Stellenzahl und der bewirtschafteten Flächen verbunden war.

Am Ende des 13. Jh. war fast ganz Schlesien von der deutschen oder deutschrechtlichen Siedlung erfaßt; nur wenige Gebiete, vor allem in östlichen Randzonen, waren von ihr unberührt geblieben. Der um 1300 erreichte Zustand ist in dem Zehntregister des Bistums Breslau vom Anfang des 14. Jh., dem »Liber fundationis episcopatus Vratislaviensis«, festgehalten.

Durch die deutsche Siedlung hatte sich das Siedlungsbild Schlesiens nicht nur hinsichtlich der Siedlungsdichte, sondern auch der Siedlungsformen vollkommen geändert. Die deutschen Dörfer waren große, planmäßige Anlagen. Im Gebirge und in seinem Vorland sowie in anderen Waldgebieten fand das sog. Waldhufendorf Verbreitung: ein beiderseits eines Talweges angeordnetes Reihendorf mit etwa 100 m Straßenanteil pro Gehöft und einer unmittelbar hinter dem Hof bergauf anschließenden Feldflur von ca. 2500 m Länge, das Maß einer fränkischen Hufe ergebend. In der Ebene traten das Straßen- und Straßenangerdorf auf, bei denen die Gehöfte dicht nebeneinander zu beiden Seiten einer Straße oder eines länglichen Angers angeordnet waren und die Felder sich auf mehrere »Gewanne« verteilten, die nach der Stellenzahl des Dorfes in schmale Streifen aufgegliedert waren. Der Grundbesitz eines Bauern war die Hufe, eine Maßeinheit, die auf Waldrodungsboden knapp 25 ha entsprach (»fränkische Hufe«), im Altsiedelland 16,8 ha (»flämische Hufe«). Wirtschaftlicher, rechtlicher und kultureller Mittelpunkt einer ländlichen Siedlungsgruppe wurde eine – vielfach neben einer slawischen Siedlung begründete – Stadt, eine regelmäßige, mit einem Mauerring umgebene Anlage, meist mit schachbrettartigem Straßennetz und einem großen rechteckigen bis quadratischen Marktplatz (»Ring«) in der Mitte, in dessen Nähe ein Platz für die Kirche ausgespart war. Die Gründung von Dörfern und Städten wurde aufeinander abgestimmt, z. T. auch gleichzeitig in einem Siedlungsgang vorgenommen (sog. Weichbildsystem). Um 1300 überzog ein Netz von etwa 130 Städten fast gleichmäßig das ganze Land; die mittlere Entfernung von Stadt zu Stadt betrug knapp 18 km. Die Durchführung der Ansiedlung übertrugen die Grundherren erfahrenen Unternehmern, sog. Lokatoren, die dann meist die Richterstelle in dem von ihnen begründeten Ort – die Scholtisei im Dorf, die (Erb-)Vogtei in der Stadt – erblich verliehen bekamen.

Die deutsche und deutschrechtliche Siedlung hatte wirtschaftliche, soziale, rechtliche, verwaltungsmäßige und kirchenorganisatorische Folgen. Die Siedler wurden zu dem ihnen geläufigen deutschen Recht angesetzt und ausdrücklich vom polnischen Recht eximiert. Das bedeutete für sie eine wesentliche Besserstellung gegenüber den nach polnischem Recht wirtschaftenden Bauern. Sie brauchten dem Landesherren (nach einer Anzahl von Freijahren) nur Zinsen in Form von Geld und Getreide abzuliefern, nicht aber die nach polnischem Recht üblichen verschiedenen Abgaben und Dienste zu leisten. Die Zehntleistung an die Kirche erfolgte – nach anfänglichem harten Widerstand seitens der Bischöfe – in der Regel durch Zahlung einer Viertelmark pro Hufe. Die neu eingeführte Dreifelderwirtschaft erbrachte größere Erträge als die frühere Feldgraswirtschaft. Die nahen Städte waren sichere Abnehmer der landwirtschaftlichen Erzeugnisse und lieferten die benötigten handwerklichen Produkte, Bier und andere Waren, für deren Herstellung und Vertrieb sie das Monopol besaßen. Die innerhalb der »Bannmeile« einer Stadt gelegenen Dörfer bildeten mit der zugehörigen Stadt eine Wirtschaftseinheit, der ursprünglich im Idealfall auch die gerichtliche Einheit, das Weichbild mit dem in der Stadt sitzenden Landvogt an der Spitze, entsprechen sollte. Die »Weichbildverfassung« löste die slawische Kastellaneiverfassung ab und blieb als Verwaltungsprinzip noch bestehen, als die Gerichtseinheit des entsprechenden Gebietes bereits aufgehoben war. Da die meisten deutschen Dörfer ihre eigene Kirche errichteten, brachte die deutsche Siedlung eine ungeheure Verdichtung des Pfarrnetzes; als Folge dessen wurde das Bistum in die Archidiakonate Breslau, Oppeln, Glogau (1227/28) und Liegnitz (1262) aufgeteilt. Die Städte, durch das deutsche Stadtrecht (Magdeburger, von diesem abgeleitet im schlesischen Raum das Löwenberger, Neumarkter, Neisser, Leobschützer Recht) mit besonderen Selbstverwaltungsorganen ausgestattet, entwickelten durch Gewerbe, Bergbau und Handel vielfach beachtliche Wirtschaftskräfte, die ihnen die Handhabe gaben, von den häufig finanzschwachen Landesherren eine Erweiterung ihrer Wirtschafts- und Rechtsprivilegien zu erkaufen.

Die politische Entwicklung Schlesiens entsprach keineswegs den geschilderten Fortschritten des Landes im Bereich der Wirtschaft, des Rechts und des sozialen Lebens.
Heinrichs I. Sohn Heinrich II., der Fromme, konnte das Erbe des Vaters im ganzen noch zusammenhalten, wenn auch manche außerschlesische Besitzungen verlorengingen. Ihm war aber nur eine kurze Regierungszeit beschieden: Auf ihrem Vorstoß nach dem Westen fielen im Jahre 1241 Mongolen von Krakau her nach Schlesien ein und durchzogen das Land, Schrecken verbreitend, bis in die Gegend von Liegnitz. Dort, bei Wahlstatt, stellte sich Heinrich II. mit seinem Kriegsvolk, ferner Johanniter- und Deutschordensrittern sowie groß und kleinpolnischen Hilfstruppen tapfer dem Feinde: Heinrichs Heer wurde geschlagen, der Herzog verlor sein Leben. Die Schlacht bei Wahlstatt hatte kaum die welthistorische Bedeutung, die sie im Bewußtsein des Volkes errang und die ihr früher auch die Historiographie zuschrieb; der Hauptstoß der Mongolen war auf Ungarn gerichtet, der Zug nach Schlesien diente nur der Flankensicherung und wurde nach der Schlacht bei Wahlstatt abgebrochen. Auch die Zerstörungen, die die Mongolen verursacht hatten, werden nicht so katastrophal wie früher angenommen gewesen sein. Schlimmer wog es wohl, daß Schlesien den Herzog verloren hatte, der vielleicht die Einheit des niederschlesischen Herrschaftsgebietes zumindest für eine

Zeitlang gewahrt hätte. So aber setzte unter seinen Nachkommen noch vor der Mitte des 13. Jh. eine immer weitergehende Aufteilung des Erbes ein; die Zersplitterung des schlesischen Landes ging so weit und die Zugehörigkeit einzelner Besitzkomplexe wechselte so oft, daß es vielfach unmöglich ist, sich ein Bild vom jeweiligen Zustand zu verschaffen.

Nach dem Tode Heinrichs II. von Schlesien (1241) regierte dessen ältester Sohn Boleslaus II. zunächst auch für seine unmündigen Brüder. 1248/51 erfolgte dann eine Erbsonderung: Boleslaus II. begründete das Herzogtum Liegnitz, Konrad I. das Herzogtum Glogau, Heinrich III. behielt – mit Wladislaus, dem späteren Erzbischof von Salzburg, als Mitregenten – Breslau. Schon die nächste Generation teilte die Territorien weiter auf: von Liegnitz spalteten sich die Anteile Löwenberg und Jauer, von Glogau Sagan und Steinau ab, und in der dritten Generation sonderten sich Brieg (von Breslau), Schweidnitz und Münsterberg (von Löwenberg-Jauer) sowie Oels (von Glogau) aus. Gleichzeitig veränderten sich die Grenzen zwischen den einzelnen Territorialkomplexen. – Auch das von Mieszko I. von Ratibor begründete Fürstenhaus, das sich nunmehr nach seiner neuen Residenz Oppeln nannte, blieb von Erbteilungen nicht verschont; nur setzten sie dort eine Generation später ein. Die vier Söhne Wladislaus' I. von Oppeln – eines Enkels Mieszkos I. – teilten das Land 1281 in die Teilherzogtümer Oppeln, Cosel-Beuthen, Ratibor und Teschen auf. Auch hier ging die Aufteilung schon in der nächsten Generation weiter: Oppeln zerfiel in die Anteile Oppeln, Falkenberg und Groß Strehlitz, Cosel-Beuthen in Cosel, Beuthen und Tost, Teschen in Teschen und Auschwitz. – Damit war noch keineswegs das Endstadium der Teilungen erreicht; allerdings kam es gelegentlich auch zu erneuten Zusammenlegungen.

Die Teilungen waren häufig das Ergebnis heftiger, auch kriegerischer Auseinandersetzungen, an denen neben den unmittelbaren Kontrahenten auch Parteigänger beider Seiten – schlesische wie nichtschlesische – beteiligt waren. Die von außen nach Schlesien einwirkenden Kräfte kamen sowohl aus Polen, zu dem Schlesien noch in lockerer Beziehung stand, als auch aus Böhmen. Ihnen entsprach aber zugleich die Einflußnahme schlesischer Fürsten auf Vorgänge in den Nachbarländern. Vor allem das politisch ebenso zerrissene Polen bot hierzu zahlreiche Anlässe; Teile Groß- und Kleinpolens waren auch in dieser Epoche zeitweise im Besitz schlesischer Fürsten. Aber in zunehmendem Maße liefen die politischen Fäden ebenso nach Prag.

Die Regierung Herzog Heinrichs IV. von Breslau (1270–90) wirft ein Schlaglicht auf das Eingebundensein Schlesiens in das Spannungsfeld zwischen Böhmen und Polen. Nach dem Tode seines Vaters Heinrich III. (1266) übernahm dessen Bruder und Mitregent Wladislaus die Regierung in Breslau, da Heinrich IV. erst 8–9 Jahre alt war. Er wurde am Prager Hof erzogen, und 1270 wurde König Ottokar II. von Böhmen sein Vormund. Nach Otto-

Karte 2

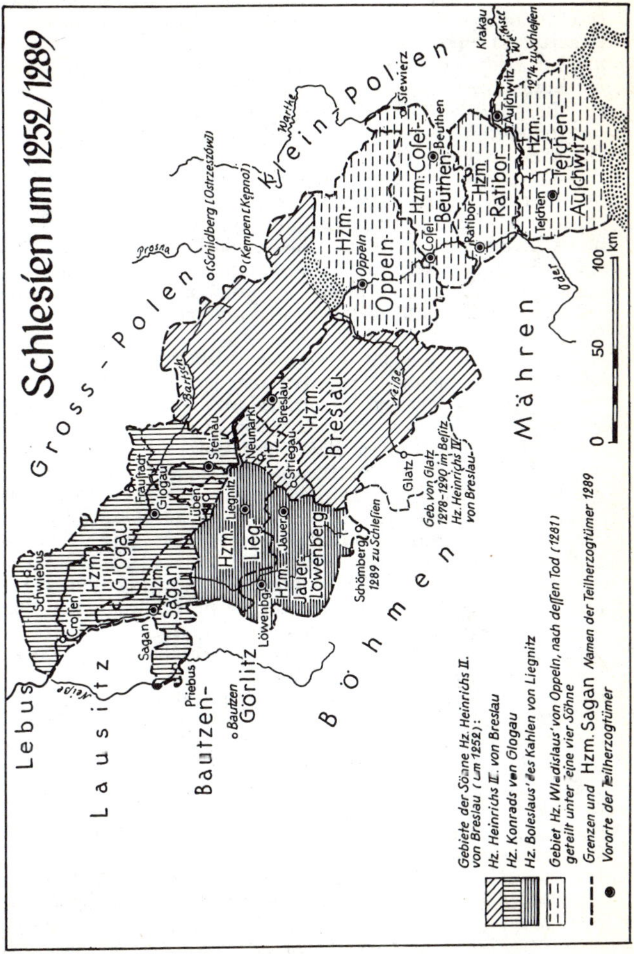
Schlesien um 1252/1289
Gross - Polen
Klein - Polen
Lebus
Lausitz
Bautzen-Görlitz
Böhmen
Mähren
Hzm. Glogau
Hzm. Sagan
Hzm. Liegnitz
Hzm. Jauer-Löwenberg
Hzm. Breslau
Hzm. Oppeln
Hzm. Cosel-Beuthen
Hzm. Ratibor
Hzm. Teschen-Auschwitz
Schwiebus
Crossen
Glogau
Fraustadt
Sagan
Priebus
Bautzen
Löwenbg.
Jauer
Liegnitz
Lüben
Steinau
Neumarkt
Striegau
Breslau
Glatz
Oppeln
Cosel
Beuthen
Ratibor
Teschen
Auschwitz
Siewierz
Krakau
(Schildberg [Ostrzeszów])
(Kempen [Kępno])
Prosna
Bartsch
Warthe
Oder
Neiße
Weichsel
Schömberg 1289 zu Schlesien
Geb. von Glatz 1278–1290 im Besitz Hz. Heinrichs IV. von Breslau
1274 zu Schlesien
0 50 100 km
Gebiete der Söhne Hz. Heinrichs II. von Breslau (um 1252):
Hz. Heinrichs III. von Breslau
Hz. Konrads von Glogau
Hz. Boleslaus' des Kahlen von Liegnitz
Gebiet Hz. Wladislaus' von Oppeln, nach dessen Tod (1281) geteilt unter seine vier Söhne
Grenzen und Hzm. Sagan Namen der Teilherzogtümer 1289
Vororte der Teilherzogtümer

kars Tod erhielt Heinrich nicht – wie erwartet – die Statthalterschaft in Böhmen für den minderjährigen Wenzel (II.), er wurde aber von Rudolf von Habsburg, der ihn auch zum Reichsfürsten machte, mit dem böhmischen Gebiet von Glatz entschädigt. Heinrich errang nicht nur eine Vormachtstellung in Schlesien, sondern es gelang ihm 1288 auch die Einnahme von Krakau, nicht zuletzt mit Hilfe der deutschen Bürgerschaft dieser Stadt. Als Erben seiner Besitzungen hatte er zunächst den böhmischen König Wenzel II. vorgesehen, am Totenbette änderte er jedoch das Testament: Heinrich III. von Glogau sollte Breslau, Primislaus II. von Großpolen Krakau erhalten, Glatz an Böhmen zurückfallen. – In dem anschließenden Kampf um die polnischen Länder zwischen den Herzögen der Teilgebiete und den Königen von Böhmen siegten am Ende die kleinpolnischen Piasten; sie schufen ein neues Königreich Polen. Die schlesischen Länder aber, die angesichts ihrer Zersplitterung die Anlehnung an einen Schutz gewährenden Staat brauchten, lösten sich nunmehr endgültig aus dem polnischen Staatsverband heraus und unterstellten sich der Krone Böhmens.

Schon 1289 hatte Kasimir II. von Cosel-Beuthen die Lehnshoheit Böhmens angenommen, andere Oppelner Fürsten waren 1292 seinem Beispiel gefolgt. Aber erst 1327 unterstellten sich die schlesischen Teilherzogtümer – damals 17 an der Zahl – endgültig unter die seit 1311 im Besitz der Luxemburger befindlichen Krone Böhmens. Die Herzöge der Oppelner Länder und von Breslau (1327), von Liegnitz, Brieg, Oels, Sagan und Steinau (1329) reichten ihr Land freiwillig Johann von Böhmen zu Lehen auf; unter Druck erreichte der König die Huldigung von Glogau 1331 und von Münsterberg 1336. 1342 einigte sich auch der Bischof von Breslau mit dem böhmischen Herrscher und huldigte ihm für das Bistumsland, das aus der bischöflichen Kastellanei Ottmachau (vor 1155) hervorgegangene Territorium, für das die Bischöfe nach langem Streit 1290 die beschränkte, 1333 die volle Landeshoheit erworben hatten und das sie in jenen Jahren durch den Ankauf von Grottkau zu dem Fürstentum Neisse-Grottkau erweiterten, das ihnen den Titel »Fürstbischof« einbrachte. Nur der mächtige Herzog Bolko II. von Schweidnitz-Jauer, der sich auch außerhalb seiner Herzogtümer einen beachtlichen Besitz aufgebaut hatte, erkannte den böhmischen König nicht als Lehnsherrn an; mit seinem Tode 1368 kam aber sein Land doch unter böhmische Hoheit, da seine Nichte und Erbin Anna Karl IV. von Böhmen geheiratet hatte.

Inzwischen hatte König Kasimir III., der Große, von Polen 1335 im Vertrag von Trentschin auf die unter böhmische Lehnshoheit oder unmittelbare Landesherrschaft gestellten schlesischen Gebiete verzichtet. Vergebens versuchte er später, von der Vereinbarung zurückzutreten. Sein Nachfolger, König Ludwig der Große, bestätigte 1372 noch einmal den Verzicht auf alle schlesischen Herzogtümer. Damit waren die letzten politischen Bindungen

Schlesiens an Polen gerissen. Bestehen blieb – da der Erzbischof von Gnesen Widerstand leistete und auch die Kurie die ihr aus den polnischen Bistümern zufließenden »Peterspfennig«-Einnahmen nicht geschmälert sehen wollte – die Zugehörigkeit des Bistums Breslau zur polnischen Kirchenprovinz Gnesen, die erst auf Betreiben Preußens 1821 aufgehoben wurde.

Dem Lande Schlesien brachte die Unterstellung unter Böhmen die Aufnahme in das Römische Reich – denn Böhmen war ein Glied desselben – und damit eine Bindung an Deutschland, allerdings nur eine mittelbare: die schlesischen Herzöge wurden nicht Reichsfürsten, sie waren nur Böhmen untertan. Ihre Entscheidung für Böhmen und gegen Polen wird in erster Linie in der Furcht begründet gewesen sein, ihre Selbständigkeit an das wieder erstarkende Polen zu verlieren. Aber auch ihre persönlichen Bindungen und ihre Integrierung in den deutschen Kulturkreis, schließlich die zunehmende »Verwestlichung« ihrer Länder, besonders durch den inzwischen bedeutenden deutschen Bevölkerungsteil, werden eine Rolle gespielt haben.

Schlesien soll nach Berechnungen auf der Grundlage der Peterspfennig-Listen um die Mitte des 14. Jh. eine Bevölkerungszahl von fast einer halben Million gehabt haben; mehr als die Hälfte davon sollen Deutsche gewesen sein. Das Land besaß sogar einen solchen Überschuß an Menschen, daß es in großer Zahl Kolonisten für Großpolen, das Ordensland Preußen, Oberungarn und vor allem für Kleinpolen und Rotpreußen freigeben konnte; die Neubürgerlisten von Krakau und Lemberg aus dem 14./15. Jh. zeigen den herausragenden Anteil der Schlesier an den Neubürgern dieser Städte.

Die Leitlinie dieser Ostwanderung war die »Hohe Straße«, die im 13./14. Jh. auch die Hauptachse des schlesischen Handelsverkehrs war. Die Fertigwaren Westdeutschlands und Westeuropas wurden auf ihr über Görlitz, Breslau, Krakau, Lemberg und durch die Moldau bis zu den italienischen Kolonien am Schwarzen Meer befördert, von denen im Gegenzug die orientalischen Waren des Levantehandels westwärts gebracht wurden. Breslau, der überragende Handelsplatz in Schlesien (neben Schweidnitz, Liegnitz, Neisse u. a.), erstrebte direkten Verkehr zumindest bis Lemberg und geriet deswegen manchmal mit dem Stapelplatz Krakau in Streit. Es stand ihm aber auch der Weg über den Jablunka-Paß nach dem Südosten offen; in Ungarn durfte es seit 1365 frei handeln. Die Benutzung des westlichen Teiles der Hohen Straße nahm im 14. Jh. zugunsten der Route Flandern–Nürnberg–Prag–Breslau ab, wahrscheinlich beeinflußt durch die engere Bindung Schlesiens an Böhmen. Breslau hatte rege Beziehungen auch zum Ostseeraum; dies kommt schon in der Zugehörigkeit der Odermetropole zur Hanse zum Ausdruck (1387 belegt) – Breslau und Krakau waren, weit entfernt vom eigentlichen Bereich der Hansestädte gelegen, die einzigen Glieder dieses Städteverbandes im südöstlichen Binnenland. Der wichtigste

Partner Breslaus im Norden war Thorn, seit dem 15. Jh. Danzig.
Entsprechend dem Wunsche der Luxemburger suchte Breslau
nach Süden hin über Wien hinaus direkten Kontakt zu Venedig
und erreichte ihn trotz Erschwerungen seitens der Österreicher
gegen Ende des 14. Jh. Schlesien vermittelte nicht nur fremde
Waren, sondern hatte auch eigene Produkte anzubieten; vor allem blühte allenthalben in den Städten die Tuchmacherei, und
das Bier von Schweidnitz war ebenfalls geschätzt.

Der wirtschaftliche Wohlstand förderte die Entstehung einer reichen städtischen Kultur; sie kommt in der Errichtung künstlerisch
bedeutsamer kirchlicher und weltlicher Bauten und im regen Besuch der Universitäten Prag, Krakau und nach 1409 Leipzig durch
Söhne schlesischer Städte, aber auch im Wirken aus Schlesien
stammender Professoren an diesen Universitäten deutlich zum
Ausdruck. Daß diese Kultur deutsch geprägt war, zeigt u. a. die
aufkommende Verwendung der deutschen Sprache in den Urkunden (neben dem Lateinischen).

Diese Blüte der bürgerlichen Kultur war möglich, obwohl die politische Zersplitterung im 14. Jh. ihren Höhepunkt erreichte –
oder vielleicht ermöglichte gerade diese Situation den Städten mit
Hilfe ihrer Finanzkraft die Erweiterung ihres Freiheitsraumes.
Teilung, Verpfändung und Verkauf von landesherrlichen Besitzungen und Rechten waren keine Seltenheit. Zu den Inhabern
fürstlicher Güter und Rechte gehörte nunmehr auch der König
von Böhmen; denn er konnte Territorialbesitz erwerben – erstmalig tat er dies 1331 durch Kauf eines Teiles von Glogau –, und
beim Aussterben einer piastischen Herzogslinie fiel deren Gebiet
als erledigtes Lehen an die Krone und blieb in der Regel als
»Erbfürstentum« bei ihr; so geschah es 1335 mit dem Herzogtum
Breslau. Der König konnte aber den heimgefallenen Besitz auch
wieder als Lehen austun; das Erbe des letzten männlichen Piasten von Ratibor, Lestko, übergab er 1336 dessen Schwager, dem
Přemysliden Nikolaus II. von Troppau, als Folge dessen das bislang mährische Herzogtum Troppau im Laufe des 14. Jh. in den
schlesischen Territorialverband hineinwuchs. Die Veräußerung
fürstlicher Ländereien und Rechte erfolgte nicht nur an fürstliche
Personen, sondern im kleinen auch an den Adel, dessen Zusammenfassung in den später so einflußreichen Landständen – 1290
im Herzogtum Breslau erstmalig angedeutet – seit dem 3. Jahrzehnt des 14. Jh. deutlich erkennbar wird.

König Johann nannte sich 1344 »supremus dux Slezianorum« und
umschloß mit diesem Begriff sowohl Niederschlesien als auch
Oberschlesien. Schon 1327 hatte sich Bolko II. von Oppeln als
Herzog von Schlesien bezeichnet; dies taten im Landfrieden von
1349–51 und fortan immer häufiger auch die anderen Fürsten der
Oppelner Länder – vielleicht auf Grund des Schlesien einigen-
den Bandes der böhmischen Lehnsherrschaft. Karl IV. inkorporierte 1348 die schlesischen Fürstentümer förmlich der Krone
Böhmens und bestätigte dies als Kaiser 1355. Die Hoheitsrechte

der schlesischen Fürsten blieben allerdings unangetastet; in den Erbfürstentümern vertraten Landeshauptleute den König. Daß der Landeshauptmann von Breslau – seit 1357 meist der Ratsälteste der Stadt Breslau – gelegentlich im Namen des Königs Anordnungen traf, die auch für die Nachbarterritorien von Breslau gelten sollten, hatte keine weitere Bedeutung. Eher kann der 1349–51 von Karl IV. anbefohlene, auf fünf Jahre abgeschlossene Landfriede aller schlesischen Fürsten (einschl. des Königs als Herrn der Erbfürstentümer) unter Herzog Konrad I. von Oels als oberstem Richter und Obmann als zaghafter Schritt in Richtung auf eine politische Zusammenfassung Schlesiens gedeutet werden.

Mit dem Tode Kaiser Karls IV. 1378 und den folgenden Zwistigkeiten im Hause der Luxemburger schwand aber wieder der von Böhmen erwartete Schutz; Unfriede und Raubrittertum breiteten sich in Schlesien aus. Die von vielen Fürsten nunmehr aus eigener Initiative ohne Beteiligung der Erbfürstentümer vereinbarten Landfriedensbündnisse änderten kaum etwas an den Verhältnissen. Unsicherheit und Gewalt erreichten aber erst in den Hussitenkriegen ihr größtes Ausmaß.

6. Die Zeit der Hussitenkriege und des Ringens um die Krone Böhmens (1419–1526)

Die Verbrennung des Johannes Hus in Konstanz im Jahre 1415 löste in Böhmen religiöse und nationale Agitationen aus, die der nachgiebige König Wenzel IV. von Böhmen duldete. Als Wenzel 1419 starb, verweigerten die Tschechen seinem Bruder Sigismund die Anerkennung als neuem König von Böhmen, weil er als Deutscher König Hus trotz erteilten Geleitbriefes hatte hinrichten lassen. Sigismund berief daraufhin 1420 einen Reichstag nach Breslau ein – es war der erste östlich der Elbe abgehaltene Reichstag – und beschloß Maßnahmen gegen die aufständischen Tschechen. Achtzehn schlesische Fürsten huldigten dem König und versprachen Hilfe gegen die Feinde Sigismunds. 1421 fiel ein schlesisches Heer in Böhmen ein. Die Hussiten brachten jedoch den Anhängern des Königs Niederlagen bei und boten die Krone Böhmens zunächst dem polnischen König Wladislaus II. und dann – als dieser ablehnte – Witold von Litauen an. Dieser war grundsätzlich bereit, das Angebot anzunehmen, und schickte seinen Neffen Sigmund Korybut nach Prag. Als auch Mähren von der Revolution ergriffen wurde, waren Schlesien und die Lausitzen unter den böhmischen Ländern isoliert. Gegen sie richtete sich der Haß der radikalen Tschechen, der Taboriten. Unter dem Eindruck der ersten Einfälle der Hussiten (seit 1425) kam es 1427 zur Strehlener Einung, einer gegen die Hussiten gerichteten gesamtschlesischen militärischen und politischen Organisation. Aber Schweidnitz blieb abseits, und mehrere oberschlesische Fürsten einigten sich mit den Tschechen auf eine neutrale Haltung. Ab 1427 fielen

die Hussiten öfter in Schlesien ein und brannten zahlreiche Städte
und Klöster nieder; am verlustreichsten war das Jahr 1428. Manche schlesischen Städte machten die Hussiten zu ihren Stützpunk-
ten, von denen aus sie jahrelang die Gegenden unsicher machten;
Gleiwitz war 1430/31 Standquartier Sigmund Korybuts, Kreuzburg 1430–34 Sitz des Hussitenführers Dobeslaus Puchala, auch
Nimptsch und Ottmachau blieben 1430–34 bzw. 1430–35 in hussitischer Hand. Nach dem Sieg der gemäßigten böhmischen Partei
(Utraquisten) über die Radikalen bei Lipan in Böhmen 1434 kam
es zu einem Frieden zwischen den Tschechen und Sigismund, der
nunmehr in Böhmen als König anerkannt wurde. Die Schlesier wurden von Sigismund 1435 in einem Landfrieden unter dem Breslauer Bischof Konrad von Oels als Oberhauptmann geeinigt.
Der Streit um die böhmische Krone flammte jedoch beim Tode
Sigismunds (1437) wieder auf, und zwar traten jetzt die polnischen Jagiellonen, die sich während der Hussitenkriege wegen der
religiösen Gegensätze zu den Tschechen zurückgehalten hatten,
als Thronprätendenten auf den Plan, und sie verließen erst 1526
die böhmische Bühne. Das zwischen Polen und Böhmen gelegene
Schlesien wurde häufig zum Schauplatz der um die böhmischen
Länder entbrennenden Machtkämpfe.
Sigismunds Nachfolger als König von Böhmen und Ungarn sowie
als Deutscher König wurde dessen Schwiegersohn Albrecht V. von
Österreich (als Deutscher König Albrecht II.). Eine Gruppe utra-
quistischer Tschechen bot jedoch die böhmische Krone dem polnischen König Wladislaus III. an. Auf dessen Vorschlag wurde allerdings Wladislaus' jüngerer Bruder Kasimir zum Gegenkönig
gewählt. In Prag konnte sich zwar Albrecht durchsetzen; im östlichen Schlesien mußten aber die Herzöge von Auschwitz, Ratibor,
Oppeln und Brieg unter militärischem Druck den Jagiellonen Kasimir als König von Böhmen und damit als ihren Lehnsherrn anerkennen. Durch den baldigen Tod Albrechts (1439) änderte sich
die Lage erneut: Um die Nachfolge in Ungarn stritten nun Albrechts Witwe Elisabeth für ihren nachgeborenen Sohn Ladislaus
(geb. Febr. 1440) und der polnische König Wladislaus III. Polen
beanspruchte auch Schlesien und überzog das Land mit Krieg.
Die Mehrzahl der schlesischen Fürsten hielt zu Elisabeth; diese
war aber nicht in der Lage, dem Land zu helfen.
Nach dem Tode Wladislaus' III. von Polen in der Schlacht gegen
die Türken bei Warna (1444) entspannte sich das Verhältnis Polen–Böhmen; Kasimir IV. von Polen – der einstige böhmische Gegenkönig – zeigte kein Interesse an Böhmen. In Böhmen selbst
riß 1448 der Hauptmann von Ostböhmen Georg von Podiebrad
die Macht an sich; er erhielt 1452 die Stellung eines Landesver-
wesers, Böhmen wurde zum Wahlkönigreich erklärt und Ladislaus Posthumus 1453 zum König von Böhmen gewählt. Die Schlesier bekannten sich zum jungen König; allerdings regte sich Widerstand gegen den eigentlichen Machthaber Georg von Podiebrad. Dieser ließ sich nach dem frühen Tode König Ladislaus'

(1458) von den böhmischen Ständen selbst zum König wählen und belehnte seine Söhne mit den schlesischen Herzogtümern Münsterberg und Troppau (sowie mit Glatz, das auf diese Weise in engere Beziehungen zu Schlesien kam). Tschechischer Einfluß machte sich in Schlesien auch durch die Einsetzung tschechischer Adliger als Landeshauptleute der Erbfürstentümer und in andere Positionen geltend; Tschechisch wurde in weiten Teilen Schlesiens Amtssprache.

Die Gegner Georgs von Podiebrad vereinigten sich und wählten 1469 den ungarischen König und einstigen Schwiegersohn Georgs Matthias Corvinus zum König von Böhmen. Schlesien war in dieser Frage in zwei Lager zerrissen, auf seinem Boden wurden die Kämpfe zwischen ihnen ausgetragen. Als Georg 1471 starb, hörten die Kämpfe nicht auf, es wechselte nur einer der Hauptakteure: dem Ungarnkönig stand nunmehr der 14jährige Sohn des polnischen Königs Kasimir IV., Wladislaus, Neffe des Böhmenkönigs Ladislaus Posthumus (Kasimir hatte eine Schwester des Ladislaus geheiratet), gegenüber, den Georg als seinen Nachfolger vorgesehen hatte. Nach langen Kämpfen, an denen Truppen König Kasimirs für dessen Sohn Wladislaus teilnahmen, während die Söhne Georgs von Podiebrad überraschenderweise auf der Seite des Matthias standen, wurde 1474 ein Kompromiß geschlossen: beide Thronprätendenten behielten den Titel eines Königs von Böhmen und teilten sich die Herrschaft über die Kronländer, und zwar verblieb dem Jagiellonen Wladislaus Böhmen, Matthias wurden die Nebenländer Mähren, Schlesien und die Lausitzen zugesprochen. Die Bestätigung dieser Vereinbarung (Olmütz 1479) enthielt den Zusatz, daß die Nebenländer nach dem Tode des Matthias gegen eine Zahlung von 400 000 Gulden ebenfalls an Wladislaus fallen sollten. Da letzterer nach Matthias' frühem Tode 1490 auch die ungarische Krone erwerben konnte, wurde die Geldzahlung gegenstandslos. Schlesien löste sich aber wieder von Ungarn und wurde erneut ein Nebenland Böhmens. Die Personalunion von Böhmen und Ungarn sollte allerdings bis zum Ende des 1. Weltkrieges erhalten bleiben, wenn auch nicht unter den Jagiellonen, die in diesen Ländern schon mit Wladislaus' Sohn Ludwig II. ausstarben, sondern unter den Habsburgern.

Die innere Entwicklung Schlesiens während des 15. Jh. war von der von außen hereingetragenen Unsicherheit bestimmt. Die Zersplitterung des Landes und die Machtkämpfe unter rivalisierenden Gliedern der einzelnen Fürstenfamilien hielten auch in der Zeit äußerer Bedrohung an, im Gegenteil: die Einmischung Auswärtiger bot mehr Möglichkeiten zu Parteienbildung. Randgebiete gingen damals Schlesien für immer verloren, manche Territorien kamen in die Hand nichtschlesischer Fürstenhäuser. Im Osten wurde Sewerien 1442 an den Bischof von Krakau verkauft und Polen eingegliedert. Herzog Wenzel von Zator mußte 1447 die polnische Oberhoheit anerkennen, sein Sohn Johann V. 1494 sein Land dem polnischen König verkaufen, wie es sein Onkel Johann

IV. bereits 1457 mit dem Fürstentum Auschwitz getan hatte. Im Westen verkaufte Herzog Hans II. das Fürstentum Sagan 1472 an Herzog Albrecht den Beherzten von Sachsen, Schwiegersohn Georgs von Podiebrad; bis 1549 blieb Sagan wettinisch, ohne aus dem schlesischen Territorialverband auszuscheren. Dies geschah hingegen praktisch – da es sich seit etwa Mitte des 16. Jh. nicht mehr an der gesamtschlesischen Steueraufbringung beteiligte – mit dem Fürstentum Crossen, das auf Grund einer Erbschaft seit 1482 dem Kurfürsten von Brandenburg gehörte, bis 1537 nur als Pfand. Das Fürstentum Glogau erhielt 1488 ein unehelicher Sohn des Matthias Corvinus, Johann Corvinus, und nach dem Tode des Matthias nacheinander zwei Brüder des böhmischen Königs, die Jagiellonen Johann Albrecht und Sigismund, die jeweils nach Besteigung des polnischen Königsthrons (1492 bzw. 1506) Glogau wieder an Wladislaus von Böhmen zurückgeben mußten (1496 bzw. 1508). Johann Corvinus konnte dafür vom Tode seines Vaters bis 1501 das Fürstentum Troppau behaupten, das dann ebenfalls an Sigismund von Polen fiel (bis 1511). Der zweite Sohn Georgs von Podiebrad, Heinrich I. von Münsterberg, erwarb nach dem Aussterben der Oelser Piasten (1492) auch noch das Fürstentum Oels (1495).

Die Wirtschaft Schlesiens verzeichnete im 15. Jh. einen Niedergang. Dies war nicht nur eine direkte Folge der Hussiteneinfälle und der damit verbundenen Zerstörungen, sondern auch durch die Unsicherheit auf den Straßen bedingt. Die Warenzüge umfuhren das unruhige Böhmen und teilweise auch das mitbetroffene Schlesien. Die sich allmählich anbahnende Direktverbindung Leipzig–Posen kam dem Bestreben Polens entgegen, die Vermittlerrolle Breslaus im West-Ost-Handel auszuschalten. Deswegen wurden zeitweise auch Handelskriege zwischen Polen und Schlesien geführt, und 1515 mußte Breslau endgültig auf sein Stapelrecht (seit 1274) verzichten. Der Handel auf der Hohen Straße in Richtung Schwarzes Meer verlor seit der Besetzung der italienischen Schwarzmeerkolonien durch die Türken (1475, 1484) seine einstige Bedeutung; der Osthandel Breslaus war jetzt – soweit möglich – mehr auf Lublin ausgerichtet. Wichtiger wurde nunmehr der Handel mit dem Südosten, mit Ungarn (Kupferausfuhr aus Oberungarn!), gefördert besonders in den Zeiten, da die Herren von Schlesien zugleich Könige von Ungarn waren, also unter Sigismund, Albrecht und den Jagiellonen, vor allem aber unter Matthias Corvinus. Vom Westen her ließ sich in dieser Zeit oberdeutsches Kapital in Breslau nieder. Die Verbindungen zu den oberdeutschen Städten gingen jetzt wegen des Unruheherdes Böhmen wieder mehr auf die Hohe Straße über.

Ein Siedlungsrückgang ist schon seit dem Ende des 14. Jh. infolge der spätmittelalterlichen Agrarkrise zu verzeichnen; er wurde durch die Hussitenkriege nur noch verstärkt. Durch Wanderung von Bauern von schlechteren Böden auf freigewordene bessere und vom Lande in die stärker unter Bevölkerungsverlusten leidenden Städte entstanden Wüstungen. Nur in zwei Bereichen gab es positive Entwicklungen: in der Teichwirtschaft sowie in der Erzgewinnung und -verhüttung. – Nach dem Ausbleiben des Ostseeherings wuchs die Nachfrage nach Süßwasserfischen; dies führte in Oberschlesien seit der Mitte des 15. Jh. zum Aufkommen einer blühenden Teichwirtschaft. Die Eisenhämmersiedlung auf der Grundlage von Raseneisenerz in sumpfigen Niederungen setzte bereits in der Mitte des 14. Jh. ein und ging auch über die bäuerliche Wüstungsperiode hinweg bis ins 16. Jh., gelegentlich sogar bis ins 17. Jh. weiter. Die Eisenhämmer breiteten sich links der Oder im Bereich der Niederschlesisch-Lausitzer Heide aus, im rechtsodrigen Schlesien in den feuchten oberschlesischen Waldgebieten nördlich und südlich des Muschelkalkrückens, vor allem an den Oberläufen der Flüsse, ferner in Niederschlesien im mittleren Bartschgebiet, dort allerdings nach vereinzelten Anlagen des 14. und 15. Jh. erst richtig seit dem Ende des 16. Jh. – Der bergmännische Erzabbau erlebte nach der Krise des 14. Jh. seit den 1470er Jahren auch in Schlesien einen neuen Aufschwung, zunächst durch Belebung des Bergbaus in alten Bergorten der mittleren und östlichen Sudeten sowie im Beuthener Revier, dann im 16. Jh. durch die Gründung neuer Bergbaustädte in diesen Gebieten und auch in den Westsudeten (Schmiedeberg 1513, Kupferberg 1519, Gottesberg vor 1523, Tarnowitz vor 1533, Silberberg 1536, Engelsberg um 1550, Georgenberg 1561, Wilhelmsthal 1581, Würbenthal 1611).

Die Verhältnisse des 15. Jh. führten in weiten Teilen Schlesiens zu einem Sprachausgleich. Durch das Wüstwerden vieler Bauernstellen und die Menschenverluste in den Städten infolge Krieg und Seuchen entstand eine Bevölkerungsbewegung, die das Durcheinandersiedeln von Deutschen und Slawen förderte. Die jeweilige Minderheit nahm dann bald die Sprache der Mehrheit an. Im Endergebnis gingen auf der einen Seite viele polnische Sprachinseln in westlichen und mittleren Schlesien im Deutschtum auf; um die Mitte des quellenmäßig besser erfaßbaren 17. Jh. war Niederschlesien weitgehend deutsch, die polnische Sprache war dort nur noch im Nordwesten in der Gegend von Grünberg und Deutsch Wartenberg, in der altbesiedelten mittelschlesischen Ackerebene links der Oder etwa im Redtcck Breslau–Kanth–Strehlen–Ohlau, in kleinen Inseln auch noch etwas weiter westlich, ferner rechts der Oder etwa östlich der Linie Trachenberg–Prausnitz–Trebnitz–Breslau verbreitet. Auf der anderen Seite waren in Oberschlesien in der Mitte des 16. Jh. fast alle deutschen Siedlungen östlich der Linie Neißemündung–Falkenberg–Friedland–Neustadt–Oberglogau–Deutsch Neukirch–Jägerndorf–Bennisch slawisiert, d. h. nördlich der Zinna wurden sie polnisch-, südlich dieses Flusses mährischsprachig. Nur wenige deutsche Sprachinseln konnten sich in Oberschlesien bis ins 20. Jh. halten: die Gegend um Katscher-Piltsch (nördlich Troppau), Kostenthal nordöstlich Leobschütz, einige Dörfer um Schönwald bei Gleiwitz

und die Gegend um Bielitz, bis ins 17. Jh. hinein auch noch vier
Dörfer um Kreutzdorf südlich Sohrau, ferner Punzau bei Teschen
und Peterswald (Piotrowice) südwestlich Zator. Von den Städten
Oberschlesiens behielten dank der deutschen Umgebung Troppau, Katscher und Bielitz deutsche Mehrheiten, im übrigen bewahrten die größeren Städte (Oppeln, Ratibor, Oberglogau, Teschen) deutsche Minderheiten, die mittleren (Gleiwitz, Beuthen,
Pleß, Zülz, Falkenberg) vereinzelte Deutsche. Die tschechische
Amtssprache förderte den Slawisierungsprozeß in Oberschlesien,
war doch der Abstand zwischen dem damals in Oberschlesien ge-
sprochenen Polnisch und dem Tschechisch jener Zeit nicht groß.
Als positiv sind die im 15. Jh. erfolgten Ansätze einer schlesischen
Gesamtstaatsverfassung zu beurteilen. König Sigismund hatte
1422 einen Landeshauptmann für ganz Schlesien eingesetzt; das
war aber eine vorübergehende Einrichtung. Erst Matthias Corvinus schuf ständige gesamtschlesische Institutionen, die ihn auch
überdauerten. Der König hatte stets seine Bevollmächtigten in
Schlesien, für kurze Zeit »Oberlandeshauptleute«, sonst waren es
»Anwälte«, teilweise getrennt für Niederschlesien und Oberschlesien (diese Begriffe tauchen in der Mitte des 15. Jh. auf). Die
»Fürstentage«, die seit dem Ende des 14. Jh. auf freiwilliger Basis hin und wieder stattgefunden hatten, mußten seither regelmäßig abgehalten werden, mindestens einmal jährlich; auch sie
fanden teils in gesamtschlesischem Rahmen, teils für Niederschlesien und Oberschlesien getrennt statt, und zwar unter Beteiligung
von Vertretern der Erbfürstentümer. Die Fürstentage beschäftigten sich mit Fragen der Steuererhebung – Steuerforderungen seitens des Oberherrn waren ein Novum! –, der Mannschaftsstel-
lung, des Landfriedens und des Münzwesens. Matthias Corvinus
verschaffte dem Lande durch seine straffe Organisation mehr Sicherheit, vor allem die innerschlesischen Streitigkeiten wurden
stark eingedämmt. Freilich waren die Verbesserungen nur auf
Kosten der hergebrachten Hoheitsrechte der Fürsten möglich. So
überrascht es nicht, daß die Fürsten und Stände die Schwäche
König Wladislaus' von Böhmen ausnützten, um die königlichen
Institutionen zu ihren eigenen umzugestalten. Das »Große Lan-
desprivileg« Wladislaus' von 1498 bestimmte, daß der Oberlandeshauptmann stets ein schlesischer Fürst sein sollte; die Fürstentage behielten das Steuerbewilligungsrecht. Erstmalig wurde 1498
ein oberstes Gericht (»Oberrecht«) mit dem Oberlandeshauptmann an der Spitze eingeführt; es sollte Streitigkeiten zwischen
dem König und den Fürsten bzw. Standesherren sowie unter den
Fürsten oder Standesherren schlichten.
Ein Jahr vor seinem Tode beschloß König Wladislaus auf dem
Wiener Kongreß von 1515 mit Kaiser Maximilian I. eine Doppelheirat zwischen den beiden Herrscherhäusern, welche die Weichen für die Schaffung des habsburgischen Großreiches im Südosten stellte: Wladislaus' Kinder Anna und Ludwig sollten Maximilians Enkel Ferdinand und Maria heiraten. Schon elf Jahre

später konnten die Habsburger die Früchte dieses Ehevertrages ernten: nach dem Tode des nur 20jährigen Ludwig II. von Böhmen und Ungarn in der Schlacht bei Mohács 1526 erbte Erzherzog Ferdinand, der spätere Kaiser Ferdinand I., die böhmische und ungarische Krone; Schlesien wurde damit habsburgisch.

7. Schlesien als Teil der Habsburgermonarchie (1526–1740)

Das Bild der politischen Landschaft Schlesiens war zu Beginn der Habsburgerzeit trotz des Aufkommens neuer Territorialeinheiten, der Standesherrschaften, einfacher als im 14. oder 15. Jh. Einige Piastenlinien waren inzwischen ausgestorben oder hatten ihre Länder verkauft. 1526 regierten nur noch drei piastische Fürstenlinien: 1. die Brieger Linie, die auch Liegnitz geerbt hatte und seit 1523 ebenso das aus Gebieten der Fürstentümer Glogau und Oels Ende des 15. Jh. entstandene Fürstentum Wohlau besaß – die drei Territorien waren zeitweise in einer Hand, dann wieder auf verschiedene Glieder der Familie verteilt –, 2. die Oppelner Linie, die am Ende des 15. Jh. bzw. 1521 die einst Oppelner Länder Cosel-Beuthen und Ratibor – wenn auch verkleinert – wiedererlangen konnte, und 3. die Teschener Linie, auch sie auf stark eingeschränktem Gebiet, nämlich ohne Auschwitz-Zator. Zum alten Bestand kann auch das den Bischöfen von Breslau gehörige Fürstentum Neisse-Grottkau (Bistumsland) gerechnet werden. Zu Erbfürstentümern, d. h. dem König von Böhmen unmittelbar unterstellten Territorien, waren inzwischen geworden: Breslau (1335), Schweidnitz-Jauer (1392), Glogau (1490/1508) und das přemyslidische Troppau (1511). An auswärtigen Häusern hatten neben den Podiebrads (in Münsterberg und Oels) drei reichsfürstliche Familien in Schlesien Besitz: die Wettiner das Fürstentum Sagan, die Brandenburger Hohenzollern das Fürstentum Crossen und neuerdings ein fränkischer Hohenzoller, Markgraf Georg von Ansbach, das 1377 von Troppau abgezweigte Fürstentum Jägerndorf (seit 1523). Georg hatte seit demselben Jahr auch die zum Fürstentum Ratibor gehörige Herrschaft Oderberg inne und war seit 1526 Anwärter auf die Herrschaft Beuthen in Oberschlesien. Eine neue Erscheinung im schlesischen Territorialverband waren die Freien Standesherrschaften; es waren mit landesherrlichen Rechten ausgestattete Territorien im Besitz nichtfürstlicher Familien. Solche Standesherrschaften hatten sich am waldreichen, nur dünn besiedelten Nordost- und Ostrand Schlesiens aus den alten Fürstentümern herausgelöst: aus Oels gleich drei, nämlich Groß Wartenberg (1489), Trachenberg (1492) und Militsch (1494), aus Ratibor Pleß (1517). Später sollten noch Beuthen (1697), Carolath (1698) und Bielitz (1751) zu Freien Standesherrschaften erhoben werden. Daneben gab es Minderstandesherrschaften, die eine Zwischenstellung zwischen den Freien Standesherrschaften und den einfachen Grundherrschaften einnahmen; eine der frühesten und größten war Loslau (1515).

Karte 3

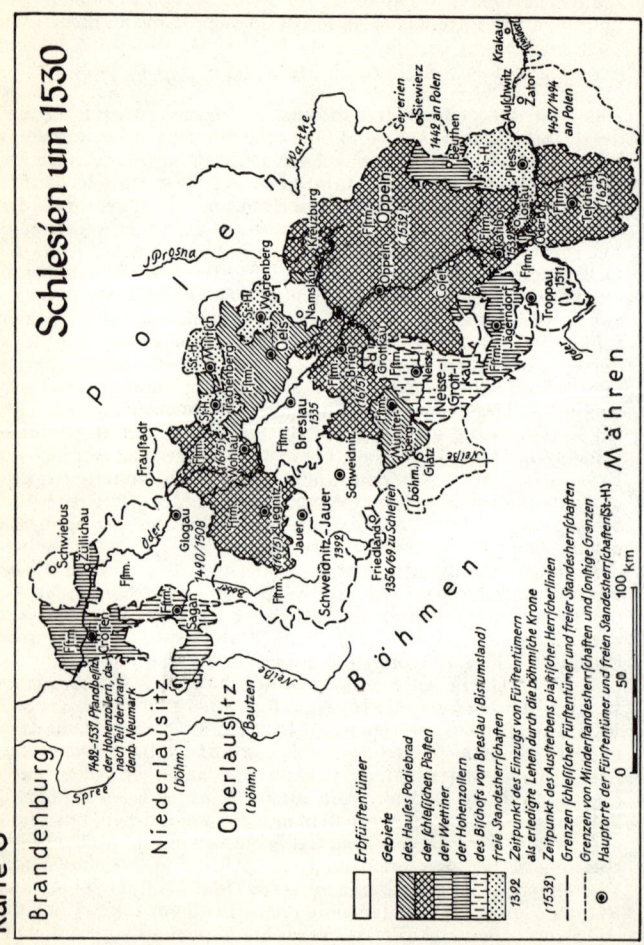

Schlesien um 1530

Erbfürstentümer

Gebiete
des Haufes Podiebrad
der fchlefifchen Pfaffen
der Wettiner
der Hohenzollern
des Bifchofs von Breslau (Bistumsland)
freie Standesherrfchaften

1392   Zeitpunkt des Einzugs von Fürftentümern
        als erledigte Lehen durch die böhmliche Krone

(1532) Zeitpunkt des Ausfterbens piaftifcher Herrfoberlinien

—— Grenzen fchlefifcher Fürftentümer und freier Standesherrfchaften
- - - Grenzen von Minderftandesherrfchaften und fonftige Grenzen
⊙ Haupforte der Fürftentümer und freien Standesherrfchaften(St.-H)

0   50   100 km

Der böhmische Generallandtag wählte im Oktober 1526 Erzherzog Ferdinand von Österreich zum König von Böhmen (1527–64); Schlesien schloß sich im Dezember 1526 auf dem Leobschützer Fürstentag dieser Wahl an.

Der Übergang Schlesiens an das Haus Habsburg brachte Vorteile wie auch Nachteile. Der größere Staatsverband ließ mehr Schutz erwarten, und das deutsche Herrscherhaus bedeutete für das Deutschtum eine stärkere Stütze. Die Habsburger befanden sich aber im Abwehrkampf gegen die Türken und brauchten dafür viel Geld, und außerdem mußten sie – gerade um ihre Forderungen durchsetzen zu können – mehr Einfluß im Lande anstreben. Der Weg zu diesen Zielen führte über die Eindämmung der Fürsten- und Ständemacht und über die Vermehrung des Kronbesitzes.

So standen bis gegen Ende des Jahrhunderts Finanz- und Verfassungsfragen im Vordergrund der Beziehungen zwischen den schlesischen Ständen und der Krone. Schon im Huldigungsjahr 1527 verlangte der König von Schlesien eine als Türkenhilfe gedachte Abgabe in Höhe von 100 000 Gulden. Die Verteilung der Lasten wurde auf Grund einer eigenen Vermögensschätzung (Indiktion) seitens der Steuerpflichtigen vorgenommen. Was zunächst eine einmalige, freiwillige Abgabe war, wurde 1552 in eine jährlich abzuführende Steuer umgewandelt, wobei der auf der Grundlage einer neuerlichen Indiktion errechnete Steuersatz mehrmals erhöht wurde. Schon vorher wurde als weitere ständige Abgabe eine Biersteuer eingeführt (1546). 1570 mußte der Fürstentag eine ausgesprochene Türkensteuer von 70 000 Gulden jährlich bewilligen. Für die Eintreibung dieser Steuern war das Generalsteueramt, eine ständische Einrichtung neben dem Oberamt, zuständig. Zur Steigerung der Einnahmen pochte Ferdinand I. auf das ihm zustehende Münz-, Berg- und Zollregal. 1549 wurde ein Viehzoll, 1557 trotz Widerstrebens der schlesischen Fürsten und Stände ein Grenzzoll eingeführt; zunächst bildeten alle habsburgischen Lande eine Zolleinheit, ab 1600 waren die böhmischen Länder, ab 1623 sogar Schlesien allein ein Zollgebiet, wodurch die Zolleinnahmen erhöht, der Handel jedoch erschwert wurde. Für die Verwaltung der königlichen Einnahmen richtete Ferdinand in Prag eine Kammer ein; 1558 wurde eine eigene, der Wiener Hofkammer direkt unterstellte Schlesische Kammer geschaffen, die an sich nur für das Kronvermögen, die Einkünfte aus den Regalien und der Biersteuer zuständig war; bevor jedoch das Oberamt während des 30jährigen Krieges eine rein königliche Einrichtung wurde, übte sie auch die Funktion einer königlichen Aufsichtsbehörde aus. Im Bereich des Gerichtswesens wurde 1548 in Prag eine Appellationskammer begründet, die zunächst als Ersatz für den zu unterbindenden Rechtszug der Stadtgerichte nach Magdeburg gedacht war, dann aber versuchte, sich auch die Fürsten- und Ständegerichte unterzuordnen. Die Steuerbewilligung blieb Angelegenheit der Fürsten und Stände; die Fürstentage durften aber seit 1536 nur noch auf königliches Gebot einberufen werden.

Ferdinand I. war bestrebt, in Schlesien keine mächtigen Fürsten emporkommen zu lassen und seinen unmittelbaren Besitz zu vermehren. Dies zeigt seine Haltung gegenüber Georg von Ansbach-Jägerndorf und Friedrich II. von Liegnitz-Brieg-Wohlau. Georg von Ansbach war ein Neffe König Wladislaus' von Böhmen und Schwiegersohn des Johann Corvinus (später auch Karls I. von Münsterberg-Oels aus dem Hause Podiebrad). Er hatte 1512 einen Erbvertrag geschlossen, nach dem er die Herzöge von Oppeln und Ratibor beerben sollte, falls beide kinderlos stürben. Der Vertrag wurde 1521 (nach dem Tode des Ratiborer Herzogs) erneuert; Johann von Oppeln übergab Georg 1523 die Herrschaft Oderberg und verlieh ihm den Titel eines Herzogs von Ratibor – im selben Jahr kaufte dieser das Fürstentum Jägerndorf –, König Ludwig II. verschrieb ihm 1526 die Herrschaft Beuthen für die Zeit nach dem Tode Johanns auf zwei Leibeserben; im selben Jahr verkündete Georg bereits zusammen mit Herzog Johann in Beuthen eine neue Bergordnung. Ferdinand erkannte jedoch die Erbverträge nicht an und verlangte von Johann, daß er ihn selbst als Erben einsetze. Georg sollte nach der königlichen Entscheidung von 1531 – ein Jahr vor Johanns Tod – die Fürstentümer Oppeln und Ratibor als Pfand bekommen, Beuthen und Oderberg ebenso, diese auf zwei bzw. drei Leibeserben. Oppeln-Ratibor wurde dem Nachfolger Georgs, Georg Friedrich, 1551 abgenommen; Beuthen und Oderberg durfte er (ebenso wie Jägerndorf) ungestört bis zu seinem Tode 1603 behalten. Da Georg Friedrich kinderlos war, wurde die kurbrandenburgische Linie der Hohenzollern erbberechtigt. König Ferdinand I. verweigerte aber die notwendige Zustimmung dazu. Kurfürst Joachim Friedrich und sein Sohn Markgraf Johann Georg (seit 1606, † 1624) nahmen trotzdem die Erbschaft in Besitz; der Streit dauerte an – auch nach der gerichtlichen Entscheidung von 1617, daß der Hohenzoller Beuthen und Oderberg zurückgeben müsse –, bis Johann Georg 1621 als Befehlshaber der dem »Winterkönig« ergebenen schlesischen Truppen aller seiner Besitzungen verlustig ging. – Auch im Falle Friedrichs II. von Liegnitz ging es um Erbverträge der Hohenzollern. Friedrich II. und Kurfürst Joachim II. von Brandenburg vereinbarten 1537 eine Doppelheirat zwischen dem Kurprinzen Johann Georg († 1598) und Friedrichs Tochter Sophie einerseits und Friedrichs Sohn Georg und Joachims II. Tochter Barbara anderseits (1545 vollzogen) und zugleich eine Erbverbrüderung des Inhalts, daß beim Aussterben der Piasten in Liegnitz-Brieg-Wohlau ihre Länder an die Brandenburger kommen, im umgekehrten Falle die Piasten die schlesischen (Crossen mit Sommerfeld und Bobersberg) und lausitzischen Besitzungen (Cottbus und Peitz) der Brandenburger erben sollten. Da alle diese Gebiete böhmische Lehen waren, bedurfte die Vereinbarung der Zustimmung des Königs. Ferdinand hielt sich zunächst zurück. 1546 erklärte er aber die Erbverbrüderung für nichtig; Friedrich II. habe nicht das Recht, über seine Länder zu verfügen. – Die aus den beiden geschilderten Komplexen abgeleiteten Ansprüche der Hohenzollern auf Teile von Schlesien sollten Friedrich dem Großen 1740 den Anlaß zum Einmarsch in Schlesien bieten.

Zu dem Bestreben Ferdinands I., den Kronbesitz in Schlesien zu vermehren, gehört auch der Rückkauf des Fürstentums Sagan von den Wettinern im Jahre 1549. Dauernde Geldnot zwang den Herrscher jedoch zugleich zur Verpfändung oder Veräußerung von Besitz. Sagan war 1551–58 in der Hand des von Oppeln-Ratibor verdrängten Georg Friedrich von Ansbach, Oppeln-Ratibor erhielt Königin Isabella von Ungarn (1551–57) als Entschädigung; anschließend wurde der Domänenbesitz des Doppelfürstentums in Einzelherrschaften aufgeteilt und veräußert.

Auch die Landesfürsten verkauften mit Genehmigung des Königs Ländereien, um ihre Schulden zu tilgen. Auf diese Weise entstanden beispielsweise die Minderstandesherrschaften auf dem Boden des Fürstentums Teschen (1572), aber auch viele Grundherrschaften. Eine Lösung besonderer Art erreichten die Stände von Münsterberg–Frankenstein: um zu verhindern, daß das Fürstentum von ihrem hoch verschuldeten Landesherrn an einen anderen Besitzer verpfändet oder veräußert würde, kauften sie sich selbst von ihm los und unterstellten das Land als Erbfürstentum unmittelbar der Krone. Dieses Verfahren ist ein Zeichen für die Macht der Stände.

Die Finanzforderungen der Habsburger führten bemerkenswerterweise zu keinen ernsten Zusammenstößen zwischen Ständen und Krone. Das Land befand sich im 16. Jh. in einem wirtschaftlichen Aufschwung und konnte die Belastungen ertragen.

Die in den 1470er Jahren einsetzende und ins 16. Jh. hinüberreichende neue Bergbauwelle ist bereits erwähnt worden. Die Sudeten sind aber auch von anderen Siedlungsvorgängen erfaßt worden. Zunächst wurden etwa seit 1530 die wüstgewordenen mittelalterlichen Bauerndörfer oberhalb der 500-m-Linie wiederbesiedelt. Um die Mitte des 16. Jh. begann dann das Eindringen der Neusiedlung in die höheren Regionen. Im Vordergrund stand hier nicht das Bauerndorf mit großen Stellen, sondern die kleine Ansiedlung mit Gärtnern und Häuslern, die sich von frühindustrieller Tätigkeit ernährten, von der Eisenverhüttung, der Glasmacherei und der Leinenweberei. Die Glashütten wurden von Menschen aus dem Erzgebirge vor allem in das Iser- und Riesengebirge, in das Waldenburger und Glatzer Bergland eingeführt; das zur Feuerung und zur Pottaschegewinnung nötige Holz war hier in Fülle vorhanden. Die Leinenweberei fand im Gebirge das notwendige klare Wasser, die sonnigen freien Hänge zum Bleichen des Leinens und wiederum die Pottasche. Das im Mittelalter vornehmlich in der Stadt ausgeübte Gewerbe der Leinenweberei wurde seit der Mitte des 16. Jh. intensiv auf dem Lande betrieben. Die Produktion war – von oberdeutschen Kaufleuten angeregt – für den Export bestimmt und erfolgte zunächst vielfach im Auftrag städtischer Weberzünfte. Dann aber nahm der Adel – sich über das alte Gewerbemonopol der Städte hinwegsetzend – die Leinenherstellung in die Hand, indem er auf seinen Gütern die von ihm abhängigen Bauern für sich weben ließ. Die Städte konnten diese »Freiweberei« nicht verhindern; es blieb ihnen meist nur der Handel mit Garn und Leinen übrig. Zentren desselben waren um 1600 Reichenbach und Jauer.

Die Einengung des städtischen Wirkungsbereiches zugunsten des offenen Landes war eine allgemeine Erscheinung des 16. und noch mehr des 17. Jh. Sie war Ausdruck der zunehmenden Adelsherrschaft. Der Erwerb von Landbesitz und ursprünglich landesherrlichen Rechten wie Gerichtsbarkeit und Polizeigewalt durch adlige Familien einerseits und die verstärkte Einflußnahme der Stände auf die Verfassung des Landes andererseits boten dem Adel die Möglichkeit, die Struktur weiter Landgebiete zu verändern. Es entstanden ausgedehnte Grundherrschaften, in denen große Eigenwirtschaften des Adels, Rittergüter, eine bedeutende Rolle spielten, bewirtschaftet durch die in Hörigkeit geratenen Bauern. Die Gutswirtschaft arbeitete für den Export von Getreide, sie produzierte aber eben auch Leinen, braute Bier und setzte Handwerker an; sie drang damit immer mehr in die Bereiche städtischer Monopole vor. Die Konzentration von Macht und Geld führte äußerlich zur Entstehung einer Adelskultur, die bis heute in zahlreichen Schlössern der Renaissance und ganz besonders des Barock sichtbar geblieben ist.

Schlesien war eines der reichsten habsburgischen Länder. Die Krone wußte dies durchaus zu schätzen und unterstützte nach Möglichkeit die Wirtschaft des Landes. Dies gilt vor allem für die Zeit Ferdinands I., der zur Förderung des Handels u. a. einen Kanal von der Oder zur Spree beginnen ließ; daß der Wasserweg von der Oder zur Elbe noch nicht in diesem Jahrhundert zustande kam, lag an Brandenburg.

Wie im Finanzbereich kam es auch in Verfassungsfragen immer noch zu einer Einigung zwischen Krone und Ständen; für letztere war entscheidend, daß sie das Recht der Steuerbewilligung auch nach den Ansätzen einer staatlichen Zentralverwaltung in der Hand behielten. Gefährliche Konflikte brachen erst auf, als die Krone das schon seit Beginn der habsburgischen Herrschaft in Schlesien anstehende, aber unter Ferdinand I. und Maximilian II. (1564–76) behutsam behandelte Problem der reformatorischen Bewegung im Sinne einer strengen Gegenreformation anpackte.

Die lutherische Lehre hatte bereits vor dem Übergang Schlesiens an Habsburg im Lande Aufnahme gefunden. Die führenden Verfechter der Reformation waren Friedrich II. von Liegnitz und Georg von Ansbach-Jägerndorf; letzterer förderte die Einführung der Lehre Luthers nicht nur in Jägerndorf und Beuthen, sondern nach 1532 auch in den an ihn verpfändeten Fürstentümern Oppeln und Ratibor. Selbst in den Erbfürstentümern war die Stel-

lung der Stände so gefestigt, daß sie die Einführung der Reformation wagen konnten. Die Stadt Breslau schloß sich nicht nur
selbst der neuen Lehre an, sondern nützte das Amt der Landeshauptmannschaft aus, um auch im Fürstentum Breslau reforma-
torisch zu wirken. Beim Tode Kaiser Ferdinands I. (1564) waren
von den Fürsten und Standesherren Schlesiens nur der Bischof
von Breslau und die Herren von Loslau, Pleß und Trachenberg
katholisch.
Die Reformation verstärkte noch die Bindungen des schlesischen
Deutschtums zum deutschen Kernland in intensiver Weise. Führende evangelische Theologen knüpften enge Kontakte zu Schlesien. Aber auch das Land selbst brachte bedeutende Vertreter
der evangelischen Geisteswelt hervor. Schlesien erhielt sogar die
erste evangelisch begründete Universität Europas: 1526 – ein Jahr
vor der Begründung der evangelischen Universität Marburg –
gründete Herzog Friedrich II. in Liegnitz eine evangelische Hochschule; er berief an sie Gelehrte sowohl aus Schlesien (den ehemaligen Neisser bischöflichen Notar Valentin Krautwald, den
Goldberger Pädagogen Valentin Trotzendorf) als auch aus dem
Westen (Bernhard Ziegler aus Leipzig, Konrad Cordatus aus Wittenberg, Johann Rurer aus Ansbach, Theodor Buchmann gen.
Bibliander aus Zürich). Aber schon 1529 hatte sich die Universität
wieder aufgelöst. Der Grund war materieller Natur: die Türken
rückten vor Wien, einzelne Scharen stießen sogar bis zum Jablunka-Paß vor, so daß man in Schlesien Abwehrmaßnahmen traf, die
viel Geld kosteten. Der entscheidende Grund ist aber wohl in
theologischen Streitigkeiten zu suchen. Daran hatte der Vertraute
Herzog Friedrichs II., Kaspar v. Schwenckfeld (1489–1561), ein
Schwärmer und Sektierer, der sich von der strengen Lehre Luthers entfernte, aber in Schlesien viele Anhänger fand, gewiß
nicht geringen Anteil.
Die evangelische Konfession war in Schlesien unter Ferdinand I.
und Maximilian II. kaum Verfolgungen ausgesetzt, sie genoß
zeitweise sogar ein gewisses Wohlwollen des Herrschers. Auch
die damaligen Inhaber des Breslauer Bischofsstuhles waren meist
maßvolle Vertreter. Am schärfsten ging das Domkapitel gegen die
neue Lehre vor; es bemühte sich sogar um Hilfe aus Polen. Polnischer Einfluß machte sich seit der Mitte des 16. Jh. in Stiften
und Klöstern bemerkbar, weil die Konvente angesichts der starken
Verbreitung der evangelischen Konfession nicht mehr genügend
deutschen Nachwuchs erhielten und daher Polen aus dem In- und
Ausland aufnahmen. Dies führte zu Unruhen innerhalb der Geistlichkeit und wurde auch vom neuen Kaiser Rudolf II. mißbilligt,
weil es durch neue Verbindungen nach Polen das Streben nach
Vereinheitlichung der Verhältnisse in den Ländern der Krone
störte und damit auch die Gegenreformation erschwerte.
Unter Ferdinand I. und Maximilian II. waren nur Erlasse gegen
Schwenckfelder, Wiedertäufer und ungeweihte Geistliche ergan-
gen. Dies änderte sich mit dem Regierungsantritt Kaiser Rudolfs

II. (1576), der durch verschiedene Maßnahmen das in der überwiegenden Mehrheit der Bevölkerung evangelisch eingestellte
Schlesien allmählich wieder dem Katholizismus zuführen wollte;
er wurde in seiner Spätzeit tatkräftig unterstützt vom strenggläu-
bigen Erzherzog Karl als Bischof von Breslau (1608–24).
Als Rudolf nicht von der Auffassung abließ, daß allein der König,
nicht die Stände, über die Konfession der Untertanen bestimmen
könne, suchten die Schlesier ihre Position durch ein Zusammengehen mit den ebenfalls unzufriedenen böhmischen Ständen zu
stärken. Dabei waren sie in einer zwiespaltigen Lage, weil die
böhmischen Stände zum Leidwesen der Schlesier gerade unter
Rudolf II. bestrebt waren, eine Vorzugsstellung gegenüber den
Ständen der Nebenländer zu erringen und sich in den Verkehr
zwischen den schlesischen Ständen und dem Kaiser einzuschalten,
und auch die spätere Entwicklung sollte zeigen, daß die Ziele der
Böhmen über diejenigen der lediglich auf Glaubensfreiheit ausgerichteten Schlesier hinausgingen.
Um einen Ausweg aus der Glaubensbedrückung zu suchen, blieb
jedoch den schlesischen Ständen keine Wahl. Sie schlossen mit
den böhmischen Ständen ein Verteidigungsbündnis ab und verweigerten dem Kaiser 1609 die Steuern. Nachdem die Böhmen
bei Rudolf II. den bekannten, die Gleichberechtigung der Konfessionen garantierenden Majestätsbrief durchgesetzt hatten (9. 7.
1609), gelang es den Schlesiern, ihm ein ebensolches, teilweise
sogar noch etwas weitergehendes Dokument abzuringen (20. 8.
1609): die Bekenntnisse sollten völlig gleichberechtigt sein, die
freie Religionsübung jedem einzelnen offenstehen, die Gründung
evangelischer Kirchen und Schulen auch in den Erbfürstentümern
und im Bistumsland gestattet sein, das Oberamt an einen evangelischen schlesischen Fürsten übertragen werden (seit 1536 vom
Bischof von Breslau besetzt). Als Rudolf sich von den ihm ab-
getrotzten Zugeständnissen zurückziehen wollte, gingen die
böhmischen Stände auf die Seite seines Bruders Matthias, der ihm
schon Österreich, Mähren und Ungarn abgenommen hatte, über.
Die Schlesier schlossen sich diesem Beispiel an, huldigten aber
Matthias erst (9. 10. 1611), nachdem er – notgedrungen – nicht
nur den Inhalt des Majestätsbriefes bestätigt, sondern noch weitere Forderungen zugestanden hatte: Einrichtung einer selbständigen deutschen Kanzlei für Schlesien und die Lausitzen in Prag,
Besetzung der Appellationskammer in Prag unter Beteiligung von
Schlesiern.
Der Kaiser konnte diese Demütigung nicht vergessen. Die kon-
fessionellen Gewichte verlagerten sich zudem in Schlesien zu seinen Gunsten: das katholische Lager wurde durch die Konversion
Herzog Adam Wenzels von Teschen (1610), die Verleihung des
Fürstentums Troppau an den Konvertiten Karl von Liechtenstein
(1614) und den Eifer des Standesherrn von (Groß) Wartenberg
Burggraf zu Dohna gestärkt, während die protestantische Seite
zugleich durch den Übertritt Johann Georgs von Jägerndorf und

der Herzöge von Liegnitz-Brieg-Wohlau zum Kalvinismus geschwächt wurde, da die Kalvinisten nicht in die Freiheiten des
Majestätsbriefes einbezogen waren. Aber die Garantien von 1611
wurden mit wachsender Spannung zwischen den beiden Lagern
ohnehin nicht mehr voll eingehalten.
In die dem Prager Fenstersturz folgenden Entwicklungen wurden
die Schlesier hineingezogen. Um die Religionsfreiheit zu bewahren, sahen sie sich gezwungen, sich den Böhmen anzuschließen,
und die Gesandten der schlesischen Stände stimmten – ohne Voll-
macht derselben – nach dem Tode Kaiser Matthias' (1619) mit
den böhmischen Ständen für die Wahl des Führers der protestantischen Union, Kurfürst Friedrich V. von der Pfalz, zum König
von Böhmen; Friedrich nahm am 23. 2. 1620 in Breslau die Huldigung der schlesischen Stände entgegen. Nach der Niederlage am
Weißen Berge (8. 11. 1620) kam der »Winterkönig« wieder in
Schlesiens Hauptstadt; der Versuch, neue Kräfte zu sammeln,
mißlang, und so riet er den Schlesiern, Kontakt zu den Sachsen
aufzunehmen, die als Verbündete des Kaisers die Lausitzen besetzt hatten und zu Verhandlungen bevollmächtigt waren. Im
»Dresdner Akkord« vom 28. 2. 1621 wurden die Schlesier weitgehend geschont: die Stände sollten zwar eine Buße von 300 000
Gulden zahlen und Ferdinand II. als Oberherrn anerkennen; im
übrigen wurden aber die Wiederherstellung des Zustandes von
1618 versprochen und die Privilegien des Landes garantiert. Diese Milde entsprach zwar nicht den Wünschen des Kaisers; aber
da er noch mit politischen Schwierigkeiten zu kämpfen hatte,
stimmte er dem Akkord zu.
Es ergaben sich jedoch bald Gelegenheiten, die Verhältnisse in
Schlesien im Sinne des katholischen Lagers zu verändern. Als erster leitete Fürstbischof Erzherzog Karl die Rekatholisierung der
ihm unterstehenden Gebiete ein; dazu gehörten außer dem Bistumsland die Herrschaft Freudenthal, die nach der Flucht ihres
Vorbesitzers, des evangelischen Führers Johann von Würben und
Freudenthal, Karl als Hochmeister des Deutschen Ordens übertragen worden war (1621), ferner die Grafschaft Glatz (seit 1623) und
für kurze Zeit die Fürstentümer Oppeln-Ratibor. Nach dem Tode
Karls (1624) übernahm der Thronfolger Erzherzog Ferdinand (der
spätere Kaiser Ferdinand III.) Glatz und Oppeln-Ratibor, 1626
auch Schweidnitz-Jauer und setzte die Gegenreformation fort. Jesuiten und andere Orden begannen die Rekatholisierung. Jägerndorf fiel nach der Enteignung des Brandenburgers Johann Georg
an den neuen, katholischen Herrn von Troppau, Karl von Liechtenstein, während Beuthen die in Oberungarn begüterte evangelische Familie Henckel v. Donnersmarck übertragen bekam, der der
Kaiser finanziell verpflichtet war.
Eine neue Phase der gegenreformatorischen Maßnahmen begann
mit dem Kriegszug des evangelischen Grafen Ernst von Mansfeld
durch Schlesien nach Ungarn. Dies gab dem Kaiser den Anlaß, im
Gegenstoß ein kaiserliches Heer nach Schlesien zu schicken und

Maßnahmen zur Durchsetzung der kaiserlichen Macht zu ergreifen. Das Oberamt verlor 1629 seinen ständischen Charakter und wurde rein kaiserliche Behörde. Wallenstein wurde 1628 mit dem Fürstentum Sagan, 1632 auch mit Glogau belehnt. Die gefürchteten »Liechtensteiner Dragoner« zwangen die Bürger in den Städten der Erbfürstentümer zur Rückkehr zur katholischen Kirche oder zur Auswanderung. Evangelische Grundherren wurden der Anhängerschaft mit dem »Winterkönig« bezichtigt und verloren ihre Besitzungen; sie wurden durch kaisertreue Geschlechter ersetzt. Es begann die Einwanderung adliger Familien aus allen Ländern der österreichischen Monarchie; sie setzte sich bis zum Ende der Habsburgerzeit fort.

1632 drangen Truppen der nunmehr gegen den Kaiser verbündeten evangelischen Mächte Schweden, Brandenburg und Sachsen nach Niederschlesien ein, dessen evangelische Stände sich auf eine »Konjunktion« mit den genannten Mächten einließen (1633). Sie verschlechterten aber damit nur ihre Situation; denn Sachsen, das am ehesten den Schlesiern Schutz hätte gewähren können, schloß 1635 mit dem Kaiser den Prager Frieden (in dem es u. a. die 1620 als Pfand übernommenen Lausitzen zu Lehen bekam). Die Schlesier mußten sich dem Kaiser unterwerfen; nur die Piasten in Liegnitz, Brieg und Wohlau und die Podiebrads in Oels konnten die Religionsfreiheit für ihre Länder bewahren, die Stadt Breslau verlor die Landeshauptmannschaft des Fürstentums, konnte aber im übrigen seine wichtige Stellung verteidigen. Der Nachfolger Ferdinands II., Ferdinand III. (1637–57), fuhr fort, die Macht der kaiserlichen Verwaltung in Schlesien zu vermehren und die Befugnisse der Stände einzuengen.

Den ruhigen Jahren nach dem Prager Frieden folgten ab 1639 bis 1648 wieder Zeiten kriegerischer Auseinandersetzungen auf schlesischem Boden. Schwedische wie kaiserliche Truppen bedrückten das Land durch Zerstörung, Einquartierung, Sonderbesteuerung, Behinderung des Handels; verhalf schwedische Besatzung zur Wiedereinführung des evangelischen Gottesdienstes, so brachte ein militärischer Wechsel bald wieder die Ausmerzung reformatorischer Regungen. Brände und Seuchen taten ein übriges, um in erster Linie den Wohlstand der Städte zu vernichten. Massenweise flüchteten die Bürger in die evangelischen oder zumindest den Protestanten gegenüber toleranten Nachbarländer: die Lausitzen, Brandenburg und Polen, oder zumindest aufs Land, um den widrigen Verhältnissen in den Städten zu entkommen.

Der Westfälische Friede beendete zwar die Kriegshandlungen, er garantierte den evangelischen Fürstentümern, d. h. Liegnitz, Brieg, Wohlau und Oels, sowie der Stadt Breslau Religionsfreiheit und gewährte den Evangelischen der niederschlesischen Erbfürstentümer drei Gotteshäuser – »Friedenskirchen« – vor den Toren von Glogau, Jauer und Schweidnitz. Im übrigen setzte die systematische Unterdrückung der evangelischen Konfession jetzt erst recht ein. Die evangelischen Kirchen wurden geschlossen oder

den wenigen übriggebliebenen Katholiken übergeben, die Pfarrer
vertrieben. Zu städtischen Ämtern wurden vielfach nur noch Katholiken zugelassen. Eine neue Fluchtwelle in die Nachbarländer
setzte ein; sie vermehrte dort die Zahl der (auch aus Böhmen
stammenden) Exulanten und führte im Grenzgebiet nicht nur zur
Verstärkung alter Siedlungen, sondern auch zur Gründung neuer
Städte und Dörfer. Bekannt ist die Reihe von Exulantenstädten
des 17. Jh. an der polnischen Grenze zu Schlesien hin (u. a. Bojanowo, Rawitsch, Schlichtingsheim, Fraustadt-Neustadt, Unruh-
stadt), aber auch Rothenburg/Oder und Christianstadt in Brandenburg und Halbau, Goldentraum und Wigandsthal in den Lausitzen gehören dazu. Für die im Lande verbliebenen evangelischen Gläubigen wurden im Grenzgebiet der Nachbarländer bestehende evangelische Kirchen zu »Zufluchtskirchen« erweitert
oder eigens neue Gotteshäuser, »Grenzkirchen«, erbaut; von weit
her pilgerten die Menschen allwöchentlich in großer Zahl über die
Grenzen in diese Kirchen zum Gottesdienst.
Die »Kirchenreduktion« wurde in den Erbfürstentümern 1653/54,
im Fürstentum Sagan 1668 durchgeführt. Als der letzte Piast 1675
verstorben war und seine Länder als erledigte Lehen an die Krone gefallen waren, respektierte der Kaiser zunächst die im Westfälischen Frieden garantierte Religionsfreiheit für die Fürstentümer Liegnitz, Brieg und Wohlau, wenn auch die katholische Propaganda einsetzte. In den letzten Jahren des Jahrhunderts wurde
jedoch auch hier die evangelische Konfession unterdrückt, die
evangelischen Kirchen wurden geschlossen. Auch in das Fürstentum Oels und nach Breslau drang die Gegenreformation ein; in
der Hauptstadt Schlesiens wurde 1702 eine Jesuiten-Hochschule,
die Leopoldina, begründet.
Die härtesten Maßnahmen mußten allerdings bald rückgängig
gemacht werden; denn einmal neigte Kaiser Joseph I. (1705–11)
zu einer gemäßigteren Konfessionspolitik, zum anderen und vor
allem machte sich der schwedische König Karl XII., als er während
des Nordischen Krieges nach seinem Siegeszug durch Polen bei
Leipzig Sachsen–Polen gegenüber seine Forderungen durchsetzte,
zugleich zum Sprecher der evangelischen Schlesier und zwang als
Bürge des Westfälischen Friedensvertrages den Kaiser in der
»Altranstädter Konvention« vom 1. 9. 1707 zur Wiederherstellung
der Religionsfreiheit in den im Friedensvertrag genannten Gebieten Schlesiens. Da die Herzöge von Oels im Friedensdokument
noch den Titel »Herzöge von Münsterberg« verwendeten, obwohl
sie dieses Fürstentum bereits 1569 verloren hatten, wurden nicht
nur die einst evangelischen Kirchen der Fürstentümer Liegnitz,
Brieg und Wohlau, sondern auch manche Gotteshäuser in Münsterberg-Frankenstein restituiert. Obendrein wurden den Erbfürstentümern aus »Gnade« des Kaisers über die drei »Friedenskirchen« hinaus sechs weitere Gotteshäuser, »Gnadenkirchen«, zugestanden: in Freystadt, Sagan, Militsch, Hirschberg, Landeshut
und – die einzige evangelische Kirche Oberschlesiens! – in Te-

schen. Zur Versorgung der in den evangelischen Gebieten inzwischen gebildeten kleinen katholischen Gemeinden richtete Kaiser Joseph I. Pfarrstellen, »Josephinische Kuratien«, ein.

Im politischen Bereich spielte der Protestantismus gar keine Rolle mehr, auch wenn es noch einen evangelischen Fürsten gab: den Herzog von Oels. Überhaupt war der Fürstenstand stark dezimiert, und seine Rechte waren auf die Stufe von Mediatherren hinabgedrückt. In Oels war das Haus Podiebrad im Mannesstamm mit Herzog Karl Friedrich I. 1647 ausgestorben; zwar erreichte dessen Schwiegersohn, Herzog Sylvius Nimrod von Württemberg-Weiltingen, die kaiserliche Belehnung mit Oels, aber nur zu eingeschränktem herzoglichen Recht. Dasselbe gilt für die drei katholischen Adelsfamilien, die die Kaiser in freigewordenen Fürstentümern eingesetzt hatten: die Fürsten von Liechtenstein in Troppau (1614) und Jägerndorf (1623), die Fürsten Lobkowitz in Sagan (1646) und die Fürsten Auersperg in Münsterberg (1654). Die Teschener Linie der Piasten war im Mannesstamm mit Herzog Friedrich Wilhelm 1625 ausgestorben; dessen Schwester Elisabeth Lukretia durfte das Fürstentum bis zu ihrem Lebensende (1653) behalten, dann fiel es an die Krone. Die letzten Piasten starben 1675 mit dem jugendlichen Herzog Georg Wilhelm von Liegnitz, Brieg und Wohlau aus. Friedrich Wilhelm von Brandenburg (der »Große Kurfürst«) beanspruchte auf Grund der Erbverbrüderung von 1537 dessen Länder; aber die Habsburger hatten bereits 1546 die Ungültigkeit dieser Vereinbarung festgestellt. Kaiser Leopold I. trat zwar dem Brandenburger als Entschädigung die Exklave Schwiebus des Fürstentums Glogau ab (1686); gleichzeitig versprach jedoch Kurprinz Friedrich (III.) – wie bereits erwähnt –, das Gebiet zurückzugeben, sobald er die Regierung übernommen haben würde.

Die politische Gliederung Schlesiens war entsprechend der geschilderten Entwicklung um 1700 recht einfach. Etwa zwei Drittel der Fläche bedeckten die unmittelbar der Krone gehörenden Erbfürstentümer. Das letzte Drittel bestand aus den Mediatfürstentümern Neisse-Grottkau (Bistumsland), Münsterberg, Oels, Sagan und Troppau-Jägerndorf, den Freien Standesherrschaften Carolath, Trachenberg, Militsch, (Groß) Wartenberg, Beuthen und Pleß sowie einigen kleinen Minderstandesherrschaften. Erwähnenswert ist, daß die Erbfürstentümer Oppeln-Ratibor 1645–66 an den König von Polen verpfändet waren.

Der Dreißigjährige Krieg fügte der Bevölkerung Schlesiens durch Kriegshandlungen, Pest und Auswanderung schwere Verluste zu. Die durch die Kriegsfurie bedingte Flucht war meist vorübergehend; die Auswanderung aus Glaubensgründen stellte dagegen einen endgültigen Verlust dar. Viele Fachleute, besonders Tuchmacher und Bergleute, kehrten damals Schlesien den Rücken zu – zum Schaden der Wirtschaft. Besonders betroffen waren die Städte; manche von ihnen haben die Einwohnerzahl der Vorkriegszeit erst im 19. Jh. oder überhaupt nicht wieder erreicht.

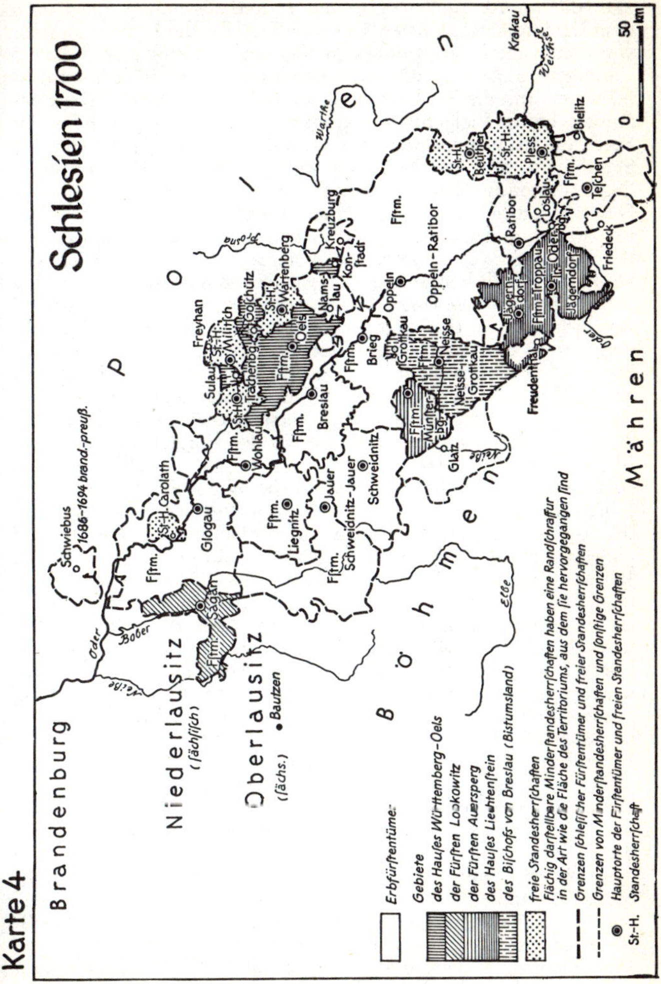
Karte 4
Schlesien 1700
Brandenburg
Niederlausitz
(sächsisch)
Oberlausitz
(sächs.)
Bautzen
Schwiebus
1686–1694 brand.-preuß.
Böhmen
Mähren
Polen
Oder
Neiße
Bober
Elbe
Warthe
Prosna
Weichsel
Krakau
Sagan
Fftm.
Glogau
Carolath
St.-H.
Liegnitz
Jauer
Schweidnitz-Jauer
Schweidnitz
Wohlau
Breslau
Brieg
Trachenbg.
Militsch
Sulau
Freyhan
Goschütz
Wartenberg
Oels
Namslau
Kreuzburg
Konstadt
Oppeln
Oppeln-Ratibor
Grottkau
Neisse
Neisse-Grottkau
Münsterbg.
Glatz
Jägerndorf
Troppau
Freudenthal
Ratibor
Loslau
Oderbg.
Beuthen
Pless
Bielitz
Teschen
Friedeck
0
50
km
Erbfürstentümer
Gebiete
des Hauses Württemberg-Oels
der Fürsten Lobkowitz
der Fürsten Auersperg
des Hauses Liechtenstein
des Bischofs von Breslau (Bistumsland)
freie Standesherrschaften
Flächig darstellbare Minderstandesherrschaften haben eine Randschraffur in der Art wie die Fläche des Territoriums, aus dem sie hervorgegangen sind
Grenzen schlesischer Fürstentümer und freier Standesherrschaften
Grenzen von Minderstandesherrschaften und sonstige Grenzen
Hauptorte der Fürstentümer und freien Standesherrschaften
St.-H. Standesherrschaft

Der durch den Krieg herbeigeführte Niedergang wurde durch das Ausbleiben längst fälliger Reformen noch verschärft. So wurden z. B. die im 16. Jh. festgestellten Indiktionssummen auch nach dem Dreißigjährigen Krieg als Grundlage für die Berechnung der von den Städten abzuführenden Steuern verwendet, obwohl die Vermögen, auf denen die Indiktionen beruhten, vielfach vernichtet waren und die Zahl der steuerzahlenden Bürger sich stark dezimiert hatte. Viele Städter gingen auf das Land, weil in der Stadt die Abnehmer für ihre Produkte zu gering waren. Die Stadtbevölkerung war kleiner geworden, und die Dorfbewohner deckten ihren Bedarf vielfach auf dem Lande; denn das ländliche Gewerbe griff – von den Grundherren unterstützt – immer weiter um sich, ohne daß sich die städtischen, teurer arbeitenden Zünfte durchzusetzen vermochten. Die wirtschaftlichen Privilegien der Städte im ländlichen Umland – wie Braugerechtigkeit – wurden immer stärker eingeschränkt oder aufgehoben. Die Tuchmacherei war nicht nur durch Abwanderung geschwächt, sondern erhielt in den jenseits der Grenze angesiedelten Exulanten eine neue Konkurrenz. Im Bergbau war schon in der 2. Hälfte des 16. Jh. wegen Erschöpfung der Erzlager und technischer Mängel ein Niedergang eingeleitet worden; dieser Trend verstärkte sich jetzt durch den Abzug evangelischer Bergleute. Allein der Handel überwand die Rückschläge der Kriegszeit sehr bald.

Insgesamt gesehen, hatte die schlesische Wirtschaft in den 1670er Jahren das Schlimmste überstanden. Wichtigster Motor der Wirtschaft waren Leinenproduktion und Leinenhandel. Das Leinen ging – durch Nachahmung französischer Sorten seit den 1690er Jahren konkurrenzfähiger geworden – über die Niederlande, Portugal und Spanien bis nach Amerika. Zentren des Handels im Lande waren nunmehr Landeshut, Schmiedeberg, Greiffenberg und vor allem Hirschberg, das sich auf den Schleierhandel spezialisiert hatte. Hauptumschlagplatz des Westhandels mit schlesischem Leinen war Hamburg, über das in umgekehrter Richtung Schlesien außereuropäische Waren bezog, z. T. solche, die es früher über den Levantehandel erhalten hatte, wie Gewürze und Südfrüchte. Diesem Nordwesthandel stand seit der Fertigstellung des Oder-Spree-Kanals (Friedrich-Wilhelm-Kanal, 1668) auch der Wasserweg zur Verfügung. War auch der Handel der Politik des Staates unterworfen, so mußte doch die Regierung immer wieder die Interessen der schlesischen Kaufleute berücksichtigen, weil diese ihr beträchtliche Einnahmen garantierten. Ausdruck staatlicher Förderung war die Einrichtung des Kommerzkollegs in Breslau 1716. Die merkantilistischen Maßnahmen Kaiser Karls VI. (1711–40) brachten der schlesischen Wirtschaft durchaus manche Vorteile, z. B. in der Tuchproduktion; aber ihre Zollbestimmungen waren den schlesischen Verhältnissen nicht angemessen, zumal da schon die Bestrebungen Augusts des Starken von Sachsen und Polen, den polnischen Handel an Schlesien vorbei direkt nach Leipzig zu lenken, und die Anordnung Peters des Großen von

1714, die Ausfuhr Rußlands über St. Petersburg zu leiten, Schlesien Schaden zufügten. Die schlesischen Kaufleute hatten mit ihrem Einspruch gegen diese Zölle auch Erfolg, wie auch der Versuch der österreichischen Regierung, Schlesiens Ausfuhr auf Triest auszurichten, nach einem Jahrzehnt wieder aufgegeben werden mußte. Der Ausfuhrhandel nach Nordwesten wurde nach dem Zollmandat von 1739 wieder uneingeschränkt aufgenommen; diese Handelsachse war nach dem Abschluß der Türkenkriege nach dem Südosten verlängert worden, wo vor allem die schlesische Tuchproduktion neue Märkte fand, die sie wieder aufblühen ließen. Auch der Handel zwischen Schlesien und den übrigen österreichischen Ländern wurde 1718 durch neue Zollbestimmungen erleichtert. Die Lage der schlesischen Städte verbesserte sich durch die Neufestsetzung der Indiktionssummen im Jahre 1724.

Die unsicheren politischen und religiösen Verhältnisse Schlesiens im 17. Jh. haben erstaunlicherweise das Phänomen einer großartigen, im gesamtdeutschen Vergleichsrahmen führenden schlesischen Barockdichtung hervorgebracht, deren wichtigste Vertreter Martin Opitz (1597–1639), Friedrich v. Logau (1604–55), Andreas Gryphius (1616–64), Christian Hofmann v. Hofmannswaldau (1616–79) und Daniel Casper v. Lohenstein (1635–83) waren. Man hat für diese Erscheinung unterschiedliche Erklärungen gegeben. Einen entscheidenden Faktor wird die geistige Aufgeschlossenheit der Menschen dieser Zeit und dieses Raumes abgegeben haben, wo nicht nur Katholizismus und Luthertum miteinander stritten, sondern auch der Kalvinismus und verschiedene Sekten wie die Wiedertäufer, Schwenckfelder und Böhmischen Brüder sowie mystische Strömungen Anhänger fanden; es sei daran erinnert, daß Schlesien damals auch bedeutende geistliche Dichter und Schriftsteller sowie Mystiker besaß wie Johannes Heermann (1585–1647), Abraham v. Franckenberg (1593–1652), Daniel Czepko v. Reigersfeld (1605–60), Angelus Silesius (eigentlich Johannes Scheffler, 1624–77) und Christian Knorr v. Rosenroth (1636–89). Auch die Nachbarschaft zu andersnationalen Bevölkerungsgruppen diesseits und jenseits der Grenze wird das Aufblühen dieser deutschen Literatur gefördert haben, nicht zuletzt im Bewußtwerden des Wertes der eigenen Muttersprache; man denke etwa an Opitzens »Aristarchus«, in dem er sich für die Verwendung und die Reinheit der deutschen Sprache einsetzte. Die Not des Dreißigjährigen Krieges und der Folgezeit wird zu manchem Klagelied angeregt haben; im ganzen muß diese Dichtung aber wohl auf dem Hintergrund des Wohlstandes von Adel und städtischem Großbürgertum betrachtet werden, den Schichten, denen die meisten Dichter entstammten und auch ihre Förderung verdankten. Der Adel und bestimmte Gruppen von Großkaufleuten – besonders in Breslau – waren ja auch vom Krieg nicht so sehr betroffen und erlebten rasch einen wirtschaftlichen Wiederaufstieg. Mit der Durchsetzung der Gegenreformation und des kaiserlichen Absolutismus erlahmte die geistige Produktivität;

mit Johann Christian Günther (1693–1723) endet die Reihe der
schlesischen Barockdichter. Die geistige Führung ging vor allem
auf die Jesuiten und ihre Schulen über, an deren Spitze die »Leopoldina« in Breslau stand. Die Ritterakademie in Liegnitz, auf
eine Stiftung Herzog Georg Rudolfs von 1646 zur Erhaltung
evangelischer Kirchen und Schulen zurückgehend, war von Kaiser
Joseph I. als paritätische Bildungseinrichtung des schlesischen
Adels konzipiert (1708).

Die Jesuiten und die anderen gegenreformatorisch tätigen Orden
einerseits und der Adel anderseits wurden die Träger einer regen
Bautätigkeit, die dazu beitrug, Schlesien zu einer reichen Landschaft der Barockkunst zu machen. Die neu oder wieder eingeführten Orden wollten durch prachtvolle Kirchen, Klöster, Kolleg-
und Seminargebäude den Sieg der alten Kirche zum Ausdruck
bringen. Auch ältere kirchliche Institutionen ersetzten – diesem
Beispiel folgend – ihre altersschwachen Bauten durch großzügige
neue, und alte Kirchen erhielten zumindest eine neue Innenausstattung, vielfach Ersatz für die in der Reformationszeit verlorene. Auf Markt- und anderen freien Plätzen wurden als Zeichen
neuer Frömmigkeit Marien- und Dreifaltigkeitssäulen, auf Brük-
ken Nepomuk-Standbilder aufgestellt. Auf dem Lande ließen die
neuen Grundherren Schlösser im Geschmack der Zeit errichten,
und auch die Städte schmückten beim Wiederaufbau nach den
Zerstörungen des Krieges ihre Häuser mit barocken Fassaden.
Neben schlesischen Baumeistern, Bildhauern, Stukkateuren und
Malern waren viele bekannte fremde Künstler am Werk, zunächst
vielfach italienische, dann solche aus Österreich und Böhmen.
Schlesien wurde völlig in den Kunstkreis der österreichischen Länder einbezogen. Selbst der aus Reval in Estland gebürtige Liegnitzer Baumeister Martin Frantz suchte die Vorbilder für seine
Bauten in Böhmen; nur seine Entwürfe für die beiden evangelischen Gnadenkirchen in Hirschberg und Landeshut lehnten sich
an die Stockholmer Katharinenkirche an – eine Huldigung an den
schwedischen König Karl XII., der den Bau dieser Kirchen durchgesetzt hatte.

Wandel und Wirklichkeit der sich in Schlesien vereinigenden Kul-
turströmungen am Ende der Habsburgerzeit treten bei der Gestaltung des Piastenmausoleums in Liegnitz (1677) deutlich zutage: Der Bau wird errichtet im Auftrage von Luise von Anhalt, der
Mutter Herzog Georg Wilhelms von Liegnitz, Brieg und Wohlau
(† 1675), er soll Ruhe- und Gedenkstätte der letzten Piasten sein,
die, Nachkommen der einst polnischen Fürsten Schlesiens, selbst
deutsch in ihrem Wesen und Hauptstützen des Protestantismus
im Lande gewesen sind; das künstlerische Programm liefert der
schlesische Dichter evangelischer Konfession Daniel Casper v. Lohenstein, den Entwurf der Italiener Carlo Rossi, die Bildhauer-
werke der Wiener Matthias Rauchmüller.

Schlesien nahm an dem wirtschaftlichen, geistigen und künstlerischen Aufschwung der österreichischen Länder nach Beendigung

der Türkenkriege teil. Mit dem Einfall Preußens nach Schlesien 1740 brach diese positive Entwicklungslinie zunächst einmal ab.

8. Die preußische Provinz Schlesien und Österreichisch-Schlesien (1741–1918)*

Der erst ein halbes Jahr regierende junge König Friedrich II. von Preußen sah in dem Tod Kaiser Karls VI. am 20. 10. 1740 eine günstige Gelegenheit, um sein Staatsgebiet nach Südosten auf Schlesien auszudehnen; denn Bayern und Sachsen hatten die Pragmatische Sanktion von 1724, welche die weibliche Thronfolge nach Karls VI. Tod vorsah, nicht anerkannt, woraus sich eine schwache und bedrohte Position von Karls Tochter und Nachfolgerin Maria Theresia ergab. Tatsächlich entstand aus dieser Kontroverse im Juli 1741 der Österreichische Erbfolgekrieg. Damals waren aber die Preußen längst nach Schlesien eingedrungen.

Friedrich II. ging bei seiner Forderung auf Abtretung von Schlesien von den alten Ansprüchen der Hohenzollern auf Teile dieses Landes aus, auf die Besitzungen des im Zusammenhang mit dem Böhmischen Aufstand 1621 enteigneten Markgrafen Johann Georg (Jägerndorf, Oderberg, Beuthen) und die Fürstentümer Liegnitz, Brieg und Wohlau, die 1537 Gegenstand der Erbverbrüderung zwischen den Brandenburgern und den Piasten gewesen waren. Zwar hatte der Große Kurfürst 1686 gegen Abtretung des Kreises Schwiebus an Brandenburg auf alle schlesischen Besitztitel verzichtet; aber auf Grund eines vom habsburgfreundlichen Kurprinzen zur gleichen Zeit ausgestellten geheimen Reverses war Schwiebus schon 1694 wieder an Schlesien gekommen.

Das am 16. 12. 1740 in Schlesien eindringende preußische Heer konnte angesichts der geringen anwesenden österreichischen Truppen bis Mitte März 1741 fast ganz Schlesien besetzen; das nach Oberschlesien vorgerückte österreichische Heer unter dem Grafen Neipperg wurde am 10. 4. 1741 bei Mollwitz geschlagen. Da inzwischen auch Bayern, Frankreich und Sachsen den Krieg gegen Österreich begonnen hatten und Wien bedroht war, verzichtete Friedrich II. in einem von England vermittelten Geheimabkommen mit Österreich (Klein Schnellendorf, 9. 10. 1741) auf weitere militärische Aktionen und erreichte dafür von Österreich, daß ihm Schlesien bis zur Glatzer Neiße und rechts der Oder nördlich der Brinitze eingeräumt, darüber hinaus die Einrichtung von Winterquartieren in Oberschlesien bis zu einer bestimmten Linie nördlich der Gebirgspässe gestattet wurde; diese Linie wurde später zu einem Abschnitt der Teilungsgrenze zwischen Preußisch-

* Für diesen Abschnitt konnte ich dank dem Entgegenkommen von Herrn Prof. Dr. Ludwig Petry (Mainz) dessen Manuskript »Politische Geschichte 1740–1815« für den von der Historischen Kommission für Schlesien vorbereiteten Band III der »Geschichte Schlesiens« benutzen.

und Österreichisch-Schlesien. Nach erneutem Eingreifen Preußens in den Krieg trat Maria Theresia Friedrich II. im Breslauer Präliminarfrieden vom 11. 6. 1742 fast ganz Schlesien (sie behielt nur Teile des Bistumslandes und des Fürstentums Troppau-Jägerndorf sowie das Fürstentum Teschen) sowie die Grafschaft Glatz und die mährische Exklave Katscher ab; die Bestimmungen wurden im Berliner Friedensvertrag vom 28. 7. 1742 bestätigt.

Der Österreichische Erbfolgekrieg ging inzwischen weiter; Karl Albrecht von Bayern, der Gegenspieler Maria Theresias, war im Januar 1742 zum Kaiser Karl VII. gewählt worden. Als die Lage sich zugunsten der Habsburgerin änderte, griff Preußen aus Furcht vor Verlust seiner Neuerwerbung wieder in die Auseinandersetzungen ein und eröffnete damit den 2. Schlesischen Krieg (1744). Friedrich II. errang aber zunächst keine Erfolge, die Österreicher – durch den Frieden mit Bayern (April 1745) militärisch entlastet – drangen im Gegenzug nach Oberschlesien und in die Grafschaft Glatz ein; aber die Siege bei Hohenfriedeberg (4. 6. 1745) und Kesselsdorf in Sachsen (15. 12. 1745) verhalfen den Preußen schließlich doch zu dem den Besitz von Schlesien bestätigenden Frieden von Dresden vom 25. 12. 1745. Ein dritter Krieg um Schlesien, der Siebenjährige Krieg, brach nach elf Jahren Friedenszeit 1756 aus, wiederum von Friedrich II. vom Zaune gebrochen, weil er sich durch die Annäherung zwischen Österreich und Frankreich bedroht fühlte. Den weltpolitischen Hintergrund des heraufziehenden europäischen Krieges bildeten die englisch-französischen Auseinandersetzungen in Übersee. In Schlesien, das schwerer als zuvor unter der Kriegsfurie litt, operierten Preußen auf der einen Seite, Österreicher, Sachsen und Russen auf der anderen Seite. Das Kriegsglück wechselte mehrmals; dem Sieg bei Prag (6. 5. 1757) folgten für die Preußen Niederlagen bei Kolin in Böhmen (18. 6. 1757), Moys (7. 9. 1757) und Breslau (24. 11. 1757), dann wieder der große Sieg bei Leuthen (5. 12. 1757). Die 1758 von den Österreichern wieder besetzten Teile Schlesiens wurden gegen Ende des Jahres weitgehend erneut preußisch. 1759 wurde das Land nach der Schlacht bei Kunersdorf in der Neumark (12. 8. 1759) im Norden von Russen und Österreichern heimgesucht, 1760 durchzogen nach der Kapitulation der Preußen bei Landeshut (23. 6. 1760) Österreicher das Land, im Norden wiederum Russen, bis Friedrich II. die Feinde bei Liegnitz schlug (15. 8. 1760) und aus Schlesien hinausdrängte. Auch 1761 hatte sich der König in Schlesien gegen Österreicher und Russen zu verteidigen (Lager von Bunzelwitz, 20. 8.–25. 9. 1761). Der Herrscherwechsel in Rußland im Januar 1762 führte dann Preußen aus seiner trotz mancher Erfolge schwierigen Situation heraus; der neue Zar, Peter III., trat auf die Seite Friedrichs II., und wenn sich das Bündnis auch nicht auswirken konnte, weil Peter bereits am 9. 7. gestürzt wurde, so verhalf schon allein die Anwesenheit der Russen bei Burkersdorf den Preußen zum Siege (21. 7. 1762); sie schlugen auch einen österreichischen Entsatzversuch für

Karte 5

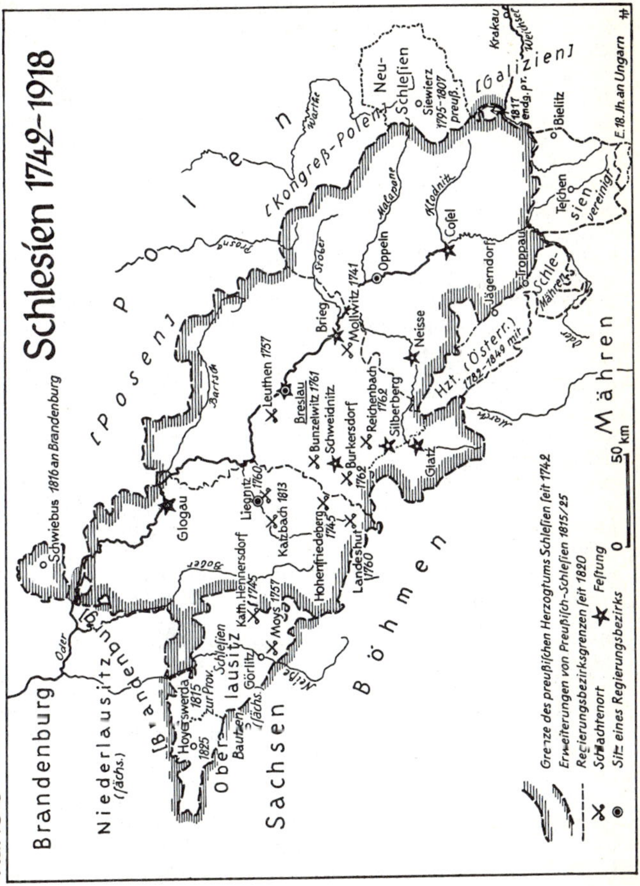

Schlesien 1742–1918

Brandenburg

Niederlausitz (sächs.)

Oberlausitz

Hoyerswerda 1825 zur Prov. Schlesien

Bautzen Görlitz

Krs. Schlesien

Moys 1757

Kath. Hennersdorf 1745

Liegnitz

Katzbach 1813

Hohenfriedberg 1745

Landeshut 1760

Glogau

Schwiebus 1816 an Brandenburg

Oder

Bober

Barisch

Leuthen 1757

Breslau

Bunzelwitz 1761

Schweidnitz

Burkersdorf 1762

Reichenbach 1762

Silberberg

Glatz

Neisse

Brieg

Mollwitz 1741

Oppel

Cosel

Jägerndorf

Troppau

Teschen

Hzt. (Österr.) 1742–1849 preuß.

Hultschiner Ländchen

Mähren

Böhmen

Sachsen

[Posen]

P o l e n

[Kongreß-Polen]

Neu-Schlesien

Siewierz 1795–1807 preuß.

Krakau

1811 endg. pr. Teschen

[Galizien]

Bielitz

Teschen Schlesien vereinigt

E. 18. Jh. an Ungarn

Warthe

Prosna

Stober

Malapane

Klodnitz

50 km
0

Grenze des preußischen Herzogtums Schlesien seit 1742
Erweiterungen von Preußisch-Schlesien 1815/25
Regierungsbezirksgrenzen seit 1820
Schlachtenort
Festung
Sitz eines Regierungsbezirks

Schweidnitz bei Reichenbach/Peilau ab (16. 8. 1762) und nahmen
schließlich die Festung Schweidnitz ein (9. 10. 1762). Die allgemeine Kriegsmüdigkeit führte dann die Gegner an den Verhand-
lungstisch: am 15. 2. 1763 wurde im sächsischen Schloß Huberts-
burg der Friede geschlossen; er bestätigte erneut den 1742 und
1745 vereinbarten Gebietsstand. Der größte Teil Schlesiens war
damit endgültig preußisch geworden und konnte in den preußischen Staat integriert werden.

Preußen hatte schon vor Beendigung des 1. Schlesischen Krieges
mit der Einrichtung einer eigenen Verwaltung für Schlesien begonnen, die dem modernen absolutistischen Staat entsprach und
dem Lande manch unbequeme, vielfach aber auch notwendige
und längst fällige Änderung brachte. An der Spitze von Preußisch-
Schlesien stand der Provinzialminister (1742–53 Ludwig Wilhelm
v. Münchow, 1753–55 Joachim Ewald v. Massow, 1755–69 Ernst
Wilhelm v. Schlabrendorff, 1770–1806/07 Carl Georg Heinrich v.
Hoym), der direkt dem König unterstand – Schlesien erhielt eine
Sonderstellung. Unter ihm arbeiteten zwei Kriegs- und Domänenkammern in Breslau und Glogau, die für die Finanz- und
Wirtschaftsverwaltung zuständig waren und die Oberbehörde für
die 48 in Anlehnung an die alten Weichbilder gebildeten Kreise
darstellten. Die Finanzverwaltung der Städte wurde in zehn den
Kriegs- und Domänenkammern unterstellten steuerrätlichen De-
partements zusammengefaßt; von allen in die Stadt gebrachten
oder in der Stadt erzeugten Waren, ferner von Gärten, Wiesen,
Äckern und Vieh mußte die Akzise gezahlt werden. Bei kleinen,
wirtschaftsschwachen Städten lohnte sich die Erhebung der Akzise nicht; diese »unakzisbaren Städte« zahlten wie die Dörfer die
»Kontribution« und unterstanden wie diese den Landräten. Durch
diese Maßnahme sanken 31 der 160 Städte Preußisch-Schlesiens
zu Marktflecken ab; nur einige wenige von ihnen erlangten im
19. Jh. auf Grund neuer wirtschaftlicher Impulse wieder Stadtrecht.

Das Gerichtswesen wurde als einziger Bereich der Verwaltung
dem zuständigen preußischen Ressortminister untergeordnet, damals Justizminister Samuel v. Cocceji. Als Berufungsinstanzen
für die Gerichte der unteren Ebene wurden »Oberamtsregierungen« in Breslau, Glogau und 1744 auch in Oppeln (seit 1756 in
Brieg) eingerichtet. Die unteren Gerichtsinstanzen bildeten die
alten Gerichte der Fürstentümer, Standesherrschaften, Landstände und Magistrate. Auch behielten die Grundherren die Polizei-
und Kirchenhoheit. Im übrigen wurden alle ständischen Einrichtungen abgeschafft; selbst über das von den Ständen sorgsam ge-
hütete Steuerbewilligungsrecht setzte sich Friedrich der Große
hinweg.

Neben der Regelung der Steuereinnahmen war die militärische
Sicherung Schlesiens ein Hauptanliegen des preußischen Königs.
Im Lande sollte eine Garnison von etwa 35 000 Mann unterhalten
werden; das war mindestens das Zehnfache des Militärs der öster-

reichischen Zeit. Zur Beschaffung von Rekruten wurde das preußische Kantonsystem in Schlesien eingeführt; jeder Aushebungsbezirk (»Kanton«) mußte eine Anzahl von Rekruten stellen; für Breslau und die wegen der Leinenweberei für den Staat wichtigen Gebirgskreise (Bunzlau, Löwenberg, Hirschberg, Jauer, Landeshut-Bolkenhain, Schweidnitz) gab es eine günstigere Sonderregelung. Da die wenigen Kasernen für die vielen Soldaten nicht ausreichten, mußten die Bürger der Städte Quartiere zur Verfügung stellen. Die Festungslinie zu Böhmen–Mähren hin wurde verstärkt: Schweidnitz wurde ausgebaut, Neisse und Glatz erhielten neue Forts, Cosel wurde erst jetzt in eine richtige Festung umgewandelt, und am Paß von Silberberg wurde eine neue errichtet.

Zur Stärkung der Finanzkraft Schlesiens förderte Preußen die Neuansiedlung von Menschen (»Peuplierung«) und den Ausbau der Wirtschaft.

Für eine großangelegte staatliche Kolonisation fehlten die Voraussetzungen. Dem Staat stand nur nördlich Oppeln karger, mit Wald bedeckter Sandboden zur Verfügung, der allein die Neusiedler nicht ernähren konnte. Die von Friedrich dem Großen ins Land gerufenen protestantischen Tschechen, die sich außer im Oppelner Gebiet (Friedrichsgrätz u. a.) auch bei Strehlen (Hussinetz, Podiebrad) und bei Groß Wartenberg (Tabor) niederließen, trieben daher zusätzlich zur Landwirtschaft verschiedene Gewerbe. Vor allem aber entstanden mit Zuwanderern aus Mittel- und Westdeutschland Eisenhüttenarbeiter- und Holzfällersiedlungen. Die privaten Großgrundbesitzer Oberschlesiens folgten dem Beispiel des Staates und legten zahlreiche Industriesiedlungen (Eisenhütten-, Glashütten- u. a. gewerbliche Siedlungen) an. Den Wunsch des Herrschers, die Neusiedler aus dem nichtpreußischen Ausland zu holen, um die Menschenzahl im Staate zu vermehren, konnten sie nicht immer erfüllen. Neben Deutschen aus dem Westen kamen evangelische Polen aus dem bei Österreich verbliebenen Teschener Gebiet nach Oberschlesien. Eine Besonderheit bildeten die auf Privatboden gegründeten, gewerbetreibenden Herrnhutersiedlungen Gnadenfrei, Gnadenberg und Gnadenfeld; auch Neusalz – die einzige unter Friedrich dem Großen gegründete schlesische Stadt – besaß eine starke Herrnhutersiedlung.

Schlesien hatte unter den preußisch-österreichischen Kriegen schwer gelitten. Friedrich der Große förderte den Wiederaufbau der Städte, teilweise sogar durch Geldgeschenke aus der Privatschatulle, vor allem aber durch Maßnahmen zur Ankurbelung der Wirtschaft, wie Verbot der Wollausfuhr nach Sachsen und Österreich und Erhöhung der Durchgangszölle. Dies war um so notwendiger, als die schlesische Wirtschaft sehr unter der Teilungsgrenze zu leiden hatte. Die Armee war in der ersten Zeit ein wichtiger Auftraggeber; die Tuchproduktion stieg an, die Waffen- und Munitionsherstellung setzte ein.

Eine besondere Förderung erfuhren der Bergbau und das Hüttenwesen. 1769 wurde mit der »revidierten Bergordnung« ein einheitliches Bergrecht für Schlesien eingeführt (nur die Standesherren von Pleß und Beuthen behielten Sonderrechte), die die Freiheit der Bergleute von der Gutsuntertänigkeit feststellte und den Bergbau einem staatlichen Oberbergamt unterstellte, das seinen Sitz zunächst in Reichenstein, seit 1779 in Breslau hatte. Schwerpunkt des Bergbaus und auch des Hüttenwesens waren vorerst die niederschlesischen Gebirgsgegenden (das Waldenburg-Neuroder Revier mit Nachbargebieten); er verlagerte sich aber in zunehmendem Maße nach Oberschlesien.

Die Anfänge der modernen Industrieentwicklung in Oberschlesien reichen in die habsburgische Zeit zurück. Die Initiative ging von Gutsherren aus, die auf ihren Besitzungen an den Flüssen der Waldgebiete (Malapane, Klodnitz, Birawka) mit Hilfe weniger deutscher Fachleute, im übrigen mit der ihnen untertänigen einheimischen Bevölkerung Hochöfen und Frischfeuer anlegten und betrieben (während in Niederschlesien noch die altertümlichen Luppenfeuer üblich waren); es sei erinnert an die Tätigkeit des sächsischen Grafen Heinrich Jakob v. Flemming von Slawentzitz aus seit 1702 (vgl. Althammer, Jakobswalde) und an die Grafen Henckel v. Donnersmarck der Beuthen-Siemianowitzer Linie (vgl. Halemba), gleichzeitig an den Galmeiabbau durch den Breslauer Kaufmann Georg Giesche seit 1704 (vgl. Deutsch Piekar). Diese Entwicklung wurde in preußischer Zeit verstärkt fortgesetzt. Ein entscheidender Wandel und Aufschwung begann mit dem Abbau und der Verwendung der Steinkohle, was in Oberschlesien um 1750 einsetzte (vgl. Ruda, Emanuelssegen), später als im Waldenburg-Neuroder Revier, aber um so folgenreicher. Der Anstoß ging vom Staat aus, vertreten durch den preußischen Minister für Berg- und Hüttenwesen Friedrich Anton v. Heynitz (seit 1777) und dessen Neffen Friedrich Wilhelm v. Reden als Leiter des Oberbergamtes (seit 1779). 1780 wurde für Oberschlesien die Bergdeputation (später Bergamt) Tarnowitz eingerichtet, 1784 ebendort die Friedrichs-(Kohlen-)Grube, 1786 nordwestlich davon die Friedrichshütte gegründet, 1788 in der Friedrichsgrube eine englische Dampfmaschine zur Wasserhaltung aufgestellt, 1789 in der Hütte von Malapane das Eisenschmelzen mit Koks erreicht. Zwei staatliche Steinkohlenbergwerke bei Zabrze und Chorzow – die Keimzellen der späteren Städte Hindenburg und Königshütte – lieferten die Kohle für zwei benachbarte staatliche Hütten, die Gleiwitzer Hütte mit dem ersten Kokshochofen Deutschlands (1796) und die Königshütte (1802). Diese Maßnahmen des Staates markieren den Beginn der Industrieverlagerung nach Südosten in das Kohlenrevier und die Begründung der oberschlesischen Schwerindustrie. Der Staat legte auch den Grundstein für die oberschlesische Zinkindustrie: auf Vorarbeiten von Johann Christian Ruberg aufbauend, gelang Karl Johann Bernhard Karsten die Herstellung von Zink aus Galmei; 1809 entstand daraufhin bei der Königshütte die erste Zinkhütte Deutschlands, die

Lydogniahütte. Der 1792–1812 gebaute Klodnitzkanal sollte dem Industrierevier eine Transportmöglichkeit auf dem Wasser von Gleiwitz zur Oder bei Cosel schaffen. – Das Vorbild des Staates wirkte sich günstig auf die industriellen Unternehmungen des Adels aus.

So positiv die Rolle des Adels bei der Industrieentwicklung war, so negativ wirkte sich die Unterdrückung der bäuerlichen Bevölkerung durch die Großgrundbesitzer aus, die besonders in Oberschlesien für die Bewirtschaftung der riesigen Latifundien viele Menschen brauchten und nach Bedarf einsetzten, auch in ihren Industriebetrieben. Daraus ergaben sich gefährliche soziale Spannungen, die sich in Bauernunruhen entluden (1793, 1811), wie auch in den Gebirgskreisen unsoziales Verhalten der Garnhändler zu Weberunruhen führten (1793). Der preußische König benötigte aber den Adel als Reservoir für das Offizierskorps und das höhere Beamtentum und unterstützte ihn daher. Das Problem der Verflechtung des österreichischen Adels mit Schlesien löste sich im Laufe der Zeit von selbst durch Güterverkauf. Um dem verschuldeten Adel zu helfen, seinen Grundbesitz zu halten, gründete Friedrich der Große 1770 die »Schlesische Landschaft«, eine Krediteinrichtung des Adels.

In konfessioneller Hinsicht brachte die Herrschaft des religiös indifferenten Königs den Evangelischen die Aufhebung der Glaubensbeschränkungen, der katholischen Kirche einige staatliche Einflußnahmen, die aber die freie Religionsausübung nicht berührte. Noch während des 1. Schlesischen Krieges erbaten und erhielten viele evangelische Gemeinden von Friedrich II. die Genehmigung zur Errichtung eines eigenen Gotteshauses und zur Anstellung eines Predigers; bis 1752 waren 164 provisorische evangelische »Bethäuser« oder »Bethauskirchen« erbaut. Gegenüber der katholischen Kirche wollte der König seine kirchliche Souveränität durchsetzen und griff damit in Autonomierechte der Kirche und in deren direkte Verbindungen zur Kurie und zu kirchlichen Einrichtungen in den habsburgischen Ländern – besonders im Bereich der Orden – ein. Dabei kam es zu manchen scharfen Auseinandersetzungen zwischen dem König und dem Bischof von Breslau.

Wie sehr Friedrich der Große die Arbeit der katholischen Kirche im Bildungsbereich schätzte, zeigt sein Verhalten gegenüber den Jesuiten: als der Papst den Jesuitenorden 1773 aufgelöst hatte, machte der Staat die Patres zu Mitgliedern des »Königlichen Schul-Instituts« und ließ ihre Gymnasien, ebenso die Leopoldina in Breslau bestehen. Der Verbesserung des Schulwesens diente die Einrichtung eines katholischen Lehrerseminars in Breslau 1767; evangelische Lehrer wurden seit 1765 im Bunzlauer Waisenhaus und seit 1768 auch in Breslau ausgebildet. Die Einflußnahme des absolutistischen Staates auf die Kirchen und das großenteils von diesen getragene Schulwesen bewirkte in Oberschlesien eine stärkere Verbreitung und Durchsetzung der deutschen

Sprache, ohne daß jedoch staatliche Germanisierungsabsichten im Vordergrund standen. Die Verbreitung der polnischen Sprache in Niederschlesien war bis um 1800 gegenüber dem 17. Jh. durch zwanglose Assimilierung zurückgegangen; neben einigen kleinen deutsch-polnischen Mischgebieten nordöstlich Grünberg, östlich Neusalz, zwischen Trachenberg und Trebnitz sowie um Ohlau gab es dort ein geschlossenes polnisches Sprachgebiet nur noch östlich einer Linie, die etwa westlich Goschütz, nördlich Juliusburg, in einem Bogen bis Namslau und dann am Südrand der Weide-Niederung bis nördlich Ohlau und dann etwa am rechten Oderufer ostwärts bis zur oberschlesischen Grenze verlief. In Oberschlesien war die Sprachgrenze im Bereich von Falkenberg nach Osten verschoben, und durch die friderizianischen Kolonien waren innerhalb des polnischen Sprachgebietes viele deutsche Inseln entstanden.

Mit dem preußischen Beamtenapparat und dem preußischen Militär drangen strengere, nüchternere Lebensformen nach Schlesien ein, an die sich die Bevölkerung nur zögernd gewöhnte. In der Kunst kam der Wandel in der Ablösung des heiteren österreichischen Barock durch den ernsteren preußischen Klassizismus zum Ausdruck, der hier vor allem durch den Schlesier Carl Gotthard Langhans, den Erbauer des Brandenburger Tores in Berlin, und seine Schule geprägt wurde.

Aber auch in dem beim Hause Habsburg verbliebenen Teil Schlesiens wandelten sich im Zeichen des aufgeklärten Absolutismus die Verhältnisse, besonders unter Kaiser Joseph II., wenn auch mit etwas zeitlicher Verschiebung und in bescheidenerem Ausmaß. Während im preußischen Anteil Schlesiens die Fürsten und Standesherren zur Bedeutungslosigkeit hinabsanken, hielt Kaiserin Maria Theresia noch an der ständischen Verfassung fest. Als Ersatz für das königliche Oberamt in Breslau richtete sie 1742/43 für Österreichisch-Schlesien das königliche Amt in Troppau ein, dem die fürstlichen Ämter und Regierungen und die Minderstandesherrschaften unterstanden. Wegen des geringen Umfanges des obendrein durch den mährischen Winkel zwischen Oder und Ostrawitza in zwei Hälften geteilten Österreichisch-Schlesien vereinigte dann Kaiser Joseph II. 1782 das königliche Amt mit dem Gubernium von Mähren, ohne jedoch die ständische Verfassung des Landes aufzuheben; bis 1849 bildete Österreichisch-Schlesien verwaltungsmäßig mit Mähren eine Einheit.

Nachdem bereits Maria Theresia die Lage der Bauern verbessert hatte, hob ihr Sohn Joseph II. die Leibeigenschaft auf und ließ nur eine gemäßigte Untertänigkeit zu. Im konfessionellen Bereich gewährte er mit dem Toleranzpatent von 1781 freie Religionsausübung. Das Schulwesen wurde verbessert; die neue Schulordnung von 1774 stammte vom Saganer Abt Ignaz v. Felbiger, der vorher bereits in Preußisch-Schlesien an der Neuordnung des Schulwesens beteiligt gewesen war. Wie im preußischen wurden auch im österreichischen Teil Schlesiens die Jesuiten nach Auflösung ihres

Ordens als Lehrer weiter beschäftigt. Auch hier bedeutete Förderung der Bildungseinrichtungen zugleich verstärkte Verbreitung der deutschen Sprache. Die wirtschaftliche Entwicklung ging in Österreichisch-Schlesien nicht so intensiv voran wie in Preußisch-Schlesien. Aber die Flachsgarnspinnerei und die Leinen- und Tuchproduktion erlebten – mit Bielitz als größtem Zentrum – nach 1742 einen beachtlichen Aufschwung, weil die Warenzufuhr aus dem preußischen Anteil aufhörte, und auch die Kohlenförderung im Ostrau-Karwiner Revier setzte noch vor 1800 ein, wenn auch in geringerem Umfang.

Nach einer Friedenszeit von viereinhalb Jahrzehnten (die Feindseligkeiten in Oberschlesien 1778 während des Bayerischen Erbfolgekrieges waren unbedeutend) wurde Schlesien ab November 1806 von Verbündeten Napoleons – bayerischen und württembergischen Truppen unter dem Befehl von Napoleons Bruder Jérôme – mit Krieg überzogen; nur die Festungen Glatz, Silberberg und Cosel hielten bis zum Tilsiter Frieden (9. 7. 1807) dem Ansturm stand. Der Friedensvertrag beließ Schlesien bei Preußen, was schon wegen der oberschlesischen Rüstungsindustrie wichtig war; eine längere militärische Besetzung erzwang Frankreich nur für die Festung Glogau.

Die Ereignisse der nächsten Jahre in Schlesien erlangten nicht nur für dieses Land, sondern teilweise auch für ganz Preußen und Deutschland Bedeutung. Durch die Einführung der Stein-Hardenbergschen Reformen 1807–12 (Bauernbefreiung, städtische Selbstverwaltung, Heeresreglement, Gewerbefreiheit, rechtliche Gleichstellung der Juden) wurde die soziale und wirtschaftliche Lage verbessert, zugleich Schlesien an das übrige Preußen angeglichen. Die große Verwaltungsreform sollte erst nach 1815 erfolgen. Aber die bisherigen Kammern wurden schon jetzt in Regierungen, die Oberamtsregierungen in Oberlandesgerichte umgewandelt; dabei wurde die Glogauer Regierung angesichts der anhaltenden fremden Besetzung von Glogau provisorisch in Liegnitz aufgebaut (1809), das Provisorium wurde aber zum Schaden Glogaus zur Dauereinrichtung.

Zur Angleichung an gesamtpreußische Verhältnisse gehörte auch die Säkularisation des beträchtlichen katholischen Kirchengutes in Schlesien (1810), eine Maßnahme, die in anderen Teilen Deutschlands und auch Preußens bereits vorher durchgeführt worden war und die dem Staat in der damaligen Finanznot helfen sollte. Ein Teil der Güter wurde zur Ausstattung der durch Ausbau der theologisch-philosophischen Hochschule »Leopoldina« und Vereinigung mit der Universität Frankfurt/Oder gegründeten Breslauer Friedrich-Wilhelms-Universität (1811) – der ersten Universität Preußens mit katholischer und evangelischer theologischer Fakultät – verwendet; manche Kirchenbesitzungen schenkte der König später verdienten Heerführern der Befreiungskriege und Staatsmännern (Blücher: Krieblowitz und Schawoine, Yorck v. Wartenburg: Klein Öls, Wilhelm v. Humboldt: Ottmachau).

1812 wurde Preußen zum Durchmarschgebiet für die nach Rußland eindringenden Heere Frankreichs und seiner Verbündeten. Mittel- und Oberschlesien waren davon ausgenommen und konnten daher als Vorbereitungsraum für die Erhebung gegen Napoleon dienen. Die königliche Familie siedelte am 22. 1. 1813 nach Breslau über; dort vereinbarte Preußen am 27. 2. 1813 ein Bündnis mit Rußland (endgültige Unterzeichnung des Vertrages am 28. 2. im russischen Hauptquartier zu Kalisch) dort traf König Friedrich Wilhelm III. am 15. 3. mit Zar Alexander I. zusammen und verkündete zwei Tage später den berühmten Aufruf »An mein Volk«. Der nach dem endgültigen Bruch mit Napoleon begonnene Frühjahrsfeldzug verlief ungünstig; die Franzosen drängten die verbündeten Preußen und Russen bis jenseits Neumarkt zurück. Aber der Waffenstillstand von Pläswitz (4. 6. 1813) sollte den entscheidenden Umschwung ermöglichen. In fieberhaften Verhandlungen im preußisch-russischen Hauptquartier zu Reichenbach wurden Subsidienverträge mit England abgeschlossen und die Österreicher als Bündnispartner gewonnen; in Trachenberg beschlossen Preußen, Russen und Schweden einen Feldzugsplan gegen Napoleon. Der Sieg Blüchers an der Katzbach (26. 8.) kurz nach Ablauf des Waffenstillstandes (10. 8.) bildete den Auftakt zur Befreiung ganz Deutschlands von der französischen Vorherrschaft. Das Erlebnis der Befreiungsbewegung stärkte die Verbundenheit der Schlesier mit dem preußischen Staat.

Nach Beendigung des Krieges erfolgte eine umfassende Neugliederung des preußischen Staates und eine Reform der Behördenorganisation. Die Provinz Schlesien wurde durch den Anschluß des 1815 preußisch gewordenen Teiles der Oberlausitz (1815/25) – eines Gebietes, das durch seine Geschichte und innere Struktur manche Gemeinsamkeiten mit Schlesien besaß – trotz der gleichzeitigen Abtretung des Kreises Schwiebus an Brandenburg vergrößert; sie umfaßte nunmehr 40 300 qkm. Das in der dritten Teilung Polens 1795 erworbene, 1807 an das Herzogtum Warschau übergebene »Neuschlesien« blieb auch nach 1815 polnisch, während das 1807 Preußen streitig gemachte Amt Imielin 1817 endgültig in den preußischen Staat eingegliedert wurde. Die Provinz Schlesien wurde zunächst (1815/16) in die vier Regierungsbezirke Breslau, Liegnitz, Oppeln und Reichenbach aufgeteilt. Der Bezirk Reichenbach wurde schon 1820 aus Sparsamkeitsgründen wieder aufgelöst. Der vor allem aus Rücksicht auf die besonderen sozialen, wirtschaftlichen, konfessionellen und sprachlichen Probleme Oberschlesiens eingerichtete Regierungsbezirk Oppeln hingegen war von Bestand. Ihm wurden außer den oberschlesischen Gebieten auch die bislang niederschlesischen Kreise Neisse und Grottkau (also das Bistumsland) sowie 1820 der Kreis Kreuzburg zugewiesen. Diese Gliederung Schlesiens blieb – abgesehen von manchen Veränderungen auf der Kreisebene – bis zum Ende des 1. Weltkrieges bestehen.

Hinsichtlich der Organisation der katholischen Kirche trug die päpstliche Bulle »De salute animarum« von 1821 auf Verlangen Preußens den politischen Grenzen weitgehend Rechnung. Das Bistum Breslau wurde aus der (allerdings seit langem nicht mehr praktizierten) Abhängigkeit von der Kirchenprovinz Gnesen herausgelöst und direkt der Kurie unterstellt. Seine Nordostgrenze fiel fortan mit der Provinz- bzw. Staatsgrenze gegenüber Posen, Kongreßpolen und dem österreichischen Galizien zusammen. Im Nordwesten wurden die Katholiken der preußischen Oberlausitz sowie eines Teiles der Provinz Brandenburg Breslau unterstellt; die Gemeinden der übrigen Provinz Brandenburg und fast ganz Pommerns kamen als Delegaturbezirk unter die Aufsicht des Bistums Breslau. Die Abweichungen zwischen politischer und kirchlicher Zugehörigkeit im Grenzbereich zu Böhmen, Mähren und Österreichisch-Schlesien – historisch begründet – blieben bestehen, auch über die Neuregelung von 1929/30 hinaus, als das Bistum Breslau – seit 1925 um das Gebiet der polnischen Wojewodschaft Schlesien verkleinert – zum Erzbistum erhoben wurde und die Bistümer Berlin und Ermland sowie die Freie Prälatur Schneidemühl unterstellt bekam. – Einfacher als bei der katholischen Kirche war es, die evangelische Kirchenorganisation mit den Provinzgrenzen in Übereinstimmung zu bringen.

Die Entwicklung Schlesiens nach 1815 war vollkommen in diejenige Preußens eingebunden, und so braucht hier nur auf die spezifisch schlesischen Probleme eingegangen zu werden.

Die Wirtschaft Schlesiens befand sich in den ersten Jahrzehnten nach 1815 in einem ungünstigen Zustand. Die Leinenindustrie konnte sich angesichts der preußischen Freihandelspolitik kaum gegen die durch Einsatz von Maschinen billiger arbeitende englische Konkurrenz wehren, und die dann um 1820 auch in Schlesien einsetzende mechanisierte Textilherstellung in Fabriken brachte viele Hausweber um ihr Brot, was zu sozialen Unruhen führte (vgl. Gerhart Hauptmann, »Die Weber«). Die Tuchproduktion verlor durch die russische Einfuhrsperre von 1823, die auch Kongreßpolen einbezog, ihre wichtigsten Absatzmärkte; viele Tuchmacher wanderten nach Kongreßpolen aus und beteiligten sich am Aufbau des Textilzentrums um Lodz, während in vielen schlesischen Städten dieses traditionsreiche Gewerbe einging. In den Eisenhütten machten sich der Ausfall der kriegsbedingten Heeresaufträge und auch die Konkurrenz ausländischen Roheisens bemerkbar. Allein die Zinkindustrie blühte auf; sie erhöhte auch den Kohlenbedarf, der nach Aufhebung der Mutungsbeschränkungen 1821 durch viele neue private Bergwerksgründungen gesichert wurde.

Einer langsamen allgemeinen Aufwärtsentwicklung waren jedoch durch die schlechten Transportbedingungen Grenzen gesetzt; die seit 1806 angelegten Chausseen – zu den ersten gehörten die Strecken von Berlin nach Breslau, von dort durch das oberschlesische Industrierevier nach Krakau sowie die »Kohlenstraße« vom Waldenburger Bergland zum Oderumschlagplatz Maltsch – konn-

ten den Transport von Massengütern nur beschränkt fördern, und
der Ausbau der Oder und des Klodnitzkanals 1820/22 war nicht
von nachhaltiger Wirkung. Trotzdem hatte das oberschlesische Industrierevier bis zur Mitte des 19. Jh. einen Vorsprung gegenüber
dem rheinisch-westfälischen, das dann die Führung übernahm.
Aber auch die schlesischen Industriegebiete erlebten seit den
1840er Jahren eine gewaltige Expansion. Den Anstoß hierzu gab
der Eisenbahnbau.

Als erste schlesische Eisenbahnlinie wurde bezeichnenderweise die
von Breslau ins oberschlesische Industriegebiet in Angriff genommen; sie wurde 1842 bis Brieg, 1843 bis Oppeln, 1846 bis Myslowitz in Betrieb genommen. Inzwischen waren auch die Strecke
von Breslau in Richtung Waldenburger Bergland – das zweite Industriegebiet Schlesiens – bis Freiburg (1843, Verlängerung bis
Waldenburg 1853) und die Linie Breslau–Liegnitz–Sorau–Berlin
(1846) fertiggestellt, die Anschlüsse nach Leipzig (1847) und zur
österreichischen Kaiser-Ferdinand-Nordbahn Wien–Oderberg von
1847 folgten (1847/48).

Das beachtlich schnell wachsende Eisenbahnnetz brachte vieler-
orts an den Bahnlinien Industriebetriebe hervor. Manche Bodenschätze wurden in der Folgezeit neu entdeckt oder erst jetzt angesichts der Möglichkeit des Abtransports abgebaut; genannt
seien das Rohkaolin bei Saarau, der feuerfeste Ton bei Neurode,
der Granit bei Striegau und der Sandstein bei Wünschelburg.
Den größten Industriezuwachs erhielten die schon vorhandenen
Kristallisationskerne: Breslau, das nach der Jahrhundertmitte die
Einbußen als Handelsplatz durch Industrialisierung auszugleichen verstand, das Waldenburger Bergland, ganz besonders aber
das oberschlesische Industrierevier, das seinen zweiten Platz
unter den deutschen Industrielandschaften festigte. Wichtigste
Grundlage desselben blieb die Steinkohle, die noch an Bedeutung
gewann; waren früher die Hütten die hauptsächlichsten Abnehmer der Kohle, so benötigte man sie nun auch zum Betrieb der
Eisenbahnen, und mit der Möglichkeit der Beförderung von
Schwergut mit der Eisenbahn kam die Verwendung der Kohle
als Hausbrandmittel auf. Wurden in Preußisch-Oberschlesien 1806
erst 42 000 t Steinkohle gefördert, so waren es 1850 schon 975 000 t,
1870 5 850 000 t und 1913 sogar 43 000 000 t. Die Eisenproduktion stieg ebenfalls an, allerdings nicht so sprunghaft, und sie
mußte sich teilweise auch fremder Erze bedienen.

Die Konzentration von Bergwerken, Hütten und Fabriken aller
Art auf dem engen Raum des oberschlesischen Industrierevies
führte zu einer starken Verdichtung des Siedlungsnetzes, vornehmlich durch Arbeiterkolonien in der Nähe der Gruben und
Hütten, aber auch durch städtische Zentren, weil die alten Städte
des Raumes (Beuthen, Gleiwitz) den Anforderungen nicht mehr
genügten. Kattowitz, das sich zum Verwaltungszentrum des Industrierevies entwickelte, Königshütte und Zabrze (Hindenburg)
erhielten Stadtrecht (1865, 1868 bzw. 1922). Die Verstädterung

griff aber weiter um sich; das Endergebnis war einerseits die Eingemeindung vieler Orte in die Nachbarstädte, andererseits nach 1945 die formelle Stadterhebung von Siedlungen, die in ihrer Wirtschafts- und Sozialstruktur längst Städten gleich waren.

Die oberschlesische Industrie blieb ständig im Ausbau, neue Technologien wurden eingeführt, Betriebe wechselten die Besitzer und wurden zu Unternehmenskomplexen zusammengefaßt. Die Oder wurde 1891–1917 reguliert, in Cosel entstand bis 1895 ein großer Umschlaghafen.

Industriebesitzer waren nur noch in wenigen Fällen die Grundherren der Gegend – wie etwa die Grafen Henckel v. Donnersmarck, die Grafen Ballestrem oder die Fürsten von Pleß. Eine Gruppe tüchtiger Verwaltungs- sowie Berg- und Hüttenfachleute stieg zur Großunternehmerschicht auf; es waren darunter sowohl Schlesier (Franz Winckler, Karl Godulla – sein Besitz gelangte durch Heirat seiner Adoptivtochter Johanna Gryczik an die Grafen Schaffgotsch) als auch Westdeutsche (Wilhelm Hegenscheidt) und Ausländer (John Baildon). Das gilt auch für die Führungskräfte in den Betrieben. Die Arbeiterschaft stammte zum überwiegenden Teil aus Oberschlesien selbst, nur in geringem Umfang aus dem benachbarten kongreßpolnischen und galizischen Grenzgebiet. Die Bevölkerungsexplosion war in Oberschlesien gewaltig. 1819 hatte der Regierungsbezirk Oppeln 561 173 Einwohner, 1871 waren es 1 309 563, 1885 1 497 595, 1910 bereits 2 207 981. Noch gewaltiger war der Bevölkerungsanstieg mitten im Industriegebiet: auf dem Boden des in dessen Zentrum gelegenen alten Kreises Beuthen – seit 1873 aufgeteilt – lebten 1781: 12 319, 1850: 106 389, 1871: 234 895, 1885: 344 358, 1910: 833 576 Menschen. Die Bevölkerungsvermehrung war in Oberschlesien so groß, daß das Land seit der Mitte des 19. Jh. auch einige hunderttausend Menschen an das Ruhrgebiet abgeben konnte.

Österreich-Schlesien, das seit 1849 (unter Einschluß der mährischen Enklaven) wieder ein selbständiges Kronland bildete, erlebte eine ähnliche wirtschaftliche Entwicklung wie Preußisch-Schlesien; sie erfolgte aber etwas später als dort und ging nicht so stürmisch vor sich. Das Ostrau-Karwiner Steinkohlenrevier erstreckte sich über den Nordwestteil des Teschener Schlesien und den westlich anschließenden mährischen Winkel (Mährisch-Ostrau) bis hinein in das preußische Hultschiner Ländchen. Die Steinkohlenförderung stieg von 1850: 225 000 t auf 1913: 9 400 000 t. Der Bischof von Olmütz Erzherzog Rudolf legte 1826–30 mitten im Kohlenrevier in Witkowitz die Rudolfs-Eisenhütte an, die die Grundlage für die Entwicklung von Mährisch-Ostrau abgab. Die Eisenproduktion war stark von auswärtigem (ungarischem) Erz abhängig. Industrielle Mittelpunkte waren außerhalb des Kohlenreviers Bielitz und Teschen. Die Rudolfshütte kam 1841 in den Besitz der Wiener Bankiers Rothschild, die – ebenso wie andere Wiener Finanzleute – auch an den Kohlengruben beteiligt waren, während die technischen Führungskräfte aus den Sudeten-

und Alpenländern stammten, die Arbeiter hingegen zu einem beachtlichen Teil aus Galizien.

Vor dem Hintergrund dieses wirtschaftlichen Wandels und dieser Bevölkerungsexplosion wurden soziale und politische Probleme ausgetragen, die in der 2. Hälfte des 19. Jh. in Oberschlesien durch das Hinzutreten konfessioneller, sprachlicher und nationaler Fragen eine besondere Schärfe gewannen.

Die nach der Aufhebung der Gutsuntertänigkeit (1807) erlassenen Regulierungsedikte setzten die Bedingungen für die Ablösung der auf dem Boden lastenden Pflichten fest. Sie waren sehr hart und trafen vor allem die Kleinbauern, Gärtner und Häusler schwer. Es kam zu Bauernerhebungen; aber die wirtschaftlichen, gerichtlichen und polizeilichen Rechte der Gutsherren wurden erst in einem langwierigen, bis gegen Ende des 19. Jh. andauernden Prozeß zurückgedrängt. In Oberschlesien hatten die persönlich frei gewordenen Arbeitskräfte die Möglichkeit, in den Bergbau zu gehen oder mit Fuhrwerken den Transport der Bergwerks- und Industrieprodukte zu übernehmen. Aber auch die auf Gutsboden nur wohnenden Bergleute konnten zu Robotleistungen herangezogen werden, weshalb das Oberbergamt die Errichtung von Arbeiterkolonien auf Staatsgrund förderte.

Die geistige und politische Auseinandersetzung war in Schlesien im 19. Jh. sehr rege, auch wenn sie in ihrer Wirkung die am meisten bedrückten unteren Schichten noch nicht erreichte. Im konfessionellen Bereich fand der Widerstand gegen die Auswirkungen der von König Friedrich Wilhelm III. gestifteten kirchlichen Union von Lutheranern und Reformierten (1817) in Schlesien seine Führer (Johann Gottfried Scheibel, Heinrich Steffens, Georg Philipp Eduard Huschke) und seine größte Anhängerschaft; Breslau wurde Sitz eines altlutheranischen Oberkirchenkollegiums (1841) und eines Predigerseminars. Auch die kurzzeitig lebhafte katholische Reformbewegung des Deutschkatholizismus (1844 ff.) hatte mit Kaplan Johannes Ronge eine ihrer Wurzeln in Schlesien. Die Universität Breslau wurde in der Zeit der Restauration in Deutschland in den 1820er und 1830er Jahren stark beargwöhnt, in den 1840er Jahren entwickelte sich Breslau (neben Königsberg und der Rheinprovinz) zu einem Mittelpunkt des politischen Liberalismus in Preußen; August Heinrich Hoffmann von Fallersleben, Professor für deutsche Sprache und Literatur an der Universität Breslau, wurde 1842 wegen seiner »Unpolitischen Lieder« entlassen, sein Schüler Gustav Freytag, Privatdozent an derselben Universität, hielt zu ihm. Die Unzufriedenheit der Schlesier mit dem Absolutismus in Preußen kam in der Revolution von 1848/49 deutlich zum Ausdruck. Gleichzeitig mit der demokratischen Erhebung fanden in Teilen Schlesiens Bauernaufstände statt. Nach der Verkündung der vom König aufgezwungenen Verfassung (5. 12. 1848) wuchsen die Spannungen zwischen den nachgiebigeren Kreisen und den strengen Demokraten; das Eintreten der letzteren für die von der Frankfurter Nationalversammlung verabschiedete Reichsverfassung führte zum Breslauer Maiaufstand (6./7. 5. 1849). Die demokratischen Bestrebungen wurden aber wie überall in Preußen unterdrückt.

Als in den 1860er Jahren das politische Leben sich wieder erneuerte und Parteien entstanden, kristallisierte sich eine Sonderstellung Oberschlesiens heraus, die konfessionelle, sprachliche und nationale Ursachen hatte.

Oberschlesien ist durch die politischen Verhältnisse während der Zeit der Gegenreformation sowie durch die geistlichen Kontakte der polnischsprachigen Bevölkerung zu dem völlig rekatholisierten Polen ein fast rein katholisches Land geworden. Der verwaltungsmäßige Anschluß des Bistumslandes (Kreise Grottkau und Neisse) an den Reg.-Bez. Oppeln hat die konfessionelle Zusammensetzung nicht verändert; nur der ebenfalls Oppeln überwiesene Kreis Kreuzburg besaß eine evangelische Mehrheit, und durch den Zuzug von Beamten und Führungskräften der Wirtschaft aus dem Westen entstand im 19. Jh. in den meisten Städten Oberschlesiens eine evangelische Minderheit. Im Gegensatz hierzu war in Mittel- und Niederschlesien die evangelische Konfession in der Mehrheit. 1895 stellten die Evangelischen im Reg.-Bez. Breslau 57,40% der Bevölkerung, im Reg.-Bez. Liegnitz sogar 82,44%, im Reg.-Bez. Oppeln dagegen nur 9,04%. Umgekehrt waren im Reg.-Bez. Oppeln 89,72% der Bewohner katholisch, im Reg.-Bez. Breslau 40,06% und im Reg.-Bez. Liegnitz nur 16,52% (Gesamtschlesien: 44,72% evangelisch, 53,60% katholisch).

Im Ostteil Preußisch-Oberschlesiens sprach ein beträchtlicher Teil der katholischen (im Kr. Kreuzburg auch der evangelischen) Bevölkerung das sogenannte »Wasserpolnisch«, polnische Dialekte, die durch die lange Isolierung vom übrigen polnischen Sprachgebiet und durch Aufnahme deutscher Wörter, hingegen kaum durch den zeitweisen Einfluß tschechischer Amtssprache beträchtlich vom Hochpolnischen abwichen. Zwar hatte sich die deutsch-polnische Sprachgrenze in Schlesien im Laufe des 19. Jh. in verschiedenen Abschnitten weiter nach Osten verschoben, und in fast allen Städten Oberschlesiens gab es 1910 deutsche Mehrheiten. Aber die Bevölkerungsvermehrung war in den polnischsprachigen Kreisen Oberschlesiens ungleich höher als in den deutschen und als im übrigen Schlesien; stieg die Einwohnerzahl von 1817 bis 1910 in den überwiegend deutschen Kreisen (Falkenberg, Grottkau, Neisse, Neustadt, Leobschütz) nur um 53%, so nahm sie in den übrigen Kreisen des Reg.-Bez. Oppeln um 468% zu (Gesamtschlesien: 169%). Dadurch erhöhte sich der Anteil der Polnischsprachigen an der Gesamtbevölkerung Schlesiens. Im Reg.-Bez. Oppeln gaben 1910 knapp 53% der Bewohner Polnisch als Muttersprache an; auf ganz Schlesien bezogen, machte die polnischsprachige Bevölkerung (einschl. der kleinen Anzahl von Polen in Niederschlesien) 23% aus.

Die polnischsprachigen Oberschlesier fühlten sich jedoch der deutschen Kultur und dem deutschen Staat verbunden. Ihre parteipolitische Heimat fanden sie in der katholischen Zentrumspartei. Dazu trug der von Bismarck und dem aus Schlesien stammenden preußischen Kultusminister Adalbert Falk geführte Kulturkampf (1871–87) unabsichtlich bei. Denn Bismarcks Absicht, die Kirche den Gesetzen und der Aufsicht des Staates zu unterwerfen (vor allem durch die »Maigesetze« von 1873), war auch gegen die enge Verbindung zwischen der katholischen Geistlichkeit und der polnischen Bevölkerung gerichtet. Aber die Katholiken hielten in dem Kampf zwischen Staat und Kirche, durch den viele Gemeinden für Jahre ihre Pfarrer verloren, zur Geistlichkeit, und Bismarcks Hauptziel, mit den Maßnahmen gegen die Kirche vor allem das Zentrum zu treffen, verkehrte sich ins Gegenteil: das Zentrum wurde um so stärker. In Oberschlesien, wo es 1871 nur einen Wahlkreis gewonnen hatte, errang es 1874 schon acht, 1877 elf, 1881 sogar alle zwölf Wahlkreise. Anschließend konnte die Zentrumspartei bis 1903 im Reg.-Bez. Oppeln stets ein bis elf Abgeordnete durchbringen, während die Sozialdemokraten – im Gegensatz zu Mittel- und Niederschlesien, wo neben Konservativen und Freisinnigen seit 1877 auch einige SPD-Kandidaten erfolgreich waren – bis 1918 dort kein Mandat erwerben konnten. 1903 kündigte sich jedoch mit der Wahl eines Kandidaten der Polenpartei, Wojciech Korfanty, in den Reichstag ein Umschwung an.

Der Versuch, die polnischsprachigen Oberschlesier in gesamtpolnische Bestrebungen einzubeziehen, setzte im Revolutionsjahr 1848 ein. Er ging von Polen im Posener Land aus und sollte durch Verbreitung polnischen Schrifttums, Gründung polnischer Vereine und Einführung des Hochpolnischen in den oberschlesischen Schulen (da das »Wasserpolnisch« keine Schriftsprache war) die Oberschlesier für die polnische Sache gewinnen. In der politischen Atmosphäre Preußens nach 1848 war diesen Bemühungen kein Erfolg beschieden; die Oberschlesier zeigten aber auch wenig Neigung, sich ihnen anzuschließen. Der Kulturkampf verstärkte noch die Abwehrmaßnahmen des Staates – die polnische Sprache wurde 1872 im Volksschulunterricht zurückgedrängt –, ließ aber die Verfechter der polnischen Interessen enger zusammenrücken. Das Zentrum setzte sich für Reichstagskandidaten mit polnischen Sprachkenntnissen ein, um den Polen entgegenzukommen. Polen aus Posen und Westpreußen ließen sich in Oberschlesien nieder; sie nahmen sich nicht nur der nationalpolnischen Sache, sondern auch der sozialen Fragen des Industriegebietes an, um die Arbeiter zu gewinnen. Parteipolitisch hielten sich die Oberschlesier aber noch an das Zentrum. Erst um 1900 wurde die antideutsche Propaganda der polnischen Nationaldemokratischen Partei Roman Dmowskis in Oberschlesien wirksam; ihr profiliertester Vertreter wurde der oberschlesische Bergmannssohn Wojciech Korfanty, der 1903 in den Reichstag einzog und sich der polnischen Fraktion anschloß. 1907 schickte der Reg.-Bez. Oppeln bereits fünf Polen in den Reichstag (neben sechs Zentrumsvertretern und einem Konservativen). Die letzte Reichstagswahl vor dem 1. Weltkrieg – 1912 – verschob das Stimmenverhältnis wieder etwas zugunsten des Zentrums, wohl als Folge deutscher Gegenmaßnahmen, aber der polnische Durchbruch bei den Oberschlesiern war nicht mehr rückgängig zu machen.

Im Teschener Gebiet des Österreichisch-Schlesien hatte die Volkstumsbewegung früher als in Preußisch-Schlesien nationalpolnischen Charakter angenommen. Sie konnte unter Paul Stalmach zunächst Erfolge verbuchen, zumal da der Staat sie duldete. Sie ergriff auch die evangelischen Polen, unter denen der aus Warschau kommende Pfarrer von Teschen Otto 1866–75 für die polnische Sache warb. Sein Nachfolger Dr. Theodor Haase trat hingegen für den Zusammenhalt der Deutschen und der polnischsprachigen »Schlonsaken« ein. Die sich dem deutschen Kulturkreis zurechnenden Teschener Bevölkerungsteile polnischer Zunge nannten sich bewußt »Schlonsaken«, nicht »Polen«; sie sammelten sich in der 1909 von Josef Kożdon gegründeten »Schlesischen Volkspartei«.

9. Schicksale der schlesischen Länder seit dem Ende des 1. Weltkrieges

Im 1. Weltkrieg war die von russischen Truppen den Grenzen Schlesiens drohende Gefahr nach einigen Monaten gebannt; die Front schob sich nach Osten vor, das kaiserliche Große Hauptquartier richtete sich für zwei Jahre in Pleß ein (Frühjahr 1915 bis Frühjahr 1917). Um so gefährdeter war Schlesien am Ende des Weltkrieges. Nach dem Großpolnischen Aufstand vom Dezember 1918 näherten sich polnische Einheiten der nordschlesischen Grenze, und manche tschechische Kreise erhoben Anspruch auf Teile Schlesiens wie Glatz und Leobschütz. Am bedrohlichsten war jedoch die Lage Oberschlesiens.

Das während des 1. Weltkrieges in Paris gegründete »Polnische Nationalkomitee« erstrebte einen neuen polnischen Staat, dessen Grenzen sich nicht nur an denjenigen Polens vor den Teilungen, sondern auch an der Verbreitung polnischer Bevölkerung und an wirtschaftlichen Interessen des neuen Polen orientieren sollten. Aus den letzten beiden Gesichtspunkten heraus wurden auch Teile Schlesiens in die Pläne der Polen einbezogen. Die polnischen Vertreter auf der Pariser Friedenskonferenz erreichten, daß der Versailler Vertrag vom 28. 6. 1919 die Abtretung von Teilen der niederschlesischen Kreise Guhrau, Militsch, Groß Wartenberg und Namslau, insgesamt 512 qkm, an Polen bestimmte; dieses Gebiet hatte 1910 rund 26 000 Einwohner gehabt, von denen gut die Hälfte Polnisch als Muttersprache angegeben hatte. Der Vertrag, der am 10. 1. 1920 in Kraft trat, sah auch den Anschluß des vorwiegend von mährischsprachiger, aber sich dem deutschen Kulturkreis zugehörig fühlender Bevölkerung bewohnten Südteils des Kreises Ratibor – des Hultschiner Ländchens (316 qkm, 1910: 48 446 Einwohner) – an die neugeschaffene Tschechoslowakei vor.

Die Forderung der Polen, auch fast ganz Oberschlesien zugesprochen zu bekommen, wurde von Frankreich und den USA gutgeheißen; angesichts scharfer Proteste seitens der deutschen Regierung und Öffentlichkeit und des Widerstandes Englands einigte man sich auf eine Volksabstimmung im größten Teil von Oberschlesien (ohne die Kreise Falkenberg, Grottkau, Neisse und den westlichen Teil des Kreises Neustadt) und in einem Teil des niederschlesischen Kreises Namslau unter Aufsicht der westlichen Alliierten. Noch vor der Besetzung des Abstimmungsgebietes durch französische, italienische und englische Truppen kam es unter außerschlesischer Einflußnahme zum ersten polnischen Aufstand (Aug. 1919), der sich über die Kreise Pleß und Rybnik ausbreitete; deutsche Truppen unterdrückten ihn. Die Unzufriedenheit vieler darüber, daß die Sonderprobleme Oberschlesiens im gesamtschlesischen Rahmen nicht genügend berücksichtigt würden, trat jetzt zutage; der »Bund der Oberschlesier« verlangte sogar eine Neutralisierung Oberschlesiens. Im Gegenzug entstand eine »Freie Vereinigung zum Schutze Oberschlesiens« (später »Vereinigte Verbände heimattreuer Oberschlesier«). Der preußische Staat beschloß am 14. 10. 1919, um die Oberschlesier zu beschwichtigen, die Einrichtung einer selbständigen Provinz Oberschlesien mit Katholiken und Zweisprachigen in führenden Positionen.

Am 11. 2. 1920 übernimmt die »Interalliierte Regierungs- und Plebiszitkommission« unter dem französischen General Le Rond in Oppeln die Verwaltung des Abstimmungsgebietes. Im August dieses Jahres kommt es im Industrierevier zum zweiten polnischen Aufstand; er wird mit dem Zugeständnis einer deutsch-polnischen Abstimmungspolizei beendet. Zur Abstimmung am 20. 3. 1921 kommen etwa 180 000 auswärts wohnende Oberschlesier in die Heimat, was wohl vor allem der deutschen Seite zugute kommt. 707 393 Stimmen (davon 5348 im Kr. Namslau) = 59,60% werden für Deutschland, 479 365 Stimmen (davon 133 im Kr. Namslau) = 40,40% für Polen abgegeben. Da 1910 in ganz Oberschlesien nur 40% Deutsch, dagegen 53% Polnisch als Muttersprache angegeben haben, müssen sich viele Polnischsprachige für den Verbleib bei Deutschland ausgesprochen haben. Angesichts dieses Abstimmungsergebnisses wird auf alliierter Seite eine Teilung des Abstimmungsgebietes beschlossen. Da die Interalliierte Kommission sich nicht auf eine Teilungsgrenze einigen kann, wird der Völkerbund angerufen. In der Zwischenzeit beginnt eine polnische Insurgentenarmee am 3. 5. 1921 den dritten Aufstand und besetzt etwa den vom Führer der Polen in Oberschlesien, Wojciech Korfanty, geforderten Teil des Landes. Da die französischen Truppen (im Gegensatz zu den italienischen) den Vormarsch der Polen nicht aufhalten, stellt sich diesen der deutsche »Selbstschutz Oberschlesien« entgegen und schlägt sie am 21. 5. 1921 am St. Annaberg, viele Ortschaften werden von den Deutschen eingenommen. Auf Grund der »Empfehlung« einer Völkerbundskommission beschließt die Botschafterkonferenz – die ständige Kommission der Pariser Botschafter der Entente – am 20. 10. 1921 die Abtretung eines Gebietes von 3213 qkm und 985 076 Bewohnern (1919) an Polen (= »Ostoberschlesien«, s. o. S. XIX). Knapp 66% der Bevölkerung dieses Gebietes waren nach der Volkszählung von 1910 polnischsprachig, nur 30% deutschsprachig; bei der Volksabstimmung haben aber nur 55,8% für Polen votiert (im deutsch gebliebenen Teil des Abstimmungsgebiets 28,8%). Um die negativen Folgen der Teilung zu mildern und den Schutz der Minderheiten auf beiden Seiten zu sichern, sollen Deutschland und Polen eine entsprechende, unter Leitung des Völkerbundes zu erarbeitende Vereinbarung abschließen. Diese aus 606 Artikeln bestehende »Genfer Konvention« vom 15. 5. 1922 soll 15 Jahre gelten. Die Überwachung ihrer Durchführung und Einhaltung wird einer deutsch-polnischen »Gemischten Kommission« mit dem ehemaligen Schweizer Bundespräsidenten Dr. Felix Calonder als Präsidenten und einem Schiedsgericht unter dem Vorsitz des belgischen Juristen Prof. Dr. Georges Kaeckenbeeck übertragen.

Die mit Inkrafttreten der Genfer Konvention am 15. 6. 1922 vollzogene Teilung Oberschlesiens zerschnitt das dicht besiedelte Industrierevier aufs empfindlichste und schuf trotz der Bestimmungen der Konvention schwierige wirtschaftliche und soziale Probleme. Der wertvollste Teil des Industriegebietes fiel an Polen: 53 der 67 Steinkohlengruben, etwa $^9/_{10}$ der Kohlenvorräte, 11 von 16 Zink- und Bleierzgruben, der größte Teil der Bleierzvorkommen, alle Blei- und Zinkhütten und damit auch die Schwefelsäurefabriken, alle Eisenerzgruben, fünf von acht Eisenhüttenwerken (mit 22 von 37 Hochöfen, $^2/_3$ der Roheisenproduktion).

Am 9. 7. 1922 übernimmt die deutsche Verwaltung wieder den Deutschland belassenen Teil des Abstimmungsgebietes. In einer Abstimmung vom 3. 9. 1922 sprechen sich über 90% der Oberschlesier für ein Verbleiben Oberschlesiens bei Preußen aus; nur eine Minderheit verlangt ein eigenes Land Oberschlesien innerhalb des Deutschen Reiches. Oppeln wird endgültig Hauptstadt der preußischen Provinz Oberschlesien im Umfang des Rest-Regierungsbezirks Oppeln. Ostoberschlesien wird mit dem am 28. 7. 1920 an Polen gefallenen Ostteil des Teschener Schlesien (mit der Altstadt Teschen und Bielitz) zur polnischen Wojewodschaft Schlesien mit dem Verwaltungssitz in Kattowitz zusammengefaßt. Der bei der Tschechoslowakei verbliebene Teil von Österreichisch-Schlesien bildet unter Einbeziehung des Hultschiner Ländchens das Land Schlesien mit der Hauptstadt Troppau.

Die Teilung Oberschlesiens führte zur Abwanderung vieler Deutscher aus Ostoberschlesien; bis 1925 waren rund 117 000 Personen, die nicht unter polnischer Herrschaft leben konnten oder wollten, nach Westoberschlesien umgesiedelt. Diese Zuwanderung ließ in manchen Lebensbereichen Probleme entstehen; anderseits verschaffte sie manchen Wirtschaftsbranchen, die nach dem Verlust des östlichen Industriereviers den Neuaufbau von Werken im Westen betreiben mußten, die nötigen Fachkräfte. Das Industriegebiet dehnte sich auf diese Weise westwärts aus; Gleiwitz, das früher den Westrand desselben gebildet hatte, kam nun ins Zentrum des deutschen Reviers. Die Weltwirtschaftskrise am Ende der 1920er Jahre fügte Schlesien – und hier insbesondere den Industriegebieten um Waldenburg und Neurode sowie in Oberschlesien – ebenso überdurchschnittlich großen Schaden zu wie den übrigen Ostprovinzen Preußens. Sie führte in gleicher Weise im polnischen Oberschlesien zur Schließung vieler Gruben und Werke. Trotzdem kann festgestellt werden, daß sowohl Polen als auch Deutschland sich um den Ausbau ihres Anteils am oberschlesischen Industrierevier und um dessen enge Verknüpfung mit der Gesamtwirtschaft des jeweiligen Staates bemühten. Diesem Ziel dienten u. a. auf polnischer Seite die Anlage der Eisenbahnmagistrale Kattowitz–Gdingen, auf deutscher Seite der Bau des Oberschlesischen Kanals (als Ersatz für den veralteten Klodnitzkanal, 1934–39) und der Autobahn Berlin–Breslau–Industrierevier, die im Kriege auf weiten Strecken fertiggestellt war.

Die nationale Frage verlor in Westoberschlesien, wenn man den Aussagen der Volkszählung und der politischen Wahlen trauen kann, stark an Bedeutung. Bei der Volkszählung 1925 gaben nur 11,24% Polnisch als Muttersprache an, 28,09% bezeichneten sich als Zweisprachige. Bei den Reichstagswahlen fiel der Anteil der polnischen Stimmen von 10,1% im Jahre 1922 bis auf 2,1 und 1,8% im Jahre 1932 ab. Aus dieser Entwicklung kann nicht nur freiwilliger Anschluß an das deutsche Volkstum abgelesen werden. Es drückten sich darin gewiß auch die Folgen des erbitterten nationalen Kampfes der ersten Nachkriegszeit aus, die Einsicht, daß eine nationale Minderheit in einer Zeit nationaler Konfrontation und Unduldsamkeit keine Aufstiegsmöglichkeiten und auf lange Sicht keine Überlebenschancen hatte – trotz der Minderheitenschutzverträge. Dabei spielte die Anpassungsfähigkeit einer Grenzlandbevölkerung mit schwebendem Volkstum eine große Rolle; von der Zweisprachigkeit war kein weiter Weg zur Entscheidung für die Staatssprache, und die Fremdsprachigkeit einer kleinen Minderheit machte schon wegen der Kommunikation den Übergang zur Zweisprachigkeit notwendig, vor allem angesichts fortschreitender Verstädterung. Daß allerdings auch die Hinneigung zum deutschen Volkstum und zum deutschen Staat mit im Spiele war, beweisen nicht nur die Abstimmungszahlen von 1921, sondern auch die Ergebnisse der ostoberschlesischen Wahlen zum gesamtpolnischen und zum schlesischen Sejm in den 1920er Jahren, die erstaunlicherweise bis zu 34,2% deutsche Stimmen verzeichneten (nach den polnischen Volkszählungen lebten in der Wojewodschaft Schlesien 1921 71,5%, 1931 92,3% Polen). Dann setzte auf polnischer Seite ein starker Druck zur Polonisierung ein, wie auf deutscher Seite unter dem Nationalsozialismus der Wille offenbar wurde, alle Erinnerung an die slawische Vergangenheit auszulöschen, allgemein sichtbar in der Umbenennung von Orten, die anstelle ihrer jahrhundertealten slawischen, der deutschen Schreibweise angepaßten Namen neu geschaffene deutsche Bezeichnungen erhielten.

Die politischen Tendenzen in Schlesien in der Zeit der Weimarer Republik sind an den Ergebnissen der Reichstagswahlen ablesbar. Die schlesischen Wahlkreise wiesen beachtliche Unterschiede auf. Im katholischen Oberschlesien führte weiterhin das Zentrum mit zunächst etwa 40% der Stimmen, gegen Ende der Weimarer Zeit mit etwa 35%, während in Niederschlesien die SPD mit 24 bis 38% die stärkste Partei bildete. In Oberschlesien hingegen gewann die SPD meist weniger als 10% der Wählerstimmen, weniger als die im Industrierevier aktive KPD. Eine Rolle spielte noch die Deutschnationale Volkspartei; sie gewann bis 1928 in Oberschlesien zwischen 14 und 22%, in Niederschlesien sogar zwischen 18 und 30% der Stimmen. Die Unterschiede zwischen Oberschlesien und Niederschlesien zeigen sich auch beim Aufstieg der Nationalsozialisten: 1930 erlangten sie im Wahlkreis Breslau 24,2%, im Wahlkreis Liegnitz 20,8%, in Oberschlesien jedoch nur 9,5% der Stimmen, und für 1932 lauten die Vergleichszahlen: 43,5% – 48% – 29,3%.

Nachdem die die Handlungsfreiheit der Vertragspartner etwas einschränkende Genfer Konvention 1937 aufgehoben war, wurden die preußischen Provinzen Niederschlesien und Oberschlesien zum 1. 4. 1938 wieder vereinigt, zum 1. 10. 1938 erhielt Schlesien einen Teil der aufgelösten Grenzmark Posen-Westpreußen und zum 15. 4. 1939 das der Tschechoslowakei wieder abgenommene Hultschiner Ländchen zugewiesen. In der Gesamtprovinz, die damals 37 035 qkm umfaßte, lebten im Mai 1939 4 868 764 Menschen. Die polnische Wojewodschaft Schlesien hatte 1931 1 295 000 Bewohner; sie wurde im Oktober 1938 um das bis dahin tschechoslowakische Olsa-Gebiet (865 qkm, 227 400 Einwohner) erweitert.

Nach dem Polenfeldzug wurde die Provinz Schlesien durch den Anschluß der Wojewodschaft Schlesien und angrenzender altpolnischer Gebiete um 10 586 qkm mit einer Bevölkerung von (1941) 2 674 663 Personen vergrößert. Auf diese Weise entstand ein ausgedehntes Industriegebiet, das außer dem alten preußischen Revier von vor 1919/22 auch das Dombrowaer Revier und andere Industriekomplexe sudwestlich Tschenstochau und westlich Krakau umfaßte. Im Zuge der kriegswirtschaftlichen Maßnahmen wurden viele während der Weltwirtschaftskrise stillgelegte Werke wieder in Betrieb genommen und neue aufgebaut. Mit dem Anschluß der polnischen Gebiete stieg die Zahl der Nichtdeutschen innerhalb Schlesiens stark an. Sie machten nach der erneuten Zweiteilung des Landes 1941 einen großen Prozentsatz der Bevölkerung in der Provinz Oberschlesien aus. Ein Teil von ihnen wurde als »wiedereindeutschungsfähig« in die Gruppen 3 und 4 der »Deutschen Volksliste« aufgenommen (Gruppen 1 und 2: echte Volksdeutsche bzw. Personen mit eindeutiger deutscher Abstammung).

In den vorwiegend von Polen bewohnten Kreisen wurden ins
Reich geholte Volksdeutsche, u. a. aus Wolhynien und der Bukowina, angesiedelt, darüber hinaus reichsdeutsche Beamte, Führungskräfte der Wirtschaft u. a. eingesetzt; Polen wurden von
ihrem Hab und Gut verdrängt. Zu dem Oberschlesien angeglie-
derten Gebiet gehörte auch Auschwitz, die Stätte des berüchtigten
nationalsozialistischen Konzentrationslagers.

Ostdeutschland galt in der Kriegszeit, als weite Teile des Reiches
Luftangriffen ausgesetzt waren, als »Luftschutzkeller« Deutschlands, weil es lange Zeit außerhalb des Aktionsradius der englischen und amerikanischen Luftflotten lag. Viele Bombengeschä-
digte ließen sich daher in Schlesien nieder, manche wichtige Industriewerke verlegten Produktionsstätten dorthin, wodurch Schlesiens Bedeutung für die Kriegswirtschaft noch anstieg, Behörden
wichen nach Schlesien aus, wertvolle Kunstbestände wurden dahin ausgelagert.

Um so härter war der Schlag, der das Land am Ende des Krieges
traf. Nach Beginn der großen Offensive vom Baranów-Brücken-
kopf aus (12. 1. 1945) stießen die übermächtigen sowjetrussischen
Streitkräfte rasch westwärts vor. Am 19. 1. erreichten sie im Raum
Guttentag–Kreuzburg die schlesische Grenze, ihre Panzerspitzen
bildeten nur wenige Tage später Brückenköpfe am linken Oderufer bei Steinau und Brieg. Ende Januar hatten die Sowjetrussen
fast das ganze rechtsodrige Schlesien besetzt, das oberschlesische
Industrierevier war ihnen nach einem Umfassungsmanöver beinahe unzerstört in die Hände gefallen. Die Oderfestungen Glogau und Breslau wurden am 12. bzw. 16. 2. eingeschlossen; jene
hielt sich bis zum 1. 4., diese sogar bis zum 6. 5. Schon am 25. 2.
aber hatten Stoßkeile der sowjetrussischen Armeen die Lausitzer
Neiße erreicht; im Raume Lauban konnten sie Anfang März noch
einmal für kurze Zeit zurückgeworfen werden. Indessen blieben
im Südwesten die Gebirgsgegenden bis Kriegsende in deutscher
Hand; die Front verlief am 8. 5. 1945 von der Neiße nördlich
Görlitz etwa über Lauban, Löwenberg, Striegau, Strehlen, Neisse,
Jägerndorf, Troppau, Hultschin nach Teschen.

Mit Beginn des sowjetrussischen Vormarsches setzte eine Flucht-
bewegung der schlesischen Bevölkerung westwärts in die Lausitzen und nach Sachsen, nach dem Südwesten in die Gebirgsgegenden und über das Gebirge hinweg nach Mähren und Böhmen ein.
Sie hatte in den einzelnen Teilen Schlesiens eine unterschiedliche
Intensität, weil sie vielfach von den Behörden zu spät gestattet
wurde, so daß bei raschem Vordringen des Feindes eine Flucht
für viele nicht mehr möglich war, aber auch, weil manche Bevölkerungsteile gar nicht ihre Heimat verlassen wollten; das gilt etwa für die Mehrzahl der der polnischen Sprache mächtigen Oberschlesier. Nach Beendigung der Kampfhandlungen setzte ein
Rückstrom der inzwischen von den Russen eingeholten Flüchtlinge in ihre Heimatorte ein. Er wurde aber, soweit er aus den Gebieten westlich der Lausitzer Neiße erfolgte, ab Juni von polni-

scher Miliz an der Neiße aufgehalten; denn mittlerweile hatte Sowjetrußland die ostdeutschen Gebiete östlich von Oder und Lausitzer Neiße (bis auf das nördliche Ostpreußen) polnischer Verwaltung unterstellt.

Eine Westverschiebung des polnischen Staates hatte bereits die polnische Exilregierung während des Krieges gefordert, allerdings nicht in dem Umfang, wie sie die Sowjetunion auf der Konferenz von Jalta (4.–11. 2. 1945) verlangte, um Polen für die Ostgebiete zu entschädigen, die sie 1939 besetzt hatte und nicht wieder herausgeben wollte. Als die Alliierten im Juli 1945 in Potsdam zusammentraten, hatte die Sowjetunion bereits im Vorgriff die deutschen Ostgebiete der Provisorischen Regierung Polens übergeben. Im März 1945 war das rechtsodrige Westoberschlesien in polnische Verwaltung übergegangen, im April/Mai mit der Verschiebung der Front das linksodrige Gebiet gefolgt. Auch einen polnischen »Bevollmächtigten« des Bezirks Niederschlesien« gab es schon Anfang April; er richtete seinen Verwaltungsapparat zunächst in Trebnitz (Ende April), dann in Liegnitz (Ende Mai) und schließlich in Breslau (Sept. 1945) ein (über die weitere Verwaltungsgliederung Schlesiens unter polnischer Herrschaft s. o. S. XXI). Die Potsdamer Vereinbarungen der Alliierten (Juli/August 1945) billigten zwar die Einsetzung der polnischen Verwaltung, behielten jedoch eine endgültige Regelung der Grenzfragen einem zukünftigen Friedensvertrag vor.

Der während des Krieges durch die Untaten der Nationalsozialisten aufgestaute Haß auf alles Deutsche entlud sich in der Endphase der Kampfhandlungen und in der ersten Nachkriegszeit in ganz besonderer Härte auf die vom Osten her überrollten Ostdeutschen, somit auch auf die Schlesier. Außer den nur vorübergehend in Schlesien ansässigen Deutschen flüchtete über eine Million alteingesessener Schlesier vor der Roten Armee nach dem Westen. Den Zurückgebliebenen drohte gleich nach der Besetzung durch die sowjetischen Truppen Deportation nach Rußland; aus Schlesien sollen mindestens 62 000 Personen zum Arbeitseinsatz deportiert worden sein. Drangsalierungen seitens der polnischen Seite schlossen sich an. Noch im Juni 1945 begann dann die Vertreibung der Deutschen, zunächst die »unorganisierte Aussiedlung«, besonders aus dem westlichen Grenzgebiet; nach menschenunwürdiger Behandlung war die Ausweisung oft willkommen. Vom August bis November 1945 folgte eine zweite Ausweisungswelle, vom Februar bis Jahresende 1946 eine dritte, die größte. Ende 1947 war die eigentliche Aussiedlungsaktion beendet; zurückgeblieben waren die nach einer »Verifizierung« als »Autochthone« anerkannten, d. h. zur »Repolonisierung« durch Verleihung der polnischen Staatsbürgerschaft vorgesehenen alteingesessenen Gruppen und als gesuchte Fachleute von der Ausweisung zunächst zurückgestellte »anerkannte Deutsche«. Die Verhältnisse waren in Niederschlesien anders als in Oberschlesien. In der Wojewodschaft Breslau lebten 1950 noch 84 800 Personen (= 5,1%

der Bevölkerung), die dort bereits 1939 wohnhaft gewesen waren; davon sollen etwa 17 000 als »Autochthone« anerkannt gewesen sein. Die »anerkannten Deutschen« saßen vor allem im Waldenburger Bergland sowie in der Gegend von Liegnitz, Schweidnitz und Breslau; ihre Zahl wurde durch die Familienzusammenführung ab 1950 immer kleiner. In Oberschlesien war in den westlichen Kreisen, die 1921 wegen ihres eindeutig deutschen Charakters nicht in das Abstimmungsgebiet einbezogen worden waren, die Situation genauso wie in Niederschlesien, d. h. das Gros der Bevölkerung war geflüchtet oder nachher ausgewiesen worden. Im übrigen Westoberschlesien (d. h. vor 1939 deutscher Teil von Oberschlesien) dagegen wurde die überwiegende Masse der Bevölkerung als »autochthon« anerkannt; 1947 lebten im ganzen Westoberschlesien nur noch zwischen 5000 und 9000 »anerkannte Deutsche«. Nach der Volkszählung von 1950 gab es im ehemals deutschen Anteil von Oberschlesien 751 926 »Einheimische«, d. h. seit vor 1939 dort Ansässige – das ist die Hälfte der Bevölkerungszahl dieses Gebietes im Jahre 1939 (1 529 000). – In der überwiegend polnischen Wojewodschaft Schlesien der Vorkriegszeit war die Bevölkerungsverschiebung nur gering; allerdings löste man die deutschen Sprachinseln (um Bielitz und im Kreise Pleß) durch Ausweisung auf.

Die durch Flucht und Vertreibung der Deutschen entstandenen Siedlungslücken wurden durch zuwandernde Polen gefüllt. Polnische Regierungsstellen hatten bereits Anfang Mai 1945 die Besiedlung der ostdeutschen Gebiete mit Polen aus dem an die Sowjetunion abgetretenen Ostpolen und aus dem übervölkerten Zentralpolen angekündigt. Die Bevölkerung der Wojewodschaft Breslau von 1950 stammte zu 40,4% aus Ostpolen und aus westlichen Ländern und zu 54,5% aus verschiedenen Teilen des neuen Polen; 5,1% waren »Einheimische«. Im Gebiet des ehemals deutschen Westoberschlesien (Teile der neuen Wojewodschaften Oppeln und Kattowitz) lebten 1950 etwa 57% »Einheimische«, 20% Zuwanderer aus dem Ausland (einschließlich Ostpolen) und 23% »Umsiedler« aus anderen Teilen des gegenwärtigen Polen. Durch Spätaussiedlung wird die Zahl der »Einheimischen« immer kleiner.

Die neuen Bewohner und die Reste der alten Bevölkerung Schlesiens führten den Wiederaufbau des Landes durch. Durch die Kampfhandlungen der letzten Kriegsmonate waren in manchen Gegenden starke Zerstörungen eingetreten. Aber auch die von der Kriegsfurie verschonten Gebiete erlitten in der ersten Nachkriegszeit durch Brände und Plünderungen schwere Schäden. Die Wirtschaftseinrichtungen wurden später wieder instandgesetzt und erweitert; es sei etwa auf den Abbau der Kupfererzlager im Raume Liegnitz–Glogau verwiesen. Viele Baudenkmäler waren erhalten geblieben, andere wurden mit Sorgfalt wiederhergestellt. Manche von ihnen erinnern noch heute durch Inschrift, Wappen oder Bild daran, daß Schlesien über sieben Jahrhunderte lang maßgeblich von deutschen Menschen geprägt worden ist, die von schlesisch-polnischen Fürsten ins Land gerufen worden waren und im Westen unter Aufnahme der slawischen Volksteile den deutschen Neustamm der Schlesier bildeten, im Osten aber im oberschlesischen Polentum aufgingen, das unter diesem Einfluß ebenfalls zu einer besonderen Stammeseinheit wurde. Mit den Deutschen Schlesiens haben nichtschlesische Polen nach 1945 auch die Nachkommen der slawischen Alteingesessenen, wahrhaftige »Autochthone«, des Landes verwiesen – eine Tragik und Groteske zugleich. Manche Einrichtungen des heutigen Schlesien aber zeugen davon, daß auch viele der jetzigen Bewohner des Landes zwangsweise ihre Heimat hatten verlassen müssen; man braucht nur an das bekannte Ossoliński-Institut (Ossolineum) in Breslau zu denken, das früher seinen Sitz in Lemberg gehabt hat, wie auch die Universität Breslau die Tradition der polnischen Universität Lemberg fortsetzt, oder auf die für Schlesien ungewohnte Erscheinung orthodoxer Gotteshäuser zu verweisen, die in ehemals evangelischen Kirchen eingerichtet worden sind.

Agnetendorf (Jagniątków, Kr. Hirschberg). A. wurde um 1654 von böhm. Protestanten gegr. und trägt seinen Namen nach der Gemahlin des bekannten evg. Frh. Hans Ulrich v. Schaffgotsch, Barbara Agnes († 1631). Im oberen Teil des langgestreckten Gebirgsdorfes, dort, wo es bereits Baudencharakter annimmt, liegt das Wohnhaus des großen schles. Dichters Gerhart Hauptmann (1862–1946), das er, als mit seiner 2. Ehe die Ruhe wieder eingekehrt war, durch den Architekten Hans Grisebach 1900/01 hat erbauen lassen. Das eigenwillige Gebäude verbindet mit seinem betont klösterlichen Burgcharakter gewisse dem Zeitgeist des Jugendstils verwandte Formelemente. Lange nach der Fertigstellung wurde das Jahr 1922 für die Gesch. des *Hauses Wiesenstein* von Bedeutung: In diesem Jahre schuf der Maler Johannes M. Avenarius in der Halle die Wandgemälde, um vor dem Auge des Betrachters die ganze Hauptmann-Welt auszubreiten – sozusagen eine schöne, phantasiereich gemalte Tapisserie, auch sie ein später Nachklang des Jugendstils, die der Halle mit ihren wertvollen Kunstgegenständen erst die dem ganzen Haus gemäße Vollendung gab. Dieses Haus, ebenso Wohnhaus wie Schloß, Stätte der Arbeit wie Stätte gastlicher Geselligkeit, erhielt seinen letzten Adel durch das Sterben des großen Mannes inmitten des Zusammenbruchs Deutschlands am 6.6.1946. Sein Sarg wurde nach Hiddensee überführt und auf dem Friedhof zu Kloster beigesetzt. Das Haus ist heute ein poln. Kinderheim. (I) *Gru*

LV 631, S. 226 f. – LV 670, S. 125–74

Albendorf (Wambierzyce, Kr. Glatz/Neurode). Als »Jerusalem in deutschen Landen« ist A. weithin bekannt, am Fuße des Heuscheuergeb. gelegen, etwa 5 km sö. Wünschelburg. Es wird erstm. 1330 als »Alberti villa« gen., während die Marienwallfahrt dorthin um die M. 16. Jh. bezeugt ist. Seine bes. Ausgestaltung zum Pilgerort erhielt A. durch den Ritter Daniel Paschasius von Osterberg, 1677–1711 Grundherr von Nieder → Rathen. Er fand in einem Buche »Leben Christi« einen Plan von Jerusalem und unternahm zwei Reisen dorthin. In A. wollte er dem Volke einen Ersatz für die Pilgerfahrt ins Hl. Land bieten und ließ hier ein schles. Jerusalem entstehen. Eine große Wallfahrtskirche, 1710 geweiht, sollte den Tempel versinnbilden, während zwölf *Tore*, viele *Kapellen*, ein *Kalvarienberg* und das *Hl. Grab* an die Lei-

densstationen erinnerten. Seit 1693 führte Paschasius »Passions-
züge in lebenden Bildern« durch Ortsansässige durch, ähnlich wie
in Oberammergau. Er stellte sechs Kirchenmusiker an. Als die
Kirche wegen Baufälligkeit – die Pfeiler waren nur ummauert,
innen mit Schutt gefüllt – 1715 abgetragen werden mußte, errichtete Gf. Franz Anton v. Götzen 1716–21 als neue *Wallfahrtskirche* den noch heute stehenden barocken Zentralbau mit 54 m
breiter Front. Zu ihm steigt man auf einer breiten Stiege mit 33
Stufen zu einem Treppenabsatz empor, dann teilt sich der Aufstieg in drei schmälere Stiegen mit je 15 Stufen. Erst durch Vor-
höfe gelangt man in das »Heilige« des Tempels, einen lichterfüll-
ten Raum, der von 8 Pfeilern getragen wird, und erst dann durch
ein Eisengitter ins »Allerheiligste«, d. h. in die Gnadenkapelle
mit dem geschnitzten Gnadenbild, nur 27 cm hoch. Am Abend
wird die ganze Kirchenfront durch elektrische Lampen erhellt und
aufgegliedert. Jährlich kamen etwa 100 000 Wallfahrer nach A.,
auch aus Böhmen, Mähren, der Slowakei, Ungarn und Polen. Die
Wallfahrtskirche wurde 1936 in den Rang einer päpstlichen Basilika Minor erhoben. »Historische Spiele«, nur von einheimischen
Kräften dargestellt, hielten die Gesch. dieses Ortes fest. Alle Gebäude blieben 1945 erhalten; Pfarrei und Wallfahrten werden
jetzt von Jesuiten geleitet. (IIa) *Go*

EZimmer, A., sein Ursprung u. seine Gesch. bis z. Gegenwart, Br. 1898.
– AHeinke, D. Gfsch. Glatz, Br. 1941. – D. Gfsch. Glatz, Bd. 5, hg. v.
ABartsch, LChristoph, Lüdenscheid 1968, S. 11 f., 16

Alt Berun (Bierun Stary, Kr. Pleß/Tichau). Die Stadt B. entstand
im oberschles. diluvialen Sandergebiet am Mleczna-Flüßchen in
Anlehnung an einen alten *Burghügel* (im SW) auf einer kleinen
Anhöhe inmitten sumpfiger Wiesen an einer Straße von Gleiwitz
über Nikolai-B.-Auschwitz nach Krakau, unfern der Grenze des
Hzt. Ratibor zum Hzt. Auschwitz. 1387 beauftragte Hz. Johann II.
von Ratibor einen gewissen Cussowitz, die Stadt B. auszusetzen,
und verlieh ihm die städt. Vogtei. Es war eine der letzten ma.
Stadtgründungen in Oberschles.; vielleicht war bereits eine miß-
glückte Gründung vorausgegangen, denn schon 1376 wurde ein
Siedler von B. Bürger von Krakau. B. war wie die anderen Städte
dieser Epoche sehr klein: das Plesser Urbar von 1536 verzeichnet in B. neben Vogtei und Mühle 34 Bürgerstellen, 1572 gab es
zudem 19 Häusler. B. nahm am großen Aufschwung der Teichwirtschaft in den oberschles. Flußniederungen seit ca. 1440 teil;
1536 war im O der Stadtgemarkung ein 6 qkm großer Teich im
Aufbau, berechnet zur Aufnahme von 3500 Schock Karpfen (um
1830 bereits völlig ausgetrocknet). Ansonsten ernährte sich das
Städtchen vor allem von der Landwirtschaft. Wie im 19. Jh. in B.
die poln. Bev. überwog, so wird sie auch in den Jhh. vorher eine
maßgebliche Rolle gespielt haben. 1407 setzte Hz. Johann II. von
Ratibor seiner Gemahlin Helena von Litauen Pleß, Nikolai und B.
mit ihren Gebieten als Leibgedinge aus; aus diesem Besitz ent-

stand 1517 die Standesherrsch. → Pleß, die bis zuletzt auch B.
umfaßte. Kirchlich gehörte B. zunächst zu → Lendzin. Die hölzerne Filial- und Begräbniskirche St. Valentin soll angeblich urspr. in Pleß gestanden, M. 16. Jh. in B. aufgestellt worden sein
und bis 1768 am Platz der jetzigen Bartholomäuskirche als Pfarrkirche gedient haben; wahrsch. ist sie aber erst zwischen 1598
und 1628 errichtet worden. Die heutige Pfarrkirche St. Bartholomäus geht auf einen Neubau von 1770 (Turm) bzw. 1776 (Schiff)
zurück, der nach dem großen Brand von 1845 1851–59 wiedererrichtet wurde. Nach 1742 wurde B. wegen seiner geringen Bedeutung den Marktflecken zugeordnet; erst 1865 erhielt es erneut
Stadtrecht. 7 km sö. von B. befand sich A. 19. Jh. vor der Grenze
zum österr. Galizien ein kgl. Hauptzollamt, später wurden dort
im Zusammenhang mit der Grenzübergangsstelle weitere staatliche Einrichtungen sowie eine Eisenbahnstation an der 1863 vollendeten Strecke Myslowitz–Auschwitz eingerichtet. Auf diese
Weise entstand auf den Gemarkungen von Porombek, Zabrzeg
und Kopcziowitz der Flecken Neuberun (um 1860 schon so benannt), worauf sich für die Stadt allmählich der Name A. B. einbürgerte. Eww.-Zahlen: 1783: 402, 1825: 784, 1905: 2145, 1931:
rd. 3100, 1961: 5324 (auf 19,84 qkm), 1970: 6480. Als Industriebetrieb besitzt A. B. seit der Zeit vor dem 1. Weltkrieg eine
Sprengstoffabrik (ehem. Union-Werke).   (IV) *We*

LV 173. – LV 209, 2. Abt., T. 1, S. 53–56. – LV 511, Sp. 12 f. – LV 211,
Bd. 1, S. 586–92. – LV 524, S. 15. – GLysko, Z. Gesch. d. Stadt B., in:
LV 43, 14 (1915/16), S. 114–21. – LMusiol, Aus d. Siedlungsgesch. d.
Plesser Landes, in: Dt. Monatshefte. Zs. f. Gesch. u. Gegenwart d. Ost-
deutschtums 7 (1940/41), S. 38–74. – LV 345. – LV 234, Bd. 1, S. 421 f. –
LV 593, Bd. 7, H. 13, S. 1–5

Altbielitz (Stare Bielsko, Kr./Stadt Bielitz). Das älteste historische
Denkmal von A. ist ein gut erhaltener frühslaw. *Ringwall* von
250 m Durchmesser. Sonst zeigt A. keine slaw. Siedlungsspuren.
Es ist vielmehr ein sehr regelmäßiges Waldhufendorf w. von Bielitz, dessen w.-ö. Gehöftzeilen vom Fluß Lobnitz bis zur Biala
reichen. Mit urspr. mindestens 77 Hufen gehörte es zu den größten Dörfern von Schles. Es entstand in der 2. H. 13. Jh. Die älteste Nennung von 1316 als »villa Bolitz« zeigt die enge Zusammengehörigkeit mit der gleichzeitigen Stadt → Bielitz, die in einer Ecke des dörflichen Landvierecks von 5 km Seitenlänge
liegt.
In der M. von A. liegt die got. *Stanislauskirche* aus der 2. H. 14.
Jh. mit einem Freskenzyklus aus der gleichen Zeit, der Prager
Einflüsse zeigt, einem Marien-Flügelaltar aus dem A. 16. Jh. und
got. Chorgestühl von 1563. Die Kirche verdankt die einzigartige
Erhaltung ihres alten Bauzustandes vor allem dem Umstand, daß
sie nach der Rekatholisierung in der Gegenref. in dem rein evg.
Dorf A. fast funktionslos war und zu einer wenig benützten Fi-
liale der Bielitzer Stadtkirche absank. – Inmitten des dt. Bauern-

dorfes blieb der Ringwall das Zentrum eines herrschl. Vorwerkes.
Durch Bauernlegen im 16. bis 18. Jh. kamen fünf weitere Güter
dazu. 1787/89 parzellierte der Inhaber der Herrsch. Bielitz, Franz
v. Sulkowski, alle diese Vorwerke. Damit entstand die die S-Hälf-
te von A. einnehmende Kolonie Alexanderfeld, benannt nach dem
Vater des Franz, dem früher allmächtigen Minister Kg. Friedrich
Augusts II. von Sachsen und Polen, Gf. Alexander Sulkowski. Mit
76 Stellen war es die größte schles. Dorfgründung des 18. Jh.;
1864 wurde es auch politisch selbständig.
Im 19. Jh. wurden A. und Alexanderfeld immer stärker in die Industrialisierung von Bielitz einbezogen und wuchsen schnell. 1910
zählte A. unter 2887 Eww. 2629 Deutsche, Alexanderfeld unter
2417 Eww. 2082 Deutsche. Heute sind beide Orte von der Stadt
überwachsen und in sie eingemeindet.   (IV) *Ku*

WKuhn, Z. Gesch. v. A., in: Mein Beskidenland 9 (1966), Nr. 3–10

Althammer (Trachy, Kr. Tost-Gleiwitz/Gleiwitz). Um 1560 richtete Johann Trach von Brzezie, Besitzer des nahen → Kieferstädtel, in den Wäldern im Birawka-Tal 13 km sw. Gleiwitz einen
Hüttenbetrieb, den A., ein, nach dem Gründer auch Trachham-
mer gen. Im Rahmen der frühen modernen Industriesiedl. in
Oberschles., die von den Gutsherrschsch. ausging, errichtete Gf.
Heinrich Jakob v. Flemming, sächs. Geheimrat und seit 1702 Besitzer der Herrsch. → Slawentzitz, um 1703 in A. den angeblich
ersten, mit Holzkohle befeuerten Hochofen von Oberschles.; Mittelpunkt der Industrieunternehmungen Flemmings wurde jedoch
→ Jakobswalde. Der Hochofen von A. wurde nach Fertigstellung
des → Klodnitzkanals in den 1820er Jahren nach Slawentzitz verlegt, dem Sitz der auch A. umfassenden Herrsch., damals in der
Hand der Fstt. zu Hohenlohe-Ingelfingen.   (IV) *We*

LV 210, Bd. 1, S. 539 f. – PKlein, Alte Industrien in d. Bischofstaler
Gegend, in: LV 45, 20 (1938), S. 695–99. – OVölkel, Gesch. d. Industrie
im Gleiwitzer Raum, ebenda, 21 (1939), S. 442–47. – LV 591, (V 1),
S. 47 f. – LV 220. – LV 668, S. 44 f. – LV 345, S. 187

Altkemnitz (Stara Kamienica, Kr. Hirschberg). Das Dorf A. war
einer der Stammsitze der Gotsche Schoff (Schaffgotsch), wenn
auch die mit der Jahreszahl 1242 versehene Urk., mit der Hz. Boleslaus II. von Schles. diesem Geschlecht die unter Hz. Heinrich II. von Schles. erbaute Burg Kemnitz zu erblichem Besitz
überlassen und nach der es eine »Kastellanei« Kemnitz gegeben
haben soll, eine spätere Fälschung darstellt. Das Schloß von A.,
das verm. auf einen Wohnturm des Herrensitzes zurückgeht, wurde laut einer früher noch sichtbaren Portalinschrift 1562 im Stil
der Renaissance ausgebaut, 1617 durch Hans Ulrich v. Schaffgotsch neu erbaut und mit einer Gartenanlage versehen. Erhalten
blieben von der ganzen Anlage außer *Turm-* und *Mauerruinen*
einige Teile des *Wirtschaftshofes*, u. a. ein Gesindehaus von 1579
und ein Torbogen von 1757 mit einem Herkules als Löwentöter.

Bes. eindrucksvoll waren die Schnitzereien (Wappen und Ornamente) an den mit kräftigen Knaggen unterstützten Balkenköpfen einer Scheune.

Die kath. Pfarrkirche *St. Johannes,* der die Fam. Schaffgotsch 1370 und 1380 Stiftungen machte, gehört mit ihrem Langhaus noch dem E. 15. Jh. an. Im Chor findet sich die Jahreszahl 1624, und der Baucharakter läßt darauf schließen, daß zu dieser Zeit die Kirche für den prot. Gottesdienst ausgebaut worden ist. Von dieser Bauperiode sind Reste von Kacheln, Vertäfelungen und Türen sowie Grabsteine erhalten geblieben, die in Verbindung mit einem spätgot. Taufstein die wechselvolle Baugesch. dokumentieren. Im 30j. Kriege wurde jedoch die Kirche rekatholisiert. – 1743 erhielt dann der Ort wiederum eine evg. Kirche. Als achteckiger Zentralbau dem Predigtcharakter angepaßt, wurde das Fachwerkbethaus durch den Zimmermeister Jeremias Maiwald erbaut. Dem Oktogon wurden jedoch 1756 zwei Anbauten für Altar und Orgel einerseits und die Herrsch.-Loge andererseits in der Längsachse angefügt. (I) *Gru*

LV 402, S. 89. – LV 587, Bd. 3, S. 466–69. – LV 622. – LV 612, S. 74

Alt Repten (Repty Stare, Kr. Tarnowitz). R. liegt im ö. oberschles. Muschelkalkrücken an der Quelle des Dramaflusses. Das durch seine Bleierze (vor allem silberhaltigen Bleiglanz) wichtige Gebiet ist schon 1201 als Besitz der Prämonstratenser von St. Vinzenz in Breslau belegt. 1230 erhielt das Kl. für R. Immunität und 1247 von dem eben zur Herrsch. gekommenen Hz. Wladislaus von Oppeln das Recht, hier in einem Marktort Gäste zu dt. Recht anzusiedeln, die Bergbaufreiheit auf Blei und Zollfreiheit im Hzt. Oppeln genießen sollten. Doch scheint die geplante Anlage einer Bergstadt nicht verwirklicht worden zu sein, vor allem da der Hz. 1254 durch die Gründung von → Beuthen selbst in das Bergrevier eingriff. Auch R. kam frühzeitig in weltliche Hand.

R. war in der Folgezeit ein kleines Straßendorf. Als der damalige Besitzer von R., Adam v. Holly, 1748 im ö. Teile der Gemarkung die Kolonie Neu R. (seit 1860 selbständig) anlegte, kam für das Hauptdorf der Name A. R. auf. In den 1890er Jahren erbauten die Henckel v. Donnersmarck der Neudecker Linie, die seit 1824 die Herrsch. R. besaßen, im NW von R. ein prächtiges *Schloß.* – A. R. besaß 1905 1084 Eww., die durch die Vereinigung von A. – und Neu R. 1945 entstandene Gem. 1968 2145 Eww. (IV) *Ku*

LV 356, S. 99. – LV 613, Bd. 2, S. 47. – Tarnowskie Góry, zarys rozwoju powiatu (Überblick d. Entwicklung d. Kr. Tarnowitz), hg. v. HRechowicz, Kattowitz 1969, S. 562

Alt Warthau (Warta Bolesławiecka, Kr. Bunzlau). Die »Warte« (Zusatz »Alt« erst ab 1786) wurde bisher als hzl. Zollstätte an der Grenze der Weichbilder Löwenberg und Bunzlau angesehen, doch beziehen sich die Angaben über die »Warte« 1217 (im Löwen-

berger Stadtbuch), dann 1310 in Verbindung mit Breslauer Kaufleuten auf eine hzl. Zollstation in dem damals hzl. Cunzendorf
unter dem Walde (w. Löwenberg) am damaligen Hauptzug der
→ Hohen Straße. 1340 erscheint Henschzelin (Hans) v. Wartha
aus der Fam. v. Zedlitz; er wurde 1346 mit W. und Mittlau belehnt. 1540 baute Hans v. Zedlitz neben der W.er Burg, von der
Ruinen stehen, ein *Renaissanceschloß*; die Mitwirkung von Wendel Roßkopf aus Görlitz wird vermutet. Die v. Zedlitz waren hier
bis kurz nach 1550, dann die v. Glaubitz, v. Stiebitz, die v. Sommerfeld 1582, die Frhh. v. Hohberg 1651, die Frhh. v. Frankenberg 1683 bis nach 1885. 1945 war das Rittergut A. W. (423 ha)
im Besitz der Gfn. v. Hacke (Fam.-Besitz seit 1582). Die zehn
Sandsteinbrüche von A. W. lieferten wertvolles Baumaterial bis
nach Berlin. – W. hatte 1305 30 fränk. Hufen, eine Kirche (1654
reduziert, dazu evg. Fachwerkbethaus 1742/44). 1786 hatte A. W.
ein Vorwerk, 13 Bauern, 57 Gärtner, 32 Häusler, 529 Eww.; 1939
mit Nieschwitz 1306 Eww.   (I)   *St*

EDewitz, Gesch. d. Kr. Bunzlau, Bunzlau 1885, S. 329–42. – LV 612,
S. 80. – LV 340, S. 42, Anm.

Altwasser (Stary Zdrój, Stadtkr. Waldenburg). Als hzl. Kammergut wird A. (Aqua Antiqua) 1357 erstm. erwähnt.. Nach dem Anschluß an Böhmen 1392 wurde A. als kgl. Besitz an böhm. und
schles. Edelleute vergeben. Seit 1412 war es im Erbbesitz (u. a.
v. Kuhl, v. Waldau, v. Zedlitz, v. Chamaré, v. Mutius). 1366 ist
der Silberbergbau bezeugt. 1584 wurde durch Ks. Rudolf II. das
Steinkohlenbergbau-Regal für Bernhard v. Kuhl auf Kammerau
verbrieft (Seegen-Gottesgrube). Die Bedeutung von A. lag aber
zunächst in der Heilkraft seiner Quellen. Ober- und Mühlbrunnen waren 1644 bekannt. Landeshauptmann George Moritz v.
Rohr und Stein, seit 1688 Besitzer von A., errichtete die ersten Badeeinrichtungen. Friedrich v. Zedlitz (→ Wüstewaltersdorf) seit
1710 und die Herren v. Mutius seit 1752 bemühten sich um den
Ausbau des Bades. Die Entdeckung neuer Quellen (Friedrichs-
quelle 1771, die Wiesenquellen 1798–1802, Georgsbrunnen 1824
und Luisenquelle 1857) förderte den Badeort. A. hatte 1780: 40,
1805: 250, 1833: 420 Kurgäste (bzw. -Famm.), u. a. Kg. Friedrich
Wilhelm IV. von Preußen 1831. Durch den Tiefbau der Seegen-
Gottesgrube versiegten die Quellen. Der Badebetrieb kam 1873
zum Erliegen. Die Entwicklung zum modernen Industrieort setzte um die M. 19. Jh. ein: Carlshütte AG 1820–21 (nach 1945 Huta
Karol), Porzellanfabrik C. Tielsch & Co. 1845 (nach 1945 Zakłady
Porcelany Stołowej »Wałbrzych«), Flachsgarnspinnerei Petzold
und Hoffmann 1865. Die rasch anwachsende Gem. erhielt 1870
eine kath. *(St. Barbara-)Kirche* und 1871 eine evg. *(Friedens-
dank-)Kirche*. 1919 wurde A. mit 16021 Eww. nach → Waldenburg eingemeindet.   (IIa)   *Kö*

MRindfleisch, Chronik d. Gem. u. d. Badeortes A. nach urk. Quellen,
Waldenburg 1932. – O du Heimat lieb u. traut! Bilder a. d. Walden-

burger Berglande, hg. v. MKleinwächter, Waldenburg 1925, S. 373–385.
– HBartsch, Unvergessene Waldenburger Heimat, Norden (Ostfriesl.)
1969. S. 173–176. – → Waldenburg

Anhalt (Hołdunów, Kr. Pleß/Tichau). Den O-Rand der Bielitzer
Sprachinsel bildete bis 1770 Seibersdorf (Kozy) im ehem. Hzt.
Auschwitz (nö. Bielitz), dessen Deutschtum sich seit dem 13. Jh.
erhalten hatte. In der Ref.-Zeit hatten die Seibersdorfer das ref.
Bekenntnis angenommen. Der doppelten Bedrückung durch die
Gegenref. und den poln. Gutsherren Jordan entzogen sie sich seit
1765 durch die Flucht nach dem preuß. gewordenen Schles. Die
Hauptgruppe wurde 1770 auf Befehl Kg. Friedrichs d. Gr. durch
eine preuß. Husarenschwadron über die Grenze geleitet; der Protest des poln. Kg. blieb erfolglos. Die Flüchtlinge wurden von dem
Inhaber der Plesser Standesherrsch. dem Hz. von Anhalt-Köthen,
auf dem parzellierten Vorwerk des Dorfes → Lendzin ö. von Pleß
angesiedelt; die Kolonie wurde nach dem Grundherrn A. benannt.
Die Erfahrungen in A. wurden die Grundlage für die Deklara-
tion Kg. Friedrichs II. von 1773, durch die er allgemein die schles.
Grundherren für die Beteiligung an seinem Kolonisationswerk gewann. Von Alt A. zweigten bis 1820 die Siedll. Neu A., Alt- und
Neu Gatsch ab.
Der ref. Feldprediger von Schles., Johann Gottlieb Schleiermacher,
der bei der Gründung der Kolonie entscheidend mitgewirkt hatte,
wurde auch der erste Pfarrer der neuen ref. Gem. A.; er war der
Vater des Philosophen Friedrich Ernst Daniel Schleiermacher, der
in A. die ersten Jahre bewußter Kindheit verlebte, und der Schwie-
gervater Ernst Moritz Arndts. Die ref. Kirchengem. A. umfaßte
zunächst den ganzen Kr. Pleß und das spätere Industriegebiet.
Die Landausstattung der A.er Kolonisten betrug nur 11 Morgen
(= 2,8 ha) je Stelle. Die Lebensgrundlage bot ihnen zunächst die
schon in Seibersdorf geübte Leineweberei. In dem Maße, als der
oberschles. Steinkohlenbergbau räumlich an A. heranrückte, wurden die A.er mehr und mehr in der Industrie tätig.
1905 zählten A. und Gatsch zusammen 880 Menschen, darunter
747 Deutsche. Im 2. oberschles. Aufstand 1920 wurde A. von den
Aufständischen niedergebrannt. In der Zwischenkriegszeit blieb
es eine stille dt. Insel und ein kultureller Stützpunkt der dt. Volks-
gruppe, sein Jugendheim ein beliebter Tagungsort. Nach 1945
entstand auf dem Boden von A., das inzwischen mit Lendzin
zusammengelegt worden war, eine größere Arbeiterkolonie, 1959
eine eigene Kohlengrube. 1954 wurde A. von Lendzin abgetrennt,
im Jahr darauf zur stadtart. Siedl. erhoben, aber schon 1961 als
Ort von knapp 10 qkm und über 6000 Eww. erneut politisch mit
Lendzin vereinigt.   (IV) *Ku*

AWackwitz, D. dt. Sprachinsel A.-Gatsch in Oberschles. in ihrer gesch.
Entwicklung, Plauen i. V. 1932. – Ders., Urbanus 1770–1970, in: LV 71,
49 (1970), S. 118–91. – LV 225. – OSpiralski, 800-letnie Lędziny, zarys
dziejów (Überblick d. Gesch. d. 800j. Lendzin), Kattowitz 1964. – LV
234, Bd. 1, S. 447 f.

Annaberg → Sankt Annaberg

Auras (Uraz, Kr. Wohlau/Trebnitz). Am r. Oderufer unterhalb
von Breslau gelegen, gehört A. zu den bereits in slaw. Zeit bestehenden Siedll. 1203 wird erstm. das Dorf erwähnt, 1218 die dortige Kirche, 1231 ist A. Ausstellungsort einer hzl. Urk., ab 1250 sind
die »Kastellane« der hzl. Burg von A. belegt. Als Stadt (civitas)
ist A. zwar erst 1312 nachweisbar; aber die Verwendung von A.
als Beziehungsort – offenbar in seiner Eigenschaft als Weichbildmittelpunkt – für die umliegenden Dörfer vor 1299 und die Ver-
kleinerung der altslaw. Pfarre 1288 lassen vermuten, daß die
dtrechtl. Stadt schon vor 1288 ausgesetzt worden ist. Die Funktion als Weichbildmittelpunkt verlor A. noch vor 1400 an Breslau.
Die Stadt blieb Handwerker- und Ackerbürgerstadt, eine größere
Bedeutung hat sie nicht erlangt. Auf erheblich ältere Bauteile zurückgehend, entstand wahrsch. in der 2. H. 15. Jh. der in seiner
Dreiecksform eigenartige Bau des *Schlosses* A., das urspr. als Wasserburg angelegt war. Nach häufigem Umbau, zuletzt im 19. Jh.,
ist es gegen E. oder kurz nach dem 2. Weltkrieg ausgebrannt; es
sind von ihm nur noch Trümmer vorhanden. – Abgesehen von den
Jahren 1294–1314, in denen es dem Hzt. Glogau angegliedert war,
gehörte A. zum Hzt. Breslau. Bei der Verwaltungsreform von 1818
wurde die Stadt dem Kr. Wohlau zugeschlagen. – Als Sitz zahlreicher Schiffseigner und einer Schiffswerft hatte A. bis zum Ausgang des 2. Weltkrieges bes. Bedeutung für die Oderschiffahrt.
Nach erheblichen Zerstörungen zu Ausgang des Krieges ist A. zu
wirtschl. Bedeutungslosigkeit herabgesunken und hat auch 1945
das Stadtrecht eingebüßt. Eww.-Zahlen: 1787: 625, 1825: 729,
1905: 1345, 1939: 1673 (auf 17,16 qkm), 1961: 1030.   (II)   *Gra*
LV 337, T. 2. – LV 270. – LV 233, S. 701 f. – LV 234, Bd. 2, S. 599 f. –
LV 330, S. 145 f. – LV 402, S. 85. – LV 612, S. 79 f. – LV 357, S. 37–39

Bad Altheide (Polanica Zdrój, Kr. Glatz). A. liegt 361 m hoch am
Ausgang des von der Weistritz durchflossenen Höllentals, 12 km
sw. Glatz, an drei Seiten von bewaldeten Bergen umgeben. Sein
Ursprung geht auf das 1347 erstm. erwähnte Gut »Hayde« zurück.
Hz. Heinrich von Münsterberg schenkte 1494 die Hälfte des Dorfes »Heydow« den der Glatzer Augustiner-Chorherren; von diesen
kam sie 1597 an den Jesuitenorden, der den Besitz später erweiterte und zu seiner zweiten Residenz in der Gfsch., zugleich zu
einer Erholungsstätte für Ordensleute machte (nach Bränden Neubau eines *Barockschlößchens* über der Weistritz 1706–08). Nach
Auflösung des Jesuitenbesitzes ging 1788 ein Teil desselben in
weltliche Hände über, 1810 fiel bei der Säkularisation der ganze
Ort an Gf. Reden, 1827 erwarb der Glatzer Kaufmann Josef
Grolms A. Obwohl schon im 17. Jh. die Sauerbrunnen von A. bekannt waren, wurden sie erst im 19. Jh. zu Heilzwecken ausge-
nutzt. Grolms errichtete 1828 ein hölzernes Badehaus, das 1892
durch einen Steinbau ersetzt wurde. 1904, als A. bereits Eisen-

bahnanschluß besaß (1890 Glatz–A.–Rückers, bis 1905 Verlängerung bis Bad Kudowa), kaufte der Breslauer Geh. Kommerzienrat Dr. h. c. Georg Haase († 1931) das Bad und stattete es großzügig aus, worauf es einen starken Aufschwung erlebte. Unter dem letzten Kurdirektor Berlit (1878–1946) hatte das Bad seine Blütezeit. Die kohlensäurereichen Quellen wurden zu Trinkkuren und zu Bädern bei Herz- und Nervenerkrankungen verwendet. Der Prinzensprudel von A. ging als Tafelwasser in alle Welt. Als Kurort mit höherer Bev.-Zahl (1789: 443, 1825: 313 in 4 Anteilen, 1905: 742, 1939: 3947 Eww. auf 10 qkm) wurde A. unter poln. Verwaltung 1945 zur Stadt erhoben. 1961: 5210 (auf 10,6 qkm), 1970: 5385 Eww. Die bedeutende ehem. Wittwersche Kristallglashütte ist wieder in Betrieb. (IIa) *Web*

D. Gfsch. Glatz (Monographien dt. Städte, Bd. 19), Berlin-Friedenau 1927, S. 119 f. – BKonetzky, Führer durch Glatz u. d. Bäder d. Gfsch., Glatz 1930. – D. Gfsch. Glatz, hg. v. GGoebel, Bd. 2, Lüdenscheid 1962, S. 3–11. – LV 234, Bd. 2, S. 582 f. – LBarg, Rys historyczny Polanicy i jej źródeł mineralnych (Hist. Abriß v. A. u. seiner Mineralquellen), in: LV 54, 4/5 (1959/60), S. 151–178. – Ders., Demograficzny rozwój Polanicy od połowy XIV do początku XX wieku (D. Bev.-Entwicklung von A. v. 14. bis A. 20. Jh.), in: LV 36, 25 (1970), S. 349–72

Bad Charlottenbrunn (Jedlina Zdrój, Kr. Waldenburg). Der »Tannhauser Sauerborn« auf den Besitzungen des Bauern Kaspar Schäl wird 1694 erstm. erwähnt. Der Grundherr von Tannhausen, Johann Christoph v. Seherr-Thoß (seit 1723), erwarb die Quelle und benannte sie nach seiner 2. Frau, Charlotte Maximiliane, geb. v. Pückler, Ch. Bis 1828 blieb Ch. im Besitz der Fam. Seherr-Thoß bzw. Pückler. Unter den nachfolgenden Besitzern ist der Waldenburger Fabrikant Karl Krister, der die 1835 entdeckte »Eisenquelle« nach seiner Frau »Theresienquelle« benannte. 1889 erwarb die Gem. Ch. die Badeanlage. Zu den ältesten Badeanlagen gehörten der *Grundhof* (1724), das »Schlössel« (1731, seit 1821 *Apotheke*); der erste Kursaal wurde 1748 zur evg. Kirche umgebaut. Die heutigen Badeanlagen entstanden 1885, 1935 wurde eine neue *Wandelhalle* gebaut. 1740 erhielt Ch. das Marktrecht. 1743 hielt sich Kg. Friedrich II. von Preußen in Ch. auf. Die »*Garveruh*« erinnert an den Breslauer Philosophen Christian Garve (1742 bis 1798), der von 1779 bis zu seinem Tod wiederholt in Ch. weilte. Ch. wurde 1954 stadtart. Siedl. und 1967 zur Stadt erhoben. Die Entwicklung in Zahlen: 1825: 778, 1905: 1696, 1939: 1821, 1950: 5351, 1961: 6679, 1970: 6394 Eww.
Die zweitürmige *Dorfkirche von Erlenbusch* (Gem. Ch.) wurde 1535 von evg. Bergleuten erbaut und 1540 erweitert, 1611 erhielt sie eine Kassettendecke, die in 16 rechteckige Felder aufgeteilt ist und deren Füllungen mit Tapetenmustern der Spätrenaissance ausgeschmückt sind; zwei Glocken stammen von 1599 und 1613, der Taufstein ist die Stiftung eines Gf. von Holstein-Gottorp, der während des 30j. Krieges seinen Sohn hier taufen ließ. (IIa) *Kö*

O du Heimat lieb u. traut! Bilder aus d. Waldenburger Berglande, hg. v. MKleinwächter, Waldenburg 1925, S. 360–367. – HBartsch, Aus d. Gesch. unseres Waldenburger Berglandes, Sonderdr. aus: Waldenburger Heimatbote 1962–1969, Norden (Ostfriesland) 1969, S. 13–16. – Ders. Unvergessene Waldenburger Heimat, Norden (Ostfriesland) 1969, S. 176–181. – LV 234, Bd. 2, S. 559

Bad Flinsberg ((Świeradów Zdrój, Kr. Löwenberg). F. am Queis, am N-Hang des Isergeb. gelegen, erscheint erstm. urk. 1337. 1572 erwähnt der Arzt Leonhard Thurneysser erstm. die F.er Heilquellen. 1601 weist Kaspar v. Schwenckfeld erneut auf sie hin, und 1689 werden sie in der »Schles. Chronik« von Lucae erwähnt. Aber erst 1738 wurde F.s Entwicklung auf Grund einer Denkschrift Dr. Weists aus Wigandsthal eingeleitet. 1763 wurde es Kur- und Badeort. 1768 wurden der Oberbrunnen neu gefaßt und ein Brunnenhaus errichtet. 1795 folgte das erste Badehaus. 1811 wurde eine zweite Quelle entdeckt, die 1824 erschlossen wurde. 1838/39 wurde das Leopoldsbad errichtet, 1879 das Ludwigsbad, 1904 das Marienbad als Moorbad in Betrieb genommen. 1895 vernichtete ein Großfeuer einen Teil der baulichen Anlagen. Das neue Kurhaus wurde 1899 eingeweiht, das Radiumbad 1934. Die Bev. stieg von 1786: 1294, 1825: 1542, 1905: 1910 Eww. auf 2803 Eww. (auf 10,76 qkm) 1939 an. 1945 erhielt der Ort, der 1961 3085 Eww. (auf 7,56 qkm) zählte, Stadtrecht. 1970: 2982 Eww.   (I) *Scho*

JGBergemann, Hist.-topograph. Beschreibung v. B. F., Hirschberg 1825. – Siebelt, D. Entwicklung F.s als Kurort, F. 1901. – LV 234, Bd. 2, S. 596

Bad Kudowa (Kudowa Zdrój, Kr. Glatz). In K., in 380 m Höhe am Fuße des Heuscheuergeb., an der W-Grenze der Gfsch. Glatz in einem nach S zu (Böhmen) geöffneten Tal gelegen, wegen der Orte K., Tscherbeney, Schlaney und Nauseney »Böhm. Winkel« gen., wurden bereits um 1580 Sauerbrunnen entdeckt. Sie wurden 1694 und 1705 als die stärksten der Gfsch. bezeichnet. Friedrich d. Gr. besuchte 1765 das Bad und ließ das Brunnenwasser untersuchen. Brunnenwasser aus K., »Kg.« unter den schles. Sauerbrunnen (nach Dr. Mogalla, 1799), wurde in Berliner Apotheken zu Haustrinkkuren verkauft. Die ersten bekannten Besitzer des Bades waren Wallenstein und sein Schwager Gen. Adam Erdmann Terzky (Trčka), 1634 der am Sturz Wallensteins beteiligte Oberstwachtmeister Leslie. 1785 erwarb es Michael v. Stillfried auf Neurode. Sein Nachfolger Johann v. Stillfried baute K. weiter aus und schuf Parkanlagen. A. 19. Jh. förderten Sigismund Adolf Gf. v. Götzen und dessen Bruder Gen.-Lt. Friedrich Wilhelm Gf. v. Götzen das Bad. Durch den Badearzt Dr. Johannes Jacob wurde K. um 1870 zum ersten dt. Herzbad und als solches über Deutschland hinaus bekannt. Gen.-Feldmarschall Helmuth v. Moltke war seit 1867 mehrmals Gast des Bades; nach ihm wurde eine der acht Quellen von K. Helmuthquelle gen. (erbohrt 1906). Das Gf.-Götzen-*Schloß* aus dem E. 18. Jh. wurde als Gästeheim Wahrzeichen des Ortes.

Hermann Stehr hat in seiner Novelle »Anton Gudnatz« dem Ort ein literarisches Denkmal gesetzt. Jenseits des ca. 50 ha großen Kurparks steht in Tscherbeney die 1776 von Pfarrer Wenzel Tomaschek erbaute *Schädelkapelle* mit Schädeln von Pestopfern des 30j. und von Gefallenen des 7j. Krieges. Vom 5.–29. 6. 1813 wohnte Kg. Friedrich Wilhelm III. mit Fam. im Pfarrhaus von K.; dort besuchten ihn oft Ernst Moritz Arndt und Gneisenau, wobei auch über die Allianz mit Österreich beraten wurde. – Die Eisenbahnverbindung mit Glatz (1905) förderte die Entwicklung des Kurortes. Die Bevölkerungszahl stieg stetig an: 1796: 190, 1825: 308, 1905: 1035, 1939: 1981 (auf 3,01 qkm). Unter poln. Verwaltung erhielt K. 1945 Stadtrecht und wurde später durch Eingemeindungen auf 26,41 qkm vergrößert (1961: 8378, 1970: 7978 Eww.). K. besaß noch lange einen dt. Bevölkerungsanteil (dt. Laienspielgruppe 1957, dt. Schule bis 1960). Außer dem Kurbetrieb spielen in K. Spielzeug- und Baumwollindustrie eine Rolle.   (IIa)   *Web*

AOtto, Glatzer Wanderbuch, Mittelwalde 1923, ²Leimen/Heidelberg 1971, S. 235–239. – BKonetzky, Führer durch Glatz u. d. Bäder d. Gfsch., Glatz 1930. – D. Gfsch. Glatz, hg. v. GGoebel, Bd. 2, Lüdenscheid 1962, S. 20–29. – LV 234, Bd. 2, S. 565 f. – LV 224. – FAlbert, B. K., sein Name u. seine Gesch., Bad Reinerz 1936

Bad Landeck i. Schl. (Lądek Zdrój, Kr. Habelschwerdt). L., im Bielebogen in der Gfsch. Glatz gelegen, bestand nach einer Urk. von 1337 schon 1290, vielleicht seit etwa 1270; ein Bürger von L. ist 1325 belegt. Die offene Stadt mit einem 96 × 56 m großen Marktplatz als Mittelpunkt gehörte bis 1443 zur Herrsch. → Karpenstein und unterstand danach der kgl. böhm. Kammer. Die *Pfarrkirche Mariä Geburt* ist 1336 erstm. urk. gen.; der heutige Saalbau wurde 1692 errichtet. In den Hussitenkriegen wurde L. 1428 niedergebrannt. Der häufige Besitzerwechsel in der Herrsch. Karpenstein bzw. der Gfsch. Glatz verhinderte ein Aufblühen von L. Es lebte von Handwerk und Ackerbau, wohl schon seit etwa 1400 auch von den Badeeinrichtungen der warmen Quellen. E. 15. Jh. veranlaßte Hz. Georg von Münsterberg, damals einer der Inhaber der Gfsch., auf Grund der Quellenuntersuchung durch den Wiener Arzt Dr. Konrad vom Berge den Bau eines Badehauses, daneben eines Wohnhauses und einer Kapelle und erließ 1501 die erste Badeordnung. 1572 erwarb die Stadt L. dieses Georgenbad, verbesserte die Badeeinrichtungen, beließ aber – offenbar aus Geldmangel – die inzwischen neu entdeckten Quellen in Privatbesitz. Die Nöte des 30j. Krieges trafen die Stadt 1633, 1634 und nach 1639 bes. schwer; sie war wirtschl. zugrunde gerichtet (1653: 864 Eww. gegenüber 1585: 1360). In der schles. Chronik des ksl. Rates Schickfus wird L. 1625 zuerst mit der Quelle des heutigen Marienbades gen. 1678 erbaute Sigmund Hoffmann v. Leuchtenstern, der das Grundstück in Ober Thalheim erworben hatte, über dieser neuen Schwefelquelle ein Badehaus und mehrere Häuser für Kurgäste, 1688 die Marienkapelle. 1736 kaufte L. trotz seiner ungünstigen wirtschl. Lage das Marienbad von dem Enkel seines Erbauers, zugleich mit fünf Dörfern, darunter der Gemarkung Karpenstein. Ein verheerender Stadtbrand 1739 und die Schles. Kriege brachten neues Unglück über L. Trotz der Förderung durch Kg. Friedrich d. Gr., der 1765 die Bäder von L. benutzte, besserte sich die Lage erst in den letzten Jahrzehnten des 18. Jh. Das Bad wurde damals wiederholt von dem preuß. Königshaus besucht. Kg. Friedrich Wilhelm III. traf hier 1813 mit Ks. Alexander I. von Rußland zusammen. Nach 1815 begann sich das Bad langsam zu entwikkeln (1791: 441, 1871: 3935, 1904: 5645, 1925: 10 188 Kurgäste). 1850 wurde die Wiesenquelle ausgebaut, auch wurden Moorbäder eingerichtet. Von 1880 an vollzog sich ein planvoller Ausbau der fünf vorhandenen Quellen (1880 Neubau des Marienbades, 1917 des Georgenbades). Der Bau der Eisenbahnlinie Glatz–L.–Seitenberg 1897 förderte den Kurbetrieb. Die Eww.-Zahl stieg von 1787: 1014 auf 1825: 1298, 1905: 3481 (nach Eingemeindung von Ober Thalheim 1892), 1939: 4861 auf 14,61 qkm. Die Quellen, zu Bädern und Trinkkuren benutzt, haben eine natürliche Temperatur von 20–29° C und besitzen neben ihrem Schwefelgehalt eine starke Radioaktivität; L. war eines der stärksten Radiumbäder Deutschlands. – Bemerkenswert sind in L. die *Laubengänge* und die barocke *Dreifaltigkeitssäule* von Michael Klahr d. Ä. am Ring sowie die 1565 erbaute *Johannesbrücke* über die Biele. – In L. wirkten die Bildhauer Michael Klahr d. Ä. (in L. 1724–42) und sein Sohn Michael Klahr d. J. (1727–1807). – 1961: 5478 Eww. (auf 21,79 qkm), 1970: 6088 Eww.   (IIa)   *Ge*

AOtto, Glatzer Wanderbuch, Mittelwalde 1923, ²Leimen/Heidelberg 1971. – D. Gfsch. Glatz (Monogr. dt. Städte, Bd. 19), Berlin-Friedenau 1927, S. 75–86 u. 127–138. – LV 233, S. 793 f. – D. Gfsch. Glatz, Bd. 2, hg. v. GGoebel, Lüdenscheid 1962, bes. S. 32–49. – LV 234, Bd. 2, S. 566 f. – B.L./Schles., Bilder aus einer dt. Stadt, zus.-gest. v. RHauck, Leimen/Heidelberg 1974

Bad Langenau → Langenau Kr. Habelschwerdt

Bad Reinerz (Duszniki Zdrój, Kr. Glatz). R., an der Weistritz im Paßsattel zwischen Heuscheuer- und Adlergeb. in 556–558 m Höhe rd. 20 km sw. Glatz gelegen, bereits vor 1324 mit Stadtrecht ausgestattet, leitet seinen Namen nicht von der 1408 belegten Eisenerzgewinnung ab, sondern von dem Vornamen (des Gründers?) Reinhard (1324 »Reinharcz«, lat. »oppidum Reinhardi«). An der großen Heer- und Handelsstraße Breslau–Glatz–Prag angelegt, erlebte R. mehrere Perioden des Aufschwungs und Wohlstands, deren Quellen die Textil-, Papier- und Glasfabrikation sowie das Bad waren. R. gehörte zur böhm. Herrschaft Hummel (→ Hummelschloß). 1408 verlieh ihr damaliger Besitzer Dietrich v. Janowitz der Stadt verschiedene Privilegien. 1595 kaufte diese selbst von der inzwischen in die Gfsch. Glatz eingegliederten Herrschaft das Vorwerk beim Hummelschloß und wurde rentamtliche Kameralstadt, 1648 kgl. Stadt, seit 1684 mit Landstandschaft. Nach den Zerstörung bringenden Hussitenkriegen erlebte R. im 16. Jh. einen wirtschl. Aufschwung. Vor 1583 entstand eine Tuchmanufaktur, 1751 zählte man in R. 106 Tuchmachermeister. Die alte Papiermühle, in der das »milbenfreie« Büttenpapier für Staatsurkk. des Reiches hergestellt wurde, wird 1562 urk. erwähnt; ihr Gründer Georg Kretschmer wurde von Ks. Rudolf II. als v. Schenkendorf geadelt. In den alten Gebäuden der *Papiermühle* (Inschrift 1605) ist nach 1945 ein Museum für Papierherstellung eingerichtet worden. Der Bergbau ging E. 17. Jh. ein, z. T. durch Abwanderung der prot. Bergleute nach dem 30j. Krieg, unter dem R. auch zu leiden hatte. Die Glasindustrie wurde seit 1770 durch die Fam. Rohrbach (→ Rückers) gefördert. Der Versuch des Berliner Bankiers Joseph Mendelssohn und dessen Bruders 1822, den Bergbau wieder zu beleben (Begründung einer Eisenschmelze und eines Hammerwerks), erwies sich als nicht lohnend und wurde 1879 eingestellt.

Das Kurviertel von R. liegt 1 km sw. des Stadtzentrums. 1408 wird erstm. die »Kalte Quelle« urk. gen., 1605 ist von einem »Sauerbrunnengut« die Rede, 1625 erwähnt Aelurius in seiner »Glaciographia« den »Brotendorfer Sauerbrunnen« in Vorderkohlau bei R. Aber erst unter Friedrich d. Gr. wurde die »Kalte Quelle« in Gebrauch genommen (1748). 1797 wurde die »Laue Quelle« (19° C) erbohrt, um 1800 unter dem Direktor des preuß. Medizinal-Kollegiums Dr. Mogalla eine Molkenkuranstalt eingerichtet, 1909 der Holtei-Sprudel erbohrt. R. hat arsenhaltige Kohlensäure-Stahlsprudel aufzuweisen. 1872 fand in R. der 1. Schles. Bädertag statt, aus dem sich der Schles. und später der Dt. Bäderverband entwickelten. Die Zahl der Besucher – unter ihnen viele Persönlichkeiten – stieg ständig. Carl v. Holtei hat als Besucher des Bades R. besungen. Im »Mendelssohnhaus« im alten Schmelzepark weilte 1823 der Komponist Felix Mendelssohn-Bartholdy bei seinem Onkel und wirkte an einem Konzert mit. Im alten *Kurtheater* hat Frédéric Chopin als Kurgast am 26. 8. 1826 sein erstes öffentliches Konzert außerhalb Polens gegeben (seit 1946 finden in R. Chopin-Festivals statt).

Die Stadt, die stets unbefestigt gewesen ist, besitzt noch schöne *Bürgerhäuser* der Renaissance- und Barockzeit, bes. am rechteckigen Ring und an der Glatzer Straße. Die schöne *Mariensäule* am Oberring stammt von 1725. Die Pfarrkirche *St. Peter und Paul* mit einem wuchtigen ma. Turm wurde 1708–30 barockisiert und durch die Nothelferkapelle erweitert; berühmt ist ihre Kanzel in Form eines Walfisches. 1846 entstand in R. die erste vom Gustav-Adolf-Verein in Deutschland errichtete evg. Kirche. – 1902 erhielt R. von Glatz her Eisenbahnanschluß (1905 Verlängerung nach Bad Kudowa). Eww.: 1787: 1495, 1825: 1550, 1905: 3139, 1939: 4690 (auf 16,73 qkm), 1961: 5114 (27,75 qkm), 1970: 5421. (IIa) *Web, We*

PDengler, Gesch. d. Bades R., R. 1903. – D. Gfsch. Glatz (Monographien dt. Städte, Bd. 19), Berlin-Friedenau 1927, S. 143–153. – AOtto,

Glatzer Wanderbuch, Mittelwalde 1923, ²Leimen/Heidelberg 1971,
S. 201–206. – LV 430. – LV 233, S. 862 f. – LV 234, Bd. 2, S. 554 f. –
CDieter, RNovotny, R. Ein Buch d. Gesch. u. Erinnerung, Lippstadt
1953. – D. Gfsch. Glatz, hg. v. GGoebel, T. 2. Lüdenscheid 1962,
S. 12–19. – WTomaszewska, Rozkwit Dusznik-Zdroju w XIX w. (D.
Blüte v. B. R. im 19. Jh.), in: LV 54, 3 (1958), S. 233–252. – WToma-
szewska, Duszniki (R.), Warschau 1968

Bad Salzbrunn (Szczawno Zdrój, Kr. Waldenburg). B. S. (bis 1935
Ober S.) wurde 1945 zur Stadt erhoben. Im Zuge der Besiedlung
von N her wird S. als »Salzborn« 1221 erstm. erwähnt. Der Plan,
das Dorf zu einem Siedlungsmittelpunkt zu machen, wurde zugunsten von → Freiburg aufgegeben. Der Schwerpunkt der Gem.
lag in Nieder S., wo 1318 eine Pfarrkirche bezeugt ist. Ein Lepro-
sen-Hospital, 1318 erwähnt, nützte die Heilkraft des »Oberbrun-
nens« aus. 1352 wurde der »ummauerte Hof« vom Kl. Grüssau
veräußert. Der 1777 neu aufgerichtete Fachwerkbau, später als
»Engl. Hof« bekannt, wurde 1948 abgebrochen. Über die Besitzverhältnisse von S. im 13. und 14. Jh. besteht wenig Klarheit. Gegen E. 14. Jh. ging S. in den Pfandbesitz der böhm. Landeshauptleute auf → Fürstenstein über (sog. »Bauernlegen«). Mit diesem
gelangte S. 1509 in den erblichen Besitz der Fam. v. Hochberg.
Die Entwicklung zum Badeort wurde erst 1815 von Dr. August
Zemplin angeregt, obwohl schon vorher zum Oberbrunnen weitere
Quellen hinzugekommen waren: Heilbrunnen (1704), Mühlbrunnen (1790) sowie die Kramerquelle (1823), die Sonnenquelle (1825)
u. a. Durch den Ausbau der Kuranlagen (*Wilhelmshöhe* 1823, *Kur-
promenade* und *Elisenhalle* 1830, neu errichtet 1893, *Rosengarten*
1897 und *Schles. Hof* 1911) rückte S. an die Spitze der schles. Bäder (1885: 3500, 1895–1900: 29 415 Kurgäste, u. a. Mitglieder des
preuß. Königshauses, Zar Nikolaus I., Gf. v. Moltke). 1931 ging
das Bad (Ober- und Mühlbrunnen, Kronen- und Marthaquelle)
aus dem grundherrschl. Besitz an die Kur- und Heilmittel GmbH
über. In der »*Preuß. Krone*« (heute Sanatorium) wurden die Brüder Carl (1858–1921) und Gerhart Hauptmann (1862–1946) geb.
Das Wiesenhaus von 1623 wurde nach 1945 abgerissen. Die industrielle Entwicklung machte auch vor S. nicht halt, konzentrierte sich aber auf den Ortsteil Sandberg (ehem. Kolonie, gegr. 1850,
1933 nach S., 1955 nach → Waldenburg eingemeindet). Die Spie-
gelhütte (gegr. 1865, nach 1945 Zakłady Szkła Lustrzanego Wałbrzych) gehört zu den bedeutenden Industrieunternehmen des Kr.
Waldenburg. Eww.-Zahlen: 1787: 1695, 1825: 1681, 1905: 1539,
1939: 9779 (19,34 qkm), 1961: 8578 (15,26 qkm), 1970: 7231.   (II) *Kö*

O du Heimat lieb u. traut! Bilder aus d. Waldenburger Berglande, hg.
v. MKleinwächter, Waldenburg 1925, S. 348–359. – HBartsch. Aus d.
Gesch. unseres Waldenburger Berglandes, Sonderdr. aus: Waldenbur-
ger Heimatbote 1962–1969, Norden (Ostfriesland) 1969, S. 156–164. –
Ders., Unvergessene Waldenburger Heimat, Norden (Ostfriesland) 1969,
S. 166–172. – LV 234, Bd. 2., S. 590

Bad Warmbrunn (Cieplice Ślaskie Zdrój, Kr. Hirschberg). Die warme Quelle – »calidus fons« – wird als Ortsbezeichnung erstm. 1281 erwähnt: In einer Urk. schenkt Hz. Bernhard von Löwenberg den Platz mit 250 Hufen Wald, Wiesen und Ackerland den Johannitern, die weitere 100 Hufen hinzukaufen, und gewährt für das Gelände 20 abgabenfreie Jahre. Die Entdeckung der warmen Quelle durch hzl. Jäger, die einen waidwunden Hirsch in ihr fanden, gehört in den Bereich ähnlicher Quellensagen von berühmt gewordenen Badeorten. W. wurde in dreifacher Hinsicht bedeutsam: 1. als Sitz der Grundherrsch. der späteren Reichsgff. v. Schaffgotsch, 2. als Kl.-Niederlassung der Abtei Grüssau, 3. als Heilbad mit seinen radiumaktiven heißen Schwefelquellen.

1288 richtete der »Commendator fontis calidi« eine Herberge in »Heroldisdorf« (Herischdorf bei W.) ein, die verm. für die kranken Besucher der Quelle gedacht war. 1381 erwarb der Ritter Gotsche II. Schoff das Gut W. durch Kauf. Damit war in W. die Fam. verankert, die seit etwa 1400 dort ansässig wurde und nach dem Brand des Kynast (→ Hermsdorf) 1675 ihren Wohnsitz endgültig dorthin verlegte. Unter dem Reichsgf. Johann Nepomuk Schaffgotsch wurde 1784–1809 ein großzügiges *Schloß* erbaut, dessen Entwurf der Oppelner Baumeister Johann George Rudolf geschaffen hatte. Der spätbarocke Hufeisenbau mit zwei prächtigen Portalrisaliten bildet den Abschluß des Schloßplatzes. Er steht stilistisch zwischen Barock und Empire. So ist der große Festsaal nach einem Entwurf des Kgl. Baukondukteurs Kurz aus Schmiedeberg in reinen Empireformen gehalten. 1713 wurde der barocke Park angelegt, der 1819 im engl. Geschmack erweitert und in die Kuranlagen einbezogen wurde.

Die kirchliche Entwicklung W.s tritt um 1400 ins Licht der Gesch. 1403 stiftete Gotsche II. Schoff die Propstei W., die mit einem Propst und vier Brüdern aus dem Zisterzienserkl. → Grüssau besetzt wurde und bis zur Säkularisation 1810 Bestand hatte; deren Besitz kaufte die Stifterfam. 1812 vom Staat zurück. Die ma. Kl.-Gebäude brannten (außer dem Konventsgebäude, 1586–88) 1691 ab; die Kirche – 1399 bereits erwähnt und nachträglich zur Propsteikirche erhoben – blieb bis zum nächsten Brand 1711 verschont, bei dem der gesamte Komplex vernichtet wurde. Hatte sich nach 1691 Abt Bernardus Rosa von Grüssau um den Wiederaufbau der *Kl.-Gebäude* bemüht und war 1711 allein der von dem Baumeister Elias Scholz 1709–11 fertiggestellte freistehende Glockenturm verschont worden, so bemühten sich nun Gf. Hans Anton Schaffgotsch und Abt Domenicus Geyer von Grüssau um den Wiederaufbau der *Propsteikirche* (1712–14). Sie ist ein Werk des Hirschberger Stadtbaumeisters Kaspar Jentsch und enthält als bedeutendstes Kunstwerk das von Michael Willmann gemalte Hochaltarbild einer Himmelfahrt Mariens; außerdem sind sieben Heiligenbilder des aus Oppeln stammenden Malers Carl Hermann von 1821 bemerkenswert. – Nachdem Schles. preuß. geworden war, erhielten auch die evg. Eww. 1742 ein eigenes Bethaus, das

1774–1777 durch einen reizvollen *Neubau* nach dem Entwurf des
Hirschberger Baumeisters Demus ersetzt wurde.
Die Entwicklung der Badebauten vollzog sich zweigleisig. Von
seiten der Propstei wurde das *Lange Haus*, wahrscheinlich unter
Abt Bernardus Rosa, mit seiner barocken Pilasterfront als Absteigequartier des Abtes erbaut. Es stand über eine hölzerne gedeckte
Brücke mit dem Propsteibad (1662–64) in Verbindung, einem barocken runden Kuppelbau. Dieses wie auch das gfl. und das Leopoldsbad waren als Gemeinschaftsbäder mit großen Bassins im
Inneren eingerichtet. Das gfl. Bad ersetzte 1627 einen hölzernen
Vorläufer. 1802 ließ Gf. Johann Nepomuk Schaffgotsch das Du-
schehaus und 1823 das Leopoldsbad erbauen. Zu diesen Zweckbauten traten im Lauf des 19. Jh. mit zunehmendem Aufschwung
des Badeortes zwei Gesellschaftsbauten hinzu: 1797–1800 wurde
im Kurpark die »Galerie«, gewidmet »dem Vergnügen der Bade-
gäste«, von dem Langhans-Schüler Carl Gottfried Geissler nach
dem Vorbild der Villa Rotonda des Palladio in Vicenza als Säu-
len- und Kuppelbau errichtet. 1836 ließ Gf. Leopold Christian
Schaffgotsch durch einen Schinkel-Schüler, den gfl. Baumeister
Albert Tollberg, ein klassiz. Kurtheater erbauen. Es folgte das frühere Hotel »Preuß. Hof« von dem gleichen Architekten; nur das
Kurhaus mit einem großen Saal entsprach nicht ganz der bevorzugten landschaftlichen Schönheit des Ortes und seinen im 20. Jh.
durch den Füllnerpark mit dem norw. Blockhaus vergrößerten
Parkanlagen. Erst in der jüngsten Vergangenheit erfolgte eine
durchgehende Modernisierung der Bassinbauten (Abriß des Prop-
stei- und des gfl. Bades 1928/29) und die Errichtung des Quellen-
hofes als modernen Kurmittelhauses durch den Architekten Steinmetz (1933). Den Badegästen boten außerdem die gfl. Sammlungen Anregung, so eine bedeutende Bibliothek in der ehem. Propstei und eine ornitologische Sammlung im Langen Haus.
Außer dem Badebetrieb blühte in W. im 17./18. Jh. die Leinenweberei, um 1800 die Siegelsteinschneiderei und seit der 2. H.
19. Jh. die Holzschnitzkunst (Holzschnitzschule seit 1902). Die
Bev.-Zahl stieg von 1901 Eww. 1787 und 1915 im Jahre 1825 auf
4227 Eww. 1905 und 6036 1939 (auf 5,36 qkm, mit dem 1941 eingemeindeten Herischdorf: 10 488; 1961: 14 649 auf 16,69 qkm,
1970: 15 505). Die Erhebung W.s zur Stadt erfolgte (nach vergeblichen Bemühungen im 18. u. 19. Jh.) 1935.
W. zählte viele bedeutende Persönlichkeiten im 18. und 19. Jh. zu
seiner Badeges. Gen. seien die Dichter Heinrich Hoffmann v. Fallersleben und Carl v. Holtei, die romantischen Maler Caspar David Friedrich und Friedrich Georg Kersting sowie der Breslauer
Landschaftler Artur Blaschnik.   (I) *Gru*

JGBergemann, Beschreibung u. Geschichtliches v. W. u. seinen Heilquellen, Hirschberg 1830. – HNentwig, Gesch. d. Reichsgfl. Theaters zu
W., W. 1896. – LV 622. – GGrundmann, Schles. Archit. im Dienste d.
Herrsch. Schaffgotsch u. d. Propstei W., Straßburg 1930. – Ders., D.
kultur- u. kunstgesch. Vergangenheit d. Bades W., in: LV 599, S. 75–90.

– FAndreae, W., D. Ges. eines alten schles. Bades, W. 1923. – LV 233, S. 898–900. – LV 234, Bd. 2, S. 553 f.

Bauerwitz (Baborów, Kr. Leobschütz). Das in den Vorbergen des Gesenkes an der Grenze zum Hzt. Oppeln um einen langgestreckten dreieckigen Marktplatz entlang der Straße von Leobschütz nach Ratibor gelegene Ackerbürgerstädtchen wurde in der 2. H. 13. Jh. gegr. (1296 Vogt bezeugt, 1340 oppidum), verm. durch den Grundherrn Bawarus von Strakonitz, der dem Ort den Namen gegeben haben dürfte. Von 1340–1810 befand sich B. im Besitz des fstl. Dominikanerinnenkl. → Ratibor. Nach zeitweiligem Niedergang im Spätma. erhielt es 1575 erneut Marktrecht, verbunden mit planmäßiger Handwerkeransiedlung, und wurde 1718 von Ks. Karl VI. zur Mediatstadt erhoben. Im 19. Jh. entstanden kleine ländliche Fabrikbetriebe (bis heute: Zuckerfabrik). Die Absatzmöglichkeiten für die landwirtschl. Produktion von B. und der fruchtbaren Umgebung wurden durch Eisenbahnanschlüsse gefördert: 1856 Ratibor–B.–Leobschütz, 1892 Kandrzin–Cosel–B., 1909 B.–Troppau. Die Bevölkerung stieg ständig an: 1787: 1447, 1825: 1904, 1905: 2771, 1939 (nach der Eingemeindung von Jernau 1928): 4536 Eww. (1961: 3447 auf 22,66 qkm, 1970: 3400 Eww.). 1910 standen 1767 Deutschsprachigen noch 523 mähr. oder poln. und 372 gemischt Sprechende gegenüber. Da B. anfänglich zum mähr. Fstm. Troppau, dann ab 1377 zum Fstm. Jägerndorf gehörte, unterstand es kirchlich unverändert bis ins 20. Jh. der mähr. (Erz-)Diözese Olmütz. Der heutige Bau der 1340 erstm. erwähnten *Pfarrkirche* stammt aus dem 19. Jh., die teilweise hölzerne *Friedhofskirche St. Josef* mit wertvoller zeitgenössischer Innenausstattung aus dem A. 18. Jh.   (IIIa)   *Me*

ATschauder, Kurze Gesch. d. Stadt B., Leobschütz 1881. – RHofrichter, Heimatkunde d. Kr. Leobschütz, Teil II, H. 3, Leobschütz 1914. – Oberschles., Verkehr, Wirtschaft u. Volkstum, Berlin-Steglitz 1935, S. 232. – LV 233, S. 702 f. – Leobschützer Heimatbuch, hg. v. EBeigel u. JKlink, München 1950, S. 34. – LV 345. – LV 234, Bd. 2, S. 158. – LV 593, Bd. 7, H. 2, S. 3–7

Bechau (Biechów, Kr. Neisse). B., 10 km nw. Neisse gelegen, war Mittelpunkt einer Grundherrsch., die um 1910 1719 ha umfaßte und 1856–1945 den Gff. v. Matuschka gehörte. Unter den früheren Besitzern waren Gf. Georg Ludwig v. Starhemberg (1647–58), die Gff. v. Hoditz (bis 1720) und die Fam. v. Montbach (bis 1856). Nach dem Brand des alten Schlosses (1854) wurde 1856–63 nach Plänen des Breslauer Baurats Karl Johann Lüdecke ein neues großes *Schloß* im Stil der Neurenaissance errichtet.   (III)   *We*

LV 212, Bd. 2, S. 317. – LV 613, Bd. 3, S. 1 f. – LV 615, S. 99. – LV 604, S. 383 ff.

Beneschau (tschech. Benešov, Bez. Hultschin, Tschechoslowakei). B., in der Oppa-Niederung 6 km nw. Hultschin gelegen, kam 1920 mit dem → Hultschiner Ländchen an die Tschechoslowakei. Es gehörte urspr. zum Hzt. Troppau und wurde 1742 preuß. (die Grenze zu Österr.–Schles. verlief ca. 1 km weiter s. an der Oppa), zunächst dem Kr. Leobschütz, 1816–1920 und dann wieder vom 15. 4. 1939–1945 dem Kr. Ratibor zugehörig. Die Stadt B. wurde offenbar auf der Gemarkung des älteren, wohl mit der »villa Benessii« von 1295 zu identifizierenden Dorfes B. begründet, da sie vom Areal dieses gleichnamigen Dorfes – bis 1721 als Vorstadt mit der Stadt verbunden, dann bis in die 2. H. 19. Jh. zuammen mit dem Rittergut selbständige Gem. – völlig umschlossen war. Das 1337 erwähnte »Novum Benessow« bezieht sich anscheinend bereits auf die Stadt, die 1377 als »stat« urk. belegt ist. Zur Schlichtung der politischen Streitigkeiten nach dem Tode Georgs von Podiebrad fanden 1473 in B. Verhandlungen statt. In der folgenden Zeit scheint B. durch Brände und Pest fast eingegangen zu sein, so daß Kg. Wladislaus von Böhmen im 1493 ein Privileg zur Wiederbegründung gewähren mußte. B. blieb jedoch ein unbedeutendes Ackerbürgerstädtchen und wurde in preuß. Zeit den Marktflecken und damit in der Folge den Landgemm. zugeordnet. Der Marktflecken hatte 1784: 337 (Dorf B.: 340), 1825: 412 (Dorf B.: 623), 1905: 1587 (der Gutsbez. B.: 218), 1939: 1966 meist mährischsprachige Eww. B. hatte seit dem 14. Jh. adlige Besitzer, 1341 bis 1590 die Drahotusch, 1590–1700 die Moschowsky v. Morawczin, 1700–20 einen Frh. v. Kalckreuth, 1720–74 die Fam. v. Palm, 1774–1831 die Frhh. v. Henneberg. Kurze Zeit war B. in der Hand von Fst. Eduard Maria v. Lichnowsky-Werdenberg (1831–39) und des Bankiers Johann Jakob v. Lejeune aus Verviers/Belgien und kam dann 1856 in den Besitz des Wiener Bankiers Anselm Salomon Frh. v. Rothschild, dem zahlreiche Kohlenfelder des nahen Ostrauer Reviers gehörten; unter seinem Enkel Louis (seit 1911) bestand die Herrsch. B. aus fünf Rittergütern mit zusammen ca. 2400 ha, die benachbarte Herrsch. Schillersdorf mit neun Gütern gehörte ebenfalls einem Mitglied der Fam. Rothschild.   (IIIa) *We*

LV 209, 2. Abt., T. 1, S. 15–20. – LV 210, Bd. 2, S. 713. – LV 212, Bd. 2, S. 156 f. – LV 613, Bd. 3, S. 1 f. – ChThilo, D. Bev.-, Siedl.- u. Wirtschaftsverhältnisse im Hultschiner Ländchen, in: LV 216, S. 75 bis 114. – LV 373, Bd. 2, S. 349

Bernstadt (Bierutów, Kr. Oels). An der wichtigen Handelsstraße von Breslau über Kreuzburg nach Krakau gründete Hz. Heinrich III. von Breslau zwischen Oels und Namslau am r. Ufer der Weide vor 1266 an der Stelle der alten slaw. Siedl. »Ligniza« die Stadt B. Die überlieferte Urk. von 1266 enthält ergänzende Bestimmungen zur Lokation, die der Vogt Wilhelm von Reichenbach durchführte; B. erhielt fränk. Recht und Meilenrecht verliehen sowie ein Weichbild von 20 Dörfern zugewiesen. Nach dieser Urk. sollte die Stadt fortan – offenbar nach dem Gründer – »Fürstenwald« heißen; jedoch wurde sie schon 1269 »civitas Beroldi«, 1288 dt. »Beroldestat« gen. (daraus B., 1495 »Pernstatt«). B. wurde in Gitterform angelegt mit fast quadratischem Marktplatz in

der Mitte; von drei Ecken desselben führten Straßen zu den Stadttoren: Breslauer, Brieger und Namslauer Tor. Innerhalb der Stadtmauer wurde im O vor 1323, wahrsch. unter Konrad I., dem ersten
Hz. des vom Hzt. Glogau abgetrennten und auch das Weichbild B.
umfassenden Hzt. Oels (seit 1312), eine Burg erbaut (der O-Flügel des späteren Schlosses). Um diese Zeit sind auch die 1337 belegte Pfarrkirche und das Rathaus als massive Bauten entstanden.
1430 litt B. unter den Hussiten. Nach dem Aussterben der Oelser
Piasten 1492 fiel das Hzt. an die Hzz. von Münsterberg aus dem
Hause Podiebrad, die B. aus Geldmangel 1511 für vier Jahre dem
Breslauer Rat verpfändeten, dann aber zur Residenz erhoben:
nach dem Tode Hz. Karls I. von Oels (1536) übernahmen seine
Söhne gemeinsam die Regierung; von ihnen machte Hz. Heinrich II. 1543 B. zu seiner Residenz, und mit ihm kam auch die Ref.
in die Stadt. Das Schloß wurde durch Aufstockung und Anbau eines S-Flügels den neuen Bedürfnissen angepaßt. Die Stadt, in
der neben den üblichen Handwerkern die Tuchmacher das Wirtschaftsleben bestimmten, zog aus dem Hofleben Nutzen, u. a. begründete Heinrich II. die »Fürstenschule«. Aber schon die nächste
Herrschergeneration verkaufte B. nebst Schloß und einigen Dörfern an die Fam. v. Schindel (1574). Hz. Karl II. von Oels kaufte
den Besitz 1604 zurück. Kurz vorher (1603) war B. bis auf sechs
Häuser abgebrannt, und im folgenden 30j. Krieg mußte B. ksl.,
sächs. und schwed. Besatzung hinnehmen. B. war damals (1618
bis 39) Residenz Hz. Heinrich Wenzels. Mit seinem Bruder Hz.
Karl Friedrich starb die Podiebrader Linie in Oels 1647 aus; dessen Schwiegersohn Sylvius Nimrod von Württemberg trat die
Nachfolge an. Unter seinen Söhnen wurde das Hzt. 1673 in drei
Teile aufgeteilt, von denen das Teilgebiet B. Hz. Christian Ulrich
zufiel. B., 1659 erneut von einem großen Brand heimgesucht, wurde unter ihm allmählich wieder aufgebaut, so 1679/80 das Rathaus und die (evg.) Pfarrkirche St. Katharina, von deren ma. Bau
nur die Umfassungsmauern übriggeblieben waren; das Schloß erhielt ein drittes Stockwerk. Hz. Christian Ulrich übernahm 1697
auch das Teilgebiet Oels; nach seinem Tod zog in B. sein Neffe
Karl aus → Juliusburg ein, der letzte in B. residierende Hz.
(† 1745). Das Schloß verfiel danach, bis nach der Ära der Braunschweiger Hzz. die Kronpzz. von Preußen als Inhaber des Thron-
lehens Oels es 1887 ff. erneuern ließen (u. a. Abriß des O-Flügels
und des dritten Stockwerkes des S-Flügels). In der Stadt aber erlebte die Tuchmacherei im 18. Jh. ihre größte Blüte. Mit der Ausweitung der städt. Bebauung und des Verkehrs im 19. Jh. fielen
zwischen 1827 und 1887 die Stadttore. 1868 erhielt B. Eisenbahnanschluß (Breslau–Oels–Kreuzburg), 1883 wurde die noch heute
bestehende Zuckerfabrik eröffnet; im übrigen war B. eine unbedeutende Kleinstadt. Die urspr. Größe seiner Anlage läßt sich an
den 140 brauberechtigten Häusern des 18./19. Jh. ermessen. 1787
hatte B. 1963 Eww., 1825: 2938, 1905: 4480, 1939: 4858 (auf
26,09 qkm). Bei Kriegsende wurde B. zu ca. 50% zerstört. Von

seinen alten Bauten sind die evg. *Pfarrkirche St. Katharina,* das *Schloß,* der ausgebrannte *Rathausturm* und Teile der *Stadtmauern* erhalten. 1961 lebten in B. auf 34 qkm 4614 Eww., 1970 4362. – In B. geb. sind der Kirchenliederdichter David Behme (1605–57), der Orientalist Andreas Acoluthus (1654–1704) und der expressionistische Maler Ludwig Meidner (1884–1966). Der Dichter und Komponist Matthäus Apelles v. Löwenstern (1594–1648) war seit 1625 in B. als fstl. Rentmeister und Rat, als Chormusikdirektor und Vorsteher des Gymnasiums tätig.   (III) *We*

LV 274, S. 143–46. – HFriedrich, Gesch. d. Stadt B., Oels (1937). – LV 233, S. 703–05. – LV 234, Bd. 2, S. 546. – LV 357, S. 39 f. – LV 612, S. 33

Beuthen O. S. (Bytom). B. liegt im O-Teil des von der Oder oberhalb Oppeln nach SO streichenden oberschles. Muschelkalkrückens, auf den Tarnowitzer Höhen mit reichen Blei-, Silber-, Zink- und Eisenvorkommen. Die Lage an der wichtigen, über den Muschelkalkrücken führenden → Hohen Straße von Breslau nach Krakau und die leicht erschließbaren Erze haben schon sehr früh, wahrsch. im 11. Jh., zur Entstehung eines Marktes um eine befestigte Anlage auf dem Margarethhügel am S-Rand des heutigen Stadtzentrums, die spätere, 1222 durch den Kastellan »Andreas de Bitom« urk. bezeugte Kastellaneiburg, geführt. Die Bedeutung des Platzes kommt in den Besitzanteilen verschiedener geistlicher Einrichtungen und im frühen Bau einer Kirche in der Burg zum Ausdruck. Dem Benediktinerkl. Tyniec w. Krakau gehörten um 1125 das Marktgeld und zwei Schenken in B., dem Erzbst. Gnesen 1136 das Dorf »Zuersov« vor B. mit den Bauern, Silbergräbern und zwei Schenken, das Prämonstratenserkl. St. Vinzenz zu Breslau besaß 1201 das Kirchenpatronat über die St. Margarethkirche der Kastellaneiburg von B., die bereits im 12. Jh. entstanden und dem Vinzenzstift geschenkt worden war; dies ist aus dem 1962 ausgegrabenen Tympanon der 1529 abgerissenen Friedhofskirche St. Michael des Vinzenzstiftes auf dem Breslauer Elbing abzuleiten, das u. a. Hz. Boleslaus Kraushaar von Polen (1146–73) mit einem Kirchenmodell, darauf die Inschrift »bitom« zeigt. Vor 1234 schließlich schenkte die Gemahlin des Hz. Kasimir von Oppeln dem Prämonstratenserinnenkl. Czarnowanz die Hälfte der Schenken von B. Die Kastellanei B. gehörte urspr. zu Kleinpolen, kam aber um 1177 zusammen mit Auschwitz und Sewerien an das oberschles. Hzt. Mieszkos I.; kirchlich blieb dieses Gebiet allerdings bis 1821 Teil des Bst. Krakau.

Die Gründung der dtrechtl. Stadt B. erfolgte wohl kurz vor 1254; denn 1253 erhielt das Breslauer Vinzenzstift vom Papst das Patronat über die neue Pfarrkirche St. Marien bestätigt. Die Lokationsurk. wurde erst 1254, während des Gründungsvorganges, von Hz. Wladislaus I. von Oppeln ausgestellt, der zum Zwecke dieser Gründung manche Rechte geistlicher Einrichtungen (zumindest der später in B. nicht mehr vertretenen Kll. Tyniec und

Czarnowanz) abgelöst haben muß. Der Lokator Heinrich erhielt 140 fläm. Hufen und Lagiewnik im S, das als Stadtdorf von B. dtrechtl. umgesetzt wurde (wie auch Roßberg im O und → Schomberg im W wahrsch. damals entstanden), zugewiesen; den Bürgern wurden sechs Freijahre gewährt. Die Längsachse der ovalen Stadtanlage n. im Anschluß an die alte Kastellaneiburg mit gitterförmigem Straßennetz bildete die Fernstraße Breslau-Krakau in einer Länge von ca. 500 m; an ihren Enden waren das Krakauer oder Slokische (von Sławków) und das Peiskretschamer Tor als Durchlässe in der E. 13. Jh. erbauten Stadtmauer. Nw. vom Ring, auf dem im 14. Jh. das Rathaus bezeugt ist, wurde die St. Marienkirche errichtet, an der Stadtmauer im SO das Minoritenkl. mit der St. Nikolauskirche (vielleicht 1257, urk. belegt 1293). Das nach 1257 in Chorzow begründete Hl. Geist-Hospital der Kreuzherren von Miechów wurde 1300 in die Krakauer Vorstadt von B. verlegt.

Mit dem Tode Hz. Wladislaus' I. (1281) wurde das Hzt. Oppeln unter seinen vier Söhnen aufgeteilt. B. wurde Sitz der Hzz. von B.-Cosel (bis 1355), die sich in B. eine Burg erbauten, verm. in der Nähe des Minoritenkl., während der alte Kastellaneisitz auf dem Margarethhügel ganz in den Besitz des Breslauer Vinzenzkl. überging, das dort eine Propstei einrichtete. Hz. Kasimir II. von B.-Cosel (1281–1312) nahm als erster schles. Herrscher 1289 die böhm. Lehnshoheit an. Unter seinen Söhnen zerfiel das Hzt. noch vor seinem Tod in die Anteile B., Cosel und Tost. Nach dem Tode des letzten Hz. von B.-Cosel, Bolko († 1355), der nur Töchter hinterließ, entstand um B. ein Erbstreit, der 1369 zur Teilung der Herrsch. in einen Teschener und einen Oelser Teil führte; diese zerteilte bis kurz nach 1475 auch die Stadt B. Nach kurzer Pfandherrsch. seitens des von Matthias Corvinus eingesetzten Gf. Johann Zierotin fiel die Herrsch. B. 1498 wieder an das Hzt. Oppeln. Der letzte Piast dieser Linie, Johann († 1532), belehnte 1526 den hohenzollerschen Markgf. Georg den Frommen von Ansbach mit B.; die Habsburger, seit 1526 neue Herren von Böhmen und seit 1532 Besitzer des heimgefallenen Hzt. Oppeln, zuerkannten aber den Hohenzollern nur der Pfandherrsch. in B. (und Oderberg) und wollten nach dem Tode von Georgs kinderlosem Sohn Georg Friedrich 1603 nicht die Nachfolge Johann Georgs aus der kurbrand. Linie bestätigen; die Sache zog sich bis zum Ausbruch des 30j. Krieges hin, in dem Johann Georg als Parteigänger des böhm. »Winterkg.« Friedrich 1621 geächtet wurde und 1624 in Oberungarn starb. Inzwischen hatte 1623 Lazarus I. Henckel v. Donnersmarck († 1624), ein evg. Adliger aus Oberungarn, dem der Ks. durch den Empfang von Darlehen verpflichtet war, die Herrsch. B. als Pfand erworben, 1629 folgte die erbeigentümliche Übertragung an seinen Sohn Lazarus II., später dessen Erhebung zum Reichsgf. Nach dem Tode Lazarus' II. (1664) wurde die Herrsch. B. unter dessen Söhnen 1664/70 geteilt. Während die Linie → Tarnowitz – → Neudeck evg. blieb, fand

sich Gf. Leo Ferdinand († 1698), Besitzer des B.er Teils, um die
Erhebung von B. zur Freien Standesherrsch. 1697 zu erreichen,
zum Übertritt zum Katholizismus bereit; seine Linie residierte seit
1768 in → Siemianowitz. In habsb. Zeit blieb die Standesherren-
schaft bei der kath. Linie der Henckel v. Donnersmarck, seit 1748
fiel sie jeweils dem Besitzältesten aus beiden Linien zu. Gf. Guido
Henckel v. Donnersmarck auf Neudeck († 1916) wurde 1901 in
den Fürstenstand erhoben.
Die Wirtschaft von B. wurde durch mehrere Faktoren bestimmt.
Im Ma. spielte der Handel angesichts der Lage an der Handelsstraße Breslau-Krakau eine wichtige Rolle. Unter den Gewerben
von B. nahmen die Leinenweberei (ältestes Zunftprivileg von B.:
1459) und die Tuchmacherei (Innung 1669 gegr., 1679: 36 Meister)
eine beachtliche Stellung ein, sie waren aber im gesamtschles.
Vergleich mittelmäßig. An der spätma. Entwicklung der Teichwirtschaft und des Hopfenanbaues in Oberschles. hatte B. regen
Anteil. Der entscheidende Wirtschaftsfaktor der Stadt war aber
der bereits 1136 belegte Bergbau. Der im 13. Jh. blühende Sil-
ber- und Bleibergbau ging wegen Wasserschwierigkeiten im
14. Jh. zurück und im 15. Jh. gänzlich ein. Neue Impulse gaben
die Hohenzollern; zusammen mit Hz. Johann von Oppeln erließ
Markgf. Georg schon 1526/28 eine von fränk. Vorbildern beeinflußte Bergordnung für das B.er Revier. Zwar erhielt damals auch
B. selbst bergmännischen Zuzug und wurde Sitz des Berghauptmannes; aber das Schwergewicht der neuerlichen Bergbautätig-
keit im B.er Revier lag weiter im NO, wo die Hohenzollern die
Bergbaustädte → Tarnowitz und → Georgenberg gründeten. Der
Aufschwung hielt auch nicht lange an, und im 30j. Krieg, in dem
B. stark zu leiden hatte (bes. 1627), verfiel der Bergbau völlig.
Einen Neubeginn brachte erst die preuß. Zeit, wobei zunächst
der Eisen- und Zinkerzbergbau, seit der M. 19. Jh. jedoch deutlich
der Kohlenbergbau im Vordergrund stand. Die Gff. Henckel v.
Donnersmarck waren an der Industrialisierung führend beteiligt
und reservierten sich bei der Einführung der »revidierten Bergordnung für Schles.« 1769 für ihre Standesherrsch. B. gewisse
Sonderrechte. Die Glieder der B.-Siemianowitzer Linie engagier-
ten sich dabei früher und intensiver als die Tarnowitz-Neudecker
Linie, angefangen mit Gf. Lazarus III. († 1805), der mit der Antonienhütte in Wyrrek sw. B. 1805 das erste größere private Eisenhüttenwerk mit Kokshochofen in Oberschles. schuf und sich
auch dem Kohlenbergbau widmete. Dieser zog Industrien an. Im
B.er Stadtgebiet entstanden Bergbau- u. Hüttenbetriebe vor
allem in der seit dem Ma. zu B. gehörigen Exklave »B.er Schwarzwald«, so die Eisenhüttenwerke »Friedenshütte« (1840 von B.er
und Breslauer Kaufleuten gegr.) und »Eintrachthütte« (1838), die
Zinkhütten »Klara« (1820/21), »Rosamunde« (1838) und »B.er Hütte« (1845) sowie die Kohlengruben »Lythandra« (1830) und »Frie-
densgrube« (1899/1902, → Ruda).
Die Stadt selbst lag inmitten des entstehenden Industrierevieres

und wurde – ebenso wie → Gleiwitz, das allerdings eine Randlage hatte – früher Sammelpunkt für die Versorgungseinrichtungen des Ballungsraumes: Gewerbe, Handel und Banken; hervorzuheben sind das Braugewerbe, der Holzhandel und der Schlachtviehmarkt. Aber auch chemische Industrie entwickelte sich hier. Die Verkehrsbedingungen waren zunächst ungünstig: ein Wasserweg fehlte, direkten Eisenbahnanschluß erhielt B. erst mit der Strecke Tarnowitz-B.-Kattowitz 1869/70, der dann aber mehrere weitere folgten.

B. hatte im Ma. und in der frühen Neuzeit mit 170 brauberechtigten Häusern und gut 1000 Eww. (1755: 1040, 1765: 1065, 1787: 1642) zu den mittelgroßen Städten von Oberschles. gehört. Die Bev. war nach Aussage der Bürgernamen in der 1. H. 14. Jh. wohl so gut wie vollständig dt., in der 2. H. 15. Jh. war sie es nur noch gut zur Hälfte, und sie slawisierte später noch weiter. Durch Zuzug aus dem W stieg der Anteil der Deutschen bis 1910 wieder auf 61% an. Die Eww.-Zahl schnellte hoch: 1825: 2822, 1845: 5000, 1875: 19 513, 1905: 60 273. Mit der Zuwanderung von Deutschen bildete sich auch wieder eine evg. Gem. B. hatte unter den Hohenzollern die Ref. angenommen, 1564 wurde an der Minoritenkirche evg. gepredigt; aber trotz der evg. Konfession der neuen Herrsch.-Inhaber war 1628/29 in B. die Gegenref. durchgeführt worden. Nach der Säkularisation wurde 1833 die Minoritenkirche der neuen evg. Gem., die 1910 knapp 10% der Stadtbev. ausmachen sollte, als Gotteshaus übergeben.

Dem Bev.-Anstieg entsprach ein Ausgreifen der Bebauung. Eine erste Bauwelle setzte nach dem Fall der Stadtmauern in den 1820er Jahren (geringe *Reste* erhalten) ein, eine zweite nach 1860 mit dem Bau von Wohn- und Geschäftshäusern, Kirchen, Schulen u. a. Von der Bausubstanz der alten Stadt blieb nur wenig erhalten, auch an öffentlichen Gebäuden: Die Pröpste von St. Margareth hatten nach der Ermordung des Pfarrers von St. Marien im Streit um das Präsentationsrecht für die Pfarrstelle 1363 die Stadtpfarrei mit der Propstei vereinigt und 1538 ihren Sitz nach St. Marien in die Stadt verlegt, die *St. Margarethkirche* war danach Begräbniskirche geworden und verfiel, sie wurde 1880 durch einen bescheidenen Neubau ersetzt; das Kl. blieb bis 1810 bestehen. Die Pfarrkirche *St. Marien* enthält noch frühgot. Teile, entstammt aber im wesentlichen dem 16. Jh. und wurde zuletzt 1852–57 umgebaut. Die *Minoritenkirche St. Nikolaus*, nach Auflösung des Kl. 1810 zunächst der Stadt, 1833 der evg. Gem. übergeben, heute als St. Adalbertkirche wieder kath., hat seine heutige spätbarocke Gestalt 1783 erhalten, besitzt aber auch noch spätgot. Elemente. Die heutige *Hl. Geistkirche* geht auf einen Bau von 1721 zurück; aus dem dazugehörigen Hospital ging 1907/09 ein bischl. Krüppelheim hervor, das 1910/12 einen großen Baukomplex erhielt. Die von den Evangelischen 1617 vor der Stadt erbaute *Dreifaltigkeitskirche* wurde nach der Rekatholisierung bis 1878 als Begräbniskirche verwendet, 1883–86 durch eine

neue kath. Pfarrkirche ersetzt. Tradition hat auch die stattliche
neurom. *St. Hyazinthkirche* von 1908–11 in Roßberg; sie hatte
eine angeblich im 13. Jh. entstandene Holzkapelle und einen massiven Bau von 1801 als Vorgänger. Die *Laurentius-Schrotholz-
kirche* (um 1530) im Stadtpark stammt aus Mikultschütz w. B.,
sie wurde 1892 von der Stadt B. gekauft und 1901 aufgestellt, seit
1921 als Museum für kirchliche Altertümer benutzt, 1933 als Ge-
fallenenmal eingerichtet.
Die hektische Industrialisierung und Siedl.-Verdichtung im Raum
um B. spiegelt sich auch in den Verwaltungsänderungen: Der
aus der Standesherrsch. B. hervorgegangene Kr. B. wurde 1873
in die Krr. B., Kattowitz, Tarnowitz und Zabrze (Hindenburg)
aufgeteilt, aus dem Kr. B. wiederum wurden die Stadtkrr. B.
(1890) und → Königshütte (1898) ausgekreist. In der oberschles.
Volksabstimmung von 1921 sprachen sich in B. 74,7% der Wahlbeteiligten, also offensichtlich auch Polnischsprachige, für den Verbleib bei Deutschland aus, obwohl B. ein Zentrum reger poln.
Publikationstätigkeit war. Die Teilungsgrenze von 1922 schnitt
$1/4$ des Stadtkr. B. ab, vor allem den industriereichen Stadtteil
Friedenshütte (B.er Schwarzwald), und umschloß das (1927 u. a.
um Roßberg erweiterte) Stadtgebiet, das weit in den poln. Staat
hineinragte, an drei Seiten. Damit hatte B. den größten Teil seines Hinterlandes verloren. Die wirtschl. Probleme wurden durch
den Zustrom von Flüchtlingen aus dem poln. Gebiet verstärkt.
1910 wohnten in B. auf 22,58 qkm 67 718 Eww., 1925 auf
17,31 qkm 62 553, 1939 auf 30,27 qkm 101 084 Eww. Im Okt.
1939 wurde der Stadtkr. B. dem neu begründeten Reg.-Bez.
Kattowitz zugeteilt, nach 1945 verblieb er in administrativer Verbindung zu Kattowitz (Woj.) und wurde 1951 auf 55 qkm erweitert. Er hatte 1961: 186 240, 1970: rd. 187 100 Eww.
Der über die Wahl Erzhz. Maximilians von Österreich zum Kg.
von Polen zwischen den Habsburgern und der stärkeren poln.
Gegenpartei des schwed. Pz. Sigismund Vasa ausgebrochene
Krieg, der auf schles. Gebiet getragen worden war und mit der
Gefangennahme Maximilians bei → Pitschen seinen Höhepunkt
erreicht hatte, fand am 9. 3. 1589 in B. durch Vermittlung des
Kardinallegaten Ippolito Aldobrandini (des späteren Papstes Klemens VIII.) seinen Abschluß; die Habsburger mußten im Frie-
densschluß ihre Ansprüche auf den poln. Thron aufgeben. – In
B. wurde 1897 der Dichter und Schriftsteller Max Tau geb.
(† 1976).   (IV) *We*

Muzeum Górnośląskie (Oberschles. Museum), pl. Thälmanna 2. –
Archiwum Miasta Bytomia (Stadtarchiv B.). – Bibliogr. d. B.er Landes,
in: LV 48, 24 (1962), S. 107 ff., u. 25/26 (1964), S. 149–54. – LV 48. –
LV 102. – FGramer, Chronik d. Stadt B. in Oberschles., B. 1863. –
D. dt. Stadt B. O/S u. ihre nächste Umgebung (Monogr. dt. Städte,
Bd. XV), hg. v. KKasperkowitz, Salomon, EStein, Berlin-Friedenau
1925. – B. OS, hg. v. Stütz, Berlin-Halensee 1929. – LV 233, S. 705–07.
– APerlick u. a., B. O. S., ein Heimatbuch d. B.er Landes, Reckling-

hausen 1962. – Dziewięc wieków Bytomia (Neun Jhh. B.), hg. v.
FRyszka, Kattowitz 1956. – LV 234, Bd. 1, S. 423–25. – LV 357, S. 75–78.
– JSzydłowski, Bytom, pradzieje i początki miasta (Vorgesch. u. An-
fänge d. Stadt B.) (LV 102, Archeologia, Nr. 4), B. 1966. – KBimler,
Entwicklung u. Befestigung d. ma. Stadt B. OS, B. 1943. – LV 345. –
LV 178. – LV 464. – LV 668. – PKytzia, B. im Pfandbesitz d. Hohen-
zollern, in: LV 43, 1 (1902), S. 98–105. – EWahner, Z. Gesch. d. Stan-
desherrsch. B. OS, in: LV 28, 21 (1887), S. 149–67. – LV 363. –
JKnossalla, D. Dekanat B. O/S in seinem schles. Teil, Kattowitz 1935. –
HBorek, USzumska, Nazwiska mieszkańców Bytomia od końca XVI
wieku do roku 1740 (D. Bürgernamen v. B. v. E. 16. Jh. bis 1740),
Warschau/Br. 1976

Beuthen a. d. Oder (Bytom Odrzański, Kr. Glogau/Neusalz). B.
(1227 Bythom, seit etwa 1450 B.) liegt an der Stelle des l. Oderufers, an welcher der Strom den Talrand der Ausläufer der Dalkauer Berge verläßt. Hockergräber aus der Steinzeit, Urnen aus
der Bronzezeit und ein Einbaum wurden bei B. gefunden und
deuten auf frühe Besiedlung hin. Bei B. befand sich ein alter
Oderübergang, den eine Landesfestung (Kastellaneiburg, Kastellane seit 1203 belegt) schützte, die etwa 35 m über dem Flusse auf
einem Hügel lag und 1109 von Kg. Heinrich V. nicht eingenommen werden konnte. Als Ks. Friedrich I. Barbarossa 1157 gegen
den Piasten Hz. Boleslaus IV. von Polen zu Felde zog, zündeten
die Polen bei seinem Herannahen den festen Platz B. an.
Als Kirchort ist B. seit 1175 urk. bezeugt. Damals überließ der
poln. Magnat Nicor den Leubuser Zisterziensern die Kirche des
hl. Stephan. 1223 verliehen vier poln. Adlige das Patronat der
wohl um 1200 erbauten Marienkirche im Burgort B. (im 16. Jh.
abgetragen) dem Augustinerkl. in → Naumburg a. Bober, das
1284 nach → Sagan verlegt wurde und 1223–1469 und 1487–1564
in B. eine Propstei besaß. Wenn auch das genaue Datum der Stadtgründung nicht bekannt ist, so steht doch fest, daß diese vor 1267,
vielleicht 1263, nach dt. Recht und durch hzl. Hoheitsakt erfolgte.
Das erste Rathaus stand auf dem Markt und war von Handwer-
kerbänken umgeben. Während manche Forscher die Stephanskirche von 1175 mit einer 1267 erwähnten Kirche gleichen Namens,
die nachweisltdı die Pfarrkirche der dt. Stadt B. war bzw. wurde,
gleichsetzen, meinen andere (Steller, Kuhn), bei der 1267 bezeugten Kirche handele es sich um ein neues Gotteshaus, das von dem
alten, bedeutungslos gewordenen das Patrozinium erhalten habe.
Das Kl. der Magdalenerinnen entstand vor 1296, wurde 1300 mit
Privilegien ausgestattet und erhielt 1302 von Hz. Heinrich III. von
Glogau die Bestätigung im Besitz des von Hermann v. Bansch den
Ordensfrauen geschenkten Heinersdorf bei Grünberg. 1314 wurde
es nach →Sprottau verlegt. Das B.er Kl.-Gebäude fiel dem 30j.
Krieg zum Opfer. 1395 und 1464 wütete die Pest in der Stadt.
B. gehörte 1475 zu 75% dem Kaufmann Andreas Neumann und
zu 25% Georg v. Glaubitz. 1524 vereinigte Johann v. Rechenberg
ganz B. in seiner Hand. Er führte die Ref. in der Herrsch. B. ein

und wurde von Martin Luther »der deutsche Hans« gen. Die Stephanskirche diente als evg. Pfarrkirche. 1540 erfolgte die Anstellung des ersten evg. Geistlichen. 1561 verkaufte Franz v. Rechenberg die Herrsch. B. (mit Poln. Tarnau) und → Carolath an Ritter Fabian v. Schoenaich († 1591), der im Schmalkaldischen Krieg an der Seite des Ks. gefochten und erheblich zu Karls V. Sieg über den prot. Kurfst. Johann Friedrich von Sachsen in der Schlacht von Mühlberg (1547) beigetragen hatte, nun aber ein Beschützer der Evangelischen wurde. Fabian war einer der größten Grundbesitzer in Schles. Sein Vetter und Nachfolger Georg v. Schoenaich († 1619) erwarb sich um B. große Verdienste und verschaffte der Stadt weithin Ansehen. Er sorgte für die Kultivierung der r. Oderseite zwischen B. und Schlawa und das Anpflanzen edler Obst- und Rebensorten, ließ in B. 1602–09 ein neues *Rathaus* mit einem 86 Ellen hohen Turm erbauen (an der Ecke Markt-Freystädter Str.) und bei B. eine Oderbrücke und den ersten Oderdamm (später Schoenaichdamm gen.) errichten. Der Turm der *Stephanskirche,* die 1584–86 im wesentlichen einen Neubau erhalten hatte (ma. Reste, spätere Erneuerungen), wurde auf 100 Ellen erhöht und das Georgenhospital erbaut (1935 aufgelöst). 1618 erfolgte der Bau der den Evangelischen während des 30j. Krieges als Gotteshaus dienenden Hospitalkapelle, die 1653 auf ksl. Befehl geschlossen wurde und 1694 abbrannte. Die bedeutendste Leistung dieses frommen und humanistisch gebildeten Mannes ref. Bekenntnisses, der den Freiherrntitel erhielt und Kanzler von Schles. wurde, war die Gründung des »Gymnasium academicum« 1601, einer Hochschule mit 12 Lehrstühlen, u. a. für luth. und ref. Theologie, Rechtswissenschaften, Medizin, Physik, Astronomie und – ein Novum – die Sitten. Für die auch als Unversität bezeichnete Anstalt entstand 1609–1613 ein Neubau. Sie bestand jedoch nur kurze Zeit, weil sie als kalvinistisch betrachtet und 1628 auf ksl. Anordnung geschlossen wurde. Das Gebäude fiel – mit Ausnahme des später in die evg. Kirche eingearbeiteten *Renaissanceportals* – dem Stadtbrand von 1694 zum Opfer. 1616 erfolgte unter Leitung des Festungsbaumeisters Andreas Hindenberger die Befestigung von B. durch Wall, Wallgräben, Palisaden und das Glogauer, Freystädter und Sprottauer (Würbitzer) Tor. 1617 ließ sich der erste Buchdrucker in B. nieder.

Während des 30j. Krieges soll Kurfst. Friedrich von der Pfalz, der »Winterkönig«, im Dez. 1620 auf der Flucht aus Böhmen in B. übernachtet haben. Nach der Besetzung der Stadt durch Liechtensteinsche Dragoner erfolgte 1628 die zwangsweise Rekatholisierung der Bevölkerung. Um 1639 befand sich das Hauptquartier des schwed. Gen. Stalhansch in B. Die Stephanskirche und das Hospital wurden 1653 den Protestanten genommen. Der Stadtbrand von 1694 äscherte u. a. das Rathaus ein, das aber 1696 neu erstand, mit hohem Turm und Haube versehen; aus dieser Zeit stehen auch noch schöne *Wohnhäuser* auf dem Markt. Nach der Inbesitznahme von Schles. durch Friedrich d. Gr. wurde die evg.

Schule wieder geöffnet und 1744–46 auf dem Boden des ehem. Gymnasiums ein turmloses Bethaus als *evg. Pfarrkirche* erbaut, das 1861 einen 164 Fuß hohen Turm erhielt. 1766–1884 war B. fast immer Garnisonstadt. Hatten im Ma. der Durchgangsverkehr und die Warentransporte von Westdeutschland nach Polen und umgekehrt Bedeutung für B., so gewann man um 1884 Braunkohle im Tagebau. Der Anschluß an das Breslau-Stettin-Berliner Eisenbahnnetz geschah 1871. Ackerbau, Handel, die Oderschiffahrt und Gewerbe herrschten nun vor, wobei die Borstenzurichterei und das Mühlsteinschärfen hervorzuheben sind. Die Oderbrücke stammt von 1907. Die urspr. zum Kr. Freystadt gehörige Stadt B. kam 1932 zum Kr. Glogau. Die Eww.-Zahl von B. betrug 1787: 2261, 1825: 2557, 1905: 3033 und 1939: 3176. 1945 wurde B. zu ca. 40% zerstört. 1961 hatte es 2457 (auf 10,32 qkm), 1970: 3049 Eww.

In B. verfaßte Martin Opitz 1617 als Student seine berühmt gewordene Schrift »Aristarchus sive de contemptu linguae Teutonicae«, in der er sich für die Verwendung der dt. Muttersprache in der Literatur einsetzt und deren Entstellung durch Fremdwörter beklagt. In B. wurde 1903 der Dichter Jochen Klepper († 1942) als Sohn eines evg. Pfarrers geb. (I) *Ab*

LV 119, Bd. 1. – ChDKlopsch, Gesch. d. Stadt B. u. d. dazu gehörigen Castellanei bis 1591, Glogau 1847. – Heimatbuch d. Kr. Freystadt/Niederschles., hg. v. ASchiller, ²B. 1925. – ASchiller, D. Gesch. d. Stadt B. a. d. Oder, 1936. – LV 233, S. 707–09. – LV 234, Bd. 2, S. 622–24. – BTuchołka, Bytom Odrzański (B.), in: LV 360, Bd. 2, S. 125–34. – LV 402, bes. S. 80. – LV 612, S. 40. – LV 357, S. 40 f. – GSteller, D. Anfänge d. (Saganer) Augustinerstiftes in Naumburg a. Bober (1217–1284), in: LV 72, 27 (1969), hier S. 33–42. – GGrundmann, D. Lebensbilder d. Herren v. Schoenaich auf Schloß Carolath, in: LV 34, 6 (1961), S. 229–330. – LV 266

Bielitz (Bielsko). B. liegt am W-Ufer der Biala an ihrem Austritt aus den Beskiden in einem Gebiet, das zunächst eine Waldschranke zwischen Schles. und Kleinpolen (den Bstt. Breslau und Krakau) bildete. Erst in der 2. H. 13. Jh. wurde es mit großen dt. Waldhufendörfern besiedelt. Damals bestand eine Brücke dt. Orte nach dem W. Als diese im 15. und 16. Jh. sprachlich polonisiert wurden, blieb B. als einzige dt. Stadt und zusammen mit acht umliegenden Dörfern – im S → Nikelsdorf und Kamitz, im W → Altbielitz und Kurzwald, im N Batzdorf, im O jenseits der Biala Kunzendorf, Alzen und das isolierte Wilmesau – als größte dt. Sprachinsel im ö. Oberschles. übrig. Später kamen durch Ausbau ins Gebirge hinein noch die dt. Dörfer Lobnitz und Bistrai dazu. Seit der Teilung des Hzt. Oppeln (nach 1281) gehörte B. zum Hzt. Teschen. Bei der Abspaltung des Hzt. Auschwitz von diesem (um 1315) wurde die Grenze an der Biala mitten durch das B.er Land gezogen. Seit 1475, wo Auschwitz an Polen fiel, lag B. unmittelbar an der O-Grenze von Schles. und des Dt. Reiches. 1553 wurde das B.er Gebiet – im Umfang des späteren Gerichtsbezirkes B. – eine eigene Herrsch., die 1572 durch Verkauf vom Hzt. Teschen abgetrennt und eine unmittelbar dem Breslauer Oberamt unterstellte Minderstandesherrsch. wurde. Sie hatte damals unter etwa 2500 Eww. mindestens ³/₄ Deutsche. Die Amtsprache wechselte 1565 vom bisher in fast ganz Oberschles. üblichen Tschechischen zum Deutschen. 1751 wurde B. zur Freien Standesherrsch., 1752 zum Fstm., 1754 zum Hzt. erhoben.

Bei der Gründung war B. mit 76 Häusern innerhalb des Mauerringes eine unbedeutende schles. Kleinstadt. Erst im 16. Jh. wuchs es durch Herübergreifen der Tuchmacherei aus Niederschles. und Mähren. 1548 erhielt die Zunft ihr erstes Privileg. 1571 arbeiteten 17 Meister. Die ganze Stadt hatte damals 179 Häuser und 29 zur Miete wohnende Famm. Neben der Altstadt waren im S und W Vorstädte zugewachsen. Die Tuchmacherei war ein typisches Grenzhandwerk, das im industriearmen Polen billige Wolle und Abnehmer für einfache Massenware fand. 1570 erwarb die Stadt vom Teschner Hz. das s. angrenzende Nikelsdorf und damit einen großen, bis auf den Beskidenkamm hinaufreichenden Stadtwald.

Von ebenso zukunftsweisender Bedeutung wie das Aufkommen der Tuchmacherei wurde die Durchsetzung der Ref. in der M. 16. Jh. B. wurde für sie ein Brennpunkt; B.er wirkten bis zur M. 17. Jh. in einem weiten Umkreis als Pastoren und Lehrer. 1608 konnte die Gem. neben der alten Stadtkirche von *St. Nikolaus* die *Dreifaltigkeitskirche* in der Obervorstadt einweihen, deren Patronat beim Stadtrat lag. Zwar rekatholisierte die Gegenref. 1628 und vor allem 1654 sämtliche Kirchen. Die B.er aber blieben, geschützt von ihren evg. Herrsch.-Inhabern, luth., hielten ihre heimlichen Gottesdienste im Gebirgswalde, schickten ihre Kinder auf geheime evg. »Winkelschulen« in der Stadt oder auf Schulen in Ungarn und Niederschles. In kath. wie evg. Berichten jener Zeit wird die Stadt als Stützpunkt des Luthertums für eine weite Umgebung gen.

Während viele andere schles. Städte durch die Verheerungen des 30j. Krieges und die Flucht der evg. Bürger vor dem Religionszwang schwer geschädigt wurden, überstand das randlich gelegene B. die Notzeit ohne größere Einbußen. Die Tuchmacher gingen während des Krieges zum Buntfärben der Tücher über und bauten deren Absatz nach Polen aus, bald auch nach Ungarn und über die dortigen türkischen Kaufleute nach der Türkei und Levante. 1734 zählte B. unter 429 Handwerkern 271 Tuchmacher und 13 Tuchscherer.

Die dem gegenref. Druck ausweichenden B.er konnten in unmittelbarer Nachbarschaft auf dem ö., zu Polen gehörigen Ufer der Biala Fuß fassen. Am Rande des angrenzenden Kunzendorf hatten sich schon seit der M. 16. Jh. einzelne B.er Handwerker angesiedelt. Für die allmählich wachsende Siedl. ist seit 1584 der Name Biala belegt. Der Herrsch.-Besitzer Johann Franz Lubowiecki erteilte neu angesetzten Tuchmachern 1667 ein Zunftprivileg. 1670 wird Biala erstm. als Stadt erwähnt, wenn die förmliche Verleihung des dt. (Kulmer) Stadtrechtes auch erst 1723 durch den poln. Kg. erfolgte.

1742 blieb B. bei Österreich. Es war nunmehr die einzige evg. Stadt in diesem Staate. Anderseits brachte die Erste Teilung Polens 1772 mit dem Anfall Galiziens an Österreich die politische Wiedervereinigung der Sprachinsel. Ks. Joseph II. beseitigte durch sein Toleranzpatent von 1781 endlich den Glaubensdruck, und 1782 entstanden in B. und Biala evg. Gemm. Der Ks. löste 1789 Biala auch aus der Abhängigkeit von dem adeligen poln. Grundherrn und erhob es zur kgl. Freistadt (durchgeführt bis 1799). Die Stadt entwickelte sich sehr schnell, sie zählte 1787 schon 280 Häuser und 1815 über 500 Tuchmacher. B. hatte um die Jh.-Wende über 4200 Eww. Die beiden Städte verschmolzen wirtschl. und kulturell immer mehr zu einem einzigen Gemeinwesen, das um 1815 mit über 1000 Tuchmachern und rund 8000 Eww. die größte städt. Ballung im alten oberschles. Raum nächst Troppau war.

Gemeinsam beschritten B. und Biala im 19. Jh. den Weg zur Industrie. 1806 wurde die erste Wollspinnmaschine eingeführt, 1811 die erste vom Zunftzwang befreite Fabrik eingerichtet. Bald kam die Verwendung von Wasserkraft, in den 20er Jahren die Dampfmaschine auf. B.-Biala wuchs zur größten Wollindustriestadt des schles. Raumes und entwickelte dazu auch eine Textilmaschinenindustrie und andere Zweige des Maschinenbaus. Vor dem 1. Weltkrieg beschäftigte es rund 20 000 Arbeiter. Diese wohnten zunächst in den dt. Sprachinseldörfern, die neben ihren alten Bauernstellen breite industrielle Schichten ansetzten. Die Masse der Arbeiter aber, namentlich die ungelernten, kam mehr und mehr als Pendler aus der poln.-sprachigen Umgebung, namentlich den armen Dörfern im Geb. B. wuchs solcherart nach seiner Eww.-Zahl nur langsam und wurde im 19. Jh. von vielen Nachbarstädten überholt; aber es blieb trotz der wirtschl. Umwälzung dt.

1848 entsandte B. seinen evg. Pastor Carl Samuel Schneider in den ersten Wiener Reichstag. Er wirkte, als einziger prot. Abgeordneter, für die Vermehrung der Rechte der Evangelischen in der neuen Verfassung. Nachdem dann 1861 das österr. Protestantenpatent die weitgehende Gleichstellung der Konfessionen gebracht hatte, gingen die B.er an einen schnellen Ausbau ihres Schulwesens. Bis 1881 entstanden eine Realschule, ein Gymnasium, eine Lehrerbildungsanstalt und eine Ingenieurschule, alles Gründungen der evg. Gem. oder der Stadtgem. unter Führung der evg. Geistlichen, vor allem des Reichsratsabgeordneten Theodor Haase. Das 1867 unter Leitung des Heidelberger Professors Stoy eingerichtete evg. Lehrerseminar verwirklichte die Grundsätze der Herbartschen Pädagogik erstm. in Österreich und bildete den Lehrernachwuchs für die evg. Schulen des ganzen Staates von Kärnten bis in die Bukowina aus. 1890 erhielt B. ein ständiges dt. Theater. 1910 zählte es unter 17 970 Staatsbürgern 15 144 Deutsche, die schles. Dörfer der Sprachinsel unter 13 839 Staatsbürgern

11 573 Deutsche. Dagegen kam für Biala eine Wende, als ab 1867 Galizien in Österreich eine politische Sonderstellung unter poln. Verwaltung erhielt. Die Errichtung einer eigenen Bezirkshauptmannschaft Biala brachte poln. Behörden in die Stadt, seit 1898 die Errichtung poln. Schulen und die Festigung der poln. Minderheit.

1920 kam B. an Polen und 1921 im Rahmen der poln. Woj. Schles. wieder in politische Verbindung mit einem Teil von Oberschles. Innerhalb des poln. Staates war B. die einzige mehrheitlich dt. Stadt, zumal die Abwanderung gering blieb. Seine dt. Schulen, namentlich das Lehrerseminar, kamen jetzt auch dem Deutschtum der preuß. und russ. Teilgebiete Polens zugute.

Nach der Vertreibung der Deutschen 1945 gingen der Ausbau der Industrie und das Wachstum der Stadt weiter. Nachdem schon während der dt. Besetzung Teile der benachbarten Dörfer in B. und Biala eingemeindet worden waren, wurden die beiden Orte 1951 zu einer Stadt B.-Biala im Verbande der Woj. Kattowitz vereinigt, die 1961 77 571 Eww. zählte und am 1. 1. 1969 durch weitere Eingemeindungen die Großstadtgrenze überschritt (1970 rd. 105 700 Eww.). Seit 1975 ist B. Vorort der Woj. B.-Biala.   (IV) *Ku*

ThHaase, D. B.-Bialaer Schafwollwaaren-Industrie in ihrer hist. Entwicklung, Teschen 1873. – EHanslik, Biala, eine dt. Stadt in Galizien, Wien/Teschen/Leipzig 1909. – EWagner, D. Buch d. B.-Bialaer Chronika, B. 1938. – JStumpf, JKrämer (Hg.), Dt. Lehrerbildung in B./Ostschles., Stuttgart 1967. – LV 234, Bd. 1, S. 419–21. – HRechowicz, Bielsko-Biała. Zarys rozwoju miasta i powiatu (Überblick d. Entwicklung v. Stadt u. Kr. B.-Biala), Kattowitz 1971

Birkenhain (Brzeziny Śląskie, Kr. Tarnowitz). B. 4 km ö. Beuthen OS bestand M. 18. Jh. nur aus einem Forsthaus und hat sich erst im 19. Jh. im Zuge des Abbaus blei- und zinkhaltiger Erze in dieser Gegend durch die Grube »Weißer Scharley« (um 1850, seit der Zwischenkriegszeit Orzeł Biały = »Weißer Adler«) entwickelt. 1883 wurde es mit über 1000 Eww. unter dem dt. Namen B. selbständige Gem., 1905 zählte es schon 4201, 1930 über 7000 Eww. Dieser Aufstieg zum Industrieort führte 1951 zur Stadterhebung (1961: 8391 Eww. auf 3,14 qkm, 1970: 8027 Eww.). Nach dem 2. Weltkrieg wurde B. Sitz des Bergwerks- und Hüttenkombinats »Weißer Adler«, 1968 (nach dem Anschluß der Bergwerksbetriebe »L. Waryński« von → Deutsch Piekar 1967) der wichtigste Verbund der zink- und bleischaffenden und -verarbeitenden Betriebe in Polen, der 1967 über 7000 Beschäftigte zählte.   (IV) *We*

Tarnowskie Góry. Zarys rozwoju powiatu (Überblick d. Entwicklung d. Kr. Tarnowitz), hg. v. HRechowicz, Kattowitz 1969. – LV 234, Bd. 1, S. 422 f.

Boberröhrsdorf (Siedlęcin, Kr. Hirschberg). Das im tief eingeschnittenen Tal des Bober 6 km nw. Hirschberg gelegene Dorf B., A. 14. Jh. als Rudgersdorf erstm. belegt, besitzt mit dem aus dem frühen 14. Jh. stammenden, im 15. Jh. um ein viertes Geschoß erhöhten *Wohnturm* eines der bedeutendsten Baudenkmäler von Schles. Der zum Gutshof von B. – von 1732 bis 1945 im Besitz der Fam. Schaffgotsch – gehörige Turm, 19 m hoch auf einer Grundfläche von 14 × 21 m, ein Beispiel eines weit nach dem O reichenden Typus fränkischer Wohntürme, wie er in der Schweiz und am Oberrhein vorkommt, ist der Rest einer einst von einem Wassergraben umgebenen, 1443 zerstörten Talburg, deren turmartiges, mehrgeschossiges, mit einem Wehrgang versehenes Hauptwerk im dritten Geschoß einen Rittersaal mit tiefen Fensternischen und mächtiger Holzbalkendecke enthält. Die in diesem Saal freigelegten Wandmalereien stellen das einzige und bedeutende Beispiel profaner Wandmalerei des 3./4. Jahrzehnts des 14. Jh. in Schles. dar. Eine Christophorusfigur beherrscht die Mitte der Darstellung, die l.-seitig eine Memento-mori-Szene in zwei Streifen von Liebespaaren und Toten in Gräbern zeigt, r.-seitig Episoden aus einem unbekannten Ritterroman. Eine denkmalpflegerische Instandsetzung erfolgte 1936–38. – Einer wesentlich späteren Zeit gehört die kath. Kirche *St. Nikolai* an. Sie ist ein spätgot. Bauwerk aus der M. 16. Jh., das im 18. Jh. umgestaltet und mit einer Rokoko-ausstattung der alten Holzdecke versehen wurde. Außerdem steht an erhöhter Stelle im Dorf die 1780–82 erbaute *Bethauskirche,* die als Massivbau anstelle des ersten evg. Fachwerkbaues von 1742 nach einem Entwurf des Baukondukteurs Isemer durch die Maurermeister Demus und Essmert errichtet worden war. Kanzel, Altar und Orgel schufen Tischlermeister Kade aus Hirschberg in Verbindung mit dem bedeutenden Bildhauer Joseph Lachel aus Grüssau. Die Staffierung des Ganzen stammt von 1842.   (I)   *Gru*

LV 587, Bd. 3, S. 471–73. – WKlose, D. alte Schloß zu B., in: LV 29, 4 (1888), S. 595–606. – RProbst, D. ma. Wohnturm zu B. u. seine Wandmalerei, in: LV 68, 1936, S. 106–12. – LV 259, Bd. 1, S. 544 ff. – LV 612, S. 73

Boborane (Bobrzanie), Gau der B. Unter den schles. Slawenstämmen werden die B. – vielleicht durch jüngere Abspaltung von den → Dedosize entstanden und daher nicht beim Bayerischen Geographen erwähnt – ebenso wie die Trebowane erst in der umstrittenen Bestätigungsurk. Ks. Heinrichs IV. für das Bst. Prag von 1086 gen. (»Pobarane«), die Angaben über die schles. Stämme bzw. Stammesgaue werden aber als den Verhältnissen des letzten Viertels 10. Jh. entsprechend betrachtet. Der Gau der B., dem wie bei den übrigen Stämmen bestimmte Siedlungskammern entsprachen, erstreckte sich, wie auch der Name bezeugt, beiderseits des oberen und mittleren Boberlaufs, begrenzt durch Waldgürtel: im W am Queis zur Oberlausitz hin (Gau der Milceni), im S im Sudetenvorland, im N im Bereich der Niederschles.-Lausitzer Heide (in W-O-Richtung etwa zwischen Liegnitz und Lüben verlaufend); im O grenzte der B.-Gau w. Liegnitz wohl an denjenigen der → Trebowane. Als Hauptburg des B.-Gaues ist die alte Burg

von Bunzlau anzusehen (→ Tillowitz), während in vorgesch. Zeit
die damals weiter nach O ausgedehnte Siedlungskammer die Burg
auf dem Steinberg bei → Plagwitz als Mittelpunkt gehabt zu haben scheint. In der Zeit der Kastellaneiverfassung (nachweisbar
M. 12. Jh.) tritt im Bereich der B. außer in Bunzlau noch in →
Lähn ein Kastellaneisitz auf, der vielleicht in der frühpiast. Zeit
(ab E. 10. Jh.), als zunächst die Stammesgaue zu Verwaltungsbe-
zirken wurden und dann neue Gebietseinheiten sich anbahnten,
entstanden ist.   *We*

LV 130, Bd. 1, Nr. 5. – LV 402, bes. S. 37–53. – LV 259, Bd. 1, bes.
S. 85 ff., 96 ff., 304 ff. – LV 262, Bd. I 1, S. 125–32. – LV 340, S. 32–62

Boguschowitz (Boguszowice, Kr. Rybnik). Das 6 km sö. Rybnik
im oberschles. Vorgebirgshügelland gelegene, seit A. 14. Jh. nachweisbare Dorf B. gehörte vom Spätma. bis 1725 dem Zisterzienserkl. (Groß) Rauden. Aus dieser Zeit stammt noch die in Kreuzform erbaute *Holzkirche* (1717) mit einem Altarbild von Michael
Willmann. Gf. Guido Henckel v. Donnersmarck ließ 1913–16 in B.
die große Kohlengrubenanlage »Blücher-Schächte« (heute »Janko-
wice«) bauen. Die Vergrößerung der Grubenanlagen (1958: 5 580
Beschäftigte) und die damit verbundene Erweiterung der Wohnsiedl. haben zur Erhebung von B. zur stadtart. Siedl. (1955) und
dann zur Stadt (1962) geführt. 1965–68 wurde in B. eine große
Brikettfabrik gebaut. Die Eww.-Zahl stieg rapide an: 1784: 122,
1825: 244, 1905: 1019, 1931: rd. 2600, 1961: 11 909 (auf 8,92 qkm),
1970: 15 376.   (IV) *We*

LV 210, Bd. 2, S. 753. – A Mrowiec, Szkice z nowszych dziejów ziemi
rybnickiej (Skizzen a. d. neueren Gesch. d. Rybniker Landes), Kattowitz
1962. – LV 234, Bd. 1, S. 422. – LV 225. – LV 593, Bd. 6, H. 11, S. 3–5

Bolkenhain (Bolków, Kr. Jauer). B. liegt am N-Abhang des Riesengeb. im Schutze eines aus einem Talkessel herausragenden
Bergrückens, von dessen Höhe (396 m) aus die Bolkoburg, im N
und W durch den steil zur Wütenden Neiße abfallenden Abhang
geschützt, im SO in einem gemeinsamen Verteidigungssystem die
Stadt B. als Vorfeld, die Umgebung beherrschte. Burg und Stadt
traten in der Zeit der dt. Besiedlung u. dtrechtl. Umwandlung
des alten slaw. Siedlungslandes am Geb.-Rand die Nachfolge der
benachbarten Kastellaneiburg → Schweinhaus als Gebietszen-
trum an. Die Frühgesch. von B. ist von sagenhaften Nachrichten
durchsetzt. Sicher belegt ist die Stadt 1276 und die Burg 1277
(»Hain castrum«); aber der Umstand, daß das benachbarte Alt
Röhrsdorf 1218 zu dem Gebiet gehörte, das das Kl.Leubus siedt-
lungsmäßig erschloß, ferner der ausgeprägte Langmarkt und die
Datierung der ältesten erhaltenen Teile der Pfarrkirche auf M.
13. Jh. sprechen für die Gründung vor 1241.
B. gehörte zunächst zum Hzt. Liegnitz und fiel bei dessen Aufteilung 1278 an Hz. Bolko I. von Jauer (-Löwenberg, † 1301), der
Burg und Stadt ausbaute und dessen Name E. 14. Jh. die Stadt,

im 18./19. Jh. auch die Burg erhielt. Bolkos Enkel Bolko II. vererbte das Hzt. Schweidnitz-Jauer an seine Nichte Anna, Gemahlin
Ks. Karls IV., durch die das Hzt. 1392 direkt an Böhmen kam.
War das Burglehen B. bis dahin von Burggff. (u. a. bis 1371 Hans
v. Logau, danach Gotsche II. Schoff auf Kynast, → Hermsdorf) verwaltet worden, so traten nunmehr Landeshauptleute, z. T. böhm.
Adlige, an ihre Stelle, die das Burglehen pfandweise erwerben
konnten. In den unruhigen Zeiten des 15. Jh. war B. zeitweise in
der Hand umstrittener, dem Raubrittertum ergebener Personen,
so des Hain (Heinrich) v. Tschirn (vor 1439 bis nach 1459), der
zunächst Freund, dann Feind der Hussiten war, worauf böhm.
Söldner 1444 die Stadt B. stürmten und anzündeten. 1463 nahm
Kg. Georg von Podiebrad B. ein und setzte Hans v. Tschirn auf
der Bolkoburg ein, bis sie 1468 von den Schweidnitzern und Breslauern eingenommen wurde. Unter Kg. Matthias Corvinus von
Ungarn waren der ungarische Magnat Stephan v. Zapolya (1475 bis
vor 1484) und Georg v. Stein Pfandinhaber von B. Von 1494 bis
um 1540 gehörte das Burglehen der Fam. Tschirnhaus, anschließend 1532–1570 der ihr verwandten Fam. v. Salza (als erstem Jakob v. Salza, Bf. von Breslau, † 1543). Unter Matthias v. Logau
(1570–91) wurde der Besitz B. 1591 in ein Erbgut umgewandelt,
das 1598 von Jakob v. Zedlitz auf → Nimmersath erworben wurde und bis 1700 im Besitz seiner Fam. blieb.
Die *Bolkoburg* hatte – abgesehen von Verstärkungen im 30j. Krieg
– im 16. Jh. nach der Anlage von Vorburgen im N, W und S ihre
größte Ausdehnung erreicht. Die langgestreckte Kernburg wurde
um 1540 durch den bekannten ital. Baumeister Jakob Pahr (→
Brieg) im Stil der Renaissance gründlich um- und ausgebaut. Zum
ältesten Teil der got. Burg gehörten der runde Bergfried im SW
und ein Wohnbau im NO. Im 14. Jh. erfolgten Erweiterungen;
dabei wurden auch die Verbindungen zwischen den Umfassungsmauern der Burg und den Stadtmauern geschaffen.
Die ma. rechteckige Stadtanlage am Fuße der Burg hat als Mittelpunkt einen großen, langgestreckten Markt im Zuge der alten
Straße von Böhmen über den Landeshuter Paß nach Jauer. Inmitten des Platzes steht das 1670 wiedererrichtete, 1827 im klassiz.
Stil umgebaute *Rathaus*. Die sw. Schmalseite des Marktes wird
begrenzt durch die 1298 urk. belegte *Pfarrkirche St. Hedwig*, einen frühgot. Bau mit rom. Elementen der M. 13. Jh. Im Turm, M.
19. Jh. umgebaut; an der NW-Seite sind *Laubenhäuser* erhalten.
In der sw. Vorstadt vor dem Obertor entstand 1294/98 das Hl.
Geist-Hospital mit der Propstkirche; letztere wurde nach der Zerstörung 1444 nicht wieder aufgebaut. – In der Verleihung mehrerer Privilegien M. 14. Jh. (Salzmarkt, Weichbild-, Gewandschnitt-
recht) spiegelt sich der wirtschl. Aufschwung der Stadt. Die Weberei, die schon 1348 in der Innung der Leinen- und Barchent-
weber organisiert war, erlebte im 16./17. Jh. eine bes. Blüte. 1553
gab es in B. 120 Häuser (einschl. Vorstädten). Die Stadt unterstand unmittelbar dem Landesherrn; sie besaß freie Ratswahl und

Niedergerichtsbarkeit. Dennoch kam es im 16. Jh. zu Übergriffen seitens der Burglehensinhaber, bis die Stadt 1608 die Obergerichtsbarkeit erwarb. Im 17. Jh. erlitt B. schwere Verluste. 1629 wurden die Bewohner, die 1544 geschlossen die luth. Lehre angenommen hatten, zwangsweise rekatholisiert; dabei wanderten 186 nach Sachsen aus. 1632 brannte fast die ganze Stadt ab, 1633 raffte die Pest einen großen Teil der Eww. hinweg, 1646 nahmen die Schweden nach schweren Kämpfen und Zerstörungen die Stadt und dann auch die Burg ein, die sie mehrere Jahre besetzt hielten. 1669 hatte B. erst wieder 71 Häuser und 327 Eww. Die Finanzlage zwang die Stadt 1722 zum Verkauf der Obergerichtsbarkeit und der Braurechte.

Um den Besitz des Burglehens entbrannte beim Tod des Gotthard Albrecht v. Zedlitz 1690 wegen der einen Testament von 1625 entgegenstehenden evg. Konfession der Erben eine Auseinandersetzung, die sich als Erbstreit fortsetzte, bis der Güterkomplex mit fünf Orten wegen Verschuldung an den Hauptgläubiger, das Kl. Grüssau, 1700 verpachtet, 1703 verkauft werden mußte. Die Bolkoburg wurde fortan nicht mehr ausreichend instand gehalten und wurde vollends zur Ruine, nachdem sie bei der Säkularisation 1810 in den Besitz des preuß. Staates gelangt war und nicht mehr bewohnt wurde. E. 19./A. 20. Jh. wurden Sicherungs- und z. T. Wiederaufbauarbeiten durchgeführt, so daß 1923 im Frauenhaus eine Jugendherberge und ein Heimatmuseum eingerichtet werden konnten (letzteres 1953 wiedereröffnet).

Nach dem Übergang an Preußen erhielten die Evangelischen 1742 auf dem Obermarkt ein Bethaus aus Holz (1855 durch massiven *Neubau* außerhalb der Mauern ersetzt). Die Wirtschaft der Stadt und Umgebung wurde auch im 18. Jh. von der Leinenweberei bestimmt; dies zeigt auch der Weberaufstand gegen die Garn- und Flachshändler von 1793. Das 1809/10 von Ernst Kramsta begründete Leinwandgeschäft gewann für B. eine große Bedeutung; seine Nachkommen richteten 1858 in B. eine mechanische Weberei ein, das Unternehmen C. G. Kramsta & Söhne (Hauptsitz → Freiburg) errang Weltruf (seit 1871 AG für schles. Leinenindustrie, 1929 aufgegangen in der Ostd. Textilindustrie AG Landeshut). Daneben entstanden Betriebe der Gerb-, Leder- und Holzindustrie. Auch die Erhebung zur Kr.-Stadt 1818 (bis 1932) trug zum Aufschwung von B. bei. 1890 erhielt B. Eisenbahnverbindung nach Striegau, 1899 nach Merzdorf. Die städt. Bebauung weitete sich nach Beseitigung der hinderlichen Befestigungen 1802–23 – Teile der *Stadtmauer* sind erhalten – aus. Eww.: 1787: 1097, 1825: 1464, 1905: 3959, 1939: 4589 (auf 7,33 qkm). 1943 wurden in der Richardshöhe im NO von B. mit Hilfe von Häftlingen des KZ → Groß Rosen unterirdische Anlagen zur Aufnahme eines Teils der Hamburger Flugzeugwerke erstellt. Die vom Krieg verschonte Stadt litt nach 1945 lange unter Verwahrlosung. Um 1966 entstand ein großer Textilindustriebetrieb, 1971 wurde B. zum Kurort erklärt. 1961: 4485 Eww. (auf 6,76 qkm), 1970: 5120. – Zu den schles. Chronisten des 15. Jh. gehört Martin Kotbus, gen. von B. (um 1400). Der Heimatdichter Fedor Sommer (1864–1930) wirkte 1921–25 in B. als Schulrat; für B. schrieb er das Schauspiel »Bolko«. (II) *We*

B.er Heimatbll. 1 (1913)–28 (1941). – Neue B.er Heimatbll. 1 (1972) ff. – ATeichmann, Chronik d. Stadt B., B. (um 1880), 2. Aufl. hg. v. GMüller, B. 1909. – GMüller, Im Lande d. drei Burgen, B. 1925. – LV 233, S. 709 f. – Heimatbuch d. schles. Kr. Jauer-B., hg. v. ATost, Velen i. Westf. 1955, S. 137–49. – OCzerner, JRozpędowski, Bolków – Zamek w Świnach (B. – Burg Schweinhaus) (LV 108), Br. 1960. – LV 234, Bd. 2, S. 548 f. – SJastrzębski, Jawor i okolice (Jauer u. Umgebung), Br. u. a. 1973, S. 97–110. – LV 356, S. 71 f. – HSchubert, Gesch. d. Bolkoburg b. B., Schweidnitz 1895, ²1921, Neudruck Darmstadt (um 1969). – LV 613, Bd. 2, S. 4 f. – LV 616, S. 122–24. – LV 612, S. 35–38. – BKrusch, Krämer Martinus Kotbus . . ., in: LV 28, 37 (1903), S. 310–20

Borganie (1936 Bergen, Borzygniew, Kr. Schweidnitz/Breslau). Das im Weistritztal 20 km nö. Schweidnitz gelegene Dorf B. ist nach 1241 auf Waldboden zu dt. Recht mit Kirche und Pfarrei (Pfarrer 1262 belegt) umgesetzt worden. B. war bis ins 19. Jh. Herrensitz, die Besitzer wechselten häufig. Unter Christoph v. Mühlheim wurde 1613 ein neues Schloß im Stil der Spätrenaissance erbaut, ein schlichtes zweigeschossiges, an den Langseiten aneinandergebautes Doppelhaus mit reizvoll ausgestalteten Giebeln an den Schmalseiten und an den Stichdächern der Langseiten. Im 16. Jh. wurde B. evg., die Kirche mußte aber nach 1626 den Katholiken zurückgegeben werden. Von den 528 ha von Dorf und Gut B. kaufte 1937 245 ha die Staubeckenbauges., die im Weistritztal ein neues Staubecken anlegen wollte; die Sperrmauer sollte von B. über die Weistritz bis Wenig-(Berghof-)Mohnau gehen. Das Schloß B. wurde Sitz des Staubecken-Planungsamtes; im April 1945 wurde es durch Artillerie zerstört. (II) *Ra*

LRadler, Beitrr. z. Gesch. v. Bergen (B.) Kr. Neumarkt, in: LV 71, 52 (1973), S. 7–25. – LV 616, S. 61 f.

Borislawitz (1936 Saßstädt, Borzysławice, Kr. Cosel). Um 1780 gründete der Kammerherr Gerhard v. Saß in Anlehnung an sein Rittergut B. inmitten des städtelosen, von den Eckpunkten Cosel-Ratibor-Leobschutz-Oberglogau gebildeteten Vierecks auf sumpfigem Boden ein Städtchen – angeblich als kath. Gegengründung zur Siedl. der Brüdergemeine → Gnadenfeld–, bestehend aus einer Straße, die durch eine Ausbuchtung in der sie begrenzenden Parkmauer und durch symmetrische Gestaltung der Gegenseite sich zu einem rautenförmigen Marktplatz erweiterte. 23, meist zweistöckige Häuser umsäumten Straße und Markt; zwei Tore an den Straßenausgängen (das Coseler oder *Berliner Tor* im W steht noch, das Ratiborer ist abgerissen) und ein *Torturm* (*»Froschtor«*) an der breitesten Stelle des Marktes für den Verkehr nach Bauerwitz-Troppau schlossen die Anlage nach außen ab. Saß siedelte in dem Ort Weber aus Böhmen und Mähren, Handwerker und einen Händler an; aber wie ihm die Namengebung »Klein-Berlin« (im Volksmund noch bekannt) verweigert und als rechtliche Ausstattung nur vier Kram- und Viehmärkte im Jahr gewährt wurden, so kam B. nicht zur Entfaltung und blieb ein unbedeutender Marktflecken ohne eigene Kirche. 1825 gab es dort noch fünf Webermeister mit zwei Gesellen und einem Lehrling. 1936 wurde B. nach seinem Gründer in Saßstädt umbenannt. Eww.-Zahlen von Marktort und Rittergut 1825: 279, 1855: 355, 1905: 320, 1925: 410, 1939: 400. (IIIa) *We*

LV 209, Abt. 2, T. 1, S. 129–131. – LV 210, Bd. 2, S. 946. – LV 212, Bd. 2, S. 167. – LV 629, S. 229–231. – LV 345. – LV 593, Bd. 7, H. 5, S. 4 f.

Boyadel (Boyadło, Kr. Grünberg/Züllichau). Das Dorf B. im Winkel zwischen Oder, brand. und großpoln. Grenze, ca. 2 km vom r. Oderufer entfernt, gehört wohl zu den ältesten Siedll. der Gegend und wurde zum Mittelpunkt einer Grundherrsch., als deren Besitzer 1291–1513 die Fam. v. Löbel – bis 1481 anscheinend von den v. Zabeltitz lehnsabhängig – belegt ist. Durch Heirat kam die Herrsch. B. 1579 von Wolf v. Dyhrn an die Fam. v. Kottwitz (seit 1720 Frhrn.), die sie bis 1904 behielt. Ihr gehörte bis 1788 auch → Kontopp, das bis zum Bau des ersten Schlosses von B. 1707 verm. ihr alleiniger Wohnsitz war. Nach dem Brand von Dorf und Schloß 1731 entstand während der wirtschl. Blüte der Herrsch. unter David Heinrich v. Kottwitz 1734 das *Schloß* in seiner heutigen Gestalt (Inneres im Rokokostil). Die Evangelischen von B. erhielten 1744 ein Bethaus, nachdem sie vorher die Kirchen in Trebschen/Brand. oder Karge/Großpolen hatten besuchen müssen. Der 1738 gebaute Obra-Oder-Kanal berührte B. (I) *We*

LV 119, Bd. 1. – AFoerster, Geschichtliches v. d. Dörfern d. Grünberger Kr., Grünberg 1905, S. 215–223

Bralin (Kr. Kempen/Kępno, Woj. Posen). B., 13 km sö. Groß Wartenberg, ist 1288 erstm. belegt; mit dem in der Papsturk. von 1136 erwähnten »Bralin« ist es kaum identisch. Das zum Hzt. Oels, seit 1489 zur Standesherrsch. Groß Wartenberg gehörige Dorf liegt am Paß des B.er Moors, über den einst eine wichtige Straße von Breslau über Oels – B. – Kempen nach Krakau und Lublin führte; es besaß 1372 dt. Recht. Neben ihm ist 1523 durch die Erwähnung eines Vogtes und Hospitals das »Städtlein« B. erstm. nachweisbar, dessen Marktgerechtigkeit jedoch bald umstritten war, bis der Standesherr Burggf. Karl Hannibal II. zu Dohna ihm 1668 erneut Stadt- und Marktrecht verlieh (ksl. Bestätigung 1709). Die Nähe der großpoln. Grenze verhinderte allerdings einen wirtschl. Aufschwung (Mangel an Hinterland, poln. Raubüberfälle), und so sank B. in preuß. Zeit wieder zum Marktflecken ab (1787: 801, 1825: 1016 Eww.). 1859/64–1891 hatte B. unter den Landgemm. eine bes. Verfassung, danach blieb nur die

Bezeichnung »Stadt« übrig. Die Bev. war bis ins 20. Jh. vorwiegend poln. (1905: 1110 poln., 222 dt., insges. 1355 Eww.). Der Ort gehörte daher zu dem Teil des Kr. Groß Wartenberg, der 1920 an Polen fiel (382,59 von 813,89 qkm). 1961 besaß B. 1655 Eww. – Die *Wallfahrtskirche (»Feldkirche«) St. Maria* bei B., 1615 erstm. belegt, erhielt 1711 den heutigen bedeutenden, großen Zentralbau aus Holz auf dem Grundriß in Form eines griechischen Kreuzes.   (III) *We*

LV 272. – LV 234, Bd. 2, S. 213. – LV 358, S. 218 f.

Branitz (Branice, Kr. Leobschütz). Der altbesiedelte Ort mit Burg befand sich im 13. Jh. in der Hand mährischer Adliger (Krawarze, Bennisch). 1289 schenkte Bennisch von B. das Patronatsrecht der Pfarrkirche an das Prämonstratenserstift Hradisch. Von ca. 1540 bis 1650 war B. evg., 1660 wurde es nach Neplachowitz eingepfarrt, 1780 wieder Pfarrei. Seit 1897 errichtete hier der kath. Geistliche Johann Martin Nathan (geb. 1867 in Stolzmütz, gest. 1947 in Troppau) auf einem 10 ha großen parkartig angelegten Gelände im Pavillonstil weitläufige Heil- und Pflegeanstalten für zuletzt 2000 Personen mit Kirche (1930–33), Exerzitienhaus, Landwirtschaft, Werkstätten und einem Forschungsinstitut für Gehirn- und Geisteskrankheiten. Nathan leitete seit 1916 auch das Olmützer erzbischl. Kommissariat → Katscher, seit 1924 als Generalvikar, seit 1943 als Weihbf., von B. aus, das damit nach dem Anschluß des Sudetenlandes 1938–45 kirchlicher Mittelpunkt von 26 Dekanaten mit $^3/_4$ Mill. Katholiken war.   (IIIa) *Me*

LV 612, S. 38. – Oberschles., Verkehr, Wirtschaft und Volkstum, Berlin-Steglitz 1935, S. 224. – Leobschützer Heimatbuch, hg. v. EBeigel u. JKlink, München 1950, S. 55–57. – MHStark, Millionär aus Liebe, d. Lebensweg Josef Martin Nathans, Eschershausen 1965

Brauchitschdorf (Chróstnik, Kr. Lüben). 1259 gestattete Hz. Boleslaus II. von Liegnitz denen v. Brauchitsch Holzschlag und Jagd in der Liegnitzer Heide; im selben Jahr verlieh er dem Ritter »Velislaus« oder »Bolislaus« – wohl ein Mitglied der Fam. v. Brauchitsch – sein Erbgut »Crustenik« (= B.) mit 12 Hufen Wald. B., 6 km sw. Lüben, Stammsitz der Fam. v. Brauchitsch und 1335 als »Bruchaczdorf« erwähnt, besitzt eine *Kirche* – seit der Ref. evg. –, deren W-Turm noch der Spätgotik angehört (Helm 1945 vernichtet). Im Inneren befinden sich mehrere Renaissance- und Barockepitaphien der Fam. v. Brauchitsch. Abraham v. Brauchitsch starb 1633, das Besitztum erkaufte daraufhin 1657 Nikolaus v. Haugwitz, dessen Sohn, Gen. Georg Karl v. Haugwitz, das *Schloß* 1723–1728 erbauen ließ. Es gehört zum Lebenswerk des Liegnitzer Architekten Martin Frantz d. J. Der gestaffelte Hufeisengrundriß entspricht ganz bes. den für Frantz gesicherten Bauten; hier ist der Mitteltrakt mit dem hohen Ziergiebel und dem hinter der Schauseite im Hauptschloß gelegenen Festsaal hervorzuheben. Nach dem Tod des Erbauers fiel das Gut an den Bruder Fried-

richs d. Gr., Pz. Ferdinand von Preußen. Der Besitz wechselte in
der Folgezeit oft die Grundherrsch. 1908/09 wurde das Schloß
durch Anbau von zwei Seitentrakten durch den Breslauer Architekten Grosser erheblich verändert, aber in seiner barocken Grund-
haltung nicht beeinträchtigt. Das Gebäude blieb 1945, wenn auch
ohne die kostbare Einrichtung, erhalten.   (II) *Gru*

LV 587, Bd. 3, S. 183. – LV 613, Bd. 2, S. 5. – GGrundmann, D. Baumeisterfam. Frantz, Br. 1937. – LV 616, S. 113 f. – MPrzyłęcki, Zabytki
powiatu lubińskiego (D. Kunstdenkmäler d. Kr. Lüben), in: LV 40,
8 (1974), S. 56–59

Breiter Berg (Góra Bazaltowa, b. Striegau, Kr. Schweidnitz). Auf
dem 1,5 km nw. Striegau gelegenen 340 m hohen B. B. stand einst
eine Fluchtburg der illyrischen Urnenfelderleute der Hallstattzeit;
sie wurde beim großen Skytheneinfall zerstört. Auf den Resten
erhob sich seit dem 11. Jh. eine weiträumige slaw. Burg (Kastellanei »Ztrigom« 1155, »Stregom« 1245), Mittelpunkt eines Verwaltungsbezirks, Sperre des Weges durch die Landeshuter Pforte
nach Böhmen, Sitz der Kastellane, Wanderresidenz der Piastenhzz., Aufenthalt einer kleinen Garnison. Sie wurde wahrsch. 1241
durch die Mongolen bei ihrem Abmarsch nach der Schlacht bei
→ Wahlstatt zerstört (asiatische Brandpfeilspitzen im Schutt gefunden). Dann verlor die Burg ihre Bedeutung an die Stadt →
Striegau. Die im letzten Jahrzehnt des 13. und im 14. Jh. gen.
»Kastellane« von Striegau sind als Burggff. der Stadtburg anzusehen. Im 2. Schles. Krieg war der B. B. wie die anderen Striegauer Berge in das Geschehen der Schlacht von → Hohenfriedeberg einbezogen. In der Neuzeit wurde fast der halbe Breite Berg
durch Basaltsteinbrüche abgetragen, der Rest unter Naturschutz
gestellt.   (II) *Ra*

JFilla, Chronik d. Stadt Striegau, Striegau 1889. – D. B. B. b. Striegau.
Eine Burgwalluntersuchung, bearb. v. GBersu, HKurtz, EPetersen,
HSeger, T. 1: D. Grabungen v. GBersu, Br. 1930. – GSchoenaich,
Striegau, d. Stadt d. drei Berge, 1934. – LV 402, bes. S. 14, 77. –
HUhtenwoldt, Wehrgesch. Fragen in d. Vor- u. Frühzeit d. Striegauer
Landes, in: LV 68, 1941, H. 2, S. 100–23, 1942, H. 2/3, S. 189. – LV
330, S. 136 f.

Breslau (Wrocław). B. ist in einem Maße die Hauptstadt von
Schles., wie kein anderes dt. Land eine zu allen Zeiten und in jeder Hinsicht unstreitige Hauptstadt hatte. Nur mit Prags Stellung
in Böhmen ist es vergleichbar. Dies liegt einerseits daran, daß
Schles. ein durch die Sudeten und die Oder fest geformtes Land
ist, andererseits aber in Wechselwirkung auch daran, daß B. kon-
kurrenzlos eine weithin ausstrahlende Mittelpunktskraft entwik-
kelte, die von sich aus Schles. als Land formte. Nur B. und Frankfurt sind Oderübergänge von europäischem Gewicht.
Viele alte Straßen aus Nieder- und Westdeutschland trafen sich
in Leipzig und erreichten die Oder in B.; die aus Süddeutschland
kamen über Prag zum gleichen Ziel. Die Oder war ein Steppen-

strom mit stark wechselnder Wassermenge, auch mit unsicheren, versumpften und schwer zugänglichen Ufern. So war der Strom mehr ein Hindernis als eine Verkehrsader, und B. war nicht ein Oderhafen, sondern eine Brückenstadt zur Überwindung des Flußbereiches. Zwischen den Mündungen der Ohle und der Weistritz von l., der Weide von r. wird das sonst meist sehr breit verkehrshindernde Stromgebiet schmaler als irgendwo, weil der fruchtbare lehmige Lößboden vom Zobten- und vom Katzengeb. herab nah zueinander kommen. Freilich hat die Oder in alten Zeiten oftmals ihren Lauf im einzelnen geändert und wechselnd Stromschleifen und Inseln gebildet; aber immer blieb der Flußübergang hier besonders günstig. Wichtige Straßen überschritten bei B. die Oder und zogen über Posen und Thorn nach Danzig, auch mehr ostwärts gewandt nach Warschau und Lublin, oder sie folgten dem Oderlauf bis Oppeln und strebten nach Krakau und Lemberg, weiter nach Kiew oder an das Schwarze Meer. In der Neuzeit wurde das Urstromtal für den Verkehr von Hamburg über Berlin und B. durch den Jablunka-Paß nach Budapest bedeutsam. In B. kreuzte sich somit die → Hohe Straße als wichtigste West-Ost-Straße mit den Verbindungen zwischen der Ostsee, der Nordsee, der Adria und dem Schwarzen Meer. Ein Bernsteinlager aus der Bronzezeit bezeugt das Alter seiner Bedeutung.

Gleichzeitig war B. Schwerpunkt des schon in vorgesch. Zeit unbewaldeten und fruchtbaren Kerngebietes von Schles. zwischen Ohle und Weistritz, Sudeten und Katzengeb., von wo aus die Länder an beiden Ufern sich öffnen. Funde aus allen vorgesch. Epochen zeugen von verhältnismäßiger Dichte der Besiedlung. B. lag als Brückenstadt immer auf beiden Ufern und auf allen Inseln.

Das Land insgesamt gehörte im 9. Jh. zum Großmähr. Reich und nach dessen Zerfall A. 10. Jh. zu Böhmen. Von dem Böhmenhz. Vratislav I. († 921) mag der Name der Stadt herzuleiten sein. Um 990 bemächtigten sich die poln. Piasten des Landes, und im Jahre 1000 wurde B. gleichzeitig Sitz eines Bst. unter dem Erzbf. von Gnesen. Die Burg der 2. H. 10.–12. Jh. auf der Dominsel war eine geräumige Anlage, deren Kern in der Gegend von St. Martin lag, deren Vorburg aber bis hinter den jetzigen Dom reichte. Das mit mächtigem Wall, Palisaden und Wasser rings befestigte Gebiet, dessen Ausdehnung mit der Oderinsel identisch war, scheint dicht bebaut gewesen zu sein, so daß die Eww.-Zahl auf 1000 Menschen geschätzt wird. Diese sind anscheinend zumeist Handwerker gewesen, die von den Landbauern ständisch schon völlig getrennt waren. Aber auch Fernkaufleute sind für die 2. H. 10. Jh. gesichert. Da die Hauptburg des Fst. keinen Platz für eine größere Menge ritterlichen Gefolges bot, muß man sich auch diese im Suburbium wohnend vorstellen. Wo der Dom mit dem Bf.-Sitz im 11./12. Jh. lag, ist nicht gesichert. Es wird angenommen, daß an der gleichen Stelle, wo der Dom bis heute steht, schon eine von Hz. Boleslav von Böhmen (935–972) erbaute Kirche und

der sog. Hieronymusdom (erbaut 1051–1069), beide aus Holz, ihren Ort hatten. Andere suchen ihn auf dem r. Ufer in der Nähe
des ältesten Stiftes St. Vinzenz, wo bis ins 11. Jh. ein wichtiges
Zentrum der Ansiedlung war. Aber auch auf dem l. Ufer ist die
Pfarrkirche St. Adalbert (Gründung vor 1038?) wohl schon 1112
geweiht. Um diese Zeit war B. im vollen Sinne Hauptstadt von
Schles. als Sitz des »comes provinciae«, der den Herrscher vertrat, also eine der »sedes principales« des Piastenreiches und civitas des Teilfstm. Schles. Etwa im Jahre 1038 überführte Hz.
Břetislav von Böhmen die Gebeine des hl. Adalbert von Gnesen
nach Prag. B. war danach umso bedeutsamer als Pilgerstation der
Böhmen auf dem Wege zum Ort des Märtyrertodes ihres Stam-
mesheiligen in Gnesen. Dieselbe Straße zogen die Fernhändler,
deren Markt sich von der Pfarrkirche St. Adalbert am wichtigsten
Straßenkreuz des l. Ufers bis zur Sandbrücke erstreckte.
B. und Schles. waren um die M. 11. Jh. wieder zwischen Hz.
Břetislav von Böhmen und Hz. Kasimir I. von Polen umkämpft.
Nachdem ein Volksaufstand 1037/38 den Bf. zur Flucht nach →
Schmograu und → Ritschen veranlaßt und wohl auch den Vertreter des Landesherrn vertrieben hatte, fiel 1038/39 der Böhmenhz. ins Land ein. Durch einen von Ks. Heinrich III. in Quedlinburg vermittelten Frieden wurde Schles. 1054 wieder Polen zugesprochen. – B. festigte gerade in der 2. H. 11. Jh. seine Bedeutung über die Rolle als Sitz der staatlichen und kirchlichen Obrigkeit hinaus; denn nun erscheinen schwer zu deutende »seniores
et majores civitatis« und ihnen gegenüber »totus civitatis popu-
lus«. In den wirren Zeiten des Hz. Władysław I. Hermann von
Polen (1079–1102) spielten »cives« eine wesentliche Rolle in der
Politik, als Schles. zeitweise Selbständigkeit von Polen gewann und
Böhmen immer wieder mit ins Spiel kam, auch Kg. Heinrich V.
1109 eingriff. Ein 1115 geschlossener Vertrag wurde bald durch
einen neuen poln.-böhm. Krieg 1131–33 um Schles. unterbrochen.
Bei der Teilung der poln. Länder 1138 kamen B. und Krakau an
Hz. Władysław II. von Polen, der schon 1146 abgesetzt wurde. In
der Zeit wirkte der bedeutende Magnat und Palatin Gf. Peter
Wlast († 1153) in B., ein mächtiger Mann und großzügiger Stifter;
er gründete vor allem das Prämonstratenserstift St. Vinzenz (zwischen 1120 und 1128) auf dem Elbing r. der Oder und verlegte
das Augustiner-Chorherrenstift St. Marien (vor 1149/50) vom
→ Zobtenberg auf die Sandinsel (daher Sandstift, -kirche). Bf. Walter (1149–69) festigte die Stellung des Bst. durch ein 1155 er-
langtes Privileg des Papstes. Aus dieser Zeit stammten zahlreiche
aufwendige rom. Kirchenbauten, insbesondere ein großer Dom an
der Stelle des heutigen im alten Suburbium. Von der ähnlich
prächtigen Sandkirche ist am heutigen Bau wenigstens noch ein
Tympanon erhalten, das die Gattin Maria und den Sohn Swen-
toslaus des Gf. Peter Wlast als Stifter abbildet. Am großartigsten
war wohl das Stift St. Vinzenz, das bis ins 16. Jh. auf dem r. Ufer
erhalten blieb; ein *rom. Portal* wurde 1546 an St. Maria-Magdale-

na wieder aufgestellt. Als einziges rom. Bauwerk ist die kleine *St. Ägidienkirche* beim Dom erhalten. Die Gründungen aus der M. 12. Jh. lagen an dem Wege von St. Adalbert über St. Marien auf dem Sande, St. Martin (um 1150), St. Peter und Paul auf der Dominsel (vor 1175) nach St. Vinzenz und St. Michaelis (vor 1138) auf dem r. Oderufer, also alle an der Brückenstraße. Aus einzeln erhaltenen Resten und Nachrichten wird ersichtlich, daß B. in Architektur und Bildhauerei großartige Werke barg, und als Zeichen weitreichender kultureller Beziehungen darf auch die Korrespondenz des Gf. Peter Wlast mit Bernhard von Clairvaux gelten. Bis 1163 reichte diese Epoche; dann wurde Schles. unter den Hzz. Boleslaus dem Langen († 1201), Heinrich I. dem Bärtigen († 1238) und ihren Nachkommen als eigener Linie der Piasten allmählich von Polen getrennt. Diese Hzz., die sich politisch an das Reich der Staufer anlehnten, residierten in B. und bauten für die Bedürfnisse fstl. Hofhaltung eine neue Burg auf dem l. Oderufer an der Stelle der späteren Universität. Dem Burgenstil der Zeit um 1200 entspechend, war dies »castrum lapideum« auf dreieckigem Grundriß um einen Säulenhof großenteils aus Ziegeln erbaut und von einem festen Turm überragt. Daneben lagen die Siedll. der hzl. Falkner und der unter hzl. Schutz stehenden Juden, in der Nachbarschaft das Haus der dt. Kaufleute, später kirchliche Stiftungen des 13. Jh.

Die Hzz. förderten, wenn auch zögernd, die Entwicklung zur modernen »libertas fori« und Geldwirtschaft. Die Stadt nahm seit A. 13. Jh. (1204 »civitas«) großen Aufschwung. Die »prima locatio« um 1226 scheint eine wirkliche Stadtgründung um den späteren Neumarkt, also zwischen den beiden Fernstraßen und dem hzl. Gebiet l. der Oder, gewesen zu sein, befestigt durch Wälle und Gräben und bewidmet mit dt. Recht, obwohl erst 1261 ausdrücklich das Magdeburger Recht erwähnt wird (aber schon 1257 erhielt Krakau dt. Recht nach B.er Vorbild). Hz. Heinrich I. erwarb 1232 den achttägigen Vinzenz-Markt (belegt 1145), der bis dahin dem Vinzenz-Stift gehört und bei diesem auf dem r. Ufer stattgefunden hatte, und vereinigte ihn mit dem Johannesmarkt (wohl dem ältesten von B.) auf dem l. Ufer. Vielleicht schon 1214, jedenfalls 1229 wird ein Schultheiß gen., der als Gewähr dafür gelten kann, daß es eine Gem. dt. Rechts gab. Ihre Lokatoren waren wohl eine Dynastie der Schultheißen durch drei Generationen: Alexander d. Ä. (gen. 1229), Heinrich d. Ä. (gen. 1241–62), Alexander d. J. (gen. 1262). Es war eine Bürgerstadt neben der hzl. Residenzstadt. Bf. Lorenz gab 1226 die Kirche St. Adalbert an die Dominikaner und übertrug die Pfarrechte auf die Bürgerkirche St. Maria-Magdalena. Für B.s Rechtsstellung war entscheidend, daß es keine bischl., sondern eine hzl. Stadt war. Bedeutsam für die Erkenntnis seiner Rechtsverhältnisse ist eine Magdeburger Rechtsbelehrung, die in Goldberg erhalten blieb, vielleicht aber gar schon 1211 an B. erteilt wurde. Sie bedeutet die Bewidmung der Stadtbürger mit dt. Recht und weist auf Konflikte zwischen

dem Hz. und den Kaufleuten hin; letztere stellten u. a. den Anspruch, nicht nur vererbbare Häuser und Grundstücke zu besitzen, sondern in ihnen auch Handel treiben zu dürfen, dafür also
nicht auf das dem Hz. gehörende und steuerpflichtige Kaufhaus
beschränkt zu sein. Auf der W-Seite des Marktes dieser Zeit
(später »Ritterplatz«), wo dann das jüngere Stift St. Vinzenz
(Oberlandesgericht) lag, hatten wohl schon seit A. 13. Jh. die dt.
Kaufleute ein eigenes Haus gegenüber der Pilgerherberge und
dem Hospital zum Hl. Geist. Dieses Gebiet bis zur neuen hzl.
Burg im W war eine Insel; denn ein mit Türmen befestigter Ne-
benlauf der Oder floß auf der S-Seite des Ritterplatzes und im
Zuge der späteren Ursulerinnen-Straße. S. davon zog sich ältere dichte Siedl. mindestens bis St. Adalbert hin, dehnte sich auch
quer zur Straße des Oderüberganges beiderseits der Mittelkreu-
zung bei St. Adalbert auf dem l. Ufer von St. Nikolai (1175/1203)
bis St. Mauritius (um 1200), wo das Sandstift eine Siedl. wallo-
nischer Wollweber in der »Walengasse« gründete. Denn schon um
1200 hatte B. seinen Charakter als Brückenstadt erweitert zu einer Handelsstadt (weite Verbreitung von B.er Münzen). Auch das
Zentrum des Handwerks war nun auf das l. Stromufer übergesiedelt, und sein alter Bereich im Suburbium war zur Dominsel
geworden, trug die Residenz des Bf., die Kurien der Domherren
und die Domschule. Die alte hzl. Burg des späten 10. Jh. war
nicht völlig aufgegeben, sondern war wohl Sitz des seit 1203 gen.
Kastellans. 1257/58 war die Burg jedenfalls noch vorhanden; 1290
war an ihrer Stelle ein Kl. geplant, und 1310 übergab der Hz. den
Platz den Domherren. Die Handwerker des alten Suburbiums hatten für den Bedarf des Burgherrn und seines Gefolges gearbeitet;
die des 13. Jh. auf dem l. Ufer aber verkauften ihre Produkte im
örtlichen und im Fernhandel. Sie wohnten bis in die Gegend des
späteren Großen Ringes und hatten da vielleicht ein eigenes
»forum campestre«.
Über diese aufblühende Stadt brach 1241 der Mongolensturm
herein. Schriftliche Quellen berichten, die Bewohner der Bürgerstadt hätten ihre Häuser selbst angezündet, um die Mongolen zu
schnellem Vorbeiziehen zu zwingen, und hätten sich auf die befestigten Inseln zurückgezogen. Dennoch ergaben Grabungen auf
der Dominsel eine Brandschicht, aus der zu folgern ist, daß sogar
dieser Kern der Stadt völlig verbrannt wurde. Die neuere poln.
Forschung vertritt trotzdem die Meinung, B. sei 1241 nicht so
gründlich zerstört worden, wie man durchweg annimmt. Immerhin konnte der Wiederaufbau bald wieder beginnen. Die Gegend
der älteren Stadt um den Neumarkt und St. Maria-Magdalena
wurde anscheinend mit Straßenzügen und Grundstücksgrenzen
der zerstörten Häuser in unregelmäßiger Gitterform wieder aufgebaut. Neu angelegt erst nach 1241 scheint aber die Stadt um
den Großen Ring (3¹/₂ ha) mit Salzring und St. Elisabeth (um 1245)
in streng regelmäßiger Gitterform. Diese Neugründung reichte
im W bis an die »Altstadt« (d. i. ein Weberdorf am Ort der Gol-

dene-Rade-Gasse als Gegenstück zur »Walengasse«). Ihre Grenze war noch bis in die Neuzeit durch den Ohle-Graben festgelegt.

Die soziotopographische Situation scheint weitgehend vertauscht; denn der ältere Teil im O und N um Ritterplatz und Neumarkt wurde nun zum Handwerkerviertel, während die neuere Gegend im W und S um den Großen Ring vorzugsweise Kaufmannsviertel war. Das hzl. Gebiet am Oderufer, das die dt. Kaufmannsstadt von der Strom-Oder trennte, blieb oder wurde weiterhin mit kirchlichen Stiftungen besetzt: Hl.Geist mit Hospital (1214), Franziskanerkl. St. Jakob (um 1240), Kreuzherren-Stift St. Matthias (vor 1247), Franziskanerinnenkl. St. Klara (1257). Die 1241 angelegte dt. Handelsstadt l. der Oder war 750 × 900 m groß und zunächst wohl durch Doppelpalisaden mit Lehmverkleidung befestigt; sie wurde aber schon um 1260–70 durch Mauer und Türme im Zuge des Ohlegürtels verstärkt. In der Mauer lagen die sieben inneren Tore: Nikolai-, Reusche-, Schweidnitzer, Ohlauer, Neues (= Guter-Graupen-Turm), Sand-, Odertor. – 1274 verlieh Hz. Heinrich IV. das Stapelrecht an B. als Rechtsgrundlage seiner Handelsbedeutung. Als Vorsteher der »communitas burgensium« erscheinen seit 1241 ein Vogt (Erbvogt) und die Ältesten (»seniores«). Aus ihnen stammen die seit 1254 gen. zwölf Schöffen. Nach dem 1261 erwähnten Magdeburger Recht wurde aus den Ältesten ein 1266 erstm. gen. Rat gebildet. Seit 1287 ist die Rats- und Schöffenliste überliefert. Jährlich am Aschermittwoch wählten die abgehenden Ratsherren ihre Nachfolger. Seit 1299 wird das Rathaus gen. Das Stadtgericht hatte die hohe und niedere Gerichtsbarkeit inne. Das von Magdeburg empfangene Recht gab B. an mindestens 65 Städte in Schles., Kleinpolen und Mähren weiter, schon im 13. Jh. an Bochnia, Krakau, Neustadt Breslau, Glogau, Brieg, Goldberg, Liegnitz.

Der niederschles. Zweig des Hz.-Hauses der Piasten, dessen Hauptsitz seit 1138 B. war, teilte sich in der Folgezeit weiter auf. Seit 1311 behielt das Hzt. B. im wesentlichen seinen Umfang, bestehend aus den Weichbildern B., Neumarkt, Namslau. Hz. Heinrich VI. von B. setzte unter Mitwirkung des Rates von B. den Kg. von Böhmen 1327 zum Erben ein, und nach seinem Tode fiel B. 1335 als erstes schles. Erbfstm. und Nebenland an die Krone Böhmen. Der Kg. setzte einen Landeshauptmann zur Verwaltung des Hzt. ein; das war von 1359 bis 1635 zumeist der Rat von B., und in dieser Eigenschaft führte der Ratsälteste den Titel »Hauptmann«. B. gewann mit der Landeshauptmannschaft nicht nur beachtliche Selbständigkeit, sondern sogar eine führende Rolle im Kreise der Hzz. und Fstt. von Schles. War B. seitdem nicht mehr Residenzstadt, so blieb es immerhin Sitzungsort der schles. Fstt.-Tage, die sich aber bezeichnenderweise nicht in der Burg, sondern im Rathaus versammelten. Da B. seinem ganzen Charakter nach eine Handelsstadt war, konzentrierte seine Mittelpunktswirkung sich nicht im Schloß oder im Dom, sondern im Rathaus, dem ein Kaufhaus, Streich- und Schergadem und viele andere Hallen und Kaufbänke angebaut waren, umgeben vom Großen Ring, Salzring und Neumarkt. Hier liefen alle Bande zusammen, die B. in Politik, Handel und Kultur mit seinem Lande Schles. und den Nachbarländern Böhmen, Sachsen, Polen und Ungarn verknüpften, darüber hinaus auch mit ganz Deutschland, Italien, Flandern, England, Skandinavien und Rußland. Unter Ks. Karl IV. standen Kultur und Wirtschaft in höchster Blüte.

Vor der Stadtmauer von 1260 im Ohlegürtel entstanden bald und zumal gegen E. 13. Jh. neue Wohngebiete, die sich nach S und W erstreckten. Schon um 1290 begann man, auch diese Vorstädte, die bereits 1261 dem Stadtgericht unterstellt worden waren, zu befestigen und die Ohle in einem Graben um sie zu leiten, wodurch auch die neuen Stadtteile zu einer künstlichen Insel gemacht wurden wie die älteren. Auch das hzl. Gebiet am l. Oderufer wurde in die Befestigung der Gesamtstadt mit einbezogen, die damit 1100 × 1300 m (= 120 ha) groß wurde. Alles wurde von einer großen Mauer im Zuge der späteren Promenade umgeben, zu deren Finanzierung Kg. Johann von Böhmen 1337 der Stadt das Salzmonopol verlieh. Sie hatte sechs »äußere« Tore: Nikolai-, Schweidnitzer, Taschen-, Ohlauer, Sand- und Kaisertor. Die kgl. Burg als einziger Rest des alten hzl. Bereiches, der nicht in geistliche Stiftungen verwandelt war, wurde als Bestandteil der großen Stadtbefestigung ständig weiter ausgebaut. Den größten Teil der Dominsel vergab noch Hz. Heinrich IV. 1290 in geistliche Stiftungen. Die Inseln und die Gebiete r. der Oder waren in dieser Zeit nicht ummauert. Der Stadt ö. vorgelagert auf einer Insel zwischen Oder und Ohle, wurde 1263 eine Neustadt mit eigenem Magdeburger Recht gegründet, eine Tuchmachersiedlung in Rippenform, 300 × 300 m groß. Sie wurde 1327 rechtlich eingemeindet, aber erst mehr als 100 Jahre später in die Befestigung mit einbezogen.

Seine höchste Blüte erreichte der Handel in der 2. H. 14. Jh. Von 1387 bis 1474 ist B. als Mitglied der Hanse nachweisbar. Es hatte in dieser Zeit etwa 30 Zünfte und 20 000 Eww. 1333 gab es einen Aufstand der Tuchmacher und 1418 einen der Zünfte; doch blieb die patrizische Verfassung immer in Geltung. Seit 1438 waren zwei Handwerker im Rat, und das Bürgermeisteramt lief unter allen Ratsherren um; Ratsältester und damit Landeshauptmann waren jedoch stets nur Patrizier. Durch Kriege im ö. Mitteleuropa wurde der Handel immer wieder gestört. Die Hussitenkämpfe zumal 1420–36 verlagerten die Handelsstraße nach Nürnberg über Prag auf den Umweg über Dresden oder Leipzig. Ebenso wurde der Orienthandel wegen der Türkenkriege auf den Weg über Venedig umgeleitet. Zuweilen bezog B. auch eigene Stellung in der großen Politik. Nachdem es 1420 Kg. Sigismund, 1438 Kg. Albrecht II. und 1454 Kg. Ladislaus Postumus gehuldigt hatte, verweigerte es 1458 Kg. Georg von Podiebrad, der als hussitischer Usurpator galt, die Huldigung und machte sich zum Vorkämpfer von Schles. mit einer erfolgreichen Politik europäischer Ausmaße.

Es wurde deshalb 1459 und 1466 von ihm vergeblich belagert. In dieser Zeit (seit 1423) wurden neue Wälle und Basteien gebaut, die auch die Neustadt mit einbezogen, geöffnet durch das Ziegeltor. Um 1470 zählte B. 21 000 Eww. B. war so bedeutsam für die antihussitische kath. Liga, daß diese sich 1467 hier versammelte; es huldigte darauf 1469 dem Gegenkg. Matthias Corvinus von Ungarn. Damit hatte B. sich den kriegerischen Verwicklungen jedoch nicht entziehen können, sondern mußte sich 1474 einer vergeblichen Belagerung der verbündeten Kg. Wladislaus von Böhmen und Kg. Kasimir IV. von Polen gegen weit überlegene Kräfte behaupten, um Kg. Matthias die Treue zu halten. Demgemäß fiel B. mit allen böhm. Nebenländern im Olmützer Vertrag 1479 an Ungarn unter Matthias Corvinus. Dieser ließ B. seit 1475 durch den von ihm eingesetzten Ratsältesten Heinz Dompnig regieren. Die Beziehungen des Rates zu Dompnig gestalteten sich immer gespannter, nach dem Tode des Kg. wurde er 1490 von den B.ern hingerichtet. Als nun Böhmen und Ungarn unter Kg. Wladislaus († 1516) in Personalunion vereinigt waren, blieb die staatsrechtliche Stellung B.s zu beiden Kgrr. unklar.

Von 1471 bis 1504 war die entscheidende Bauzeit des got. Rathauses. An kirchlichen Gründungen des späten Ma. sind zu erwähnen: 1264 Hospital St. Lazarus, 1267 Schule St. Maria-Magdalena, vor 1268 Kapelle der Ägyptischen Maria (seit 1463 St. Christophorus geweiht) als Filia von St. Maria-Magdalena, vor 1273 Johanniter zu Corpus Christi, 1288 Domherrenstift Hl. Kreuz, 1293 Schule St. Elisabeth, 1295 Dominikanerinnen zu St. Katharina, vor 1299 Augustiner-Chorherren zu St. Jakob auf dem Sande, 1303 St. Barbara als Filia von St. Elisabeth, 1319 Hospital St. Trinitatis. 1351 Augustiner-Eremiten zu St. Dorothea, 1400 Hospital der hl. Elftausend Jungfrauen, um 1400 St. Klemens als Filia von Hl. Geist für die Neustadt, 1410 Hospital St. Hieronymus, 1412 Hospital zum Hl. Grab, 1453 Franziskaner-Observanten zu St. Bernhardin, 1461 Hospital St. Barbara. Von der Backsteingotik des 14. und 15. Jh. blieben bis in unsere Tage erhalten: der *Dom* (Chor M. 13. Jh., sonst vornehmlich 14. Jh.), *Hl. Kreuz* (mit Unterkirche St. Bartholomäus; geweiht M. 14. Jh.; darin vormals die Grabtumba des Stifters, Hz. Heinrichs IV., † 1290, von etwa 1300, heute im »Schles. Museum«; in der Kirche heute Sammlung ma. schles. Plastiken), die *Sandkirche* (nach Zerstörung des 1. Baues 1241 Neubau einer Hallenkirche um 1334–1430), die spätere *St. Vinzenzkirche* (als Franziskanerkirche zu St. Jakob um 1240 von Hz. Heinrich II. gestiftet, der dort beigesetzt wurde; seine Grabtumba heute im »Schles. Museum«; der heutige Bau aus dem 14. Jh.), *St. Matthias* (Gymnasialkirche, 13./14. Jh.), *St. Adalbert* (1330 geweiht), *St. Maria-Magdalena* (nach Brand von 1342 Neubau 14./15. Jh.), *St. Elisabeth* (Neubau um 1330 begonnen), *St. Barbara* (14./15. Jh.), *St. Dorothea* (2. H. 14. Jh.), *St. Corpus Christi* (14. Jh.), *St. Christophorus* (15. Jh.), *St. Bernhardin* (1463–1502) und das *Rathaus*.

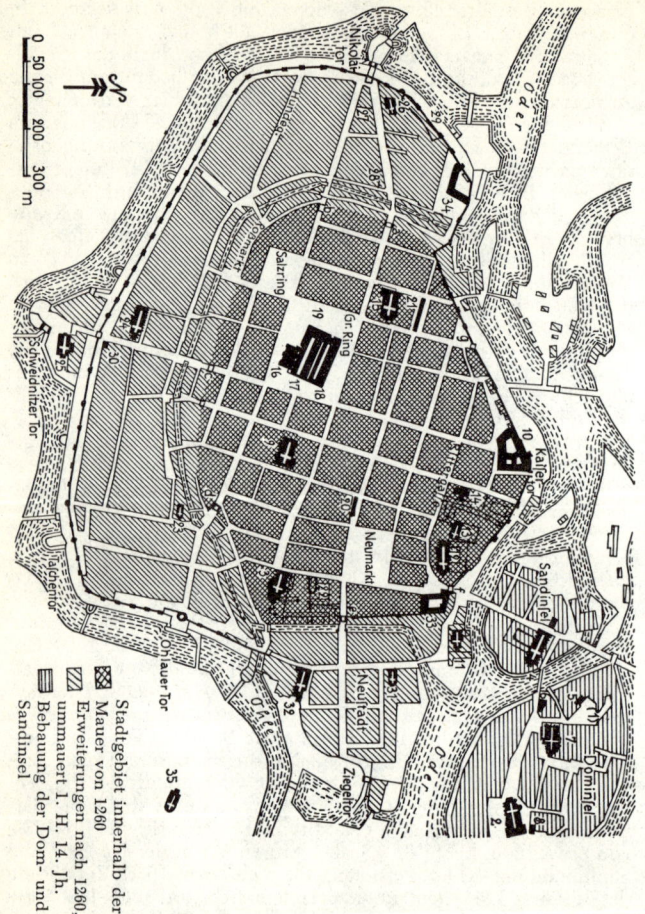

Breslau im 16. Jh.

(nach Th Goerlitz, Verfassung, Verwaltung u. Recht d. Stadt Breslau, Bd. 1,
Würzburg 1962, Taf. 1, mit Ergänzungen)

Innere Tore: a Nikolai-, b Reusche-, c Schweidnitzer, d Ohlauer, e Neues,
f Sand-, g Odertor

1523 nahmen der Rat und die von ihm regierten Teile der Stadt die Ref. an in drei Pfarrkirchen: St. Elisabeth mit Filia St. Barbara, St. Maria-Magdalena mit Filia St. Christophorus, Hl. Geist mit St. Klemens und St. Bernhardin; in den Vorstädten wurden die Kirche zu den Elftausend Jungfrauen und St. Salvator evg. 1525 wurden ein evg. städt. Krankenhospital zu Allen Heiligen und ein Franzosenhospital St. Hiob gestiftet und 1528 eine städt. Schulordnung erlassen. Kath. und unter geistlicher Jurisdiktion blieben die Domstifte, das Sandstift, St. Vinzenz, St. Klara, St. Matthias, St. Adalbert, St. Katharina, die Johanniter, St. Jakob auf dem Sande und die Vorstadt-Kirchen. Das Stift St. Vinzenz auf dem Elbing wurde 1529 aus Furcht vor den vor Wien stehenden Türken abgerissen und auf das l. Oderufer an den Ritterplatz in das Franziskanerkl. St. Jakob verlegt. Die Stadt der Bürger und der Bereich der Geistlichkeit waren immer zwei getrennte Einheiten gewesen, zwar dicht nebeneinander, aber nie eine Gemeinsamkeit; dieser schon im Ma. unverkennbare Zustand wurde durch die Ref. noch eindrücklicher. Dennoch blieben auch die tiefgreifenden Auseinandersetzungen der Ref.-Zeit im guten Stil hochgebildeter Humanisten, und das 16. Jh. wird in B. am besten durch zwei Patriziersöhne charakterisiert, den aus Krakau gebürtigen kath. Bf. Johannes Turzo und den evg. Kunstsammler Thomas Rehdiger. Nachdem Kg. Ludwig II. von Böhmen und Ungarn 1526 in der Schlacht bei Mohács gefallen war, traten die Habsburger sein Erbe an, und 1527 huldigte B. dem Kg. Ferdinand I. Die schles. Fstt.-Versammlung tagte regelmäßig hier im Rathaus, und 1558 wurde die Ksl. Kammer als erste Behörde für ganz Schles. in B. gegr. Handel und Wirtschaft B.s blühten auch im Habsburger-

(1) Stätte der ältesten Burg
2 Dom
3 St. Adalbert
4 Augustiner-Chorherrenstift St. Marien (Sandstift)
5 St. Martin
6 St. Peter und Paul
7 Hl. Kreuz
8 St. Ägidien
9 St. Maria-Magdalena
10 Burg (hier später Jesuitenkolleg, Universität)
11 Hl. Geist-Hospital
12 Franziskanerkl. St. Jakob (seit 1530 Prämonstratenserstift St. Vinzenz)
13 Franziskanerinnenkl. St. Klara (seit 1811 Ursulerinnenkl.)
14 Kreuzherrenstift St. Matthias
15 St. Elisabeth
16 Rathaus
17 Tuchhaus
18 Schmetterhaus
19 Leinwandhaus
20 Kleine Fleischbänke
21 Große Fleischbänke
22 Dominikanerinnenkl. St. Katharina
23 St. Christophorus (vor 1463 Kapelle der Ägypt. Maria)
24 St. Dorothea
25 St. Corpus Christi
26 St. Barbara
27 St. Barbara-Hospital
28 Hl. Grab-Hospital
29 Allerheiligen-Hospital
30 St. Hieronymus-Hospital
31 St. Klemens
32 S. Bernhardin
33 Sandzeughaus
34 Zeughaus
35 St. Mauritius

reich allen politischen Schwierigkeiten und Kriegen zum Trotz
und hatten feste Grundlage auf einheimischem Handwerk, das
seit der M. 16. Jh. bes. durch die schles. Leinenweberei bereichert
wurde. Aber auch an der Befestigung der Stadt wurde ständig
gearbeitet. Die sehr hohe Mauer war nun von 50 Türmen überragt, und vor ihr lagen ein starker Wall und Graben. Die äußeren
Tore wurden durch Bastionen im neuen ital. Stil modernisiert und
verstärkt, auch die Sandinsel wurde jetzt endlich mit einbezogen.
Angeblich gab es insgesamt 84 Befestigungstürme rings um die
Stadt. Auch von der inneren Mauer im Ohlegürtel war im 16. Jh.
noch vieles vorhanden und galt als bedeutsam genug, gepflegt zu
werden. Im Jahre 1620 fiel B. von Kg. Ferdinand II. zu dem Gegenkg. Friedrich von der Pfalz ab, mußte sich nach dessen Niederlage in der Schlacht am Weißen Berge jedoch den Habsburgern wieder unterwerfen. Dennoch versuchte die Stadt, die ihre
Tore ständig durch Ravelins und Basteien verstärkte, neutral zu
bleiben. Aber 1633 beteiligte B. sich an einer Konjunktion und dann
an einem Konvent aller evg. Fstt. und Stände von Schles., strebte
die Trennung vom Hause Habsburg und die Reichsstandschaft an.
Doch schon 1635 mußte es sich, nachdem E. 1633 die Kaiserlichen
(Schaffgotsch) und die verbündeten Schweden, Brandenburger
und Sachsen (v. Arnim) sich vor den Toren B.s ein Gefecht geliefert hatten, abermals dem Ks. beugen, es verlor die Landeshauptmannschaft und konnte sich im Westfälischen Frieden 1648 nur
die Religions- und Garnisonsfreiheit wahren. Zu den Kriegsnöten
kamen noch Seuchen-Plagen. Die erste gedruckte Zeitung in B.
1629 ist eine seltene erfreuliche Nachricht aus dieser Zeit.
In der Gegenref. ließen sich in B. 1638 Jesuiten (mit Schule), 1669
Kapuziner, 1682 Franziskaner, 1687 Ursulinerinnen, 1710 Barm-
herzige Brüder, 1737 Elisabethinerinnen nieder. Diese Zeit ließ in
Schles. und B. kein so militantes Gegeneinander aufkommen wie
vielfach anderswo, sondern ihr Stil wurde als Einfluß eines hier
liebenswerten Österreich willig einverleibt; es waltete auch im
Zeitalter der Glaubenskämpfe verhältnismäßig ausgeglichene To-
leranz. – Der Handel hatte nun andere Wege gefunden; der Seehandel ging nicht mehr über Danzig und Venedig, sondern zunächst über Antwerpen und Amsterdam, dann seit dem Bau des
Friedrich-Wilhelm-Kanals (1668) zumeist auf dem Wasserweg über
Hamburg. Hauptausfuhrgut war Leinwand. Im Stadtbild beein-
drucken die Barockbauten dieser Zeit mit dem *Sandstift* (1709–30),
Vinzenzstift (Vierflügelanlage von Hans Frölich, 1678 begonnen),
Klarenkl. (1693–99 nach Plänen von Johann Georg Knoll erbaut,
1811 Ursulinerinnen übergeben), *Matthiasstift* (1675–1715 von Johann X. Neborack erbaut, 1810 Gymnasium), Jesuitenkolleg (auf
dem Boden der ehem. Burg; die Kirche Zum Namen Jesu, später
Matthiaskirche, 1689–98 durch Matthäus Biener und Johann Georg
Knoll, Ausmalung durch Johann Michael Rottmayr 1704–06; Kol-
legienbau 1728–44, seit 1811 *Universität*), *Antonienkl.* in der Hun-
degasse, später Antonienstr. (erbaut 1685–92 durch Matthäus Bie-

ner), *Mauritiuskirche* (ma. Bau, A. 18. Jh. stark barockisiert), *Elisabeth-* (1680–1700 durch ital. Künstler für Kardinal Friedrich von Hessen erbaut) und *Kurfürstenkapelle* am Dom (1716–24 nach Entwurf von Johann Bernhard Fischer von Erlach für Fstbf. Franz Ludwig von Pfalz-Neuburg erbaut, Ausmalung durch Carlo Carlone), *Hochberg-Kapelle* an St. Vinzenz (1723–27 durch Christoph Hackner), *Ceslaus-Kapelle* an St. Adalbert (1711–30). Palais des Adels haben in B. keine hervorragende Rolle gespielt; eine seltene Ausnahme ist das der Fstt. Hatzfeldt, erbaut 1714–22 von Christoph Hackner, im 7j. Kriege abgebrannt und wieder erneuert. Um 1700 begann eine neue Blütezeit, die sich in zahlreichen Barockbauten zeigte, gerade auch in *Bürgerhäusern.* Die kath. Mitbürger waren um diese Zeit als wesentlicher Bev.-Teil mit einbezogen. 1707 wurden in der Innenstadt vier kath. Pfarreien errichtet: St. Matthias (am Jesuitenkolleg), St. Vinzenz, St. Adalbert, St. Dorothea. Die Jesuitenschule wurde 1702 zur Hochschule Leopoldina ausgebaut und gewann immer weiter reichende Bedeutung. Das evg. B. war nicht minder rührig; es gewann durch die Siege über die Türken nicht nur Zuwachs an Handel, sondern wurde u. a. auch geistiger Rückhalt für die luth. Gemm. Ungarns. Durch die Personalunion von Sachsen und Polen (1697–1763) wurde Leipzig ein gefährlicher Konkurrent für B. im Osthandel. Die Handelspolitik der Habsburger, die den Seehandel auf Triest umstellen wollte, war für B. nachteilig. Wie um 1720 der Schöffenstuhl B. durch die Appellationskammer in Prag gezwungen wurde, seine Funktion als Oberhof für 65 Städte aufzugeben, fühlte B. den Rückgang seiner Stellung auf mancherlei Gebieten und sah sich durch Wien benachteiligt.

1740 kamen die Preußen vor B. Zunächst vermochte die Stadt Neutralität zu wahren, wurde aber am 10. 8. 1741 besetzt und hatte nach genau 500 Jahren zum erstenmal ein feindliches Heer in seinen Mauern. Am 7. 11. 1741 huldigten dem schles. Stände im B.er Rathaus Kg. Friedrich d. Gr. Das bedeutete zugleich das Ende von Rat und Stadtrepublik, abgelöst durch einen vom Kg. eingesetzten Stadtdirektor und ein Rathäusliches Reglement. Der Vorfriede von B. (11. 6. 1742) sprach Schles. Preußen zu. Der Handel mußte sich unter dem neuen Herrn umstellen und siechte dahin. Die preuß. Handelspolitik, die 1742–50 eine neue Br.er Messe förderte, kam nicht gegen Leipzig auf; nur der Osthandel über Krakau und Rotreußen (später Galizien) blühte weiterhin. Es war ein magerer Ersatz, daß B. nun Haupt- und Residenzstadt von Schles. im modernen Sinne und Sitz aller Provinzialbehörden, 1742 auch Verlagsort einer »Schles. Zeitung« wurde. Im 7j. Krieg wurde B. 1757 von den Österreichern erobert, aber nach der Schlacht bei → Leuthen wieder aufgegeben. 1760 wurde es von den Österreichern (Laudon) belagert, von den Preußen (Tauentzien) jedoch erfolgreich verteidigt. In der preuß. Zeit wurde B.s. Befestigung durch zahlreiche Außenwerke, in die nun auch die Inseln und Brückenköpfe r. der Oder einbezogen waren, modernisiert. Auch

um 1800 war B. noch eine starke Festung mit nun mehr als 50 000
Eww. (1787: 54 917).
Der preuß. Kg. kaufte 1750 das Palais des Frh. v. Spätgen am S-
Rand der Stadt und ließ es durch Johann Boumann d. Ä. zu einem
bescheidenen *Schloß* ausbauen (1763). Wie eine Parallele dazu
wirkt es, daß auch der bis dahin in → Neisse residierende Bf. sich
erst E. 18. Jh. eine betont zurückhaltende Residenz sw. vom Dom
bauen ließ. Im Stadtbild erscheint das Rokoko außer in dem kgl.
Schloß im Kollegiengebäude der Universität und im fstbischfl.
Lustschlößchen *Villa Websky* (um 1737, Gestaltung des Saales
1749/50 durch Franz Joseph Mangold).
Am 5. 1. 1807 wurde B. von Rheinbundtruppen (Vandamme) erobert und bis 1808 besetzt gehalten. Die Kontinentalsperre hemmte den Überseehandel mit Leinwand endgültig. Die Befestigungen wurden geschleift, und Kg. Friedrich Wilhelm III. schenkte
der Stadt fast das gesamte dadurch freiwerdende Gelände, auf
dem ein Promenadengürtel angelegt wurde. Die Vororte konnten
mit der Stadt verschmelzen, deren Gebiet von 350 auf mehr als
2000 ha erweitert wurde. Fast alle Stifte und Kl. wurden 1810
säkularisiert. Das Sandstift wurde zur Universitätsbibliohek, das
Vinzenzstift zum Oberlandesgericht, das Matthiasstift zum Gymnasium; das Jesuitenstift und seine Leopoldina wurden 1811 mit
der 1506 gegr. Universität Frankfurt/Oder zur Schles. (seit 1911:
Friedrich-Wilhelm-)Universität B. vereinigt. 1813 war B. der Ausgangspunkt der Freiheitsbewegung gegen Ks. Napoleon; hier erließ Kg. Friedrich Wilhelm III. am 17. 3. 1813 seinen Aufruf »An
mein Volk« und stiftete den Orden des Eisernen Kreuzes. – Das
Bst. B., seit 1000 zur Kirchenprovinz Gnesen gehörend, wurde
1821 exemt (1930: Erzbst.). – Der preuß Klassizismus in B. zeigt
sich schon in der ref. *Hofkirche* (1747–50 wohl von Jonas Friedrich Arnold) und wird entscheidend durch die beiden Langhans
geprägt; der Vater Carl Gotthard († 1808) baute das Palais Hatzfeldt (s. vom Neumarkt in der Albrechtstraße, 1765–76, später
Oberpräsidium, 1945 weitgehend zerstört), die Werder-Kaserne
auf dem Bürger-Werder (1769–89), das *Wallenbergische Haus* am
Roßmarkt (1785) und sein eigenes Haus auf dem Sande (später
Osteuropa-Institut, 1945 zerstört); der Sohn Carl Ferdinand
(† 1869) baute die *Alte Börse* am Salzring (1822–24) und die *Elf-
tausend-Jungfrauen-Kirche* (1821–23). Stilistisch von ihnen beeinflußt sind die *Residenz* der Bff. auf der Dominsel (1791 begonnen), die S-Seite des kgl. Schlosses (1846) und viele Bürger- und
Landhäuser. – 1829 hatte B. 84 904, um 1840 100 000 Eww.
Im 19. Jh. zeigten die B.er Verständnis für Selbständigkeitsbestre-
bungen poln. Kreise und Sympathien für die Polen-Aufstände 1830
und später; dem entsprach auch freie Entfaltung poln. Kultur an
der Universität, und in dem bedeutsamen Verlag Wilhelm Gottlieb Korn erschienen oftmals Bücher in poln. Sprache. B. und Krakau waren Zentren der im russ. Kongreßpolen nicht geduldeten
nationalpoln. Bewegungen. – Der Handel B.s nach S und O verlor

in dieser Zeit an Bedeutung. Die alte Kaufmanns-Kompanie von 1339 machte 1849, als der Handel am tiefsten darniederlag, der Handelskammer Platz. Ausgleich bot sich nur durch engere Verbindung mit dem übrigen dt. Wirtschaftsgebiet auf Eisenbahn und Wasserweg. Grundlage des Wohlstandes aber war damals der schles. Binnenhandel. Daneben wurde die Industrie, die auf Landwirtschaft und Bergbau beruhte, mehr und mehr bedeutsam. Mühlen- und Braubetriebe, Ölmühlen und Spritfabriken, chemische und vor allem Metallindustrie spielten eine große Rolle. Der Maschinenbau war stark vertreten; bes. Ruf genoß der B.er Eisenbahnwaggonbau *(Linke-Hoffmann-Werke)*, und vor 1914 besaß B. die größte Binnenwerft Deutschlands. Erwähnenswert sind auch die Bekleidungs-, Möbel- und Papierfabriken. Bei diesem industriellen Aufschwung wuchs die Stadt schnell und vergrößerte sich weit nach allen Seiten durch zahlreiche Straßen großer Mietshäuser; gegen E. 19. Jh. hatte B. schon 400 000 Eww. Durch Eingemeindungen sicherte sich die Stadt den Raum für solchen Ausbau bzw. wurde dem Ausgreifen städt. Siedlung nachträglich Rechnung getragen. Nachdem bereits 1808 die vorstädt. Ratsjurisdiktion und die Jurisdiktionen der geistlichen Einrichtungen in das Stadtgebiet einbezogen worden waren, erfolgten 1868 (Fischerau, Altscheitnig, Huben, Lehmgruben, Neudorf, Höfchen, Gabitz) und 1897 (Kleinburg, Pöpelwitz), ebenso 1904 (Leerbeutel, Morgenau, Dürrgoy, Herdain) und 1911 (Gräbschen) Eingemeindungen. Hervorragende Gebäude dieser Zeit waren die *St. Michaelskirche* (1871 vollendet) und die Lutherkirche (1896 geweiht).

Zu A. 20. Jh. war B. eines der wichtigsten Handels- und Industriezentren Deutschlands mit beinahe 500 000 Eww. (1905: 470 904). Die Oder-Regulierung und der Bau eines Umgehungskanals als Großschiffahrtsweg im O von B. zwischen Bartheln und der Eisenbahnbrücke nach Hundsfeld förderten den wichtigen Verkehr zu Wasser. Erst dadurch wurde die Oder ein Wasserweg großen Stils. Aber auch als Stätte der Wissenschaften und Künste war B. bedeutsam. 1910 wurde eine Technische Hochschule eingerichtet. Von dieser Zeit geprägt war das anspruchsvolle Villenviertel im S der Stadt; hervorragende Bauwerke waren die *Kaiserbrücke* (1910), die *Technische Hochschule* und die *Jahrhunderthalle* (1913). In der Zeit zwischen den beiden Weltkriegen litt B. schwerer als andere dt. Städte unter den Folgen der neuen Versailler Grenzen und mehr noch unter den geistigen Abgrenzungen der Völker im ganzen Lebensbewußtsein. In B. wurden große Wohnviertel in Gärten erbaut, zumal im O der Stadt; um 1930 – nach der Eingemeindung von 54 Gemm. und Gutsbezirken mit einer Fläche von 12 507 ha im Jahre 1928 – hatte B. etwa 600 000 Eww. (1939: 629 565) in einem Bereich von 175 qkm. Beachtliche Bauwerke dieser Zeit waren das Polizeipräsidium, das Hochhaus der *Sparkasse* am Ring und das *Postscheckamt.*

Während des 2. Weltkriegs blieb B. jahrelang vor Zerstörung bewahrt; es galt als Luftschutzkeller Deutschlands, den Bombenflüchtlinge aus dem W aufsuchten, so daß es nun kurze Zeit fast 1 Mill. Eww. hatte. Erst seit dem Herbst 1944 erlebte die Stadt Bombenangriffe. Im Jan. 1945 kamen die sowjetruss. Truppen so nah, daß ³/₄ der Eww. sich auf die Flucht begaben. Am 15. 2. war B. rings eingekreist, und obwohl es seit Napoleons Tagen völlig unbefestigt war, wurde es zur »Festung« erklärt. In den letzten drei Monaten des Krieges wurde B. verbissen verteidigt. Nicht nur die Feinde bombardierten und schossen, sondern auch die Deutschen zerstörten ganze Stadtteile, zumal im S, von woher gegen alle Voraussicht die Russen am stärksten angriffen, und im W der Stadt, um sich besser verteidigen zu können. Der größte Teil Scheitnigs von der Kaiser- bis zur Fürstenbrücke wurde dem Boden gleichgemacht, um einen Flugplatz für die immer enger Eingeschlossenen zu schaffen. Die in B. zurückgebliebene Zivilbev. (etwa ¹/₄) wurde gezwungen, an diesem und ähnlichen Werken zu arbeiten. Als militärische Verluste der Verteidigung B.s rechnet man 6000 dt. und 8000 russ. Soldaten; darüber hinaus aber starben 80 000 Zivilisten in der Stadt und 90 000 auf der Flucht. Am Abend des 6. 5. war der Kampf zu Ende. Mehr als 20 000 Häuser (das sind 70%) waren zu 16 Mill. cbm Schutt geworden und begruben 300 km Straßen. 400 bekannte Baudenkmäler waren zerstört, 200 beschädigt; Museen, Bibliotheken, Archive hatten unersetzliche Verluste erlitten; von 104 Gebäuden der Hochschule waren 70 völlig zerstört.

Am 9. 5. wurde die poln. Fahne über B. gehißt. E. 1945 waren 30 000 Polen in B. seßhaft geworden; aber die zurückgebliebenen Deutschen waren noch zahlreicher. E. 1947 gab es dort bereits 185 000 Polen und kaum noch Deutsche. Die Zuwanderer waren zumeist Umsiedler aus den an Rußland abgetretenen Ostgebieten Polens. Symbol dieses Geschehens war es, daß die Universität Lemberg nach B. verlegt wurde, ebenso die wertvolle Bibliothek des Ossoliński-Instituts aus derselben Stadt. 1948 hatte B. 250 000 Eww., 1951 schon 300 000, 1961: 442 706, 1965 mit 474 000 Eww. immerhin etwa ³/₄ der Bev.-Zahl von 1930 (aber auf größerer Fläche: 225 qkm, seit 1957 als bes. Stadtwoj. verwaltet), 1970: 523 725 Eww. Beim Wiederaufbau war man selbst in völlig zerstörten Stadtteilen mit Neuerungen zurückhaltend; denn die unterirdischen Versorgungsleitungen waren in B. besser erhalten als in durch Fliegerbomben zerstörten Städten, und damit war die Stadtplanung enger auf die alten Straßenzüge verwiesen. Vordringlich war der Aufbau der Industrie und der Wohnhäuser. Erst 1954 begann der wirkliche Wiederaufbau auch des Stadtinneren und neu geplanter Bereiche. Von den 1965 vorhandenen 300 000 Wohnräumen waren je ¹/₃ erhalten gebliebene Altbauten, wiederhergestellte und neu errichtete Gebäude. Die neuen, poln. Bewohner haben B. wieder zu einer bedeutsamen Stadt aufgebaut und bei der Sicherung wertvoller alter Bausubstanz Mut zur Tradition bezeugt. Sogleich wurden Dom, Rathaus, Sandkirche, St. Maria-Magdalena, St. Dorothea, dann alle bedeutsamen Bauten, bei denen es denkmalspflegerisch möglich war, wieder ganz in ihren einstigen Zustand versetzt. In mannigfacher Hinsicht der Bedeutung in Wirtschaft und Kultur ist B. heute nach Warschau und Krakau die dritte Stadt Polens. Hinsichtlich des biologischen Bev.-Zuwachses und der Alterspyramide steht es sogar an der Spitze aller großen Städte des Landes. (II) *De*

Wojewódzkie Archiwum Państwowe (Staatl. Wojewodschaftsarchiv), ul. Pomorska 2. – Archiwum Archidiecezjalne (Erzbischl. Archiv), ul. Kanonia 12. – Muzeum Narodowe (Nationalmuseum, früher Muzeum Śląskie = Schles. Museum), pl. Powstańców Warszawy 5. – Muzeum Historyczne m. Wrocławia (Hist. Museum d. Stadt Br.), Rathaus. – Muzeum Archidiecezjalne (Erzbischl. Museum), ul. Kanonia 12. – Mitteilungen a. d. Stadtarchiv u. d. Stadtbibl. zu Br., 12 Bde., Br. 1894 bis 1915. Forts.: Beitrr. z. Gesch. d. Stadt Br., 11 Bde., Br. 1935–40. – Rocznik Wrocławski (Br.er Jb.), Br. 1957 ff. – Br.er Urkk.-Buch, bearb. v. GKorn, Br. 1870. – Br.er Stadtbuch . . . hg. v. HMarkgraf, OFrenzel (LV 80, Bd. 11), Br. 1872. – Henricus Pauper, Rechnungen d. Stadt Br. v. 1299–1358 . . . hg. v. CGrünhagen (LV 80, Bd. 3), Br. 1860. – PEschenloer, Geschichten d. Stadt . . . (1440–79), hg. v. JGKunisch, 2 Bde., Br. 1827/28. – LV 135, Bde. 3, 7, 8, 9, 13, 14, 15, 17. – NPol, Jbb. d. Stadt Br. [bis 1623], hg. v. JGBüsching, JGKunisch, 5 Tle., (1813–24). – LV 206, Bd. 11. – LV 209, 1. Abt. – RBürckner, JStein, Gesch. d. Stadt Br. . . . 3 Bde., Br. 1851/52. – FGAWeiß, Chronik d. Stadt Br., Br. 1888. Nacherzählte Auswahl hg. v. WBGoldstein u. d. T.: Tausend Jahre Br., Darmstadt 1974. – FGAWeiß, Wie Br. wurde, Br. 1906. – HMarkgraf, Gesch. Br.s in kurzer Übersicht, 2. Aufl. bearb. v. OSchwarzer, Br. 1913. – LV 233, S. 710–22. – HAubin, Antlitz u. gesch. Individualität Br.s, Hamburg 1963. – WDługoborski, JGierowski, KMaleczyński, Dzieje Wrocławia do roku 1807 (Gesch. v. Br. bis 1807), Warschau 1958. – LV 234, Bd. 2, S. 535–45. – JKaźmierczyk, Wrocław lewobrzeżny we wczesnym średniowieczu (D. linksufrige Br. im frühen Ma.), 2 Bde., Br. u. a. 1966/70. – JStein, Gesch. d. Stadt Br. im 19. Jh., Br. 1884. – »Festung Br.«. Dokumenty oblężenia 16 II – 6 V 1945 (Dokumente d. Belagerung v. 16. 2.–6. 5. 1945), hg. v. KJonca, AKonieczny, Warschau/Br. 1962. – FEnderwitz, D. Werden u. Wachstum Br.s, in: LV 216, S. 1–27. – KEngelbert, KEistert, Überblick über d. räumliche Entwicklung d. Stadt Br. im Ma., in: LV 72, 16 (1958), S. 1–38. – KMaleczyński, MMorelowski, APtaszycka, Wrocław. Rozwój urbanistyczny (Städtebauliche Entwicklung v. Br.), Warschau 1956. – HMarkgraf, D. Straßen Br.s nach ihrer Gesch. u. ihren Namen, Br. 1896. – GGieraths, Br. als Garnison u. Festung 1241–1941, Hamburg 1961. – JKrebs, Rat u. Zünfte d. Stadt Br. in d. schlimmsten Zeiten d. 30j. Krieges (LV 81, Bd. 15), Br. 1912. – HMatthäus, D. Entwicklung d. Verf. u. Verw. Br.s. v. d. Gründung bis z. Stein'schen Städteordnung, Würzburg 1935. – ThGoerlitz, Verf., Verw. u. Recht d. Stadt Br., Bd. 1, hg. v. LPetry (LV 89, Bd. 7), Würzburg 1962. – MRauprich, Br.s Handelslage im Ausgang d. Ma., in: LV 28, 26 (1892), S. 1–26. – Ders., D. Streit um d. Br.er Niederlage 1490–1575, in: LV 28, 27 (1893), S. 54 bis 116. – LV 265. – LV 476. – WBosch, D. Br.er Messe . . ., Diss. Frankfurt 1925. – FEulenberg, Drei Jhh. städt. Gewerbewesens. Z. Gewerbestatistik Alt-Br.s 1470–1790, in: Vjschr. f. Sozial- u. Wirtschaftsgesch. 2 (1904), S. 254–85. – FWiggert, D. Brauwesen d. Stadt Br., Berlin 1930. – LV 236. – RHeck, Struktura społeczna średniowiecznego Wrocławia na przełomie XIV/XV wieku (Ges. Struktur d. ma. Br. an d. Wende

v. 14. z. 15. Jh.), in: LV 36, 7 (1952), S. 57–94. – RStein, D. Rat u. d. Ratsgeschlechter d. alten Br., Würzburg 1963. – LV 697. – BBrilling, Gesch. d. Juden in Br. 1454–1702, Stuttgart 1960. Forts. 1702–1725 in: LV 34, 16 (1971), S. 88–126. – LV 570–71. – LV 578–81. – LV 582. – LV 584. – LV 585–86. – LV 587, Bd. 1. – LV 590. – KBimler, Quellen z. schles. Kunstgesch., 6 Hefte, Br. 1936–41. – Sztuka Wrocławia (D. Kunst Br.s), Red. TBroniewski, MZlat, Br. u. a. 1967. – LV 641. – LV 670. – WRoszkowska, Wrocław. Przewodnik po dawnym i współcze-snym mieście (Führer z. alten u. gegenwärtigen Stadt Br.), Warschau 1963, ²1970. – Dies., Wrocław (Br.). Stadtführer, Warschau ²1973. – Muzea wrocławskie, przewodnik (Führer durch d. Museen in Br.), hg. v. MStarzewska, Br. u. a. 1973

Brieg (Brzeg). B. liegt am l. Oderufer, 148 m über dem Meeres-spiegel, etwa auf halbem Wege zwischen Breslau und Oppeln. Die Stadt geht auf ein bereits um 1200 bestehendes Fischerdorf »Wi-sokebrzeg« zurück, das überschwemmungssicher auf einer etwa 60 m hohen Uferplatte an einem alten Oderübergang angelegt worden war und das später ebenso wie eine alte hölzerne Burg in die Stadtbefestigung mit einbezogen wurde. »Wisokebrzeg« bedeutet ebenso wie die im 13. Jh. in lat. Urkk. zu findende Übersetzung »Alta ripa« »hohes Ufer«. Spätere latinisierte For-men des Stadtnamens sind »Brega« und »Briga«. Das genaue Da-tum der Stadtgründung ist nicht ganz geklärt: 1246, 1247 oder 1250. Das gitterförmig angelegte Straßennetz mit dem Ring und Rathaus als Mittelpunkt wurde ovalförmig von einer Stadtmauer umschlossen, die um 1300 erneuert, in 30j. Krieg, vor allem aber nach der preuß. Besitzergreifung 1742 durch Bastionen verstärkt wurde.

1311–1675 war das an der → Hohen Straße gelegene B. die Residenz der Hzz. von Liegnitz und B., einer Teillinie der schles. Piasten. Unter Hz. Ludwig I. (1352–98) wurden die wichtigsten got. Bauten der Stadt errichtet oder zumindest begonnen: die (kath.) Schloß- oder *Hedwigskirche* (1369), die der Sitz eines Kol-legiatstiftes war und deren Gruft bis 1945 sieben prachtvolle Pia-stensärge barg (heute im Schloß), und die (evg.) Stadtpfarrkirche *St. Nikolai* (1370–1417), eine dreischiffige Pfeilerbasilika, deren beide wuchtigen Türme 1885 neugot. Helme erhielten. Das ver-hältnismäßig schmale, mit einem steilen Satteldach abgedeckte Mittelschiff überragt die beiden durch Kapellenanbauten erweiter-ten und mit flachen Pultdächern bedeckten Seitenschiffe. Die 1724 bis 1730 von dem Breslauer Michael Engler erbaute Barockorgel gehörte zu den schönsten und musikgesch. bedeutendsten ihrer Art in ganz Deutschland. Unter den sehenswerten Grabdenkmä-lern befand sich dasjenige des Gf. v. Geßler, des Siegers von → Hohenfriedeberg, entworfen von Carl Gotthard Langhans (1790). Von mehreren ma. Kll. und Hospitälern ist fast nur die spätgot. *Franziskanerkl.-Kirche* übriggeblieben, die im 16. Jh. in ein Zeughaus umgewandelt wurde (heute Magazin).

Wesentlich stärker als von der Gotik wurde das in den Hussitenkriegen stark zerstörte B. durch die Renaissance geprägt, vor allem unter Hz. Georg II. (1547–86), unter dem die Stadt wohl ihre Blütezeit erlebte. Noch Hz. Friedrich II., der die Ref. eingeführt hatte, legte 1544 den Grundstein zum *Schloßbau*, den Georg II. mit großem Eifer vorantrieb. Unter Leitung oberital. Baumeister (Jakob Pahr, Bernhard Niuron) wurde im B.er Schloß »das reichste und durchgebildetste Beispiel der Renaissance im Osten« (G. Grundmann) geschaffen. Um einen fast quadratischen Hof gruppieren sich vier durchweg dreigeschossige Flügel. Die symmetrische Anlage ist durch den vorspringenden Portalbau, der sich mit Rücksicht auf alte Zugangswege unmittelbar an die Hedwigskirche anlehnt, unterbrochen. Das reichlich verzierte Stadtportal ist der besterhaltene Schloßteil. Über den von Pilastern flankierten Torbogen erhebt sich eine Attika, die mit den fstl. Wappen geschmückt ist und vor die auch die überlebensgroßen Rundplastiken Georgs II. und seiner Gemahlin Barbara, der Tochter des Kurfst. Joachim II. von Brandenburg, gestellt sind.

Der hzl. Baumeister Jakob Pahr leitete 1564–69 auch den Neubau des unweit des Schlosses gelegenen *Gymnasiums*. Es ging auf eine Lateinschule zurück, die wiederum auf einer um 1280 gegr. Pfarrschule aufbaute. Zu den bedeutendsten Lehrern des »Illustre Gymnasium Bregense«, das seine Blütezeit als betont evg. Bildungsstätte mit Hochschulcharakter auch für Schüler aus Böhmen und Polen im 17. Jh. erlebte, gehörten Jakob Schickfus, Immanuel Scheller und Friedrich Schmieder, zu den bekanntesten Schülern der Liederdichter Johannes Heermann (1608 in B. zum »poeta laureatus« gekrönt), der Mystiker Abraham v. Franckenberg, die Dichter Matthäus Apelles v. Löwenstern und Friedrich v. Logau (später hzl. Rat in B.), der Archäologe Carl Otfried Müller, der Baumeister Ernst Zwirner und der sozialistische Politiker Oskar Cohn.

Ebenfalls von Jakob Pahr und seinem Schwiegersohn Bernhard Niuron stammt das *Rathaus*, das nach dem Stadtbrand von 1569 im Renaissancestil 1570–77 erbaut wurde. Die architektonisch als Schauseite ausgebildete W-Front verbindet zwei an den Ecken vorspringende Treppentürme mit einer zweigeschossigen offenen Halle, deren fünf dorischen Erdgeschoßsäulen im ersten Stock schlanke Holzstützen entsprechen. Das vom N zum S-Giebel verlaufende Satteldach wird von drei Zwerggiebeln belebt. An der NO-Ecke des vierflügligen Baues mit seinem engen Binnenhof erhebt sich, alles überragend, der mit einer durchbrochenen Haube versehene Rathausturm. – Den 30j. Krieg haben ferner auch mehrere *Bürgerhäuser* im Renaissancestil und das einzige erhaltene Tor der Stadtmauer, das *Odertor* (1596), überstanden.

Mit dem Jahre 1675, als die Piastendynastie erlosch, ging die große Zeit B.s als Residenz zu Ende (die Stadt hatte damals ca. 3600 Eww. Das Fstm. Liegnitz-B. kam an Habsburg, das die wenigen Katholiken in der fast rein evg. Stadt begünstigte und ihnen die Hedwigskirche zuwies. 1680 ließen sich die ersten Jesuiten im

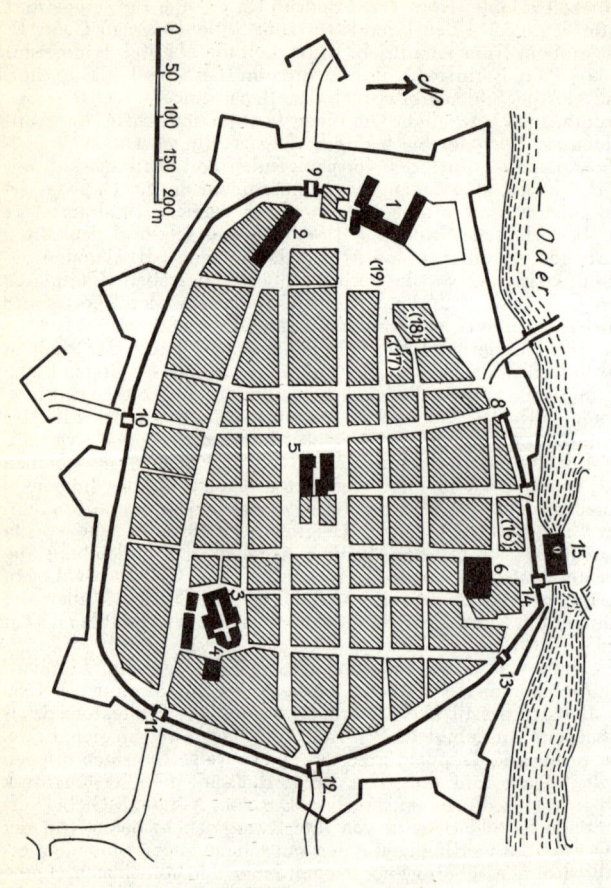

Brieg während des 30j. Krieges
(nach WDziewulski in LV 361)

Ungerathof am Sperlingsberg nieder und gründeten bald darauf ein eigenes Gymnasium, das ebenso wie die *Jesuitenresidenz,* die urspr. zu einem -kolleg ausgebaut werden sollte, bis 1776 bestand. – Die Jesuiten, die der Stadt die meisten barocken Akzente verliehen, begannen 1735 nach Plänen von Joseph Frisch mit dem Bau der *Kreuzkirche,* die 1746 eingeweiht und deren Türme – auch Schinkel hatte einen Entwurf geliefert – erst 1856 vollendet wurden. Entgegen dem verhältnismäßig nüchternen Äußeren ist das Kircheninnere von prachtvollem Barock geprägt. Drei mächtige Pfeilerpaare gliedern den lichten Raum, schaffen Seitenkapellen und tragen das gewaltige Tonnengewölbe, auf das ebenso wie auf die Chorwand Scheinarchitektur gemalt ist. – An die Zeit der Jesuiten erinnern noch die *Dreifaltigkeitssäule* (1731) am Schloßplatz und die *Statue des hl. Nepomuk* (1729) an der Oderbrücke. – Ein Juwel zwischen Barock und Rokoko ist der 1746 fertiggestellte »Rats-Sessionssaal« im Rathaus. Das Rokoko, in B. selten vertreten, repräsentierte sich in den »Kavaliershäuschen«, die sich an die Hedwigskirche anschlossen (1945 zerstört). In beiden Bauten und im Schloß treffen drei verschiedene Stilarten zusammen, die »eines der reizvollsten baulichen Gesamtbilder schufen, das eine schles. Stadt aufzuweisen hat« (L. Burgemeister). Da auch die Kreuzkirche, die Dreifaltigkeitssäule und das Gymnasium jeweils nur wenige hundert Meter entfernt sind, findet sich hier im NW der Stadt eine andrenorts kaum anzutreffende harmonische Konzentration historischer Bauten.

1 Schloß mit Hedwigs-(Schloß-)Kirche
2 Gymnasium
3 Stadtpfarrkirche St. Nikolai und Stadtschule
4 »Kreuzhof« (evg. Pfarrhaus, ehem. Johanniterkommende)
5 Rathaus
6 Zeughaus (ehem. Franziskanerkirche St. Peter-Paul)
7 Gerberptorte
8 Odertor
9 Breslauer (vormals Marien- oder Frauen-)Tor
10 Mollwitzer Tor
11 Briegischdorfer Tor
12 Oppelner oder Neisser Tor
13 Poln. Tor
14 Mühlenpforte
15 Hzl. Mühle
(16) ehem. Antonierhospital
(17) Stätte der ehem. Dominikanerkirche zum Hl. Kreuz
(18) Stätte des ehem. Dominikanerkl.
(19) Stätte der späteren Kreuz-(Jesuiten-)Kirche

Für Friedrich d. Gr. bildete der 1537 zwischen Hz. Friedrich II.
von Liegnitz und B. und Kurfst. Joachim II. von Brandenburg abgeschlossene Erbvertrag den Ansatzpunkt für seinen Anspruch auf
Schles. Vor B.s Toren, beim 5 km entfernten Dorf → Mollwitz,
errangen 1741 die preuß. Truppen unter Gf. v. Schwerin ihren ersten Sieg über die österr. Bei der Belagerung der Stadt (Eroberung am 4. 5. 1741) schossen preuß. Kanonen außer der Hedwigskirche und dem Gymnasium auch das herrliche Piastenschloß in
Brand, das seitdem teils als Ruine dastand, teils als Getreidema-
gazin diente. Wenn auch einige noch in der Habsburgerzeit begonnene historische Gebäude unter Friedrich d. Gr. vollendet wurden, so wurden von nun an doch fast nur nüchterne Zweckbauten
errichtet: Auf dem Gelände der ehem. Johanniterkommende (gegr.
1280), dem Kreuzhof, entstand ein Zuchthaus; ferner wurden
Kasernen, Magazine und Tuchfabriken gebaut. B., 1756–1807 Regierungshauptstadt von Oberschles., zählte bis zu seiner Eroberung durch franz. und bayerische Truppen am 16. 1. 1807 zu den
stärksten Festungen in Ostdeutschland. Auf den geschleiften Festungsanlagen wurden großenteils Grünanlagen errichtet.
Einen starken wirtschl. Aufschwung erlebte B., das 1819–50 Sitz
des Oberbergamts war, nach dem Anschluß an die Eisenbahn
(1842 mit Breslau, 1843 mit Oppeln, 1847/48 mit Neisse, 1910 mit
Wansen) und dem Ausbau der Oder zu einer Schiffahrtsstraße.
Die Eww.-Zahl stieg von 4406 im Jahre 1757 auf 27 486 (1905;
1787: 6650, 1825: 9992 Eww.). Trotz der bedeutenden, in den Au-
ßenbezirken angesiedelten Industrie (Maschinen, Leder, Papier-
waren, Zucker, Zuckerwaren) war B. – seit 1907 kreisfrei – dank
der zahlreichen Promenaden, der vielen Gärten und des Stadt-
parks eine »Gartenstadt«, aber auch eine Stadt der Schulen.
B. wurde am 7. 2. 1945 nach tagelangen Kämpfen, zu etwa 50%
zerstört, von sowjetischen Truppen erobert. Der Wiederaufbau
ist noch nicht abgeschlossen. Der Kr. B., 1816–1945 zum Reg.-Bez.
Breslau gehörig, wurde 1950 zur Woj. Oppeln geschlagen.
In B. wurden zahlreiche bedeutende Männer geb., z. B. der Geograph Barthel Stein (1476), der Archäologe Carl Otfried Müller
(1798), der preuß. Kultusminister Heinrich v. Mühler (1813), der
Volksliedforscher Max Friedländer (1852) und der Maler Oskar
Moll (1875). Die Stadt zählte 1939 31 419 (74% evg., auf 21,33
qkm) und 1961 25 342, meist ostpoln. kath. Eww. (auf 12 qkm;
1970: rd. 30 900 Eww.).   (III)   *Nb*

Urkk. d. Stadt B. . . . bis z. Jahre 1550, hg. v. CGrünhagen, Br. 1870
(LV 80, Bd. 9). – KFSchönwälder, D. Piasten zum Briege, 2 Bde., B.
1855/56. – LV 275. – EGünther, Illustrierter Führer durch B., B. 1929. –
FNieländer, D. B.er Gymnasium, B. 1931. – ASchaube, Urk. Gesch.
d. Gründung u. ersten Entwicklung d. dt. Stadt B., Br. 1934. – LV 233,
S. 724–26. – LV 598, S. 57–69. – LV 234, Bd. 2, S. 159–161. – WDzie-
wulski, SGolachowski, Brzeg (B.), in: LV 361, S. 49–79. – MZlat, Brzeg
(B.) (LV 108), Br. u. a. 1960. – Brzeg. Dzieje, gospodarka, kultura (B.,
Gesch., Wirtschaft, Kultur), hg. v. WDziewulski, Oppeln 1975

Briese (Brzezinka, Kr. Oels). Die Majoratsherrsch. B. von 1725, bestehend aus dem Rittergut B. 10 km nö. Oels und sechs weiteren Gütern, war um 1900 hinter dem Thronlehen → Oels und der Herrsch. → Sibyllenort mit 4639 ha Land – darunter ausgedehnte Waldungen – der drittgrößte Großgrundbesitz im Kr. Oels. Das schöne barocke Schloß mit dem Park ist um 1725 von ital. Baumeistern unter den Brüdern Gff. Carl Christian und Joachim Wenzel v. Kospoth erbaut worden, die *Barockkirche* daneben um 1735 durch Balthasar Gf. Promnitz, den zweiten Gatten der Erbin Carl Christians, Anna Sophie, geb. Gfn. zu Erbach-Breuberg, verw. Gfn. Maltzan auf Militsch; durch ihre dritte Heirat mit dem bayerischen Gen. Friedrich August Gf. v. Kospoth blieb der Besitz in der Fam. v. Kospoth (bis 1945). Das Schloß, 1945 zerstört, steht als *Ruine*. (III) *We*

LV 206, Bd. 4, S. 276. – LV 212, Bd. 2. – LV 613, Bd. 1, S. 2. – HSchönborn, Heimatbuch d. Kr. Oels, Oels (um 1930), S. 33–35. – LV 616, S. 76–79

Brockau (Brochów, Kr. Breslau/Stadtwoj. Breslau). B., 8 km sö. der Innenstadt von Breslau gelegen, war bereits 1193 Besitz des Sandstifts zu Breslau (»Prochov«) und blieb es bis zu dessen Säkularisation 1810. Seit dem 17. Jh. belieferte B. Breslau mit landwirtschl. Erzeugnissen. 1795 hatten Dorf und Vorwerk 42 Feuerstellen und 167 Eww., 1825: 351, 1895: 673 Eww. Mit dem Bau des großen Rangierbahnhofs B. 1896 begann die Ausweitung des urspr. Straßendorfes nach N und die durch die Entwicklung der nahen Großstadt mit verursachte Verstädterung. 1905 hatte B. 5693 Eww. 1910/11 erhielt es gleichzeitig eine evg. und eine kath. Kirche, nach 1933 wurde der Marktplatz neu gestaltet, 1939 erfolgte die Erhebung des inzwischen auf 8689 Eww. angewachsenen Ortes zur Stadt. Die poln. Verwaltung entzog ihm aber 1945 wieder das Stadtrecht und inkorporierte ihn 1950 in den Stadtkr. (seit 1957 Stadtwoj.) Breslau. – Am SW-Rand von B. erbaute Siegesmund Passonius, Abt des Sandstifts, 1727 ein (nach Anfügung des W-Baus 1900 dreiflügeliges) Schloß mit einer Parkanlage im franz. Stil. (II) *We*

Karnetzki, Chronik v. B., 1901. – LV 613, Bd. 3, S. 2. – LV 615, S. 75. – LV 592, S. 05 f. – JLichr, B. Schlesiens jüngste Stadt, in: D. Schlesier – Breslauer Nachr. 5 (1953), Nr. 27, S. 3. – Wrocław, Przewodnik dawnym i współczesnym mieście (Breslau, Führer durch d. alte u. heutige Stadt), Warschau 1963, S. 285 f.

Broslawitz (1936 Dramatal, Zbrosławice, Kr. Beuthen-Tarnowitz/ Tarnowitz). B., im O-Teil des oberschles. Muschelkalkrückens 8 km sw. Tarnowitz gelegen, taucht im Liber fundationis des Bst. Breslau um 1300 als Weichbildmittelpunkt »Sbroslawitz« auf und scheint somit damals Stadtcharakter gehabt, diesen aber bald wieder verloren zu haben; es wurde allerdings noch M. 17. Jh. als »Städtel« bezeichnet. Im 20. Jh. führte die Industrialisierung der

Umgebung dazu, daß ein großer Teil der Bewohner von B. in den Betrieben der Nachbarorte Beschäftigung fand, bes. nach dem Bau der zwei ältere Linien verbindenden Eisenbahnstrecke Mikultschütz-Brynnek über B. 1928. 1958 wurde B., nachdem es schon in der Zwischenkriegszeit um Ptakowitz und Kempczowitz vergrößert worden war, zur stadtart. Siedl. erhoben. Eww.-Zahlen: 1825: 322, 1905: 333 + Gutsbez. 89, 1939: 3036, 1961: 2741 (auf 16,76 qkm), 1970 2927.   (IV) *We*

Tarnowskie Góry. Zarys rozwoju powiatu (Überblick d. Entwicklung d. Kr. Tarnowitz), hg. v. HRechowicz, Kattowitz 1969, S. 568 f. – LV 345. – LV 357, S. 78. – LV 234, Bd. 1, S. 486 f.

Brückenberg (Bierutowice, Gem. Gebirgsbauden/Budziska, Kr. Hirschberg). B. war 1690 Sitz eines Gfl. Schaffgotsch'schen Oberförsters. Der 1743 geplante Bau eines evg. Bethauses für die Bewohner der Gebirgsdörfer und -bauden der Umgegend kam aus finanziellen Gründen nicht zustande. Im 19. Jh. ergab sich die Gelegenheit, dort eine norw. Stabwerkkirche aus dem Vanger Fjord auf einem vom Gf. Leopold Schaffgotsch geschenkten Grundstück wieder aufzurichten. Diese *Kirche Wang* war 1840 in Norwegen von dem Landschaftsmaler J. C. C. Dahl für knapp 95 norw. Spezies (= ca. 427 Mark) ersteigert und nachher an Kg. Friedrich Wilhelm IV. verkauft worden. Nach sorgfältigem Abbruch wurden die einzelnen Teile per Schiff über Bergen und Stettin nach Berlin transportiert, um in dessen Nähe auf der Pfaueninsel aufgestellt zu werden, wozu es jedoch nicht kam. Durch Vermittlung der Gfn. Reden in → Buchwald schenkte der Kg. die Holzteile den Bewohnern der Bauden oberhalb B. und ließ sie unter Leitung des kgl. Baumeisters Hamann von 1842–44 in B. ergänzen und neu zusammensetzen. Auf dem Kirchplatz wurden zugleich neben der Kirche ein massiver Turm und zur Einrichtung des Kirchspieles ein Pfarrhaus und ein Schulhaus erbaut. Nach den erhaltenen Schnitzereien und Runeninschriften gilt das frühe 13. Jh. als Erbauungszeit der urspr., aber schon in Norwegen stark veränderten Stabwerkkirche. Die Neuerrichtung bedeutet eine weitgehende Rekonstruktion im Sinne der Spätromantik, bes. des Innenraumes. Die Schnitzereiteile restaurierte der Jannowitzer Bildschnitzer Jacob, der auch das Altarkreuz mit dem Kruzifix schuf.   (I) *Gru*

EGebhardt, D. Kirche Wang im Riesengeb. u. ihre Gesch., Hamburg [1]1904 (7. Aufl. durchges. u. überarb. von FGebhardt, Hamburg o. J. [nach 1919]). – GGrundmann, D. Erwerb d. Kirche Wang u. ihr Transport v. Norwegen nach Berlin, in: LV 599, S. 175–82. – ZDroysen, Wang im Riesengeb. Weg u. Schicksal d. Kirche Wang v. Norwegen bis Schles., Ulm/Donau 1956

Brzezowitz-Kamin (Brzozowice-Kamień, Kr. Tarnowitz). 1277 wurden die Bewohner von »Bresowi Jasd«, auch »Ruperti villa« gen. (= B.), und anderen Orten, die vorher der Margarethenkirche in → Beuthen OS unterstellt waren, der Peter-Paul-Kirche

zu K. (1369: »Steinerdorff«) zugewiesen. Schon vom frühneuzeitlichen Bleierzbergbau berührt, wurden die beiden Dörfer seit der
M. 19. Jh. durch den modernen Bergbau umstrukturiert. In B.
(1905: 1798 Eww.) war 1857–1934 eine Zinkerzgrube in Betrieb,
in K. (1905: 1457 Eww.) wurde 1908/11 eine Kohlengrube eingerichtet. Die seit 1933 vereinigten Orte wurden 1954 zur stadtart.
Siedl., 1962 zur Stadt erhoben. 1961 hatte B.-K. 6908 Eww. (auf
5,55 qkm), 1970: 7467 (1941: 7442).   (IV) *We*

Tarnowskie Góry. Zarys rozwoju powiatu (Überblick d. Entwicklung d.
Kr. Tarnowitz), hg. v. HRechowicz, Kattowitz 1969. – LV 234, Bd. 1,
S. 423

Buchwald (Bukowiec, Kr. Hirschberg). Das 12 km sö. Hirschberg
gelegene Dorf B. ist um 1305 belegt, ein Pfarrer von B. 1399;
1402 hat die Kirche von B. von den Besitzern des Ortes, den Brüdern v. Zedlitz, eine Schenkung erhalten. Der heutige spätgot.
dörfliche Bau der *kath. Pfarrkirche* stammt aus dem 16. Jh. Im gewölbten Chor befindet sich im Schlußstein das Wappen derer v.
Zedlitz. – Als durch das Edikt Friedrichs d. Gr. den Protestanten
freie Religionsübung zugestanden wurde, räumte der Gutsherr
Johann Maximilian Leopold v. Reibnitz, dessen Fam. B. seit
1600 besaß, einen Saal seines Schlosses als Betsaal ein, bis 1758/59
ein *Bet- und Pfarrhaus* unter einem Dach erbaut werden konnte.
1782 erfolgte durch den Baumeister Fliegel aus Harpersdorf eine
Vergrößerung, und im Anschluß daran wurde die Ausstattung z.
T. durch den Bildhauer Lachel aus Grüssau wiederhergestellt und
verschönert.
Das *Schloß* geht auf einen Bau aus der 2. H. 16. Jh. zurück. Es
war ehem. von einem nassen Graben umgeben und im Keller und
Erdgeschoß gewölbt und z. T. noch mit Malereien aus dem 17. Jh.
versehen. Dieses Gebäude wurde durch den ehem. Berghauptmann von Schles. und späteren preuß. Bergwerksminister Friedrich Wilhelm Gf. v. Reden (1752–1815), der B. 1787 erworben
hatte, im Geschmack des Klassizismus zwischen 1790 und 1800
umgebaut. Im Äußeren sind das Portalmotiv und im Inneren das
Treppenhaus und der Speisesaal bezeichnend für das damalige
Stilempfinden. Die Möblierung und die Kunstgegenstände erinnerten an die engen Beziehungen insbes. der Friederike Gfn. v.
Reden, geb. Freiin v. Riedesel zu Eisenbach-Lauterbach (Hessen),
zum Berliner Hof und Kulturkreis. Bes. hervorzuheben sind kostbare Stücke der Berliner Porzellanmanufaktur und Eisenkunstguß-Arbeiten der Gleiwitzer Hütte. Beide Unternehmen unterstanden seinerzeit dem Minister Reden. Gf. Reden schuf mit seinem B.er Besitz zugleich ein Mustergut. Wahrsch. mit einem Architekten aus der Langhans-Schule ließ er die Hofgebäude und
Stallungen im Geschmack eines edlen Klassizismus erbauen. Nach
Redens Tod errichtete ihm seine Witwe als letzte Ruhestätte 1818
die sog. Abtei, eine kleine künstliche neugot. Kl.-Ruine, für die
der Architekt Josef Raabe die Zeichnungen lieferte. Sie befand

sich inmitten des ungemein reizvollen *Landschaftsparks,* dem
Lenné die letzte Vollendung gegeben hatte und den ein Belve-
dere im Stil eines antiken Tempels, eine künstliche Ruine mit Aussichtsturm, ein Teehaus, eine schöne klassiz. Bank im Schinkel-
Stil und das Berghaus mit seinem charakteristischen Bohlenbin-
derdach bereicherten.
Gf. Reden war mit Reichsfrh. vom und zum Stein eng befreundet.
Nach seiner Entlassung als preuß. Staatsminister und seiner Äch-
tung durch Ks. Napoleon (24. 11. bzw. 16. 12. 1808) floh Stein im
Januar 1809 über B. in die Habsburgermonarchie (Brünn, Troppau, Prag), hielt von dort Verbindung zu Reden und traf sich
heimlich unter Vermittlung Redens am 14. 9. 1810 auf preuß. Boden nahe der böhm. Grenze in (Städt.) Hermsdorf Kr. Landeshut
zu Besprechungen mit dem über B. angereisten Staatskanzler v.
Hardenberg, der die von Stein begonnenen Reformen in Preußen
fortsetzen sollte. Reden gründete auch die B.er Bibelges., die später mit der Preuß. Hauptbibelges. vereinigt wurde. Nachdem Pz.
Wilhelm von Preußen 1822 → Fischbach und Kg. Friedrich Wilhelm III. von Preußen 1832 Erdmannsdorf erworben hatten,
entwickelten sich freundschaftliche Beziehungen zwischen der Gfn.
Reden und diesen Besitzern der benachbarten Güter. Die Gfn.
regte die Ansiedlung von Zillertalern bei → (Zillerthal-) Erd-
mannsorf an und ließ selbst die Kirche Wang bei → Brückenberg
unweit B. aufbauen. Beim Tode der Gfn. Reden fiel B. an deren
Nichte Marie Karoline Freiin v. Rotenhan, geb. v. Riedesel, verheiratet mit Hermann Frh. v. Rotenhan, dessen Fam. den Besitz
bis 1945 behielt. Nach 1945 wurde B. Mustergut der Tierärztli-
chen Hochschule Breslau.   (I)   *Gru, We*

LV 587, Bd. 3, S. 448. – LV 622. – LV 616, S. 131–33. – LV 599,
S. 159–74. – LV 631, S. 205–08. – LV 670, S. 258–64. – HHaussherr, Har-
denberg, Bd. 3, Köln ²1965, S. 162–74. – WHubatsch, Stein-Studien,
Köln/Berlin 1975, S. 125–42

Bunzelwitz (Bolesławice, Kr. Schweidnitz). Die Kirche von B. wird
1318 als Filiale von → Würben gen., das Dorf wurde im 13. Jh.
gegr., wahrsch. von den Gff. von Würben. Im 14. Jh. Rittersitz,
wurde B. 1373 an zwei Schweidnitzer Patrizierfamm. verkauft.
Die Grundherrsch. blieb bis ins 19. Jh. in der Hand von Schweidnitzer Bürgern. Nach Einführung der Ref. E. 16. Jh. wurde die
Kirche 1654 den Katholiken zurückgegeben und als Filiale der
Kl.-Kirche Würben zugeteilt. – Nach dem Dorf B. (6 km nw.
Schweidnitz) ist das »Lager von B.« aus dem 7j. Krieg benannt,
eine starke, befestigte Feldstellung Friedrichs II. gegen die Russen unter Feldmarschall Buturlin und die Österreicher unter Gen.
Laudon (20. 8.–25. 9. 1761), da das kleine preuß. Heer (ca. 55 000
Mann) den übermächtigen Gegnern (ca. 130 000 Mann) keine offene Feldschlacht liefern konnte. Vergeblich hatte Friedrich vorher versucht, die Österreicher zur Schlacht herauszufordern; nach
deren Vereinigung mit den Russen mußte er jedoch in die Ver-

teidigung gehen und legte nahe der von seinen Truppen besetzten Festung Schweidnitz, die er zugleich schützen wollte, auf einem Höhenzug von ca. 4 × 8 km zwischen den Dörfern B., Würben, Neudorf, Peterwitz, Tschechen, Zedlitz und Jauernick das Lager an. Der erwartete Angriff auf dieses, im SW, W und N von Feinden eingeschlossen, blieb wegen des Zauderns Buturlins aus. Die Russen zogen am 12. 9. ab, die Östereicher folgten diesem Beispiel. Die Preußen verließen am 25. 9. das Lager in Richtung SO. Die Österreicher aber kehrten um und erstürmten am 1. 10. → Schweidnitz. – Im Lager von B. quartierte sich der Kg. vom 20. bis 25. 8. und vom 10.–25. 9. im Bauernhäuschen Nr. 11 von B. ein, in der Zwischenzeit schlief er in einem Zelt am Waldrand von Peterwitz. Als dort 1843 die Eisenbahn Breslau-Freiburg mit einem großen Umschlagbahnhof gebaut wurde, nannte man diesen und den dabei entstehenden Ort → Königszelt zum Andenken daran, daß dort bei der späteren evg. Kirche des Kg. Zelt gestanden hatte. (II) *Ra*

LV 299, Bd. 2, S. 200–203. – V. Mollwitz bis Annaberg, zus.-gest. v. GSchwantes, Br. 1935, S. 66 f. – LRadler, B., in: Tägl. Rundschau, Heimatblatt f. d. Stadt- u. Landkr. Schweidnitz 1956, Nr. 11

Bunzlau (Bolesławiec). B. liegt 1¹/2 km ö. des mittleren Bobers, wo die → Hohe Straße den Fluß überschreitet, geologisch am N-Rand der Löwenberg-B.er Kreidemulde mit Ablagerungen von Ton und Sandsteinen, einem Teilstück des Boberkatzbachgeb. Im Stadtgebiet B. machte man Funde der jüngeren Steinzeit, der älteren und mittleren Bronzezeit, dazu geringe slaw. Funde. Ö. der alten Kastellaneiburg »Boleslavecz« (erstm. 1202 gen.) am W-Ufer des Bobers bei → Tillendorf wurde kurz nach 1242 die dt. Stadt B. gegr. (1251 urk. »civitas Boleslauec«). Bei der Anlage mußte man Rücksicht nehmen auf die alte W-O-Straße, an der bald nach 1232 am O-Ufer des Bobers das Hospital zum Hl. Geist der Kreuzherren mit dem doppelten weißen Kreuz, seit vor 1256 der Kreuzherren mit dem roten Stern errichtet wurde, dann offenbar auf eine (urk. nicht gen.) slaw. Siedlung im SO der Altstadt, unterhalb des Queckbrunnens (bisher von der Forschung nicht erkannt). Daher mußte der von W durch das Niedertor kommende Durchgangsverkehr – abweichend von der WNW-OSO-gerichteten Hauptachse – von der Zollstraße diagonal über den Ring zum Obertor im O geführt werden. B. erhielt bei der Gründung eine nahezu rechteckige Flur ö. des Bobers mit 50 fläm. Hufen (davon 7 für den Erbvogt) zugewiesen. Zwischen 1326 und 1340 gingen die Rechte der Erbvogtei in die Hände der Bürger über. Seit 1298 ist B. als Zollstätte belegt. – Der ellipsenförmige Stadtgrundriß ist 400 m lang, 330 m breit, die Altstadt ca. 13,2 ha groß. Im Zentrum liegt der viereckige Ring (115 × 85 m) mit dem *Rathaus,* schon 1457 massiv vorhanden. Unter Mitwirkung des Görlitzer Baumeisters Wendel Rosskopf geschah 1525–35 ein Neubau in Renaissanceformen; im n. Flügel die Ratswaage, im längeren Flü-

gel der Ratskeller mit Prachtgewölbe. Der Rathausturm wurde
1776 mit barocker Haube und preuß. Adler versehen. B., seit 1297
zum Fstm. Jauer gehörig, wird 1316 eine befestigte Stadt gen.,
doch wurde die doppelte *Stadtmauer* aus Kreidesandstein (nur
Teile erhalten) erst ab 1479 erbaut. Zu den gen. zwei Toren kam
später (vor 1400) mit dem *»Schwibbogen«* in der M. der s. Markt-
seite und dem Niklastor im S der Ausgang der Straße nach Löwenberg und zur Nikolaikirche (1529 abgebrochen) mit Friedhof. Vor
den Toren entstanden drei Vorstädte: im O die Obervorstadt mit
58, im S die Nikolaivorstadt mit 33, im W die Niedervorstadt mit
75 Stellen (Zahlen nach Geschoßregister 1549; die Innenstadt hatte damals 261 Häuser, dazu 27 »Weighäuser« an der Stadtmauer
und 116 Hausleute). Im O, dicht beim Obertor, ist die kath. *Stadtpfarrkirche* zu St. Mariae (1524–1629 und 1632–37 evg.). Der
spätgot. Bau entstand nach Zerstörung durch die Hussiten 1429
erst 1482–93 mit dreischiffigem, vierjochigem Langhaus, dazu neugot. Turmhelm der Langhanszeit. Daneben war auf dem Kirchplatz die verm. aus poln. Zeit stammende Dorotheenkirche, 1500
abgebrochen. Die Ref. wurde 1524 in B. eingeführt; von 1654 bis
1741 besuchten die Evangelischen die Grenzkirchen in Thommendorf (Oberlausitz, → Wehrau) und Altenlohm (Fstm. Liegnitz).
In der NW-Ecke des Mauerringes lag seit Stadtgründung
(schon 1272 urk. gen.) das Kl. der Dominikaner mit Kirche; es
ging in der Ref. ein, wurde 1660–77 neu errichtet, 1810 aufgehoben; dann war hier (1812) die evg. Volksschule, zuletzt das Kreis-
haus. Im SW der Stadt mit vorspringender Stadtmauer lag das hzl.
Schloß, später Sitz des Burghauptmanns; es wurde 1576–96 ausgebaut, 1642 durch die Schweden zerstört. Das zugehörige Burglehn mit ca. 10 000 ha Heidewälder wurde 1564 (wiederkäuflich)
bzw. 1594 von der Stadt erkauft. Auf den Mauern des Schlosses
wurde 1752–56 die *evg. Kirche* als großer Saal mit Emporen und
Kanzelaltar erbaut, die 1834/35 einen 72 m hohen Turm in neugot. Formen erhielt. Eine Lateinschule gab es schon vor 1393 in
der Nähe der Pfarrkirche, sie ging im 30j. Kriege ein. Ab 1742
hatte B. zwei (evg., kath.) Schulen. – Auf dem »Bergel« (300 m sö.
der Pfarrkirche) gründete 1754 der Maurermeister Gottfried Zahn
(† 1758) nach Halleschem Vorbild ein Waisenhaus mit Schule, das
1803 verstaatlicht und 1816 mit dem 1814 in Liegnitz gegr. Lehrerseminar vereinigt wurde. Hier war bis 1925 eine der wichtigsten evg. Lehrerausbildungsstätten von Schles. 1920 wurde darin
eine staatliche Mittelschule, 1923 eine Aufbauschule eröffnet, dann
kam 1929 hinzu das Gymnasium (schon 1858/61 gegr.), erhielt
1861/64 einen neugot. Prunkbau, später Amtsgericht). Diese »Zahn-
sche Waisen- u. Schulanstalt« (im Volksmund »Spittel« gen.) hatte
ein Alumnat für 180–200 Heimschüler. N. vom Eingang zum Waisenhaus lag der von M. Opitz besungene Queckbrunnen, von dem
– durch die Hanglage begünstigt – schon um 1530 eine hölzerne
Wasserleitung (mit unterirdischen Schwemmkanälen) in die Stadt
ging.

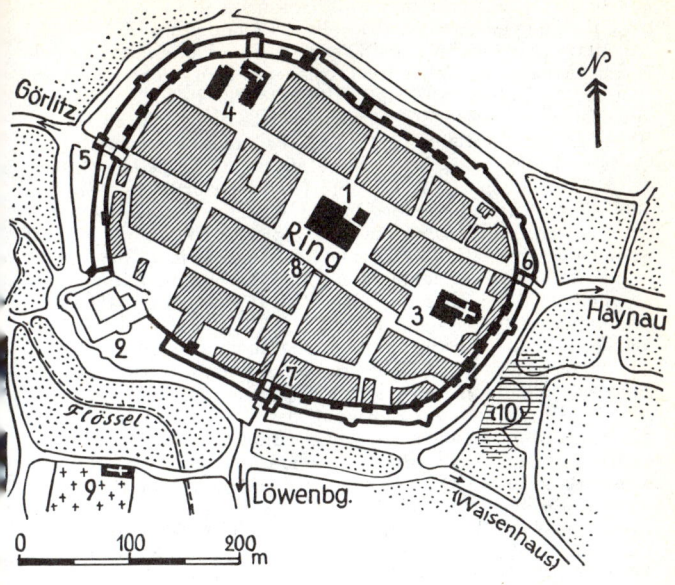

Bunzlau um 1750

(nach den Kriegskarten v. Wredes, vgl. GSteller, Westschles. Stadtpläne
1751, in: LV 35, 19 [1969], S. 82–86)

1 Rathaus
2 Schloß (Ruine, seit 1752/56 hier evg. Kirche)
3 Pfarrkirche St. Maria
4 Dominikanerkl. mit Kirche
5 Niedertor
6 Obertor
7 Niklastor
8 »Schwibbogen«
9 Nikolaifriedhof
(10) Gelände einer altslaw. Siedl. vor der Stadtgründung?

Die ma. Blüte von B. beruhte auf der Produktion von Tuchma-
chern, Schuhmachern und Kürschnern. 1549 gab es in B. (einschl.
Vorstädte) 454 Wohnhäuser, ca. 2300 Eww. Ein Rückgang trat
im 30j. Kriege ein; 1738: 2315, 1787: 3093, 1825: 4081 Eww. Der
Bahnanschluß an die wichtige Linie Görlitz (bzw. Frankfurt/O.) –
Kohlfurt-Liegnitz 1846 (dabei 490 m langer *Boberviadukt* aus B.er
Sandstein 1844) führte im N (Bahnhof) und W (Boberwasserkraft)

zu Großindustrie: Tonröhrenfabrik Hoffmann ab 1871 mit 600 Arbeitern, Spinnerei Concordia anstelle der Obermühle 1871 mit 750 Arbeitern, zwei Glashütten (1866–1935), eine Papierfabrik anstelle der Niedermühle 1907 mit 80 Arbeitern, dazu ein Steinmetzbetrieb (1872). B. hatte 1871: 8812, 1905: 15 782, 1939: 21 946 Eww. (auf 48,55 qkm) (1961: 23 792 Eww. auf 19,98 qkm, 1970: 30 537).
B. ist bekannt als schles. Töpferstadt (vgl. auch → Naumburg am Queis, → Freiwaldau). 1753 schuf Meister J. G. Joppe aus Muskau den 2,25 m hohen »Großen Topf« (1945 zerstört). Eine Töpferzunft bestand seit mindestens 1543. 1549 lagen vier Töpfereien in der Niedervorstadt (daher hieß das äußerste Niedertor um 1550 »Töppertor«), eine fünfte in der Obervorstadt. Seit ca. 1680 machte eine technische Neuentwicklung das B.er Braungeschirr weitberühmt. Zahl der Töpfereien bis 1785: fünf (dazu seit 1762 eine Weißtöpferei), 1806: zehn, 1818: 13, 1851: 18, 1882: 20, 1910: 22 (daneben drei keramische Großbetriebe für Steinzeugröhren), aber von diesen gingen bis 1934 13 ein, zwei stellten sich auf Feinsteinzeug um, so daß nur sieben kleine Töpfereien bis 1945 übrigblieben. Im 19. Jh. kam zur Fertigung des Braungeschirrs noch die des handgeschwämmelten Steinzeugs (Buntgeschirr). Der 1897 eröffneten Keramischen Fachschule, 1930 durch eine Glasfachschule erweitert, gelang 1935–45 eine künstlerische Neubelebung des »B.er Braunzeugs«. B. besaß im N des Kreises seit 1594 rund 10 000 ha Wald (1929/35 kamen dazu noch 32 000 Morgen des Forstes von → Primkenau). Seit 1741 zum Kr. Löwenberg gehörig, wurde B. 1816 selbst Sitz eines Kr. – Das von Schinkel entworfene Denkmal für den 1813 in B. verstorbenen russ. Gen.-Feldmarschall Fst. Kutuzov, ein eiserner Obelisk mit vier Löwen (von Schadow), wurde 1819 am Markt aufgestellt, 1892/93 in die Wallanlagen versetzt. Der Dichter Martin Opitz wurde am 23. 12. 1597 in B. geb. (1628 geadelt »v. Boberfeld«).   (I)   St

EWernicke, Chronik d. Stadt B., B. 1884. – EDewitz, Gesch. d. Kr. B., B. 1885. – LV 233, S. 726–28. – D. B.er Kr. an Bober u. Queis, bearb. v. AZobel, KSpringer, ²Siegburg 1964, u. a. S. 134–57, 505–09. – KSeliger, B., d. Stadt d. guten Tones, in: Schlesien, hg. v. Gymnasium Kamen, Kamen 1964, S. 58–68. – LV 234, Bd. 2, S. 547 f. – RPrietzel, B.er Bürger im Jahre 1578, in: Ostdt. Familienkunde 17 (1969), S. 231–37. – JBachmiński, Bolesławiec (B.) (LV 108), Br. u. a. 1970. – GSteller, B., d. Stadt d. guten Tones u. sein Braungeschirr, in: LV 35, 15 (1971), S. 29–39, 54 f.

Burkersdorf (Burkatów, Kr. Schweidnitz). B. im oberen Weistritztal 6 km s. Schweidnitz wurde gegen E. 13. Jh. von Ritter Burchard von Weistritz, Vogt der Gff. von Würben, auf Waldboden gegr. Zu seinen Besitzern gehörten die v. Seidlitz 1461–1591, unter denen B. Mittelpunkt einer Herrsch. von vier Rittergütern war. Mit dem Erwerb von B. durch den ksl. Feldmarschall Johann Christoph v. Seherr-Thoß auf Tannhausen (→ Bad Charlottenbrunn) 1735 hörte B. auf, Adelssitz zu sein. Später besaßen B. die Gff. v.

Hochberg auf Fürstenstein und die v. Maltzahn, schließlich 1795 bis 1945 die Gff. v. Pückler. – Im 7j. Krieg gelang es Friedrich II. im Gefecht von B. am 21. 7. 1762, die Österreicher unter Feldmarschall Daun aus ihrer durch Geb. und Wald begünstigten Stellung im Weistritztal s. und sw. B. zu verdrängen und damit die Voraussetzung für die Wiedereroberung der wichtigen Festung Schweidnitz zu schaffen. Der russ. Zar Peter III. hatte nach seinem Regierungsantritt das Bündnis mit Österreich gekündigt und war im Mai 1762 auf die Seite Preußens getreten. Friedrich II. verfügte E. Juni 1762 zusammen mit einem russ. Hilfskorps unter Gen. Černičev über beinahe ebensoviele Soldaten wie die Österreicher (ca. 80 000 Mann) und konnte daher den Angriff vorbereiten. Doch da trafen am 17./18. 7. die Nachricht von der Absetzung Zar Peters (am 9. 7.) und der Abmarschbefehl der neuen Herrscherin für das russ. Hilfskorps ein. Nachdem er bei Černičev erreicht hatte, daß er – wenn auch neutral – noch drei Tage im Lager bleiben würde, um während der Schlacht österr. Truppen zu binden, griff Friedrich II. Daun am 21. 7. auf dessen r. Flügel bei B. an und siegte.   (II) *Ra*

LV 299, Bd. 2, S. 235–242. – V. Mollwitz bis Annaberg, zus.-gest. v. GSchwantes, Br. 1935, S. 68–71. – LRadler, Beitrr. z. Gesch d. Gff. v. Würben, in: LV 72, 17 (1959), S. 104–106

Carlsruhe O. S. (Pokój, Kr. Oppeln). Mit den Gütern Gründorf und Krogullno (hier stand einer der frühen Hochöfen von Oberschles.) und dem Amt → Städtel der Gff. v. Redern fielen 1719 durch Erbschaft die ausgedehnten Wälder im Stoberbogen im Bereich der ma. → Preseka an Hz. Christian Ulrich II. von Württemberg-Oels. Hz. Karl Christian Erdmann (1716–1792, Hz. von Oels seit 1744) ließ dort 1748 einen Tiergarten anlegen und daneben im Schnittpunkt von acht sternförmig zusammenlaufenden Alleen 1749 zunächst ein hölzernes Jagdschloß, nach einem Brand einen Steinbau errichten (1752/53). In den folgenden Jahrzehnten entstand um diesen Mittelpunkt unter Mitwirkung des hzl. Landbaumeisters Georg Wilhelm Schirrmeister ein Residenzort, der in Namen und barockem Grundriß an das badische Vorbild Karlsruhe erinnert. Das würfelförmige, zweieinhalbgeschossige Schloß mit abgeplattetem Zeltdach, aufgesetzter Laterne und vier Rundtürmen an den Ecken erhob sich inmitten eines achteckigen Platzes, der von acht Kavalierhäusern (Säulenhallen davor nach 1800) der Hofbediensteten umsäumt wurde. Nach außen grenzten zu einem Ring angeordnete Wirtschaftsgebäude und Tore an den Alleen die Anlage ab; nur im SO blieb der Zugang vom Kavalierhaus mit Seitenflügeln (»Gartensaal«) zum Franz. (Schloß-) Garten (mit Ruine, ehem. Wasserkunst und Teesalon) frei. Außerhalb dieses Ringes entwickelte sich E. 18. Jh. entlang den Alleen durch den Zuzug von Handwerkern und Gewerbetreibenden ein Marktflecken, vor allem im NO zwischen dem Schloß und der 1765–75 mitten in der Allee errichteten *Sophienkirche* (von G. W. Schirrmeister), einem bedeutenden Zeugnis der evg. Kirchenbaukunst in Schles. auf ovalem Grundriß, mit Anbauten in der Längs- und Querachse und holländisch anmutendem Turm an der Querseite, außen klassiz., im Innern Rokoko-Ausstattung mit umlaufender Empore und Kanzelaltar. An der Peripherie dieser hzl. Sommerresidenz entstand ein engl. Park mit dem Schwedenschlößchen (1763, abgebrannt 1911), dem Weinbergschlößchen im Rokoko-Stil (1780) und Tempelchen, ferner ein Weinberg, Teiche usw. – Beim Tode des Gründers von C. fiel 1792 – während das Fstm. → Oels an die Hzz. von Braunschweig kam – dessen Grundherrsch. um C. sowie um Städtel im benachbarten Kr. Namslau (um 1910: 3045 ha + 2863 ha) als Fideikommiß an den Neffen Hz. Heinrich Friedrich Eugen von Württemberg (1758–1822), der C. zu seinem ständigen Wohnsitz machte und dort die Künste förderte: er ließ das Theater (eines der Kavalierhäuser, urspr. provisorischer Kirchenraum) ausbauen und gründete eine Musikkapelle (1793/94); Carl Maria v. Weber weilte 1806 als dessen Gast in C. Hz. Eugen (Herr von C. 1822–57), selber Komponist, ließ das Sommerpalais von 1805 zu einem Konzertsaal umbauen und erweitern (1826, abgebrochen 1930) und das Theater wieder eröffnen (1823); bekannt wurde er als russ. Gen., er besiegte 1813 die Franzosen beim Kulm (Böhmen). Nach dem Aussterben dieser württembergischen Linie fiel die Herrsch. C. 1903 an Kg. Wilhelm II. von Württemberg und blieb bei seiner Fam. bis 1945. – Im Flecken wurden um 1860 ein Wochen- und zwei Jahrmärkte abgehalten. Die durch das Kiefernadelnbad (gegen rheumatische Leiden, Dr. Freund, 1852) eingeleitete Entwicklung zum Badeort brachte einen zeitweiligen, E. 1920er Jahre durch Modernisierung der Anlagen wiederholten Aufschwung. Der Bahnanschluß (1889 Oppeln–C.–Namslau) erhöhte den Kur- und Ausflugsbetrieb. – Die Bev. war durch das Personal der evg. Hzz. zunächst in der Mehrzahl evg. (1861: 1411 evg., 825 kath., 128 jüd. = 2364, 1905: 2543 Eww.), später trat die kath. Umgebung stärker hervor (1925: 1229 evg., 1305 kath., 44 jüd. = 2627 Eww., ebenso 1939); die Katholiken erhielten schon 1796 eine eigene Kirche (Neubau 1907/08). Durch seine dt. Prägung stellte C. eine Stütze der benachbarten dt. Kolonien aus der friderizianischen Zeit dar und verhalf dazu, daß die O-Grenze des rein dt. Gebiets im rechtsodrischen Schles. sich an dieser Stelle im 19. Jh. nach Oberschles

---

1 Schloßplatz mit Schloß und Kavalierhäusern
2 Sophienkirche (evg.)
3 Theater (ehem. evg. Interimskirche)
4 Gartensaal
5 Franz. Garten
6 Ruine (ehem. Wasserkunst und Teesalon)
7 Konzerthaus (ehem. Sommerpalais)
(8) Stätte der kath. Kirche von 1796

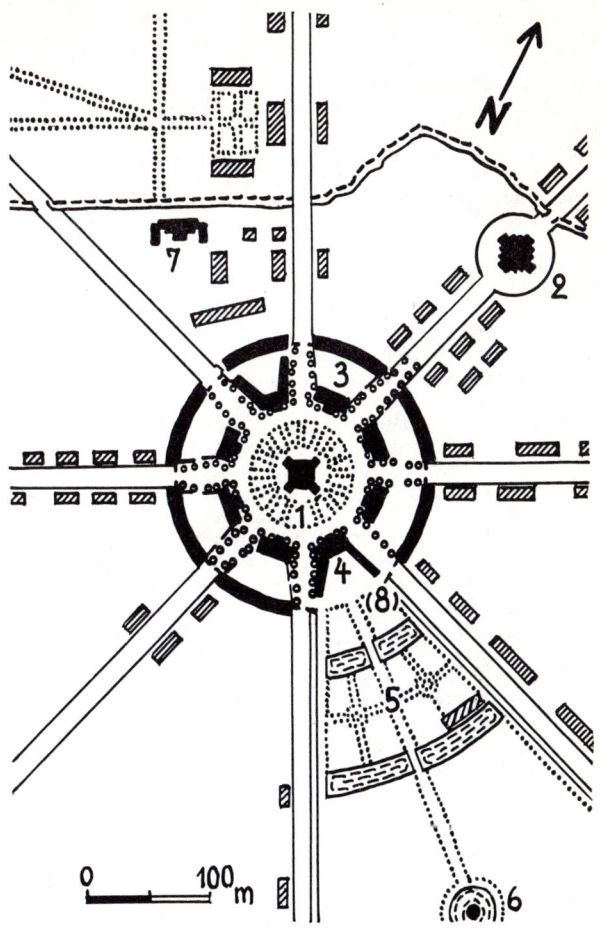

Carlsruhe O. S.
(nach LV 629, S. 221)

verschob. – In C. wurde der Geologe und Geograph Prof. Ferdinand Frh. v. Richthofen geb. (1833). – Das Zentrum der alten Anlage mit dem Schloß (nach Brand von 1798 wiederaufgebaut) und den Kavalierhäusern wurde 1945 vernichtet, ebenso das Weinbergschlößchen, auf dessen Grundmauern ein Wohnhaus errichtet wurde; am Ende der von diesem ausgehenden Allee steht auf einem Hügel das beschädigte *Denkmal Kg. Friedrichs d. Gr.* von Johann Daniel Melzer (1790).   (III) *We*

Regehly, Gesch. u. Beschreibung v. C. in Oberschles., Nürnberg 1799. – LV 45, 1924, Juni-Heft. – FrStumpe, Führer durch Bad C. OS u. seine romantische Vergangenheit, Schweidnitz (1927). – LV 609, H. 2: C. in Oberschles., Br. 1930. – LV 629, S. 221–28. – LV 593, VII 11, S. 95–101.

Carolath (Siedlisko, Kr. Glogau). Auf dem hohen r. Oderufer liegen zwischen den Städten Beuthen und Neusalz Schloß und Dorf C. Die früheste, auf etwa 1360 zurückgehende Nachricht, die sich auf den »Karlatt« bezieht, läßt auf ein Jagdhaus schließen, das sich in einem waldreichen Gebiet befand, das 1381 an Nikolaus v. Rechenberg als Lehen vergeben wurde. Dieses große Gebiet ging 1561 durch Kauf an den Ritter Fabian v. Schönaich über. Es handelte sich um die Herrschsch. → Beuthen (Oder) mit Poln. Tarnau und C. mit Lippen und Reinberg. Dazu kamen 1561 noch die Güter Milkau, Suckau, Bockwitz und Buchwald hinzu. Weitere Hinzukäufe erfolgten 1564 und 1568. Damit war Fabian v. Schönaich zu einem der größten Großgrundbesitzer in Schles. geworden. Er starb 1591 und hinterließ die Herrsch. seinem Neffen Georg v. Schönaich (1557–1619), einem bekannten Humanisten, der den Besitz 1595 vom Ks. zugesprochen erhielt. Georg v. Schönaich war Gründer des Gymnasiums und Hospitals in Beuthen (Oder), ein ausgesprochener Vorkämpfer des Protestantismus und der Renaissance, der er mit der Erbauung des Schlosses C. anstelle des alten Jagdhauses eines der schönsten Denkmäler in Schles. setzte. Für die Besitzgesch. der späteren Freien Standesherrsch. C. war seine wichtigste Tat die Stiftung des Majorats C. mit den Nebenmajoraten Amtitz und Mellendorf in der Niederlausitz 1610; damals wurde ihm auch vom Ks. der Freiherrntitel bestätigt. Sein Neffe und Erbe Johannes Frh. v. Schönaich († 1639) wurde wegen Huldigung des böhm. »Winterkönigs« 1625 zur Zahlung von knapp 55 000 Reichstalern an die Glogauer Jesuiten verurteilt und mußte 1651, da er das Geld nicht aufbringen konnte, die Güter Milkau, Suckau, Bockwitz und Nenkersdorf an die Jesuiten verpfänden, 1664 dann verkaufen; seine Nachkommen erwarben sie nach langwierigen Prozessen 1759 zurück. Ks. Leopold I. erhob C. 1698 zur Freien Standesherrsch., 1700 den Standesherrn Hans Georg Frh. v. Schönaich in den erblichen Reichsgrafenstand. Eine weitere Aufwertung von C. nahm der preuß. Kg. Friedrich d. Gr. vor, indem er Hans Carl Gf. von Schönaich den Titel eines Fst. zu C.-Beuthen verlieh und dessen Herrsch., die ca. 162 qkm (davon 118 qkm Wald) umfaßte, zum gleichnamigen Fstm. erhob.

Das *Schloß* C. entstand zwischen 1597 und 1618 in zwei Bauab-
schnitten nach den Plänen des Frh. in Verbindung mit dem aus-
führenden Maurermeister Melchior Deckhart. In ihm waren der
Saal a terra und die Kapelle frühe Zeugnisse der Renaissance in
Schles. Bes. die Emporen der Kapelle trugen dazu bei, daß hier
eine der frühesten prot. Raumschöpfungen im O entstanden ist.
Die Bildhauerarbeiten führten der sorauische Bildhauer Scholz
und der Liegnitzer Bildhauer Caspar Berger aus. Die Wahrscheinlichkeit liegt nahe, daß die Kapelle von dem Breslauer Festungsbaumeister Valentin v. Saebisch entworfen wurde. Der hufeisenförmige Schloßbau, an dessen innerem Portal sich die berühmte
Stiftungsinschrift befindet, die mit den Worten beginnt: »Siehe,
liebes Geschlecht derer v. Schönaich, durch Gottes Gnade über-
gibt dir allhier dein Freund Herr Georg v. Schönaich dieses neu-
erbaute Haus ...«, fand mit dem freistehenden Torhaus unter
Hans Carl Fst. zu Carolath-Beuthen und dessen Sohn, dem friderizianischen Gen.-Leutnant Friedrich Johann Carl, Ergänzungen und Erweiterungen im barocken Sinne, inbes. wurde der Saal
a terra barock stuckiert und durch den Fraustadter Maler und Architekten Johann Jakob Wagner ausgemalt. Nach dem Tode des
Fst. Carl 1912 erfolgte die letzte bauliche Erweiterung durch eine
Gruftkapelle nach dem Entwurf des Architekten Hans Poelzig.
Die ganze Schloßanlage brannte 1945/46 völlig aus; ein Teil der
Ruine befand sich 1971 im Wiederaufbau.
Zu Zeiten des Frh. Georg v. Schönaich wurde an den Hängen
Wein angebaut, davon legen noch einige Weinberghäuser Zeug-
nis ab. 1741 erhielt C. ein Fachwerkbethaus, das über kreuzför-
migem Grundriß auf den Kanzelaltar orientiert war. Unter dem
Fst. Heinrich (1783–1864) entwarf Schinkel einen Saal für das
Schloß und beeinflußte den Aussichtsbau auf der Adelheidshöhe,
an deren Fuß der letzte in C. residierende Fst. Hans Carl 1933
zur Ruhe gebettet wurde.   (I) *Gru*

ChDKlopsch, Gesch. d. Geschlechts v. Schönaich, 4 Bde., Glogau 1847
bis 1856. – LV 119, Bd. 1, bes. S. 105 ff. – LV 587, Bd. 3, S. 72–83. – LV
613, Bd. 3, S. 3 f. – LV 616, S. 98–101. – GGrundmann, D. Lebensbilder d. Herren v. Schönaich auf Schloß C., in: LV 34, 6 (1961),
S. 229–330. – LV 670, S. 92–118. – LV 631, S. 57–59. – LV 612, S. 73

Chudow (Chudów, Kr. Rybnik). Das slaw. Dorf Ch. 14 km sö.
Gleiwitz wurde kurz vor 1300 dtrechtl. umgesetzt, die Siedlungs-
fläche dabei von 3 auf 30 Hufen erweitert. Die inmitten sumpfiger
Wiesen stehende, von Wasser umgebene *Schloßruine* auf rechteckigem Grundriß mit Vierkantturm entstammt wahrsch. dem E.
16. Jh., hat vielleicht einen Vorgängerbau gehabt, war allerdings
keine Templergründung, wie es fälschlich die Überlieferung besagt. Der älteste belegte Grundherr von Ch. ist Johann v. Gieraltowski, 1537. Die Reihe der nachfolgenden Besitzer ist lang und
nicht eindeutig. Zu ihr gehörten Hedwig Salomea Freiin v. Kottulinski, ihr Schwiegersohn Gf. Wenzel Weighard Oppersdorf

(† 1713), angeblich auch die Henckel v. Donnersmarck. Die meisten Grundherren von Ch. wohnten nicht am unwirtlichen Ort, weshalb das Schloß oft verfiel. Ausnahmen bildeten die v. Voglar (Foglar, seit 1726 (Frhh.), 1717 bis um 1768, und Alexander v. Bally (1802–53), seit 1837, die Ch. als Wohnsitz wählten und das Schloß ausbauten. Über den Gf. Düren kam dann Ch. an die Erbin von Karl Godulla, Johanna Gryczik (1842–1910), die 1858 Gf. Hans Ulrich Schaffgotsch heiratete. Nach einem Brand kurz nach 1874 bewahrten die Schaffgotsch den ruinenhaften Charakter des Bauwerks.   (IV) *We*

LV 210, Bd. 1, S. 372. – JKnossalla, Über d. Ch.er Burgruine, in: LV 48, H. 4, Febr. 1916, S. 28–36. – LV 220. – LV 345. – LV 612, S. 43 f. – LV 616, S. 23. – LV 593, Bd. 6, H. 11, S. 7 f.

Chwallowitz (Chwałowice, Kr. Rybnik). In dem 3 km s. Rybnik im oberschles. Vorgebirgshügelland gelegenen Dorf Ch. – vielleicht nach dem urspr. Besitzer von → Sohrau Chwalisius benannt, um 1300 polnrechtl., im 16. Jh. dtrechtl. – ließ Gf. Guido Henckel v. Donnersmarck 1907 die Kohlengrube »Donnersmarck« (heute »Chwałowice«, 1958: 3766 Beschäftigte) in Betrieb nehmen. 1922 fiel Ch. an Polen, in den folgenden Wirtschaftskrisen wurde die Grube zweimal stillgelegt. Der Ausbau von Ch. als Industriesiedl. nach 1945 führte zur Erhebung zur stadtart. Siedl. (1955) und dann zur Stadt (1967). Eww.-Zahlen: 1784: 196, 1825: 139, 1905: 811, 1931: rd. 4500, 1961: 6328 (auf 5,33 qkm), 1970: 8428.   (IV) *We*

Chronik von Rybnik O/S, Dorsten 1971. – AMrowiec, Szkice z nowszych dziejów ziemi rybnickiej (Skizzen a. d. neueren Gesch. d. Rybniker Landes), Kattowitz 1962. – LV 234, Bd. 1, S. 428. – LV 225

Cosel (Koźle). Am l. Oderufer, dort, wo der Fluß schiffbar wird, nur wenig unterhalb der Klodnitzmündung und des → Klodnitzkanals, liegt die Stadt C. 1104 tritt sie als brennende Grenzburg im Kampf Hz. Bolesławs III. von Polen mit Böhmen-Mähren in das Licht der Gesch. 1155 war C. sicher schon Kastellaneisitz, aber erst 1222 ist ein Kastellan von C. belegt, und in der Bulle von 1245 wird »Cozli« ausdrücklich als Kastellanei gen. Sie gehörte zum Hzt. Ratibor-Oppeln, erlebte das durch die piast. Erbteilungen bedingte Schicksal und wurde zeitweilig selbst Herrsch.-Sitz. 1289 unterstellte Hz. Kasimir II. von Beuthen-C. (1281–1312) sein Gebiet als Lehen der böhm. Krone. Wohl unter ihm wurde C. als Stadt gegr., 1306 wird die Stadtmauer, 1311 ein Bürger, 1329 werden der Vogt und Ratsherren von C. erwähnt. Die planmäßig angelegte Stadt lehnte sich an die alte Kastellaneiburg an (diese selbst einbeziehend) und übernahm den Schutz der Ratibor-Breslauer Straße, deren Verlauf die beiden Tore von C. (Ratiborer Tor im S, Odertor im O) bestimmte; wegen sumpfigen Geländes wechselte die Straße bei C. auf das r. Oderufer über (Brücke im 16. Jh.). 1355 kam C. an die Hzz. von Oels, die hier bis 1473 herrschten. Um 1390 wurde in der Stadt der Minorit Nikolaus von C. geb., der erste dt. Oberschlesier, der in der Literaturgesch. eine Rolle spielt; er hat in seinem Werk auch den Brand der Stadt 1417 festgehalten. Zu Lebzeiten des Nikolaus wurde 1431 durch die drei hzl. Brüder Konrad das Minoritenkl. vor der Stadt gegr. (während der Ref. verlassen, im 30j. Krieg zerstört). Das älteste bis heute erhaltene Heiligtum von C. ist die angeblich 1323 errichtete *Marienkapelle* an der Pfarrkirche mit ihrem sagenumwobenen Gnadenbild, an der jedenfalls seit 1480 eine Bruderschaft bestand. Eine Pfarrkirche wird es schon vorher gegeben haben: 1295 ist ein Pfarrer von C. überliefert, 1335 war C. Sitz eines Erzpriesters, erst 1449 jedoch wird die *Pfarrkirche ad S. Sigismundum* erwähnt. Sie unterstand bis zur Säkularisation 1810 dem Patronat der Johanniterkomturei → Gröbnig, was offenbar darauf zurückgeht, daß in C. selbst einst eine Johanniterniederlassung bestanden hat (im 15. Jh. belegt). 1475 zog Kg. Matthias Corvinus das Fstm. C. ein und ließ es durch den Landeshauptmann Johann Bielik v. Kornitz verwalten. Seit dem 16. Jh. wurde C. als Herrsch. verpfändet, u. a. an die Markgff. von Brandenburg (1532–1552, aus dieser Zeit – 1532 – das erste Urbar für Stadt und Schloß nebst 35 Dörfern). Eine bes. Bedeutung erlangte die Herrsch. der Frhh. v. Oppersdorff (1563–1617), welche die alte Burg zum Schloß ausbauen ließen (heute *Ruine*), vor allem aber die schon unter Bielik v. Kornitz 1489 massiv anstelle eines Holzbaus errichtete Pfarrkirche 1570 wiederherstellten, wie eine Inschrift an ihrem Turm kündet. Im 30j. Kriege befestigten die Dänen die Stadt. 1627 schrieb Wallenstein aus dem Feldlager vor ihr, 1642 äscherte Torstenson sie ein. Die Herrsch. C. führte nach dem Krieg als ksl. Kammergut ein ärmliches Dasein; die Stadt, die vorher etwa 4000 Eww. gezählt hatte, erholte sich nicht (1756: 598 Eww.). 1735 wurden die Gff. von Plettenberg letzte Lehnsherren. Noch die Habsburger errichteten Kasernen und Befestigungswerke in der Stadt. Der eigentliche Ausbau zu einer Festung erfolgte aber erst unter Friedrich d. Gr. nach dem 1. Schles. Kriege, als Schles. preuß. geworden war. Umgeben von Sumpfgelände, wurde C. zur Sperrfeste am wichtigen Oderübergang nach Plänen des Gen.-Major v. Walrave) 1744 angelegt. Das Stadtbild änderte sich dabei wesentlich. U. a. wurde das erst 13 Jahre vorher massiv wieder aufgebaute *Minoritenkl.* abgerissen, in der Innenstadt dann 1751 allerdings neu erbaut; 1810 aufgehoben, dient seine Kirche nach wechselvollem Geschick seit 1929 wieder dem Gottesdienst. Da der Festungsausbau bei Ausbruch des 2. Schles. Krieges noch nicht beendet war, konnten am 27. 5. 1745 die Österreicher C. einnehmen. Vom 30. 8. bis 5. 9. desselben Jahres beschossen dann die Preußen die Festung und nahmen sie ein. Mit Ausnahme des Schlosses, der beschädigten Pfarrkirche, der Kasernen und von 16 Bürgerhäusern lag die Stadt in Trümmern. Major v. Franzky leitete den Wiederaufbau, der C.s Stadtbild bis ins 20. Jh. prägte. Auch im 7j. Krieg hatte sich C. österr. Angriffe

zu erwehren, vor allem 1758 und im Oktober 1760. In den Frie-
densjahren nach 1763 besichtigte der preuß. Kg. mehrfach C., das
weiter stark ausgebaut und aufgerüstet wurde. 1788 erhielt die
evg. Gemeinde ein eigenes Gotteshaus, die Garnisonkirche, nach
Plänen des Breslauer Oberbaudirektors Johann Martin Pohlmann
unter Beteiligung von Carl Gotthard Langhans erbaut; 1945 wurde diese bis auf den erst 1930 hinzugebauten *Glockenturm* vernichtet. Die Stunde der eigentlichen Bewährung schlug für die
Festung nach der Niederlage von Jena und Auerstedt. Vorwiegend bayerische Truppen standen Ende Januar 1807 vor ihren
Toren. Unter wechselvollen Kämpfen und vielen Schwierigkeiten
gelang es dem Kommandanten, David v. Neumann, alle Angriffe
abzuwehren. Diese Kämpfe, die der 19j. Joseph v. Eichendorff
von → Lubowitz aus verfolgen konnte, haben in dessen Tagebuch
ihren Niederschlag gefunden. Ein Ausfallgefecht vor C. (10. 4.
1807) ist Thema eines der großen Schlachtengemälde Wilhelm v.
Kobells geworden. A. April brach Jérôme Bonaparte die Belagerung ab und wandelte sie in eine Einschließung um. Am 16. 4.
starb Neumann. Sein Nachfolger, v. Puttkammer, hielt weiter
durch, bis der Tilsiter Friede C. rettete. Kg. Friedrich Wilhelm III.
ließ v. Neumann in C. 1810 ein Denkmal errichten, das zuletzt im
Kleinen Glacis seine Aufstellung gefunden hatte. Zwar wurde
auch im 19. Jh. noch an den Festungswerken weitergebaut. 1864
waren kriegsgefangene Dänen, 1870–71 kriegsgefangene Franzosen in C.s Mauern. Doch als Waffenplatz verlor es seinen Sinn. Am
20. 5. 1873 wurde C. durch Reichsgesetz als Festung aufgehoben; in
den nächstfolgenden Jahren wurden viele Werke eingeebnet oder
zugeschüttet. Die Stadt konnte sich endlich freier entwickeln. Während sich aber das wirtschl.-technische Leben an ihrem Rand entfaltete – der C.er Hafen (→ Klodnitz), der Bahnhof → Kandrzin
und die Zellstoffwerke –, wurde die Stadt selbst vor allem kulturelles, Verwaltungs- und Handelszentrum des gleichnamigen Kr.;
es erlangte auch Bedeutung für die Landwirtschaft durch das seit
1877 auf einer Oderinsel untergebrachte Landgestüt. Die Bev.-
Zahl stieg seit dem 18. Jh. ständig an: 1787: 1710, 1825: 1604,
1905: 7499, 1939: 13 337 Eww. (1961: 11 581, 1971: rd. 13 300).
Doch das Fatum, eine Stätte des Kampfes zu sein, blieb C. auch
ferner treu. Im Juni 1921, während des 3. Poln. Aufstandes, war
sein Gebiet ein Mittelpunkt der Kämpfe der Gruppe Süd des
Oberschles. Selbstschutzes. Vom 21. 1. bis 19. 3. 1945 wurde nochmals heftig an der Oder vor den Toren der Stadt und im Kr.-Ge-
biet gerungen.   (IIIa)   *En*

LV 278. – [G]Schoenaich, Stadt u. Festung Cosel, ihre Plangestaltung
u. ihr Aufbau, in: LV 45, 15 (1933), S. 70–78. – HAlexander, Friedrich
d. Gr. u. Cosel, Berlin [1936]. – LV 233, S. 728–30. LV 234, Bd. 2,
S. 169 f. – LV 593, Bd. 7, H. 5, S. 22–32. – Ziemia Kozielska (D. C.er
Land), hg. v. SPopiołek, C. 1963. – Ziemia Kozielska. Studia i materiały (D. C.er Land. Untersuchungen u. Materialien), bisher 3 Bde.,
Oppeln 1971/72/74

Czarnowanz (1936 Klosterbrück, Czarnowąsy, Kr. Oppeln). Dieser 7,5 km n. Oppeln entfernt liegende Ort ist vor allem durch sein Prämonstratenserinnenkl. bekannt, das auf Wunsch des Hz. Kasimir I. von Oppeln im Jahre 1228 von → Rybnik hierher verlegt wurde. Das Aufsichtsrecht über die Nonnen stand zunächst dem Prämonstratenserkl. Strahov bei Prag zu, seit 1390 dem Vinzenzstift zu Breslau, aus dem auch die Pröpste gewählt wurden. Von den ma. Gebäuden ist nichts mehr vorhanden, weil sie im 30j. Kriege zerstört wurden. Die dem hl. Norbert geweihte *Kl.-Kirche* ist ein Barockbau aus der 2. H. 17. Jh., der 1784 eine neue Innenausstattung erhielt. Die *Kl.-Gebäude* waren 1682 fertiggestellt, die *Prälatur* ist 1730 vollendet worden. Im Jahre 1781 wohnten 23 Nonnen dort. Nach Aufhebung des Kl. 1810 bezogen es von 1869 bis 1875 Magdalenerinnen, seit 1902 Hedwigsschwestern, die noch heute dort tätig sind. 1947 wurde die Kirche restauriert.
Etwa 2 km vor Cz. auf Oppeln zu liegt die *Wallfahrtskirche St. Anna*, die 1687/88 in Schrotholz erneuert wurde.   (III)   *Go*

LV 160. – WWattenbach, Abriß d. Gesch. d. Kl. Cz., in: LV 28, 2,1 (1858), S. 41–71. – Kl. Cz., hg. v. ELange, Oppeln 1930. – RScheitza, D. Prämonstratenser im Kl. Cz. (Klosterbrück) (Oppeln 1941). – NBackmund, Monasticon Praemonstratense, Bd. 1, Straubing 1949/51, S. 338. – LV 593, Bd. 7, H. 11, S. 54–64

Czechowitz-Dzieditz (Czechowice-Dziedzice, Kr. Bielitz). Dz. liegt in der Weichselniederung n. von Bielitz zwischen den Mündungen der Bäche Lobnitz und Biala, Cz. auf dem s. anschließenden Hügelland. Beide Orte werden um 1300 erstm. erwähnt, Dz. als polnrechtl., Cz. als dtrechtl. unter dem Namen »Chotowicz theutonicum« (Dt. Cz.). Dz. war eine kleine, unregelmäßig geformte altpoln. Siedl., Cz. ein großes Waldhufendorf der dt. Ostsiedl.; es wurde aber frühzeitig entdeutscht.
Der Bau der österr. Nordbahn Wien–Krakau 1847–55 mit der Flügelbahn von Dz. nach Bielitz 1855 sowie der Strecke Dz.-Kattowitz 1870 machte Dz. zu einem wichtigen Verkehrsknotenpunkt an der Berührungsstelle von Preuß.- und Österr.-Schles. sowie Galizien. Die O-Hälfte des Bahnhofs reichte auf das Gem.-Gebiet von Cz. hinüber. Die günstige Verkehrslage lockte Industriebetriebe an, die in der Weichselebene genügend Raum fanden, Ölraffinerien, ein Zinkwalzwerk usw. Der 1910 im Winkel zwischen Weichsel und Biala errichtete »Silesia-Schacht«, der südlichste Ausläufer des oberschles. Steinkohlenreviers, diente vor allem der Versorgung von Wien. Die Eww.-Zahl der beiden Orte, die immer mehr verwuchsen, stieg schnell: 1880: 3815, 1910: 9492, 1939: ca. 18 000, 1961: 23 126 (auf 34,46 qkm), 1970: 25 418. Der wirtschl. Stadtwerdung folgte in der Zeit der dt. Besetzung die Vereinigung der beiden Gemm., 1951 die formelle Stadterhebung unter dem Namen Cz., seit 1958 Cz.-Dz.   (IV)   *Ku*

LV 345. – LV 234, Bd. 1, S. 430 f. – LV 225. – Bielsko-Biała. Zarys rozwoju miasta i powiatu (Überblick d. Entwicklung v. Stadt u. Kr. Bielitz-Biala), hg. v. HRechowicz, Kattowitz 1971

Czerwionka (Kr. Rybnik). In dem im Ma. dtrechtl. umgesetzten
altpoln. Dorf Cz. an der Birawka (11 km nö. Rybnik) wurde schon
früh nach Eisenerz geschürft. 1783 legte der preuß. Staat ein
Frischfeuer an, es folgten im 19. Jh. ein Hochofen und ein Walzwerk im nahen Ciossek. Bedeutung behielt für den Ort der Kohlenbergbau; die »Dubensko-Grube« in Cz. (begonnen 1792, heute »Dębieńsko«, 1958: 4202 Beschäftigte) gehört zu den ältesten
Steinkohlengruben in Oberschles. Cz., 1955 zur stadtart. Siedl.,
1962 zur Stadt erhoben, besitzt auch eine Kokerei und eine Fabrik für Eisenbetonteile. Eww.-Zahlen: 1784: 159, 1825: 277, 1905:
1909, 1931: 5100, 1961: 9189 (16,45 qkm), 1970: 10 226.   (IV) *We*

LV 210, Bd. 2, S. 802 f. – LV 345. – AMrowiec, Szkice z nowszych
dziejów ziemi rybnickiej (Skizzen a. d. neueren Gesch. d. Rybniker
Landes), Kattowitz 1962. – LV 234, Bd. 1, S. 432. – LV 225

Dalkau (Dalków, Kr. Glogau). Als Teil des Schles. Landrückens
ziehen sich ö. des Glogauer Katzengebirges die D.er Berge hin,
von deren höchstem Punkt (Schellenberg 229 m) der St. Annen-
Kapellenberg nach N 1,2 km entfernt liegt. Hier war im 15. Jh.
eine hölzerne Kapelle mit Wallfahrten zum St. Anna-Fest (26.
Juli), für die 1514 der Bürger Serner aus Beuthen/O. eine Stiftung
machte. 1521 verkaufte v. Zedlitz zu Tschöplau 5 Mark Zins »der
Kirchen der hl. Anna uffm Berge bei Schönau gelegen«. Die Kapelle, bei der 1522 die Sprottauer Küchler ihre Ware verkauften,
ging in der Ref. ein. Die v. Zedlitz, Besitzer von → Schönau Kr.
Glogau, legten hier einen 1609 gen. Weinberg an. Zwischen 1703
und 1716 erbaute Ludwig Leopold Gf. v. Churschwandt auf
Schönau eine steinerne Kapelle mit Turm, paradiesähnlichem
Vorbau, zwei Altären und Gruftanlage. Vier Bergkapläne sind
von 1737 bis 1888 bekannt. Die Kapelle war seit der Romantik
ein beliebtes Wanderziel in NW-Schles. – Das *Schloß* in D. (15 km
w. Glogau), ein zweigeschossiger Langbau mit Seitenflügel und
hohem Mansardendach, dürfte um 1750 unter Hans Gottlieb v.
Stosch errichtet worden sein. Durch Einheirat (1788, bis 1848)
folgten die v. Liebermann, 1848 (1856)–1889 der jüd. Breslauer
Bankier Heimann. 1790 hatte D. eine evg. Kirche, ein Schloß mit
zwei Vorwerken, keine Bauern, insges. 45 Feuerstellen mit 232
Eww. (1939 mit Seppau und Groß Kauer zus. 519 Eww.).   (I) *St*

FMatuszkiewicz, D. St. Anna-Kapelle bei D., in: Sagan-Sprottauer
Heimatbriefe 1953, 11, S. 7–9. – LV 615, S. 57, 58. – LV 218, Bd. I,
S. 20

Dambrau (Dąbrowa, Kr. Falkenberg). Das Gut D. 10 km nö. Falkenberg gehörte 1553–1740 den Gff. Tschentschau-Mettich. Sie
ließen 1615–17 das zweiflügelige, mit einem Turm versehene
Schloß im Stil der Spätrenaissance erbauen; 1894–97 wurde es
ausgebaut. Um 1900 umfaßte die Herrsch. D. unter den Gff.
Hochberg 2966 ha. Letzter Besitzer des Schlosses, das 1941 eine
Lehrerbildungsanstalt aufnahm, war Hermann Gf. zu Solms-Ba-

ruth. Das A. 14. Jh. belegte Dorf D. zog durch den M. 19. Jh. errichteten Bahnhof an der Strecke Breslau-Oppeln einige Industriebetriebe an (Mühle, Molkerei, Sägewerk, Ziegelei). (III) *We*

LV 212, Bd. 2, S. 10, 177 f. – LV 615, S. 95 f. – Heimatbuch d. Kr.
Falkenberg in Oberschles., Scheinfeld/Mfr. 1971, S. 148–151

Dedosize (Dziadoszanie), Gau der D. Der schles. Slawenstamm
der D. ist durch mehrere Quellen bezeugt: die Regensburger Völkertafel des sog. Bayerischen Geographen (M. 9. Jh., »Dadose-
sani«), die Schenkungsurk. Ks. Otto I. für das Bst. Meißen von 971
(»Diedesa«), die anscheinend die Stammesverhältnisse E. 10. Jh.
wiedergebende (umstrittene) Bestätigungsurk. Ks. Heinrichs IV.
für das Bst. Prag von 1086 (»Dedosize«) und die Chronik Thiet-
mars von Merseburg mit Nachrichten zu um 1000, 1010 und 1015
(»Diedesisi pagus«, »Diedesi«, »pagus, qui Diadesisi dicitur«). Die
geographische Lage des Gaues in N-Schles. wird durch die Erwähnung der Orte Crossen, → Eulau (bei Sprottau) und → Glogau bei Thietmar als in ihm gelegen bestimmt. Er wurde im W
und S durch einen Waldgürtel am unteren Bober bzw. durch die
Niederschles.-Lausitzer Heide (in einer W-O-Linie, die zwischen
Lüben und Liegnitz verläuft) und durch die → Dreigräben begrenzt. Im O reichte der D.-Gau bis an die Oder, von wo ein
Waldgürtel sich unterhalb des Durchbruchs der Oder durch den
Schles. Landrücken (in der Gegend Steinau-Köben) r. der Oder
nach NO in Richtung Guhrau fortsetzte; der schles. Landstrich
am r. Oderufer w. dieses Waldgürtels könnte ebenfalls zu den D.
gehört haben. Hauptburg des D.-Gaues war Glogau; in der Zeit
der Kastellaneiverfassung waren im Bereich der D. außer Glogau
noch Crossen, → Sagan und → Beuthen/O. Kastellaneisitze. Der
Bayerische Geograph gibt an, daß die »regio« der D. 20 »civitates« – wohl Burgen und zugehörige Burgbezirke – besaß. Darin
waren verm. auch die Burgen der vielleicht urspr. zu den D. gehörigen und daher in dieser Quelle nicht gen. → Boborane und
→ Trebowane enthalten. Eine Identifizierung dieser »civitates«
mit bekannten frühgesch. Burgen ist nicht möglich. – Die Aufnahme des D.-Gaues in die Urk. von 971 spiegelt das Bestreben
des Bst. Meißen wider, seinen Sprengel bis an die Oder auszudehnen, was ihm mit der Urk. Ks. Otto III. von 996 für den ganzen Oderlauf zugestanden wurde. Inzwischen hatte aber IIz. Mie
szko von Polen wohl den Böhmen, die im Laufe des 10. Jh. Schles.
erobert hatten, den D.-Gau im N entrissen (dies scheint sich auch
im Dagome-iudex-Regest von 985/92 abzuzeichnen) und vielleicht
auch die gen. Dreigräben errichtet, ehe er und sein Nachfolger
bis 999 ganz Schles. besetzen konnten. Mit der Gründung des Bst.
Breslau als Suffraganbst. von Gnesen im Jahre 1000 wurden die
Ansprüche Meißens auf das Oderland und damit auch auf den
D.-Gau hinfällig. *We*

LV 130, Bd. 1, Nr. 1, 5. – Thietmari Merseburgensis Episcopi Chronicon, bearb. v. R.Holtzmann u. W.Trillmich, Darmstadt 1957, IV 45,

VI 57, VII 20. – LV 402, bes. S. 37–53. – LV 259, Bd. 1, bes. S. 85 ff., 96 ff., 304 ff. – LV 262 Bd. I 1, S. 125–32. – OKossmann, Alemure, in: LV 33, 19 (1970), S. 443–46

Deschowitz (1936 Odertal O. S., Zdzieszowice, Kr. Groß Strehlitz/ Krappitz). D., an der Oder gelegen, war seit alters her Lagerplatz für Waren, die die Schiffe heranbrachten (Salz), und solche, die verschifft werden sollten (Galmeierze, Eisen der Hüttenwerke an der Malapane). Um die Lage am Wasserweg zu nutzen, erbauten die Schaffgotsch-Werke 1931 in D. eine Kokerei und ein Kraftwerk, 1938 eine Treibstoffsyntheseanlage, die 1939 den Betrieb aufnahm. Das Werk beschäftigte 1944 rd. 2100 Personen. In den Monaten Juni bis Dezember 1944 erlitt D. durch Fliegerangriffe schwere Schäden. Die Industrieanlagen wurden 1951 wieder in Betrieb genommen. 1956 wurde D. zur stadtart. Siedl. und 1962 zur Stadt erhoben, obschon seine Bev.-Zahl (1961: 4224, 1971: rd. 5600 Eww.) gegenüber 1939 (4842, dagegen 1933 erst 2170 Eww.) gesunken war.   (III) *Str*

KLeib, Z. Gesch. d. Ratiborer Oderschifffahrt, in: LV 49, 1925, Nr. 6. – LV 234, Bd. 2, S. 186. – Ziemia strzelecka (D. Strehlitzer Land), hg. v. WDziewulski, JKroszel, Br. 1970. – LV 225

Deutsch Hammer (Czeszów, Kr. Trebnitz). Die ma. dt. und dtrechtl. Siedl. sparte die feuchte und waldreiche Bartschniederung aus. In ihrem Vorfeld bestanden aber am Bartsch-Nebenfluß Schätzke ca. 12–17 km nö. Trebnitz schon um 1400 zwei Einrichtungen, die mit dem Landesausbau des 13./14. Jh. zusammenhängen und im übrigen N-Schles. zu diesem Zeitpunkt nur noch vereinzelt nachweisbar sind: zwei unter Verwendung örtlichen Raseneisenerzes arbeitende Eisenhämmer, der seit 1391 belegte »oberste Hammer« – seit M. 16. Jh. auch Dt. H. gen. – und der »niederste Hammer« ca. 5 km weiter w. (1412; 1410: Mulichs Hammer, nach der Besitzer-Fam. Mulich, 1562 auch Poln. Hammer). Dorf und Vorwerk Dt. H. wurden erst in jüngerer Zeit angelegt, nachdem der Wald durch den Holzbedarf des Hammers gerodet worden war.   (III) *We*

LV 274, S. 290, 374, 385. – LV 335, Bd. 1, S. 212–16, Bd. 2, S. 186–92

Deutsch Jägel (Jagielno, Kr. Strehlen). Dt. J., ein alter Rittersitz zwischen Münsterberg und Grottkau, im 15. Jh. im Besitz der als Raubritter gefürchteten Herren v. Borsnitz, wurde 1443 gebrochen. Die v. Borsnitz überließen darauf 1469 ihren Besitz Georg v. Pogarell. Die v. Pogarell bauten Dt. J. neu auf. Durch Heirat kam der Besitz vor 1632 an Heinrich v. Reder und Türpitz. Im 7j. Krieg war der Kommandant von Neisse, Gen. v. Treskow, Besitzer von Dt. J. In der Folgezeit wechselten die Herren von Dt. J. oft, zu ihnen gehörten u. a. die Fam. v. Reibnitz sowie die v. Paczensky und Tenczin. 1889 kaufte die Besitzung Elger Frh. v. Dalwig, der den quadratischen Schloßbau um zwei Seitenflügel im S und den sog. »venezianischen Anbau« im W vergrößerte und benachbarte Rittergüter zukaufte. 1907 erwarb Leo Gf. v. Ballestrem Dt. J. Die Herrsch. blieb bis 1945 in der Fam. Gf. v. Ballestrem. Stallungen und Wirtschaftsgebäude wurden im 2. Weltkrieg zerstört, das *Schloß* ist erhalten. (II) *Web*

LV 613, Bd. 1, S. 13. – LV 616, S. 65–67

Deutsch Lissa (Leśnica, Stadtkr. Breslau). L., 12 km w. Breslau, hat seinen Namen von der Weistritz, an deren l. Ufer es liegt und die bis ins 15. Jh. »Lesnicz«, »Lesna« hieß; der Zusatz »Dt.« wurde 1873 zur Unterscheidung von L. in der Prov. Posen eingeführt. Hier, am Übergang der → Hohen Straße über die Weistritz, hatten die Hzz. von Schles. (Breslau) einen – verm. befestigten – Wirtschaftshof (curia), sie verwendeten ihn auch als Rastort auf dem Wege von Breslau nach Liegnitz. Hz. Boleslaus der Lange soll 1201 in L. verstorben sein; seine Nachfolger stellten dort Urkk. aus (erstm. überliefert vor 1227). Vor 1261 gründeten sie die Stadt L. (1261 Vogt belegt), 1289 überließen sie den beiden Vögten von L. das Dorf Muckerau nw. von L. zur Anlage eines dtrechtl. Stadtdorfes sowie das Gelände ihres durch die Entstehung des Hzt. Liegnitz als Rastort bedeutungslos gewordenen Hofes, auf dem sich später das grundherrschl. Gut mit Schloß befand. Die Nähe des mächtigen Breslau verhinderte die wirtschl. Entwicklung der Stadt. Seit 1339 war L. in der Hand von privaten Grundherren, meist Breslauer Bürgern. Breslau sorgte auch 1340 für die Aufhebung des seit 1266 belegten Zolls von L. 1420 gestattete Ks. Sigismund dem Breslauer Kaufmann Michael Bankau, der seit 1412 durch Landkauf die Herrsch. L. begründet hatte, die Erbauung eines festen Hauses. Nach den Zerstörungen der Hussitenkriege und folgenden Auseinandersetzungen (1428, 1465) kam L. 1494 für 157 Jahre an die Breslauer Patrizierfam. Hornig. Sie baute das Schloß M. 16./A. 17. Jh. im Renaissancestil aus und umschloß es mit Wall und Graben. Kg. Matthias erhob den Besitz L. 1611 zum freien, direkt dem Oberamt von Schles. unterstellten Burglehen. 1651 erwarb es der schles. Kammerpräsident Horatius v. Forno, von seiner Fam. gelangte es 1715 an Raymund v. Stillfried, 1733 an die Kreuzherren mit dem roten Stern vom St. Matthiasstift zu Breslau, 1752 an Ferdinand Frh. v. Mudrach, 1762 an dessen Schwiegersohn Gf. Joachim Carl v. Maltzahn, dessen Fam. L. bis 1836 behielt; danach kam es an den preuß. Staats- und Kabinettsminister Carl v. Wylich und Lottum, von dessen Fam. L. durch Heirat an die v. Veltheim-Lottum fiel (bis 1945). Das Schloß, unter den Kreuzherren durch Christoph Hackner im Barockstil umgebaut, beherbergte häufig bekannte Persönlichkeiten (u. a. Kg. Matthias II., Pz. Karl von Lothringen, Kg. Friedrich d. Gr., Kg. Friedrich Wilhelm III. und Kgn. Luise). Friedrich d. Gr. ist am Abend nach der Schlacht bei → Leuthen am 5. 12. 1757 im Schloß L. eingekehrt; daß er dabei knapp der Gefangennahme durch österr. Offiziere entgangen sein soll (Bild Adolph v. Menzels), ist nicht bewiesen und unwahrscheinlich. In den Napoleonischen Kriegen war L. mehrmals franz. Hauptquartier. Der Ort L., 1633 niedergebrannt, erscheint noch 1736 als Städtel (oppidum), E. 18. Jh. ist es zum Dorf von 323 Eww. abgesunken. Obwohl die Chaussee Breslau–Berlin (1810) und die Eisenbahnlinie Breslau–Liegnitz (1846) durch L. führten, erfolgte erst allmählich seit der 2. H. 19. Jh. ein Aufschwung durch den Bau von Industriebetrieben (Gerberei, Schamottefabrik) und Wohnsiedl. Die Bev. stieg an: 1825: 427, 1885: 2063, 1905: 4128 Eww. 1945 nur geringfügig zerstört, erhielt Dt. L. in den 1950er Jahren Straßenbahnverbindung nach Pilsnitz und damit auch nach Breslau. Das in einem Park an der Weistritz gelegene *Schloß* ist 1945 ausgebrannt. Die *St. Hedwigskirche*, 1299 erstm. erwähnt, stammt im Kern aus dem 15. Jh. (spätere An- und Umbauten). Seit 1928 gehört Dt. L. zu Breslau. (II) *We*

GJohn, Chronik v. Dt.-L., Br.-Dt. L. 1936. – LV 233, S. 722. – LV 357, S. 54 f. – EGlaeser, Schloß L., Rastort gesch. Persönlichkeiten durch sieben Jhh., in: LV 30, 1939, Nr. 1, S. 1–11. – LV 610, Bd. 1, S. 38–53. – HJung, Christoph Hackner, Br. 1939, S. 102–04. – LV 670, S. 297–302. – LV 612, S. 56 f. – Wrocław, przewodnik po dawnym i współczesnym mieście (Führer durch d. alte u. heutige Stadt Breslau), hg. v. WRoszkowska, Warschau 1963, S. 298–301

Deutsch Neukirch (1937 Altstett, Nowa Cerekwia, Kr. Leobschütz). Dt. N. an der Straße vom 16 km nw. entfernten Leobschütz nach Katscher war urspr. Stadt, wie noch am Grundriß mit dem großen rechteckigen Marktplatz zu erkennen ist. Die 37 brauberechtigten Bürgerstellen um 1825 zeigen den ungefähren Umfang der alten Stadtanlage an. 1234 ist die Pfarrkirche von »Nova ecclesia« belegt (Patronat der Nonnen von Oslowan/Mähren), 1298, bei der Erwähnung des Marktortes (»locus forensis«), dürfte die Stadtgründung vollzogen gewesen sein. Von 1585 an gehörte Dt. N. den Frhh., später Reichsgff. v. Würben, bis 1808 der nach 1742 zum Marktflecken abgesunkene Ort selbst das Dominium und damit auch das im 16./17. Jh. erbaute Schloß auf einer Anhöhe nahe der Troja (heute *Ruine*) erwarb. 1666 brannte Dt. N. ab. Der heutige Bau der *Peter-Paul-Pfarrkirche* entstand 1783–87 im Übergangsstil vom Barock zum Klassizismus. Eww.: 1784: 694, 1825: 814, 1905: 966, 1925: 882, 1939 (mit Bieskau, zus. 14,75 qkm): 1636, 1971: ca. 1500 (auf 24 qkm). (IIIa) *We*

LV 209, Abt. 2, T. 3, S. 609–612. – LV 511, Sp. 215 f. – LV 345. – LV 593, Bd. 7, H. 2, S. 59–62

Deutsch Piekar (Piekary Śląskie, Kr. Tarnowitz). Dt. P. geht auf eine poln. Dienstsiedl. von Bäckern der Kastellanei Beuthen OS zurück. Im Zuge der dt. Ostsiedlung wurde der Ort ausgebaut, wie der Zusatz »Dt.« beweist (1369: »Dewsche Bechker«); dabei wurde in der Gegend auch Silber- und Bleierzbergbau betrieben. Unterstand »Pecare« 1277 der Kirche von Kamin sö. von Dt. P.

(→ Brzezowitz-Kamin), so besaß es 1326 bereits eine eigene Pfarrkirche. Auf das urspr. in ihr aufbewahrte Muttergottesbild aus
der M. 15 Jh. geht die seit der 2. H. 17. Jh., als Jesuiten die Leitung der Pfarrei übernahmen, zahlreich besuchte Wallfahrt nach
Dt. P. zurück; während das Original des Gnadenbildes 1702 vor
den Schweden nach Oppeln in Sicherheit gebracht wurde und
dort in der Kreuzkirche verblieb, befindet sich in der Kirche von
Dt. P. eine Kopie desselben aus der 2. H. 17. Jh. 1683 weilte hier
der poln. Kg. Johann Sobieski auf dem Weg zum Entsatz von
Wien, und August der Starke bekannte sich 1697 in der Kirche von
Dt. P. in Gegenwart poln. Abgesandter zum kath. Glauben, bevor
er sich in Krakau zum Kg. von Polen krönen ließ. Die alte Holzkirche wurde 1848 durch einen neurom. *Steinbau* von Daniel Gröt-
schel nach einem Entwurf von August Soller ersetzt. Das war u. a.
dem Einsatz des durch die Mäßigkeitsbewegung (für die der Wallfahrtsort Dt. P. gute Wirkungsmöglichkeiten bot) bekannt gewordenen Pfarrers Johann Alois Fietzek (Ficek, 1790–1862) zuzuschreiben, der seit 1826 Seelsorger in Dt. P. war. Er gehörte auch
zu den Autoren der Schriften, die in der 1840 in Dt. P. gegr. ersten poln. Druckerei von Oberschles. gedruckt wurden. – Der Breslauer Tuchkaufmann Georg Giesche (1653–1716) fand 1702 bei Dt.
P. Galmei; er erwarb 1704 ein Privileg, das ihm und seinen Erben
das alleinige Recht zugestand, in Oberschles. nach Galmei zu graben. Seine Erben gründeten 1811 bei Dt. P. die Scharley-Grube
(benannt nach dem »Dämon« Scharlen oder Scharley der Legende, der im 14. Jh. den Beuthenern im Bergbau geholfen haben
soll; die Legende ist wohl auf die Tätigkeit eines Bergbauunter-
nehmers – aus Freiberg i. Sa.? – zurückzuführen), die bis M. 19.
Jh. die bedeutendste Galmeigrube in Oberschles. war. Um 1840
gab es in Dt. P. sieben Galmeigruben; später verlagerte sich der
Schwerpunkt der Zinkerzgewinnung in die Gegend von → Brze-
zowitz und → Groß Dombrowka. – Unter poln. Herrsch. wurden
die 1896 getrennten Gemm. Dt. P. und Scharley 1934 wieder vereinigt (Szarlej-Piekary Wielkie, seit 1935 Piekary Ślaskie). Die im
Juli 1939 beschlossene Stadterhebung von Dt. P. konnte wegen
des Kriegsausbruchs erst 1947 verwirklicht werden. Der Ausbau
der Industrie wurde nach 1945 fortgesetzt; seit 1954 ist dort auch
eine Steinkohlengrube in Betrieb. Auf einer Fläche von 17,65 qkm
wohnten 1961 in Dt. P. 31 456, 1970: 36 392 Personen (1788: 811,
1825: 846, 1905: 8459, 1941: 24 514).   (IV)   *We*

Tarnowskie Góry. Zarys rozwoju powiatu (Überblick d. Entwicklung d.
Kr. Tarnowitz), hg. v. HRechowicz, Kattowitz 1969. – LV 234, Bd. 1,
S. 457 f. – KŻydek, Od Pecare do Piekar Śląskie. Opowieść o dziejach
Piekar Śląskich (V. Pecare bis Dt. P. Darst. d. Gesch. v. Dt. P.), Dt.
P. 1972

Deutsch Wartenberg (Otyń Kr. Grünberg/Neusalz). Die am N-
Rand eines von der Ochel durchflossenen Urstromtales kurz vor
deren Mündung in die Oder gelegene Stadt, 5 km n. Neusalz, er-

hielt erst um 1788 den Zusatz »Dt.« zur Unterscheidung von (Poln.,
→ Groß) Wartenberg in Mittelschles. Sie ist, 1313 erstm. belegt,
offenbar eine adlige Gründung. Die Grundherrsch. – vom 14. Jh.
bis 1488 in der Hand derer v. Zabeltitz, nach unmittelbarer
Herrsch. der böhm. Krone 1516–1616 Besitz derer v. Rechenberg
– hatte ihren Sitz außerhalb der Stadt in dem Gutsbezirk mit
dem Schloß (urspr. wohl Wasserburg) an der Ochel. Durch die
Heirat von Helene v. Rechenberg († 1628), Schwester des letzten
männlichen Vertreters der Fam. in Dt. W., kam die Herrsch. W.
1616 an deren Gatten Frh. Hans Ernst v. Sprinzenstein, allerdings
unter Widerspruch anderer Erbanwärter; dessen zweite Gemahlin
Eleonore, geb. Gfn. v. Harrach, vermachte die Herrsch. W. dem
Jesuitenorden, der sie von 1649/61 bis zu seiner Auflösung 1776
behielt. Durch ihn wurde die Bev. der Herrsch., seit um 1555 prot.
und während des 30j. Krieges unter wechselndem konfessionellen
Einfluß, ab 1652 rekatholisiert, manche prot. Famm. wanderten
1672/73 aus. Die Jesuiten errichteten schon 1681 einen neuen,
nach dem Brand von 1702 dann bis 1721 den noch heute vorhandenen barocken *Schloßbau* (1945 teilweise zerstört; kleine Reste
des got. und Renaissancebaus erhalten); die von Stephan Spinetti
entworfene neue *Schloßkirche* war schon 1705 fertig. Der preuß.
Staat verkaufte die Herrsch. W. 1787 an Hz. Peter Biron von Kurland und Sagan, von dem sie 1800 an dessen Tochter Dorothea,
vermählte Hzn. von Talleyrand-Périgord, und 1862 weiter an deren Kinder Hz. Alexander von Dino, Marquis von Talleyrand-Périgord, und Pauline, Marquise von Talleyrand-Périgord, verwit-
wete Marquise von Castellane, fiel. Hz. Alexander verkaufte den
ihm zugefallenen linksodrigen Teil der Herrsch. mit Dt. W. 1879
an Staatsmin. a. D. Dr. Karl Rudolf Friedenthal († 1890).
Der alte Kern der Stadt Dt. W., vor 1945 zuletzt 1702 durch Brand
stark zerstört, hat eine Größe von nur ca. 250 × 250 m; den Mittelpunkt des unregelmäßigen Grundrisses bildet der quadratische
Marktplatz mit dem *Rathaus* (heutiger Bau aus dem 17. Jh., klassiz. umgebaut 1844). Ein Vorgängerbau der *kath. Stadtpfarrkirche*
stand anscheinend schon 1332; der heutige Bau stammt aus dem
16. Jh. (Turm 1676). Dt. W. war vornehmlich Ackerbürgerstadt, im
15. Jh. erlebten verschiedene Handwerke einen Aufschwung, 1662
ist eine Tuchmacherzunft belegt. Im 17./18. Jh. gab es regen Weinbau. Ein Jahrmarkt wurde in W. schon seit 1539 abgehalten, seit
1667 noch ein bes. Roß- und Viehmarkt. Zeitweise besaß Dt. W.
eine Baumwollmanufaktur (1766), eine Tuchfabrik (1769), Strumpf-
wirkstühle und Seidenbau. Im 19. Jh. wurden Eisensteingruben
eingerichtet, um 1900 eine Teigwaren- und die Edelweiß-Fahr-
radfabrik. Die Eisenbahnstrecke Glogau–Guben von 1871 geht
über Neusalz an Dt. W. knapp vorbei; erst die Linie Neusalz-
Kontopp (1901) brachte direkten Bahnanschluß. Die Eww.-Zahl
blieb stets niedrig: 1787: 699, 1825: 820, 1905: 820, 1939, nach Eingemeindung des Guts- (Schloß-) Bezirks und der Land- (Vor-
werks-) Gem.: 926 Eww. Dies und Kriegszerstörungen bewirkten,

daß Dt. W. unter poln. Verwaltung den Stadtstatus verlor. 1961: 1007 Eww. (I) *We*

LV 119, Bd. 1. – FChSickel, Gesch. d. Herrsch. Dt. W. in Niederschles. v. Jahre 1433 an, Dt. W. 1820. – LV 511, Sp. 362–65. – AFoerster, Geschichtliches v. d. Dörfern d. Grünberger Kr., Grünberg 1905. – PRichter, Gesch. d. evg. Kirchengem. Dt. W. v. 1555–1890, Neusalz 1890. – LV 613, Bd. 2, S. 55 f. – HHoffmann, D. Jesuiten in Dt. W. (LV 105, Bd. 5), Schweidnitz 1931. – LV 233, S. 730 f. – LV 234, Bd. 2, S. 650 f. – Województwo zielonogórskie, Przewodnik (Führer durch d. Woj. Grünberg), hg. v. WKorcz, Warschau 1971, S. 89–91

Dieban (Dziewin, Kr. Wohlau). Siedl.-Funde aus wandalischer und frühslaw. Zeit weisen das auf einem Steilhang über dem l. Oderufer gelegene Dorf D. als dem altbesiedelten Teil des früheren Kr. Steinau a. Oder zugehörig aus. Der Ort »Devin« wird in mehreren Urkk. aus den Jahren 1209–1241 erwähnt; jedoch sind die Echtheit der Nachricht von 1209 und die Identität des Dorfes »Devin« in den übrigen Urkk. mit D. umstritten. Die erste sichere Erwähnung von D. stammt aus dem Gründungsbuch des Kl. Heinrichau (1250). 1287 verkaufte Hz. Heinrich III. von Glogau D. an Otto v. Zedlitz. Nach mehrmaligem Besitzwechsel kam 1508 die Herrsch. D., die sich um diese Zeit im Besitz der Hzz. von Münsterberg-Oels befand, an die Brüder v. Kanitz, die D. nach poln. Recht besitzen sollten und das Recht einer freien Fähre über die Oder erhielten. Die Oderfähre bestand bis 1930. 1558 begannen die Brüder v. Kanitz mit dem Bau des *Renaissanceschlosses,* dem nach der Besitzübernahme von D. durch den Landesältesten Hans Friedrich v. Mutschelnitz (um 1700) ein Erweiterungsbau mit sehr schönem Treppengiebel angefügt wurde. Im Erbgang kam D. 1721 an die Fam. v. Schweinitz, in deren Besitz es bis 1945 verblieb. (II) *Gra*

LV 129, Bd. 2, Nr. 134 u. a. – LV 130, Bd. 1, Nr. 345. – LV 270. – LV 613, Bd. 2, S. 8. – LV 615, S. 63 f.

Dittersbach (Podgórze oder Dzietrzychowice, Stadtkr. Waldenburg). Die Lokation von D. wird zwischen 1290 und 1295 angenommen. Sie muß im Zusammenhang mit der Rodung des Grenzwaldes bzw. mit der Befestigung des Landes gegen Böhmen (→ Neuhaus) gesehen werden. D. gehörte immer zur Herrsch. Neuhaus. 1649 wird erstm. der Steinkohlenbergbau in D. (und Bärengrund) erwähnt. An Bedeutung gewann der Steinkohlenbergbau durch den Ausbau der Melchiorgrube mit Kokerei seit 1841 (1866 Tiefbauschacht, 1878 Wetterschacht, 1911 Eugenschacht, 1920 Ernestinenstollen, nach 1945 Grube »Mieszko«). Der Bahnhof D., einer der größten Ostdeutschlands, wurde 1867 in Betrieb genommen. Der Ochsenkopftunnel (1601 m) wurde 1876–78 und 1909–11 erbaut. Zusammen mit dem Viadukt über den D.er Grund stellt er die Verkehrsverbindung nach Glatz her. 1920 wurde Bärengrund, 1923 Althain, 1928 der Gutsbezirk Neuhaus nach D. eingemeindet. Als größte Landgem. des Kr. Waldenburg wurde

D. 1934 (ohne Althain) mit ca. 15 000 Eww. nach → Waldenburg eingemeindet. 1889 erhielt D. eine kath. *(St. Franziskus-)Kirche,* Neubau 1933, 1901 eine *evg. Kirche.* Der Dichter Hermann Stehr (1864–1940) war 1900–11 Lehrer an der kath. Schule. (IIa) *Kö*

O du Heimat lieb u. traut! Bilder aus d. Waldenburger Berglande, hg. v. MKleinwächter, Waldenburg 1925, S. 444 f. – LHäufler, D. Gesch. d. Grundherrsch. Waldenburg-Neuhaus unter bes. Berücks. d. Industriegem. D. (Forschsch. z. Gesch. d. Waldenburger Berglandes, Bd. 1), Br. 1932. – LV 140. – → Waldenburg

Dobrau (1936 Burgwasser, Dobra, Kr. Neustadt O. S.). D. (11 km nö. Oberglogau) gehörte neben → Oberglogau, Moschen und Gfl. Wiese zu den großen Herrschsch. des Neustädter Kr.-Gebietes. Lange war es in der Hand der Reichsgff. v. Roedern. 1780 ging es in den Besitz des Gf. Heinrich Leopold von Seherr-Thoß, eines der bedeutendsten Grundbesitzer von Schles., Oberhofmundschenk Friedrichs d. Gr., über. 1800 wurde ein Fideikommiß errichtet. Das um 1750 unter Reichsgf. Erdmann Karl v. Roedern erbaute, in einem Landschaftspark am Zülzer Wasser gelegene *Schloß* wurde 1857–60 neugot. um- und ausgestaltet, brannte 1945 aus und ist seitdem Ruine. (III) *Me*

LV 613, Bd. 1, S. 4 f. – LV 615, S. 99 f.

Dohms (Gem. Lipschau-Dohms/Luboszów, Kr. Sprottau/Bunzlau). Als im März 1668 die bisher evg. Kirche in Eisenberg am Queis geschlossen wurde (Kirchenreduktion im Fstm. Sagan), ging Pastor Mag. Adam Härtel nach D., das damals (bis 1815) oberlausitz. bzw. sächs. war. Mit Unterstützung durch Frh. v. Schellendorf (→ Klitschdorf) und Frh. v. Kittlitz (→ Mallmitz) wurde hier am Queis eine Grenzkirche aus Fachwerk erbaut, dabei isoliert ein Glockenturm aus Fachwerk. Evg. Kirchgänger kamen um 1700 bis aus Sprottau. Die Kirche war 1945 noch erhalten, jetzt zerstört (?). Sie gewann nach 1900 größere Bedeutung als Kirche für die Garnison des Truppenübungsplatzes → Neuhammer. (I) *St*

FGaßmeyer, Gesch. d. evg. Kirchgem. D., 1918. – LV 664, Bd. 3, S. 582

Domanze (Domanice, Kr. Schweidnitz). D., 15 km nö. Schweidnitz, wurde im 12. Jh. an einem wichtigen Übergang über die Weistritz mit Brücke und Burg durch das Breslauer Sandstift gegr. Im 13. Jh. wurde das Dorf zu dt. Recht umgesetzt und ging in Ritterbesitz über. 1348 wurde eine Kirche gegr. zum Gedächtnis an den Ritter Jacho v. Manow, den der Ritter v. Seidlitz auf Bögendorf erschlagen hatte. Besitzer von D. waren die Ritter v. Manow, v. Glosse, v. Aulock, v. Bolze, v. Schwarzenwalde, 1401–68 v. Schindel, 1468–1523 v. Schellendorf, 1523–1628 v. Mühlheim, 1628 bis 1650 v. Reichenbach. D. wurde im 30j. Kriege völlig zerstört, dann vom ksl. Gen.-Feldwachtmeister v. Monteverques wieder aufgebaut. Die kath. Pfarrei wurde nicht wiederhergestellt, sondern der Kirche zu Ingramsdorf zugeteilt. Besitzer waren bis 1705 die Gff. v. Oppersdorff, 1705–71 die v. Seherr-Thoß, 1771–1832 die v. Tschirschky, dann die Gff. von Brandenburg (Friedrich Wilhelm Gf. von Brandenburg, 1792 als Sohn des preuß. Kg. Friedrich Wilhelm II. geb., der eine morganatische Ehe mit der Gfn. Sophie v. Dönhoff eingegangen war; Gf. Friedrich Wilhelm von Brandenburg war Kommandierender Gen. des VI. Armeekorps von Breslau, 1848 preuß. Ministerpräsident, zwei seiner Söhne kommandierten 1870/71 die 1. und 3. Garde-Kavallerie-Brigade, der dritte Sohn war preuß. Gesandter in Madrid und Brüssel) bis 1909, anschließend bis 1945 die Gff. v. Pückler. Um 1600 wurde ein neues *Schloß* auf einem Felsen gebaut, dessen Abhänge mit Fliederbüschen bestanden sind (»Fliederblüte, Fliederfest«). Vor dem 2. Weltkrieg begann man den Bau eines Staudammes der Weistritz bei D. (→ Borganie). 1939: 656 Eww., Rittergut: 604 ha. Nach 1945 wurde die 1743 errichtete evg. Kirche abgerissen, das Dominium zur Staatsdomäne erklärt, das Schloß als Altersheim eingerichtet.   (II) *Ra*

LV 616, S. 60 f. – LRadler, D., in: LV 71, 48 (1969), S. 7–47

Domslau (Domasław, Kr. Breslau). Das 13 km sw. Breslau an der alten Handelsstraße Breslau–Glatz–Prag gelegene Straßendorf D. erscheint in einer gegen M. 13. Jh. hergestellten Urk.-Fälschung zum Jahre 1214 zusammen mit Breslau, Oels und Liegnitz als Marktort. Die 1284 belegte Pfarrei soll von der hl. Hedwig dotiert worden sein; ihr Sprengel reichte urspr. beinahe bis zur Oder und verbreitete sich nach S im Gebiet zwischen Lohe und Weistritz. Die Kirche mit Friedhof inmitten des Dorfes auf der höchsten Erhebung desselben bildete eine von einer Mauer umgebene Rundanlage. Der slaw. Marktort war angeblich Mittelpunkt eines Verteidigungssystems des frühen 13. Jh. in dem politisch herausragenden Raum um Breslau (Maetschke). Auch der im Kern wohl dem A. 16. Jh. entstammende Kirchenbau, wie er bis zu seinem Abbruch 1956/57 bestanden hatte, zeigte noch wehrhaften Charakter (1529–1654 und seit 1708 evg.). Der Marktcharakter von D. könnte für 1214 richtig sein. Mit der Erstarkung Breslaus und unter den sich ausbreitenden dtrechtl. Städten verlor D. seine Bedeutung. 1552 gelangte es in den Besitz des Hl. Geist-Hospitals bei St. Bernhardin zu Breslau und wurde seither von dieser Stadt verwaltet.   (II) *We*

LV 130, Bd. 1, Nr. 351. – EMaetschke, Aus Breslaus Frühzeit, in: Beiträge z. Gesch. d. Stadt Breslau 1 (1935), S. 17–50. – Ders., D. Schlesiergau vor d. ostdt. Landnahmebewegung im 13. Jh., in: LV 68, 13 (1938), Nr. 4, S. 134–139. – LV 592, S. 37–44. – HAppelt, D. Breslauer Vinzenzstift u. d. Neumarkter Recht, in LV 33, 9 (1960), S. 216–230. – LV 262, Bd. I 1, S. 153, 184, 288

Dreigräben (Wały śląskie). Die D. sind ein Teil oder die Fortsetzung der → Preseka, der Grenzwaldzone, die um 1200 urk. die S- u. W-Grenze von Schles. gegen Angriffe von Böhmen und Meißen her schützte und von Kamenz-Wartha bis an den Bober bei Crossen reichte (→ Karte 1). Als Erdwälle (meist 3–4 Stück), verm. mit Baumpalisaden bestückt, sind sie vom → Gröditzberg am S-Rand des → Sprottebruches (bei Neuvorwerk sw. Primkenau am besten erhalten) über Ober Leschen/Bober, Puschkau/Queis, Wachsdorf bis zum Park von Niebusch nachgewiesen. Die Gesamtbreite der Anlage beträgt um 40 m, die Tiefe des ö. Grabens bis 3 m. Sie bildete die W-Grenze des schles. Gaues → Dedosize (Odergebiet um Glogau). Ein Einlaßtor in diesem Grenzsaum war um 1000 die Landesburg bei → Eulau. Im Polenfeldzug Ks. Friedrich Barbarossas 1157 wird über den Durchbruch durch diesen Grenzverhau berichtet. Die Entstehungszeit ist zweifelhaft. Als Erbauer sind die Dedosizen anzusehen (im 10. Jh.?). Die meisten Forscher nehmen an, daß das Schanzwerk der D. von Polen zum Schutze gegen Angriffe von W und von der Lausitzer Pforte her angelegt wurde; aber auch die gegenteilige Ansicht (Schutz gegen poln. Angriffe) wurde vertreten. – Die Grenzwälder mit den D. wurden unter Hz. Heinrich I. von Schles. (1201–38) ab 1210 zur Rodung durch dt. Bauern freigegeben. Daher blieben die D. nur in damals verschonten Waldgebieten erhalten.   *St*

FMatuszkiewicz, Steht d. mittelschles. Preseka z. d. niederschles. D. in Beziehung? In: LV 28, 41 (1907), S. 392–401. – FGeschwendt, Untersuchung d. D., in: LV 67, 4 (1934), S. 255–59. – LV 337. – LV 402, S. 60–62. – WRecke, D. »D.« in Niederschles. als poln. Forschungsproblem, in LV 33, 2 (1953), S. 573–75

Dyhernfurth (Brzeg Dolny, Kr. Wohlau). An einer Oderfurt am r. Ufer des Flusses unterhalb von Breslau gelegen, werden das kleine Dorf »Brzeg« A. 14. Jh. und das Gut »Brsega« 1355 erstm. urk. gen. Bei dem Gut lag, schon im 15. Jh. erwähnt, die Gerechtsame für eine Oderfähre, die auch jetzt noch betrieben wird. Nach mehrmaligem Besitzerwechsel erwarb 1660 der schles. Oberamtskanzler Frh. Georg Abraham v. Dyhrn die Grundherrsch., für die er 1662 bei Ks. Leopold I. das Stadtrecht beantragte. 1663 erfolgte die Erhebung zur Stadt mit dem Namen D. 1667 erhielt Frh. v. Dyhrn ein Buchdruckerprivileg, auf Grund dessen seinem Besitznachf., dem Landeshauptmann Gf. Julius Ferdinand v. Jaroschin, die Genehmigung zur Errichtung einer jüd. Druckerei erteilt wurde, die bald zu großer Bedeutung gelangte und bis 1834 bestand. In ihr wurde 1771–1772 die erste jüd. Zeitung Deuschlands, mit dt. Text in hebräischer Schrift, gedruckt. Mit Begründung der Druckerei entstand eine verhältnismäßig starke jüd. Gem., nachdem D. bereits deshalb bes. Bedeutung für das schles. Judentum hatte, weil dorthin nach der Aufhebung des Breslauer Judenfriedhofs 1345 die jüd. Begräbnisstätte verlegt worden war, die über 400 Jahre bestand, bis 1761 Kg. Friedrich II. wieder die Genehmigung zur Bestattung von Juden in Breslau erteilte. Diese alte, später in den Schloßpark einbezogene *jüd. Grabstätte* ist noch jetzt erhalten. 1770 erwarb die Gattin des schles. Provinzialmini-

sters Gf. Carl Georg Heinrich Hoym (eine geb. v. Dyhrn), 1789
dieser selbst die Herrsch. D. Das zwischen 1780 und 1785 von Carl
Gotthard Langhans (?) erbaute und M. 19. Jh. von franz. Architekten umgebaute *Schloß* wurde 1945 zum großen Teil zerstört,
nach dem Kriege jedoch, wenn auch nur teilweise unter Beibehaltung der urspr. Architektur, wieder aufgebaut und dient jetzt als
Kulturhaus. In dem in engl. Stil angelegten Schloßpark ließ Hoym
von Langhans ein *Teehäuschen* errichten sowie ein einem griechischen Tempel nachgebildetes *Mausoleum*, in dem er selbst und
die Nachfahren des Geschlechts ihre letzte Ruhestätte gefunden
haben. Bis 1945 befand sich die Herrsch. D. im Besitze von Nachkommen Hoyms aus der weiblichen Linie, zuletzt des Gf. v. Saur-
ma-Hoym. – D. gehörte urspr. zum Hzt. Breslau und kam 1818
bei der Verwaltungsreform zum Kr. Wohlau.
Die Struktur der kleinen Landstadt D. erfuhr 1939/40 im Rahmen des Aufbaus der Rüstungsindustrie eine grundlegende Umwandlung durch die Errichtung eines großen chemischen Werkes,
das den Krieg unzerstört überstand und nach Erweiterung jetzt
als Rokita-Werke zu den wichtigsten Betrieben der poln. Chemie-
industrie zählt. Zu der – allerdings auch durch Eingemeindungen
auf 15,94 qkm erweiterten – Stadtgem. D. gehörten 1961: 8924,
1970: 10 873 Eww. (um 1790: 743, 1825: 1183, 1905: 1294, 1939:
2013 Eww. auf 4 qkm). Das 1945 verlorene Stadtrecht erhielt D.
1954 zurück. (II) *Gra*

OKoch, Gesch. d. Stadtgem. D., Wohlau 1913. – HGranier, D., in: LV
28, 35 (1901), S. 346–352. – LV 344. – LV 233, S. 732. – LV 270. –
LV 613, Bd. 1, S.5. – LV 234, **Bd. 2,** 549

Eckersdorf (Biestrzyków, Kr. Breslau). Im s. Teil des 1358 erstm.
gen. Dorfes E. 9 km sö. Breslau steht ein wuchtiger dreigeschossiger *Wohnturm* (zuzügl. Kellergeschoß) auf rechteckigem Grundriß (9,70 × 8,85 m). Urspr. wohl mit Wall und Graben umgeben,
gehörte er zur Hofanlage des Gutes E., das seit vor 1382 dem
Breslauer Domkapitel gehörte. Der Ziegelrohbau mit späterem
Verputz, 1411 urk. belegt, wurde wahrsch. im 14. Jh erbaut, das
Treppenhaus im W im 16. Jh. angefügt, kleine Veränderungen
brachte die Barockzeit. Das Keller- und die beiden unteren Geschosse sind eingewölbt. Das Erdgeschoß könnte einst als Kapelle
verwendet worden sein. 1945 ist der Bau, der vorher zu den beiden besterhaltenen ma. Wohntürmen von Schles. gezählt hatte
(→ Boberröhrsdorf), ausgebrannt und hat dabei das steile Dach
verloren. Die Auffassung, daß der Wohnturm von E. bereits aus
dem 13. Jh. stammt und Teil eines Verteidigungssystems mit Mittelpunkt in → Domslau war (Maetschke), ist sehr umstritten. –
Das in E. gefundene Fragment eines Prophetenreliefs aus der
2. H. 12. Jh., der ältesten Figuralplastik in Schles. zugehörig,
könnte von dem jetzt an St. Maria-Magdalena in Breslau an-
gebrachten Portal der 1529 abgebrochenen Vinzenzkirche auf dem

Elbing zu Breslau stammen; es befindet sich wie ein nach 1945 in
Breslau ausgegrabenes zweites Fragment in dieser Stadt.   (II) *We*

EMaetschke, D. Schlesiergau vor d. ostdt. Landnahmebewegung im
13. Jh., in LV 68, 13 (1938), Nr. 4. S. 134–139. – LV 592, S. 45–47,
393 f. – LV 612, S. 33 f.

Eckersdorf (Bożków, Kr. Glatz/Neurode). Am Fuße der w. Ausläufer des Eulengeb. liegt 10 km nw. Glatz E., ein seit 1348 urk.
belegtes Waldhufendorf. Sein Schloß war Sitz der gleichnamigen
Herrsch., die sich von der Hohen Eule bis zum Glatzer Schneeberg
erstreckte. Zu den Vorbesitzern der adeligen Vorwerke von E. gehörten die v. Gübner und v. Raueck. Nachdem Wenzel v. Raueck
seinen Besitz als Anhänger des »Winterkönigs« verloren hatte,
vereinigte 1663 Reichsgf. Johann Georg v. Götzen, Landeshauptmann der Gfsch. Glatz, Sohn des in den Reichsgrafenstand erhobenen ksl. Feldmarschalls, die Besitzungen von E. 1791 ging die
Herrsch. auf einen Schwestersohn des 1771 verstorbenen letzten
Reichsgf. v. Götzen (Johann Josef), auf den Reichsgf. Anton Alexander v. Magnis, über. Die Magnis, urspr. Magni im Hzt. Mai-
land, waren im 16. Jh. in ksl. Dienste getreten und in die habsb.
Erblande gekommen. Gf. Anton Alexander (1751–1817) machte
als Bahnbrecher moderner Landwirtschaft die Herrsch. E. zu
einem Musterbetrieb und nahm an der fachlichen Auseinandersetzung seiner Zeit regen Anteil. Früh führte er den Fruchtwech-
sel zur Hebung der Bodenerträge ein. Zur Verbesserung der Schafzucht und der Wollgewinnung führte er die ersten Feinwoll-Me-
rino-Schafe nach Schles. ein; durch Rassenmischung gelang es ihm,
der schles. Tuchproduktion mit der engl. konkurrenzfähige Wolle
zu liefern. Die Eignung von Gf. Magnis für industrielles Unter-
nehmertum beschränkte sich nicht auf die Beteiligung am schles.
Steinkohlenbergbau auf der Frischauf-Grube bei Neurode, sondern er sah auch in der von Achard in Schles. eingeführten Zuk-
kerfabrikation aus Rüben eine Möglichkeit, durch Rübenanbau
die schles. Landwirtschaft zu fördern. 1813 sandte er seinen Sohn
Gf. Wilhelm (geb. 1787) in die Achardsche Lehrfabrik nach → Kunern. Das Schloß, ein Renaissancebau wohl noch aus dem 16. Jh.
und um 1670 umgebaut, wurde unter Gf. Anton Alexander um
1791 durch Flügelanbauten und Umbauten in ein großes Bauwerk im Übergangsstil vom Barock zum Klassizismus verwandelt;
nach einem Brand von 1870, der nur den ö. Flügel verschonte,
wurde es bis 1877 wiederaufgebaut. Die Anfänge des barocken
Parks gingen bis auf etwa 1750 zurück. Gf. Anton Alexanders
Sohn Anton übernahm die vom Vater beträchtlich vergrößerte
Herrsch. und setzte dessen Tradition fort. In Gemeinschaft mit
seinem Schwager, Oberstlt. Frh. v. Falkenhausen, unternahm er
1829/30 auf E. einen Versuch der Zuckerfabrikation, der zur Gründung der E.er Zuckerfabrik führte; 1835 begann der reguläre Betrieb. Es war der erste moderne, rentable Großbetrieb in Deutschland überhaupt, er wurde Vorbild für viele andere Gründungen.

Die Zuckerfabrik in E. bestand bis 1907; veränderte Produktions-verhältnisse brachten sie zum Stehen. Gf. Antons Sohn Wilhelm erhielt eine Reihe von Bergwerken verliehen, 1851 das Kupfer- und Bleierz-Bergwerk »Johnberg«, 1867 das Kupfer- und Schwe-felerz-Bergwerk »Kupferhübel« in Kohlendorf, Buchau, → Schle-gel, E., ebenso 1867 das Kupferkies- und Schwefelerz-Bergwerk »Kupfergraben« in E., Volpersdorf und Buchau, 1869 das Bleierz-Bergwerk »Bleiberg« in Buchau, Kohlendorf und → Neurode. Gf. Wilhelm folgte sein Sohn Anton, dann sein Enkel Dr. Gf. Ferdi-nand v. Magnis, der bis 1945 die Herrsch. E. (seit 1896 Fideikom-miß) behielt.   (IIa) *Web*

LV 616, S. 44–46. – Burgen u. Schlösser in d. Gfsch. Glatz, 1. Teil, Lei-men/Heidelberg 1963, S. 31–38. – LV 430. – ARonge, Gf. Anton Alex-ander v. Magnis, in: LV 649, Bd. 1, S. 215–218

Erdmannsdorf → Zillerthal-Erdmannsdorf

Eichholz (Warmatowice, Kr. Liegnitz). Das in einem schönen, wei-ten Park gelegene *Wasserschloß* von E. (9 km sw. Liegnitz) wurde 1602 von Wenzeslaus v. Zedlitz erbaut; die Fam. v. Seherr-Thoß, die es 1736 erwarb, verhalf ihm durch Umbau 1748 zu den heuti-gen barocken Schmuckformen. 1812 kaufte der aus Podlachien (Polen) stammende, mit Friederike v. Schweinitz verheiratete ehem. preuß. Leutnant Louis v. Olszewski den Besitz. Sein En-kel Alfred v. Olszewski (1859–1909) trat für die poln. Sache ein, geriet daher mit dem Preußen Bismarcks in Konflikt und zog nach Nervi bei Genua um, wo er starb. In seinem Testament be-stimmte er den poln. Schriftsteller Henryk Sienkiewicz, dessen Werke er schätzte, zu seinem Erben für den Fall, daß seine Kin-der sich nicht der poln. Sprache und Gesch. widmeten. Sienkiewicz lehnte die Erbschaft ab, und so erhielt E. nach Olszewskis Witwe trotz Nichterfüllung der Bedingung dessen Tochter Draga, Gattin des Direktors der »Schles. Generallandschaft« Heinrich v. Zedlitz und Neukirch. Nach 1945 kam auf poln. Seite der Plan auf, in E. eine Sienkiewicz-Gedenkstätte einzurichten; 1973 war das Schloß noch verlassen und teilweise zerstört.

Die bekannte »Schlacht an der Katzbach« fand bei E. statt; am Tage nach der Schlacht hatte Blücher sein Hauptquartier in E. Daß die in den Befreiungskriegen am 20. 8. 1813 zwischen der Schles. Armee der verbündeten Preußen und Russen unter Gen. Gebhard Lebrecht v. Blücher (Gen.-Stabchef Gen.-Major Neit-hardt v. Gneisenau) und der franz. Boberarmee unter Marschall Macdonald (beide je ca. 100 000 Mann stark) geschlagene Schlacht nach der Katzbach, einem l. Nebenfluß der Oder, benannt wird, geht auf Blücher zurück, der damit den russ. Gen. Fabian Gottlieb Baron Osten-Sacken ehren wollte, dessen Truppen bis an die Katzbach vordrangen. Die Hauptschlacht fand indes auf der Hochebene ö. des Unterlaufs der Wütenden Neiße n. Jauer bei E. und Bellwitzhof (3 km sw. E., ca. 5 km vor der Mündung der

Wütenden Neiße in die Katzbach) statt. Nach dem für die Verbündeten unglücklichen Frühjahrsfeldzug 1813 und dem in
→ Pläswitz abgeschlossenen Waffenstillstand begann am 16. 8.
1813 der Kampf gegen die Franzosen von neuem, nun unter Beteiligung der Österreicher. Die Schles. Armee rückte von der Linie
Breslau–Striegau aus bis an den Bober vor, mußte sich aber vor
den unter Napoleon andrängenden Franzosen hinter die Katzbach
und teilweise auch die Wütende Neiße zurückziehen. Die Bedrohung Sachsens durch die aus N-Böhmen anrückende Hauptarmee
der Verbündeten veranlaßte aber Napoleon, selbst nach Sachsen
zu eilen. Da entschloß sich Blücher zum Angriff, während gleichzeitig die franz. Boberarmee in der Meinung, der Feind weiche
weiterhin zurück, die Katzbach bei Dohnau und die Wütende
Neiße bei (Nieder)Krayn überschritt. Am Nachmittag des 26. 8.
stießen nach Vorgeplänkeln bei strömendem Regen die Franzosen
unter den Div.-Genn. Sebastiani, Souham und Gérard mit dem
die Mitte der Schles. Armee bildenden preuß. Korps unter Gen.-Lt.
Hans David Ludwig v. Yorck und dem auf dem r. Flügel in der
Flanke angreifenden russ. Korps unter Osten-Sacken zusammen,
während am l. Fügel die Russen unter Gen. Andrault Gf. v. Lan-
geron nur zögernd in die Schlacht eingriffen. Nach harten Kämpfen mußten die Franzosen den in den Hohlwegen des Neiße-Steil-
ufers schwierigen Rückzug antreten. Die Verbündeten konnten
wegen der Erschöpfung der Truppen und der schlechten Witte-
rung nur langsam dem Feind nachfolgen. Am 1. 9. hatten sie den
Queis und damit die schles. W-Grenze erreicht. Mit dem Sieg
Blüchers an der Katzbach begann die Vertreibung Napoleons aus
Deutschland. 1817 wurde zum Gedenken an die Schlacht auf der
Christianshöhe n. Bellwitzhof ein gußeiserner Obelisk errichtet,
1908/09 in Dohnau ein Malhügel und eine Gedenkhalle.   (II) *We*

Heimatbuch d. beiden Liegnitzer Krr., Liegnitz 1927, S. 155–163, 281. –
LV 615, S. 45. – LV 670, S. 308–313. – MPrzyłęcki, Zabytki powiatu
legnickiego (D. Kunstdenkmäler d. Kr. Liegnitz), in: LV 40, 7 (1973),
S. 50 f. – RvBieberstein, Gefecht bei Haynau (26. 5. 1813) u. Schlacht
an d. Katzbach (26. 8. 1813), in: Von Mollwitz bis Annaberg, zus.-gest.
v. GSchwantes, Br. ²1935, S. 85–95. – Müller-Loebnitz, D. Schlacht an
d. Katzbach, in: LV 39, 16/1936–1937 (1938), S. 1–124

Emanuelssegen (Murcki, Kr. Pleß/Tichau). E. (7 km sö. Kattowitz)
liegt nahe der Klodnitzquelle im n. Teil der alten Standesherrsch.
Pleß auf einem aus Karbongesteinen bestehenden, das Klodnitz-
gebiet im S begrenzenden Höhenzug, der von der Eisenbahnlinie Kattowitz–Tichau–Pleß bei E. überwunden wird. Die 1754
mitten im Wald angelegte E.-Grube war eine der ersten Kohlengruben in Oberschles. und die erste entsprechende Anlage der
Standesherren von → Pleß. Der Abbau war zunächst einfach und
beanspruchte daher auch nur wenige Fachkräfte, die z. T. aus dem
W kamen, so 1780 als Steiger Johann Christian Ruberg aus Ilsenburg im Harz, der ab 1782 im benachbarten → Wessolla bei der
Zinkdestillation eine Rolle spielen sollte. Die Entwicklung des

Kohlenbergbaus ging im Plesser Gebiet langsamer als im oberschles. Zentralrevier vor sich und erlangte Bedeutung erst in der
2. H. 19. Jh. mit dem Anschluß an das Eisenbahnnetz und der
verstärkten Nachfrage nach Kohle. Neben der Grube entstanden
1846 eine Dampfbrettmühle und 1858 eine Fstl.-Plessische Knapp-
schaftsschule; später wurde in E. eine noch bestehende Ziegelei,
in den 1960er Jahren eine zweite Kohlengrube eingerichtet. Neben der alten Grube entstand die Kolonie E., 1905 ein Gutsbezirk
von 2038 Eww., 1931 eine Gem. von rd. 3300 Eww. 1954 wurde
E. zur stadtart. Siedl., 1967 zur Stadt erhoben. 1961: 4319 Eww.
(auf 42,8 qkm), 1970: 5382.   (IV) *We*

LV 210, Bd. 1, S. 618 f. – LV 212, Bd. 2. – EZivier, Entwicklung d.
Steinkohlenbergbaues im Fstm. Pleß, Kattowitz 1913. – BKnochen-
hauer, D. oberschles. Montanindustrie, Gotha 1927, bes. S. 107–10. –
LV 345. – LV 225. – LV 234, Bd. 1, S. 454

Eulau (Iława, Stadt Sprottau). E. wird in der Chronik von Thietmar erstm. gen. zum Jahr 1000, als Ks. Otto III. bei seiner Wallfahrt nach Gnesen in »Ilua« von Hz. Bolesław Chrobry von Polen empfangen wurde. E., das Tor in den → Dreigräben, lag mit
der Stadt Sprottau an der Straße von Forst nach Sagan-Glogau;
es war um 1000 der W-Eingang in den Gau → Dedosize. Die
Burganlage in Klein E., seit ca. 1400 bis 1945 im Besitz der Herrsch.
→ Mallmitz, wies noch um 1930 Gräben um den etwa 2 Morgen
großen Burgplatz auf. Noch 1802 waren Reste einer alten Burg
vorhanden; 1945 waren hier die Gebäude des Rittergutes Klein
E. – Dicht dabei ist eine *St. Andreas-Kirche* aus spätrom. Zeit
(vor 1260), aus Findlingen erbaut, 1295 erstm. gen., aber verm.
älter als die Sprottauer Pfarrkirche. Das Kirchlehen unterstand
seit 1318 dem Jungfrauenkl. Sprottau. – Es gab drei Anteile: Klein
E., Ober E., beide im Ma. in adligem Besitz (v. Kottwitz, v. Nostitz, Herrsch. Mallmitz), dann Nieder E., seit 1318 bis zur Säkularisation 1810 dem Jungfrauenkl. Sprottau gehörig. – In Klein E.
wurde 1743 auf einer Boberinsel eine Papierfabrik vom Gf. v.
Redern angelegt; um 1845 wurde sie von J. Baller mit dem 1829
gegr. Eisenhüttenwerk »Wilhelmshütte« vereinigt. 1905: 3005
Eww.; 1925 eingemeindet in Sprottau.   (I) *St*

FMatuszkiewicz, Gesch. d. Stadt Sprottau, Sprottau 1908

Falkenberg (Niemodlin). Die Stadt F. liegt auf einer Anhöhe am
l. Ufer des Neiße-Zuflusses Steinau im Bereich der ehem. wald-
und sumpfreichen → Preseka zwischen Oberschles. und der fruchtbaren mittelschles. Ackerebene. Das slaw. Dorf »Nemodlin« wird
1224 als Ausstellungsort einer hzl. Urk. erstm. erwähnt. 1228 vergab Hz. Kasimir I. von Oppeln das Dorf gegen Bauleistungen an
der Oppelner Burg seinem Palatin Gf. Clemens und dessen Bruder Virbecha, die es zur Ausstattung des Benediktinerinnenkl. Sta-
niatki ö. Krakau verwendeten. 1260 erwarb Kasimirs Sohn Wladislaus es vom Kl. zurück, offensichtlich um dort eine dtrechtl. Stadt
anzulegen, die mit der Erwähnung eines Bürgers 1283 und eines

Pfarrers von »Valkenberch« 1290 belegt ist. In der verkehrsungünstigen Situation entstand nur eine kleine ovale Stadtanlage von 80 brauberechtigten Stellen (1532) mit einem langgestreckten Markt (ca. 40 × 350 m) im Zuge der Landstraße Oppeln–Neisse und mit je einer Parallelstraße n. und s. von ihm, im S befestigt durch eine wohl im 15. Jh. erbaute und teilweise erhaltene *Mauer* mit dem Neisser Tor im W und Oppelner Tor im O (abgerissen um 1860), im N geschützt durch Sumpfwiesen. Der Marktplatz wird im W von der *kath. Pfarrkirche* abgeschlossen, 1389–1810 Kollegiat- (Propstei-) Kirche, deren got. Bau im 14./15. Jh. errichtet und nach einem Brand im 30j. Krieg erneuert wurde. Am O-Rand der Stadt befindet sich der Schloßbezirk von F. mit dem *Schloß*, einst hzl. Burg und als Folge der Teilungen des Hzt. Oppeln 1313 bis 1382 Residenz eines selbständigen Hz. von F. Nach dem Aussterben der Oppelner Piasten 1532 und den anschließenden Verpfändungen des Hzt. kamen die Stadt und die Kammergüter von F. an Matthias v. Logau (1557–68) und dann an Kaspar v. Pückler (1572 Pfand, 1581 Eigentum), der die Grundherrsch. F. begründete. Er führte die Ref. in F. ein und begann mit dem Um- und Ausbau des Schlosses zu einer um einen Arkaden-Innenhof gruppierten Anlage im Renaissancestil, den seine Nachkommen fortführten: 1573–77 entstand der S-Flügel, 1589–92 der W-Trakt mit dem wuchtigen Eingangsturm, 1610 der N-Flügel mit der Schloßkapelle; der Wohntrakt im O wurde erst 1788 errichtet. Die Stadt spielte – obwohl Weichbildmittelpunkt – keine bes. wirtschl. Rolle. Ihre Bev. polonisierte sich stark in der 2. H. 15. Jh., wurde jedoch durch Zuwanderung aus den benachbarten Gebieten von Grottkau und Brieg im 16./17. Jh. wieder eingedeutscht. Im 30j. Krieg erlitt die Stadt Schäden und wurde 1622 rekatholisiert. Sie kam zusammen mit der Herrsch. F. durch Erbgang M. 17. Jh. an die Fam. v. Zierotin und 1779 an den Gf. Johann Carl Praschma, nach dessen Tod 1822 seine beiden Söhne den Besitz durch Abtrennung der Herrsch. → Tillowitz teilten. Die preuß. Zeit brachte der Stadt den Bau eines evg. Bethauses am Markt 1744 (Turm 1842, abgerissen 1957/63) und die Erhebung zur Kr.-Stadt. Trotzdem blieb die Aufwärtsentwicklung von F., noch 1750 und 1751 durch große Bände heimgesucht, auch im 19. Jh. sehr mäßig. Die Bebauung ging über die ma. Grenzen hinaus, nach dem Eisenbahnanschluß 1888 (Nebenstrecke Schiedlow–Dt. Leippe) entstanden Sägewerke und Ziegeleien. Die Bev.-Zahl stieg nur langsam an: 1787: 1036, 1825: 1299, 1905: 2158, 1939: 2727 Eww. 1945 blieb F. fast unversehrt. 1961: 3819 (auf 21,38 qkm), 1971: rd. 4500 Eww. (II) *We*

AWeltzel, Gesch. d. edlen Geschlechts v. Praschma, Ratibor 1883. – Gesch. d. Herrsch. F., hg. v. HGfPraschma, Br. 1929. – Heimatbuch d. Kr. F. in Oberschles., Scheinfeld/Mfr. 1971, bes. S. 63–112. – LV 345. – LV 233, S. 733 f. – LV 234, Bd. 2, S. 173 f. – LV 357, S. 18–20. – LV 511, Sp. 46 f. – LV 613, Bd. 2, S. 9 f. – LV 615, S. 96 f. – LV 612, S. 61. – LV 604

Fellhammer (Kuźnice Świdnickie, Kr. Waldenburg). Die Großgem.
F. besteht seit 1928 aus F.-Süd (»Vorder«-F., gegr. ca. 1511), F.-
Nord (»Hinter«-F., seit 1887), F.-West, d. i. Neu Lässig (gegr. ca.
1660) mit Neu Hohendorf (gegr. 1781, seit 1913 zu Neu Lässig)
und F.-Schönhut (ehem. Kolonie, gegr. 1692). 1954 wurde F.
stadtart. Siedl. F. wurde als »Velthammer« 1511 von der Grundherrsch. auf → Fürstenstein im Zuge des Ausbaus der Erzgruben
in → Gottesberg (neu) gegr. In F. wird das Dorf »Anewaldisdorf«
oder »Wustendorf« vermutet, das ca. 1250 errichtet wurde. Bis
zur Erschließung der Kohle M. 19. Jh. war F. ein Handweber-
und Waldarbeiterdorf. Die industrielle Entwicklung wurde gefördert durch den Ausbau des »Mayrau-Schacht« 1856 (1930 stillgelegt), den Anschluß an die Gebirgsbahn 1867 und durch den
nach Ausbau der Bahnlinie nach Böhmen entstandenen Eisenbahnknotenpunkt 1872. Die Entwicklung in Zahlen: 1825: 402,
1885: 2100, 1905: 6340, 1928: 5519, 1939: 5866 (auf 8,3 qkm), 1950:
3805, 1961: 4319 (auf 7,92 qkm), 1970: 4079 Eww. F. erhielt 1915
eine *evg. Kirche* (1964 Baustofflager) und 1917 eine *kath. Kirche*
(1964 Einsturzgefahr). Der Dichter Hans Christoph Kaergel (1889
bis 1946) verbrachte in F. seine Jugend.   (IIa)   *Kö*

FAnders, F. u. d. Gottesberger Silberbergbau, in: Waldenburger Hei-
matbote 1 (1961), Nr. 229, S. 7–8. – Ders., D. Flurnamen in u. um F.,
Kr. Waldenburg, in: Waldenburger Heimatbote 14 (1962), Nr. 225,
S. 7–8, und Nr. 256, S. 8. – O du Heimat lieb u. traut! Bilder aus d.
Waldenburger Berglande, hg. v. MKleinwächter, Waldenburg 1925,
S. 450. – HBartsch, Aus d. Gesch. unseres Waldenburger Berglandes,
Sonderdr. aus: Waldenburger Heimatbote 1962–1969, Norden (Ost-
friesl.) 1969, S. 31–35. – Ders., Unvergessene Waldenburger Heimat,
Norden (Ostfriesl.) 1969, S. 344

Festenberg (Twardogóra, Kr. Groß Wartenberg). F. wird unter
dem Namen »Vestenberg« erstm. 1293 erwähnt; damals wurde
von Hz. Heinrich I. von Glogau die Aussetzung der Stadt nach
dem Rechte von Neumarkt in Schles. gewährt. Doch fehlen Nachrichten über städt. Einrichtungen während des Ma. Kirchlich war
F. vor der Ref. nach Goschütz eingepfarrt. 1676 erwarben die Hzz.
von Oels, seit 1320 Landesherren von F., auch die Grundherrsch.,
die dann 1743 an die Gff. von Reichenbach, die Besitzer der be-
nadibarten Minderstandesherrsch. → Goschütz, überging; dabei
schied F. aus dem Fstm. Oels aus und wurde der Standesherrsch.
Goschütz einverleibt. Eine evg. Kirche wird 1592 erwähnt, ein
Schloß 1594. Im 17. Jh. erhielt F. städt. Gepräge. Es wanderten
Handwerker aus anderen Städten zu, vor allem Tuchmacher; deren gab es A. 19. Jh. 300. Als diese in den Jahren 1850–85 nach
Lodz in Polen und nach der Lausitz zogen, stellte man sich auf
die Tischlerei um, bes. auf Möbelfabrikation, wozu die nahen Wäl-
der und die geringen Arbeitslöhne Anreiz boten. 1910 gab es in
F. 700 Tischler bei insgesamt 3351 Eww., weshalb F. als »die
Tischlerstadt« galt. Die heutige kath. Kirche wurde 1869 erbaut,
die evg. Kirche zur Hl. Dreifaltigkeit – der Nachfolgebau der 1592

erwähnten – 1852. Die *evg. Kirche zum Kripplein Christi* auf dem Obermarkt geht auf eine Stiftung der Hzn. Eleonore Charlotte von Oels von 1688–90 zurück, die mit dem großen Kirchbau der vermehrten Eww.-Zahl von F. Rechnung trug und gleichzeitig den Evangelischen der benachbarten kath. Territorien die Möglichkeit zum Besuch eines evg. Gottesdienstes bot; nachdem der Holzbau 1873 durch Brand vernichtet worden war, wurde 1874–77 ein Neubau errichtet. Das *Rathaus* ist 1912 erbaut worden. Eww.-Zahlen: 1787: 1388, 1825: 2023, 1905: 2338, 1939: 3861 (auf 9,15 qkm), 1961: 3430 (auf 9,33 qkm), 1970: 4256.　　　　(III)　*Go*

MFeist, F. in österr. Zeit, in: LV 28, 39 (1905), S. 245–78; ders., D. kirchlichen Verhältnisse F.s in österr. Zeit, ebenda, 40 (1906), S. 98–139; ders., F. in d. ersten Jahrzehnten d. preuß. Herrsch., ebenda, 42 (1908), S. 187–219. – LV 272, S. 304–14, 451–53, 490–96. – LV 233, S. 734. – LV 234, Bd. 2, S. 599. – Groß Wartenberg, Stadt u. Kr., zus.-gest. v. KHEisert, Alfdorf/Württ. 1974, S. 81–114

Fischbach (Karpniki, Kr. Hirschberg). Auf einem der beiden Falkenberge 11 km ö. Hirschberg stand im Ma. zum Schutze des Hirschberger Tales die hzl. *Burg Falkenstein;* sie ist 1364 erstm. belegt, 1369 war Clericus Bolczen Burggf. des Falkensteins. 1372 wurde die Burg als Lehen der Hztt. Schweidnitz-Jauer Rittersitz. Sie soll in der 2. H. 15. Jh. zerstört (als zerstört belegt 1506) und nicht wieder aufgebaut worden sein, weil sie keine Funktion mehr hatte. Geringe *Mauerreste* um einen kleinen Innenhof sind erhalten.
Die Nachfolge des Falkensteins als Adelssitz wird das *Wasserschloß* von F. am s. Fuße des Burgberges angetreten haben. 1438 ging der Besitz F. von Cuncz v. Predel an Cuncze Bieler von Reichenbach über, später an Hans I. Schoff (Schaffgotsch, † 1464), dessen Fam. F. bis 1580 behielt. Unter den späteren Besitzern sind die Frhh. v. Kanitz (1580–1648), M. 18. Jh. kurz Franz Wilhelm Gf. v. Schaffgotsch, das Kl. Grüssau (1777–84), Staatsminister Carl Georg Heinrich Gf. v. Hoym (1787–89) und Caspar Conrad Frh. v. Zedlitz (ab 1789) zu erwähnen. Dessen Enkel verkaufte F. 1822 an Pz. Wilhelm von Preußen († 1851), Bruder Kg. Friedrich Wilhelms III. Das Wasserschloß F. modernisierte Christoph Friedrich v. Kanitz im Stil der Renaissance, wie die Inschrift von 1603 an dem schönen Portal auf der Rückseite des Bauwerks ausweist. In der Barockzeit wurde es verändert, insbes. erhielt der Turm eine welsche Haube. Während der Besitzzeit des Pz. Wilhelm gingen der Renaissance- sowie der Barockbau 1844 in einem durch August Stüler entworfenen neugot. Umbau fast völlig auf. Dieser Besitzzeit, bes. bestimmt durch die romantische Einstellung der Gemahlin des Pz., die hessische Pzn. Marianne, gehörte die Einrichtung des Schlosses noch im 20. Jh. an, wobei kostbare ma. Glasgemälde im Schloß, Architekturfragmente aus den Rheinlanden (sog. römischer Bogen) im Park Verwendung fanden. Bes. beachtlich war die Sammlung des Pz. Waldemar von Preußen an

indischen und ostasiatischen Waffen. Im Park wurde ein neugot. Denkmal in Eisenguß für den bei Groß Görschen 1813 gefallenen Pz. Leopold von Hessen-Homburg errichtet, das wahrsch. von Schinkel entworfen wurde. Auch das gußeiserne Kreuz auf dem Falkenberg und die malerische Mariannen-Cottage auf den Fundamenten eines alten Ziegelofens deutet auf die romantische Einstellung der Pzn. Marianne hin. Der letzte Besitzer von F. war Pz. Ludwig von Hessen und bei Rhein. Das Gut war durch die Heirat der Tochter Elisabeth des Pz. Wilhelm mit Pz. Carl von Hessen und bei Rhein an seine Fam. gekommen.

Das langgestreckte Dorf F., um 1300 erstm. belegt, zieht sich am Fuß der Falkenberge hin. Zwei Kirchen liegen nahe beieinander. Die kath. Kirche *St. Hedwig* war bereits 1399 vorhanden, aber das heutige Bauwerk stammt aus der 2. H. 16. Jh. und wurde laut Wetterfahne 1589 den neuen Verhältnissen der Ref. angepaßt. Damals dürfte der Turm die Zinnenbekrönung erhalten haben. Nach der Rekatholisierung der ma. Kirche entstand in der preuß. Zeit das evg. Bethaus, das, inmitten des Friedhofs gelegen, mit dem von dem Grüssauer Stiftsbaumeister Johann Gottlieb Feller 1779 erbauten Pfarrhaus den stimmungsvollen Kirchplatz beherrscht. (I) *Gru*

LV 131, Bd. 1, S. 508–12. – BvWinkler, Falkenstein in d. Gegenwart u. Vergangenheit, Hirschberg 1871. – LV 28, 12, 1 (1874), S. 234–36. – LV 587, Bd. 3, S. 449–51. – LV 613, Bd. 1, S. 6 f. – LV 616, S. 128–30. – LV 612, S. 74. – LV 622. – GGrundmann, Schles. (Karl Friedrich Schinkel, Bd. 1, 4), Berlin 1941. – JGrünewald, Beiträge z. Kirchengesch. v. F. im Riesengeb., in: LV 71, 45 (1966), S. 45–70. – LV 670, S. 337–46. – TSteć, Sudety Zachodnie (D. Westsudeten), Warschau 1954, S. 85 f., 223

Frankenberg (Przyłęk, Kr. Frankenstein). Schon 1189 wird »Prilanc« am Eintritt der Neiße aus dem Glatzer Kessel nach Schles. gen. 1250 tritt es unter dem Namen »Vrankenberch« auf, 1253 wird es durch Erwähnung eines Vogtes als hzl. Stadt bestätigt. Die Stadtgründung hing wohl schon mit der Aufsiedlung des Vorgebirgslandes vor 1241 zusammen. 1284 hatte F. ein Dominikanerkl. 1294 verfügte der Vogt von Frankenstein über eine Schenke, die früher »ad antiquum Frankenberc« gehört hatte. Die Bezeichnung »alt« deutet darauf hin, daß F. damals seinen Stadtcharakter verloren hatte. Tradition und Besitz der Stadt, das Kl., die meisten Bürger und die Hälfte des ON gingen an das 1286 begründete → Frankenstein über. F. wurde wieder zum Dorf (1905: 271 Eww.). (IIa) *Ku*

LV 356, S. 76–77. – WKuhn, D. Erschließung d. Frankensteiner Gebietes in Niederschles. im 13. Jh., in: Festschr. f. WSchlesinger, Bd. 1, hg. v. HBeumann (Mitteldt. Forschsch., Bd. 74/I), Köln/Wien 1973, S. 159–96

Frankenstein (Ząbkowice Śląskie). An der sog. Königstraße, die von Böhmen über Glatz, Wartha, F. und Nimptsch nach Breslau

führte, liegt zwischen dem Geb. und Nimptsch in einer frucht-
baren Ebene die Stadt F. Die dörfliche dtrechtl. Besiedlung des
F.er Gebietes erfolgte bereits seit den 1220er Jahren. In dieser
Zeit entstanden auch die beiden Kleinstädte → Frankenberg und
→ Löwenstein, die aber nicht die Aufgaben eines starken städt.
Mittelpunktes für das Gebiet erfüllen konnten. So gründete Hz.
Heinrich IV. von Breslau etwa auf halbem Wege zwischen Frankenberg und Löwenstein – unter gleichzeitiger Aufhebung des
Stadtstatus dieser Städte und unter Verwendung je eines Na-
mensteils beider für die neue Stadt – auf Boden des bischl. Protzan und des Trebnitzer Kl.-Dorfes Zadel die große Stadt F. (später innerhalb der Stadtbefestigung 21 ha). Die erste verbürgte
Nachricht von F. gibt eine Urk. vom 10. 1. 1287, in der »Heinrich,
der erste Vogt in F.«, dem Kl. Kamenz drei Fleischbänke in der
civitas F. verkauft. 1290 war bereits Vogt von F. Hermann von
Reichenbach aus einem Lokatorengeschlecht, das an der Gründung
von Reichenbach, Brieg und Bernstadt beteiligt war und später
auch die Vogtei von Münsterberg innehatte. Wie das vor 1302 in
F. gegr. Dominikanerkl. die Tradition des Frankenberger Dominikanerkl. übernahm, so siedelten auch Löwensteiner Bürger
nach F. über, und F. scheint in mancher Hinsicht auch Rechts-
nachfolger von Frankenberg geworden zu sein. Entsprechend der
Erbauung des Stadtkerns von F. auf dem Boden von Zadel war
die Kirche von F. noch bis ins letzte Jahrzehnt des 14. Jh. Filial
der Kirche von Zadel, obwohl sie damals bereits Sitz eines Archipresbyters (1360) und das Dorf Zadel seit vor 1322 – ebenso
wie Olbersdorf seit 1322 – Stadtdorf von F. war (wobei das Kl.
Trebnitz offenbar nicht alle Rechte an diesem seinem alten Besitz verloren hatte). Als Verwaltungsmittelpunkt (Weichbildstadt)
übernahm F. die Funktion des alten Kastellaneiortes → Wartha.
Bolko I. von Schweidnitz verlieh F. 1298 das Niederlagsrecht für
Salz und Blei. 1334 bestätigte Hz. Bolko II. von Münsterberg F.
das Fischereirecht, 1335 befreite er die Stadt vom Roßdienst. 1351
erlangte F. die Obergerichtsbarkeit, die die Erbvögte ausübten.
Das älteste erhaltene Siegel von F. von einer Urk. von 1292 zeigt
eine Zinnenmauer mit einem Tor und drei spitz bedachte Türme,
ein Siegel von 1336 zwischen zwei Türmen einen halben Adler
auf einem niedrigeren Turm, eines von 1339 den schles. Adler,
dazu tritt nach 1351 der gekrönte zweischwänzige böhm. Löwe.
Das älteste Rathaus von F. ist 1345 urk. erwähnt; der Neubau
von 1532–34 brannte 1858 ab, worauf 1862–64 das heutige Rathaus entstand. Die der hl. Anna geweihte Kirche von F., seit E.
14. Jh. selbständige *Pfarrkirche,* erhielt um 1415 einen Steinbau,
der um 1450 zur spätgot. Hallenkirche erweitert und 1547–60
umgebaut wurde. Der neben ihr stehende 38 m hohe *Glockenturm*
ist nach Erdsenkungen von 1592–98 als »Schiefer Turm« Wahrzeichen von F. Das *Dominikanerkl.* von F. entwickelte sich günstig; die heutige *Dominikanerkirche* stammt im wesentlichen aus
der 2. H. 17. Jh., sie diente seit 1815 als evg. Pfarrkirche. Auch

das 1319 vom Erbvogt Ritter Johannes Secklin gestiftete St. Georgs-Hospital – seit 1817 städt. Krankenhaus, die dazugehörige Kapelle Gymnasialkirche – gedieh gut. Der ersten *Stadtmauer* – z. T. noch erhalten – folgte bei raschem Wachstum der Stadt bald eine zweite, der Vergrößerung der Stadt Rechnung tragend. Die Stadt, angelegt in der Form eines regelmäßigen Rostes mit rechtwinklig sich schneidenden Hauptstraßen, besaß vier nach den vier Himmelsrichtungen führende Stadttore, nach O das Münsterberger (1452), nach S das Glatzer (neu erbaut 1504), nach W das Lochtor, erstm. 1364 erwähnt, später Schweidnitzer und seit M. 19. Jh. Silberberger Tor gen., nach N das Breslauer Tor (1446). Die wohl um 1300 erbaute hzl. Burg wird 1376 erstm. erwähnt.

Das Schicksal von F. als Teil des Hzt. Münsterberg war meist eng mit dem der Nachbarstadt → Münsterberg verbunden; zeitweise trennten sich aber die gesch. Wege beider Teile. Als Bolko II., der Begründer der Münsterberger Hz.-Linie (Hz. von Münsterberg 1321–41), die Oberhoheit des Kg. Johann von Böhmen nicht anerkennen wollte, erschien dessen Sohn Karl, Markgf. von Mähren, der nachmalige Ks. Karl IV., 1335 vor F. und belagerte Stadt und Burg. Nach keineswegs erfolgloser Verteidigung erkannte Bolko II. schließlich doch die Oberlehenshoheit Böhmens im Vertrag zu Straubing vom 29. 8. 1336 an. 1337 verpfändete Bolko II. Stadt und Weichbild von F. an den Kg. von Böhmen, sein Sohn, Hz. Nikolaus von Münsterberg, wandelte die Verpfändung 1351 in einen Verkauf um. Eine bedeutende Rolle spielten Burg und Stadt F. in den Hussitenkriegen. Am 20. 3. 1428 eroberten die Hussiten die Stadt; die Pfarrkirche, die Dominikanerkirche und der größte Teil der Stadt wurden ein Raub der Flammen. Die Burg leistete erfolgreich Widerstand. Nachdem Münsterberg nach dem Aussterben seiner piast. Hz.-Linie (1428) vom böhm. Kg. 1429 an Puota v. Czastolowitz verpfändet worden war, erwarb dieser auf dieselbe Weise auch F., das bereits seit 1378 Markgf. von Mähren und Hzz. von Troppau als Pfandherren gehabt hatte. Nach weiteren Besitzerwechseln wurden 1459/62/65 die Söhne Georgs von Podiebrad mit dem Hzt. Münsterberg einschl. F. belehnt; bei der Teilung ihres Besitzes 1472 fiel Münsterberg-F. an Hz. Heinrich d. Ä. († 1498). 1468 wurden Stadt und Schloß F. während der Auseinandersetzung zwischen Georg von Podiebrad und Matthias Corvinus vom 16. 8. an von den Breslauern belagert; am 16. 9. wurde das Schloß erstürmt und stark beschädigt. 1488/89 hatte F. im Kampfe Kg. Matthias' von Ungarn gegen Heinrich d. Ä. von Münsterberg erneut zu leiden. Am 22. 1. 1489 kapitulierte die böhm. Besatzung des Schlosses. 1490 erhielt Heinrich d. Ä. Schloß F. zurück, Heinrichs Sohn Karl I., Hz. von Münsterberg-Oels und Gf. zu Glatz, seit 1511 alleiniger Herrscher im Fstm. Münsterberg, ein außerordentlich tätiger, wohlwollender, gebildeter und hoch angesehener Fst., widmete sich bes. dem Wiederaufbau von Stadt und Schloß F. Das Schloß sollte, Karls Orientierung nach Ungarn entsprechend, ein Abbild der Ofener

Königsburg werden, fstl. Wohnsitz und Rastort für die Kss., wenn sie nach Schles. kämen. Der 1517–32 errichtete Bau blieb jedoch ein Torso. Karl I., der 1530 nach F. übergesiedelt war, starb am 21. 5. 1536 in F. Er wurde in der hzl. Gruft im Presbyterium der Pfarrkirche zu F. beigesetzt, neben ihm 1541 auch seine Gemahlin Anna, eine Tochter Hz. Johanns II. von Sagan. Karls Söhne, unter denen die Ref. in F. Eingang fand und sich bis zur Gegenref. während des 30j. Krieges hielt, verpfändeten 1542 Münsterberg und F. an Hz. Friedrich II. von Liegnitz (bis 1550), 1552–59 hatte Kgn. Isabella von Ungarn die Pfandherrsch. inne. Dem Verkauf des Weichbildes F. an die Fam. v. Logau durch Hz. Karl Christoph von Münsterberg (1565–69) kamen die F.er Stände zuvor, indem sie selbst ihm das Land abkauften und dem Kg. von Böhmen als Erbland übergaben. Ks. Maximilian II. erließ 1570 eine neue Landesordnung, in der er die Zusammengehörigkeit von F. und Münsterberg bekräftigte. Das Schloß zu F. war fortan nur noch Sitz von kgl. Landeshauptleuten. Die wechselvollen Ereignisse des 30j. Krieges machten es erneut zum Spielball der kriegführenden Parteien; 1646 wurde es gesprengt, ansehnliche *Ruinen* stehen noch. 1654 übertrug Ks. Ferdinand III. das Fstm. Münsterberg mit dem Weichbild F. erb- und eigentümlich dem Reichsfst. Weikhard v. Auersperg wegen seiner Verdienste um das Haus Habsburg. Am 17. 8. 1654 erfolgte auf dem Schlosse die Huldigung der Stände vor dem Bevollmächtigten des Fst. Auersperg, dem Gf. Christoph Leopold v. Schaffgotsch, Sohn des 1635 zu Regensburg hingerichteten Hans Ulrich v. Schaffgotsch. Im 1. Schles. Kriege kam es zwischen Preußen und Österreichern um F. herum zu kleineren Gefechten. Auch nach dem staatsrechtlichen Übergang von Schles. an Preußen verblieben die standesherrlichen Rechte im Fstm. Münsterberg und im Weichbilde F. bei den Auersperg. Am 14./18. 10. 1791 wurde der Besitz von Fst. Karl Joseph Anton v. Auersperg an den Kg. von Preußen verkauft.

F.s wirtschl. Stärke basierte vor allem auf Handel und einer vom Ma. bis ins 18. Jh. bedeutenden Tuchmacherei (Zunft 1335), nach dem 30j. Krieg auch auf der Leinenweberei. Im 19. Jh. spielten die Schuhmacherei, der Wagenbau, die Hutfabrikation und – auf Grund der großen Getreidemärkte von F. – das Mühlengewerbe eine Rolle. Ersten Eisenbahnanschluß erhielt F. 1858 nach Reichenbach, es folgten die Verbindungen nach Kamenz 1874, Silberberg und Heinrichau 1908. Die Bev.-Zahlen stiegen beträchtlich an: 1787: 4065, 1825: 4985, 1905: 8404, 1939: 10 857 (auf 4,16 qkm), 1961: 12 076 (auf 6 qkm), 1970: 13 904. Seit der Erwerbung von Schles. durch Preußen war F. Kr.-Stadt; 1932 wurde es Sitz des Großkr. F.-Münsterberg.

F. und sein Kr.-Gebiet haben im Laufe der Jhh. viele hervorragende Männer hervorgebracht, bedeutende Mediziner wie Christoph Schilling († 1583) und die Brüder Sigmund (1575–1619) und Samuel Schilling (1580–1627), letzterer Verfasser der älte-

sten Chronik von F., den Chronisten Martin Koblitz (1597–1673),
Rektor und Bürgermeister im 30j. Kriege und Verfasser der »Annales Francosteinenses«, Magister Georg Katschker, gen. Aelurius,
bekannt durch die von ihm verfaßte »Glaciographia«, Benedikt
Strauch (1724–1803), Abt zu Sagan und Freund des Schulreformers
Ignaz Felbiger, den Maler Bernhard Krause (1743–1803), Dr. Josef
Kutzen (1801–70), Mitglied der Frankfurter Nationalversammlung
und Mitbegründer der »Oderzeitung« in Breslau, Prof. Dr. Paul
Klemenz aus Tarnau Kr. F. (1859–1947), Erforscher der schles.
Landesgesch. Robert Herzog, Fstbf. von Breslau 1882–86, wurde
zu Schönwalde Kr. F. geb. († 26. 12. 1886).   (IIa) *Web*

AKopitz, Gesch. d. dt. Kultur u. ihrer Entwicklung in F. u. im F.er
Lande, Br. 1910. – Münsterberger Land. Ein Heimatbuch, hg. v.
Kretschmer, Münsterberg 1930. – GSchoenaich, D. räumliche Entwicklung d. Stadt F., in: LV 30, 21 (1930), Nr. 3, S. 53–58. – LV 233,
734–36. – LV 234, Bd. 2, S. 605 f. – LV 612, S. 86 f. – WKuhn, D. Erschließung d. F.er Gebietes in Niederschles. im 13. Jh., in: Festschr. f.
WSchlesinger, Bd. 1, hg. v. HBeumann (Mitteldt. Forschsch., Bd. 74/I),
Köln/Wien 1973, S. 159–96. – LV 610, Bd. 5

Fraustadt (Wschowa). Das F.er Ländchen mit der Stadt F. als
Mittelpunkt liegt an der Grenze zwischen den alten piast. Ländern
Schles. und Großpolen, seine Zugehörigkeit schwankte im 13. Jh.
1248 stellten die schles. Hzz. Boleslaus II. und Heinrich III. in
»Veschow« eine Urk., aus, 1273 verlieh Hz. Przemysł II. von Großpolen dem Dorf Pritschen bei F. dt. Recht, ab 1290 sind die Glogauer Hzz. als Herren von F. belegt, nach 1331 Hz. Johann von
Steinau, 1339 stellte Hz. Konrad I. von Oels in F. eine Urk. aus.
1343 besetzte Kg. Kasimir d. Gr. von Polen F. und Umgebung
und verleibte das Gebiet 1346 endgültig dem poln. Staat ein. Das
»Land F.« (ziemia wschowska), das fortan unter einem kgl. Starosten mit dem Sitz in der F.er Burg stand, umfaßte wohl über
das 1343 von Polen eroberte Gebiet hinaus noch großpoln. Dörfer.
In der 2. Teilung Polens 1793, endgültig 1815 fiel das F.er Ländchen an Preußen, F. wurde Sitz eines Kr. des Großhzt. (Prov.)
Posen, der bis 1887 auch das Gebiet von Lissa einschloß. Auf
Grund des Versailler Vertrages wurden 1920 rd. 40% des Kr.-Gebiets an den neuen poln. Staat abgetreten (18 Landgemm., 8 Gutsbezz. mit zus. 190 qkm), der Rest (22 Landgemm., 21 Gutsbezz.
mit zus. 282 qkm) bildete als Kr. F. einen der drei räumlich getrennten Teile der Grenzmark Posen-Westpreußen und wurde bei
deren Auflösung zum 1. 10. 1938 in die Prov. Schles. eingegliedert.
Nach dem 2. Weltkrieg wurde der Kr. F. auf Grund seiner großpoln.-Posener Vergangenheit zunächst der Woj. Posen angeschlossen, 1950 jedoch der neu gegr. Woj. → Grünberg.
Die Gründung der Stadt F. muß zwischen 1248 und 1273 in
Anlehnung an eine wohl umstrittene Grenzburg erfolgt sein,
wahrsch. nicht lange vor 1273; denn bei der dtrechtl. Umsetzung
des schon 1210 belegten Dorfes Pritschen wurde die »anliegende

Stadt« (»civitas adiacens«), das auf der Gemarkung dieses Stadtdorfes gegr. F., erwähnt. Erst 1290 wird die Stadt namentlich
gen.: »Frowenstat«; von diesem Namen abgeleitet ist das älteste
bekannte Siegelbild der Stadt von 1310, das die hl. Jungfrau mit
dem Jesuskind zeigt, und die 1326 erstm. belegte Pfarrkirche war
ebenfalls der hl. Maria (und dem hl. Stanislaus) geweiht. Die Stadt
bildete eine kleine, fast runde Anlage von ca. 260 m Durchmesser
mit einem Marktplatz nebst *Rathaus* (1435 belegt, letzter Umbau
1860–70) in der Mitte, von dessen Ecken je zwei Straßen in r.
Winkel zueinander ausgingen: je zwei vereinigten sich vor den beiden Toren in der um 1400 errichteten Stadtmauer (*Reste* erhalten),
dem Glogauer und dem Poln. Tor, zwei führten zur *Pfarrkirche* im
NW (älteste Teile 14. Jh., Turm um 1580, wesentliche Gestaltung
des heutigen Baues durch Pompeius Ferrari 1720–26) und zwei
zur Burg (Schloß). Vor den beiden Toren entstanden später Vorstädte. Im N wurde außerhalb der Mauern 1456 ein *Bernhardinerkl.* eingerichtet, das 1558 abbrannte, 1629 aber neu begründet
und in Formen der Spätrenaissance und des Frühbarock mit der
Josephskirche 1639 wieder aufgebaut wurde (Ausbau 1745–72, das
Kircheninnere später im Rokokostil ausgestattet; Kl. nach Auflösung 1827 Schule, nach 1945 wieder Franziskanerniederlassung.
Das 1505 gegr. Bernhardinerinnenkl. wurde 1639 aufgelöst und
abgerissen, wie auch die drei Hospitäler – u. a. das Hospital der
Tuchknappen (vor 1580–1708) – im Laufe der Zeit aus dem Stadtbild verschwanden oder umgewandelt wurden.
F. lag an der von Glogau nach Posen führenden Handelsstraße,
die eine wichtige Grundlage für die Entwicklung von F. bildete.
Von großer Bedeutung wurde auch die kgl. Privilegierung: die
immediate, kgl. Stadt erhielt 1349 das 1310 belegte Magdeburger
Recht bestätigt, 1345 Zollfreiheit in ganz Polen, 1404 freien Salzmarkt verliehen, 1425 eine weitgehend selbständige Ratswahl-
ordnung zugestanden. Vom 14. Jh. bis 1616 gab es in F. eine
städt., vom A. 16. Jh. bis 1663 eine kgl. Münze. Daß F. auch unter
den Kgg. von Polen bis zuletzt den dt. Charakter bewahrt hat,
bezeugt die durchgängig dt. Sprache in Verwaltung und Rechts-
sprechung. F.s wirtschl. Stärke beruhte auf der Tuchmacherei und
dem Handel mit den Tuchen. 1432 erhielten die F.er Bürger
Zollfreiheit für den Handel mit den Tuchen nach Rußland, seit
1493 wurden F.er Tuche mit einer Plombe mit Stadtwappen und
Reichsadler zum Zeichen ihrer Qualität versehen. Von 578 Innungs-
meistern 1628 waren 204 Tuchmacher. Durch die Aufnahme evg.
Schlesier in der Zeit des 30j. Krieges erhöhte F. noch seine Wirtschaftskraft. Die Ref. hatte sich in F. 1555 durchgesetzt. Zwar
setzte 1600 die Gegenref. ein, als deren Folge die Rückgabe der
Pfarrkirche an die Katholiken erzwungen und später neben der
Pfarrkirche eine Jesuitenresidenz eingerichtet wurde (1729). Aber
die luth. Lehre hatte in F. feste Wurzeln geschlagen und wurde
durch starke Persönlichkeiten vertreten – so den Pastor Valerius
Herberger (1562–1627), den Kantor und späteren Pastor von

Ober Pritschen Melchior Teschner († 1635) und den Rektor und Chronisten Caspar Hoffmann (1548–1617) – und behielt daher eine führende Rolle im Leben der Stadt; am Poln. Tor wurde 1604 die Notkirche *»Kripplein Christi«* eingeweiht (nach Bränden von 1644 und 1685 wieder aufgebaut), der Torturm wurde zum *Glockenturm.* So konnte F. im 30j. Krieg, als die Gegenref. in Schles. einsetzte, ebenso wie andere Städte Großpolens im schles. Grenzbereich (Lissa, Rawitsch, Bojanowo, Zaborowo, → Schlichtingsheim) zum Zufluchtsort für evg. Glaubensflüchtlinge werden; unter den Flüchtlingen befand sich Andreas Gryphius, der 1632–34 das Gymnasium von F. besuchte, E. 1647 hierher zurückkehrte und im Jan. 1649 die F.er Bürgerstochter Rosina Deutschländer heiratete (sein Sohn Christian wurde am 29. 9. 1649 in F. geb.). Zählten 1630 die alte Stadt (146) und die beiden Vorstädte (335) zus. 481 Häuser, so waren es 1652 839 Häuser (einschl. der 120 Häuser der seit 1641 besiedelten sog. »Scheibe«). Hinzu kam die 1633 nö. der »Altstadt« auf Betreiben des Starosten Hieronymus Radomicki zu Magdeburger Recht ausgesetzte selbständige »Frauenstädtische Neustadt« mit 1661 192 Häusern, die als Exulantensiedl. ein evg. Bethaus erhielt (1646, 1837–39 Neubau der Kirche zur Hl. Dreifaltigkeit) und erst 1794 unter preuß. Herrsch. mit der »Altstadt« vereinigt wurde. Dieser Menschenzustrom brachte F. eine neue wirtschl. Blüte. Neben den Tuchmachern wurden nun die Goldschmiede von F. bekannt, die 1676 eine Innung gründeten, teilweise auch die Zinngießer. Durch die schles. Einwanderer fanden auch Windmühlen in F. starke Verbreitung (1680: 70, 1709: 101 Windmühlen, → Guhrau). Für das kulturelle Leben von F. legen u. a. der Geschichtsschreiber Pastor Samuel Friedrich Lauterbach (1662–1727) und die 1685–90 belegte Buchdruckerei Zeugnis ab. Nach dem verheerenden Brand von 1685 und der Pest von 1709/10 sowie durch die innere Unsicherheit in Polen setzte aber dann der wirtschl. Niedergang ein, auch wurde die Selbstverwaltung der Stadt eingeschränkt (seit 1720 Ernennung des Rates durch den kgl. Starosten). Immerhin fand F. während der Herrsch. der sächs. Kgg. in Polen (1697–1763) dank seiner Lage an einer Hauptstraße zwischen Sachsen und Polen Beachtung, die Kgg. hielten hier mehrmals Reichstage ab und empfingen ausländische Gesandtschaften (türkische 1737, persische 1755). Diese Verkehrslage führte aber im Nordischen Krieg auch am 13. 2. 1706 zur »Schlacht bei F.« zwischen Röhrsdorf und Geyersdorf, in der ca. 12 000 Schweden ca. 18 000 Sachsen und Russen schlugen und damit die Voraussetzung für den Altranstädter Frieden schufen. Trotz aller Rückschläge gehörte F., als es 1793 an Preußen fiel, mit 4579 Eww. zu den größten Städten Polens (1789: 3121, 1816: 5544 Eww.). Im preuß. Staat nahm es keine so bedeutende Stellung ein. Durch die russ. Maßnahmen gegen die ausländische Einfuhr verlor es in den 1820er Jahren seine Position als Tuchproduktionszentrum; 1800 hatte es in F. noch 221 Tuchmacher und -bereiter und 44 Leineweber, 1816

165 Tuchwebstühle, 44 Spinnmaschinen und 36 Leinewebstühle gegeben. An neueren Unternehmungen ist die Zuckerfabrik von 1881 erwähnenswert. 1857 erhielt F. Eisenbahnverbindung nach Glogau und Lissa, 1913 nach Schlawa. Die Eww.-Zahl stieg nur wenig an und war zeitweise sogar rückläufig (1840: 5303, 1858: 6763, 1861: 6038, 1910: 7538 Eww.). Durch die Grenzziehung von 1920 verlor F. einen Großteil seines Hinterlandes. 1945 erlitt die Stadt nur wenig Schäden. 1939: 7740, 1961: 8620, 1970: 9942 Eww.

Die Poetin Anna Luise Karsch (»Karschin«, 1722–91) lebte 1749–55 in F. Dr. Hermann Hager (1816–97), Begründer der dt. pharmazeutischen Wissenschaft, besaß 1842–59 die Stadtapotheke in F. (II) *We*

AGWBraune, Gesch. d. Stadt F., F. 1889. – AWarschauer, D. städt. Archive in der Prov. Posen, Leipzig 1901, S. 43–58. – HMoritz, Gesch. F.s. im Ma., in: Zs. d. Hist. Ges. f. d. Prov. Posen 19 (1904), S. 195–244. – Ders., Ref. u. Gegenref. in F., 2 Bde., Posen 1907/08. – Quellen u. Forschsch. z. Heimatkunde d. F.er Ländchens, hg. v. WSchober, H. 1–3, F. 1927–38. – WSchober, Eckpfeiler F. (Grenzmarkführer, Nr. 4), Schneidemühl 1937. – Ders., D. F.er Neubürger aus Schles. 1659–1754, in: LV 28, 73 (1939), S. 217–47. – LV 233, S. 736–39. – LV 234, Bd. 2, S. 667–69. – GWróblewska, Wschowa (F.), in: LV 360, Bd. 2, S. 435–63

Freiburg i. Schl. (Świebodzice, Kr. Schweidnitz). Die mit der Jahreszahl 1228 versehene Urk., die die »Nuburg« – offenbar in F. – erwähnt, ist zwar gefälscht, aber doch vor 1268 entstanden und dem Inhalt nach wohl zuverlässig. Auch die Erwähnung eines Zeugen aus »Vriburg« 1242 stammt aus einer gefälschten Urk. Dennoch ist eine frühe Gründung von F., vielleicht sogar vor 1228, anzunehmen: F. war mit seinem Weichbild seit der Lokation von → Schweidnitz dieser Stadt unterstellt (Bestätigung 1310), also mindestens vor 1243 vorhanden, und zum Weichbild von F. gehörten die vor 1221 entstandenen Dörfer um → (Bad) Salzbrunn. F. ist verm. von Freiburg a. d. Unstrut aus gegr. worden. Die hzl. Burg von F. wurde wahrsch. unter Hz. Bolko I. von Schweidnitz (1291 bis 1301) auf den günstiger gelegenen »Fürstenberg« verlegt; bereits seit 1392 zusammen mit der Burg verpfändet und verkauft, wurde F. später der Herrsch. → Fürstenstein unterstellt, die seit 1509 der Fam. v. Hohberg (Hochberg) gehörte.

Die Stadt hat einen viereckigen Marktplatz mit Rathaus, etwas abseits steht die kath. Pfarrkirche. Eine massive Mauer aus dem A. 15. Jh. mit drei Toren (Schweidnitzer, Nieder- oder Striegauer, Ober- oder Bolkenhainer Tor) umgab die Stadt; die Tore wurden im 19. Jh. abgebrochen, Reste der *Stadtmauer* sind erhalten. Schon im Ma. entstanden einige Vorstädte. F. war Ackerbürgerstadt; Handwerk und Handel blieben ohne größere Bedeutung trotz der Verleihung des Meilenrechts über sechs Dörfer (1337), die Bierbrauerei exportierte aber immerhin bis Schweidnitz und Breslau hin. Grundherr von F. war der jeweilige Besitzer der Burg Fürstenstein, der den Rat ernannte, die Gerichtsbarkeit durch seinen Beamten, den Stadtvogt, ausüben ließ und die Urteile genehmigte. Der Grundherr hatte auch großen Einfluß auf die Verwaltung der Stadt, die in preuß. Zeit durch einen kgl. Polizeibürgermeister überwacht wurde. Durch die Stein-Hardenbergschen Reformen (1807/10) wurde die Stadt von den Grundherrsch. losgelöst. Die kath. Kirche, 1268 als Filiale von Polsnitz belegt, war 1335 selbständige Pfarrei. Im 30j. Kriege wurde der Ort fast ganz zerstört; 1636 suchte ihn eine große Feuersbrunst heim. 1773 vernichtete ein zweites schweres Feuer über 300 Häuser, die Pfarrkirche und das Rathaus mit seinem wertvollen Archiv. 1781 wurde das *Rathaus* auf bes. Befehl Friedrichs II. neu erbaut, der Neubau der Pfarrkirche *St. Nikolaus* erfolgte 1811. Die im 16. Jh. evg. gewordene Pfarrkirche wurde 1653 den Katholiken zurückgegeben, die Evangelischen wurden an die Friedenskirche in Schweidnitz gewiesen. 1741 wurde freie Religionsausübung gewährt, 1776 die *evg. Kirche* erbaut. Im 16. Jh. hatte F. eine evg. Schule, 1873 eine höhere Bürgerschule, ab 1903 eine Oberrealschule, ab 1938 eine Oberschule. F. hatte seit dem Ma. eine Schützengilde, 1860–90 eine Garnison (Schles. Jägerbat. Nr. 6, dann Füs.-Bat. Gren.-Reg. Nr. 10). Im 19. Jh. entwickelte sich größere Industrie, gefördert durch die 1844 erbaute Eisenbahn Breslau–F., die dann 1853 bis Waldenburg und Hirschberg verlängert wurde. Von Bedeutung waren vor allem die Leinwandfabrik des Kommerzienrats Karl Friedrich Kramsta (1809) und die seit 1850 entstehende Uhrenfabrikation. Eww.-Zahlen: 1787: 1517, 1825: 1915, 1905: 9606, 1939: 9309 (auf 6,36 qkm), 1961: 16 810 (auf 14,02 qkm), 1970: 18 517. Die Industrialisierung wurde nach 1945 verstärkt. (II) *Ra*

JFEWürffel, GRieck, Erste vollst. Chronik d. Stadt F. in Schles. 1220 bis 1937, Ergänzung v. BLungmus, F. 1937. – AKrenkel, D. Stadt F. in Schles. u. ihr Verhältnis z. Grundherrsch. in vorpreuß. Zeit, Diss. Br. 1922. – LV 233, S. 739 f. – LRadler, Z. Gründung d. Stadt F. in Schles., in: LV 72, 19 (1961), S. 91–101. – LV 356, S. 77 f. – LV 234, Bd. 2, S. 595 f.

Freiwaldau (Gozdnica, Kr. Sprottau/Sagan). Die Gegend um F. war frühzeitig besiedelt. Man fand 1817 einen Hortfund der mittleren Bronzezeit, um 1850 eine prachtvolle Doppelspiralfibel der jüngeren Bronzezeit, 1931/32 eine steinerne Axt. – F. wurde um 1285 am s. Rande der landesherrlichen Priebuser Heide, 1 km n. der Grenze Oberlausitz/Fstm. Sagan, als Städtchen an einer Verbindungsstraße zwischen → Priebus und → Bunzlau gegr.; erstm. als Stadt gen. wird F. um 1315. Die Unterbindung dieser Umgehung der → Hohen Straße durch die Stadt Görlitz (1368 Zerstörung der Feste Neuhaus ö. F.) ließ F. verkümmern. 1547 hatte »das Stedtleyn 49 beseßenne man« (etwa 280 Eww.). Bis 1602 unterstand es unmittelbar dem Amt Priebus (Fstm. Sagan), ab 1602 bis ca. 1850 war es ein Teil der Herrsch. Burau, die von 1684 bis 1862 mit → Halbau vereint war (Besitzer: Gff. v. Promnitz, Gff.

v. Kospoth). Um 1750 gab F. die Stadtrechte auf; bis 1945 war es Marktflecken im Kr. Sagan bzw. (seit 1932) Kr. Sprottau. – Nw. der Stadt liegen miozäne Braunkohlentone in Gestalt einer Insel im Breslau-Magdeburger Urstromtal. Hier sind schon 1709 eine Ziegelscheune der Herrsch. Burau-Halbau und 1751 eine Ziegelei (die spätere Kommunalziegelei 1870–85) bezeugt. Gottfried Sturm (1830–1906) schuf nach 1885 in F. die moderne Dachziegelindustrie, die 1943 in zwei Werken 720 Arbeiter beschäftigte. Ferner waren 1939 in F. elf keramische Betriebe (mit mehr als je zehn Arbeitnehmern), die Steinzeugröhren und Braungeschirr nach Bunzlauer Art herstellten. Die Eww.-Zahl stieg dank dieser Industrie rasch an (1787: 499, 1825: 786, 1840: 985, 1905: 2854, 1939: 2939, 1961: 3454 auf 23,72 qkm, 1970: 3447 Eww.). Von den Polen wurde F. 1955 zur stadtart. Siedl. und 1967 wieder zur Stadt erhoben. (I) *St*

CBritze, F. (Bez. Liegnitz), Rauscha O. L. 1905. – AHeinrich, Gesch. Nachrichten über Naumburg a. Bober, F. u. Halbau, Sagan 1900. – GSteller, Bauerndorf u. Heidestädtchen (Veröff. d. Ostdt. Forschungsstelle d. Landes Nordrh.-Westf., Reihe A, Nr. 18), Dortmund 1970, S. 93–224. – HSeger, Schles. Hortfunde aus d. Bronze- u. Eisenzeit, in: LV 67, 6 (1936), S. 127, 136, vgl. auch S. 381. – GSteller, D. Kirchen in F., in: KHandke, GSteller, Beschreibung d. schles. Krr. Sagan u. Sprottau, Lippstadt 1968, S. 338–43. – LV 234, Bd. 2, S. 632

Freudenburg, Burgruine (Radosno, Gem. Lomnitz/Łomnica, Kr. Waldenburg). Als Grenzbefestigung war F. (2,5 km ö. Görbersdorf) das böhm. Gegenstück zum → Hornschloß. Als kgl. Lehen wird F. 1350 erstm. erwähnt. Böhm. Adelige waren Burgherren (v. Schwenckfeld, v. Rozdialowicz), verwaltungsmäßig wurde der Burgbezirk zu Glatz gerechnet. Durch die verwandtschaftlichen Beziehungen des böhm. Kg. zu den Hzz. von Schweidnitz gelangte ca. 1359 der Burgbezirk zum Hzt. Schweidnitz. Hzn. Agnes, die Witwe Bolkos II. von Schweidnitz († 1368), verkaufte das hzl. Lehen nacheinander an die Herren v. Pogarell, v. Seidlitz, v. Rechenberg. Wer in der 1. H. 15. Jh. im Besitz der F. war, ist nicht zu ermitteln. Wie die übrigen Burgen im Waldenburger Bergland war F. ein Stützpunkt der Hussiten. Die angebliche Zerstörung 1426–28 läßt sich quellenmäßig nicht belegen. Seit M. 15. Jh. gehörte der Burgbezirk F. mit Olbersdorf (im 30j. Krieg zerstört, verm. an dem heutigen Ort Freudenburg, Gem. Lomnitz), Altfriedland, → Friedland (Kr. Waldenburg), Göhlenau, → Görbersdorf, Langwaltersdorf, Neudorf, Raspenau, Rosenau und Schmidtsdorf zur Herrsch. → Fürstenstein. 1483 wurde F. von Landeshauptmann Georg v. Stein zerstört und nicht wieder aufgebaut. Teile des *Turms* und *Mauerwerks* sind heute noch erhalten. (IIa) *Kö*

O du Heimat lieb u. traut! Bilder aus d. Waldenburger Berglande, hg. v. MKleinwächter, Waldenburg 1925, S. 78 f. – HBartsch, Unvergessene Waldenburger Heimat, Norden (Ostfriesl.) 1969, S. 97 f. – LV 612, S. 70 f. – JRozpędowski, Zamek Grodno w Zagórzu Śląskim i zamki

Nowy Dwór, Radosno, Rogowiec (D. Kynsburg in Kynau u. d. Burgen
Neuhaus, F. u. Hornschloß) (LV 108), Br. u. a. 1960. – → Friedland Kr.
Waldenburg

Freyhan (Cieszków, Kr. Militsch). F. im östlichsten Teile des Kr.
Militsch ist wohl im 15. Jh. als »Städtlein« errichtet worden. 1619
bewohnten es 21 Erbbürger, 29 Hausleute und 6 Gärtner. Es gab
die Stadtrechte 1841 auf, da die Marktgem. 1825 nur 491 Eww.
(die Schloßgem. 535) gezählt hatte. Auffällig reich ausgestattet ist
die *kath. Kirche,* zu der 1753 der Grundstein gelegt wurde. Ihr
kreuzförmiger Kuppelbau mit einer Apsis ist von gefälliger Raum-
wirkung. Die *evg. Pfarrkirche* stammt aus dem Jahre 1828. F. war
als Ausflugsort beliebt, die Kelterei von Obstweinen genoß Ansehen.
Die Grundherrsch. F., zu der mehrere Dörfer gehörten, wurde
1628 von Militsch abgezweigt und 1660 zur Freien Minderstandesherrsch. erhoben, deren Besitzer nach Aussterben der dort residierenden Linie derer v. Maltzan (1590–1691) mehrfach wechselten. Seit 1910 besaßen das 1695 erbaute, von einem Wassergraben umgebene Schloß die Gff. v. Pückler; es ging am 22. 1. 1945
beim Einmarsch der Russen in Flammen auf, die Ruinen wurden
abgetragen.   (III)   *Go*

ALGoedsche, Gesch. u. Statistik d. Militsch-Trachenberger Kr., Mi-
litsch/Br. 1847. – WGlatz, Aus d. Gesch. d. Freien Minderstandesherrsch. F., in: D. Kr. Militsch-Trachenberg a. d. Bartsch, Heimatbuch
eines schles. Grenzkr., Springe 1965, S. 279–282. – LV 511, Sp. 54–56. –
LV 612, S. 44

Freystadt (Kożuchów, Kr. F./Neusalz). Um 1220 wurden die
Grenzwälder nö. Sagan längs der → Dreigräben von dt. Bauern
gerodet. Zu diesen damals gegr. Waldhufendörfern gehört Siegersdorf am Siegerbach mit ca. 70 fränk. Hufen. Die Anlage einer
dt. Stadt als Marktort wurde damals versäumt. Zum weiteren
Ausbau des Landes stellte Hz. Konrad I. von Glogau um 1260–65
sein hzl. Vorwerk (Allod) in Siegersdorf zur Verfügung, und die
neue Stadt – mit viereckigem Ring (5025 qm) und Gitterschema
mit O-W-Achse – wurde an der Dorfstraße von Siegersdorf in das
alte Waldhufendorf hineingezwängt und »Cosuchow« (verm. nach
dem Vorwerk) gen. Bei der Gründung erhielt die Stadt im NW
vor dem Crossener Tor die große und im SO die kleine Viehweide, zusammen ca. 40 ha (Gemarkung von F. 1905 nur 452,8 ha).
Die alte Dorfkirche von Siegersdorf, das seitdem in Ober- und
Nieder Siegersdorf geteilt ist, wurde zunächst die Kirche der
neuen Stadt. Ihr Pfarrer Heinrich von Cosuchow wird 1273 erstm.
gen. Bei dieser Kirche wurde um 1280 ein Krankenhospital zum
Hl. Geist (1321 urk. gen.) erbaut und dem Dt. Orden übergeben,
dem 1287 das Jus patronatus ecclesie in »Wrigenstat« verliehen
wurde. Erst nach 1295 wurde auf dem Platz nw. des Ringes die
kath. Pfarrkirche erbaut; ihre Vollendung wird durch die Stiftung

von zwei Altären 1300 bezeugt. Sie wurde angeblich 1340–69 erweitert, aber wiederholt (1488, 1554, 1637) durch Feuer zerstört. Der heutige Bau wurde erst im 15. Jh. begonnen und im 16. Jh. vollendet (Kreuzkapelle, Gewölbe), ist eine dreischiffige, vierjochige Hallenkirche, jedes Schiff mit bes. Dach; sie hat einen Turm mit achteckigem Aufbau, ist aber arg verbaut und durch unschöne Bedachung entstellt. – Die kath. *Kirche zum Hl. Geist* vor dem Saganer Tor, die frühere Dorfkirche von Siegersdorf, hat einen zweijochigen Chor aus Feldsteinen mit einfachem Netzgewölbe, verm. im 14. Jh. erbaut. Das dazugehörige Hospital wurde 1830 neu erbaut. Die kath. Laurentiuskirche beim Glogauer Tor wurde angeblich 1403 errichtet und bei ihr ein Siechenhospital gestiftet; sie wurde 1838 wegen Baufälligkeit niedergerissen. Das *Rathaus* wurde bald nach dem Brande von 1489 erbaut, brannte dann mehrfach ab (1637, 1764) und wurde 1848–49 durch einen klassiz. Neubau ersetzt, der nach teilweiser Zerstörung 1945 wieder aufgebaut wurde. – Im N der Stadt, innerhalb der Mauern, wurde eine hzl. Burg erbaut (1311 wurde eine Mühle bei dieser Burg urk. gen.), die bis 1488 wiederholt Residenz der Hzz. von Glogau war. Beim Stadtbrand 1488 blieb sie unversehrt. Sie wurde von den Habsburgern im 16. Jh. mit dem sog. F.er Pfandschilling verpfändet. Von den Pfandesherren sind Hans v. Rechenberg (ab 1520), der 1522 die Ref. in F. einführte, und Fabian v. Schönaich (1558–90, † 1591) hervorzuheben. 1675 kaufte die Stadt das *Schloß* mit Zoll, Salzmarktzins usw., überließ es aber 1685 als Kl. den Karmelitern, die hier 1705 eine Kirche erbauten; sie diente nach der Säkularisation 1810 als Zeughaus und war seit 1897 evg.-luth. *St. Johanniskirche.* – Ein »Kastellan« (Burggf. und Zaudenrichter) von F. wird 1295–1300, ein Erbvogt 1295–1321 gen. Die Stadt (mit Münzrecht um 1450) hatte im Ma. eine bedeutende Tuchmacherzunft und hatte auf 123 Häusern innerhalb der Ringmauer das Brauurbar, zunächst für ihr ganzes Weichbild, um 1790 nur noch für 13 Dörfer. F. hatte um 1630 610 bebaute Stellen (ca. 3500 Eww.). Sie wurde 1488 durch die Söldner des Hz. Hans II. von Sagan-Glogau gebrandschatzt und brannte 1637 ganz ab (darüber schrieb Andreas Gryphius, der damals im Vorwerk Schönbrunn vor dem Glogauer Tor wohnte, »das feurige F.«), dann nochmals 1692. Neue wirtschl. Belebung brachte 1709 die Erbauung der *Gnadenkirche* auf einem Weinberg vor dem Sprottauer Tor; sie erhielt erst 1826 den massiven Turm und wurde 1859 ummauert (vorher Fachwerkkirche). Zu ihr hielten sich 101 Ortschaften, u. a. → Sprottau, → Neustädtel, → Quaritz, → Beuthen a. Oder, aber ab 1741 verblieben ihr nur die Kirchgänger aus 40 (1930: 22) Orten. – Nach 1820 geriet F., das 1787 nur 2794, 1825 2995 Eww. hatte, in eine Verkehrsrandlage. Die 1818 erbaute Chaussee Berlin-Breslau umging F. im NO über → Neustädtel. Auch im Eisenbahnnetz blieb F. abseits (Strecke Sagan-F.-Neusalz 1890, F.-Neustädtel-Primkenau 1892). Daher verkümmerte F., das seine doppelte *Stadtmauer* weitgehend erhalten hat, im-

mer mehr und verlor 1932 für ein Jahr sogar den Sitz des Landratsamtes an Grünberg. 1939 hatte F. 6669 Eww. (1905: 4675), dagegen das im Kr. F. verkehrsgünstiger gelegene → Neusalz über
17 000 Eww. 1950 wurde der Kr.-Sitz nach Neusalz verlegt. 1961:
7512 Eww. (auf 29,27 qkm), 1970: 8746. – In F. wurde der Glogauer Arzt Joachim Cureus (1532–73) geb., der 1571 eine lat.
schles. Chronik veröffentlichte. (I) *St*

GFörster, Analecta Freystadensia, Lissa 1751. – AHesse, Gesch. d.
Stadt F. in N. S. von 1100 bis 1864, F. 1865. – LV 119, Bd. 1, S. 130
bis 142, 161–200. – HDumrese, EDumrese, Kirchengesch. d. evg. Gem.
F., F. 1909. – ASchiller, Heimatbuch d. Kr. F., Beuthen a. O. ²1925. –
CWalter, Gesch. d. Stadt F., F. 1934. – LV 233, S. 740 f. – LV 623,
S. 23. – LV 620, S. 59–61. – KEngelbert, D. Anfänge d. luth. Bewe-
gung in F., in: LV 72, 22 (1964), S. 227–29. – LHRutkowski, HOThiel,
D. Kr. F., Scheinfeld/Mfr. 1969. – SKowalski, JMuszyński, Kożuchów
(F.), Posen 1959. – Dies., Kożuchów (F.), in: LV 360, Bd. 2, S. 235–47. –
LV 234, Bd. 2, S. 638 f.

Friedeberg/Isergeb. (Mirsk, Kr. Löwenberg). F. gehörte zum
urspr. böhm. → Queiskreis, der 1319–1346 im Besitz des Hz. Heinrich I. von Jauer war, und verblieb danach bei Schles. Die Stadt
F. wurde vor 1337 planmäßig von wilder Wurzel gegr., verm.
durch den gen. Hz. Heinrich I. von Jauer. Sie wurde nicht ummauert, erhielt jedoch Stadttore. Seit etwa 1400 grundherrschl. zur
Herrsch. → Greiffenstein gehörig, gelangte F. nicht über die Rolle
eines Handwerker- und Ackerbürgerstädtchens hinaus. Gegen E.
18. Jh. blühte in F. der Leinwandhandel; außerdem trat die Stadt
zeitweise durch die Strumpfstrickerei hervor. Durch die Fam.
Friedrich, die Goethe im Sept. 1790 aufsuchte, war um 1800 die
Edelsteinschneidekunst in F. gut vertreten. Die Bev.-Zahl stieg
von 1787: 1686 und 1825: 1458 Eww. auf 1905: 2644 und 1939:
2883 (auf 5,7 qkm) an. – Der bis ins 18. Jh. meist aus Holzbauten
bestehende Ort war oft ein Opfer von Feuersbrünsten. Im 30j.
Krieg hatte die Stadt unter Soldaten von Freund und Feind zu
leiden. Ein Großbrand am 5. 7. 1642 verwandelte die Stadt in
Schutt und Asche. Auch unter Queis-Überschwemmungen hatte
F. im 17. Jh. oft zu leiden. Erst nachdem die Stadt im Sept. 1767
erneut abgebrannt war, wurde sie in Stein aufgebaut. – Am 1. 11.
1884 wurde die Eisenbahnstrecke Greiffenberg-F. eröffnet. 1915
wurde F. Garnisonstadt. In der Nacht vom 8. zum 9. 5. 1945 be
setzten russ. Truppen die Stadt; sie blieb vor wesentlichen Zerstörungen bewahrt. An Baudenkmälern stehen noch die *kath.
Stadtpfarrkirche St. Maria* (erstm. 1346 erwähnt, im 16. Jh. und
bis 1637/54 evg.), die in ihrem Außenbau des 16. Jh. öfter wiederhergestellt worden ist und eine barocke Innenausstattung des 18.
Jh. besitzt, die *evg. Stadtpfarrkirche* von 1768 (Turm von 1881),
die den 1767 abgebrannten ersten evg. Bethausbau von 1757 ersetzt hatte, sowie das *Rathaus* von 1774 mit einem Turm von 1796.
1961 lebten im heutigen Stadtgebiet (13,69 qkm) 4110 Eww., 1970:
4319. (I) *Scho*

JGBergemann, Beschreibung u. Gesch. d. Stadt F. am Queis, Hirschberg 1829. – ACraemer, Stadtbuch d. Stadt F. am Queis, F. 1927. – LV 233, S. 741 f. – LV 234, Bd. 2, S. 575 f.

Friedersdorf (Biedrzychowice, Kr. Lauban). Das im 13. Jh. am r. Queisufer gegr. dt. Dorf F. (3 km nw. Greiffenberg) gehörte urspr. zu Schles. Nach dem Ankauf durch den Besitzer von → Tzschocha, v. Klüx, 1427 wurde F. zur Oberlausitz gerechnet, seit 1544 offiziell. Daran änderte auch die Trennung von der Herrsch. Tzschocha durch Verkauf von F. an Johann Ernst v. Warnsdorf 1651 nichts. Dieser begründete in der Gemarkung von F. 1651 bis 1660 das Exulantendorf Neu Warnsdorf, eine weitere Siedl. Glaubensvertriebener, Neu Schweinitz, entstand 1680 durch Hans Christoph v. Schweinitz, den Besitzer von F. seit 1672. Die Exulanten beschäftigten sich vornehmlich mit der Leinenherstellung, auch in F. selbst. Den Evangelischen von Greiffenberg bot F. nach den Rekatholisierungsmaßnahmen in Schles. bis zum Bau der eigenen Grenzkirche von Nieder Wiesa (→ Greiffenberg) die 1654–1656 erbaute *Grenzkirche* »Zum Jesusbrunnen« an, die mit dem Erweiterungsbau von 1668 2200 Sitzplätze aufwies (Neubau 1723/24). Das *Schloß* von F. entstand 1702 unter Moritz Christian v. Schweinitz durch barocken Umbau einer Anlage des 15. Jh. Gf. Alexander Minutoli-Waldeck (geb. 1806), der F. 1862 erwarb, baute aus romantischer Gesinnung die künstliche *Ruine Neidberg* (später zur Jugendherberge ausgebaut), angeblich auf dem Fundament einer Gegenburg von → Tzschocha aus dem 13./14. Jh., und den Woldeck-Turm, beide unter Verwendung alter Plastikfragmente, und stattete das Schloß mit zahlreichen Kunstwerken aus, die später z. T. ins Breslauer Kunst- und Gewerbemuseum gelangten. Sein Schwiegersohn und Erbe Dr. Joachim Gf. v. Pfeil (1857–1924), Forschungsreisender, Mitbegründer der Kolonie Dt.-Ostafrika und Förderer des Kolonialgedankens, besaß völkerkundliche Sammlungen. (I) *We*

Schönwälder, D. Budissiner Queißkr., in: LV 55, 60 (1884), S. 352–91, u. 61 (1885), S. 1–78. – LV 615, S. 31 f. – Heimatbuch d. Kr. Lauban in Schles., 2. Aufl. hg. v. WMenzel, Seyboldsdorf-Vilsbiburg 1966

Friedland O. S. (Korfantów, Kr. Falkenberg). Die ältere Gesch. der Kleinstadt F. am r. Ufer des Neiße-Zuflusses Steinau, 17 km s. Falkenberg gelegen, liegt im dunkeln. Da das Städtchen sich mit dem im NO anschließenden gleichnamigen Dorf in Gemengelage befindet, könnte eine gleichzeitige Gründung von Stadt und (Stadt-)Dorf vermutet werden. Die 1335 erwähnte Pfarrkirche von F. (»Hurtlanth«) dürfte bereits die Stadt belegen (angeblich war die *Michaelskapelle* auf dem alten Friedhof – 1945 ausgebrannt – die urspr. Pfarrkirche). Schon vorher, 1323, taucht in einer Neisser Urk. ein Heinrich von F. auf. Seit der 2. H. 15. Jh. sind verschiedene Grundherren von F. überliefert, u. a. 1535–94 die Fam. v. Schaffgotsch, unter der Ref. in F. eingeführt wurde (Gegenref. 1629), und die Frhh. v. Nowagk (Nowack). Durch die Heirat von Eva Maria v. Nowagk fiel die Herrsch. F. um 1670 an die Gff. v. Burghauß, nach deren Aussterben 1885 Gf. Carl v. Pückler den Besitz erbte, der danach den Namen Gf. v. Pückler-Burghauß annahm. Der stets unbedeutende Ort wurde in preuß. Zeit zu den Marktflecken gerechnet – er hatte 1783 60 Häuser und zählte zusammen mit dem Dorf 684 Eww., 1825 allein 757 – und erhielt erst 1867 seine Stadtrechte erneuert. Geichzeitig wurde ihm das Dorf F. eingemeindet; 1928 folgte der Gutsbezirk F. mit dem 1616 im Stil der Spätrenaissance erbauten, in einem Landschaftspark gelegenen *Schloß* der Gff. v. Pückler-Burghauß, das nach 1826, als die 1809 verkaufte Herrsch. von den Gff. Burghauß zurückerworben worden war, erneuert und um einen dritten Flügel erweitert wurde (1945 beschädigt). Die jetzige kath. *Dreifaltigkeitspfarrkirche* wurde 1909 eingeweiht (Turm von 1751). Der damalige Pfarrer von F. Valentin Wojciech († 1940) wurde 1920 Weihbf. von Breslau. Die Stadt besaß in jüngerer Zeit einige Industriebetriebe (Maschinen-, Gardinen- und Spitzen-, Schuh-, Drahtzaunfabrik, Sägewerk, Ziegelei). 1905: 2074, 1939: 1895 Eww. Wegen seiner geringen Bedeutung verlor das am Kriegsende beschädigte F. 1945 das Stadtrecht. 1958: 932 Eww.   (III)   *We*

Heimatbuch d. Kr. Falkenberg in Oberschles., Scheinfeld/Mfr. 1971, S. 112–20. – LV 209, Abt. 2, T. 1, S. 363–66. – LV 511, Sp. 70. – LV 233, S. 742 f., – LV 524, S. 62. – LV 234, Bd. 2, S. 169. – LV 616, S. 30 f. – LV 593, Bd. 7, H. 8

Friedland (Mieroszów, Kr. Waldenburg). Als Mittelpunkt des oberen Steinetals ist F. nach Böhmen hin orientiert. Die dt. Besiedlung erfolgte durch das böhm. Benediktinerkl. Politz (gegr. 1213) um die M. 13. Jh. Der kirchliche Besitz mag bald in weltliche Hände übergegangen sein. 1350 gehörte F. zum böhm. Burgbezirk → Freudenburg und war kgl. Lehen. Bis auf kurze Unterbrechungen ist das Schicksal der Stadt mit der Herrschaft → Freudenburg bzw. → Fürstenstein verbunden gewesen. Auf Grund einer Erbteilung war die Herrsch. F. 1669–1700 im Besitz Maximilian v. Hochbergs mit Sitz in Göhlenau. Als Konvertit führte er die Gegenref. durch. Nachdem F. ca. 1359 zum schles. Fstm. Schweidnitz geschlagen worden war, blieb es noch unter der kirchlichen Jurisdiktion des Prager Erzbf. bis 1054. Eine *Kirche* (*St. Michael*) ist 1350 bezeugt. 1865–66 wurde sie fast neu erbaut; der Turm wurde 1714–16 errichtet. 1742 erhielt die evg. Gem., welche seit 1560 bestand, ein Bethaus; der in Kreuzesform errichtete Fachwerkbau wurde 1878 durch einen massiven Bau ersetzt. Wann F. zur Stadt erhoben wurde, ist nicht bekannt. Die Angabe von Naso 1325 ist sonst nicht belegt, jedoch war F. vor 1354 schon Marktort. Als Grenzstadt zu Böhmen war F. durch kriegerische Auseinandersetzungen (Hussitenkriege, 30j. Krieg, Schles. Kriege, 1806 und 1866) in Mitleidenschaft gezogen. Die Handwerker- und Leineweberstadt nahm an der industriellen Entwicklung des 19.

Jh. nur bescheidenen Anteil. 1839 wurde die erste mechanische
Weberei errichtet. Neben der Textilindustrie gab es holzverarbeitende Betriebe, die auch nach 1945 von Bedeutung sind. F. hatte
1787: 964, 1825: 986, 1905: 4947, 1939: 4386 (auf 10,57 qkm),
1961: 6076 (28,13 qkm), 1970: 5035 Eww. Der 2. Weltkrieg verschonte die Stadt; da sie aber am Rande des Industriegebietes lag,
machte sich in den folgenden Jahren in ihr ein katastrophaler Verfall der Häuser bemerkbar. 1957 waren 30% der Gebäude ab-
bruchreif, weitere 30% dringend reparaturbedürftig. In F. wurde der Maler Karl Wohnlich (1824–1885) geb.   (IIa)   *Kö*

AWerner, Chronik v. F. u. Umgebung, F. 1884. – O du Heimat lieb
und traut! Bilder aus d. Waldenburger Berglande, hg. v. MKleinwächter, Waldenburg 1925, S. 438–440. – LV 233, S. 743 f. – HBartsch, Aus
d. Gesch. unseres Waldenburger Berglandes, Sonderdr. aus: Waldenburger Heimatbote 1962–1969, Norden (Ostfriesl.) 1969, S. 35–44. –
Ders., Unvergessene Waldenburger Heimat, Norden (Ostfriesl.) 1969,
S. 344–345. – LV 234, Bd. 2, S. 574

Friedrichsgrätz (Grodziec, Kr. Oppeln). Die Einwanderung evg.
Tschechen (»Hussiten«) aus Böhmen nach Preußen verstärkte sich
während des 1. Schles. Krieges; sie nahm ihren Weg nunmehr bes.
in das preuß. gewordene Schles. Friedrich d. Gr. förderte die Ansiedlung der Flüchtlinge. Außer um Strehlen und bei Groß Wartenberg (→ Hussinetz, → Podiebrad, → Tabor) ließen sich in der
Folgezeit Tschechen auf kgl. Domänen des Fstm. Oppeln nieder.
Die bedeutendste Kolonie böhm. Einwanderer hier – zugleich die
größte friderizianische Siedl. in Oberschles. – wurde F. (-grätz
von tschech. hradec = Burg) im Krascheower Forst an der
Straße Malapane-Guttentag 26 km nö. Oppeln. Die Gründung
erfolgte 1752 durch Vermittlung des tschech. Seelsorgers der
Flüchtlinge, Blanicky. Die planmäßige Anlage bestand aus zwei
langen Häuserreihen an beiden Ufern des F.er Mühlbaches mit
1756: 72, 1787: 101 Stellen. Die Siedler erhielten zehn abgabenfreie Jahre zugestanden. Da der schlechte, z. T. moorige Grund im
Waldgebiet der Malapane zu geringe Erträge hergab, mußten sich
die meisten Kolonisten durch handwerkliche Tätigkeiten einen
Nebenverdienst verschaffen. Unter den 501 Eww. 1787 waren 85
Handwerker, dabei 45 Weber und 14 Schuhmacher. Bald nach der
Gründung der Kolonie errichteten die F.er Tschechen eine Kirche.
Der Prediger von F. betreute auch die tschech. Bewohner der
ebenfalls in friderizianischer Zeit hauptsächlich von böhm. Glau-
bensflüchtlingen gegr. Kolonie Sacken sw. Carlsruhe. Pastor Peter
Schikora von F. gründete 1832 nö. Groß Strehlitz die F.er Tochterkolonie Petersgrätz; die 60 Kolonisten erhielten je 20 Morgen
sumpfigen und sandigen Bodens. Eine weitere Tochterkolonie von
F. war Wilhelmshort sö. Guttentag (zwischen 1905 und 1910 entstanden). – Die überwiegende Mehrheit der aus Böhmen eingewanderten Kolonisten bewahrte dank des starken Zusammenhalts
bis ins 20. Jh. die tschech. Muttersprache. Eine Hinneigung zum

Polentum bestand nicht; bei der oberschles. Volksabstimmung 1921 gaben 1239 Bewohner von F. ihre Stimme für Deutschland und nur 13 für Polen ab. Nach 1945 kehrten manche schles. Tschechen in die Heimat ihrer Vorfahren – Böhmen – zurück, z. T. zogen allerdings auch sie später in die Bundesrepublik weiter.   (IV) *We*

MBeheim-Schwarzbach, Hohenzollernsche Colonisationen, Leipzig 1874, bes. S. 299–358. – LV 210, Bd. 1, S. 102, 116, 276. – Beitrag z. Gesch. d. Kolonisation in Oberschles. während d. Regierung Friedrichs II., in: Zs. f. Dt. Kulturgesch. NF 4 (1875), S. 534–69. – LV 299, Bd. 1, S. 516–18. – LV 429, S. 125–30. – FStumpe, D. Gang d. Besiedlung im Kr. Oppeln, Oppeln 1932, S. 105 f. – LV 191. – LV 345

Friedrichshütte (Strzybnica, Kr. Tarnowitz). Nachdem Gf. Friedrich Wilhelm v. Reden als Direktor des Schles. Oberbergamtes den Tarnowitzer Blei-Silbererz-Bergbau durch die Einrichtung der Friedrichsgrube in → Tarnowitz 1784 wiederbelebt hatte, ließ er zur Verhüttung der abgebauten Erze 1786 5 km nw. dieser Stadt im Stola-Tal das staatliche Blei- und Silberwerk »F.« erbauen. Gleichzeitig entstand daneben für die herbeigeholten dt. Fachleute und Arbeiter die gleichnamige selbständige Siedl., die 1855 170 Bewohner zählte (1905: 188). In der F. gelang dem Chemiker Karl Johann Bernhard Karsten (1782–1853) um 1800 auf Grund von Vorarbeiten Johann Christian Rubergs (1751–1807) in → Wessolla die Zinkherstellung aus Galmei, worauf 1809 bei Königshütte die erste Zinkhütte Deuschlands entstand. Die Verkehrsverbindungen entwickelten sich mit dem Bau der Chaussee (1847, Gf. Renard) und der Eisenbahnlinie Oppeln–F.–Tarnowitz (1858) günstig. Ein Teil des in jüngerer Zeit aus Bleierzen der Zinkblendelagerstätten der Beuthener Gegend gewonnenen Bleis wurde am Ort verarbeitet (Bleiwarenfabrik 1895). In der Weltwirtschaftskrise ging die Hütte (Produktion 1911: 33 800 t Blei, 9,16 t Silber, 1925: 16 000 t Blei, 15,25 t Silber) 1932 ein. – Bei der Volksabstimmung 1921 wurden in F. zwar 117 Stimmen für Deutschland und nur 27 für Polen abgegeben; der Ort lag aber dennoch ö. der oberschles. Teilungsgrenze. 1921 wurde F. mit Piasetzna vereinigt, das bis 1939 der Gem. den Namen gab (1931: rd. 2200 Eww.), 1945 (-1954)/1961 kam Rybna, 1961 Oppatowitz hinzu, 1958 wurde F. stadtart. Siedl., 1967 Stadt. Die auf 18,64 qkm lebenden 6232 Eww. (1970; 1961: 4469, mit Oppatowitz rd. 5700) sind z. T. in den Industriebetrieben am Ort (Nichteisen-Metallindustrie, Eisenbetonbau), z. T. auswärts beschäftigt.   (IV) *We*

JNowak, Kronika miasta i powiatu Tarnowskie Góry (Chronik d. Stadt u. d. Kr. Tarnowitz), Tarnowitz 1927, bes. S. 248–250. – Tarnowskie Góry. Zarys rozwoju powiatu (Überblick d. Entwicklung d. Kr. Tarnowitz), hg. v. HRechowicz, Kattowitz 1969, bes. S. 563 f. – LV 668, S. 102 f., 182 f. – LV 234, Bd. 1, S. 473

Friedrichstabor → Tabor

Fürstenau (Milin, Kr. Breslau). Neben der altpoln. Wächtersied-
lung Struse (von stróża = Wache) legten die Breslauer Hzz. vor
1254 eine Stadt an, die zunächst »civitas Strose«, 1297 »civitas
Furstenow« gen. wird. 1298 aber hieß sie schon »civitas antiqua«,
»frühere« Stadt. Inzwischen war in der Nähe die größere landesherrliche Stadt → Kanth begründet worden, an welche die Stadtrechte von F. übergingen. Die Kirche von Kanth blieb allerdings
noch längere Zeit Filiale jener von F. Das Dorf F. hatte 1905
828 Eww.   (II)   *Ku*

LV 356, S. 78–79

Fürstenstein, Schloß (Książ, Gem. Liebichau/Lubiechów, Kr. Waldenburg). Die Gründung des F. 1168 durch Hz. Boleslaus IV.
Crispus (Kraushaar) von Krakau läßt sich urk. nicht belegen und
ist auch sonst nicht vertretbar. Wahrscheinlicher ist, daß die »Nuburg«, die in einer zwar zu 1228 gefälschten, aber doch vor 1268
entstandenen und daher inhaltlich wohl zuverlässigen Urk. auf
Polsnitzer Gebiet erwähnt wird und in → Freiburg zu suchen ist,
von Hz. Bolko I. von Schweidnitz (1291–1301) auf den höher gelegenen »Fürstenberg« verlegt wurde, da die Lage der »Nuburg«,
später »Vriburg« gen., den Anforderungen einer Schutzburg nicht
mehr genügte. Möglicherweise hat der F. einen Vorgänger gehabt. Er hätte dann mit der »Vriburg« und der → Zeisburg das
Polsnitztal beherrscht. Der F. war die Stammburg der Hzz. von
Schweidnitz, die sich in der Frühzeit nach ihr nannten. Zu seinem Burgbezirk gehörten → (Bad) Salzbrunn, Polsnitz, Zirlau
und die Stadt Freiburg. Nach dem Tod des Hz. Boleslaus II.
(1368) muß die Hzn.-Witwe Agnes F. bald veräußert haben, obwohl sie bis zu ihrem Tod (1392) die Regierung innehatte. 1386
verkaufte Ilse Parchwitz F. an Benesch v. Chusnik, 1401 ging F.
an Janco v. Chocziemiecz über, der F. ab 1430 mit seinem Schwiegersohn Hermann v. Czettritz, seit 1437 auf → Schwarzwaldau,
gemeinsam besaß. Von dessen Sohn Hans erwarb Kg. Georg v.
Podiebrad 1464 F., um seine Position gegenüber Breslau zu stärken. Die Verwaltung übernahmen die Heerführer Birka v. Nassi-
del und 1466 Hans v. Schellendorf. 1482 eroberte der Heerführer
des Kg. Matthias, Georg v. Stein, mit Hilfe der Schweidnitzer
Bürger den F. Als Landeshauptmann von Schweidnitz residierte
er auf F. Als Burghauptmann folgte 1484 Friedrich v. Hoberg,
1497 ging F. zusammen mit → Freudenburg und → Hornschloß
als Pfandbesitz an den böhm. Kanzler Johann v. Schellenberg
über. 1503–1509 gehörte die Burg denen v. Haugwitz. 1509 wurde F. von Konrad von Hoberg erworben, dem Angehörigen eines
seit 1312 in Schles. ansässigen Geschlechts, das sich später Hohberg und schließlich seit 1740 endgültig Hochberg schrieb, 1650 zu
Frhh., 1666 zu Gff. und 1683 zu Reichsgff. erhöht wurde. Der
Pfandbesitz F. mit Freudenburg und Hornschloß ging 1605 in
erblichen Besitz der Fam. Hohberg über, die damit zum bedeutendsten Grundherrn des Waldenburger Berglandes wurde. 1535

bis 1545 hatten die Hobergs auch die Herrsch. → Kynsburg als
Pfandbesitz inne. 1738 erwarb Reichsgf. Konrad Ernst Maximilian
v. Hochberg die Stadt → Waldenburg und → Ober Waldenburg
mit dem Schloß. 1772 wurde F. Fideikommiß, 1840 Freie Standesherrsch. 1847 erbte Reichsgf. Hans Heinrich X. von Hz. Heinrich von Anhalt-Köthen das Fstm. Pleß. Fst. Hans Heinrich XI.
erwarb 1871 aus der ehem. Herrsch. → Neuhaus Neuhaus, → Dittersbach, Althain und Anteil Bärengrund. 1882 wurde die Verwaltung der niederschles. Besitzungen (Landwirtschaft, Forsten, Bergwerke, fstl. Patronate, soziale Einrichtungen und das Bad Salzbrunn) nach Ober Waldenburg verlegt. Die Graf-Hochberg-Gru-
be wurde 1876 mit weiteren elf im Besitz des Fst. befindlichen
Gruben zu den »Cons. Fürstensteiner Gruben« zusammengeschlossen, später entstand daraus die »Waldenburger Bergwerks
AG«. Als »Bolesław-Chrobry-Gruben« wurden sie nach 1945 als
Teil der »Niederschles. Vereinigung der Kohlenindustrie« dem
Ministerium für Bergbau und Energiewirtschaft in Warschau unterstellt.
Kernstück der Schloßanlage ist der *Bergfried*, der in seinem qua-
dratischen Unterteil zu den ältesten Teilen gehört; die neubarocke
Haube stammt aus dem 19. Jh. Lediglich der Grundriß dürfte auf
die älteste Anlage zurückgehen, d. h. die ovale Anordnung der
Gebäude um den Bergfried. Die einzelnen Gebäudekomplexe
stammen aus dem 16. und 17. Jh. Die fünfgeschossigen *Schloßflügel* mit dem dazwischenliegenden *Treppenhaus* wurden 1722
bis 1724 in einem gemäßigten Barock aufgeführt. Architekt war
Felix Anton Hammerschmied († 1762), Steinmetzarbeiten sind von
Johann Schwibs aus Schweidnitz, die Deckenmalereien von Felix
Anton Scheffler (1701–1760). *Balkon* und *Terrasse* an der S-Seite sind das Werk von Georg Heinrich Friedrich Hitzig (1811–71).
Während des 2. Weltkrieges bestanden Pläne, F. zum Führer-
hauptquartier auszubauen. Umfangreiche Veränderungen wurden
durch die »Organisation Todt« vorgenommen. Im Krieg erlitt F.
keinen Schaden, wurde aber 1945–1960 öfters geplündert und aus-
geraubt. Verschiedene Pläne der poln. Regierung (Kinderheim,
Touristenhotel, Museum) sind bis jetzt noch nicht verwirklicht
worden. Die *Alte Burg* ist eine künstliche Ruine in den Formen
der Theater-Gotik, die von Christian Wilhelm Tischbein (1751 bis
1824) entworfen und 1794 fertiggestellt wurde. Hier fanden im
August 1800 ma. Turnierspiele in Anwesenheit von Kg. Friedrich
Wilhelm III. und Kgn. Luise von Preußen statt. Nach 1945 ist das
Alte Schloß unter ungeklärten Umständen abgebrannt und verfallen.   (II)   *Kö*

AZemplin, F. in d. Vergangenheit u. Gegenwart, Br. 1838. – PKerber,
Gesch. d. Schlosses u. d. Freien Standesherrsch. F. in Schles., Br. 1885.
– EZivier, F. 1509–1909, Festschrift, Kattowitz 1909. – KJEndemann,
D. Reichsgfl. v. Hochbergsche Majoratsbibliothek in d. ersten drei Jhh.
ihres Bestehens (1609–1909) (LV 80, Bd. 11), Br. 1910. – O du Heimat
lieb u. traut! Bilder aus d. Waldenburger Berglande, hg. v. MKlein-

wächter, Waldenburg 1925, S. 66–69. – ASzyperski, Zamek Książ (Burg F.) (Bibl. Wałbrzyska, 4), Waldenburg 1946. – LV 612, S. 54 f. – SMichalkiewicz, Gospodarka magnacka na Śląsku w drugiej połowie XVIII wieku (na przykładzie majątku Książ) (D. Adelswirtschaft in Schles. in d. 2. H. 18. Jh. am Beispiel d. Besitzes F.), Br. u. a. 1969. – HBartsch, Unvergessene Waldenburger Heimat, Norden (Ostfriesl.) 1969, S. 86–93. – LV 631, S. 169–71. – LV 670, S. 326–32

Gebhardsdorf (Giebułtów, Kr. Lauban). Als die Schwertaer Linie derer v. Uechtritz 1592 ausstarb, zerfiel deren Herrsch. in die Teile G. (seit 1598 [bis 1690] mit Ober Schwerta und [Alt] Scheibe, ca. 15 qkm), → Schwerta und Meffersdorf (→ Wigandsthal). G., an der Grenze der Oberlausitz zu Schles. 3 km nw. Friedeberg gelegen, blieb bis ins 20. Jh. im Besitz verschiedener Zweige der Fam. v. Uechtritz. Im Zuge der Exulanteneinwanderung entstanden in der Herrsch. G. zwischen 1651 und 1674 vier neue Siedll., zwei weitere 1713 und 1730; in und um G. ließen sich auch Exulanten tschech. Nationalität nieder. Die ma. Kapelle von G., Filial von → Friedeberg/Qu., wurde nach Durchsetzung der Gegenref. in Schles. selbständige evg. Pfarrkirche, zu der sich auch die Friedeberger hielten; der wegen Platzmangel 1703/04 errichtete rechteckige *Saalbau* faßte über 2000 Menschen (Zufluchtskirche). Das *Schloß* von G. stammt aus dem 18./19. Jh.   (I) *We*

Schönwälder, D. Budissiner Queißkr., in: LV 55, 60 (1884), S. 352–91, u. 61 (1885), S. 1–78. – Heimatbuch d. Kr. Lauban in Schles., 2. Aufl. hg. v. WMenzel, Seyboldsdorf-Vilsbiburg 1966

Georgenberg (Miasteczko Śląskie, Kr. Tarnowitz). Mit der Erschließung der reichen Silber- und Bleivorkommen im Tarnowitzer Gebiet im 16. Jh. entstand in den 1530er Jahren in der Gemarkung des Dorfes Groß Zyglin an der Straße Tarnowitz-Tschenstochau eine Erzgrube, neben der sich Bergleute niederließen. Schon 1548 tauchte im Zusammenhang mit Klagen über das den Silbererzbergbau behindernde Graben nach Eisenstein für die neue Siedl. der Name G. auf. 1561 erhielt sie von Markgf. Georg Friedrich von Brandenburg (1543–1603), dem damaligen Inhaber der Herrsch. Beuthen OS, Stadtrecht mit Wochenmarkt und zwei Jahrmärkten, ein Jahr später eine Bergordnung, die die Anwendung sächs. Rechtes vorsah. Zunächst erlebte G., für das sich unter der poln. Bev. der Umgebung der Name Miasteczko (= »Städtchen«) einbürgerte, eine wirtschl. Blüte; 1574 wurden 79 Schächte gemutet. 1603 wohnten in G. 67 Famm., die unter dem Einfluß der brand. Herrsch. und dt. Führungsschicht der Ref. anhingen. Den Mittelpunkt bildete ein weiter Straßenmarkt mit dem Rathaus. Kirchlich blieb der Ort von Groß Zyglin abhängig. Erst nach der Rekatholisierung (1632) entstand 1666 die dem hl. Georg und der hl. Maria geweihte *Schrotholzkirche* mit freistehendem *Glokkenturm* als Filialkirche von Groß Zyglin (seit 1849 Lokalie; 1913 selbständige Pfarrei G. mit dem 1905 erbauten neuen Gotteshaus als Pfarrkirche). Im 30j. Krieg, unter dem G. zu leiden hatte, hören die Nachrichten über den Bergbau auf (1627); G. sank zu einem unbedeutenden Ackerbürgerstädtchen herab. 1783 gab es in ihm 48 Bürgerhäuser, 16 bäuerliche Stellen und 1 Vorwerk, 1825 707 Eww. Auch im 19. und 20. Jh. war der Ausbau von G. sehr schwach (E. 18. Jh. und von 1876 bis zum 1. Weltkrieg in der Nähe Eisenerzförderung, später Ziegelei und Steinbruch als Wirtschaftsbetriebe). Das bewirkte, daß G. zeitweise keinen Stadt-Status besaß: wohl von der M. 18. Jh. bis 1866 und 1946–1963. Die Bev.-Zahl stieg von 1861: 1075, 1905: 2040, 1931: rd. 2400 auf 1941: 2982 Eww. Obwohl überwiegend von Polen bewohnt, wurden in G. bei der Volksabstimmung 1921 524 Stimmen für Deutschland abgegeben (gegenüber 666 für Polen). Seit der Eingemeindung von Groß und Klein Zyglin und Brinitz (1946) hat G. eine Ausdehnung von 26,66 qkm und (1970) 5173 Eww. (1961: 3344). 1961 ist der Bau einer Zinkhütte begonnen worden.   (IV) *We*

JNowak, Kronika miasta i powiatu Tarnowskie Góry (Chronik d. Stadt u. d. Kr. Tarnowitz), Tarnowitz 1927. – Tarnowskie Góry. Zarys rozwoju powiatu (Überblick d. Entwicklung d. Kr. Tarnowitz), hg. v. HRechowicz, Kattowitz 1969. – LV 234, Bd. 1, S. 451 f.

Gießmannsdorf (Gościszów, Kr. Bunzlau). G. entstand als dt. Waldhufendorf im Grenzwald zwischen Queis und Bober und wurde in der Gründungsurk. des nahen → Naumburg am Queis 1233 als bereits bestehendes Dorf gen. Der Pfarrer Arnold von »Goswinsdorf« war 1310 Zeuge in zwei Naumburger Urkk. 1318 wurde Gebhard v. Querfurt mit G. belehnt. 1381–1635 besaßen es die v. Warnsdorf, 1635–1828 die v. Bibran (→ Modlau), ab 1828 Frh. v. Schönberg und 1883 die v. Loebenstein (bis 1945: Frau v. Eggeling geb. v. Loebenstein). Das Rittergut mit vier Vorwerken umfaßte 1940 1160 ha, dazu gehörte noch das Rittergut Herzogswaldau mit 199 ha. – Zwei künstlerisch bedeutende Bauten gibt es in G.: a) *Evg. Begräbniskirche*, früher kath. Pfarrkirche, im Übergangsstil von Romanik zu Gotik in Sandsteinquadern mit Renaissance-Epitaphien und -Malereien. Sie wurde um 1525 prot., 1654 reduziert, 1804 den Evangelischen zurückgegeben, die noch ein Bethaus von 1754/55 besaßen. b) *Schloß* G., auf den Grundmauern einer ma. Wasserburg 1603 vom späteren Landeshauptmann Kaspar v. Warnsdorf († 1634) im Renaissancestil erbaut. Beachtlich sind die giebelreiche Fassade des Vorderhauses, das w. Portal mit 16 Ahnenwappen und steinerner Brücke, dazu Sgraffitoschmuck. – Das Dorf G. hatte 1786 sechs Vorwerke, 70 Bauern, 84 Gärtner, 120 Häusler, drei Wassermühlen, 1532 Eww. 1939: 1552 Eww.   (I) *St*

EWernicke, Chronik d. Stadt Bunzlau, Bunzlau 1884. – EDewitz, Gesch. d. Kr. Bunzlau, Bunzlau 1885, S. 86–92. – EWernicke, Beitrr. z. Gesch. d. Adelsfamm. in d. Krr. Bunzlau-Löwenberg, in: Vierteljahrschr. f. Heraldik (Herold) 14 (1886), S. 411–567. – LV 615, S. 32 f. – GGrundmann, Bauten u. Werke d. bild. Künste in Stadt u. Kr. Bunzlau, in: D. Bunzlauer Kr. an Bober u. Queis, bearb. v. AZobel, KSpringer, ²Siegburg 1964, S. 262–95

Glatz (Kłodzko). Mitten im Herzen der Gfsch. G., zu beiden Seiten der G.er Neiße, liegt die alte Festungsstadt G., der älteste
gesch. bezeugte Ort von Schles., Mittelpunkt und Hauptstadt der
Gfsch. G. Auf dem für Verteidigungswerke geeigneten felsigen
Hügel am l. Neißeufer, dem späteren Schloßberg, besaß nach dem
böhm. Chronisten Cosmas von Prag schon der 981 verstorbene
böhm. Fst. Slavnik, Vater des hl. Adalbert, eine gegen Polen gerichtete Grenzfestung namens »Cladsko«. Der Name G. ging später auf die ganze, eine geschlossene Einheit bildende Landschaft,
die 1636 qkm große Gfsch. G., über. Böhmen und Polen bekämp-
ten lange Zeit einander, wobei G. 1114 kurzfristig in die Hand
der Polen geriet. Erst im Frieden von G. 1137 wurde die SW-
Grenze von Schles. mit der Zugehörigkeit des G.er Landes zu
Böhmen für lange Zeit festgelegt. Kurz vorher, 1129, hatte Hz.
Soběslav von Böhmen G. noch stärker befestigen lassen, um die
wichtige Straße Prag-Nachod-G.-Wartha-Breslau zu sichern.
Wahrsch. wurden damals der später sog. »Heidenturm« und die
Marienkapelle (»Heidenkirchlein«) auf dem Schloßberg, urk. be-
legt 1194, errichtet. Die 1184 vorhandene Wenzelskirche nw. der
Burg war »Marktkirche«; die tschech. Marktsiedl. – schon 1114
wird eine befestigte Vorburgsiedl. erwähnt – wird an der späte-
ren Böhm. Straße am s. Fuß des Schloßberges nw. des späteren
Ringes angenommen. 1183 gründeten die Johanniter in G. ein
Hospital, wahrsch. neben der heutigen St. Georgskirche am NO-
Rand des Schloßberges; die bestehenden Kirchen wurden damals
ihnen überwiesen.
Das Gebiet von G., nur schwach von Tschechen bewohnt, wurde
im 13. Jh., bes. unter Kg. Ottokar II., durch dt. Adlige und Bauern
– zumindest erstere teilweise aus der Markgfsch. Meißen kommend – besiedelt. Die Aussetzung der dtrechtl. Stadt G. könnte
schon A. 13. Jh. erfolgt sein, da 1223 die dt. Namensform G.
erstm. belegt ist; auch die Gründung eines Minoritenkl. mit Kirche
um 1250 auf einer Insel zwischen Neiße und Mühlgraben deutet
auf die Existenz einer dtrechtl. Stadt hin, die dann 1275 durch die
Nennung von Vogt und Bürgern sicher nachgewiesen ist. Die
planmäßige Stadtanlage entstand am l. Neißeufer im Schutz des
Schloßberges im N mit einem 9200 qm großen Ring und einem
gitterförmigen Straßennetz. Auf dem Ring erhob sich das *Rathaus*
(nach Brand von 1366 gemauerter Neubau 1397, heutiger Bau von
1887–90, Turm von 1654), nicht weit davon die seit 1344 in Stein
aufgeführte Pfarrkirche Mariä Himmelfahrt, daneben das Johan-
niterkl. (Kommende, in Stein A. 15. Jh.). Am Abhang des Burgberges entstand 1349 eine Niederlassung der Augustiner, das
»Domstift« mit der »Domkirche« Mariä Verkündigung. Die Stadt
wurde im Rücken durch den Burgberg mit der verm. schon im
13. Jh. erbauten got. Burg geschützt, an den anderen Seiten war
sie von einer Mauer umgeben, die am Ende der Böhm. Straße begann, an der Neiße entlang bis zum ehem. Inneren Frankensteiner Tor führte, gekrönt von einer Reihe von Türmen, unterbro-

chen vom Böhm., Pfaffen- (Grünen) und Brücktor sowie der Was-
ser- und Badepforte; das Äußere Frankensteiner Tor – belegt
1403 – befand sich im NO bei der St. Georgskirche. Dem regen
Verkehr diente die 1390 fertiggestellte, bis in die Gegenwart erhalten gebliebene *Brücktorbrücke.*

Die wirtschl. Stärke der Stadt im 14. Jh. beruhte auf der Tuchmacherei, in geringerem Maße auch der Leineweberei, ferner auf
den verschiedenen Handwerken (auch bes. wie der Goldschmiede-
kunst), der Bierproduktion und dem Handel. 1334 erwarb die
Stadt, die seit E. 13. Jh. das Magdeburger Recht besaß, die städt.
Vogtei und damit eine eigene Gerichtsbarkeit. Die Stärke der
Handwerkerschaft findet ihren Ausdruck in deren Vertretung im
Rat schon seit der M. 14. Jh. Die überragende Stellung der Stadt
zeigt sich darin, daß alle übrigen Städte des G.er Landes ihr bis
ins 15. Jh. hinsichtlich Abgaben und Dienstleistungen unterstellt
waren. Die Ausstattung von G. mit Land (60 fränk Hufen) wurde
1305 um das Vorwerk Freudenau (5 Hufen) erweitert. Die Stadt
selbst hatte A. 15. Jh. ca. 250 Häuser und ca. 4000 Eww. Die
Bev. war überwiegend dt. Das Protokollbuch des G.er Mannen-
gerichts von 1296–1390 beweist durch seine dt.-sprachigen Eintragungen die Eindeutschung der Stadt und des Landes, ebenso das
älteste G.er Stadtbuch (ab 1324). Neben Deutschen und in der
Frühzeit auch Slawen spielten Juden eine gewisse Rolle; sie besaßen eine eigene Schule.

Die Eindeutschung des gesamten G.er Landes scheint um 1400
abgeschlossen gewesen zu sein. Dt. war die Gerichtssprache des
Adels, der Bürger und der Bauern. Der slaw. Bev.-Teil war in G.
in die dt. Gemeinschaft aufgenommen. Auch die böhm. Dörfer
rund um G. wurden zu dt. Recht umgelegt. Diese schnelle Eindeutschung findet ihre Ursache sowohl in dem Einfluß vom Prag
Karls IV. als dt. Kulturzentrum als auch in den engen Beziehungen mit Schles. nach dessen Kolonisation, nicht nur auf der Ebene
der Bev., sondern auch der Herrsch. Wiederholt wurde das G.er
Land im 13./14. Jh. insbes. an schles. Piastenhzz. (u. a. Heinrich IV. und Heinrich VI. von Breslau) verpfändet. Der dt. Kulturkreis griff sogar von G. auf das angrenzende böhm. Gebiet
über: Trautenau und Braunau erhielten Magdeburger Recht
von G.

Der nationale und rel. Gegensatz machte die Glatzer gleich den
Schlesiern zu Gegnern der Hussiten. 1422 erhielt das Land G.,
das bis dahin längere Zeit an Hz. Johann von Ratibor verpfändet
gewesen war, nach Auslösung durch Kg. Sigismund einen neuen
kgl. Landeshauptmann in der Person des Puota v. Czastolowitz,
eines böhm. Adligen, der nach der Verbrennung von Hus zunächst
seinen Anhängern nahe gestanden hatte, dann aber auf die Seite
des Kg. Sigismund und der Katholiken übergetreten war. In Erwartung des hussitischen Einfalles in das G.er Land schloß Puota
mit Hz. Johann von Münsterberg am 14. 10. 1424 einen Bei-
standspakt bis 11. 11. 1425. Kurz darauf kam es zum Überfall der

Hussiten auf → Wünschelburg. Im Februar 1427 schloß Puota
mit schles. Fstt. die sog. Strehlener Einigung, so daß G. dem
Sturmjahr 1428 nicht ganz unvorbereitet entgegensah. Am 27. 12.
1428 kam es bei Altwilmsdorf zum Kampfe der Schlesier und G.er
unter Führung des Hz. Johann von Münsterberg, der dabei zusammen mit 350 Streitern fiel. Die Gedächtniskapelle von Altwilmsdorf zeugte davon bis in unsere Tage. Obwohl mit den Hussiten nicht nur böhm. Adlige, z. T. auch böhm. Bauern ins Land
kamen und teilweise die tschech. Sprache in Urkk. auftauchte, vermochte sich das tschech. Element im G.er Land nicht zu behaupten, selbst dann nicht, als Kg. Georg von Podiebrad 1454 es durch
Kauf erwarb und 1459 zu einer von Böhmen lehnsabhängigen
Gfsch. erhob. Sein Sohn Hz. Heinrich d. Ä. von Münsterberg
(† 1498), verheiratet mit Ursula, Tochter des Kfst. Albrecht
Achilles von Brandenburg, verlegte nach der Teilung von Georgs
Erbe (1472) als erster regierender Gf. von G. seinen Wohnsitz in
die Stadt G. Er und seine Gemahlin erhielten ebenso wie Hz. Johann von Münsterberg († 1565) ihr Grab in der G.er Pfarrkirche.
Die Stadt G. blieb im 15. Jh. zwar von kriegerischer Besetzung
verschont, jedoch wurden seine Vorstädte 1428 und 1470 zerstört,
und die Innenstadt hatte unter Bränden, Hochwasser und Pest
zu leiden. Die Wirtschaftskraft nahm ab, die Eww.-Zahl ging zurück. Dennoch ist im 15. Jh. eine rege Bautätigkeit zu verzeichnen: Der im 14. Jh. begonnene Bau der *Pfarrkirche Mariä Himmelfahrt* kam um 1430 zu einem Abschluß – der Chor stammt aus
dieser Zeit – und wurde in der 2. H. 15. Jh. stark erneuert (Türme, Seitenschiffgewölbe, 1500 Jakobskapelle). Die Johanniterkommende erhielt A. 15. Jh. einen massiven Bau. Das außerhalb der
Mauern gelegene Minoritenkl. wurde nach dem Brand von 1428
in die Innenstadt verlegt; nach erneutem Brand der 1431–37 errichteten Gebäude 1463 wurde nur die St. Annakirche in der
Frankensteiner Straße wiederhergestellt (1542 abgerissen), das Kl.
wurde am alten Platz in der Vorstadt aufgebaut. Das alte Johan-
niterhospital in der Frankensteiner Vorstadt, im 14. Jh. für Aus-
sätzige verwendet, im 15. Jh. Hl.-Geist-Hospital gen., erhielt wohl
um 1400 eine Georgskapelle, die Hz. Heinrich d. Ä. von Münsterberg 1475 den Bernhardinern übergab; 1478/79 erbaute er ihnen
ein neues Kl. mit der *St. Georgskirche*. Stadtmauer und -tore wurden im 15. Jh. verstärkt, die Burg ausgebaut.
Hatte die Gfsch. den auch national bestimmten Hussitismus stets
abgelehnt, so war G. doch wegen der Anhängerschaft zu Kg.
Georg von Podiebrad wie dieser längere Zeit mit dem Kirchen-
bann belegt, und die Ref. fand als rel. Bewegung schon 1524 raschen Eingang, dazu außerdem die Lehre Schwenckfelds und
manch anderer Sekten. Die Minoriten verließen 1542, die Bernhardiner 1546 ihr Kl. Ferdinand I., seit 1526 Kg. von Böhmen, zog
bald die Zügel auf rel. Gebiet, aber auch in der allgemeinen Verwaltung straffer. Er hob auch den Rechtszug nach Magdeburg auf

und machte Prag zum Oberhof für die Städte der Gfsch. G. 1595
zogen die Jesuiten ins Augustinerkl. ein, konnten jedoch die luth.
Lehre nicht verdrängen. Vor dem 30j. Kriege herrschte in G.
Wohlstand und Zufriedenheit. Nachdem G. die Wahl des »Winterkg.« Friedrich V. von der Pfalz anerkannt und auch nach der
Schlacht am Weißen Berge zu ihm gehalten hatte, fiel es 1622 in
die Hände der Kaiserlichen; die großen Verteidigungsanstrengun-
gen, denen u. a. das ehem. Augustinerkl. mit dem Dom und die
Wenzelskirche im Vorfeld des Schlosses zum Opfer gefallen waren, hatten angesichts der allgemein unhaltbaren militärischen
Lage der Anhänger des »Winterkg.« nichts genützt. Es folgten
Strafmaßnahmen gegen die Anführer, Verlust von Privilegien
und erhöhte Abgabenerhebung. Die Rekatholisierung der Bev.
setzte ein. Die Jesuiten begannen eine rege Tätigkeit. Sie übernahmen die Pfarrei, erbauten 1655–90 anstelle der alten Johanniterkomturei ein *Kollegium* (nach Aufhebung des Ordens Gymnasium und Pfarrhaus). Auch die Minoriten übernahmen 1622
endgültig wieder ihr Kl., sie errichteten 1678–1735 neue *Kl.-Ge-
bäude* und vergrößerten 1699–1711 die *Minoritenkirche*. Die Bernhardiner kehrten 1639 zurück und bauten ihre 1622 abgebrannten
Bauten – Hospital und St. Georgskirche – 1644 wieder auf (letztere nach Säkularisation seit 1836 evg. Garnisonkirche). 1633 kam
Wallenstein in die Gfsch. Die von den Schweden gegen Ende des
Krieges unternommenen Versuche zur Eroberung der Stadt schei-
terten. Der Wohlstand von einst war vernichtet, Stadt und Gfsch.
waren entvölkert. Nur langsam erholte sich das Land nach dem
Westfälischen Frieden. Selbst um 1700 lagen noch viele Güter
und Dörfer wüst, zumal 1680 die Pest das Land nochmals entvölkert hatte. Die *Mariensäule* auf dem Ring, nach der Epidemie
1682 von Hans Adam Beyerhoff nach dem Vorbild der Mariensäule auf dem Prager Altstädter Ring gefertigt, erinnert an die
1500 Toten dieser Seuche.
1742 erwarb Friedrich d. Gr. mit Schles. auch die Gfsch. G. Erbpz.
Leopold von Anhalt-Dessau hatte 1741 die Gfsch., A. 1742 auch
die Stadt G. erobert. Bei der Belagerung der Festung hatte die
österr. Besatzung schwerste Verluste erlitten. Im 2. Schles. Kriege
belagerten die Österreicher vergeblich Stadt und Festung. Die
Festung, nach dem 30j. Kriege durch Umbau des Schlosses nach
holl. Muster entstanden, wurde stark ausgebaut, am Stadtrand
wurden Kasernen und Proviantmagazine angelegt. 1744 entstand
auf dem Schäferberg r. der Neiße ein neues starkes *Fort.* Im Zuge
des Ausbaus der Festung wurde 1769 das »Heidenkirchlein« abgetragen (nachdem der »Heidenturm« schon 1627 zerstört worden war). Statthalter der Gfsch. und Kommandant der Festung
war 1742–60 Gen.-Major Heinrich August Frh. de la Motte-
Fouqué (1698–1774), ein harter Mann, dem es nicht gelang, die
Bewohner der Gfsch. für Preußen zu gewinnen. Als im 7j. Kriege
der kath. Priester P. Andreas Faulhaber am 30. 12. 1757 hingerichtet wurde, weil er Eww. der Gfsch. zur Flucht geraten haben

sollte, diente dies der preuß. Sache nicht; seine Leiche blieb bis
zur Eroberung von G. durch die Österreicher am 26. 7. 1760 am
Galgen hängen. Dagegen konnte Friedrich d. Gr. durch seine
fürsorglichen wirtschl. Maßnahmen und durch seine Persönlichkeit die Bev. für sich einnehmen. Durch Förderung der Leinenindustrie am W-Hang des Eulengeb., Begünstigung der Glasindustrie, staatliche Hilfe für den Steinkohlen- und Erzbergbau
und durch neue Siedll. förderte er die Gfsch.; allerdings verbesserte sich die Lage der Stadt G. nicht wesentlich. Nur dank der
inzwischen erreichten Verbundenheit der Bev. mit dem preuß.
Staat war es Gf. Friedrich Wilhelm v. Götzen (1767–1820) 1807
möglich, Stadt und Festung G. während der Belagerung durch
Gen. Vandamme und seine Rheinbundtruppen bis zum Tilsiter
Frieden zu verteidigen. Das Revolutionsjahr 1848 erregte auch in
G. die Gemüter und führte zur Gründung eines »Sicherheitsver-
eins« zum Schutze von Personen und Eigentum; Kern des Vereins
wurde die seit alters her bestehende Schützengilde. 1866 spielte
die Festung keine Rolle mehr. Die Gfsch. war lediglich Auf-
marschgelände der preuß. Truppen. Infolge militärischer Baube-
schränkungen war G. im Wachstum stark beeinträchtigt, bis 1877

---

 1 Rathaus und Hauptwache
 2 Pfarrkirche Mariä Himmelfahrt
 3 Pfarrhaus und Gymnasium (ehem. Jesuitenkolleg, Stätte der einstigen
    Johanniterkommende)
 4 Evg. Kirche
 5 Kommandatur
 6 Böhm. Tor
 7 Pfaffentor
 8 Badepforte
 9 Brücktor
10 Wasserpforte
11 Inneres Frankensteiner Tor
12 Äußeres Frankensteiner Tor
13 Bernhardinerkirche St. Georg und -kloster (ab 1836 evg. Garnisonkirche)
14 Hospital
15 Proviantlager
16 Minoritenkirche und -kloster
17 Brücktorbrücke
(18) ehem. Burg
(19) Stätte des ehem. »Heidenturmes«
(20) Stätte der ehem. Burgkapelle
(21) Stätte der ehem. Wenzelskirche
(22) Stätte des ehem. Augustiner-Chorherrenstiftes mit Kirche, zuletzt Jesui-
    tenkolleg und -kirche

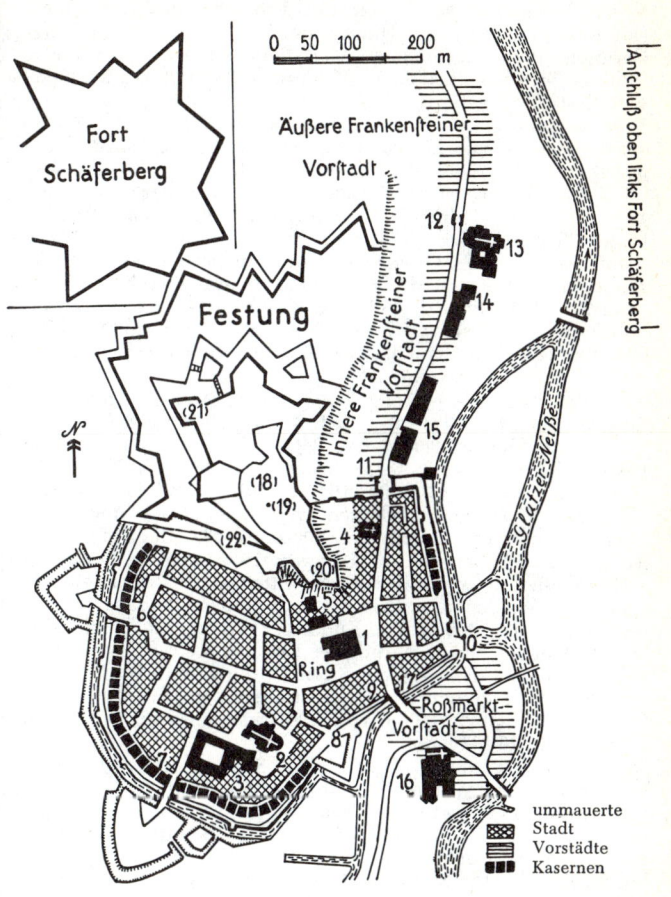

Glatz um 1800
(unter Verwendung von Plänen von WDziewulski in LV 54, 3 [1958])

die Festung als solche aufgehoben wurde und danach die Stadt-
befestigung fiel; G. blieb nur noch Garnisonstadt. Die Festung
hatte in preuß. Zeit verschiedene politische Gefangene und
Spione beherbergt, so 1745/46 den Frh. Friedrich v. d. Trenck
(1726–94) und den franz. Hauptmann Lux. Die Stadt war langj.
Garnison des Füsilier-Reg. Gen.-Feldmarschall Gf. Moltke
(Schles.) Nr. 38, nach dem 1. Weltkriege Standort des 21. Geb.-
Jäger-Bat., 7. (Preuß.) Inf.-Reg.
Kirchlich gehörte die Gfsch. von Anfang ihrer gesch. Zeit an bis
zur Gegenwart zum Erzbst. Prag. Als die Prager Diözese 1631
in Vikariate aufgeteilt wurde, wurde Dechant Hieronymus Keck
(1604–51), Pfarrer von Altwilmsdorf, erster Vikar der Gfsch. Nach
1742 ernannte Friedrich d. Gr. die Vikare selbst, ohne Prag zu
fragen. Seit 1821 sind die »Großdechanten« (bis 1810 »Kgl. Dechanten«) der Gfsch. G. zugleich Ehrendomherren der Breslauer
Kathedrale mit dem Recht der Teilnahme an der Wahl des Breslauer Bf. 1920 wurde das Vikariat zu einem Generalvikariat erhoben; die Bezeichnung »Großdechant« blieb bestehen. Am 27. 8.
1841 wurde Großdechant Dr. Josef Knauer zum Breslauer Fstbf.
gewählt und 1843 geweiht.
Nach Aufhebung des Festungsstatus wurden 1880–1911 die Stadttore und ein großer Teil der Stadtmauern niedergelegt (*Reste* erhalten); die Bautätigkeit wurde reger. Der starke Anstieg der
Bev.-Zahl – 1787: 4003, 1825: 6187, 1867: 7483 + 2136 Militär-
personen, 1885: 13 588, 1905: 16 052 – ist Spiegelbild des (verhältnismäßig späten) modernen Wirtschaftsaufschwunges der
Stadt, der mit dem Beginn der Verkehrserschließung durch die
Eisenbahn zusammenfiel: 1874 wurde die Strecke nach Breslau
eröffnet, ein Jahr später die nach Mittelwalde, 1880 folgte die
Linie nach Waldenburg, 1890 die nach Rückers, verlängert 1902
bis Bad Reinerz, 1905 bis Bad Kudowa, 1897 kam die Verbindung
nach Seitenberg hinzu. Wichtigster Erwerbszweig war der Handel. 1932 wurde das Kr.-Gebiet von G. durch den Anschluß des
Kr. Neurode vergrößert (1954 wieder abgetrennt). 1939 lebten in
G. auf 24,64 qkm 22 000 Eww., 1961 waren es auf 25,77 qkm
24 029, 1970: 26 134 Eww.
Arnestus von Pardubitz (1297–1364), Sohn des Glatzer Burghauptmanns Malowetz von Pardubitz, erster Erzbf. von Prag, Be-
rater Ks. Karls IV. und Kanzler der Prager Universität, verbrachte
seine Jugend in G. und fand seine letzte Ruhestätte in der G.er
Pfarrkirche. In G. geb. wurden auch David Origanus (Tost) (1558
bis 1628), Prof. für Mathematik in Frankfurt/O., und Friedrich
Wilhelm Riemer (1774–1845), Bibliothekar in Weimar und Sekretär Goethes.　　　　　　　　　　　　(IIa)　*Web, We*

LV 51. – LV 52. – LV 53. – LV 54. – LV 146. – LV 147. – FSchubert,
D. älteste G.er Stadtbuch (1316–1412), Weimar 1925. – LV 280. –
AOtto, G.er Wanderbuch, Mittelwalde 1923, ²Leimen/Heidelberg 1971.
– D. Gfsch. G., hg. v. Ludwig, Salomon, EStein (Monogr. dt. Städte,
Bd. 19), Berlin-Friedenau 1927. – LV 233, S. 744–46. – LV 430. –

JFogger, D. G.er Land u. Volk in d. Gesch., 3 Bde. (Gfsch. G.er Heimatkunde, Bde. II–IV, Beil. z. Gfsch.er Boten 1953–55, 1956–58, 1959–61) (Lüdenscheid 1955/58/61). – D. Gfsch. G., Deutschlands Erker, Gesundbrunnen u. Herrgottswinkel, 5 Bde., Lüdenscheid 1958–68. – LV 234, Bd. 2, S. 563–65. – TBroniewski, Kłodzko (G.) (LV 108), Br. u. a. 1963. – WDziewulski, Kłodzko w XIV i początku XV wieku (G. im 14. u. A. 15. Jh.), in: LV 36, 12 (1957), S. 447–85. – Ders., Zarys rozwoju przestrzennego Kłodzka od czasów najdawniejszych do drugiej Wojny światowej (Überblick d. räumlichen Entwicklung v. G. v. d. ältesten Zeiten bis z. 2. Weltkrieg), in: LV 54, 3 (1958), S. 11–48. – Ders., Kłodzko i jego ludność w świetle spisów mieszkańców z lat 1688 i 1734 (G. u. seine Bev. im Lichte v. Eww.-Verzeichnissen d. Jahre 1688 u. 1734), Oppeln 1965. – FStolle, G. um d. Jahr 1114 u. d. Name »G.«, Habelschwerdt 1926. – FAlbert, D. Hussitennot im G.er Lande, G. 1928. – ABach, D. Gfsch. G. unter d. Gouvernement d. Gen. Heinrich August Frh. de la Motte Fouqué 1742–1760, hg. v. Volkmer, Habelschwerdt 1885. – EKöhl, D. Gesch. d. Festung G. (Ostdt. Beitr., Bd. 51), Würzburg 1972. – ABach, Urk. Kirchengesch. d. Gfsch. G., Br. 1841. – PHenseler, P. Faulhaber, d. G.er Kaplan, ein Opfer d. Treue u. Pflicht, Lüdenscheid 1956

Glaubensstatt (Wilcze Gardło, Kr. Tost-Gleiwitz/Gleiwitz). Auf der Gemarkung des kurz vor 1300 zum dtrechtl., unregelmäßigen Waldhufendorf umgesetzten und dabei von 3 auf 24 Hufen erweiterten altpoln. Ortes Smolnitz (1936 Eichenkamp) entstand 8 km sw. von Gleiwitz in einem Waldstück an der Grenze zu dem n. anschließenden Dorf Ostroppa 1937–1941 die Wohnsiedl. G. mit der zusätzlichen Bezeichnung »Dankopfersiedlung der SA«. Am W- und S-Rand des ziemlich gleichmäßigen Siedlungsquadrats von ca. 750 × 750 m verliefen zwei im rechten Winkel aufeinander stoßende Hauptstraßen, von denen Querstraßen ins Innere der Anlage abzweigten; von der s. Hauptstraße führte eine Stichstraße zu dem ca. 100 × 150 m großen, an den Schmalseiten abgerundeten Marktplatz. Im Mai 1939 wohnten in der neuen Siedl. erst 26 Personen, die Topographische Karte von 1940 zeigt aber nur noch den NO unbebaut. Die politische Gem. G. entstand zum 1. 4. 1941. Für den 1945 von den Deutschen völlig geräumten Ort bürgerte sich unter der benachbarten poln. Bev. der Name Wilcze Gardło (= »Wolfskehle«) ein. Zum 1. 1. 1956 wurde G. zur stadtart. Siedl. erhoben. 1970 wohnten dort, mit 0,64 qkm Fläche kleinste Verwaltungseinheit im heutigen Polen, 1559 Personen (1961: 1653); die Berufstätigen arbeiten vornehmlich in den Industriebetrieben der Umgebung. (IV) *We*

Topographische Karte 1:25 000, Ausgabe 1940. – LV 245, S. 289. – LV 234. Bd. 1, S. 480

Gleiwitz (Gliwice). Die dtrechtl. Stadt G. wurde vor 1276 von Hz. Wladislaus von Oppeln am S-Rand des oberschles. Muschelkalkrückens am l. Ufer der Klodnitz neben einer altslaw. Siedl., die danach Alt G. gen. wurde, und als Mittelpunkt einer Gruppe etwa gleichzeitig ausgesetzter Waldhufendörfer s. der Klodnitz

(→ Schönwald) gegr. 1276 ist die »civitas Gliwiz«, 1286 sind Vogt und Bürger von G. belegt. Das w. anschließende Stadtdorf Richtersdorf (1294 »Villa Advocati«) nebst dem anscheinend danach von ihm abgetrennten Dorf Trynek entstand etwas später auf Boden, der wohl zum Zwecke der Stadtgründung dem Kl. – (Groß) Rauden abgenommen worden war. Der regelmäßige Stadtgrundriß mit Gitterstraßennetz und quadratischem Ring (74 × 74 m) als Mittelpunkt hat beinahe runde, zu den beiden Toren – dem Weißen oder Beuthener und dem Schwarzen oder Ratiborer Tor – hin etwas gestreckte Form und bedeckte innerhalb der Stadtmauern ca. 9,1 ha. Die Stadtmauer war urspr. 9 m hoch und hatte mindestens 19 Wehrtürme: *Reste* der Stadtbefestigung sind erhalten, die Tore wurden 1800 und 1852 abgetragen. In der Nähe des Ratiborer Tores entstand die *Pfarrkirche Allerheiligen,* 1279 indirekt durch die Nennung des Pfarrers von G., 1335 direkt belegt; vom heutigen Bau ist der Chor älter als die in der 2. H. 15. Jh. erbaute dreischiffige Halle und der mit der Jahreszahl 1504 versehene Turm (Ausbau 1930–33), nämlich wohl aus der M. 15.Jh. Auf dem Ring steht – 1534 belegt, 1784 zur heutigen Gestalt umgebaut – das *Rathaus,* neben dem 1794 der *Brunnen* mit dem »Gabeljürge« aufgerichtet wurde. In der Weißen Vorstadt wurde 1409 ein Trinitatis-Hospital eingerichtet – die heutige *Trinitatiskapelle* entstand 1831 in klassiz. Formen – und ebenfalls im 15. Jh. eine St. Barbarakirche erbaut. Die 1515 in der Schwarzen Vorstadt entstandene *Hl. Kreuzkirche* wurde den 1612 nach G. berufenen Franziskanern der strengen Observanz übergeben, die an Stelle der Holzkirche 1658–77 den erhaltenen, 1924–26 erweiterten massiven Barockbau errichteten, daneben ein Kl., in dem 1683 der poln. Kg. Johann Sobieski auf dem Weg nach und von Wien übernachtete (Kl.-Gebäude nach Säkularisation seit 1816 Gymnasium, seit 1921 Redemptoristen-Niederlassung, Hl. Kreuz bis 1932 »Gymnasialkirche«).

G. fiel bei der Teilung des Hzt. Oppeln nach dem Tode seines Gründers Wladislaus 1281 an das Teilfstm. Beuthen-Cosel Kasimirs II. († 1312); in der Regierungszeit seines Sohnes Siemowit von Beuthen, der anscheinend zeitweise von seinem Bruder Wladislaus von Cosel und Beuthen auf das Gebiet von G. abgedrängt wurde und sich daher 1342 als »Hz. von G.« bezeichnete, war G. von (vor?) 1327 bis 1336 im Pfandbesitz Hz. Lestkos von Ratibor. Bei der Zweiteilung des Hzt. Beuthen-Cosel 1355 kam G. zunächst an Primislaus von Teschen, später – wohl 1372 – wurden Stadt und Herrsch. G. unter den Hzz. von Oels und Teschen bzw. Auschwitz (Hz. Johann von Auschwitz residierte bis 1482 in G.) aufgeteilt. Diese Herrsch.-Zersplitterung trug dazu bei, daß G. im Zusammenhang mit den hussitischen Zügen in Schles. am 17. 4. 1430 von einer Truppe des litauischen Pz. Sigmund Korybut eingenommen werden konnte, der G. zu seinem Sitz und zum Ausgangspunkt seiner kriegerischen Unternehmungen in Oberschles. machte, bis die Stadt am 4. 4. 1431 von Hz. Konrad dem Weißen von Oels befreit wurde. Stadt und Herrsch. G. wurden erst 1482 in der Hand des von Kg. Matthias Corvinus als Landeshauptmann von Oberschles. eingesetzten Jan Bielik von Kornitz wieder vereinigt, nach dessen Absetzung kamen sie über den böhm. Oberhofmeister Wilhelm v. Pernstein 1492 wieder an die Hzz. von Oppeln. Der Ks. und Kg. von Böhmen als deren Besitznachfolger verpfändete Stadt und Herrsch. (9 Dörfer) G. 1558 an Friedrich v. Czettritz; 1561 ließ die Stadt selbst sich beides verpfänden und 1596 von Ks. Rudolf II. verkaufen, wodurch sie Immediatstadt und zugleich Herrsch.-Inhaberin wurde.

Der Erwerb der Grundherrsch. signalisiert einen gewissen Wohlstand von G. Die Stadt besaß allerdings im Ma. und in der frühen Neuzeit keine große Bedeutung. Sie lag an keiner großen Handelsstraße. Eine Rolle spielten der Holzstapel sowie der Hopfenanbau und -handel. An Handwerkern gab es 1596 in G. über 100. Die Bev. von G. slawisierte seit dem Spätma., ohne daß das Deutschtum völlig verschwand. Über prot. Bewegung in der Stadt ist – abgesehen von einer Nachricht des Bf. von Breslau von 1587, daß Nichtkatholiken in G. das Bürgerrecht nicht erwerben könnten – nichts bekannt. In der folgenden Zeit hatte G. durch Feuersbrünste – bes. 1601, aber auch 1711, 1730 und 1735 – und durch den 30j. Krieg, in dem Mansfeld die Stadt vergeblich bestürmte, einen Niedergang zu verzeichnen. Wegen Verschuldung mußte es nach 1730 die zur Herrsch. G. gehörigen Dörfer Deutsch Zernitz, → Knurow, Kriewald und → Schönwald verkaufen; nur Ostroppa, Petersdorf (Anteil), Richtersdorf, Trynek und Zernik (Anteil) verblieben der Stadt. Diese hatte 1742 146 bewohnte Häuser und 1787 1872 Eww.

Ein steiler Aufstieg von G. setzte ein mit dem Bau der Kgl. Eisenhütte ö. von G. mit dem ersten Kokshochofen des Festlandes, durchgeführt auf Veranlassung des Berghauptmannes Gf. Friedrich Wilhelm v. Reden (1752–1815) von Hüttenbauinspektor Johann Friedrich Wedding (geb. 1759 in Lenzen/Prignitz, † 1830) und vom schottischen Ingenieur John Baildon (1772–1846). Zur Hütte gehörte eine Kanonen- und Munitionsgießerei (seit 1804) und eine Kunstgießerei, in der u. a. 1813 die ersten Eisernen Kreuze und der in den Befreiungskriegen für geopfertes Gold ausgegebene Eisenschmuck hergestellt wurden. Der bekannte Technologe Dr. Karl Johann Bernhard Karsten aus Bützow/Mecklenburg (1782–1853) richtete auf der Kgl. Hütte von G. die erste dt. Steinkohlenteeranlage ein. Einige Baulichkeiten der *Kgl. Hütte* aus der 1. H. 19. Jh. stehen noch. Der 1812 fertiggestellte → Klodnitzkanal schuf für das entstehende Industriegebiet eine Wasserverbindung von G. entlang der Klodnitz zur Oder bei Cosel; über dessen rückwärtige Verlängerung, den sog. Ober- oder Stollenkanal, kam Kohle aus Zabrze (→ Hindenburg) zur Kgl. Hütte. Auch die erste oberschles. Eisenbahn Breslau-Oppeln-Schwientochlowitz von 1845 berührte G. 1825 hatte G. 4781 Eww., 1852 waren es schon 9173 Eww. Durch Zuzug aus dem W nahm die

Zahl der Deutschen wieder zu: sie bildeten M. 19. Jh. ¹/₃, 1910 74% der Bev. Sie waren z. T. evg. Konfession; 1809 kam es daher zur Gründung einer evg. Gem., die 1815 die Barbarakirche zur Verfügung gestellt bekam und wegen deren Verfalls bis 1859 daneben eine neue evg. Kirche nach einem Entwurf von Stüler errichtete.

Abgesehen davon, daß G. viele Versorgungseinrichtungen des Industriegebietes aufnahm, gesellten sich zur Kgl. Hütte private Unternehmen; zu den großen gehörten die 1863 als erstes oberschles. Röhrenwerk gegr. S. Huldschinskyschen Hüttenwerke (1905 in der »Oberschles. Eisenbahnbedarfs-AG« aufgegangen), die Drahtwerke von Wilhelm Hegenscheidt aus Altena/Westf. von 1852 in Petersdorf und von Heinrich Kern (unter Beteiligung von Robert Caro) von 1866 in G., die 1887 zur »Oberschles. Drahtindustrie-AG« vereinigt wurden, 1889 in der »Oberschles. Eisenindustrie-AG für Bergbau und Hüttenbetrieb« aufgegangen sind. Es entsprach der Rolle von G. als Ausfuhrtor für Industriegüter und Einfuhrplatz für Bedarfsgüter, daß hier ein großer Verschiebebahnhof sowie Ausbesserungswerkstätten für Lokomotiven und Eisenbahnwagen eingerichtet wurden. Kurz vor dem 1. Weltkrieg schob sich auch das Kohlenbergbaugebiet bis auf das G.er Stadtgebiet heran. 1905 hatte G., nach Eingemeindung der Kgl. Eisengießerei 1873, von Neudorf 1881, Petersdorf und Trynek 1897, auf 27,91 qkm 61 326 Eww. Seit 1897 war G. Stadtkr. Bei der Volksabstimmung in Oberschles. 1921 stimmten in G. 78,9% für Deutschland. Im 3. poln. Aufstand (Mai 1921) mußte sich G. gegen poln. Angriffe verteidigen. Die Teilung von Oberschles. 1922 erhöhte noch die Bedeutung von G. Hatte die Stadt vorher am W-Rand des Industriegebietes gelegen, so wurde sie nunmehr Mittelpunkt des dt. gebliebenen Teiles des Reviers, auch deshalb, weil angesichts des Verlustes des Kerngebietes des Bergbaues jetzt auch die weniger ergiebigen Lagerstätten im W gemutet wurden. Verschiedene Unternehmen, industrielle Verbände und Behörden verlegten ihre Hauptverwaltungen nach G. U. a. waren in G. die Generaldirektionen der Vereinigten Oberschles. Hüttenwerke AG, der Gfl. Schaffgotschen Werke GmbH, der Sitz der Gf. v. Ballestremschen Güterdirektion, die Verwaltungen der Oehringen Bergbau AG, des Berg- und Hüttenmännischen Vereins, des Oberschles. Steinkohlensyndikats, der Oberschles. Knappschaft. Der in den 1930er Jahren gebaute G.er (Adolf-Hitler-) Kanal, der den leistungsschwachen → Klodnitzkanal ablösen sollte, hatte wie jener in G. den Endhafen. Seit 1925 hatte G. Flughafen und Rundfunksender. Die Entwicklung seit der 2. H. 19. Jh. brachte eine erhebliche Ausweitung des bebauten Stadtgebietes, eine Verstärkung der städt., kulturellen und kirchlichen Einrichtungen mit sich. Die staatliche Maschinenbau- und Hüttenschule ging 1896 aus einer Gewerbeschule hervor, die Anfänge des beachtlichen Oberschles. Museums für Kunst und Gewerbe reichen in das Jahr 1904 zurück. 1939 hatte G. nach Ein-

gemeindung von Sosnitza, Zernik, Ellguth-Zabrze und Richtersdorf 1927) auf 56,35 qkm 117 250 Eww.
Am 31. 8. 1939, dem Abend vor Ausbruch des 2. Weltkrieges, erfolgte ein vom Sicherheitsdienst (SD) der nationalsozialistischen
SS organisierter Anschlag eines als poln. Soldaten verkleideten
Trupps auf den G.er Rundfunksender, um den folgenden dt. Angriff auf Polen als Antwort auf poln. Provokation hinzustellen.
1945 wurde das Zentrum von G. beschädigt. 1961 hatte G. auf
64,36 qkm 139 342 Eww., 1970 (nach der Eingemeindung von
→ Laband 1964) rd. 171 100.
Auf dem Hauptfriedhof von G. steht die aus der 2. H. 15. Jh.
stammende *Schrotholzkirche Mariä Himmelfahrt*, umgebaut im
17. Jh., mit einem Turm und Wandmalereien aus dem 18. Jh.;
sie war bis 1925 in Zembowitz im Kr. Rosenberg. Die *St. Bartholomäuskirche* in Petersdorf hat einen got. Chor des 15. Jh., die
übrigen Teile sind wohl nach 1626 entstanden.   (IV) *We*

Museum, ul. Dolnych Wałów 8 a. – G.er Jb. 1927, 1928. – Zeszyty
Gliwickie (G.er Hefte), hg. v.: Muzeum w Gliwicach, Towarzystwo
Miłośników Ziemi Gliwickiej, 1 (1963) ff. – BNietsche, D. Herren d.
Stadt u. Herrsch. G. bis zu ihrer Immediatisierung, in: Jahresber. d.
Kgl. kath. Gymnasiums zu G. f. d. Schuljahr 1878/79, G. (1879), S. 3–28.
– Ders., Gesch. d. Stadt G., G. 1886. – G., eine oberschles. Stadt, hg.
v. Geisler u. a. (Monogr. dt. Städte, Bd. XII), Berlin-Friedenau 1925. –
FGabrysch, D. räuml. Entwicklung d. Städte Beuthen, Hindenburg u.
G., Berlin 1937. – LV 233, S. 747–49. – LV 345. – LV 357, S. 80–82. –
LV 668. – PRonge, 700 Jahre G., Bottrop 1959. – Stadt- u. Landkr.
G./Oberschles. in Wort u. Bild, hg. v. Rat d. Stadt Bottrop, Bottrop
(1962). – Gesch. d. Lateinschule in Rauden/Oberschles. u. d. Friedrich-
Wilhelm-Gymnasiums in G., hg. v. EvZalewski, Bottrop 1966. – LV
234, Bd. 1, S. 437–40. – LV 363. – Gliwice, zarys rozwoju miasta i
okolicy (Überblick d. Entwicklung d. Stadt G. u. ihrer Umgebung),
Red. ASzefer, Warschau/Krakau 1976

Gleiwitzer Kanal → Klodnitzkanal

Glogau (Głogów). Das im fruchtbaren Odertal gelegene G. wird
erstm. von Thietmar von Merseburg 1010 als »urbs Glogua« erwähnt und erscheint bereits damals als wichtiger Stützpunkt. Viele steinzeitliche Funde aus der näheren Umgebung weisen auf
frühe Besiedlung hin. 1805 wurde ein bronzezeitliches Depot entdeckt, das zu den größten von Schles. gehörte und etwa 3500 Jahre alt sein dürfte. In slaw. Zeit eroberte der Piast Mieszko I.
den vornehmlich das G.er Land umfassenden Gau → Dedosize
für Polen. Ks. Heinrich II. gelangte im Kampf gegen dessen Sohn
Bolesław I. Chrobry 1017 auch vor G. Beim Vordringen gegen
Bolesław III. Schiefmund überschritt Kg. Heinrich V. 1109 hier
an der Furt die Oder, mußte jedoch die verlustreiche Belagerung
von G. aufgeben. Als Ks. Friedrich Barbarossa 1157 bei dem zwei
Jahre zuvor als Kastellanei urk. bezeugten G. sein Lager auf-
schlug, ließ sein Gegner Boleslaus IV. Crispus den stark befestig-

ten Ort in Brand stecken. Anscheinend lag die Kastellaneiburg auf einer dem r. Oderufer vorgelagerten Insel (Dominsel) s. der späteren Kollegiatkirche – n. anschließend befand sich eine Vorburgsiedlung – und war dadurch in bes. Weise geschützt. Bereits im 12. Jh. wird hier eine Kirche gestanden haben, an der ein für 1218 bezeugtes Kollegiatstift, das älteste von Schles., begründet wurde; an ihm wurde 1228 ein Archidiakonat des Bst. Breslau eingerichtet. Der Piastenhz. Konrad, Begründer des durch Teilung des Fstm. Breslau 1251 entstandenen Fstm. G., erwählte sich den auf das l. Flußufer hinüberwachsenden Ort (Burg an der Oder, s. davon Marktsiedlung um St. Peter [-Paul], verm. 2. H. 12. Jh.) als Residenz, löste ihn aus der Abhängigkeit von dem Kollegiatstift und dem Breslauer Bf. und bewidmete die weiter ö. planmäßig angelegte Stadt auf der l. Oderseite, deren Zentrum der rechteckige Ring mit dem Rathaus bildete und deren Pfarrkirche St. Nikolaus im S war (belegt 1311), 1253 mit dt. Recht. Auf Grund eines vor 1240 angesetzten rom. Vorgängerbaues von St. Nikolaus und der Meinung, das Franziskanerkl. sei spätestens 1249 angelegt worden, haben poln. Forscher jüngst die Frage nach einem früheren Ansatz der Stadtgründung gestellt. Am Rande der neuen Stadt entstanden mehrere kirchliche Einrichtungen. Schon für das 13. Jh. ist die Niederlassung von Franziskanern an der Stanislauskirche (1257) und Dominikanern bei der Peter-Paul-Kirche (1258) bezeugt. In der Dominikanerkirche wurde Salome († 1271), die Gemahlin Hz. Konrads von G., beigesetzt. Hier wirkte um 1500 Johann Tetzel als Lektor und Prior. Das Hl. Kreuz-Kl. der Klarissen, auch Jungfrauenkl. gen., erstand 1307 im NO als Stiftung von Hz. Heinrich III. dem Getreuen und war auch in Polen reich begütert. Die Kreuzherren mit dem roten Stern besaßen 1318 im SO vor der Stadt das Hl. Geist-Hospital und eine Kirche. Außerhalb der Mauern ließen sich auch die Bernhardiner (Franziskanerobservanten) 1465 in der Nähe der Burg nieder. – G., für das sich von 1343 bis in die 2. H. 19. Jh. die Bezeichnung Groß G. findet, erhielt 1291 ein Handelsprivileg, 1315 das Niederlagsrecht, es profitierte von der aus Richtung Görlitz nach Posen-Thorn führenden Handelsstraße und von der Salzstraße nach Breslau entlang der Oder und entwickelte sich zu der nach Breslau zweitgrößten Stadt von Schles. Juden waren trotz des von Hz. Johann II. 1484 erlassenen Ausweisungsbefehls verm. vom 13. Jh. (1280 bezeugt) an ständig ansässig, oft vom Rat bedrängt, aber von den Landesherren beschützt. Als Nachkommen des 1598 mit einem Schutzbrief versehenen Israel Benedict wiesen sich 1725 insgesamt 1564 Personen aus, rund ⅓ der Eww. von G. – 1331 erwarb Kg. Johann von Böhmen das Fstm. G. und zwang die Stadt zur Huldigung. In der folgenden Zeit, in der das Fstm. Teilungen und Wechsel der Landesherren unterworfen war, zerfiel die Stadt für über 100 Jahre in einen kgl. böhm. und einen hzl. Teil, was sich für ihre wirtschl. Stellung abträglich auswirkte. Hz. Johann II. von G.-Sagan beendete diesen Zustand; er ließ ihm nicht willfährige Ratsherren 1488 im Schloß verhungern (im sog. Hungerturm), wurde aber vom Ungarnkg. Matthias Corvinus vertrieben. 1490 kam das ganze Fstm. in den Besitz der böhm. Krone; 1490–1506 war es allerdings an die poln. Jägiellonen Johann Albrecht und Sigismund weiter verlehnt. – Die Unruhen des 15. Jh. konnten die kulturelle Entwicklung nicht stören. Unter Verwendung alter Elemente erfolgte damals der Neubau der Kollegiatkirche (»Dom«) Unserer Lieben Frau, die nun im wesentlichen die bis zur Zerstörung 1945 bestehende Gestalt erhielt. In der künstlerisch wertvollen dreischiffigen Hallenkirche befanden sich die Grabfigur der Hzn. Mechthilde († 1318) und der Grabstein der Hzn. Margarethe von Cilli († 1480). Zum Domschatz gehörte eine 1518 von Lucas Cranach gemalte Madonna mit Kind (seit 1945 verschollen). Von der am Dom gepflegten Musikkultur kündet das um 1480 entstandene G.er Liederbuch. Zahlreiche Söhne der Stadt studierten im 15. Jh. an verschiedenen Universitäten; sie hatten an G.er Schulen ihre erste Ausbildung genossen: beim Kollegiatstift bestand schon 1233 eine Schule, und im G.er Schulstreit richtete der Rat gegen den Widerstand von Bf. und Stift 1332 auch an St. Nikolaus eine Schule ein. Diese Pfarrkirche wurde im 15. Jh. zur Hallenkirche verändert; ihr spätgot. quadratischer Turm bildete ein Wahrzeichen von G. Aus dieser Zeit stammten auch die St. Annakapelle w. des Domes (im 19. Jh. zur Dompfarrschule umgebaut) und die Sterngewölbe des Ratskellers.

Ihre Blütezeit erlebte die eng bebaute, durch Mauer und vier (später fünf) Tore befestigte Stadt, die bei einer der vielen Feuersbrünste 1517 fast gänzlich abgebrannt war, im 16. Jh. unter habsb. Herrsch., obwohl die Mehrheit ihrer Bewohner sich dem neuen Glauben angeschlossen hatte, G. nach dem Schmalkaldischen Krieg Bußgelder zahlen mußte und es zu mannigfachen rel. Auseinandersetzungen – so um den Besitz der 1581–1628 in evg. Hand befindlichen Nikolauskirche – kam, die tief in den politischen Bereich hineinwirkten. Der Handel, das schon 1291 erwähnte Tuchmachergewerbe, das Kürschnerhandwerk und das Bierbrauen prosperierten. Etwa 12 000 Eww. hatte G. vor dem 30j. Krieg. Dann begann der Abstieg der Stadt, die durch die Brandkatastrophe von 1615 und den 30j. Krieg schwere Schädigungen erlitt. Gewaltsame Rekatholisierungsmaßnahmen der Liechtensteinschen Dragoner, die Pest und der angesichts der Lage des Ortes 1630 vom Gf. Montecuccoli begonnene und mit der Beseitigung der Vorstädte verbundene systematische Ausbau der Verteidigungsanlagen, die dennoch keinen ausreichenden Schutz gegen das Eindringen wechselnder Machthaber (so Wallensteins, dem Ks. Ferdinand II. 1632–1634 das Fstm. G. verpfändet hatte, und dann des schwedischen Gen. Torstenson) boten, waren Wegzeichen des Niedergangs. 1648 war die Bev.-Zahl auf etwa 2000 herabgesunken. Durch die für die Festung geltenden Rayonbestimmungen wurde für über 250 Jahre der Stadt ein jede großzügige räumliche und wirtschl. Entwicklung verhinderndes Korsett angelegt. Die Festungsanlagen,

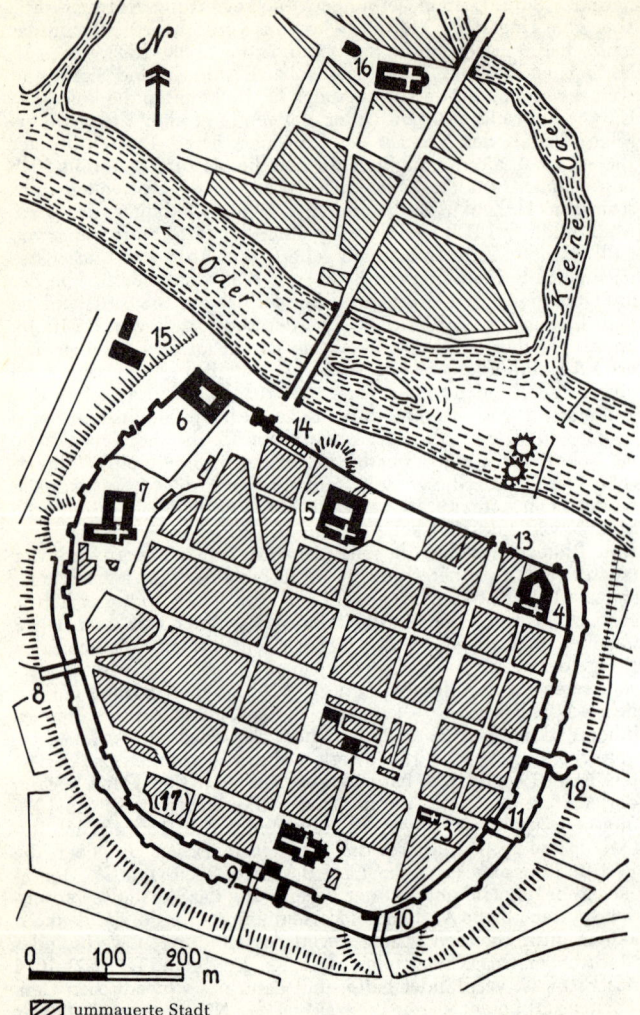

ummauerte Stadt

vorstädt. Siedl. der Dominsel

Glogau um 1520
(nach MKutzner in LV 360, Bd. 2)

in welche die Dominsel einbezogen war, wurden 1652–1725 bastionär ausgebaut und in preuß. Zeit durch Außenwerke verstärkt. Gemäß der im Westfälischen Frieden erteilten Genehmigung zur Errichtung einer der drei schles. Friedenskirchen in G. erstand außerhalb der Stadtmauern die »Hütte Christi«, eine große, einfache Holzkirche. Sie brannte (zusammen mit einem Teil der Stadt) 1758 nieder und wurde 1764–1772 im Stadtgebiet durch das schlichte »Schifflein Christi« von Carl Gotthard Langhans ersetzt. Im Verlauf der Gegenref. gründeten die Jesuiten 1626 das zu den ältesten höheren Schulen von Schles. zählende, 1776 vom preuß. Staat übernommene Gymnasium. 1696–1724 erbauten sie die kapellenreiche Jesuitenkirche St. Corporis Christi (an der Stelle einer gleichnamigen ma. Kapelle; später kath. Garnisonkirche), einen schönen Barockbau, nach Entwürfen von Giulio Simonetti und Blasius Beindtner. In der preuß. Zeit nahm dann den Jesuiten das Ergebnis des Prozesses um die in der Gegenref. ihnen übertragenen Schönaichschen Güter die materielle Basis. 1708 wurde als Folge der Altranstädter Konvention ein evg. Gymnasium gegr. Dem Umstand, daß die Landeshauptleute und Festungskommandanten der 2. H. 17. Jh. meist in der Franziskanerkirche St. Stanislaus beigesetzt wurden, ist es zuzuschreiben, daß Landeshauptmann J. B. Gf. von Herberstein 1680 an deren N-Seite die nach ihm benannte Barockkapelle errichten ließ. Das Schloß, vorher ein got. Doppelhaus mit Bergfried, wurde 1652–1669 im Barockstil umgestaltet.

---

1 Ring mit Rathaus, Rathausturm, Waage, Tuchhallen und Verkaufsbänken
2 Pfarrkirche St. Nikolaus mit Schule
3 Kapelle St. Corporis Christi (hier später Jesuitenkirche)
4 Klarissenkl. mit Hl. Kreuzkirche
5 Franziskanerkl. mit St. Stanislauskirche
6 Burg (Schloß)
7 Dominikanerkl. mit St. Peters-(später Peter-Paul-)Kirche
8 Brostauer (Preuß.) Tor
9 Johannispforte
10 Spitteltor
11 Corporis-Christi-Pforte (später Breslauer Tor)
12 Poln. Tor
13 Mühlenpforte
14 Odertor
15 Bernhardinerkl.
16 Kollegiatkirche (»Dom«) und St. Annakapelle
(17) Stätte der späteren evg. Pfarrkirche »Zum Schifflein Christi«

Nach der Erwerbung von Schles. förderte Kg. Friedrich d. Gr. G., indem er hier bei der Umorganisierung der Verwaltung eine der beiden schles. Kriegs- und Domänenkammern, verbunden mit einem Medizinalkollegium, ferner ein Kriminalkollegium und eine der beiden Oberamtsregierungen, verbunden mit dem Oberkonsistorium für die geistlichen Angelegenheiten, errichtete und dadurch die Bedeutung von G. für Niederschles. betonte. Zuerst als Vizepräsident, dann als Präsident der Oberamtsregierung amtierte 50 Jahre lang der in 1. Ehe mit der gefeierten Tänzerin Barbera Campanini verheiratete Frh. Carl Ludwig v. Cocceji († 1808), der Sohn des Großkanzlers. Friedrichs d. Gr. verschiedenartige wirtschl. Bemühungen, z. B. um die Anlegung von Maulbeerbaumplantagen und die Einführung der Seidenraupenzucht, hatten letztlich nur begrenzten Erfolg. Eine neue Leidenszeit der Stadt, die 1787 8252 Eww. beheimatete, begann 1806 mit der Einnahme durch Napoleonische Truppen, die 1813/14 erst nach 14monatiger, ohne Rücksicht auf die Bürger geführter Verteidigung die Festung an die preuß. und russ. Belagerer übergaben. Die 1808/09 wegen der franz. Besatzung vorgenommene Verlegung der an die Stelle der Kriegs- und Domänenkammer getretenen Bezirksregierung nach Liegnitz wurde auch nach den Befreiungskriegen nicht rückgängig gemacht und bedeutete eine erhebliche Schädigung der Stadt. Diese mußte, nachdem sie in der Entwicklung weit hinter Breslau zurückgeblieben war, nun auch die Führungsposition in Niederschles. abgeben. Der Säkularisation von 1810 fielen das Kollegiatstift (ohne die Stelle des Archidiakons), das Franziskaner-, Dominikaner- und Klarissenkl. zum Opfer; die Gebäude bzw. die Grundstücke der Kll. wurden militärischen Zwecken zugeführt. Durch die Entfaltung reger kommunaler Initiative, die Verbesserung der Straßenverkehrsbedingungen, die günstige Entwicklung der Oderschiffahrt und den Anschluß an den Eisenbahnverkehr (1844–46 Zweigbahn G.–Sagan; 1857–58 Strecke G.–Lissa; 1871 Anschluß an Linie Breslau–Stettin) kam es vom 3. Jahrzehnt des 19. Jh. an zu einem langsamen Wiederaufstieg, der aber nicht mehr zur einstigen Höhe führte (1825: 9430, 1905: 23 457 Eww.). 1871 erfolgte der Abbruch des Odertors, 1885 nahm die aus Erfurt verlegte Kriegsschule in G. ihre Tätigkeit wieder auf, 1892 wurde der geräumige Neubau der Synagoge eingeweiht. Nach Lockerung der Rayonbestimmungen begann G. in der 2. H. 19. Jh. sich nach W (Rüstergarten) und O (Niederlegung des alten Breslauer Tores) auszuweiten. Die Rüstervorstadt entwickelte sich zum Industrieviertel, in dem sich der Bahnhof, Eisenbahnwerkstätten und eine Reihe von Fabriken befanden. In der Stadt selbst betätigte sich die Firma Carl Flemming (Flemminghaus auf dem Gelände des ehem. Dominikanerkl.), Nachfolgerin der Günterschen Buchhandlung und Druckerei, in der 1809 erstm. der »Niederschles. Anzeiger« erschienen war, bes. auf kartographischem Gebiet mit Erfolg und erwarb ebenso wie die Zierdruckanstalt Lindenruh weit über Deutschland hinaus Ansehen. Als 1903 die Auflassung fast aller Festungsanlagen genehmigt wurde, konnte die systematische Erweiterung der Stadt in Angriff genommen werden. Hatte G. seit Jhh. den Charakter einer Festungs- und Soldatenstadt besessen, durch Behörden farblich unwesentlich variiert, war es dadurch eine Stadt mit düsterem Gesicht gewesen, so änderte sich das nun. 1927 wurde das Stadion seiner Bestimmung übergeben; der stattliche neue Bahnhof erstand. Eine besondere Note erhielt G. durch ausgedehnte Promenadenanlagen, in die man Reste der Befestigungen einbezog, so bei der Umgestaltung des Wallgrabens zu einem Botanischen Garten mit Rosarium. Der die Stadt umschlingende Grüngürtel gab ihr, zusammen mit dem Oderstrom, einen anmutigen Charakter. Tradition – G. blieb Garnisonstadt – und neues Leben ergänzten sich, die Eww.-Zahl stieg auf 33 495 (1939) an. Sieben Wochen schwerer Kämpfe um die als Festung verteidigte Stadt endeten am 1. 4. 1945 mit der Kapitulation der dt. Soldaten, unter denen sich viele Eww. befanden. Während der Kampfhandlungen bzw. nach dem Einmarsch der Belagerer wurde G. fast völlig zerstört. Der Wiederaufbau der Innenstadt begann erst in den 1960er Jahren und geht nur langsam voran. Die *Jesuitenkirche* nebst *Kolleg* sind teilweise, das im 18./19. Jh. um- und ausgebaute *Schloß* ist ganz wiederhergestellt; der Dom, die Annakapelle daneben, die Nikolauskirche, das 1835 unter Einbeziehung älterer Teile erbaute Rathaus, die evg. Pfarrkirche zum Schifflein Christi und die evg. Garnisonkirche von 1789 u. a. sind noch *Ruinen*. Erhalten bzw. freigelegt sind Fragmente der *Stadtmauern* (14. Jh.) und eine *Bastion* des 17./18. Jh. 1961 wohnten in G. auf knapp 15 qkm 9352 Personen, 1970: 20 396.

Bedeutendster Sohn der Stadt ist der Barockdichter Andreas Gryphius (Greif, 1616–1664; Büste am Stadttheater). Als Syndikus der Landstände des Fstm. G. veröffentlichte er 1663 »Glogawischen Fürstenthumbs Privilegia«. G. ist auch Geburtsort des Krakauer Philosophieprofessors Johannes Schelling von Glogau († 1507), von Caspar Elyan, der 1475 die Buchdruckerkunst in Schles. einführte, von Franz Ursinus (Bär, geb. um 1569), dem Breslauer Weihbf., von Bernardus Rosa (urspr. Johannes Rose, geb. 1624), dem Abt der Zisterzienser in → Grüssau, von Johann Ignaz (v.) Felbiger (geb. 1724), dem Schulreformer und Abt der Saganer Augustiner, von Kardinal Johann Heinrich Gf. v. Franckenberg (geb. 1726), dem Erzbf. von Mecheln und Primas von Belgien, von Karl Konrad Streit (geb. 1751), der 1786 die »Schles. Provinzialblätter« begründete, und von Heinrich Förster (geb. 1799), dem während des Kulturkampfes im Exil verstorbenen Fürstbf. von Breslau. Auch der Staatssekretär des Innern und stellvertretende Reichskanzler Arthur Gf. v. Posadowsky-Wehner (geb. 1845), der Historiker und Kunsthistoriker Paul Knötel (geb. 1858) und sein als Historienmaler und Uniformkundler bekannter Bruder Richard (geb. 1857), der Strafrechtslehrer Ernst v. Beling (geb. 1866), der Chemieprofessor Georg Bredig (geb. 1868), der Mineraloge Ferdinand v. Wolff (geb. 1874), der Kirchenhistoriker, Jesuitenforscher und Mitbegründer des »Quickborn« Hermann Hoffmann (geb. 1878) und der Schriftsteller Arnold Zweig (geb. 1887) sind hier zu nennen. In G. amtierte Joachim Cureus (Scheer), der Schüler Melanchthons und Verfasser der »Gentis Silesiae annales« (1571), als Stadtphysikus. In Erinnerung an seine G.er Referendarjahre schrieb E. T. A. Hoffmann die Erzählung »Die Jesuiterkirche in G.« (Ort im Titel so abgekürzt), und Fritz Reuter schilderte in dem Werk »Ut mine Festungstid« den in G. verbrachten Teil seiner Haft (1911 Enthüllung des Reuter-Brunnens auf dem Wilhelmsplatz). (II) *Ab*

LV 119, Bd. 2. – Annales Glogovienses bis zum J. 1493, hg. v. HMarkgraf, Br. 1877. – FMinsberg, Gesch. d. Stadt u. Festung Groß-G., 2 Bde., G. 1853. – RBerndt, Gesch. d. Stadt Groß-G. während d. 1. H. 17. Jh. [u. Forts. bis ca. 1860], 3 T., G. 1879–86. – LV 266. – D. Stadt G., hg. v. Hasse (Monogr. dt. Städte, Bd. 17), Berlin-Friedenau 1926. – HHoffmann, D. kath. Kirchen in G. (LV 107, Nr. 4), G. 1934. – LV 233, S. 749–52. – LV 234, Bd. 2, S. 627–29. – LV 612, S. 46 f. – MKutzner, ´Głogów (G.), in: LV 360, Bd. 2, S. 135–210. – Ze studiów nad średniowiecznym Głogowem i Krosnem (Aus d. Untersuchungen über d. ma. G. u. Crossen) (Prace Lubuskiego Towarzystwa Naukowego, Komisja historii, Bd. 7, H. 3), Grünberg 1970. – MKaczkowski, Głogów (G.), Grünberg 1969

Gnadenberg (Godnów, Kr. Bunzlau). Auf Grund einer Spezialkonzession Friedrichs II. vom 5. 1. 1743 verbanden sich am 6. 3. auf dem Gute Groß Krauschen des Hans Friedrich v. Falkenhain 220 Personen zu einer Brüdergemeine. Mit der Einweihung des Bet- und Gemeinhauses (3. 11. 1743) erfolgte die Namengebung des Ortes. Den Kern der Siedl. bildete ein Platz mit der von Grünanlagen umgebenen neuen Saalkirche (1781) in der Mitte, dem Brüderhaus (gegr. 1748; Neubau 1758) im S, dem Schwesternhaus (1752), Pfarrhaus (ehem. Bet- und Gemeinhaus) und *Witwenhaus* (1752; Neubau 1783) im W. Das aufblühende Gewerbe und der sich ausweitende Handel des in der Bannmeile der Stadt Bunzlau gelegenen Ortes führten zu ständigen Differenzen, die erst durch ein Regulativ des Kg. vom 13. 12. 1771 einigermaßen beigelegt werden konnten. Ähnlich wie in → Gnadenfrei wohnten auch in G. viele Glieder des frommen schles. Adels. Das aus der Mädchenschule (seit 1746) hervorgegangene *Lyzeum* wurde 1810 als Mädchen-Internatsschule gegr. (Neubau 1894; staatlich verfügte Schließung 1939). Hatte schon im 7j. Krieg G. unter hohen Kontributionen und Plünderungen (12.–18. 9. 1757; 21. 7. 1760) zu leiden, so wiederholte sich dieses Schicksal während der Befreiungskriege (schwere Plünderung am 25. 5. und 28./29. 8. 1813 durch die an der Katzbach geschlagenen Franzosen). Vom 19.–30. (bes. am 21.) 8. geriet G. unmittelbar in das Kriegsgeschehen. Zwei Denkmale erinnern an diese Kämpfe: die »Weiße Frau«, eine klassiz. runde Säule, gekrönt mit einem orthodoxen Kreuz, auf dem Massengrab von 40 Russen, und das »Natalotschka-Denkmal«. Beim Einmarsch der Russen am 11. 2. 1945 sanken die Kirche, das Brüderhaus, das Pfarrhaus und das im SW gelegene Gemeinlogis (Gasthof) in Schutt und Trümmer; das Schwesternhaus verfiel. Der 1743 eingeweihte Gottesacker erlitt großen Schaden. (I) *Ph*

D. hundertj. Jubelfeier d. Brüdergemeine G., Bunzlau 1843. – KEGvBülow, Meine Heimat G., Schweidnitz 1936. – Überblick über d. Gesch. d. Gemeine G. in d. letzten 50 Jahren v. 1843–1893, in: Nachr. a. d. Brüdergemeine, 1893. – GESchmidt, Gesch. v. G., Ms. im Unit. Archiv Herrnhut. – LV 556. – LV 625

Gnadenfeld (Pawłowiczki, Kr. Cosel). Im Interesse der Bev.-Vermehrung und wirtschl. Entfaltung von Oberschles. erteilte Friedrich II. der Brüdergemeine am 27. 7. 1743 für Rösnitz Kr. Leobschütz eine Ansiedlungskonzession. Ständige Reibereien, vor allem mit der Geistlichkeit, veranlaßten die Brüder, die Umschreibung der Konzession auf das im Fstm. Oppeln gelegene, Ernst Jul. v. Seidlitz, dem Gründer → Gnadenfreis, gehörende Gut Pawlowitzke zu erbitten. Nach einer Ablehnung 1768 erfolgte 1780 die Erteilung der Spezialkonzession. In der Mitte des mit einer Parkanlage geschmückten Platzes wurde am 1. 3. 1781 der Grundstein zu einer Saalkirche gelegt (Einweihung: 12. 5. 82). Die Hoffnung, in G. die verstreuten Anhänger der alten Brüderkirche aus dem benachbarten Mähren und Böhmen zu sammeln, wurde nur in geringem Maße erfüllt, da inzwischen (20. 11. 1781) das Toleranzedikt Ks. Josephs II. veröffentlicht worden war. Ein größeres Wachstum hinderte auch die ablehnende Haltung der poln. Bev. und kath. Geistlichkeit (1789: 271 Eww.). Den rechteckigen Kirchplatz begrenzten im W das Schwesternhaus (1785), im O das Chorhaus der ledigen Brüder (1783; nach dem Brand vom 1. 11. 1792 wiederaufgebaut), im N die Knabenanstalt (1810–1850; später Professorenhaus), im S die Mädchen-Internatsschule (1790 bis 1841; später Vorsteherhaus; 1815: 169 Schülerinnen). Von 1818 bis 1920 befand sich im Brüderhaus das 1754 in Barby/Elbe gegr. theologische Seminar der Brüdergemeine. Das von dem Seminardirektor Herm. Plitt 1866 gegr. Heinrichsstift (1869 Bau des neuen Krankenhauses) wurde die Keimzelle des Diakonissenwerkes Emmaus in → Niesky (Bd. Sachsen). Im Verlauf der Kampfhandlungen wurden am 15. 3. 1945 Kirche, Brüder-, Schwestern- u. Professorenhaus und 20 andere Häuser zerstört; der Friedhof besteht noch. (IIIa) *Fh*

G., Gedenkbll. z. 150-Jahrfeier d. Ortsgründung, Sonderdr. aus LV 45, Juni 1932. – [HPlitt] D. theol. Seminarium d. evg. Brüder-Unität in seinem Anfang u. Fortgang, Gnadau (1854). – LV 557. – LV 625. – LV 593, Bd. 7, H. 5, S. 45–48

Gnadenfrei (Piława Górna, Kr. Reichenbach). In dem im äußersten Zipfel des Erbfstm. Schweidnitz gelegenen → Peilau, dem längsten schles. Weberdorf, konnte – vor allem von dem benachbarten, zu dem ehem. Fstm. Brieg der evg. Piasten gehörenden Dirsdorf aus – der Pietismus Fuß fassen. Unterhalb des Questenberges, auf dem Grund und Boden des Ernst Jul. v. Seidlitz, der wegen seiner Beziehungen zu Zinzendorf und den Herrnhuter Brüdern sowie wegen der Hausversammlungen in seinem Schloß Ober Peilau 1739 in Jauer inhaftiert worden war, wurde am 13. 1. 1743 sogleich nach Erteilung einer Generalkonzession durch Friedrich d. Gr. (25. 12. 1742) eine Brüdergemeine gegr. (Spezialkonzession: 27. 7. 1743). Noch im gleichen Jahr erfolgte die Grundsteinlegung zum ersten Haus, dem späteren Witwerhaus. Zum Andenken an die Befreiung des Gutsherrn aus der Haft und des ganzen Landes von der Unterdrückung und Verfolgung der Evangelischen erhielt der Ort den Namen G. Um den für die Brüdergemeinorte charakteristischen, mit Bäumen und Hecken bepflanzten (1764) Platz, in dessen Mitte am 12. 5. 1744 der Grundstein zu einer Saalkirche gelegt wurde (1742 war bereits auf dem Seidlitzhof ein Betsaal aus Holz errichtet worden), gruppierten sich vor allem die stattlichen Gebäudekomplexe der Chorhäuser der ledigen Brüder (1746; erweitert 1764), ledigen Schwestern (1747; erweitert 1758) und Witwen (1790) im vornehmen Mansardenstil. G. entwickelte sich sehr schnell zur größten Herrnhuter Kolonie von Schles. (→ Gnadenberg, → Gnadenfeld, → Neusalz, → Niesky, Bd. Sachsen; 1781: 719, 1825: 598, 1905: 790 Eww.). Zuzug erfolgte u.a. durch die Mitglieder der Brüdergemeine, die ihre am 23. 3. 1743 für → Peterswaldau erteilte Konzession nicht ausnutzen konnten. 1768 wurde parallel zum »kleinen Saal«, durch zwei Wohntrakte verbunden, die 1781 mit Dachreiter und Turmuhr versehene große Saalkirche errichtet. Die Gottesdienste besuchten auch die Bewohner der näheren und weiteren Umgebung, da erst 1845 in Peilau eine evg. Kirche errichtet wurde. Der sö. gelegene, durch eine Lindenallee mit dem Ort verbundene schlichte Herrnhuter Gottesacker wurde 1743 angelegt (erweitert 1763). Durch den hohen Prozentsatz adliger Bewohner erhielt das Ortsbild und bürgerliche Leben einen aristokratischen Zuschnitt. Die Erziehungsanstalten spielten eine große Rolle. Die Mädchen-Internatsschule des Schwesternhauses (seit 18. 4. 1791) erforderte 1907 die Errichtung eines Schülerinnenheimes und eigenen Schulgebäudes. Die Knabenschule (gegr. 1744, seit 1766 im Brüderhaus) entwickelte sich 1814 zu einer Internatsschule (der bekannteste Leiter der Anstalt war 1819–32 Ernst v. Seydlitz, Verf. der bekannten Geographie-Lehrbücher) und schließlich zu einem Realprogymnasium (1906–15). Das Schulgebäude (1894–96) wurde 1919 mit der ehem. Gerberei des Brüderhauses, einem malerischen Barockhaus, dem Reifensteiner Verband verkauft, der dort eine Frauenschule eröffnete. Handel und Gewerbe gelangten in G. zu hoher Blüte (bes. die 1873 gegr. Maschinenweberei Th. Zimmermann, die Pfefferminzfabrikation u. a.). Am 1. 10. 1928 wurde Alt G. mit den Nachbargemm. Ober Peilau I und II sowie Ober Mittel-Peilau zur politischen Gem. G. zusammengelegt. Erlitt G. bei der letzten Schlacht des 7j. Krieges (am Fischerberg, 16. 8. 1762), obwohl es zwischen den Fronten lag, keinen Schaden, so vernichtete ein großer Brand am 4. 8. 1792 den Kern der ganzen Siedl. 1945 fiel G. kampflos in die Hände der Russen. Die Saalkirche mit ihren Nebengebäuden wurde am 25. 4. 1946 durch Brandstiftung vernichtet. Wegen seiner wirtschl. Kraft (Textilindustrie, Bausteine) und hohen Eww.-Zahl (1939: 5907 auf 19,47 qkm, 1961: 6764 auf 20,84 qkm, 1970: 7489) wurde G. 1956 zur stadtart. Siedl. und 1962 zur Stadt erhoben.   (IIa) *Ph*

LV 557. – JFZöllner, Briefe über Schles., Bd. 2, Berlin 1793, S. 12 ff. – LV 649, Bd. 1, S. 318 ff., Bd. 3, S. 144–49. – GCroon, Z. Entstehung d. friderizianischen Kolonie G., in: LV 71, 11 (1909), S. 242 ff. – Bericht v. d. hundertj. Jubelfeier d. Gemeine G. im Jan. d. Jahres 1843, Br. (1843). – LMaasberg, Brüdergemeine G. in Schles., G. 1910. – RSchoeck, Vergangenheit u. Gegenwart v. Peilau-G., Reichenbach 1911. – RReichel, G., in: LV 30, 1932, Nr. 3. – RSteinberg, Bilder aus d. Gesch. d. G.er Erziehungsanstalten, in: LV 71, 21 (1930), S. 70–118. – HVoß, Vorgesch. u. Entstehung d. Brüdergemeine G. in Schles., 1927. – GMeyer, G., Hamburg 1950. – MMeyer, Berufen z. Verkündigung. Ein Herrnhuter Beitr. aus Peilau, G., Niesky u. Gnadenfeld z. Geistes- u. Kulturgesch. Schlesiens, bearb. u. hg. v. GMeyer, München 1961. – LV 625. – LV 234, Bd. 2, S. 582

Görbersdorf (Sokołowsko, Kr. Waldenburg). G. bestand aus 14 Bauernhöfen und einer Anzahl von Freigärtner- und Weberhäuschen, als eine Nichte Marschall Blüchers, Marie v. Colomb, im Sommer 1849 den ringsum von hohen Bergen umschlossenen, 560 m hoch gelegenen Talkessel entdeckte. Sie war eine begeisterte Patientin von Vincenz Prießnitz im österr.-schles. Gräfenberg und gründete eine »Kaltwasserheilanstalt G.«, die bald die ersten Kurgäste anlockte, unter ihnen 1853 ihren zukünftigen Schwager Hermann Brehmer (geb. 1826 in Kurtsch bei Strehlen), der von der Botanik zur Medizin übergewechselt und in seiner Dissertation »Über die Gesetze der Entstehung und des Fortschreitens der Tuberkulose der Lungen« eben zum Schluß gekommen war, die Lungenschwindsucht sei heilbar. Mit dieser Überzeugung ließ er sich 1854 im windgeschützten G.er Tale nieder, wo 1861/62 sein erstes Kurhaus entstand. Es mußte 1877 zu einer großen Lungenheilstätte erweitert werden. Brehmers Erfolge zogen nicht nur Kranke aus aller Welt in den Ort, sondern zum Studium seiner Methoden auch zahlreiche Forscher und andere Besucher von hohem Rang. Ihre anerkennenden Veröffentlichungen trugen den Ruf des Ortes in alle Welt; Brehmers Praxis und seine wiss. Abhandlungen machten die G.er Erfahrungen mit wohldosierter Anwendung von Wasser und Luft, mit Spaziergängen, Winter- und bald auch Liegekuren zur Wiege der modernen Lungentuberkulosetherapie. Als Brehmer 1889 starb, hatten weitere Ärzte wie Dr. Römpler und Dr. Weiker neue Sanatorien gegr.; der Ort konnte nun nahezu 1000 Kurgäste aufnehmen, und bis zum 1. Weltkrieg war der Zustrom von Patienten aus O- und SO-Europa so stark, daß für sie eine *orthodoxe Kapelle* (heute ungenutzt) errichtet wurde. Schon in den 1880er Jahren hatten skandinavische Kurgäste den Skisport

eingebürgert, der um 1930 im Freudengrunde eine große Sprung-
schanze erhielt.   (IIa) *Bi*

Welten, D. Heilanstalten von G., 1888. – JPagel, Biographisches Lexi-
kon hervorragender Ärzte d. 19. Jh., Berlin/Wien 1901, S. 235 f. –
JBusch, Hermann Brehmer, in: LV 649, Bd. 1, S. 55–57. – EHeinke,
Gedenkschrift z. Fünfzig-Jahr-Feier d. evg. Kapelle G., 1934

Görlitz → Bd. Sachsen

Görlitz-Ost (Zgorzelec). Der ma. Brückenkopf von G. am ö.
Neißeufer weitete sich 1470 ff. entlang der Fernstraße nach Lauban (Laubaner Str.), vor 1522 s. der altstädtischen Neißebrücke
(Neustädtchen) aus, dann nach 1875 im Bereich der Reichenberger
Brücke und ab 1910 zwischen beiden Neißebrücken am Rabenberg
durch die Anlage von Wohnsiedll., Industriebetrieben und Parks.
Bedeckten die Stadtteile ö. der Neiße in den 1840er Jahren nur rd.
5,5 qkm, so war ihre Ausdehnung bis 1939 auf 16,21 qkm gestiegen (zuletzt Eingemeindung von → Moys 1925); ihre Eww.-Zahl
betrug damals 8808 Personen (von insges. knapp 94 000 in ganz
G.). Nach der Grenzziehung an der Neiße 1945 wurde G.-O. unter poln. Verwaltung selbständige Stadt und Sitz eines Kr., der
außer den ö. Teilen des alten dt. Kr. G. den ö. der Neiße gelegenen Zipfel des sächs. Stadt- und Landkr. Zittau umfaßte, in dem
der Aufbau eines Energiekombinats auf der Grundlage stark erweiterten Braunkohlenabbaus um Türchau zur Entstehung einer
Stadt (Reichenau, 1945) und zweier stadtart. Siedll. (Türchau,
1959, Kleinschönau, 1959) führte. G.-O. wurde ebenso wie Reichenau u. a. Wohn- und Dienstleistungszentrum für das neue Industriegebiet; es besitzt selbst Papier-, Lederwaren- und Nahrungs-
mittelfabriken. Das 12,82 qkm große Stadtgebiet hatte 1961:
17 168, 1970: 28 521 Eww. Am 6. 7. 1950 wurde in G.-O. der Vertrag zwischen der Volksrepublik Polen und der DDR über die Anerkennung der Oder-Neiße-Grenze unterzeichnet. Von den am
7. 5. 1945 zerstörten Neißebrücken wurde 1957 der Eisenbahn-
viadukt (von Gustav Kiessler, 1844–1847) und 1958 die Reichenberger Brücke (1872–1875) wiederhergestellt, während die Alt-
stadtbrücke nicht wieder aufgebaut wurde. Die 1902 von Hugo
Behr erbaute *Oberlausitzer Gedenkhalle* mit dem Kaiser-Fried-
rich-Museum enthielt früher ein Heimatmuseum.   (I) *We*

RJecht, Gesch. d. Stadt G., Bd. 1, 2. Halbbd., G. 1927–1934, S. 716–724.
– LFeyerabend, D. Oberlausitzer Gedenkhalle m. Kaiser-Friedrich-
Museum, in: D. preuß. Oberlausitz (Monogr. dt. Landschaften, Bd. 2),
Berlin-Friedenau 1927, S. 152–160. – Führer durch G. in Schles., hg. v.
Verkehrsverein, G. (1927). – LV 224. – LV 234, Bd. 2, S. 606. –
WGHeyde, GPiltz, G., Leipzig 1971

Gogolin (Kr. Groß Strehlitz/Krappitz). In G., erstm. um 1220 erwähnt, hat die oberschles. Kalkindustrie ihren Ursprung. Die ersten Kalköfen wurden 1846 nach dem Bau der Eisenbahnlinie Bres-

lau–Oppeln–G.–Kandrzin–Gleiwitz erbaut. 1855 kam ein loser Zusammenschluß der G.er Kalkofenbesitzer zustande. 1872 wurde
die G.-Gorasdzer Kalk AG gegr., 1888 wurden die ersten Ringöfen in G. in Betrieb genommen. 1899 schlossen sich die G.er Kalkwerke mit den übrigen oberschles. Kalkwerken zu der »Verkaufs-
vereinigung Oberschles. (später: Ostdt.) Kalkwerke GmbH. Oppeln« zusammen. G., das schon 1939 5075 Eww. besaß (1961: 5853
auf 25,17 qkm), wurde 1958 zur stadtart. Siedl. und 1967 zur Stadt
erhoben.   (III) *Str*

JRiemel, Gesch. u. Bedeutung d. oberschles. Kalkindustrie f. d. Kr.
Groß Strehlitz, Ms. 1962. – Plank, D. Kalkgewinnung v. G., in: Groß
Strehlitzer Heimatkalender 1938. – LV 234, Bd. 2, S. 164 f. – Ziemia
strzelecka (D. Strehlitzer Land), Red. WDziewulski, JKroszel, Br. 1970

Goldberg (Złotoryja). In der Gegend der im Hügelland des Bober-Katzbach-Geb. gelegenen Stadt G. wurde aus einer etwa 2 m
starken Sandschicht in einem alten Flußbett der Katzbach (z. T.
20 m höher gelegen als das heutige Flußbett) Gold gewaschen,
wohl schon vor Ankunft dt. Bergleute, wie der ON Kopatsch (poln.
kopacz = Gräber) bei G. anzeigt, intensiver dann seit etwa 1200
durch dt. Einwanderer, die sich um den Nikolaiberg ansiedelten,
auf dem die 1217 belegte Nikolaikirche als ihr kirchlicher Mittelpunkt stand. Der Goldbergbau hatte um 1230 seinen Höhepunkt
bereits überschritten, er ging A. 14. Jh. merklich zurück und ver-
schwindet im 3. Viertel des 14. Jh. wegen Erschöpfung der Vor-
räte und Wassereinbrüchen aus den Quellen; Versuche im 15. und
16. Jh., ihn wieder zu beleben, hatten wenig Erfolg. Dafür setzte
schon im 15. oder A. 16. Jh. Kupferbergbau ein. Vom Goldbergbau hat die Stadt G. ihren Namen, die am r. Katzbachufer auf einem ca. 230 m hohen Plateau am s. Zweig der → Hohen Straße
zwischen Lauban und Liegnitz planmäßig in Gitterform angelegt
wurde. 1211 übertrug Hz. Heinrich I. von Schles. das Stadtrecht
Magdeburgs von 1188 seinen »Gästen von G.« (»ospitibus nostris
de Auro«), womit nicht die Bergleute, sondern die sich bildende
Stadtgem. von Kaufleuten und Handwerkern gemeint war (1233
Vogt belegt). G. ist hiermit die älteste bezeugte dtrechtl. Stadt
von Schles., es war (zus. mit → Löwenberg) auch Mittelpunkt der
w. und s. G. an der Innenseite des w. Grenzhags von Schles. wohl
im 1. Jahrzehnt des 13. Jh. entstandenen Waldhufendörfer, des
ersten großen dt. Rodungssiedlungsgebiets in Schles. So waren
der Bergbau, die Handelsstraße und die umliegenden dt. Dörfer
die Grundlagen der Stadtgründung. Die ovale Stadtanlage hatte
die Fernhandelsstraße als prägende Achse, die sich vom Obertor
(Schmiedetor) im SW über den langgestreckten Markt (70 ×
280 m) zum Niedertor hinzog, hinter dem eine Straße nach Jauer
abzweigte. Das Wolfstor (seit 1773 Friedrichstor) und das Sälzer-
tor dienten nicht dem Durchgangsverkehr und waren verm. auch
jüngeren Datums. Den Straßenzoll erhob zunächst der Landesherr in → Röchlitz nö. G., bis 1385 die G.er ihn erwarben. Die

Stadtmauer, 1357 belegt, ist im 15. Jh., vielleicht nach den Hussiteneinfällen, teilweise verdoppelt worden. Zwischen Obertor und Markt enstand die Pfarrkirche zu *St. Marien und St. Michael*. Ob die 1217 urk. erwähnte Marienkapelle, der bis dahin die Nikolaikirche in G. unterstellt war, mit ihr identisch ist oder ob vielmehr die Burgkapelle von Röchlitz die Mutterkirche von St. Nikolaus war, ist umstritten. 1233 ist ein Pfarrer von G., 1269 die Marienkirche nachweisbar. Der heutige Bau, vielfach um- und ausgebaut, enthält noch bedeutende spätrom. Elemente des 13. Jh. (Chorraum, S-Portal des Querschiffs); die urspr. basilikal geplante Kirche wurde im 14. Jh. als got. Hallenkirche vollendet. Das Patronat der Pfarrkirche kam an die Johanniter, deren G.er Kommende 1267 gen. wird. Die *Nikolaikirche* im NO außerhalb der Stadtmauern, von einer eigenen Mauer umgeben, sank später zur Friedhofskirche ab; ihr Bau aus der 1. H. 14. Jh. brannte 1840 ab und wurde durch einen neuen ersetzt (Torbogen vom alten Bau). Vor 1244 – nach der Überlieferung 1212 als Gründung der hl. Hedwig – entstand am O-Rand der Stadt ein Franziskanerkl. als Mittelpunkt einer Kustodie von elf Kll. in Niederschles. und der Lausitz. 1292 erhielt G., das zum Hzt. Liegnitz gehörte, Magdeburg-Liegnitzer Recht. Dank seiner wirtschl. Macht erwarb es im 14./ 15. Jh. verschiedene hzl. Gerechtigkeiten und Besitztitel in der Stadt und Umgebung. Entsprechend der Funktion als Handelsstadt – in der 1. H. 14. Jh. mit Salz- und Tuchhandelsprivilegien ausgestattet – wurde inmitten des Marktes von G. ein Kaufhaus errichtet; im Anschluß an dieses durfte 1327 ein *Rathaus* gebaut werden (das jetzige von 1852). Größte Bedeutung erlangte für G. die Tuchmacherei, 1324 gen. und 1477 mit einem neuen Privileg bedacht. Daneben spielten die Bierbrauerei und auch der Ackerbau eine Rolle. Von den Hussiteneinfällen erholte sich die Stadt schnell. Die Ref. fand schon 1522 Eingang. Das Franziskanerkl. wurde aufgelöst, sein Gebäude nahm 1540 die von Valentin Friedland gen. Trotzendorf (geb. 1490 in Troitschendorf bei Görlitz) zum ersten humanistischen Gymnasium von Schles. umgewandelte Schule auf, die unter dem Rektorat von Trotzendorf (1524–27, 1531–56) G. weit über Schles. hinaus berühmt machte. Die folgenschwere Pest von 1553 und die Feuersbrunst von 1554, die einen großen Teil der Stadt vernichtete, erzwangen eine zeitweise Verlegung der Schule nach Bunzlau und dann nach Liegnitz, wo Trotzendorf 1556 starb. Der danach einsetzende Niedergang des Gymnasiums wurde durch den 30j. Krieg besiegelt. In diesem Krieg wurde G. von Kaiserlichen heimgesucht, bes. 1633 von der Armee Wallensteins, der einst die Schule von G. besucht hatte. Die wirtschl. Folgen waren erst im 18. Jh. einigermaßen überwunden. Nach dem Aussterben der Liegnitzer Piasten 1675 setzte eine allmähliche Rekatholisierung von G. ein, die allerdings durch die Altranstädter Konvention aufgehalten wurde. Immerhin blieben die Franziskaner, die 1704 wieder in die (nach Brand 1555–57 neu erbauten) *Kl.-Gebäude* einzogen, bis zur Säkularisation 1810 in G.

Die *Kl.-Kirche St. Hedwig* wurde 1709, als die Stadtpfarrkirche wieder evg. wurde, kath. Pfarrkirche; der heutige barocke Bau stammt aus der M. 18. Jh., nur der Anbau der *Ottiliuskapelle* von 1505. Unter preuß. Herrsch. erlebte die schon seit den 1720er Jahren wieder aufstrebende Tuchmacherei (1741: 288 Tuchmacher) eine neue, aber kurze Blüte (1787: 419, 1807: 564 Tuchmachermeister). Sie ging durch die Napoleonischen Kriege und die anschließende russ. Einfuhrsperre ein; viele Fachleute wanderten nach Kongreßpolen aus. Die 1830 gegr. Wollspinnerei und Tuchappreturanstalt der Gebr. Kühn brannte 1887 ab. Die moderne Entwicklung im 19. Jh. kam in G. nur langsam voran. Die neuen Verkehrslinien – die Chaussee Breslau–Leipzig und die Eisenbahnstrecke Breslau–Dresden–Berlin – führten an G. vorbei über → Haynau. Erst 1884 erhielt G. Eisenbahnanschluß in Liegnitz, es folgten weitere Nebenstrecken: G.–Löwenberg 1894, G.–Schönau–Merzdorf 1896, G.–Haynau–Reisicht 1906. Eine unbedeutende Industrie entstand: Hutfabrik, Pappenfabrik, Textil- und Zigarrenfabriken. Die Bebauung griff, nachdem nach 1820 die Stadtbefestigungen gefallen waren – erhalten ist nur der *Schmiedeturm* –, über den alten Innenstadtbereich hinaus. Die Eww.-Zahl stieg mäßig an: 1787: 4907, 1825: 5554, 1905: 6804, 1939: 7860 (auf 13,05 qkm). Der Einflußbereich von G. als Sitz des Kr. G.-Haynau wurde durch den Anschluß eines Großteils des Kr. Schönau 1932 erweitert. Kurz vor dem letzten Krieg wurde G. Mittelpunkt des neu entstehenden Kupfererzbergbaus, der nach 1945 fortgesetzt wurde und die Funktion von G. als Wohnstadt verstärkte. 1961: 11 555 (auf 26,10 qkm), 1970: 12 260 Eww. – Johann Wilhelm Oelsner (1766–1848), zunächst Philologe, dann Großkaufmann und Begründer der Tuchfabrik im ehem. Kl.-Gebäude zu Trebnitz, ist in G. geb.; sein Bruder Konrad Engelbert Oelsner (1764–1828) war Schriftsteller und als zeitweiliger Anhänger Napoleons umstritten.
(I) *We*

LV 130. – LV 356, bes. S. 79. – GSturm, Gesch. d. Stadt G. in Schles., G. 1888. – Der Heimat Bild. Heimatbuch d. Kr. G.-Haynau, hg. v. SKnörrlich, Liegnitz 1928. – GTürk, Aus G.s Vergangenheit, G. 1934. – LV 30, 1936, Nr. 3. – LV 233, S. 755–57. – Heimatbuch d. Altkrr. G.-Haynau-Schönau, hg. v. OBrandt, 2 Folgen, Baunschweig 1954/56. – WMüller, Solingon u. sein Patenkr. G. in Schles., Duisburg 1963. – LV 601, S. 19–59. – LV 234, Bd. 2, S. 607 f.

Goldentraum (Złotniki Lubańskie, Kr. Lauban). In dem oberlausitz. → Queiskreis entstand durch den Grundbesitzer Christoph v. Nostitz auf der Gemarkung des Gutes → Tzschocha um 1654 ein Goldbergwerk (Entstehungssagen!) und im Anschluß daran in verkehrsungünstiger Lage am ca. 370 m hohen l. Queisufer 1662 ein Städtchen, das zunächst Neustädtel gen. wurde, bei der Verleihung des Rechte einer freien Bergstadt 1677 jedoch den Namen G. erhielt. Die Bewohner waren in der Hauptsache evg. Exulanten aus den benachbarten böhm. und schles. Gebieten. Da der

Bergbau sich als nicht lohnend erwies, stellte sich der Ort noch im
17. Jh. auf Tuch- und Leineweberei um (1845: 50 Kattun-, 22 Leineweber). Die wirtschl. Entwicklung blieb dennoch schwach, und
beim Übergang an Schles. (1815) verlor G. den Stadtstatus; auch
fiel die kirchliche Betreuung wieder an die evg. Pfarrei Rengersdorf, zu der G. bis 1700 gehört hatte (seit 1694 mit eigener Kirche). 1834 brannte der Ort nieder. Die alte Grundrißgestaltung
mit dem quadratischen Marktplatz (90 × 90 m) und den in der
Mitte seiner Seiten auf ihn stoßenden Straßen blieb erhalten. Die
Bev. war in den letzten 150 Jahren zahlenmäßig ziemlich konstant:
1825: 348, 1840: 430, 1905: 338, 1939: 399 Eww. Sie ernährte sich
vornehmlich durch Ackerbau und Kleingewerbe. 1921–24 wurde
bei G. eine Talsperre – die zweite im wilden Queislauf (→ Marklissa) – mit einem Fassungsvermögen von 10,5 Mill. cbm, einer
Sperrmauerhöhe von 36 m und einer Stauweite von 8,2 km erbaut.
Nach 1945 sank die Eww.-Zahl auf ca. 200 (1961) ab.   (I)   *We*

LV 209, Abt. 2, T. 1, S. 452–458. – Schönwälder, D. Budissiner Queißkr.,
in: LV 55, 60 (1884), S. 352–91, u. 61 (1885), S. 1–78. – LV 233, S. 757 f.
– HLöscher, Auseinandersetzungen über d. Bergrecht d. Oberlausitz im
17. Jh., in: LV 286, S. 143–155. – Heimatbuch d. Kr. Lauban in Schles.,
2. Aufl. hg. v. WMenzel, Seyboldsdorf-Visbiburg 1966. – LV 234,
Bd. 2, S. 607

Golensize (Gołęszyce), Gau der G. Die vom Bayerischen Geographen (M. 9. Jh.) mit fünf »civitates«, d. h. Burgen und Burgbezirken, angegebenen G. (»Golensizi«) werden als schles. Slawenstamm
angesehen, weil ihr Gebiet zeitweise kirchlich zum Bst. Breslau gerechnet wurde, wie die Papsturk. für dieses Bst. von 1155 mit der
Nennung der Burg »Gradice Golensicezke« (= wahrsch. Grätz s.
Troppau) und wie der Streit zwischen Breslau und Olmütz um die
kirchliche Zugehörigkeit der »provincia Golassizch« u. ä. noch in
der 1. H. 13. Jh. zeigen. Der Gau der G. könnte erst im Zuge der
Machtausweitung Böhmens und Mährens im 11. Jh. zu Mähren
gekommen sein. Die Identifizierung des G.-Gaues mit »Alemure«
im Dagome-iudex-Regest von 985/92 widerspricht dem nicht, wenn
man -mure mit dem bei Troppau in die Oppa mündenden Mohra-
Fluß in Zusammenhang bringt und nicht mit Mähren, während
der erste Bestandteil beider Namen (Golen-, Ale-) mit poln. goły
= nackt, kahle Höhe in Verbindung stehen dürfte als Bezeichnung
für die oberschles. Lößfläche. Zwischen 1201 und 1240 ist als »provincia Golassizch«, »Golessicensis provincia«, »Golesisco«, »Ho-
lachiz«, »Holasicensis districtus« das Gebiet zwischen der Zinna
und dem Gesenke, d. h. im wesentlichen das spätere Hzt. Troppau-Jägerndorf, überliefert. Anderseits wird die oberschles. Lößfläche zwischen Zinna, Oder und Straduna (Tiefenburg-Bach), also
bis unterhalb Cosel, in Urkk. bis M. 15. Jh., im Volksmund noch
bis ins 20. Jh. als »Gola« bezeichnet. Beide Gebiete zusammen
scheinen etwa den Umfang des G.-Gaues anzudeuten, wobei of-
fenbleiben muß, ob die N-Grenze tatsächlich bis an den Falken-

berger Wald n. Zülz und Oberglogau und bis in die Gegend von Krappitz an der Oder reichte oder vielmehr diesen Fluß bereits vor Cosel erreichte. Im SO wird sich der G.-Gau verm. nicht nur bis an die Oder – wie teilweise angenommen –, sondern auch ins Teschener Gebiet ausgedehnt haben. Die Gauhauptburg könnte zunächst in Kreuzendorf (Holasice, Holašice, Holašovice) an der Oppa, 5 km nw. Troppau, gewesen sein, wie es der tschech. Name nahelegt. Da aber dieser Ort niemals eine Kirche besessen hat, in Grätz hingegen für die 2. H. 11. Jh. eine starke Burg und eine Zollstätte überliefert (Gallus Anonymus) und seit dem 12. Jh. eine reiche Pfarre belegt sind, ist anzunehmen, daß Grätz zumindest seit dem 11. Jh. Gauhauptburg gewesen ist.   *We*

WLatzke, Schlesiens Südgrenze bis z. A. d. 13. Jh., in: LV 28, 71 (1937), S. 57–101, bes. 69–76. – LV 402, bes. S. 37–53. – LV 259, Bd. 1, S. 85 ff., 96 ff., 304 ff. – LV 262, Bd. I 1, S. 125–32. – OKossmann, Alemure, in: LV 33, 19 (1970), S. 443–46

Gorkau (Górka, Kr. Breslau). Der erste Standort des zwischen 1121 und 1138 (um 1128/34?) vom schles. Palatin Peter Wlast mit Augustiner-Chorherren aus Arrouaise (Flandern) gegr. Kl. ist umstritten. Während manche ihn – in wörtlicher Auslegung der Urkk. – auf dem Gipfel des → Zobtenberges annehmen, verlegen andere (dt. wie poln.) Forscher ihn auf Grund jüngerer Überlieferung und der dortigen späteren Propstei der Augustiner in das ca. 3,5 km n. vom Zobtengipfel und 3 km w. der Stadt Zobten gelegene Dorf G. Eine Verlegung des Stiftes vom Zobtenberg nach G. ist angesichts der bereits vor 1149/50 eingeleiteten Übersiedlung der Augustiner auf die Sandinsel von → Breslau unwahrscheinlich, hingegen kann angenommen werden, daß die Chorherren nach dem Wegzug vom Zobtenberg die Verwaltung ihres umfangreichen Besitzes um den Berg einer Propstei in G. übertrugen. Als solches Zentrum des Sandstift-Besitzes erscheint G. ab 1204. 1256 wurde Bf. Thomas I. von Breslau auf dem Weg zur Einweihung einer Kirche in G. von Leuten des ihm verfeindeten Hz. Boleslaus II. von Liegnitz gefangengenommen. 1320 diente die Propstei G. als Gefängnis für den verdrängten Abt Philipp des Sandstifts, 1464 als Refugium für Abt Paul. 1439 wurde die Propstei offiziell an die St. Jakobskirche in → Zobten verlegt, ohne daß aber die Institution in G. aufgelöst wurde. Die Propsteigebäude sollen die Hussiten 1428 und 1435 abgebrannt haben; der Wiederaufbau zog sich bis 1589 hin, doch schon im 30j. Krieg traten wieder Verwüstungen ein. Bei der Säkularisation 1810 fielen die Wohn- und Wirtschaftsgebäude als stiftisch er Besitz an den Staat; die Kirche diente bis 1932 als kath. Pfarrkirche. – Die ehem. *Propsteikirche zur Himmelfahrt Mariens* soll im Kern (Hauptschiff) noch dem 13. Jh. angehören, sie ist aber durch Um- und Anbauten des 16. (Hinzufügung des n. Seitenschiffes und der Sakristei) und 19. Jh. stark verändert worden (heute Magazin). Der an sie anschließende Wohntrakt, im 16. Jh. im Renaissancestil errichtet, wurde nach dem Kauf durch Frh. v. Lüttwitz (1812) ausgebaut und vor allem nach 1885 vom neuen Besitzer Eugen v. Kulmiz zu einem *Schloß* im Stil der Neurenaissance umgebaut. Vor dem Toreingang stehen die Skulpturen zweier *rom. Granitlöwen* aus der 1. H. 12. Jh. die (wie weitere Fundstücke der Gegend, → Zobtenberg, → Zobten) für ein Portal des Augustiner-Chorherrenstifts (auf dem Zobten oder in G.?) geschaffen sein könnten und später (15./16. Jh.?) für das Fundament eines Wirtschaftsgebäudes der Propstei in G. verwendet wurden; sie werden mit lombardischer Portalarchitektur in Verbindung gebracht und zeigen Ähnlichkeit mit Bamberger Bildhauerwerken. – G. wurde 1928 nach → Zobten eingemeindet.   (II) *We*

LV 130. – LV 592, S. 58–67, 394. – AMoepert, Peter Wlast u. d. Stiftung d. Augustinerkl. auf d. Zobten, in: LV 72, 4 (1939), S. 1–45. – LV 607, S. 16–18. – LV 620, S. 173 f. – LV 340, S. 65–78. – AKrzywańska, Sobótka i okolice (Zobten u. Umgebung) (LV 108), Br. u. a. 1972, S. 135–149

Goschütz (Goszcz, Kr. Groß Wartenberg). G. ist seit 1155 (»Goztech«) als Besitz des Bst. Breslau nachweisbar, dem nach der dt. Kolonisation nur der n. Teil als Kirchenhalt G. verblieb, während aus dem s. Teil die Herrsch. G. entstand, die allmählich bis zum E. 16. Jh. auch alle kirchlichen Ländereien an sich brachte. Besitzer der Herrsch. waren A. 14. Jh. (seit M. 13. Jh.?) die Gff. von Wisenburg, um 1480 und bis 1605 die Herren v. Borschnitz. Daraufhin erwarben G. die Burggff. zu Dohna, seit 1592 Freie Standesherren von → (Groß) Wartenberg. Die Verbindung mit der Standesherrsch. Wartenberg riß jedoch bereits 1656 ab, als G. zunächst an eine weibliche Linie der Dohna und bald darauf an andere Famm. fiel. Damals wurde die Herrsch. G. direkt dem ksl. Oberamt unterstellt – eine Regelung, die beim Übergang an Hz. Karl von Württemberg-Oels 1693 durch die Erhebung von G. zur Freien Minderstandesherrsch. ihre verfassungsmäßige Form erhielt. Nachdem Heinrich I. Leopold Frh. (seit 1730 Gf.) v. Reichenbach 1727 G. erworben hatte, ist die Minderstandesherrsch. in ununterbrochener Besitzfolge bis 1945 bei den Gff. Reichenbach verblieben. Gf. Heinrich I. Leopold vergrößerte die Begüterung, insbes. durch den 1743 erfolgten Hinzukauf der Stadt und Herrsch. → Festenberg von Hz. Karl von Württemberg-Oels. Das durch Gf. Heinrich I. Leopold um 1730/40 angeblich durch einen ital. Architekten erbaute *Schloß* brannte 1749 ab. Der Wiederaufbau erfolgte 1750–55. Es handelt sich um eine symmetrische Barockanlage mit Wirtschaftsgebäuden, Wirtschaftshof und Park. Der Neubau stellt eine Verbindung von österr. Barock und preuß. Rokoko dar. Ein Vergleich mit dem Berliner Palais Marschall von 1735/36, von Gerlach erbaut, und dem Breslauer Schloß von 1750/51, von Boumann d. Ä. erbaut, liegt im Hinblick auf den Außenbau und die Innenräume nahe. 1947 brannten das Hauptgebäude und der rückwärtige Flügel aus. Um 1730 war bereits die Orangerie erbaut und 1750 mit dem Neubau des Schlosses umgebaut worden (nach 1947

abgerissen). Der Park erfuhr eine Veränderung im engl. Stil um
1820/30. – Der Ort G. setzte sich aus einem Marktflecken, im
17. Jh. als »Städtlein« bezeichnet, und einem Dorf – dem einstigen
Kirchenhalt G., früher auch Schwuntnig gen. – zusammen; das
Schloß war im letzteren gelegen. 1743 wurde der Grundstein für
die *evg. Kirche* gelegt, deren Einweihung 1749 stattfand. Sie steht
mit dem Schloßkomplex in baulicher Verbindung und kann ihrem
Typus nach mit der Breslauer Hofkirche (1747/50) von Boumann
d. Ä. und der Strehlener Michaelskirche (1752) von Kalkbrenner
verglichen werden. In der Familiengruft befinden sich überaus reiche barocke Sarkophage der Mitglieder der gfl. Fam. Reichenbach
mit Sterbedaten von 1756, 1758 und 1790. – 1852 ist G. durch einen Brand fast vollständig zerstört worden. Es hatte um 1790:
258, 1905: 871 (mit Gutsbez.: 1106), 1939: 1067 Eww.   (III)   *Gru*
LV 511, Sp. 90–92. – LV 272, S. 316–21. – LV 587, Bd. 2, S. 562, –
GGrundmann, D. Richtungsänderung in d. schles. Kunst d. 18. Jh.,
in: Kunstgesch. Studien, hg. v. HTintelnot, Br. 1943, S. 78–105. – Ders.,
Gutachten über d. Baulichkeiten u. Kunstgegenstände d. Herrsch. G.,
Br. 1943 (Masch.-Schr.). – Groß Wartenberg, Stadt u. Kr., zus.-gest. v.
KHEisert, Alfdorf/Württ. 1974, S. 115–128

Gottesberg (Boguszów, Kr. Waldenburg). Die höchstgelegene Stadt
des ehem. Preußen (592 m ü. d. M.) ist eine Gründung sächs. Bergleute, deren Anfang (13. oder 14. Jh.) nicht genau datierbar ist. Als
»freie Bergstadt« erhielt G. 1499 von Kg. Wladislaus von Böhmen und Ungarn Stadtrechte. Grundherren waren für die »Nie-
derseite« die Herren v. Czettritz auf → Neuhaus bis 1655, nach
mehrfachem Wechsel (v. Saurma-Jeltsch bis 1669, v. Seherr-Thoß)
ging dieser Teil 1720 an die Gff. v. Hochberg auf → Fürstenstein,
die seit 1509 Grundherren der »Oberseite« waren. Während des
30j. Krieges kam der Silberbergbau zum Erliegen. Mehrere Versuche, ihn wieder zu beleben (zuletzt 1801 durch die kgl. Domänenkammer, Berlin, und 1855 durch den Kommerzienrat v. Kramsta, Freiburg), waren von geringem Erfolg. 1714 kaufte die Stadt
von der Grundherrsch. die wichtigsten Kohlenzechen (Wilhelm-
und Jenni-Grube in der Breitenhau), 1724 wurden diese Anteile
an Private veräußert, die sich 1789 zur Ges. der Morgen- und
Abendröthe-Grube in der Vorstadt Kohlau zusammenschlossen.
1809–70 wurde die Verwaltung nach → Rothenbach verlegt. Trotz
mehrerer kleinerer Anlagen (1776 Frohe Aussicht, Hilf mir wieder,
1781 Gute Hoffnung, 1787 Friedrich d. Gr., 1824 Peter und Paul-
Grube, 1854 Schles. Kohlen- und Kokswerke v. Kramsta, Viktor-
und Egmontschacht) war der Kohlenbergbau in G. nicht ergiebig.
Im 18. Jh. waren in G. kleinere Spinnereien, Leinewebereien und
Strumpfstrickbetriebe heimisch. Der einzige Industriezweig, der
auch nach 1945 von Bedeutung ist, ist die Schwerspatgewinnung,
die seit 1840 betrieben wird. Trotz der ungünstigen Arbeitsbedin-
gungen in G. stieg die Zahl der Eww. im 19. Jh. rapide an: 1787:
1792, 1825: 2006, 1905: 10 536, 1929 (nach der Eingemeindung von
Ober Hermsdorf): 12 287, 1939: 11 011 (auf 8,61 qkm), 1961: 12 788

(auf 14,12 qkm), 1970: 11 928 Eww. An der Stelle der heutigen
kath. Kirche errichteten ca. 1535 evg. Bergleute eine hölzerne Kirche, die 1654 katholisiert wurde. 1660 wurde ein hölzerner Glokkenturm aufgeführt. 1720–23 wurde die *Dreifaltigkeitskirche* erbaut. Die evg. Gem. erhielt 1742 ein Bethaus, das 1775 durch eine
barocke *Hallenkirche* ersetzt wurde (1957 als Turnhalle benutzt,
1964 drohte ihr Verfall). Die altkath. Gem. (seit 1885) erhielt 1901
ein eigenes Gotteshaus. Auf der Friedenshöhe (Plautzenberg) wurden 1871 drei Friedensbäume gepflanzt. Die Windmühle auf dem
Alten Berg stellte 1887 ihren Betrieb ein und wurde zum Aussichtsturm ausgebaut. 1888 wurde auf dem Hochwald eine künstliche Ruine errichtet.   (IIa) *Kö*

JBrauner, Chronik d. Stadt G., G. 1894. – O du Heimat lieb u. traut!
Bilder aus d. Waldenburger Berglande, hg. v. MKleinwächter, Waldenburg 1925, S. 433–437. – LV 233, S. 758 f. – HBartsch, Aus d. Gesch.
unseres Waldenburger Berglandes, Sonderdr. aus: Waldenburger Heimatbote 1962–1969, Norden (Ostfriesl.) 1969, S. 57–69. – Ders., Unvergessene Waldenburger Heimat, Norden (Ostfriesl.) 1969, S. 346–347. –
LV 234, Bd. 2, S. 546.

Gräditz (Grodziszcze, Kr. Schweidnitz). Der slaw. *Doppelburgwall*
von G., 0,5 km sw. des Dorfes in einer nach N gerichteten Schleife
der Peile gelegen, ist wahrsch. der 1155 in der Papstbulle gen.
Kastellaneisitz »Gramolin«; er wird wohl bald eingegangen sein,
da er später nicht mehr erwähnt wird und Orte um Schweidnitz
zur Kastellanei → Nimptsch gerechnet wurden. Der n., viereckige
Burgwall, offenbar die Hauptburg, hat Seitenlängen von 65–85 m,
der Innenraum ist etwa 50 × 45 m groß. Durch einen Graben getrennt, schließt sich im S die geringfügig größere, ebenfalls viereckige Vorburg an (im S 100 m, sonst 85 m Seitenlänge), an deren
S-Seite – wieder durch einen Graben getrennt – eine Vorburgsiedl.
von ca 100 × 190 m angrenzte (Funde!).   *We*
Der Ort wurde nach der Burg gen. (hrad, grod = Burg), nach 1250
zu dt. Recht ausgesetzt mit Erbscholtisei, Kirche und Rittergut.
Grundherr war zunächst der Hz. Noch im Ma. wurde dann das
Dorf in drei Teile aufgeteilt: 1. Kapitel-G. mit kath. Kirche, weil
es 1288–1810 dem Kreuzstift am Breslauer Dom gehörte, dann den
v. Mischkowsky und Gff. v. Matuschka. 2. Ober G., später mit der
1742 als Bethaus erbauten evg. Kirche, Besitzer etwa 1470–1607
die v. Seidlitz, dann die v. Gellhorn, v. Peterswaldau, v. Kuhl, v.
Sack, 1720 v. Dresky, ab 1876 Fam. Heinzel; Größe des Gutes
128 ha. 3. Nieder G., Rittergut von 132 ha, 1655 im Besitz derer v.
Tschirnhaus, 1694 v. Seidlitz, 1718 v. Lamprecht, dann mit Unterbrechungen v. Dresky; 1867 kaufte Helmuth v. Moltke Nieder G.
nebst → Kreisau und Wierischau. Die Kolonie G. wurde um 1780
im Zuge der friderizianischen »Peuplierungspolitik« angelegt. Um
1845 gab es in G. bedeutende Heimweberei mit 184 Webstühlen.
                                                        (II) *Ra*
LV 402. – LV 330, S. 62 f. – LV 206, Bd. 5. – LV 209, 3. Abt. – LV 343

Grafenort (Gorzanów, Kr. Habelschwerdt). G. ist ein stattliches Dorf im Neißetal (7 km n. Habelschwerdt), das seit 1341 als »Arnoldisdorf«, später Arnsdorf belegt ist. Die alte Burg auf dem Keilberg wurde 1470 im Kampf der Schlesier gegen Georg von Podiebrad von Böhmen zerstört. Im Dorf befanden sich drei Rittersitze: der Schloß-, Moschen- und Ratschinhof, die meistens verschiedenen Besitzern gehörten. Der Moschenhof wurde von der namengebenden Fam. Muschin (Moschczin) um 1382 erworben. Der Ratschinhof (mit Renaissance-Schlößchen von 1573) hat seinen Namen offenbar von dem in G. aufgegangenen Ort »Racin« (1341), nach dem sich seine Besitzer v. Ratschin nannten. (1501 Ottyck v. Raczin). Die Famm. v. Moschen und v. Ratschin verloren wegen ihrer Beteiligung am böhm. Aufstand ihren Besitz an die Frhh. v. Annenberg 1625. Durch Heirat kam die Herrsch. 1651 an das in der Steiermark ansässige, angesehene Geschlecht der Reichsgff. v. Herberstein. Sie wandelten 1669 ihren aus zehn Dörfern und weiteren Dorfanteilen bestehenden Besitz in ein Fideikommiß um und erlangten 1670 die Genehmigung, den Ortsnamen Arnsdorf in G. umzuändern, während die angestrebte Erhebung des Ortes zur Stadt nicht verwirklicht wurde. Die in der 2. H. 16. Jh. in ihrem Kern um einen Haupthof gruppierte *Schloßanlage* wurde 1653–58 unter Johann Friedrich v. Herberstein durch Karl Lurago ausgebaut und 1737 erneut umgebaut; sie ist ein hervorragendes Werk der Renaissance, die Außenwände mit Sgraffiti geschmückt, mit barocken Zutaten und Einbauten. Sie beherbergt ein Theater, das 1816 bis 1846 in Schles. kulturelle Bedeutung erlangte. Hier begann der schles. Dichter Carl v. Holtei (1798–1880) seine Bühnenlaufbahn, ebenso der berühmte, 1793 in Glatz geb. Schauspieler Karl Seidelmann. Holtei schrieb in seiner G.er Zeit seine ersten Gedichte in schles. Mundart. Zum Schloß gehört ein großer, schöner Park in franz. Stil, in dem ein frühbarocker Pavillon (1637–1640) steht. Nach dem Tode des kunstliebenden Gf. Hieronymus (1847) nahm die Pflege der großen Anlagen, zeitweise ungenutzt, ab. 1930 kaufte die Stadt Habelschwerdt die ganze Herrsch. G. zur Abrundung ihres Waldbesitzes. – G. war auch Kurort mit zwei Säuerlingen und einer Schwefelquelle. Die fast ausschließlich kath. Bev. (1885: 1508, 1939: 1529) besaß seit 1658 auf dem Keilberg die barocke Pfarrkirche *St. Maria-Magdalena* (erste Erwähnung einer Kirche 1084).   (IIa) *Ge*

LV 119, Bd. (6), S. 100–26. – JKögler, Hist. Beschreibung d. Pfarrei G., in: LV 51, 7 (1887/88), S. 222–233, 329–344. – HTschöpe, Grafschafter Schlösser, in: Guda Obend, Glatzer Volkskalender 1914. – AOtto, Glatzer Wanderbuch, Mittelwalde 1923, ²Leimen/Heidelberg 1971. – D. Gfsch. Glatz (Mon. dt. Städte, Bd. 19), Berlin-Friedenau 1927. – BPatzak in: LV 53, 16 (1930), S. 14–17. – LV 616, S. 40–42. – GSchmitt, Einkehr in G., in: Jb. d. Gfsch. Glatz 15 (Lüdenscheid i. W. 1963), S. 81 bis 86. – Burgen u. Schlösser in d. Gfsch. Glatz, 1. T. (Gfsch. Glatzer Buchring, Bd. 25), Leimen/Heidelberg 1963

Grambschütz (Gręboszów, Kr. Namslau). Das 7 km sö. Namslau gelegene Angerdorf G., um 1305 erstm. belegt, besaß einen Herrensitz, der M. 16. Jh. im Besitz der Herren v. Kottulinsky war, durch Heirat gegen E. 16. Jh. an die v. Prittwitz und Gaffron fiel, nach dem Tode des Hans Moritz v. Prittwitz und Gaffron 1789 über dessen Tochter an Gf. Gustav Adolf Henckel v. Donnersmarck, dessen Fam. G. bis 1945 behielt; letzter Besitzer war Georg Dr. Gf. Henckel v. Donnersmarck. Der Kernbau des Schlosses, ein zweigeschossiger Bau mit dreigeschossigem Mittelrisalit, wurde laut Wappentafel 1782 von Hans Moritz v. Prittwitz und Gaffron erbaut; 1903/04 wurden Um- und Ausbauten (W-Flügel) vorgenommen. Im Schloßpark steht ein *Teepavillon* – ein sechseckiger luftiger Chinoiserie-Holzbau des 2. Viertels des 18. Jh. – und ein *griechischer Tempel* von um 1800 (heute Ruine). Das Schloß ist 1945 abgebrannt, die Ruine 1948/49 abgetragen worden; *Fundamente* mit Keller sind vorhanden. Gegenüber der Schloßstätte steht die wahrsch. 1613 entstandene urspr. evg. *Schrotholzkirche*, nach der Rekatholisierung 1654 bis zu Errichtung eines Neubaus 1899 als kath. Filialkirche verwendet, danach als Begräbniskirche (heute ruinös). Auf dem Rundfriedhof um diese Begräbniskirche stehen u. a. die *Grabdenkmäler* von Hans Moritz v. Prittwitz und Gaffron und seiner Gattin sowie von Gf. Gustav Adolf Henckel v. Donnersmarck, der 1813 vor Glogau fiel (gußeiserner Vierkantblock mit vasenförmiger Urne).   (III) *We*

LV 613, Bd. 2, S. 11. – LV 616, S. 71 f. – LV 591, (II 1), S. 84–89. – LV 631, S. 183. – LV 593, Bd. 7, H. 7, S. 14 f.

Greiffenberg i. Schl. (Gryfów Śląski, Kr. Löwenberg). Die Stadt G. ist im Waldgebiet zwischen dem lausitz. Gau Zagost, dem schles. Bobergau und Böhmen entstanden, wahrsch. unter Hz. Bolko I. von Schweidnitz-Jauer († 1301). 1354 erhielt sie ein Stadtprivileg zu Löwenberger Recht und 50 Jahre später die Erlaubnis, sich durch Mauern (*Reste* noch vorhanden) und Gräben zu schützen. Die drei Haupttore waren nach den Ausfallstraßen nach Lauban, Löwenberg und Zittau benannt. G. besaß auch eine Stadtburg, die an der Stadtmauer im SO, an dem steil zum Queis abfallenden Abhang, gelegen war, über deren Entstehungszeit aber nichts bekannt ist. Zunächst wohl hzl., fiel sie mit der Stadt um 1400 an die Herrsch. → Greiffenstein, deren gleichnamige Burg die Existenz der G.er Burg verm. überflüssig machte; sie wurde beim Stadtbrand 1603 endgültig zerstört. – G.s wirtschl. Blüte lag im 16.–18. Jh. und rührte vom Leinenhandel her, der mit der Tätigkeit des Bürgermeisters Roth 1555 einsetzte. G. wurde Zentrum der auf der Grundlage des Verlagssystems arbeitenden Leinenweberei der Stadt und ihrer Umgebung und besaß weitreichende Handelsbeziehungen (u. a. nach Nürnberg, Leipzig, Norddeutschland und den Niederlanden). 1609 gab es in G. 6, 1740 26 entsprechende Handelshäuser. Die Gründung der Neustadt 1592 vor dem Löwenberger Tor ist Ausdruck dieser wirtschl. Stärke. Brände (u. a. 1472, 1603, 1624) und Überschwemmungen des Queis (1496, 1609) richteten öfter Zerstörungen an, die Pest dezimierte die Bevölkerung (1497: 1599; 1613: 1072 Tote, davon 259 Leineweber; 1625, 1633). Im 30j. Krieg mordete und plünderte viel Kriegsvolk in der Stadt, die mehrfach den Besitzer wechselte. 1783 brannten erneut neben öffentlichen Gebäuden über 120 Häuser nieder; die daraufhin errichteten Bauten bestimmten das Stadtbild bis zur Gegenwart. Die Stadt erholte sich immer rasch, wie aus den Bev.-Zahlen abzulesen ist (1634: 1299, 1706: 1461, 1756: 2153, 1787: 2190, 1825: 1973 Eww.). 1526 führte Jakob Steinbrecher die luth. Lehre in G. ein. Nach wechselnder konfessioneller Lage im 30j. Krieg wurde 1654 endgültig die Gegenref. durchgeführt. Als 1666 auch der evg. Organist ausgewiesen, die Lesegottesdienste eingestellt und die evg. Schulen geschlossen wurden, verhandelte die Bürgerschaft heimlich mit dem Kurfst. von Sachsen wegen der Erlaubnis zum Kirchenbau in Nieder Wiesa jenseits des Queis auf sächs. Boden. 1669 wurde die Kirche – ein Holzbau, der 1730/33 durch einen Steinbau ersetzt wurde (heute stehen nur die *Außenmauern*) – nebst Pfarrerwohnung und Schule eingeweiht. Bis zur Bewilligung der Gnadenkirchen in Hirschberg und Landeshut (1707) hielten sich die Evangelischen aus sieben Städten und 79 Dörfern des Iser- und Riesengeb. an diese Kirche, die durch Christoph Schwedler (1698–1730 Oberpfarrer in Nieder Wiesa) Mittelpunkt des schles. und oberlausitz. Pietismus wurde. – Im Zuge der Industrialisierung wurde G. in der 2. H. 19. Jh. immer stärker zum Anziehungspunkt von Fabriken; allein die Greiff-Werke (Bekleidungsfabrik) beschäftigte über 7000 Menschen. An dieser Entwicklung hatte die verkehrsmäßige Erschließung des Vorgebirgsraums durch den Bau der Eisenbahn Görlitz– G.–Hirschberg–Breslau (1867) entscheidenden Anteil. 1905 zählte G. 3415, 1939: 4349 Eww. auf 6,96 qkm (1961: 6059 auf 6,92 qkm, 1970: 6267 Eww.). – Unter den Baudenkmälern G.s ragt die *kath. Pfarrkirche* hervor, deren heutiger Bau mit Elementen der Renaissance 1512 errichtet worden ist. Zu ihrer reichen Ausstattung gehört das bedeutende Sandsteinepitaph in der 1545 angelegten Grabkapelle der Gff. Schaffgotsch (um 1585). Das *Rathaus* von 1524 wurde später ausgebaut, der Turm des 17. Jh. nach Brand (1929) durch einen Neubau ersetzt. *St. Laurentius* außerhalb der Mauern ist 1500 als Friedhofskapelle entstanden. Auf dem Ring sind alte *Bürgerhäuser* erhalten. (I) *Scho*

JGLuge, Chronik d. Stadt G./Schles., G. 1861. – GSchönaich, G., in: LV 41, 53 (1933), S. 159–63. – EZimmermann, AKunze, G.er Leinenkaufleute in vier Jhh., Görlitz 1938. – LV 233, S. 759 f. – JBachmiński, Gryfów, Gryf, Lubomierz (G., Greiffenstein, Liebenthal) (LV 108), Br. u. a. 1964. – LV 234, Bd. 2, S. 557 f.

Greiffenstein (Gryf, Gem. Gräflich Neundorf/Proszówka, Kr. Löwenberg). Die Burg G. erhob sich in geringer Entfernung vom Queis auf einem Basaltgipfel von 423 m Höhe. Ihre Anfänge wer-

den in das 12. Jh., und zwar auf einen Edlen von Greiff, zurückgeführt, was jedoch unsicher ist. Die Urk. zum Jahre 1242, in der
eine Kastellanei G. gen. wird, ist eine Fälschung. Die Burg war
vielmehr Sitz des Landvogts des Greiffenberg-G.er Weichbilds
(Uhtenwoldt), entstanden zumindest in der 1. H. 13. Jh.; sie wird
aber – an der Grenze von Schles. zu dem einst böhm. Queiskreis
gelegen – sicherlich auch Verteidigungsfunktionen gehabt haben.
Dieser Epoche gehört die obere Burg an, deren Gebäude sich um
einen kleinen Burghof gruppierten und durch eine starke Umfassungsmauer zusammengefaßt wurden. Bis zum Anfall des Fstm.
Schweidnitz-Jauer an Böhmen (1368/92) war der G. landesherrliche Burg, seit 1354 verpfändet an Seyfried v. Raußendorf. Danach verpfändete (1392) und verkaufte (1395) sie Kg. Wenzel IV.
an den Landeshauptmann Benesch v. Chotinitz (Chusnik), unter
dessen Burggf. Wolf v. Romke der G. ein Raubnest wurde. Die
Bürger Greiffenbergs fingen den Raubritter, der daraufhin 1399
auf dem G. enthauptet wurde. Im Jahre danach übernahm der
Ritter Gotsche II. Schoff auf Kynast die Herrsch. G. als Pfand,
1419 als Eigentum. Dieser bedeutende Besitz, zu dem u. a. die
Städte → Friedeberg und → Greiffenberg gehörten, blieb seither
in der Hand der Fam. Schaffgotsch. Ulrich Schaffgotsch († 1543)
vereinigte 1511 die Herrschsch. G. und → Kynast. Unter ihm und
seinem Nachfolger Johann († 1584) wurde die Burg G. stark ausgebaut. Durch Johanns Heirat mit Magdalena v. Zedlitz (1551) wurde
der Besitz um die Herrsch. Giersdorf vergrößert. Hans Ulrich II. (1595
bis 1635) besaß auch die Herrschsch. → (Alt)Kemnitz, → Schmiedeberg, Hertwigswalde, Rauske, → Trachenberg und → Prausnitz.
Als Anhänger Wallensteins wurde er 1635 in Regensburg enthauptet; seine Güter wurden eingezogen, jedoch bald wieder seinen Nachkommen zurückgegeben. Im 30j. Krieg wurde der G.
1640 von schwed. Truppen belagert und 1645 erobert. 1798/99
wurde die Burg zu einem großen Teil abgebrochen. Sie war nach
mehrmaligem Ausbau zu einer mächtigen Anlage geworden, die
aus drei, von gesonderten Mauern umgebenen Baukomplexen bestand: von der Vorburg erreichte man die mittlere und dann über
einen freien Platz die obere Burg, das Hauptschloß. Der Umfang
der erhaltenen *Ruinen* ist beträchtlich. Mit dem G. werden mehrere Sagen in Verbindung gebracht (Vogel Greiff; die Ahnenfrau;
Gotsch). Theodor Körner hat das Gedicht »Auf dem G.« geschrieben. – Am Fuße der Burg ließ Johann Nepomuk v. Schaffgotsch
1798–1800 ein schlichtes neues Schloß als Sommersitz der Fam.
erbauen. (I) *Scho*

LV 611, S. 377–395. – BvWinkler, G., Gesch. d. Burg u. Herrsch.,
3. Aufl., bearb. v. AHelbig, Warmbrunn o. J. – VSchätzke, G., Schweidnitz 1927. – LV 402, S. 89. – LV 612, S. 49 f. – JBachmiński, Gryfów,
Gryf, Lubomierz (Greiffenberg, G., Liebenthal) (LV 108), Breslau u. a.
1964, S. 101–120

Gröbnig (Grobniki, Kr. Leobschütz). Noch vor Ausgang des 12. Jh.
erhielten die Johanniter vom böhm. Kg. einen ca. 8000 ha **umfas-**

senden Landstrich unmittelbar an der mähr.-schles. Grenze ö. von
Leobschütz mit G. (mähr. Hrobniki = Wächter des Hl. Grabes in
Jerusalem = Johanniter) als Mittelpunkt zu grenzsichernder Kolonisation. Sie legten darauf im 13. Jh. ein knappes Dutzend dt.,
zumeist stattliche Angerdörfer an, von denen sie acht (G., Leisnitz,
Schönbrunn, Dittmerau, Babitz, Wernersdorf, Jernau, Leimerwitz)
bis zur Säkularisation 1810 mitsamt Kirchenpatronaten und Schu-
len besaßen. Kg. Ottokar II. schenkte ihnen 1259 auch das Patro-
natsrecht der Pfarrkirche im benachbarten → Leobschütz. Der G.er
Komtur siedelte daraufhin 1282 in das in Leobschütz errichtete
Kommendehaus »Kreuzhof« über und kehrte erst 1591 nach dem
Eindringen der Ref. und einem Streit mit der Stadt nach G. zurück, das 1243 als »Marktdorf« die Erlaubnis zur Anlage einer
Befestigung erhalten hatte. Das aus dem 16. Jh. stammende G.er
Johanniter-Spital wurde im 18. Jh. erweitert, die *Pfarrkirche*
(16. Jh.) bald nach 1700 barock um- und ausgestaltet. Gleichzeitig
entstanden mehrere barocke *Kapellen,* Statuen und Bauernhäuser.
Letzter Komtur von G. war der Reichsgf. Karl Wenzel v. Schaffgotsch.   (IIIa) *Me*

ARitschny, FJHäußler, Gesch. d. Malteser-Ritter-Ordens-Kommende
St. Johann in Schles. 1100–1931, Troppau 1931, S. 24–84. – Leobschützer
Heimatbuch, hg. v. EBeigel, JKlink, München 1950, S. 64–66. – D. Jo-
hanniter-Orden. D. ritterliche Orden d. hl. Johannes vom Spital zu Je-
rusalem, hg. v. AWienand, Köln 1970, S. 435–38. – LV 593, Bd. 7,
H. 2, S. 31–36

Gröditzberg (Grodziec, Kr. Goldberg). Der G., ein 389 m hoher
Basaltkegel am N-Rand des Bober-Katzbach-Geb. nw. vom gleichnamigen Dorf G. (12 km nw. Goldberg), trug im 10./11. Jh. einen
slaw. Burgwall. Er lag im waldreichen Grenzgebiet zwischen den
schles. Gauen der → Boborane und → Trebowane und wird hier
vornehmlich als Verteidigungsstützpunkt der schles. W- (Bober-)
Grenze gedient haben. In der Papsturk. von 1155 ist die Kastellaneiburg »Godiuice« höchstwahrsch. mit der Burg von G. zu identifizieren, auf der (»castrum Grodiz«) Hz. Boleslaus der Lange von
Schles. 1175 den bekannten Stiftungsbrief für das Kl. → Leubus
ausgestellt hat. Die 1251 belegte, aber sicher ältere St. Georgskirche von G. hat verm. die Bev. der ganzen, dünn besiedelten Umgebung versorgt. Mit der Gründung drechtl. Städte und der
Funktionsänderung der Burgen im 13. Jh. verlor die zu weiträumige Gröditzburg ihre Bedeutung an → Haynau und → Goldberg.
Als Hz. Boleslaus III. von Liegnitz 1320 G. an Ritter Swolo Busewoy (poln. Budziwój, Bożywój) verpfändete, war die Burg
wahrsch. schon verfallen. 1473 löste Hz. Friedrich I. von Liegnitz
G. von der Fam. Busewoy wieder ein und begann mit dem Wiederaufbau und Ausbau der *Burg,* den sein Sohn Friedrich II. um
1522/24 durch den berühmten Görlitzer Baumeister Wendelin Roßkopf vollenden ließ. Die nunmehr im spätgot. Stil mit Elementen
der Renaissance auf sechseckigem Grundriß erbaute Hauptburg

mit weiträumigem Innenhof und wuchtigem quadratischem Bergfried war – unter dem Eindruck der Türkengefahr – durch Türme,
Wall und Graben und nach S durch eine das Plateau ausfüllende,
mit Mauer und Türmen versehene Vorburg gesichert. Die Hzz.
von Liegnitz weilten im 16. Jh. oft auf dem G. und veranstalteten
hier Feste und Turniere. Hans v. Schweinichen (1552–1616), der
zeitweise Burghauptmann von G. war, berichtet in seinen Tage-
büchern über die Ausschweifungen des abenteuerlichen Hz. Heinrich XI. in G. Im 30j. Krieg nahm Wallenstein 1633 die Festung
G. ein, worauf sie bis 1646 von den Kaiserlichen (zwischendurch
1642/43 von Schweden) besetzt gehalten und dann von ihnen teilweise zerstört wurde. Der Plan des letzten Piasten, Hz. Georg Wilhelm, das Schloß wiederaufzubauen, scheiterte wegen seines frühen Todes 1675. Der Ks. als Erbe verpfändete die Herrsch. G.
1680 dem österr. Reichsgf. Walter v. Gallas, 1708 kaufte sie Reichsgf. J. Wolfgang v. Frankenberg, der 1718 ff. am Fuß des Berges
ein *Barockschloß* erbauen ließ, wahrsch. durch J. B. Peintner. In
preuß. Zeit wechselten die Besitzer von G. häufig, u. a. gehörte es
1749–53 dem preuß. Feldmarschall Gf. Friedrich Leopold v. Geßler, 1800–23 den v. Hochberg auf Fürstenstein und 1893–99 Gf.
Leo Henckel v. Donnersmarck und seiner Witwe. Der ehem. ksl.
Gesandte Willibald v. Dirksen, der G. 1899 erwarb, ließ die wichtigsten Gebäude der stark verfallenen Burg auf dem G. durch den
Burgenbauer Bodo Ebhardt 1906–08 wiederherstellen, den Pallas
im W, das Torhaus im S sowie zwei Türme. Nach 1945 hat der
Bau sehr gelitten; er ist inzwischen wiederhergestellt und beherbergt Museum und Schutzhütte. – Die *St. Georgskirche* am Abhang des G. (seit der Ref. evg.) wurde nach Zerstörung im 30j.
Krieg 1684–88 wiederaufgebaut und erhielt 1826 einen Turm nach
einem Plan von Karl Friedrich Schinkel.   (I)   *We*

LV 402. – LV 330, S. 61 f. – PPaeschke, D. G. nach seiner naturwiss.,
kultur- u. kunstgesch. Bedeutung, Liegnitz ⁶1928. – Heimatbuch d.
Altkrr. Goldberg–Haynau–Schönau, 2. Folge hg. v. OBrandt, Braunschweig 1956, S. 41–51. – LV 601, S. 119–124. – LV 612, S. 48 f. – LV
613, Bd. 2, S. 12 f. – LV 616, S. 143–145

Großburg (Borek Strzeliński, Kr. Strehlen). Hz. Heinrich I. von
Schles. (1201–38) schenkte dem damals zeitweise zum Herrsch.-Be-
reich der schles. Piasten gehörigen Bst. Lebus das 10 km n. Strehlen gelegene Kirchdorf G. (1155, 1232 und noch 1309 »Boreck« u. ä.,
1376 »Burg«) mit den dorthin eingepfarrten Dörfern – wahrsch.
vor 1232, weil Bf. Lorenz von Lebus 1232 in G. eine Urk. ausgestellt hat –, und Ks. Karl IV. verlieh dem Lebuser Bf. 1347 auch
die hzl. bzw. kgl. Rechte (»iura ducalia«) in dem später sog. Halt
G. Mit der Auflösung des nunmehr im Kurfstm. Brandenburg gelegenen Bst. Lebus durch Ref. und Säkularisation (1555/71) fielen
alle Stiftsgüter und damit auch der auswärtige Besitz G. an die
Kurfstt. von Brandenburg. Den Halt G. besaß seit 1552 zu Lehn-
recht der kurfstl.-brand. Rat Gottfried v. Kanitz. Bei der Durch-

führung der Gegenref. in Schles. 1653/54 entspann sich zwischen
dem Ks. als Landesherrn und dem Kurfst. von Brandenburg wegen G. ein Streit. Der damalige Grundherr von G., Hans Siegmund v. Kanitz, und der brand. Kurfst. betrachteten den Halt G.
als brand. Exklave und bestanden daher auf Beibehaltung der
evg. Konfession, während die ksl. Seite die Landeshoheit in G.
beanspruchte. Nachdem wiederholt das ksl. Oberamt in Breslau
den evg. Pfarrer von G. ab- und einen kath. eingesetzt, der Grundherr im Gegenzug – auch mit Hilfe einiger kurbrand. Dragoner –
dies rückgängig gemacht hatte, einigte man sich dahingehend, daß
G. evg. und in geistlichen Angelegenheiten dem Berliner Konsisto-
rium unterstellt, landeshoheitlich hingegen dem Ks. untertan sein
sollte. – Das neue Schloß von G. wurde 1858 unter Heinrich v.
Schönermarck erbaut, der G. 1854 erworben hatte.   (III) *We*

LV 524, S. 82. – OMeinardus, Ein brand. Einfall in Schles., in: LV 28,
42 (1908), S. 1–31. – LV 412, S. 60 f. – LV 613, Bd. 2, S. 14

Groß Dombrowka (Dąbrówka Wielka, Kr. Tarnowitz). 1277 wird
D. erstm. erwähnt. 1323 schenkte Hz. Wladislaus von Beuthen-
Cosel das Dorf D. ö. Beuthen OS zu dt. Recht dem kleinpoln. Zisterzienserkl. Mogiła; 1538 erwarb es die Stadt Beuthen OS.
Nachdem schon im Ma. bei D. Bergbau getrieben worden war,
entstanden hier im 19. Jh. Zink- und Eisenerzgruben. Wegen seiner nichtagrarischen Struktur wurde der Ort 1958 zur stadtart.
Siedl. erklärt (1783: ca. 260, 1825: 554, 1905: 3352, 1931: rd. 6000,
1961: rd. 6100, 1970: 5586 Eww.).   (IV) *We*

Tarnowskie Góry. Zarys rozwoju powiatu (Überblick d. Entwicklung d.
Kr. Tarnowitz), hg. v. HRechowicz, Kattowitz 1969. – LV 234, B. 1,
S. 436 f.

Groß Heinzendorf (Jędrzychów, Kr. Lüben). Im sumpfigen Gelände der Sprotte am O-Rand der Niederschles.-Lausitzer Heide entstand im Frühma. 6 km s. Polkwitz, nahe der späteren Grenze
des Hzt. Glogau zum Hzt. Liegnitz, ein Burgwall. Nach der Teilung des Hzt. Glogau von 1319 oder 1322 zum Teilgebiet Steinau
gehörig, schenkte Hz. Johann im 1331 als ›alten Burgberg‹ von
»Heynczendorff« nebst dem Dorf dem Sohn Johann des ehem.
Burggf. Otto v. Donyn (Dohna). 2 km nw. vom Dorf H., dessen
Kirche 1366 belegt ist, existierte damals bereits eine hzl. Burg. Anläßlich des Verkaufs von H. durch die Hzz. von Glogau an Hein-
czen v. Probin (Nachfolger: die v. Zedlitz auf → Parchwitz) 1419
wird neben dem Dorf auch das »Städtchen« gen.; 1509, als Sigmund von → Rothenburg auf Deutsch Nettkow H. verkaufte, werden ein letztes Mal neben der Burg das Städtchen und dessen mit
dem Stadtrecht verbundene Freiheiten erwähnt. In die Burg, nach
dem Hussiteneinfall erneuert, floh 1488 Hz. Hans der Grausame
vor dem die Stadt Glogau belagernden Kg. Matthias Corvinus;
im 30j. Krieg wurde sie 1642 von den Schweden zerstört und
danach nicht wieder aufgebaut. Unter Verwendung der Ruinen

ließ 1751 der damalige Besitzer von H. Christian v. Busse eine
evg. Kirche in barocken Formen erbauen; 1884 wurde ein Glokkenturm hinzugefügt. Um diese neue Kirche entstand der Wohnplatz Heinzenburg (1905: 7 Gebäude, 30 Eww.). Seit 1945 ist der
ehem. Burgbereich wüst und verlassen. Erhalten sind von der
Burg die *Ringmauern* um den höher gelegenen Burghof, Spuren
des *Burggrabens,* ferner zwei *ma. Räume* mit Gewölbe unter der
evg. Kirche und an deren W-Seite die *Grabkapelle* der einstigen
Besitzer. Das Dorf Gr. H., bis 1818 zum Kr. Glogau gehörig (1825:
576, 1905: 379, 1939: 603 Eww.), besitzt die um 1700 errichtete,
später erweiterte und umgebaute kath. *Bartholomäus-Kirche* mit
wertvollen figuralen Renaissance- und Barock-Grabmälern und
weiterer beachtlicher Ausstattung des 18. Jh.   (II) *We*

LV 131, Bd. 1. – LV 511, Sp. 110 f. – LV 266. – MHellmich, Schles.
Wehranlagen, in: LV 67, 3 (1930), S. 45. – LV 587, Bd. 3, S. 189. – LV
610, Bd. 4, S. 100. – LV 270. – LV 358, S. 202. – MPrzyłęcki, Zabytki
powiatu lubińskiego (D. Kunstdenkmäler d. Kr. Lüben), in: LV 40, 8
(1974), S. 61–63. – JBiliński, Przewodnik po ziemi lubińskiej (Führer
durch d. Lübener Land), Br. u. a. 1971, S. 42 f., Abb. 46

Groß Kotzenau (Chocianowiec, Kr. Lüben). Der auf dem Abschnitt Breslau–Sagan der → Niederen Straße 21 km w. Lüben
gelegene Ort Gr. K., 1286 erstm. gen., soll angeblich schon im 12.
Jh. eine kleine Burg, 1299 ein hzl. Jagdschloß gehabt haben; seine
Entwicklung soll durch das 6 km entfernte (Klein) → Kotzenau gehemmt worden sein. Das heutige dreigeschossige *Schloß,* auf rechteckigem Grundriß erbaut, mit drei hintereinander angeordneten
Satteldächern, denen Renaissancegiebel vorgesetzt sind, geht im
Kern wohl auf das 14. Jh. zurück; es wurde im 16.–18. Jh. umgebaut. Bis 1917 hatten Rittergut und Schloß Gr. K. dieselben Besitzer wie Klein Kotzenau; damals erwarben die Gff. v. Rittberg
Gr. K., das Gut wurde dann 1935 aufgesiedelt, das Schloß Unterkunft für weibliche Arbeitsdienst. Seit 1955 steht das Schloß leer
und ist dem Verfall preisgegeben.   (II) *We*

LV 613, Bd. 1, S. 16. – LV 616, S. 116. – MPrzyłęcki, Zabytki powiatu
lubińskiego (D. Kunstdenkmäler d. Kr. Lüben), in: LV 40, 8 (1974),
S. 48 f.

Groß Peterwitz (Piotrkowice, Kr. Trebnitz). Neben dem zu dt.
Recht umgesetzten Dorf Gr. P. (21 km nw. Trebnitz) bestand ein
Vorwerk, das die Brüder Kizoldus und Peter v. Prittwitz 1392 an
die Brüder Lessel verkauften; deren Fam. ist bis 1478 im Besitz
des Vorwerks und teilweise auch von Erbzinsen des Dorfes Gr. P.
nachweisbar. 1484 wird Heinrich v. Dohna u. a. als Herr auf Gr. P.
erwähnt, von der M. 16. Jh. bis 1616 besaßen es die v. Nostitz.
Anna Maria v. Studnitz († 1722), die Gr. P. 1657 erbte, heiratete
in erster Ehe einen Gf. Colonna, in zweiter den Gf. v. Maltzan auf
→ Militsch; beide Ehen blieben kinderlos, die Besitzer von Gr. P.
wechselten in der Folge häufig – unter ihnen waren die v. Kospoth –, bis 1787 der ehem. Justizminister Adolf Albrecht Heinrich

Leopold Frh. (seit 1798 Gf.) v. Danckelmann den Besitz erwarb, dessen Fam. ihn – mit Gr. P., Gellendorf, Groß Krutschen und Pinxen – bis 1945 behielt. Unter dem Gf. Colonna wurde 1693 das heutige, auf rechteckigem Grundriß errichtete dreistöckige *Schloß* vollendet, ein reich geschmückter, bedeutender Barockbau, wahrsch. von ital. Baumeistern entworfen. (II) *We*

LV 274, S. 423 f. – LV 615, S. 64 f.

Groß Rackwitz (Rakowice Wielkie, Kr. Löwenberg). Das am l. Boberufer gelegene Dorf, das durch zahlreiche vorgesch. Funde als alter Siedelplatz belegt ist, zerfiel in zwei Teile mit zwei Lehngütern, von denen eines schon 1287 als Besitz des Heinrich v. Raußendorf erwähnt ist. Nach mehrmaligem Besitzwechsel gehörte Gr. R. 1473–1478 Bernhard v. Talkenberg auf Talkenstein (→ Welkersdorf), danach zu einem Teil den v. Zedlitz, bis 1535/39 der ganze Ort von der Stadt Löwenberg gekauft wurde. Erhalten ist in Gr. B. ein *Wehrturm* (15. Jh.?). (I) *Jä*

Heimatbuch d. Kr. Löwenberg i. Schl., ³(Bückeburg) 1959, S. 378 f.

Groß Rauden (Rudy, Kr. Ratibor). Gr. R. liegt etwa »Drey meil wegs von Ratibor, drey von Sohraw, drey von Gleibitz und drey von Cosel, also gleichsamb auf einem Krützweg« (1659), umbreitet von weiten Tannenwäldern. Sein Ursprung liegt in der 1252 erfolgten Gründung einer Zisterzienserabtei durch Hz. Wladislaus von Oppeln auf Grund eines Gelöbnisses (Sage); nach dem Gründer hieß das Kl. zunächst Wladislauskloster. Die Fundationsurk. von 1258 stattete die Stiftung reich aus und gab dem Abt die Rechte eines selbständigen Fst. Die ersten Mönche kamen aus Jędrzejów im Bst. Krakau. Vorerst gehörte das Kl. auch zur kleinpoln. Zisterzienser-Prov., bis es 1616 der damals errichteten schles. Ordensprov. unterstellt wurde; die Beziehungen zum Mutterkl. rissen endgültig 1585 ab. Die Mönche erbauten mit ihrer Unterkunft (zunächst aus Holz) gleich auch die Kirche (aus Backstein mit Werksteinteilen) im frühgot. Stil und in einfachen, der Ordensregel entsprechenden Formen: ein dreiteiliges Kirchenschiff mit einem Chorraum, der durch eine gerade Mauer abgeschlossen war, wie er heute noch besteht. Gleichzeitig setzten sich die Mönche mit aller Kraft für die Entwicklung und Förderung der Kultur des Landes an dem Flüßchen Ruda ein, nach dem der Ort später seinen Namen bekam (Ruda = Rauden). Sie vermehrten und verbesserten den Ackerbau und führten Forstwirtschaft, Obstbau, Bienenzucht und später auch geeignete Industrien ein; sie erweiterten die vorhandenen Dörfer und gründeten neue durch Heranziehung von Siedlern aus dem W. Die Hussitenzüge, der 30j. Krieg und die Schles. Kriege, aber auch die Ref. fügten dem Kl. schwere Schläge zu. Zur Zeit der größten Blüte unter Abt Andreas Emanuel Pospel (M. 17. Jh.) besaß das Stift zwölf Dörfer, das Tochterkl. → Himmelwitz und zu dem großen Forst mancherlei gewinnbringende Anlagen wie Bleiche, Eisenhütte, Kupferhammer,

Glashütte u. a. m. Aus dieser Lage heraus war es dem Kl. möglich, Kirche und Abtei der Zeitentwicklung entsprechend um- und auszubauen. Nachdem 1671–80 neue Konventsgebäude erbaut worden waren, begann 1696–1716 die barocke Umgestaltung der Kl.-Kirche, die in der Rokokozeit ausklang. Das herrlichste Werk wurde die O-(Marien-)Kapelle, die, mit festlichem Aufbau des Altars, mit einem alten Marienbild, mit bewegten hochkünstlerischen holzgeschnitzten Heiligenfiguren in den abgerundeten Ekken und abgeschlossen durch ein kunstvolles schmiedeeisernes Gitter, einen besonderen Zauber ausstrahlte. Gleich eindrucksvoll war der Marienaltar im Chorraum. Das Gewölbe war reich mit Stuckverzierungen und Freskomalereien bedeckt. 1724 wurde der Kirche am Eingang ein achteckiger Turm mit Haube vorgesetzt und 1790 der Umbau durch Gestaltung einer neuen Fassade im Barockstil beendet. Zu gleicher Zeit wurde der Neu- und Ausbau der ganzen Anlage der Abtei zu Ende geführt. Ein Teil diente der 1744 gegr. Lateinschule mit Internat. Sie bestand bis 1816 und wurde von etwa 2000 Schülern besucht, von denen mehr als 527 den geistlichen Beruf wählten. Ein Gebäude diente der großen Bibliothek des Kl., die etwa 18 000 gedruckte Bände enthielt, dazu viele Handschriften, darunter die bedeutende erste Bibelhandschrift eines schles. Kl. von 1275, ferner die Handschrift des Paters Rudolf aus der gleichen Zeit mit Nachrichten über Sitte und Brauchtum des Gebietes. 1810 ging mit der Säkularisation das für Land und Volk segensreiche Wirken des Kl. zu Ende. Sein Besitz wurde Staatsdomäne; daneben entstanden Dorf und Pfarrei Gr. R. mit der Kl.-Kirche als Pfarrkirche. 1812 kam die Domäne Gr. R. mit anderen säkularisierten Kirchengütern und der Herrsch. → Ratibor in den Besitz des Kurpz. von Hessen-Kassel; dieser übergab den gesamten Güterkomplex 1820 als Entschädigung für Verluste durch die Grenzziehungen von 1815 dem Landgf. Viktor Amadeus von Hessen-Rothenburg, der daraufhin 1821 vom preuß. Kg. die Würde eines Hz. von Ratibor erhielt und Gr. R. zum Sitz des neuen Mediathzt. machte. Sein Erbe wurde 1834 Pz. Viktor von Hohenlohe-Waldenburg-Schillingsfürst. Gr. R. blühte im Glanz der hzl. Hofhaltung auf und wurde mit der breit hingelagerten Abtei als Schloß und einem Park in engl. Stil, der Kirche in ihrer barocken Pracht und dem wohlgepflegten weiten Walde ein viel gesuchtes Ausflugsziel für ganz Oberschles. Durch den Krieg wurden das *Schloß* und mit ihm die Kirche 1945 fast vollständig vernichtet. Durch sorgfältige Rekonstruktion des ma. Ursprungsbaues aus der 2. H. des 13. Jh. ist es inzwischen möglich geworden, beim Wiederaufbau der *Kirche* wenigstens die Schönheit des urspr. Raumbildes zurückzugewinnen. (IV) *Hy*

APotthast, Gesch. d. ehem. Zisterzienserabtei R. in Oberschles., Leobschütz 1858. – AGessner, Abtei R. in Oberschles., Kitzingen 1952. – LV 613, Bd. 1, S. 27. – GHyckel, Gesch. u. Besiedlung d. Ratiborer Landes, Würzburg 1961. – LV 620, S. 241–243. – LV 593, Bd. 7, H. 13, S. 56–58

Groß Rosen (Rogoźnica, Kr. Schweidnitz). 2,5 km sw. vom Dorf Gr. R. an den Bahnlinie Jauer–Striegau entstand seit 1940, abgeschirmt von einem bewaldeten Berg, ein nationalsozialistisches Konzentrationslager. Vom März 1941 bis Mai 1942 wurde das »Kleine Lager« (4 Blocks, Küchen/Lazarett-Baracke) erbaut, anschließend bis Frühjahr 1944 das »Große Lager«, das zunächst für 3–7000 Häftlinge geplant war, die in den benachbarten großen Granitsteinbrüchen Arbeit leisten sollten, dann aber als »Stammlager« von maximal 15–20 000 Insassen eingerichtet wurde, dem zur Arbeit an anderen Orten eingesetzte »Außenkommandos« unterstellt waren. E. Februar 1944 begann angesichts der Frontverschiebung nach W eine Erweiterung des KZ Gr. R. um das sog. »Auschwitzer Lager« (als Ausweichquartier für das KZ Auschwitz) auf eine Zielkapazität von 45 000 Personen. Die Zahl der Häftlinge 1940–45 wird auf ca. 160 000, die Zahl der Opfer auf ca. 100 000 geschätzt. (II) *We*

LV 212, Bd. 2, S. 340–42. – MMołdawa, Gross-Rosen. Obóz koncentracyjny na Śląsku (D. Konzentrationslager Gr. R. in Schles.), Warschau 1967

Groß Stein (Kamień Śląski, Kr. Groß Strehlitz/Krappitz). In Gr. St. (»in Lapide«), nw. des Annaberges gelegen, hatte wahrsch. 1104 der Piastenhz. Boleslaus Schiefmund ein festes Haus. Im 12. Jh. war es der Sitz der Gff. Odrowąż. Dieser Fam. entstammte verm. der hl. Hyazinth, dessen Geburtsort nach einer urk. nicht zu belegenden, jedoch jahrhundertealten mündlichen Überlieferung Gr. St. gewesen ist (geb. verm. 1194). Nach der legendären Vita Ceslai aus der 2. H. 15. Jh. soll der selige Ceslaus dessen Bruder gewesen und ebenfalls in Gr. St. geb. sein; dasselbe sagt die Tradition von der seligen Bronisława, auch sie soll eine Verwandte des hl. Hyazinth gewesen sein. Hyazinth trat in Rom in den Dominikanerorden ein, war in Polen und Rußland als Missionar tätig und starb am 15. 8. 1257 in Krakau. Den drei Genannten, vor allem Hyazinth, gilt die bes. Verehrung der oberschles. Bev. 1594 wurde Hyazinth heiliggesprochen. 1715 ließ die Besitzerin von Gr. St., Magdalena v. Larisch, das im Turm (einem alten Wachtturm?) befindliche angebliche Geburtszimmer des hl. Hyazinth als Schloßkapelle ausbauen. Dorthin wallfahrteten die Oberschlesier am Fest des Hl., das nur in der Schloßkapelle am 16. 8. (sonst: 17. 8.) gefeiert wurde. – 1288 wird ein Ritter Thomas von Camen erwähnt; 1335 wird Gr. St. im Register des Archipresbyterats Groß Strehlitz unter »Camen«, auch »Villa Lapidis«, als Pfarrei aufgeführt. Das *Schloß* geht wahrsch. auf einen Bau des 17./18. Jh. zurück und wurde 1779 durch Ludwig Hyazinth Larisch ausgebaut. 1809 kam die Herrsch. Gr. St. durch Erbgang in den Besitz der Gff. Strachwitz von Groß Zauche und »Camminetz«. Der älteste Sohn des Besitzers erhielt stets den Namen Hyazinth. Die Fam. hatte bis 1945 ihren Wohnsitz in dem weiträumigen, 1858 und 1889 renovierten Schloß, das heute als Kinderheim dient. Die Schloßkapelle und das reich verzierte Altarbild des hl. Hyazinth sind in den Nachkriegswirren zerstört worden bzw. verschwunden.   (III)   *Str*

ANowack, Gesch. d. Pfarrei Groß Strehlitz in Oberschles., Groß Strehlitz 1924. – EMücke, D. Chronik v. Gr. St., in: LV 49, 1925, Nr. 10–12. – Ders., D. Fam. v. Larisch in Ottmuth, ebenda 1932, Nr. 1/2. – JGottschalk, Z. Gesch. d. Hyazinth-Verehrung, in: LV 72, 16 (1958), S. 60 bis 98; s. dort auch S. 99 ff. – LV 593, Bd. 7, H. 6, S. 7

Groß Strehlitz (Strzelce Opolskie). Das St.er Land unterstand um 1200 den Oppelner Piasten, die im 13. Jh. dt. Siedler hereinholten. Gr. St. (der Zusatz »Groß« findet sich erstm. 1379 und regelmäßig seit 1581 zur Unterscheidung von → Klein Strehlitz, Kr. Neustadt) geht verm. auf eine hzl. Dienstsiedlung (strzelec = Jäger) zurück, während die mündliche Volksüberlieferung von einem hzl. Jagdhaus in den ausgedehnten Wäldern weiß. 1271 wird »Strelech« erstm. urk. erwähnt, 1290 ein Pfarrer von »Strelecz«, 1303 die hzl. Burg: »castrum strelcense«, die am Platz des späteren Schlosses gestanden hat (Grabungen ergaben in 3–4 m Tiefe Brandreste in drei übereinanderliegenden Schichten). – Um 1305 erscheint St. als Mittelpunkt eines Weichbildes; die Stadt, an der alten Handelsstraße Breslau–Krakau gelegen, ist damit eindeutig belegt, obwohl sie urk. erst 1323 als civitas nachweisbar ist, ein Jahr später werden der Vogt und Schöffen mit dt. Namen gen. Für 1324 sind in St. Stadtmauer, Wassergraben und zwei Tortürme überliefert; wurde die n. Hälfte der Stadt durch eine Mauer geschützt (ein *Wehrturm*, wohl aus dem 15. Jh. und im 16./17. Jh. zum Glokkenturm der im 14./15. Jh. errichteten got. *Pfarrkirche* umgebaut, ist noch erhalten), so war sie nach S und W durch die Burg und Sümpfe gesichert. 1362 besaß St. bereits Magdeburger Stadtrecht: der Rat erkannte damals die Stadt Breslau als Oberhof für Magdeburger Recht an. Von 1313 bis 1460 gab es durch Erbteilung neben den Piastenhzz. von Oppeln auch Hzz. von St. Hz. Albert (1313–66/75) und Hz. Bernhard († 1455) haben in Gr. St. residiert. Als Grenzstadt hatte Gr. St. häufig unter Kriegen zu leiden: 1396 Belagerung durch ein poln. Heer, 1428 Plünderung und Brandschatzung durch die Hussiten. Nach Aussterben der Oppelner Piasten 1532 gab der Lehensherr, Kg. Ferdinand von Böhmen, die Herrsch. Gr. St. Markgf. Georg dem Frommen von Brandenburg-Ansbach zu Lehen, der das Vordringen der Ref. in Oberschles. förderte. Die Pfarrkirche und die Schule von Gr. St. waren um 1570 luth. Die Markgff. von Brandenburg-Ansbach besaßen die Herrsch. bis 1551. 1562 verpfändete Ks. Ferdinand sie an den tatkräftigen Georg v. Redern, der das Schloß 1562–1595 instandsetzen ließ und ihm das Aussehen gab, das es (abgesehen von Ausbauten der 2. H. 19. Jh.) bis 1945 bewahrt hat. Im 30j. Krieg drangen 1626 Mansfeldische Soldaten, 1642 Truppen des Gen. Torstenson in Gr. St. ein. Dem Westfälischen Frieden folgte die Gegenref.: 1688 war nur ein Viertel der Gr. St.er Bürger noch luth. Pest (1680; die Wie-

derherstellung der 1505 erwähnten Schrotholzkirche *St. Barbara* –
später Friedhofskapelle – 1683–1690 geht auf ein Gelöbnis aus der
Pestzeit zurück) und Feuersbrünste verwüsteten die Stadt; 1736
und 1738 herrschte Hungersnot. 1754 hatte Gr. St. nur 790 Eww.
Als mediate Stadt war Gr. St. dem Grundherrn steuerpflichtig,
über dem nur der Ks. stand. Den v. Redern, die 1615 die Herrsch.
als freies Allodium erworben hatten, folgten die Gff. Colonna von
Fels (1650–1807); unter ihnen ragt Philipp Gf. Colonna (1755 bis
1807), Gründer der Eisenhütten an der Malapane, hervor. Im
preuß. Schlesien wurde Gr. St. Kr.-Stadt. 1752 wurde es Garnisonstadt und blieb es bis 1870. In den Napoleonischen Kriegen
besetzten die Franzosen 1807 die Stadt und forderten Kriegskon-
tribution. Im Rahmen der neuen Städteordnung erhielt Gr. St.
1809 Selbstverwaltung; seit 1819 durfte es Wochenmärkte abhal-
ten. 1826 brannten Rathaus und Ring nieder; der *Turm* (wahrsch.
aus dem 16. Jh.) blieb erhalten und wurde in den *Rathausneubau*
(1846) einbezogen. Der Kulturkampf wurde in Gr. St. erbittert geführt. Den 1875 vom Staat eingesetzten Geistlichen lehnte die
Bev. ab; die Differenzen wurden erst 1881 beigelegt. M. 19. Jh.
schuf Andreas Gf. Renard, der die Herrsch. seit 1812 besaß, in Gr.
St. einen der schönsten *Parke* von Schles. Bei seinem Erben, Gf.
Tschirschky-Renard, war Ks. Wilhelm II. wiederholt Jagdgast.
Wirtschl. erlebte Gr. St. seit der 2. H. 19. Jh. durch den Aufbau
einer Kalkindustrie (seit 1882) und durch die Errichtung einer Fabrik für landwirtschl. Maschinen (1870) einen Aufschwung. Die
Bev.-Zahl stieg von 928 (1787) über 1468 (1825) und 5656 (1905)
auf 11 523 Eww. (1939). Im 3. poln. Aufstand (1921) war Gr. St.
das Ziel poln. Gruppen, die die Stadt unter Beschuß nahmen; bri-
tische Truppen konnten deren Eindringen verhindern. In der
Nacht vom 20. zum 21. 1. 1945 wurde Gr. St. von sowjetruss. Truppen beschossen und besetzt. Weite Teile der Stadt – auch das
Schloß, das als *Ruine* noch steht – brannten aus. Der letzte Besitzer der Herrsch., die seit den v. Redern z. T. in weiblicher Linie
vererbt worden war, war Prosper Gf. zu Castell-Castell. 1961 hatte
Gr. St. 12 111 Eww. (auf 42,63 qkm), 1971 rd. 15 000.   (IV) *Str*

EMücke, D. Gesch. d. Stadt u. Herrsch. Gr. St., in: LV 49, 1929, Nr. 6,
7, 8, 9, 11, 12; 1930, Nr. 1, 3, 5, 8, 9; 1931, Nr. 3, 7; 1932, Nr. 1, 2;
1934, Sept. – Golly, Gr. St., eine mediate Stadt, ebenda, 1927, Nr 8 –
UObergärtner, D. Cfl. Park in Gr. St., ebenda, 1928, Nr. 11. – ANowack, Gesch. d. Pfarrei Gr. St. in Oberschles., Gr. St. 1924. – LV 233,
S. 761. – LV 234, Bd. 2, S. 184 f. – Ziemia strzelecka (D. St.er Land),
Red. WDziewulski, JKroszel, Br. 1970. – LV 357, S. 100

Groß Strenz (Trzcinica Wielka, Kr. Wohlau). Die am Rande eines
die Bartschniederung mit dem Oderdurchbruch verbindenden Urstromtales gelegene, 1245 in einer Schutzurk. des Bst. Breslau
erstm. erwähnte Ortschaft St. gehört zu jenen Siedlungen aus slaw.
Zeit, die nicht zu dt. Recht umgesetzt worden sind. Urspr. dem
Militsch-Trachenberger Kr. zugehörend, kamen die Dörfer Gr. und

Klein St. erst im Zuge der Verwaltungsreform von 1818 zum Kr. Wohlau.
1661 erwarb der aus dem Elsaß stammende Johann Adam Frh. v. Garnier, der zusammen mit Gf. Melchior von Hatzfeldt, als dieser die Standesherrsch. → Trachenberg erhielt, nach Schles. gekommen war, die Güter Gr. und Klein St. 1676 stiftete er das Karmeliterkl. Gr. St., dem er u. a. auch das Gut Klein St. schenkte, während er das Gut Gr. St. testamentarisch dem Jesuitenorden vermachte. Das nach zwei Bränden (1681 und 1743) zuletzt 1746 neu errichtete Kl. wurde 1810 im Rahmen der Säkularisierung aufgelöst. Gleichzeitig wurde die an der Stelle der im 30j. Krieg zerstörten evg. Kirche 1677 erbaute *Kl.-Kirche* kath. Pfarrkirche.   (II) *Gra*

LV 344. – LV 218. – LV 270

Groß Sürding (Żerniki Wielkie, Kr. Breslau). In Gr. S. ist ein wandalisches Körpergräberfeld des 5. Jh. n. Chr. gefunden worden. Bauchlage und Leichenzerstückelung weisen auf eine Seuche als Todesursache hin. Bes. bemerkenswert ist ein Grab, das einen interessanten Beleg für die volkskundlich bekannten Nachzehrer darstellt (der gewaltsam vom Körper abgetrennte Schädel mit drei Halswirbeln zwischen den Oberschenkeln, die Füße nach der Lage einst gefesselt). Aus kulturellen Parallelen wird ein Zuzug von gepidischen Bev.-Teilen aus Westpreußen erschlossen; die in der Völkerwanderungszeit für Ungarn belegten Gepiden könnten ihren Weg vom Weichselmündungsgebiet über Schles. genommen haben.   (II) *Pe*

LFZotz, D. spätgerm. Kultur Schlesiens im Gräberfeld von Gr. S. (LV 103, Bd. 2), Leipzig 1935

Groß Tinz a. d. Lohe (Tyniec nad Ślęza, Kr. Breslau). Gr. T. 25 km sw. Breslau beherbergte von vor 1189 bis zur Säkularisation 1810 eine Johanniter- bzw. Malteser-Kommende. In einer zwischen 1170 und 1189 ausgestellten Urk. bestätigte Bf. Siroslaus von Breslau den Johannitern die Zehntausstattung der Kirche von Gr. T. Der frühgot. Kirchenraum des 2. Viertels des 13. Jh. ist in der heutigen kath. Pfarrkirche *St. Michael* als Chorbau erhalten. Gegen M. 16. Jh. wurden das Langhaus, die Sakristei und wahrsch. auch der Turm hinzugefügt; im 17.–19. Jh. traten weitere Veränderungen ein. Die Kirchendecke wurde 1718 von dem Maler Hans Jakob Eibelwieser ausgemalt. Die von einem Rundfriedhof mit Mauer umgebene Kirche liegt am SO-Rand des 1282 zu dt. Recht umgesetzten Dorfes Gr. T. Im S des Ortes befindet sich das zweigeschossige *Schloß*, das in der jetzigen Form wahrsch. in den 1780er Jahren unter den letzten Malteser-Komturen von Gr. T. erbaut wurde; in dem anschließenden Wirtschaftsgebäude sind Reste einer älteren Schloßanlage (1. H. 16. Jh.?) erhalten, Erweiterungsbauten erfolgten im 19. Jh.   (II) *We*

LV 130, Bd. 1. – ALerche, D. territoriale Entwicklung d. schles. Johan-
niterkommenden . . . bis zum Jahre 1333, Diss., Br. 1912. – Ueberschaer,
Schlesisches in Johanniter-Ordens-Archiven, in: LV 30, 1916, Nr. 2,
S. 33–36. – LV 592, S. 91–102, 395

Groß Wartenberg (Syców). Der Liber fundationis episcopatus
Vratislaviensis, der das Einkommen des Breslauer Bf. gegen E.
13. Jh. angibt, spricht von einem »districtus Syczow sive Wartin-
bergk«. Ein Albert von Schmollen (sö. von Oels) wird in einer Urk.
vom 28. 4. 1276 als »castellanus in Wrathenberc« bezeichnet. Dieser Burggf. in einem Ort mit dt. Namen macht es sicher, daß das
an der Handelsstraße Breslau–Kalisch-Thorn gelegene Gr. W.
schon vor 1276 als Stadt begründet wurde. Zum Unterschied von
der Stadt W. im Kr. Grünberg, das → Deutsch Wartenberg gen.
wurde, führte Gr. W. seit dem 17. Jh. meist die Bezeichnung
»Poln. W.« und hieß seit 1888 Gr. W. Für Gr. W. ist 1369 Magdeburger Stadtrecht bezeugt und 1287 eine Pfarrkirche erwähnt,
die schon 1376 Sitz eines Erzpriesters war. Das Stadtsiegel kennen
wir aus dem Jahre 1369: es zeigt einen geharnischten Reiter, der
ins Horn stößt. Eine Pfarrschule wird 1395 gen. Der 1276 belegte
Burggf. weist auf das Vorhandensein einer landesherrlichen Burg
hin; diese lag außerhalb der Stadt in der Nähe der Stadtmauer
und war durch Erdwall und Wassergraben gesichert. Das zunächst
zum Hzt. Breslau gehörige Gebiet von Gr. W. fiel 1293 an den
Hz. von → Glogau und bei der Einrichtung des Hzt. → Oels 1320
an dieses. Seit 1489 bildete die Stadt Gr. W. mit ihrem Umkreis
eine Freie Standesherrsch., deren Inhaber mehrfach wechselten:
Zunächst besaßen sie die Herren v. Haugwitz (–1517), 1529–1571
die Frhh. v. Maltzan, 1571–1592 die Frhh. v. Braun und 1592 bis
1711/34 die Burggff. zu Dohna (1719–34 die Linie Dohna-Schlobit-
ten). 1734 erwarb Reichsgf. Ernst Johann v. Biron, der spätere Hz.
von Kurland, die Standesherrsch., dessen Fam. sie (mit einer Unterbrechung 1740–64) bis zu ihrer Auflösung behalten hat. Das unweit der alten Burg 1594–1608 errichtete Schloß der Standesherren wurde nach den Bränden von 1637, 1721 und 1813 immer wieder aufgebaut und erweitert; der umfassendste Ausbau erfolgte
1853 im historisierenden Stil der Zeit. 1945 ist das Schloß abgebrannt worden.
Die Stadt Gr. W. vermittelte dank ihrer Lage den Handel zwischen
Schles. und Polen; sie war ein Mittelpunkt der Leinenweberei,
und seit 1837 bestand hier eine Zeitlang ein bedeutender Flachs-
markt – der erste und größte von Schles. Mit dem Einzug der
preuß. Verwaltung wurde Gr. W. Sitz eines Kr., der zunächst nur
die Standesherrschsch. W. und → Goschütz umfaßte, 1818 auch die
Herrsch. → Neumittelwalde und den Kirchenhalt Tscheschen zugewiesen bekam. Von den 813,89 qkm des Kr. fielen 1920 382,59 qkm
ohne Abstimmung an Polen. Die Stadt zählte 1758 nur 863, 1787:
1386, 1825: 1867, 1905: 2299, 1939: 3089 (auf 11,72 qkm) Eww. A.
1945 fiel sie unversehrt in die Hände der Roten Armee; im Früh-

jahr 1945 lag jedoch mehr als die Hälfte der Häuser in Trümmern.
1961 hatte Gr. W. 4277 Eww. (auf 15,4 qkm), 1970: 5637. Das
Rathaus (19. Jh.) brannte ab, wurde abgebrochen und durch eine
Grünanlage ersetzt. Inzwischen ist der Ring wieder aufgebaut, die
Häuser wurden bunt bemalt. Erhalten blieb der Backsteinbau der
kath. Pfarrkirche *Peter-Paul*, der A. 15. Jh. errichtet, aber nach
dem großen Stadtbrand von 1494 in veränderter Gestalt wiedererstanden ist. Nach weiteren Bränden wurde die Kirche 1905/06
einschneidend restauriert. Der Hochaltar stammt erst von 1915;
aber die Kirche birgt eine spätgot. Sakramentsnische, den schönen
Grabstein der Elisabeth v. Haugwitz, geb. v. Schaffgotsch († 1502),
und zwei Epitaphien auf Franz († 1560) und Hans Bernhard
(† 1569) v. Maltzan, ein Sandstein-Epitaph von 1581, eine gußeiserne Grabplatte von 1552 und einen Taufstein mit Spätrenais-
sancemotiven. Erhalten blieb auch die evg. Pfarrkirche zu *St. Johannes und Petrus,* die Carl Gotthard Langhans 1785–1789 entworfen hat. Es stehen auch noch Reste der *Stadtmauer* mit einem
Torturm.
Aus Gr. W. stammten u. a.: Dr. iur. can. Peter Kahler de Wartenberg, der Generalvikar in Breslau war und 1444 am Baseler Kon-
zil teilnahm; Dr. decret. Nikolaus Kreul († verm. 1462), Kaplan
des Kardinals Aeneas Sylvius Piccolomini (= Papst Pius II.) und
Erzieher des Franz Piccolomini (= Papst Pius III.); der Bota-
niker Christian Friedrich Lessing (1809–1862). Der Landschafts-
und Historienmaler Karl Friedrich Lessing (1808–1880) verlebte
seine Kindheit und Jugend in Gr. W.
Etwa 4 km von der Stadt entfernt liegt das Wallfahrts- und Begräbniskirchlein *St. Markus,* ein Schrotholzbau von 1622 mit einem spätgot. Altarschrein.   (III) *Go*

LV 272. – LV 613, Bd. 1, S. 37. – LV 615, S. 68. – LV 233, S. 761 f. –
LV 357, S. 70 f. – LV 234, Bd. 2, S. 589 f. – Gr. W., Stadt u. Kr., zus.-
gestellt v. KHEisert, Alfdorf/Württ. 1974

Groß Wilkau (Wilków Wielki, Kr. Reichenbach). 5 km nö. Nimptsch
liegt der Rittersitz Gr. W., der 1478 von Dyprand v. Reibnitz an
die mit ihm verwandten v. Nimitz überging. Der letzte Vertreter
dieses Geschlechts, Christoph v. Nimitz († 1640), erbaute das erhaltene *Renaissanceschloß*, einen zweistöckigen, rechteckigen Bau
mit zwei kurzen Flügeln im O, einst umgeben von einem Wallgraben, verziert mit acht schönen Renaissancegiebeln (je drei an
den Langseiten, je einem an den Schmalseiten). Nach 1640 wechselten die Besitzer häufig; unter ihnen waren die v. Zierotin und
v. Tschirschky.   (IIa) *We*

LV 616, S. 62–64.

Grottkau (Grodków). G., 173 m über dem Meeresspiegel, am w.
Rand der Oderebene gelegen, 8 km von der Glatzer Neiße entfernt, hatte 1939 4867 meist kath. Eww. Das Dorf Alt G., 5 km s.
der heutigen Stadt, wird 1210 gen. (»villa Grodcovichi«). 1234

übertrugen zwei Breslauer Domherren dem Lokator Gumprecht 100 Hufen in Alt- und Neu G. (dem heutigen Klein Neudorf, 3 km s. G.), um dtrechtl. Dörfer auszusetzen. Verm. auf der Gemarkung des letzteren entstand die Stadt, die 1268 von Hz. Heinrich IV. von Breslau Stadtrecht erhielt. 1278 wurde G. an die heutige Stelle verlegt und abermals mit dem Neumarkter Recht versehen. Wie die meisten schles. Städte wurde auch G. planmäßig angelegt. Vom Ring führten vier Hauptstraßen zum Neisser, Münsterberger, Breslauer und *Löwener Tor*, von denen das zuletzt genannte (15. Jh.) am besten erhalten und zugleich Wahrzeichen der Stadt ist. Auch von der G. kreisförmig umschließenden *Stadtmauer* (seit 1296) haben Teile die Zeiten überstanden. – Im Jahre 1344 verkaufte Hz. Boleslaus III. von Brieg die Stadt und ihre Umgebung an den Breslauer Bf. Preczlaus v. Pogarell. Das Gebiet um G. und → Neisse bildete fortan das »Fstm. Neisse-Grottkau«. Der jeweilige Bf. von Breslau führte den Titel »Fst. von Neisse und Hz. von G.« Bis zur Säkularisation 1810 gehörte G. somit zum »Bistumsland«. – Nicht nur in den Hussitenkriegen, sondern auch später (1490, 1549, 1633, 1833) wurde G. fast ganz oder teilweise durch Brände zerstört, so daß verhältnismäßig wenige historische Bauten es heute erhalten geblieben sind. 1427 verpflichteten sich die in G. versammelten schles. Fstt. und Stände zu gegenseitiger Waffenhilfe gegen die Hussiten (»G.er Einung«). Im 16. Jh. fanden hier einige schles. Fstt.-Tage statt. Große Verdienste um den Wiederaufbau und weiteren Ausbau der Stadt erwarb sich der in G. 1607 geb. Breslauer Fstbf. Sebastian v. Rostock (1665–71), der oft hier residierte. Noch vor der Schlacht bei → Mollwitz fanden bei und in G. die ersten Gefechte zwischen preuß. und österr. Truppen statt. Nur ein Offizier und 60 erst frisch eingezogene Soldaten (»G.er Weißkittel«) verteidigten die Stadt gegen eine österr. Übermacht. Unter Friedrich d. Gr. wurde G. Garnisonstadt, die es bis 1945 blieb.

Das bedeutendste Bauwerk ist die *kath. Pfarrkirche*, ein got. Backsteinbau, dessen älteste Teile aus der 2. H. 13. Jh. stammen. Seine Innenausstattung (Hochaltar, Kanzel) ist überwiegend barock. Urspr. »Unserer lieben Frau« geweiht, erhielt die Kirche 1473 den hl. Erzengel Michael zum Schutzpatron. Zu ihren Kunstwerken gehörten ein kostbares Reliquienkreuz (1493) und eine prächtige Sonnenmonstranz (1740). Das *Rathaus* stammt in seiner jetzigen Form von 1840, die *evg. Kirche* von 1847. Von dem 1294 gegr. Augustiner-Eremiten-Kl. sind ebenso wie von der 1295 erstmals beurkundeten Stadtpfarrschule keine Reste vorhanden. Eine im 16. Jh. blühende Lateinschule konnte sich wohl ähnlich wie eine Neugründung um 1860 wegen der benachbarten berühmten Gymnasien in Brieg und Neisse nicht behaupten.

Durch G. führte die wichtige ma. Handelsstraße von Breslau nach Neisse wie auch die weniger bedeutende von Brieg nach Neisse. Seit 1308 besaß die Stadt ein Niederlags- und Plombierungsrecht für zollpflichtige Waren. Nach dem Bau der Eisenbahnlinie Brieg–

Neisse (1847/48) erlebte G. einen wirtschl. Aufschwung (Maschinenfabriken), behielt jedoch seinen Charakter als Handwerker- und Ackerbürgerstädtchen und Mittelpunkt eines überwiegend von der Landwirtschaft bestimmten Gebietes (Getreidemarkt). Eine Bahnverbindung nach Strehlen über Prieborn und Glambach wurde 1892 geschaffen. Die Bev.-Zahl stieg von 1472 Eww. 1787 auf 1825: 1886, 1905: 4537, 1939: 4867 Eww. G. war Sitz des Kr. G.

Neben Fstbf. Sebastian v. Rostock wurde auch Joseph Elsner, der Lehrer Chopins und Wegbereiter der poln. Musik, in G. geboren (1769). Johannes Ronge, der Gründer des Deutschkatholizismus, war 1840–43 Kaplan in G. und schrieb hier den Aufsatz »Rom und das Breslauer Domkapitel«, dessentwegen er seines Amtes enthoben wurde. – Volkstümlich bekannt geworden ist die »G.er Vesper« (»Gruttke is ne schiene Stoadt«), ein vielgesungenes Volkslied.

Die im Febr. 1945 beim Einmarsch der Roten Armee entstandenen Kriegsschäden (Ring, Rathaus, kath. Kirche) sind weitgehend behoben. 1961 hatte G. 4307 Eww. (auf 12,62 qkm), 1971: rd. 5600.   (III) *Nb*

GZimmermann, Beitr. z. Gründungsgesch. d. Stadt G., in: G.er Heimatkalender 1935. – Chronik d. Stadt G., G. 1867. – LV 233, S. 763. – LV 234, Bd. 2, S. 165 f. – GWilczek, Heimatbuch d. Kr. G. in Oberschles., Scheinfeld/Mfr. 1967. – Ders., D. G.- Ottmachauer Land, Scheinfeld/Mfr. 1970 – LV 593, Bd. 7, H. 3, S. 13–25. – ARutkowska-Płachcińska, Strzelin, Ścinawa i Grodków: nieudane możnowładcze założenia targowe w XIII wieku (Strehlen, Steinau u. G.: mißlungene landesherrliche Marktgründungen d. 13. Jh.), in: Studia z dziejów osadnictwa 3 (1965), S. 39–69

Grünberg (Zielona Góra). Die Anfänge der an den Hängen eines Endmoränenzuges zwischen Oder und Ochel in NW-Schles. gelegenen Stadt G. sind nicht klar faßbar. Eine späte chronikalische Überlieferung erwähnt für 1222 auf dem Boden von G. einen Meierhof, neben dem eine Schankstätte entstanden sein soll. Die poln. Forschung nimmt ca. 200 m ö. der planmäßig gegr. dtrechtl. Stadt an der Kreuzung der Straßen Glogau-Crossen und Freystadt-Züllichau eine slaw. Vorgängersiedl. an, zu der das 1582, endgültig 1651 vernichtete Johanniskirchlein gehört haben soll; für das hohe Alter des Kirchleins soll dessen Patrozinium sprechen. Diese Vermutung ist bisher weder archäologisch noch urk. abgestützt. Der erste urk. Beleg für G. von 1302 nennt das Weichbild (»territorium«) von G., was die Stadt G. voraussetzt, und der »Liber fundationis« des Bst. Breslau erwähnt um 1305 »Bürger« des zehntenden G., das damit bereits E. 13. Jh. bestanden haben muß. 1310 wird G. in der Städtebundurk. der Glogauer Städte gen., 1312 ist es als »Stadt« belegt, 1317 tritt sein Erbvogt auf, 1323 erhielt G. Crossener Recht verliehen. Den Mittelpunkt der alten Stadt bildet ein rechteckiger Marktplatz, in dessen Mitte das *Rathaus* steht (heutiger Bau von 1590, nach Brand 1651 wie-

derhergestellt, Turmneubau 1670) und von dessen Ecken Straßen
nach O und W ausgehen. Die von der Goldenen Lunze durch-
flossene Stadtanlage war zunächst von einem Plankenzaun umgeben; erst 1429 verpflichtete Hz. Heinrich IX. von Glogau die G.er
beim Verkauf des Oderwaldes bei Sawade an sie zum Bau einer
Mauerbefestigung. Die ö. Ausbuchtung des Mauerrings im Bereich der Stadtpfarrkirche hat die Ansicht mitbestimmt, daß zunächst das außerhalb gelegene Johanniskirchlein der Stadt als Gotteshaus gedient habe, bis zum Bau der *Pfarrkirche St. Hedwig*
(bis 1419 St. Nikolaus), angeblich 1372–94. Als Sitz eines Erzpriesters (1376 belegt) muß G. jedoch schon früher eine eigene Pfarrkirche erhalten haben, nach der Überlieferung 1272–94; nach
Bränden 1582 und 1651 ist die heutige spätgot. Halle zuletzt 1679
wiederaufgebaut worden (Turm 1832). Die Stadtmauer besaß zunächst zwei Durchlässe, das Obertor im SW und das Niedertor
im NO; E. 15. Jh. kam das Neutor im SO hinzu, außerdem entstanden im Laufe der Zeit drei Pforten. Erhalten sind von der
Stadtbefestigung der *Hungerturm* (früher auch Baderturm) und
Reste der *Stadtmauer*. Da die Stadtanlage nur etwa 5 ha bedeckte,
griff die Besiedlung noch im Ma. in erheblichem Maße in die Vorstädte über. Dort entstand vor dem Obertor vielleicht schon im
14. Jh. ein Hospital mit Kirchlein (nachweisbar 1538, abgebrannt
1661). In dessen Nähe wurde um 1590 auf einem neuen Friedhof
die schlichte evg. Dreifaltigkeitskirche aus Fachwerk erbaut, auch
Poln. Kirche gen., weil dort für Polen benachbarter Dörfer poln.
Gottesdienst abgehalten wurde; nach der Rekatholisierung von
G. 1651 wurde sie zur Begräbniskirche, 1809 abgebrochen. Nw.
der Stadt lag eine hölzerne hzl. Burg (seit um 1272?), 1358–65
Wohnsitz des Hz. Johann von Steinau, der sein Land Hz. Heinrich V. von Glogau abgetreten hatte; sie wurde 1488 durch Hz.
Johann II. von Sagan zerstört, um feindlicher Festsetzung vor-
zubeugen.
Die Wirtschaft der an der Handelsstraße Breslau–Freystadt–G.–
Crossen–Berlin gelegenen, als Weichbildmittelpunkt wohl von
vornherein mit dem (1408 bestätigten) Meilenrecht ausgestatteten
Stadt G. wurde durch die Tuchmacherei und den Weinbau bestimmt. 1428 gab es in G. eine Walkmühle, 1438 ist die Tuchmacherzunft belegt, 1479 wird die allein den gelernten Tuchmachern gewährte Gerechtsame des Wolleinkaufs und des Gewand-
schnitts als seit alters in G. gültig bezeichnet. Der G.er Weinbau
ist seit 1314 nachweisbar. Er wurde zunächst im N der Stadt betrieben, breitete sich aber bis ins 15. Jh., als hier auch Tiroler
Traminerreben eingeführt wurden, in der ganzen Umgebung aus.
Die Stadt war, da sie im 1. Drittel des 15. Jh. beachtlichen Landbesitz erwarb, unmittelbar am Weinbau beteiligt. Die Blüte G.s
im 16. Jh. fand in zwei wichtigen Erwerbungen ihren Ausdruck:
1. 1423 hatte der Landesherr das Patronat über die G.er Kirche
dem Augustiner-Chorherrenstift zu → Sagan geschenkt, das die
G.er Kirche zu seiner Propstei machte. Nach der durch den Lu-

ther-Freund Paul Lemberg, Abt des Saganer Stiftes, seit 1522
geförderten Einführung der Ref. in G. kaufte die Stadt G. 1570/84
die Propstei mit den dazugehörigen Einkünften und Besitzungen.
2. Die landesherrlichen Rechte und Einkünfte von G., den Pfandschilling, hatte 1544 die Fam. v. Kittlitz auf Schweinitz erworben;
1596 erkaufte die Stadt G. sie. Der 30j. Krieg und die ihm folgenden Jahrzehnte brachten dann G. durch Plünderung und finanzielle Belastung, Abwanderung von Bürgern, große Brände (1651,
1661) und Unterdrückung der evg. Konfession (1651) einen emp-
findlichen Niedergang. Die Eww.-Zahl soll von ca. 10 000 (1631)
auf 4–5000 gesunken sein. In der preuß. Zeit erlebte G. gegen E.
18. Jh. einen Aufschwung des Tuchmachergewerbes (1740: 466
Meister, 373 Webstühle; 1798/99: 638 Meister, 618 Stühle; 1816:
1015 Meister); seit 1755 besaß G. Wollmärkte, seit 1765 eine Spinn-
schule. Die durch Preußen eingeführte Konfessionsfreiheit führte
zum Bau der *evg. Pfarrkirche »Zum Garten Christi«* 1746–47 (Fachwerkbau in Kreuzform, klassiz. Fassade und Turm 1821–28, heute
kath. Kirche zur Muttergottes von Tschenstochau). Die Stadtmauer
wurde noch vor 1800 großenteils eingerissen (die Tore erst in der
1. H. 19. Jh.), sie machte Platz für neue Bauten. Die Eww.-Zahl
stieg an auf 1787: 6404, 1825: 8852. Das 19. Jh. brachte einen
Wandel in der Wirtschaftsstruktur. Die Tuchmacherei erlebte in
den 1820er Jahren durch die Umstellung auf Maschinenbetrieb,
z. T. auch durch russ. Einfuhrverbot eine zeitweilige Krise; viele
Tuchmacher wanderten nach Kongreßpolen aus. Dann blühte die
Tuchindustrie auf. Dabei spielten Jeremias Sigismund Förster
(† 1819) und seine Söhne August Sigismund († 1825) und Friedrich († 1873) eine wichtige Rolle. In der Wirtschaftskrise der
1870/80er Jahre kauften engl. Industrielle G.er Tuchfabriken auf
und gründeten 1884 die »Engl. Wollenwaren-Manufactur«, 1914/
1915 mit der »Schles. Tuchfabrik« zur bedeutenden »Dt. Wollen-
waren-Manufaktur AG« vereinigt. Daneben entstanden auch andere Industriezweige, bes. Eisenindustrie (Herstellung von Eisen-
bahnwaggons, Brückenkonstruktionen, Textilmaschinen, Armatu-
ren u.a.). Die Weinkelterei wurde im 19. Jh. verbessert. Der
Hirschberger Kaufmann Karl Samuel Häusler stellte seit 1824 aus
G.er Trauben den ersten dt. Sekt her; die von ihm 1826 mitbe-
gründete Sektkellerei Häusler, Förster und Grempler bestand bis
1945 (als Fa. Grempler & Co.). G.er Trauben wurden auch zur
Herstellung von Weinessig und Weinbrand (u.a. Zweigniederlas-
sung der Scharlachberg GmbH Bingen seit 1900 in G.) verwandt.
Seit 1900 ging der Weinbau um G. wegen hoher Produktionsko-
sten stark zurück (1890: 1400 ha, 1928: 150 ha). Im gleichen Maße
dehnte sich der Obstanbau aus. Seit 1840 wurde bei G. Braunkohle
abgebaut. Eisenbahnanschluß erhielt G. erst 1871 mit der Strecke
Glogau–G.–Guben; es folgten Verbindungen nach Christianstadt
(1904) und Wollstein/Posen (1905) und eine Kleinbahn nach
Sprottau (1911). Eww.-Zahlen: 1905: 21 630, 1939: 26 076.
1945 erlitt die Stadt G. kaum Schäden. Der poln. Staat richtete

1950 aus Teilen der alten Reg.-Bezirke Liegnitz und Frankfurt/O.
die Woj. G. ein. Historisch wurde in diesem Verwaltungsbezirk
an das alte Land Lebus angeknüpft, dessen ö. Teil im n. Bereich
der heutigen Woj. G. lag. G. wurde Sitz einer Woj.-Bibliothek
(1954), einer Filiale der Poln. Historischen Ges. (Polskie Towarzystwo Historyczne, 1954), die hier 1958 eine wiss. Arbeitsstätte
einrichtete, ferner einer »Lebuser Ges. für Kultur« (Lubuskie Towarzystwo Kultury, 1957), einer »Lebuser Wiss. Ges.« (Lubuskie Towarzystwo Naukowe, 1964) und eines Museums des Landes Lebus (1960). Die Bebauung wurde angesichts der neuen Verwaltungsfunktion von G. vermehrt, das Stadtgebiet erweitert.
1961: 56 224 (auf 32,3 qkm), 1970: 73 237 Eww. (auf 55,5 qkm). –
In G. wurden geb. der Schriftsteller Otto Julius Bierbaum (1865
bis 1910), der Astronom Wilhelm Förster (1832–1921) und der
Philosoph, Literarhistoriker und Politiker Rudolf Haym (1821
bis 1901).   (I) *We*

Muzeum Ziemi Lubuskiej (Museum d. Lebuser Landes). – LV 119,
Bd. 1. – AFörster, A. G.s Vergangenheit, G. 1900. – HSchmidt, Gesch.
d. Stadt G., Schles., G. 1922. – D. Stadt G. in Schles., hg. v. Busse u.
EStein (Monogr. dt. Städte, Bd. 29), Berlin-Friedenau 1928. – LV 233,
S. 764–67. – EClauss, Buch d. Stadt G. in Schles., ²Frankfurt/M. 1964. –
FMatuszkiewicz, G.s Bewidmung m. Crossener Stadtrecht (1323), in:
LV 28, 76 (1942), S. 47–54. – LV 357, S. 47 f. – Zielona Góra, przeszłość
i teraźniejszość (G. in Vergangenheit u. Gegenwart), hg. v. MSczaniecki
u. JWąsicki, Posen 1962. – WPosadzy †, Zielona Góra (G.), in: LV 360,
Bd. 2, S. 465–504. – LV 234, Bd. 2, S. 615–20. – Zielonogórskie Zeszyty
Muzealne (G.er Museumshefte), G. 1 (1971) ff.

Grüssau (Krzeszów, Kr. Landeshut). Die Gesch. von G. ist vorzüglich die Gesch. seines Kl., dessen Stiftung von Hz. Heinrich II.
von Schles. um 1240 geplant war, aber durch dessen Tod bei →
Wahlstatt 1241 verhindert wurde. Die Gründung erfolgte am 8. 5.
1242 durch Hzn.-Witwe Anna und ihren Sohn Boleslaus für Benediktinermönche aus Opatowitz (Böhmen). Der in der Stiftungsurk. erwähnte Name »Grissobor« (= dunkler Wald?) ist eine Erinnerung an den Grenzwall, der als Urwald Schles. von Böhmen
trennte. Die Mönche sollten das Tal des Zieder urbar machen,
das ihnen »mit allem, was sie mit eigenen Händen und Kosten
roden würden, zu ewigem Besitz übergeben ward«. 1292 übernahmen Zisterzienser aus → Heinrichau Kl. G., das in Hz. Bolko I. von Schweidnitz-Jauer einen hochherzigen Gönner erhielt.
Im 14. Jh. entwickelte sich das Stiftsland zum ansehnlichen Besitz
von fast 40 Dörfern mit den beiden Kl.-Städten → Liebau und
→ Schömberg, der mit geringen Veränderungen bis 1810 erhalten
blieb.
Im Jahre 1403 stiftete Ritter Gotsche II. Schoff (= Schaffgotsch) in
→ (Bad) Warmbrunn für Mönche von Kl. G. eine Propstei, die
bis zur Säkularisation 1810 bestand. Während der Hussitenkriege
wurde G. 1426/27 schwer heimgesucht, viele Mönche wurden ge-
tötet, Kl. und Stiftsland furchtbar verwüstet. Erst 1454 waren

Kirche und Kl. wieder aufgebaut. Ähnlich grauenvolle Zeiten brachte der 30j. Krieg über G. und sein Kl.-Land. Mit Abt Bernardus Rosa (1660–96) begann »Grüssaus goldenes Zeitalter« (N. v. Lutterotti), das in seinen Bauten und Kunstwerken bis in unsere Zeit präsent blieb. Bes. Erwähnung verdient die *St. Josephskirche* (1692/96) mit dem einzigartigen Freskenzyklus von Michael Willmann, dem »schles. Rembrandt«. Die Krönung des rel. Kunstverständnisses der G.er Prälaten bildet das 1728–35 erbaute *Marienmünster* mit seiner hervorragenden Fassade, ein Werk des Stiftsbaumeisters A. J. Jentsch aus Hirschberg, wohl beeinflußt durch K. I. Dientzenhofer. Die für die Stifterfam., die Schweidnitzer Bolkonen, anschließend erbaute *Fürstenkapelle* gehört zu den schönsten Barockmausoleen. – Neben der Seelsorge in zwölf Stiftspfarreien und der Betreuung der zahlreichen Wallfahrten zum »Gnadenbild Unserer Lieben Frau« waren Äbte und Mönche auch auf die geistige und kulturelle Formung und Förderung des Stiftslandes bedacht. Seit 1669 gab es ein Stiftsgymnasium mit vielen Freiplätzen; die literarische Tätigkeit zeigte eine beachtliche Blüte. Angelus Silesius, Arzt und mystischer Dichter, erfuhr reiche Anregungen und großzügige Unterstützung bei Drucklegung seiner Werke.

Der geplante *Neubau des Kl.* konnte wegen der Kriegsnöte seit 1740 und der finanziellen Belastungen durch die neue preuß. Regierung erst unter Abt Placidus Mundfering (1768–87) begonnen werden. Trotz seiner unvollendeten Form ist er eine eindrucksvolle Leistung und fand allezeit Anerkennung. Durch die in Preußen 1810 durchgeführte Säkularisation wurde das in hoher rel. und kultureller Blüte stehende Kl. G. vernichtet. Nachweisbar wirkte sich diese Aufhebung auch auf den Ort G. und seine Umgebung ungünstig aus. Kirchen und Kapellen haben im 19. Jh. viel von ihrem Glanz eingebüßt.

Im Jahre 1919 konnte Kl. G. durch die aus Prag ausgewiesenen dt. Benediktiner wiederbesiedelt werden; es wurde 1924 wieder zur Abtei erhoben. Unter Abt Albert Schmitt begann eine Neublüte, die das Kl. zu einem rel.-kulturellen Mittelpunkt im dt. Osten werden ließ. Vom Herbst 1940 bis zum Kriegsende waren die Kl.-Gebäude als Umsiedlungslager beschlagnahmt. Am 12. 5. 1946 wurden die Mönche mit den Ortsbewohnern vertrieben. Die aus Lemberg ausgewiesenen poln. Benediktinerinnen bewohnen jetzt Kl. G. und sorgen für die Pflege der Heiligtümer. Die »Abtei Grüssau« wurde 1947 im ehem. Ritterstift St. Peter zu Wimpfen/Neckar neubegründet.   (IIa)   *Ro*

NvLutterotti OSB, Vom unbekannten G., ³Wolfenbüttel 1962. – ARose OSB, G.er Gedenkbuch, Stuttgart 1949. – ARose, Abt Bernardus Rosa v. G., Stuttgart 1960. – HDziurla, Krzeszów (G.) (LV 108), Br. u. a. 1964. – ARose OSB, Kl. G., Stuttgart/Aalen 1974

Guhrau (Góra). Im N von Schles. ist am O-Rand einer kleinen, von den Niederungen der Bartsch sowie des Schles. und Poln. Landgrabens umgrenzten diluvialen Hochfläche, der Lanke, bereits

1155 das dem Bf. von Breslau gehörige Dorf »Gora« (góra = Berg) belegt. 1256 ging es in den Besitz eines Ritters Goslaus und dessen Verwandter über. 1288 ertauschte Hz. Heinrich III. von Glogau einen Teil des Dorfareals von G. gegen das Dorf Tschilesen bei Sandewalde und gründete darauf zwischen Mai 1288 und Juli 1289 die dtrechtl. Stadt G. Das Dorf G. 2 km sw. davon, fernerhin Alt G. gen., wurde gleichzeitig zu einem dtrechtl. Waldhufendorf umgesetzt; es war damals noch in Privatbesitz – angeblich von Angehörigen des Geschlechts v. Donin (v. Dohna), das in der Stadt bis A. 18. Jh. das Kirchenpatronat besaß –, 1304 aber bereits Stadtdorf von G. Die seit 1256 belegte St. Jakobskirche von Alt G. war zunächst Mutterkirche der städt. Kirche St. Katharinen, bis 1322 das umgekehrte Verhältnis eingeführt war. G. und das ziemlich gleichzeitig gegr. → Herrnstadt übernahmen als Weichbildstädte die Nachfolge des Kastellaneimittelpunktes → Sandewalde zwischen beiden Orten. G. – der ihm anscheinend zunächst verliehene Name Lankenburg setzte sich nicht durch – war mit 10 ha Fläche innerhalb der Mauern eine der größten Städte von Niederschles. (1787: 208 Wohnhäuser, 237 brauberechtigte Stellen); seine starke Ausgangsposition erhellt auch daraus, daß es 1289 zwei Vögte hatte und bis 1315 in den Besitz wichtiger hzl. Rechte wie Markt- und Münzrecht, Salzmarkt und Obergerichtsbarkeit – wenn auch nur für einige Zeit – gelangt war und mehrere Dörfer sowie Waldungen erworben hatte und damit ein ein Areal von fast 50 qkm besaß. Die ellipsenförmige Stadtanlage mit Gitter-Straßennetz und einem Marktplatz von 100 × 60 m als Mittelpunkt war zunächst durch Wall und Graben gesichert, erhielt aber zwischen 1375 und 1477 einen Mauerring mit etwa 12 Türmen. An den Enden der Hauptachse der Stadt standen im Zuge einer von Glogau nach Polen führenden Nebenstraße das Glogauer Tor im W und das Poln. Tor im O. Vor dem Glogauer Tor bestand schon 1318 ein Hospital (mit der später belegten St. Nikolauskirche), n. der Stadt 1375 die einschiffige *Fronleichnamskirche*; das 1458 von Hz. Wlodko von Teschen und Glogau gestiftete Franziskanerkl. in dem zu G. gehörigen Kainzen (1 km ö. G.) war 1534 bereits verlassen. Wichtigster Erwerbszweig von G. war die Tuchmacherei, für die schon 1304 ein Privileg ausgestellt wurde; in der Vorstadt vor dem Poln. Tor ist seit 1467 die »Tuchknappenkirche« St. Marien und 1481–1587 ein dazugehöriges Hospital belegt. Die Tuche wurden nach Polen exportiert. Seit E. 16. Jh. spielte auch das Müllereigewerbe in G. eine große Rolle; Grundlage war der billige Getreideankauf von Bauern aus dem nahen Polen. Begünstigt durch die Hochfläche und aus Mangel an einem wasserreichen Fluß entstanden in und um G. zahlreiche Windmühlen; wenn es hier auch nicht – wie behauptet – 99 Mühlen gab, so waren es doch im Stadtgebiet 1750: 43, 1800: 70, 1840: über 80 Windmühlen. Die Mühlenprodukte wurden in die Gebirgsgegenden von Schles. und im 19. Jh. auch nach Berlin ausgeführt.

G. gehörte zum Hzt. Glogau; bei dessen häufigen Teilungen und Besitzerwechsel im 14./15. Jh. wurde G. 1375 zweigeteilt, wobei die Trennungslinie mitten durch die Stadt vom Glogauer Tor über den Ring zum Poln. Tor verlief. In den Kämpfen um das Glogauer Erbe 1480 floh die Witwe Wlodkos, Hz. von Teschen und Glogau, Margarete von Cilly, in die G.er Burg, den Sitz des hzl. Vogtes an der s. Stadtmauer. Ab 1506 war G. wie das übrige wiedervereinigte Hzt. Glogau direkt dem Kg. von Böhmen unterstellt. Von diesem kaufte die Stadt 1601 die Vogtei mit dazugehörigen Rechten und das Burglehen mit der Burg. Die Ref. ist in G. schon 1526 eingedrungen; aber die konfessionellen Verhältnisse blieben jahrzehntelang unklar. Erst 1580 waren alle G.er Kirchen eindeutig evg. 1607 erbaute die evg. Gem. noch die Kreuzkirche (Begräbniskirche auf der Bleiche) s. der Stadt. Die Rekatholisierung des Erbfstm. Glogau und damit auch von G. unter dem Druck der berüchtigten Liechtensteiner Dragoner 1628/29 bedeutete einen Einschnitt in der Gesch. der Stadt. Wohl etwa die Hälfte der G.er Bürger ging, um nicht kath. werden zu müssen, in die grenznahen Städte Polens, u. a. nach Lissa, Rawitsch, → Fraustadt und → Schlichtingsheim; manche kehrten nach dem Krieg zurück, obwohl die Gegenref. nach vorübergehender Wiedereinführung des evg. Gottesdienstes unter schwed. Schutz nach 1650 endgültig durchgesetzt wurde. Immerhin zählte G. 1670 nur ca. 1650 Eww. (einschl. Vorstädten) gegenüber ca. 3000 um 1600. Die Tuchmacher blieben die bestimmende Berufsgruppe – sie hatten 1684 60 und 1802 80 Meister in G. –, bis nach 1815 die russ. Einfuhrsperre und auch die fabrikmäßige Tuchherstellung die G.er Tuchmacher zum Auswandern zwangen, vor allem in das damals entstehende kongreßpoln. Textilzentrum Lodz; in G. waren 1831 nur noch drei Tuchmacher.

In städtebaulicher Hinsicht bildete das Jahr 1759 einen Einschnitt: Im 7j. Krieg zogen Österreicher und Russen nach der Schlacht von Kunersdorf in das G.er Land; russ. Truppen zündeten am 10. 10. 1759 die Innenstadt von G. an und plünderten sie. Außer den meist hölzernen Wohnhäusern wurden das Rathaus, die Tuchknappenkirche, die 1745 an der n. Stadtmauer erbaute evg. Bethauskirche »Zur hl. Dreifaltigkeit« (Fachwerk) vernichtet, die kath. Katharinenkirche brannte im Innern aus. Im 18. Jh. gingen auch die Kreuzkirche und die Hospitalkirche St. Nikolaus verloren, im 19. Jh. die beiden Stadttore und ein Teil der Stadtmauer. An der Stelle des Rathauses und unter Verwendung des Rathausturmes erbaute der Glogauer Baudirektor v. Machui 1765 bis 1774 auf quadratischem Grundriß eine künstlerisch beachtenswerte neue evg. Kirche im Übergangsstil zwischen Barock und Klassizismus.

G. hat im 19. Jh., obwohl Sitz eines Kr., erst sehr spät und dann auch nur einen geringen Aufschwung erlebt. Im neuen Verkehrsnetz der Eisenbahn lag es an peripheren Nebenstrecken: 1885 wurde es mit Bojanowo in der Prov. Posen, 1906 mit Glogau und

1917 mit Steinau und Lissa/Posen verbunden. Von Bedeutung
wurden die Zuckerfabrik von 1889 und die große Dampfmühle
von 1892. Die Bev.-Zahl stieg nur allmählich an: 1787: 2731, 1825:
3138, 1905: 4798, 1939: 5650 Eww. (auf 16,19 qkm). 1945 erlitt G.
nach Beendigung der Kampfhandlungen einige Schäden. Teile
der *Stadtmauer* und der *Dohlenturm* neben dem ehem. Glogauer
Tor sind erhalten. Von der zweitürmigen, unter Einfluß der nord-
dt. Backsteingotik im 15./16. Jh. als dreischiffige Hallenkirche erbauten kath. *St. Katharinenkirche* sind in den 1960er Jahren Teile eingestürzt; der wertvolle spätgot. Flügelaltar der Kirche gelangte nach 1945 in den Posener Dom. Die evg. Pfarrkirche auf
dem Ring mit dem alten Rathausturm ist 1966 abgebrochen worden. 1961 hatte G. 6671 Eww. (21,62 qkm), 1970: 7868.   (II) *We*

Ziolecki, Gesch. d. Stadt G. 1300–1900, G. 1900. – HKlapper, D. Zunft-
wesen d. Stadt G., Br. 1936. – LV 233, S. 767 f. – LV 340, S. 131–38. –
GSteller, G., d. Stadt d. 99 Windmühlen, in: LV 35, 17 (1972), S. 143
bis 151. – FHeinze, Heimatbuch d. Kr. G./Schles., Scheinfeld 1973, – LV
234, Bd. 2, S. 556 f.

Guteborn → Band Sachsen

Guttentag (Dobrodzień, Kr. G./Lublinitz). G. liegt am w. Ende
der schon im Ma. besiedelten Keuperhügelkette inmitten der bewaldeten Sander des n. Oberschles. Sein dt. Name geht auf eine
mißverständliche Übersetzung des 17. Jh. des ma. poln. Namens
Dobredin, Dobrosin u. a. zurück, dessen Deutung umstritten ist.
Bei seiner ersten Erwähnung 1279 war G. ein dtrechtl. Dorf mit
Schulzen und Hufenverfassung, ein Pfarrer Bertold von G. ist
1311 belegt. Die Stadtentstehung erfolgte um 1374 durch Hz.
Wladislaus II. von Oppeln, welcher 1384 der Stadt die beiden benachbarten Dörfer Ellguth schenkte (M. 15. Jh. verloren). In G.
kreuzten sich die regionalen Straßen Oppeln–Lublinitz–Tschenstochau und Kreuzburg-Rosenberg-Groß Strehlitz. Handel und
Handwerk entwickelten sich jedoch nur mäßig, das Ackerbürger-
tum spielte weiterhin eine Rolle, zumal da die nach dem Aussterben der Oppelner Piasten (1532) häufig wechselnden adligen
Grundherren die Bürger wie ländliche Untertanen belasteten.
Einen wirtschl. Aufschwung brachte die Eisenverhüttung in und
um G. in der 2. H. 18. Jh. und 1. H. 19. Jh. (Hochofen in G. von
1740 bis um 1880 in Betrieb). Seit 1781 wurden statt zwei nunmehr
vier Jahrmärkte abgehalten, die Zahl der Kaufleute und Handwerker stieg an (1812: 14 Kaufleute, 98 Handwerksmeister, 1849:
56 bzw. 153), die Bev. war zeitweise zahlreicher als in der Kr.-
Stadt Lublinitz: 1756: 661, 1787: 1184, 1825: 1759, 1861: 2399,
1905: 2884. Eine Zeitlang verdienten viele Bürger am Transport
des Eisens auf Fuhrwerken bis nach Breslau, Posen, Krakau,
Brünn und sogar Odessa. Die Verlagerung der Industrie ins
Steinkohlenrevier und die Abseitslage im Eisenbahnnetz wirkten
sich auf G. ungünstig aus; erst 1913 erhielt G. durch eine Stich-

bahn nach Vossowska Eisenbahnanschluß. – Die Altstadt ist eine planmäßige, gitterförmige Anlage mit rechteckigem Marktplatz (90 × 30 m); sie hatte 1723 90 Häuser. Die meist hölzernen alten Bauten wurden beim Brand 1846 großenteils zerstört, so auch die kath. Pfarrkirche *St. Maria-Magdalena* auf der S-Seite des Marktes, deren heutiger neurom. Bau 1850/55 entstand; nur die hölzerne Friedhofskirche *St. Valentin* reicht in die 2. H. 17. Jh. zurück. Im O grenzte an die Stadt seit 1452 ein Schloß (der *Park* aus dem 19. Jh. besteht noch), der Sitz der Herrsch., welche seit 1789 im Besitz einer Nebenlinie der Hzz. von Braunschweig war, von der sie 1885 der Kg. von Sachsen erbte; sie umfaßte 1910 82 qkm und wurde 1937 vom preuß. Staat gekauft. – G. gehörte zu den wenigen oberschles. Städten, in denen E. 19. Jh. noch eine poln. Mehrheit wohnte; auch die Zahl der Juden war beträchtlich (1781: 60, 1782: 125, 1825: 182, 1861: 280, 1885: 196). Bei der Teilung von Oberschles. 1922 verblieb aber G. bei Deutschland und wurde Kr.-Stadt für das dt. Drittel des alten Kr. Lublinitz; es hatte 1939 4307 Eww. 1945 wurde G. zu 30% zerstört. Wie vor dem Krieg gehören die Möbeltischlerei und andere Holzverarbeitung wieder zu den wichtigsten Erwerbszweigen der Stadt (1961: 4103 Eww. auf 21,25 qkm, 1970: 4454 Eww.).   (IV) *We*

AWeltzel, Gesch. d. Stadt u. Herrsch. G., Ratibor 1882. – LV 233, S. 768 f. – LV 234, Bd. 1, S. 437. – Lubliniec, zarys rozwoju powiatu (Überblick d. Entwicklung d. Kr. Lublinitz), hg. v. JJaros, Kattowitz 1972, bes. S. 410–413

Habelschwerdt (Bystrzyca Kłodzka). Die Stadt H., an der Einmündung des Kressenbaches (auch Weistritz gen.) in die Glatzer Neiße auf einer nach S und O abfallenden Hochebene gelegen, ist nach ihrer planmäßigen Anlage in Gitterform eine Gründung dt. Siedler. Sie lag im Zuge der alten Handelsstraße Breslau–Glatz–H.–Mittelwalde–Brünn–Wien, die innerhalb von H. durch das Glatzer Tor, schräg über den Ring und durch das Niedertor (später Wassertor) verlief. Die genaue Gründungszeit ist unbekannt; sie wird aber um die M. 13. Jh. angesetzt, was gestützt wird durch die aus der 2. H. 13. Jh. stammenden Gewölbe des Chores der Pfarrkirche und durch die Vermutung, der Name H. hänge mit dem Namen von Gallus (Gawel, Hawel) von Lemberg zusammen, der M. 13. Jh. das Glatzer Land in seiner Hand hatte. H. war zunächst offene Stadt und wie alle Städte der Landschaft hinsichtlich Abgaben und Dienstleistungen dem Vorort Glatz unterstellt. A. 14. Jh. konsolidierte sich das Gemeinwesen, es errichtete unter Vogt Jakob Rücker eine Stadtmauer. Daraufhin verlieh ihm Kg. Johann von Böhmen 1319 die Rechte einer kgl. Stadt; der Versuch von Glatz, H. sich erneut unterzuordnen, scheiterte mit der Bestätigung des Privilegs von 1319 durch Ks. Karl IV. 1348. Die Erbvogtei kaufte 1466 der böhm. Kg., so daß späterhin kgl. Beamte als Vögte fungierten. Der 1348 erstm. auftretende Gerichtsbezirk H. umfaßte den S des Glatzer Landes. H. entwickelte sich zu einer

Handwerkerstadt, in der die Tuchmacher und auch die Leineweber schon früh eine bes. Rolle spielten; 1319 ist eine Walkmühle, 1397 die Tuchmacherzunft belegt. Parallel zum wirtschl. Aufbau entstanden kirchliche und öffentliche Einrichtungen. Die zweischiffige got. Pfarrkirche (noch 1442 St. Johannes d. T., 1560 bereits St. Michael) ist 1336 erstm. urk. belegt, enthält aber Bauteile der 2. H. 13. Jh. und ist damit der älteste erhaltene Kirchenbau der Gfsch. Glatz; ihr Turm war in die Stadtbefestigung einbezogen. 1381 wurde an der Mündung des Kressenbaches vor dem Niedertor das St. Antonius-Hospital nebst Hospitalkirche begründet, vor dem Glatzer Tor vor 1399 ein Aussätzigenhospital, später in ein Siechenhaus umgewandelt (Neubau 1614, offenbar im 30j. Krieg eingegangen). Das Rathaus, 1451 belegt, wurde 1540/41 neu erbaut und erhielt 1567 einen neuen Turm. Das Vogtei-Gebäude beim Niedertor, ein Wohnturm mit Graben, soll auf Vogt Jakob Rücker (A. 14. Jh.) zurückgehen. In den Hussitenkriegen erlitt H. 1429 erhebliche Zerstörungen, wie es auch 1469 von den gegen Kg. Georg von Podiebrad kämpfenden Schlesiern gebrandschatzt wurde. 1475 brannte der größte Teil der Stadt nieder. Nach dem Wiederaufbau erlebte H. im 16. Jh. eine Blütezeit. Das spiegelt sich etwa im Erwerb der kgl. Mühle und des ksl. Zolls (1586), der Vogteirechte (1604/17), der Obergerichtsbarkeit (1617) sowie von Ländereien (um 1600) wider. Die Eww.-Zahl wird für 1618 auf über 2000 geschätzt – einschl. der Vorstädte vor dem Glatzer, Wasser- und Neutor (1580 erbaut, vorher A. 15. Jh. Hohndorf-Tor, nach 1428 Hohndorf-Pforte). In diese Zeit der Blüte fällt die Einführung der Ref., zunächst vornehmlich durch Schwenckfelder und Wiedertäufer, von denen sich die Bev. aber nach Verbot der Sekten 1548 ab- und dem Luthertum zuwandte. Im 30j. Krieg mußte sie 1628/29 zum kath. Glauben zurückkehren; viele zogen aber die Auswanderung vor. Im Verlauf des Krieges hatte H. durch Plünderungen seitens der Schweden schwer zu leiden; 1646 brannten Teile der Stadt und der Vorstädte ab. Im 18. und frühen 19. Jh. folgte weiteres Unglück über die Stadt. Ein Brand vernichtete 1703 knapp ²/₃ der Häuser innerhalb der Mauern. Im 2. Schles. Krieg wurde H. von ung. Truppen und den Trenckschen Panduren gebrandschatzt. Am 14. 2. 1745 siegten in einem Gefecht unmittelbar vor den Toren von H. bei Plomnitz, Besitz der Reichsgff. v. Wallis (Schloß!), die Preußen unter den Genn. Lehwaldt und Fouqué über die Österreicher unter Gen. Franz Wenzel Gf. v. Wallis. 1779 war H. im Bayerischen Erbfolgekrieg Schauplatz eines Überfalls der Österreicher auf die preuß. Garnison; zu den wenigen preuß. Offizieren, die sich nach Glatz durchschlugen, gehörte der spätere Gen. Ludwig Yorck v. Wartenburg. 1800 brannte die ganze Innenstadt ab (118 Häuser), 1823 erneut fast alle ihre Häuser (109). 1750 hatte H. nur 1208 Eww., 1787: 1674, 1825: 1968. Nach den Bränden und nach Abbruch des Neutors und des Glatzer Tors 1842/43 sowie von Teilen der Stadtmauer (seit 1865) blieben nur wenige historische Bauten übrig. Von der Stadtbefestigung des 14./16. Jh. sind Abschnitte der *Mauer* erhalten, ferner drei Türme: der *Glatzer Torturm,* der Dohlen- oder *Ritterturm,* der 1843 zum Glockenturm der 1821–28 erbauten evg. Stadtpfarrkirche umgebaut wurde, und der wuchtige *Stadtbergturm* (Wasserturm), nach dem Roman »Drei Nächte« von Hermann Stehr, dessen Schauplatz er z. T. ist, »Willmann-Turm« gen.; die ehem. *Vogtei* daneben ist 1767 zum Wohnhaus umgebaut worden. Auf dem Ring erhebt sich die 1737 errichtete barocke *Dreifaltigkeitssäule,* umgeben von einigen *Wohnhäusern* der Spätrenaissance und des Barock; in der Nähe steht auf dem Neumarkt (Töpferplan) die *Staupsäule* von 1556. Die *kath. Stadtpfarrkirche St. Michael* wurde im 14. Jh. sowie im 16. Jh. (»Weiberhalle«, »Bauernchor«) erweitert, nach Bränden von 1475 und 1753 erneuert und 1914 umgebaut. Das 1823 abgebrannte Hospital wurde 1824 bis 1833 durch einen Neubau ersetzt, die *Hospitalkirche* nunmehr dem hl. Johannes v. Nepomuk geweiht. Das heutige *Rathaus* ist 1852–54 entstanden.

Als Sitz eines Kr. seit 1818 erwarb H. zwar größere Bedeutung, aber der wirtschl. Aufschwung trat erst spät und in Grenzen ein, mit dem Aufkommen der Holzindustrie, vor allem der Gründung dreier Zündholzfabriken zwischen den 1860er Jahren und 1897, nachdem die Tuchmacherei und Leineweberei (um 1785 noch 33 Tuchmacher und 16 Leineweber) in der 1. H. 19. Jh. allmählich eingegangen waren. Der Eisenbahnanschluß durch die Strecke Glatz–H.–Mittelwalde 1875 wirkte sich günstig aus. 1766–76 und 1871–1925 gab es in H. ein Lehrerseminar. Die Stadt besaß seit M. 17. Jh. beträchtlichen Waldbesitz, den sie planvoll erweiterte, zuletzt 1930 durch Ankauf der Herrsch. → Grafenort. Bev.-Zahlen: 1905: 6002, 1939: 7067 Eww. 1945 blieb die Stadt unversehrt. Eww. 1961: 8422 (auf 12,44 qkm), 1970: 9146. H. ist Geburtsort und Begräbnisstätte (Floriansberg) des Schriftstellers Hermann Stehr (1864–1940).   (IIa) *Ge, We*

LV 119, Bd. (6). – FVolkmer, D. Gesch. d. Stadt H., H. 1897. – AOtto, Glatzer Wanderbuch, Mittelwalde 1923, ²Leimen/Heidelberg 1971, S. 138–41. – D. Gfsch. Glatz (Monogr. dt. Städte, Bd. 19), Berlin-Friedenau 1927, S. 64–68. – LV 233, S. 769 f. – WDziewulski, Bystrzyca Kłodzka i jej rozwój przestrzenny do drugiej wojny światowej (H. u. seine räumliche Entwicklung bis z. 2. Weltkrieg), in: LV 54, 4/5 (1959/ 60), S. 7–41. – LV 234, Bd. 2, S. 549 f. – PKlemenz, Georg Olivier Reichsgf. v. Wallis auf Wallisfurth, in: LV 53, 28 (1942) H. 1, S. 11–19

Habendorf (Owiesno, Kr. Reichenbach). H. 9 km sö. Reichenbach gehört zu den im 13. Jh. entstandenen Dörfern auf neu erschlossenem Siedlungsland im Frankensteiner Gebiet. 1260 erscheint es unter dem slaw. Namen »Ovesonovo«, 1292 bereits als »Haverdorph«, 1316 stehen slaw. und dt. Name nebeneinander. Besitzer von H. waren Vertreter eines alten, bekannten schles. Adelsgeschlechts, das sich später v. Pogarell nannte; in H. ist als erster 1292 »Jarozlaus de Haverdorph« nachweisbar. Die Überlieferung, in H. habe im 12./13. Jh. eine Templerburg bestanden, ist nicht zu belegen. Aber es wird doch außerhalb der heutigen Siedl. eine kleine Burg des 13. Jh. angenommen; Reste der Fundamente sollen noch im 19. Jh. sichtbar gewesen sein. Diese alte Burg wurde verm. A. 14. Jh. aufgegeben und durch eine neue in der Nähe, die nach vielen Umbauten noch bestehende ersetzt. Die v. Pogarell sind noch 1558 in H. nachweisbar, dann ging der Besitz um 1579 an die v. Bock aus Güttmannsdorf über, die schon vor 1541 einen Teil von H. besaßen. Von diesen kam H. an die v. Nimptsch und dann an die v. d. Heyde und schließlich durch Heirat 1797 an die v. Seidlitz aus Pawlowitzke/Oberschles. (bis 1945). Das auf ovalem Grundriß aus dicken Feldsteinmauern erbaute *Schloß*, von einem breiten Wallgraben umgeben, über den bis 1879 eine Zugbrücke führte, wurde 1879–85 vollständig erneuert, ohne seinen urspr. Charakter wesentlich zu verändern.   (IIa) *We*

LV 343. – WKuhn, D. Erschließung d. Frankensteiner Gebietes in Niederschles. im 13. Jh., in: Festschrift f. WSchlesinger, Bd. 1, hg. v. HBeumann (Mitteldt. Forschsch. 74/I), Köln/Wien 1973, S. 159–96. – LV 613, Bd. 1, S. 11 f. – LV 616, S. 49 f. – LV 612, S. 67

Halbau (Iłowa, Kr. Sprottau/Sagan). H. lag mit seinem Hauptanteil bis 1816 in der Oberlausitz (Kr. Görlitz), kam 1816 zum Kr. Sagan (1932: Kr. Sprottau). 1356 belehnte Ks. Karl IV. die Brüder Cunz und Witche v. Kottwitz mit dem »halben Dorff an der Czirne« (Weichbild Görlitz) an der Straße Görlitz–Sagan. Bis 1567 blieb H. im Besitz der v. Kottwitz. Da diese um 1440 in ihrem Hause, verm. einem ma. Wohnturm im sumpfigen Gelände, Straßenräubern öfters Unterschlupf gaben, zerstörte die Stadt Görlitz dieses befestigte Schloß. Der erstm. 1459 gen. Eisenhammer »zur Halbe« lag an der Kleinen Tschirne auf der Seite des Fstm. Sagan. Nach der Kirchenreduktion im Fstm. Sagan im März 1668 wurde im oberlausitz. (sächs.) H. eine evg. Grenzkirche errichtet (barocker *Neubau* 1712); dadurch waren Zuzug und Grenzhandel zu verzeichnen. Der oberlausitz. Anteil erhielt am 17. 5. 1679 durch Kfst. Johann Georg II. von Sachsen Stadtrecht. Das Städtchen verlor 1804 die meisten Kirchgänger bei Neugründung des evg. Kirchspiels Kunau und den Grenzhandel 1816 beim Übergang an Schles. – Die bedeutende Grundherrsch. mit vielen Dörfern und Wäldern gehörte ab 1567 den v. Schellendorff, ab 1681 den Gff. v. Promnitz (hierzu 1684 → Freiwaldau), ab 1750 bis 1862 den Gff. v. Kospoth, 1902 bis 1919 dem Gf. Friedr. Max. v. Hochberg-Fürstenstein. Das *Schloß* im Renaissancestil von 1626 wurde nach 1902 prächtig erweitert. Nach 1830 verlor H. die Stadtrechte und wurde Marktflecken. E. 19. Jh. kam hierher Textilindustrie (Buntweberei seit 1848) und Glasfabrikation (seit 1870). 1825 hatte die Stadt H. 793, Schles. H. 108 und der Gutsbez. H. 155, zus. 1002 Eww. (1905: 1204 + 245 + 52 = 1501 Eww.), dagegen 1939 3480 Eww. Unter Polen wurde H. 1957 zur stadtart. Siedl. und 1962 zur Stadt erhoben. 1961: 3920 Eww. (auf 12,85 qkm), 1970: 4413.   (I) *St*

LV 209, 2. Abt., T. 2, S. 119–24. – AHeinrich, Gesch. Nachrichten über
Naumburg a. B., Freiwaldau u. H., Sagan 1900. – LV 613, Bd. 1, S. 12.
– LV 664, Bd. 3, S. 526–28. – WvBoetticher, D. Adel d. Görlitzer Weichbildes um d. Wende d. 14. u. 15. Jh., Görlitz 1927, S. 109, 262. – LV
615, S. 50. – LV 234, Bd. 2, S. 635

Halemba (Kr. Schwientochlowitz/Stadtkr. Ruda). Im Rahmen der
spätma. Eisenhämmersiedl. an den oberschles. Flüssen setzten die
Hzz. Nikolaus und Johann II. (der »Eiserne«) von Ratibor 1394
an der Klodnitz zu »Lybnow« einen Hammer mit dem Meister
Heinrich aus, 1472 urk. als »Teschnischer Hammer« mit dem Meister Jurek Halemba, im Plesser Urbar von 1536 als »Schmiede-
werk« von »Liebenau« erwähnt, später »Dt. Hammer«, im 17. Jh.
auch »Altdt. Hammer« gen. Das Waldstück, aus welchem die für
die Ausschmelzung des Eisens benötigte Holzkohle gewonnen
wurde, war bis zur neuzeitlichen Bebauung als Heidegelände am
r. Ufer der Klodnitz zu erkennen. Mit der Bildung der Standesherrschsch. im 16. und 17. Jh. wurde die Klodnitz zur Grenze zwischen den Standesherrschsch. → Pleß und → Beuthen (OS). Die
Plesser Standesherren v. Promnitz gründeten neben der Stelle des
Hammers um 1570 das gutsherrliche Dorf Althammer. Etwa 1,5
km weiter nw. wurde am r. Ufer der Klodnitz 1718 der Hochofen
H., der älteste seiner Art im alten Kr. Kattowitz, von der Inhaberin der Standesherrsch. Beuthen, Gfn. Maria Josepha Henckel v.
Donnersmarck, errichtet. Nach der E. 18. Jh. verstärkt einsetzenden Gewinnung von Steinkohle zur Befeuerung der Hochöfen und
der Umstellung der Eisenverarbeitung auf Eisenwalzwerke war
die Zeit des Hammers in H. vorbei. Gf. Lazarus III. Henckel v.
Donnersmarck gründete nach Erschließung mehrerer Steinkohlengruben nahe bei H. 1805 die Antonienhütte. Sein Sohn Carl Hugo
Joseph († 1813) errichtete die Hugo-Zinkhütte. Nach dem 2. Weltkrieg wurde H. 1959 mit den Dörfern Klodnitz und Althammer
als Stadtbezirk H. von 12 000 Eww. (gegenüber rd. 7000 Eww.
1939; 1905: H. 1467 + 149, Klodnitz 447, Althammer 836 + 43,
zus. 2942 Eww.) dem neuen Stadtkr. → Ruda angegliedert. Ein
Steinkohlenbergwerk und ein Elektrizitätswerk sind neu entstanden. H. wurde zu einem neuzeitlichen Wohn- und Einkaufsbezirk
ausgebaut und wuchs bis 1967 auf 16 500 Eww. an.   (IV)   *Rei*

LMusiol, Aus d. Siedlungsgesch. d. Plesser Landes, in: Dt. Monatshefte.
Zs. f. Gesch. u. Gegenwart d. Ostdeutschtums 7 (1940/41), S. 38–74. –
PSchondorf, D. dt. Anteil an d. ma. Bergwerks- u. Hüttenunterneh-
mungen Ostschlesiens, ebenda, 8 (1941/42), S. 476–516. – LV 345. –
ASzefer, Ruda Śląska (Ruda), Kattowitz 1970. – LV 173

Harpersdorf (Twardocice, Kr. Goldberg). Das Waldhufendorf H.
(10 km sw. Goldberg) ist Teil der sog. »Langen Gasse«, der längsten Dorfzeile von Schles., die sich entlang der Schnellen Deichsa
von → Zobten sö. Löwenberg bis Haynau erstreckt und zur frühesten dt. Waldsiedl. in Schles., durchgeführt unter Hz. Heinrich I.
an der Innenseite des Löwenberger Hags, gehört. Die Urk. von

angeblich 1206 über die Schenkung eines Waldgebietes an das Kl. → Trebnitz zur Gründung von »Twardoczicze vel Hartprechtisdorf« und Probsthain ist zwar gefälscht, doch könnte die angegebene Entstehungszeit dieser Dörfer richtig sein: um 1215/16 wurde zwischen Hz. und Bf. wegen deren Zehntzahlung gestritten. 1223 schenkte Hz. Heinrich I. die Einkünfte des 50 Hufen großen H. dem Kl. Trebnitz für die Bekleidung der Nonnen. Über den Besitz des Dorfes entstand später ein Streit zwischen dem Kl. und den Grundherren, der erst 1706 zugunsten der letzteren entschieden wurde.

H. ist durch die Schwenckfelder und durch seine Zufluchtskirche bekannt geworden. Anhänger der Sekte Kaspar v. Schwenckfelds, der bis 1529 am Hofe zu → Liegnitz gewirkt hatte, verließen M. 16. Jh. in geschlossenen Gruppen Liegnitz, Lüben, Wohlau und Schweidnitz und siedelten sich in der Gegend um den Probsthainer Spitzberg an, bes. in H., Probsthain, Armenruh, Langneundorf, → Zobten, Lauterseiffen, Deutmannsdorf und Hockenau. Ks. Karl VI. versuchte seit 1719 mit Hilfe einer Jesuitenniederlassung in H. die Schwenckfelder gewaltsam wieder der kath. Kirche zuzuführen, was jedoch mißlang. Viele flohen in die sächs. Oberlausitz, wo Gf. Zinzendorf sich ihrer annahm, und wanderten von dort nach Pennsylvanien aus (bes. 1734), wo sie ihren Glauben bewahrten, während die in Schles. Zurückgebliebenen nach 1740 allmählich im Protestantismus aufgingen. Das Verbot der Jesuiten, Schwenckfelder auf den Friedhöfen zu beerdigen, führte 1720 bis 1740 zu Bestattungen auf Feldern; auf dem Schwenckfelder-Begräbnisplatz von H. s. des Dorfes errichteten Auswanderer-Nachkommen aus Pennsylvanien 1863 ein *Schwenckfelderdenkmal*. Die bei Nichtteilnahme an Missionsveranstaltungen der Jesuiten erhobenen Strafgelder dienten zur Erbauung der *kath. Kirche* von H. 1732, eines ovalen Baues mit reicher barocker Ausstattung. Nach der Schließung der evg. Kirchen in den Erbfstmm. 1653/54 strömten evg. Gläubige aus über 90 Gemm. des Fstm. Schweidnitz-Jauer zum Gottesdienst in das zum Hzt. Liegnitz gehörige H. Die Kirche von H., seit 1525 evg. wurde 1701 durch Einzug von drei übereinander angeordneten Emporen (Baumeister: Gottfried Hallmann und Georg Mentzel) und 1711 durch Anbau eines Querhauses (durch Julio Simonetti) den neuen Bedürfnissen angepaßt. Otto Konrad v. Hohberg, der seit 1724 das benachbarte Armenruh besaß, stiftete 1725/26 den wuchtigen Turm und ließ in dessen Erdgeschoß eine Fam.-Gruft einrichten. Der Brand von 1726 machte im folgenden Jahr einen *Neubau* der Kirche auf dem gegebenen Grundriß notwendig. Der 41 m lange, 25 m breite und 11 m hohe Kirchenraum besaß 2400 Sitzplätze und enthielt wertvolle Ausstattungsstücke (Deckengemälde, Kanzel, Taufengel, Orgel). Die »Kirchenfahrt« nach H. ging nach der Altranstädter Konvention (1707) zurück und hörte nach der Besitzergreifung von Schles. durch Preußen, endgültig 1751 auf.

Auf dem Besitz Armenruh sw. von H., 1390 nachweisbar, steht in einem Park ein 1780 erbautes *Barockschloß,* nach einem Brand von 1791 teilweise mit klassiz. Elementen geschmückt; es diente 1959 als Magazin.   (I) *We*

EGoldmann, Z. Gesch. d. Kirchengem. H., o. O. 1927. – SKnörrlich, D. Zufluchtskirche z. H. in Schles., Ulm/Donau 1963. – LV 601, S. 163–165

Haynau (Chojnów, Kr. Goldberg). Die am l. Ufer der Schnellen Deichsa ca. 17 km n. Goldberg gelegene Stadt H. ist zwar erst 1288 als civitas belegt. Ihre verkehrsgünstige Lage am n. Zweig der → Hohen Straße zwischen Bunzlau und Liegnitz, der langgestreckte, durch Ausweitung dieser Durchgangsstraße hervorgegangene Marktplatz und die Waldhufendörfer entlang der Schnellen Deichsa ober- und unterhalb H., die z. T. aus der Zeit Hz. Heinrichs I. von Schles. stammen (→ Goldberg), legen die Vermutung nahe, daß die Stadt H. vor 1241 gegr. worden ist. Der Grundriß der alten Stadtanlage bildet ein langes Rechteck mit dem langen Marktplatz – einem der größten von Schles. – in der Mitte, von dem nach O eine Straße zum Niederen oder Liegnitzer Tor, nach W zwei Straßen führten: eine zum Oberen oder Bunzlauer Tor, die andere zur hzl. Stadtburg an der sw. Stadtmauer, die durch die Erwähnung eines Burggf. (»Kastellan«) 1292 belegt ist. Die Gesamtheit der Straßen bildete ein Gitternetz, das von einem 1357 vorhandenen Mauerring umschlossen war; von der Stadtbefestigung – im 15. und 16. Jh. verstärkt – sind noch *Mauerteile* und der *Weberturm* von etwa 1400 (Renaissance-Attika von M. 16. Jh., achteckige Fachwerk-Bekrönung öfter erneuert) erhalten. Am O-Rand des Marktplatzes erhebt sich die alte Pfarrkirche zu *Unserer Lieben Frau* mit dem wuchtigen Turm, 1299 als Einrichtung nachweisbar, die ältesten Teile der dreischiffigen Basilika aus der 1. H. 14. Jh., um- und ausgebaut um 1400, das Gewölbe von 1468, die Busewoy-Kapelle im Renaissancestil aus der M. 16. Jh.; nach dem Brand von 1651 wurde die Kirche bis 1659 wiederaufgebaut. 1299 war das Augustiner-Eremitenkl. St. Jakob an der NW-Mauer im Entstehen: der Pfarrer der Pfarrkirche verkaufte damals den Eremitenbrüdern das Grundstück der ehem. St. Jakobskapelle mit Friedhof; 1397 wird das St. Jakobskl. zu H. namentlich erwähnt (in der Ref.-Zeit eingegangen, Kirche und Kl. wahrsch. 1581 abgebrannt, Kl. als »Stadtschlössel« wiederhergestellt, 1762 abgebrannt). Das Hospital St. Nikolaus vor dem Liegnitzer Tor ist vor 1373 entstanden (Kirche im 19. Jh., Hospital 1904 abgebrochen).
Die ma. Wirtschaft von H. wurde wesentlich von den Webern bestimmt, deren Zunft 1332 belegt ist. Es ist bezeichnend, daß der erste urk. bekannte Bürgermeister von H. (1332) Albert von Ypra hieß, also wohl aus der Tuchmacherstadt Ypern in Flandern stammte. Ein Privileg von 1394 beschränkte den Kleinverkauf von Tuchen (Gewandschnitt) auf die Weber. Daß bereits seit 1353 drei von vier bzw. fünf Ratmannen der Stadt von den Zünften gestellt wurden, geht gewiß auch auf die starke Stellung der Weber zu-

rück, zeugt aber zugleich von der Bedeutung des Handwerks überhaupt. Daneben spielte der Handel eine Rolle. H. besaß seit dem 14. Jh. Meilenrecht und Salzmarkt. Die wirtschl. Stärke führte zum Erwerb der Erbvogtei durch die Stadt 1387, später auch der Landvogtei für Stadt und Weichbild, ferner zum Kauf von Landbesitz in der Umgebung.

H. gehörte seit der Teilung von Niederschles. 1248 zum Hzt. Liegnitz, mit Ausnahme der Jahre 1291–97, in denen Hz. Heinrich III. von Glogau das Gebiet um H. besetzt hatte (→ Kotzenau). Seit 1399 war die Burg bzw. das Schloß von H. zeitweilige Residenz von Mitgliedern der Liegnitzer Hz.-Fam. Johann von Lüben, der Erbe des Hzt. → Liegnitz, flüchtete sich 1451. als ihn die Liegnitzer nicht als Landesherrn anerkannten, nach H. Hz. Friedrich III. von Liegnitz (seit 1547, abgesetzt 1559, † 1570) residierte als Pz. seit 1545 in H. und weilte auch als Hz. lieber hier als in Liegnitz. Er baute 1546–47 die 1503 abgebrannte got. Burg wieder auf und gleichzeitig zu einem *Renaissanceschloß* aus; von diesem sind Teile erhalten, vor allem das Portal, darüber der Fries mit den Brustbildern des Hz. Friedrich III. und seiner Gemahlin Katharina von Mecklenburg, wahrsch. geschaffen nach einem Entwurf von Franz Pahr, der damals am Schloß zu → Brieg baute. Friedrichs III. unsteter Sohn Heinrich XI., Hz. von Liegnitz 1559–81, bekam während seiner vorübergehenden Absetzung (1576–80) H. zugewiesen. Als die Brieger Piastenlinie 1596 das Hzt. Liegnitz erbte, erhielt die Witwe Friedrichs IV. von Liegnitz, Anna von Württemberg, in erster Ehe verheiratet mit Hz. Johann Georg von Wohlau, H. als Leibgedinge († 1617, beigesetzt in der Pfarrkirche von H.); das Schloß wurde seither regelmäßig als Witwensitz verwendet.

Die Stadt H. erholte sich rasch von den Zerstörungen des Hussiteneinfalls 1428, ebenso vom Brand 1503, u. a. dank hzl. Vergünstigungen. Die Tuchmacher erlebten im 16. Jh. die größte Blüte ihres Gewerbes. Sie umfaßten E. 16. Jh. etwa 100 Zunftmeister, besaßen seit 1469 an der Pfarrkirche ihre eigene, den hll. Andreas und Katharina geweihte Kapelle, ein Hospital und Zunfthaus (1561, abgebrannt 1875). H. zählte 1553 innerhalb der Stadtmauern 251 Häuser. Nachdem schon vorher die Forderungen der verschwenderischen Hzz. der Stadt Schaden zugefügt hatten, erlebte H. im 30j. Krieg durch Pest, Brände, Plünderung u. ä. einen weiteren Niedergang. 1642 waren 120 Häuser innerhalb der Mauern unbewohnt, verwüstet oder abgebrannt, 1645 hatte H. nur noch 23 Tuchmacher und sechs Leineweber. Auch nach dem Krieg erfolgte keine wesentliche Besserung. Die Verfolgung der evg. Konfession, die sich 1535 in H. durchgesetzt hatte, nach dem Aussterben der Liegnitzer Piasten 1675 führte E. 17. Jh. zur Abwanderung mancher Eww. nach Brand. und Sachsen. Das Biermonopol der Stadt wurde 1705 vom gesamten Weichbild auf den Meilenbezirk reduziert. Ausdruck des wirtschl. Abstiegs war auch die Einschränkung der Zahl der Fleischbänke von 32 auf 16 (1719). Auf Grund der Altranstädter Konvention wurden den Evangeli-

schen 1707 die 1701 weggenommenen Kirchen wieder zurückgegeben. Für die Katholiken wurde in dem unbewohnten O-Flügel
des Schlosses eine Marienkapelle eingerichtet, die nach dem Brand
von 1762, dem nur ein teilweiser Wiederaufbau des Schlosses folgte, durch die schlichte, einschiffige *Maria- und Josefskirche* an der
NW-Ecke der Altstadt ersetzt wurde (1770–74, nach Errichtung
einer größeren kath. Kirche 1911 als Turnhalle verwendet, heute
unbenutzt). Dieser Bau wurde ebenso wie die durch Feuer zerstörten Häuser der S-Seite des Marktplatzes vom preuß. Kg. Friedrich d. Gr. finanziert. In die neuen Häuser zogen z. T. Zuwanderer
aus der Oberlausitz ein, Tuchmacher und andere Handwerker. Die
Förderung der Tuchmacherei und Leinenweberei durch Friedrich
d. Gr. brachte diesem Gewerbezweig einen vorübergehenden neuen
Aufschwung; 1788 gab es in H. 57 Tuchmacher, 15 Leinenweber
und fünf Tuchscherer gegenüber 36 Tuchmachern und 14 Leine-
webern 1723. Im 19. Jh. gingen diese Wirtschaftszweige ein, auch
eine 1831 gegr. Tuchfabrik. Dafür entstanden seit der M. 19. Jh.
verschiedene Industriebetriebe, begünstigt durch die frühe Eisenbahnverbindung (1845 Liegnitz–H.–Bunzlau, 1906 Goldberg–H.–
Reisicht). Große Bedeutung errangen zunächst die Wirbelsche
Handschuhfabrik, Gerbereien und Lederfärbereien, dann kamen
Zucker-, Papier-, Ziegel- und Tonwaren-, Eisen- und Blechwaren-,
Möbel- und Maschinen-, Autoanhänger-, Raubtierfallenfabriken
und andere Betriebe hinzu. H. überflügelte die Kr.-Stadt Goldberg
nicht nur hinsichtlich Wirtschaftskraft, sondern auch Eww.-Zahl:
1787: 2060, 1825: 2886, 1905: 10 119, 1939: 11 114 Eww. (auf 5,64
qkm). Dies war nur durch Ausweitung der Bebauung über die
alte Stadt hinaus möglich. Nachdem das Liegnitzer Tor schon 1768
abgetragen worden war, fielen das Bunzlauer Tor und der größte
Teil der Stadtmauer im 19. Jh. Das *Rathaus* erhielt 1878–79 einen
Neubau neben dem Schloß; der alte, 1336 erstm. erwähnte Bau auf
dem Marktplatz war nach mehrfacher Zerstörung und Erneuerung
1875 abgebrochen worden. 1945 erlitt H. beträchtliche Zerstörungen. Die wichtigsten Baudenkmäler sind jedoch erhalten geblieben,
auch einige denkmalpflegerisch wertvolle *Wohnhäuser* und ein
kleines *barockes Palais* (»Schloßgut«) aus der 1. H. 18. Jh. Die
wirtschl. Ausrichtung blieb im wesentlichen unverändert. Für den
mit dem Abbau neu entdeckter Kupfererzlager im Raum Lüben-
Glogau entstandenen Industriezweig wurde nach 1957 in H. eine
zentrale Reparaturwerkstätte für Maschinen eingerichtet. Im Schloß
wurde 1958 ein Regionalmuseum eröffnet. 1961: 9850 Eww. (auf
6,76 qkm), 1970: 11 067 Eww.   (II)   *We*

Museum regionale (Regionalmuseum). – ThScholz, Chronik d. Stadt
H., H. 1869. – Heimatbuch d. Altkrr. Goldberg-H.-Schönau, hg. v.
OBrandt, 2 Folgen, Braunschweig 1954/56. – LV 233, S. 770 f. – LV
234, Bd. 2, S. 551–53. – LV 601, S. 61–94. – LV 612, S. 42 f.

Heinrichau (Henryków, Kr. Frankenstein). Im Jahre 1222 erteilte
Hz. Heinrich I. von Schles. auf Bitten der Bff. von Breslau, Lebus

und Posen seinem Notar, dem Breslauer Domherrn Nikolaus, die Erlaubnis, auf dessen Besitz im oberen Ohletal ein Zisterzienserkl. zu gründen. Da der Besitz des Nikolaus hzl. Schenkungsgut war, sollte das Stift nach dem Hz. und seinem Sohn Heinrich II. »Heinrichau« heißen und als fstl. Gründung gelten. 1227 zog der erste Konvent, aus → Leubus kommend, ein. 1228 wurde die Kirche eingeweiht und ein zusammenfassendes Stiftungsprivileg ausgestellt. Die junge, im Mongolensturm 1241 bereits wieder zerstörte Zisterze hatte während des 13. Jh. bei dürftigen Einkünften mit erheblichen Schwierigkeiten zu kämpfen, insbesondere mit dem poln. Anerbenrecht, das die Besitzsicherheit ständig gefährdete. Einen lebendigen Eindruck davon wie von den sich im Umkreis des Kl. vollziehenden kolonisatorischen Veränderungen vermittelt das einzigartige H.er Gründungsbuch aus dem E. 13. und dem A. 14. Jh. 1292 wurde → Grüssau von H. aus besiedelt. In zähem Ringen gelang es dem Kl. H., seinen Besitz stetig zu vermehren, ihn durch Rodung und Siedl. zu dt. Recht zu verbessern, zu arrondieren und seit dem 14. Jh. durch den Erwerb der oberen Herrschaftsrechte zu festigen. Hierbei kam es immer wieder zu Streitigkeiten mit der nahen Stadt → Münsterberg, der Residenz der Hzz. von Münsterberg, die sich z. T. in H. begraben ließen. Im 15. Jh. brachten die Hussitenkriege, im 16. Jh. die Ref. und dann der 30j. Krieg fühlbare Rückschläge, Verluste und Zerstörungen, die durch die Rangerhöhung des Abtes zum infulierten Prälaten (1501) nicht aufgewogen wurden. Während des langen, 1677 beendeten Exemtionsstreites mit dem Breslauer Bf. wurde neben dem Kl. die *Andreaskirche* (1617) als Pfarrkirche erbaut. – Einen mächtigen inneren und äußeren Aufschwung nahm das Stift in der 2. H. 17. Jh. unter den tatkräftigen Äbten Melchior Welzel (1656–80) und Heinrich Kahlert (1681–1702). Unter dem letzteren wurden die got. *Kl.-Kirche*, der älteste erhaltene Zisterzienserbau von Schles. (Chor 13. Jh., Langhaus 14. Jh., Turm 1608) prächtig barockisiert, mit prunkvollen Altären, Bildern von Michael Willmann, Orgel, Kanzel und kostbarem Chorgestühl (vielleicht dem schönsten von Schles.) ausgestattet, das südseitige *Kl.-Gebäude* mit zwei zierlichen Ecktürmchen und reich stukkierten Innenräumen (u. a. Bibliothek) neu errichtet und weitläufige Wirtschaftsgebäude angelegt. Die Kirchenfront erhielt einen barocken Westgiebel und einen überkuppelten Vorbau, der Turm eine barocke Bekrönung. Hinzu kam 1715 die *Dreifaltigkeitssaule* auf dem Kl.-Platz. Zur gleichen Zeit (2. H. 17., 1. H. 18. Jh.) führten die Äbte von H. und → Kamenz abwechselnd die Landeshauptmannschaft im Fstm. Münsterberg, das den Fstt. Auersperg gehörte. 1699 kaufte und baute H. neu auf unter Entsendung von Mönchen und Bauern die in den Türkenkriegen verödete Abtei Zirc in Ungarn, die fortan vom Abt von H. in Personalunion mitverwaltet wurde, 1739 konnte die H. benachbarte laikale Herrsch. → Schönjohnsdorf mit 8 Dörfern erworben werden. Seit der preuß. Besitzergreifung von Schles. behinderten hohe Steuerlasten und

einschneidende staatliche Maßnahmen nicht nur die freie Weiterentwicklung des Stiftes, sondern sie leiteten seinen allmählichen
Niedergang ein, der 1810 in der völligen Aufhebung des Kl. endete. Die klösterlichen Archiv-, Bibliotheks- und Kunstschätze gelangten zum größten Teil in die Breslauer staatlichen Sammlungen, zum kleineren Teil in kirchliche. Die Stiftskirche wurde in
eine kath. Pfarrkirche umgewandelt. Das Kl. mit dem größten
Teil des klösterlichen Grundbesitzes kam 1812 über die preuß.
Pzn. Friederike Louise Wilhelmine, spätere Kgn. der Niederlande,
an das Haus Oranien, von diesem 1863 durch Verkauf an die Groß-
hzz. von Sachsen-Weimar, die es bis 1945 mit rund 30 000 Morgen
Land besaßen. Die Baulichkeiten haben im wesentlichen das
Kriegsende überstanden.   (IIa)   *Me*

LV 157. – LV 158. – LV 159. – WPfitzner, Versuch einer Gesch. d. vormaligen Fstl. Cisterzienser-Stiftes H. b. Münsterberg in Schles., Br.
1846. – BStephan, Kl. H. u. seine Kunstschätze, Br.-Dt. Lissa 1935. –
HJessen, Kl. H., ein Beispiel d. Besiedlung Schlesiens, Kitzingen 1951.
– HDąbrowski. Uformowanie się wielkiej własności feudalnej klasztoru
Cystersów w Henrykowie (D. Entstehung d. feudalen Großgrundbesitzes d. Zisterzienserkl. in H.), in: Roczniki Historyczne 21 (1953/54
[1956]), S. 109–147. – HGrüger, D. Besitzungen d. Kl. H., in: LV 72,
22 (1964), S. 64–119. – Ders., H., Gesch. eines schles. Zisterzienserkl.
1227–1977, Köln/Wien 1977. – Ders., D. Union d. Zisterzienserkll. H.
(Schles.) u. Zirc (Ungarn) (1699–1814), in: LV 33, 26 (1977), S. 20–75

Herby (Kr. Lublinitz). Der Ort bestand urspr. aus zwei Teilen, die
zu beiden Seiten der alten schles.-poln. Grenze lagen. Auf schles.
Seite existierte 1885 nur ein Wohnplatz H. der Gem. Lissau
mit einem Gebäude und 7 Eww. Er entwickelte sich ebenso wie
der im poln. Kr. Tschenstochau gelegene Teil mit dem Báu der
W–O-Eisenbahnstrecke (Oppeln–)Lublinitz–(Schles.-)H. (1892) –
Tschenstochau (1905/11) als Grenzübergangsort. Dem schles. H.
brachte sodann unter poln. Herrschaft die Fertigstellung des Teil-
stücks Stahlhammer (Kalety)–(Schles.-)H. der neuen S–N-Eisen-
bahnverbindung Kattowitz–Gdingen 1926 größeren Aufschwung.
1954 erfolgte die Vereinigung beider Orte, 1958 die Erhebung zur
stadtart. Siedlung im Kr. Lublinitz unter Angliederung von Kallina
(Kr. Lublinitz) und Pietrzaki (Kr. Tschenstochau). Die Ansiedlung
einiger Industriebetriebe an diesem Eisenbahnknotenpunkt förderte den weiteren Ausbau des Ortes. Bei einer Ausdehnung von
18,57 qkm hatte H. 1961: 2061, 1970: 2585 Eww.   (IV)   *We*

Lubliniec, zarys rozwoju powiatu (Überblick d. Entwicklung d. Kr. Lublinitz), hg. v. JJaros, Kattowitz 1972. – LV 234, Bd. 1, S. 441

Hermsdorf (Kynast) (Sobieszów, Kr. Hirschberg). Der Ort (9 km
sw. Hirschberg) mit seinem Schloß und den beiden Kirchen liegt
am Fuße eines steil aufsteigenden, 627 m hohen Granitfelsens,
dessen Kuppe die berühmte, sagenumwobene *Burgruine Kynast*
krönt. Diese schon durch die landschaftliche Lage eindrucksvollste
aller schles. Burgruinen wird erstm. 1364 gen. (»Kinast«). Sie ist of-

fenbar mit der Feste »zum Hertenberge« bei Hirschberg identisch,
die Thimo III. von Colditz, der spätere Landeshauptmann von
Breslau, bis 1364/65 offenbar als Pfandbesitz innehatte. Die ausgesprochene Abschnittsburg mit ihren vier Höfen war anfangs als
Grenzfestung der Schweidnitzer Bolkonen angelegt worden, angeblich 1292 durch Bolko I., aber 1353 erscheint sie nicht unter
den Burgen des Landes, und 1393 wird sie als »neues Haus« bezeichnet, so daß eher an Bolko II. († 1368) als Gründer zu denken
ist. Schon bald wurde die Burg Kynast aber zu einem der Stammsitze des Geschlechtes der Gotsche Schoff, der späteren Reichsgff.
v. Schaffgotsch. Gotsche II. Schoff († 1420 stand bei Hz. Bolko II.
und dessen Witwe Agnes in hoher Gunst; 1375 erhielt er die Landvogtei zu Hirschberg. In der Verschreibung der Hzn. Agnes an
Gotsche II. von 1381 war der Kynast wahrsch. mit enthalten; 1393
ist er in dessen Hand belegt. Die später zur Herrsch. Kynast gehörenden 16 Güter (u. a. H., → Petersdorf, Herischdorf, → (Bad)
Warmbrunn, → Schreiberhau) gehen z. T. auf Erwerbungen Got-
sches II. zurück. Nach der Hinrichtung von Hans Ulrich v. Schaffgotsch 1635 (→ Greiffenstein) wurde die Herrsch. von seiten des
Ks. beschlagnahmt und erst 1650 an Gf. Christoph Leopold v.
Schaffgotsch zurückgegeben. Nachdem die Burg Kynast 1675 durch
Blitzschlag ausgebrannt war, verlegte die Fam. Schaffgotsch ihren
Wohnsitz endgültig nach → (Bad) Warmbrunn; die Burg Kynast
wurde nicht wieder aufgebaut.
Die Ruinen der Anlage stammen nur zum kleinsten Teil aus dem
15. oder gar 14. Jh. Der Hauptteil entstand erst im 16. Jh. Wichtigster Rest der ma. Burg ist der Kapellenerker (1393 belegt), der
mit halbrechteckigem Grundriß aus der Mauerwand herausragt,
aufgestützt auf einen als bärtiger Kopf ausgebildeten Konsolstein.
Die Zierglieder der Gewölbe mit ihren Rippen, der Schlußstein
mit dem Schaffgotschen Wappen sowie die Dienste zeigen spätgot.
Profile. In der Mitte des Burghofes steht eine aus unregelmäßigen
Achteckblöcken gemauerte Staupsäule. Für die Bauzeit des 16. Jh.
sind die Zinnen in Halbkreisbogenform und die Kasemattenanlage
charakteristische Bauteile. Bergfried, Pallas und die Wirtschaftsgebäude gehören zu den wesentlichen Bestandteilen der großzügi-
gen Anlage.
Im Dorf H. ist die Pfarrkirche St. Martini ein Umbau einer früheren ma. Kirche, durchgeführt 1778 wahrsch. durch den Maurermeister Liebusch (nach 1945 ungenutzt). Die sehr reiche barocke
Ausstattung von Altar und Kanzel ist das Werk des Hirschberger
Bildhauers Augustin Wagner. Die evg. Kirche (nach 1945 kath.) erbaute der H.er Maurermeister George Porrmann 1744/45 als rechteckigen Saalbau mit zwei Reihen von Fenstern. Den Außenbau
krönt ein hübscher Dachreiter, den Innenraum umziehen allseitig
Emporen. Das Dorfbild wird vom Schloß beherrscht, das als Amtshaus der Schaffgotschen Verwaltung diente. Es wurde 1705–12
durch den Bunzlauer Maurermeister Elias Scholz erbaut und bildet den hochgelegenen Abschluß eines Gutshofes. Eine breite

Treppenanlage führt zu diesem charakteristischen Bauwerk eines
ländlichen schles. Barocks hinauf. Im Inneren bildet die gewölbte
Eingangshalle den Zugang zum Treppenhaus, dessen flache Stu-
fen und schwere Ballustern in guter Beziehung zum ländlichen
Äußeren des Gutshofes und des langgestreckten Dorfes stehen.
In der 2. H. 19. Jh. entwickelte sich in H. der Ausflugsverkehr,
bes. nach dem Bau der Eisenbahnlinien Hirschberg-H. (1891) und
H,-Schreiberhau (1902). Es entstand hier auch Möbelindustrie
und die Glasschleiferei und -ätzerei Neumann & Staebe, die sich
1923 mit der Heckertschen Glashütte in → Petersdorf und der
Josephinenhütte in → Schreiberhau zur »Josephinenhütte AG«
(Sitz: Petersdorf) vereinigte. H. hatte 1785: 1227, 1825: 1561, 1905:
2393 (+ 95 Gutsbez.), 1939: 3277 (auf 11,66 qkm) Eww. 1954
wurde es zur stadtart. Siedl., 1962 zur Stadt erhoben. 1961 lebten
in H. auf 30,93 qkm 5132, 1970: 4927 Eww.   (I)   *Gru, We*

HSchubert, Beschreibung u. Gesch. d. Burg Kynast im Riesengeb., Br.
1890. – LV 587, Bd. 3, S. 452. – LV 613, Bd. 2, S. 24 f. – ASiebelt, D.
Burg Kynast, ihr Ursprung u. ihre Gesch. bis z. Gegenwart, Warmbrunn
(1921). – JSykulski, Piastowski zamek Chojnasty koło Jeleniej Góry (D.
Piastenburg Kynast b. Hirschberg), Hirschberg 1946. – LV 612, S. 41 f. –
EVogt, D. Burg Kynast u. ihre Besitzer im Ma., in: LV 72, 17 (1959),
S. 118–52; dass. . . . im 16. u. 17. Jh., ebenda, 21 (1963), S. 215–54. –
LV 616, S. 133–35. – LV 622. – GGrundmann, Schles. Architekten im
Dienst d. Herrsch. Schaffgotsch u. d. Propstei Warmbrunn, Straßburg
1930. – LV 234, Bd. 2, S. 585. – → Petersdorf

Herrndorf (Żukowice, Kr. Glogau). Das 8 km w. Glogau gelegene
Dorf H. ist 1299 erstm. belegt, die *kath. Pfarrkirche* 1376. Der
schöne Ziegelbau gehört dem E. 15. Jh. an; an der W-Seite ließ
Joachim vom Berge 1587, als die Kirche evg. war (bis 1653), einen
mit zwei Renaissancegiebeln versehenen Bibliotheksbau errichten. Das Geschlecht vom Berge saß seit 1406 bis 1945 auf H.
Seine bedeutendste Persönlichkeit, der prot. Humanist und ksl.
Reichshofrat Joachim vom Berge (1528–1602), führte 1595 auf seinen Gütern in Ober H. und Kladau das Seniorat (Nachfolge des
Ältesten des Geschlechts) ein und verband damit eine Stiftung für
prot. Studierende aller Schichten. Das *Schloß* in Ober H. wurde
1585/86 erbaut und nach Bränden 1760 und 1923 mehrfach, aber
mit viel Geschmack umgebaut und erweitert.   (II)   *Gru*

LV 587, Bd. 3, S. 44. – LV 524, S. 99. – LV 264. – GGrundmann, Gut-
achten über d. gesch. Bedeutung d. Seniorats H., seiner Baulichkeiten,
Kunstgegenstände u. Archivalien, Br. 1941 (Ms. im Besitz d. Verf.). –
LV 615, S. 58 f. – Woj. Zielonogórskie, Przewodnik (Führer durch d.
Woj. Grünberg), Warschau 1971, S. 97.

Herrnstadt (Wąsosz, Kr. Guhrau). Unmittelbar nach dem Tode
Hz. Heinrichs IV. von Breslau 1290 besetzte Hz. Heinrich III. von
Glogau den bis dahin breslauischen Kastellaneisitz → Sandewalde
und beauftragte am 22. 11. 1290 den Lokator Otto von Sprottau,

gen. Halbesalcz, oberhalb von diesem am r. Ufer der Bartsch mit 86 fränk. Hufen eine Stadt zu Saganer und Sprottauer Recht auszusetzen, die den Namen »Hernstat« tragen solle. H. entstand neben der slaw. Siedl. »Wansose«; die St. Andreaskirche (»Landkirche«) 2 km n. der Stadt ist angeblich eine Stiftung der hl. Hedwig, zumindest bestand sie wahrsch. schon vor der Stadtgründung, verm. auch die Stadtburg im NO, die durch den hzl. Burggf. von H. Dietrich, gen. v. Baruth, 1292 belegt ist. Bei der Ablösung der Kastellanei- durch die Weichbildverfassung übernahm H. ebenso wie → Guhrau als Vorort eines Weichbildes die zentralörtliche Funktion für einen Teil des Kastellanei Sandewalde. Durch die Teilung des Hzt. Glogau 1312 fiel das Weichbild H. an das neue Hzt. Oels, 1512 an Siegmund v. Kurzbach und 1525 an die Hzz. von Liegnitz–Brieg–Wohlau. H. war Furt- bzw. Brückenort, bei dem eine Straße von Fraustadt–Guhrau nach Trachenberg–Breslau die Horle und die Bartsch überquerte. Im Mündungswinkel von Horle und Bartsch auf drei Seiten durch Wasser, im SO durch Sumpf und Wald geschützt, benötigte H. keine Stadtmauer; das Guhrauer oder Poln. Tor und das Breslauer Tor lagen an den Flußübergängen im Zuge der gen. Straße. Inmitten der planmäßigen Stadtanlage mit gitterförmigem Straßennetz war ein quadratischer Marktplatz mit Rathaus; für die Stadtgem. entstand wohl bald nach der Gründung die St. Matthiaskirche. H. war eine unbedeutende Ackerbürger- und Handwerkerstadt; unter den Handwerkern spielten bis A. 19. Jh. die Tuchmacher eine gewisse Rolle (1728: 55, 1813: 4 Meister). 1524 schloß sich die Bevölkerung von H. der Ref. an. Nachdem das Hzt. Wohlau beim Aussterben der Piasten an die Krone von Böhmen gefallen war, nahmen die Habsburger 1694–98 den Evangelischen gewaltsam die Kirchen (St. Matthias, St. Andreas und das 1657 errichtete Begräbniskirchlein St. Salvator) weg, bis sie sie ihnen 1707 auf Grund der Altranstädter Konvention zurückgeben mußten; die inzwischen gebildete kath. Gem. erhielt damals die Schloßkapelle zugewiesen. Kriegshandlungen (30j., 7j. Krieg) und Brände suchten die Stadt mehrmals heim. 1710 brannte fast die ganze Stadt ab. Nach der Schlacht bei Kunersdorf versuchten Österreicher und Russen, H. den preuß. Truppen abzunehmen. Als dies mißlang, zerschossen die Russen am 23. 10. 1759 die Stadt; nur wenige Häuser blieben stehen, von dem dreiflügeligen Schloß wurde der r. Seitenflügel mit der Kapelle vernichtet. 1818 wurde das H.er Weichbild in den Kr. Guhrau eingegliedert. Der Anschluß an das Eisenbahnnetz (1886 H.–Trachenberg, 1898 Liegnitz–H.–Rawitsch) brachte keinen entscheidenden Aufschwung. Die Bev.-Zahl wuchs nur geringfügig an: 1787: 1602, 1825: 1780, 1905: 1864, 1939: 2941 Eww. (auf 15,71 qkm). Starke Zerstörungen am E. des 2. Weltkrieges trugen dazu bei, daß H. 1945 das Stadtrecht verlor; 1959 wurde es allerdings zur stadtart. Siedl. angehoben. 1961: 1966 Eww. (auf 20,63 qkm), 1970: 2073. Erhalten ist das *Schloß* mit Bauteilen der Renaissance und des Barock (16./17. Jh.). (II) *We*

KRaebiger, Gesch. d. Stadt u. d. evg. Kirchengem. H., H. 1908. – LV 233, S. 773 f. – LV 234, Bd. 2, S. 601 f. – FHeinze, Heimatbuch d. Kr. Guhrau/Schles., Scheinfeld 1973

Himmelwitz (Jemielnica, Kr. Groß Strehlitz). In der als »neue Siedlung« 1235 urk. erwähnten und 1285 als Kirchort bezeichneten Ortschaft »Gemelnici«, 1485 »Giemelnicz«, später H., wurde 1282 durch Hz. Boleslaus von Oppeln († 1313) ein Zisterzienserkl. begründet, ein Tochterkl. des Stiftes → (Groß) Rauden, das seinerseits 1252 vom Kl. Jędrzejów im Bst. Krakau aus errichtet worden war, einer Gründung des burgundischen Mutterkl. Morimond von 1146; daher stand M.O.R.S. (Morimundus) später in den Wappenschilden der drei gen. Abteien. Neben Rauden hat H. nicht die kulturelle und geistige Bedeutung erlangen können wie dieses; doch ist seine zentrale geistliche und wirtschl. Auswirkung für Land und Volk seines Umkreises nicht gering einzuschätzen. Urspr. wie Rauden zur kleinpoln. Zisterzienserprov. gehörend, wurden beide Stifte 1616 der damals neuerrichteten schles. Ordensprov. angegliedert. Großes Ansehen brachte H. der aus Görlitz stammende Johannes Nucius, seit 1591 Abt in H. († 1620), ein Meister der polyphonen Motette; durch seine Kompositionen und ein musiktheoretisches Werk gehört er zu den Begründern der musikalisch-rhetorischen Formenlehre. Die um 1750 eröffnete Lateinschule des Stiftes hat trotz erheblicher Schwierigkeiten wegen der Zweisprachigkeit der Bevölkerung etwa 200 Schülern den Zugang zu höheren Studien ermöglicht. 1810 wurde das »Fstl. Zisterzienserstift H.« von der Regierung Preußens eingezogen und aufgelöst. Das Klostergut erwarb 1826 Andreas Maria Gf. Renard auf Groß Strehlitz. – Die Kl.-Bauten der Anfangszeit, zumeist aus Holz, sind in der Hussitenzeit (A. 15. Jh.) geplündert und verbrannt, die Mönche für ein Jahr in die Wälder vertrieben worden; die Neubauten, 1617 durch Brand schwer beschädigt, erlitten im 30j. Kriege große Verwüstung durch schwed. Truppen. Nach einer neuerlichen Feuersbrunst 1733 wurden Kirche und Kl.-Gebäude mit kargem Barockschmuck im Äußeren erneut aufgebaut, wie sie z. T. bis in die Gegenwart ohne nennenswerte Kriegsschäden 1945 erhalten geblieben sind. Die *Stiftskirche*, nach 1810 Pfarrkirche für den Ort H., ist eine dreischiffige Basilika aus dem Ende des Ma. mit reicher barocker Innenausstattung, zwei dem berühmten schles. Maler in der Barockzeit Michael Willmann zugeschriebenen Altargemälden, mit edelgeformten, weiß-goldstaffierten Holzskulpturen der Seitenaltäre, einem reichgeschnitzten Prospekt der Orgel von 1777 und bedeutsamer St. Josephskapelle; sie ist um 1935 vom Preuß. Hochbauamt im Inneren sachgemäß restauriert worden. Der Turm trägt eine durchbrochene Barockhaube; unter dem n. Seitenschiff ist die Grabkrypta (seit 1714) der Mönche erhalten. – Die Gebäude des Stiftes umschlossen mit der s. Seitenfront der Kirche einen viereckigen Innenhof mit einfachem Kreuzgang, der heute nicht mehr vorhanden ist. Die *Prälatur* zum Kirchplatz hin und das *s. Stiftsgebäude* sind erhalten und als Pfarrhaus benutzt, samt dem runden sw. Eckturm, der sie verbindet; der nö. Turm wurde mit dem O-Flügel des Stiftes nach 1810 abgerissen. Sechs nicht unansehnliche Ölgemälde von Äbten des 17. und 18. Jh. hängen im weiträumigen Obergang des Pfarrhauses. – Die urspr. *Allerheiligen-Pfarrkirche,* bereits 1285 erwähnt, ein Holzbau, wurde durch einen spätgot. Steinbau, 1477 geweiht, ersetzt; der Innenraum zeigt gut erhaltene Freskenmalerei, die erst vor drei Jahrzehnten aufgedeckt worden ist. Die Innenausstattung (17. Jh.) ist sorgfältig restauriert. Seit der Säkularisation dient sie, immer von einem Friedhof umgeben, als Begräbniskirche. (IV) *Sab*

Urkk. d. Kl. H. (1283–1497), in: LV 161, S. 77–104. – AWeltzel, D. Fstl. Cisterzienserstift H., Br. 1895. – ASabisch, Eine Urk. v. 1477 an d. Chorwand d. Allerheiligen-Kirche in H., in: LV 72, 22 (1964), S. 303–06 m. 4 Abb. – LV 593, Bd. 7, H. 14, S. 15–24. – HUnverricht, Johannes Nucius, in: LV 649, Bd. 5, S. 24–28

Hindenburg O. S. (Zabrze). Ursprung der Stadt H. ist das auf dem oberschles. Muschelkalkrücken zwischen Gleiwitz und Beuthen am S-Ufer des Iser-Baches (Beuthener Wassers) gelegene, um 1300 gegr. Dorf Zabrze; im Liber fundationis des Bst. Breslau (um 1305) erscheint es als im Aufbau befindliches Dorf von 60 großen Hufen unter dem Namen »Sadbre sive Cunczindorf«. Der Name »Kunzendorf«, der auf den Lokator zurückgehen dürfte, verschwand dann während des Slawisierungsprozesses in Oberschles. im Spätma. 1538 gelangte Zabrze in den Besitz der Fam. Dluhomil von Birawa, die hier einen Herrensitz einrichtete. Zur Grundherrsch. Zabrze gehörten um 1700 fünf Dörfer und fünf Vorwerke; sie war damals Besitz der Anna Susanna v. Rauthen geb. v. Welczek († 1704), von der sie an Anna Susanna Renata Freiin v. Sobeck († 1744) kam, die in erster Ehe mit Gf. Johann Bernhard III. v. Praschma, in zweiter mit Gf. Johann Dunin verheiratet war.

Die große Zeit von Zabrze begann mit dem Aufbau des oberschles. Industriereviers auf der Grundlage der Steinkohle. Bereits 1725 wird in Zabrze ein Frischfeuer erwähnt, ebenso 1774 ein Frischfeuer und ein Holzkohlehochofen, die sich aber nicht lange hielten. Erst die Gründung der großen Kohlengrube im angrenzenden Zaborze 1790 – seit 1811 »Kgn.-Luise-Grube« gen. – legte die Basis für die moderne Entwicklung, während die 1797 auf Zabrzer Grund gemutete Kohlengrube (die spätere Concordia-Grube) bald ihren Betrieb einstellte. Inzwischen hatte der Besitzer der Herrsch. Zabrze seit 1768, Mathias Frh. v. Wilczek, im Rahmen der friderizianischen Peuplierungspolitik 1774–76 Kolonien begründet, davon auf Zabrzer Boden Dorotheendorf, Klein Zabrze und Mathesdorf, und damit die Besiedlung des Gebietes vorangetrieben. Nachdem Zabrze kurze Zeit in der Hand des Pz. Georg Carl von Hessen-Darmstadt und Kg. Maximilians I. von Bayern gewesen war, erwarb es 1826 Gf. Carl Lazarus Henckel v.

Donnersmarck auf Neudeck († 1864), dessen Fam. für die weitere Entwicklung von Zabrze bedeutsam wurde. War die Verlängerung des → Klodnitzkanals durch den Stollen- oder Oberkanal von Gleiwitz bis Zabrze und den unterirdischen sog. Erbstollen bis Königshütte 1810 wegen technischer Unzulänglichkeiten und Benutzungsbeschränkung ohne große Wirkung auf die Wirtschaft von Zabrze, so folgte der Verkehrserschließung durch die Eisenbahnstrecke Breslau–Gleiwitz–Zabrze–Myslowitz 1845/46 rasch der Bau weiterer Gruben und großer Industriewerke: 1848 wurde die Concordia-Grube durch Gf. Carl Lazarus Henckel v. Donnersmarck wieder eröffnet, 1850/51 wurden eine Koksanstalt und eine Hochofenanlage (»Donnersmarckhütte«) durch dessen Sohn Gf. Guido († 1916), 1853 die Dampfkesselfabrik von Heinrich Koetz, 1855 die Redenhütte in Zaborze und die Adolf-Deichsel-Drahtwerke- und Seilfabriken-AG, um diese Zeit wohl auch eine Glashütte eingerichtet, 1856 begann Albert Borsig, alte, stillgelegte Anlagen (Hedwigswunsch- und Ludwigsglück-Grube) wieder in Betrieb zu nehmen und neue Einrichtungen zu schaffen, bes. in Biskupitz, 1872 wurde die Guido-Grube in Dorotheendorf eröffnet. Die Unternehmen wurden ständig ausgebaut, sie wechselten die Besitzer und wurden zu großen Industriekomplexen zusammengefaßt. Die industrielle Erschließung zog den Aufbau von Wohn- und Geschäftsvierteln nach sich, die Bev.-Zahl stieg rapide an. 1829 hatte Alt Zabrze erst 624 Eww., zus. mit Klein Zabrze, Dorotheendorf, Zaborze, Biskupitz und Mathesdorf 2049 Eww. gehabt. 1885 waren die entsprechenden Zahlen: Gem. Alt Zabrze und Gutsbez. Zabrze: 9835, zuzügl. der Gemm. Biskupitz, Dorotheendorf, Klein Zabrze, Mathesdorf, Zaborze und der Gutsbezz. Biskupitz, Dorotheendorf und Zaborze zus. 39016 Eww. 1873 wurde aus Teilen des Kr. Beuthen der Kr. Zabrze gebildet. Die bald darauf einsetzenden Bemühungen, für Zabrze Stadtrecht zu erhalten, wurden erst 1922 von Erfolg gekrönt, nachdem 1905 Alt- und Klein Zabrze, Dorotheendorf und Teile des Gutsbez. Zabrze zu einer Gem. Zabrze von 54 228 Eww. vereinigt und diese 1915 nach dem Sieg Hindenburgs über die Russen in Ostpreußen den Namen H. angenommen hatte. Die Stadterhebung erfolgte kurz nach der Teilung von Oberschles., durch die H. Grenzstadt wurde und den s., größeren Teil seines Kr.-Gebietes an Polen verlor. Der Restkr. wurde (bei unwesentlichem Gebietstausch) 1927 in einen Stadtkr. H. umgewandelt, wodurch Biskupitz, Mathesdorf, Zaborze und ein Teil von Sosnitza eingemeindet wurden. H. stieg zu einer Großstadt von 126 410 Eww. (1927; 1939: 126 079) mit einer Ausdehnung von 44,68 qkm auf. Erster Oberbürgermeister wurde der Politiker Dr. Hans Lukaschek, 1929–33 Oberpräsident der Prov. Oberschles. und Reg.-Präs. von Oppeln. Grenzlage und Wirtschaftskrise brachten H. in der Zwischenkriegszeit wirtschl. Einbußen; u. a. wurden die Borsigwerke stillgelegt und abgebrochen. Die Stadtplanung erreichte durch Neuanlage von Wohnsiedll., Grünanlagen, Sporteinrichtungen

u. a. m. Verbesserung der Verhältnisse in der durch die Industriewerke bestimmten Gruppenstadt. 1951 wurde das Stadtgebiet
durch weitere Eingemeindungen auf 81,16 qkm erweitert, die
Bev.-Zahl erhöhte sich auf 193 484 (1961) und rd. 197 300 (1970).
Die meisten der zahlreichen heutigen Bergbau- und Industriebetriebe von H. reichen in das 19. Jh. zurück. Nach 1945 erhielt H.
eine medizinische Akademie.   (IV) *We*

Kroniki Miasta Zabrza (Chroniken d. Stadt H.), H. 1 (1967) ff. –
JKnossalla, Gesch. d. Stadt H. O/S (Zabrze), Kattowitz 1929. –
FGabrysch, D. räumliche Entwicklung d. Städte Beuthen, H. u. Gleiwitz, Berlin 1937. – LV 233, S. 774 f. – HPaschke, Chronik d. Stadt H.
in Oberschles., (Berlin 1941). – HSchröter (u. a.), H. O/S, Stadt d.
Gruben u. Hütten, Essen 1965. – Zabrze, zarys rozwoju miasta (Abriß
d. Entwicklung d. Stadt H.), hg. v. HRechowicz, Kattowitz 1967. – LV
234, Bd. 1, S. 483–85. – HLAbmeier, Hans Lukaschek, in: LV 649,
Bd. 5, S. 228–36

Hirschberg (Jelenia Góra). Die Stadt H. liegt auf einer Anhöhe
oberhalb des Zusammenflusses von Bober und Zacken. Sie beherrscht den Talkessel zwischen Boberkatzbach- und Riesengeb.
Ein historisch einwandfreies Gründungsdatum für die Stadt ist
nicht belegbar, sie ist aber verm. kurz vor 1281 auf hzl. Boden
als Mittelpunkt eines dt. Rodungsbezirks ausgesetzt worden. 1281
stellte nämlich Hz. Bernhard von Löwenberg in »Hyrzberc« eine
Urk. aus, mit der er den Johannitern von Striegau 100 Hufen am
Oberlauf des Zackens verlieh, und 1288 gestattete Hz. Bolko I.
von Löwenberg-Jauer mit Zustimmung »unserer Bürger von H.«
(»nostrorum civium Hyrsbergensium«) die Erbauung einer Schenke in → (Bad) Warmbrunn; sie civitas ist H. 1299 belegt. Der
ca. 500 ×500 m große Stadtgrundriß sowie der dt. Name (H.
besitzt ein entsprechendes redendes Wappen: auf Felsen stehen-
der Hirsch, vor 1455) bezeugen die dt. Gründung aus wilder
Wurzel.
Zahlreiche Urkk. des 14. Jh. tragen zur Erhellung der Entwicklung der Stadt bei, so die Urk. mit der Erteilung des Meilenrech-
tes durch Bolko II. von Schweidnitz (1348), ferner Privilegien zur
wirtschl. Betätigung wie das Verkaufsrecht für Salz, Eisenstein
usw. (1355), das Braurecht, das Recht auf das Waaghaus, das
Recht, Münzen zu schlagen, usw. (1361). 1355 erlangte H. die
Freiheit von Abgaben im Dölmenhandel, 1866 die gegenseitige
Zollfreiheit mit Breslau. Zahlreiche Lehnsbriefe bestätigten den
ländlichen Besitz in der Umgebung.
Die aufblühende Stadt verteidigte sich und die seit 1291 belegte
Burg auf dem Hausberg während der Hussitenkriege 1426 mit
Erfolg. Die Burg wurde jedoch 1433 auf Geheiß des Landes-
hauptmannes abgebrochen. 1502 erhielt die Stadt von Kg. Wla-
dislaus das Recht der freien Ratswahl verliehen, 1519 das zur
Abhaltung eines Jahrmarktes und 1532 das auf einen zweiten
Markt. 1524 wurde in der Stadtkirche erstm. evg. gepredigt und
1566 neben der Kirche das Schulhaus erbaut. Mit der Rekatholi-

sierung der Kirche im Jahre 1650 wurde diese Schule kath. Pfarrhaus.
Die Entwicklung der Stadt, die durch die ma. Tuchmacherei
ablösende Leinenweberei seit A. 16. Jh. einen fühlbaren Aufschwung verzeichnen konnte, wurde 1550 durch einen großen
Brand aufgehalten. Erst die Einführung der Schleierweberei, die
der Schuhmacher Joachim Girnth auf der Rückreise von Holland
1570 eingeführt hatte, trug wesentlich zur Belebung des Handels
bei. 1625 konnten die ersten »dünnen Schleier« angeboten und
verkauft werden, wozu das ksl. Privileg Ferdinands III. von 1630
für die Stadt zu einer bes. wichtigen Urk. wurde.
Im 30j. Krieg wurde die Stadt von den Truppen beider Parteien
schwer heimgesucht, mußte hohe Kontributionen zahlen, und bei
der Belagerung von 1634 kam es zu einem zweiten verheerenden
Stadtbrand. 1640/41 mußte die Stadt zwei weitere Belagerungen
überstehen, so daß es Jahre dauerte, bis die Schäden des Krieges
ausgeglichen werden konnten. Dazu trug wesentlich die Gründung der Kaufmannssozietät 1658 bei, so daß H. in der 2. H.
17. und der 1. H. 18. Jh. zum Zentrum des Leinen- und Schleier-
handels im schles. Geb. wurde. Diese wirtschl. Entwicklung wurde nur durch die konfessionelle Situation während der habsb.
Epoche beeinträchtigt. Eine Entlastung bedeutete die durch
Karl XII. von Schweden in der Altranstädter Konvention geschaffene Möglichkeit, mit großen Geldopfern der Hirschberger
Kaufmannsfamm. ein evg. Gemeindezentrum mit einer Kirche vor
den Toren der Stadt 1709–18 zu schaffen. Der große erneute
Rückschlag erfolgte mit den drei Schles. Kriegen, die der Stadt
außer Besatzung, Kontributionen und Zerstörungen den Rückgang
des Handels einbrachten. Die Abtrennung von Österreich und die
damit neue Grenze im Geb. schufen völlig veränderte Verhältnisse für den alten Leinen- und Schleierhandel, der trotz aller Bemühungen durch den preuß. Kg. Friedrich II. nicht mehr die alte
Höhe erreichen konnte und nach der Franzosenzeit und den Befreiungskriegen im 19. Jh. der Konkurrenz der Maschine unter-
liegen mußte.
Die Stadt war stark befestigt. Eine doppelte Mauer seit E. 15. Jh.
und ein Zwingergraben, unterbrochen von drei Toren, dem
Schildauer (Schiller-)Tor, dem Langgassentor und dem Burgtor,
umzogen die Innenstadt. Das Schildauer Tor war von einer
Torkapelle, der späteren Annenkirche, begonnen 1514, flankiert.
Das Straßengefüge in Rasterform erschließt sich zum rechteckigen
Marktplatz mit der Gruppe des Rathauses und der Kaufbänke,
den sogenannten *Siebenhäusern*, die die Mitte des Platzes einnehmen (nach 1945 modern wiederhergestellt). Die den Markt
umgebenden Häuser sind auf einem den ganzen Platz umzie-
henden *Laubengang* geöffnet. Sie gehen in den Fundamenten
z. T. in das späteste Ma. zurück, und ihre Grundrisse lassen einen
einheitlichen Typus erkennen. Die Fassaden sind den jeweiligen
Stilperioden vom 16. bis 19. Jh. angepaßt, wobei die Barock- und

Rokokoformen überwiegen. Die Lauben dienten kaufmännischen Zwecken. Zu den schönsten Gebäuden gehörte das Haus zum Goldenen Schwert, ein seltenes Rokokobeispiel in Schles. – Ließen die Häuser der Innenstadt mit ihren handtuchschmalen Grundrissen nur wenig Spielraum zur künstlerischen Entfaltung zu, so boten die Vorstadthäuser mit behäbigen Proportionen hierzu mehr Möglichkeiten, so das Buchssche Gartenhaus vor dem Langgassentor inmitten eines großen Barockgartens. Beachtlich war hier die große ausgemalte Treppenhalle, während das Baumgartensche Haus an der Schildauer Straße durch einen Binnenhof mit Arkaden ausgezeichnet war. Bes. reich war die Fassade des Buchsschen Waisenhauses in der Unterstadt.

Das *Rathaus* stand urspr. an der NW-Seite des Marktplatzes und erhielt erst im 16. Jh. einen Neubau in dessen Mitte. Als 1739 der Turm des Rathauses einstürzte, wurde 1747–49 ein Neubau unter dem preuß. Baudirektor Hedemann aufgeführt, bekrönt von einem hohen Mittelturm mit einem preuß. Adler als Wetterfahne. – Ältestes kirchliches Bauwerk der Stadt ist die kath. Pfarrkirche zu *St. Erasmus und Pankratius,* eine Bruchsteinbasilika mit lichtem hohen Chor und W-Turm aus der 2. H. 14. und dem 15. Jh. Die barocke durchbrochene Turmbekrönung stammt von 1736. Das kostbarste Ausstattungsstück ist der barocke Hochaltar von 1713–18 mit den Figuren des Bildhauers Thomas Weißfeld und dem Altarbild der Verklärung Christi von Johann Kretschmer, umrahmt von der großartigen Schreinerarbeit des Hirschberger Tischlers Hielscher. Außerdem besitzt die Kirche eine bedeutende Orgel der Spätrenaissance. Vor dem W-Eingang befindet sich auf dem Kirchplatz eine *Mariensäule* von 1712, deren krönende Figur ebenfalls Thomas Weißfeld zugeschrieben wird. – Die altkath. *St. Annenkirche,* urspr. unter Verwendung der Mauern einer alten Bastei erbaut, wurde nach dem Brand von 1634 in barockem Sinne erneuert. Vor den Toren der Stadt wurde die Begräbniskirche zum Hl. Geist – 1449 errichtet, 1613 erweitert – 1907 abgebrochen, dagegen blieb die *Marienkirche* in der ö. Vorstadt vor dem Schildauer Tor – 1453 erstm. erwähnt, heutiger Bau von 1737 – erhalten; sie dient seit 1948 einer orthodoxen Gem. als Gotteshaus, seit 1952 unter dem Patrozinium der Apostel Petrus und Paulus. – Als nach dem zwischen dem Ks. und dem schwed. Kg. 1707 abgeschlossenen Vertrag von Altranstädt sechs schles. Städten die Erbauung je einer evg. Kirche gestattet wurde, entstanden in H. die *Gnadenkirche* zum Kreuze Christi, das *Kantorhaus,* das *Pfarr- und Schulgebäude* und der *Friedhof.* 1718 war der ganze Baukomplex beendet. Die Kirche ist ein Werk des aus Reval stammenden und in Liegnitz ansässig gewordenen Architekten Martin Frantz. Das Vorbild gab die Stockholmer Katharinenkirche mit ihrer Fünfturmgruppe über kreuzförmigem Grundriß ab. Höhepunkte der Innenausstattung bildeten die Altarorgelanlage, eine Stiftung der bedeutendsten Persönlichkeit des Hirschberger Kaufmannsstandes, Christian Menzel, und die Deckenausmalung zweier bedeutender Künstler in Schles., des Willmann-Schülers Hoffmann und des aus Bayern stammenden Felix Anton Scheffler. – Eine besondere baukünstlerische Erscheinung sind die *Gruft-kapellen* mit ihrem reichen plastischen Schmuck und ihren Gittern auf dem Friedhof, die die Hirschberger Kaufmannsfamm. zwischen 1716 und 1780 ihren Toten erbauten (heute stark verfallen). Außerdem befanden sich auf dem Friedhof und auf dem vom Bürgermeister Schönau angelegten Kavalierberg gute klassiz. Denkmäler, so das Frantzsche Denkmal des Canova-Schülers Pettrich von 1810 und das Denkmal Schönaus von 1802. 1797 war außerdem ein antiker Tempel zur Verherrlichung Friedrichs II. durch den Hirschberger Kaufmann Geyer auf dem Helikon oberhalb des Zusammenflusses von Bober und Zacken angelegt worden.

Die Stadt wuchs im 19. Jh. über ihren Mauerngürtel hinaus. Die Mauern fielen, der *Burgtorturm* blieb erhalten, das *Schildauer Tor,* erneuert 1763, wurde 1868 an die Waldersee-Kaserne, die ehem. Zuckerraffinerie, versetzt. Das Baumgartensche Haus, im 19. Jh. Posthaus, wurde im Stil der Neurenaissance umgebaut, A. 20. Jh. entstanden die ersten Kaufhäuser, es folgten moderne Schulen (1909 das Lyzeum, 1912 die Oberrealschule, 1928/29 das Gymnasium). Zwei Gebäude kennzeichnen die jüngste Stilentwicklung zur Zeit des Jugendstils: das 1904 erbaute Kunst- und Vereinshaus des Architekten A. Daehmel und das *Museum* des Riesengebirgsvereins des Architekten Karl Grosser von 1912/14. In diesem Museum war die gesamte kulturelle und künstlerische Entwicklung, aber auch die politische und gewerbliche Gesch. der Stadt H. für die Nachkommen in vorbildlicher Weise zusammengefaßt (1950 erneuert, 1953 wieder eröffnet).

Durch die Industrialisierung seit dem 19. Jh. entstanden in H. u. a. Leinenindustrie, optische Werke, Maschinen-, Holzstoff- und Papier-, Zementfabriken, Mehl- und Schneidemühlen und 1936 eine Zellwollefabrik. Nach wie vor hatte H. seine Mittelpunktfunktion, nach 1742 als Kr.-Sitz, inne; 1922 wurde es kreisfreie Stadt. 1866 erhielt H. Eisenbahnanschluß nach Görlitz–Berlin, 1867 nach Waldenburg–Breslau. Eww.-Zahlen: 1787: 6295, 1825: 6184, 1905: 19 317, 1939: 35 296 (auf 28,08 qkm). 1945 erlitt H. keine direkten Kriegszerstörungen, aber die Stadt war danach einem starken Verfall preisgegeben, dem u. a. manche Häuser am Ring zum Opfer fielen. Später setzten Wiederherstellungsarbeiten ein. 1961 hatte H. 51 471 Eww. (auf 35,27 qkm), 1970: 55 814 Eww. Bei der poln. Verwaltungsreform von M. 1975 wurde H. Sitz einer Woj., die teilweise oder ganz die vorherigen Krr. Bunzlau, Görlitz, Lauban, Löwenberg, Goldberg, H. und Landeshut umfaßt. Der Dichter Georg Heym (1887–1912) wurde in H. geb.   *Gru*

Muzeum Regionalne (Regionalmuseum), ul. Matejki 28. – JDHensel, Hist.-topogr. Beschreibung d. Stadt H. i. Schles., H. 1797. – JKHerbst, Chronik d. Stadt H. in Schles. bis z. Jahre 1847, H. 1849. – MVogt,

Illustr. Chronik d. Stadt H. in Schles., H. 1875. – EHering, Chronik
d. Stadt H., Berlin (1936). – HJessen, H., Loblied d. Zeitgenossen (LV
84, Nr. 9), Br. 1938. – LV 233, S. 775 f. – H. im Riesengeb., ein Heimatbuch, hg. v. AHöhne, Gr. Denkte/Wolfenbüttel 1953. – LV 234,
Bd. 2, S. 559–61. – LV 587, Bd. 3. – GGrundmann, D. Baumeisterfam.
Frantz, Berlin 1937. – LV 599. – ERóżycka, JRozpędowski, Jelenia Góra
(H.) (LV 108), Br. u. a. 1975. – MGöbel, D. H.ische Kaufmanns-Sozietät
1658 bis 1933, H. 1933. – SKühn, D. H.er Leinwand- u. Schleierhandel
v. 1648–1806 (LV 85, Bd. 7), Br. 1938. – LV 357, S. 49

Hirschfeldau (Jelenin, Kr. Sprottau/Sagan). H. ist ein Waldhufendorf zwischen Sagan und Freystadt, um 1220 dt. gegr., mit kath.
Kirche aus Granitfindlingen von E. 15. Jh., die ein spätgot. Sa-
kramentshäuschen von 1497 und viele Grabdenkmäler der ma.
Gutsherren aufweist. H. ist Stammsitz der v. Knobelsdorff im
Fstm. Sagan, die schon 1393 hier wohnten, aber H. 1620 verloren
und nochmals 1817–1853 das ganze Dorf mit 6 Vorwerken besaßen. Das *Schloß* der v. Knobelsdorff, 1553/65 erbaut, ließen Ge-
neral v. Franckenberg und seine Witwe (1787–1805 Besitzer von
H.) in klassiz. Formen neu erbauen. In H. hatten Besitz die Saganer Augustiner (ab 1321), die Sprottauer Nonnen (ab 1312) und
das Saganer Jesuitenseminar (1678–1787; Stiftung vom Saganer
Verweser Joh. Adam Frh. v. Garnier 1678). Seit 1869 gab es zwei
Rittergüter Nieder H. und Ober H. mit 358 bzw. 673 ha.   (I)   *St*
LV 587, Bd. 3, S. 144. – LV 659, S. 56, 103. – GSteller, D. Grund- u.
Gutsherren von H. in: Illustr. Hauskalender f. d. Kr. Sagan, 1940, S.
42–50. – LV 615, S. 52–54

Hochkirch (Wysoka Cerekiew, Kr. Glogau). Die 14 km sö. von
Glogau gelegene dt. Dorfgründung, die bis 1810 zu einem Teil
dem Glogauer Domstift gehörte, ist um 1300 wiederholt urk. gen.,
so 1291 als »Alta ecclesia«, und war schon damals Pfarrort. Im
Zusammenhang mit dem aggressiven Verhalten Hz. Johanns II. v.
Glogau-Sagan fanden hier 1480 und 1488 Beratungen schles. Fstt.
und Städtevertreter statt. Bedeutung gewann H. durch die Marienwallfahrt (seit dem 15. Jh.?), die durch den Glogauer Landeshauptmann George Abraham Frh. v. Dyhern bes. Förderung erfuhr. Dieser ließ um 1662 auf dem Prozessionsweg von Glogau
nach H. 15 Stationskapellen errichten. 1724 wurde die erweiterte
Wallfahrtskirche (dreischiffige Barockkirche) konsekriert, in der sich
mehrere aus der 2. H. 16. Jh. stammende Figurengrabmäler, vor
allem für Adlige aus der Umgegend, befinden. Auch die aus Parma
gebürtige Primaballerina Barbera Campanini († 1799), gen. Barbe-
rina, die Geliebte Friedrichs d. Gr. und dann Gattin des Glogauer
Oberamtsregierungspräsidenten Carl Ludwig Frh. v. Cocceji gewesen ist, liegt hier begraben. Der Schriftsteller Paul Majunke
(† 1899), Mitglied des Reichstages und des Preuß. Landtages,
wirkte in H. als Pfarrer. Im ältesten gedruckten Personalschema-
tismus des Bst. Breslau von 1748 erscheint H. bereits als Sitz eines
Archipresbyters.   (II)   *Ab*

LV 266. – HHoffmann, D. kath. Kirchen d. Landkr. Glogau. Eine Führung (LV 107, Nr. 29), Br. 1937, S. 85–103

Hohenfriedeberg (Dobromierz, Kr. Jauer). H., bis ins 17. Jh. nur Fried(e)berg gen., entstand am Fuße des Galgenberges (später »Siegeshöhe«, 400 m), der höchsten Erhebung einer Hügelkette am N-Rand des Waldenburger Berglandes, am l. Ufer des Striegauer Wassers (11 km ö. Bolkenhain). Obwohl erst 1369 als Weichbildort und 1386 als oppidum belegt, ist die Stadt verm. bereits vor 1289 entstanden, im Zusammenhang mit der dtrechtl. Umsetzung der slaw. Vorgängersiedl. Schweinz, deren Name zunächst auch für die Stadt gegolten haben wird: der 1289 gen. Pfarrer von »Swenz« wird derjenige von H. gewesen sein (1307 Pfarrer von »Vrideberch« belegt), besaß doch das unmittelbar ö. an H. anschließende Stadtdorf Schweinz keine eigene Pfarre, sondern war stets nach H. eingepfarrt. Die Pfarrkirche liegt oberhalb (s.) der planmäßigen Stadtanlage, die von der Straße Bolkenhain-Striegau und ihrer Erweiterung zum Marktplatz bestimmt ist, neben einem slaw. *Burgwall* des 12./13. Jh. (obere Ausmaße: 31 × 51 m). Die hzl. Gründung reichte seit der 2. H. 14. Jh. adlige Besitzer, so die Fam. Bolze (bis 1408), Sander v. Grunau (seit 1408), Franz v. Zedlitz (1600), Carl Frh. v. Seherr-Thoß (1789). Christoph Ferdinand v. Nimptsch ließ auf dem zu Schweinz gehörigen Rittergut H. um 1727 ein *Barockschloß* errichten und einen Park anlegen. H. war und blieb ein unbedeutendes Handwerker- und Ackerbürgerstädtchen des Fstm. Jauer, zumal Brände es mehrmals heimsuchten. Es erhielt auch keinen direkten Eisenbahnanschluß (nächste Station: → Kauder, 4,5 km). Die Eww.-Zahl stieg nur langsam an von 454 (1787) über 636 (1825) auf 706 (1905) und nur durch die Eingemeindung von Schweinz, Neu Börnchen und Neu Petersdorf auf 1074 (1939, auf 9,92 qkm). Bei der Übernahme in poln. Verwaltung verlor H. 1945 die Stadtrechte (1961: ca. 470 Eww.). – Die *St. Michael-Pfarrkirche,* seit der Ref. bis 1654 evg., entstand M. 17. Jh. neu (Wiederherstellung nach Bränden von 1654 und 1697, Turm 1797). Die zuletzt ²/₃ der Bevölkerung ausmachenden Evangelischen erhielten 1742 am Marktplatz ein Bethaus (nach Brand 1827 *Neubau* an anderer Stelle nach Plänen von Schinkel).

Mit dem Namen der Stadt H. ist der Sieg Kg. Friedrichs d. Gr. über die verbündeten Österreicher unter Pz. Karl von Lothringen und Sachsen unter dem Hz. von Sachsen-Weißenfels im 2. Schles. Krieg verbunden. Um gegen seine Feinde, also auch die Schles. verdrängen wollten, bestehen zu können, zog Friedrich im Frühjahr 1745 bei Neisse seine Truppen (ca. 60 000 Mann) zusammen und eilte mit ihnen über Reichenbach-Schweidnitz in die Gegend s. Striegau, während er gleichzeitig das Gerücht von seinem Rückzug auf Breslau verbreitete. Die Österreicher und Sachsen (ca. 80 000 Mann) waren über den Landeshuter Paß in die Gegend von Bolkenhain vorgerückt und stiegen bei → Rohnstock n. H.

vom Geb. in die sumpfige Niederung hinab, als sie am frühen Morgen des 4. 6. 1745 überraschend von den Preußen angegriffen wurden: zunächst die Sachsen von den preuß. Vortruppen unter Gen. Du Moulin, die nach dem Prinzip der schiefen Schlachtordnung den l. feindlichen Flügel nw. Striegau umfassen sollten und ihn bis 6 Uhr früh nach Pilgramshain zurückgeworfen hatten, anschließend am r. (österr.) Flügel von der erfolgreichen preuß. Reiterei unter Gen. Kyau und Gen. Zieten im sumpfigen Gelände zwischen Günthersdorf und Thomaswaldau (nö. H.), und schließlich wurde die österr. Infanterie in der Mitte vom 2. Treffen der preuß. Reiterei (Bayreuth-Dragoner unter Gen. v. Geßler) bezwungen. – Den H.er Marsch soll angeblich Friedrich d. Gr. nach der Schlacht komponiert haben. Auf der »Siegeshöhe« bei H., auf der der Gefechtsstand des Pz. Karl gewesen war und dann Friedrich d. Gr. die erbeuteten Fahnen und die Gefangenen besichtigt hatte, entstand 1845 ein Aussichtsturm, 1878 zum Erinnerungsmal umgebaut. – In H. geb. wurde der Heimatdichter Fedor Sommer (1864–1930). (II) *We*

LV 330, S. 51 f. – LV 357, S. 50. – GMüller, Im Lande d. drei Burgen, Bolkenhain 1925, S. 68–80. – LV 233, S. 777. – Heimatbuch d. schles. Kr. Jauer-Bolkenhain, hg. v. ATost, Velen i. Westf. 1955, S. 179–183. – LV 234, Bd. 2, S. 554. – LV 613, Bd. 3, S. 9 f. – LV 299, Bd. 1, S. 274–286. – D. zweite schles. Krieg 1744–1745, hg. v. Gr. Generalstab, Bd. 2: H., Berlin 1895. – RKeibel, D. Schlacht bei H., Berlin 1899. – V. Mollwitz bis Annaberg, zus.gestellt v. GSchwantes, Br. 1935, S. 25–31. – LV 631, S. 144–146. – SJastrzębski, Jawor i okolice (Jauer u. Umgebung), Br. u. a. 1973, S. 115 f.

Hohe Straße. Die H. St. gehörte zu den wichtigsten ma. und frühneuzeitlichen W-O-Fernstraßen Mitteleuropas. Sie setzte die von SW, W und N in Leipzig zusammenlaufenden Handelswege ostwärts über Großenhain und Bautzen nach Schles. und weiter nach Polen fort. Von Görlitz führte der Hauptstrang über Lauban – Naumburg/Qu. – Bunzlau – Haynau nach Liegnitz und Breslau. Görlitz beanspruchte für den Verkehr zwischen der Oberlausitz und Schles. auch die direkten Verbindungswege nach Bunzlau (über Günthersdorf und weiter über Naumburg/Qu. oder Siegersdorf). Zwischen Lauban und Liegnitz konnte auch eine Straße über Löwenberg – Goldberg eingeschlagen werden. Von Breslau verlief die H. St. über Brieg–Oppeln–Tost–Beuthen nach Krakau und von dort weiter nach Lemberg. W. Breslau erwuchs der H. St. vor allem nach der Teilung der wettinischen Lande 1485 in der → Niederen Straße eine Konkurrenz, während ö. dieser Stadt die H. St. schon in der 1. H. 15. Jh. zugunsten nördlicherer Handelswege über Oels – Namslau – Kreuzburg – Krzepice oder über Oels – Bralin – Wieluń nach Krakau an Bedeutung einbüßte, teilweise im Zusammenhang mit der stärkeren Ausrichtung des Breslauer Handels auf Lublin, der die Route über Wieluń benutzte. *We*

Schönwälder, D. hohe Landstraße durch d. Oberlausitz im Ma., in: LV 55, 56 (1880), S. 342–368. – MRauprich, Breslaus Handelslage im Ausgange d. Ma., in: LV 28, 26 (1892), S. 1–26. – LV 265. – MScholz-Babisch, Z. schlesisch-oberlausitzischen Verkehrsgeschichte, in: LV 30, 1925, S. 47–55. – LV 482, S. 87–89, 117. – KMysliński, Lublin a handel Wrocławia z Rusią w XIV i XV w. (Lublin u. d. Handel Breslaus m. Rußland im 14. und 15. Jh.), in: Rocznik Lubelski 3 (1960), S. 5–36. – LV 483, Textbd., S. 540–548, 681–690. – LV 476, S. 5–22

Hohlstein (Skała, Kr. Löwenberg). Das n. von Löwenberg an einem Bergrücken gelegene Dorf H. (1939: 248 Eww.) wird 1347 erstm. urk. erwähnt. Der herrschl. Sitz H. auf dem sog. »hohlen Stein« (Felsgrotte) geht verm. auf eine Befestigungsanlage im Zuge der Bober-Linie zurück, die von den Hussiten zerstört worden ist. Unter seinen Besitzern waren die Löwenberger Fam. Weidemann (1385, 1406), Bernhard v. Rechenberg (1401–1406), die v. Kopatsch und v. Lest. Um 1627 gehörte die Herrsch. H., zu der auch Besitzungen der Umgebung zählten, den Gff. v. Promnitz; ihnen folgten in der 1. H. 18. Jh. die Gff. v. Redern, und 1798 gelangte die Herrsch. in die Hand des Hz. Peter von Kurland und Sagan. Von dessen Tochter Pauline ging H. 1845 auf ihren Sohn, den regierenden Fst. Friedrich Wilhelm Constantin von Hohenzollern-Hechingen, über, der nach seiner Abdankung in seinem Stammlande (1849) in das benachbarte → Löwenberg übersiedelte und H. zu seiner Sommerresidenz machte. Durch Erbschaft fiel die Herrsch. 1869 an die Fstt. von Hohenzollern-Sigmaringen. Das *alte Schloß* von H. wurde 1513 erbaut, das *neue Schloß* im 18. Jh. 1809 weilte in ihm Theodor Körner, und 1813 diente es sowohl den Franzosen als auch den Preußen als Hauptquartier. – Auf den hochgelegenen Feldern n. von H. (H.er Zeche) wurde seit dem 13. Jh. eine Zeitlang nach Gold gegraben (→ Plagwitz).   (I) *Jä*

BGSutorius, D. Gesch. v. Löwenberg, 2 Bde., Bunzlau 1784, Jauer 1787. – PKleber, Bilder aus Löwenbergs Vergangenheit, Löwenberg i. Schl. 1930, S. 104–112. – Heimatbuch d. Kr. Löwenberg i. Schl., ³(Bückeburg) 1959, S. 372–373, 384–385

Hornschloß, Burgruine (Rogowiec, Gem. Donnerau/Grzmiaca, Kr. Waldenburg). Zur Sicherung der Grenze gegen Böhmen wurde die Burg von Hz. Bolko I. von Schweidnitz (1291–1301) errichtet. 1292 ist sie erstm. erwähnt. Durch die Heirat der Hzn. Anna von Schweidnitz mit Ks. Karl IV. verlor das H. als Grenzfeste an Bedeutung. Während der Hussitenkriege war H. Stützpunkt des Adels, der sich mit den Hussiten verband. Die Burg wurde 1483 im Auftrage des Kg. Matthias Corvinus vom Landeshauptmann Georg v. Stein belagert, zerstört und nicht wieder aufgebaut. Zum ehem. Burgbezirk gehörten die Orte Weistritz, Breitenhain, Schenkendorf, Bärsdorf, → Wüstegiersdorf, Donnerau und Reimswaldau. Seit der M. 15. Jh. ist der Burgbezirk mit der Herrschaft → Fürstenstein verbunden.   (IIa) *Kö*

O du Heimat lieb u. traut! Bilder aus d. Waldenburger Berglande, hg. v. MKleinwächter, Waldenburg 1925, S. 74–76. – HBartsch, Aus d. Gesch. unseres Waldenburger Berglandes, Sonderdruck aus: Waldenburger Heimatbote 1962–1969, Norden (Ostfriesl.) 1969, S. 22–25. – Ders., Unvergessene Waldenburger Heimat, Norden (Ostfriesl.) 1969, S. 98–99

Hoyerswerda → Band Sachsen

Hünern (Psary, Kr. Trebnitz/Breslau). Die wichtige ma. Handelsstraße von Breslau nordwärts nach Trebnitz und weiter über Punitz nach Posen oder über Militsch-Inowrocław nach Thorn mußte an der Grenze des Hzt. Breslau zum Hzt. Oels die Weide überschreiten. Sie tat es im 14. Jh. ca. 1 km unterhalb von H. bei Simsdorf, wo 1337 eine Brücke über den Fluß vorhanden war. Im 15. Jh. passierte der Verkehr ihn bei H. (10 km n. Breslau), dessen Name (1350 Psar, dt. Hünder) auf eine alte hzl. Hundewärter-Dienstsiedl. schließen läßt; dort erhoben die Hzz. von Oels einen Zoll, wogegen die Breslauer ebenso wie gegen den Zoll von → Hundsfeld unter Berufung auf ihr Privileg, daß zwei Meilen um Breslau kein Zoll u. ä. aufgerichtet werden dürfe, Einspruch erhoben. Die Hzz. verwiesen auf die Umfahrung des Oelser Zolls und die damit gegebene Notwendigkeit, den Zoll an der Weide zu erheben. Die Kgg. von Böhmen verboten die Zollerhebung in H. 1427, sie duldeten sie 1434–1492/1504; im 17. Jh. gab es zeitweilig wieder einen Zoll von H. Die Besitzer von H. hatten das urspr. hzl. Recht des Salzverkaufs. (II) *We*

LV 274. – LV 483, Textbd., S. 642. – AKern, D. Zollwesen Schlesiens 1633–1740, in: LV 28, 44 (1910), S. 3

Hultschin (tschech. Hlučín, Tschechoslowakei). Die am l. Ufer der Oppa gelegene Stadt H. ist, obwohl erst 1303 belegt, wahrsch. eine Gründung des böhm. Kg. Ottokar II. († 1278), wie auch das Waldgebiet nö. von H. in der 2. H. 13. Jh. mit Waldhufendörfern besetzt worden ist. Zunächst zu Mähren gehörig, war H. später Teil des Hzt. Troppau. Seit seiner ersten Erwähnung 1303, als H. im Besitz von Siffrid v. Baruth war, ist H. als Mediatstadt belegt, es wurde Mittelpunkt einer Grundherrsch., die w. der Stadt im Schloß und Vorwerk ihren Sitz hatte. Die Besitzer wechselten häufig; zu den bekannteren und längere Zeit mit H. verbundenen Grundherren gehören die Gff. von Würben und Freudenthal (1439–71, 1542–1629/57), die v. Welczek (1492–95, 1509 ff.), die Frhh. (seit 1633 Gff.) v. Gaschin (1629/57–1727) und die Wiener Bankiersfam. v. Rothschild (seit 1845). Die Stadt bildete eine planmäßige Anlage mit quadratischem Ring, die *Pfarrkirche* ist 1378 nachweisbar, die Stadtmauer (*Reste* erhalten) mit drei Toren (Oder- oder Ostrauer, Nieder- oder Troppauer, Neu- oder Ratiborer Tor) wurde unter Bernhard v. Zwole in der 1. H. 16. Jh. errichtet; außerhalb der Mauern bestanden im 16. Jh. ein Spital

und die spätere Begräbniskapelle St. Margaretha. Die Stadt, die
Leobschützer Recht besaß, war zunächst vorwiegend von Deutschen bewohnt, wie überlieferte Namen des 14. Jh. bezeugen
(u. a. 1303 Erbvogt Konrad). Später slawisierte die Bev. stark.
H. war Handwerker- und Ackerbürgerstadt. Um 1830 waren in H.
die Tuchmacher (69 Stühle), Leineweber (25 Stühle) und Schuhmacher (47) am zahlreichsten vertreten. Die Eww.-Zahl betrug
1787: 1100, 1825: 1813, 1905: 2942, 1939: 4826. Die schles. Teilungsgrenze von 1742 verlief am S-Rand von H. an der Oppa;
die Stadt kam an den preuß. Kr. Leobschütz, 1816 an Ratibor.
Auf Grund des Versailler Vertrages wurde der vorwiegend von
mährischsprachiger Bev. bewohnte s. Teil des Kr. Ratibor 1920 an
die Tschechoslowakei abgetreten; für ihn bürgerte sich nach seinem Hauptort H. der Name → Hultschiner Ländchen ein. Nach
dem Münchner Abkommen fiel H. wieder an das Dt. Reich (zum
14. 4. 1939 zurück an den Kr. Ratibor); nach 1945 erneut an die
Tschechoslowakei.   (IV) *We*

LV 209, 2. Abt., T. 2, S. 176–81. – LV 210, Bd. 2, 706–09. – LV 524,
S. 105. – LV 511, Sp. 119–21. – D. treudt. Hultschiner, Ratibor 1 (1924)
– 11 (1933). – LV 351, S. 110, 122. – WKrause, D. dt. Stadt H. im Ma.,
in: Ratiborer Heimat-Kalender 1940, S. 65–68. – LV 345. – 700 let
města Hlučína (700 Jahre H.), H. 1956. – → Hultschiner Ländchen

Hultschiner Ländchen (tschech. Hlučinsko, Tschechoslowakei). Mit
»H. L.« wird der von mährischsprachiger Bev. bewohnte ehem. s.
Teil des Kr. Ratibor mit der Stadt → Hultschin bezeichnet, räumlich fest umrissen seit seiner Abtretung an die Tschechoslowakei
auf Grund des Versailler Vertrages vom 28. 6. 1919. Dieses im S
von der Oppa unterhalb Troppau, im SO von der Oder, im N von
der Zinna und ihrem Zufluß Troja unterhalb Katscher sowie im
W von der alten Kr.-Grenze zu Leobschütz begrenzte Gebiet im
Vorfeld des Gesenkes gehört zu der meist mit einer dünnen Löß-
schicht bedeckten diluvialen Platte des oberschles. Vorgebirgshügellandes. Der in beträchtlichem Maße seit jeher waldfreie und
fruchtbare Boden führte zu früher, bereits für die Jungsteinzeit
nachweisbarer Besiedlung. Durch die politischen Vorstöße von
Böhmen-Mähren nach Schles. im 9.–11. Jh. wurde das H. L. von
mähr. Slawen besetzt. Im 13./14. Jh. fand hier sowohl dt. Siedl.
(z. T. in Waldhufendörfern) als auch dtrechtl. Umsetzung slaw.
Siedll. statt. Städt. Mittelpunkt wurde Hultschin (2. H. 13. Jh.),
außerdem entstanden die Kleinstädte → Beneschau und → Zauditz, alle zunächst stark dt. bestimmt. Die Siedl.-Dichte im Ma.
war beachtlich (1377: 30 Siedll.), die Verkehrserschließung durch
die von Troppau über Kranowitz nach Ratibor und von Fulnek
über Hultschin nach Ratibor führenden Straßen gut. Nach den
Hussitenkriegen und dem 30j. Krieg trat wirtschl. Verarmung ein,
sprachlich im 15. Jh. ein Slawisierungsprozeß. Politisch wurde das
H. L. mit der Entstehung des Hzt. Troppau (–Jägerndorf) und
dessen Anlehnung an Schles. seit dem E. 14. Jh. von Mähren ge-

trennt. Durch die Grenzziehung von 1742 an der Oppa wurde die mährischsprachige Bev. des H. L. vom übrigen mähr. Gebiet isoliert und in den preuß.-dt. Kulturraum einbezogen; sie bewahrte altertümliche mähr. Sprachformen, die sie mit dt. Elementen vermischte, und nahm am Aufkommen eines Nationalbewußtseins in Böhmen-Mähren im 19. Jh., das mit sprachlicher Angleichung des Mährischen an das Böhmische verbunden war, nicht teil. Kirchlich blieben die streng kath. Bewohner des H. L. die ganze preuß. Zeit über mit dem Erzbst. Olmütz verbunden; dem Versuch einiger Geistlicher ab 1895, die mähr. Sprache im H. L. zu beleben (Herausgabe des Wochenblattes »Katolické Noviny«), war jedoch kein großer Erfolg beschieden. Auf Grund der mährischsprachigen Mehrheit – 1910 gaben 80% der Bev. Mährisch, 14% Deutsch, 5% Polnisch als Muttersprache an – wurde das H. L. 1919 ohne Volksabstimmung dem neu gegr. tschechoslowakischen Staat zugesprochen und nach Inkrafttreten des Versailler Vertrages (10. 1. 1920) von tschech. Truppen besetzt (4. 2. 1920); zwei Dörfer kamen nach Regelung der ostoberschles. Frage 1922 hinzu. Das 315,8 qkm große Gebiet umfaßte eine Stadt (Hultschin), 37 Landgemm. und 30 Gutsbezirke und besaß 1910 48 446 Eww. Zwei Dörfer im NW – Thröm und → Zauditz – waren fast rein dt. Umgekehrt reichte das mähr. Sprachgebiet im NO geringfügig über das H. L. hinaus und besaß weiter w. im Kr. Leobschütz, zu dem bis 1817 auch das H. L. gehört hatte, noch um Nassiedel eine Insel von 10–12 Gemm. Wirtschl. war das H. L. – abgesehen von dem 1782 begonnenen, im 19. Jh. erweiterten, besitzmäßig mit dem benachbarten Mähr.-Ostrauer Revier zusammenhängenden Kohlenbergbau in der Landecke zwischen Oppa und Oder bei Petershofen – vorwiegend agrarisch ausgerichtet, wobei der Flachsanbau eine Besonderheit darstellte (Flachsfabrik in Kuchelna). Der Großgrundbesitz, der A. 20. Jh. 40,5% des ganzen Landes ausmachte, spielte eine große Rolle. Die größten Güterkomplexe bildeten die Herrschsch. Kuchelna (der Fstt. Lichnowsky, 18 Güter, davon 8 im H. L.), Odersch (v. Lejeune'sche Erben, 4 Güter), → Beneschau (5 Güter) und Schillersdorf (9 Güter, davon 7 im H. L.), letztere beiden seit M. 19. Jh. im Besitz zweier Linien der Wiener Bankiersfam. v. Rothschild, die die österr. Ks.-Ferdinand-Nordbahn und einen Teil der Ostrauer Kohlenfelder besaßen. Wegen der beschränkten wirtschl. Möglichkeiten im Lande zogen viele Bewohner bis 1920 saisonweise als Hausierer und Wandermaurer durch weite Teile Deutschlands. Unter tschech. Verwaltung bildete das H. L. zunächst einen eigenen Politischen Bezirk im Land Schles. Die 1928 durchgeführte Änderung der Bezirksgrenzen sollte ebenso der Integrierung in den tschechoslowakischen Staat dienen wie die Ansiedlung Auswärtiger auf dem beschlagnahmten Boden des Großgrundbesitzes über 250 ha und die Einführung der tschech. Unterrichtssprache (außer in Thröm und Zauditz) unter Verbot von Privatschulen.

Der Minderheitenschutzvertrag fand keine Anwendung, weil offiziell weniger als 20% der Bev. sich zum Deutschtum bekannten (immerhin 19%, mehr als die Sprachstatistik von 1910 ausweist). Die Mehrheit der Bev. des H. L., für die es bereits seit 1873 keinen mähr. Schulunterricht mehr gegeben hatte und die das Deutsche zumindest als Verkehrsprache verwendete, brachte jedoch im Widerstand gegen die Schulmaßnahmen und in der Wahl dt. Parteien ihre Verbundenheit mit dem dt. Kulturraum zum Ausdruck. Nach dem Münchner Abkommen im Okt. 1938 wieder an das Dt. Reich angegliedert, kam das H. L. mit Wirkung vom 15. 4. 1939 an den schles. Kr. Ratibor zurück, im Mai 1945 erneut an die Tschechoslowakei.   (IIIa/IV) *We*

D. treudt. Hultschiner, Ratibor 1 (1924) – 11 (1933). – LV 210, Bd. 2, bes. S. 697–716. – LV 212, Bd. 2. – ChThilo, D. Bev.-, Siedl.- u. Wirtschaftsverhältnisse im H. L., in: LV 216, S. 75–114. – GSchellin, D. H. L. Eine Landeskunde, Diss. Königsberg 1933. – LV 288. – LV 351. – JVyhlidal, Čechove v Pruskem Slezsku (D. Tschechen in Preuß.-Schles.), ³1900. – EBollacher, D. H. L. im Versailler Friedensvertrag, Stuttgart 1930. – HThSchmidt, D. H. L. in d. Nachkriegszeit 1918–1938, in: LV 28, 73 (1939), S. 314–38. – RMalohlava, OKáňa, VMariánek, Stručný přehled vývoje Hlučinska (Kurzer Überblick d. Entwicklung d. H. L.), Mähr. Ostrau 1960

Hummelschloß (Lewiński Zamek, Stadt Lewin, Kr. Glatz). Zwischen → Bad Reinerz und → Lewin stehen über dem Weistritztal auf dem 733 m hohen, heute bewaldeten Basaltkegel des Hummel die *Turm*- und *Mauerreste* des H., wohl aus dem 13. Jh. Es sicherte die wichtige Straße (»Polenweg«) von Prag über den Hummelpaß nach Glatz-Wartha-Breslau; eine frühere Befestigungsanlage soll schon im 11. Jh. die Grenze Böhmens gegen N geschützt haben. Bis ins 15. Jh. führte das H. den Namen »Landfried« (erstm. belegt 1366). Es bildete den Mittelpunkt einer böhm. Herrsch., die im 14. Jh. denen v. Pannwitz gehörte. Mit dem Übergang an Dietrich v. Janowitz (1392–1411) wurde die Herrsch. Hummel mit der benachbarten böhm. Herrsch. Nachod vereinigt; so blieb es auch unter Heinrich v. Lazan, gen. Leffl (1411–14) und seinem Verwandten Boczek v. Kunstadt (1415–24), der sich als erster v. Podiebrad nannte. 1427 fiel das H. in die Hände der Hussiten, die von hier aus lange Zeit Einfälle nach Schles. unternahmen. 1444–54 besaß Hynek Kruschina v. Leuchtenburg (Lichtenburg), der Pfandinhaber der Gfsch. Glatz, die Herrsch. Unter den Hussiten wie auch dann 1454–1477 unter Georg v. Podiebrad (dem späteren Kg. von Böhmen) und seinen Söhnen, den Hzz. von Münsterberg, war die Hummelherrsch. wieder mit Nachod vereinigt. In der Hussitenzeit kam für den »Landfried« der tschech. Name »Homole« auf; die tschech. Tendenzen konnten jedoch den dt. Einflüssen in dem Gebiet nicht Einhalt tun. Unter Hz. Heinrich d. Ä. von Münsterberg (1472 bis 1477) und seiner Gemahlin Ursula (Tochter des Markgf. Albrecht Achilles von Brand.) erlebte das H. nochmals eine kurze Blütezeit.

1477 schenkte Hz. Heinrich die Herrsch. Hummel dem Hildebrand v. Kauffung, wobei er sie nicht nur in die Gfsch. Glatz eingliederte, sondern auch um die sog. »böhm. Seite« der Hummelherrsch. mit den Kirchspielen → Lewin, Tscherbeney und Schlaney vergrößerte. Nachdem das H. unter Sigismund v. Kauffung ein Raubritternest geworden war, kam es im 1. Drittel 16. Jh. an den damaligen Pfandherrn der Gfsch. Glatz, Gf. Hardeck, und später an dessen Nachfolger. Die Herrsch. wurde nach 1559 durch Verkauf einzelner Dörfer allmählich aufgelöst, das unbewohnte Schloß verfiel und war 1595 wüst, das Vorwerk neben der Burg erwarb damals die Stadt → (Bad) Reinerz.   (IIa)   *Web, We*

FAlbert, D. Gesch. d. Herrschaft Hummel u. ihrer Nachbargebiete, 1. Teil (bis 1477), Glatz 1932. – AOtto, Glatzer Wanderbuch, Mittelwalde 1923, ²Leimen/Heidelberg 1971, S. 232–234. – JFogger, D. Glatzer Land u. Volk in d. Gesch., Bd. 2 (Gfsch. Glatzer Heimatkunde, Bd. 3, Beil. z. Gfsch.er Boten 1956–58), Lüdenscheid 1958, S. 259–266. – Burgen u. Schlösser in d. Gfsch. Glatz, 1. Teil (Gfsch. Glatzer Buchring, Bd. 25), Leimen/Heidelberg 1963, S. 8–12. – LV 612, S. 57. – MPerlbach, D. Herren v. Kauffung auf d. H., in: LV 28, 10, 1 (1870), S. 34–86. – Ders., Reinerz u. d. Hummelherrsch. v. 1510–1561, in: LV 28, 11, 1 (1871), S. 384–98

Hundsfeld (Wrocław-Psie Pole, Stadtkr./Stadtwoj. Breslau). Der Name H. wird von der späteren Geschichtsschreibung und der Sage auf ein Ereignis während des Feldzuges Kg. Heinrichs V. gegen Hz. Boleslaus III. Schiefmund von Polen 1109 zurückgeführt: Nach der erfolglosen Belagerung von → Glogau soll Heinrich nach dem Chronisten Gallus Anonymus († um 1116) vor Breslau gezogen sein. Der A. 13. Jh. schreibende, für übertriebene Ausschmückung der Überlieferung bekannte Chronist Vinzenz Kadłubek berichtet, die Polen hätten die Deutschen in der Nähe von Breslau angegriffen und ihnen eine große Niederlage zugefügt; die Hunde der Umgebung hätten der Bev. bei der Bestattung der großen Zahl toter Feinde helfen müssen, weshalb das Schlachtfeld nachher H. gen. worden sei. Eine andere Version besagt, das dt. Heer habe bei H. gelagert und dort viele Opfer von Krankheiten und Hunger zurückgelassen, worauf die Bev., die die Deutschen mit dem Schimpfwort »Hunde« belegte, die Stätte als »H.« bezeichnete. Heinrich V. wird auf seinem Zug durch Schles., dor am r. Oderufer bis → Ritschen gegangen sein soll, die Gegend von Breslau und dem 8 km nö. von diesem gelegenen H. gestreift haben, vielleicht hat dort auch ein militärischer Zusammenstoß stattgefunden. Der ON H. (1206 »Pzepole«, 1281 »caninus campus«, 1305 »Hundzfelt«) hat jedoch nichts damit zu tun, er weist vielmehr wahrsch. auf eine hzl. Hundewärtersiedl. hin. Aus H. liegt die früheste Nachricht über die Ansetzung von Deutschen auf hzl. Boden vor; dies geht aus einem 1203 vereinbarten und 1206 beurkundeten Tausch des hzl. Gutes H. samt Kirche, Einkünften und dort ansässigen Deutschen gegen das Gut → Ohlau des Breslauer Vinzenzstiftes hervor. Das unbebaute Land von H.

verblieb jedoch anscheinend in hzl. Hand; auf ihm entstand ein
Vorwerk, das um 1274 Otto v. Biberstein, später andere Grundherren besaßen. Für den Anteil des Vinzenzstiftes – für die »ca-
num villa« (»Hundedorf«) – erlaubte Hz. Heinrich III. von Breslau 1252 die Umsetzung zu dt. Recht nach dem Vorbild des
Marktfleckens → Kostenblut. Die Annahme auf Grund dieses Vor-
bildes, das Vinzenzstift habe bald danach in H. einen Markt eingerichtet, ist unbegründet. Erst 1473 ist der städt. Charakter von
H. durch die Nennung eines Erbvogtes eindeutig bezeugt, 1476
erhielt H. das Recht eines Salzmarktes. H. lag an der wichtigen
ma. Handelsstraße von Breslau über Oels nach Thorn mit Ab-
zweigungen von Oels nach Krakau und Lublin, die in H. die
Weide überschritt; der Zoll von H. ist 1266, die Brücke über die
Weide in einer um 1300 gefälschten Urk. zu 1206 belegt. Im
15. Jh. erhoben die Hzz. von Oels statt in Oels, das umfahren
werden konnte, an der Grenze ihres Hzt. in → Hünern und H.
Zoll, was ihnen von den Kgg. von Böhmen 1434 ausnahmsweise
zugestanden, 1491 aber wegen des Einspruchs des nahen Breslau
wieder verboten wurde. Der Grundriß von H. zeigte im Anschluß
an das Vorwerk eine straßendorfähnliche Anlage mit einseitiger
angerartiger Ausbuchtung der Straße zum Marktplatz. H. konnte
wegen der Nähe von Breslau keine große Rolle spielen, es war
Ackerbürgerstädtchen und verdiente außerdem am Durchgangsverkehr; die Handwerker waren noch E. 18. Jh. den Innungen
von Oels angeschlossen. Gegen E. des Ma. waren Vorwerk und
Stadt zeitweise in der Hand der Oelser Landesherren, 1527–34
gehörte H. der Stadt Breslau, seit 1571 Vertretern des Adels, von
1692 bis zur Säkularisation 1810 wieder dem Breslauer Vinzenzstift. H. nahm vor 1530 die Ref. an; 1543 wurden in H. evg.
Schriften gedruckt. Die Pfarre St. Jakobus d. Ä. (seit E. 18. Jh.
auch St. Christophorus geweiht), die seit 1335 mit Mitgliedern
des Vinzenzstiftes besetzt wurde, hatte jedoch fast durchgehend
kath. Pfarrer. Die heutige *kath. Kirche* ist nach einem Brand von
1759 auf den alten Mauern errichtet, 1892 erweitert worden, der
Turm stammt von 1697 (1945 stark zerstört, inzwischen wieder
aufgebaut). Die Evangelischen erhielten 1791–93 eine Kirche
(Neubau 1891). Die Eww.-Zahl von H. war zunächst niedrig:
1787: 656, 1825: 829, und stieg dann durch das Ausgreifen der
Großstadt Breslau an: 1905: 2168, 1927: 3131 Eww. 1928 wurde
H., das Eisenbahnverbindung nach Breslau und Oels–Kreuzburg–
Vossowska seit 1868, nach Trebnitz seit 1886 besaß, nach Breslau
eingemeindet. (III) *We*

LV 130, Bd. 1, Nr. 101, 336. – LV 274, bes. S. 8, 158–60, 253 f., 350–52.
– FNitschke, Z. Gesch. H.s u. seiner Umgebung, H. (1925). – LV 233,
S. 723. – LV 358, S. 212. – LV 483, Textbd., S. 642–46. – HHoffmann,
D. kath. Kirche in Breslau-H. (LV 107, Nr. 35), Br. 1938. – KMaleczyń-
ski, Wojna polsko-niemiecka 1109 r. (D. poln.-dt. Krieg d. Jahres 1109),
Br. 1946. – BMiśkiewicz, Studia nad obroną polskiej granicy zachodniej
w okresie wczesnofeudalnym (Studien z. Verteidigung d. poln. W-Gren-
ze in d. frühfeudalen Zeit), Posen 1961, S. 267–79

Hussinetz (1937 Friedrichstein N. S., Gęsiniec, Kr. Strehlen). Bereits 1741/42 forderte Friedrich II. böhm. Protestanten zur Einwanderung nach Schles. auf und brachte sie in Münsterberg unter. Sie fanden dort keinen Unterhalt, wollten sich aber auch nicht über das Land zerstreuen. 1749 gelang es endlich, für sie zwei Strehlener Vorwerke zu erwerben, wohin sie in der Mehrheit – 124 Famm., 507 Personen – unter Führung des Pfarrers Blanicky übersiedelten. Die 1752 fertiggestellte Siedl. erhielt nach dem böhm. Reformator den Namen H. Die Kolonisten lebten von der Landwirtschaft und Weberei, die um 1860 industrialisiert wurde. Sie bildeten eine evg.-ref. Gem. mit der Marienkirche in → Strehlen-Altstadt als Mittelpunkt. Die böhm. Insel erhielt nach dem 7j. Kriege neuen Zuzug, für den das benachbarte Staatsgut Mehltheuer (→ Podiebrad) aufgeteilt wurde. 1928 zählte die evg.-ref. Gem. etwa 3600 in H., Podiebrad, Pentsch und Töppendorf wohnende Mitglieder. Sie bewahrten sich bis 1945 ihr böhm. Gepräge, gingen dann aber doch in der Mehrheit nach Deutschland.

(III) *Mü*

MBeheim-Schwarzbach, Gesch. d. »Hussiten«-Ansiedlungen unter Friedrich II. als Mittelpunkt d. böhm. Glaubens-Colonien in Preußen, in: Zs. f. preuß. Gesch. 1876, S. 398–409. – Duvinage, D. Kirchspiel H., in: Heimatbl. f. d. Krr. Strehlen u. Ohlau, Borken/Westf., 8 (1960), Nr. 1, S. 6, Nr. 2, S. 9. – LV 209, 3. Abt., S. 280 f. – VMíčan, Ve vyhnanství. Evangelisační náštěva Vlad. Míčana, tajemníka Biblické jednoty českých emigrantů na Opolsku a Střelínsku v Prus. Slezsku (In d. Verbannung. Evangelisationsbesuch des Vlad. Míčan, Sekr. d. Bibelvereinigung d. tschech. Auswanderer im Oppelner u. Strehlener Gebiet von Preuß.-Schles.). Nach Handschr. v. 1924, Brünn 1927. – GMünch, D. evg. Gem. Münsterberg u. d. böhm. Einwanderung z. Beginn d. preuß. Zeit, in: LV 71, 44 (1965), S. 13–43. – EWinter, D. tschech. u. slowak. Emigration in Deutschland im 17. u. 18. Jh., Berlin 1955

Imielin (Kr. Pleß/Tichau). Die O-Grenze des Hzt. Ratibor wurde durch den Unterlauf der Przemsa gebildet, bis Hz. Johann von Ratibor 1391 die durch ein Waldgebiet vom übrigen Siedlungsraum des Hzt. abgetrennten Dörfer I., Kosztow und Groß Chelm am r. Ufer des Flusses (ca. 8–18 km sö. Myslowitz) mit allen landesherrlichen Rechten dem Bf. von Krakau schenkte, dem die geistliche Jurisdiktion über dieses Gebiet und anscheinend auch schon die Grundherrsch. über die gen. Dörfer gehörten. Fortan wurden letztere nicht mehr zu Schles. gerechnet, die Bff. von Krakau beanspruchten die Landeshoheit. Erst Kg. Friedrich d. Gr. machte ihnen, als er 1742 den größten Teil von Schles. erworben hatte, diese mit Erfolg streitig und übte in dem in die Standesherrsch. Pleß hineinragenden Besitz Souveränitätsrechte aus, und nachdem das Bst. Krakau 1796 dort auch die Grundherrsch. aufgegeben hatte, kam er unter kgl. Verwaltung (Amt I.). Auf dem Boden des Amtes entstand als Tochtersiedlung der benachbarten dt. Kolonie → Anhalt bei I. 1802 (Alt) Gatsch, 1820 Neu Gatsch. Nach der Einrichtung des Hzt. Warschau beanspruchte 1807 der franz.

Marschall Jean Lannes, Hz. von Montebello (1769–1809), das Amt I. als Zubehör der ihm vom neuen Staat geschenkten Herrsch. Siewierz (Severien), die ebenso wie I. einst dem Bst. Krakau gehört hatte. Preußen verzichtete aber nicht auf die Landeshoheit und erreichte 1817/18 die endgültige Rückgliederung des 34 qkm großen Amtes nach Schles. (Kr. Pleß). – Dank guter Eisenbahn- und Autobusverbindungen zu Kattowitz, Auschwitz und Tichau wurde im 20. Jh. ein großer Teil der Bevölkerung von I. in der Industrie tätig. Der Wandel in der Wirtschafts- und Sozialstruktur führte zur Erhebung von I. zur stadtart. Siedl. (1957) und dann zur Stadt (1967). Eww.-Zahlen: 1825: 934, 1905: 2983, 1931: rd. 5200, 1961: 7052 (auf 28,15 qkm), 1970: 7757.　　　(IV)　*We*

Schück, Schicksale d. im Kr. Pleß belegenen kgl. Domainen-Amtsdörfer I., Chelm u. Kosztow, in: LV 28, 3,1 (1860), S. 147–164. – LV 278a, S. 77 f. – LV 212, Bd. 1, S. 44 f., Bd. 2, S. 87. – LV 345, S. 210. – LV 234, B. 1, S. 441, Bd. 2, S. 697

Jakobskirch (Jakubów, Kr. Glogau). Obgleich das 10 km sw. Glogau gelegene Dorf erst 1376 urk. erwähnt ist, gehört es zweifellos zu den ältesten des Kr. und war, wie zahlreiche keramische Funde des Burgwall-Typus bezeugen, bereits in slaw. Zeit besiedelt. Der aus dem Tale aufsteigende Kegel des Schloßberges trug im Ma. eine Burg. In ihr soll Hz. Heinrich V. der Eiserne 1367 vom gegnerischen Adel des Landes festgesetzt worden sein. Bei der Freilegung der Grundmauern der alten Burg auf dem Schloßberg (1887) ist ein unterirdischer Gang zur kath. Kirche entdeckt worden. Die Anhöhe, auf der diese Kirche steht, soll schon einer heidnischen Kultstätte gedient haben, die St. Jakobsquelle an ihrem Fuße im Ma. für heilkräftig gehalten worden sein. Die Angabe, bereits 991 habe in J. ein Gotteshaus gestanden, erscheint als unglaubwürdig. Entgegen anderweitigen Vermutungen wird jedenfalls die heutige schlichte *St. Jakobikirche* wohl nicht vor E. 15. Jh. erbaut worden sein. Sie verfügt über eine Reihe der im Glogauer Land zahlreichen Figurengrabmäler aus der 1. H. 17. Jh. Nach der frühen Einführung der Ref. in J. wurde die Kirche 1654 wieder kath., während für den evg. Gottesdienst (1741 wieder eingeführt) seit 1753 eine neue Bethauskirche zur Verfügung stand.　　　(II)　*Ab*

LV 266. – HHoffmann, D. kath. Kirchen d. Landkr. Glogau. Eine Führung (LV 107, Nr. 29), Br. 1937, S. 123–140

Jakobswalde (Kotlarnia, Kr. Cosel). Inmitten der großen Slawentzitzer Wälder, an der Birawka, liegt eine der ältesten Industriesiedll. von Oberschles. 1702 kaufte der sächs. Reichsgf. Heinrich Jakob v. Flemming die Herrsch. → Slawentzitz. Er gründete 1709 einen nach seinem Vornamen J. gen. Messinghammer. Bald wurden eine Messing-, eine Draht- und eine Spiegelfabrik eingerichtet. Von der Personalsteuer befreite Arbeitskräfte kamen aus der Mark Brandenburg und dem sächs. Erzgeb. 1714 gelangte der

Ort in den Besitz von Gf. Adolf Magnus v. Hoym, 1782 durch Heirat an das Fstt.-Haus Hohenlohe-Ingelfingen, später an Hohenlohe-Oehringen. Auf der Basis von ung. Kupfer, Scharleyschem Galmei und mit Hilfe der in den Slawentzitzer Forsten gewonnenen Holzkohle blühte J. unter der preuß. Herrsch. auf. 1772 kam eine Löffelfabrik, 1744 ein Zainhammer hinzu; 1791 gehörten 4 Messing-Brennöfen, 5 Lattun- und 2 Drahthütten sowie eine Galmeimühle zum Messingwerk. In der weiteren Nachbarschaft entstand Eisenindustrie, die ihren Verwaltungssitz im Fstl. Hüttenamt in J. hatte. Seine größte Blüte erreichte J. unter Oberhüttendirektor Joh. Karl Korb 1810–1820. Neue Walz- und Hüttenwerke entstanden, die Eww.-Zahl stieg auf über 2000. Unter Korb erhielt der Ort auch seine bauliche Gestalt. Von ihr hat sich der rechteckige Hüttenplatz erhalten, auf den drei Straßen mündeten. An seiner n. Schmalseite liegt die klassiz. *evg. Kirche,* 1815 anstelle eines älteren Schrotholzbaus errichtet; ihre Fassade erhielt sie nach dem Vorbild von St. Marie de Batignolles in Paris. Flankiert war die Kirche vom Pfarrhaus (1945 abgebrannt, Wiederaufbau stilwidrig) und der *evg. Schule,* Bauten des oberschles. Biedermeier. Die S-Seite des Platzes nahm das aus dem 18. Jh. stammende barocke Hüttenamt ein, an der W-Seite lag die Schmelzhütte. Zwei verschiedene Typen von *Arbeiterhäusern,* an den drei Straßen gelegen, haben sich in einzelnen Exemplaren bis in die Gegenwart gerettet. Infolge des Aufschwungs der Industrie im Beuthener Revier wurden die Werke unrentabel, 1848 daher die meisten stillgelegt. Die evg. Bev. wanderte schnell ab. 1908 wurde die Pfarrei nach Slawentzitz verlegt; die Gem. war unbedeutend geworden. Wohnten 1861 in J. noch 954 Personen, so waren es 1885 nur noch 457 (einschl. Gutsbez., zus. 2,43 qkm), 1925 gar 276 und 1939 245 (Fläche 1931: 0,9 qkm). Die heutige poln. Großgem. J. von 68 qkm hatte 1971 1600 Eww. – Der am 28. 2. 1802 in J. als Sohn eines Hüttenmeisters geb. Ernst Friedrich Zwirner ist als der Vollender des Kölner Doms in die Baugesch. eingegangen. (IV) *En*

AGüldenpfennig, J., eine oberschles. Hüttensiedlung aus d. 18. Jh., in: LV 45, 17 (1935), S. 463–469 m. Abb. – LV 603, S. 79. – LV 629. – LV 593, Bd. 7, H. 5, S. 20–22

Jannowitz (Janowice Wielkie, Kr Hirschberg). Der alte Ort J. 15 km ö. Hirschberg war 1372 im Besitz eines Clericus Bolcz. Das schön am Durchbruch des Bober zwischen Riesen- und Bober-Katzbach-Geb. gelegene und von den beiden Falkenbergen überragte Gut wechselte sehr oft die Besitzer. In Urkk. des 15. bis 18. Jh. treten in Verbindung mit J., dem Bolzenstein und dem nahen, bis 1562 mit diesen Gütern grundherrsch. verbundenen →Kupferberg u. a. die v. Czettritz, v. Reibnitz, v. Schaffgotsch, v. Gersdorf, v. Promnitz auf. Vom letzten Gf. v. Promnitz, Johann Erdmann, ging der Besitz 1765 an seinen Neffen Christian Friedrich Gf. zu Stolberg-Wernigerode über, der ihn 1800 für sei-

ne Söhne in die Fideikommisse → Peterswaldau, → Kreppelhof
und J. aufteilte.

Die Burg der Bolcze am l. Boberufer oberhalb von J. auf einem
Granitvorsprung des Landeshuter Kammes (561 m), 1374 erstm.
belegt, wurde 1433 durch die Schweidnitzer zerstört und 1517/18
durch Hans Dippold von Burghaus neu erbaut. Diese Anlage eroberten die Schweden im 30j. Krieg 1645 zweimal, wobei sie völlig zur Ruine wurde. 1848 restaurierte das *Bolzenschloß* in z. T.
romantischem Sinne Wilhelm Gf. zu Stolberg-Wernigerode. Die
Trümmer sind innig mit der Landschaft verwachsen und von großem malerischen Reiz.

Der Ort J., in dem im 17./18. Jh. die Leineweberei blühte, besitzt
zwei Kirchen. Die kath. Kirche St. Marien ist ein spätgot. Bau von
E. 15. Jh. mit einer Vergrößerung aus dem 16. Jh. Reste aus spätgot. Zeit sind eine Sakramentsnische und das Fragment eines
Altarschreins mit einer Himmelfahrt Mariens aus dem 15. Jh. Die
evg. Kirche ist ein Bau der 2. H. 19. Jh. an Stelle eines 1741 erbauten Bethauses.

Das im Bobertal gelegene *Schloß* wurde 1608/09 unter Daniel
von Schaffgotsch erbaut und ebenso wie die Burg durch die Schweden zerstört, danach wieder aufgebaut. Es erfuhr einen Umbau
und wurde 1910 erweitert.   (II) *Gru*

LV 587, Bd. 3, S. 420. – LV 613, Bd. 2, S. 17–19. – LV 612, S. 34 f.

Jauer (Jawor). Die Stadt J. liegt inmitten einer nach ihr benannten
fruchtbaren Ebene am r. Ufer der Wütenden Neiße, in einer
Entfernung von ca. 15 km umkränzt im O von den Striegauer, im
S den Bolkenhainer Bergen, im W vom Katzbachgeb. Die nach
frühneuzeitlichen Chroniken gelegentlich bis heute wiederholte
Behauptung, J. habe bereits A. 11. Jh. als Stadt bestanden, entbehrt jeglicher historischer Grundlage. Der früheste sichere Beleg
für die Stadt findet sich in einer Urk. von 1275, in welcher der
Witwe des Lokators Hermann, der die Stadt mit 50 fränk. Hufen
ausgesetzt hatte, ein Landstück bestätigt wurde. Da die slaw.
Vorgängersiedl. von J., das später Alt J. gen. Dorf 3 km nw. der
Stadt, keine Kirche besaß, wird der 1242 erwähnte Pfarrer von J.
wahrsch. zur städt. Pfarre gehört haben, die Stadtgründung also
vor 1242 erfolgt sein. Die Burg am SW-Rand der Stadt mag
schon vorher bestanden haben, zur Sicherung des Flußübergangs
im Zuge der von Liegnitz über J. und Bolkenhain-Landeshut nach
Böhmen führenden Straße. Sie war zunächst Sitz eines Landvogts,
wurde aber dann Residenz eines Hzt.: bei der Teilung des Hzt.
Liegnitz 1278 entstanden die neuen Hztt. Löwenberg und J., letzteres unter Bolko I., der nach dem Tode seines Bruders Bernhard 1286 auch Löwenberg erbte, zudem sein Herrsch.-Gebiet
1291/96/97 um Teile der Hztt. Breslau und Glogau erweiterte und
nach dem → Fürstenstein »Hzt. Fürstenberg« nannte. Nach seinem
Tode (1301) teilten sich seine drei Söhne das Erbe. Dabei entstand nach einer Zeit der Vormundschaftsregierung 1314 unter

Hz. Heinrich I. wieder ein selbständiges Hzt. J. (mit Löwenberg).
Da Heinrich kinderlos blieb, fiel das Hzt. J. an seinen Neffen Hz.
Bolko II. von Schweidnitz. Dessen ausgedehnter Machtbereich
brach, als er 1368 kinderlos starb, zusammen; Schweidnitz und J.
blieben bis 1392 zur Nutznießung in der Hand von Bolkos Witwe
Agnes von Österreich und fiel dann, da Bolkos Nichte und Erbin
Anna von Schweidnitz (»das Fräulein von J.«) Ks. Karl IV. geheiratet hatte, an die Krone von Böhmen. J. wurde als Hauptstadt
eines Erbfstm. Sitz von Landeshauptleuten, die in der Burg residierten.

Diese Funktion verschaffte der Stadt eine beachtliche wirtschl.
und politische Stellung und eine städtebauliche Entwicklung, die
sich noch im heutigen Stadtbild abzeichnet. Die herzförmige Stadtanlage innerhalb der Mauern bedeckte eine Fläche von beinahe
11 ha; sie besaß ein gitterförmiges Straßennetz, in dessen Mitte
zwei Baublöcke für den großen Ring ausgespart waren. Inmitten
des Ringes wurde das *Rathaus* errichtet, 1373 erstm. erwähnt. Der
heutige Bau ist nach einem Brand von 1895 erst 1896–97 im Stil
der Neurenaissance entstanden. Jedoch ist vom alten, im 16./17.
Jh. und später um- und ausgebauten Rathaus noch der achteckige,
65 m hohe got. *Rathausturm* (Turmhaube 17. Jh.) erhalten mit
acht fast lebensgroßen Figuren an den Ecken, die früher als die
acht (seit 1654) Kurfstt. des Reiches angesehen, neuerdings aber
mit größerer Berechtigung aus der politischen Stellung der
Fstmm. Schweidnitz-J. nach 1368 heraus gedeutet worden sind:
Ks. Karl IV., l. von ihm Hz. Bolko II., sein Vorgänger als Herr
von J., r. von ihm sein Sohn Wenzel als sein Erbe, die fünf übrigen Figuren sollen die Stände des Fstm. darstellen; die Figuren
sollen im letzten Viertel des 14. oder A. 15. Jh. entstanden sein.
Die *Laubenhäuser,* die den Ring einrahmen, sind z. T. nach dem
großen Brand 1776 errichtet worden; manche Renaissance- und
Barockfassaden stammen jedoch – wie auch in benachbarten Straßen – noch aus dem 16./17. Jh., und im NO des Ringes ist eine
der 1945 entstandenen Laubenlücken durch moderne Betonbögen
geschlossen worden. An der n. Stadtmauer steht die kath. *Pfarrkirche St. Martin,* eine dreischiffige frühgot. Hallenkirche aus dem
14., z. T. vielleicht schon E. 13. Jh. (spätere Veränderungen), mit
schöner got. und Renaissanceplastik an den Portalen und spätbarocker Innenausstattung. Die kleinere *St. Barbarakirche* nö. des
Ringes soll noch vor der Pfarrkirche erbaut worden sein, jedenfalls wurde sie 1311 schon ausgebessert, sie diente zunächst als
Hospitalkirche, zeitweise als Magazin und wurde nach 1846 Begräbniskirche; der heutige Bau entstand 1786. St. Barbara gehörte
wahrsch. zu dem 1300 erwähnten Hospital. 1343 wurde vor dem
Goldberger Tor ein neues Hospital errichtet, dem die St. Niko-
laus- (später Hl. Geist-)Kapelle von 1349 zugeordnet wurde.
Hospital und Kirche verfielen, nachdem – nach Vertreibung der
Juden aus der Stadt 1420 – im S der Stadt innerhalb der Stadtmauern die Synagoge von 1364 zur schlichten *St. Adalbertkirche*

umgebaut (1438) und daneben ein *Hospital* erbaut worden war (1446; im 18. Jh. erneuert, 1945 beschädigt). Ganz in der Nähe begründete der Landeshauptmann Bf. Johann von Wardein 1485/88 an der sö. Stadtmauer ein *Franziskanerkl.* (seit 1945 Ruine); die dreischiffige *Kl.-Kirche St. Marien* hat einen schönen Backstein-Lisenengiebel, im Hauptschiff Sterngewölbe, nach 1945 wurden got. Wandmalereien freigelegt. Die Stadtbefestigung bestand um 1560 – nach dem Bau einer zweiten Mauer in der 1. H. 16. Jh. – aus zwei Ringmauern mit sieben Basteien und neun kleineren Türmen; neben Teilen der *Innenmauer* (bes. im N, S und W) sind noch zwei *Basteien* – darunter die »*Engelsburg*« neben der Pfarrkirche – und der *Striegenturm* (Striegauer Torturm) erhalten. Die vier Tore der Stadt – Goldberger Tor im W, Striegentor im O, Liegnitzer Tor im N und (Bolken-) Hainisches Tor im S zur Neiße – sind bis auf den Striegenturm 1822/24 abgetragen worden. Neben dem Liegnitzer Tor stand der sog. *Palast* der Hzn. Agnes († 1392); der heutige Bau, 1778–1822 Sitz der Fstm.-Landschaft, enthält im Keller noch Mauern des 14. Jh., hat aber ansonsten seine klassiz. Form E. 18. Jh. erhalten.

Die Wirtschaft von J. war im Ma. einmal durch den Handel mit den landwirtschl. Produkten des Umlandes (Vieh, Getreide, Wolle), zum anderen durch Tuchherstellung und -handel bestimmt. Eine Reihe von Priviligienverleihungen des 14. Jh. markieren die Aufwärtsentwicklung der Stadt: 1326 Meilenrecht, 1329 Salzmarkt, 1349 Jahr- und Wochenmärkte, 1355 Recht des Handels mit Böhmen, wie es Breslau besaß, 1371 Münzrecht für Silber. 1359 ist die Kürschner-, 1373 die Tuchmacherzunft, 1386 die Reichskrämerinnung belegt. Mit der wirtschl. Stärkung ging die rechtliche einher. 1372 erwarb die Stadt die Erbvogtei, 1380 die Landvogtei und damit nach der niederen auch die höhere Gerichtsbarkeit, 1508 schließlich das Recht der freien Ratswahl. Die Zahl der Jahrmärkte wurde später vermehrt (1501 Fronleichnams-, 1519 September-, 1538 Barbaramarkt). Die Tuche gingen im 16. Jh. nach Böhmen, Ungarn, Polen und Rußland; dieser Export wurde später durch die Türkenkriege beeinträchtigt. In die Lausitz wurde Wolle ausgeführt. Um 1550 setzte der Leinenhandel ein, zu dessen schles. Zentrum J. wurde; er erreichte in dieser Stadt um 1600 seinen Höhepunkt, brachte Verbindungen nach Leipzig und Nürnberg und von dort weiter nach Italien und Spanien. Nach 1610 ging er an engl. und holl. Kaufleute und fand in → Hirschberg ein neues Zentrum. Dafür trat in J. nach dem 30j. Krieg der Getreidehandel in den Vordergrund. Um 1555 soll J. ca. 3500, um 1610 ca. 4500–5000 Eww. gehabt haben, mehr als im 18. Jh. nach Krieg und Pest.

Die Ref. fand in J. früh Eingang und setzte sich in den 1560er Jahren endgültig durch. 1526 wurde der erste evg. Pfarrer an St. Martin eingeführt. 1565 war das Franziskanerkl. von Mönchen verlassen; die 1572 in der »Engelsburg« eingerichtete Schule wurde 1613 hierher verlegt. 1629 setzte jedoch die Unterdrückung der evg. Konfession durch die berüchtigten Liechtensteiner Dragoner und durch Jesuiten ein, nur für kurze Zeit ab 1632 durch sächs. Besatzung während des 30j. Krieges unterbrochen. 1636 wurden die evg. Prediger erneut vertrieben, 1637 ein kath. Magistrat eingesetzt, 1638 das Franziskanerkl. wiederum von Mönchen besetzt. Nach Beendigung des 30j. Krieges, unter dem die Stadt mehrfach zu leiden hatte – u. a. brannten die Schweden 1648 fast die ganze Stadt ab –, erreichten die Evangelischen, daß ihnen eine der drei im Westfälischen Frieden für die habsb. Erbfstmm. von Schles. vorgesehenen evg. »Friedenskirchen« zugebilligt wurde. Gemäß den einschränkenden Bestimmungen lagen Kirch- und Begräbnisplatz außerhalb der Stadtmauern vor dem Goldberger Tor und wurde der Kirchbau turmlos und in Holzbauweise ausgeführt. Die *Friedenskirche zum Hl. Geist* ist vom Breslauer Festungsbaumeister Albrecht v. Saebisch (1610–88) entworfen und von Baumeister Andreas Kempner (Kemper) 1654–55 erbaut worden. Der rechteckige, 44 × 24 m große Fachwerkbau mit einem Fassungsvermögen von 5–6000 Personen hat ein 19 m hohes Mittelschiff und zwei niedrigere, durch Pultdächer abgedeckte Seitenschiffe, in denen zunächst zwei, später vier Emporen übereinander untergebracht wurden. Nach der Altranstädter Konvention wurde 1707 im S ein Glockenturm angebaut. Dieser Kirchenbautyp wurde vielfach nachgebaut. Die Friedenskirche von J. hatte einen Einzugsbereich bis zu 70 km.

Mit dem Übergang von J. an Preußen fiel das Amt des Landeshauptmanns weg; das *Schloß* als dessen Sitz, nach dem Brand von 1648 neu aufgebaut 1656–65, wurde 1746 Arbeits-, Zucht- und Irrenhaus, 1888 nur Frauenstrafanstalt. Dafür wurde J. 1770 Sitz der »Fstm.-Landschaft« der Fstmm. Schweidnitz und J., einer Krediteinrichtung des Adels, und auch Kreisstadt (seit 1932 des Großkr. J.-Bolkenhain). Nach den Belastungen der Schles. und Napoleonischen Kriege – von J. aus zog die Armee Blüchers in die Katzbachschlacht (→ Eichholz) – brachte das 19. Jh. einen neuen, wenn auch nicht stürmischen Aufschwung. Der bedeutendste Gewerbezweig wurde M. 19. Jh. der Wagenbau, später auch die Ofenfabrikation, daneben entstanden Zigarren-, Leder-, Holzwaren- und Eisenwaren-, Seifen-, Tuch- und Teppichfabriken, Fabriken für landwirtschl. Maschinen, Mühlenwerke und Betriebe der Steinindustrie; bekannt waren auch die »J.schen Würstel«. 1856 erhielt J. mit der Strecke Liegnitz–Königszelt Eisenbahnanschluß; später kamen die Linie J.–Rohnstock (1895) und die für den Güterverkehr wichtige Kleinbahn J.–Maltsch (1902) hinzu. Die Eww.-Zahl stieg stark an: 1787: 4042, 1825: 5298, 1905: 13 307, 1939: 13 817 (auf 14,09 qkm). J. gewann auch im kulturellen Bereich Bedeutung: War es im Ref.-Zeitalter durch seine Schulen, im 18. Jh. als Druckerstadt bekannt (erste Druckerei in J. begründet durch Johann Ockel 1683), so erwarb es sich seit dem 19. Jh. einen Namen als Musik- und Theaterstadt; der erste Theaterbau entstand 1799 aus den alten Schuhbänken am alten Rathaus, nach

Zwischenlösungen wurde 1875 ein neues Theater eingeweiht (seit 1933 »Niederschles. Landestheater«). Das 1929 eingerichtete städt. Museum ist 1949 wiedereröffnet worden; es ist jetzt in der nach der Säkularisation (1810) als Zeughaus verwendeten ehem. Franziskanerkirche untergebracht. – In J. wurden geb. der Theologe und Philosoph Nicolaus Magni (»Nikolaus von J.«, † 1435), Rektor der Universitäten Prag (1397) und Heidelberg (1407), der Mathematiker Christoph Rudolphi (1494–1545) und der Industrieunternehmer Carl Friedrich (v.) Kulmiz (1809–74, → Saarau). Gneisenau war seit 1795 Hauptmann beim Füsilierbataillon in J. 1945 erlitt J. nach Beendigung der Kampfhandlungen Zerstörungen durch Brände. Die alten Wirtschaftszweige bestehen weiterhin. 1961: 14 001 (auf 21,64 qkm), 1970: 15 655 Eww.　　(II)　*We*

Muzeum Miejskie (Stadtmuseum), ul. Klasztorna. – LV 119, Bd. 7. – ChFEFischer, Gesch. u. Beschreibung d. schles. Fürstenthumshauptstadt J., 3 Bde., J. 1803–05. – Scheuermann, Chronik d. Stadt J. in Schles. vom Jahre 1805–1868, J. 1869. – GSchönaich, D. alte Fürstentumshauptstadt J., J. 1903. – GSchönaich, D. alte Fürstentumshauptstadt J., in: Bunte Bilder a. d. Schlesierlande, hg. v. Schles. Pestalozzi-Verein, Bd. 2, Br. 1903, S. 224–233. – JHalbsguth, HKaulbach, Aufbau einer ostdt. Kolonisationsstadt, J. 1936 (darin: JHalbsguth, Beiträge z. Sozial- u. Wirtschaftsgesch. d. Stadt J., Phil. Diss. Br. 1936; HKaulbach, A. d. Verwaltungs- u. Wirtschaftsgesch. d. Stadt J.... Phil. Diss. Br. 1936). – [G]Schönaich, D. Gestaltung d. J.schen Stadtbildes, Br. 1938. – LV 233, S. 778–780. – LV 234, Bd. 2, S. 558 f. – SJastrzębski, Jawor i okolice (J. u. Umgebung), Br. u. a. 1973. – LV 632, S. 134–39. – LV 612, S. 50 f.

Jauernick → Band Sachsen

Jeltsch (Jelcz, Kr. Ohlau). Unter den Besitzungen, die der Papst 1245 dem Bf. von Breslau bestätigte, war »Jalche« = J. 10 km n. Ohlau. 1277 befand es sich bereits in hzl. Hand; damals überfielen hier Leute Hz. Boleslaus' II. von Liegnitz, der Teile des Hzt. Breslau beanspruchte, dessen Neffen Hz. Heinrich IV. von Breslau und führten ihn als Gefangenen nach Burg → Lehnhaus. 1323 ließ Hz. Boleslaus III. von Brieg und Liegnitz, an den J. bei der Teilung von Breslau–Liegnitz 1311 gefallen war, den Breslauer Bistumsadministrator Nikolaus v. Banz hierher entführen. Zunächst mag in dem am Rande ausgedehnter Wälder gelegenen J. ein hzl. Jagdschloß gestanden haben. Dann entstand auf einer Oderinsel eine Burg, vielleicht zwischen 1331 und 1343, da J. in einer Lehnsurk. des Hzt. von 1331 nicht gen. wird, 1343 hingegen unter den »Städten ... mit den Burgen und Ländern« der Hztt. Liegnitz und Brieg erscheint; auch Merian zählt 1650 nach alten Chroniken J. zu den »Städtlein«, ohne daß es jemals wirklich Stadt war. 1375 ist das »castrum« ausdrücklich belegt. Zwischen 1352 und 1397 war es zeitweilig im Besitz derer v. Prittwitz auf → Laskowitz und v. Borschnitz (letztere später mit dem Beinamen Jeltsch). Von den Landesherren kaufte dann 1433 J. Hz.

Konrad von Oels, Bf. von Breslau; er brachte den Besitz wieder
unter bischl. Lehnsherrlichkeit. Nach dem Tode Bf. Konrads 1447
kam das Gut an die v. Kottulinski, die sich auch nach J. nannten
(1452–1507). Schließlich erwarb es (zusammen mit weiteren Besitzungen) 1508 der aus fränk. Geschlecht stammende Breslauer
Kaufmann und Ratsherr Konrad Sauermann, der auf Grund der
Verdienste seines schon 1527 verstorbenen Sohnes Georg, Humanist, Breslauer Dompropst und ksl. Prokurator, 1530 von Ks. Karl V.
geadelt wurde und dessen Nachkommen zu Reichsfrhh. (1647) und
preuß. Gff. (1798) erhoben wurden; die Namensform Saurma erscheint erst E. 17. Jh. in Gebrauch gekommen zu sein. 1569 wurde
die Herrsch. J. (J. und drei weitere ehem. Güter des bischl. Haltes
Breslau) zum Fideikommiß erhoben. Das 1518 von Konrad Sauermann um- oder neugebaute Schloß auf der Oderinsel brannte
1623 ab und erlitt nach dem Wiederaufbau durch die Ereignisse des 30j. Krieges (Besetzung durch Sachsen 1634, Kaiserliche 1641, Schweden 1646–48) schwere Schäden, worauf die
Frhh. v. Saurma-Jeltsch 1650 ihren Wohnsitz nach → Laskowitz
verlegten, bis Gustav Gf. v. Saurma-Jeltsch 1817 wieder auf den
Stammsitz seines Geschlechts zog, zunächst in das alte Jagdschloß
von J., dann in das 1829/30 erbaute schlichte neue Schloß inmitten
eines Parks am NO-Rand des Dorfes J. (1886 und 1894 um- und
ausgebaut). Die sog. alte Burg, seit der Oderregulierung (2. H.
18. Jh.) in einem r. Nebenarm des Stromes gelegen, war zuletzt
ein einstöckiger Bau von ca. 10 × 15 m Grundfläche mit einem
Nebengebäude und einem Holzturm von 1816; sie wurde lange
als Brauhaus benutzt. Die *Ruinen* sind erhalten. – Seit 1952 gibt
es in J. ein Kraftwagenwerk.   (III) *We*

LV 131. – LV 205, S. 128–32. – PPfotenhauer, Schloß J. bei Ohlau u.
seine hist. Bedeutung, in: LV 28, 25 (1891), S. 185–210. – AWeltzel,
Gesch. d. Geschlechts d. Saurma u. Sauerma, Ratibor 1869. – GBauch,
Ritter Georg Sauermann, d. erste adelige Vorfahr d. Gff. Saurma-J.,
in: LV 28, 19 (1885), S. 146–81. – WMilkowitsch, Heinrich IV. u. Boles-
law II. 1277, in: LV 28, 19 (1885), S. 370–85. – LV 613, Bd. 1, S. 15. –
LV 612, S. 51

Johnsdorf (Janowiec, Kr. Sprottau). Bei J.-Kunzendorf über-
schnitt die → »Niedere Straße« den Girbigsbach. Hier ist um 1315
das »Schloß Kunzendorf«, ein ma. Wohn- und Wehrturm, urk.
bezeugt, mit dem 1324 die v. Nechern belehnt wurden. Um 1430
erbauten diese ein *neues Schloß* aus Backsteinen mit got. Treppen-
giebeln. Aus lehnsrechtlichen Gründen errichtete Franz v. Nechern
um 1545 das *Johnsdorfer Schloß*, einen Zentralbau mit Innenhof
in Renaissanceformen. Zwischen beiden Schlössern (seit 1929 Gem.
Girbigsdorf) verlief die Grenze der Fstmm. Glogau und Sagan.
Das Dorf J. gehörte 1324–1593 den v. Nechern, 1593–1945 zur
Herrsch. → Mallmitz.   (I) *St*

LV 587, Bd. 3, S. 110

Jordansmühl (Jordanów Śląski, Kr. Reichenbach). Das Dorf J. 21 km nö. Reichenbach am l. Loheufer ist in der Mineralogie durch die dort in den ö. Ausläufern des Zobtengeb. vorkommenden mannigfaltigen Mineralien und Gesteine bekannt geworden, in der Vorgeschichtsforschung durch die Reichhaltigkeit vor allem steinzeitlicher, z. T. aber auch bronze- und früheisenzeitlicher Grab- und Wohnfunde. Die auf dem Bischkowitzer Berg freigelegte Siedl. sowie weitere Fundstellen in der Gemarkung von J. haben dank der großen, aus einem längeren Zeitraum stammenden und somit eine Entwicklung sichtbar machenden Funde bes. Bedeutung gewonnen. Es konnte auch nachgewiesen werden, daß der w. J. anstehende Edelstein Nephrit in der Jungsteinzeit abgebaut worden ist und, zu Beilen, Äxten und Hacken verarbeitet, zumindest in Schles. Verbreitung gefunden hat. Kennzeichen der nach dem Ort J. benannten Kultur ist eine Topfgeschirr-Gattung, die durch einen dichten, gleichmäßigen, beimengungsarmen, schwarzbraunen oder eisengrauen Ton und technisch sorgfältige Behandlung (gute Glättung, wobei offenbar waagrechte Streifen entstanden sind; Henkel in Gefäßwand eingezapft; Wandung relativ kräftig) hervorsticht; die Stücke sind durch flach eingeritzte Linien und durch Reihen von gerstenkornartigen Einstichen verziert, die Einstiche oft mit weißer Masse ausgefüllt. Dieser J.er Typus, der die wichtigste keramische Stilart der Jungsteinzeit in Schles. repräsentiert, wird auf Einflüsse neuer bäuerlicher Einwanderergruppen aus dem mittleren Donauraum (Verwandtschaft mit der Lengyel-Kultur in Ungarn) zurückgeführt, die schon Kupfergeräte und -schmucksachen kannten; so ist die J.er Kultur zeitlich an der Grenze der jüngeren Jungsteinzeit zur Kupferzeit (um 2000 v. Chr.) anzusiedeln. Die J.er Kultur ist bisher in Mittelschles. s. der Oder und in der Gegend von Ratibor in Oberschles. festgestellt worden; die der J.er Kultur verwandten Funde von Ottitz Stadtkr. Ratibor (Ottitzer Kultur) scheinen eine ältere, einfachere Stufe dieser Kultur darzustellen. Die teilweise Bemalung der J.er Keramik zeigt Verbindungen zu Böhmen und Mähren auf. In der J.er vorgesch. Siedl. treten neben dem J.er Typus noch die gleichzeitige Stichband- und Nordische Keramik und die ältere Spiralkeramik auf. Ein bedeutender Einzelfund ist 1925 in der Feldmark von J. gemacht worden: eine 33 cm große, erstaunlich wirklichkeitsnah geschaffene Widderfigur aus Ton mit Schnurverzierung; diese der Trinkbecherkultur zugerechnete Figur dürfte zu Kultzwecken verwendet worden sein. (II) *We*

HSeger, D. Steinzeit in Schles., in: Archiv f. Anthropologie 5 (1906). – Ders., D. keramischen Stilarten d. jüngeren Steinzeit Schlesiens, in: LV 29, NF 7 (1919), S. 1–89, bes. 2–9. – Ders., Art. J.er Typus, in: Reallexikon d. Vorgesch., hg. v. MEbert, Bd. 6, Berlin 1926, S. 168 f. – Ders., D. Widder v. J., in: LV 67, 1 (1926), S. 204–09. – EBoehlich, D. Widder v. J., in: LV 31, 3 (1926), S. 369–80. – FGeschwendt, D. schles. Nephrit u. seine Verwendung in vorgesch. Zeit, in: LV 67, 10 (1941), S. 26–44. – LV 320, S. 37, 141 f. – LV 259, Bd. 1, S. 34 ff. – LV 262, Bd. I 1. – LV 316.

Juliusburg (Dobroszyce, Kr. Oels). Das 1405 erstm. belegte Dorf Dresky, 8 km nw. Oels, gehörte im 17. Jh. der Fam. v. Heugel, bis Hz. Sylvius Nimrod von Württemberg, seit 1647 Hz. von Oels, es erwarb. Einen Teil des Dorfes erhob er 1663 zur Stadt, und nachdem bei der Aufteilung des Hzt. unter seine drei Söhne 1673 der Trebnitzer Anteil an Hz. Julius Sigismund († 1684) gefallen war, machte dieser das dazugehörige Dresky 1675 zu seiner Residenz und gab Stadt und Dorf den Namen J. Im städt., ein Areal von ca. 14 ha umfassenden Teil wurde ein Marktplatz angelegt, darauf 1693 ein Rathaus errichtet (1826 abgerissen). Die evg. Kirche *St. Trinitatis* blieb dagegen im Dorfteil; sie erhielt 1693–97 unter Beibehaltung des spätgot. Chores von ca. 1550 ein schönes barockes dreischiffiges Hallenlanghaus sowie eine Fürstengruft und wurde mit einer Mauer umgeben. Das schlichte *Schloß* stand am Rande des Dorfes im Gutsbezirk und erhielt einen gemauerten Verbindungsgang zur Kirche. Schon 1704 verlor jedoch J. mit dem Zusammenschluß des J.er und Bernstädter Anteils von Oels und der Verlegung der Residenz nach → Bernstadt an Bedeutung. Die Hauptnahrungsquelle der Stadt, die vier Jahrmärkte hatte, blieb die Landwirtschaft. 1785 waren in J. 31 Leineweber und 7 Tuchmacher, 1845 fällt die große Zahl von Schuhmachern (24) auf. 1875 erhielt J. Eisenbahnverbindung mit Oels und Krotoschin/ Prov. Posen. Seit A. 20. Jh. besitzt J. Holzindustrie (Holzverarbeitungswerk, Parkettfabrik). Die Eww.-Zahl stieg nur langsam an: 1785: 450, 1787: 670, 1825: 756, 1905: 715. 1928 verlor J. seinen Stadtstatus, es wurde mit dem gleichnamigen Dorf und dem grundbesitzlich zur Herrsch. → Sibyllenort gehörigen Gutsbezirk zu einer Landgem. zusammengefaßt, die 1939 2068 Eww. zählte. 1961: 1781 Eww.   (III)   *We*

LV 271. – Olsnographia rediviva, bearb. v. EMesserschmidt, Oels 1931 (1932), S. 69 f. – LV 206, Bd. 4, S. 263–65. – LV 511, Sp. 132 f. – HSchönborn, Heimatbuch d. Kr. Oels, Oels (um 1930), H. 2, S. 29 f. – LV 233, S. 780 f. – LV 234, Bd. 2, S. 554

Kamenz (Kamieniec Ząbkowicki, Kr. Frankenstein). Im Jahre 1096 erbaute Hz. Břetislav II. von Böhmen ö. der von ihm zerstörten, am Ausgang des gleichnamigen Passes gelegenen poln. Grenzfeste »Brido« (→ Wartha) auf einem Felsplateau im Überschwemmungsgebiet der Neiße r. des Pausebaches die Burg K. (tschech. kámen = Stein). Zu Beginn des 13. Jh. befand sich K. mit Umgebung in der Hand der alteingesessenen schles. Adelsfam. der Pogarell. Diese errichtete hier 1210 im Zusammenwirken mit Bf. Lorenz von Breslau, der sich mit Zehntschenkungen beteiligte und möglicherweise selbst ein Pogarell war, eine Augustinerpropstei. Ihre Leitung übernahm der bis dahin dem Breslauer Sandstift angehörende Augustiner-Chorherr Vinzenz v. Pogarell. Die Pogarell vermehrten nach und nach die anfänglich bescheidene Ausstattung ihrer Fam.-Stiftung, welche bald auch andere Gönner fand und vom Hz. 1230 ein großzügiges Siedelprivileg erhielt. Infolge Mißwirtschaft und Verfalls der geistlichen Zucht wurden die Augustiner 1246/48 gegen mancherlei Widerstand entfernt und durch Zisterzienser aus → Leubus ersetzt. Diese entfalteten im Bereich der oberen Neiße eine rege Wirtschafts- und Siedeltätigkeit, welche zu einer steten Erweiterung und Arrondierung des Kl.-Besitzes führte, für den im 14. Jh. auch die sog. oberen Herrsch.-Rechte erworben werden konnten. Bei wachsendem Wohlstand des Stiftes wurden in der 1. H. 14. Jh. Kirche und Kl. neu erbaut und festungsartig mit Mauern und Türmen umgeben. In ihm wählten außer Angehörigen der Stifterfam. auch andere vermögende Wohltäter ihre Grablege. Das 15. Jh. brachte dem Stift neben geringfügigem Besitzzuwachs schwere Zerstörungen und Schäden in den Hussitenkriegen, vor allem 1425–28, danach häufige Bedrückungen durch Adel und Landesherren. Die Ref. im 16. Jh. und der 30j. Krieg im 17. Jh. trugen in unterschiedlicher Weise zur weiteren Verschlechterung der klösterlichen Verhältnisse bei. Erst seit der 2. H. 17. Jh. setzte unter den Äbten Augustin Neudeck (1681–1702) und Gerhard Woywoda (1702–32) ein nachhaltiger äußerer und innerer Aufschwung ein. Die Kl.-Gebäude wurden 1682–85 unter teilweiser Verwendung ma. Mauerwerks in frühbarocken Formen von Matthias Kirchberger und Simon Wiedemann großzügig neu erbaut, die kreuzförmige got. *Abteikirche* um 1700 barockisiert und mit einer reichen Innenausstattung versehen, aus der der Hochaltar (1705) und die beseelt-bewegten 14 Nothelferfiguren von Thomas Weißfeld bes. hervorragen. Die got. W-Front erhielt barocke Giebelaufbauten mit bekrönenden Statuen und eine überkuppelte Vorhalle mit Laterne, der verzierte Ostgiebel eine barocke Kapellenreihe. – In preuß. Zeit blieb das Stift trotz persönlich guter Beziehungen des Abtes Tobias Stusche (1742–57, 1747–57 zugleich Abt von Leubus) zu Kg. Friedrich d. Gr., den er vor der Gefangennahme durch die Österreicher gerettet haben soll, vor hohen Steuerlasten und schwerwiegenden staatlichen Eingriffen nicht verschont. 1810 erfolgte seine gänzliche Aufhebung durch den preuß. Staat. Das Stift zählte damals 38 Mönche und besaß 31 Ortschaften. Archiv, Bibliothek und Kunstschätze gelangten z. T. in die entsprechenden staatlichen Sammlungen in Breslau, z. T. wurden sie verschleudert oder blieben in K. Die Abteikirche wurde in eine kath. Pfarrkirche umgewandelt und 1852 Sitz eines Archipresbyterates. Die Kl.-Gebäude kamen 1812 mit der Stiftsherrsch. an die preuß. Pzn. Friederike Louise Wilhelmine, die spätere Kgn. der Niederlande. 1817 brannten Kl. und Kirche ab. Während die im Innern nicht allzu sehr beschädigte turmlose Kirche wiederhergestellt wurde und einen Dachreiter erhielt, wurden die zerstörten ehem. Kl.-Gebäude bis auf den *Prälatenflügel* und einige weitere Reste abgerissen. Desgleichen verfiel die aus der Zeit des Exemtionsstreites (beigelegt 1677) stammende, inzwischen baufällig gewordene Magdalenenkirche auf dem Kl.-Friedhof dem Abbruch. Da das Stift als fstl. Residenz ausschied, ließen sich

Pzn. Marianne der Niederlande und ihr Gemahl Pz. Albrecht von Preußen auf dem Hertaberg oberhalb des Kl. nach Plänen Karl Friedrich Schinkels ein repräsentatives neugot. Schloß (1838–73) erbauen, einen mächtigen viereckigen Backsteinbau mit Innenhof, runden Ecktürmen, Säulenvorhalle, kolonnadengesäumten Terrassen, Laubengängen, Wasserkünsten und Landschaftsgarten; es wurde 1946 in Brand gesteckt und ist seitdem *Ruine.* Die ehem. Stiftskirche blieb im wesentlichen erhalten. – K. wurde im letzten Viertel des 19. Jh. zum Eisenbahnknotenpunkt: 1875 wurde die Bahnlinie Breslau-K.-Mittelwalde-Prag, 1876 Liegnitz-K.-Neisse eröffnet, 1900 die Lokalbahn K.-Reichenstein. Dies und die lokale Vorortfunktion von K. führten 1958 zur Erhebung zur stadtart. Siedl. Eww.-Zahlen: 1784: 988, 1825: 850, 1905: 959, 1939: 2510 (auf 13,46 qkm), 1961: 4662 (auf 26,06 qkm), 1970: 3884. (IIa) *Me*

LV 162. – GFrömrich, Kurze Gesch. d. ehem. Cistercienser Abtey K. in Schles., Glatz 1817. – PSkobel, Camenz in Vergangenheit u. Gegenwart, H. 1–5, K. 1919–25. – PKnauer, Kl. K./Schles. Zeit- u. Lebensbilder aus seiner Gesch. 1210–1810, Liegnitz 1932. – LV 412, S. 87–111. – HGrüger, D. Verz. d. ma. Äbte d. Kl. K., in: LV 72, 25 (1967), S. 52–96. – LV 234, Bd. 2, S. 561 f.

Kandrzin (1934 Heydebreck O. S., Kędzierzyn, Kr. Cosel). Drei Momente in der modernen Verkehrs- und Wirtschaftsentwicklung von Oberschles. haben das 1283 erstm. belegte Dorf K., 5 cm nö. Cosel am l. Klodnitz-Ufer gelegen, zur Stadt aufsteigen lassen: 1. Bei der Anlage des Klodnitzkanals (bis 1812) wurden in K. die 2. und 3. Schleuse gebaut; hier wurde das Einlegen der Floßhölzer vorgenommen. 2. Seit den 1840er Jahren entwickelte sich K. zu einem wichtigen Eisenbahnknotenpunkt. Folgende Eisenbahnlinien berühren K.: Breslau-K.-Gleiwitz-Myslowitz (1846/47), Breslau-K.-Ratibor-Wien (1846–48), K.-Neustadt-Neisse (1876), K.-Bauerwitz (1908), K.-Groß Strehlitz-Kreuzburg (kurz vor 1939). 1861 wurde ein direkter Eisenbahnanschluß zum Klodnitzkanal-Hafen bei K. geschaffen, wichtig vor allem für den Transport oberschles. Holzes oderabwärts. Neben dem neuen K.er Bahnhof von 1913–16 entstand eine Eisenbahnersiedl. 3. 1939 begann die IG Farbenindustrie AG in K. mit dem Bau großer chemischer Werke; die Produktion lief A. 1944 mit 14 000 Beschäftigten (außer Kriegsgefangenen) an. E. 1944 wurden die (noch unvollendeten) Werke bombardiert, die Sowjetrussen führten Demontagen durch, so daß 1945 20–80% der Gebäude und 100% der Produktionseinrichtungen zerstört waren. Der Wiederaufbau und Ausbau setzte 1948 ein. 1960: 11 600, 1967: 9000 Beschäftigte. 1964–70 wurde ein 7 km langer Stichkanal vom Gleiwitzer Kanal zum Stickstoffkombinat K. zum Wassertransport des dort produzierten Kunstdüngers (etwa die Hälfte der Produktion im heutigen Polen) gebaut. Die Eww.-Zahl von K. (einschl. Pogorzelletz) stieg steil an: 1783: 166, 1825: 366, 1885: 1225, 1905:

3074, 1939: 6331, 1961: 21 747 (auf 37,34 qkm), 1970: rd. 34 200.
Der Wohnungsbau wurde intensiviert. 1951 erhielt K. Stadtrecht.
Das Polytechnikum Gleiwitz richtete in K. eine Nebenstelle ein. –
Während des 3. polnischen Aufstandes im Mai 1921 fanden in K.
schwere Kämpfe statt.   (IV) *We*

LV 210, Bd. 2, S. 925. – LV 225. – LV 234, Bd. 2, S. 166 f. – GLeich-
ter, Schreckenstage in K. a. d. Zeiten d. Maiaufstandes, 1921, in: LV
45, 13 (1931), S. 177–81

Kanth (Kąty Wrocławskie, Kr. Breslau). K. liegt 24 km sw. Breslau zwischen den an dieser Stelle nur 2 km voneinander entfernten Flüssen Weistritz und Polsnitz (Striegauer Wasser) im Zuge
der alten Handelsstraße Breslau–Schweidnitz–Liegnitz. Urspr.
zum Hzt. Breslau gehörig, fiel das Gebiet um K. zusammen
mit Schweidnitz 1291 an Hz. Bolko I. von Löwenberg-Jauer,
der die von den Breslauer Hzz. 9 km sw. von K. begründete
Stadt → Fürstenau nach K. verlegte, offenbar 1297/98, denn 1297
wird jene noch »civitas Furstenow«, 1298 bereits »civitas antiqua«
= »alte Stadt« im Sinne »ehem. Stadt« gen. Im selben Jahre 1298
urkundet Bolko »in unserer Burg K.« (»in castro nostro Kanth«),
also in der ö. K. gelegenen Burg, wohl gleichzeitig mit der Stadt
angelegt, die 1302 mit dem Erbvogt Gerhard sicher bezeugt ist.
Die Stadtanlage zeigt elliptische bis rechteckige Form mit rechteckigem Ring und rechtwinklig auf ihn zulaufenden Straßen. Sie
war von einer Mauer umgeben, 1428 vorhanden, 1587 erneuert,
Reste im NO erhalten; drei Tore waren in der Stadtmauer: das
Schweidnitzer (Ober-, Spital-) und Breslauer (Nieder-, Mühl-) Tor
im Zuge der Durchgangsstraße und das Schloßtor als Zugang zur
Burg. Inmitten des Ringes stand das Rathaus; es brannte 1624 ab,
der *Ratsturm* vor 1613 (Unterteil vielleicht noch spätma.) blieb
erhalten, der heutige neugot. *Rathausbau* entstand 1878. Die
Kirche *St. Peter und Paul* an der Stadtmauer im NW ist 1302
durch ihren Pfarrer nachweisbar, 1318 noch Filiale der Kirche von
Fürstenau, 1354 bereits selbständige Pfarrkirche; vom heutigen
got. Bau sind der Chor wohl um 1400, das Hallenschiff und der
Turm um 1500 entstanden.
Bei der Aufteilung des Erbes Bolkos I. unter dessen Söhnen fiel
K. als Exklave an die Hzz. von Münsterberg, war aber zeitweise
auch im Besitz der Schweidnitzer Hzz. und an Böhmen verpfändet. Aus Finanznot verkaufte Hz. Bolko III. von Münsterberg
1379 Stadt und Gebiet von K. an Hz. Konrad II. von Oels, aus
demselben Grunde verpfändete Hz. Konrad IV. von Oels, Bf. von
Breslau, diesen Besitz 1419 dem Breslauer Domkapitel; nach
wechselvollem Schicksal und Streit verzichteten die Oelser 1474
endgültig auf K.; das Gebiet K. wurde zum bischl. Halt und blieb
es bis zur Säkularisation 1810. Die Burg von K., Sitz des Vertreters des jeweiligen Landesherrn, wurde nach Zerstörung 1475 und
1497 als zweigeschossige, rechteckige Schloßanlage wiederherge-
richtet, brannte 1624 beim großen Stadtbrand ab und wurde nicht

wieder aufgebaut; die Ruinen wurden 1829 abgetragen. Die Ref. konnte sich wegen des bischl. Landesherrn nur für kurze Zeit durchsetzen: 1562–70 gab es evg. Predigt in der Pfarrkirche, 1620 bis 1622 in einem Bethaus, das abgebrochen werden mußte, 1633 unter schwed. Besatzung. In der 1. H. 17. Jh. waren $^3/_4$ der Eww. evg., zu Beginn der preuß. Zeit alle kath. Erst 1831 entstand wieder eine evg. Gem.; 1834–36 wurde auf dem Ring nach einem Entwurf von Schinkel durch Baumeister Frey eine evg. Kirche erbaut, ein rechteckiger, ziemlich flach gedeckter Saalbau mit Elementen des oberital. Rundbogenstils.

K. war in erster Linie wirtschl. Vorort der fruchtbaren Umgebung und hatte dementsprechend schon 1314 24 Fleisch-, 20 Brot- und Schuhbänke. Hervorzuheben sind auch die zahlreichen in und um K. vorhandenen Mühlen, darunter schon 1334 eine Walkmühle der Tuchmacher. Auch am Durchgangshandel hatte K. Anteil; 1310 ist es als Zollstation bezeugt, schon vor 1340 besaß es einen Jahrmarkt. Die nahen Tonberge förderten das Töpferhandwerk, das 1816 mit 22 Meistern das stärkste war. Im 19. Jh. war in K. der Karrenbau vertreten; 1896–1920 gab es hier eine Pulverfabrik. Sehr früh, 1843 mit der Eröffnung der Strecke Breslau–Freiburg, erhielt K. Eisenbahnanschluß. Mit 116 brauberechtigten Häusern (1795) ist K. beinahe zu den mittelgroßen Städten zu rechnen. Auch die Bev.-Zahl 1388 zu Beginn des 30j. Krieges rückt K. in diese Gruppe. Später sank die Eww.-Zahl bis auf 781 (1756) ab und stieg nur langsam wieder an: 1787: 868, 1825: 1285, 1905: 2914, 1939: 3580 (auf 5,06 qkm), 1961: 3601 (auf 6,42 qkm), 1970: 4119 Eww. (II) *We*

LV 131, Bd. 1, S. 59 ff. – AKabirschky, Nachrichten über d. Stadt K., Br. 1851. – LV 274. – LReiter, Beitrr. z. Besiedlungs-, Rechts- u. Wirtschaftsgesch. d. Weichbildes K., Br. 1935. – LV 691, S. 84–86. – AMoepert, Z. Gründungsgesch. d. Stadt K., in: LV 28, 72 (1938), S. 185–205. – Ders., D. kath. Kirchen d. Pfarrei K. (LV 107, Nr. 48), Br. 1939. – LV 233, S. 781 f. – LV 592, S. 123–38. – LV 612, S. 52 f. – LV 357, S. 51. – LV 234, Bd. 2, S. 563

Karlsmarkt (Karłowice, Kr. Brieg). Urspr. bestand der 15 km ö. von Brieg und genau an der Grenze der späteren Reg.-Bez. Breslau und Oppeln gelegene Ort (1336 »Czachowitz«, 1447 »Ketzerdorf«, später Ketzendorf gen.) nur aus einer zwischen zwei Armen des Flusses Stober erbauten Grenzburg, auf deren Grundmauern im 17. Jh. ein bescheidenes *Schloß* (Domänen-Amtshaus) errichtet wurde (1945 ausgebrannt). Die ältesten Burgherren waren die Ritter Sambor oder Czambor, die Vorfahren der Herren v. Tschammer. 1565 kaufte der Brieger Hz. Georg II. den Ort und errichtete hier neben Brieg und Ohlau ein drittes Domänenamt, zu dem rd. zehn Ortschaften der Umgebung gehörten. Nach dem Aussterben der Brieger Piasten 1675 fiel K. an den Ks. Nachdem sich in Ketzendorf Handwerker und Holzhändler niedergelassen hatten, gab Ks. Karl VI. dem Dorf 1712 seinen Namen und verlieh ihm das Marktrecht, das es – nach 1740 zur Gruppe der

»unakzisbaren Städte oder Marktflecken« gerechnet – 1843 aufgab. Durch den Bau der hauptsächlich dem Güterverkehr dienenden Eisenbahn Breslau–K.–Oppeln 1909 nahm der bisher sehr abgeschiedene Ort einen wirtschl. Aufschwung (u. a. als Umschlagplatz des in den großen Wäldern der Umgebung geschlagenen Holzes). 1939 hatte K. 1160 Eww. – An der um 1710 errichteten kath. Kuratie wirkte 1835–69 der bekannte »Bienenvater« Dr. Johannes Dzierzon als Pfarrer; das *Dzierzon-Haus* ist noch erhalten. Seine bahnbrechenden Forschungsergebnisse – er entdeckte bei den Bienen die Parthenogenese und erfand die bewegliche Wabe – veröffentlichte er in Büchern, die alle in Brieg gedruckt wurden.   (III)   *Nb*

LV 209, Abt. II, T. 2, S. 195–200. – LV 610, Bd. 2, S. 48 ff. – LV 612, S. 52. – KEistert, K., in: Neue Brieger Ztg., 17. Jg. (1963), S. 221–23. – D. Feierstunde d. Brieger Imker in K. . . . f. Dr. Dzierzon (1925), ebenda, 5. Jg. (1951), S. 150 f.

Karpenstein, Burgruine (Karpień, Gem. Karpenstein/Karpno, Kr. Habelschwerdt). Die Burg K. lag an der O-Grenze der Gfsch. Glatz zum alten Schles. sö. von Landeck in 776 m Höhe auf einem nach drei Seiten steil abfallenden Bergkamm. Ihre Erbauung (nicht vor 1330) wird zurückgeführt teils auf die Sicherung der Landesgrenze und der gleichnamigen Herrsch., teils auf die Notwendigkeit eines Schutzes von Handelsstraßen und von → (Bad) Landeck, dessen Zoll eine Einnahmequelle der Burgbesitzer war und das früh das Recht des freien Holzschlags unterhalb der Burg besaß. Nachdem vor ihnen schon Thamo v. Glubos (Glaubitz) die Burg besessen hatte, wurden drei Brüder dieser aus der Lausitz nach Schles. und dann in die Gfsch. Glatz eingewanderten Fam. 1346 von Kg. Johann von Böhmen mit Herrsch. und Burg K. belehnt. Letztere war ein stattlicher, um einen Hof gruppierter befestigter Rittersitz. Von der M. 14. Jh. an wechselten die Besitzer häufig; 1354 gab Kg. Karl IV. die Herrsch. seinem Bruder Johann von Mähren, 1412 ist (Heinze?) Gotsche Schoff (= Schaffgotsch) als Herr von K. bezeugt. 1428 soll die Burg von den Hussiten zerstört worden sein. Gegen den letzten Besitzer Hinko Kruschina von Lichtenberg, Hauptmann von Glatz und Pfandherr der Gfsch. Glatz und von Frankenstein, vereinigten sich die Fstmm. Breslau, Liegnitz, Schweidnitz-Jauer und Münsterberg zu einem Bund, dem Hz. Wilhelm von Troppau und Bf. Konrad von Breslau beitraten; am 15./16. 6. 1443 wurde die Burg K. von den Verbündeten erobert und niedergebrannt. Die zur Burg gehörenden Dörfer fielen an die kgl. Amtsverwaltung in Glatz. Die Stadt Landeck erwarb 1500 gegen Jahreszins einen Wald unterm K. (später Erweiterung zum Stadtforst von 1349 ha), 1684 kaufte sie die *Burgruine* K., um die sich Sagen über verborgene Schätze und deren Bergung rankten.   (IIa)   *Ge*

Volkmer, Quellenmaterial z. ältesten Gesch. d. Stadt Landeck u. d. Burg K., in: LV 51, 2 (1882/83), S. 126–32, 217–26, 300–15. – AOtto,

Glatzer Wanderbuch. Mittelwalde 1923, ²Leimen/Heidelberg 1971. – MNobel, Stadt Landeck, in: D. Gfsch. Glatz (Monogr. dt. Städte, Bd. 19), Berlin-Friedenau 1927, S. 75–86. – FAlbert, D. vorurk. Gesch. d. Kr. Habelschwerdt, dargestellt an seinen Ortsbezeichnungen, 1. Bd., Habelschwerdt 1938, S. 338–350. – Burgen u. Schlösser d. Gfsch. Glatz, Teil 1 (Gfsch. Glatzer Buchring, Bd. 25), Leimen/Heidelberg 1963, S. 6–8. – LV 612, S. 52

Kasimir (Kazimierz, Kr. Leobschütz). Jaroslaus, Sohn Hz. Boleslaus' des Langen von Schles., Bf. von Breslau und Herr des Oppelner Landes, übergab den Landstreifen zwischen Hotzenplotz, Straduna (Tiefenburg-Bach), Oder und mähr. Grenze Zisterziensermönchen aus Pforta an der Saale, die jedoch nach seinem Tode (22. 3. 1201) wieder weggezogen, worauf Hz. Boleslaus und sein Sohn Heinrich I. den nach dem Stifter »Iarozlav« gen. Besitz vor dem 10. 8. 1201 dem Kl. → Leubus schenkten. Nachdem das Oppelner Land 1202 an das Hzt. Ratibor gefallen war, versuchte das Kl. Leubus, den Besitz zu sichern und auszubauen. Es ließ sich 1212/14 die Zehnten bestätigen, 1223 vom Bf. den Sprengel der Marienkirche in K. zwischen Hotzenplotz, Straduna und Oder festlegen, 1226 von Hz. Kasimir von Oppeln die Kirche in K. und das Gebiet w. davon schenken bzw. bestätigen, 1239/40 von Hz. Mieszko II. von Oppeln die Genehmigung zur Ansiedlung von Deutschen erteilen. Das Ausmaß der Kolonisation in dem Landstrich spiegelt sich in der Tatsache, daß auf dem Boden des polnrechtl. Pfarrsprengels von K. von 1223 im Jahre 1447 15 selbständige Pfarren bestanden. Die Besiedlung war aber nicht nur vom Kl. Leubus durchgeführt; denn die Hzz. von Oppeln hatten dessen Besitz immer mehr eingeengt, u. a. war auf ihm die Stadt → Oberglogau entstanden. Der Hauptort des Leubuser Besitzes war von vornherein »Jaroslau« 6 km sö. Oberglogau, bereits 1212/14 nach dem damaligen Landesherrn Kasimir von Oppeln (1211–29/30) in K. umbenannt. Das Kl. richtete dort einen Wirtschaftshof (Grangie) und eine Propstei ein, die bis zur Säkularisation 1810 bestanden. Der Wirtschaftshof kam danach als Rittergut »Propstei K.« an die Fam. v. Prittwitz, ebenso die bis zuletzt bei Leubus verbliebenen Dörfer Damasko, Langendorf, Thomnitz und Berndau mit Vorwerken. Das Dorf K. und das Rittergut »Gfl. K.« gehörten zum Majorat Oberglogau der Gff. v. Oppersdorff.

(IIIa) *We*

LV 130. – LV 524, S. 122. – LV 210, Bd. 2, S. 839–41. – LV 511, Sp. 133 f. – AWeltzel, D. Cisterziensererpropstei K. i. Kr. Leobschütz, in: Schles. Pastoralbl. 10 (1889), Nr. 16–22 (auch Sonderdr. Br. 1889). – LV 345. – LV 357, S. 88–90

Kath. Hennersdorf (1939 Ziethen-Hennersdorf, Henryków Lubański, Kr. Lauban). Das ma. Waldhufendorf H. (»Heinrichsdorf«) 5 km nw. Lauban erhielt in der Ref.-Zeit den Zusatz »Kath.«, weil es als Besitz des Laubaner Magdalenerinnen-Kl. im Gegensatz zu seiner Umgebung kath. blieb. Die 1939 einge-

führte Bezeichnung »Ziethen-H.« erinnert an das Gefecht zwischen preuß. und sächs. Truppen während des 2. Schles. Krieges.
Nach dem preuß. Sieg bei → Hohenfriedeberg planten die Österreicher einen Gegenschlag. Zusammen mit den sächs. Verbündeten wollten sie von den Lausitzen aus in Brandenburg oder –
angesichts russ. Widerstands dagegen – zumindest in Schles. ein-
fallen, um den preuß. Kg. dort von den Kernlanden abzuschnei-
den. Friedrich d. Gr., der dem Eingreifen der Russen zugunsten
der Sachsen zuvorkommen wollte, täuschte Rückzugsmanöver vor,
ließ aber dann überraschend seine Truppen bei Naumburg/Qu.
über den Queis in die Oberlausitz einrücken, wo die Husaren
unter Gen.-Major Hans Joachim Zieten am 23. 11. 1745 in K. H.
einen Teil der sächs. Armee unter Gen. Buchner angriffen und mit
Hilfe nachrückender Einheiten schlugen. Die weiter nö. stehenden
übrigen sächs. Truppen und die Österreicher im Raum um Lauban und Schönberg griffen nicht ein, sondern zogen sich zurück
und gaben den Feldzugsplan auf. Nach einem weiteren preuß.
Sieg bei Kesselsdorf in Sachsen (15. 12. 1745) erfolgte der Friedensschluß von Dresden (25. 12. 1745). – Am E. des 2. Weltkrieges fanden im Ringen um den Besitz Laubans bei K. H. harte,
wechselvolle Kämpfe statt.   (I) *We*

Heimatbuch d. Kr. Lauban in Schles., 2. Aufl. hg. v. WMenzel, Sey-
boldsdorf-Vilsbiburg 1966. – LV 299, Bd. 1, S. 295–309. – vLangenthal,
Gefecht bei K. H., in: Von Mollwitz bis Annaberg, hg. v. GSchwantes,
Br. 1935, S. 32–35

Katscher (Kietrz, Kr. Leobschütz). Das mähr. Grenzgebiet um K.
kam A. 13. Jh. in den Besitz der Bff. von Olmütz, die hier am
Troja-Übergang der Straße Troppau-Cosel 20 km sö. Leobschütz
vor 1266 den dtrechtl. Ort K. gründeten und ihn bis 1321 zur
Stadt ausbauten. Das um einen rechteckigen Ring mit seitlich ver-
setzter Kirche und Burg angelegte Landstädtchen blieb mauerlos.
Zu seinem Vogteibezirk gehörten bis 1706 die Dörfer Langenau,
Knispel, Ehrenberg und Krotfeld. Um 1713 wurde die Siedlung
Wiedmut eingemeindet. Die bevorzugt betriebene Handweberei
lösten im 19. Jh. Plüsch-, Teppich- und Deckenfabriken ab, zu
denen sich Emaillier- und Gipswerke gesellten. Die Bevölkerung
stieg von 1787: 1181 Eww. auf 1825: 1549, 1905: 4026, 1939:
8914 Eww. an (1961: 5100 auf 33,39 qkm, 1970: ca. 6000 Eww.).
1896 erhielt K. durch die kurze Strecke K.-Groß Peterwitz Anschluß an die Eisenbahnlinie Leobschütz-Ratibor. – Als Besitztum
der Bff. von Olmütz gehörte die Exklave K. bis zur preuß. Eroberung von Schles. politisch zu Mähren, kirchlich blieb sie auch danach bei Olmütz. Das Kommissariat K., bestehend aus den Dekanaten K., Hultschin und Troplowitz, umfaßte seit 1742 den an
Preußen gefallenen Teil der Erzdiözese Olmütz. Es verkleinerte
sich nach dem Verlust des → Hultschiner Ländchens auf die
Rest-Dekanate K., → Branitz und Leobschütz (1923) und erweiterte sich 1938–45 auf die sudetendt. Gebiete der Erzdiözese Ol-

mütz (insges. 26 Dekanate). – Die bereits im 13. Jh. erwähnte *Pfarrkirche* wurde im 16. und 18. Jh. erneuert, um- und ausgebaut sowie mit einer barocken Innenausstattung versehen. Das Schloß aus dem 16. Jh., 1557–1877 in der Hand der Gaschin, danach der Reichsgff. Henckel von Donnersmarck, ist seit 1945 *Ruine*; die *Mariensäule* von 1730 auf dem Ring ist erhalten.

(IIIa) *Me*

ThGroeger, Hist. Beiträge z. Gesch. d. Stadt u. Herrsch. K., Leobschütz 1887. – RHofrichter, Heimatkunde d. Kr. Leobschütz, Teil II, H. 3, Leobschütz 1914. – EKomarek, Distrikt K. in Recht u. Gesch., Ratibor 1934. – Oberschles., Verkehr, Wirtschaft u. Volkstum, Berlin-Steglitz 1935, S. 230–31. – LV 233, S. 782 f. – Leobschützer Heimatbuch, hg. v. EBeigel u. JKlink, München 1950, S. 30. – LV 234, Bd. 2, S. 167. – LV 593, Bd. 7, H. 2, S. 40–46

Kattowitz (Katowice). Die ma. dt. Besiedlung von Oberschles. hatte vor der sumpfigen Flußniederung der Rawa und vor den unfruchtbaren Sandböden auf den Landrücken n. und s. der Rawa Halt gemacht. Die letzten ma., nach dt. Recht ausgesetzten Dörfer Bogutschütz und Brynow waren von ihren Bewohnern wieder verlassen worden. Das ö. anschließende Gebiet war Urwald. Erst die Eisenhämmersiedlung und die Teichwirtschaft brachten E. 14. Jh. Leben an die Rawa. Hz. Johann II. von Ratibor (der »Eiserne«) setzte an der Stelle des wüsten Dorfes Bogutschütz 1397 einen »dt. Hammer« aus und übertrug dem Hammermeister den erblichen Besitz an der Feldmarkung sowie an einem Waldstück s. der Rawa von insges. etwa 15 qkm Fläche. Die neben dem Hammer angelegten Mehl-, Brett- und Schleifmühlen trugen dem Meister den Namen »Müller« ein. Die an der Rawa angelegten Fischteiche, die sog. Hüttenteiche, dienten neben der Karpfenzucht auch zur Entwässerung des sumpfigen Geländes. Die beim Hammer beschäftigten Eisensteingräber, Köhler, Kohlenschütter und Fuhrleute erhielten zur ernährungsmäßigen Selbstversorgung landwirtschl. Stellen in Bogutschütz. Dem neuen Gemeinwesen, das sich »Bogutzker Hammer« nannte, stand der Meister als Schulze vor. Aus später urk. belegten familiären Bindungen zu bekannten Hammermeistern an der Malapane läßt sich vermuten, daß der erste Hammermeister und seine Leute Deutsche aus Sachsen oder Niederschles. waren. 1486 wird mit Genehmigung des Hz. Kasimir von Teschen der wahrsch. durch Hochwasser beschädigte Bogutzker Hammer von einem Hammermeister von der Rybna bei Woischnik wieder instandgesetzt. Gelegentlich eines Erweiterungsbaus des Hammers flußabwärts erscheint der dt. Name Herzig für den Hammermeister. Nach seinem Tode übernahm sein Bruder Andreas den Bogutzker Hammer, während der Erweiterungsbau von seinem Enkel Valentin weitergeführt wurde, der sich in Anknüpfung an den Flußnamen Rozdzianka (= Rawa) Rozdzieński nannte. Andreas († 1598) war der letzte Meister, der die Privilegien und Freiheiten des dt. Hammers zu wahren wußte. Auf Grund dieser Privilegien, die ihm in Verträgen mit der Standesherrsch. Pleß 1555 und 1568 noch einmal bestätigt wurden, gründete Meister Andreas um 1590 auf dem vom Hammerbetrieb abgeholzten Gebiet s. der Rawa das Dorf K. (belegt 1598), in welchem Gärtner angesetzt wurden. Ihre Häuser und Scheunen wurden entlang einer Dorfstraße parallel zur Rawa gebaut, während ihre Felder nach dem ma. Vorbild der Waldhufendörfer senkrecht zu dieser bis zur Waldgrenze verliefen. Der Uferstreifen zwischen Rawa und Dorfstraße blieb Hammergebiet. Als 1548 die Standesherrsch. Pleß das Land an der Rawa an Stanislaus Salamon v. Benediktowitz verkaufte, wurden die Rechte des Bogutzker Hammers von der neuen Herrsch. → Myslowitz zunächst nicht angetastet. Das änderte sich unter der Erbin Katharina Salamon († 1614), die in zwei Prozessen 1596 und 1602 ihre Grundherrenrechte gegen die Hammermeister, Valentin Rozdzieński und die beiden Söhne des Meisters Andreas, Matthäus und Johannes, durchsetzte, die daraufhin den Bogutzker Hammer verließen. Valentin Rozdzieński veröffentlichte 1612 in Krakau ein Lehrgedicht in oberschles.-poln. Mundart mit dem Titel »Officina ferraria ábo Hutá y Wárstát z Kuźniámi szlachetnego dźieła Zelaznego« (Officina ferraria oder Hütte und Werkstatt mit den Schmieden des edlen Eisengewerbes). Auf dem gerodeten Waldstück des verlassenen Hammers gründeten die Herren der Standesherrsch. Pleß 1640 das Dorf Schoppinitz. Der Bogutzker Hammer, den die Herrsch. Myslowitz bereits 1609 verkaufte, wurde nur noch zeitweise betrieben und 1755 eingestellt. Sein Name diente nur noch zur Bezeichnung der hier betriebenen Gutswirtschaft, bis er mehr und mehr von der Bezeichnung Gut K. verdrängt wurde.

Die Wende bahnte sich an, als das Gut K. nach mehrfachem Besitzwechsel 1799 von dem Eisenfachmann Johann Friedrich Koulhaas gekauft wurde. Er und seine Erben leiteten bis 1832 die neuzeitliche industrielle Entwicklung von K. ein. 1801 wurde die Beategrube gemutet und mit der hier gewonnenen Steinkohle an der Stelle des untergegangenen Hammers ein Frischfeuer zur Ausschmelzung von Roheisen in Betrieb genommen. Auf dem Gelände des Vorwerks Karbowa wurden die Emmagrube und die Emma-Zinkhütte errichtet. Im Vergleich mit anderen oberschles. Städten blieb die Industrialisierung in K. jedoch zurück. Gerade dieser Umstand aber bildete die Voraussetzung dazu, daß K. in anderer Weise seine Nachbarstädte an Bedeutung übertreffen sollte. Hieran hatten zwei Männer entscheidenden Anteil: Friedrich Wilhelm Grundmann (1804–1887) und Dr. Richard Holtze (1824–1891). Grundmann war 1839 als Verwalter der Gutsherrsch. K., die 1838 Franz Winckler (1803–1851) erworben hatte, nach K. gekommen. Er erkannte die Nutzlosigkeit der Kohleschürfungen und der Hüttenbetriebe in S-Teil von K. und verlegte den Schwerpunkt der Industrie auf das Gebiet n. der Rawa, wo 1842 aus der Zusammenfassung von fünf Schachtanlagen die Ferdi-

nandgrube und 1852 die zunächst als Zinkhütte, ab 1862 als Ei-
senwalzwerk betriebene Marthahütte entstanden. 1864 wurden
diese Betriebe durch eine Werkseisenbahn mit dem K.er Bahnhof
verbunden. Nach dem Tode Franz Wincklers unterstellte Grundmann dessen Montanbesitz, der einschließlich des Montanbesitzes
der Gemahlin Wincklers Maria († 1853) sich von Bismarckhütte
bis Myslowitz erstreckte, einer besonderen Berg- und Hüttendi-
rektion unter der Leitung seines Schwiegersohns und (ab 1872)
Nachfolgers Carl Mauve. Alleinerbin des Vermögens beider Ehe-
leute Winckler wurde deren Tochter Valeska v. Tiele-Winckler
(1829–1880). Ihr Sohn und Erbe Franz Hubert v. Tiele-Winckler
(1857–1922) war letzter Alleineigentümer bis zum 1. Weltkrieg.
Holtze eröffnete 1851 in K. eine Arztpraxis und befaßte sich mit
der kommunalen Entwicklung und klaren baulichen Gestaltung
von K. Vor allem betrieb er mit Grundmann, dessen Tochter
Berta er 1854 geheiratet hatte, in schwierigen Verhandlungen die
verwaltungsmäßige Neuordnung des durch Neuzuzüge erheblich
angewachsenen Dorfes K. Seine Bemühungen wurden durch die
Verleihung der Städteordnung an K. 1865 gekrönt; 1867 wurde
die städt. Verfassung in Kraft gesetzt. 1873 erfolgte die Bildung
des Landkr. K. aus dem s. Teil des Landkr. Beuthen. Als K. 1899
selbständiger Stadtkr. wurde, blieb es weiterhin Verwaltungssitz
des Landkr. Den weiteren Aufschwung der Stadt K. kennzeichnen
nachstehende Ereignisse: 1846 wurde die oberschles. Eisenbahn
von Schwientochlowitz über K. bis nach Myslowitz verlängert.
1895 wurde K. Dienstsitz der Eisenbahndirektion für Oberschles.,
1882 verlegte der 1861 an die Stelle des aufgehobenen Oberbergamtes → Tarnowitz getretene »Berg- und Hüttenmännische Verein« seinen Sitz von Beuthen nach K. Für die in der Nähe von K.
entstandenen Industriewerke (1875: sechs Eisenhütten, elf Zinkhütten und 14 Steinkohlengruben) wurden Verwaltungsgebäude
in K. gebaut. Weitere Montanverwaltungen folgten diesem Beispiel, z. B. nach 1907 die Fstl. Plessische Bergwerksdirektion. Die
1889 aus dem Tiele-Wincklerschen Montanbesitz gebildete »K.er
AG für Bergbau und Eisenhüttenbetrieb« wählte ihren Sitz im
Schloß K. Der zum großen Teil private oder genossenschaftliche
Wohnungsbau ergab neben den repräsentativen Verwaltungsneu-
bauten an breitangelegten Straßen und weiträumigen Plätzen mit
dem ma. Vorbildern entlehnten Ring als Zentrum der Stadt ins
ges. das Bild einer »schön gebauten Stadt« (H. Adamy, 1880). Die
Eww.-Zahl von K. belief sich 1825 zu Beginn der Industrialisierung auf 675 und 1865 bei der Stadtwerdung auf 4815. Sie stieg
bis E. 19. Jh. auf über 31 000 an und erreichte 1905 35 772. Bis
zum 1. Weltkrieg entstanden acht Volksschulen, zwei Mittelschu-
len, drei höhere Schulen, eine Baugewerkschule; drei Kirchen
wurden neu gebaut: 1858 die evg. Auferstehungskirche, 1870 die
kath. *Marienkirche*, 1902 die kath. *Peter-Paul-Kirche*. Die Krönung
des dt. Kulturlebens in K. bildete das 1907 eröffnete *Stadttheater*
am Ring.

Gegen den 1. Entwurf des Versailler Vertrages vom Mai 1919, der die Abtretung von fast ganz Oberschles. an Polen vorsah, fand in K. unter Beteiligung von etwa 100 000 Personen eine Protestkundgebung statt. Bei der infolge des dt. Widerstandes durchgesetzten Volksabstimmung 1921 sprachen sich in K. von 22 774 Abstimmungsberechtigten 85,4% für den Verbleib bei Deutschland aus. Auf Grund eines Gutachtens des Völkerbundrates fiel 1922 K. dennoch an Polen. Unter poln. Herrsch. stieg K. zum Verwaltungssitz der Woj. Schles. (Woj. Śląskie) auf, worauf es im 2. Weltkrieg 1941 Hauptstadt der aus dem dt. und poln. Oberschles. sowie aus ö. Randgebieten geschaffenen Prov. Oberschles. und 1945 wiederum Sitz einer vergrößerten Woj. wurde. 1925 wurden die beiden 1865 nicht in das Stadtgebiet einbezogenen Dörfer Brynow und Bogutschütz sowie die Dörfer Zalenze, Domb und Ellgoth (Idaweiche) zur Stadt K. eingemeindet. Damit fiel eine Reihe größerer Industriewerke und Arbeitersiedl. in das Stadtgebiet, ohne jedoch angesichts ihrer peripheren Lage den Charakter von K. als Verwaltungs- und Wohnstadt zu verändern: u. a. das 1843 von dem Breslauer Rau als Zinkhütte Kunigunde gegr., später in ein Eisenwerk umgewandelte Röhren-Walzwerk »Ferrum« in Bogutschütz-Zawodzie, das 1823 entstandene Edelstahlwerk Baildon in Domb sowie die Steinkohlengruben »Oheim« in Brynow und »Cleophas« in Zalenze. Die durch die Eingemeindungen geschaffene Großstadt K. hatte 1940 insges. 127 000 Eww. (gegenüber 105 000 Eww. im selben Gebiet 1910). An baulichen Leistungen der Zwischenkriegszeit in K. sind die *Christ-König-Kathedrale* (1932 Grundsteinlegung) und die *Garnisonkirche*, das *Woj.-Gebäude*, die Schles. Bibliothek und die Ingenieurschule hervorzuheben. Auch der Ausbau des Südparks auf der bislang bewaldeten Beatehöhe des früheren Gutsbezirks K. unter Gartenbaudir. Sallmann fällt in diese Zeit. Im 2. Weltkrieg rückte 1939 die dt. Wehrmacht, 1945 die Rote Armee in K. ein. Bei Kriegsende waren ca. 40 000 Eww. von K. geflüchtet, weitere ca. 20 000 wurden später ausgewiesen. Nach dem Krieg füllte sich die weitgehend von Kriegsschäden verschonte Stadt, die im Mai 1953 (bis 1956) den Namen »Stalinogród« annahm, durch Zuwanderer aus den an die Sowjetunion gefallenen ostpoln. Gebieten wieder auf. 1950 vergrößerte sich die Fläche des Stadtkr. K. durch die Eingemeindung von Hohenlohehütte, Ochojetz, Panewnik und Petrowitz auf 65 qkm, 1960 schließlich durch die Eingliederung des 1951 geschaffenen Stadtkr. Schoppinitz (mit Eichenau, Janow und Rosdzin) auf 100 qkm. Die Eww.-Zahl betrug 1961 275 000, 1970 303 700 (1940 auf dieser Fläche 209 877). Die nach 1945 betriebene Weiterentwicklung des Stadtbildes von K. kommt in mehreren Neubauten zum Ausdruck. Auf dem Gelände der früheren Kolonie Koschutka ist eine Wohnsiedl. mit Hochhäusern für 20 000 Menschen entstanden. 1968 wurde in K. eine Universität gegr. (IV) *Rei*

GHoffmann, Gesch. d. Stadt K., K. 1895. – LMusiol, Materiały do dziejów Wielkich Katowic (Quellen z. Gesch. v. Groß K.), K. 1936. – Handbuch d. oberschles. Industriebezirks, hg. v. Oberschles. Berg- u. Hüttenmännischen Verein, K. 1913. – LV 345. – GGrundmann, F. W. Grundmann, Augsburg 1956. – WMajowski, K., d. jüngste dt. Schöpfung, Salzgitter-Bad 1958. – SZiemba, Od Katowic do Stalinogrodu (Von K. zu Stalinogród), Krakau 1953, ²1954. – JZiółkowski, Rozwój demograficzny i przestrzenny Stalinogrodu na tle warunków społeczno-gospodarczych (D. demograph. u. räumliche Entwicklung v. Stalino-gród [K.] auf d. Hintergrund d. ges.-wirtschl. Bedingungen), in: Przegląd Zachodni 11 (1955), Nr. 9–12, S. 139–212. – LV 234, Bd. 1, S. 413–18

Katzbach → Eichholz

Kauder (Kłaczyna, Kr. Jauer). In dem auf fruchtbarem Boden begründeten, 1249 erstm. erwähnten Dorf K. 8 km nö. Bolkenhain befindet sich auf einer 15 × 30 m großen quadratischen Insel in der Wütenden Neiße die *Ruine* einer kleinen spätma., im 16. Jh. (nach angeblichen Hussitenzerstörungen) wiederhergestellten oder ausgebauten Burg. 1529 und 1626 sind die v. Reibnitz, seit 1654 die Gff. v. Schweinitz und Krain, Frhh. von K., als Besitzer bekannt. Von der Burg sind seit Blitzschlägen 1877 und 1891 im wesentlichen der quadratische Turm und der Schornstein des Küchenbaus erhalten. (II) *We*

Heimatbuch d. schles. Kr. Jauer-Bolkenhain, hg. v. ATost, Velen i. Westf. 1955, S. 158 f. – LV 612, S. 53. – LV 616, S. 126 f.

Kauffung (Wojcieszów, Kr. Goldberg). Das fast 6 km lange Wald-hufendorf K. an der Katzbach, 5 km sö. Schönau a. Katzbach, 1268 urk. belegt, gehört zu den ersten dt. Waldsiedll. in Schles., entstanden an der Innenseite der → Preseka in den ersten Regierungsjahren Hz. Heinrichs I. von Schles. (1201 ff.). In Mittel K. besaß der spätere preuß. Gen.-Feldmarschall Gf. August Neithardt v. Gneisenau seit 1803 einen Herrensitz; er tauschte ihn 1816 gegen das Rittergut → (Zillerthal-) Erdmannsdorf des Gf. Friedrich Wilhelm v. Kalckreuth ein. K. entwickelte sich im letzten Jh. dank wertvoller, schon seit dem 16. Jh. abgebauter Marmor- und Kalksteinvorkommen zu einem volkreichen Industriedorf (1786: 1630, 1825: 1928, 1885: 1943, 1905: 2597, 1939: 3855 Eww. auf 31,08 qkm), gefördert durch die Nebenbahn Goldberg-K.-Merzdorf (1896); große Bedeutung erlangte das Kalkwerk Tschirnhaus AG (1893/95). 1956 wurde K. zur stadtart. Siedl. erhoben und 1959 um → Tiefhartmannsdorf erweitert. 1961: auf 46,52 qkm 5670, 1970: 4913 Eww. – In den Steinbrüchen des Kitzelberges von K. wurden 1928 die ersten Spuren altsteinzeitlicher Höhlensiedll. in Schles. entdeckt. W. von Nieder K. stehen auf einem bewaldeten Berg die *Ruinen* einer ma. Burg. Die frühgot. *Marienkirche* (mit Renaissance-Grabmälern des 17. Jh., vor allem der Fam. v. Zedlitz) und das *Pfarrhaus* daneben von 1494 sind von einer Mauer

(Tor von 1605) umgeben. Die *evg. Kirche* von 1754 ist dem Verfall preisgegeben.   (I) *We*

LV 211, Bd. 2, S. 50. – Heimatbuch d. Altkrr. Goldberg-Haynau-Schönau, 2 Folgen, hg. v. OBrandt, Braunschweig 1954/56, 1, S. 62–65, 2, S. 29–31. – LV 340, S. 32–62. – LV 612, S. 82. – LV 601, S. 167–70. – LV 234, Bd. 2, S. 603. – KSchumann, Gf. Neidhardt v. Gneisenau als schles. Landwirt u. Landmann, in: LV 39, 14/1932–33 (1934), S. 311–328. – PStockmann, Gesch. d. Dorfes u. d. Kirchspiels K., Diesdorf 1892

Kieferstädtel (Sośnicowice, Kr. Tost-Gleiwitz/Gleiwitz). K., im Gebiet der dtrechtl. Waldhufendörfer um Gleiwitz 10 km sw. dieser Stadt gelegen, hieß bis ins 19. Jh. »Sosnischowitz«, daneben schon seit 1766 K. (poln. sosna = Kiefer). K. liegt zwischen zwei Waldhufendörfern mit den für Stadtdörfer typischen Namen Lona-Lany (łan = Hufe) und Pohlsdorf (»Poln. Dorf«), von denen das eine um 1300 als »Superior Sossnessowitz« gen. wird; das andere ist als gleichzeitig vorhandenes »Inferior S.« vorauszusetzen, und die gleichnamige Stadt dazwischen dürfte ebenfalls bereits bestanden haben. Dafür spricht auch die Erwähnung des Weichbildortes 1372 und des »Landes« Sosnischowitz 1383 anläßlich seiner Einlösung durch den Hz. von Oppeln vom Hzt. Teschen, an das es verpfändet war. Direkte Belege für die Stadt sind aber erst 1506 mit der Nennung von Ratmannen des oppidum vorhanden. K. war eine kleine Plananlage, bestehend im wesentlichen aus einem rechteckigen Marktplatz und zwei von ihm ausgehenden Straßen im Zuge der Straßenverbindung Gleiwitz–Ratibor; ein regelrechtes gitterförmiges Straßennetz war nur in Ansätzen vorhanden. Die *Pfarrkirche St. Jakobus d. Ä.* ö. des Marktplatzes ist 1376 belegt, der heutige Bau wurde 1786–94 errichtet. Das Städtchen war nur durch Wall und Graben geschützt und hatte drei Tore: das Gleiwitzer, Ratiborer und Schloßtor (bis 1818/27). Das Schloß am O-Ende der Stadt war Sitz der Grundherrsch. von K., die 1497–1519 im Besitz von Friedrich Herborth von Fullstein, anschließend der Fam. v. Seydlitz bis 1555 und derer v. Trach bis 1701 war; letztere gründeten das benachbarte → Althammer. Nach Gf. Johann Bernhard III. v. Praschma und den Gff. v. Wyhowsky erwarben 1730 die Gff. v. Hoditz K.; Gf. Karl Joseph II. v. Hoditz erbaute 1755 das heutige hufeisenförmige spätbarocke *Schloß*. Die Besitzer wechselten noch mehrmals (ab 1764 Gff. v. Chorinsky, 1794 Gfn. Marie v. Sprinzenstein, ab 1800 Gff. v. Seherr-Thoß), bis K. 1830 an den Landgf. Viktor Amadeus von Hessen-Rothenburg und 1834 durch Erbschaft an die Fstt. von Hohenlohe-Waldenburg-Schillingsfürst als Hzz. von Ratibor.

Die Stadt K. war eine kleine Handwerker- und Ackerbürgerstadt. Im 30j. Krieg wurde sie zerstört, später noch mehrmals von Bränden heimgesucht. Sie hatte 1576 60 Bürgerstellen, 1783 370 Eww. In preuß. Zeit sank K. zum Marktflecken ab; erst 1853 erhielt es

wieder Stadtrecht. A. 19. Jh. spielte in K. neben der Schuhmacherei auf Grund der Eisengewinnung in und um K. die Blechlöffel-
und Schmiedenägelproduktion eine gewisse Rolle, ohne daß die
Stadt, die nie Eisenbahnanschluß erhielt, einen großen Aufschwung nahm. Sie hatte 1825: 614, 1905: 961, 1939: 2120 Eww.
Nach beträchtlicher Zerstörung am E. des 2. Weltkrieges verlor
K. erneut das Stadtrecht. Seit 1973 ist es Mittelpunkt einer dörflichen Großgem. von 127,49 qkm und 13 543 Eww.   (IV) *We*

LV 210, Bd. 1, S. 535–39. – JChrząszcz, Z. älteren Gesch. d. Stadt K.,
in: LV 44, 1 (1905), S. 66–71, 141–43. – Festschr. z. 400-Jahrfeier d.
Stadt K., Gleiwitz 1926. – (RKosubek), Aus K.s Vergangenheit, in: Heimatkalender f. d. Kr. Tost-Gleiwitz 3 (1930), S. 57–59. – LV 233, S. 784.
– LV 591, (V 1), S. 116–25. – WKuhn, D. Stadtdörfer d. ma. Ostsiedl.,
in: LV 33, 20 (1971), S. 1–69, hier S. 52, 56. – LV 357, S. 82 f. – LV
234, Bd. 1, S. 471 f. – LV 595 c, S. 108. – Gliwice, zarys rozwoju miasta
i okolicy (Überblick d. Entwicklung d. Stadt Gleiwitz u. Umgebung),
hg. v. ASzefer, Warschau/Krakau 1976

Kittlitztreben (Trzebień, Kr. Bunzlau). K. ist ein Rodungsdorf
(poln. trzebienie = Rodung) der niederschles. Heide am r. (ö.)
Ufer des Bober: ca. 1305 »Treben valvi«, ab 1375 nach den Besitzern v. Kittlitz gen. 1446 war Heinze v. Kittlitz zu K., der es
1468 an Kunze v. Bibran auf → Modlau verkaufte. Im Besitz der
v. Bibran blieb K. bis 1604, dann gehörte es bis 1623 den v. Zedlitz, schließlich 1679–1722 wieder den v. Bibran, 1727–1805 den
Gff. v. Hochberg auf → Fürstenstein, 1804–1945 der Fam. v. Kölichen. 1936 umfaßte die Herrsch. K. mit den Gütern K., Altöls
und Urbanstreben (diese drei vereinigt seit 1679) 3216 ha. –
Nickel v. Bibran erbaute 1601–03 im Renaissancestil das *feste
Haus* K., das 1642 ausbrannte und dann 1671 v. Wachteln ausbaute. Es wurde 1717 durch ein drittes Geschoß mit Blendgiebel
und Turm mit Barockhaube umgestaltet. Um 1800 ließ Gf. v.
Hochberg steinerne Ornamente von den Herrenhäusern K. und
Altöls entfernen zum Bau des sog. alten Schlosses in Fürstenstein.
– K. hatte 1786 ein Vorwerk, fünf Bauern, 37 Gärtner, vier Häus-
ler, 354 Eww.; 1939: 769 Eww. nebst dem 1854 gegr. Eisenwerk
Ottilienhütte.   (I) *St*

EDewitz, Gesch. d Kr. Bunzlau, Bunzlau 1885, S. 134–64. – FvKöli-
chen, K. 1642–59, in: LV 28, 45 (1911), S. 287 ff – LV 616, S. 116–18.

Kleinitz (Klenica, Kr. Grünberg/Züllichau). Das etwa 2 km r. der
Oder unweit der ehem. schles.-brand. Grenze gelegene Dorf K.
wird 1443 als Gut des Siegmund v. Zabeltitz erstm. erwähnt, der
u. a. auch → Kontopp, → Boyadel und → (Deutsch) Wartenberg
besaß. Bis 1862 blieb K. Bestandteil der Herrsch. (Deutsch)War-
tenberg, mit ihr gehörte es 1649–1776 dem Jesuitenorden, der die
vordem evg. (polnischsprechende) Bev. von K. rekatholisierte. Im
17./18. Jh. fanden Wallfahrten – auch aus dem benachbarten
Großpolen – zu dem Marien-Gnadenbild in der Kirche von K.

statt. 1787 kaufte Hz. Peter von Kurland und → Sagan die Herrsch. (Deutsch) Wartenberg. Nach dem Tode seiner Tochter Dorothea, Hzn. von Sagan und Dino, Gfn. von Talleyrand-Périgord, erbte 1862 den Besitz r. der Oder als Herrsch. K. deren Tochter Pauline Marquise von Castellane und danach 1890 wiederum deren Tochter Marie, Gattin des Fst. Anton Radziwill. Neben dem alten Schloß von K. wurde 1884 ein Jagdschloß erbaut, 1903 erweitert.

S. des W-Ausgangs des Dorfes K. befindet sich ein stark abgetragener *Ringwall* von ca. 100 m Durchmesser, mit einem Zwischenwall um eine kleine Erhebung im SO; aus den Funden wurde die Meinung abgeleitet, daß es sich um eine frühslaw. Anlage handele (7./8. Jh.?), daß aber in manchen ungewöhnlichen keramischen Formen die Überlieferung der Völkerwanderungs-(Wandalen-)Zeit fortlebe.   (I) *We*

LV 119, Bd. 1. – LV 154, Bd. Glogau, S. 89, 248, 549–551. – AFoerster, Geschichtliches v. d. Dörfern d. Grünberger Kr., Grünberg 1905, S. 225–235. – LV 613, Bd. 1, S. 15 f. – EPetersen, D. Burgwall v. K. Kr. Grünberg, in: LV 67, 7 (1937), S. 59–75

Klein Öls (Oleśnica Mała, Kr. Ohlau). Das Gut Kl.Ö. (12 km s. Ohlau) soll urspr. eine Wasserburg gewesen sein. Hier, in »Olesniz«, stellte Bf. Siroslaus von Breslau 1189 eine Urk. aus, ab 1193 erscheint Kl.Ö. als Zehntbesitz des Breslauer Sandstifts. Anscheinend gehörte das Gut zum Wittum der hl. Hedwig, die ihren Gatten, Hz.. Heinrich I. von Schles., angeregt haben soll, in Kl.Ö. Tempelherren anzusetzen. Dies wurde wohl um 1220 verwirklicht, jedenfalls vor 1227, wahrsch. durch Templer aus der Kommende Süpplingenburg bei Braunschweig. An die von ihnen auf Waldboden gegr. dtrechtl. Dörfer erinnern noch die ON Tempelfeld, Frauenhain und Marienau um Kl.Ö. Bei der Auflösung des Templerordens 1312 fiel Kl.Ö. an die Johanniter. Sie erweiterten den Besitz der Kommende auf zehn Dörfer – außer Kl.Ö., wo sie 1378 erstm. ein Dorf anzulegen versuchten, allerdings ohne Erfolg; erst später entwickelte sich Kl.Ö. zum Flecken. 1485 traten die Johanniter Hz. Friedrich I. von Brieg drei Dörfer ab, erlangten aber dafür die Obergerichte in ihren Dörfern und die Befreiung vom hzl. Einlagerungsrecht. Nach der Säkularisation (1810) schenkte der preuß. Staat den Besitz der ehem. Johanniter- bzw. Malteserkommende Kl.Ö., nämlich Kl.Ö. sowie die Dörfer Brosewitz, Günthersdorf, Jauer, Kallen, Klein Jenkwitz, Klosdorf und Tempelfeld, 1814 dem Gen. und späteren Feldmarschall Gf. Ludwig Yorck von Wartenburg (1759–1830). Die *Schloßanlage* wurde unter ihm umgebaut und erweitert: der vom N-Flügel von 1594 und den beiden nach einem Brand von 1706 im Barockstil erbauten Kommende-Flügeln mit Kirche umgrenzte Hof wurde um 1815/20 durch einen schlichten Verbindungsbau im preuß. Landbaustil sowie Stall- und Gesindegebäude abgeschlossen. In dem urspr. Barockpark, der in einen Wildpark überging, wurde nach einem Entwurf von Carl Ferdinand Langhans 1828/29 von Baurat Julius Schultze für Feldmarschall Yorck und seine Fam. ein Mausoleum errichtet, ein achteckiger verputzter Ziegelbau, sowie 1864 ein Bronzeabguß des Berliner Denkmals des Feldmarschalls von Chr. Daniel Rauch aufgestellt. Unter den Nachkommen des Feldmarschalls ragte dessen Enkel Paul Gf. Yorck von Wartenburg (1835–97) hervor, Philosoph und Freund des bekannten Philosophen Wilhelm Dilthey, der häufig in Kl.Ö. weilte und Paul Yorck das Werk »Einleitung in die Geisteswissenschaften« widmete. Sein Enkel Oberreg.-Rat Peter Gf. Yorck von Wartenburg, führendes Mitglied des Kreisauer Kreises (→ Kreisau) und Vetter des Obersten Claus Gf. Schenk v. Stauffenberg, wurde am 8. 8. 1944 als Widerstandskämpfer gegen Hitler hingerichtet. – Im nahen Jauer war der Schriftsteller Paul Keller 1893 Hilfslehrer. (III) *We*

LV 130, Bd. 1. – PNeugebauer, Spaziergänge in u. um Kl. Ö., Ohlau 1924. – JBrier, D. Ritterkommende Kleinöls Kr. Ohlau im Ma. (1226–1528), in: Briegische Heimatbll. 1938. – KEistert, D. Ritterorden d. Tempelherren in Schles., in: LV 72, 14 (1956), S. 1–23. – LV 631, S. 196 f. – LV 670, S. 270–73.

Klein Schnellendorf (Przydroże Małe, Kr. Falkenberg/Neisse). Als im 1. Schles. Krieg die österr. Hauptstadt Wien von den Truppen Frankreichs und Bayerns, der Verbündeten Preußens, bedroht war, schloß der preuß. Kg. Friedrich d. Gr. am 9. 10. 1741 im Schloß zu Kl. Sch. (17 km sö. Neisse) mit dem österr. Feldmarschall Gf. Wilhelm Reinhard v. Neipperg unter Vermittlung des engl. Gesandten Lord Hyndford einen streng geheim gehaltenen Vertrag: Die Österreicher überließen darin den Preußen Niederschles. bis zur Glatzer Neiße und r. der Oder n. der Brinitze; hierzu sollte auch die von Friedrich erstrebte Festung → Neisse gehören, die nach 14tägiger Belagerung zu kapitulieren hätte. Die Preußen versprachen dafür, den Krieg nur zum Schein fortzuführen und die österr. Armee nicht zu verfolgen, so daß diese zur Verteidigung Wiens abziehen könnte. Den Preußen wurde auch eingeräumt, in Oberschles. bis zu einer festgesetzten Linie n. der Gebirgspässe Winterquartier zu beziehen; diese Linie wurde bei der endgültigen Abtretung von fast ganz Schles. an Preußen 1742 zur Teilungsgrenze. Zur Erinnerung an diese Konvention stand 1862–1945 im Hof des 1736 erbauten *Barockschlosses* von Kl. Sch. ein Standbild Friedrichs d. Gr. – Das im oberschles. Vorgebirgshügelland gelegene Dorf Sch. ist wahrsch. vor der M. 13. Jh. entstanden (belegt um 1305 als »Predros sive Snellindorph«). Auf dem Schwedenberg bei Kl. Sch. steht eine 1843 in der heutigen Form aufgeführte *Wallfahrtskapelle*; die Überlieferung führt die Entstehung der Wallfahrt auf ein Ereignis in einem Schwedenlager während des 30j. Krieges zurück. (III) *We*

LV 299, Bd. 1, S. 175–89. – ASpiller, Kg. Friedrich d. Gr. in Kl. Sch., in: Oberschles. Volkskalender, Heimatkal. Falkenberg 1926, S. 141–43.

− RLanger, D. Schwedenkapelle, in: Neustädter Beitrr. z. Heimatkunde 1925, Nr. 7. − Heimatbuch d. Kr. Falkenberg in Oberschles., Scheinfeld/Mfr. 1971, S. 32 f., 200−02. − LV 604, S. 257 f.

Klein Strehlitz (Strzeleczki, Kr. Neustadt O.S.). Das an der Straße Krappitz-Neustadt am Zülzer Wasser gelegene, 1327 urk. erstm. erwähnte Städtel Kl. St. (mit Befestigung) wurde verm. bereits in der 2. H. 13. Jh. um einen viereckigen Marktplatz angelegt. Es gedieh jedoch nicht über eine ländliche Marktsiedl. von 90 Bürgerhäusern (1532) hinaus, wurde 1428 von den Hussiten zerstört und verlor in preuß. Zeit endgültig das Stadtrecht wieder. Bei der Teilung des Archipresbyterats Oberglogau wurde Kl. St. Sitz eines Erzpriesters (Kirche des 18. Jh.). Herrschl. war Kl. St. mit → Schelitz verbunden. Bis 1769 war Kl. St. lange Besitz der Gff. Proskowski auf → Proskau, 1782 erwarb es die preuß. Krone.   (III) *Me*

LV 511, Sp. 328 f. − LV 345. − LV 357, S. 100 f.

Klitschdorf (Kliczków, Kr. Bunzlau). K. am r. (ö.) Ufer des Queis war bis 1815 schles. Grenzort gegenüber → Wehrau/Oberlausitz. Das A. 14. Jh. belegte Dorf K. war unbedeutend, hatte 1785 neben Kirche, Vorwerk, Wassermühle, einem Eisenhammer nur 16 Gärtner, zehn Häusler, 307 (1939: 366) Eww. 1610 erhielt K. Stadt- und Marktrecht, das noch 1733 bestätigt, aber nicht verwirklicht wurde. Die kath. *Dreikönigskirche* war von der Ref. bis 1654 evg. 1837 sank sie, da die Parochie erlosch, zur Filiale von Birkenbrück ab. In der Kirche befindet sich ein Taufstein von 1419, ein spätgot. Flügelaltar (nach 1500) und ein sehr berühmtes Epitaph aus Lindenholz (15 Personen) für die Fam. des Kaspar v. Rechenberg († 1588), um 1575. − Die schles. Grenzfeste »castrum Cliczchdorff«, 1291 urk. gen., wurde als Wasserburg von Hz. Bolko I. von Schweidnitz († 1301) erbaut. Der spätere *Renaissancebau* mit Schloßkapelle von 1728 wurde 1881−83 völlig modernisiert, der Park erweitert. 1369 noch hzl. (gen. wird »Cuneman Sydlicz, burgrave czu Clitschdorf«), wurde K. dann Lehnsgut mit adligen Besitzern: bis 1387 v. Kittlitz, 1387−1391 v. Zedlitz, 1391−1631 die Frhh. v. Rechenberg (auf → Primkenau), 1631 bis 1703 die Frhh. v. Schellendorf, 1703−1747 die Gff. v. Frankenberg, 1747−1760 Gf. Seyfried v. Promnitz, der 1747 für immer die Herrschsch. K. und Wehrau vereinigte. Seine Witwe vermählte sich 1764 mit einem Gf. zu Solms-Tecklenburg auf Baruth, in dessen Fam. die Herrsch. K. bis 1945 blieb. Sie umfaßte 1936 insges. 23 702 ha (davon 21 560 ha Forst und Heide, 1932 ha Rustikalbesitz in 18 Dörfern zwischen Tschirne und Bober), von denen 10 288 ha zum Rittergut Wehrau und 2285 ha zum Gutsbez. Lipschau-→Dohms gehörten.   (I) *St*

EWernicke, Chronik d. Stadt Bunzlau, Bunzlau 1884. − EDewitz, Gesch. d. Kr. Bunzlau, Bunzlau 1885, S. 164−170. − LV 211, Bd. 2, S. 41−43. − GGrundmann, Bauten u. Werke der bildenden Kunst in

Stadt u. Kr. Bunzlau, in: D. Bunzlauer Kr. an Bober u. Queis, ²Siegburg 1964, S. 262–295. – K., in: Neuer Görlitzer Anzeiger Nr. 243 v.
16. 10. 1927

Klodnitz (Kłodnica, Kr. Cosel). Das 2 km ö. Cosel am l. Ufer des
gleichnamigen Flusses gelegene, 1532 erstm. als Waldsiedl. belegte Dorf K. verdankt seinen Aufstieg zur stadtart. Siedl. (1959)
dem Bau des → Klodnitzkanals (A. 19. Jh.), dessen 1. Schleuse
mit dem Warenumschlag auf größere Oderschiffe sich hier, unweit der Mündung in die Oder, befand, ganz bes. jedoch der Eingemeindung des Ortsteils Cosel-Oderhafen (vor 1925) mit dem
zweitgrößten dt. Binnenschiffs-Umschlaghafen der Zwischenkriegszeit (Mündungsbecken des späteren »Oberschles.«, »Gleiwitzer« oder »Adolf-Hitler-Kanals«), Sitz des Staatl. Hafenamts,
einiger Schiffsreedereien u. a. Einrichtungen. Im übrigen war und
ist K. Wohnsiedl., u. a. für Arbeiter der chemischen Industrie in
→ Kandrzin. Eww.-Zahlen: 1783: 383, 1825: 674, 1885: 1850,
1905: 3166, 1925: 4165, 1939: 4934, 1961: 3784 (auf 22,43 qkm),
1971: rd. 4400.   (IV) *We*

LV 210, Bd. 2, S. 901. – Oberschles., Verkehr, Wirtschaft u. Volkstum,
Berlin-Steglitz 1935, S. 169. – LV 234, Bd. 2, S. 168 f. – LV 225

Klodnitzkanal (Kanał Kłodnicki). S. von Kattowitz, 7,5 km vor einem Dorf namens Klodnitz, entspringt der gleichnamige Fluß
und mündet nach 75 km in der Nähe eines ebenfalls → Klodnitz
gen. Dorfes bei der Stadt Cosel in die Oder. An dem Flüßchen
lagen seit dem 18. Jh. Hammerwerke, denen es Betriebswasser
lieferte. Als unter Friedrich d. Gr. die Industrie im ö. Teil von
Oberschles. sich stark entwickelte, faßte man – zum erstenmal
1752 – den Plan, das Revier mit dem ihm nächsten Punkt der
Oder durch einen Kanal zu verbinden. Die Minister Carl Georg
v. Hoym und Frh. Friedrich Anton v. Heinitz sowie dessen Neffe
Friedrich Wilhelm Gf. v. Reden haben das Verdienst, daß dies
Wirklichkeit wurde. Nach einem 1788 erstellten Plan des Deich-
inspektors v. Geschke begann 1792 unter großen Schwierigkeiten
der Bau. Die Kriegswirren 1806/07 unterbrachen die Arbeit; erst
1812 wurde der Kanal fertig. Er besaß eine Länge von 45,7 km,
verlief meist parallel zur Klodnitz, war 1,5 m tief, hatte 18 Schleu-
sen und war später für Schiffe bis 100 t Ladung geeignet. Die
Fortbewegung erfolgte durch Treideln, später mit kleinen
Schleppdampfern. Die Schiffe fuhren von Cosel bis zum Gleiwitzer Hafen; der sog. Oberkanal führte von dort bis Zabrze (Hindenburg), wo er Anschluß an den von Königshütte kommenden
schiffbaren unterirdischen Erbstollen besaß. Der Bau der oberschles. Eisenbahn (1845 bis Schwientochlowitz) entwertete den
Kanal weitgehend, zumal die Oder damals nur bei Frühjahrs-
hochwasser sicher befahrbar war. Von der Regulierung der oberen
Oder und ihrer 1895 vollendeten Kanalisierung aber profitierte
nicht mehr der K., sondern der 1891–1907 in drei Abschnitten

gebaute Coseler Umschlaghafen mit seinen drei Becken, welcher bereits 1913 den zweiten Platz unter den dt. Binnenhäfen einnahm. Erst der parallel zum alten K. in den Jahren 1934–1939 erfolgte Bau einer Großschiffahrtsstraße von Cosel bis Gleiwitz – des Oberschles., auch Gleiwitzer oder Adolf-Hitler-Kanals – mit einer Tiefe von 2 m, einer Breite von 37 m, mit sechs modernen Doppelschleusen und geeignet für Motorschiffe bis zu 750 t Ladefähigkeit, wobei Stauseen die gleichmäßige Fahrt garantierten, gab dem Wasserweg, der in den Coseler Hafen mündete, eine neue Bedeutung; sie wurde noch durch den Plan des Anschlusses der Oder an die Donau gesteigert. Daher siedelten sich entlang dieses neuen Kanals große chemische Werke, vor allem für die Kohlehydrierung, an, die gegen Kriegsende allerdings vornehmliche Bombenziele in Oberschles. wurden. Seit 1950 ist der neue Kanal wieder in Benutzung. Er ist jetzt bis zu 41 m breit und 3,5 m tief. Während der kleine, 105 ha bedeckende und 6 Mill. cbm Zuschußwasser fassende Stausee ö. Bitschin schon um 1936 in Benutzung genommen wurde, wurde der s. benachbarte große Stausee bei Sersno (1936 in Stauwerder umbenannt) erst 1963/64 vollendet; er reicht von → Laband im SO bis jenseits Bitschin im NW, ist 615 ha groß und faßt bei einem Gesamtinhalt von 87 Mill. cbm 41 Mill. cbm Zuschußwasser.   (IV)   *En*

LV 429, S. 53. – NAsmussen, D. Wasserwege Oberschlesiens, in: Oberschles. Ein Land dt. Kultur, hg. v. PKnötel, Gleiwitz 1921, S. 83–86. – Oberschles., Verkehr, Wirtschaft u. Volkstum, Berlin-Steglitz 1935, S. 23 f. – WBubeck, D. Adolf-Hitler-Kanal u. seine Bedeutung f. d. schles. Wirtschaft, Diss. rer. pol. Br. 1935. – LV 225, S. 251. – Gliwice, zarys rozwoju miasta i okolicy (Überblick d. Entwicklung d. Stadt Gleiwitz u. ihrer Umgebung), hg. v. ASzefer, Warschau/Krakau 1976, S. 42–50

Knurow (Knurów, Kr. Rybnik). Die 14–16 km nö. Rybnik gelegenen Dörfer K. (um 1305 »Cnurowicz«, 1447 »Knauersdorf«) und Kriewald (1458 »Crigewald«, 1626 »Grundwald«) gehören – wie das bekanntere → Schönwald – zur Gruppe dtrechtl. Waldhufendörfer auf dem diluvialen Sandboden s. der Klodnitz mit Gleiwitz als städt. Zentrum. Seit dem letzten Viertel des 19. Jh. wandelten sich die beiden Dörfer zu Industriesiedll. In Kriewald errichtete die »Ges. der vereinigten rhein.-westf. Pulverfabriken« 1875/76 eine Pulverfabrik. In K. wurde seit 1908 Steinkohle abgebaut, 1913 eine Kokerei eingerichtet, 1927 daneben eine Fabrik für synthetisches Ammoniak. Eww.-Zahlen: 1783: K. 291, Kriewald 64, 1825: K. 517, Kriewald 119, 1905: K. 1487, Kriewald 440. 1922 fielen die mehrheitlich poln. bevölkerten Dörfer an Polen. K., das 1931 8774 Eww. hatte, wurde 1951 mit dem seit 1928 Kriewald mit umfassenden Schyglowitz (1931: 1902 Eww.) vereinigt und zur Stadt erhoben. 1958 hatten die Kohlengruben von K. 5345 Beschäftigte. Eww.-Zahlen: 1961: 15 167 (auf 28 qkm), 1970 (nach Umfangsvergrößerung 1964): 28 521.   (IV)   *We*

AKozielek, Knurów i Krywałd (K. u. Kriewald), Kattowitz 1937. –
LV 345. – AMrowiec, Szkice z nowszych dziejów ziemi rybnickiej (Skizzen a. d. neueren Gesch. d. Rybniker Landes), Kattowitz 1962. – LV
234, Bd. 1, S. 444. – LV 225

Köben (Chobienia, Kr. Wohlau). Im Durchbruchstal der Oder
durch den nordschles. Landrücken an einem alten Flußübergang,
an dem bis in die Neuzeit hinein eine Fähre betrieben wurde,
liegt die kleine Landstadt K. auf dem Steilufer des Flusses. Bodenfunde aus vorgesch. (wandalische Siedlungsfunde) und ein
Burgwall (»Schwedenschanze«) von 37 × 30 m Durchmesser und
3 m Innenhöhe etwa 2 km n. der späteren Stadt aus frühgesch.-
slaw. Zeit deuten darauf hin, daß es sich um altes Siedlungsland
handelt. S. des Burgwalls war im Dorf K. (»Chobena«) der Wohnplatz – gen. der »Thumb« (später »Dom«) – eines zur Sicherung
des Flußübergangs eingesetzten hzl. Statthalters. Mit diesem
Namen des Platzes waren 3 Hufen verbunden, deren Besitz die
Fährgerechtigkeit, einen Fährkretscham und einen Prahm einschloß. Kurz nach 1300 schenkte der Hz. die »Thumb«-Hufen
mit den damit verbundenen Gerechtsamen sowie dem Patronat
über die früh entstandene (1259 Kaplan von K. belegt) »Thumbkirche« St. Maria Magdalena (seit vor 1679 St. Ägidius), die lange
Zeit auch der Stadtgem. diente, dem Kollegiatstift zu → Glogau;
1534/44 wurden sie von den v. Kottwitz erworben. Der Ort K.
wird erstm. 1238 in einer von Hz. Heinrich II. von Schles. auf der
Burg zu K. ausgestellten Urk. gen. An der Stelle der alten Burg
s. des Dorfes und an der sw. Ecke der Stadt K. wurde A. 16. Jh.
durch die v. Kottwitz eine Wasserburg errichtet, die 1583/84 zu
einem *Renaissanceschloß* ausgebaut wurde und nach mehrmaligen
Umbauten bis jetzt erhalten geblieben ist. Stadtrecht erhielt K.
um 1300 (als Stadt sicher belegt 1322), und zwar Magdeburger
Recht, wie aus der Erneuerungsurk. von 1418 hervorgeht. Grundherren der Stadt waren zunächst die Herren v. Dohna (seit 1303?),
dann seit 1504 die v. Kottwitz. E. 16. Jh. wurde durch Sebastian
v. Kottwitz die bis jetzt erhalten gebliebene Stadtpfarrkirche
St. Peter und Paul, die bereits 1446 erwähnt wird, erneuert. Neben ihr blieb die alte »Thumbkirche« außerhalb der Stadt bestehen, bis sie 1780 abgerissen wurde. An beiden im Zuge der
Ref. evg. gewordenen Kirchen war 1611–1638 Johann Heermann
(1585–1647), Schlesiens bedeutendster Kirchenliederdichter, Pastor. Nachdem diese Kirchen 1654 während der Gegenref. kath.
geworden waren, erhielt K. erst in preuß. Zeit wieder eine evg.
Kirche, die in der eigenartigen Form einer achteckigen Fachwerkkirche – angeblich nach Plänen von Carl Gotthard Langhans –
auf dem Ring neben dem Rathaus errichtet wurde. Sie ist nach
dem 2. Weltkrieg abgerissen worden. – Größere wirtschl. Bedeutung hat die Ackerbürgerstadt K., deren Struktur außerdem durch
einen kleinen Hafen und den Sitz einer Anzahl Schiffseigner der
Oderschiffahrt bestimmt war, niemals erlangt. In dem Dorf K.,

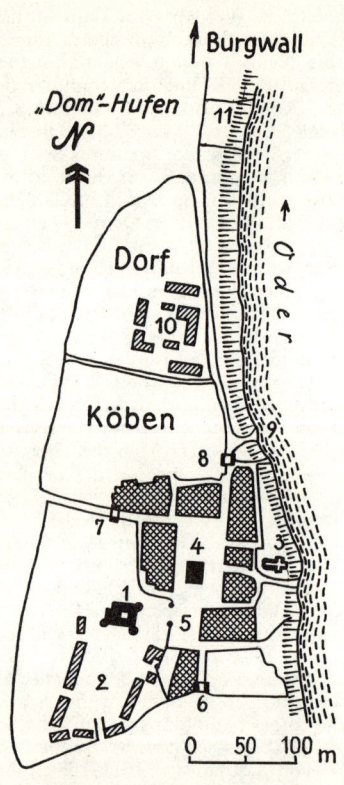

Köben im 18. Jh.
(nach Unterlagen bei Tschersich)

das 1911 in die Stadt eingemeindet wurde, bestand seit 1680 eine
Salzfaktorei. Nach 1945 hat K. das Stadtrecht verloren; in den
1960er Jahren wohnten dort etwa 540 Eww. (1787: 768, 1825:
1023, 1905: 1114, 1939: 1649 Eww.).   (II) *Gra*

ETschersich, Gesch. d. Stadt K. a. O., K. 1928. – LV 233, S. 785 f. –
LV 234, Bd. 2, S. 551. – LV 613, Bd 2, S. 20–22. – LV 218, Teil 2. –
LV 270. – LV 330, S. 45 f.

Königsdorff-Jastrzemb (Jastrzębie Zdrój, Kr. Rybnik/Loslau). Das
10 km sö. Loslau auf fruchtbarem Lößboden im oberschles. Vorgeb.-Hügelland gelegene Dorf J., 1467 als »Jaskrzambie« belegt,
könnte mit der um 1305 gen. »Friczconis villa« identisch sein.
Für Nieder J. begann eine rasche Entwicklung zum Kurort, nachdem 1859 bei Bohrungen nach Salz und Steinkohle dort in 105 m
und 325 m Tiefe jod-, brom- und kohlesäurehaltige Solen entdeckt
und für heilkräftig bei Skrofulose, Rachitis, Gicht-, Rheuma- und
Lebererkrankungen befunden wurden. Der Besitzer des Rittergutes J., Gf. v. Königsdorff, nach dem Nieder J. 1862 in K.-J. umbenannt wurde, begann sogleich mit dem Bau von Trink- und
Badeanlagen u. a. m. (Kurhaus 1861); weitere Einrichtungen folgten (u. a. Kinderheilstätte Marienheim 1891). K.-J. erhielt Eisenbahnanschluß 1911 nach Sohrau, 1913 nach Loslau. Nieder J. bzw.
K.-J. hatte 1783 elf Bauern- und 14 Gärtnerstellen, 1825 202, 1905
608, 1931 rd. 400 Eww. Die beiden 1962 bzw. 1965 bei K.-J. in
Betrieb genommenen Steinkohlengruben »Jastrzębie« und »Mosz-
czenica« verändern den Charakter des einst stillen Kurortes. 1955
wurde K.-J. zur stadtart. Siedl., 1963 zur Stadt erhoben. Die Bev.-
Zahl stieg steil an: 1961: 3256 (auf 8,36 qkm), 1970: 24 395 Eww.
                                                           (IV) *We*

Arvin, D. Bad zu K.-J. u. d. dort versandte concentrirte Soole, in:
LV 26, NF 4 (1865), S. 144–46. – LV 210, Bd. 2, S. 787. – Bad K.-J., d.
schles. Kreuznach, in: LV 45, 2 (1920), Nr. 28, S. 2. – LV 345, S. 109. –
Willers, Bad K.-J., in: Meine Heimat, T. 1, zus.gest. v. GKubatz,
hg. v. »Jungen Rybniker«, Ründeroth/Rhld. o. J., S. 46–49. – LV 234,
Bd. 1, S. 441 f.

---

1 Schloß
2 Herrschl. Vorwerk
3 Stadtpfarrkirche St. Peter-Paul
4 Großer Ring mit Rathaus
5 Neuer Ring
6 Steinauer Tor
7 Glogauer Tor
8 Odertor
9 Fährstelle
10 Salzfaktorei
11 Wohnplatz »Dom« mit Kirchhof

Königshain → Band Sachsen

Königshütte (Chorzów). Die auf dem oberschles. Muschelkalkrücken 6 km sö. Beuthen gelegene Stadt K. gehört zu den jungen
oberschles. Städten des 19./20. Jh., die ihre Entstehung der modernen Industrialisierung verdanken; sie hat als zweite der damals
entstandenen Industriesiedll. Stadtrecht erhalten. Kristallisationskerne für die spätere Stadt waren zwei durch die Initiative des
1779–1802 amtierenden Direktors des Schles. Oberbergamtes, Gf.
Friedrich Wilhelm v. Reden (1752–1815), begründete staatliche
Betriebe: die 1796 eröffnete Steinkohlengrube »Carl von Hessen«,
seit 1800 »Königsgrube« gen., auf dem Boden von Ober Lagiewnik und Chorzow, und die 1797–1802 unter Leitung des preuß.
Baukondukteurs Johann Friedrich Wedding (1759–1830) unter
Mitwirkung des schottischen Ingenieurs John Baildon (1772–1846)
auf einem 75 ha großen, vom preuß. Staat w. Chorzow aufgekauf-
ten Gelände erbaute »Königshütte«. Neben der Hütte entstand
eine gleichnamige Siedl., die aber zur Aufnahme der Berg- und
Hüttenarbeiter bald zu klein war, so daß weitere Arbeiterkolonien
auf dem Areal der umliegenden Güter begründet wurden. Der
auf diese Weise gewachsene Siedl.- und Industriekomplex wurde
1868 zur Stadt K. zusammengefaßt; sie setzte sich aus der Siedl.
K., den zwischen 1810 und 1830 auf Gutsboden von → Schwientochlowitz und Ober Haiduk entstandenen Kolonien Charlotten-
hof, Erdmannswille und Pniaki und Teilen von Chorzow, Nieder
Haiduk sowie von Mittel- und Ober Lagiewnik zusammen und
zählte bei ihrer Gründung auf 6,13 qkm 14 151 Eww. In der folgenden Zeit entwickelte sich das Zentrum der Stadt nw. und sw.
der Hütte im Bereich der alten Siedll. K., Lagiewnik und Erdmannswille. Grube und Hütte zogen weitere Industriebetriebe an.
Die Königshütte erwarb 1869 Gf. Carl Hugo Henckel v. Donnersmarck, der sie aber schon 1871 zusammen mit der Laurahütte und
den dazugehörigen Kohlengruben und Eisenerzfeldern an die
»Ver. Königs- und Laurahütte AG« verkaufte (→ Siemianowitz/
Laurahütte). Die Wohndichte vergrößerte sich. Schulen, Kirchen
und andere öffentliche Einrichtungen entstanden in rascher Folge.
1860 erhielt K. durch eine Abzweigung von der Streche Gleiwitz–
Kattowitz ersten Eisenbahnanschluß. Durch den Zuzug dt. Führungskräfte der Industrie, Gewerbetreibender, Beamter u. a. stieg
der Anteil der Deutschen an der städt. Bev. ständig an; er betrug
1900: 46%, 1905: 51%, 1910: 54%. Unter den Deutschen waren
viele Evangelische; sie machten 1910 10,7% der Bev. von K. aus.
1898 schied K. aus dem Kr. Beuthen aus und wurde Stadtkr. 1905
war K. mit 66 042 Eww. nach Breslau die zweitgrößte Stadt von
Schles., größer als die benachbarten alten Städte des Industriereviers Gleiwitz (61 326 Eww.) und Beuthen (60 273 Eww.).
Bei der Volksabstimmung 1921 sprachen sich in K. über 74% der
Stimmberechtigten für den Verbleib beim Dt. Reich aus. Dennoch
fiel K. an Polen und nahm den durch Übersetzung ins Polnische

entstandenen Namen »Królewska Huta« an. 1934 wurde K. um Neu Haiduk und Chorzow, 1939 um Bismarckhütte erweitert. K. wurde Großstadt: 1925: 84 807, 1939: rd. 115 100 Eww. auf 23 qkm. Bei der Eingemeindung von Chorzow übernahm K. den Namen dieses Ortes. Chorzow könnte mit dem in der Papstbulle von 1136 gen. Dorf »Zuersov« bei → Beuthen identisch sein, in dem damals schon Silberbergbau betrieben wurde; 1257 gestattete Hz. Wladislaus von Oppeln dem Kl. Miechów in Kleinpolen die Umsetzung des Dorfes zu dt. Recht, 1300 schenkte Hz. Kasimir sein Gut in »Charzow« dem auf dem Boden desselben begründeten Kl. bzw. Spital der Brüder vom hl. Grabe mit dem doppelten Kreuz, zugleich wurde das Spital in die Krakauer Vorstadt von Beuthen verlegt. Auf dem Redenberg von Chorzow wurde 1853 inmitten von Parkanlagen ein von dem in K. geb. Bildhauer Theodor Kalide geschaffenes Standbild des großen Förderers des Bergbaus und der Hüttenindustrie in Oberschles., des Gf. Reden, eingeweiht, nach 1922 entfernt, 1941–45 erneut aufgestellt. Nach 1945 wurden auf dem Gelände ein Kultur- und Erholungspark und ein Freilichtmuseum für Holzbauten aller Art sowie ein Planetarium eingerichtet. – An alten Baudenkmälern von K. ist erwähnenswert die Schrotholzkirche *St. Laurentius* von 1599, die urspr. in → Knurow stand, und die 1844 erbaute neugot. ehem. *evg. Kirche.*

Die heutigen Industriebetriebe von K. stammen fast ausschließlich aus der Vorkriegszeit, sie wurden nach 1945 ausgebaut. Die frühere »Königsgrube« ist in die Gruben »Prezydent« (O- und S-Feld) und »Barbara-Wyzwolenie« (N- und W-Feld) geteilt, die »Gfn.-Laura-Grube« heißt »Chorzów«, die Bismarckhütte »Batory«, die »Königshütte« – größtes Eisenhüttenwerk von Oberschles. – »Kościuszko« (vor 1939 »Piłsudski«). Das frühere Osmag-Werk, heute »Chorzowska Wytwórnia Konstrukcji Stalowych ›Konstal‹«, stellt Brückenkonstruktionen, Grubenlokomotiven, Waggons und Straßenbahnwagen her. Die chemische Industrie besitzt in K. die »Zakłady Przemysłu Azotowego im. P. Findera« (bis 1945 »Oberschles. Stickstoffwerk«) und die »Hajduki«-Werke. Zu den größeren Betrieben gehören noch eine Schamotte-, eine Flaschenglasfabrik und ein Betrieb für elektrotechnische Porzellanteile. Nach 1945 wurden in K. drei neue Wohnsiedll. aufgebaut. 1961 wohnten in K. auf 33,32 qkm 149 722, 1970: rd. 151 300 Personen.

(IV) *We*

Museum, ul. Powstańców 25. – LV 210, Bd. 1, S. 338 ff. – HMohr, Gesch. d. Stadt K. in Oberschles., K. 1890. – APobog-Rutkowski, Historja miasta Królewskiej Huty (Gesch. d. Stadt K.), K. 1927. – Kleines Stadtbuch v. K., hg. v. RSchmidt, Berlin 1941. – LV 345. – LV 668. – AStasiak, Miasto Królewska Huta, zarys rozwoju społeczno-gospodarczego i przestrzennego w latach 1869–1914 (Abriß der sozial-wirtschl. und räumlichen Entwicklung d. Stadt K. in d. Jahren 1869–1914), Warschau 1962. – JJaros, Historia kopalni Król w Chorzowie (1791–1945) (Gesch. d. »Königsgrube« in K., 1791–1945), Kattowitz 1962. – LV 234, Bd. 1, S. 425–28. – LV 225

Königszelt (Jaworzyna Śląska, Kr. Schweidnitz). Mit der Linie
Breslau–Freiburg wollte man auch die Städte Schweidnitz und
Striegau dem Eisenbahnverkehr erschließen. Da deren Lage den
Anschluß beider an dieselbe Linie ausschloß, entschied man sich
für eine Trassenführung zwischen Schweidnitz und Striegau und
für eine Anhängung beider Städte an die Hauptstrecke durch eine
Querverbindung. Als Schnittpunkt beider Strecken ergab sich ein
freies Feld der Gemarkung Bunzelwitz 10 km nw. Schweidnitz;
der dort entstehende Kreuzungsbahnhof und die um ihn sich entwickelnde Siedl. erhielten 1843 den Namen K., weil im 7j. Krieg
1761 im Feldlager von → Bunzelwitz das Zelt Friedrichs d. Gr.
dort gestanden hatte. Der Eröffnung der Linie Breslau–Freiburg
1843 (Fortführung bis Waldenburg 1853) folgte von der Querverbindung 1844 das Stück K.–Schweidnitz (Verlängerung bis
Reichenbach 1855) und 1856 die Strecke K.–Striegau–Jauer–Liegnitz. Die Entwicklung von K. wurde außer von den Eisenbahnern
auch von der 1863 gegr. großen Porzellanfabrik bestimmt (→ Saarau), die nach starkem Ausbau nach 1945 heute zu den drei größten Betrieben dieser Art in Schles. gehört. Die Bev.-Zahl stieg von
1382 (1885) auf 3335 (1905) und 3866 (1939 auf 1,34 qkm) und
nach Stadterhebung 1954 und starker räumlicher Ausdehnung auf
3,97 qkm auf 5206 (1961) und 5379 Eww. (1970).   (II) *We*

LV 212, Bd. 2, S. 341 f. – LV 224. – LV 234, Bd. 2, S. 559. – LV 487,
S. 11 ff.

Köppernig (Koperniki, Kr. Neisse). K. 10 km sw. Neisse gehörte
zum Bst.-Land der Breslauer Bff. Der ON ist zweifellos slaw.
Ursprungs. Das Dorf ist aber gleichwohl eine dt. Gründung aus
der M. 13. Jh. (erste Erwähnung 1272 als »Coprnih«). Das er-
geben Dorf- und Fluranlage, die die typischen Formen des ma.
dt. Kolonialdorfes aufweisen. 1284 wird K. unter den 65 großen
dt. Dörfern des Neisser Bst.-Landes aufgeführt, 1368 ist das
Deutsche als Umgangssprache seiner Bewohner bezeugt. Dem dt.
Volkstum wird auch der Steinmetz »Nicolaus Koppirnig« angehört haben, der 1396 in Krakau, wo schon 1367 Träger des vom
ON K. abgeleiteten Familiennamens nachweisbar sind, das Bürgerrecht erwarb und wahrsch. Urgroßvater des Astronomen Nicolaus Copernicus war. Der gleichnamige Vater des Gelehrten ist
1447 als Großkaufmann in Krakau nachweisbar, er verlegte zwischen 1454 und 1458 Wohnsitz und Geschäft nach Thorn.

(III) *Web*

GBender, Heimat u. Volkstum d. Fam. Koppernick (Coppernicus)
(LV 81, Bd. 27), Br. 1920. – Kopernikus-Forschungen, hg. v. JPapritz,
HSchmauch (Deutschland u. d. Osten, Bd. 22), Leipzig 1943. – LV 345,
S. 43. – HSchmauch, Des Kopernikus Beziehungen zu Schles., in: LV
72, 13 (1955), S. 138–56. – SRospond, Miscellanea Onomastica Slavo-
germanica IV, in: Onomastica Slavogermanica, Bd. VI, hg. v. EEichler,
HWalther (Abh. d. Sächs. Akad. d. Wiss. zu Leipzig, Philol.-hist. Kl.,
Bd. 64, H. 2), Berlin 1973, S. 65–84. – SRospond, Mikołaj Kopernik.

Studium językowe o rodowodzie i narodowości (Nicolaus Copernicus. Sprachuntersuchung über d. Geschlecht u. d. Volkstum), Oppeln 1973

Kohlfurt (Węgliniec, Kr. Görlitz). Im Rahmen des Siedlungsausbaus in der seit 1491/1492/1499 der Stadt Görlitz gehörenden Görlitzer Heide (→ Penzig) wurde 1502 an einem Stausee der Kleinen Tschirne ca. 22 km nö. Görlitz ein Hammerwerk begründet; im Anschluß daran entstand das Dorf K. Die Erlaubnis des Bf. von Meißen zum Bau einer Kapelle von 1513 scheint nicht genutzt worden zu sein; erst 1562 wurde eine evg. Kapelle aus Holz erbaut und 1687 durch einen Steinbau ersetzt. Einen eigenen Pfarrer erhielt das vorher von Rothwasser abhängige K. 1735. – Im 19./20. Jh. erlangte K. als Eisenbahnknotenpunkt Bedeutung. Von der 1846 eröffneten Bahnlinie Breslau–Sorau–Berlin zweigten später in K. weitere Strecken nach Görlitz–Dresden (1847), Lauban (1865) und Hoyerswerda (1874) sowie die Lokalbahn nach Rothwasser (1913) ab. Um den Bahnhof, 2 km sö. vom Dorf, entstand eine neue Siedl. (1878 eigene Kirche). Die verkehrsgünstige Lage führte dazu, daß man seit 1905 5 km sw. K. in der Grube »Stadt Görlitz« Braunkohlenflöze abbaute und 1911 daneben ein mit Braunkohle gespeistes Kraftwerk in Betrieb nahm. Die Bev.-Zahl stieg im 19./20. Jh. stark an: 1825: 608, 1885: 1891 (davon 1167 Dorf, 724 Oberförsterei K. mit Bahnhof und Eisenbahnerhäusern), 1905: 2332 (je 1166 in K.-Dorf und K.-Bahnhof), 1939: 2741 Eww. Im Krieg erlitten die Industrieanlagen Schäden. Unter poln. Verwaltung wurde der Ort durch Eingemeindungen von 12,99 auf 76,42 qkm ausgedehnt (1961: 5418, 1970: 3652 Eww.) und 1954 zur stadtart. Siedl., 1967 zur Stadt erhoben.   (I)   *We*

AZobel, Nachrichten über d. Kirche im Dorfe K., in: LV 55, 91 (1915), S. 111–121. – FPietsch, D. Stadt Görlitz als Kolonisatorin, in: LV 285, S. 134–148. – LV 487

Kolonnowska (1936 Grafenweiler, Kolonowskie, Kr. Groß Strehlitz). Gf. Philipp Colonna erbaute 1780 in den Wäldern an der Malapane ein Hüttenwerk, das seinen Namen erhielt. Neben dem Hochofen wurden Arbeitersiedll. angelegt. Das erzeugte Eisen wurde mit Fuhren nach → Deschowitz gebracht und auf der Oder verschifft. Um die Wasserkraft für sein Werk zu sichern, legte Gf. Colonna an der Malapane Schleuse und Kanal an. 1805 entstand ein zweiter Hochofen. Colonnas Erbe, Gf. Andreas Renard, erweiterte das Werk und baute 1836 die »Renardchaussee« von Oppeln über K. nach Peiskretscham, um die Absatzbedingungen zu verbessern. Das Werk K. verlor seit etwa 1850 gegenüber dem Werk → Zawadzki an Bedeutung. Heute spielt in K. die holzverarbeitende Industrie eine Rolle. Auf Grund seiner sozialen und wirtschl. Struktur ist der Ort (1939: 3293, 1961: auf 55,18 qkm 3463, 1970: rd. 4000 Eww.) 1956 unter Einbeziehung von Vossowska zur stadtart. Siedl. erhoben worden. – K. war (wie auch Zawadzki) evg. Diaspora.   *Str*

In Vossowska nw. K. entstanden seit E. 18. Jh. auf dem Gelände
der Gff. Colonna Eisenverhüttungsanlagen. Dieser Wohnplatz von
K. (1861: 10, 1885: 19 Gebäude), benannt nach dem Hüttenbau-
meister Arnold Heinrich Voss (1753–1838) aus Westfalen, wurde
später als Eisenbahnknotenpunkt bedeutsam: Nachdem 1858 die
Strecke Oppeln–V.–Tarnowitz eröffnet worden war, suchten andere Linien in V. Anschluß an diese Magistrale: von (Breslau-)
Kreuzburg 1868, Lublinitz 1894, Groß Strehlitz 1912 und Guttentag 1913.   (IV) *We*

GAnter, Gf. Philipp Colonna, Mitbegründer d. oberschles. Eisenindustrie, in: LV 49, 1927, Nr. 6. – EMücke, Holz- u. Eisenwirtschaft
an d. Malapane, ebenda, 1931, Nr. 4–5. – Ziemia strzelecka, szkice
monograficzne (D. Strehlitzer Land, monographische Skizzen), hg. v.
WDziewulski u. JKroszel, Br. 1970. – LV 487. – LV 234, Bd. 2, S. 169

Konstadt (Wołczyn, Kr. Kreuzburg O.S.). Die Stadt K. ist auf
dem Boden des Grenzwaldes (→ Preseka) zwischen dem Breslauer
und dem Oppelner Land entstanden. Nachdem letzteres 1202
ohne den n. Gebietsstreifen an das Hzt. Ratibor gekommen war,
fiel der Grenzcharakter des Waldes in diesem Abschnitt zwischen
dem Namslauer und Kreuzburg-Pitschener Bezirk weg. 1261 beauftragte Heinrich III. von Breslau den Lokator Kunz mit der
Lokation einer Stadt auf seinen Besitzungen im bisherigen »großen Wald«. Die Stadt erhielt 100 Hufen Land, 10 abgabenfreie
Jahre und Neumarkter Recht. Sie sollte (nach dem Gründer) »Für-
stental« heißen; dieser Name setzte sich jedoch nicht durch, schon
1294 hieß die Stadt, wohl nach dem Lokator, der auch die Umgebung von K. besiedelte, »Cunzinstat«, seit 1615 K. Die kleine
Stadtanlage mit ovalem Grundriß, leiterförmigem Straßennetz
und rechteckigem Ring entstand im Zuge der Handelsstraße von
Breslau über Kreuzburg nach Krakau. Sie hatte keine Befestigungen, jedoch drei hölzerne Tore (Namslauer, Kreuzburger, Pitsche-
ner Tor). Im Anschluß an den Streit um das Erbe Heinrichs IV.
von Breslau wechselte K. ab 1294 mehrmals den Landesherrn:
1294–1312 gehörte es zu Glogau, 1312–23 zu dem durch Teilung
entstandenen neuen Hzt. Oels, 1323–1436 zusammen mit dem
Kreuzburg-Pitschener Gebiet zu Brieg, zwischendurch war es zeitweise verpfändet. In den Hussitenkriegen war K. 1432–36 von den
Scharen des poln. Hussitenanhängers Dobeslaus Puchala besetzt,
der seinen Sitz in → Kreuzburg hatte. Anschließend fiel das K.er
Ländchen endgültig an das Hzt. Oels, fortan vom ö. angrenzenden Kreuzburg-Pitschener Gebiet, das briegisch blieb, losgelöst,
aber weiterhin eine Exklave bildend, da durch das breslauische
Namslau von Oels (wie schon vorher von Brieg) getrennt.
Nö. von K. stand auf einem Hügel inmitten von Sümpfen eine
Ritterburg, 1323 erstm. belegt, Sitz der seit E. 14. Jh. nachweisbaren Grundherren von K. Unter Hans v. Borschnitz, gen. Frh. v. d.
Jeltsch (1436 ff.), war die Burg K. ein Raubritternest, bis Hz. Konrad der junge Weiße von Oels, die Breslauer und Namslauer sie

1461 erstürmten und zerstörten. Ruinen waren noch 1770 vorhanden; 1816 wurde auf dem Burggelände ein Friedhof angelegt. Die Grundherrsch. hatte in der Neuzeit bis 1861 ihren Sitz in dem 1495 erwähnten Schloß (seit 1933 Rathaus) im Dominium s. der Stadt. Ihre Besitzer wechselten oft; nur die Fam. v. Posadowsky behielt K. lange, von 1495 bis 1776.

K. gehörte mit 132 Innenstadt- und 41 Vorstadthäusern sowie 1286 Eww. im Jahre 1825 (1787: 930 Eww.) zu den kleineren schles. Städten. Die Bev. war bis 1564 evg. geworden und konnte dank der evg. Oelser Landesherrsch. ihre Konfession über die Gegenref. hinweg bewahren. Dies förderte die sprachliche Eindeutschung der Bewohner; sie waren schon E. 18. Jh. zweisprachig, M. 19. Jh. zu über 50%, 1910 zu 84% dt.

K. lebte vom Handel (vor allem mit Leder und Stiefeln), Handwerk und Ackerbau. Unter den Handwerkern waren die Schuhmacher am zahlreichsten (E. 18. Jh.: 70, 1825: 46 Meister), sie setzten ihre Erzeugnisse im weiteren Oberschles. und im Posener Land ab. Von Bedeutung waren im 19. Jh. die große Flachsröste – K. besaß seit 1862 Flachsmärkte –, die Preßhefefabrik (seit 1894) und Sägewerke. Eisenbahnanschluß erhielt K. durch die Strecke Breslau–Oels–Namslau–K.–Kreuzburg–Vossowska 1868. Seit dem Anschluß an Preußen zum Kr. Kreuzburg gehörig, wurde K. mit diesem 1820 dem Reg.-Bez. Oppeln zugeteilt und wechselte damit von Mittel- zu Oberschles. über. Durch diese Grenzziehung von 1919 verlor K. einen großen Teil seines Hinterlandes. Die Bev.-Zahl, 1905 bis 3561 Eww. angestiegen, nahm danach nur wenig zu: 1939: 3777, 1961: 3992 (auf 5,93 qkm), 1971: rd. 4800 Eww. (auf 7 qkm). An Baudenkmälern ist die *evg. Pfarrkirche St. Barbara* zu erwähnen, die in der 2. H. 18. Jh. (Turm 1831, Ausbau 1899/1900 und 1927) in der Nachfolge zweier Holzkirchen erbaut wurde, und die 1848 als Betsaal der 1844 gebildeten altluth. Gem. errichtete *altluth. Kirche* (Turm 1923). Eine kath. Kirche bestand wieder seit 1859/60. (III) *We*

LV 209, 2. Abt., T. 2, S. 235–45. – LV 274. – HGawel, D. Gesch. d. Stadt K. OS im Rahmen d. Gesch. d. K.er Ländchens, Kreuzburg OS 1933. – Ders., Urkk.-Sammlung d. Stadt K., in: A. d. Heimat, Beil. d. Kreuzburger Nachrichten, Bd. 2, 1933, S. 10–13, 28–32, 45–48, 85–88, 119–24. – Ders., K., in: Oberschles., Verkehr, Wirtschaft u. Volkstum, Berlin-Steglitz 1035, S. 217 f. – LV 233, S. 786 f. – LV 345. – LV 357, S. 52. – LV 234, Bd. 2, S. 185 f.

Kontopp (Konotop, Kr. Grünberg/Züllichau). Das unweit der NW-Ecke des Schlawa-Sees am l. Ufer der Faulen Obra gelegene Dorf K. ist verm. eine Gründung des 13. Jh. derer v. Zabeltitz, die es anscheinend als Lehen an die v. Löbel vergaben; nach dem Sturz der v. Zabeltitz 1481 behielten die v. Löbel K. als hzl. glogauisches Lehen. 1555 befand sich K. in der Hand der Fam. v. Dyhrn, von der es durch Heirat 1579 an die v. Kottwitz kam, ebenso wie → Boyadel, das bis 1788 mit K. verbunden war; unter den späteren Besitzern befanden sich die Gff. Rothenburg

(1791–1801). 1696 wurde das auf sumpfigem Gelände erbaute dreiflügelige Schloß mit Wallgraben vollendet. Die bereits 1308 entstandene *kath. Kirche* war 1550–1654 evg.; sie beherbergt die Gruft der Fam. v. Kottwitz (mit Renaissance-Epitaphien für Siegmund v. Kottwitz, † 1615, und seine Gattin). Die Evangelischen erhielten 1742 ein Bethaus. Auf Bitten des Siegmund Lassel v. Kottwitz verlieh Ks. Joseph I. 1706 einem Teil von K. Stadtrechte, worauf auf dem Boden des Gutes ein Städtel entstand. In preuß. Zeit wurde es als unakzisbare Stadt bzw. Marktflecken eingestuft, es nahm die Steinsche Städteordnung nicht an und sank zur Landgem. ab. Zeitweise bestand K. aus drei Einheiten: Flecken, Dorf und Gutsbezirk (1905: 379 – 618 – 138 Eww.; zus. 1939: 1328 Eww.). Am Ende des 2. Weltkrieges fanden bei K. am 31. 1. 1945 schwere Kämpfe statt (*Denkmal*).   (I) *We*

LV 119, Bd. 1. – AFoerster, Geschichtliches v. d. Dörfern d. Grünberger Kr., Grünberg 1905, S. 242–246

Koppitz (1936 Schwarzengrund, Kopice, Kr. Grottkau). Das Rittergut des 1289 mit dem Schulzen Richwin von »Copitz« belegten Dorfes K. in der Neißeniederung, 7 km sö. Grottkau, wurde 1859 von Gf. Fedor v. Francken-Sierstorpff an Gf. Hans Ulrich v. Schaffgotsch (1831–1915) verkauft, der ein Jahr zuvor die Godulla-Erbin Johanna Gryczik geheiratet hatte. Er erbaute um 1864 an Stelle eines älteren Baues von etwa 1780 ein mehrflügeliges, reich geschmücktes *Schloß* in neugot. Stil, inmitten eines Landschaftsparkes gelegen, umgeben von Wassengraben und Teich. Das Ehepaar Schaffgotsch-Gryczik wohnte fortan, soweit es nicht im Industrierevier weilen mußte, wo es seinen Sitz in → Schomberg hatte, in K. Es erbaute sich in der 2. H. 19. Jh. in der Nähe der klassiz. *Pfarrkirche* von K. (1802–22) eine *Grabkapelle*. Das Schloß ist 1958 ausgebrannt. N. davon liegt das dazugehörige Gut mit *Wirtschaftsgebäuden* aus dem 19. Jh.   (III) *We*

LV 210, Bd. 2, S. 1192. – LV 524, S. 134. – LV 631, Bd. 1, S. 16. – LV 668, S. 60. – LV 593, Bd. 7, H. 3, S. 38–41

Koschentin (Koszęcin, Kr. Lublinitz). Der Ort K., am Rande der Keuperhügelkette Woischnik-Lublinitz inmitten der diluvialen Sander von N-Oberschles. gelegen, erscheint 1416 unter dem Namen »Constantin«. Zunächst hzl. Besitz, im 16. Jh. verpfändet, kam K. 1587 an die Fam. v. Kochczitz (Kochcicki). Andreas v. Kochczitz ging wegen seines prot. Glaubens 1630 seines Besitzes verlustig, worauf 1647–1693 Nikolaus Philipp Frh. v. Rauthen die Herrsch. besaß; als dessen Gast soll Kg. Johann III. Sobieski von Polen in K. geweilt haben. Die Erben v. Rauthens, Fam. v. Sobek (–1784), vergrößerten den Besitz durch die Herrsch. Boronow (mit Boronow, Droniowitz, Hadra, Chwostek und Harbultowitz, 1774) sowie das Gut Ollschin. Gf. Carl Heinrich v. Sobek (1751 ff.) richtete ein Theater ein, das jedoch mit dem aus finanziellen Gründen notwendigen Verkauf der Herrsch. einging; der Bau wurde zu einem Schloßflügel umgewandelt. Von 1804/19 bis 1945 besaßen die Fstt. zu Hohenlohe-Ingelfingen die Herrsch. K. Sie erbauten 1829/30 unter Verwendung älterer Teile (A. 17. Jh.) das neue, klassiz. *Schloß*, bestehend aus drei unregelmäßigen Flügeln im S (Hauptbau), W und N, letzterer durch einen Turm verbunden mit einer Kapelle. Als Mittelpunkt des ausgedehnten, waldreichen Großgrundbesitzes beiderseits der Malapane (mit um 1860 5 Rittergütern und 19 Ortschaften, um 1910 weit über 200 qkm) erhielt K. einige Industriebetriebe, welche die Struktur des Ortes bestimmten und 1958 zu dessen Erhebung zur stadtamt. Siedl. (unter Einbeziehung von Bruschiek, Kriewald, Irrkau, Rzytze und Pielkau, zus. mit K. rd. 60 qkm) führten. 1961 lebten in K. 4038, 1970 4383 Personen. – Im S von K. befindet sich die Filialkirche zur *Hl. Dreifaltigkeit,* ein Holzbau von 1724 mit beachtlicher Ausstattung an Altären und Figuren des 16. und 18. Jh.

(IV) *We*

LV 210, Bd. 1, S. 451 f. – LV 212, Bd. 2. – Lubliniec, zarys rozwoju powiatu (Überblick d. Entwicklung d. Kr. Lublinitz), hg. v. JJaros, Kattowitz 1972. – LV 234, Bd. 1, S. 444 f.

Kostenblut (Kostomłoty, Kr. Neumarkt). K. war schon in slaw. Zeit ein Marktflecken auf der »Neumarkter Platte« an der Kreuzung der Wege von Breslau nach Striegau und von Neumarkt nach Zobten. Das »forum Costomlot« gehörte zur Erstausstattung des von Peter Wlast gegründeten Breslauer Vinzenzstifts und wird bereits in Urkk. von 1149 und 1193 erwähnt. Die dem hl. Godehard geweihte Kirche (1201) bezog aus einem weiten Sprengel Zehnten, um die ein Jh. lang erbitterte Prozesse geführt wurden. Die Archivalien darüber bilden eine Hauptquelle für die Siedlungsgesch. der Gegend. Die heutige *Kirche* entstammt dem ausgehenden 15. Jh. Der langgestreckte Markt (225 : 100 m), an dessen O-Seite eine *Staupsäule* aus dem 16. Jh. steht, erinnert an die ältesten schles. Stadtanlagen. 1254 verlegte Hz. Heinrich III. den Wochenmarkt in der »civitas Costomblot« vom Montag auf den Sonnabend. In den spätma. Urkk. gehen die Bezeichnungen oppidum und villa durcheinander. 1614 bestand das Stadtregiment aus Bürgermeister, Stadtvogt und vier Geschworenen; der Lehrer fungierte als ›Stadtschreiber‹. Der 30j. Krieg vernichtete den bescheidenen Wohlstand des Ackerbürgerstädtchens (1635); es erholte sich danach nur langsam wieder. Der kunstsinnige Ferdinand von Hochberg war vor seiner Erhebung zum Abt des Vinzenzstifts 1711–20 Pfarrer von K. Am 29. 5. 1692 erneuerte Ks. Leopold I. die Stadtgerechtigkeit, aber nach 1740 sank K. endgültig zum Marktflecken ab. Die Chaussierung der alten Straße von Breslau nach Striegau unterblieb, und durch die Linienführung der neuen Schienenwege geriet K. ganz in den toten Winkel. Nur durch einen reichdifferenzierten Handwerkerstand und den Jahrmarkt im Frühjahr und Herbst hob es sich noch von den Dörfern der Umgebung ab, und bis zuletzt waltete ein Bürger-

meister über Groß- und Kleinbürger. Eww.-Zahlen: 1795: 483,
1825: 751, 1905: 919, 1939: 938.   (II)   *Mü*

LV 209, Abt. III, S. 311. – LV 212, Bd. 2, S. 352. – LSchulte, K. Eine
rechtsgesch. Untersuchung, in: LV 28, 47 (1913), S. 209–266. – LV
691, S. 43, 55, 61, 122. – AMoepert, Peter Wlast u. d. Stiftung d.
Augustinerkl. auf d. Zobten, in: LV 72, 4 (1939), S. 43. – Ders., D.
ältesten Urkk. u. Besitzungen d. Vinzenzstiftes in Breslau, in: LV 72, 6
(1941), S. 19–51, bes. S. 30 f. – HAppelt, D. Breslauer Vinzenzstift u. d.
Neumarkter Recht, in: LV 33, 9 (1960), S. 216–230, bes. S. 216, 224–26.
– LV 587, Bd. 2, S. 471. – PKindler, D. kath. Schule in K., in: Kreis-
kalender Neumarkt 1928, S. 155–58. – JJungnitz, Gesch. d. Dörfer
Ober- u. Nieder-Mois im Neumarkter Kr., Br. 1885, S. 184 f. u. ö.

Kostenthal (Gościęcin, Kr. Cosel). Inmitten der durch Zinna, Oder
und Hotzenplotz umgrenzten Landschaft im Städtedreieck Leobschütz – Cosel – Ratibor, an der N-Grenze eines fruchtbaren Lößgebietes, liegt das Straßenangerdorf K. Neben → Schönwald, neben der Gegend von Katscher-Piltsch und dem Bielitzer Gebiet
war es die vierte dt. Sprachinsel von Oberschles. aus der ma. Be-
siedlungszeit. Seit der älteren Steinzeit war die Gemarkung von
K. bewohnt, wie Bodenfunde dicht am Ort, bei St. Brixen und in
der Überschar beweisen. 1221 wird der Ort unter dem Namen
»Gossentin« erstm. urk. erwähnt. Er gehörte zu den Dörfern der
Leubuser Propstei → Kasimir. In der Gründungsurk. von 1225
verleiht Hz. Kasimir von Oppeln den »dt. Siedlern alle Freiheit
der Deutschen«, wie sie in → Zülz herrschte. 1235 gab der Abt
Günther von Leubus K. samt dem Zehnten dem Breslauer Bf. 1622
wechselte die Grundherrsch. vom Bf. auf das Breslauer Domstift
zum hl. Johannes; nach 1810 ging die Gerichtsbarkeit an den
Staat. 1822 erfolgte die Separation der Freischoltisei, erst 1897
die der bäuerlichen Gründe. Im 19. Jh. gewann das K.er Handwerk, vor allem die Schuhmacherei, große Bedeutung weit über
das Kr.-Gebiet hinaus; 1863 gab es zwei Innungen im Ort. Die
Mundart von K. zeigt vor allem mittel-, aber auch niederfränk.
Züge. Die Siedler kamen 1225 wahrsch. aus dem engeren Raum
um Zülz. – Auf einer Höhe der Gewannflur nw. von K. liegt die
Wallfahrtskirche St. Brixen. Dort befand sich seit alters eine heil-
kräftige Quelle. 1594 wird bei dem gefaßten Brunnen eine hölzerne *Kapelle* urk. erwähnt, die erst 1880 durch einen Steinbau
ersetzt und 1916 in eine Kriegergedächtnisstätte umgebaut wurde.
1660 genehmigte das Breslauer Domkapitel dem Magister und
Erbschultheiß Martin Wolff, auf seinem Acker bei dem Brunnen
ein Gotteshaus zu erbauen. 1661 wurden die Schrotholzkirche und
ein Versammlungsplatz angelegt, 1674 die Kirche geweiht. Neben
der Kirche, dem Friedhof und dem achteckigen *Brunnenhaus* gehörten noch die oben erwähnte Kapelle, eine sagenumwobene
Linde und seit 1811 eine *Einsiedelei* zur Wallfahrtsstätte. Geweiht war diese dem hl. Brixius, der sonst in Oberschles. unbekannt ist; vielleicht brachten fläm. Siedler diesen Kult mit.

                                                         (IIIa)   *En*

LV 45, 19 (1937), S. 543–605 (= H. 10: Sammlung v. Beiträgen über K.). – HWeinelt, Sprache u. Siedl. d. oberschles. Sprachinsel K., in: Dt. Archiv f. Landes- u. Volksforschung 2 (1938), S. 386–403. – WFriemel, K. im oberschles. Sprachraum, in: LV 45, 20 (1938), S. 107–113. – GHyckel, St. Brixen, d. Wallfahrtsort b. K. (Ratibor 1924). – WUrban, Rzymsko-katolicka parafia w Gościęcinie na Opolszczyznie i jej duszpasterstwo (D. röm.-kath. Pfarrei in K. im Oppelner Land u. ihre Seelsorge), in: Nasza Przeszłość 9 (Krakau 1959), S. 249–92. – LV 593, Bd. 7, H. 5, S. 10–15

Kostuchna (Kr. Pleß/Tichau). K., 7 km n. Tichau an der Eisenbahnlinie Kattowitz-Emanuelssegen-Tichau gelegen, bildete noch 1905 einen Wohnplatz in den Gemarkungen von Petrowitz und Podlesie. Allerdings zählte er damals – zwei Jahre nach Begründung der Steinkohlengrube »Böerschächte« (heute »Boże Dary«) – bereits 1840 Eww. (1885: 702 Eww). Heute befindet sich in K. außer der Grube, die 1958 2073 Beschäftigte besaß, noch eine Pappenfabrik als zweiter Industriebetrieb. 1954 wurde K. zur stadtart. Siedl., 1967 zur Stadt erhoben. Eww.-Zahlen: 1955: rd. 4400, 1961: 5674 (auf 7,38 qkm), 1970: 6942.   (IV) *We*

LV 234, Bd. 1, S. 444. – LV 225

Kotzenau (Chocianów, Kr. Lüben). Hz. Bolko I. von Schweidnitz-Jauer erreichte 1297 als Vormund der Söhne seines Bruders Hz. Heinrich V. von Liegnitz und Breslau († 1296) die Rückgabe des nach 1290 von Hz. Heinrich III. von Glogau besetzten Gebiets um → Haynau an das Hzt. Liegnitz und begann zur Sicherung der neuen Grenze zu Glogau den Bau der Burg K.; Hz. Boleslaus III. von Liegnitz und Brieg stellte dort 1311 eine Urk. aus. K. lag inmitten der sumpfigen und waldreichen Niederschles.-Lausitzer Heide auf einer der trockeneren Inseln, die die Durchquerung der Heide auf der → Niederen Straße von Lüben nach Sprottau erlaubten. Neben der Burg entstand eine Siedl., die später zur Unterscheidung von dem zur selben Herrsch. gehörigen → Groß Kotzenau Klein K. gen. wurde. Im Zuge der ma. Eisenhämmersiedl. entstand dort 1430 ein Hammerwerk mit Hütte und Mühle. Die Hzz. von Liegnitz verpfändeten und verkauften mehrmals den Besitz. Hz. Ludwig II. von Liegnitz und Brieg übergab ihn seiner Gemahlin Elisabeth von Brand. als Leibgedinge; sie verlieh ihn 1444 den Brüdern Christoph und Nikolaus v. Dornheim, von deren Fam. die Herrsch. seit 1507 u. a. an Georg v. Schellendorf (1507–18), die v. Nostitz (1587–1613), die v. Stosch (1613 bis 1722) und die Gff. v. Redern (1722–66) kam. Vom preuß. Staatsminister Gf. Carl Albrecht von Redern fiel K. 1766 an dessen Neffen Wilhelm Gottlob Christoph Burggf. und Gf. zu Dohna-Schlodien, dessen Nachkommen es bis 1945 besaßen. Von den 9751 ha, die die Herrsch. um 1900 umfaßte, entfielen 6740 ha auf Waldungen. Die ma. Burganlage wurde um 1600 durch einen Schloßbau ersetzt, der dann 1728–32 durch den bekannten Baumeister Martin Frantz zu einem prächtigen *Barockschloß* um- und ausgebaut wurde, einer zweigeschossigen, um einen kleinen Innenhof gruppierten Vierflügelanlage mit großem vorgelagerten Portikus und Turm; es hat 1945 durch Brand stark gelitten.

Katharina Freiin v. Stosch gründete 1703 in Anlehnung an das Schloß das Städtel K. mit einem 60 × 80 m großen Markt (in der Mitte die nach dem Brand von 1746 neu errichtete *evg. Kirche*), dem der Ks. 1713 Stadt- und Marktrechte bestätigte. Nach 1742 wurde es zu den Marktflecken gezählt; um 1785 hatte es 157 Eww. (1825: 342, Klein K.: 509). Aufschwung brachten dann das 1854 gegr. Eisenwerk Marienhütte (1931 stillgelegt, 1936 wiedereröffnet), die Armaturenfabrik von 1864 und zwei kleine Maschinenfabriken. Mit den Nebenstrecken Reisicht-K.-Fraustadt (1891) und K.-Lüben (1915) erhielt K. Eisenbahnanschluß. Aus dem Marktflecken K., dem Gutsbezirk K. und dem Dorf Klein K. entstand 1894 die Stadt K. mit damals 3600 Eww. (1905: 4118, 1939: 4301 Eww. auf 11,22 qkm). 1945 blieb die Stadt unzerstört. 1961: 4184 (auf 11,74 qkm), 1970: 5568 Eww.   (II) *We*

LV 212, Bd. 2, S. 601 f. – LV 613, Bd. 1, S. 16 f. – HSchubert, Landschlösser in Schles., ihre Gesch. u. ihre Bedeutung f. d. schles. Barock, in: LV 39, 14 (1932/33), 1934, hier S. 32–44. – LV 616, S. 114–16. – LV 612, S. 40. – MGerlach, Chronik d. evg. Kirche v. K., K. 1900. – LV 511, Sp. 143–45. – LV 233, S. 787 f. – LV 234, Bd. 2, S. 551

Kranowitz (1936 Kranstädt, Krzanowice, Kr. Ratibor). K. liegt 10 km sw. Ratibor auf der lößbedeckten Leobschützer Hochfläche an dem Zinna-Zufluß Bilawoda. Ein Teil des urspr. zum Hzt. Troppau gehörigen Großgewannflur-Angerdorfes »Cranewicz« wurde 1265 von Herbord von Füllstein, dem Truchseß des Bf. Bruno von Olmütz, mit Genehmigung Kg. Ottokars II. von Böhmen zur Stadt nach Leobschützer Recht umgesetzt. Die Kirche von K. ist 1302 belegt (heutiger Bau von 1913). Das Mediatstädtchen, dessen Besitzer häufig wechselten, blieb unbedeutender Ackerbürgerort. Nach dem Anfall an Preußen 1742 sank es zum Marktflecken ab. Um 1830 hatte es 63 »Groß-«, 12 »Kleinbürger« und 53 Häusler. 1784 wohnten in dem Städtel 472, im anschließenden gleichnamigen Dorf 666 Personen, 1825: 1444 (einschl. Dorf), 1861: 1100 + 1228, 1905: 2866 (einschl. Dorf). Bis 1818 gehörte K. zum Kr. Leobschütz, seither zum Kr. Ratibor. Der Versuch der Gem. in den 1870er Jahren, das Stadtrecht wiederzuerlangen, scheiterte; dafür kam die Vereinigung von Marktflecken und Dorf zustande. Obwohl mehrheitlich mährischsprachig, verblieb K. 1920 beim Dt. Reich, während das benachbarte deutschsprachige → Zauditz als Teil des → Hultschiner Ländchens an die Tschechoslowakei fiel. 1939 hatte K. 3872 Eww.   (IIIa) *We*

LV 209, 2. Abt., T. 2, S. 305–09. – LV 210, Bd. 2, S. 697–700. – LV 511, Sp. 145 f. – AWeltzel, Besiedelungen d. n. d. Oppa gelegenen Landes, Bd. 2, Leobschütz 1891. – LV 351, S. 96. – LV 345. – VSchmack, A. d. Vergangenheit v. Kranstädt, in: D. Ratiborer 18 (1971), Nr. 210 bis 211, 19 (1972), Nr. 212–215, 217–223

Krappitz (Krapkowice, Kr. Oppeln/K.). Die Stadt K., am N-Rand der oberschles. Lößzone am l. Oderufer bei der Mündung der Hotzenplotz gelegen, ist 1294 mit Vogt und Bürgern bezeugt; sie muß kurz vorher von Hz. Boleslaus I. von Oppeln, verm. unter Beschneidung des Zehntbesitzes des Kl. Himmelwitz, zu dem urspr. auch K. gehört hatte, begründet worden sein. Sie bildete eine regelmäßige Anlage in Gitterform und mit quadratischem Ring in der Mitte und war von einer Stadtmauer mit vier Toren – dem Ober- (Neustädter), Nieder- (Oder-), Coseler und (jüngeren) Oppelner Tor – umgeben, von der *Teile* zusammen mit dem *Obertorturm* noch vorhanden sind. Die 1330 durch ihren Pfarrer nachweisbare Pfarrkirche *St. Nikolai* an der Stadtmauer neben dem Schloß ist in ihrer heutigen got. Form um 1400 entstanden, sie wurde im 16. Jh., nach 1722 und im 19./20. Jh. umgebaut. 1416 stiftete der Erbvogt Peter Temchin ein Hospital. – Die 1324 erwähnte Vorstadt Oracze soll eine alte Fischersiedl. gewesen sein.

In K. kreuzten sich die Straßen Oppeln–Ratibor bzw. Oppeln–Troppau und Groß Strehlitz–Neustadt. 1310 verkaufte Hz. Boleslaus I. von Oppeln den in K. von Fußgängern erhobenen Zoll an die Breslauer. Die Stadt zählte mit 73 brauberechtigten Häusern in den 1530er Jahren – in der 1. H. 19. Jh. hatte sie 94 Innenstadt- und ebensoviele Vorstadthäuser – zu den kleineren Anlagen von Oberschles. 1758 hatte sie nur 668 Eww., 1787 schon 1112, 1825: 1489. Die Bewohner des Weichbildmittelpunktes K. lebten im wesentlichen vom Nahhandel, vom Handwerk und auch von der Landwirtschaft. K. gehörte zum Hzt. Oppeln, auch nach dessen Aufteilung 1281; bei der weiteren Teilung des verkleinerten Hzt. Oppeln 1313 kam es an Hz. Albert von Groß Strehlitz. Nach dem Aussterben der Oppelner Piasten 1532 waren Markgf. Georg von Ansbach und danach Kgn. Isabella von Ungarn Pfandinhaber von Oppeln; unter ihnen fand die Ref. in K. Eingang (Gegenref. 1626). 1557 wurde K. Mediatstadt, zunächst durch Verpfändung an Joachim Buchta v. Buchtitz, 1582 durch Verkauf (zusammen mit den umliegenden Dörfern) an Hans v. Redern, dessen Nachkommen – 1669 in den Grafenstand erhoben – die Herrsch. K. bis 1759 behielten. Unter diesen Grundherren wurde 1678 das heutige barocke vierflügelige *Schloß* mit Arkadenhof am Rande der Innenstadt erbaut, nach dem großen Brand der Stadt von 1722 und auch später umgebaut. Nach dem Tode der Witwe des Gf. Heinrich Adolf v. Redern († 1759) im Jahre 1765 erwarb (Gf.) Christian Heinrich Karl v. Haugwitz den Besitz 1766; seine Fam. behielt ihn bis 1945.

1854 erlebte K. einen letzten großen Brand, der auch das Rathaus auf dem Ring vernichtete (nicht wieder aufgebaut); der bis dahin verbreitete Holzbau wurde danach aufgegeben. Einen beachtlichen wirtschl. Aufschwung verzeichnete K. nach Eröffnung der Nebenbahn Gogolin–K.–Neustadt OS 1896 und dem etwa gleich-

zeitigen Abschluß der Kanalisierung der oberen Oder (→ Klodnitzkanal). Es entstanden – neben den schon vorher bestehenden
Ziegeleien und Mühlen und der 1889 vorhandenen »Smyrna- und
Perser-Teppichfabrik Vally und P. Kottlars« – Papier- und Pap-
penfabriken (Gfl. Hugwitzsche Pappenfabrik 1897, Papierfabrik
1900, Kartonagenfabrik, Haberecht), die »Oberschles. Natron-
Zellstoffwerke« (1906), Kalkwerke. Die Bev. nahm zu: 1831: 1605,
1861: 2352, 1905: 3228, 1939: 5559 Eww. Gleichzeitig stieg der
Anteil der Deutschsprachigen an: 1831: 34%, 1861: 71%, 1905
gab es 61% Deutsch-, 10% Polnisch- und 29% Gemischtsprachi-
ge. Der Anteil der Evangelischen blieb hingegen von 1861 bis
1939 bei etwa 10% ziemlich konstant. 1956 wurde aus Teilen
der Krr. Oppeln, Neustadt OS und Groß Strehlitz ein Kr. K. gebildet, die Stadt K., die 1961 11 114 Eww hatte, 1962 durch Eingemeindung von → Ottmuth am anderen Oderufer vergrößert
(1971: rd. 14 200 Eww.).   (III) *We*

LV 209, 2. Abt., T. 2, S. 309–22. – JChrząszcz, Gesch. d. Stadt K. in
ältester u. älterer Zeit, in: LV 43, 10 (1911/12), S. 51–59, 114–21. –
Ders., Gesch. d. Stadt K. in Oberschl., Br. 1932. – Oberschles., Verkehr,
Wirtschaft u. Volkstum, Berlin-Steglitz 1935, S. 78–82. – LV 233, S.
788. – LV 345. – CzGleńsk-Mykita, Materiały archiwalne do historii
Krapkowic (Archivalische Materialien z. Gesch. v. K.), in: LV 46, 8
(1962), Nr. 3–4, S. 121–34. – LV 234, Bd. 2, S. 170 f. – LV 357, S. 83 f.
– LV 595 c, S. 189 f. – LV 225

Kraschnitz (Krośnice, Kr. Militsch). An der Bahnstrecke von Breslau über Oels nach Militsch liegt inmitten von Wäldern und Teichen K., das im 14. Jh. erstm. erwähnt wird. Berühmtheit erlangte
es durch sein Dt. Samariter-Ordensstift und seine Zweiganstalten,
das Diakonissen-Mutterhaus und die Diakonenanstalt. Dieses
»schles. Bethel« verdankt sein Entstehen dem Gf. Adalbert v. d.
Recke v. Volmerstein. Er war 1791 in Overdyk bei Bochum geb.
und hatte dort und in der ehem. Abtei Düsselthal bei Düsseldorf
Anstalten für Waisenkinder und Verwahrloste gegr. Durch seine
Gemahlin Mathilde v. Pfeil und Klein Ellguth auf Wildschütz
(Kr. Oels) war er mit Schles. verbunden und erwarb 1845 Schloß
und Herrsch. K. Hier gründete er 1860 in seinem 69. Lebensjahre
ein Samariter-Ordensstift, in dem sieche, lahme, verkrüppelte,
blinde, geistesschwache und unheilbare Kinder betreut wurden.
Zur Ausbildung des weiblichen Pflegepersonals rief er Schwestern
aus der Diakonissenanstalt Neuendettelsau (ö. Ansbach, Franken)
herbei. Dann gründete er eine Diakonenanstalt nach dem Vorbild
von Bethel bei Bielefeld. Zu Beginn des 20. Jh. erweiterte sich der
Aufgabenkreis des Ordensstiftes; es wurde zu einer modernen
Heil- und Pflegeanstalt, die am 20. 1. 1945 ihr Ende fand. – Zu
den Vorbesitzern der Herrsch. K. gehörten Gfn. Anna Sophie
Christiane v. Promnitz (1743) und die Gff. von Reichenbach. Unter Gf. Heinrich von Reichenbach-Goschütz wurde 1785 das *Schloß*
gebaut, das 1845 und 1864, nachdem Gf. Adalbert v. d. Recke

1863 die Herrsch. seinem Sohne Leopold übertragen hatte, um sich fortan nur den Anstalten zu widmen († 1878), umgebaut wurde. (III) *Go*

D. Kr. Militsch-Trachenberg an d. Bartsch. Heimatbuch eines schles. Grenzkr., Springe 1965, S. 192–202

Kratzkau (Krasków, Kr. Schweidnitz). Gegr. wurde K. (12 km nö. Schweidnitz) vor 1250 als Gutshof mit 165 ha, die Gutsarbeiter waren zugleich Verteidiger einer kleinen Fliehburg an der Weistritz, später ersetzt durch eine Wasserburg, zerstört im 30j. Krieg, darauf als bequemes Wasserschloß neu erbaut. Auch bei der Umsetzung zu dt. Recht (um 1300) wurden keine Bauern in K. angesiedelt. Die Eww. zahlten ihre Abgaben zunächst an den Bf. von Breslau, dann (seit vor 1250) an das Breslauer Sandstift, schließlich an Gutsherren, ca. 1360–90 die Ritter v. Seidlitz, darauf die v. Tschirn, ca. 1480 bis ca. 1600 wieder die v. Seidlitz, darauf die Famm. v. Zedlitz bis 1848 – mit Unterbrechung, da die v. Hochberg bis 1732 K. besaßen – und v. Salisch bis 1945. Gotthilf v. Salisch war 1919–31 Landrat des Kr. Schweidnitz; er besaß außer K. auch die Rittergüter Schmellwitz, Gohlitsch, Penkendorf und Klettendorf. K. wurde im 30j. Kriege völlig zerstört, dann wiederaufgebaut. David Sigismund v. Zedlitz-Leipe trat frühzeitig auf die Seite Preußens und wurde dafür von Friedrich II. in den Grafenstand erhoben. Da das alte Wasserschloß abgebrannt war, ließ er 1746 das heutige *Schloß* erbauen, die Wallgräben zuschütten und Ziergärten darauf anlegen. Das Schloß gehörte zu den schönsten Rokokobauten des Kr., Baumeister war ein Italiener, der Park vom Gartenarchitekten Lenné aus Berlin um 1845 angelegt. Hervorzuheben ist das Schloßportal mit seinem wundervollen Aufbau, getragen und verziert von Karyatiden. Das Schloß sollte nach dem 2. Weltkrieg unter Denkmalschutz gestellt werden. Rittergut: 214 ha (1937). (II) *Ra*

LV 613, Bd. 1, S. 17 f. – LV 615, S. 82 f. – LRadler, K., in: Tägl. Rundschau, Heimatbl. f. d. Stadt- u. Landkr. Schweidnitz 1956, Nr. 7/8

Kreisau (Krzyżowa, Kr. Schweidnitz). Gegr. als Rittersitz, wird K. (7 km sö. Schweidnitz) 1250 erstm. erwähnt, dann zu dt. Recht umgesetzt. Gemarkung: 237 ha. K. hatte Rittergut mit Schloß und Kapelle (1335), Filialkirche von Schwengfeld, später von → Gräditz. Besitzer waren um 1330 Kilian v. Haugwitz, 1338 Heinze v. Liebetal, dann im 15. Jh. die v. Seidlitz und v. Naschwitz, im 16. Jh. die v. Seidlitz, v. Reibnitz, v. Mesenau, v. Peterswalde, 1655 die v. Rothkirch, ab etwa 1690 bis etwa 1770 die v. Zedlitz, darauf die v. Dresky. 1867 kaufte K., Nd. Gräditz und Wierischau Gen. Helmuth v. Moltke (nach Dotation), der im *Schloß* seinen Wohnsitz nahm und in K. beigesetzt ist. Er wurde 1870 von Kg. Wilhelm I. in den Grafenstand erhoben, jedoch führte nur der jeweilige Besitzer von K. den Grafentitel. Letzter Besitzer war Helmuth James Gf. v. Moltke, daselbst 1907 geb. Er rief mit seinem

Freund Peter Gf. Yorck v. Wartenburg den »K.er Kreis« ins Leben, der aus entschiedenen Gegnern Hitlers bestand. Gf. Moltke wurde im Jan. 1944 von der Gestapo verhaftet, ein Jahr später vom Volksgerichtshof zum Tode verurteilt und am 23. 1. 1945 in Plötzensee hingerichtet.   (II) *Ra*

LV 616, S. 55−57. − GvanRoon, Neuordnung im Widerstand. D. K.er Kreis innerhalb d. dt. Widerstandsbewegung, München 1967

Kreppelhof (Grodztwo, Stadt u. Kr. Landeshut). Unmittelbar n. der Stadt Landeshut, seit der Auflösung der Gutsbezirke 1928 zu ihr gehörig, liegen Gut und Schloß K., seit 1417 belegt, A. 16. Jh. im Besitz derer v. Dyhern und v. Czettritz und 1555 der Fam v. Schaffgotsch. Hans v. Schaffgotsch († 1565) erbaute das im wesentlichen bis heute erhaltene *Renaissanceschloß* (Terrassenvorbau und Turm 19. Jh.); er war auch Bauherr der Kirche in Reußendorf (5 km nw. Landeshut) mit der Grablege seiner Fam. (u. a. Tumba für ihn und seine Gemahlin Salome, † 1567). Zu den nachfolgenden Besitzern von K. gehören die Stadt Landeshut und die v. Promnitz. Vom letzten Vertreter dieser Fam., Gf. Johann Erdmann v. Promnitz, ging die Herrsch. K. 1765 an seinen Neffen Gf. Christian Friedrich zu Stolberg-Wernigerode über. Dessen Sohn Anton (1785−1854), Landrat von Landeshut und später preuß. Staatsminister, bezog 1824 das jahrzehntelang unbewohnte Schloß K. Unter den späteren Vertretern dieser Fam. auf K. waren Gf. Eberhard zu Stolberg-Wernigerode (1810−72), 1869−72 Oberpräsident v. Schles., und sein Neffe Gf. Udo zu Stolberg-Wernigerode (1840−1910), 1907−10 Reichstagspräsident.   (II) *We*

LV 211, Bd. 1, S. 224. − LV 613, Bd. 3, S. 12 f. − Heimatbuch d. Kr. Landeshut i. Schl., hg. v. EKunick, Landeshut i. Schl. 1929, Bd. 2, S. 593−95. − LV 631, S. 62 f.

Kreutzdorf (Krzyżowice, Kr. Pleß). S. von Sohrau, in der urspr. Grenzwaldzone von Schles. gegenüber Kleinpolen (bis 1178), waren die Voraussetzungen für die Entstehung größerer dt. Siedll. bes. günstig. Um 1300 ist erstm. eine Dörfergruppe belegt mit dem Mittelpunkt K. mit 69 fränk. Hufen, w. davon Timmendorf mit 54, im O Warschowitz mit 39 und im S Goldmannsdorf mit 63 Hufen, dazu andere, alles große formenreine Waldhufendörfer. Sie gehörten urspr. wohl zum Weichbilde der Stadt → Sohrau; bei den Teilungen des Hzt. Ratibor in 15. Jh. kamen sie zur Herrsch. Pleß und danach an den späteren gleichnamigen **Kr.** Die drei ersten. Orte waren Plesser Kammerdörfer. − Das Deutschtum der Siedler hat sich in diesen Dörfern über die Polonisierungsperiode des 15. Jh. hinaus erhalten. K. und Timmendorf hießen noch um 1600 »die beiden dt. Dörfer« des Kammerbesitzes; auch Goldmannsdorf war damals noch dt. Erst im 17. Jh. erfolgte die sprachliche Polonisierung. Die dt. Familiennamen leben noch heute.   (IV) *Ku*

LV 345

Kreuzburg O. S. (Kluczbork). Das K.-Pitschener Gebiet im NO
von Schles. gehörte urspr. zum Oppelner Land und war durch die
→ Preseka um → Konstadt von Mittelschles. getrennt. Beim Anfall von Oppeln an die oberschles. Hzz. von Ratibor 1202 verblieb
das Gebiet jedoch beim Breslauer Hzt.; erst 1820 gelangte es mit
der Zuordnung des Kr. K. zum Reg.-Bez. Oppeln wieder in oberschles. Zusammenhänge. Die Hzz. von Schles.-Breslau vergaben
verschiedenen kirchlichen Institutionen Ländereien in den nur
schwach bebauten Grenzbezirken gegenüber Großpolen zur Sicherung der Grenze und zur Verdichtung der Besiedlung. Wie in
dem ö. anschließenden Gebiet um → Sarskisk das Breslauer Sandstift begütert war, so besaßen die seit vor 1247 in Breslau nieder-
gelassenen Kreuzherren mit dem roten Stern am oberen Stober einige Dörfer, auf deren ausgedehntem Areal sie unter Heranziehung dt. Menschen dtrechtl. Siedll. anlegten. Zu dieser An-
siedlungsaktion gehörte auch zumindest der Beginn der Aussetzung der Stadt K., die die Kreuzherren schon 1252 als »unsere
Stadt K.« (»civitas nostra Cruceburch«) bezeichneten und deren
Vogt Cuncus 1257 bezeugt ist; Ellguth und Ullrichsdorf sind als
gleichzeitig angelegte Stadtdörfer von K. zu betrachten. Hz. Heinrich IV. von Breslau entzog 1273 oder A. 1274 – kurz nach seinem
Regierungsantritt – den Kreuzherren die Besitzrechte an der Stadt
und den Stadtdörfern, wahrsch. unter Berufung auf das im poln.
Erbrecht enthaltene Wiederkaufsrecht für von Vorfahren veräußerte Güter. Am 2. 3. 1274 erscheint er jedenfalls als Stadtherr
von K.; als solcher bestimmte er die Vogteirechte des Vogtes Adolf
in K. Die Kreuzherren erhielten Abgabenfreiheit für ihren K.er
Hof (1285) und das Kirchenpatronat in der Stadt (1298) wohl als
Wiedergutmachung.
Der Stadt eröffneten sich mit dem Übergang an den Landesherrn
größere Entwicklungsmöglichkeiten. Mit 129 brauberechtigten
Häusern (bis 1671), die die ma. Größe andeuten, und 154 Innenstadthäusern 1581 war K. für schles. Verhältnisse eine mittelgroße
Stadt. Die auf dem r. Stoberufer erbaute Anlage hatte gitterförmiges Straßennetz und einen rechteckigen Ring; die vier Längs-
straßen liefen an den beiden Toren in der 1396 belegten Stadtmauer, dem Dt. Tor im W und Poln. Tor im O, im Zuge der
Handelsstraße Breslau Oels–K.–Krakau, die hier den Stober überschritt, zusammen. Der Handel bestimmte auch die Wirtschaft der
Stadt. Zu dem schon älteren Jahrmarkt erhielt K. 1422 zwei weitere hinzu, gleichzeitig bekam K. einen Salzmarkt verliehen. Unter den Gewerben spielten die Tuchmacherei und Leineweberei
eine Rolle, bes. im 17. Jh. Ausdruck der Wirtschaftskraft von K.
ist der Erwerb der städt. Vogtei durch den Rat: pfandweise 1369,
endgültig 1425.
K. wechselte 1294 den Landesherrn: Heinrich V. von Breslau
wurde damals gezwungen, das K.-Pitschener Gebiet an Heinrich III. von Glogau abzutreten. Bei der Teilung des Hzt. Glogau

1312 kam K. zum ö. Teilbereich, aus dem das Hzt. Oels hervorging. Heinrichs V. Sohn Boleslaus III. von Brieg entriß 1323 den
Oelsern wieder die Städte Namslau, Bernstadt, Konstadt, Pitschen
und K.; bei dieser Gelegenheit nennen die Quellen in K. auch eine
Burg. Mit Namslau, Konstadt und Pitschen geriet K. aber schon
1341 unter poln., anschließend 1356 unter Schweidnitzer Pfandherrsch.; als es 1368 wieder an das Hzt. Brieg kam, war es von
dessen Kerngebiet durch das Land → Namslau getrennt, das 1348
von Kg. Kasimir von Polen Kg. Karl IV. übergeben und von diesem mit dem Erbfstm. Breslau verbunden worden war, und 1436
fiel außerdem von der briegischen Exklave Konstadt–K.–Pitschen
→ Konstadt an Oels; K. und Pitschen aber blieben bis zum Aussterben der Piasten 1675 briegisch, allerdings waren sie 1434–81
und 1510–36 an die Hzz. von Oppeln verpfändet.
Während der Hussitenkriege zog 1430 der hussitische Anführer
Dobeslaus Puchala, ein aus Ungarn stammender Pole, mit einer
Truppe aus dem Troppauischen her raubend und sengend durch
Oberschles., besetzte sodann zusammen mit Boleslaus V. von Oppeln K. und machte es zu seinem Stützpunkt, von dem aus er verschiedene Teile von Schles. überfiel, bis er sich 1434 nach Konstadt zurückzog. In diesen Jahren wurde die Burg von K. zerstört.
Erst 1590 errichteten sich die Brieger Hzz. in K. wieder ein *Schloß*
neben dem Poln. Tor; es steht – nach völligem Umbau 1720 zur
»Ksl. Kammer« und nach Durchbruch einer Straßendurchfahrt
1932 – als schlichter, zweigeschossiger Bau (heute Museum) neben
einem erhaltenen *Mauerturm* des 15./16. Jh. Durch die Brieger
Hzz. fand 1556 der Ref. in K. Eingang. 1660–76 gab es in K. auch
Sozinianer. Nach dem Aussterben der Piasten und dem Heimfall
von Brieg an den Ks. setzte zwar eine Unterdrückung der evg.
Konfession ein; die Sozinianer und andere Stadtbewohner – u. a.
viele Tuchmacher – wanderten nach Polen aus. Die 1700 rekatholisierte Stadtkirche *St. Salvator* am W-Rand des Ringes wurde jedoch nach der Altranstädter Konvention von 1707 den Evangelischen zurückgegeben; der aus dem 14. Jh. stammende Bau wurde
nach Bränden im 18. Jh. ausgebaut und neu ausgestattet. Die
Katholiken erhielten die Begräbniskirche in der ö. Vorstadt als
Josephinische Kuratie zugewiesen, einen Schrotholzbau, 1823
durch einen massiven Bau ersetzt (neue kath. Kirche 1911–13 erbaut). Die Bev. der Stadt (wie auch des Kr.) blieb zum großen
Teil – um 1830 waren es ³/₄ – evg., obwohl sie seit etwa 1480
mehrheitlich polonisiert war. Für die polnischsprechenden Gläubigen verfaßte Adam Gdacius, Pfarrer in K. 1646–88, evg. Schriften in poln. Sprache, die in Brieg gedruckt wurden. In der M.
19. Jh. war der größere Teil der Bev. von K. wieder deutschsprachig. Bei der Volksabstimmung 1921 sprachen sich 96,3% der Bewohner von K. für den Verbleib bei Deutschland aus.
K. erlitt mehrmals Zerstörungen durch Feuer: abgesehen von den
Hussitenkriegen nach der Schlacht bei → Pitschen 1588, als die
Polen auch K. heimsuchten, im 30j. Krieg (1627, 1633) und durch

Feuersbrünste 1654 (1659?), 1737, 1795, 1819 und 1925. Nach dem Brand von 1737 wurde auf dem Ring das *Rathaus* z. T. neu erbaut, daran wurde eine Doppelreihe kleiner barocker Giebelhäuser – die *»Zwölf Apostel«* – angebaut; acht von ihnen sind 1925 abgebrannt. Der Brand von 1819 vernichtete das 1778/79 auf Anweisung Friedrichs d. Gr. durch Carl Gotthard Langhans errichtete *Landesarmenhaus* (Wiederaufbau 1820–23, 1874–1934 darin Landes-Heil- und Pflegeanstalt).

In der 2. H. 18. Jh. waren die Tuchmacher in K. wieder zahlreicher (E. 18. Jh.: 84, um 1830: 65). Im 19. Jh. war K. Vorort der Eisenerzgräberei und der Eisenindustrie im Kr. K. Ab 1868 wurde K. zum Eisenbahnknotenpunkt (1868 Breslau–K.–Vossowska, 1875 K.–Jarocin/Posen, 1884 K.–Lublinitz–Tarnowitz, 1899 K.–Oppeln) und erhielt daher auch ein Eisenbahnausbesserungswerk. Diese Verkehrslage zog Industrie an: die Holzstiftfabrik der Fa. W. Georgi & Co. aus Bremen (1907 Stuhlfabrik angeschlossen), eine Zuckerfabrik (1882), zwei Dampfmühlen, eine Lederfabrik, zwei Dampfsägewerke, eine Dachpappenfabrik und Maschinenfabriken. Die Bev.-Zahl nahm stark zu: 1756: 1416, 1787: 2039, 1825: 3108, 1905: 10 919, 1939: 11 693, 1961: 13 966, 1971: rd. 18 200 Eww.

Der Kulturhistoriker und Schriftsteller Gustav Freytag wurde am 13. 7. 1816 als Sohn des Arztes und K.er Bürgermeisters Gottlieb Ferdinand Freytag in K. geb.; in seinen »Erinnerungen aus meinem Leben« und im Roman »Aus einer kleinen Stadt« schildert Freytag die Verhältnisse in K. Der Dichter Johann Christian Günther (1695–1723) war 1720/21 als Arzt in K. tätig. (IV) *We*

LV 209, 2. Abt., T. 2, S. 322–62. – Heidenfeld, Chronik d. Stadt K., K. 1861. – Heimatkalender d. Kr. K., K. 1924 ff. – A. d. Heimat, Beilage d. Kreuzburger Nachrichten, K. 1929 ff. – D. niederschles. Ostmark u. d. Kr. Kreuzburg (Monogr. dt. Landschaften, Bd. 1), Berlin-Friedenau 1927, S. 235–58. – Oberschles., Verkehr, Wirtschaft u. Volkstum, Berlin-Steglitz 1935, S. 206–16. – LV 233, S. 789 f. – LV 345. – LV 340, S. 106–30. – Gemeinde- u. Heimatbuch d. Kr. K. O/S, hg. v. HMenz, Düsseldorf 1954. – LV 345. – LV 340, S. 106–30. – LV 234, Bd. 2, S. 167 f. – Szkice Kluczborskie (K.er Skizzen), hg. v. Instytut Śląski, Bd. 1, Oppeln 1976

Krieblowitz (1937 Blüchersruh, Krobielowice, Kr. Breslau). Das 22 km sw. Breslau auf fruchtbarem Boden am Weistritz-Zufluß Schwarzwasser gelegene Dorf K. erscheint 1321 als ritterlicher Besitz, 1349 ist dort ein fester Turm belegt. 1417 erwarb das Breslauer Vinzenzstift K. und behielt es bis zur Säkularisation 1810. Der preuß. Staat als neuer Besitzer schenkte 1814 Gut und Dorf K. sowie – ebenfalls aus ehem. geistlichem Besitz – weitere elf Dörfer und Vorwerke nebst Forstrevieren um K. und ö. Trebnitz (darunter → Schawoine, → Zirkwitz) dem Feldmarschall Gebhard Leberecht Blücher Fst. von Wahlstatt für seine Verdienste in den Befreiungskriegen. Blücher zog in das zweigeschossige Schloß, das urspr. nur aus dem um 1570–80 im Renaissancestil erbauten

NO-Flügel bestanden hatte, 1702–04 dann durch den Anbau von drei symmetrischen Flügeln zu einer um einen Innenhof angeordneten Vierflügelanlage erweitert worden war. Nach 1810 erfolgten Umbauten im Inneren, unter den Nachkommen Blüchers, die K. bis 1945 behielten, wurden 1878 an drei Ecken Rundtürme (einer davon später wieder entfernt) sowie weitere Anbauten errichtet. Blücher verstarb 1819 in K. und wurde provisorisch in der kath. Kirche des benachbarten Dorfes Woigwitz bestattet, bis er 1820 gemäß seinem Wunsch auf die Lindenhöhe nw. vom Gut K., zunächst in die von der Fam. geschaffene Gruft, überführt werden konnte. Der Plan des Heeres, über Blüchers Grab einen ca. 600 t schweren Granitblock vom Zobten aufzurichten, mißlang wegen technischer Schwierigkeiten; so entstand erst 1846–53 auf Veranlassung Kg. Friedrich Wilhelms IV. durch den Berliner Architekten Johann Heinrich Strack neben der Fam.-Gruft das turmartige Blücher-Mausoleum aus Zobten-Granit, ein auf quadratischem Sockel ruhender Rundbau.   (II) *We*

FWiedemann, Blüchers Grabstätten in K., in: LV 28, 65 (1931), S. 474 ff. – Ders., Blücher als Gutsherr in K., in: LV 30, 1934, Nr. 3, S. 29–39. – LV 592, S. 153–56. – LV 631, S. 185–88

Kriegheide (Pogorzeliska, Kr. Lüben). K. war im 17. Jh. ein abgelegener Heideort der Herrsch. → Kotzenau an der N-Grenze des Fstm. Liegnitz. Als 1653–54 die evg. Kirchen im Fstm. Glogau geschlossen wurden, entstand für die Ortschaften um Sprottau und → Primkenau die evg. Grenzkirche K. Die Brüder Wolf-Alexander und Hans-George von Stosch auf Kotzenau bewilligten 1654 eine große Dominialscheune, den »alten Bansen«, zur Abhaltung des Gottesdienstes und gaben 100 Morgen Land zur Widmut. Hz. Ludwig von Liegnitz genehmigte den *Kirchbau* am 6. 4. 1656 (Einweihung 17. 9. 1656, Altar 1657, Turm 1670). Wertvoll ist im Innern der Palmbaum mit einer Öffnung für die Zuhörer auf dem Kirchenboden. Mehr als 70 Gemm. hielten sich nach K., doch ging die Besucherzahl nach 1709 (Gnadenkirche → Freystadt) und vor allem nach 1741 zurück. K. hatte 1939 217 Eww.   (II) *St*

FWBaltzer, D. Kirche in K., 1898. – CRomberg, D. Grenzkirche zu K., in: Sprottauer Jb. 3 (1927), S. 63–64. – LV 623, S. 28

Krummhübel (Karpacz, Kr. Hirschberg). K. zieht sich am Fuße der Schneekoppe im Tal der Großen Lomnitz tief in die Berge hinein. Wohl um die M. 16. Jh. als Holzarbeitersiedl. entstanden, die 1599 aus »25 Possessionen, worunter 2 Handwerker und 1 Barbier«, bestand, erhielt K. ab 1622 Zuzug durch evg. Glaubensvertriebene aus Böhmen und wurde E. 17./A. 18. Jh. durch die »Neuhäuser« an der Großen Lomnitz sowie die Ansiedlung an der Kleinen Lomnitz (der ehem. Plagnitz, weswegen der Ort zeitweise »Cromhübel und Plagnitz« hieß) erweitert. Bekannt wurde K. durch die Laboranten, d. h. Laienapotheker, die, den Kräuterreichtum der Gegend ausnutzend, unter Anwendung verschieden gearteter und im Laufe der Zeit sich wandelnder Erfahrungen und Kenntnisse Arzneien herstellten und diese weit über die Grenzen von Schles. (u. a. in Polen und Rußland) vertrieben; in K. bildeten sie eine bes. starke Kolonie. Offenbar hatten sich die Arzneihersteller von K. bereits am E. 17. Jh. in einer zunftähnlichen Organisation vereinigt; ihre Blütezeit fällt in das 18. Jh. Seit dem A. 19. Jh. wurde ihre Tätigkeit durch staatliche Verordnungen immer mehr eingeschränkt, ihre Zahl nahm ab, die Zunft der Laboranten ging ein; der letzte Laborant, Ernst August Zölfel, den Th. Fontane geschildert hat (Von, vor und nach der Reise, »Der letzte Laborant« [1891], Berlin 1894), ist 1884 gest.

(I) *Gru*

HReitzig, D. K.er Laboranten, Münster/Westf. 1952, ²1958. – EZimmermann, Über d. Entstehung d. Laborantenkolonie in K. im Riesengeb., in: LV 34, 5 (1960), S. 33–51

Kruppamühle (Krupski Młyn, Kr. Groß Strehlitz/Tarnowitz). Vor 1875 bestand die bis 1936 zu der 4 km entfernten Gem. Borowian gehörende Ansiedlung K. nur aus der nach dem Besitzer benannten Mühle, einem Bauernhof und einem Forsthaus. 1875 gründete die »Oberschles. AG für Fabrikation von Lignose« – die späteren »Lignose Sprengstoffwerke GmbH« – ein Werk, um Sprengstoff an die oberschles. Gruben zu liefern. Noch um 1900 hatte K. nur rd. 100 Eww., 1939 dagegen schon 613. Am E. 1. Weltkrieges zerstörte eine starke Explosion das Werk, das danach nur langsam wieder in Gang kam. 1929 wurden rd. 300, 1944 rd. 750 Personen im Werk beschäftigt. Seit 1956 ist K., dessen Wirtschaft auch heute von chemischen Betrieben bestimmt wird, stadtart. Siedl. und Teil des Kr. Tarnowitz; 1970 hatte es (nach der Eingemeindung von Potempa) 3380 Eww. (1939: 562, 1961: 2817 Eww. auf 18,5 qkm). (IV) *Str*

GSchepky, Zawadzki, Ulm 1961. – Tarnowskie Góry. Zarys rozwoju powiatu (Überblick d. Entwicklung d. Kr. Tarnowitz), hg. v. HRechowicz, Kattowitz 1969. – LV 234, Bd. 1, S. 446

Kunern (Konary, Kr. Wohlau). Im altbesiedelten Land der Winziger Höhen, eines Teiles des Schles. Landrückens, gelegen, wird K. erstm. 1202 in einer Zehntbestätigung des Kl. Leubus gen. Eine Umsetzung der slaw. Ortschaft zu dt. Recht ist nicht erfolgt. Nach sehr häufigem Besitzerwechsel der Grundherrsch. erwarb 1799 Franz Carl Achard, der Direktor der Physikalischen Abteilung der Berliner Akademie, das Gut K. und errichtete dort 1802 die erste Rübenzuckerfabrik der Erde, die nach einem Brande mit Mitteln des Kg. von Preußen 1812 wiederaufgebaut wurde und dann längere Zeit als Lehranstalt für die Rübenverzuckerung diente. Die *Grabstätte* Franz Carl Achards († 1821) auf dem bei K. gelegenen, heute nicht mehr benutzten Friedhof von Herrnmotschelnitz ist unversehrt erhalten (1967). Das Gebäude der Zuckerfabrik wurde 1945 ebenso wie das Herrenhaus des Gutes zerstört. Auf den erhalten gebliebenen Grundmauern hat die poln. Regierung einen *Gedenkstein* mit einer Reliefdarstellung Achards und einer Inschrift errichtet, die an die durch ihn erfolgte Begründung der Rübenzuckerindustrie erinnert (vorhanden 1964).

LV 218, T. 2. – LV 344. – LV 270   (II) *Gra*

Kunzendorf (Trzebina, Kr. Neustadt O. S.). Das wohl noch im 13. Jh. angelegte Waldhufendorf K. (im Volksmund: Wachtel-K.) gehörte im Ma. zur Stadtvogtei Neustadt. A. 16. Jh. war es im Besitz des Ritters Adam Kottulinski von Friedeberg. 1542 erhob Kg. Ferdinand I. den Ort ohne bleibenden Erfolg zur Stadt. 1559 ging K. an Christoph v. Wachtel (durch seine Heirat mit Anna Kottulinski) über. Helena Polixena v. Schmeskal, Witwe Joh. Christoph v. Wachtels, schenkte 1673/75 testamentarisch ihre Güter K., Mühlsdorf, Achthuben und Wackenau dem Kreuzherrenstift in → Neisse, dem sie fortan bis zur Säkularisation 1810 gehörten. 1812 erhielt Feldmarschall Blücher vom preuß. Staat – zunächst nur teilweise als Geschenk, 1816 dann zur Gänze, da Blücher eine Geldzahlung ablehnte – die Herrsch. K., verkaufte sie aber schon 1817 an die Brüder Franz und Georg Hübner, weil er inzwischen → Krieblowitz erhalten hatte. Seit 1809 war K. Badeort mit alkalischer Stahlquelle (= Blücher-Quelle). Das um 1600 errichtete, im 19. Jh. umgebaute Schloß mit Torhaus und Umfassungsmauer brannte 1945 zur *Ruine* aus, während die 1726/27 barockisierte *Pfarrkirche* aus dem 16./17. Jh. erhalten blieb.   (IIIa) *Me*

ThKonietzny, Wachtel-K., in: Altvater 42 (1923), Nr. 2 und 3. – FWiedemann, Wie Blücher ein Schlesier wurde, in: LV 30, 1928, Nr. 2, S. 29–40

Kupferberg (Miedzanka, Kr. Hirschberg). Am O-Rand des Riesengeb. zieht sich in S-N-Richtung der Höhenzug des Landeshuter Kammes hin. An seinem n. Ausläufer liegt in ca. 500 m Höhe auf dem »Kupferberg« am Rande des Bobertales die kleine Bergbaustadt K. Das Schiefergestein in und um K. war mit Bleierz-, Kupfererz- und Schwefelkiesgängen durchsetzt. Der Abbau dieser Erze setzte wohl im 13. Jh. mit der Kolonisation ein; die jüngere Nachricht, ein dt. Bergmeister habe 1156 den Bergbau in K. begründet, entbehrt historischer Wahrheit. A. 14. Jh. war der Ritter Albert, gen. der Baier (»Bavarus«), der auch in und um Goldberg Besitz hatte, Grundherr des Kupferberges; er nannte sich (u. a. 1310) nach dem Dorf Waltersdorf, 1311 auch als Herr »vom Kupferbergwerk im Geb.« (»de Cuprifodina in montibus«). Sein Sohn Heinrich Beyer verkaufte das Bergwerk 1370 ff. an Clericus Bolcz vom benachbarten → Jannowitz. In diesen Jahren muß der n. Teil der urspr. Gemarkung von Waltersdorf als selbständiger Ort K. abgetrennt worden sein; Waltersdorf »an dem Kopfirberg« hieß fortan einfach Waltersdorf, Waltersdorf »uff dem Kopfirberge« wurde zu K., dessen Kirche – wohl die alte Kirche von Waltersdorf – 1375 belegt ist. E. 15. Jh. war Konrad

v. Hoberg Besitzer von K.; er verkaufte es 1512 zusammen mit
Jannowitz an Hans Dippold v. Burghaus, dem früheren Berghof-
meister und Hauptmann von Reichenstein, dieser erhielt 1514
auch die Bergwerke bestätigt. Kg. Ludwig von Böhmen erhob K.
1519 zur Bergstadt mit Jahr- und Wochenmarkt. Dippold v.
Burghaus investierte viel Geld in die Anlagen, hatte aber keinen
Erfolg und verkaufte den Besitz 1537 an den kgl.-poln. Sekretär
Jobst Ludwig Dietz (Decius), der ihn jedoch schon 1543 an die
Brüder Hans und Franz Hellmann aus Hirschberg weiterverkauf-
te, die sich auf die Herstellung von Vitriol (Kupferwasser) verlegten. 1562 erhielt K. durch Besitzerwechsel und Teilung gleich
zwei neue Grundherren: das Oberstädtlein mit dem zum Marktplatz ausgeweiteten Dorfanger und der Kirche fiel zusammen mit
der Herrsch. K., zu der später noch die Kolonie Dreschburg und
die Dörfer Wüsteröhrsdorf und Rothenzechau gehörten, an die
Frhh. v. Fürst (die späteren Gff. v. Nimptsch, bis 1768), das Un-
terstädtlein zusammen mit Jannowitz an die v. Schaffgotsch; die
Wiedervereinigung beider Teile erfolgte erst nach 1830, als –
nach dem preuß. Etatsminister Gf. Hans Heinrich v. Churschwandt, Gf. Ludwig Friedrich Wilhelm v. Schlabrendorff, Ernst
Hermann v. Kölichen und den Gff. Joseph und Gustav Matuschka
– die Gff. zu Stolberg-Wernigerode, seit 1765 bereits Besitzer von
Jannowitz mit Unter-K., auch die Herrsch. K. erwarben. Im Bergbau setzte noch im 16. Jh. ein Niedergang ein, im 17. Jh. lag er
völlig danieder. Nach Pest und Brand während des 30j. Krieges,
nach Rekatholisierung der im 16. Jh. evg. gewordenen Bewohner
(1654) lief der Erzabbau 1693 langsam wieder an. In preuß. Zeit
begann im benachbarten → Rudelstadt das Schürfen nach Erzen.
In K. suchte man nach einem einmaligen Fund (1754), getäuscht
von einem Schwindler, 1766–67 vergeblich nach größeren Kobalt-
vorkommen. Um 1800 erfolgte wieder ein bescheidener Aufstieg
im Bergbau, in der 2. H. 19. Jh. unter Beteiligung oberschles. Unternehmer; gegen Ende des Jh. wurde vornehmlich nach Zinn
und Blei gegraben. Im 18. Jh. besaß K. eine beachtliche Leinenweberei. Die Eww.-Zahlen waren seit dem E. 18. Jh. rückläufig:
um 1785: 796 (als Marktflecken eingestuft), 1825: 639, 1905: 507,
1939: 637. 1945 verlor K. sein Stadtrecht, 1961 wohnten dort nur
358 Personen. Als Baudenkmäler sind die nach dem Stadtbrand
von 1824 erbaute klasstz. *kath. Pfarrkirche* und einige alte *Bürgerhäuser* erhalten. Die nächste Eisenbahnstation ist im 2 km entfernten Jannowitz.   (II)   *We*

LV 178. – LV 209, 2. Abt., T. 2, S. 366–77. – LV 212, Bd. 2, S. 505–07.
– JKaufmann, Gesch. d. Bergbaues in K. (Schles.), (Br. 1906). – Ders.,
A. d. Vorzeit K.s, Br. 1907. – GSchönaich, D. freie Bergstadt K., in:
LV 41, 1936, S. 75–78. – LV 233, S. 790 f. – LV 234, Bd. 2, S. 574

Kynsburg, Burgruine (Zamek Grodno, Gem. Kynau/Zagórze
Śląskie, Kr. Waldenburg). Die K. gehörte zur Befestigungsanlage,
die Hz. Bolko I. von Schweidnitz (1291–1301) gegen Böhmen er-

richtete und die bald wegen verwandtschaftlicher Beziehungen zu Böhmen an Bedeutung verlor. Als hzl. Lehen befand sich die K. im Besitz der Burggff. Kilian v. Haugwitz, Peczko Eycke und der Herren Schof. Nachdem das Hzt. Schweidnitz 1392 an die böhm. Krone gelangt war, übernahmen die kgl. Landeshauptleute die K. als Pfandbesitz. Unter ihnen sind Herren v. Reibnitz, v. Mühlheim und v. Czettritz. Hermann v. Czettritz († 1454) konnte hussitische Übergriffe verhindern. Georg v. Czettritz erhielt trotz offener Partei für Kg. Georg von Podiebrad den Besitz seiner Fam. Von 1535 an wechselte die K. häufig ihren Besitzer: Christoph v. Hoberg auf → Fürstenstein († 1536) bzw. dessen Witwe Euphemia bis 1545, Matthias v. Logau bis 1567; dessen Sohn Kaspar, Bf. von Breslau (1562–74), verzichtete zugunsten seines Bruders Georg († 1595), dessen Witwe verzichtete auf den Pfandbesitz zugunsten der Gläubiger. 1596–1601 war Fst. Michael von der Walachei Besitzer von K. Erst 1607 fand sich in Gf. Johann Georg v. Hohenzollern-Sigmaringen ein Interessent, der auch auf K. wohnte. Obwohl die K. 1622–42 wegen des Krieges verlassen war, blieb sie im Besitz dieser Fam. bzw. der Seitenlinie v. Rochow bis 1679. Es folgten Frh. Georg Gottfried v. Eben und Brunnen auf Strachwitz bis 1717, Anna Eleonora v. Reibnitz bis 1720, die Fam. v. Winterfeld bis 1754. Die Herren v. Liers als Nachfolger verlegten ihren Wohnsitz nach Dittmannsdorf. 1819 wurde die Herrsch. K. zwangsversteigert. Um die Burg vor dem Abbruch zu bewahren, erwarb sie Prof. J. G. Büsching in Breslau. Die nachfolgenden Besitzer sind: 1840 Gf. Friedrich v. Burghard und 1855 die Fam. v. Zedlitz-Neukirch. Sie bemühten sich um den Ausbau der Burg als Touristenziel und versuchten durch Rückkauf der Güter die alte Herrsch. K. wieder herzustellen. Durch den Bau der *Schlesiertalsperre* bei Kynau 1912–14 wurde die Bedeutung der K. als Touristenziel unterstrichen und blieb es auch nach 1945. Die heutige Anlage läßt in ihrer Gesamtheit die beispielhafte Befestigungskunst des 14. Jh. erkennen. Den Ausbau zum Herrensitz verdankt K. den Herren v. Logau. Aus dieser Zeit stammt das *Portal* zur ehem. Kapelle mit Wappen späterer Besitzer (Hohenzollern, Rochow). Die Sgraffitodekoration des *Torhauses* wurde 1905 erneuert. Matthias v. Logau ließ auch die Ringmauer ausbessern, die 1789 zum größten Teil einstürzte. Der *Bergfried* erhielt nach einem Blitzschlag 1686 den achteckigen Aufsatz. Heute wird die K. von der poln. Ges. für Tourismus und Landeskunde (PTTK) bewirtschaftet. Ausstellungsstücke und Möbel von unschätzbarem Wert wurden nach 1945 zerstört. 1964 wurden die Dächer neu gedeckt. Zum ehem. Burgbezirk gehörten: Dittmannsdorf, Reußendorf, Seifersdorf, Hausdorf, Tannhausen, Jauernig, Kynau und Schenkendorf. Die kath. *Kirche von Dittmannsdorf* (1570–1654 evg.) birgt die Gräber der Famm. v. Logau und v. Hohenzollern. (IIa) *Kö*

HSchubert, Beschreibung u. Gesch. d. Burg Kinsberg in Schles., Br. ²1900. – O du Heimat lieb u. traut! Bilder aus d. Waldenburger Berglande, hg. v. MKleinwächter, Waldenburg 1925, S. 69–74. – HBartsch, Aus d. Gesch. unseres Waldenburger Berglandes, Sonderdr. aus: Waldenburger Heimatbote 1962–69, Norden (Ostfriesl.) 1969, S. 87–92. – Ders., Unvergessene Waldenburger Heimat, Norden (Ostfriesl.) 1969, S. 100–03. – JRozpędowski, Zamek Grodno w Zagórzu Śląskim i zamki Nowy Dwór, Radosno, Rogowiec (D. K. in Kynau und die Burgen Neuhaus, Freudenberg u. Hornschloß) (LV 108), Br. 1960

Laasan (Łażany, Kr. Schweidnitz). Das Gründungsjahr der Siedl. am Striegauer Wasser (14 km n. Schweidnitz) ist unbekannt, sie ist wahrsch. durch Waldrodung entstanden. E. 13. Jh. wurde sie zu dt. Recht umgesetzt, das Areal: ca. 3500 Morgen. L. hatte Rittergut, Erbscholtisei, eigene Pfarrei mit Kirche, um 1300 erbaut. Die Ritter v. Seidlitz, auch von L. gen., waren Besitzer von L. A. 14. Jh. bis etwa 1450, darauf die Ritter v. Mühlheim-Puschke aus dem benachbarten → Puschkau ca. 1450–1600. Nach Einführung der Ref. war 1600–22 Besitzer von L. ein Frh. v. Zedlitz auf → Peterwitz (Kr. Schweidnitz). Seither bildeten die Rittergüter L., Peterwitz (Kr. Schweidnitz), → Saarau, Neudorf (Kr. Schweidnitz, ab 1784) einen Güterkomplex. Der Wohnsitz der Majoratsherren war Schloß L. Das Dorf wurde im 30j. Krieg zerstört, dann wiederaufgebaut; die Kirche wurde 1654 an die Katholiken zurückgegeben, 1912 als »Mater adjuncta« der Pfarrei Saarau zugeteilt. Besitzer bis 1743 waren die v. Nostitz; die Witwe des letzten Frh. v. Nostitz heiratete 1743 den preuß. Gen.-Feldmarschall Dietrich Wilhelm v. Buddenbrock, ihre Erben waren die Gff. v. Burghauß, ab 1885 die Gff. v. Pfeil-Burghauß. Das *Wasserschloß* in L. wurde um 1720 von Baron Karl Gottlieb v. Nostitz unter Verwendung alter Teile (Renaissance, 2. H. 16. Jh.) im Barockstil erbaut (seit 1945 Ruine). 1939: 1299 Eww.; 800 Morgen Land mit großem Fabrikgelände (Ida- und Marienhütte) wurden 1939 nach → Saarau eingemeindet. In L. führte die älteste eiserne Brücke von Schles., 1796 in Malapane gegossen, über das Striegauer Wasser. (II) *Ra*

LV 613, Bd. 3, S. 14. – LV 615, S. 79. – LRadler, L., in: Tägl. Rundschau, Heimatbl. f. d. Stadt- u. Landkr. Schweidnitz 1956, Nr. 21/22. – Ders., Gen.-Feldmarschall v. Buddenbrock u. sein Schweidnitzer Kürassier-Reg. im 2. Schles. Kriege, in: LV 34, 13 (1968), S. 61–77

Laband (Łabędy, Kr. Tost-Gleiwitz/Stadtkr. Gleiwitz). L. an der Klodnitz, 6 km nw. Gleiwitz, ist 1286 durch »Nawoyius de Labant« erstm. sicher belegt, soll aber schon 1217 bestanden haben; der Liber fundationis des Bst. Breslau nennt um 1305 auch die *Kirche* von L. (heutiger Bau 14./15. Jh., Umbau 1716–19), deren Sprengel 1317 verkleinert wurde. Grundherren von L., die im sumpfigen Gelände von L. einen befestigten Platz hatten, im 18. Jh. durch ein schlichtes Barockschloß ersetzt (1936 beim Bau des Gleiwitzer Kanals abgebrochen), waren 1401 ein Dietrich von L., 1410–1500 die Fam. Szambor, 1547–1648 die Fam. Prokop, 1648–71 die Gff. Colonna, ab 1671 die aus Mähren stammenden

v. Welczek; diese schufen sich eine Grundherrsch. von sechs Rittergütern mit Dörfern (1910: 3122 ha). In L. lebten 1773 14 Bauern-, neun Gärtner- und 37 Häuslerfamm.
Seit der M. 19. Jh. entwickelte sich L. zum Industrieort am w. Rand des Industrisreviers. Die Lage am → Klodnitzkanal und an der ersten oberschles. Eisenbahnlinie Breslau–Oppeln–L.–Gleiwitz–Schwientochlowitz (1845) bot dafür gute Voraussetzungen. 1848 begann Robert Caro, Teilhaber der »Handelsges. M. J. Caro & Sohn« in Breslau, auf dem Boden eines alten Hammers n. L. mit dem Bau der »Herminenhütte«, die 1865 drei Walzgerüste, zehn Puddel- und fünf Schweißöfen, einen Dampfhammer und fünf Hochdruckmaschinen hatte bei einer Belegschaft von 300 Mann und einer Produktion von 5000 t gewalzten Eisens jährlich. Die Hütte, seit 1887 mit anderen Betrieben zur »Oberschles. Eisenindustrie-AG für Bergbau und Hüttenbetrieb« vereinigt, wurde mehrmals erweitert. 1903 kauften die »Vereinigten Nikkelwerke AG« in Schwerte/Ruhr ein der Herminenhütte angegliedertes Blechwalzwerk in L. und richteten dort ein Nickelwerk ein. Die Eww.-Zahl von L. stieg nach 1850 steil an: 1825: 493, 1845: 638, 1885: 2859 + Gutsbez. 263, 1905: 4493 + Gutsbez. 181, 1939: 8152. 1954 wurde L. zur Stadt erhoben, 1964 dem Stadtkr. → Gleiwitz einverleibt. Es hatte 1961 auf 25,48 qkm 15 616 Eww.   (IV) *We*

LV 210, Bd. 1, S. 486–88. – LV 524, S. 152. – JChrząszcz, Gesch. d. Städte Peiskretscham u. Tost, Peiskretscham 1927, S. 395 ff. – Ludwig, L., in: Oberschles., Verkehr, Wirtschaft u. Volkstum, Berlin-Steglitz 1935, S. 111–13. – LV 591, (V 1), S. 138–45. – LV 668, S. 79. – LV 234, Bd. 1, S. 449 f. – Gliwice, zarys rozwoju miasta i okolicy (Überblick d. Entwicklung d. Stadt Gleiwitz u. ihrer Umgebung), hg. v. ASzefer, Warschau/Krakau 1976

Lähn (Wleń, Kr. Löwenberg). Die Überlieferung von einem Fischerdorf namens Birkenau am Fuße der Burg → Lehnhaus (den Namen Birkenau hat die Kriegersiedl. von 1936 übernommen) sowie von der Gründung L.s 1214 unter Beteiligung von Löwenberger Tuchmachern gehört in den Bereich der Sage. Die Stadt – unterhalb der Lehnhausburg in einer Boberschleife gelegen – wird vielmehr wohl unter Hz. Boleslaus II. von Liegnitz (1242 bis 1278) zu Löwenberger Recht gegr. worden sein; 1261 ist die Stadtvogtei nachweisbar. L. war keine große Entwicklung beschieden; es war ein Ackerbürgerstädtchen, besaß allerdings im Ma. eine nennenswerte Tuchmacherei, später Leineweberei und Garnspinnerei (1751: 35 Züchner, Barchent- und Leineweber). Der bekannte Taubenmarkt geht vielleicht auch noch auf das Ma. zurück. L. hatte keine Stadtbefestigung und unterstand seit der 2. H. 14. Jh. den Burgherren von Lehnhaus, welche die Obergerichte und (seit 1371) die halbe Stadtvogtei besaßen (die andere Hälfte hatte seit 1378 L.), ehe beides 1690 an die Stadt fiel. Um 1525 wurde die Ref. in L. eingeführt; seit 1629 wechselten

die kirchlichen Verhältnisse, bis 1650 sich die Gegenref. durchsetzte. Das Kirchenpatronat wurde dem Kl. → Liebenthal übertragen. L. ist durch Brände, Kriegsverwüstungen (u. a. im 30j.
Kriege und 1813) und Überschwemmungen öfter zerstört worden.
Der heutige Bau der 1348 erstm. erwähnten kath. Pfarrkirche St.
Nikolai stammt von 1864, das evg. Bethaus von 1751/52 (nach
1945 abgebrochen), das Rathaus von 1823/24. Auf Grund der
Schützenzahl, die L. 1398 gegen Raubritter stellte, hat man für
diese Zeit eine Bev.-Zahl angenommen, die derjenigen von Bunzlau und Landeshut vergleichbar gewesen sein soll. In jüngerer
Zeit war L. jedenfalls kleiner: es hatte 1534 112 Hausbesitzer,
1787: 858, 1825: 826, 1905: 842, 1939: 1470 Eww. (1961: 1788,
1970: 1849 Eww.). 1850–70 bestand in L. eine Uhrenfabrik, der
seit 1862 eine Fachschule angeschlossen war. In den Fabrikgebäu-
den hielt 1873 ein Pädagogium Einzug. Um 1900 wurde L. zur
Sommerfrische ausgebaut (Sanatorium 1893). 1909 erhielt L. mit
der Linie Hirschberg–Löwenberg Eisenbahnanschluß.   (I) *Scho*

AKnoblich, Chronik v. L. u. Burg Lähnhaus am Bober, Br. 1863. -
WPatschkowsky, Festschrift z. Feier d. 700j. Bestehens d. Stadt L., L.
1914. – HUhtenwoldt, Aus L.s Vergangenheit, in: LV 41, 1934, S. 71 ff.
– LV 233, S. 791 f. – LV 234, Bd. 2, S. 603

Lahse (Łazy, Kr. Wohlau). Das große Gräberfeld der Lausitzer
Kultur von L. (späte Bronzezeit bis frühe Eisenzeit) wurde über-
regional bekannt durch einen in den Endabschnitt des Friedhofes
datierbaren Topf von 24 cm Höhe, der eine Jagdszene zeigt: unter geometrischer Buckel-, Dellen- und Riefenzier trägt die gra-
phitierte Wandung in Dellen- und Ritzmanier einen Bogenschüt-
zen und vier Reiter in der Verfolgung vielendiger Hirsche; zweimal begegnet auch ein berittener Hirsch.   (II) *Pe*

HSeger in: LV 29, 7 (1897), S. 228–230. – ChPescheck, in: LV 35, 18
(1973), S. 70

Landeshut (Kamienna Góra). L. liegt in einer Mulde, der L.er
Senke, zwischen dem das Riesengeb. im O begrenzenden L.er
Kamm und dem Waldenburger Bergland, 440 m hoch im Mündungswinkel von Bober und Zieder. Die von Schles. auf Prag
ausgerichteten alten Straßenverbindungen überwanden das Geb.,
soweit sie nicht den Paß bei → Wartha benutzten, s. L. Das gilt
vor allem für die von Breslau–Schweidnitz und Glogau–Liegnitz
kommenden Straßen. S. von L. erstreckte sich in der Zeit vor der
dt. Kolonisation der schles.-böhm. Grenzwald. In diesen zogen
Benediktinermönche aus Opatowitz (s. Königgrätz) und begründeten 1242 das Kl. → Grüssau. Das Areal der späteren Stadt L.
wird verm. zu den 200 Hufen gehört haben, die Hz. Boleslaus d.
Kahle von Liegnitz 1254 den Mönchen verlieh. Dies veranlaßte
wohl die 1292 in Grüssau eingesetzten Zisterzienser – um Anspruch auf L. zu erheben –, eine auf das Jahr 1249 ausgestellte
Urk. zu fälschen, mit der Hz. Boleslaus ihren Besitzvorgängern in

Grüssau gestattet haben soll, den Markt L. zu dt. Recht auszusetzen. Wie der Inhalt dieser vielfach für echt gehaltenen Urk. wird auch die Annahme falsch sein, bereits Hz. Heinrich I. von Schles. habe nach 1220 auf dem Burgberg ö. von L. eine erste Befestigung angelegt, neben der sich eine Marktsiedl. entwickelt habe. Vielmehr werden Stadt und Burg L. von Hz. Bolko I. von Löwenberg-Jauer, der auf Sicherung der Grenze zu Böhmen bedacht war, zwischen 1289 und 1292 begründet worden sein: 1289 kaufte er dem Kl. Opatowitz den auch das L.er Areal umfassenden Besitz ab, und 1292 ist die »civitas Landishute« in der Stiftungsurk. des Zisterzienserkl. Grüssau belegt, mit ihr andeutungsweise auch das stadtverbundene Dorf Nieder Zieder. In der Bestätigung der Stadtrechte von L. erklärte Hz. Bolko II. von Schweidnitz 1334 ausdrücklich, daß sein Großvater Bolko (I.) von Löwenberg L. »von neuer wurtzel uss hat gesatzt«. Der dt. Name L. zeigt an, daß es keine slaw. Vorgängersiedl. von L. gegeben hat und daß L. zur Sicherung der Grenze angelegt worden ist. Der Stadt wurde schon in der Urk. von 1334 freie Ratswahl zugestanden, 1527 erwarb sie auch die Erbvogtei, die ab 1477 in der Hand des Kl. Grüssau gewesen war. Abgesehen von zeitweiliger Verpfändung blieb L. Immediatstadt. Die gitterförmige Stadtanlage mit rechteckigem Marktplatz war mit den beiden Toren in der Stadtmauer – dem Ober- und Niedertor – auf die Durchgangsstraße ausgerichtet. Die Wirtschaft war sowohl auf dem Durchgangshandel als auch auf der Mittelpunktfunktion für das Weichbild L. aufgebaut. L. besaß schon 1334 Meilenrecht, 1341 Salzmarkt, das Braumonopol galt für das ganze Weichbild. Im Ma. war die Tuchmacherei für L. von Bedeutung; sie ging in der Neuzeit zurück (1521: 40, 1658: 30 Meister, um 1780: acht, 1821: vier Tuchmacher) und wurde durch die im 16. Jh. aufkommende Leinenweberei ersetzt. In dem Ankauf des vorher im Besitz des Hans v. Dyhern auf → Kreppelhof befindlichen Zolles von L. A. 16. Jh. durch die Stadt kommt der Reichtum des Gemeinwesens zum Ausdruck.

Die Paßlage brachte L. neben Handelsmöglichkeiten auch Gefährdung durch feindliche Heere. Die Hussiten verbrannten L. 1426, sie zogen auch 1428, 1430 und 1431 durch, und 1471 stand ein böhm. Heer vor L. Im 30j. Krieg erlebte die Stadt 1628–35 Plünderungen, Brände und Epidemien. Die Ref., wegen des Einflusses des Abtes von Grüssau erst 1562 angenommen, wurde 1628/29 durch die Liechtensteiner Dragoner unterdrückt, unter schwed. Besatzung dann vorübergehend wieder eingeführt (1632 bis 1635). Nach dem Westfälischen Frieden stellte sich allmählich wieder ein wirtschl. Aufschwung ein. Zu der Leinenherstellung (1658 Züchnerzunft belegt) gesellte sich nunmehr der Handel mit den Leinenprodukten, auch des Umlandes. Nach Hirschberger Vorbild schlossen sich die einheimischen Kaufleute 1677 zu einer Kaufmannsinnung (später »Kaufmannssozietät«) zusammen; sie umfaßte 1788 89 Mitglieder. Ebenfalls von Hirschberg beeinflußt war das Aufkommen der Schleierweberei. Konfessionellen Ausgleich brachte die Altranstädter Konvention von 1707 durch Genehmigung des Baues der evg. *Gnadenkirche zur hl. Dreifaltigkeit*: wie für die Hirschberger Gnadenkirche lieferte der bekannte Baumeister Martin Frantz den Entwurf für den 1709–20 errichteten Barockbau, auch dieser nach dem Vorbild der Stockholmer Katharinenkirche auf dem Grundriß eines griechischen Kreuzes errichtet, aber nicht mit Fünfturmanlage, sondern mit vor den Eingangskreuzarm gestelltem Turm mit durchbrochener Bekrönung, innen reich ausgestattet, bes. an Altar, Kanzel und Orgel. Auch die *kath. Pfarrkirche St. Peter und Paul*, 1295 bezeugt, ist vom evg. Kirchenbau beeinflußt: an den got. Chor wurde in evg. Zeit E. 16. Jh. ein den Bedürfnissen der Predigtkirche entgegenkommendes vierschiffiges Langhaus (mit Zuhörerbühnen) im Stil der Renaissance angebaut.

Im 18. Jh. fiel die Paßlage für L. wieder negativ aus. Die drei Schles. Kriege und der Bayerische Erbfolgekrieg brachten Verluste durch Durchmärsche und Kampfhandlungen. Im 2. Schles. Krieg stießen die Preußen, als sie an den Einfallspforten nach Schles. den Angriff der Österreicher erwarteten, am 22. 5. 1745 s. L. mit österr. Verbänden zusammen; nach wechselvollem Kampf, in dem sich der preuß. Rittmeister und spätere Reitergen. Seydlitz auszeichnete, zogen sich die Österreicher nach S. zurück. Im 7j. Krieg hingegen wurde ein zur Sicherung der L.er Senke abkommandiertes preuß. Korps von 12 000 Mann unter Gen. de la Motte-Fouqué am 23. 6. 1760 von den etwa dreimal so starken Österreichern unter Gen. Laudon aufgerieben, L. wurde daraufhin geplündert. Friedrich d. Gr. eilte aus Sachsen nach Schles. und erzielte bei → Liegnitz einen Erfolg.

Nach den Kriegen erholte sich die Stadt bald. Sie zählte 1788 innerhalb der Mauern 189 und in den Vorstädten 300 Häuser und hatte 1787 2790 Eww., womit sie an der unteren Grenze der mittelgroßen schles. Städte rangierte. Leinenproduktion (um 1780: 60 Leineweber) und vor allem Garn- und Leinenhandel bildeten weiterhin die Haupterwerbsgrundlage von L. 1793 revoltierten die Weber gegen die Preistreiberei und Aufkaufspraktiken der Garnhändler. Die Leinwandausfuhr vervierfachte sich von 1765 bis 1805, dann fiel sie durch die Napoleonischen Kriege, durch engl. Einfuhrverbote und durch die aufkommende Konkurrenz der Maschinen bis M. 19. Jh. rapide ab. Der Staat traf Hilfsmaßnahmen; die Kgl. Seehandlung Berlin begründete mit einer Flachsspinnerei 1841 das erste Fabrikunternehmen (später Spinnerei J. Rinkel). Eine neue Wirtschaftsblüte setzte in L. 1852 mit der Gründung der Leinenfirma der Brüder Carl und Robert Methner (später Schles. Textilwerke Methner & Frahne AG) ein, die ein führendes Unternehmen in der dt. Leinenindustrie wurde. Es folgten die Leinenfirmen J. Rinkel und F. V. Grünfeld (beide 1862), Albert Hamburger AG (1885), die mechanische Weberei C. Epner (1865) und die Seidenweberei Eisenberger (1899). Die Firmen wurden erweitert, wechselten aber auch die Besitzer. Auch andere Industriebetriebe entstanden: 1860 die Gerberei H. Bernhard, 1878 die bedeutende Schuhfabrik Rosenstein & Prerauer, 1881 die Textilmaschinenfabrik E. Bauch; aus einem früheren Betrieb entwickelte sich das bekannte Feineisen- und Stahltürenwerk Carl Renner Nachf. Ernst Brinkop. 1869 erhielt L. mit der Strecke (Hirschberg–) Ruhbank – L. – Liebau ersten Eisenbahnanschluß, 1899 kam die Ziedertalbahn L.–Schömberg–Albendorf und 1905 die Linie Schmiedeberg–L. hinzu. Die Bev.-Zahl der Kr.-Stadt L. stieg steil an: von 3344 Eww. im Jahre 1825 nach Eingemeindung von Nieder Leppersdorf, Nieder Zieder (1900) und der Vorstädte (1903) auf 13 125 Eww. 1905 und nach Anschluß von → Kreppelhof und Ober Leppersdorf (1928) auf 13 688 Eww. 1939 (auf 18,83 qkm). L. ist auch heute noch der größte Leinenproduktionsort von Schles. Es hatte 1961 18 445 (auf 18,35 qkm), 1970: 21 090 Eww.

In L. geb. wurde 1732 der Baumeister Carl Gotthard Langhans († 1808).   (II) *We*

WPerschke, Beschreibung u. Gesch. d. Stadt L. i. Schles., L. 1829. – Kliesch, Chronik v. L., 1910. – Heimatbuch d. Kr. L. i. Schl., hg. v. EKunick, 2 Bde., L. 1929. – GSchönaich, L., in: LV 41, 1934, S. 89–95. – LV 233, S. 794–96. – Heimatbuch d. Kr. L., hg. v. EKunick, Groß Denkte/Wolfenbüttel 1954. – LV 357, S. 52 f. – OSchumann, D. L.er Leinenindustrie in Vergangenwart u. Gegenwart, Jena 1928. – LV 624. – MBrügmann, D. Gnadenkirche z. Hl. Dreifaltigkeit vor L. in Schles., Düsseldorf 1969. – CGrünhagen, D. Anlaß d. L.er Webertumultes am 28. März 1793, in: LV 28, 27 (1893), S. 291–309. – LV 299. – V. Mollwitz bis Annaberg, zus.-gest. v. GSwantes, Br. 1935, S. 17–19, 51–54. – LV 234, Bd. 2, S. 562

Landeskrone → Band Sachsen

Landsberg O. S. (Gorzów Śląski, Kr. Rosenberg). L. liegt im Bereich der Oels–Kreuzburger Ackerebene in einem von Hügeln umgebenen Talkessel, nur wenige hundert Meter von der Landesgrenze zu Großpolen an der Prosna entfernt. Das Gebiet von L. gehörte urspr. zu Niederschles., zunächst zum Hzt. Breslau, bis Hz. Heinrich III. von Glogau 1294 Hz. Heinrich V. von Breslau zur Abtretung u. a. von »Landesberch stat unde hus« zwang; 1312 kam L. an das neue Hzt. Oels, 1323 an Heinrichs V. Sohn Boleslaus III. von Liegnitz-Brieg, schließlich 1368 an das Hzt. Oppeln, bei dem es verblieb. Die Stadt L. ist erstm. in der erwähnten Abtretungsurk. von 1294 belegt. Ihre Gründung ist aber verm. schon vor 1270 anzusetzen, weil die seit 1270 belegten »Kastellane« von L. wohl als Burggff. der Stadtburg von L. zu betrachten sind; eine altpoln. Kastellanei ist in L. sonst nicht nachweisbar und der dt. Name spricht auch gegen eine solche. Die Stadt war eine kleine ovale Anlage in Gitterform mit rechteckigem Ring und einer Kirche an dessen NW-Ecke. Über eine Stadtbefestigung ist nichts bekannt, ebensowenig über die Lage der einstigen Burg. L.

war unbedeutende Ackerbürger- und Handwerkerstadt. Zünfte bildeten die Töpfer (1585), Schuhmacher (um 1630) und Schneider (um 1700); unter 83 Handwerkern 1830 waren zwölf Töpfer, 21 Schuhmacher und neun Leineweber. In der Umgebung von L. wurden Keupereisenerze abgebaut und bis 1914 mit Holzkohle verhüttet. 1896 erhielt L. Kleinbahnverbindung nach Rosenberg (seit 1926/28 Normalspur), 1916 nach Polen bis Wielun verlängert. L., das 1830 sechs Jahrmärkte hatte, profitierte aus dem Grenzverkehr mit Polen, u. a. der Saisonarbeiterfluktuation, die nach dem 1. Weltkrieg allerdings zurückging. Grenzübergangsstelle war zunächst L., später die 1899 eingerichtete Eisenbahnstation Zawisna 4 km nö. L. Die Stadt war mehrmals Zerstörungen ausgesetzt, 1394 und 1446 durch poln. Truppen, 1696 und 1734 durch Brände. Die kath. Pfarrkirche St. Trinitatis erhielt erst 1895 einen massiven Bau; 1857 wurde auch eine evg. Kirche errichtet. Die Eww.-Zahlen blieben lange niedrig: 1787: 663, 1825: 818, 1828: 848 (594 kath., 206 evg. 48 jüd.), 1905: 1107. Sie stiegen erst nach der Eingemeindung der Dorfgem. L. mit mehreren Ortsteilen 1929 (Flächenerweiterung von 4,95 qkm auf 13,9 qkm) nennenswert an: 1939: 3049 Eww. 1961 lebten in L. auf 18,5 qkm 2461 Eww., 1971: rd. 2600.

Die Herrsch. L., bestehend aus L. und acht Dörfern, verkaufte Hz. Johann von Oppeln 1499 an Hans Frankenberg von Proschlitz, dessen Fam. den Besitz bis 1717 behielt. Nach mehrfachem Besitzerwechsel kam die Herrsch. 1804 an Fst. Friedrich Ludwig zu Hohenlohe-Ingelfingen auf → Koschentin († 1818). Seine Nachkommen verkauften das Gut L. s. der Stadt 1930 an die Oberschles. Landges., die es aufsiedelte. Erhalten ist der barocke *Herrenhof* aus der M. 18. Jh.   (IV) *We*

LV 209, 2. Abt., T. 2, S. 526–32. – LV 210, Bd. 1, S. 229–32. – A Wieczorek, A. d. Gesch. d. Stadt L. (Oberschles.), in: LV 43, 4 (1905/06), S. 327–37. – Fischer, A. d. Gesch. d. Stadt L. OS, in: Heimatkalender d. Kr. Rosenberg OS 1930, S. 33–35. – Schramm, D. Stadt L. OS, ebenda, 1935, S. 79–80. – L. OS, in: Oberschles., Verkehr, Wirtschaft u. Volkstum, Berlin-Steglitz 1935, S. 282–84. – LV 233, S. 796. – LV 345. – LV 357, S. 53 f. – LV 234, Bd. 2, S. 165

Langenau, Ober, Nieder und **Bad** (Długopole Górne, Dolne und Zdrój, Kr. Habelschwerdt). L. ist ein großer Ort im Neißetal, von Bergen umsäumt. Er umfaßt drei selbständige Gemm.: Ober und Nieder L. (beide im 14. Jh. als Dörfer nachweisbar) sowie Bad L. In Ober L. war das stilvolle Hoeckerhaus (im reinen Biedermeierstil erbaut und eingerichtet) bis 1945 Heimstatt von Künstlern, insbesondere von Malern, z. B. von A. Wasner, Paul Plontke, Wilhelm Hartmann, nachdem sein als Maler und Professor der Malklasse der Kunstakademie München weitbekannter letzter Eigentümer Paul Hoecker (1854–1910) dort in seinem Heimatdorf seinen Lebensabend verbracht hatte. Die erste Quelle des Bades L. wurde beim Bau eines Alaunwerkes entdeckt und war schon 1563

bekannt, jedoch erst A. 19. Jh. genutzt. 1876 wurde eine zweite
Quelle gefunden und 1909 die dritte erbohrt. Alle drei Quellen
zeichnen sich durch hohen Kohlensäuregehalt und Vorkommen
von Thorium und Radium aus. Sie werden zu Brunnen- und Ba-
dekuren bei Herz- und Gefäßkrankheiten sowie Nervenleiden
verwendet. Bad L. verfügt auch über radiumhaltige Moorvor-
kommen, die gegen Rheuma, Gicht, Frauen- und Gallenleiden
sich sehr bewährt haben. Das Bad, das sich vorübergehend (bis
1839) im Eigentum der Stadt Habelschwerdt befand, ist stets in
Privatbesitz geblieben, wechselte aber mehrfach die Besitzer, was
seiner wirtschl. Entwicklung nachteilig war.   (IIa) *Ge*

AOtto, Glatzer Wanderbuch, Mittelwalde 1923, ²Leimen/Heidelberg
1971. – D. Gfsch. Glatz (Monogr. dt. Städte, Bd. XIX), Berlin-Friedenau 1927, S. 139–142. – D. Gfsch. Glatz, Bd. 2, hg. v. GGoebel (Lüdenscheid 1962), S. 50–56

Langenau, Ober und **Nieder** (Czernica, Kr. Löwenberg). L. fand
erstm. 1305 urk. Erwähnung. Damals gehörten Ober und Nieder
L. sowie Flachenseiffen der Fam. v. Langenow. 1470 wurden hier
sehr ertragreiche Goldbergwerke betrieben. Den v. Langenow
folgten die v. Kittlitz und später die v. Seydlitz im Besitz von L.
Im 16. Jh. gehörte es der Fam. v. Schaffgotsch. Sie baute 1543 die
urspr. Wasserburg von L. in ein Renaissance-*Schloß* um, von dem
nach dem Ausbau um 1900 noch ein tonnengewölbter Raum mit
Wandmalereien von 1563 erhalten geblieben ist. 1552 wurde hier
Christoph v. Schaffgotsch, der Vater des bekannten Hans Ulrich
v. Schaffgotsch, geb. Im Schloß L. fand am 12. 5. 1574 der 2. Teil
des auf Burg → Lehnhaus begonnenen Streitgesprächs zwischen
schles. Pastoren und dem luth. Theologen Matthias Flacius Illyricus über »Die Erbsünde und der freie Wille des Menschen
nach dem Sündenfall« statt. 1598 ging die Herrsch. L. an die
Fam. v. Lest über. Im 30j. Kriege wurde das Schloß 1622 von
Kosaken belagert, die der poln. Kg. dem Ks. Ferdinand II. als
Hilfstruppen gesandt hatte. Die nächsten Besitzer von L. waren
die Famm. v. Döbschütz, v. Glaubitz und v. Festenberg-Packisch.
1787 erwarb es die Fam. v. Förster, die es 1861 an den Kommerzienrat Leopold Schoeller verkaufte. Dessen Sohn Leopold vermachte 1892 das Gut seiner Tochter Adele, die mit Friedrich v.
Klitzing-Schierokau verheiratet war. 1944/45 waren sieben Waggons mit musikwiss. Sammlungen und musikalischen Kunstschät-
zen im Schlosse eingelagert, die den russ. Truppen in die Hände
fielen.   (I) *Scho*

LV 616, S. 140 f. – Heimatbuch d. Kr. Löwenberg in Schles., 3. Aufl.
(Bückeburg) 1959, S. 393 f.

Langenbielau (Bielawa, Kr. Reichenbach). L. gehört zu den dt.
Waldhufendörfern, die in der 1. H. 13. Jh. im Vorland des Eulen-
geb., im Bereich der ehem. → Preseka, mit → Reichenbach als
Mittelpunkt entstanden. L. entwickelte sich den Biele-Bach auf-

wärts und hatte schließlich eine Länge von 8 km, beginnend 2 km s. Reichenbach bei ca. 272 m Höhe und reichend bis 443 m Höhe am Fuß der Ascherkoppe im Eulengeb. Diese große Ausdehnung führte zu mehrfacher Unterteilung des Ortes. Bei der Gründung des Kollegiatstifts zum hl. Kreuz in Breslau 1288 schenkte Hz. Heinrich IV. von Breslau diesem als Ausstattung u. a. 48 große Zinshufen in »Bela«. Das damit erstm. belegte L. hatte bis 1758 diese stiftische (»präbendatische«) und eine weltliche (»säkularische«) Gem., die ihrerseits unterteilt waren: die stiftische in einen großen, mittleren und kleinen Anteil, die weltliche – schon 1305 in Ober- und Unter-Bielau aufgeteilt – in Nieder-, Mittel-, Ober- und Neu-Bielau (die Bezeichnung L. seit 17. Jh.). Die einzelnen weltlichen Anteile gehörten meist verschiedenen Grundherren. Im 16./17. Jh. vereinigten die v. Netz zeitweise die weltlichen Gemm. 1672 verkauften die Brüder Ernst Heinrich und Joachim Ernst v. Netz L. an Adam Bogislaus v. Sandretzky, dessen Nachkommen 1741 von Friedrich d. Gr. die Würde des Erblandsmarschalls von Schles. verliehen bekamen, 1758 die geistlichen Anteile erwarben und 1778 aus L. und anderen Besitzungen das Majorat L. begündeten. Die Dörfer um Reichenbach gewannen mit der Entstehung der Hausweberei in den Dörfern seit dem 16. Jh. an Bedeutung. Schon 1619 verlangten die Züchner-Zünfte von Schweidnitz und Reichenbach vom Ks. Hilfe gegen die nicht durch Abgaben belasteten, daher billiger arbeitenden »Freiweber« der Dörfer. Aber weder die Privilegierung der städt. Zünfte noch der Versuch, die dörflichen Weber zum Eintritt in die städt. Zünfte zu bewegen, noch Repressalien verhinderten die Ausweitung der von den Grundherren begünstigten »Freiweberei« auf dem Lande, bes. in L., → Peterswaldau und → Peilau. Plünderung, Feuer und religiöse Bedrückung in Reichenbach während des 30j. Krieges führten obendrein dazu, daß Weber aus der Stadt auf die Dörfer zogen. L. trat auf diese Weise die Nachfolge Reichenbachs als Hauptort der Weberei dieser Gegend an, die ihrerseits zum wichtigsten Textilindustriegebiet von Schles. mit Spinnereien, Webereien, Färbereien und Stoffdruckereien wurde. Produziert wurden zunächst Woll- und Seidengewebe, seit 1771 auch Leinen. Seit A. 19. Jh. war hier bes. das Zentrum der Baumwollweberei. 1800 gab es in L. 282 Weber und 372 Webstühle. Die 1805 gegr. Dierig-Werke wurden zum größten Textilunternehmen in Schles. Die Not der Weber nach 1815 als Folge der Kriege, der englischen Konkurrenz, der preuß. Zollpolitik, der aufkommenden maschinellen Textilherstellung und auch des unsozialen Verhaltens seitens der Garnhändler und Textilfabrikanten führte A. Juni 1844 zum Weberaufstand von → Peterswaldau und L., den Gerhart Hauptmann im Schauspiel »Die Weber« (1891/92) wirklichkeitsgetreu dargestellt hat. Von Peterswaldau griff der Aufstand am 5. 6. auf L. über, Fabriken wurden verwüstet, durch Eingreifen von Militär gab es elf Tote.

L. war lange das größte Dorf Preußens (1785: 6698, 1825: 7840,

1861: 12 939, 1905: 19 666 Eww. ohne Gutsbez.). 1845 wurde es neu gegliedert in Ober-, Mittel- und Nieder-L., Neubielau und einen Gutsbez. L. 1891 erhielt L. durch die Strecke Reichenbach-L. Eisenbahnanschluß (1900 auch durch die Eulengebirgsbahn Reichenbach-L.-Silberberg, Verlängerung bis Wünschelburg 1902/03). 1900 wurde in L. die Preuß. Fachschule für Textilindustrie eingerichtet. Auf Grund dieser Entwicklung stellte die Gem. L. bereits seit 1874 mehrmals den Antrag auf Verleihung der Stadtrechte, erreichte diese aber erst 1924. Um 1930 gab es in L. zwei Spinnereien, an die 30 Textilfabriken, darunter vier große, 18 Färbereien u. a. Der Ortsgrundriß hatte sich von der Einstraßensiedl. durch die Anlage von Parallelstraßen und quer dazu verlaufenden Verbindungsstraßen erweitert, in den 1930er Jahren wurde der Markt durch Erweiterung der Hauptstraße zu einem beinahe quadratischen Platz umgestaltet. Das 1598 erbaute *Schloß*, ein Viereck mit Innenhof, wurde nach Bränden von 1737 und 1878 wieder aufgebaut. Nach dem Tode von Gf. Hans v. Sandretzky 1886 erbte sein Neffe Ernst Julius v. Seidlitz, 1891 zum Gf. v. Seidlitz-Sandretzky erhoben, L. Er verlegte seinen Wohnsitz 1910 nach Olbersdorf Kr. Reichenbach, das Schloß in L. kaufte nach seinem Tod 1930 die Stadt L. und verwendete es als Schul- und Amtsgebäude. Die vor Zerstörungen verschont gebliebenen ehem. Christian-Dierig-Werke (poln. »Bielawskie Zakłady Przemysłu Bawełnianego im. II. Armii WP«) sind auch heute die größten von Schles. (1959 ca. 5500 Arbeiter). Die Eww.-Zahl von L. ist weiter angestiegen: 1939: 20 116 (40,44 qkm), 1961: 29 233 (36,16 qkm), 1970: 31 008. (IIa) *We*

LV 211, Bd. 2, S. 225 ff. – LV 212, Bd. 2. – AHannig, Chronik v. L., L. 1886. – FHoenow, Chronik v. L., L. 1931. – LV 233, S. 796 f. – LV 234, Bd. 2, S. 545 f. – LV 616, S. 50–52. – HSchwab-Felisch, Gerhart Hauptmann: D. Weber. Vollst. Text d. Schauspiels, Dokumentation (Ullstein-Buch Nr. 5001), Frankfurt/M., Berlin 1963

Langenöls (Olszyna, Kr. Lauban). Das ca. 5 km nw. Greiffenberg am Oelsebach gelegene Dorf L. ist 1254 erstm. als »Olsna« belegt; es soll von seiner Gründung an mit einem Rittergut ausgestattet gewesen sein. Seine Kirche wird 1376 gen. Nach der frühen Annahme der Ref. verloren die Evangelischen 1654 durch die Gegenref. in Schles. ihr Gotteshaus und erhielten dann in preuß. Zeit ein Bethaus (1742/44, Neubau von 1897 nach 1945 kath.). Die durch das Vorhandensein von Rohstoffen angeregte und den Anschluß an das Eisenbahnnetz (Linie Görlitz–Greiffenberg–Hirschberg, 1866) gesteigerte Industrialisierung verschaffte dem Mittelteil des langgezogenen Dorfes seit der M. 19. Jh. städt. Charakter. Die auf den Besitzungen v. Rosenbergs in L. entdeckten Braunkohlenfelder führten zur Errichtung der Heinrichsgrube 1846 und einer Brikettfabrik durch v. Dobschütz 1867. Die Jahresproduktion einer Belegschaft von 250 Mann betrug 1872 ca. 500 000 t Kohlen. Aber 1886 wurde der Abbau wegen Erschöpfung der Flöze eingestellt; ergiebigere Vorkommen waren inzwischen in → Lichtenau gefunden. Am erfolgreichsten war die Holzverarbeitung (Möbelfabriken Robert Ruscheweyh, 1870, und August Hainke, 1879, Belegschaftsgröße 1926: 850 bzw. 400 Mann), daneben auch die Tonindustrie (Ziegeleien, Ofenfabrik). Aufgrund seiner auch nach 1945 unveränderten wirtschl. Struktur wurde L. 1956 zur stadtart. Siedl. erklärt. Eww.-Zahlen: 1786: 2604, 1825: Mittel L.: 2261, Nieder L.: 363, Ober L.: 404; 1905 (einschl. Gutsbezz.): M. L.: 3763, Nd. L.: 352, Ob. L. 543, zus. 4493 auf 26,55 qkm; 1939: (M. u. Ob.) L. 4159 (auf 22,47 qkm), Nd. L. 310; 1961: 5252 (auf 28,21 qkm), 1970: 5248.   (I) *We*

Heimatbuch d. Kr. Lauban in Schles., 2. Aufl. hg. v. WMenzel, Seyboldsdorf-Vilsbiburg 1966. – LV 234, Bd. 2, S. 580

Laskowitz (1937 Markstädt, Laskowice Oławskie, Kr. Ohlau). Hz. Heinrich V. von Breslau übergab 1293 den Wald L. (13 km nö. Ohlau) seinem Leibkoch zur Aussetzung eines Dorfes zu dt. Recht; 40 Hufen sollten Bäckern, Brauern und Köchen vorbehalten sein, vielleicht Dienstleuten des benachbarten hzl. Anwesens von → Jeltsch. L. befand sich seit dem 14. Jh. im Besitz der Fam. v. Prittwitz, die zeitweise auch Jeltsch innehatte. Durch Heirat kam L. an die Frhh., später Gff. v. Saurma-Jeltsch, die nach der Ruinierung ihres Stammschlosses in Jeltsch ihren Wohnsitz 1650 hierher verlegten (bis 1817). Das 1558 unter Johann v. Prittwitz erbaute *Schloß* wurde 1779 unter Johann Franz Frh. v. Saurma-Jeltsch umgestaltet; zwei Nebengebäude flankieren den durch einen klassiz. Säulenvorbau geschmückten Mitteltrakt.   (IIIa) *We*

AWackwitz, Gesch. d. Dorfes u. d. Kirchengem. L., Ohlau 1919. – PPfotenhauer, Schloß Jeltsch b. Ohlau u. seine hist. Bedeutung, in: LV 28, 25 (1891), S. 185–210. – LV 615, S. 90 f.

Laßwitz (Laskowice, Kr. Neustadt O. S.). W. des unmittelbar an der Grenze zur Tschechoslowakei, die hier ungefähr der alten schles.-mähr. Grenze folgt, liegenden Dorfes L. befinden sich zwei als Schwedenschanzen bezeichnete frühma. slaw. *Burgwälle.* Der kleinere diente verm. als Aussichtswarte, der größere als Wohnplatz. Unweit davon am Fahrweg nach Ellsnig wurden neun bronzezeitliche Grabstätten mit zahlreichen Gefäßresten und eine Brandstätte entdeckt. Um 1300 gab das Dorf L. noch in poln. Weise den Feldzehnten, später erscheint es als dtrechtl. Siedl. mit zeitweilig eigener Pfarrkirche. Zwischen L. und dem benachbarten Deutsch-Rasselwitz, das ebenfalls vorgesch. Funde aufweist, erhebt sich auf einem Hügel – möglicherweise einer alten Wallanlage – eine im Jahre 1633 von Johann Georg Gottfried Kottulinsky, Herrn von Deutsch-Paulowitz, errichtete etwa 5 m hohe Schwedensäule zur Erinnerung an den Abzug der Schweden.
(IIIa) *Me*

AMaruschke, D. ur- u. frühgesch. Besiedlung d. Kr. Neustadt O. S., Oppeln 1929

Lauban (Lubań). Die Stadt L. liegt am l., w. Ufer des Queis, der bis 1815 die W-Grenze von Schles. gegenüber der Oberlausitz bildete. Bei L. überschritt die → Hohe Straße, die wichtige W-O-Verbindung des Ma., den Grenzfluß. Hier bestand wahrsch. eine slaw. Siedl. (vielleicht mit Befestigung). Ihr Name ging zunächst auf das wohl um 1200 im NW l. des Altlaubanbaches zusammen mit anderen dt. Waldhufendörfern angelegte Dorf (Alt) L. über (1303 von der Stadt erworben, später eingemeindet). Am Flußübergang entstand verm. ein Rastplatz dt. Kaufleute mit der Nikolaikirche, die bei der Gründung der Stadt außerhalb der Mauern blieb und später als Begräbniskirche verwendet wurde (abgetragen 1715). Die wahrsch. vom Landesherrn vorgenommene Stadtgründung wird vermutungsweise in die Jahre 1220–30 verlegt, jedenfalls in die Zeit nach Entstehung der benachbarten Waldhufendörfer, deren Existenz die Verleihung einer Stadtflur an L. unmöglich machte. Belegt ist die civitas erst 1268. Sie war auf der Hochebene im Mündungswinkel von Queis und Altlaubanbach auf ovalem Grundriß in Gitterform und mit rechteckigem Marktplatz angelegt. Ihre Befestigung durch eine – später doppelte – Mauer mit vier Toren (Brüder-, Nikolai-, Naumburger-, Görlitzer Tor) war 1318 abgeschlossen. Bereits 1273 (?) war das Franziskanerkl. mit der Hl. Kreuzkirche von der Bürgerschaft gestiftet worden (neben dem Brüdertor). Die Pfarrkirche zur hl. Dreifaltigkeit ist 1320 belegt. Die vorher böhm. Oberlausitz war seit 1253 Besitz der askanischen Markgff. von Brand.; nach dem Aussterben der Askanier 1319 fiel das Land Görlitz mit L. an Hz. Heinrich von Jauer; davon blieben der → Queiskreis und die Stadt L. bis zum Tode dieses schles. Hz. 1346 in dessen Hand. Heinrich gründete 1320 das Magdalenerinnen-Nonnenkl. und übergab diesem das Patronat über die Stadtpfarrkirche. Im Jahre des Heimfalls von L. an Böhmen 1346 schlossen sich die Städte Bautzen, Görlitz, Kamenz, L., Löbau und Zittau zum Sechsstädtebund zusammen, der in der Politik der Oberlausitz (»Land der Sechsstädte«) eine wirkungsvolle Rolle spielen sollte. Die »Sechsstadt« L. entwickelte sich zu einem wirtschl. starken, mit Privilegien reich ausgestatteten Gemeinwesen. Nach Zerstörung durch die Hussiten 1427 und 1431 und allmählichem Wiederaufstieg erlebte L. in den 1530er Jahren die Zeit seiner höchsten Blüte. Haupterwerbszweig der Stadt war – neben anderen Handwerken und der Bierbrauerei – die Tuchmacherei. Dementsprechend besaß die L.er Tuchmacherzunft eine starke Stellung und machte sich zur Sprecherin der Zünfte in den Forderungen nach Beteiligung an der Stadtregierung, erstm. bereits 1297. Aber erst 1443 wurde eine Beteiligung der Vorsteher der Tuchmacher-, Bäcker-, Fleischer- und Schuhmacherzunft sowie der Ältesten der Gem. an der Ratswahl durchgesetzt. Das Recht der freien Ratswahl wurde der Stadt 1425 bestätigt, 1402 hatte sie die Vogtei erworben. Auch die obere Gerichtsbarkeit in Stadt und Weichbild war zumindest seit dem 15. Jh. in städt. Hand. Der Landbesitz von L., vornehmlich am E. 15. Jh. und in der 1. H. 16. Jh. angekauft, war beachtlich; er umfaßte fast alle Dörfer um die Stadt herum. Der Reichtum von L. um 1530 spiegelt sich im Bau des großen Vorratshauses (Korn-, auch Salzhaus) zwischen den beiden Stadtmauern 1537–39 und des Rathauses an der S-Seite des Marktplatzes durch Hans Lindner 1539–41 (der Krämerturm inmitten des Platzes stammt vom älteren Rathaus). An kirchlichen Einrichtungen besaß die Stadt um diese Zeit außer der Stadtpfarrkirche zur hl. Dreifaltigkeit, den beiden Kll. und der Nikolaikirche in der gleichnamigen Vorstadt noch die 1384 belegte Frauenkirche, eine Elisabethkapelle (erwähnt 1358, bis 1714) und Jakobskirche (abgebrannt 1634), die wohl beide zu Spitälern gehörten, und eine Georgskapelle (bis 1587, dort 1591 altes Gymnasium erbaut).

Durch den sog. »Pönfall« erlitt L. 1547 einen Rückschlag: Die Ref. war 1525 eingeführt worden, in der Stadtpfarrkirche wurden 1527–1760 (bis auf 1618/19–23) kath. und evg. Gottesdienste abgehalten, in den übrigen städt. Kirchen nur evg., das Minoritenkl. wurde 1555 aufgelöst, das Magdalenerinnenkl. blieb kath. Im Schmalkaldischen Krieg verlangte und erhielt Kg. Ferdinand I. als böhm. Landesherr von den Evangelischen der Oberlausitz Hilfstruppen gegen den evg. Schmalkaldischen Bund, diese Truppen wurden aber unmittelbar vor der Schlacht bei Mühlberg von den Sechsstädten wieder entlassen, weshalb der Kg. diese des Landesverrats zieh. L. verlor daraufhin Landbesitz und Privilegien, es mußte Kirchenschätze und Stiftungsgelder ausliefern u. a. m. Der Schaden wird auf 300 000 Mark geschätzt. Die Privilegien erhielt L. später z. T. zurück. Aber der Wohlstand war dahin, auch durch den verheerenden Brand von 1554. 1575 hatte L. wieder 265 Häuser in der Innenstadt und 266 in den Vorstädten. In der Wirtschaft kam nun die Leinweberei auf. Die Leinweber erhielten 1577 ihre Zunftordnung bestätigt. Aber schon damals gab es die außerhalb der Zunft arbeitenden Freiweber, deren Zahl sich durch die Einwanderung evg. Glaubensvertriebener aus Schles. und Böhmen nach 1653 zunahm; damals (2. H. 17. Jh.) verschob sich die Leinenherstellung auch mehr auf das Umland, während in der Stadt der Leinwand- und Garnhandel in den Vordergrund rückte, daneben das Bleichen und Färben des Leinens.

Im 30j. Krieg hatte L. unter Durchmärschen, Einquartierungen, Kontributionen sächs., ksl. und schwed. Heere zu leiden; Wallenstein war mehrmals in L. Mit der ganzen Oberlausitz kam L. 1620 pfandweise, 1635 endgültig an das Kfstm. Sachsen und erhielt damit einen evg. Landesherrn. Als dann 1653 in Böhmen und Schles. die Gegenref. einsetzte, flüchteten viele Evangelische in die Oberlausitz, auch nach L. Die vor den Toren stehende Frauenkirche wurde den evg. Bewohnern schles. Dörfer r. des Queis als Zufluchtskirche zur Verfügung gestellt. Während des Nordischen Krieges weilte der schwed. Kg. Karl XII. vom 12.–14. 9. 1707 in L.; hier wurden die Urkk. der Altranstädter Konvention ausgetauscht. In dieser Zeit erlebte der Handel L.s seinen Höhepunkt, eine Kaufmannssozietät wurde begründet. Diese Blütezeit fand ebenfalls ihren Niederschlag in mehreren Bauten: der auf dem Platz der Franziskanerkirche 1703–06 erbauten evg. Hl. Kreuzkirche, dem Neubau des Magdalenerinnenkl. von 1699–1719 und dem barocken Umbau der 1615 errichteten Kl.-Kirche zur hl. Anna sowie dem Waisenhaus mit Kirche von 1716–19 (an Stelle der Elisabethkapelle).

Ein Niedergang trat dann in der 2. H. 18. Jh. ein, einmal durch die Kontributions- und Einquartierungslasten der Schles. Kriege, bes. des 7j. Krieges, dann vor allem durch den großen Brand vom 14. 7. 1760, dem fast die ganze Stadt zum Opfer fiel. Auf den Handel L.s wirkten sich negativ aus der mit der preuß. Besetzung 1742 im benachbarten Schles. eingeführte Merkantilismus, die Konkurrenz Englands in der Textilproduktion, schließlich auch die Kontinentalsperre. In den Napoleonischen Kriegen litt L. vor allem 1813 durch häufige Truppendurchmärsche; Kg. Friedrich Wilhelm III., Ks. Alexander I. von Rußland und Napoleon kamen durch L., Theodor Körner entwarf hier einen Aufruf an das sächs. Volk. Die Bev.-Zahl sank nach 1760 und erreichte erst M. 19. Jh. wieder den vorherigen Stand: um 1750: 6500, 1801: 5000, 1817: 4363, 1825: 4979, 1861: 6603 Eww. 1815 fiel L. an Preußen und wurde in die Prov. Schles. eingegliedert; es wurde 1818 Sitz eines aus oberlausitz. und altschles. Gebietsteilen zusammengesetzten Kr. Die preuß. Städteordnung wurde in L. erst 1832 eingeführt. Das Magdalenerinnenkl. konnte sich durch Einrichtung eines Kranken- (1817) und dann eines Siechenhauses (1876) der vom preuß. Staat geplanten Säkularisation entziehen.

Die Wirtschaft spezialisierte sich im 19. Jh. auf die Herstellung von Taschentüchern. Die bedeutendsten der zahlreichen Taschentuchfabriken von L. waren die Firmen J. G. Weinert (1779), August Laßmann (1845), Merfeld Söhne (Filiale einer Bielefelder Firma, 1880er Jahre) und Gustav Winkler (1907). Als Zulieferer der Taschentuchindustrie entstanden Kartonnage- und Etikettenfabriken, außerdem Tonwerke (1854). 1865/66 erhielt L. mit der Strecke Kohlfurt–L. und Görlitz–L.–Hirschberg Eisenbahnanschluß, 1896 folgte die Strecke L.–Marklissa. Seit 1868 hatte L. ein Eisenbahn-Ausbesserungswerk. Die Eww.-Zahl stieg von 1905: 14 624 auf 1939: 17 353 (auf 32,43 qkm). Am E. des 2. Weltkrieges tobten in und um L. vom 18. 2. bis 8. 3. 1945 schwere Kämpfe, in deren Verlauf das bereits von den Sowjetrussen besetzte L. durch dt. Truppen zurückerobert wurde. Etwa 55% der Stadt wurden dabei zerstört. An Baudenkmälern sind erhalten bzw. einigermaßen wiederaufgebaut: das *Rathaus*, der *Krämerturm* aus dem 14./15. Jh. als Überrest des Baublocks inmitten des Marktplatzes. Teile der *Stadtmauer* mit dem *Brüderturm*, das »*Haus zum Schiff*« (Rost'sches Haus, ehem. Heimatmuseum) aus dem 18. Jh., der *Turm* der alten Pfarrkirche zur hl. Dreifaltigkeit (Neubau der evg. Kirche 1861), einige *Kaufmanns-*

häuser, wohl auch das *Magdalenerinnenkl.* und die 1732 erneuerte, 1887 umgebaute *Frauenkirche.* L. hatte 1961 auf 22,96 qkm
15 483, 1970: 17 305 Eww.
Der Lügenchronist Abraham Hosemann ist 1561 in L. geb.

(I) *We*

JGGründer, Chronik d. Stadt L., L. 1846. – PBerkel, Gesch. d. Stadt L.,
L. 1896. – LV 359, S. 39 f. – AKunze, EZimmermann, Greiffenberger
Leinen, L.er Taschentücher, Berlin 1937. – LV 457, S. 318 f. – LV 233,
S. 797–99. – FBertram, Chronik d. Sechsstadt L., hg. v. EPiekorz, Sim-
bach a. Inn 1951. – LV 293, S. 71. – KCzok, Städtebünde u. Zunft-
kämpfe in ihren Beziehungen während d. 14. u. 15. Jh. (dargest. am
Oberlausitzer Sechsstädtebund), in: Wiss. Zs. d. Karl-Marx-Univ. Leip-
zig 6 (1956/57), Ges.- u. sprachwiss. Reihe, H. 5, S. 517–42. – Heimat-
buch d. Kr. Lauban in Schles., 2. Aufl. hg. v. WMenzel, Seyboldsdorf-
Vilsbiburg 1966. – PSkobel, D. Jungfräuliche Kl.-Stift z. Hl. Maria-
Magdalena v. d. Buße z. L. in Schles. v. 1320–1821, hg. u. ergänzt . . .
u. EPiekorz, Aalen 1970. – LV 234, Bd. 2, S. 570. – LV 595 b, S. 87–89

Laurahütte → Siemianowitz

Lehnhaus (Wleński Gródek, Kr. Löwenberg). Die Burg L. hoch
über dem l. Boberufer ist verm. im 11. Jh. im Rahmen der piast.
Grenzsicherung als sw. Eckpfeiler gegenüber der Lausitz und
Böhmen entstanden. Bei der Einführung der Kastellaneiverfassung wurde sie Sitz eines Kastellans (belegt 1155: »Valan«). Vor
ihr entstand eine Vorburgsiedl. (»ante castrum Len«), in der Bf.
Walter von Breslau (1149–1169) eine Marienkirche (die spätere
Hedwigskapelle, deren jüngerer Bau von 1662 erhalten ist) geweiht hat. Nachdem bereits in der 1. H. 13. Jh. durch dt. Besiedlung des Löwenberger Weichbilds L. einen Teil seines Kastel-
laneibezirkes eingebüßt hatte, wurde die Burg in der 2. H. dieses
Jh. Sitz des Landvogts des Weichbilds L., dessen städt. Mittelpunkt die Stadt → Lähn wurde. Als L. noch hzl. Burg war, weilten hier Bf. Thomas I. von Breslau (1256) und Hz. Heinrich IV.
von Breslau (1277) als Gefangene. Seit dem 14. Jh. war L. an verschiedene Famm. verpfändet (u. a. um 1370 an v. Zedlitz [?],
1377 v. Kolditz, 1391– um 1460 und 1536–1556 v. Reder, 1465 bis
1512 v. Zedlitz-Rochlitz, 1530–1536 v. Hohberg, 1556–1567 und
1581–1598 v. Schaffgotsch, 1567–1581 v. Zedlitz-Neukirch), ehe
es 1605 unter Konrad v. Zedlitz-Wiesenthal erblicher Lehnsbesitz
wurde. In der 2. H. 15. Jh. war L. (neben → Fürstenstein) ein
Zentrum des gegen Kg. Matthias Corvinus eingestellten Adels
und auch Ausgangspunkt adliger Raubzüge gegen die Städter.
Die vom Verfall bedrohte Burg erhielt durch Sebastian v. Zedlitz-
Neukirch um 1570 ihren endgültigen Ausbau. Auf Einladung dieses Burgherrn traf am 7. 5. 1574 der luth. Theologe Matthias Flacius Illyricus auf L. ein; er wollte für die Einberufung einer allgemeinen Synode werben, es kam aber nur zu einem Streitge-
spräch mit schles. Pastoren über »Die Erbsünde und der freie
Wille des Menschen nach dem Sündenfall«, das auf der Burg →

Langenau fortgesetzt wurde. Im 30j. Kriege war L. lange Zeit im
Besitz der Kaiserlichen, bis es am 16. 12. 1645 von den Schweden
erobert wurde. 1646 von den Kaiserlichen wieder eingenommen,
wurde die Burg zerstört, um keinem Feinde mehr zu dienen, und
nicht wieder aufgebaut. Der ehem. franz. Oberst Adam v. Koul-
has, Besitzer von L. seit 1653, erbaute unterhalb der *Burgruinen*
am Bergabhang ein *Schloß* und legte einen Barockpark an. 1728
bis 1804 (1828) gehörte L. der Fam. v. Grunfeld und Gutenstät-
ten, seither der Fam. v. Haugwitz.   (I) *Scho*

LV 611, S. 398–412. – AKnoblich, Chronik v. Lähn u. Burg L. am Bober, Br. 1863. – HUhtenwoldt, Burg L., in: LV 41, 1932, S. 148 ff.,
172 f., 189 ff. – Ders., Schles. Burgenfragen im Lichte d. Gesch. d. Burg
L., in: Schles. Heimat 1938, H. 2, S. 97–101. – HBuschbeck, Des Matthias Flacius Illyricus Religionsgespräche auf Burg L. und Schloß
Langenau im Jahre 1574, in: LV 71, 24 (1934), S. 3–23. – LV 612,
S. 81 f.

Leipe (Lipa, Kr. Jauer). Am Fuß des Tannenberges (610 m) im
Katzbach-Geb. 9 km nw. Bolkenhain liegt das um 1305 nachweisbare Dorf L. Es soll wie das sw. benachbarte Altenberg schon im
Ma. Bergbau getrieben und Marktrecht besessen haben. Im 18. Jh.
blühte zeitweise der Kalksteinabbruch in L.; es konnte sich aber
später wegen fehlender Transportmöglichkeiten nicht gegenüber
→ Kauffung behaupten. Auf einer Anhöhe von L. stand eine ma.
Burg, als deren Besitzer u. a. die v. Zedlitz (16. Jh.) und v. Reibnitz auftauchen. Sie verfiel und wurde um 1800 als Steinbruch
benutzt, bis 1834 Frh. v. Stillfried-Rattonitz auf den Trümmern
einen neuen Bau errichten ließ. Von der alten Burg sind *Ruinen*
erhalten. Nach Zerstörungen im letzten Krieg betreibt ein Privat-
eigentümer den Wiederaufbau.   (II) *We*

Heimatbuch d. schles. Kr. Jauer-Bolkenhain, hg. v. ATost, Velen i.
Westf. 1955, S. 163–165. – LV 612, S. 57. – SJastrzębski, Jawor i okolice (Jauer u. Umgebung), Br. u. a. 1973, S. 125 f.

Lendzin (Lędziny, Kr. Pleß). L. liegt im Plesser Waldgebiet am
Fuße des die Landschaft beherrschenden, aus Muschelkalk gebildeten Clemensberges (305 m). Nach Długosz gehörte L. im 12.
Jh. dem kleinpoln. Adligen Jaxa von Miechów, der es um 1170
dem poln. Kl. Siecciechów schenkte. Die wohl im 12. Jh. gegr.,
1242 bezeugte *St. Clemenskirche* auf dem Berg (heutiger Steinbau von 1769–72) war Sitz einer ausgedehnten Pfarrei, der ältesten dieser Gegend. Durch Tausch gelangte L. über den Bf. von
Krakau 1242 an das Benediktinerkl. Staniątki bei Krakau, dem
Hz. Wladislaus von Oppeln 1260 gestattete, das inzwischen schles.
gewordene L. zu fläm. Recht umzulegen, was allerdings erst 1295
geschah; daneben entstand ein dtrechtl. landesherrliches Dorf.
Der klösterliche Teil mit der Clemenskirche fiel 1555 an den damaligen Plesser Standesherrn, den Breslauer Bf. Balthasar v.
Promnitz, und verlor danach gegenüber dem kameralen Teil
(Amtssitz von im 17. Jh. 16 Dörfern) an Bedeutung, vor allem

nach den Plünderungen im 30j. Krieg; im 18. Jh. entstand auf seinem Boden die dt. Kolonie → Anhalt. – Die neuzeitliche Entwicklung von L. wurde durch den Steinkohlenbergbau bestimmt. Schon 1843 legte der Standesherr von Pleß die Grube »Heinrichsfreude« (seit den 1920er Jahren »Piast«) an; die Kohlenförderung wurde aber 1846 eingestellt und erst 1893 endgültig aufgenommen. Nach dem Anschluß an Polen wurde 1924 der Bau einer zweiten Kohlengrube geplant, aber erst 1942 von dt. Seite (I. G. Farben-Konzern) unter kriegswirtschl. Aspekt durchgeführt; diese »Günthergrube« wurde nach 1945 als »Ziemowit«-Grube weiter ausgebaut (Belegschaft 1952: 557, 1960: 5193). – L. zählte 1905 (mit Gutsbez.) 2152, 1940 (nach dem Anschluß von Anhalt) 3600 Eww. Der Abtrennung von Anhalt 1954 folgten 1957 die Erhebung von L. zur stadtart. Siedl. (16,5 qkm, 1961: 12 756 Eww.), zum 1. 1. 1962 die erneute Vereinigung mit Anhalt und 1966 die Verleihung von Stadtrecht (26,32 qkm, 1969: 14 137, 1970: 12 846 Eww.).

(IV) *We*

OSpiralski, 800-letnie Lędziny, zarys dziejów (Überblick d. Gesch. d. 800j. L.), Kattowitz 1964. – LV 234, Bd. 1, S. 447 f.

Leobschütz (Głubczyce). Seit dem Glatzer Pfingstfrieden von 1137 bildete die Zinna die Grenze zwischen Mähren und dem piast. Schles. Neben dem hier an einer Straßenkreuzung auf altbesiedeltem Lößboden liegenden mähr. Ort »Glubcici« mit Burg, Kirche und Straßenmarkt wurde unter Kg. Ottokar I. von Böhmen († 1230) die dt. Rechtsstadt »Lubschicz« planmäßig angelegt. Sie ist 1224 urk. bezeugt, diente aber gleichzeitig als Mittelpunkt eines ländlichen Siedelbezirks, in preuß. Zeit als Kr.-Stadt (mit vier Marktplätzen: dreieckigem Ring, rechteckigem Roßmarkt, viereckigem Sperlingsring und langgestrecktem Töpfermarkt). Von 1253–1626 war L. Oberhof zahlreicher mähr. Städte und Dörfer, die L.er Recht, das sich seinerseits vom Magdeburger Recht herleitete, erhielten (Prachtkodex von 1421). Dieses wurde der Stadt 1275 durch Kg. Ottokar II. von Böhmen bestätigt, der ihr bereits 1265 den Stadtwald geschenkt hatte. Die ringförmige Ummauerung der Stadt erfolgte vor 1282, die Abtragung der im 14./15. und 16. Jh. verstärkten Befestigungen – von denen beträchtliche *Reste*, darunter 9 *Mauertürme*, erhalten geblieben sind – seit dem ausgehenden 18. Jh. Ursprünglich gab es vier Tore: Ober- oder Neisser, Nieder- oder Troppauer, Gröbniger oder Klostertor und Wassertor. 1275 erhielt L. das Meilenrecht, 1298 eine Tuchniederlage, 1433 vorübergehend das Münzrecht. Mit 233 brauberechtigten Häusern auf einer knapp 10 ha großen Grundfläche war es eine verhältnismäßig große Anlage. Die intensive ma. und frühneuzeitliche handwerkliche Tuch- und Leinenweberei wurde im 19. Jh. auf Fabriken umgestellt. 1298 wird ein städtisches Kaufhaus auf dem Ring, 1383 an seiner Stelle das *Rathaus* erwähnt, das nach 1570 erfolgtem gründlichen Umbau 1863–64 in neugot. Stil erweitert wurde (1945 ausgebrannt, *Ruine*) und 1606 seinen

Turm erhielt. Die got. *Pfarrkirche Mariä Geburt* stammt in ihrem Kern aus dem 13. und 14. Jh., die spätgot. *Fabian- und Śebastian-Kapelle* von 1501. Die barocke *Mariensäule* datiert vom Jahre 1738. Die 1480 errichtete *Franziskanerkirche* wurde nach Zerstörungen im 30j. Krieg 1670–77 wiederaufgebaut, 1756 abgerissen, 1758 nach Plänen von Johann Innozenz Töpper neu erbaut. Sie diente seit 1824 als Gymnasialkirche. Töpper erbaute auch 1753–70 die *Kl.-Gebäude.* Das 1448 gegr. Kl. war 1541–1667 prot., dann wieder kath.; es wurde 1810 säkularisiert und 1921 erneut mit Franziskanern besetzt. Die *St. Annenkirche,* früher Dreifaltigkeitskirche, urspr. Friedhofskapelle, später ref. Kirche, ist ein Barockbau von 1776. Das Johanneshospital, eine Stiftung der Kgn. Kunigunde von 1281, hat seine Lage mehrfach verändert. Das Patronat der Pfarrkirche kam 1259 an die Johanniter von → Gröbnig, deren Komtur von 1282–1591 seinen Sitz in den L.er Kreuzhof verlegte.

In preuß. Zeit wurden Schafzucht und Flachsanbau gefördert. Die Stadt erhielt 1856 Eisenbahnanschluß nach Ratibor, 1874 nach Jägerndorf, 1876 nach Deutsch Rasselwitz. Die Bev. stieg von 3123 Eww. 1787, 4565 1825 auf 12 700 1905 und 13 505 Eww. 1939 (1931: 34,27 qkm). 1961 hatte L. 9315 poln. Eww. (auf 16,24 qkm), 1971: rd. 11 500.

Politisch zunächst zu Mähren, dann zeitweise zu den Hztt. Troppau und Jägerndorf gehörend, bildete das L.er Gebiet 1365–94 und 1434–82 ein eigenes Fstm. und befand sich von 1523–1622 mit Jägerndorf im Besitz der prot. Ansbacher Hohenzollern, danach bis 1742 in der Hand der kath. Liechtensteiner, die seit der M. 17. Jh. die weithin evg. gewordene Stadt rekatholisierten. – Kirchlich blieb L. stets dem (Erz-) Bst. Olmütz unterstellt, in preuß. Zeit im Rahmen des Kommissariats → Katscher, in dem es zuletzt ein eigenes Dekanat bildete. – Das 1752 von den Franziskanern gegr. Gymnasium wurde 1802 in eine staatliche Anstalt umgewandelt und später durch eine Präparandie mit Lehrerbildungsseminar (1902–25) ergänzt. – 1921 stimmten L. Stadt und Land mit über 99% für den Verbleib bei Deutschland. 1945 erlitt die Stadt erhebliche Zerstörungen. (IIIa) *Me*

FTroska, Gesch. der Stadt L., L. 1892. – RHofrichter, Heimatkunde d. Kr. L., Bd. II 2, L. 1911. – L., eine alte dt. Stadt, hg. v. HGnielczyk (LV 45, 1937, Juli-H.). – EBednara, D. Geburt d. dt. Stadt L., 1938. – LV 233, S. 799–803. – L.er Heimatbuch, hg. v. EBeigel u. JKlink, München 1950. – EJLehnert, Unser Kr. L., Mainz 1950. – LV 234, Bd. 2, S. 163. – LV 612, S. 47

Leschczin (Leszczyny, Kr. Rybnik) L., 8 km nö. Rybnik im Birawka-Tal gelegen, ist ein altpoln., in der 2. H. 13. Jh. dtrechtl. umgesetztes Dorf. 1740 wurde in L. eine Glashütte eingerichtet. Als Wohnsiedl. von größtenteils zugewanderten Arbeitern der umliegenden Kohlengruben wurde L. 1956 zur stadtart. Siedl., 1962 zur Stadt erhoben; am Ort selbst wird auch eine Kohlengrube gebaut. Eww.-Zahlen: 1784: 134, 1825: 321, 1905: 1223, 1931: rd. 2300, 1961: 8478, 1970: 12 158. – L. besitzt eine *Holzkirche* von 1606. (IV) *We*

LV 210, Bd. 2, S. 761 f. – LV 345. – LV 234, Bd. 1, S. 447. – LV 225. – LV 593, Bd. 7, H. 11, S. 15 f.

Leschnitz (1936 Bergstadt, Leśnica, Kr. Groß Strehlitz). L. liegt am Fuß des Annaberges an von Schluchten zerschnittenen Lößhängen. 1217 gewährte Hz. Kasimir I. von Oppeln zwei adeligen Besitzern des Marktes »Lesnice« die gleichen Freiheiten, zu denen der Hz. früher Gäste (»hospites«) in Oppeln und Ratibor angesetzt hatte. Unter dieser knappen und unsicheren urk. Nachricht verbirgt sich wahrsch. die Aussetzung der ersten adeligen Stadt von Schles. zu dt. Recht. Die Quellenüberlieferung ist außerordentlich schlecht. 1257 ist die *Kirche* (heutiger Bau 2. H. 15. Jh.) belegt, erst 1382 die Stadtvogtei. Als »Freie Vogtei L.« war sie später eine eigene Gem., die erst 1935 in L. eingemeindet wurde. L. blieb immer Kleinstadt. 1532 hatte es 83 Häuser, 1782 nur noch 56 Innenstadthäuser und 646 Seelen (ebenso 1787, 1825: 917, 1905: 1830). Seit der M. 19. Jh. entwickelte das Städtchen bedeutenden Obstbau auf den fruchtbaren, warmen Lößböden und einen weitreichenden Obsthandel. 1934 erhielt L. Eisenbahnverbindung nach Kandrzin und Groß Strehlitz. 1939 hatte es 3323 Eww., 1961 nach Kriegszerstörungen nur noch 2218 (auf 14,7 qkm), 1971 rd. 2800 Eww. (IV) *Ku*

WSchulte, L. OS, in: LV 44, 4 (1908), S. 189–96. – AMücke, L., in: LV 49, 1926, Nr. 12. – LV 233, S. 703. – LV 234, Bd. 2, S. 171 f. – LV 356, S. 96 f. – Ziemia strzelecka (D. Strehlitzer Land), Red. WDziewulski, JKroszel, Br. 1970

Leubus (Lubiąż, Kr. Wohlau). Das auf einer sanften Anhöhe am r. Mittellauf der Oder gelegene älteste und bedeutendste schles. Zisterzienserkl. L. wurde laut Stiftungsbrief 1175 von Hz. Boleslaus I. gegr. und mit dt. Mönchen aus der Zisterze Pforta/Saale besetzt. Möglicherweise sind jedoch bereits 1163 bei der Rückkehr des Hz. aus seinem mitteldt. Exil die ersten Mönche mit ihm nach Schles. gezogen. Wenig Vertrauen verdient dagegen die nur spät und in Verbindung mit Fälschungen, an denen die Urkk. des Kl. reich sind, überlieferte Nachricht, in L. sei ein älterer Benediktinerkonvent zugunsten der Zisterzienser aufgehoben worden. Hz. Boleslaus I. stattete seine Stiftung, in der er begraben sein wollte, mit reichem Besitz aus, nahm sie in den landesherrlichen Schutz und gestattete, auf den Kl.-Gütern Deutsche anzusiedeln, die »für alle Zeit von allem poln. Recht ausnahmslos frei sein sollten«. Spätestens seit der Wende zum 13. Jh. hat L. von diesem frühesten bekannten schles. Siedelprivileg eifrig Gebrauch gemacht und eine rege Kolonisations- und Siedeltätigkeit entfaltet, seinen Besitz in verschiedenen Teilen von Schles. wie außerhalb von Schles. stetig vergrößert und verbessert. Die Zisterze entwickelte sich neben dem Bst. rasch zum führenden wirtschl., kulturellen und geistig-religiösen Zentrum von Schles., in dem außer einer Reihe von Hzz. und Bff. zahlreiche weltliche und geistliche Große ihre Grablege wählten. Von L. wurde 1218 das Tochterkl. Mogiła bei Krakau, 1227 → Heinrichau (→ Grüssau 1292) und 1247 → Kamenz gegr.; 1205 erhielt es die geistliche, 1220 die weltliche Aufsicht über das Zisterzienserinnenstift → Trebnitz. Im 14. Jh. konnten die umfangreichen klösterlichen Besitzrechte weiter arrondiert und die Herrsch.-Rechte wesentlich verstärkt werden. Einen schweren Rückschlag brachten die Hussitenkriege (1419–36), in denen die Güter des Kl. verwüstet und es selbst 1432 niedergebrannt wurde. Mannigfache Bedrückungen durch Adel und Landesfstt. schlossen sich an. Dem bedrohlichen Niedergang mußte durch die Entsendung eines neuen Konventes aus Pforta gesteuert werden. 1498 erhielt der Abt vom Papst die sog. Pontifikalien, was eine Rangerhöhung für das Stift bedeutete. Die Erneuerung der 1307–40 erbauten Stiftskirche (mit kreuzförmiger Fürstenkapelle, um 1312) wurde 1508 vollendet. In der Ref.-Zeit stellten sich äußere und innere Schwierigkeiten ein. Sie wurden überschattet von einer Auseinandersetzung zwischen Kg. und Hz. um das Patronatsrecht über das Kl. (1534–65), die schließlich mit einem Erfolg des Kg. endete. Gleichzeitig lag das Stift 150 Jahre lang mit dem Breslauer Bf. in einem Exemtionsstreit, der erst 1677 durch einen Kompromiß beigelegt wurde. Neuerliche schwere Schäden verursachte der 30j. Krieg; 1632 schenkte der schwed. Gen. Duwaldt das zahlungsunfähige Stift seiner Frau, nach deren Tode die Kunstschätze und die wertvolle Bibliothek nach Stettin verschleppt wurden, wo sie durch einen Brand zugrunde gingen. Nach dem 30j. Krieg erholte sich das Stift unter der tatkräftigen Führung der Äbte Arnold Freiberger (1636–72), Johannes Reich (1672–91), Balthasar Nitsche (1692–96), Ludwig Bauch (1696–1729) und Konstantin Beyer (1733–47) überraschend schnell und erlebte eine zweite Hochblüte. Bei günstigen Wirtschaftsverhältnissen wurde der gesamte *Klosterkomplex* in den – selbst im europäischen Rahmen – gewaltigen Abmessungen von 223 × 118 m (mit prunkvollem Fürstensaal, Bibliothek, Refektorium) neu erbaut, die got. *Stiftskirche* prächtig barockisiert (schönes Chorgestühl) und mit einer Doppelturmfront versehen. Neben dem großen schles. Maler Michael Willmann, der von 1666–1706 in L. lebte und in der Kl.-Gruft begraben wurde, wirkten hier u. a. Felix Anton Scheffler, Ignaz Axter, Christian Philipp Benthum, Franz Joseph Mangold und Joseph Steindl. Mit der grandiosen Entfaltung der visuellen Künste ging ein intensives geistiges und wiss. Leben einher. – Seit dem Ende der österr. und dem Beginn der preuß. Zeit (1742/63) leiteten außerordentlich hohe steuerliche Belastungen, staatliche Wirtschaftsreglementierung und Drosselung des Ordensnachwuchses einen allmählichen Niedergang des Stiftes ein, der in seiner gänzlichen Aufhebung in der Säkularisation 1810 gipfelte. Archiv, Bibliothek und

Kunstschätze des Kl. wurden zum größten Teil nach Breslau geschafft und dort den staatlichen Sammlungen einverleibt. Die Kl.-Kirche blieb als Kuratialkirche für den kath. Gottesdienst erhalten, während die Wirtschaftsgebäude seit 1817 als Landesgestüt und der Konventsbau seit 1830 als Irrenanstalt dienten. Die 1696–1729 neben der Stiftskirche erbaute barocke *Jakobskirche* wurde 1837 an die evg. Gem. übergeben. Das 3 km vom Kl. entfernte Städtel L., an dessen Stelle sich bereits 1175 ein poln. Markt bei einer Burg und Oderfurt befand, erhielt 1249 dt. Stadtrecht. Es ging dem Ackerbürger- und Handwerkerstädtchen (mit schöner barocker *Pfarrkirche* 1734–45) nach 1740, endgültig 1844 wieder verloren.

Nach dem letzten Krieg erlitt vor allem die noch vorhandene Innenausstattung von Kl. und Kirche erhebliche Schäden. Heute dient ein Teil des Kl. einem Verlag als Bücherlager, ein anderer als Magazin des Schles. Museums in Breslau.　　　(II) *Me*

LV 155. – LV 156. – WWattenbach, Martin Sebastian Dittmans Chronik d. Äbte v. L., in: LV 28, 1 (1856), S. 289 ff. – OGórka, Über d. Anfänge d. Kl. L. (LV 81, Bd. 18), Br. 1913. – LV 338. – PWels, Gesch. d. Kl. L. u seine Bedeutung f. Schles., ²Liegnitz 1924 – ABollmann, D. Säkularisation d. Zisterzienserstiftes L., Br. 1932. – HKrupicka, D. sog. L.er Stiftungsurk. vom Jahre 1175, in: LV 28, 70 (1936), S. 63 ff. – GGrundmann, Kl. L., Berlin 1944. – FHanus, D. ältere Gesch. d. Zisterzienser-Abtei L. in Schles., Teutopolis 1947. – HAppelt, D. L.er Gründungsurk. u. d. Anfänge d. ma. Deutschtums in Schles., in: LV 35, 1 (1956), S. 251 ff. – KKalinowski, Lubiąż (L.), Br. u. a. 1970

Leuthen (Lutynia, Kr. Neumarkt). Nach dem Sieg über die Franzosen bei Roßbach (5. 11. 1757) mußte Friedrich d. Gr. nach Schles. eilen, weil die Österreicher dort Schweidnitz und Breslau eingenommen und die preuß. Truppen des Hz. von Bevern geschlagen hatten. Er versammelte sein Heer (ca. 35 000 Mann) um → Parchwitz, wo er am 3. 12. 1757 in der bekannten Rede seine Offiziere zum äußersten Kampfeinsatz aufforderte, und rückte am 4. 12. nach Neumarkt vor. Gleichzeitig verließen die Österreicher und ihre Verbündeten (ca. 70 000 Mann) unter Pz. Karl von Lothringen ihr Lager an der Lohe und stellten sich w. (Deutsch-)Lissa quer zur Hauptstraße Breslau-Neumarkt beiderseits derselben von Nippern im N bis jenseits Sagschütz im S zum Kampf auf. Nach dem ersten, für die Preußen siegreichen Zusammenstoß der beiden Vorhuten im Morgengrauen des 5. 12. 1757 ö. Neumarkt bei Borne warfen die Österreicher in der Erwartung eines Angriffs in dieser Richtung ihre Reserve-Korps und Truppenteile des l. Flügels nach N an den r. Flügel, während Friedrich d. Gr. seine Armee nach r. schwenken und die Österreicher zu Mittag unerwartet von S her am l. Flügel angreifen ließ (durch Gen. Wedell, Pz. Moritz von Anhalt, Gen. Zieten), in nach r. gerichteter schiefer Schlachtordnung den l. Flügel der Feinde umfassend. Der Kampf tobte am stärksten in und um L., bes. um den mit einer alten Wehrmauer umgebenen Friedhof von L. Am N-Rand von

L. bildeten die Österreicher eine neue Front in O-W-Richtung, wobei ihr r. Flügel unter Gf. Lucchesi nunmehr die Flanke des preuß. mittleren Blocks bedrohte. Da griff die vorher zurügehaltene Reiterei des l. preuß. Flügels unter Gen. v. Driesen die Österreicher in der W-Flanke an und entschied die Schlacht. Die Preußen stimmten beim Abmarsch den Choral »Nun danket alle Gott« an. Friedrich d. Gr. zog am Abend noch bis → (Deutsch-) Lissa weiter. – Die Schlacht bei L. bildet einen der glänzendsten Siege Friedrichs d. Gr., zumal angesichts der erdrückenden zahlenmäßigen Überlegenheit der Feinde; sie leitete die Wiedereroberung des verlorenen Teils von Schles. durch die Preußen ein. Zur Erinnerung an die Schlacht wurde auf einem Berg nw. L. 1852 ein Denkmal errichtet, eine Granitsäule mit einer auf ihr stehenden Siegesgöttin (von Christian Daniel Rauch). Direkt auf dem Schlachtfeld wurde nö. von L. 1907 ein Obelisk aufgestellt.

(II) *We*

LV 299, Bd. 2, S. 37–57. – PGerber, D. Schlacht b. L., Berlin 1901. – D. Kriege Friedrichs d. Gr., hg. v. Gr. Generalstab, T. 3, Bd. 6: L., Berlin 1904. – V. Mollwitz bis Annaberg, zus.gest. v. GSchwantes, Br. 1935, S. 44–50. – LV 631, S. 144, 149

Lewin (1939 Hummelstadt, Lewin Kłodzki, Kr. Glatz). L. liegt ca. 440 m hoch in einem Paß zwischen dem Mense- und Heuscheuer-Geb. an der alten Handelsstraße Prag-Glatz-Breslau. Es gehörte urspr. zum böhm. Gebiet von Nachod und wurde 1477 mit seiner Umgebung der in demselben Jahr der Gfsch. Glatz einverleibten Herrsch. Hummel angeschlossen (→ Hummelschloß). Über den Zeitpunkt der Stadtgründung herrscht Unsicherheit. 1345 soll L. »Städtlein« gen. worden sein, aber 1390 erscheint es als Dorf, was auf schwache städt. Entwicklung hinweisen kann; von 1415 liegt der älteste sichere Beleg für das »opidum Lewyn« vor. Die Stadtgründung soll in Anlehnung an eine Burg auf dem Hradisch n. von L. erfolgt sein, die von den Hussiten 1428 völlig zerstört worden sei (der Bergname weist auf eine Burg hin). Auch die Stadt wurde 1428 teilweise zerstört; angeblich hat sie danach die einstige Größe nicht wieder erreicht. Als Grenzstadt zum böhm. Kernland und wohl auch durch die Hussiten war L. lange tschechisch beeinflußt; noch 1680 finden sich im Stadtbuch tschech. Eintragungen. Nach Auflösung der Herrsch. Hummel (1595) erhielt L. 1629 das Recht der freien Ratswahl. Die meisten Bewohner betrieben mindestens seit M. 16. Jh. die Holzlöffelmacherei, und als diese E. 17. Jh. zurückging, kam die Leinwandweberei in Blüte. 1724 gab es in L. 54 Weber mit je 2 Stühlen, 1750 bereits 132 und 1794 sogar 262 Stühle. 1659–1830 fanden wöchentliche Flachs-, Garn- und Leinwandmärkte statt. Den folgenden wirtschl. Rückgang konnte die Stadt erst im 20. Jh. durch eine Stickschule (1897), eine Strumpfwaren- und eine Süßwarenfabrik und durch Ansiedlung von Glasveredelungsbetrieben (1922) beheben. 1905 erhielt L. Eisenbahnanschluß (Glatz-L.-Bad Kudowa). Die Bevölkerungs-

zahl blieb klein (1787: 886, 1825: 997, 1905: 1346, 1939: 1051
Eww. auf 6,22 qkm), und so verlor L. 1945 unter poln. Verwaltung den Stadtstatus; 1961 hatte es 1357 Eww. Aus der Zeit vor
den großen Bränden von 1703 und 1772 ist die kath. *Pfarrkirche
St. Michael* von 1576 (Erweiterung 1698) erhalten. – Aus L.
stammten der Geschichtsforscher der Gfsch. Glatz, Josef Kögler
(1765–1817), 1791–1807 Kaplan in Rengersdorf, dann Pfarrer in
→ Ullersdorf, und der Heimatdichter und Komponist G. Hartmann. (IIa) *Web, We*

WMader, Chronik d. Stadt L., L. ²1903. – D. Gfsch. Glatz (Monogra-
phien dt. Städte, Bd. 19), Berlin-Friedenau 1927, S. 92–102. – FAlbert,
D. Gesch. d. Herrsch. Hummel u. ihrer Nachbargebiete [bis 1477],
Glatz 1932. – LV 233, S. 804 f. – JFogger, D. Glatzer Land u. Volk
in d. Gesch., Bd. 2 (Gfsch. Glatzer Heimatkunde, Bd. 3, Beilagen z.
Gfsch.er Boten 1956–58), Lüdenscheid (1958), S. 4–12. – LV 234, Bd. 2,
S. 569 f. – LV 358, S. 200

Lichtenau (Zaręba, Kr. Lauban). Die Braunkohlenlager n. der Linie Marklissa-Langenöls haben sich in L. und im benachbarten
Geibsdorf als am ergiebigsten erwiesen. Der um 1850 einsetzende
bergmännische Abbau erlebte nach 1870 einen Aufschwung. Die
1871 gegr. AG für Braunkohlenverwertung »Glückauf« kaufte die
älteren »Vereins-Glück«- (1873) und Kaiser-Wilhelm-Grube (1899)
auf und errichtete zwei Brikettfabriken (1892–1904). Nach 1925
ging die Förderung wegen Erschöpfung der Flöze und Wassereinbrüchen zurück (1920: 750, während des Krieges nur 250 Beschäftigte). 1957 wurde die Kohlenförderung, 1958 die Brikett-
produktion eingestellt. – Von dem seit dem 13. Jh. belegten Dorf
L. gehörte der Teil Nieder L. bis 1783 der Fam. v. Salza. Das
neugot. *Schloß* von 1849 nahm Teile eines älteren in sich auf.
Eww.-Zahlen: 1825: Ober L. 804, Nieder L. 222; 1905: Ob. L.
1560, Nd. L. 349; 1939: Ob. L. 1592, Nd. L. 346. (I) *We*

Heimatbuch d. Kr. Lauban in Schles, 2. Aufl. hg. v. WMenzel, Seyboldsdorf-Vilsbiburg 1966. – LV 211, Bd. 1, S. 359 f. – LV 662, S.
638. – LV 664, Bd. 3, S. 572 f. – LV 616, S. 147 f.

Liebau (Lubawka, Kr. Landeshut). Nachdem sich die Ansetzung
böhm. Benediktiner in Grüssau in der Landeshuter Paßlandschaft
nahe der böhm. Grenze als kolonisatorischer Mißerfolg erwiesen
hatte, kaufte Hz. Bolko I. von Löwenberg Jauer 1289 dem Abt
von Opatowitz (Böhmen) die Grüssauer Güter ab und erwarb im
selben Jahr von Kg. Wenzel II. von Böhmen die Stadt → Schömberg mit einigen Dörfern. Als er 1292 das Zisterzienserkl. →
Grüssau stiftete und es mit Land ausstattete, übergab er ihnen als
Mittelpunkt dessen die »neue Stadt L.« (»nova civitas Lubavia«),
die er offensichtlich zwischen 1289 und 1292 gegr. hatte (neben
einer bereits 1284 bezeugten Siedl.), rechtlich den anderen hzl.
Städten gleichgestellt. Die an der Mündung der Schwarzaue in
den Bober 10 km sw. Landeshut angelegte unbefestigte Stadt hatte im Zentrum einen langgestreckten Markt, über den von S nach

N eine von Trautenau (Böhmen) nach Landeshut ziehende Straße verlief. Daß die Pfarrkirche St. Maria zu Tale schon vor der Stadtgründung bestanden und Hz. Bolko I. zum Schutz der sie besuchenden Wallfahrer die Stadt und an der Stelle des späteren Rathauses auf dem Markt eine Burg erbaut hat, ist unbelegte Überlieferung. Die Geschicke von L. blieben bis zur Säkularisation 1810 eng mit dem Kl. Grüssau verbunden, das bis dahin die Grundherrsch., seit 1360 auch die Vogteirechte in der Stadt besaß. Dementsprechend war die Durchsetzung der Ref. 1563 nur eine Episode. Wirtschl. war L. Vorort der es umgebenden Stiftsdörfer, die ihre Produkte auf den L.er Wochen- und Leinenmarkt bringen mußten (Erneuerung der Bestimmung 1668). Vor allem durften die seit dem 16. Jh. anwachsenden Erzeugnisse der Leinenweberei dieser Dörfer – trotz des Protestes von Landeshut im 17. Jh. – nur in L. verkauft werden. Die Stadt selbst hatte 1784 101 Leineweber. Unsoziales Verhalten der Garnhändler führte 1793 auch in L. zu Weberunruhen, die veränderte Weltwirtschaftslage in den 1830/40er Jahren zu einer Krise. Seit 1857 wurde der Webstuhl durch die Spinnmaschine abgelöst. Insges. entstanden in L. fünf Textilwerke, außerdem eine Glashütte (1873) und eine Möbelfabrik. 1869 erhielt L. Eisenbahnverbindung nach Landeshut-Ruhbank. Die Krise der Industrie nach dem 1. Weltkrieg wurde z. T. durch steigenden Fremdenverkehr wettgemacht. Bev.-Zahlen: 1783: 1577, 1787: 1785, 1825: 1710, 1905: 4892, 1939: 5702 (auf 49 qkm), 1961: 6481 (auf 23,42 qkm), 1970: 6673 Eww. Aus der Zeit vor dem großen Brand von 1734 steht noch die *kath. Pfarrkirche*, eine spätgot. Hallenkirche, 1735 neu gewölbt und im Inneren reich ausgestattet.   (IIa) *We*

LV 209, Abt. II, T. 3, S. 54–62. – Heimatbuch d. Kr. Landeshut i. Schl., hg. v. EKunick, 2 Bde., Landeshut i. Schl. 1929, bes. Bd. 2, S. 595–603. – GSchönaich, L., in: LV 41, 55 (1935), S. 91–94. – LV 233, S. 805 f. – LV 612, S. 57. – LV 234, Bd. 2, S. 570 f. – ARose, Abt Bernardus Rosa von Grüssau, Stuttgart 1960

Liebenthal (Lubomierz, Kr. Löwenberg). Das Städtchen liegt im Vorland des Isergeb. Die 1251 erstm. erwähnten Ritter von L. besaßen hier an einem der Wege zwischen dem Siedlungsgebiet am Bober und der Landesgrenze am Queis einen festen Platz. 1278 leitete Jutta von L. mit ihren Söhnen die Gründung eines Benediktinerinnenkl. ein, das zu Beginn des 14. Jh. kirchliche und staatliche Anerkennung fand und sich bald eines großen Güterbesitzes erfreute. Von den Kl.-Bauten des Ma. sind infolge der Brände von 1517, 1688 und 1723 nur *Reste* erhalten. Der Ort erhielt 1291 Stadtrecht, wurde aber 1307 wieder als villa bezeichnet. Erst von der M. 14. Jh. an spiegelt sich städt. Leben. Der langgestreckte Markt stellt eine plangerechte Ausgestaltung der Straße Löwenberg-Greiffenberg dar. Von früh an spielten neben dem Ackerbau Garnspinnerei und Leinenweberei eine große Rolle. Im 16. Jh. war L. einer der wichtigsten Handelsplätze für Leinenwaren im Geb.-Vorland. Vom damaligen Wohlstand zeugten die massiven *Häuser* (darunter das stattliche *Leinwandhaus*) und *Laubengänge* am Markt, die Tortürme und die Kirchen an den Ortsausgängen. Der 30j. Krieg brach diese Blüte. Der Leinwandmarkt, für den der Ks. 1649 ein neues Privileg verlieh, erlangte nur noch landschaftliche Geltung. Die Ref. brachte der Äbtn. wohl Einbußen an Macht und Ansehen, konnte aber den Bestand des Kl. nie ernstlich gefährden. Es wurde im frühen 17. Jh. ein Ausgangspunkt des wiedererstarkenden Katholizismus. Barbara Tanner, die bedeutendste unter den etwa 30 Äbtnn. (1701–30), entstammte einer alteingesessenen, vom Ks. 1635 geadelten Patrizierfam. Sie führte zusammen mit Propst Sommerfeld die barocke Hochblüte des Stifts herauf. Der Stadtbrand vom 15. 5. 1723, der u. a. auch die Gewölbe der *Kl.-Kirche* zum Einsturz brachte, gab der 75j. Äbtn. Anlaß zu einem Neubau, dessen ragende Fassade der ganzen Landschaft das Gepräge gibt. Dem Innenraum verleiht die Schrägstellung der Pilaster nach dem Vorbild der Prager Dientzenhofer eine erhöhte Dynamik (Konsekration am 8. 10. 1730). Mit dem Übergang von Schles. an Preußen kam das evg. Bekenntnis im Klosterlande wieder zu Kräften. Die letzte Äbtn. Barbara II. Friedrich (1804–27) gründete 1804 eine Industrieschule für Mädchen und erreichte bei der Säkularisation 1810, daß L. als Zentralkl. für die Nonnen aller aufgehobenen schles. Frauenkll. erhalten blieb. Das Kl.-Vorwerk ging 1811 in den Besitz des Hirschberger Kommerzienrats und Dichters Ch. J. Salice-Contessa (1767–1825) über. Seine Witwe verkaufte es 1829 an den Rat. 1856 errichteten die Breslauer Ursulinen im Kl. eine Mädchenschule mit Pensionat. 1863 folgte ein kath. Lehrerseminar, das 1926 von einer Aufbauschule abgelöst wurde. Bahnanschluß erlangte L. erst 1885. Den 2. Weltkrieg überstand es ohne wesentlichen Schaden. Eww.-Zahlen: 1787: 1150, 1825: 1219, 1905: 1624, 1939: 1664, 1961: 1597, 1970: 1561.   (I)   *Mü*

LV 209, Abt. III, S. 855 f. – FXGörlich, D. Benediktiner-Jungfrauenkl. L., Br. 1864. – LV 233, S. 806 f. – JGrünewald, Z. Presbyterologie v. L. im 16. u. 17. Jh., in: LV 72, 18 (1960), S. 208–16. – LV 597, S. 65, 67. – JBachmiński, Gryfów, Gryf, Lubomierz (Greiffenberg, Greiffenstein, L.) (LV 108), Br. 1964. – LV 234, Bd. 2, S. 572.

Liegnitz (Legnica). Die Gegend um L. ist von großer strategischer und Verkehrsbedeutung, bildet hier doch die mittelschles. Ebene einen nur schmalen Durchlaß zwischen dem Bober-Katzbach-Geb. im SW und der Oder im NO. Zwei Zweige der am S-Rand der Niederschles.-Lausitzer Heide entlangziehenden → Hohen Straße vereinigten sich, von Haynau und Goldberg kommend, in L., der gemeinsame Strang überschritt hier die Katzbach und hielt sich s. der Oder auf Breslau zu. Die von Glogau nach Jauer und Böhmen führende N-S-Verbindung ging ebenfalls durch L., den natürlichen Mittelpunkt des von der Katzbach und ihren Nebenflüssen durchflossenen Raumes. Im Schutz der Katzbach und des 2 km weiter unterhalb in diese mündenden Schwarzwassers im O und N sowie von Sümpfen im W entstand im 10./11. Jh. auf aufgeschüttetem Gelände eine Burg – vielleicht die Gauhauptburg der → Trebowanen –, eine ovale Anlage von ca. 120 m Durchmesser in der Längsachse und einer Fläche von ca. 1 ha, umgeben von Holzerdewällen mit einer Basisbreite von ca. 12 m und einer Höhe bis verm. 9 m (freigelegte Teile bis 4 m hoch); an der O-Seite des Ovals wurde wenig später ein zweiter, kleinerer, fast kreisrunder (50 × 56 m) Burgwall angebaut. Diese Burg, zu der wahrsch. die 1149 belegte St. Benedikt-Kapelle gehörte, war Verwaltungssitz einer Kastellanei, die 1175 als »potestas Legenicensis« und 1202 auch durch einen Kastellan von L. nachweisbar ist. Die Holzgebäude innerhalb der Befestigung wurden wohl unter Hz. Heinrich I. von Schles. (1201–1238), der ebenso wie sein Vater Boleslaus I. häufig in L. residierte, durch massive Bauten ersetzt; die unteren Geschosse des achteckigen *Peters*- und runden *Hedwigsturmes* stammen aus dieser Zeit (Obergeschosse nach 1416). *Reste* des backsteinernen Palas im S und der polygonalen Steinkapelle in der M. des heutigen Schloßkomplexes wurden nach den Zerstörungen von 1945 freigelegt. Um die Burg entstand eine ausgedehnte Marktsiedl., eine Stadt im wirtschl. Sinne. Ihre Größe und Bedeutung wird dadurch gekennzeichnet, daß sie bereits vor 1241 vier Kirchen besaß: die Benedikt- (seit vor 1201 auch Lorenz-)Kapelle in der Burg (1149), die Kirche zum Hl. Grab (vor 1198, verm. unter Boleslaus I. nach 1163 erbaut), die Liebfrauenkirche (vor 1203) und die Peterskirche (vor 1208). Diese Bauten markieren die Siedlungskerne: es gab solche zwischen Burg und Liebfrauenkirche, in deren Nähe der erste Markt vermutet wird und auch der Hof des Breslauer Bf. lag, ferner um die Hl. Grab- und Peterskirche und am S-Rand der Burg (Judenviertel, 1447 von der Stadt aufgekauft, da zur Stadtbefestigung benötigt). Bewohner von L. waren Polen, Juden und zweifellos auch Deutsche. Um 1220 wurde hier der Philosoph und Naturforscher Witelo geb. (gest. um 1270 in Italien).

Diese Anlage wurde im Mongolensturm 1241 vernichtet. Zwischen 1242 und 1252 setzte daraufhin Hz. Boleslaus II. von Schles. eine neue Stadt zu dt. Recht aus und ließ sie planmäßig sw. der Burg anlegen. Auf der Grundlage der alten Verkehrswege, der parallel zueinander verlaufenden, leicht geschwungenen Haynauer-/Burgstraße und Goldberger-/Frauenstraße entstand – unter Einbeziehung der Peterskirche als Pfarrkirche – ein Netz rechtwinklig zueinander laufender Straßen. Zwischen den beiden Hauptstraßen erstreckte sich der große rechteckige Markt, der »Ring« (ca. 160 × 320 m) mit dem Rathaus und den Tuchhallen sowie den Verkaufsbuden. Ein erster Mauerring entstand etwa zwischen 1281 und 1326. Die durch den unregelmäßigen Straßenverlauf im Stadtplan sichtbare alte Vorburgsiedl. zwischen Burg und Liebfrauenkirche blieb dabei (einschl. letzterer) außerhalb der Mauer, ebenso das 1277 begründete Dominikanerkl. zum Hl. Kreuz in der Nähe der Liebfrauenkirche und das Franziskanerkl. St. Jo-

hann von 1294 im NW; dasselbe gilt von der späteren Domvorstadt um die Hl. Grabkirche. Die 366 Häuser, die später das Brauurbar besaßen, scheinen den Umfang dieser dtrechtl. Anlage anzudeuten. Nach dem großen Brand von 1338 wurde aber das
Stadtgebiet im W, N und O erweitert und bis E. 14. Jh. mit einer
neuen Mauer umgeben, wodurch die Burg in das ungefähre
Rechteck des Stadtgrundrisses von ca. 750 × 450 m eingepaßt und
die beiden Kll. sowie die Liebfrauenkirche in den Mauerring einbezogen wurden; die Liebfrauenkirche wurde Pfarrkirche der
Niederstadt (daher auch »Niederkirche«), während die Peterskirche
den Pfarrsprengel der Oberstadt (»Oberkirche«) behielt. Die Mauer
war durch vier Tore (Glogauer, Breslauer, Goldberger, Haynauer)
und zwei Pforten (Neue und Dompforte) durchbrochen.
Die Stellung von L. war mit der Erhebung zum Vorort eines
schles.-piast. Teilhzt. gestiegen. Nach dem Tode Hz. Heinrichs II.
von Schles. 1241 in der Mongolenschlacht bei L. (→ Wahlstatt)
teilten seine vier Söhne 1248 Niederschles. unter sich; der älteste,
Boleslaus II., wählte das Teilgebiet L., das damals den ganzen
W-Teil von Niederschles. umfaßte, nach der Absonderung von
Glogau (1251), Jauer und Löwenberg (1278) jedoch – abgesehen
von zeitweiligen Zusammenfassungen (so 1290 mit Breslau, 1311
mit Brieg) – auf die späteren Krr. L., Goldberg-Haynau und Lüben (in den Grenzen von 1930) beschränkt blieb, zeitweise sogar
noch weiter aufgespalten war. Die L.er Linie der Piasten starb
mit Hz. Wenzel II., der gleichzeitig Bf. von Breslau war, 1419
aus. Erbe war Hz. Ludwig II. von Brieg († 1436); nach ihm hatte
seine Gemahlin, Elisabeth von Brandenburg, das Hzt. als Leibgedinge. Ihr sollte 1449 als nächster Erbberechtigter Ludwigs
Großneffe und Schwiegersohn Johann von Lüben folgen. Die
Stadt L., angeführt vom einstigen Stadtschreiber und damaligen
Bürgermeister Ambrosius Bitschen, benutzte den Herrscherwechsel, um die Erhebung zur kgl. Stadt und damit die unmittelbare
Unterstellung unter die Krone Böhmens anzustreben. Zwar wurde
Hz. Johann 1452 von den L.er Bürgern bei Waldau nw. L. geschlagen und starb im folgenden Jahr. Die Ritterschaft des Landes und die starken Handwerkerzünfte, die schon 1353 ihre Vertretung im Rat durchgesetzt hatten, stürzten jedoch 1454 das Re-
giment Bitschens (enthauptet am 24. 7. 1454 in L.) und erkannten
Johanns Sohn Friedrich I. als Hz. von L. an. Da aber die Kgg.
von Böhmen Ladislaus Posthumus und Georg von Podiebrad
selbst das Hzt. L. einziehen wollten, ging der »L.er Lehnstreit«
weiter; erst 1469 erhielt Friedrich I. seine Belehnung mit L. von
Matthias Corvinus als Herrn von Schles.
Der Versuch von L., es in der politischen Stellung Breslau gleich-
zutun, zeugt von der damaligen Stärke der Stadt. Sie war aus der
Gunst der Verkehrslage und als Vorort eines bedeutenden Hzt.
zu einer mächtigen Handels- und Gewerbestadt (Tuchmacherei!)
geworden. Für die Städte des Hzt. L. (Haynau, alternativ auch
Goldberg) war L., nachdem ihm 1293 ausdrücklich das Magde-

burger Recht in der Breslauer Fassung verliehen worden war, Oberhof; L. selbst holte Rechtsbelehrung meist in Magdeburg, nicht in Breslau ein. Der L.er Zoll, 1315 erstm. belegt, war 1328 der Stadt bestätigt worden. Seit 1352 besaß sie das Münzrecht und seit 1372 die Erbvogtei, seit dem 15. Jh. durfte sie Landgüter erwerben. L. hatte sich auch zu einem kulturellen Zentrum entwickelt. Dies schlug sich in den Bauten jener Zeit nieder. Die Peterskirche (später *Peter-Paul-Kirche*) wurde neu um 1327 als got. Hallenkirche begonnen, bis 1378 nach eingeschränktem basilikalen Plan vollendet; im 15. Jh. erhielt sie einen Kapellenkranz zugebaut (Turmhaube 1650); sie birgt u. a. einen wertvollen rom. Taufkessel (Bronzeguß E. 13. Jh.) und die Sarkophage Hz. Wenzels I. von L. († 1364) und seiner Gemahlin Anna († 1367). Die Liebfrauenkirche blieb nach ihrer Zerstörung durch den Brand von 1338 lange Ruine, bis die Stadt sich ihrer annahm, sie 1362 bis 1386 als dreischiffige got. Hallenkirche wieder errichtete und zur zweiten Pfarrkirche machte; durch Erhöhung des Mittelschiffs 1450–1468 wurde sie eine Basilika, der s. der beiden W-Türme war 1487 fertig. Die Franziskanerkirche St. Johannes wurde 1341, das Dominikanerkl. 1362 vergrößert. Das um 1320 erbaute Rathaus wurde nach dem Brand von 1338 durch einen Neubau ersetzt (1379/80). Zahlreiche kirchliche Einrichtungen entstanden vor den Toren der Stadt: Bei der Kirche zum Hl. Grabe gründete Hz. Wenzel I. 1348 ein Kollegiatstift und schenkte diesem die umliegende Ansiedlung (»Domvorstadt«), wodurch die Stellung von L. als kirchlichem Zentrum, bereits seit 1261/62 Sitz eines Archidiakons, gestärkt wurde; die Kirche, nunmehr »Dom«, wurde 1397–1425 erneuert. Auf den Friedhöfen der beiden Pfarrkirchen vor der Mauer entstanden die Jakobskirche und die Kirche zum Hl. Leichnam; mit letzterer wurde ein Benediktinerinnenkl. verbunden (1348 bestätigt). Hz. Ludwig II. begründete 1423 im O vor der Stadt ein Kartäuserkl. zum Leiden Christi (Kirche 1449 geweiht), Hz. Friedrich I. verhalf den Bernhardinern 1475 zu Kl. und Kirche der Hl. Dreifaltigkeit vor dem Glogauer Tor. Der Armen und Siechen nahmen sich vier Spitäler an: Mit dem Kirchlein St. Nikolaus verband Hz. Heinrich V. 1288 ein Siechenhaus, das der Fürsorge der Kreuzherren mit dem roten Stern aus Breslau anvertraut wurde; diese bauten daneben ihre Kommende und behielten sie auch, als sie das Siechenhaus 1417 dem Rat der Stadt übergeben hatten. Vor dem Breslauer Tor wurde kurz vor 1356 das Aussätzigenhaus zu St. Stanislaus eingerichtet; die aussätzigen Frauen kamen ins St. Annenspital in der Domvorstadt (vor 1395). Innerhalb der Mauern gab es nahe der Dompforte ein Schülerspital. – Von den drei Schulen, die für die Bildung sorgten, der Peters-, Liebfrauen- und Domschule, war die erstgen. dank eines Privilegs von 1308, das sie zur Einführung aller höheren Studien berechtigte, die bedeutendste.

Das 16. Jh. brachte tiefgreifende Veränderungen. Das Hzt. regierte nach dem Tod Friedrichs I. (1488) bis 1499 seine Gemahlin

Ludmilla, Tochter Georgs von Podiebrad, für ihre unmündigen
Söhne. Friedrich II. († 1547), der bis 1505 für seinen Bruder Ge-
org I. auch das Hzt. Brieg verwaltete, sollte im Übergang vom
Ma. zur Neuzeit für L., das Hzt. und ganz Schles. eine wichtige
Rolle spielen. Am Anfang stand die Erweiterung seines Herrsch.-
Gebietes: durch den Tod seines kinderlosen Bruders Georg I. 1521
fiel das Hzt. → Brieg an ihn, und zwei Jahre später erwarb er
käuflich von Johannes Turzo noch das Hzt. → Wohlau hinzu.
Eine wichtige Weichenstellung bedeutete sein Entschluß, sich der
Ref. anzuschließen, die bereits 1522 in L. Eingang fand (nur das
Archidiakonat und das Benediktinerinnenkl. blieben kath.), in den
ersten Jahren (bis zur Annahme der Augsburgischen Konfession
1539) ungünstig beeinflußt von einigen Schwärmern, an der Spitze Kaspar von Schwenckfeld (geb. 1489 in Ossig, Hzt. L.), der
1519–1529 hzl. Rat und Domherr in L. war. Hz. Friedrich II.
gründete 1526 in L. sogar eine evg. Universität; allerdings ging
sie schon 1530 wegen rel. Streitigkeiten und wirtschl. Not ein. Die
Bedrohung Wiens durch die Türken 1529 löste nämlich auch in
Schles. kostspielige Verteidigungsmaßnahmen aus. In L. wurden
Vorstädte mit ihren Einrichtungen geopfert, um die Gräben ver-
breitern, die in der Hussitenzeit 1428–1430 errichteten Wälle erhöhen und Bastionen anlegen zu können (ca. 1530–1548). Die
Zahl der kirchlichen Einrichtungen schrumpfte durch Ref. und
Modernisierung des Verteidigungssystems zusammen. Das Bern-
hardiner- (1524), Dominikaner- (1534) und Franziskanerkl. (vor
1541) gingen ein, der Dom (1541, Verlegung in die St. Johanniskirche), das Benediktinerinnenkl. zum Hl. Leichnam (1534 Verlegung in das ehem. Dominikanerkl.), das Kartäuserkl. (1548)
u. a. mußten dem Ausbau der Verteidigungsanlagen weichen. Im
Zuge des Festungsbaues wurde die Burg in ein Ren.-Schloß um-
und ausgebaut; bedeutendes Zeugnis dieser Bauperiode ist das
Portal des N-Tores von Georg von Amberg mit den Brustbildern
Hz. Friedrichs II. und seiner Gemahlin Sophia von Ansbach. Unter Hz. Georg Rudolf (1602–1653) folgten der Ausbau des O- und
N-Flügels des Schlosses und die Innenausstattung der Gebäude;
dabei wurde die Schloßkapelle beseitigt und durch eine neue an
anderer Stelle ersetzt, die allerdings nach dem Brand von 1711
nicht wieder aufgebaut wurde.
Die Stadt erlebte im 16. Jh. durch Raubrittertum, Festungsbau
und hzl. Forderungen als Folge verschwenderischen Lebens am
Hofe, teilweise auch schon durch die Konkurrenz von Handwerken und Gewerben auf herrschl. Landsitzen einen wirtschl. Niedergang, der um 1600 nachließ: Die Regierungszeit Georg Rudolfs brachte mehr Wohlstand und kulturelle Blüte. Auf diesen
Hz. ging die wertvolle »Bibliotheca Rudolphina« zurück, ebenso
die hzl. Johannisstiftung von 1646 zur Erhaltung der evg. Kirchen
und Schulen in L. Manche Persönlichkeiten des schles. Geistesle-
bens des ausgehenden 16. bis späten 17. Jh. waren am L.er Hof
tätig: Ritter Hans v. Schweinichen (1552–1616), der durch sein

Liegnitz um 1500
(nach AZumWinkel in LV 39, 2 [1908], und WDziewulski in LV 361)

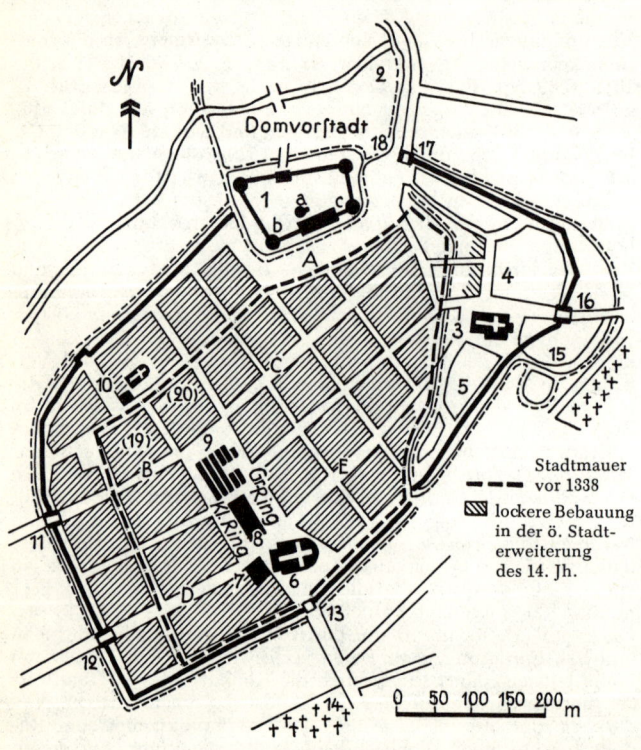

Stadtmauer
vor 1338

lockere Bebauung
in der ö. Stadt-
erweiterung
des 14. Jh.

0   50   100   150   200 m

»Memorialbuch« bekannt geworden ist, war unter Hz. Heinrich XI. Hofmarschall, Martin Opitz (1597–1639) 1623– vor 1626, Friedrich v. Logau (1604–1655) 1654–1655 hzl. Rat in L. Hans Assmann Frh. v. Abschatz (geb. 1646 in Würbitz/Schles.) besuchte das Gymnasium in L., war seit 1675 Landesbestallter des Hzt. L. und starb hier 1699. Auch sonst herrschte in L. damals reges geistiges Leben. Unter den Historiographen ragen der Syndikus und Notar Dr. Georg Thebesius (1636–1688), Verf. der »Lignitzischen Jahrbücher«, und der Rektor der Stadtschule Johann Sinapius (1667–1726) mit der »Olsnographia« und dem Werk »Die Kuriositäten des schles. Adels« hervor. Der in L. geb. Lyriker und Erzähler Johann Peter Titz (1611–1689) war in Danzig tätig.

Im 30j. Krieg verschlechterte sich die Situation wieder. Wird die Bev. von L. vor dem Krieg auf etwa 8000 Eww. geschätzt, was L. den größten Städten von Schles. (Breslau, Glogau, Schweidnitz) an die Seite stellte, so schrumpfte sie bis 1639 auf knapp 2500 Eww. zusammen, verursacht durch die Pest von 1633 und die kriegerischen Ereignisse von 1634: am 13. 5. wurde die ksl. Besatzung unter Gf. Colloredo, die der Hz. in L. aufnehmen mußte, auf der Siegeshöhe (1 km sw. von L.) von den Sachsen unter Gen. Hans Georg v. Arnim besiegt, worauf sie die Vorstädte und mit

---

  1   Burg mit   a Lorenzkapelle,   b Hedwigs-,   c Petersturm
  2   Hl. Grabkirche (»Dom«) mit Kollegiatstift
  3   Liebfrauenkirche
  4   Hl. Kreuzkirche mit Dominikanerkl.
       (später Mauritiuskirche mit Benediktinerinnenkl.)
  5   Bischofshof
  6   Peters- (später Peter-Paul-)Kirche
  7   Vogtei
  8   Rathaus und Tuchhallen
  9   Verkaufsbuden
 10   Johanniskirche mit Franziskanerkl. (hier später Jesuitenkolleg)
 11   Haynauer Tor
 12   Goldberger Tor
 13   Neue Pforte
 14   Friedhof der Oberstadt mit Jakobskirche
 15   Hl. Leichnamskirche mit Benediktinerinnenkl., anschließend Friedhof
       der Niederstadt
 16   Breslauer Tor
 17   Glogauer Tor
 18   Dompforte
(19) Stätte der späteren Ritterakademie
(20) Stätte des späteren Leubuser Hauses

  A   ehem. Judenviertel
  B   Haynauer Straße
  C   Burgstraße
  D   Goldberger Straße
  E   Frauenstraße

ihnen u. a. St. Nikolaus einschl. Hospital und Kreuzherrenkommende sowie die Jakobskirche niederbrannte, damit der Feind sich nicht festsetze und damit die Festungs-Außenwerke ausgebaut werden könnten. 1642 beherbergte L. zwar wieder 4480 Eww. 1648 brannten aber 129, 1674 219 Häuser ab, und noch A. 19. Jh. hatte sich die Häuserzahl vor 1618 (580) nicht eingestellt (1775, nachdem durch Brand 1761 fast die ganze Oberstadt vernichtet war, 509, 1804: 559). Die wirtschl. Wiederbelebung erfolgte nur langsam.

Die Piastenhzz. von L., Brieg und Wohlau waren die letzten ihres Geschlechts in Schles. Sie wurden für Schles. von zweifacher Bedeutung: Einmal wurde in ihren Hztt. (sowie im Hzt. Oels und in Breslau) auf Grund ihrer evg. Konfession den Bestimmungen des Westfälischen Friedens entsprechend nicht wie im übrigen Schles. 1653/54 bzw. 1668 die Rekatholisierung durchgeführt; die nach dem Aussterben der Piasten dennoch eingetretenen Bedrückungen wurden durch die Altranstädter Konvention von 1707 großenteils aufgehoben. Zum anderen stellte die L.er Erbverbrüderung des Hz. Friedrich II. von L. mit dem Kfst. Joachim II. von Brandenburg vom 19. 10. 1537 eine enge Verbindung zum Hohenzollernhaus her, die zwar vom Ks. 1546 für nichtig erklärt wurde, 200 Jahre später aber Kg. Friedrich d. Gr. von Preußen den rechtlichen Vorwand zur Eroberung von Schles. abgab: Hz. Friedrich II., der selbst nach kurzer Ehe mit der poln. Pzn. Elisabeth (1515, † 1517) Sophia, Tochter des Markgf. Friedrich von Ansbach, geehelicht hatte, vereinbarte in der Erbverbrüderung eine Doppelheirat zwischen seinem Haus und den Hohenzollern (vollzogen 1545) und weiter, daß beim Aussterben der Piasten die Hohenzollern deren Länder erben, im umgekehrten Fall die Piasten allerdings nur die ehem. schles. und die Lausitzer Besitzungen der Brandenburger erhalten sollten. Der Erbfall trat nach 138 Jahre ein: Nachdem Friedrichs II. unsteter, verschwenderischer und durch Übergriffe regierungsunfähig gewordener Enkel Heinrich XI. 1581 in L. von ksl. Kommissaren verhaftet worden (»L.er Krieg«) und sein Bruder Hz. Friedrich IV. 1596 kinderlos verstorben war, erbte dessen Vetter Joachim Friedrich von Brieg und Wohlau das Hzt. L. Ihm folgte in L. sein Sohn Georg Rudolf (1602–1653, davon 1602–1609 unter Vormundschaft, 1609–1613 gemeinsam mit seinem Bruder), der ebenfalls kinderlos starb, worauf hintereinander die drei Söhne seines Bruders Johann Christian von Brieg L. erhielten: Ludwig IV. († 1663), Georg III. von Brieg († 1664) und Christian von Wohlau († 1672); letzterer vereinigte die drei Hztt. in seiner Hand, ebenso sein Sohn Georg Wilhelm, der aber schon 1675 fünfzehnjährig als letzter männlicher Piast starb. Seine Hztt. zog der Ks. als erledigte Lehen ein, L. wurde Erbfstm., regiert von einem auf dem Schloß in L. residierenden Landeshauptmann als Vertreter des Ks. als Kg. von Böhmen.

Die Mutter Hz. Georg Wilhelms, Hzn. Luise von Anhalt, ließ

1677 im Chor der Johanniskirche, die nach dem Abbruch der Kartäuserkirche hzl. Grablege geworden war, eine prächtige *Fürstengruft* für die letzten Piasten nach dem künstlerischen Programm des schles. Barockdichters Casper v. Lohenstein und dem Entwurf von Carlo Rossi erbauen, ein Oktogon mit anschließenden Nischen für die Sarkophage, von einer Kuppel überwölbt, die Pfeiler mit Statuen der Hzz. und Hznn. vom Wiener Bildhauer Matthias Rauchmüller geschmückt. Die Gruft stand am Anfang einer regen barocken, von Wien und Prag beeinflußten Bautätigkeit, welche die Zeit der unmittelbaren habsb. Herrsch. in L. ausgefüllt und das Stadtbild nachhaltig geprägt hat. Zunächst entstanden Bauten der im gegenreformatorischen Geiste rührigen Orden: Die Jesuiten erhielten 1698 das ehem. Franziskanerkl. mit der Johanniskirche zugesprochen, 1700–1706 erfolgte der Bau des *Jesuitenkollegiums* anstelle des alten Kl. durch den aus Schwaben stammenden Breslauer Baumeister Johann Georg Knoll unter Mitwirkung von Martin Frantz, 1728 kam ein Seminargebäude dazu, 1714–1727 wurde die alte Kirche (unter Beibehaltung der Fürstengruft als Anbau) durch eine großartige neue *Johanniskirche*, eine der bedeutendsten Barockkirchen von Schles., ersetzt; nach dem Gewölbeeinsturz von 1744 konnte die Kirche wegen der Kriegsläufte und der Aufhebung des Jesuitenordens (Verlegung des Jesuitengymnasiums nach Sagan 1773) erst 1801–1804 wiederhergestellt werden, als sie kath. Pfarrkirche wurde. Die Benediktinerinnen zum Hl. Kreuz erbauten 1701–1723 neue Kl.-Gebäude und die Barockkirche *St. Mauritius*. Ein neues *Franziskanerkl.* mit der Kirche zur Schmerzhaften Mutter Gottes entstand 1707–1714 vor dem Haynauer Tor. Die 1727 fertiggestellte Nepomukkirche im Bischofshof diente bis 1804 der kath. Gem. als Pfarrkirche (1896 abgebrochen). Die Äbte von Leubus errichteten 1728 am Kohlmarkt ein neues Propsteigebäude, das *Leubuser Haus* (heute Museum). Weltliche Bauten folgten: Schon 1717 ließ Conrad Frh. v. Hohberg auf Armenruh neben St. Peter-Paul auf dem Boden der ehem. Vogtei das Palais Hohberg erbauen, verm. durch Christoph Hackner (seit 1826 Ständehaus, 1884 abgebrochen). 1726–1738 entstand gegenüber dem Jesuitenkollegium nach Plänen des Wieners Josef Emanuel Fischer v. Erlach und unter der Aufsicht von Anton Erhard Martinelli durch Johann Christian Hertel u. a. das monumentale Viereck der *Ritterakademie*, die auf die Johannisstiftung Hz. Georg Rudolfs von 1646 zurückging, nach 1675 vom Ks. eingezogen und auf Grund der Altranstädter Konvention 1708 in eine paritätische Bildungseinrichtung für den schles. Adel umgewandelt (seit 1811 Gymnasium – auch für Bürgerliche –, seit 1901 staatlich, die Stiftung behielt Alumnat). Schließlich wurde 1737–1741 das Rathausgebäude des 14. Jh. durch das schöne barocke »*Alte Rathaus*« von Franz Michael Scheerhofer ersetzt; es blieb aber wegen der einsetzenden Schles. Kriege unvollendet (Turmhelm 1929 aufgesetzt). Neben dem Rathaus steht seit 1731 der *Neptunbrunnen*.

Die preuß. Herrsch. brachte der Stadt durch Einrichtung der Kriegs- und Domänenkammer Glogau (E. 1741), die auch für das Hzt. L. zuständig war und L. keine Oberbehörden mehr beließ, einen weiteren Bedeutungsschwund. Als im 7j. Krieg die Preußen nach der Schlacht bei → Leuthen L. belagert und am 29. 12. 1757 eingenommen hatten, befahl Friedrich d. Gr. die Schleifung der Wälle und Außenwerke, womit die Rolle von L. als Festung beendet war. Drei Jahre später lieferten sich aber Österreicher und Preußen bei L. eine Schlacht: Als sich erstere im Juli 1760 anschickten, mit Hilfe der Russen die Preußen aus Schles. zu verdrängen, gab Kg. Friedrich d. Gr. die Belagerung von Dresden auf und eilte dorthin, um sich mit dem bei Breslau stehenden Heer seines Bruders Pz. Heinrich zu vereinigen. Da ihm der Weg nach Schweidnitz bereits versperrt war, wich Friedrich nach L. aus. Seinen etwa 35 000 Mann im Lager um die Siegeshöhe 1 km sw. von L. standen sw., s. und ö. davon etwa 90 000 Österreicher gegenüber. Da eine w. Umgehung des österr. Heeres mißlang, verließen die Preußen am Abend des 14. 8. heimlich das Lager, zogen durch L. und besetzten die Höhen von Pfaffendorf nö. der Stadt. Damit entgingen sie dem österr. Einkreisungsplan: Die Hauptarmee unter Gen. Daun fand das preuß. Lager leer vor; die Truppen Gen. Lacys, die die Preußen l. umgehen sollten, hatten Schwierigkeiten, das sumpfige Bruch des Schwarzwassers, dessen Übergänge Gen. Hans Joachim v. Zieten deckte, zu durchqueren; Gen. Laudon, der den Feind in der Flanke angreifen wollte, stieß nach Überquerung der Katzbach bei Bienowitz am frühen Morgen des 15. 8. 1760 unerwartet mit den vom Rehberg nw. Panten aus anstürmenden Truppen Friedrichs zusammen und wurde nach hartem Kampf trotz zahlenmäßiger Überlegenheit (in der Schlacht etwa 16 000 Preußen gegenüber 25 000 Österreichern) über die Katzbach zurückgeworfen. Die Österreicher zogen sich daraufhin insgesamt zurück, Friedrich konnte sein Heer mit dem seines Bruders vereinigen. Der Sieg von L. hatte aber keine längere Wirkung.

In der Franzosenzeit hatte L. unter Kontributionen, Einquartierungen u. ä. zu leiden. Die aus Geldnot vom preuß. Staat 1810 durchgeführte Säkularisation von Stiften und Kll. betraf in L. das Benediktinerinnenkl. (die Mauritiuskirche verwendet als Aula einer Oberrealschule, heute eines Lehrerseminars, die Kl.-Gebäude als Schule, 1886 abgebrochen), das Franziskanerkl. am Haynauer Tor (Kirche 1812 abgebrochen), das »Leubuser Haus« des Zisterzienserkl. Leubus. Während des Frühjahrsfeldzugs 1813 weilte Napoleon am 27.–29. 5. in L.; hier wurde er von dem damals noch neutralen Österreich zum Abschluß eines Waffenstillstands mit Preußen und Rußland bewogen, der seinen Feinden die Bildung der V. Koalition gegen ihn ermöglichte, deren erster Sieg nicht weit von L. an der Katzbach errungen wurde (→ Eichholz).

Das 19. Jh. brachte L. eine neue Blüte. Dazu trug die Verlegung der niederschles. Verwaltung von Glogau nach L. wesentlich bei:

da Glogau noch von Franzosen besetzt war und im Krieg schwer gelitten hatte, wurde die dortige Kammer 1809 durch die »Niederschles. Regierung« in L. (untergebracht im Schloß und im Leubuser Haus) ersetzt. Die erste räumliche Erweiterung der Stadt geschah schon seit 1757 durch Planierung und Besiedlung der äußeren Festungsanlagen. Nach 1860 fielen auch die Stadtmauern und Tore. Erhalten blieben der *Glogauer* und *Haynauer Torturm* sowie kleine *Reste* der Stadtmauer. Ab 1843 wurden allmählich die Vorstädte, Vorwerke und Ortsteile um L. eingemeindet. Die Bev.-Zahl stieg: lag sie 1787 bei 6102 (nach anderer Quelle 6928) Eww. und damit hinter Breslau und Glogau etwa auf einer Stufe mit der Größe von Brieg, Grünberg und Hirschberg, so war sie 1825 schon bei 9592 Eww. (davon 7953 Evangelische). 1905 wohnten in dem seit 1874 bestehenden Stadtkr. L. auf 16,83 qkm 59 749 Personen; außer Breslau übertrafen damals nur die Industriestädte Königshütte, Gleiwitz und Beuthen OS geringfügig L. an Bev.-Zahl. In diesem raschen Bev.-Anstieg zeigten sich schon die Auswirkungen der Industrialisierung, bes. nach dem Eisenbahnbau: 1844 Breslau-L., 1845 L.-Bunzlau, 1846/47 von dort weiter über Kohlfurt nach Dresden und Berlin, 1856 L.-Jauer-Königszelt, wo Anschluß nach Schweidnitz-Reichenbach-Neisse bestand, 1869/71 L.-Raudten-Glogau, 1872–1875 die Verkürzung der Strecke nach Berlin von Arnsdorf nw. L. über Sagan, dann Verbindungen nach SW: 1884 L.-Goldberg (1896 Fortführung nach Merzdorf mit Anschluß an die Linie Breslau-Hirschberg und nach Löwenberg-Greiffenberg an die Linie Hirschberg-Görlitz), 1898 L.-Steinau-Herrnstadt-Rawitsch. Eine große Rolle spielte beim wirtschl. Aufschwung von L. der intensive Gemüse-, vor allem Gurken-, Kohl- und Zwiebelanbau, der seine Produkte weit über die Landesgrenzen exportierte, zunächst roh, später nach Konservierung in den zahlreichen Sauerkohlfabriken und Gurkeneinlegereien von L. Dieser Wirtschaftszweig führte zur Einrichtung einer »Höheren Landwirtschaftsschule« (1873) und einer »Landwirtschl. Gemüsebauschule« (1925). Die Textilindustrie hat in der Neuzeit 1797 mit der Gründung der Tuchfabrik von Samuel Benjamin Ruffer († 1827) in den Räumen des ehem. Jesuitenseminars einen guten Anfang genommen; ihre Erzeugnisse gingen bis nach Rußland und Übersee (eingegangen 1905). In den 1920er Jahren nahm dieser Industriezweig (bes. Wirk- und Strickwarenfabrikation, Bekleidungsherstellung) den ersten Platz in der Wirtschaft von L. ein. Berühmt waren die L.er Klaviere, bes. aus der größten ostdt. Pianofortefabrik von Eduard Seiler (seit 1849). Auch vielfältige Metallindustrie (u. a. Maschinenfabrik Teichert u. Sohn, begr. 1845 von Friedrich Teichert; Produktion von landwirtschl. Maschinen, begonnen von Josef Rupprecht 1856, 1927 von der Landmaschinenfabrik Heinrich Haase übernommen; Sägewerks- und Holzbearbeitungsmaschinen der Fa. Gubisch seit 1900) und holzverarbeitende Industrie (Möbel, Kinderwagen, Korbwaren), schließlich Spielwaren-, Lederwaren- und Papierindustrie gehör-

ten zu den wichtigsten Industriezweigen von L. Die Produktion
zog lebhaften Handel nach. Dem Verkehr stand seit 1936 auch die
Teilstrecke Breslau–L.–Kreibau der Autobahn Berlin–Breslau zur
Verfügung.

Das kulturelle Leben entwickelte sich ebenfalls lebhaft. Theater-
aufführungen fanden seit dem 18. Jh. im »Comediensaal« im
Kaufhaus am Großen Ring statt, seit 1842 in dem von Carl Ferdinand Langhans nach dem Vorbild des Florentiner Palazzo
Strozzi erbauten *Stadttheater* neben dem Alten Rathaus. Der
Neubau gab auch dem Musikleben neue Impulse. Bibliothek, Archiv und Museum förderten wiss. Interessen und Tätigkeiten.

Die dichte Bebauung der Innenstadt weitete sich in die ehem. Vororte aus; neue Wohngebiete entstanden vor allem im S und SW.
Dem innnerstädt. Verkehr diente eine Straßenbahn. Die Innenstadt veränderte ihr Aussehen durch Neubauten, behielt jedoch
ihr Profil durch die markanten öffentlichen Gebäude, aber auch
durch viele alte *Wohnhäuser*. Die *Liebfrauenkirche* und das
Schloß wurden nach Bränden 1822 bzw. 1835 in neugot. Formen
wiederaufgebaut, die Kirche 1824–1828 nach Plänen von August
Theinert (Umbau zur Hallenkirche durch Erhöhung der Seitenschiffe, Neugestaltung der W-Front), das Schloß 1840 durch Karl
Friedrich Schinkel. 1902–1905 entstand in der Nähe der Peter-
Paul-Kirche im ehem. Wallbereich ein *Neues Rathaus* im Stil der
Neurenaissance.

Durch die Kampfhandlungen am E. des 2. Weltkrieges wurde L.
nur wenig zerstört, es litt jedoch beträchtlich in der ersten Zeit
nach Beendigung des Krieges. Die wichtigsten Baudenkmäler blieben erhalten; Beschädigungen wurden im Laufe der Jahre behoben. An den »*Heringsbuden*«, einer Gruppe von acht alten Häusern im Baublock am Ring mit Sgraffitomalereien der Renaissance
(um 1570) sowie barocken und klassiz. Giebeln, wurden alte Lauben freigelegt. Das durch bes. wertvolle Sgraffiti berühmte *Haus
»zum Wachtelkorb«* (Bitschenhaus, got., Umbau im 16. Jh.) im
selben Block war lange Zeit unbewohnt und hat sehr stark gelitten. Das Schloß ist im Febr. 1945 völlig ausgebrannt; dies bot die
Möglichkeit, durch Grabung Spuren der ma. Bauten aufzudecken
und auch im aufragenden Mauerwerk durch Entfernung neugot.
Zutaten Teile des alten Piastenschlosses sichtbar zu machen. Die
vor dem Kriege in L. vertretenen Industriezweige bestimmen
auch heute das Wirtschaftsleben. 1959 wurde außerdem eine
Kupferhütte in Betrieb genommen, welche die im Raum Gold-
berg-Bunzlau geförderten Kupfererze verhüttet. Die Oberbehörden hat L. am Kriegsende wieder an N-Schles. verloren, vielleicht,
weil in L. 1945 das Hauptquartier des sowjetruss. Marschalls Ro-
kossovskij war: der n. Teil des Reg.-Bez. L. fiel an die Woj. →
Grünberg, der s. Teil an die Woj. Breslau. Allerdings wurde L.
durch die Verwaltungsreform von 1975 (Auflösung der Krr., Ver-
kleinerung der Wojj.) selbst Sitz einer Woj. Die Wohndichte der
Vorkriegszeit hat sich nicht ganz wieder eingestellt: 1939 lebten in

L. auf 27,13 qkm 83 681 Eww., 1961 auf 29,5 qkm 66 620 und 1970 75 881 Eww.

Der SPD-Politiker Paul Löbe, 1920–24 und 1925–32 Reichstagspräsident, wurde am 14. 12. 1875 in L. geb. († 3. 8. 1967).   (II) *We*

Liegnitzer Heimatstube, eingerichtet im Rathaus Wuppertal-Barmen. Museum, ul. Partyzantów Nr. 1. – LV 39. – LV 40. –LV 139. –ASammter, AHKraffert, Chronik v. L. [bis 1815], 3 Tle., L. 1861–1872. –AJander, L. in seinem Entwicklungsgange v. d. Anfängen bis z. Gegenwart, L. 1905. – AZumWinkel, D. Stadt L. seit d. Einführung d. Städteordnung im Jahre 1809 [bis 1919], 2 Bde., L. 1913/1922. – Heimatbuch d. beiden L.er Krr., L. 1927. – L. (Monogr. dt. Städte, Bd. 22), Berlin-Friedenau 1927. – LV 233, S. 807–810. – TSchönborn, Chronik v. L., hg. v. WElsner (Chroniken dt. Städte, 32), Berlin 1940. – L., 700 Jahre einer Stadt dt. Rechts, hg. v. TSchönborn, Br. 1942. – WDziewulski, Legnica (L.), in: LV 361, S. 151–174. – JDomański, IPressler, Przewodnik po Legnicy (Führer durch L.), Br. 1961. – Legnica w fotografii (L. in Fotografien), Einl. v. TSteć, IPressler, Br. u. a. 1961. – LV 234, Bd. 2, S. 567–569. – WElsner, L.er Stadtgesch. v. ihren Anfängen bis z. E. d. Oertel-Zeit (1242–1912), Lorch/Württ. 1971. – LV 402. – LV 330, S. 83–85. – LV ,299. – Von Mollwitz bis Annaberg, hg. v. GSchwantes, Br. 1935, S. 62–65

Löwen (Lewin Brzeski, Kr. Brieg). Von der frühzeitigen Besiedlung der Gemarkung L./Fröbeln zeugen der Fund eines Steinzeitgefäßes und flußabwärts der Glatzer Neiße Funde von Steinhämmern, der Fund eines Bronzebeils, verschiedener Gefäße und einiger Bronzenadeln. Über die Siedlungsverhältnisse in slaw. Zeit geben einige Urkk. aus dem 13. Jh. Auskunft. In einem Vertrage aus dem Jahre 1257 werden das schon länger bestehende slaw. Gut »Wrablin« (= Fröbeln) und außerdem »Lewin«, eine spätere Gründung, gen. Nach dieser Urk. war L. Sitz des Walterus monetarius, des Vorstehers einer Münzstätte des Hz. von Oppeln. Hieraus wird geschlossen, daß L. damals bereits eine dt. Stadt gewesen sei. Aber erst 1284 sind »cives« von L. bezeugt, und ausdrücklich als Stadt wird L. 1333 bei der (erneuten) Stadtrechtsverleihung bezeichnet. L. war im Grenzraum zwischen Ober- und Niederschles. gelegen (→ Preseka). Wird der Ort noch 1310 als Oppelner Zollstätte erwähnt, so gehörte er späterhin zum Hzt. Brieg; die Grenze verlief an der Glatzer Neiße. Die Brücke über diesen Fluß bei L. diente wohl einem Nebenstrang der Fernhandelsstraße Breslau-Krakau (→ Hohe Straße) sowie einer alten Straße von Breslau in Richtung Mähren-Ungarn. Die ebenso wie die Brücke in den Urkk. häufig gen. Neißemühle war 1257 im Besitz des Johanniterordens. Die Zeit bis zur Besitzergreifung von Schles. durch Preußen war erfüllt von den Kämpfen der Bürgerschaft gegen die Grundherrsch., die den Bürgern die ihnen vom Hz. gewährten Rechte zu beeinträchtigen versuchte. Als Grundherren sind bis A. 15. Jh. die Pogarell nachgewiesen. Ihnen folgten die Hoff, die A. 16. Jh. von der Fam. Beeß abgelöst wurden. 1501 und 1558 blieben die Bürger in den Prozessen mit der

Grundherrsch. vor der Fstl. Briegischen Regierung Sieger. Am 31. 8. 1586 legte eine Feuersbrunst L. vollständig in Asche. Im 30j. Kriege wurde die wiederaufgebaute Stadt, die 1534 zur evg. Lehre übergetreten war, von den Kaiserlichen niedergebrannt. Während der Gegenref. wurde die evg. Stadtpfarrkirche von vielen Evangelischen aus Oberschles. besucht. Nach dem Aussterben der Piasten nahmen am 27. 2. 1676 die Vertreter von L. an der Erbhuldigung teil und schwuren dem Ks. die Treue. Das Ergebnis für L. war »das rote Samtbuch«, eine Urkk.-Sammlung der ksl. Kanzlei in Wien über die Rechte der Stadt. Am 8. 4. 1741 sahen die L.er das erste Mal peuß. Truppen und Kg. Friedrich d. Gr. in ihren Mauern, ebenso nach der Schlacht von → Mollwitz am 11. 4. 1741. 1761 bedrohten russ. Truppen L., das bereits nach dem 1. Schles. Kriege Garnisonstadt geworden war. Eine Zeit politischen und wirtschl. Aufschwungs brachte erst das 19. Jh. mit dem Bau der Eisenbahnstrecke Breslau–Brieg–Oppeln (1843; Eww.: 1787: 851, 1825: 1105, 1905: 3450, 1939: 3978, 1961: 4173, 1971: rd. 5000). 1896 erfolgte die Eingemeindung des Schloßbezirks mit der Neißemühle, 1898 des Dorfes, 1928 des Gutsbezirks Fröbeln. Im Jahre 1904 entstand nach 50j. Bestehen einer neuen kath. Gem. in L. eine kath. Kirche. Im letzten Krieg wurde L. beträchtlich zerstört. Die evg. *Peter-Paul-Stadtpfarrkirche* – ein Bau des 14. Jh. mit Ausbauten des 16. und 17. Jh. – ist erhalten geblieben, ebenso das spätklassiz. *Rathaus* von 1837. Das an der Neiße gelegene *Schloß* der Grundherrsch. – nach Brand des alten Baues (1666) 1722 errichtet – ist 1945 abgebrannt, befand sich aber 1961 im Wiederaufbau. – Der Meteorologe Gustav Hellmann wurde am 3. 7. 1854 in L. geb. 1879 ließ sich Hermann Thaler, der Gründer von Thalers Tonwerken, in L. nieder; er erhielt 1908 als der große Wohltäter der Stadt den Titel eines Kgl. Kommissionsrats.

(III) *Web*

D. rote Samtbuch d. Stadt L. (jetzt im Archiv d. Stadt Goslar). – KKöhler, Gesch. d. Stadt L., L. 1933. – LV 233, S. 810 f. – LV 234, Bd. 2, S. 172. – MLiebeherr, D. Peter-Pauls-Kirche zu L., L. 1910. – LV 482, S. 64. – ILasończyk, Zarys historii Lewina Brzeskiego (Gesch. v. L. im Überblick), Oppeln 1962

Löwenberg (Lwówek Śląski). L. am l. Boberufer ist im Zusammenhang mit der ersten dt. Rodungssiedl. in Schles., die Hz. Heinrich I. im frühen 13. Jh. an der Innenseite des »L.er Hags«, des Grenzwaldes (→ Preseka) an der W-Grenze des → Boborane-Gaues, durchgeführt hat, als eine der frühesten dtrechtl. Städte des Landes entstanden. Nach der Überlieferung des sog. »Roten Buches« (um 1320) beauftragte Hz. Heinrich I. 1217 (die Jahreszahl 1209 in der Rechtszusammenfassung von 1407 wird als unglaubwürdig erachtet) die Vögte Thomas und Hartlieb mit der Aussetzung der Stadt L. zu dt. Recht; das ist der zweitälteste Beleg für eine dtrechtl. Stadt in Schles. nach dem für das benachbarte → Goldberg von 1211. Die Grundlagen für die Entwicklung von L. waren ähnlich wie bei Goldberg. L., an der Boberlinie

etwa auf halbem Wege zwischen den beiden altslaw. Grenzka-
stellaneisitzen → Bunzlau und → Lehnhaus gelegen, wurde städt.
Mittelpunkt der dt. Waldhufendörfer am L.er Hag, es sollte aber
auch ein Zentrum der ö. → Plagwitz zwischen Höfel und Lauterseiffen sowie zwischen → Hohlstein und Seitendorf betriebenen
Goldwäscherei werden. Die Goldvorkommen um L. waren jedoch noch schneller als bei Goldberg erschöpft. Von dauerhafte-
rer Bedeutung war für L. die Lage an dem s. Strang der von Lauban über L. und Goldberg nach Breslau ziehenden wichtigen
→ Hohen Straße.
L. ist bei der Gründung mit 100 Hufen in Nieder Mois und
Nieder Görisseiffen ausgestattet worden; außerdem wurde die s.
an die Stadt angrenzende slaw. Siedl. (Ober) Mois dtrechtl. umgesetzt und als Stadtdorf von 50 Hufen rechtlich der Stadt zugeordnet. Die Stadt wurde als ovale, noch im 13. Jh. durch eine
Mauer umwehrte Anlage mit gitterförmigem Straßennetz und
einem rechteckigen Marktplatz als Mittelpunkt begründet. Über
ihn lief die Hohe Straße nach Vereinigung mit einer von Greiffenberg kommenden Straße beim Laubaner Tor und verließ die
Stadt durch das Goldberger Tor, vor dem im Spätma. drei von
vier Spitälern von L. angesiedelt waren: das Thomas- (später
Hl. Geist-)Spital (1322 nachweisbar), das Matthiasspital neben
der 1487 als Torkapelle erbauten St. Matthiaskapelle (1786 Tor-
wache, später Stockhaus, um 1860 abgebrochen) und das Jakobs-
spital neben der um 1360 als Begräbniskirche erbauten Nikolaikirche. Das Spital der Tuchmacher lag vor dem Bunzlauer Tor im
N. Die Pfarrkirche zur Himmelfahrt Mariä und zu St. Johannes
d. T. im NW erhielt bereits von Hz. Heinrich I. († 1238) Schen-
kungen und wurde 1281 von Hz. Bernhard den Johannitern übergeben, die auch die Spitäler seelsorgerisch betreuten. Im SW
stand die hzl. Burg, die nach der Teilung des Hzt. Liegnitz 1278
unter Hz. Bernhard von L. († 1286) und zeitweise auch unter
dessen älterem Bruder Bolko I. († 1301), der ihn beerbte, als hzl.
Residenz diente. Nachher war die Burg Sitz des Landvogtes. Ö.
anschließend an die Burg entstand verm. 1248 das Franziskanerkl.
Auf dem Ring ist 1356 erstm. das Rathaus erwähnt.
Als der große Besitz Bolkos I. 1314 unter seine drei Söhne aufgeteilt wurde, fiel das Teilgebiet L. an Heinrich I. von Jauer
(† 1346). Ihm half die Stadt L. in dessen Geldnot und erhielt dafür Privilegien verliehen, die ihr z. T. bis ins 18. Jh. zugute kommen sollten, so freier Salzmarkt, das Münzrecht für Heller und
nur eingeschränkte Unterstellung des Rates unter Landvogt und
Erbrichter. In dem größeren Territorium Schweidnitz–Jauer (seit
1346) spielte L. keine hervorragende Rolle mehr, aber es konnte
seine Stellung doch noch ausbauen: 1377, endgültig 1422 erwarb
es die Erbvogtei, 1441 die Landvogtei und 1444 auch das urspr.
dazugehörige Burglehen, worauf die Stadt E. 15. Jh. die Burg ab-
reißen ließ. Seinen Landbesitz erweiterte L. im 15./16. Jh. und
besaß damit ein fast geschlossenes Gebiet rund um die Stadt.

Die wirtschl. Stärke von L. beruhte auf dem Handel und auf dem Handwerk, bes. der Tuchmacherei; die Tuchmacherzunft ist schon 1311 belegt, 1548 gab es in L. 298 Tuchmachermeister. Die kulturelle Stellung von L. findet ihren Ausdruck darin, daß zwei L.er Rektor der Universität Leipzig waren: Nikolaus Gerstmann 1454/55, Peter Wirth 1510/11, und in dem Ansehen, das die Lateinschule von L. genoß, bes. unter Rektor Suevus d. J. (1606–25).

Die Ref. wurde schon um 1525 nach L. gebracht; 1543 verließen die Franziskaner ihr Kl., aber endgültig hatte sich die Ref. erst 1561 durchgesetzt, z. T. unter Einfluß der Schwenckfelder. 1629 setzte die Gegenref. ein mit dem Einsatz der berüchtigten Liechtensteiner Dragoner, vor denen die Bev. flüchtete; manche kehrten nicht zurück. Die Ausdehnung der Rekatholisierungsversuche auf die Frauen führte 1631 zum sog. »L.er Weiberkrieg«, einem Tumult, der von Gustav Freytag und Walter Flex literarisch verarbeitet wurde. 1640 vernichteten schwed. Truppen, die L. besetzt hielten, aus Gründen der Verteidigung etwa 350 der 399 (1617) Häuser sowie kirchliche Einrichtungen der Vorstädte, und auch innerhalb der Mauern (339 Häuser) verursachte der 30j. Krieg Schäden. So hatte L. nach 1648 nur 960 Eww. gegenüber etwa 7000 vor dem Krieg. Brände von 1704 und 1752 hemmten weiterhin den Wiederaufstieg; L. erlangte seine frühere Stellung nicht zurück, trotz gewisser Förderung der Tuchproduktion in preuß. Zeit, in der L. einerseits Kr.-Stadt wurde und Religionsfreiheit erhielt (*evg. Kirche* 1747/48, Turm 1848), anderseits aber die städt. Selbstverwaltung verlor. In den Befreiungskriegen leitete Napoleon am 21. 8. 1813 von L. aus mit Erfolg den franz. Angriff auf die Preußen und Russen auf dem Steinberg jenseits des Bober; nur wenige Tage später jedoch verdrängte Blücher nach der Schlacht an der Katzbach (→ Eichholz) die Franzosen und zog am 30. 8. 1813 in L. ein, ein Ereignis, das später zur Veranstaltung von »Blücherfesten« Anlaß gab.

Im 19. Jh. ging die Tuchmacherei von L. endgültig ein. Dafür entstanden seit 1851 Mühlenwerke, 1908 eine Reißzeugfabrik, außerdem spielten die Sandsteinbrüche der Umgebung für L. eine Rolle. 1885 erhielt L. Eisenbahnanschluß nach Greiffenberg, 1894 nach Goldberg, 1907 nach Hirschberg und 1909 nach Siegersdorf (-Sagan). Eww.-Zahlen: 1787: 2702, 1825: 3552, 1905: 5682, 1939: 6328 (auf 7,89 qkm).

Einen kulturellen Gewinn für L. bedeutete die Übersiedlung des letzten regierenden Fst. von Hohenzollern-Hechingen, Friedrich Wilhelm Constantin († 1869), nach L. Der kunstsinnige Fst., der schon seit 1845 das Schloß in → Hohlstein besessen hatte, wählte nach seiner Abdankung als regierender Fst. (1849) L. 1852 als seinen ständigen Wohnsitz; seine mitgebrachte Hofkapelle genoß einen guten Ruf, Komponisten und Musiker wie Wagner, Liszt, Hans v. Bülow und Berlioz dirigierten im Konzertsaal des gediegenen Schlosses in der Greiffenberger Straße (später Landratsamt und Kreisständehaus).

L. ging in neuerer Zeit als »schles. Rothenburg« in den Volksmund ein und erlebte starken Ausflugsverkehr. 1945 erlitt es schwere Zerstörungen. Die wichtigsten Baudenkmäler blieben jedoch erhalten bzw. wurden wiederhergestellt. Das *Rathaus,* E. 15. Jh. und 1. H. 16. Jh. – vielleicht durch den berühmten Wendel Roßkopf – zum heutigen Bau ausgebaut (Erneuerung und weiterer Ausbau 1905–08 durch Hans Poelzig), ist mit seinen got. gehaltenen Räumen und den Renaissancegiebeln nächst dem Breslauer das wohl schönste Rathaus in Schles.; dort befindet sich u. a. eine beachtenswerte und sagenumwobene got. Grabplatte eines ritterlichen Paares aus der Franziskanerkirche. Das Franziskanerkl., seit 1652 wieder besetzt, wurde im 18. Jh. und nach der Säkularisation (1810) umgebaut, die *Kl.-Gebäude* für schulische Zwecke, die *Franziskanerkirche* in ein Feuerwehrzeughaus und Museum (heute Magazin). Die im 13. Jh. erbaute *Pfarrkirche zur Himmelfahrt Mariä* wurde um 1500 umgebaut; vom rom. Bau steht noch das Westwerk mit zwei Türmen und Portal. Die Stadttore wurden im 19. Jh. abgetragen; der *Laubaner* und *Bunzlauer Torturm* sowie ein großer Teil der doppelten *Stadtmauer* mit Mauertürmen sind jedoch erhalten, ebenso die *Färbestube* der Tuchmacher in der Gerberstraße sowie einige *Renaissancegiebelhäuser* auf dem Ring, nicht aber die historisch bedeutenden Gebäude wie Napoleon- und Gneisenauhaus, Goldgräber-Herberge und Hôtel du roi. L. hatte 1961: 5734 (auf 7,56 qkm), 1970: 6696 Eww.   (I)   *Jä, We*

HWesemann, Urkk. d. Stadt L., 2 T., Programm L. 1885/87. – HWesemann, PKleber, JEnnen, Regesten z. Gesch. d. Stadt L., Progr. L. 1912/13. – BGSutorius, D. Gesch. v. L., 2 Bde., Bunzlau 1784, Jauer 1787. – PKleber, Bilder aus L.s Vergangenheit, L. 1930. – LV 233, S. 811–13. – Heimatbuch d. Kr. L. i. Schl., ³(Bückeburg) 1959. – LV 234, Bd. 2, S. 572–74. – MZlat, Lwówek (L.) (LV 108), Br. 1961. – LV 631, S. 40 f. – LV 340, S. 32–62. – LV 356, Nes. S. 83

Löwenstein (Koziniec, Kr. Frankenstein). Das heutige L. liegt nw. von Frankenstein im Vorland des Eulengeb. Es wird erstm. im Heinrichauer Gründungsbuch (um 1270) erwähnt als vor 1250 bestehend, und zwar schon als Stadt. Die Gründung dürfte mit der Aufsiedlung des Vorgebirgslandes vor 1241 zusammenhängen. Dor L. er Vogt besaß 1282 einen Teil der Hufen des nw. benachbarten Dorfes Schönheide; dieses war wahrsch. Stadtdorf von L. – A. 1292 tritt der »gewesene Vogt« von L. als Bürger der neuen Stadt → Frankenstein auf. Diese entstand als große hzl. Neugründung durch Zusammenlegung und Auflösung der beiden kleineren alten Städte L. und → Frankenberg, die je die Hälfte ihres Namens für die Tochterstadt beisteuerten. L. sank zum Dorf ab (1905: 263 Eww.).   (IIa)   *Ku*

LV 356, S. 83–84. – WKuhn, D. Erschließung d. Frankensteiner Gebietes in Niederschles. im 13. Jh., in: Festschr. f. WSchlesinger, Bd. 1, hg. v. HBeumann (Mittelalt. Forschsch., Bd. 74/I), Köln/Wien 1973, S. 159–96

Lohe (Ślęza, Kr. Breslau). Die 1248 erwähnte Zollstätte »am Müh-
lenwehr im Fluß Lohe«, die einst in der Hand des Breslauer Vogtes Heinrich war, ist in L. 10 km sw. Breslau zu lokalisieren; sie
muß zur Handelsstraße Breslau-Glatz-Prag gehört haben, die später etwas weiter n. die Lohe passierte. Das Vorwerk L. ist 1292
und dann mehrmals im 14. Jh. belegt. Dem 14. oder 15. Jh. entstammt der viergeschossige Wohnturm (zuzügl. Kellergeschoß,
Grundriß 13 × 10 m), dem im 17. Jh. im SW ein zweigeschossiger
Wohnflügel und ein Treppenhaus, im 18. Jh. im NW ein zweigeschossiger Bauteil in der Tiefe des Wohnturms angefügt und im
19. Jh. ein fünftes Geschoß aufgesetzt wurden. Die ganze *Schloßanlage* war von einem Graben umgeben. (II) *We*

LV 616, S. 88 f. – LV 592, S. 161–163. – LV 483, Textbd., S. 586

Lomnitz (Łomnica, Kr. Hirschberg). Das am gleichnamigen Nebenfluß des Bober gelegene, langgestreckte Dorf L., A. 14. Jh.
erstm. erwähnt, zerfällt in drei Ortsteile. Im Niederdorf befindet
sich das Gut, das im 15. und 16. Jh. im Besitz derer v. Zedlitz war
und von der M. 17. Jh. bis 1738 den Frhh. v. Thomagnini gehörte.
Der alte Schloßbau wurde während dieser Besitzzeit 1720 im Barockstil erbaut, erfuhr aber durch den nächsten Besitzer, den
Hirschberger Kaufherrn Christian Menzel (1667–1741), einen Umbau. Erbauer war wahrsch. der in Hirschberg am Bau der Gnadenkirche tätige Martin Frantz. 1835 kaufte die Fam. v. Küster L.
1838 veranlaßte der Legationsrat Gustav Ernst v. Küster einen
Umbau durch den Architekten Tollberg, der dem Gebäude bei
Schonung der barocken Bausubstanz einen liebenswürdigen Bie-
dermeiercharakter gab.
Im Oberdorf lag die urk. 1369 erwähnte *kath. Kirche*, ein schlichter Bau mit gewölbtem Chor und einem Westturm aus dem E.
15. Jh.
Im Mitteldorf wurde 1741 die Erlangung einer evg. Kirche bei
dem preuß. Kg. beantragt. Das 1742 errichtete provisorische Bethaus ersetzte man 1750 durch eine planmäßige Neubauanlage einer massiven *evg. Kirche* mit seitlich den Vorplatz rahmenden
Pfarr- und Schulhausbauten. Für diese Kirche stiftete Christian
Gottfried Menzel 1786 die Orgel, ein Werk Johann Gottlob Mei-
nerts. (I) *Gru*

LV 587, Bd. 3, S. 470. – LV 622. – GGrundmann, D. Baumeisterfam.
Frantz, Br. 1937. – Heimatgesch. L. im Riesengeb., hg. v. MGrimmig,
Cleverns/Oldenburg (1953)

Loslau (Wodzisław Śląski, Kr. Rybnik/L.). L. liegt im rechtsodrigen lößbedeckten Hügelland des s. Oberschles. zwischen Oder,
Olsa, Weichsel und Ruda, in dem in der 2. H. 13. Jh. ein geschlossenes Waldhufengebiet entstanden ist. Städt. Mittelpunkt wurde
im Ratiborer Teil desselben die Stadt L., gegr. wahrsch. von Hz.
Wladislaus von Oppeln (-Ratibor, 1246–81), dessen Namen die
Stadt offenbar verliehen bekam: lat. Wladislavia, poln. W(ł)odzis-

ław. Die Nachricht, daß das L.er Minoritenkl. bereits 1257 entstanden ist, was indirekt auch die Stadt belegen würde, ist nicht gesichert. Aber der 1265 ohne Namen als bei → Pschow belegen erwähnte »Markt« (»forum«) kann nur mit L. identifiziert werden. Erst um 1300 ist dann L. im Liber fundationis des Bst. Breslau eindeutig als civitas und Weichbildmittelpunkt nachweisbar. L. wurde auf einer nach S hin abfallenden Anhöhe auf regelmäßigem Grundriß angelegt. An der höchsten Stelle erhob sich an der n. (hölzernen?) Stadtbefestigung die 1299 erstm. belegte Pfarrkirche; den Mittelpunkt bildete ein großer quadratischer Marktplatz. Die Stadt lehnte sich an eine hzl. Burg an, die den bis ins 19. Jh. üblichen Namen für die daran anschließende dörfliche Siedl. abgab: Grodzisko (= »Burgsiedl.«), die heutige Vorstadt Alt L., und von der ein *Turm* auf dem Burgberg erhalten ist. L. lebte vom Handwerk, von der Landwirtschaft und seit dem 15. Jh. von der Teichwirtschaft. Unter den Handwerkern waren die Schuhmacher am stärksten vertreten; sie erhielten 1652 ein Privileg auf 30 Schuhbänke, umfaßten um 1830 57 und 1861 79 Meister. Seit 1673 bildeten auch die Leineweber eine Zunft (um 1830 20 Meister). Der Handel war unbedeutend, bes. nach der Grenzziehung von 1742; die vier Jahrmärkte (seit 1567, zwei bereits von 1528) dienten dem Nahmarktverkehr.

Politisch gelangte L. nach dem Aussterben der Ratiborer Piasten 1336 an die Troppauer Přemysliden, nach der Teilung von Troppau 1377 an deren Jägerndorfer Linie. Die Erbteilungen des 15. Jh. trennten L. 1437 von Ratibor, dann 1464 auch von Rybnik; nach Hz. Johanns von Jägerndorf-Loslau Tod 1483 behielten zunächst die Kgg. von Böhmen die abgesonderte Herrsch. L. und veräußerten sie dann 1502 an den böhm. Kanzler Johann v. Schellenberg; mit dem Weiterverkauf der Herrsch. durch Schellenbergs Sohn Georg an Balthasar v. Wilczek (Welczek) und dessen Neffen Nikolaus und Melchior v. Wilczek 1515 erlangte L. den Status einer Minderstandesherrsch. und behielt ihn in den folgenden Jhh. Die Besitzer von L. wechselten häufig; zu ihnen gehörten die Frhh. v. Planknar (1527–1602), die Frhh. v. Plawetzki (1602–68), der Erzbf. von Gran Georg Szelepchenyi (1668–85), Ks. Leopold I. (1685–96), Fst. Ferdinand v. Dietrichstein auf Nikolsburg, dessen Sohn Reichsgf. Jakob Anton v. Dietrichstein und Enkel Guidobald v. Dietrichstein (1696–1772), Gf. Heinrich Leopold v. Reichenbach (1780), die Gff. v. Strachwitz (1794–97, 1812–41), Gf. Alexander v. Oppersdorff (1841 ff.). Die Minderstandesherrsch. umfaßte rd. 200 qkm. Ihr Gebiet wurde in preuß. Zeit dem Kr. Pleß zugeteilt, kam aber dann 1816 zum neuen Kr. Rybnik, mit dessen größtem Teil es 1922 an Polen fiel. Die Bev. von L. war im 13./14. Jh. stark dt. bestimmt, polonisierte dann im Spätma.; im 19. Jh. nahm das Deutschtum wieder zu und machte 1910 78% der Einwohnerschaft aus. Die Eww.-Zahl war im späten 18. Jh., als L. wirtschl. daniederlag, und auch nach dem Brand von 1822, der einen großen Teil der Stadt vernichtete, klein: 1787: 1029,

1825: 1559. Nachher ging es allmählich aufwärts (1905: 3126 Eww.). 1882 wurde L. an das Eisenbahnnetz angeschlossen. Am E. des 2. Weltkrieges wurde L. zu etwa 80% zerstört. In der Nachkriegszeit vergrößerte sich die Eww.-Zahl erheblich (z. T. durch Eingemeindungen): 1961: 10 127 (auf 18,39 qkm), 1970: 25 621 (1931: rd. 4900). Ein großer Teil der Bev. ist im Kohlenbergbau der Umgebung beschäftigt. 1954 wurde L. Sitz eines eigenen Kr. L. hat keine bedeutenden Baudenkmäler. Die heutige Pfarrkirche Mariä Himmelfahrt wurde 1909 erbaut. Die Minoritenkirche, nach der Ref.-Zeit 1690 wieder von Franziskanern besetzt, wurde 1810 säkularisiert und 1830 der evg. Gem. übergeben, die bis dahin ihren Sitz in der Kolonie Dyhrngrund s. L. gehabt hatte; heute stehen noch ihre *Ruinen*. Das wohl im 17. Jh. entstandene, öfter umgebaute herrschl. *Schloß* ist jetzt Sitz des städt. Nationalrates. (IV) *We*

LV 209, 2. Abt., T. 3, S. 70–81. – LV 210, Bd. 2, S. 772–77. – FHenke, Chronik od. topogr.-gesch.-statist. Beschreibung d. Stadt u. fr. Minderstandesherrsch. L., T. 1, L. 1860. T. 2 u. d. T.: D. ehem. minderfreie Standesherrsch. L. m. d. darin liegenden gleichnam. Stadt . . ., L. 1864/1908. – LV 511, Sp. 180 f. – Hirsch, D. Minoritenkl. zu L., in: LV 28, 17 (1883), S. 303–16. – Ders., D. Gründung d. Stadt L., in: LV 28, 24 (1890), S. 291–304. – Ders., Rechtsgesch. Nachrichten a. d. ehem. Minderstandesherrsch. L., in: LV 28, 30 (1896), S. 191–224. – LV 345. – LV 357, S. 84 f. – Chronik v. Rybnik O/S, hg. v. d. Bundesheimatgruppe Rybnik m. Unterst. d. Patenstadt Dorsten, o. O., o. J. (darin u. a. WKuhn, D. Gesch. bis 1526). – LMusioł, Wodzisław 1257–1957, krótki zarys dziejów miasta (Kurzer Abriß d. Gesch. d. Stadt L. 1257 bis 1957), Kattowitz 1957. – AMrowiec, Szkice z nowszych dziejów ziemi rybnickiej (Skizzen a. d. neueren Gesch. d. Rybniker Landes), Kattowitz 1962. – LV 234, Bd. 1, S. 481 f.

Lossen (Łosiów, Kr. Brieg) L., ein 12 km sö. von Brieg an der Reichsstraße (früher → »Hohen Straße«) und der Eisenbahnlinie von Breslau nach Oppeln gelegenes Dorf, war von etwa 1189 bis zur Säkularisierung 1810 Sitz einer Johanniterkommende. Hz. Heinrich I. gewährte dem Orden 1238 Aussetzung nach dt. Recht. Die Johanniter gründeten und besiedelten von dem fast 2 km langen Angerdorf L. aus mit Hilfe dt. Siedler auch die Angerdörfer Rosenthal, Buchitz und Jeschen. Die vom Orden in L. errichtete und dem hl. Johannes dem Täufer geweihte *Kirche* wird bereits 1255 urk. erwähnt. Nachdem die Dorfbewohner 1534 zu Luthers Lehre übergetreten waren, führte von 1584 an Komtur v. Mettich die kath. Restauration durch. Die Katholiken erhielten die Ordenskirche, die barockisiert wurde. Die von den evg. Einwohnern 1788 erbaute Kirche wurde nach 1945 abgerissen. Das Kommendegut erhielt nach der Säkularisation der preuß. Gen. Gf. Ludwig York v. Wartenburg als Belohnung für seine Verdienste (Tauroggen). – L. hatte 1939 rd. 1600 Eww. (III) *Nb*

AWienand (Hg.), D. Johanniter-Orden. D. Malteser-Orden, Köln 1970, S. 438–441. – HRichter, D. Visitation d. Johanniter-Ordens-Kommende L. (Kr. Brieg) im Jahre 1610, in: LV 72, 27 (1969), S. 252–275

Lublinitz (1941 Loben, Lubliniec). Die Entstehung von L. in den Waldgebieten zwischen Malapane und Stober in O-Oberschles. führt die Überlieferung auf ein Jagdschloß und eine Kapelle Hz. Wladislaus' I. von Oppeln von ca. 1272 zurück. Zur Stadtgründung (Grundriß: rechteckiger Markt, von dessen Ecken acht Straßen ausgehen) unter Hz. Boleslaus I. von Oppeln (1281–1313) trug die Lage an der Handelsstraße Breslau–Kreuzburg–Krakau bei, die n. des feuchten oberen Malapanetales auf der Keuperhügelkette L.-Woischnik entlanglief. Schon 1226 war Lubetzko 4 km n. L. Zollstätte, 1310 war es auch L. selbst, damals gewiß schon Stadt, erscheint es doch bereits um 1300 als Weichbildmittelpunkt. Hz. Johann von Oppeln verlieh 1500 L. ein neues Privileg mit Jahrmarktrecht u. a.; die Bestimmung, daß die Bürger zur Besorgung von Waren für den Hz. jährlich auf eigene Kosten einen Wagen nach Preußen oder Mähren schicken sollten, bezeugt die Handelsverbindungen von L. Im 16./17. Jh. erhielten mehrere Handwerke Zunftordnungen. Um 1535 hatte L. 89 Häuser, ein Hospital am Stadtrand stiftete Hz. Johann 1505 (die heutige *Hl. Kreuz-Kirche* von 1842). Seit E. 16. Jh. sank L. zu einem Ackerbürgerstädtchen herab: der Fernhandel schlug andere Wege ein, und außerdem gerieten L. und seine Umgebung nach dem Aussterben der Oppelner Piasten (1532) als Herrsch. L. in adligen Besitz; Pest (1607), der 30j. Krieg und Brand (1650) beschleunigten den Niedergang. 1756 besaß L. nur 676 Eww. (1787: 1016, 1825: 1509, Schloßgem. 133; 1861: 2365, davon 1692 kath., 241 evg., 432 jüd.; 1905: 3656); es behielt aber volle Stadtrechte und wurde 1816 sogar Kr.-Stadt. Grundherr von Stadt und Herrsch. L. war seit den 1580er Jahren die Fam. v. Kochtschütz (Kochcicki), welche den im wesentlichen bis heute erhaltenen Bau der kath., 1530–1628 evg. *Pfarrkirche St. Nikolai* (unter Verwendung älterer Teile, 1576–1590) stiftete; wegen ihrer Parteinahme für Kg. Friedrich von Böhmen verlor sie 1630 den Besitz. Ihr folgten 1645 die Gff. Cellari (–1722), auf welche die spätbarocke *Karl-Borromäus-Kapelle* an der Pfarrkirche (1648) und die kath. *Holzkirche St. Anna* (1653, Wiederaufbau 1754?) zurückgehen. Nach mehrfachem Wechsel der Grundherren (u. a. v. Garnier, Gaschin) erwarb in den 1780er Jahren Franz Karl v. Grottowski (Grotowski) (1733–1814) nach Verkauf seines Stammgutes Ollschin (→ Koschentin) die Herrsch. L. Er brachte es auf Grund des Eisenhüttenwesens um L. zu einem beachtlichen Vermögen, von dem er – selbst kinderlos – ³/₄ zur Stiftung einer Erziehungsanstalt für Waisenkinder bestimmte (eröffnet 1848, seit 1922 geistliches Seminar mit Gymnasialunterricht unter poln. Priestern des Oblatenordens). Die Güter und Dörfer der Herrsch. L. (1814: 12 + Stadt und Schloßgem.) erwarb nach dem Tod von Grottowskis Gattin (1826) zunächst Gf. Renard zu → Groß Strehlitz. Das alte *Schloß* jenseits des L.er Wassers (erhalten ein Gebäude des 17. Jh.) wurde 1893 Armenkrankenhaus, 1895/96 Teil einer noch bestehenden Nervenheilanstalt. – In L. hatte das Polentum bis in die 2. H. 19.

Jh. die Mehrheit; der Zuzug einer dt. Oberschicht brachte dann ein dt. Übergewicht (1905: von 3656 Eww. 2095 mit nur dt. Muttersprache), das aber nach dem Anschluß an Polen durch Abwanderung wieder schwand. Die Volksabstimmung 1921 ergab im Kr. L. 15 453 Stimmen für Deutschland und 13 679 für Polen. Bei der Teilung von Oberschles. 1922 blieb dennoch nur knapp ¹/₃ des Kr.-Gebietes dt. (als Kr. → Guttentag), der Rest bildete den poln. Kr. L.; seit 1941 waren beide Kr.-Teile wieder vereinigt, zunächst unter dt., nach 1945 unter poln. Verwaltung. Zu einer gewissen wirtschl. Belebung von L. trugen im 19. Jh. die Kr.-Behörden, dann der Bau der sich hier kreuzenden Eisenbahnlinien (Breslau–) Kreuzburg–L.–Tarnowitz (1884) und (Oppeln–) Vossowska–L. (1894)–Herby (1892) (–Tschenstochau) bei; es entstanden als bedeutendste Betriebe eine franz. Kammwollspinnerei (in ihrem Gebäude seit 1951 die »Śląskie Zakłady Przemysłu Lniarskiego ›Lentex‹«) und eine Landmaschinenfabrik. 1955 erhielt L. durch die neue Eisenbahnstrecke L.–Peiskretscham direkte Verbindung zu Gleiwitz. Die Bev.-Zahl stieg von 1931: rd. 8500, 1941: 10 268, nach der Eingemeindung von Kokottek, Steblau, Wymislacz und Klein Droniowitz 1945 auf 16 200 Eww. 1961 (auf 88,81 qkm) und 19 860 Eww. 1970.   (IV) *We*

LV 209, Abt. II, T. 3, S. 81–90. – ThJurock, L. u. seine Anstalten, in: Bunte Bilder a. d. Schlesierlande, hg. v. Schles. Pestalozzi-Verein, Br. 1903, S. 463–65. – LV 234, Bd. 1, S. 448 f. – Lubliniec, zarys rozwoju powiatu (Überblick d. Entwicklung d. Kr. L.), hg. v. JJaros, Kattowitz 1972, bes. S. 403–09

Lubowitz (Łubowice, Kr. Ratibor). Das n. von Ratibor auf einem Höhenrande des l. Oderufers gelegene L. wird erstm. 1376 (als Kirchort »Albowitz«) urk. erwähnt; daneben erscheinen die Namensformen Lbowic, Olbowitz, Elbowitz. Der Name ist von der Ortslage abgeleitet: łeb = Haupt, Helm, Sturmhaube; Adjektiv: lbowy. – Adolf Frh. v. Eichendorff (aus Krawarn) heiratete 1784 Karoline v. Kloch und erwarb 1785 von ihren Eltern L., das Wohnsitz der Fam. und Mittelpunkt ausgedehnter Besitzungen wurde. In dem neuerbauten Schloß wurde am 10. 3. 1788 der Dichter Joseph v. Eichendorff geb., der in L. – mit seinem älteren Bruder Wilhelm, dem späteren Kreishauptmann in Tirol – eine überaus glückliche Jugendzeit erlebte. Die Betriebsführung des Vaters führte zu Besitzverlusten, und auch L. mußte 1823 zwangsversteigert werden. In der Dichtung Eichendorffs wurde L. zum Urbild verlorener Heimat. – 1852–1945 gehörten Schloß und Gut L. den Hzz. von Ratibor, Fstt. von Corvey. Das Schloß wurde um 1860 umgebaut, 1909 die alte Schrotholzkirche abgetragen und der alte Friedhof mit der Gruft der Fam. Eichendorff eingeebnet. Erst 1936 wurde auf Betreiben der Eichendorff-Stiftung auf dem alten Friedhof am Platz der ehem. Gruft ein Gedenkstein errichtet. 1939/40 wurde der frühere Festsaal im Schloß L. zu einer würdigen Eichendorff-Gedenkstätte ausgebaut. Beim Ausgang des

2. Weltkrieges wurde das Schloß L. als wichtiger strategischer
Punkt durch Artilleriebeschuß zerstört; es stehen noch *Ruinen.*

(IV) *Schd, Hei*

AWeltzel, Gesch. d. edlen . . . Geschlechts v. Eichendorff, Ratibor 1876,
S. 19–25. – LV 45, 7 (1925), H. 5, u. 14 (1932), H. 8. – Eichendorff-Jb.
Aurora Jgg. 1932–34, 1941. – LV 593, Bd. 7, H. 13, S. 22. – DStutzer,
D. Güter d. Herren v. Eichendorff in Oberschles. u. Mähren (Aurora-
Buchreihe 1), Würzburg 1974

Lüben (Lubin). L. liegt am O-Rand der waldreichen Niederschles.-Lausitzer Heide an dem bei Steinau in die Oder mündenden Kalten Bach. Die Gegend war seit der Bronzezeit besiedelt,
und im namengebenden Dorf und Marktflecken 2 km sw. der
Stadt, 1267 zum Zehntbereich des Kl. Trebnitz gehörig, bestand
um 1230 eine von Sümpfen geschützte hzl. Burg. Bei der Teilung
des Hzt. Schles. M. 13. Jh. fiel das Gebiet von L. an das Hzt.
Glogau und bei dessen Aufsplitterung um 1323 an Hz. Johann
von Steinau. Aus Geldmangel trat dieser das Gebiet von L. an
den Kg. von Böhmen ab, der es 1339 Hz. Boleslaus III. von Liegnitz verkaufte. Damals bestand bereits die dtrechtl. Stadt L.;
sie wird kurz vor dem Jahre 1295, für das die Stadt mit Erbvogt
und Bürgern belegt ist, von hzl. Seite gegr. worden sein. Die
»alte Stadt Lobin« schenkte Hz. Johann von Steinau 1319 der
neuen, mit Magdeburger Recht ausgestatteten Stadt L.; die Bewohner des stadtverbundenen Dorfes Altstadt wurden bis 1809
als Bürger von L. betrachtet. Die regelmäßige Anlage von L. mit
großem Marktplatz war auf die wichtige Handelsstraße Breslau-
L.-Glogau-Frankfurt/O. ausgerichtet, in deren Zug das Glogauer
Tor im W und das Liegnitzer Tor im O lagen; das Steinauer Tor
führte auch zur hzl. Stadtburg vor der Mauer im NO. Den Zoll
von → Parchwitz an dieser Straße verlegte Hz. Johann von Steinau 1324 nach L. Der Transitverkehr war für L. wesentlich, obwohl
es auch eigene wirtschl. Impulse besaß (1332 freier Salzmarkt,
Tuchmacherei, 1423 Münzprivileg). Der Wohlstand spiegelt sich
in den kirchlichen Einrichtungen: Die Pfarrkirche St. Marien wurde 1369 erweitert und in der 2. H. 15. Jh. erneut umgebaut. Das
Hospital zum Hl. Geist (Kreuzhof) vor dem Glogauer Tor entstand A. 14. Jh. Für kurze Zeit (1349–64) ist ein Nonnenkl. belegt.
Dem 15. Jh. entstammen das Barbara-Hospital (mit Kapelle) der
Tuchmacherknappen vor dem Glogauer Tor und die Niklaskapelle
der Schuhmacher vor dem Liegnitzer Tor. Zeitweise war L. Sitz
eines abgefundenen Fam.-Mitglieds der Hzz. von Liegnitz-Brieg.
So residierte Hz. Ludwig I., Bruder Hz. Wenzels I. von Liegnitz,
1348–58 in L. (später Hz. von Brieg). Er baute das Schloß aus,
ließ die Schloßkapelle errichten und ihr Pfarrrechte verleihen und
gewährte der Stadt Zolleinkünfte zum Bau der Stadtmauer und
deren 14 Türme; in seinem Auftrag schrieb Nikolaus von Preußen
1353 im Hl. Geist-Hospital in der Vorstadt von L. die berühmte
illustrierte Lebensbeschreibung der hl. Hedwig (Schlackenwerther

Codex). Geldnot der Herrscher brachte der Stadt 1443 die Erbvogtei ein und führte zur Verpfändung des L.er Landes an die
Hzz. von Glogau 1446–96; in dieser Zeit löste der Anspruch Hz.
Johanns von L. auf → Liegnitz den Liegnitzer Lehnstreit aus
(1449 ff.). Unter den Hzn.-Witwen, die das L.er Land als Leibgedinge besaßen, gewann Hzn. Anna von Brieg († 1550) für L.
bes. Bedeutung: Unter dem Einfluß von Caspar von Schwenckfeld schloß sie sich der Ref. an (1521/22?), und L. blieb ein Hort
der vom Luthertum abweichenden und daher verworfenen
schwärmerischen Lehre Schwenckfelds bis über den Tod der Hzn.
hinaus. Nach dem Heimfall des Hzt. Liegnitz an den Ks. 1675
wurde in der Schloßkapelle wieder kath. Gottesdienst eingeführt,
1701–07 waren auch die anderen Kirchen von der Gegenref. ergriffen. Die Wirtschaft der Stadt erholte sich nach Zerstörungen,
Pest und Feuer im 30j. Krieg kaum. Gab es 1629 in L. 400 selbständige Tuchmachermeister, so waren es 1665 nur 227 und 1732
sogar 170. Der preuß. Staat, der L. zur Kr.-Stadt machte, förderte
zwar die Tuchmacherei; aber der große Brand von 1757 hemmte
den Aufschwung, und durch innere Schwierigkeiten ging dieses
für L. wichtige Gewerbe um 1875 ein. Die neu entstehende, durch
den Eisenbahnbau (1869/71 Liegnitz-L.-Raudten-Glogau, 1917
L.-Kotzenau) geförderte Industrie – Zuckerfabrik, Holz- und Me-
tallverarbeitungsbetriebe – brachte allerdings den Ausgleich. Bedeutendstes Unternehmen wurde die Klavierfabrik Langer & Co.
(seit 1896, produziert heute vornehmlich Saiteninstrumente). Die
Bev., 1787 nur 2032 und 1825 2859 Eww. zählend, stieg bis 1905
auf 6568 und bis 1939 auf 10 809 Eww. (auf 33,53 qkm) an. Am
Kriegsende wurde L. etwa zur Hälfte zerstört. Die beschädigte
(evg.) *Pfarrkirche St. Marien* aus dem 14./15. Jh. mit dem freistehenden *Glockenturm* (urspr. Turm der Stadtmauer) wurde
wiederhergestellt; einer ihrer Altäre von 1523 wurde im Breslauer
Dom als Hauptaltar aufgestellt. Auf dem Gelände des im 30j.
Krieg zerstörten *Schlosses*, von dem die Umfassungsmauern erhalten sind, stehen die Hauptmauern der *Schloßkapelle* des 14.
Jh., die bis 1908 als kath. Pfarrkirche gedient hat und als Ausstel-
lungshalle wiederaufgebaut werden soll. Auf dem Ring sind
außer dem 1768 errichteten *Rathaus* alle alten Gebäude verschwunden. Von der Stadtfestigung sind im W und N Teile der *Stadtmauer* und der *Glogauer Torturm* erhalten. Die Wirtschaft erlebte nach der Entdeckung neuer Kupfererzlager im Gebiet L.-
Glogau 1957 einen starken Aufschwung. Eww.: 1961: 6431 (auf
29,46 qkm), 1965: 13 807, 1970: 28 760. In L. wurden geb. der
durch seine »Beyträge zur Beschreibung Schlesiens« bekannt gewordene schles. Verwaltungsbeamte Friedrich Albert Zimmermann (1745–1815), der Begründer des »Geogr. Spezialatlas von
Deutschland und Nachbarländern« und Inspektor der kgl. preuß.
Plankammer Daniel Gottlob Reymann (1759–1837) und der spätere Kg. Wilhelm I. von Württemberg (1781–1864).   (II)   *We*

KKlose, Beiträge z. Gesch. d. Stadt L., L. 1924. – LV 233, S. 814. – LV 234, Bd. 2, S. 570 f. – LV 357, S. 56 f. – BGSteinborn, Lubin (L.) (LV 108), Br. u. a. 1970. – TKaletyn, Z pradziejów powiatu lubińskiego (Aus d. Vorgesch. d. Kr. L.), in: LV 40, 3 (1966), S. 146. – MPrzyłęcki, Zabytki miasta Lubina (Kunstdenkmäler d. Stadt L.), in: LV 40, 2 (1965). – JBiliński, Przewodnik po ziemi lubińskiej (Führer durch d. L.er Land), Br. u. a. 1971, S. 17–36

Lugknitz (Łęknica, Kr. Rothenburg OL/Sorau). Das 2 km sö. von Muskau beiderseits der Görlitzer Neiße gelegene Dorf L. wird 1505 erstm., 1597 als zur Herrsch. Muskau (→ Bd. Sachsen) gehörig erwähnt. Seit der 2. H. 19. Jh., vor allem seit dem Bau der über L. führenden Eisenbahnlinie Muskau-Sommerfeld (1898), entstanden in dem rechtsneißischen Teil Industriebetriebe, auf Grund reicher Tonlager bes. Steinzeugfabriken, aber auch ein Hohlglaswerk und eine Möbelfabrik; 1921 wurde eine ältere Braunkohlengrube wieder eröffnet. Dieser Aufstieg spiegelt sich in den Eww.-Zahlen: 1825: 181, 1885: 369, 1905: 1164, 1919: 1439 Eww. Die Auflösung der 1939 1856 Eww. zählenden Gem. L. 1940, wobei der größte Teil von ihr an die Stadt Muskau fiel, wurde 1945 nach der Grenzziehung an der Neiße wieder rückgängig gemacht: alle ö. Vororte Muskaus, zu denen auch der größere Teil des berühmten *Schloßparks* gehört, wurden zur neuen Gem. L. zusammengefaßt, sie wurde 1956 zur stadtart. Siedl. und 1969 zur Stadt erhoben. Durch den Wiederaufbau der teilweise zerstörten Industrie stieg die Bev.-Zahl nach 1945 wieder an: 1955: 1451, 1961: 2160 (auf 16,4 qkm), 1970: 3032 Eww.

(I) *We*

RPohl, Heimatbuch d. Kr. Rothenburg O.-L., Weißwasser 1924, S. 172 f. – LV 245, S. 289. – LV 234, Bd. 2, S. 644

Makau (Maków, Kr. Ratibor). M. liegt an der Zinna, der alten Grenze zwischen dem Hzt. Oppeln und Mähren. Vor 1221 kam es aus adeligem Besitz an die Johanniter, die hier 1223 eine Pfarrkirche errichteten. 1240 gestattete ihnen Hz. Mieszko II. von Oppeln die Umsetzung des Ortes zu Neumarkter Recht und 1246 auch die Errichtung eines Marktes. Wahrsch. kam dieser Plan zur Schaffung einer geistlichen dtrechtl. Grenzstadt nicht zur Durchführung. M. blieb ein dt. Dorf. Noch 1532 überwogen die dt. Bauernnamen; erst dann erfolgte die sprachliche Polonisierung. Baulich ist M. ein Straßendorf mit stattlichen steinernen Bauernhöfen; auch die alte Form der gemauerten Speicher, der oberschles. »Leimes«, ist noch stark vertreten. Die Eww.-Zahl betrug 1905 1015.

(IIIa) *Ku*

LV 345. – LV 356, S. 97.

Malapane (Ozimek, Kr. Oppeln). 20 km ö. Oppeln ließ Kg. Friedrich d. Gr. 1753/54 auf der Grundlage des Holzreichtums der weiten Wälder, des dort vorkommenden Raseneisenerzes und der Wasserkraft der Malapane zwei Hochöfen einrichten, denen bald

Frischfeuer in Krascheow und Jedlitze an der Malapane und in
Dembiohammer am Himmelwitzer Wasser zugeordnet wurden.
Es war das erste staatliche Eisenhüttenwerk in Oberschles.; hier
wurden erstm. in Oberschles. Koks statt Holzkohlen für Eisenschmelze erfolgreich verwendet (1789) und eine Dampfmaschine
durch August Friedrich Holzhausen aus Ellrich/Harz gebaut
(1794). Die Anlage des nach dem Fluß Malapane benannten Hüt-
tenwerkes und der benachbarten Kolonie Hüttendorf für deren
(größtenteils aus dem W kommenden) Arbeiter (1762) lag in der
Hand von Oberforstmeister Johann Georg Rehdanz (Rhedanz,
† 1765), dem in M. 1801 ein von Schinkel entworfenes Denkmal
aufgestellt wurde. Von Schinkel stammt auch die spätklassiz. *evg.*
Kirche in M. (1819, Turm 1840). Neben vielen anderen Erzeugnissen stellte das Eisenhüttenwerk M. 1783 die ersten in Preußen
produzierten Eisengeschütze her. Bekannt wurde es auch durch
Kunsteisenguß (u. a. Obelisk in → Ullersdorf von 1802 und Ket-
tenbrücke von M. von 1827). Nach Erschöpfung der Erzvorkom-
men und nach Entstehung des oberschles. Industr*i*ereviers stellte
sich das Werk auf die Herstellung von Stahl um. Eww.-Zahlen:
Gutsbez. M. (Hüttenwerk) 1885: 148, 1905: 180, M. einschl. Hüttendorf 1925: 1131, 1939: 3998. Das Hütten- und Edelstahlwerk
M. der Vereinigten Oberschles. Hüttenwerke AG, 1944 mit einer
Belegschaft von knapp 3000 Personen eines der größten in Oberschles., wurde nach gewissen Zerstörungen 1945 wiederaufgebaut
und erweitert und arbeitet heute als Hüttenkombinat »Mała
Panew«. 1954 wurde M. zur stadtart. Siedl., 1962 zur Stadt erhoben. 1961: 3698 (auf 2,03 qkm), 1971: rd. 5000 Eww.

                                                         (IV)   *We*

LWachler, Gesch. d. ersten Jh. d. Kgl. Eisenhütten-Werke zu M. vom
Jahre 1753 bis 1854, Glogau 1856. – LV 210, Bd. 1, S. 96–101. – HFech-
ner, D. Kgl. Eisenhüttenwerke M. u. Kreuzburgerhütte bis zu ihrer
Übernahme durch d. Schles. Oberbergamt 1753–1780, in: Zs. f. d. Berg-,
Hütten- u. Salinenwesen 43 (1895), S. 75–102. – LV 429. – ASchmidt,
A. d. Vergangenheit v. M., in: Schlesien, Illustr. Zs. f. d. Pflege hei-
matl. Kultur 5 (1912), S. 45–51. – Oberschles., Verkehr, Wirtschaft u.
Volkstum, Berlin-Steglitz 1935, S. 83. – LV 220. – LV 668.– LV 345. –
LV 234, Bd. 2, S. 179. – JRajman, Rozwój ośrodków przemysłowych nad
Małą Panwią (D. Entwicklung v. Industrieanlagen a. d. Malapane), T.
1, Kattowitz 1962. – LV 593, Bd. 7, H. 11, S. 94 f.

Mallmitz (Małomice, Kr. Sprottau). M. am Bober ist eine alte
slaw. Siedl.; 1935/37 wurden Gefäße der slaw. Zeit (1000/1200 n.
Chr.) gefunden. 1877 fand man im Boberkies ein Hirschgeweih-
gerät. M., slaw. = ›kleiner Ort‹, um 1280 dt. umgesetzt, wird
erstm. 1329 gen. Hier waren um 1600 zehn Bauern und neun
Gärtner, von denen im 30j. Krieg sechs Bauern zum herrschl. Vorwerk kamen. M. war Sitz einer großen Grundherrsch. aus slaw.
Zeit, die in den Fstmm. Sagan und Glogau viele Lehnsgüter besaß. Von 1400 bis 1680 gehörte diese den Frhh. v. Kittlitz, ging
1680 durch Erbschaft an die Frhh. (Gff.) v. Redern über, die um

1740 zugleich die Herrschsch. → Primkenau und → Kotzenau besaßen. M. kam 1766 durch Erbschaft an die Gff. v. Dohna, die
hier bis 1945 wohnten. Das auf einer alten Wasserburg E. 17. Jh.
errichtete Schloß (urspr. mit geschlossenem Viereck und Innenhof)
wies Renaissanceformen auf. Es wurde ebenso wie die 1741 erbaute (1771 erneuerte) evg. Kirche nach 1945 abgetragen. Bemerkenswert ist die achteckige gfl. *Gruftkapelle* mit Grabsteinen
der Frhh. v. Kittlitz, bereits 1496 als Marienkapelle der Kirche in
Eisenberg unterstellt und 1737 in barocken Formen erneuert. –
Um 1600 hatte die Herrsch. M. vier Eisenhämmer: einen in M.,
zwei in Eisenberg, einen in → Neuhammer; um 1700 drei: einen
in M., den »Alten Hammer« zwischen M. und Sprottau, einen in
Ober Eulau. Der Raseneisenstein der Herrsch. M. wurde um 1700
auf 17 Hämmern an Queis und Tschirne verarbeitet. Aus dem gfl.
Eisenhammer in M. ging die Marienhütte (1801 Anblasen des
ersten Hochofens und von vier Frischfeuern) hervor, die 1933
einging. Durch die Stichbahn Sagan–Arnsdorf (Liegnitz) erhielt
M. 1875 Bahnanschluß. Nun erlebte das alte Heidedorf eine rasche Industrialisierung (1825: 665, 1905: 3246, 1939: 3237 Eww.).
1958 wurde M. stadtart. Siedl., 1969 Stadt. 1961 hatte es 3403
(auf 10,86 qkm), 1970: 3748 Eww. – In M. wurde der Kommandant der »Möve« (Kaperschiff des 1. Weltkrieges), Burggf. Nikolaus zu Dohna (1879–1956), geb.   (I) *St*

LV 119, (Bd. 3), S. 127–32. – LV 613, Bd. 3, S. 16 f. → OPhiller, M., seine
Entwicklung v. d. slaw. Siedl. z. Industrieort, M. 1929. – LV 659, S. 47.
– LV 234, Bd. 2, S. 644 f.

Maltsch (Malczyce, Kr. Neumarkt). M. liegt 10 km nw. Neumarkt am großen Oderknie vor der Schwenkung des Stromes nach
N. Diese Gegend war schon in der Steinzeit besiedelt. In dem
altpoln. Ort »Malschic«, »Malsici« erwarb das 6 km flußabwärts gelegene Zisterzienserkl. → Leubus seit A. 13. Jh. durch
Schenkung, Tausch, auch mit Hilfe von Urkk.-Fälschungen immer weitergehende Rechte: 1202 den See bei M., 1245 die grund-
herrlichen, im 14. Jh. auch die hzl. Rechte am Dorf. M. war 1217
eines von 16 Dörfern, die dem Kaplan des Städtels Leubus unterstanden; 1405 wurde es nach dem jüngeren dt. Pfarrdorf Rauße
umgepfarrt, für das Peter v. Schiraw 1414 Stadtrecht erhielt, ohne
es – wegen des Protestes von Liegnitz – ausnutzen zu können.
Das Kl. Leubus richtete in M. einen Wirtschaftshof (Grangie) ein,
dieser wurde nach seiner Zerstörung durch die Hussiten 1428 zur
Scholtisei des inzwischen (ca. 1380?) dtrechtl. umgesetzten Dorfes und A. 18. Jh. zum Rittergut. Im 30j. Krieg verwüstet, wurde
M. gegen E. 17. Jh. zu einer der »Winkelniederlagen« am Oderstrom, die von Kaufleuten benutzt wurde, um dem Niederlagsan-
spruch von Breslau und Frankfurt zu entgehen. In M. entluden
vor allem Schweidnitzer, Nimptscher und Glatzer Kaufleute die
für sie von N oderaufwärts herangeschafften Waren. Der daran
entzündete Streit mit Breslau endete erst in preuß. Zeit mit der

Bestätigung der M.er Niederlage. Inzwischen hatte die ksl. Regierung 1700 in M. eine Salzfaktorei eingerichtet, die zur Niederlassung von Beamten, Kaufleuten und Schiffern führte. Die entscheidende Entwicklung von M. setzte jedoch mit dem Beginn des Transportes von Steinkohlen aus dem → Waldenburger Bergland nach dem linksodrigen M., wo die schiffbare Oder den gebirgsnächsten Punkt erreichte. Von hier wurden die Kohlen zum Salzsieden ins Magdeburgische und als Brennstoff nach Berlin und Potsdam verschifft. Für den Transport der Kohle nach M. ließ die preuß. Regierung ab 1780 die »Kohlenstraße« von Waldenburg nach M. herrichten. Staatliche und private Steinkohlenniederlagen entstanden in M. Seit den 1830er Jahren verdrängte oberschles., sächs. und engl. Kohle die niederschles. und ließ auch in M. eine Krise aufkommen. Zwar erhielt M. schon 1844 mit der Strecke Breslau–M.–Liegnitz Eisenbahnanschluß. Aber die für M. lebenswichtige Verbindung zum Geb. wurde erst nach langen Verhandlungen 1895 mit der Bahnlinie Striegau–M. geschaffen (dazu 1902 Kleinbahn Jauer–M.). 1896–98 entstand daraufhin in M. ein reichsbahneigener Umschlaghafen; 1941 war in M. ein Umschlag von 1 Mill. t zu verzeichnen. Außer Kohle wurden Granit aus der Striegauer Gegend und Landwirtschaftsprodukte des Hinterlandes nach M. verbracht. Am Umschlagplatz siedelte sich Industrie an: 1896/97 eine große Zuckerfabrik, 1911 eine Zellulosefabrik. Speditionsfirmen etablierten sich hier; zu den bedeutendsten gehörte die 1843 gegr. Fa. »G. L. Toepffer's Söhne« (nach 1945 in Hamburg). Das Dorf M. wandelte sich zum Industrieort, die Bev.-Zahl stieg stark an: 1789: 335, 1825: 485, 1885: 1429, 1905: 2400, 1939: 3430. Gehörten vorher kirchlich die evg. Bewohner nach Rauße, die kath. nach Kamöse, so erhielten diese 1903/05 eine eigene Kirche und ein Kl. der Marienschwestern, jene 1907 eine evg. Kirche am Ort. Im Jan. 1945 fanden in und um M. schwere Kämpfe statt, wobei der Ort stark in Mitleidenschaft gezogen wurde. 1954 wurde M. zur stadtart. Siedl. erhoben. 1961 wohnten in ihr auf 4,14 qkm 2912, 1970: 3103 Personen.

(II)   *We*

PGimmler, Chronik v. M. a. d. O., M. 1928 (Auszüge auch im M.er Heimatbrief, Jg. 4 ff.). – M.er Heimatbrief, Mellendorf 1 (1952) – 12 (1964). – LV 412, S. 127 f. – LV 358, S. 201 f. – LV 234, Bd. 2, S. 574

Marklissa (Leśna, Kr. Lauban). Der 1247 vom böhm. Kg. Wenzel I. nebst zugehörigem Besitz dem Bf. von Meißen geschenkten, unter den Askaniern dem altmärkischen Geschlecht v. Irksleben verlehnten Burg Lesne auf dem Zangenberg 1,5 km sö. M. oblag der Schutz der böhm.-schles. Grenze im → Queiskreis, wahrsch. bis zum Bau der vorgeschobenen Burg → Tzschocha (vor 1319). 1329 erscheint jedenfalls im Queiskreis neben den Burgen Tzschocha und → Schwerta »Lesna oppidum forense«; die in Sagen weiterlebende Burg wird dem Verfall preisgegeben gewesen sein. Die jüngere Herrsch. M. umfaßte den w. Teil des Queiskreises (ca. 33 qkm) mit den an Queis und Hartmannsdorfer Wasser aufgereihten Waldhufendörfern Nieder- und Ober Örtmannsdorf, Schadewalde und Hartmannsdorf sowie der Stadt M. (bis 1633 auch dem böhm. Wünschendorf), sie hatte ihren Sitz in M. und in dem nach 1633 zeitweise abgetrennten Schadewalde und gehörte zunächst den v. Uechtritz, 1415–1784/85 den v. Debschitz (Döbschütz). – Während die Dörfer um M. ca. 1230–1260 entstanden, wurde die einzige ma. Stadt des Queiskreises, M. (Bestandteil Mark- erst seit 1574 belegt) am l. Queisufer beim scharfen Knick des Flusses nach N, nach der M. 13. Jh. gegr., vielleicht erst unter Heinrich I. von Jauer (hier 1319–46); der erste sichere Beleg stammt von 1329. Die früheste Anlage unterhalb der 1346 bezeugten Stadtpfarrkirche wurde nach Zerstörungen durch Hussiten (1431), Hochwasser (1432, verbunden mit Flußverlagerung) und Brand (1434) aufgegeben; das Gelände (später Ortsteil »Altstadt«) fiel an Schadewalde, in dessen Gemarkung auch die Kirche von M. nun zu liegen kam (Einführung der Ref. 1529, Zufluchtskirche). Die neue Stadtanlage entstand in höherer Lage (240 m) etwas weiter s. mit rechteckigem Marktplatz und schachbrettartigem Grundriß, ohne Stadtmauern, aber drei Toren (Ober-, Schwert- und Kirchtor). Über M. führte eine ältere Straßenverbindung von Oberdeutschland über Zittau und Friedland/Böhmen nach Lauban. 1515 bekam die Stadt Jahrmärkte bewilligt, seit 1523 sind Zünfte belegt. Durch Exulanteneinwanderung aus Böhmen und Schles. nach dem 30j. Krieg entstanden neue Vorstadtsiedll. und erlebte die Stadt einen wirtschl. Aufschwung. Tuchmacherei und Leinenweberei (Zunft 1578) traten im 18. Jh. gegenüber dem bedeutenden Handel mit dem auf dem Lande gewebten Leinen zurück. Im 19. Jh. fand die maschinelle Textilherstellung Eingang. Die 1833 eingerichtete Kattunfabrik ging in den 1850er Jahren wieder ein. Dafür entwickelte sich die 1855 gegr. Kammgarnspinnerei (die erste in Dtld.) und Weberei Gebr. Woller – seit 1888 »Concordia Spinnerei und Weberei AG« – zu einem weitverzweigten Unternehmen, das seit 1925 auch Kunstseide herstellte (heute »Dolnośląskie Zakłady Przemysłu Jedwabniczego«). 1896 erhielt M. durch die Stichbahn Lauban–M. Eisenbahnanschluß. 1901–1905 wurde bei M. im hochwassergefährdeten engen Queistal die erste schles. Talsperre erbaut (45 m hohe Staumauer, Stauweite 5,6 km, 1907 Inbetriebnahme eines Elektrizitätswerkes). Die Bev.-Zahl stieg von 1825: 1277 auf 1905: 2466 Eww. und stagnierte dann (1939: 2201 auf 3,55 qkm). Die geringe Eww.-Zahl führte 1945 zum zeitweisen Verlust des Stadtrechts unter poln. Verwaltung (1955 Erhebung zur stadtart. Siedl., 1962 wieder Stadt). In der bis tief ins 19. Jh. von Holzbauten beherrschten Stadt hat die zweischiffige, 1703–1711 aus Stein neu erbaute *Pfarrkirche* zur Hl. Dreifaltigkeit den Krieg überstanden, nicht dagegen die Laubenhäuser der Leinenkaufleute an der S-Seite des Marktes. M. wurde 1961 von 4557, 1970 von 4935 Personen bewohnt (7,55 qkm). – In M. geb. (1673) und gest.

(1730) ist der Mitbegründer der Deutschübenden Ges. in Leipzig Pastor Johann Heinrich Krause. Der Mineraloge und Kunstsammler Dr. jur. Christian August Stöltzer, geadelt 1813 als Lindner v. Stöltzer (geb. 1770 in M., gest. 1827 in Dresden), war Sohn des M.er Kaufmanns Johann August Stöltzer, der 1784 Schadewalde, 1785 M. erworben hatte; er verkaufte den Besitz 1805. (I) *We*

Schönwälder, D. Budissiner Queißkreis, in: LV 55, 60 (1884), S. 352–391, und 61 (1885), S. 1–78. – GSchönaich, M., in: LV 41, 56 (1936), S. 177 bis 181. – LV 233, S. 814 f. – Heimatbuch d. Kr. Lauban in Schles., 2. Aufl. hg. v. WMenzel, Seyboldsdorf–Vilsbiburg 1966. – LV 664, Bd. 1, S. 286 ff., Bd. 2, S. 933, Bd. 3, S. 590. – LV 330, S. 85 f. – LV 293, S. 109 f. – LV 234, Bd. 2, S. 569

Markt Bohrau (Borów, Kr. Strehlen). »Bogdanus de Boriov« ist der älteste bekannte Vertreter eines Adelsgeschlechts, das in B. seinen befestigten Sitz hatte; er erhielt von Hz. Wladislaus II. von Krakau und Schles. († 1159) das an B. anschließende Dorf »Lanca« (später Schönfeld) verliehen. Bartholomäus von B. schenkte seinen Besitz vor 1200 dem Kl. Leubus, B. selbst aber erwarb der Landesherr – der Zeitpunkt ist unbekannt – und gründete dort vor 1292 eine Stadt; 1292 ist die Vogteimühle, 1294 der Vogt von B. belegt, bis kurz vor 1310 war B. auch Weichbildvorort. Dann verlor es schnell an Bedeutung, u. a. durch das 1292 gegr. → Strehlen. Die Burgstätte des alten Besitzergeschlechts bei B. wurde 1292 dem Kl. Leubus bestätigt. In B. entstand aber eine neue Burg; sie wurde zusammen mit der Stadt 1326 von Hz. Heinrich VI. von Breslau den Rittern Konrad und Mulich v. Rideburgk verliehen, 1429 als Stützpunkt der Hussiten von den Breslauern zerstört. An ihrer Stelle wurde später ein herrschl. Schloß errichtet. Das schwach entwickelte, offene Städtchen B. sank in preuß. Zeit zu einem Marktflecken ab, »Markt« wurde Bestandteil seines ON; es hatte 1795 nur 338 Eww. (1825: 469, 1905: 487, 1939: 905). Besitzer der Herrsch. B. waren im 18. Jh. und bis 1886 die Gff. v. Sandretzky, die auch → Langenbielau besaßen, danach die Gff. v. Seidlitz. (II) *We*

LV 130. – LV 206, Bd. 12, S. 168. – LV 212, Bd. 2. – LV 402, S. 88 f. – LV 612, S. 38. – LV 357, S. 41–43

Matzdorf (Maciejowiec, Kr. Löwenberg). M. wird 1386 als »Mathisdorf« erstm. urk. erwähnt. Der obere Teil des Ortes hieß früher Drossig; schon 1369 fand er als »Droskotin« erste urk. Erwähnung. 1424 besaß Heinze v. Mesenau die Herrsch. M. Von 1478–1669 war sie im Besitz der Fam. v. Spiller. 1670 folgte die Fam. v. Reder, 1687 erwarb sie Balthasar v. Hayn. 1648 war das *alte Renaissanceschloß* aus der M. 16. Jh. abgebrannt und bis 1652 wieder erbaut worden. Im 18./19. Jh. wechselte M. häufig den Besitzer. 1727 erwarb es der Gf. v. Zierotin und Lilgenau, 1756 Senator und Kaufmann Georg Friedrich Schmidt aus Hirschberg, 1770 die Ritterakademie Liegnitz, 1783 ein Gf. v. Reder, 1789 die

Burggff. v. Dohna, 1795 der Reichsgf. v. Schönaich, 1829 der Rittergutsbesitzer Dolan, der zwischen 1834 und 1838 das *neue Schloß* errichten ließ, und 1839 der bedeutende Gen. Oldwig v. Natzmer (1782–1861). (I) *Scho*

JGThomas, Hist. Nachrichten v. d. Herrsch. M., Hirschberg 1840

Mauer (Pilchowice, Kr. Löwenberg). M. war eine alte slaw. Siedl., die 1217 erstm. unter dem Namen »Pilhovic« urk. erwähnt wird. 1598 verkaufte Balthasar v. Schaffgotsch auf Kynast Klein M. an Conrad v. Zedlitz auf Wiesenthal. – Veranlaßt durch das Bober-Hochwasser von 1897, wurde 1902–1912 die Bobertalsperre von M. gebaut. Sie hat 50 Mill. cbm Stauraum. Das dort gebaute Kraftwerk hatte eine durchschnittliche Jahresleistung von 20 Mill. kWh. (I) *Scho*

Heimatbuch d. Kr. Löwenberg in Schles., 3. Aufl. (Bückeburg) 1959, S. 398 f.

Mertschütz (Mierczyce, Kr. Liegnitz). Etwa 300 m ö. des Dorfes M. (16 km sö. Liegnitz) befindet sich der die Umgebung beherrschende, 160 m hohe »Burgberg« (auch »Schwedenschanze« gen.), dessen Kuppe bereits in der Steinzeit besiedelt war. Nach einer Siedlungspause entstand in der Hallstattzeit (ca. 800–500 v. Chr.) am Bergrand die 2,5 m starke und vielleicht 3,5 m hohe Holzerdemauer einer Siedl. der Lausitzer Kultur. Nach erneuter Verödung bauten die Slawen (im 8./9. Jh.?), z. T. auf den alten Mauer, einen *Ringwall* von 95 × 130 m Durchmesser, einer Basisbreite von 4–10 m und einer Höhe von vielleicht 3 m; die erhaltenen Teile des stark nivellierten Walles sind durchschnittlich 1 m hoch. Der Wall zeigt eine Holzrostkonstruktion, ausgefüllt mit Lehm und beiderseitig von einer Wand waagrecht liegender Balken eingeschlossen; er wurde durch Feuer zerstört. Auf der ca. 0,9 ha großen Innenfläche wurden Spuren rechteckiger Häuser entdeckt.
(II) *We*

FWJäkel, Ringwälle, Steinwälle u. Heidenkirchhöfe, bes. in Schles., in: LV 26, NF 4 (1865), S. 72 f. – BvRichthofen, Auf d. Spuren alter Siedll., 1. Gegend v. M. Kr. Liegnitz, in: LV 68, 1 (1924), S. 57–65. – MHellmich, D. Burgwälle d. Liegnitzer Kr., in: LV 39, 14/1932–1933 (1934), S. 124. – LV 330, S. 94 f.

Miechowitz (1936 Mechtal, Miechowice, Kr. Beuthen-Tarnowitz/ Stadtkr. Beuthen). Das Dorf M. ist wahrsch. identisch mit dem Dorf »Belobreze«, das 1257 den Rittern vom hl. Grab aus Miechów (Kleinpolen) gehörte und damals dt. Recht erhielt; seinen späteren Namen hat es demzufolge nach dem Sitz seiner einstigen Besitzer. Schon im 16. Jh. wurde bei M. Bergbau betrieben. Bedeutung gewann der Ort jedoch durch den Abbau von Galmei im 19. Jh. (Mariengrube 1822, Emilienfreude-Grube 1826, Johanna-Grube 1848). Die Heirat des Bergwerksleiters Franz v. Winckler (1803–51) mit der Witwe des Gutsbesitzers von M., Franz Aresin, 1832 legte den Grund für eine bedeutende Industrieunterneh-

mung, die durch die Erwerbung der Herrschsch. → Kattowitz
(1838) und → Myslowitz (1839) entscheidend gefördert wurde.
Die wirtschl. Erfolge der Besitzer von M. schlugen sich in Bauten
nieder. Anstelle der alten Dorfkirche wurde nach dem Tode
Franz v. Wincklers von dessen Witwe ein Neubau – zugleich als
Begräbniskirche – geplant, zu dem 1852/53 der Geh. Oberbaurat
August Soller in Berlin die Pläne ausarbeitete. Der mit der Aus-
führung des neugot. Prachtbaues beauftragte Architekt Richard
Lucae aus Berlin überließ 1855 wegen Reduzierung des Bau-
programms den Weiterbau wahrsch. dem einheimischen Bauinspektor Moritz August Nottebohm. Gleichzeitig mit dem Pro-
jekt dieser Kreuzkirche und wohl auch unter Beteiligung der auch
am Kirchenbau tätigen Architekten entstand der Um- und Erweiterungsbau des bescheidenen Gutshauses zu einem Schloß im
Geschmack der engl. Neugotik (1855–58; der mittlere Altbau nur
im Innern modernisiert). Anlaß hierzu war die Heirat der Tochter
Franz v. Wincklers mit Hubert v. Tiele 1854. Die Tochter aus dieser Ehe, Eva v. Tiele-Winckler (1866–1930), ist als Mutter Eva
und Begründerin der M.er Schwesternanstalten in die Gesch.
der schles. Mutterhäuser eingegangen.   (IV) *Gru*

LV 345. – LV 210, Bd. 1, S. 350. – LV 668, S. 57. – GGrundmann,
Friedrich Wilhelm Grundmann, ein Lebensbild, Augsburg 1956. – Ders.,
Villen u. Schlösser d. 19. Jh. v. Unternehmern in Schles., in: Tradition
10 (1965), S. 149–62. – Ders., Friedrich Wilhelm Grundmann, in: LV
649, Bd. 5, S. 113–28. – Ders., August Soller (1805–1853), ein Berliner
Architekt im Geiste Schinkels, München 1973. – ETiele-Winckler, Wie
der Friedenshort [M.] entstand, Lahr–Dinglingen 1949. – GMeyer, Eva
v. Tiele-Winckler, Ulm 1967. – HSchyma, Vom kulturellen Leben
eines oberschles. Dorfes zwischen beiden Weltkriegen (Mechtal/M., Kr.
Beuthen OS), Dortmund 1974

Militsch (Milicz). 1136 wird die Burg M. erwähnt, die den
Bartschübergang der von Breslau über Trebnitz nach Krotoschin,
Gnesen, Thorn und Danzig führenden Straße sicherte. Sie gehör-
te dem Bst. Breslau und bildete den Mittelpunkt einer Kastella-
nei (1155 erstm. gen.), deren Einkünfte zum Teil zur Dotation
des Domkapitels diente. Auch die Erwähnung einer Pfarrkirche
St. Adalbert macht es wahrsch., daß Burg und Kirche schon aus
dem A. 11. Jh. stammen. 1337 galt M. als die festeste Burg im n.
Schles. Aus dem alten Marktort entwickelte sich um 1300 die dt.
Stadt, deren Siegel St. Georg zu Pferde darstellt. 1358 wurden die
Stadt, die Burg, der Zoll und 24 in kirchlichem Besitz befindliche
Dörfer an die Hz. von Oels verkauft. 1492 verlieh Kg. Wladislaus
von Böhmen, zu dessen Herrsch.-Bereich Schles. gehörte, → Trachenberg und → Prausnitz und 1494 auch M. an Siegmund Kurzbach, der daraus eine umfangreiche Freie Standesherrsch. bildete.
Dessen Söhne teilten das Gebiet in die Standesherrschsch. Trachenberg und M. Letztere kam 1590 durch Heirat der letzten Erbin aus dem Hause Kurzbach an den Frh. Joachim v. Maltzan,
den Begründer der bis 1945 im Schloß zu M. ansässigen Fam.

Anstelle der ehem. Burg auf dem Hopfenberg wurde um 1360 ein Schloß w. der Stadt errichtet, das im 16. Jh. mehrfach erweitert wurde und seit einem Brande 1797 als Alte Burg und Ruine im Schloßpark stand, bis es im 2. Weltkrieg gesprengt wurde. Daneben ließ Gf. Joachim Carl v. Maltzan 1799 durch Karl Gottfried Geißler das langgestreckte, in der M. von einer Kuppel bekrönte *Schloß* errichten, das zu den reizendsten schles. Schöpfungen dieser Zeit gehört und 1910 erweitert wurde. Es barg wertvolle Gemälde und überstand alle Kriegsläufe. Die Einfahrt zum Schloß erfolgt durch das 1814 zur Erinnerung an die Befreiungskriege aus Raseneisenstein errichtete *Friedenstor*, während nach der Stadt zu das *Schloßtor* mit einem alten Akzisehäuschen am Mühlgraben steht. Die Inschrift am Torbogen lautet: »Semper bonis patet«, d. h. »Stets den Guten offen«.

Am bekanntesten ist die 1709–1714 am Rande des alten Stadtbezirks aus Fachwerk errichtete evg. *Gnadenkirche* mit einer im Rokokostil geschnitzten Kanzel und einem wertvollen Taufstein. Mit ihren drei Emporen konnte sie eine hohe Zahl von Besuchern aufnehmen. Sie bildet mit ihren drei hinter der Kirche liegenden Pfarrhäusern aus Fachwerk einen malerischen Winkel zwischen der Breslauer Straße und der Stadtpromenade. Sehr bescheiden wirkt die 1818–1821 durch den Gfl. Bauinspektor Schätzel errichtete turmlose *kath. Pfarrkirche*, die jedoch vier spätgot. Halbreliefs birgt. Die evg.-luth. Kirche an der Bahnhofsstraße ist ein einfacher, turmloser Backsteinbau von 1845. Das Rathaus von 1851 wurde beim Einmarsch der Russen vernichtet; an seine Stelle traten Grünanlagen. 1787 zählte die Stadt 1302 Eww., 1825: 2207, 1905: 3642, 1939: 5390 (auf 12,40 qkm), 1961: 6243 (auf 35,96 qkm), 1970: 7581 Eww.

Etwa eine Stunde von der Stadt entfernt, mitten im Walde, liegt die geräumige *Annakapelle*, die bereits 1505 als Pilgerstätte erwähnt ist. Ihr heutiger Bau stammt aus dem Jahre 1808.

(III) *Go*

ALGoedsche, Gesch. u Statistik d. M.-Trachenberger Kr., M./Br. 1847. – KKluge, Chronik d. Stadt M., M. 1909. – JGottschalk, Beitr. z. Rechts-, Siedl.- u. Wirtschaftsgesch. d. Kr. M. bis z. Jahre 1648, Br. 1930. – KBimler, Schlösser d. Kr. M., in: LV 30, 1938, S. 54–62. – D. Kr. M.-Trachenberg an d. Bartsch, Heimatbuch eines schles. Grenzkr., Springe 1965. – LV 233, S. 815 f. – LV 234, Bd. 2, S. 575

Milkau (Miłaków, Kr. Sprottau). M., um 1305 als »Milakow« urk. gen., gehörte urspr. zum Distrikt von → Neustädtel, kam mit diesem Distrikt zum Weichbild → Freystadt, bei der Kr.-Reform 1819 zum Kr. Sprottau. Fabian v. Schönaich erwarb 1561 M. mit Suckau und Bockwitz zur Herrsch. Beuthen-Carolath. Diese M.er Güter zog Ks. Ferdinand II. ein, weil der Winterkönig zu Weihnachten 1620 im Schlosse → Carolath Unterkunft gefunden hatte, und übergab sie 1644 den Glogauer Jesuiten. Erst 1754, nach einem (zuerst von Friedrich II. abgelehnten, später begünstigten)

Prozeß mit den Jesuiten, wurden diese Güter dem Fst. v. Carolath zurückgegeben. – Das unbedeutende *Herrenhaus* aus Ziegeln und Feldsteinen spielte eine Rolle bei der preuß. Besitzergreifung von Schles. Kg. Friedrich II. kam mit seinem Heer am 17. 12. 1740 bis → Weichau und nahm am 19. Quartier im Schloß zu M., wo er bis zum 22. 12. verweilte. An diesem Tag ereichte er → Herrndorf bei Glogau. (I) *St*

LV 211, Bd. 3, S. 205. – HJessen, D. erste preuß. Heeresbericht, in: LV 28, 74 (1940), S. 1–18. – GGrundmann, D. Lebensbilder d. Herren v. Schönaich auf Schloß Carolath, in: LV 34, 6 (1961), S. 229–330

Minkowsky (1937 Seydlitzruh, Mińkowskie, Kr. Namslau). Das 14 km sw. Namslau gelegene Straßendorf M. ist 1329 erstm. belegt, das Ritergut 1628 durch die Erwähnung des Daniel Hess auf M. Der aus Calcar am Niederrhein gebürtige preuß. Reitergen. Friedrich Wilhelm v. Seydlitz (1721–73), seit 1757 in dem 23 km entfernten → Ohlau stationiert, kaufte 1765 nach Empfang einer kgl. Dotation in Höhe von 20 000 Talern das Gut M. für 60 000 Taler und ließ auf einer Anhöhe am O-Rand des Ortes ein schlichtes *Rokokoschloß* erbauen, das bei seinem Tode noch nicht vollendet war. Der urspr. einstöckige Bau (Ausbau des Dachgeschosses um 1900) verrät vor allem an der Gartenfront mit dem reizvollen halbrunden Ausbau des Salons Einfluß des Schlosses Sanssouci in Potsdam. Der nach W anschließende Flügel enthielt den Pferdestall, der ö. Anbau war die Orangerie (1917 abgerissen). Um das Schloß erstreckt sich ein Park; die Mittelachse nach SW ermöglichte einen Durchblick bis zu Seydlitz' Garnisonstadt Ohlau. Seydlitz wurde in der NW-Ecke des Parkes begraben; das von seinen Töchtern auf Wunsch Friedrichs d. Gr. errichtete Grabmal ist ein Werk des Breslauer Bildhauers Gottfried Stein (†1790): ein Sandsteinsockel auf elliptischem Grundriß, darauf ein Löwe, der eine Deckelurne bewacht. Seydlitz' älteste Tochter, Gfn. Wilhelmina Albertina v. Monczinska, die M. seit 1779 besaß, vollendete den Schloßbau wohl 1784, verkaufte aber schon zwei Jahre später das Gut, das in der folgenden Zeit häufiger den Besitzer wechselte. (III) *We*

LV 613, Bd. 2, S. 32 f. – LV 591, (II 1), S. 186–90. – LV 631, S. 155 f. – LV 593, Bd. 7, H. 7, S. 27–30

Mittel Lazisk (Łaziska Średnie, Kr. Pleß/Tichau). Im Bereich des aus Karbongestein bestehenden Höhenzuges am S-Rand der Klodnitz-Niederung liegen auf kargem diluvialem Sandboden ca. 4 km sw. Nikolai die Orte M.-, Nieder- und Ober L. Mit der »villa Lasziska« und dem Adligen »Borko de Laszka« ist L. 1287 erstm. belegt. In M. L. war der alte Herrensitz. Die Urbare der Standesherrsch. Pleß von 1536 und 1572 nennen nur die landesherrlichen Dörfer, daher lediglich Nieder L. (mit zwei Schulzen-, zwei Bauern- und fünf wiederbesetzten Wüstungsstellen 1536) und → Ober Lazisk; vom adeligen M. L. wird nur im Zusammenhang

mit der Lehensdienstpflicht der Besitzer erwähnt: »Martin Lat-
ziski« (1536) bzw. »George Zawadzky wegen Lasisk« (1572). Um
1800 gab es in dem adeligen M. L. keine Bauern-, nur 29 Gärtnerstellen, außerdem ein Schloß mit zwei Vorwerken, zwei Mehl-
mühlen und eine Brettmühle, einen Kalksteinbruch und eine
Steinkohlengrube, in dem fstl. Nieder L. hingegen zwei Schul-
zen-, fünf Bauern-, eine Gärtner- und neun Häuslerstellen. Der
1797 entstandenen Kohlengrube »Treue Caroline« eines Herrn v.
Bludowski folgten weitere; sie leiteten die Umwandlung des
Ortes in eine Industriesiedl. ein. 1921 kam M. L. an Polen. In der
Zwischenkriegszeit nahm eine große Ziegelei ihren Betrieb auf,
nach 1945 kam die Produktion vorgefertigter Bauelemente hinzu.
Die Steinkohlengrube »Bolesław Śmiały« in M. L. und Ober
Lazisk – die ehem. »Ver. Alexander-Prinzen-Brade-Grube«, seit
1947 mit der ehem. »Gott-mit-uns-Grube« in M. L. vereinigt –
hatte 1958 5933 Beschäftigte. 1954 wurde M. L. mit dem n. an-
grenzenden Nieder L. vereinigt und zur stadtart. Siedl. erhoben.
Eww.-Zahlen: 1783: M. L. 99, Nieder L. 77, 1825: M. L. 347,
Nieder L. 228, 1885: M. L. 804 + Gutsbez. 157, Nieder L. 860,
1905: M. L. 1158 + Gutsbez. 156, Nieder L. 1046 + Gutsbez.
16, 1931: rd. 3600, 1961: 6571 (auf 7,47 qkm).   (IV) *We*

LV 278 a, S. 171–74. – LV 207, T. 8, S. 22. – LV 210, Bd. 1, S. 607,
616. – LV 345. – LV 173. – LV 234, Bd. 1, S. 450 f. – LV 225

Mittelwalde (Międzylesie, Kr. Habelschwerdt). Die Handelsstraße aus Mähren durch die Gfsch. Glatz nach Schles., die die Landesgrenze am s.sten Punkt der Gfsch. überschritt, wurde von al-
tersher durch eine Befestigungsanlage gesichert, die wohl unter
Hz. Břetislav I. († 1055) als Burg errichtet wurde. Unter Kg. Ottokar II. von Böhmen (1253–1278) wurde die bereits vorher eingeleitete dt. Besiedlung des Landes verstärkt. Die Stadt M. ist
1294 erstm. belegt: damals schenkte Kg. Wenzel II. von Böhmen
sie mit der dazugehörigen Herrsch. dem Zisterzienserkl. → Kamenz. Aber schon 1323 gehörte sie der Fam. v. Glubos (Glaubitz),
die auch die Herrschsch. → Karpenstein und → Schnallenstein besaß. 1428 nahmen die Hussiten Burg und Stadt M., plünderten
und zerstörten sie, die Pest von 1430 verödete sie völlig. 1472,
spätestens 1491 existierte die Stadt wieder, räumlich etwas verlegt (die erste Anlage ist auf dem Boden der jüngeren Glatzer
Vorstadt zu suchen). M. wechselte in der Folge häufig die Besitzer, was für die Entwicklung hinderlich war. 1538 kam M. an die
Fam. v. Tschirnhaus auf Bolkenhain, die sich um den Aufbau
von Stadt und Herrsch. bemühte. Durch die Schwenckfelder fand
die Ref. in M. Eingang. Im 30j. Krieg, durch den M. schwer zu
leiden hatte, setzte die Gegenref. ein. Die v. Tschirnhaus verloren
als Anhänger des Winterkg. Friedrich V. für eine Zeitlang Stadt
und Herrsch. M. 1653 kaufte beides Reichsgf. Michael Ferdinand
v. Althann, dem bereits ein großer Besitz in Grulich/Böhmen (sö.
M.) gehörte. M., das keine Stadtmauer oder -umwallung hatte,

blieb bis zur Einführung der preuß. Städteordnung 1809, die Herrsch. M., zu der sehr bald die Herrschsch. Schnallenstein und zeitweise auch Karpenstein gehörten, bis 1945 Eigentum der Fam. v. Althann. 1684 erbaute der damalige Besitzer einen weitläufigen zweiflügligen Barockbau, der sich an das alte, um 1580 im Renaissancestil umgebaute Schloß am N-Rand der Stadt anschloß. Die wirtschl. Entwicklung von M. ging von 1750 an infolge der aufblühenden Leinwandindustrie schnell vorwärts; dabei schuf Kommerzienrat Ludwig ein Unternehmen mit weltweiten Beziehungen. Die Kontinentalsperre schnitt 1807 die Verbindungen zu den überseeischen Absatzgebieten ab. Die Stadt vermochte sich danach nur sehr langsam zu erholen. Durch die Eröffnung der Eisenbahnstrecke Breslau–M.–Prag–Wien 1875 wurde M. als Grenzstation von Bedeutung, es entstanden in der Folge auch manche Betriebe (mechanische Weberei, Gardinenfabrik). Die Stadt blieb 1945 im wesentlichen unzerstört, mit ihr das *Schloß*, die got., 1595 ausgebaute und 1643 barockisierte *Pfarrkirche Corpus Christi*, die *Barbarakirche* (17. Jh.), der Ring mit *Barockhäusern* und der *Mariensäule* von 1698 sowie Reste der *Holzlaubenhäuser*-Gruppe »Sieben Brüder«. – Eww.: 1787: 1356, 1825: 1519, 1905: 2932, 1939: 2586, 1961: 2332, 1970: 2546.

(IIa) *Ge*

LV 119, Bd. 6, bes. S. 73–99, 127–37. – MTschitschke, Gesch. d. Stadt u. Pfarrei M., M. 1921. – AOtto, Glatzer Wanderbuch, M. 1923, 2. Aufl. überarb. v. PLeister, Leimen/Heidelberg 1971. – KKrause, M. in Schles., in: D. Gfsch. Glatz (Monogr. dt. Städte, Bd. XIX), Berlin-Friedenau 1927, S. 87–91. – Ostdt. Heimat, Jb. d. Gfsch. Glatz, Lüdenscheid/Westf., 1964, 1966. – LV 233, S. 816 f. – LV 234, S. 574 f.

Modlau (Modła, Kr. Bunzlau). 1475 nutzten »zween hämmer in der Modell« (1381: »Model« – Honigheide) das Raseneisenerz der Schwarzwasserniederung (bereits 1425 ein Hammer erwähnt). Daraus entstand 1854 das Eisenwerk Wilhelminenhütte (bis 1945). M. war im Besitz der Fam. v. Landskron vor 1402–1482, v. Bibran (Frhh. seit 1624) 1482–1828. Nickel v. Bibran erbaute 1580 die evg. Kirche (1654 reduziert, 1683 den Evangelischen übergeben, 1877 Neubau) und 1564–67 das von einem Wassergraben umgebene *Renaissanceschloß*: ein dreigeschossiger hoher Würfel, an den Ecken der Eingangsfront zwei Rundtürme, Familienwappen über dem Portal. Die Tochter des David Heinrich Frh. v. Bibran und M. († 1828) brachte den Besitz an v. Block-Bibran, deren Tochter 1857 an die Gff. v. Rittberg (noch 1945). Die Herrsch. M.-Altenlohm mit zwei Vorwerken in Mittel- und Ober Neuhammer umfaßte zuletzt 3158 ha, davon 2228 ha Heide. Das Dorf M. hatte 1786 ein Vorwerk, keine Bauern, 41 Gärtner, 18 Häusler, drei Wassermühlen, ein Luppenfeuer und 320 Eww.; 1939: 962 Eww. Seit 1872 gab es den Bahnhof M. an der Strecke Liegnitz–Sagan, dazu seit 1913 die Kleinbahn Bunzlau–M.   (I) *St*

EDewitz, Gesch. d. Kr. Bunzlau, Bunzlau 1885, S. 216–23

Mollwitz (Małujowice, Kr. Brieg). Der urspr. Name dieses 5 km w. von Brieg gelegenen Angerdorfes, das zur selben Zeit wie die Kr.-Stadt von Deutschen besiedelt wurde, lautet »Malowicz«. Das Patronatsrecht über die Kirche stand seit etwa 1320 dem Breslauer Katharinenstift zu. Um 1350 wurde M. vom Breslauer Vinzenzstift erworben, dem es bis zur Säkularisation (1810) gehörte. Trotz der geistlichen Grundherrsch. wurde das Dorf 1534 evg. Die aus dem 14. Jh. stammende *Kirche* birgt reiche spätgot. Wandmalereien, die zuletzt 1974 restauriert wurden.
Berühmt geworden ist der Ort durch die am 10. 4. 1741 zwischen Preußen und Österreich ausgetragene Schlacht, die erste, die Friedrich II. nach seinem Einfall in Schles. geschlagen hat. Nach anfänglichen Erfolgen der österr. Reiterei verlor der junge Preußenkg. den Mut und verließ das Schlachtfeld in Richtung Grottkau. Daraufhin übernahm Feldmarschall Gf. Kurt Christoph v. Schwerin den Oberbefehl und schlug mit der preuß. Infanterie schließlich doch noch die zahlenmäßig unterlegenen Österreicher (etwa 21 000 gegen 19 000 Mann) unter Feldmarschall Gf. Wilhelm Reinhard v. Neipperg in die Flucht. Wenn es sich bei dieser Schlacht auch um keinen glänzenden Sieg der Preußen handelte, so begründete sie dennoch Friedrichs Schlachtenruhm. Ein Gemälde »Die Schlacht von M.« schuf Karl Röchling.
M. ist der Geburtsort des Mundartdichters Karl Wilhelm Michler (1863–1932), der zusammen mit Kurt Maruschke 1913 die Halbmonatszeitschrift »Durfmusikke« gründete. (III) *Nb*

ASchönwälder (Hg.), Gesch. Ortsnachrichten v. Brieg u. seinen Umgebungen, 1. T., Brieg 1845, S. 67–69. – D. Kriege Friedrichs d. Gr., hg. v. Großen Generalstab, T. 1: D. I. Schles. Krieg 1740–42, 3 Bde., Berlin 1890–93. – LV 299, Bd. 1, S. 128–36. – RKoser, Z. Schlacht b. M., in: Forschsch. z. brand. u. preuß. Gesch. 3 (1890), S. 151–63. – HSchoenborn, Gesch. d. Stadt u. d. Fstm. Brieg, Brieg 1907, S. 253–270. – AMann, D. Schlacht b. M., Brieg 1911. – HDelbrück, Gesch. d. Kriegskunst im Rahmen d. politischen Gesch., 4. T., Berlin 1920, S. 373–75 – Gedenkschrift als 200-Jahr-Erinnerung an d. Schlacht b. M. 1741–1941, Brieg 1941

Mondschütz (Mojęcice, Kr. Wohlau). Am S-Rand des Wohlauer Tales, eines sich zum s. Oderdurchbruch öffnenden Talzuges des Schles. Landrückens, auf bereits in vor- und frühgesch. Zeit besiedeltem Boden gelegen, wird das Dorf M. erstm. 1202 in einer Zehntbestätigung des Kl. Leubus gen. Eine Umsetzung der slaw. Ortschaft zu dt. Recht ist zumindest während der frühen ma. dtrechtl. Kolonisation nicht erfolgt. Um 1300 gehörte die Herrsch. M. dem im Fstm. Wohlau in mehreren Dörfern ansässigen Geschlecht v. Haugwitz, wie aus der 1308 durch Hz. Heinrich III. von Glogau für den Ritter Marbot v. Haugwitz beurkundeten Befreiung des Dorfes von allen Lasten hervorgeht. Wahrsch. um diese Zeit entstand die Burg M., deren wohl erst später errichteter gemauerter Burgturm bis zu Beginn des 17. Jh. erhalten blieb. Bis 1620 wurde an Stelle der alten Burg – die Herrsch. M. war

1466 aus dem Besitz des Geschlechtes v. Haugwitz an die Fam. v.
Stosch übergegangen, bei der sie bis 1747 verblieb – der schöne,
von einem breiten Burggraben umgebene *Renaissancebau des
Schlosses* M. errichtet, das seit 1780 bis 1945 der Fam. v. Köckritz
gehörte. Sowohl das Schloß wie die im 15. Jh. aus Findlingssteinen und Ziegelmauerwerk erbaute, im 16. Jh. erweiterte und in
der Spätrenaissance reich ausgemalte *Kirche,* die bereits um 1530
evg. wurde und auch während der Gegenref. den Evangelischen
verblieb, sind bis heute erhalten. Beschädigungen und Verfalls-
erscheinungen der Nachkriegsjahre konnten durch 1964 abgeschlossene Restaurierungsarbeiten beseitigt werden.   (II) *Gra*
LV 613, Bd. 2, S. 33 f. – LV 218. – LV 344. – LV 270

Moys (Zgorzelec-Ujazd, Stadtkr. Görlitz). Im 7j. Krieg verfolgte
das österr. Hauptheer unter Pz. Karl von Lothringen und Gen.
Daun nach dem Sieg bei Kolin (18. 6. 1757) die zurückweichenden
Preußen in die Oberlausitz. Während das Gros der preuß. Truppen unter dem Hz. von Bevern bei der Görlitzer Landskrone lagerte, hielt eine Abteilung am anderen Neißeufer auf dem Holz-
berg (später Jäckelsberg) bei M. eine vorgeschobene Stellung. Diese wurde von einem österr. Korps unter Gen. Nádasdy am 7. 9.
1757 überrannt; bei dem erfolgreichen Gegenangriff fiel der preuß.
Gen. v. Winterfeldt. Wegen Verpflegungsschwierigkeiten und
österr. Übermacht (etwa 90 000 zu etwa 40 000 Mann) zogen sich
die Preußen nach Bunzlau zurück. – Das um 1309 erstm. gen.
Dorf M. am r. Neißeufer sö. Görlitz, das seit E. 14. Jh. zeitweise
zu den Landbesitzungen von Görlitz gehörte, wurde 1925 in diese Stadt eingemeindet, nachdem es bereits durch Industrie seinen
ländlichen Charakter verloren hatte (→ Görlitz-Ost).   (I) *We*
LV 662, S. 614. – LV 664, Bd. 3, S. 595. – LV 229, Bd. 2, S. 13 ff. –
vWichtingen, Gefecht b. M., in: Von Mollwitz bis Annaberg, zus.-gest.
v. GSchwantes, Br. 1935, S. 39–43

Münsterberg i. Schl. (Ziębice, Kr. Frankenstein). An der Stelle am
r. Ohleufer, an der M. vor 1253 zu dt. Recht ausgesetzt wurde,
wird 1234 ein slaw. Ort »Sambice« erwähnt, der 1241 wahrsch.
wie das nahe Kl. Heinrichau von den Mongolen zerstört worden
ist. Urk. erstm. erwähnt wird M. am 1. 2. 1253. Aus dieser und
späteren Urkk. von 1266, 1291, 1359 und 1405 ist ersichtlich, daß
M. bereits 1253 als dtrechtl. Stadt bestanden hat. In diesen Urkk.
werden in bezug auf M. u. a. die Worte cives, civitas und oppidum gebraucht und der Vogt gen. (1266). Der Name der Stadt
lautet 1253 »Munsterberck«, 1268 »Sambiz videlicet Munster-
berge«, 1282 Munsterberch, 1385 Monstirberg, von 1428 an in
der heutigen Form M. Die regelmäßige Stadtanlage mit gitterförmigem Straßennetz und ca. 90 × 160 m großem Ring als Mittelpunkt bedeckte innerhalb der 1336 nachweisbaren Stadtmauern
die beachtliche Fläche von ca. 35 ha. Fünf Tore waren in der
Mauer: das Patschkauer, Neisser, Breslauer, Burg- und Weber-

tor (letzteres in preuß. Zeit zugemauert). Das »Münster auf dem
Berge«, die Stadtpfarrkirche zu St. Georg, war von 1282 an Kern
des Stadtwappens. Seit 1276 bestand in M. ein St. Peter-Pauls-
Hospital, das die Kreuzherren mit dem roten Stern zu St. Matthias in Breslau 1282 übernahmen, die hier ihre Kommende St.
Petri et Pauli errichteten. Außerdem gab es in M. noch ein Minoritenkl. »Beatae Mariae Virginis« mit einer Kl.-Kirche zum
hl. Kreuz (1307 belegt, seit dem 30j. Krieg Ruine, Reste 1769 beseitigt). 1268 war in M. bereits eine hzl. Münzstätte.
Nach dem Tode Hz. Heinrichs IV. von Breslau 1290 erbte Bolko I.
von Jauer-Löwenberg († 1301) u. a. M. und Frankenstein. Er
erbaute im N der Stadt M. eine 1300/01 belegte Burg. Nach seinem Tode wurden seine Besitzungen unter seine Söhne geteilt.
Am 22. 11. 1321 übernahm der Jüngste von ihnen, Bolko II.
(† 1341), als »Hz. von M.« und Begründer der M.er Hz.-Linie das
Hzt. M. und schlug hier in der Burg seine Residenz auf. In lang-
jährigem Streit mit dem Bf. von Breslau machte er Ansprüche auf
das Ottmachauer und Neisser Bst.-Land geltend. Er wurde wiederholt gebannt und M. mit dem Interdikt belegt. Versöhnt mit
Bf. und Kirche, kam es nach der Belagerung → Frankensteins
durch den Markgf. von Mähren, den späteren Ks. Karl IV., 1336
auch zur Anerkennung der böhm. Lehnshoheit durch den Hz.
von M. Von Bolko II. erhielt M. das Meilenrecht, 1322 bereits das
Recht der freien Ratswahl, schließlich 1335 das Willkürrecht und
auch die niedere Gerichtsbarkeit. Bolko II., der große Wohltäter
von Kl. → Heinrichau, wurde in dieser Kl.-Kirche beigesetzt. Sein
Sohn Hz. Nikolaus (1341–58) und die Städte M., Frankenstein
und Strehlen huldigten 1341 Kg. Johann und seinem Sohn Karl,
1344 kam es in M. zur Städteeinung gegen Räuber und Wege-
lagerer. Im selben Jahre erhielt M. vom Hz. das Obergericht,
1348 auch die Gerichtsbarkeit über die Juden. Unter Bolko III.
(1358–1410) erwarb M. 1377 die Erbvogtei. Die Piasten regierten
das Fstm. M. noch bis 1428, Johann und Heinrich 1410–20 gemeinsam, 1420–28 Johann allein. In jener Zeit wurde die Pfarrkirche vergrößert und durch Stiftungen bereichert; Hz. Johann erbaute 1423 am Münster die Marienkapelle. In starke Mitleidenschaft geriet M. durch die folgenden Hussitenkämpfe. Am 27. 12.
1428 fiel Hz. Johann von M. im Kampf gegen die Hussiten bei
Altwilmsdorf (→ Glatz). Im Jan. 1429 überfielen die Hussiten
M. und zerstörten Stadt und Burg. Die M.er wurden schließlich
durch die Breslauer und Neisser befreit.
In der Folgezeit stand M. unter verschiedenen Pfandherren und
gelangte dann am 16. 5. 1454 in den Besitz von Georg von Podiebrad. In den wiederaufgeflammten Kämpfen mit den Hussiten
war M. abwechselnd in deren Besitz und im Besitz der Breslauer
und Bischöflichen. Nach Georgs von Podiebrad Tod am 22. 3.
1471 teilten seine Söhne 1472 ihre Erblande, wobei Heinrich dem
Älteren das Fstm. M. mit dem Weichbilde Frankenstein und die
Gfsch. Glatz zufielen (→ Hummelschloß, → Lewin, → Glatz).

Heinrich d. Ä., verheiratet mit Ursula von Hohenzollern, Tochter des Kfst. Albrecht Achilles von Brand., kehrte 1473 zur kath. Kirche zurück. Nach der völligen Zerstörung der nach 1430 wiederhergestellten alten Burg (1488) ließ er in der Nähe des Neisser Tores ein Schloß erbauen, das im 16./17. Jh. ausgebaut wurde, dann im 18. Jh. verfiel und nach 1791 abgetragen wurde. 1495 erwarb Heinrich d. Ä. das Hzt. Oels. Nach seinem Tode am 24. 6. 1498 zu Glatz folgten ihm in gemeinschaftlicher Regierung seine Söhne Albrecht (†1511), Georg (†1502) und Karl I. (†1536). Nach Wiederaufbau des Frankensteiner Schlosses verlegte Karl I. 1530 seine Residenz nach → Frankenstein. Nach dem Tode Karls I. folgten ihm die Söhne Joachim, Heinrich, Johann und Georg bis 1542 auch in gemeinschaftlicher Regierung. Sie bekannten sich offen als Anhänger der neuen Lehre. 1537 wurden in M. die kath. Geistlichen vertrieben und an ihrer Stelle evg. Prediger eingesetzt; das Minoritenkl. wurde 1541 vom Rat eingezogen (Kirchenruine 1769 abgetragen), in der Peter-Pauls-Kirche wurde 1567 der kath. Gottesdienst eingestellt. Hz. Joachim von M. erhielt am 6. 11. 1545 von Kfst. Joachim II. von Brand. die Bstt. Lebus und Brandenburg. Er trat nun öffentlich zur luth. Lehre über, verzichtete aber schon 1560 auf die weltliche Herrsch. über diese Bstt. zugunsten des brand. Kurpz. Georg. 1542 verpfändeten die vier Brüder wegen der vom baulustigen Vater Karl I. übernommenen Schuldenlast das Hzt. M. an ihren Oheim Hz. Friedrich II. von Liegnitz. 1550 übernahm Kg. Ferdinand I. die Pfandherrsch., bis M. 1559 in den Besitz von Hz. Johann von Oels und damit wieder an das Haus Podiebrad gelangte (1559–65). Nach der kurzen Herrsch. von Hz. Karl Christoph (1565–69), der kinderlos starb, fiel M. an den Ks.

Glück und Wohlstand des folgenden jahrelangen Friedens wurden im 30j. Krieg vernichtet. 1633 lagerte Wallensteins Heer lange Zeit um M. Die konfessionelle Lage wechselte während des Krieges mehrmals und neigte sich danach zunehmend dem Katholizismus zu (1685: ⅓, 1718: ⅔ der Bev. kath.). Hatte M. am Vorabend der Hussitenkriege 606 Bürgerhäuser besessen, so verzeichnete es 1650 nur 125 besetzte Häuser und 335 wüste Stellen (1785 hatte es 274 Wohnhäuser). Verarmt fand die Stadt nach dem Kriege in ihrem Bürgermeister, Magister Albertus Helbigius, einen großen Wohltäter und in den Fstt. Auersperg (1654 bis 1791) ein neues Herrscherhaus, das freilich von der preuß. Besitzergreifung nach dem 1. Schles. Kriege an nur noch als Standesherrsch., nicht als Landesherrsch. im staatsrechtlichen Sinne fungierte. Nach 1742 war M. Heimstatt für viele evg. Böhmen, die Friedrich d. Gr. nach Schles. gerufen hatte. Ein Teil von ihnen begründete die böhm. Dörfer bei Strehlen (→ Hussinetz), andere blieben in M.; ihre Prediger betreuten zunächst auch die dt. Evangelischen von M., bildeten dann aber 1746 mit ihren 116 Landsleuten eine eigene Gem., bis schließlich 1811 die zusammengeschmolzene böhm. Kolonie in der dt. evg. Gem.

aufging. Von 1741–1885 mit kurzer Unterbrechung von 1794 bis 1799 war M. Garnisonstadt, bis 1932 Kr.-Stadt.

In M. kreuzten sich zwei Straßen, die aber für den überregionalen Verkehr von geringer Bedeutung waren: Breslau–Strehlen–M.–Patschkau-Glatz (wichtiger war der Strang Breslau–Nimptsch–Frankenstein–Glatz) und Neisse–M.–Frankenstein–Reichenbach–Schweidnitz. So war M. in erster Linie städt. Mittelpunkt einer Agrarlandschaft. Eine Besonderheit bildete der Hopfenanbau, der durch die böhm. Einwanderer noch belebt wurde, seit etwa 1820 aber rückläufig war; bis 1881 wurden Hopfenmärkte abgehalten. Der landwirtschl. Anbau um M. war Grundlage für die Zuckerfabrik von 1882 und die Gemüse-Präserven- und Konservenfabrik von Carl Seidel von 1886. Die Bodenverhältnisse der Gegend förderten das Tongewerbe; eine Töpferinnung ist schon 1335 belegt, 1873 wurde die »Dt. Ton- und Steinzeugwerke AG« begründet. In friderizianischer Zeit gab es in M. eine Scherpenmanufaktur und eine Strumpfwirkerei. Eisenbahnanschluß von Breslau her erhielt M. 1872, die Verlängerung der Strecke bis Glatz erfolgte 1873/74. Eww.-Zahlen: 1787: 1952, 1825: 3074, 1905: 8475, 1939: 8923 (auf 11 qkm), 1961: 9926 (auf 13,57 qkm), 1970: 9735.

M. hat eine Reihe wertvoller Baudenkmäler bewahrt. An der Spitze steht die kath. Pfarrkirche *St. Georg* mit frühgot. zweischiffigem Langhaus (um 1265/75) und zwei Kapellen und Chor aus der Spätgotik (15. Jh.) – allerdings A. 18. Jh. umgebaut und 1898–1900 erneuert. Die Niederlassung der Kreuzherren mit dem roten Stern, nach der Ref. E. 17. Jh. wieder eingerichtet, wurde 1726–30 mit einer neuen Kirche *St. Peter und Paul* und neuen *Kl.-Gebäuden* ausgestattet (1810 säkularisiert). Für die evg. Gem. errichtete Bauinspektor Neithardt v. Gneisenau im Geiste Carl Gotthard Langhans' 1796–98 auf den Grundmauern des von Heinrich d. Ä. im NO erbauten neuen Schlosses eine *evg. Kirche* in klassiz. Stil (heute Gymnastiksaal). Von dem Rathaus des 16. Jh. ist nur der *Rathausturm* erhalten; das heutige *Rathaus* wurde 1888–91 erbaut. Von der Stadtbefestigung sind Teile der *Mauer* und der *Patschkauer Torturm* erhalten.

Als bedeutende aus M. gebürtige Männer seien gen.: Johannes Ottonis, Magister in Prag und Gegner von Hus, nach dem Auszug der dt. Professoren aus Prag 1409 erster Rektor der neu gegr. Universität Leipzig; Johannes Großnickel (Nicolai) (geb. um 1440), in Krakau ausgebildeter Astrologe, 1486 Rektor der Universität Wien; Friedrich Gotthelf Friese (20. 12. 1763–15. 11. 1827), verdient um die Einführung der Pockenimpfung in Schles.; Prof. Karl Weigert (19. 3. 1845–4. 8. 1904), Dir. des Senckenbergischen Instituts in Frankfurt/M., Vetter des in → Strehlen geb. Nobelpreisträgers Paul Ehrlich; Berthold v. Kern (5. 12. 1848 bis 12. 4. 1941), Arzt und Philosoph, Dr. phil. h. c. der Universität Berlin, Prof. an der Ks.-Wilhelm-Akademie, Sanitätsinspekteur der preuß. Armee, im 1. Weltkrieg Sanitätschef Ost. In Hertwigs-

walde (bis 1932 Kr. M.) wurde am 14. 2. 1690 Reichsgf. Jakob
Ernst Julius v. Liechtenstein geb., später Bf. von Olmütz und
Seckau, 1745–47 Fst.-Erzbf. von Salzburg. Der Philosoph (Neu-
kantianer) Bruno Bauch wurde 1877 in Groß Nossen b. M. geb.
(† 1942).   (IIa)   *Web*

FHartmann, Gesch. d. Stadt M., M. 1907. – M.er Land. Ein Heimatbuch, hg. v. Kretschmer, M. 1930. – LV 233, S. 817–19. – LV 610, Bd.
5. – LV 234, Bd. 2, S. 606 f. – MZlat, Ziębice (M.) (LV 108), Br. u. a.
1967

Muskau → Band Sachsen

Myslowitz (Mysłowice, Kr. Kattowitz/Stadtkr. M.). Die Lage an
der Przemsa, die hier seit der Abtretung eines Gebietsstreifens
von Kleinpolen an Hz. Mieszko von Ratibor (um 1178) bis 1922
die Grenze von Schles. nach O bildete, bestimmte die Entstehung
und Entwicklung der Stadt. Der Zeitpunkt der Stadtgründung ist
unbekannt. In der 1. H. 14. Jh. sind der Ort und ein Pfarrer von
M. nachweisbar. Der früheste Beleg für die dtrechtl. Stadt ist
eine Urk. von 1360, in der Hz. Nikolaus von Troppau-Ratibor
einem Otto von Pilica den Erwerb von M. und einiger umliegender Dörfer bestätigte. Erbvögte von M. sind seit 1372 belegt; sie
knüpften 1414 wirtschl. Beziehungen zum Bogutzker Hammer
bei → Kattowitz an, indem sie dem dortigen Meister ein Stück
des Rawa-Flußlaufes zur Errichtung einer Waffenschmiede überließen. Die Stadtanlage bestand aus einem quadratischen Marktplatz (Ring), vier von ihm ausgehenden Straßen und einem halb-
kreisförmigen Pfahlgraben; sw. vom Ring stand die Pfarrkirche
St. Maria (heutiger Bau von 1888–1891). Nach O bildeten der
Fluß und das jenseitige Sumpf- und Waldgebiet den Schutz. Als
das n. von M. gelegene Sewerien 1442 an den Krakauer Bf. verkauft wurde und 1462 endgültig an die poln. Krone fiel, verlor
M. einen großen Teil seines Hinterlandes. Mit dem wirtschl. Niedergang ging der Verlust des Stadtcharakters einher. Nachdem
1517 aus einem Teil des Hzt. Ratibor die Standesherrsch. → Pleß
geworden war, verkaufte diese das Gebiet an der Rawa und
Przemsa 1548 an Stanislaus Salamon v. Benediktowitz. Den
Brand, den die poln. Truppen der Krakauer Kanzlers Zamoyski
1587 bei der Verfolgung des auf schles. Gebiet geflüchteten poln.
Gegenkg. Erzhz. Maximilian von Österreich in M. legten, wobei
sie die ma. Stadtanlage vernichteten, benutzte die Grundherrin
der neuen Herrsch., Katharina Salamon († 1614), um die Vogtei
an sich zu bringen. Sie baute M. mit einem Darlehen der Standesherrsch. Pleß wieder auf, wofür sie als Gegenleistung von den
Bewohnern, nach dem Wiederaufbau überwiegend poln. Zunge,
Abgaben und Dienste an die Herrsch. M. verlangte. 1614 kam die
Herrsch. M. durch Erbschaft in den Besitz des poln. Adelsgeschlechts Mieroszowski (Mieroszewski). Erster Majoratsherr des
1679 gegr. Fideikommisses war Johann Christoph Mieroszowski

(† 1755), der die Brücke über die Przemsa nach dem kleinpoln. Modrzejów baute, das 1706 Marktrecht erhalten hatte. M. wurde durch Ausbauten des Stadtkerns vergrößert und erhielt eine Reihe von Vorstädten und Kolonien (Czmok, Slupna, Städt. Schoppinitz und Städt. Janow). Die angesiedelten Häusler setzten sich z. T. aus Söhnen M.er Bewohner, z. T. (insbesondere in Slupna) aus poln. Zuwanderern zusammen. Zur Errichtung einer Glashütte in Janow 1740 wurden dt. Glasmacher aus Niederschles. herangeholt. Der letzte Majoratsherr, Alexander Mieroszowski (1802 bis 1839), leitete die Industrialisierung in M. mit der Errichtung von vier Kohlengruben und drei Hüttenwerken ein. In der n. Sandvorstadt wurde 1836 die M.-Grube gemutet, die später mit 4000 Arbeitern und Angestellten die wichtigste Existenzgrundlage für M. wurde. Mit dem Verkauf an Maria Winckler 1839 wurde die Herrsch. M. wieder (nach den Erbschaftsteilungen seit 1614) mit der Herrsch. → Kattowitz vereinigt, die ihr Gatte, Franz Winckler, 1838 erworben hatte. Die weiteren Geschicke der Herrsch. wurden von Kattowitz aus gelenkt. M., das bei der Einführung der preuß. Städteordnung als Marktflecken eingestuft worden war, gewann 1850/53 seine Unabhängigkeit von der Herrsch. zurück und erhielt 1861 städt. Verfassung. Die Eww.-Zahl stieg von 336 im Jahre 1783 (1825: 469, 1860: 5331) bis 1905 auf 15 838. Verwaltungsmäßig war M. 1873 bei der Einrichtung des Kr. Kattowitz von Beuthen an diesen überwiesen worden. Mit der Teilung von Oberschles. fiel M. 1922 an Polen. Damit erlosch die alte Grenzlage, die im Frieden dem Handel und Verkehr der Stadt förderlich war, bei Krieg und Aufruhr aber ihre Schatten auf M. warf. Als Brückenkopf für einfallende poln. Insurgenten (1807, 1919) und als Stützpunkt für poln. Flüchtlinge (1830, 1863, 1905) erwies sich bes. die 1803 an Johann Nepomuk Sulkowski († 1832) verkaufte Kolonie Slupna a. d. Przemsa, in der Kardinal August Hlond (Primas von Polen seit 1926, † 1946) geb. wurde und Rosa Luxemburg nach der Flucht aus Polen (1905) Aufnahme fand. Die nahe Grenze zu Rußland und Österreich führte auch dazu, daß die Hamburg–Amerika-Linie (HAPAG) 1893 in M. eine Station für Auswanderungswillige aus diesen Ländern einrichtete. Nach dem 2. Weltkrieg wurde M., das 1931 rd. 22 900 Eww. hatte, durch Eingemeindung vergrößert und 1951 zum Stadtkr. erhoben; 1961 lebten darin auf 29 qkm 41 164 Menschen, 1970 rd. 44 700.– Beim Zusammenfluß von Weißer und Schwarzer Przemsa ca. 2 km unterhalb von M. grenzten bis 1917 die Kaiserreiche Deutschland, Österreich und Rußland aneinander (»Dreikaiserreichsecke«).

(IV) *Rei*

JLustig, Gesch. d. Stadt M. OS, M. 1867. – KSeidl, D. Arbeiterwohnungswesen in d. oberschles. Montanindustrie, Kattowitz 1913. – JKudera, Historja parafji mysłowickiej (Gesch. d. Pfarrei M.), M. 1934. – LV 345. – Szkice z dziejów Mysłowic (Skizzen a. d. Gesch. v. M.), Red. WDługoborski, Kattowitz 1961. – WPochmara, Z dziejów Mysłowic (A. d. Gesch. v. M.), Kattowitz 1963. – LV 234, Bd. 1, S. 454 f.

Naklo (Nakło, Kr. Tarnowitz). Das Dorf N. ist 1369 belegt. A. 16. Jh. wurde hier ein Schloß erbaut; bald darauf blühte in N. und nö. davon für einige Zeit der Bleierzbergbau auf. Seit 1856 wurden bei N. Eisenerze abgebaut, außerdem spielten hier der Abbau von Kalkstein und das Kalkbrennen eine Rolle. – 1695 kaufte die Siemianowitzer Linie der Reichsgff. Henckel v. Donnersmarck N. und machte es später zu ihrer Sommerresidenz. Das noch erhaltene neugot. *Schloß* (heute landwirtschl. Technikum) wurde 1858 errichtet und 1891 ausgebaut; daneben entstand ein Borromäerinnenkl. Bekannt war N. durch seine Rennpferde. Obwohl das Dorf fast nur poln. Bewohner hatte, stimmte 1921 fast die Hälfte von ihnen für Deutschland (509 : 658 Stimmen). Auf Grund seiner Sozialstruktur erhielt N. 1958 den Status einer stadtart. Siedl. (1970 : 4145 Eww. gegenüber 1825 : 354, 1905 : 1828, 1926 : 2200, 1941 : 3070, 1961 : 3736). 　　　　　　　(IV)　*We*

LV 613, Bd. 2. – JNowak, Kronika miasta i powiatu Tarnowskie Góry (Chronik d. Stadt u. d. Kr. Tarnowitz), Tarnowitz 1927. – Tarnowskie Góry. Zarys rozwoju powiatu (Überblick d. Entwicklung d. Kr. Tarnowitz), hg. v. HRechowicz, Kattowitz 1969. – LV 234, Bd. 1, S. 456

Namslau (Namysłów). Die Stadt N. entstand rd. 50 km ö. Breslau im Bereich des großen Weide-Bogens, bei dem der aus N kommende Oder-Zufluß nach W umschwenkt. Die slaw. Vorgängersiedl. lebt in dem heutigen Dorf Altstadt am r. Weideufer fort; 1233 erscheint ein Kaplan von »Namizlow«, der das Gebiet des Dt. Ordens um das spätere → Reichthal dtrechtl. besiedeln sollte, 1239 ist ein hzl. Wirtschaftshof in N. belegt. Die dtrechtl. Stadt am l. Weideufer muß vor 1270 gegr. worden sein, als in dieser Gegend auch → Konstadt (1261) und → Bernstadt (vor 1266) ausgesetzt wurden. Hz. Heinrich IV. von Breslau verkaufte die frei gewordene Vogtei der hzl. Stadt N. 1270 (Echtheit der Urk. z. T. angezweifelt) und erneut 1278. Eine Urk. von 1295 legt die Vermutung nahe, daß N. zunächst den dt. Namen »Freistadt« hatte, der sich aber nicht durchsetzte. Die Stadt entstand im Winkel zwischen der Weide und einem Zufluß derselben, eine planmäßige, im W zu der landesherrlichen Burg hin spitz zulaufende Anlage (560 × 320 m) mit gitterförmigem Straßenetz und einem 135 × 80 m großen Ring als Mittelpunkt, auf dem 1374 der erste *Rathausbau* begonnen wurde (von diesem der Turm von 1381–89 erhalten, die übrigen Teile um 1500, um 1600 und um 1800).

N. gehörte bis 1294 zum Hzt. Breslau; Hz. Heinrich IV. verschrieb 1290 Stadt und Land N. seiner Gattin Mathilde als Leibgedinge. In der Auseinandersetzung um das Erbe Heinrichs IV. mußte dann Heinrich V. von Breslau u. a. N. an Heinrich III. von Glogau übergeben. Bei der Teilung des Hzt. Glogau 1312 wurde N. dem ö. Teilbereich der Hzz. Bolko und Konrad zugeteilt, aus dem das Hzt. Oels hervorging; Konrad nannte sich 1315 und 1317 »Herr von N.«, hatte also seinen Sitz hier, ehe er nach dem Tode Bolkos (1320) seine Residenz in → Oels einrichtete. Heinrichs V.

Sohn Boleslaus III. von Brieg nahm Konrad u. a. N. wieder ab, er verpfändete es jedoch wegen finanzieller Schwierigkeiten zusammen mit → Konstadt, → Kreuzburg und → Pitschen 1341 an Kg. Kasimir III. d. Gr. von Polen. Am 22. 11. 1348 schloß der dt. Kg. Karl IV., zugleich Kg. von Böhmen, um seine Stellung im Reich zu stärken, in N. mit Kasimir von Polen einen Vertrag auf gegenseitige Hilfeleistung ab. Dabei übergab Kasimir das N.er Land Karl, der es aus dem Hzt. Brieg herauslöste und dem 1335 an die böhm. Krone heimgefallenen Hzt. Breslau einverleibte, von dem N. allerdings durch Brieger bzw. Oelser Gebiet getrennt war. Karl IV., der mehrmals in N. weilte, baute die Stadt zu einem gut befestigten Platz aus. Vorher nur mit Planken und Graben gesichert, erhielt N. ab 1350 eine (im S doppelte) *Stadtmauer,* von der Teile erhalten sind. Im Zuge der Handelsstraße Breslau-Oels-N.-Krzepice-Krakau, die bei N. die Weide überschritt (Brücke 1333 belegt), waren das Breslauer (auch Dt.) Tor im W neben der Burg und das *Krakauer* (auch Poln.) *Tor* im O angelegt; im N entstand zur Weide hin das Wassertor. Die vorher aus Holz und Lehm errichtete, 1312 bezeugte Burg wurde ab 1360 in Stein neu erbaut. Dank dieser starken Befestigung konnte N. 1428 der Belagerung durch die Hussiten standhalten. Der Handel erhielt um 1434 einen Aufschwung, als die Verbindung zwischen Breslau und Krakau auf der → Hohen Straße unsicher wurde und der Verkehr sich auf die Route über N. verlagerte. Über den Zoll von N. beschwerten sich Krakauer Kaufleute 1435. Zwei Jahrmärkte waren N., wirtschl. Mittelpunkt des N.er Landes, schon 1380 zugestanden worden. Unter den Handwerken ragte die Tuchmacherei hervor. N. besaß mehrere kirchliche Einrichtungen: Die Pfarrkirche St. *Peter und Paul,* 1278 durch die Nennung eines Pfarrers von N. belegt, hat ihren heutigen bedeutenden spätgot. Bau einer dreischiffigen Hallenkirche zwischen 1405 und 1493 erhalten; die Sakristei wurde 1526 angebaut. Das Franziskanerkl. im W der Stadt ist 1285 nachweisbar; die *Franziskanerkirche* gehört dem frühen 14. (Chor) und 15. Jh. (Langhaus), der erhaltene W-Flügel der *Kl.-Gebäude* dem 17. Jh. an. Gegenüber dem Franziskanerkl. lag das 1420 bezeugte Klarissinnenkl. (1483 abgebrannt, Reste noch im 17. Jh. sichtbar), gleich daneben das Hospital mit Kirche zum Hl. Geist und hl. Georg, 1384 vorhanden, die Kirche nach Brand von 1619 nicht wieder aufgebaut, nach 1767 abgetragen. Vor dem Breslauer Tor stand eine Barbarakapelle (vor 1462 erbaut), vor dem Krakauer Tor eine Salvatorkirche. 1525/26 wurde in N. die Ref. eingeführt; das Franziskanerkl. wurde von den Insassen verlassen und erst nach Durchsetzung der Gegenref. (1654) 1671 wieder belegt.

Im 30j. Krieg hatte N. seit 1632 unter ksl. und schwed. Truppen zu leiden; zur Abwehr der schwed. Belagerung 1647 wurden die beiden Vorstädte niedergebrannt und dabei die Barbarakapelle und die Salvatorkirche eingerissen. Der wirtschl. Niedergang wurde auch nach dem Krieg nicht überwunden. Hierzu trug auch der große Brand von 1682 bei. Das Burglehn N., seit 1533 in der Hand des Rates von Breslau, der die *Burg* weiter befestigte und im Anschluß an den ma. Bau im 16. Jh. im W des Innenhofes einen neuen Flügel erbaut hatte, ging 1703 in den Besitz des Dt. Ordens über (zusammen mit den Dörfern Altstadt, Glausche, Hennersdorf, Jauchendorf, Polkowitz, Windisch Marchwitz); er richtete hier eine Kommende ein und setzte für diese 1771 im Schutze der S-Mauer des Burghofes einen dritten Flügel an. Nach der Säkularisation von 1810 kam die Burg in Privatbesitz, zuletzt 1895 an die Brauerei Haselbach, die auch die stehengebliebenen Gebäude des Franziskanerkl. erwarb, während die Franziskanerkirche nach 1812 als Lagerraum verwendet wurde. Die Evangelischen erhielten in preuß. Zeit 1752–54 ein Fachwerk-Bethaus, dann 1787–89 am Platz des ehem. Klarissinnenkl. eine von Johann Martin Pohlmann (Langhans-Schule) entworfene, künstlerisch bedeutende evg. Kirche, einen rechteckigen Saalbau mit eingebautem Emporenoval und dreiachsigem Vorbau an der Längsseite; der Turm wurde 1813–41 angebaut.

N. wurde in preuß. Zeit Kr.-Stadt. Seine Bedeutung blieb dennoch gering, auch nach dem Bau mehrerer über N. verlaufender Eisenbahnlinien: Breslau–N.–Kreuzburg (1868), N.–Oppeln (1889), N.–Reichthal–Kempen (–Posen, kurz vor 1914). Es entstand nur eine auf die Landwirtschaft der Umgebung abgestimmte Industrie: Mühlen, Sägewerke, Ziegelei, Maschinenfabrik. Die 1862 gegr. Brauerei A. Haselbach war das bedeutendste Unternehmen von N. Die Grenzziehung auf Grund des Versailler Vertrages von 1919 trennte vom Kr. N. das Gebiet von → Reichthal (Stadt Reichthal, neun Landgemm., sechs Gutsbezz., 84 qkm) ab. Darüber hinaus wurde ein Teil des Kr. als einziger niederschles. Bereich in das oberschles. Abstimmungsgebiet einbezogen; es sprachen sich am 20. 3. 1921 jedoch 97,5% für den Verbleib bei Deutschland aus. Durch die neue Grenze zu Polen verlor N. einen Teil seines Hinterlandes. Zur Schaffung neuer wirtsch. Verbindungen wurde um 1939 eine Eisenbahnlinie Brieg–N.–Groß Wartenberg begonnen (nicht vollendet). Eww.-Zahlen: 1787: 2561, 1825: 3521, 1905: 6183, 1939: 8184 (auf 18,18 qkm). 1945 wurde N. erheblich zerstört. Die wichtigsten Baudenkmäler sind aber – bis auf die evg. Kirche, die 1963 abgebrochen wurde – erhalten. Zu den früheren Industriebetrieben kamen ein Elektromotorenwerk (1963) und eine Holzfertighausfabrik hinzu. 1961: 8553 (auf 18,87 qkm), 1971: rd. 11 200 Eww. Der Kr. N. wurde 1950 der oberschles. Woj. Oppeln zugeordnet.   (III) *We*

WLiebich, Chronik d. Stadt N., N. 1862. – D. niederschles. Ostmark u. d. Kr. Kreuzburg (Monogr. dt. Landschaften, Bd. 1), Berlin–Friedenau 1927, S. 213–34. – FKotschate, Neue Quellen z. Gesch. d. Deutschordens-Kommende N., in: LV 30, 1933, Nr. 3, S. 49–52. – LV 233, S. 820 f. – AHKnoblich, N., eine dt. Stadt im Osten, Br. 1941. – LV 591, (II 1), S. 120–66. – LV 357, S. 57 f. – LV 483, Textbd., S. 684 f. – LV 624, S. 71 f. – LV 224. – LV 225. – LV 234, Bd. 2, S. 172 f. – LV 593, Bd. 7, H. 7, S. 30–50

Naumburg a. Bober (Nowogród Bobrzański, Kr. Freystadt/Neu-salz). Bei N. reichte der w. Ausläufer des Schles. Landrückens bis an den Bober heran. Nach Besiedlung der Boberränder wurde verm. E. 12. Jh. von Hz. Boleslaus I. von Schles. am Rande des Steilabfalls eine Landesfestung angelegt, die 1202 urk. mit dem »Kastellan« »Vizlaus de Novo Castro« gen. wird. Eine alte Straße von Forst-Sommerfeld überschritt hier in einer Furt den Bober und führte zum Oderübergang Beuthen. Bronzehort- und Münzfunde weisen auf die alte Straße hin. Von etwa 1210 bis 1248 war das w. anschließende Sorauer Gebiet Schles. angegliedert. Daher ging die Landesburg N. ein; ihr Bezirk wird – falls sie Mittelpunkt einer Kastellanei war, wie meist angenommen, und nicht vielmehr bloße Grenzburg – der Kastellanei → Sagan zugeschlagen worden sein. Nach 1248 wurde die Burg erneut ausgebaut. 1263 wurde der slaw. Markt N. nach dt. Recht umgesetzt, mit ca. 20 fläm. Hufen Bürgeräckern und (im Ma.) mit 40–42 Bürgerstellen. N. blieb stets eine kleine Ackerbürgerstadt; 1787 hatte es nur 567, 1825: 736, 1905: 804 Eww. (1939: 1268 Eww.). 1945 sank N. zur Landgem. ab (1961: 1015 Eww.). Im 18. u. 19. Jh. wurde in N. Braungeschirr nach Bunzlauer Art fabriziert (1677 Töpferzunft erwähnt).

Der Distrikt N. unterstand bis 1602 unmittelbar den Landesherren des Fstm. Sagan, wobei das »Amt N.« von Sagan aus verwaltet wurde. Seit 1560 lehnte er sich stark an die Herrsch. Sorau an (1555 Bau einer Boberbrücke, 1572 Anlegung eines Promnitz-schen Eisenhammers mit Eisenstein aus der Herrsch. Sorau). Ab 1602 besaß N. eigene Grundherren (Mediatstadt): die Gff. v. Promnitz auf Sorau 1602–1765, dann durch Erbschaft den Fst. v. Carolath-Beuthen bis 1794, dann adlige und bürgerliche Besitzer. Das Schloß N. als Sitz der Grundherren von N. (anstelle der alten Landesburg) wurde nach 1700 von den Gff. v. Promnitz in bescheidenen Barockformen errichtet; es wurde 1945 zerstört. – 2 km n. N., r. von der Straße nach Grünberg, ist der *Sinclair-Stein*; hier wurde am 17. 6. 1739 der schwed. Gesandte Major Sinclair auf der Reise Konstantinopel-Stockholm von russ. Häschern ermordet.

Um 1217 wurden Augustiner-Chorherren aus dem W herbeigerufen, die die alte *Burgkirche* des hl. Bartholomäus 1220 in rom. Formen erbauten. 1227 fand die Einweihung der neuen Kl.-Kirche an der Briesnitzmündung, ca. 750 m ssw. von N., mit Kl.-Co bäuden statt. Die Augustiner wurden von Hz. Heinrich I. zur dt. Kolonisation von Waldgebieten an der Briesnitz und im Lande Lebus herangezogen. Sie gründeten zwei Propsteien: 1223 in → Beuthen a. O. und 1226 in Worin bei Müncheberg ö. Berlin. 1284 wurde die Abtei von N. nach Sagan verlegt; in N. blieb eine Propstei zurück. 1695 wurde die *Kl.-Kirche* mit neuem Chor und neuem Turm im Barockstil erneuert. Die Propstei behielt bei der Säkularisation des Kl. 1810 vorerst ihre Ländereien; endgültiger Verkauf durch den preuß. Staat 1836. – M. des 16. Jh. (1544)

wurde die Ref. in N. eingeführt. 1609 wurde durch Vertrag zwischen dem Kl. und dem Gf. v. Promnitz die Stadtkirche den Evangelischen überlassen; dennoch wurde sie ihnen am 29.3.1668 weggenommen. Bis 1741 besuchten die Evangelischen die Kirche in Christianstadt am Bober gegenüber N. (Brand.). Erst 1749 wurde ein Fachwerk-Bethaus auf dem Marktplatz gebaut (nach 1945 abgetragen). (I) *St*

AHeinrich, Gesch. Nachrichten über N., Freiwaldau u. Halbau, Sagan 1900. – LV 233, S. 822. – LV 234, Bd. 2, S. 648 f. – GSteller, D. Gründung d. dt. Stadt N., in: LV 34, 16 (1971), S. 41–65. – JDlugos, Chronik d. Propstei N., Grünberg 1933. – LHRutkowski, HOThiel, D. Kr. Freystadt, Scheinfeld 1969. – GSteller, D. Anfänge d. (Saganer) Augustinerstifts in N. in: LV 72, 26 (1968), S. 19–63, und 27 (1969), S. 30–52. – HGRudolph, Z. Lage d. Propstei N., in: LV 72, 28 (1970), S. 244–246. – LV 402. – WKuhn, Kastellaneigrenzen u. Zehntgrenzen in Schles., in: LV 33, 21 (1972), S. 201–47, bes. 218. – Über Sinclair: AKahlert in: LV 28, 1 (1855), S. 178–189. – Heimatbuch Christianstadt, Gelsenkirchen 1968. – ZSzczegóła, Nowogród Bobrzański (N. a. B.), in: LV 360, Bd. 2, S. 319–22

Naumburg a. Queis (Nowogrodziec, Kr. Bunzlau). N. liegt am r. (ö.) Ufer des Queis auf einer Erhöhung im Mündungswinkel von Ivenitz und Queis. Die Waldgebiete zwischen Bober und Queis wurden nach 1220 mit dt. Bauerndörfern besiedelt. Dort, wo der n. Zweig der → Hohen Straße den Queis überschritt, ließ Hz. Heinrich I. 1233 die Stadt »Nuenburg« durch den Vogt Themo anlegen. Sie wurde Markt- und Gerichtsort für elf dt. Dörfer, erhielt zwölf Freijahre, Löwenberger Recht und wurde Zollstelle. Der Grundriß ist ein von W nach O (in Hauptverkehrsrichtung) gerichtetes Oval mit leiterartigen Querstraßen. Der rechteckige Markt (5400 qm) liegt zwischen zwei oval gekrümmten Straßen, die beim Niedertor im W und Obertor im O zusammenlaufen. Die Entfernung beider Tore beträgt 335 m, Breite der Stadt urspr. 210 m. Im S wird 1785 das Herzogswaldauer Tor gen. Von der Stadtmauer sind *Reste* erhalten. Nach N zu liegt die kath. Pfarrkirche zu St. Peter u. Paul, deren vorher hzl. Patronat 1247 dem im selben Jahr hier gegr. Kl. der Magdalenerinnen überlassen wurde. N. der Pfarrkirche wurden die *Kl.-Gebäude* mit Innenhof erbaut (1945 ausgebrannt). Bei der Gründung war die hzl. Kastellaneiburg bei → Tillendorf nur 13 km nö. entfernt, nach 1242 die dt. Stadt → Bunzlau, deren Weichbild unmittelbar bis N. reichte und die die ma. Entwicklung von N. hemmte. So mußten die N.er ab 1455 ihre Salz- und Biermaße und ihr Recht in Bunzlau einholen. Das N.er Weichbild wurde noch vor 1305 zwischen Bunzlau und Greiffenberg (dessen Weichbild später zu Löwenberg geschlagen wurde) aufgeteilt. 1785 hatte N. den Bierausschank nur noch auf vier Dörfern. Das zweite Hemmnis in der Entwicklung waren die adligen und geistlichen Grundherren: vor 1318 (1233?)–1408 v. Landskron, 1408–91 v. Rechenberg auf → Klitschdorf, 1491–95 v. Warnsdorf auf → Gießmannsdorf (Kr.

Bunzlau), 1495–1810 das Magdalenerinnenkl., das bewirkte, daß 1786 von 1063 Eww. alle bis auf 12 kath. waren. Dazu viele Stadtbrände: 1625, 1653, 1717, 1726, 1750, 1766. – Die jetzige *Kl.-(Pfarr-)Kirche* wurde erst 1789–93 im friderizianischen Barock erbaut, mit eigenartiger Turmhaube von 1880–83. Vor dem s. Tor stand die Kirche St. Mariä-Opferung von 1657, massiv erbaut 1774, Neubau um 1800. Die evg. Kirche stammt von 1886. Im 1810 aufgelösten Kl. war bis 1945 das 1898 errichtete evg. Predigerseminar.

N. war die schles. Töpferstadt. 1786 lebten die Eww. »vom Tuchmachen und von Töpferarbeit«. 1786 waren in Bunzlau nur fünf, aber in N. elf Brauntöpfer (daneben 44 Tuchmacher, je 13 Bäcker und Fleischer, zwölf Schneider). Die erste Töpferei entstand 1547, die Innung 1689 mit sechs Töpfern. 1844 gab es 13 Brauntöpfereien mit über 60 Gesellen, dazu 6 Weißtöpfereien, 1861 24, 1882 25 Brauntöpfer mit 30 Öfen, die mehr Geschirr als Bunzlau produzierten. Dann trat ein Rückgang ein: 1900 existierten noch 13 Braun- und sechs Weißtöpfereien mit 75, um 1938 nur noch sechs Töpfereien mit ca. 30 Beschäftigten. 1853 schuf Meister A. Franke den Großen Topf mit 3107 Litern. – N. erhielt 1904 Eisenbahnanschluß mit der Nebenstrecke Siegersdorf-N.-Löwenberg-Hirschberg, blieb im Schatten von Bunzlau und in Randlage, da die 1846 eröffnete Strecke Görlitz-Kohlfurt-Bunzlau 6,5 km n. von N. den Queis querte. N. hatte 1787: 1148, 1825: 1424, 1905: 1954, 1939: 2240, 1961: 2106 (einschl. → Ullersdorf a. Queis, das 1959 eingemeindet wurde), 1970: 2339 Eww. (I) *St*

FMicke, Urk. Gesch. d. Stadt u. d. ehem. Kl. N., Bunzlau 1844. – LV 233, S. 822 f. – AZobel, KSpringer, D. Gründung v. Stadt u. Kl. N., in: D. Bunzlauer Kr. an Bober u. Queis. Ein Heimatbuch, ²Siegburg 1964, S. 120–132. – BStrauß, Alt-N.er Töpferkunst, ebenda, S. 422–25. – LV 340, S. 32–62, bes. 56. – LV 234, Bd. 2, S. 577 f. – Weitere Lit. unter → Bunzlau

Neisse (Nysa). Die Stadt N. ist vor 1223 (damals wird der N.er Vogt Walter zum Lokator von → Ujest bestellt) in Anlehnung an eine slaw. Ansiedlung, die nach der Glatzer Neiße den Namen »Nyza« trug und in der sog. »Altstadt« außerhalb der Mauern fortbestand, gegr. worden. Sie lag im Gebiet der Kastellanei → Ottmachau, die schon seit vor 1155 dem Bst. Breslau gehörte und aus der – zusammen mit dem Hzt. → Crottkau – im 14. Jh. das mit voller Landeshoheit den Breslauer Bff. gehörige Bst.-Land (Fstm. N.-Grottkau) hervorgegangen ist. Als Hauptstadt des Bst.-Landes und als Residenz der Bff. von Breslau (vor allem im 16. und 17. Jh.) sollte N. eine bedeutende Rolle in der Gesch. von Schles. spielen. Die 1260 erstm. erwähnte bischl. Wasserburg war in der M. 14. Jh. bereits in die von vier Toren (Münsterberger, Breslauer, Zoll- und Brüdertor) unterbrochene Stadtbefestigung einbezogen. Innerhalb und außerhalb der Mauern entstanden zahlreiche kirchliche Einrichtungen. Für das fläm. Recht, das der

Stadt verliehen worden war, wurde N. Oberhof des ganzen Bst.-
Landes (N.er Recht). Der Belagerung durch die Hussiten 1428
hielt die Stadt, die damals etwa 4500 Eww. hatte, stand; jedoch
wurden die Vorstädte zerstört.
Um die Wende des 16. zum 17. Jh. erlebte N. einen materiellen
und kulturellen Hochstand. Wirtschl. blühte es durch einen lebhaften Garn- und Leinenhandel, bes. aber durch den berühmten
Handel mit österr. und ung. Weinen, für deren Vertrieb nach N
N. Stapelplatz war. Dieser Handel wurde durch die von den Bff.
erlassenenen Weinordnungen von 1552 und 1556 geregelt. Vom
Umfang des Weinhandels zeugten die gewaltigen, für ihn geschaffenen Kellergewölbe auf dem sog. Buttermarkt (Oberring).
Gleichen Schritt mit dem Wohlstand hielt auch die geistige Kultur. Die N.er Pfarrschule bei St. Jakobus ist schon 1366 erwähnt;
sie erhielt 1418 den Charakter eines Gymnasiums. Durch die Ref.,
die übrigens seit 1522 auch in N. Eingang fand und erst durch die
Jesuiten seit 1622 verdrängt wurde, wurde N. zum kirchlichen
Mittelpunkt der Diözese Breslau, zum »schles. Rom«. 1575–1655
hatte das Priesterseminar des Bst. Breslau seinen Sitz in N. 1586
stiftete Bf. Jerin ein Pädagogium für zwölf adlige Schüler. Später
wurde das auf Anregung des Fstbf. Karl Erzhz. von Österreich
gegr. Jesuitengymnasium (Carolinum, 1624, auch nach Auflösung
des Jesuitenordens 1773 von den Patres als Weltgeistliche des
Kgl. Schuleninstituts bis 1800 geleitet) eine bedeutende Bildungsstätte; die Bibliothek besaß zahlreiche Frühdrucke und Codices.
Die weiteren Pläne des Fstbf.: die Einrichtung einer Universität
und eines Konvikts durch die Jesuiten, wurden durch dessen frühen Tod (1624) verhindert. 1555 schenkte Bf. Balthasar v. Promnitz der Stadt eine Druckerei. N. besaß auch eine alte Gold-
schmiedetradition (Verbindung zu Nürnberg).
Das Stadtbild dieser Zeit zeigt der Hauersche Plan (um 1600). Die
Neustadt, der jetzige Stadtkern, weist dort schon die Straßenzüge
der Gegenwart auf. Auf dem Ring schloß sich an die O-Seite des
Rathausturmes der stattliche Bau des Rathauses aus dem 15. Jh.
an, der 1782 einem schlichten Neubau weichen mußte, welcher
zunächst als prot. Garnisonkirche diente (1885–1914 altkath. Kirche, zuletzt Stadthalle). Der Rathausturm, die Jakobuskirche und
der Glockenturm überragten die Stadt. Am Salzring erhob sich die
Kreuzherrenkirche Mariä Himmelfahrt (seit 1434), an deren Stelle
später die Jesuitenkirche erstand, während die Kreuzherren mit
dem doppelten roten Stern 1624 in die 1434 für die seit dem 13.
Jh. in N. ansässigen Franziskaner erbaute Peter-Paul-Kirche (um
1750 abgebrochen) zum Brüdertor umzogen, in dessen Nähe auf
der Mönchwiese damals noch das alte Kl. und die Kl.-Kirche St.
Maria-Magdalena der Franziskaner standen (1570–1614 Sitz des
Priesterseminars, 1643 abgetragen). Die 1513 erbaute Annakirche
für das Waisenhaus wurde nach dem Brand von 1542 erst 1639
wiederhergestellt (Auflösung 1815, heute *Felizierinnenkl.*). Am
SO-Rand der Stadt erhob sich die turmreiche Burg, die zuletzt

1526 aufgebaut worden war (1824 abgebrochen, jetzt *Bischofshof*). Charakteristisch für das Stadtbild waren die vorgelagerten ausgedehnten Vorstädte. Die bedeutendste war die mit Wällen umgebene »Altstadt« im S, die drei Tore (Schade-, Niklas- und Bieler Tor) besaß und von drei Gotteshäusern überragt wurde: dem Johannesdom (zunächst Pfarrkirche, seit 1477 Sitz des in → Ottmachau gegr. Kollegiatstiftes, das 1650 in die Jakobuskirche verlegt wurde, 1663 abgetragen), der Nikolaikirche (Pfarrkirche, bis 1741) und der Kl.-Kirche St. Maria in rosis (bis 1741). Vor dem Münsterberger und Breslauer Tor breiteten sich die nach diesen Toren benannten Vorstädte mit der Katharinenkirche (1434 erwähnt, bis 1643) bzw. Kreuzkirche (1414 erwähnt, bis 1643) sowie dem Äußeren Münsterberger bzw. dem Jakobstor aus. N. besaß 1596 (einschl. der Vorstädte) 36 Befestigungstürme und Bastionen, darunter neun Tortürme. Reste der *Stadtmauer* mit einem *Mauerturm* (beim Bischofshof) sind noch erhalten.
Der 30j. Krieg brach die Blüte der N.er Stadtkultur. 1621 wurde N. durch Markgf. Johann Georg von Jägerndorf besetzt, 1632 von Sachsen und Dänen, 1642 durch die Schweden unter Torstenson; 1633 wütete die Pest. Nach dem Kriege begann sich das Stadtbild infolge des durchgreifenden Neubaus der Festungsanlagen nach niederländischem System mit breitem Wassergraben und Bastionen zu ändern. Die Vorstädte wurden geopfert.
Die von den Bff. machtvoll weiter geförderte Gegenref. brachte einige stattliche Kl.-Bauten, die das Stadtbild bis zur Gegenwart beeinflussen: das Kl. der Kapuziner auf der Mährengasse (1659/60), die Jesuitenkirche am Salzring, die Neuansiedlung der Kreuzherren zwischen Peter- und Brüderstraße. Die Hofhaltung der Fstbff. erforderte erheblichen Aufwand. So errichtete Bf. Franz Ludwig von Pfalz-Neuburg den Neubau der bischl. Residenz (1729) und vor dem Breslauer Tor den Prachtbau eines Zentralhospitals (1736). Die Bev.-Zahl stieg von 3700 (1647) auf 7100 Eww. (1691).
Am 9. 1. 1741 erschienen preuß. Truppen vor den Toren der alten Bf.-Stadt. Schon vorher hatte der österr. Kommandant, um die Verteidigungsfähigkeit der Festung sicherzustellen, die Vorstädte niederbrennen lassen. Hierbei sank auch der neue Hospitalbau in Asche. Nach Verhandlungen und »Scheinbelagerung« wurde N. preuß. (→ Klein Schnellendorf). Die Befugnisse der bischl. Regierung wurden durch die preuß. Verwaltung fast bis zur Bedeutungslosigkeit eingeschränkt. Bald begann der Ausbau der Stadt zur preuß. Festung. Der N-Rand des Neißetals erhielt die neue Zitadelle, das *Fort Preußen*, an das sich nach O und W starke Werke anschlossen. Zwischen diesen und dem Neißefluß ließ Kg. Friedrich als Ersatz für die zugrunde gegangenen Vorstädte die nach ihm benannte Friedrichstadt anlegen, die vor allem die für die Unterbringung der starken Garnison (4000–4500 Mann) und des Kriegsmaterials notwendigen Kasernen und Arsenale bekam. Langjähriger Festungsbaumeister war Gen. Wal-

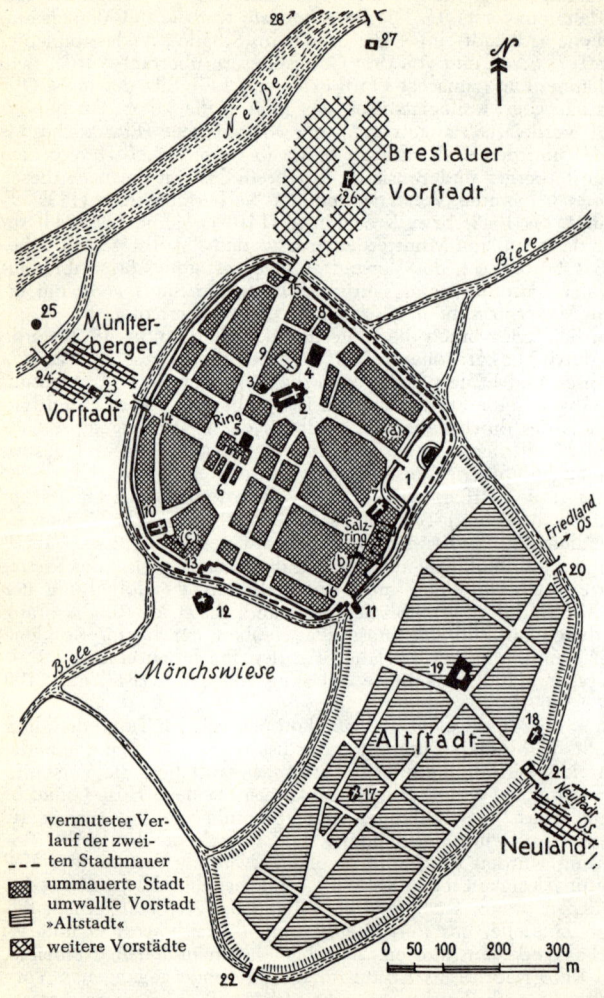

Neisse um 1600
(unter Verwendung von Plänen von WDziewulski in LV 361)

rave. Am E. der friderizianischen Zeit war N. eine der stärksten
Festungen Europas. 1758 wurde sie vergeblich 14 Tage lang von
den Österreichern belagert. – Vom 25.–28. 8. 1769 traf sich Kg.
Friedrich II. mit Ks. Joseph II. zu diplomatischen Verhandlungen
in N. (Gemälde von Adolph v. Menzel).

Der unglückliche Krieg 1806/07 brachte eine schwere Belagerung
von N. durch Rheinbundtruppen unter dem franz. Gen. Vandamme (23. 2.–16. 6. 1807). Dabei wurden die Türme der Jesuitenkirche
abgeschossen. Der Einführung der Städteordnung 1809 folgte
1810 die Säkularisation: die Herrsch. der Breslauer Bff. im N.er
Land hörte auf, das Kollegiatstift bei St. Jakob und alle anderen
Stifte und Kll. wurden aufgelöst. Wertvolles Kirchengut wurde
verschleudert und verschleppt, die wertvollen Bibliotheken z. T.
ausgeplündert und aus der Stadt entfernt. – Am 27. 9. 1842 erfolgte die Gründung der Kongregation der sog. Grauen Schwestern von der hl. Elisabeth zur Pflege Kranker, aus kleinen Anfängen entwickelt und heute bes. in nordischen Ländern wesentlich vertreten (das Mutterhaus 1890 nach Breslau, 1946 nach Rein-
bek bei Hamburg verlegt).

1 Burg
2 Pfarrkirche St. Jakobus
3 Glockenturm von St. Jakobus
4 Pfarrschule
5 Rathaus
6 Waagehaus
7 Kreuzherrenkirche Mariä Himmelfahrt (hier später Jesuitenkirche)
8 Barbarakirche
9 Annakirche
10 Peter-Paul-Kirche
11 Corpus-Christi-(Bürger-)Kirche
12 Priesterseminar (vormals Franziskanerkl.) mit St. Maria-Magdalena
13 Brüdertor
14 Münsterberger Tor
15 Breslauer Tor
16 Zolltor
17 Johannesdom
18 Nikolaikirche
19 Kl. St. Maria in rosis
20 Schadetor
21 Niklastor
22 Bieler Tor
23 Katharinenkirche
24 Äußeres Münsterberger Tor
25 Wasserturm
26 Kreuzkirche
27 Jakobstor
28 Laurentiuskapelle (hier später Kapuzinerkl.)

(a) Stätte der späteren bischl. Residenz
(b) Stätte des späteren Jesuitenkollegiums und -gymnasiums
(c) Stätte der späteren Kreuzherrenkirche St. Peter-Paul nebst Stiftsgebäu-
    den

Im Kriege gegen Österreich 1866 war anfangs die Kriegsschule in
N. das 2. Armeehauptquartier des preuß. Kronpz. (nachmaligen
Ks. Friedrich III.). Im Kriege 1870/71 waren in N. große Lager
franz. Kriegsgefangener. 1877 fiel der innere Festungsgürtel. In
Richtung Bahnhof entstanden auf dem freigewordenen Festungs-
gelände neue Wohnviertel. 1910 wurden die s. Vororte Mittel und
Nieder Neuland eingemeindet; die Gem. Ober Neuland mit den
umfangreichen Bauten des Missionshauses Heiligkreuz (erstes
Missionshaus in Preußen seit dem Kulturkampf) folgte 1921. Die
Stadt wurde am 1. 4. 1910 eigener Stadtkr. Am 1. 12. 1922 wurde
das Landesfinanzamt der Prov. Oberschles. nach N. verlegt. Bereits vor dem 1. Weltkrieg war in N.-Neuland die erste Volksbil-
dungshochschule des dt. Ostens, der »Heimgarten«, gegr. worden;
hier erfolgte 1914 die Schaffung des »Quickborn«. Nach dem
1. Weltkrieg entwickelten die »Ostdt. Kunstwerkstätten« unter
Prof. Zutt eine rege Tätigkeit.
N. ist Mittelpunkt eines wohlhabenden landwirtschl. Erzeugungs-
gebiets; daher sproßten die ersten Keime der Industrie aus den
Bedürfnissen dieser Umgebung für den Anbau und die Weiter-
verarbeitung der Ernteerzeugnisse (die Große Mühle ist 1555 als
bischl. Mühle gen.; seit 1844 besteht die Ölmühle Huch). Berühmt war und ist das N.er Konfekt (seit 1789). Wichtig wurden
für N. die Maschinenfabriken (vor allem für landwirtschl. Maschinen, ab 1830). Auch Gardinen- und Spitzenindustrie entstand.
Dadurch und durch den starken Zustrom ostoberschles. Flüchtlinge nahm die Stadt nach dem 1. Weltkrieg einen neuen Aufschwung. Im S und SO entstanden neue Wohnviertel. Die Bev.-
Zahl stieg von 1787: 5863, 1825: 10 398, 1905: 25 390 auf 37 859
1939. 1945 wurde N. durch Kriegseinwirkung zu etwa 75% zerstört, die Innenstadt fast ganz. Inzwischen ist vieles wiederaufgebaut, die Industrie erweitert. 1961 wohnten wieder 24 710
(1971: rd. 33 100) Personen in N.
Sämtliche bis M. 14. Jh. entstandenen Bauwerke N.s sind durch
Brände und Kriege vernichtet worden. Zu den ältesten erhaltenen
Baudenkmäler gehört die *Jakobuskirche* (im Volk »die große Kirche« gen.), die bereits 1198 eine steinerne Vorgängerin gehabt
haben soll (ein rom. Bau ist durch Ausgrabungen bezeugt) und
die 1298 urk. belegt ist. Die jetzige got. Hallenkirche mit Um-
gangschor – nach teilweiser Zerstörung 1945 inzwischen wiederhergestellt – wurde E. 14. Jh. begonnen und (nach einem Brand)
1430 vollendet. Sie beherrscht mit ihrem Riesendach das Stadtbild. Als Baumeister ist Peter von Frankenstein gen., dem als
Vorbild vielleicht die Barbarakirche in Kuttenberg in Böhmen gedient hat. Die urspr. Einrichtung wurde gegen E. 17. Jh. durch
eine reiche Barockausstattung ersetzt, die 1889–95 einer umfangreichen (nicht glücklichen) Erneuerung weichen mußte. Eine Fülle
von Kunstdenkmälern war bes. in den 20 Kapellen erhalten. Aus
der got. Periode waren bis 1945 noch vorhanden ein Klappaltar
mit Passionsszenen, ein 3 m hohes Triumphkreuz (um 1407) und

der Grabstein des Bf. Wenzel von Liegnitz, des Gründers des Kollegiatstifts. Aus der Renaissancezeit sind u. a. erhalten die Grabtumba des Bf. Jakob v. Salza († 1539) aus Salzburger Marmor, das bekannte Epitaph Balthasar v. Promnitz' († 1562) aus dem gleichen Material (hohe Tumba mit lebensgroßer Vollfigur des Bf. und Baldachin) sowie Grabmäler der Bff. Kaspar v. Logau († 1574), Martin v. Gerstmann († 1585) und Johannes v. Sitsch († 1608). – Etwas älter als die Jakobuskirche sind (in Teilen) die sog. *Bürgerkirche* am Zolltor (früher auch hl. Leichnam- oder Corpus-Christi-Kirche gen., 1372 erstm. erwähnt, 1743 nach Zerstörung wiederaufgebaut) und die alte *Barbarakirche,* die zunächst zu dem Barbarahospital (1341 gen.) gehörte, 1742–1810 den Franziskanern und seit 1818 als evg. Stadtpfarrkirche diente (nach Brand von 1542 wiederaufgebaut 1553). 1499 wurde der Rathausturm vollendet, 89 m hoch, mit nadelschlanker Spitze, einst das höchste Bauwerk der Stadt; er ist nach dem Einsturz 1945 nicht wiedererstanden. Der aus mächtigen Granitquadern erbaute *Glockenturm* neben der Jakobuskirche war als gewaltiges Bauwerk geplant (1474 ff.); 1516 wurde nach vier Stockwerken der Weiterbau aufgegeben. Von den Glocken ist die berühmte, 160 Zentner schwere Jacobus major zu nennen, 1494 von Bartusch Linderath in N. gegossen; beim Brand ist sie 1945 geschmolzen, aus den Resten wurden neue Glocken gegossen. Der *Münsterberger* (seit 1741 Berliner, in einer Nische der Münsterberger Löwe) und *Breslauer Torturm* entstanden ebenfalls noch im Ma.; die Bekrönung des letzteren wurde erst in der Zeit der Renaissance aufgesetzt. Das erlesenste Baudenkmal der Renaissance ist das 1604 vollendete ehemalige *Waagehaus* (später Kämmereigebäude). Von den zahlreichen stattlichen *Bürgerbauten* der Renaissance und des Barock sind manche erhalten bzw. wiederhergestellt. Der »*Schöne Brunnen*« an der Breslauer Straße (schmiedeeisernes Gehäuse mit österr. Doppeladler von Wilhelm Helleweg, 1688), ist wieder aufgestellt. – Nach dem 30j. Kriege wurden in Barockstil 1659/60 das *Kapuzinerkl.* (später Priesterhaus) im N, 1688–92 die stattliche *Jesuitenkirche* am Salzring gebaut; der Bau des *Jesuitenkollegiums* (Gymnasium Carolinum) wurde erst 1709 (bes. beachtlich die Aula und der Bibliothekssaal), das *Stiftsgebäude* der Kreuzherren zwischen Peter- und Brüderstraße (später fstbischl. Oberhospital) 1712–15, die neue Kreuzherrenkirche *St. Peter und Paul* 1719–30 vollendet. Letztere ist eine der schönsten Kirchen von Schles., von Michael Klein erbaut und von den Brüdern Felix Anton und Thomas Christoph Scheffler (der auch St. Paulin in Trier ausmalte) mit prächtigen Deckengemälden geschmückt. Die neue bischl. *Residenz* (zuletzt Gerichtsgebäude) in der Bischofstraße wurde 1729 vollendet.

Als Musikstadt war N. von erheblicher Bedeutung. Bis etwa 1650 führte das Pfarrgymnasium unter z. T. tüchtigen Kantoren. 1613 ließ Abt Nucius von → Himmelwitz, der sich oft in N. aufhielt, hier seine Kompositionslehre drucken, Fstbf. Erzhz. Karl (1608 bis

1624) pflegte eine vorzügliche Hofmusik. In der 2. H. 18. Jh. gab
Ditters v. Dittersdorf (Forstmeister des Fstm. N.) kräftige Impulse. Im 1852 vollendeten Stadttheater wurden Schauspiel, Oper
und Operette gepflegt.
Bedeutende Persönlichkeiten sind in N. geb. oder haben hier gelebt. Eberhard von N. war 1301–26 Bf. vom Ermland. Der Dichter des »Jungen Deutschland« Friedrich v. Sallet (20. 4. 1812–
21. 2. 1843), der Dichter Max Herrmann-Neisse (23. 5. 1886–8. 4.
1942), der Zoologe Prof. Dr. Bernhard Grzimek (geb. 24. 4. 1909),
der Chemiker und Nobelpreisträger Prof. Dr. Konrad Bloch (geb.
21. 1. 1912, jetzt in den USA) und der Weihbf. von Berlin Heinrich Theissing (geb. 11. 12. 1917) sind in N. geb. Hz. Nikolaus II.
von Oppeln wurde 1497 wegen eines Anschlags auf Hz. Kasimir II. von Teschen in N. enthauptet. Christoph Scheiner, Na-
turwissenschaftler und Entdecker der Sonnenflecken, wirkte 1617
bis 1650 in N., ab 1624 als Rektor des Jesuitenkollegs; sein Grabmal ist in der Jesuitenkirche. Joseph Frh. v. Eichendorff hat seit
1855 in N. gelebt, er ist am 26. 11. 1857 in N. gest. und auf dem
Jerusalemer Friedhof beerdigt; in seinem Sterbehaus in der Friedrichstadt wurde 1935 ein Eichendorff-Museum eingerichtet (1945
zerstört). Der Schriftsteller August Daniel v. Binzer ist ebenfalls
in N. verstorben (20. 3. 1868). Der bedeutende Jurist Christian
Friedrich Koch war seit 1840 Direktor des Fstm.-Gerichts in N.
(† 1872 in N.). Der Geograph und Afrikaforscher Emin Pascha
(Eduard Schnitzer, 1840–92), ist in N. aufgewachsen. Der Pädagoge Karl Schneider (1826–1905) hat einige Jahre in N. als prot.
Geistlicher gewirkt. Der Schriftsteller und kath. Theologe Karl
Jentsch (geb. 1833) war Pfarrer der altkath. Gem. in N. († 29. 7.
1917). Angelus Silesius (Johannes Scheffler, † 1677) studierte in
N. Theologie und wurde hier zum Priester geweiht. Johann Sobieski, der spätere Kg. von Polen, war Schüler des N.er Pfarr-
gymnasiums, Gen. Friedrich Wilhelm v. Steuben 1742 Schüler am
Jesuitengymnasium. Lafayette weilte 1794 als Staatsgefangener
im N.er Fort Preußen.   (III)   *Ron*

Verhandlungen d. philomatischen Ges. zu N., 1849 ff. (ab 14: Bericht d.
Philomathie, ab 24: Bericht d. wiss. Ges. Philomathie in N.). – LV 50. –
LV 119, Bd. 8. – FMinsberg, Gesch. Darstellung d. merkwürdigsten Er-
eignisse in d. Fstm.-Hauptstadt N., N. 1834. – AKastner, D. N.er Ge-
schichtsfreund od. Gesch. d. Fstm. u. d. Stadt N., 2 Bde., N. 1848/50. –
Ders., Gesch. d. Stadt N. m. bes. Berücksichtigung d. kirchl. Lebens in
d. Stadt u. d. Fstm. N., 2 Tle., N. 1854–66. – N. einst u. jetzt, N. 1899.
– BRuffert, Aus N.s Vergangenheit, N. 1903. – Ders., Schilderungen
aus Alt-N., N. 1921. – LV 45, 6 (1924), Mai-Heft. – N. m. Anh. Stadt u.
Bad Ziegenhals (Monogr. dt. Städte, Bd. 14), Berlin-Friedenau 1925. –
GSchönaich, D. alte Bf.-Stadt N., Oppeln 1935. – LV 233, S. 823–26. –
WDziewulski, Nysa (N.), in: LV 361, S. 181–210. – LV 234, Bd. 2, S.
174–76. – Miasto Nysa, szkice monograficzne (Stadt N., monogr. Skiz-
zen), hg. v. Instytut Śląski in Oppeln, Br. 1970. – JKęblowski, Nysa (N.)
(LV 108), Br. u. a. 1972

Neudeck (Świerklaniec, Kr. Tarnowitz). A. 11. Jh. soll N. Sitz eines Starosten gewesen sein. Die Burg »Swrklenecz« wird 1477 erstm. als Teil der Herrsch. → Beuthen O. S. erwähnt; sie muß bereits 1451 bestanden haben, da »Swiklenczy« damals in einer Verpfändungsurk. des Hz. von Teschen zusammen mit Cosel als Auszahlungsort für die Pfandsumme gen. wurde. Die Burg – eine Abschnittsburg mit Vorburg, zwei Gräben und Wall – ist verm. zur Grenzsicherung nach dem Verkauf von Sewerien an den Bf. von Krakau (1442) erbaut worden, lag sie doch unmittelbar an der neuen schles.-poln. Grenze an der Brynica. In der Zeit der brand. Pfandherrsch. in Beuthen (1526–1621) war die Burg Sitz des Hauptmanns der Herrsch. Als diese 1623/1629 in den Besitz der Fam. Henckel v. Donnersmarck kam, wurde N. (der dt. Name war seit A. 17. Jh. in Gebrauch) ihr Stammsitz. Nach dem Tode des zum Reichsgf. ernannten Lazarus II. zerfiel der Fam.-Besitz in die später kath. gewordene Linie Beuthen-Siemianowitz (→ Beuthen O. S., → Siemianowitz) und in die evg. Linie Tarnowitz-N. mit Sitz in N. (1664/1670). Gf. Carl Maximilian ließ 1670/80 das Schloß von einem ital. Baumeister umbauen, ohne den alten Grundriß zu verändern; größere Veränderungen wurden im 18. und vor allem in der 1. H. 19. Jh. (im Stil der engl. Tudorgotik) durchgeführt. 1868–75 entstand daneben nach dem Vorbild des Versailler Schlosses ein neues Schloß. Beide Schlösser, in einem schönen Park gelegen, sind 1945 ausgebrannt; vom alten Schloß sind noch ebenerdige *Mauerreste* erhalten, vom neuen die drei Wasserbassins vor der sö. Fassade mit den vier *Skulpturengruppen* kämpfender Tiere. – Die Siedl. um das Schloß N. entwickelte sich nur langsam; 1783 hatte sie nur 69 Eww., 1905 waren es 512. 1891 entstand hier ein Borromäerinnenkl., dessen Kapelle der kath. Bev. als Gotteshaus diente, während für die evg. Bev. im Schloßpark nach dem Vorbild der Berliner Kirche Monbijou eine Kirche erbaut wurde. Bei der Volksabstimmung 1921 stimmten in N. 279 Personen für Deutschland, 71 für Polen, während in der Umgebung das Stimmenverhältnis umgekehrt war. N. fiel an Polen und wurde 1924 bei der Auflösung der Gutsbezirke selbständige Gem. (1926: 725 Eww.), der später (Alt- und Neu-) Chechlau angeschlossen wurde. Im Schloß N. wohnte seit 1922 der Präsident der Gemischten Kommission für Oberschles., der Schweizer Alt-Bundespräsident Dr. Felix Calonder, als Gast des Fst. (seit 1901) Henckel v. Donnersmarck. Seit 1954 bildet N. zusammen mit Chechlau und Orzech (hier romantische *Burgruine* aus dem A. 19. Jh.) eine Gem. von 29,55 qkm und (1968) 5731 Eww. N. ist Sitz eines Instituts für Obstbaumzucht. (IV) *We*

LV 613, Bd. 2. – JNowak, Kronika miasta i powiatu Tarnowskie Góry (Chronik d. Stadt u. d. Kr. Tarnowitz), Tarnowitz 1927. -- LV 220. – Tarnowskie Góry. Zarys rozwoju powiatu (Überblick d. Entwicklung d. Kr. Tarnowitz), hg. v. HRechowicz, Kattowitz 1969

Neuhammer a. Queis (Świętoszów, Kr. Sprottau/Bunzlau). Der »newe Hammer« wird 1405 erstm. gen.; er bezog Eisenstein aus der Mallmitzer Heide. Vorübergehend ging der Hammer zwischen 1500/1550 und um 1723 ein; dann war er im Besitz des Hz. von Sagan (hzl. Dorotheenhütte bis 1945). Das Dorf N. wurde erst nach 1550 angelegt; 1575 wird es mit sechs Wirten gen. 1898 wurde der Truppenübungsplatz N. im Gebiet der Mallmitzer Heide (Besitzer: Gf. v. Dohna) angelegt. Dabei wurde 1900 das 1722 gegr. Heidedorf Koberbrunn aufgegeben. War N. bis 1910 unbedeutend (1871: Dorf 67, hzl. Hütte 86, zus. 153 Eww.), so stieg die Eww.-Zahl des Ortes als Zentrum des Truppenübungsplatzes rasch an (1939: 1432 Eww.). (I) *St*

GSteller, Gesch. v. N., in: Sagan-Sprottauer Heimatbriefe 1955/2

Neuhaus (Chałupki, Kr. Frankenstein). Die Burg N. lag auf einem Hügel in der Nähe des heutigen gleichnamigen Dorfes am l. Neißeufer, unmittelbar an der Grenze des Frankenstein-Münsterberger Gebietes zum Ottmachau-Neisser Bst.-Land (2 km nw. der bischl. Stadt → Patschkau) und unweit der böhm. Grenze. Sie wurde gewiß von dem auf die Sicherung seines Herrsch.-Bereiches gegenüber Böhmen bedachten Hz. Bolko I. von Jauer-Löwenberg (Fürstenberg) angelegt, und zwar zwischen 1291 und 1295, denn Bolko I. erwarb dieses Gebiet erst 1291 vom Hzt. Breslau, und eine Urk. vom 1. 10. 1295 nennt bereits den Burggf. des »Novum Castrum« Peter von Liebenau (»Libnowe«, Liebenau 2,5 km nö. N.). Unter Sigismund von Reichenau (5 km nw. N.) und dessen Bruder als Besitzer von N. war die Burg um 1438 ein Raubritternest. Der ehem. Hussitenführer und Pfandherr der Gfsch. Glatz Heinrich (Hinko) Kruschina von Lichtenberg eroberte die Burg N. 1440 nach der Entführung seiner Tochter durch die Besitzer von N. und setzte dort einen eigenen Vogt ein, der allerdings ebenfalls Raubzüge unternahm, bis er vom Bf. von Breslau und den Hzz. von Münsterberg und Troppau unschädlich gemacht wurde. Aber N. wurde bald erneut Raubritterburg und mußte 1509 von bischl. Truppen erstürmt werden; der Bf. von Breslau kaufte daraufhin die Herrsch. N. 1559 erscheint als Besitzerin von N. Hedwig v. Promnitz, Witwe des Ritters Heincze v. Schaffgotsch auf N. und Hertwigswalde (4 km nw. N.). Die Burg wurde verm. im 30j. Krieg zerstört; sie wird später nur als Ruine erwähnt, der Burgturm wurde 1830 abgebrochen; *Wälle* und *Grabenreste* der Anlage sind noch sichtbar. Die Herrsch. N. kam an die Herren v. Maltitz, im 19. Jh. gehörte sie wieder den v. Schaffgotsch und dann den Gff. v. Charmaré. (IIa) *Wø*

AKnoblich, Burgen u. Schlösser, in: Münsterberger Land, hg. v. [A]Kretschmer, Münsterberg 1930, S. 102–04. – LV 612, S. 40

Neuhaus (Nowy Dwór, Gem. Dittersbach/Podgórze, Stadtkr. Waldenburg). Die Feste N. auf dem Schloßberg in → Dittersbach ist identisch mit der → Waldenburg. 1365 erstm. erwähnt, muß ihre Gründung um 1293 durch Hz. Bolko I. von Schweidnitz (1291 bis 1301) zur Sicherung der Grenze gegen Böhmen erfolgt sein. Anfangs hzl. Lehen, ging N. ca. 1372 (mit Hermsdorf, Waldenburg und Weißstein) in erblichen Besitz der Burggff. über. Das waren die Herren Schof bis 1426, die v. Liebenthal bis 1434, Hermann v. Czettritz auf → Schwarzwaldau und → Fürstenstein bis ca. 1450–54, Hans v. Czedlitz, gen. Rochlitz bis 1462, Hans v. Czettritz bis 1475. Da dieser Parteigänger Kg. Georgs v. Podiebrad war, ging die Herrsch. N. an Kg. Matthias Corvinus über. Als kgl. Pfandbesitz wurde N. von dem Landeshauptmann Georg v. Stein verwaltet und 1488 an Hans v. Czettritz verkauft. Kg. Wladislaus von Böhmen und Ungarn zog 1490 das Pfandlehen wieder ein und verkaufte es als Erblehen an Fabian v. Tschirnhaus. 1492 ging die Herrsch. N. an Hans v. Czettritz zurück und blieb bis 1866 im Besitz dieser Fam. bzw. in der Seitenlinie Dyherrn-Czettritz (seit der Erbteilung 1682 umfaßte die Herrsch. nur noch N., Dittersbach, Hermsdorf, Althain und Anteil Bärengrund). Baronin Amalie Friederike Wilhelmine v. Dyherrn-Czettritz auf Neuhaus, geb. v. Rabenau auf Oberherzogswaldau, setzte den kath. Pfarrer Franz Gyrdt zum Universalerben der Herrsch. ein (sog. Priestererbe). 1871 ging N. durch Kauf an die Fstt. v. Pleß auf → Fürstenstein über. 1928 wurde der Burgbezirk mit Vorwerk nach Dittersbach eingemeindet. Die *Burgruine* auf dem Schloßberg ist der Rest einer Anlage, die von Hz. Bolko II. ca. 1330 errichtet wurde. Während der Hussitenkriege erlitt N. keinen Schaden, da die Besitzer die Hussiten willig aufnahmen. 1581 wurde N. durch Brand zerstört und nicht wieder aufgebaut. Seit A. 17. Jh. wohnte die Herrsch. in → Ober Waldenburg und nur selten in dem Schlößchen am Fuße des Schloßberges, das gegen E. 17. Jh. erbaut und 1882 abgerissen wurde. (IIa) *Kö*

LHäufler, D. Gesch. d. Grundherrsch. Waldenburg-N. unter bes. Berücks. d. Industriegem. Dittersbach (Forschsch. z. Gesch. d. Waldenburger Berglandes, Bd. 1), Br. 1932. – Ders., Urkk. u. andere Quellen z. Gesch d. Waldenburger Berglandes (dass., Bd. 2), Br. 1932. – O du Heimat lieb u. traut! Bilder a. d. Waldenburger Berglande, hg. v. MKleinwächter, Waldenburg 1925, S. 76–78. – HBartsch, Unvergessene Waldenburger Heimat, Norden (Ostfriesl.) 1969, S. 104–06. – KEngelbert, D. gesch. Grundlagen d. Romans »D. Priestererbe«, in: LV 72, 8 (1950), S. 154–72, u. 9 (1951), S. 144–205. – → Waldenburg

Neuhof (Radociny, Gem. Hohenwiese/Wojków, Kr. Hirschberg). Das Rittergut N. war urspr. Besitz der Fam. Schaffgotsch auf Schwarzbach (Schloßbau um 1570 durch Caspar v. Schaffgotsch) und zumindest seit 1611 Amtssitz der Herrsch. → Schmiedeberg. Diese wurde 1634 wegen angeblicher Beteiligung Hans Ulrich v. Schaffgotschs an den Plänen Wallensteins vom Ks. eingezogen und 1639 an Gf. Hermann (Prokop) v. Czernin verkauft. Nachdem Schles. preuß. geworden war, erwarb Kg. Friedrich II. sie und veräußerte sie sogleich an die Stadt Schmiedeberg (1747), die N. zum Kämmereivorwerk machte. Wegen Geldmangels kam es 1820 zur Aufteilung und zum Verkauf der Schmiedeberger Güter. Das

Schloß und einen Teil des Gutes N. kaufte 1826 Heinrich LXXIV.
Pz. Reuß jg. Linie (1798–1886); er vergrößerte den Besitz durch
Zukauf des Rittergutes Hohenwiese und des Bärndorfer Forstes.
Das *Schloß* N. enthält einen Kernbau des 16. Jh. mit verkröpften
Sandsteinfascien und Volutengiebeln. Es ist mit Sgraffito-Ma-
lereien versehen, von denen sich in den nicht unbeträchtlichen Er-
weiterungs- und Umbauten, die während der Besitzzeit des Pz.
Heinrich IX. Reuß jg. Linie (1827–1898) ausgeführt worden sind,
bescheidene Reste erhalten haben. 1939 und 1945 starben die
letzten Besitzer Pz. Heinrich XXX. Reuß-Schleiz-Köstritz und
Pzn. Feodora, geb. Pzn. von Sachsen-Meiningen-Hildburghausen.
(I)   *Gru*

ThEisenmänger, Geschichte der Stadt Schmiedeberg im Riesengebirge.
Br. 1900. – LV 587, Bd. 3, S. 470. – LV 613, Bd. 1, S. 24. – LV 615, S.
36 f.

Neukirch (Nowy Kościół, Kr. Goldberg). Das 7 km nw. Schönau
an der Katzbach gelegene N. war urspr. das slaw. Dorf »Biztric«,
in dem 1217 eine Pfarre nach poln. Rechtsformen eingerichtet
wurde; 1228 heißt es schon »Nova ecclesia«. Die auf einem Berg
gelegene, mit einer Mauer umgebene alte Kirche von N. aus der
M. 13. Jh. (Anbauten des Spätma. und 17. Jh.) nimmt unter den
spätrom. Baudenkmälern des Katzbachtales eine bedeutende Stellung ein, obwohl seit langem *Ruine*. Mit den dt. Siedlern wanderte im 13. Jh. das Geschlecht derer v. Zedlitz (verm. aus Zedtlitz
im Vogtland) ins Land ein und machte N. zu seinem schles. Stammsitz (seit 1319 mit kurzen Unterbrechungen bis 1945). Georg v.
Zedlitz und N. holte 1518 den Lutherschüler Melchior Hofmann
nach N., der hier die ersten evg. Gottesdienste auf schles. Boden
abhielt. Das im 19. Jh. im neugot. Stil (anstelle eines alten) erbaute Schloß ist seit 1945 *Ruine*. 1957 wurde in N. eine Kupfer-
erzgrube in Betrieb genommen.   (I)   *We*

LV 211, Bd. 2, S. 56. – Heimatbuch d. Altkrr. Goldberg–Haynau–Schönau, hg. v. OBrandt, 1. Folge, Braunschweig 1954, S. 45. – LV 613, Bd.
2, S. 36–38. – HAppelt, Z. Siedlungsgesch. d. Kastellanei Lähn, in: LV
28, 73 (1939), S. 1–10. – LV 340, S. 47. – LV 601, S. 135 f. – EvZedlitz-
Neukirch, Familiengesch. d. Gff., Frhh. u. Herren v. Zedlitz, Glatz
1919/20. – Ders., D. Zedlitze u. ihre Heimat, Glatz 1925. – EK . . . e, D.
evg. Kirche in Schles., insbes. d. Verdienste d. freiherrlichen Fam. v.
Zedlitz-Neukirch um dieselbe, in: LV 26, NF 4 (1865), S. 672–681

Neumarkt (Środa Śląska). N. ist städt. Mittelpunkt der N.er Platte
zwischen Oder, unterer Katzbach, Wütender Neiße und Striegauer Wasser, eines vor allem im W fruchtbaren diluvialen Ak-
kerbaugebietes ohne größere Erhebungen, einer der frühen dt.
Siedelräume des 13. Jh. Die Stadt war im Ma. sehr verkehrs-
günstig (an der → Hohen Straße und an der kurz vor N. zusammen mit der Handelsstraße Frankfurt/O.–Breslau in diese einmündenden → Niederen Straße) auf einem Hügel 11 km s. der
Oder am N.er Wasser gelegen. Schon in slaw. Zeit war N. Markt-

ort, entstanden vielleicht als Rastplatz auf halbem Wege zwischen den hzl. Residenzen → Breslau und → Liegnitz; der poln. Name Środa = »Mittwoch« deutet auf einen mittwochs abgehaltenen Wochenmarkt hin, wie der poln. Name von → Zobten (Sobota) einen Samstagsmarkt anzeigt. N. gehört aber auch zu den frühesten dtrechtl. Städten des Landes, vielleicht schon in den ersten Regierungsjahren Hz. Heinrichs I. (1201–38) mit dt. Recht ausgestattet und damit etwa gleichzeitig entstanden wie → Goldberg, → Löwenberg und Breslau. Der erste sichere Beleg stammt – da frühere Zeugnisse sich als Fälschungen erwiesen haben – aus dem Jahre 1223, als Bf. Lorenz von Breslau die Stadt → Ujest aussetzte »zu dem Recht, das der Neue Markt Hz. Heinrichs, der Szroda gen. wird, gebraucht« (»eodem iure, quo utitur Novum Forum ducis Henrici, quod Szroda dicitur«). Damals war das in N. praktizierte dt. Recht bereits Vorbild für andere Orte, so auch 1228 bei der Lokation von → Sarsisk, und »N.er Recht« (»ius Theutonicum Noviforense« oder »ius Theutonicum Srodense«) wurde zahlreichen Städten und Dörfern in Schles., Groß- und Kleinpolen sowie Rotreußen verliehen. Das N.er Recht fußte auf dem Magdeburger Recht, das in einzelnen Punkten den schles. Verhältnissen angepaßt wurde. 1235 übersandten die Schöffen von Halle/Saale auf Bitten Hz. Heinrichs I. eine Abschrift ihres dem Magdeburger nachgebildeten Stadtrechts »zum Nutzen seiner Bürger in N.« Im 14. Jh. entstand ein fragmentarisch überliefertes »N.er Rechtsbuch«. Wie auch sonst in der Frühzeit vorkommend, wird N. – obwohl damals gewiß schon als dtrechtl. Stadt ausgesetzt – 1228 als villa (»Dorf«) und sein Stadtrichter Heinrich 1229 als scultetus bezeichnet; mit dem 1229 erwähnten »Bero advocatus« von N. ist der Landvogt gemeint. Erst 1238 erscheint N. als civitas.

Beim Einfall der Mongolen nach Schles. wird N. wahrsch. von diesen heimgesucht worden sein, lag es doch auf deren Weg über Breslau in die Gegend von Liegnitz (→ Wahlstatt). Im Zusammenhang mit diesem Ereignis ist der Name von N. in die russ. Chronistik bzw. in die Sagenwelt eingegangen, was zumindest bezeugt, daß die Stadt damals weitbekannt war: Die »Jahrbücher« von Halitsch-Wolhynien aus dem 13. Jh. berichten, eine Verwandte des Fst. Michail Vsevolodovič (von Černigov) sei nach der Einnahme Kievs durch die Mongolen E. 1240/A. 1241 ins Breslauer Land in die dt. Stadt »Sereda« (= Środa = N.) geflüchtet und dort, weil man nach ihren Schätzen trachtete, zusammen mit ihrem Gefolge erschlagen worden; Michail selbst, der auf der Flucht ebendorthin war, sei daraufhin ins Land seiner ersten Zuflucht, Masowien, zurückgekehrt. Diese Nachricht soll den historischen Kern der Sage von der »Tatarenksn.« bilden, die erstm. in der dt. Hedwigslegende (15. Jh., gedruckt 1504) auftaucht: Die Gemahlin des »Tatarenks.« Batu sei 1240 auf einer Reise in N. wegen ihrer Schätze ermordet worden; dies habe die Tataren zum Rachezug nach Schles. 1241 veranlaßt.

Daß N. zu den frühesten dtrechtl. Städten von Schles. gehört, zeigt auch der vom üblichen Schachbrettschema abweichende Stadtgrundriß. Es wird neuerdings angenommen, daß er urspr. ein ungefähres Quadrat gebildet habe. Erst die nahe Grenze zu dem 1248 neu begründeten Hzt. Liegnitz soll um 1253 zur Erbauung der hzl. Stadtburg in der NW-Ecke der Stadt geführt haben (Ausgrabungen!). Zum Ausgleich für die dadurch verlorengegangenen städt. Baugrundstücke soll die ö. Stadtgrenze nach außen verlegt worden sein, so daß ein Rechteck von ca. 420 × 470 m entstand (= ca. 20 ha). Auf diese Weise soll das Franziskanerkl. im SO – erst 1318 belegt, aber verm. schon um die M. 13. Jh. entstanden – in die Stadtbefestigung einbezogen worden sein. Die Stadtfläche war in der Längsrichtung zweigeteilt durch die Fernhandelsstraße, die sich in einer Länge von 335 m zu einem spindelförmigen Langmarkt ausweitete, an den Enden 30 und 32 m, in der Mitte bis zu 58 m breit; nur im W, im Bereich der Pfarrkirche St. Andreas mit dem sie einst umgebenden Friedhof, war die Durchgangsstraße nicht platzartig erweitert. Das Stadtareal war durch ein ziemlich regelmäßiges Gitterstraßennetz aufgeteilt. Noch gegen Ende des 13. Jh. wurde die Stadt mit einer – größtenteils erhaltenen – Mauer umgeben, um 1341 verstärkt. Vier Tore unterbrachen die Stadtmauer: im Zuge der Hohen Straße das Liegnitzer und Breslauer Tor, im S das Schweidnitzer (Thomas-), im N das Fleischertor; 1536 wurde mit dem Neutor im NO ein fünfter Durchlaß geschaffen. Inmitten des Marktplatzes wird schon 1283 ein Rathaus zusammen mit einem Kaufhaus erwähnt; 1349 wurden Reichkramkammern und Heringsbuden angebaut. Das heutige *Rathaus* mit Turm gehört dem 15. Jh. an, 1552 im Renaissancestil umgebaut, 1935 erneuert. – Den Markt schließt im W die 1233 durch ihren Pfarrer nachweisbare *Pfarrkirche St. Andreas* ab; das spätrom., basilikale, sechsjochige Langhaus stammt teilweise noch aus der 1. H. 13. Jh., während der got., dreijochige Chor das Teilergebnis eines Neubauplanes aus der Zeit um 1388 ist; der W-Teil der Kirche wurde 1828 ersetzt. Der freistehende wuchtige *Glockenturm* auf quadratischem Grundriß, seit 1598 stumpf abschließend, ist in der M. 14. Jh. entstanden. Im 13. Jh. soll die Pfarrkirche durch Brand gelitten haben und dann um 1270–80 wiederhergestellt worden sein; ob die Zerstörungen 1248 im Kampf zwischen den Söhnen Hz. Heinrichs II. eingetreten und dabei viele Bürger in der Kirche umgekommen sind, wie die Überlieferung behauptet, bleibt ungewiß. – Unweit der Pfarrkirche stand die hzl. Burg; der erste Burggf. ist 1269 belegt. Die Burg war in die nw. Ecke der Stadtbefestigung eingepaßt; Teile ihrer *Außenmauer* sind erhalten, die S- und O-Begrenzung ist durch Reste des alten Grabens nachweisbar. Die Burg unterstand dem Landesherrn – d. h. dem Hz. von Breslau, nach 1335 dem Kg. von Böhmen und zeitweise dem Rat der Stadt Breslau als Inhaberin der Landeshauptmannschaft des Hzt. Breslau –, der Burggff. einsetzte oder auch Burg und dazugehörigen Landbesitz verlehnte; so waren Besitzer der N.er Burg 1327 Ticzco von Reideburg, 1444 Leonhard Asenheimer aus Bayern, 1514 Peter v. Sack, 1573 Anton v. Mühlheim. A. 17. Jh. kaufte die Stadt Breslau die Burg, im 18. Jh. begann ihr Verfall, A. 19. Jh. wurde sie abgebrochen. – In der der Burg gegenüberliegenden SO-Ecke der Stadt lag das Franziskanerkl., beim Hussiteneinfall stark in Mitleidenschaft gezogen; die dreischiffige Hallenkirche zum *Hl. Kreuz* wurde im 15. Jh. vollendet (Wiederaufbau nach Beschädigung im 17. Jh., nach 1812 Benutzung als Magazin und teilweiser Verfall, Wiederherstellung durch P. Klein mit neuem Chor und Turm 1933). 1722 entstanden zwei gemauerte *Kl.-Flügel* (heute Schule). – Die älteste Einrichtung außerhalb der Mauern war das Aussätzigenspital an dem Weg nach Liegnitz, angeblich eine Gründung der hl. Hedwig; die dazugehörige, noch erhaltene (seit 1945 z. T. ruinös) einschiffige rom. *Marienkirche* reicht nach dem Baubefund tatsächlich in die 1220er Jahre zurück (Umbau im 17. Jh.), was durch das Zeugnis von 1239 bestätigt wird, das »leprosorium« in N. sei von Bf. Lorenz (1207 bis 1232) gegr. worden. 1349 überließ der Bf. von Breslau das Patronat über das Marienspital den Benediktinern von Opatowitz in Böhmen. Diese zogen, als ihr Kl. 1426 von den Hussiten zerstört worden war, nach N. und begründeten an der Marienkirche eine Propstei; das Aussätzigenspital war damals schon eingegangen. 1535 starben die Insassen der Benediktinerpropstei aus (→ Wahlstatt), der Besitz wurde 1564 dem Schülerhospital St. Johannes in Breslau einverleibt. – Im 14. Jh. entstanden in N. zwei neue Spitäler: eines im S mit einer St. Thomaskirche, nach der das Schweidnitzer Tor auch Thomastor benannt wurde (belegt 1401, später eingegangen, Kirche bis gegen E. 16. Jh.), ein zweites in der Liegnitzer Vorstadt mit einer St. Nikolauskirche (1385 erwähnt, Kirche 1633 zerstört).

Die Stadt, Vorort eines Weichbildes, wurde vom Landesherrn mit Privilegien ausgestattet und lebte im Ma. in wirtschl. Wohlstand. Sie besaß Meilenrecht, freien Salzmarkt (1379), Zollfreiheit für den Handel mit Böhmen (1327) und drei Jahrmärkte. Zeitweise war der Weinbau in N. stark vertreten (1323–1539 Winzerzunft). In den 1340er Jahren ist in N. freie Ratswahl bezeugt, 1570 erkaufte die Stadt die Erbvogtei. Bis 1455 spielten Juden in N. eine gewisse Rolle; 1341 wurde ihr Zins zum Mauerbau verwendet. Ab 1523 drang die Ref. in N. ein. Die Franziskanerkirche wurde 1527, die Pfarrkirche St. Andreas 1540 evg.; das verlassene Kl. wurde städt. Armenspital. Auch die Sekte der Schwenckfelder faßte hier Fuß. 1654 wurde die Gegenref. durchgeführt, 1675 das Kl. wieder mit Franziskanern besetzt. – Die Lage an einer wichtigen Durchgangsstraße wirkte sich in Kriegszeiten ungünstig aus. 1428 brannten die Hussiten einen Teil der Stadt (u. a. das Franziskanerkl.) nieder. Im 30j. Krieg hatte N. häufig unter fremden Truppen zu leiden, zudem erlebte es 1633/34 und 1641 große Brände. Da die W-O-Verbindung ihre einstige Handelsbedeutung verloren hatte, dafür die Vorgebirgsstädte in den Vordergrund traten (Leinenhandel!), außerdem die überragende Stellung von Breslau die Wirtschaft der Nachbarstädte immer mehr beeinträchtigte, erlangte N. seine einstige Größe nicht wieder. Hatte es 1621 4071 Eww., so waren es 1749 nur 1774. Im Postverkehr ergab sich auf der alten Hohen Straße eine Belebung durch die Wahl der Kfstt. von Sachsen auf den poln. Thron; August II., der Starke, ließ in N. für den Verkehr nach Polen eigens ein Postgebäude errichten. Im 7j. Krieg bildete die Einnahme von N. durch Friedrich d. Gr. am 4. 12. 1757 den Auftakt zur Schlacht bei → Leuthen; durch die Opfer des nahen Schlachtfeldes brach in N. eine Epidemie aus, die bis April 1758 wütete und die Bev. angeblich bis auf 33 Ehepaare dezimierte. 1787 wohnten in N. wieder 1817 Personen. Auch in den Napoleonischen Kriegen hatte N. zu leiden. Vom 30. 5. bis 5. 6. 1813, als der Waffenstillstand von → Pläswitz ausgehandelt wurde, hielt sich Napoleon im franz. Hauptquartier in N. auf.

Im 18./19. Jh. lebte N. hauptsächlich von Tabakanbau und -verarbeitung. 1705 entstand die erste Tabakfabrik, 1847 gab es deren sechs. Außerdem kam die bis heute fortgeführte Lederindustrie auf. Unter preuß. Verwaltung büßte die Stadt ihre Selbstverwaltung ein; das 1743 N. verliehene Stadtreglement wurde zum Modell für andere schles. Städte. N. wurde Sitz eines Kr. Die Evangelischen erhielten 1744–45 ein Bethaus, das bis 1933 verwendet wurde (1935 Museum, 1945 zerstört), als die evg. Gem. die ihr bereits 1812 überlassene Franziskanerkirche zum Hl. Kreuz als Gotteshaus wieder herrichtete. Die 1843 eröffnete Eisenbahnlinie Breslau–Liegnitz–Berlin führte 4 km an N. vorbei, was sich ungünstig auswirkte; erst 1926 wurde eine Verbindungsbahn von Ober Stephansdorf nach N. geschaffen. Die Bev.-Zahl nahm seit A. 19. Jh. zu: 1825: 3075, 1905: 5118, 1939 (nach Eingemeindung von Flämischdorf, Probstei, Pfaffendorf): 6428 Eww. (auf 16,66 qkm). 1945 wurde N. zu etwa ¹/₃ zerstört. 1961: 6189 (auf 12,66 qkm), 1970: 7159 Eww.

Der Frühhumanist Johann von N. (geb. um 1310 in Hohenmauth/ Böhmen, † 1380), Kanzler Ks. Karls IV., Bf. von Leitomischl und Olmütz, war seit 1344 Pfarrer in N. Ein anderer Humanist, Laurentius Corvinus (Rabe), Dozent in Krakau, Stadtschreiber in Breslau und Thorn, wurde 1465 in N. geb. († 1527). Aus N. stammt auch der Schriftsteller Friedrich Bischoff (geb. 1896).

(II) *We*

LV 130. – LV 80, Bd. VII 1, S. 207, 210. – LV 169. – PBaumgart, Was N. i. Schles. noch an urk. Schätzen bietet, Leipzig 1930. – PKindler, Gesch. d. Stadt N., 2 Bde., Br. 1903/07, 2. Aufl.: Bd. 1 N. 1934. – LV 233, S. 827–29. – MFrommer, Daten a. d. Gesch. v. Stadt u. Kr. N. in Schles. (von 1202–1958), Velen i. Westf. 1959. – LV 356, S. 86 f. – LV 406–408. – Festschrift z. 700-Jahrfeier d. N.er Rechts (1235–1935), hg. v. Zmarzly, N. 1935. – LV 612, S. 76. – LV 299. – HHoffmann, D. Kirchen in N. (LV 107, Nr. 28), Br. 1937. – LV 691. – JKlapper, D. Tatarensage d. Schlesier, in: LV 77, 31/32 (1931), S. 160–96. – TKo-

zaczewski, Środa Śląska (N. i. Schles.) (LV 108), Br. u. a. 1965. →
LV 234, Bd. 2, S. 591 f.

Neumittelwalde (Międzybórz, Kr. Groß Wartenberg). N. ist sö.
des 271 m hohen Korsarenberges in der hügeligen Endmoränen-
landschaft des niederschles. Landrückens gelegen. Seit 1340 ist N.
als Grenzherrsch. des Fstm. Oels unter dem Namen Medzibor
überliefert. 1530 gelangte diese in den Besitz des Standesherrn
von → (Groß) Wartenberg. Nach mehrfachem Besitzwechsel kam
sie 1599/1607 wieder an das Fstm. Oels und wurde mit ihm 1647
württembergisch, 1792 durch Erbschaft in der weiblichen Linie
braunschweigisch (bis 1884). Verwaltungsmäßig wurde die Herrsch.
N. 1818 dem Kr. (Groß) Wartenberg zugeschlagen. – Der Marktflecken N., schon in der 2. H. 16. Jh. als »Städtchen« bezeichnet,
erhielt am 6. 5. 1637 – damals etwa 40 Bürgerstellen zählend –
von Hz. Heinrich Wenzel von Oels-Bernstadt das Stadtrecht. Mit
der Erhebung zur Stadt wurde der Ort samt seiner Gemarkung
vergrößert, und es wurden ihm drei offene Jahr- und Viehmärkte
und ein Wochenmarkt zugestanden; gegen einen Jahreszins erhielt der Rat das Branntwein- sowie Bier- und Brauurbar. Damals
bekam der Ort den dt. Namen Mittelwalde, neben dem sich allerdings der Name Medzibor erhielt, bis 1886 Stadt und Herrsch.
in N. umbenannt wurden. – Der Grundriß von N. gruppiert sich
um zwei Kerne: 1. den Ober- und Unterring beiderseits der *evg.*
Kirche (1836, Turm 1635) und 2. das am Fuß des Markthügels gelegene alte Schloß, an dessen Stelle später das Brauhaus und eine
Molkerei standen. Beide Kerne waren durch die Brande und den
Ringteich voneinander getrennt. Durch Stadterweiterung entstand im Zuge der Fernhandelsstraße Oels-Adelnau (Odolanów)
die »Neue Gasse«, so daß N. 1733 über 130 Bürgerstellen zählte.
Als Vorort einer großen Herrsch. hat N. allmählich die Zahl seiner
Handwerker und Geschäfte erheblich vermehrt. Die Stadtflur
wurde 1888–1907 zusammen- und umgelegt. Eww.-Zahlen: 1787:
882, 1825: 1132, 1905: 1229. Mit der Eröffnung der Eisenbahnlinie Groß Graben-Ostrowo am 1. 4. 1910 wurde das Schulzen-
dorf Sielonke, in dem der Bahnhof entstand, eingemeindet. Durch
den Vertrag von Versailles wurde N. Grenzstadt; es erhielt 1928
einen Grenzbahnhof und eine Arbeiterzentrale zur Durchleitung
poln. Wanderarbeiter. Die Eww.-Zahl betrug 1939: 1649
(5,88 qkm), 1961: 1112 (12,57 qkm), 1970: 1378. – Bekannt geworden ist N. durch die Anlage zweier über 80 Morgen großer Weinberge im S und N der Stadt durch württembergische Einwanderer
unter Führung des Bürgermeisters Johann Jakob Lutz. 1745 war
die erste Weinlese. 1755 schlossen sich 15 Weinbauern zu einem
Weinbergmittel zusammen, dessen Mitglieder auch den Weinbau
in Ohlau, Brieg und Carlsruhe OS einführten. Trotz Niedergang
des Weinbaus A. 19. Jh. blieben die »Weinberge« als Baumplan-
tagen bis in die Gegenwart der Kulturlandschaft erhalten.

(III) Schl

LV 272. – HSchlenger, Wie eine Grenzstadt wurde. 300-Jahrfeier d. Stadt N., N. 1937 (Neuaufl. u. d. T.: A. d. Entwicklung v. N., Schwäbisch Gmünd 1961). – LV 233, S. 829. – LV 234, Bd. 2, S. 574

Neurode (Nowa Ruda, Kr. Glatz/N.). N. liegt im NW-Winkel der Gfsch. Glatz am SW-Rand des Eulengeb. zu beiden Seiten der Walditz, die Oberstadt mit Ring, Schloß und Pfarrkirche am steilen l. Ufer in 420 m Höhe, die Unterstadt etwa 50 m tiefer im Walditztal. Über die Gründung von N. gibt es keine genaueren Angaben. 1336/37 sind es das Kirchenpatronat und ein Pfarrer von N. nachweisbar, 1363 die Pfarrkirche selbst. Als »Städtchen« und »Stadt« erscheint N. erstm. 1352 beim Verkauf des Hofes »Newenrode« – offenbar des späteren grundherrschl. Sitzes – zusammen mit dem »stetechin« und den Dörfern Hausdorf, Königswalde, Kunzendorf, Ludwigsdorf und Volpersdorf durch den schon 1347 als Grundherr von N. belegten Hannus Wustehube an Hensel v. Donyn. 1368 war N. Weichbildmittelpunkt, 1434 erhielt es Stadtrechtsgrundsätze und Meilenrechtsbestimmungen verliehen.

Über die topographische Entwicklung von N. besteht Unklarheit. Das Stadtbild des frühen 18. Jh. zeigt einerseits eine regelmäßig angelegte Oberstadt mit quadratischem Ring nebst Rathaus, w. anschließend das herrschl. Schloß und ein Vorwerk, ein Hospital hinter dem Vorwerk an der Walditz, die kath. Pfarrkirche St. Nikolaus sw. vom Ring nahe dem Schloß, anderseits eine tieferliegende Vorstadt im NO, bestehend aus der Doppelreihe der »Schusterlauben« und den anschließenden einreihigen »Oberlauben« (später Kunzendorfer Lauben) am l. Walditzufer und den »Marienlauben« gegenüber am r. Flußufer, benannt nach der dortigen Marienkirche bzw. -kapelle; am Ende der städt. Bebauung im NO stand am r. Walditzufer die Hl. Kreuz-Kirche. Die sich von diesem Zustand her anbietende Vorstellung, die Oberstadt sei die urspr., gleichmäßig angelegte Stadtsiedl., die Vorstadt im Walditztal ein späterer Siedl.-Ausbau, wird stark angezweifelt. Die Hl. Kreuz-Kirche soll die älteste Pfarrkirche von N. gewesen sein – Nachrichten von 1496/98 scheinen sie tatsächlich als einzige bestehende Kirche von N. zu betrachten –, vielleicht als Wallfahrtskirche entstanden, da 1631 von einstigen Wallfahrten zu ihr berichtet wird. Die älteste städt. Ansiedlung wird meist in der späteren Vorstadt angenommen, in deren Mitte um 1500 (1515 bezeugt) eine Pfarrkirche St. Nikolaus entstanden sein soll. Nachdem die Grundherrsch. M. 16. Jh. die Ref. angenommen hatte (1561 wird in N. ein evg. Prediger angestellt), soll sie zwischen 1560 und 1631 neben dem Schloß eine neue, evg. Kirche erbaut und ihr das Nikolauspatrozinium der alten Kirche verliehen haben, worauf diese – kath. geblieben – das Marienpatrozinium annahm und nach der Gründung einer »Bruderschaft Mariä Heimsuchung« an ihr 1693 auch »Brüderkirche« gen. wurde. Die planmäßige Anlage der vorher nur schwach besiedelten Oberstadt mit dem Ring ö. vom Schloß soll um dieselbe Zeit, M. 16. Jh., erfolgt sein. Um 1580 erscheint jedenfalls erstm. die Oberstadt als »Stadt«, die Ansiedlung im Walditztal als »Vorstadt«, und die frühesten Baudaten aus der Oberstadt verweisen genau in diese Zeit: ein Fenster des alten Rathauses trug die Jahreszahl 1577, das Hospital am Rande der Oberstadt zur Waditz hin ist 1569 erstm. belegt, das Tor an der Schmiede- (Frankensteiner) Straße am O-Rand der Oberstadt 1590 (zwei weitere Tore sind später bezeugt; eine Stadtmauer hat N. nie gehabt). Es ist möglich, daß N. zunächst als kleine, unregelmäßige adelige Gründung zwischen grundherrschl. Hof und Hl. Kreuzkirche entstanden ist. 1442, wenige Jahre nach dem Brand von 1428 (durch Hussiten), zählte N. 78 steuerpflichtige Grundstücke. Diese geringe Zahl paßt nicht zur Häuserzahl der Oberstadt (um 1618: 187), was deren Anlage zu einem späteren Zeitpunkt wahrsch. macht.

Die Stadterweiterung wird auf Grund günstiger Wirtschaftsverhältnisse erfolgt sein. Grundlage der N.er Wirtschaft war schon im Ma. die Tuchmacherei. Bereits 1360 erhielten die Wollenweber von N. vom Grundherrn eine Satzung, von 1416 stammt die Zunftordnung der Tuchmacher, nachdem die Schuhmacher – durch die »Schusterlauben« als zahlreich bezeugt – bereits 1404 eine solche erhalten hatten. Um 1600 gingen die Erzeugnisse der N.er Tuchmacher in verschiedene Länder der Habsburgermonarchie, um 1800 bis nach Italien, Rußland und die Türkei. Welche Bedeutung die Tuchmacherei für N. besaß, zeigt die Tatsache, daß 1654 unter insges. 183 Bürgern 108 Tuchmacher, zwei Tuchbereiter, ein Tuchscherer und ein Tuchwalker waren. 1787 gab es in N. – bei 2405 Eww. – 261 Tuchmachermeister, 260 Tuchknappen, 15 Tuchscherer und einen Tuchwalker, 1808 sogar 450 Tuchmachermeister. Für kurze Zeit (1780–1803) spielte auch der Leinenhandel eine Rolle. Die Tuchmacherei ging um 1820 stark zurück und um 1900 völlig ein. Inzwischen bestimmten bereits Bergbau und Industrie die Wirtschaft der Stadt. Die Tuchmachertradition setzte sich in Unternehmen der Textilindustrie in und um N. fort: 1834 entstanden Tuchfabriken in Ober- und Nieder Waditz, 1839 die Buntweberei Wilhelm Jordan in Kunzendorf, 1894 die bedeutende Weberei Hermann Pollack & Söhne (Ableger einer Wiener Firma) in N.

Nach dem Aussterben der Burggff. v. Donyn (1465) verlieh der damalige Lehnsinhaber der Gfsch. Glatz, Hz. Heinrich d. Ä. von Münsterberg, die Herrsch. N. einem Parteigänger und Freund seines Vaters Georg von Podiebrad, nämlich Georg Stillfried von Rattonitz. Die Fam. Stillfried blieb bis 1810/21 im Besitz von N. Nach Durchsetzung der Gegenref. in der Gfsch. Glatz 1624 kehrte mit Bernhard I. Stillfried die Grundherrsch. zum kath. Glauben zurück und büßte für die Teilnahme am böhm. Aufstand nur wenig an Gütern ein. Nach dem Anfall der Gfsch. an Preußen 1742 veranlaßten finanzielle Schwierigkeiten und auch Verärgerung über die Einführung der die Grundherren entmachtenden Steinschen Städteordnung den Herrsch.-Inhaber Friedrich August Stillfried

1810, N. an seinen Verwandten Gf. Anton v. Magnis auf →
Eckersdorf (Kr. Glatz/Neurode) zu verkaufen; da inzwischen die
Zwangsverwaltung der Stillfriedschen Güter eingeleitet war, erhielt erst Magnis' Sohn 1821 N. zugesprochen.
Die Gff. Magnis hatten um 1815 die Kohlengruben von Kohlendorf, Buchau, Köpprich und Eckersdorf zu einer Bergverwaltung
in Eckersdorf zusammengefaßt und 1816 auch die Grube von →
Schlegel erworben. Zwar wurde in N. selbst kein Bergbau betrieben, aber N. war doch Mittelpunkt eines im 18. Jh. auch auf Erz
ausgerichteten, schließlich jedoch durch (bereits im 15. Jh. belegten) Steinkohlenabbau aufgeblühten Bergbaugebietes. 1873 setzte
der Abbau des begehrten und seltenen feuerfesten Tones in der
auf N.er Stadtgebiet übergreifenden Rubengrube zu Kohlendorf
ein, der häufig den Kohlenbergbau finanziell stützte, bis 1900
schwed. und österr. Konkurrenz einen Rückschlag verursachte. Die
Magnissche Bergverwaltung, seit 1899 im N.er Schloß untergebracht, wurde 1901 in die »Gewerkschaft N.er Kohlen- und Tonwerke« umgewandelt und ging 1921, als sich die Folgen der
neuen Grenzen Deutschlands für das N.er Revier ungünstig aus-
zuwirken begannen, mit den Gruben »Kons. Ruben«, »Kons. Johann Baptista« und »Kons. Rudolf« in den Besitz einer kaufmännischen Vereinigung unter Führung der »Linke-Hofmann-
Lauchhammer AG« in Berlin über. Den Tiefpunkt seiner Lage erreichte das N.er Bergbaurevier 1931 mit der Stillegung der Wenzeslausgrube in Mölke n.N., der größten der Gfsch. Glatz; die
»Betriebsgemeinschaft Wenzeslausgrube« konnte die Stillegung
nur für wenige Jahre rückgängig machen (1933–39). – Zum Nach-
teil für den N.er Bergbau wurde die Stadt erst 1879/80 an das
Eisenbahnnetz angeschlossen (Glatz-N.-Dittersbach). Schon frü-
her, 1875, waren die österr. Eisenbahnen bis an die preuß. Grenze
(Ottendorf/Böhmen) in der Nähe von N. herangeführt worden,
weshalb bis 1914 bis zu 60% der N.er Förderung über die österr.
Grenze ausgeführt wurde.
Im Mittelpunkt des Bergbaugebietes N. konnten verschiedene
Unternehmen gedeihen; außer der Textilindustrie sind zu nennen,
die später zu einem Großbetrieb angewachsene Druckerei von
Wenzel Wilhelm Klambt (um 1842), die Bilderfabrik (»N.er
Kunstanstalten«) von Hugo Hübner (1848), die Federpelzwaren-
fabrik E. Lewisohn (1884, Ableger einer Berliner Firma), die Rol-
ladenfabrik von Ernst Geyer und Karl Klemt (1891). Außerdem
wuchs die Bedeutung der Stadt mit der Einrichtung eines eigenen
Kr. N. durch die Teilung des Kr. Glatz 1855 (bis 1932 und dann
unter poln. Verwaltung 1954–75). Die reizvolle Gegend zog auch
den Ausflugsverkehr an. Die Bev.-Zahl stieg seit dem 19. Jh. stark
an; 1825: 4499, 1905 (nach Eingemeindung von Bahnhof und
Schloß N. 1893/94): 7298, 1939 (nach Eingemeindung von Ober
Walditz 1920, Buchau und Kohlendorf 1936): 10 059 Eww. auf
13,46 qkm. 1945 hat N. kaum Schäden erlitten. Aber in früheren
Jhh. haben zahlreiche Brände N. heimgesucht – 1622, 1650, 1721,

1743 und zuletzt noch 1884, als u. a. die kath. Pfarrkirche dem Feuer zum Opfer fiel –, so daß in N. kaum bedeutende Baudenkmäler erhalten geblieben sind. Ältestes Bauwerk ist die A. 16. Jh. errichtete schlichte, kleine *Brüderkirche »Mariä Himmelfahrt«*. Die *Hl. Kreuz-Kirche* erhielt 1728 einen Neubau. Das *Schloß* wurde zuletzt 1796 um- und ausgebaut, nach Verkauf der Herrsch. an Gf. Magnis nicht mehr als Herrsch.-Sitz genutzt, seit 1899 als Verwaltungsbau. Die kath. Pfarrkirche *St. Nikolaus* wurde in ihrer heutigen neugot. Gestalt nach dem Brand von 1884 in den Jahren 1885–87 erbaut, eine *evg. Kirche* entstand 1868, das neue *Rathaus* 1892–94. – Auf dem Annaberg bei N. (674 m) steht eine *St. Annakapelle*; der Vorgängerbau wurde verm. in der 1. Hälfte des 16. Jh. errichtet, 1644/45 ein Neubau, 1662–65 erweitert; auf dem Wege zur Annakapelle entstanden 1680–83 drei *Pestkapellen.*
In N. geb. wurden der Musiker und Komponist der japanischen Nationalhymne Franz Eckert (1852–1916) und der Schauspieler und Schriftsteller Friedrich Kayßler (1874–1945).   (IIa) *We*

LV 146. – JWittig, Chronik d. Stadt N., N. 1937. – LV 233, S. 830 f. – AOtto, Glatzer Wanderbuch, [1]Mittelwalde 1923, [2]Leimen/Heidelberg 1971. – Beckstein, Ebel, D. Stadt N., in: D. Gfsch. Glatz (Monogr. dt. Städte, Bd. 19), Berlin-Friedenau 1927, S. 69–74. – D. Gfsch. Glatz, Bd. 1, hg. v. ABartsch, Lüdenscheid (1958), S. 70–74; Bd. 5, hg. v. ABartsch, LChristoph, Lüdenscheid (1968), S. 51 f. – LV 430. – LV 234, Bd. 2, S. 576 f.

Neusalz (Nowa Sól, Kr. Freystadt/N.). Um das salzarme Schles. vom poln. Salz unabhängig zu machen und durch ein großes Siedewerk mit geläutertem Meersalz zu versorgen, ließ Ks. Ferdinand I. 1563 das Kammergut »Zum Neuen Saltze« an der 1592 zum stillen Arm gewordenen »alten Oder« errichten: an dem verkehrswirtschl. günstigsten Platz am oberen Ende der schiffbaren Oder für das über Hamburg und Stettin auf den Binnenschiffahrtswegen eingeführte Salz aus der Bai von Rochelle und den Salzgärten der iberischen Küste. Ein Hochwasser hatte 1573 die Verlegung des Siedewerks an die Stelle des heutigen *Rathauses* – damals als Salzamtmannshaus erbaut – zur Folge. Um die Wende des 16. Jh. kam es durch das Eindringen holl. und engl. Kaufleute in die Ostsee zu Stockungen in der Rohsalzbelieferung. Die Krise wurde verschärft durch Zollschwierigkeiten der brand. Kurfst. Die Auswirkungen des 30j. Krieges schließlich brachten das Siedewerk fast zum Erliegen. Den Wiederaufbau erschwerten die Konkurrenz der brand. und poln. Salinensalze. Die Sperrung der Zufuhr des Baiensalzes aus Stettin durch die Schweden führte 1710 zur Einstellung des Siedereibetriebes; die Anlagen wurden 1713 zur Faktorei für Magdeburger und Hallenser Salinensalz. – N. hatte sich inzwischen zum größten schiffahrttreibenden Platz an der schles. Oder entwickelt; es bestritt den größten Teil der Salztransporte auf der Oder. Bei der Verleihung der Stadtrechte durch Kg. Friedrich II. (8. 10. 1743) hatte der Ort 97 Wohnhäuser und 800 Eww. (1787: 1503, 1825: 2211, 1868: 5109, 1890: 9075, 1905: 13 002, 1929 durch Eingemeindungen von 14 300 auf 16 300, 1939: 17 326). Die 1591–97 errichtete *St. Michaelis-Kirche* war 1654 rekatholisiert worden. 1747/48 wurde ein evg. Bethaus errichtet, das erst 1839 durch den Backsteinbau der *Dreifaltigkeitskirche* ersetzt wurde. – Ein reges Gewerbeleben entfaltete die Kolonie der Herrnhuter Brüdergemeine im SO der Stadt (Spezialkonzession vom 13. 5. 1743). Im Mittelpunkt der unter maßgeblicher Leitung des Ernst Jul. v. Seydlitz, des Gründers von → Gnadenfrei, errichteten Siedl. war das Gemeinhaus mit dem großen Betsaal (1746). Das im gleichen Jahr errichtete Haus der ledigen Brüder beherbergte bald 15 Gewerbe. Am 13. 1. 1748 erfolgte die Konstituierung der Gem. mit 241 Seelen. Nach der Schlacht bei Kunersdorf wurde N. am 24. 9. 1759 geplündert. 40 Häuser brannten nieder, darunter die ganze Siedl. der Herrnhuter. Erst 1763 konnten sich die abgewanderten Brüder zur Wiederansiedlung entschließen. Um das 1768/69 neu errichtete *Bethaus* entstand die privilegierte, geschlossene Brüdergemeinsiedl. mit ihren Chorhäusern und Gewerben; erst 1809 wurde sie auf Grund der Städteordnung als 4. Stadtbezirk der Altstadt eingegliedert. Aus dem 1765 wiedereröffneten Gemeinladen entwickelte sich das bedeutsame Handels-, Speditions- und Bankhaus Meyerotto, das eine hervorragende Bedeutung bei der Überwindung der Finanznot nach den Napoleonischen Kriegen und bei der späteren Industriefinanzierung erlangte; 1892 übernahm diese Firma die 1872 gegr., weitbekannte Leimfabrik. Die Weberei des Brüderhauses mit der 1. Zwirnmühle (1811) wurde zur Keimzelle des größten Industriebetriebes der Stadt, der weltberühmten Gruschwitz Textilwerke AG. Der 1827 gegr. »Aktienverein Eisenhüttenwerk Neusalz« und die 1853 in Betrieb genommene Paulinenhütte, von denen die Rasenerzlager in der nahen Niederung zwischen Schwarze und Ochel ausgebeutet wurden, bergründeten ihren Ruf auf Emaillegeschirren. Trotz Einstellung des Hochofenbetriebes (1877 und 1880) entwickelten sich die Gießereien und Emaillewerke zu exportorientierten Großbetrieben. Seit der 2. H. 19. Jh. wurde die Borstenzurichterei für die Pinsel- und Bürstenfabrikation in N. heimisch. – Hochwasser (1592, 1736, 1854, 1903) fügten der Stadt bis zur Errichtung sicherer Dämme immer wieder große Schäden zu. Am 11. 10. 1897 wurde der vergrößerte und modernisierte Hafen dem Verkehr übergeben. Die märkisch-niederschles. Eisenbahn von Berlin nach Breslau (1846), die N. nicht berührte, hob den früheren Vorzug, der nördlichste Stapelplatz der Prov. für die sw. Landschaften zu sein, auf. Erst 1871 fand N. Anschluß an das schles. Eisenbahnnetz. Anstelle der alten Oderfähre wurde 1870 eine Holzbrücke errichtet, die man 1932 durch einen Eisenbetonbau ersetzte. Am 9. 2. 1945 wurde diese Brücke gesprengt; am 13./14. 2. erfolgte der Einmarsch russ. Truppen. Eine Anzahl Gebäude wurde zerstört, der Kirchturm der kath. Kirche brannte nieder. Inzwischen ist die Industrie von N. weiter ausgebaut worden. 1961 lebten in der Stadt 27 425 Eww. (auf 13,08 qkm), 1970: 33 386. 1950 hat N. die Funktionen von → Freystadt als Sitz der Kr.-Behörden übernommen. 　　(I) *Ph*

Muzeum Regionalne (Regionalmuseum). – RSchönthür, N.er Schrifttum, in: N.er Nachrichten Nr. 18, 1961, u. 51, 1967. – LV 119, Bd. 1. – PGBronisch, Gesch. v. N. a. O., N. 1893. – WGSchulz, Zum Neuen Saltze, 3 Bde., N. 1926/30, Offenbach a. M. 1961. – LV 233, S. 831–33. – LV 234, Bd. 2, S. 647 f. – Garve, Übersicht d. Gesch. d. Brüdergem. z. N., in: Herrnhut 1 (1868). – OUttendörfer, Vorgesch. u. Gesch. d. Brüdergem. N., Ms. im Unitäts-Archiv Herrnhut. – LV 557. – LV 625

Neuschloß (Nowe Grodzisko, Kr. Militsch). Die seit 1590 im Besitz der Frhh. v. Maltzan befindliche Freie Standesherrsch. → Militsch wurde 1628 unter drei Brüdern dieser Fam. aufgeteilt; dabei spalteten sich von der Standesherrsch. zwei neue Herrschsch. ab, die 1660 als Minderstandesherrschsch., d. h. dem ksl. Oberamt in Breslau direkt unterstehende Herrschsch., anerkannt wurden, nämlich → Freyhan und N. Die Minderstandesherrsch. N. bestand im 19. Jh. aus 13 Dörfern (68,38 qkm, eines der Dörfer hatte nicht den Standesherrn als Grundherrn), die in mehreren Besitzkomplexen in den mittleren und s. Teil der alten Militscher Standesherrsch. eingestreut waren. Sitz des Herrsch.-Inhabers war zunächst das 7 km nö. Militsch an der Bartsch inmitten eines Teichgebietes gelegene N. Auf einer ca. 50 × 60 m großen Bartschinsel soll um 1630 Joachim v. Maltzan eine erste befestigte Anlage gebaut haben, nach 1681 soll ein zweites Schloß entstanden sein (1696 belegt); der neue Besitzer von N., Gf. Christoph Heinrich v. Reichenbach, hat dann die beiden Schlösser umgebaut (bis 1751). Aber noch vor 1800 wurde der Herrsch.-Sitz nach dem verkehrsgünstigeren Wirschkowitz 7 km sö. Militsch in ein 1745 erweitertes Fachwerkschloß verlegt. Das Schloß in N. verfiel, übrig blieb die *Ruine* eines etwa 8 × 8 m großen zweigeschossigen Baukörpers. Besitzer der Herrsch. waren im 19. Jh. die Reichsgff. v. Hochberg. N. hatte 1825: 229, 1885: 308 + Gutsbez. 197, 1939: 342 Eww., der Gutsbez. Alt Wirschkowitz 1885: 173, die Landgem. Neu Wirschkowitz 1885: 409, die vereinigte Gem. Wirschkowitz (seit 1935 Hochweiler) 1939: 730 Eww. 　　(III) *We*

LV 207, T. 9, S. 67–69. – JGottschalk, Beitrr. z. Rechts-, Siedl.- u. Wirtschaftsgesch. d. Kr. Militsch bis z. Jahre 1648 (LV 81, Bd. 31), Br. 1930. – LV 30, 1938, Nr. 3 (darin u. a.: JGottschalk, Abriß einer Gesch. d. Kr. Militsch, S. 41–54; KBimler, Schlösser d. Kr. Militsch, S. 54–62)

Neustadt O. S. (Prudnik). Gegen M. 13. Jh. errichtete der den mächtigen südböhm. Witigonen angehörende Wok von Rosenberg, Oberstmarschall von Böhmen, in einer Schlinge des Flüßchens Prudnik am Fuße der Bischofskoppe die Burg Wogendrossel als Stützpunkt des von N-Mähren in den schles.-mähr. Grenzwald vordringenden Landesausbaues. Sein Sohn Heinrich gründete verm. 1279 im Schutze dieser Burg als Zentrum des Siedelgebietes auf grünem Rasen die 1302 erstm. urk. erwähnte, wenig später befestigte dt. Stadt N. (gelegentlich auch Prudnik gen.) in planmäßigem Gitterschema um einen rechteckigen Ring (104 × 80 m). Zum Jahre 1321 ist die *Pfarrkirche* bezeugt, deren jetziger Barockbau 1738 vollendet und Sitz eines Archipresbyterats wurde. Die Gunst der Lage an der Handelsstraße Neisse-Jägerndorf trug entscheidend mit zum Gedeihen der Stadt bei. 1337 trennte Kg. Johann von Böhmen das Weichbild N. von Mähren ab und verkaufte es für 2000 Mark an den Hz. von Falkenberg-Oppeln. Beim Tode des letzten Oppelner Piastenhz. 1532 fiel es mit dessen Territorium an die Habsburger. Diese setzten 1532–43 Markgf. Georg von Ansbach-Jägerndorf, 1543–51 dessen Sohn Georg Friedrich, 1552–57 Kgn. Isabella von Ungarn als Pfandherren ein. 1558 erwarb der Handelsherr Conrad Saurma (Sauermann) die Pfandherrsch. N., 1562 brachte die Stadt sie zunächst auf Zeit, dann 1597 erblich durch Kauf (60 000 Taler) an sich, 1570 kaufte sie auch die Stadtvogtei: es gelang ihr so, ein kleines Territorium mit Grundbesitz und Herrsch.-Rechten in den umliegenden Dörfern Schnellewalde, Dittmannsdorf, Riegersdorf, Siebenhuben, Leuber, Dittersdorf, Jassen, Wildgrund sowie Alt Kotzem (seit 1388), Neu Kotzem (1430), Zeiselwitz und Schweinsdorf (1700) zu bilden. 1567 erhielt N. das Siegelrecht in Rot, 1607 ein verbessertes Wappen. Als immediate kgl. Stadt war es ein inkorporiertes Glied der Fstmm. Oppeln-Ratibor und teilte deren politische Schicksale wie die Verpfändung an Polen 1645–66 und den Anschluß an Preußen 1742. Unter der Pfandherrsch. der hohenzollerschen Markgff. von Ansbach-Jägerndorf breitete sich der Protestantismus in N. und Umgebung rasch aus. 1554 ging die Pfarrkirche an die Evangelischen über, 1556 erlangte der Rat das Patronatsrecht. Die Stadt erlebte nicht nur auf wirtschl. und politischem, sondern auch auf schulischem Gebiet eine hohe Blüte. Am 11. 1. 1582 wurde hier der schles. Historiker Nikolaus Henel von Henenfeld geb. († 1656), am 20. 4. 1594 der Dichter Matthäus Appelles von Löwenstern († 1648). Zu Beginn der Gegenref. 1629 wurde das N.er Gebiet durch bischl. Übereinkunft aus der Diözese Olmütz ausgegliedert, zu der es immer noch gehörte, und an die Diözese Breslau angeschlossen. Der Unterstützung der schließlich mit Erfolg gekrönten gegenreformatorischen Maßnahmen diente die Gründung des Kapuzinerklosters 1654, das bis zur Säkularisation 1810 bestand. 1694 wurde die *Mariensäule*, 1696 der *Adlerbrunnen*, 1733 die *Nepomuksäule* auf dem Ring errichtet; das *Rathaus* stammt von 1782. Der schön gelegene Kapellenberg bei N. mit Wallfahrtskapelle (seit 1750) und Klösterchen wurde zeitweilig ebenfalls von den Kapuzinern betreut. Die Barmherzigen Brüder ließen sich 1766 in N. nieder (Bau des Krankenhauses 1764, der *Kirche* und des *Kl.* 1783 ff.), die Franziskaner 1852. – Nach der preuß. Besitzergreifung 1742 wurden die bisherigen Weichbilder N., Zülz und Oberglogau zum neuen Großkr. N. zusammengefaßt. Zu den Kr.-Behörden erhielt die Stadt 1797 eine Garnison. Die seit dem Ma. betriebene Weberei und der Garnhandel bildeten auch in neuerer Zeit neben dem Ackerbau die wirtschl. Grundlage der Stadt, die schon 1638 ein ksl. Garnhandelsprivileg und 1727 eine ksl. privilegierte Leinwandfabrik erhalten hatte. In preuß. Zeit wuchs mit staatlicher Förderung die Tuch- und Webwarenproduktion nebst verwandten Gewerbeerzeugnissen ständig weiter an. Zum beherrschenden Unternehmen und wirtschl. Wahrzeichen der Stadt wurde die 1855 gegr. Fränkelsche Fabrik, der die Stadt u. a. vorbildliche Wohlfahrtseinrichtungen verdankte. 1883 erhielt N. eine Zuckerfabrik, 1876 Bahnanschluß in Richtung Kamenz und Kandrzin. Die 1847 errichtete höhere Lehranstalt wurde 1869 zum Gymnasium ausgebaut. Um Raum für die sich ausdehnende Stadt zu gewinnen, wurden im 19. Jh. die alten Wälle und Stadtmauern sowie die Burg bis auf kleine Reste geschleift; erhalten sind ein ma. *Burgturm*, zwei *Türme* der Stadtbefestigung und der *Niedertorturm*. Wie häufig in seiner Gesch. ist das grenznahe N. auch 1945 stark zerstört worden. Die Eww.-Zahlen entwickelten sich wie folgt: 1668: 2558, 1771: 2812, 1787: 3398, 1825: 4377, 1905: 20 190, 1939: 17 244, 1961: 17 777, 1971: rd. 20 400. (IIIa) *Me*

LV 119, Bd. (5). – CSchinke, D. Kr. N. Geogr.-gesch. Handbuch m. kurzgefaßter Chronik d. Städte N., Ober-Glogau, Zülz, Steinau u. Klein-Strehlitz . . ., 2. Aufl. N. 1890. – AMaruschke, D. ur- u. frühgesch. Besiedlung d. Kr. N. (LV 104, 2), Oppeln 1929. – AWeltzel, Gesch. d. Stadt N. in Oberschles., N. 1870. – JChrząszcz, Gesch. d. Stadt N., N. 1912. – LV 350. – LV 233, S. 833–35. – JHeinisch, D. Gründung d. Stadt N., in: LV 35, 12 (1967), S. 31–44. – LV 234, Bd. 2, S. 181 f.

Neustädtel (Nowe Miasteczko, Kr. Freystadt/Neusalz). N., am r. (ö.) Ufer der nordwärts zur Oder fließenden Weißfurt gelegen, wurde an der Fernhandelsstraße Crossen-Breslau planmäßig mit fast kreisförmigen Grundriß (Entfernung O–W 300, N–S 320 m) und zentralem viereckigen Ring, Gitterschema und vier Stadttoren angelegt (im O das Glogauer, im N am Lohmühlgraben das Beuthener, im W an der Weißfurt das Saganer oder Wassertor, im S das Sandtor, vor 1490 auch Barbarator gen.). Es war urspr. Markt- und Gerichtsort, dazu Salzmarkt für zehn Dörfer sö. der Stadt, doch ging A. 15. Jh. das Weichbild N. in dem von → Freystadt auf. – 1267 werden bei der dtrechtl. Umsetzung von Kuhnau (Kr. Freystadt), 2,4 km wsw. N., der Saganor Weg (die wichtige Straße von Sagan nach Beuthen a. O.) und die benachbarten Äcker von (dem slaw. Allod) »Pelechowich« gen. Auf der Flur von Pelechowich wurden verm. um 1280 zugleich l. (w.) der Weißfurt das einzeilige Waldhufendorf Lindau (1790: zwei Vorwerke, 28 Bauern, 84 Feuerstellen, 546 Eww.) und r. (ö.) der Weißfurt die neue Stadt angelegt. Ihr erster Name war verm. »Pelachow«, denn 1295 waren der Martinskirche in → Zölling die Kirchen in »Lynda« und »Pelachow« unterstellt, da dieses Gebiet um 1220 urk. zur poln. Parochie Zölling gehörte. Metschlau (Kr. Sprottau) lag 1296 »in districtu Nowestatensi«. Da Lindau und N. von mindestens 1302 bis nach 1850 gleiche adlige Grundherren hatten, die im 14. Jh. auf dem Rittergut Lindau (750 m ssw. N.) wohnten, nimmt die Stadt öfters den Namen »Lindau« an, z. B. 1335, 1339, 1342 und 1386: »czu der genanten stad Newnstad adir Lindaw.« Älteste bekannte Grundherren sind bis 1400 die v. Dyhrn, die schon 1302 einen Zins auf ihrer Mühle »ante Novam Civitate« dem Beuthener Nonnenkloster verkauften, aber später immer unter dem Namen »v. Wirsing« urk. auftreten. Um 1400 wurde N. unter zwei Schwiegersöhnen der v. Dyhrn aufgeteilt: $^1/_2$ (ab 1470 $^3/_4$) von N. hatten bis ca. 1530 die v. Berge, $^1/_2$ (später $^1/_4$) bis 1494 die v. Tauchritz, ab 1506 die v. Rechenberg auf → Schlawa und → (Deutsch) Wartenberg, die 1579 ganz N. in ihre Hand brachten. 1649–1776 besaßen N. die Jesuiten zu (Deutsch) Wartenberg, und mit dieser Herrsch. kam N. 1787 an den Hz. von Sagan und 1800 an dessen Tochter Hzn. Dorothea († 1862). – Die kath. *Stadtpfarrkirche* zu St. Maria-Magdalena wurde im 15. Jh. massiv erbaut und nach zwei Stadtbränden A. 18. Jh. erneuert. A. 14. Jh. wurde vor dem Glogauer Tor ein Hospital gegr. und dabei die St. Konradskirche erbaut, die 1676 von den Jesuiten erneuert wurde, aber 1834 einging. Die Ref. in N. begann um 1540. Die Pfarrkirche war 1559–1650 evg. Die Evangelischen besuchten 1654 bis 1741 auswärtige Kirchen: in Rückersdorf, Glogau, Freystadt. Evg. Gottesdienst in N. fand 1741–44 im Rathaus, ab 1744 im eigenen Bethaus statt. Ein massiver Neubau der *evg. Kirche* geschah 1784–85 (Turm erst 1887). – Im Ma. war N. eine blühende Ackerbürgerstadt, die 1625 in den Mauern 209 und in der Vorstadt 37 Häuser hatte (ca. 1500 Eww.). 1634 brannte ganz N. mit Kirche und Rathaus (im 16. Jh. erbaut) bis auf 50 Häuser ab. 1678 wurden wiederum 110 Häuser nebst Kirche und Rathaus eingeäschert. Von diesen Katastrophen und dem Religionsdruck der Jesuiten hat sich N. nicht mehr erholt. Der Bau der Chaussee Berlin-Breslau über N. 1818–20 machte N. zu einer wichtigen Poststation (u. a. für Sagan und Sprottau), aber der Eisenbahnbau ab 1846 brachte es in eine Randlage, die eine stärkere Industrialisierung verhinderte. 1787: 798, 1825: 1093, 1905: 1418, 1939: 1708, 1961: 2543, 1970: 2855 Eww. (I) *St*

LV 119, Bd. 1, S. 70–100. – EKolbe, Gesch. d. Stadt N., N. 1925. – LV 233, S. 835 f. – LV 234, Bd. 2, S. 648. – SKowalski, Nowe Miasteczko (N.), in: LV 360, Bd. 2, S. 307–18

Niedere Straße. Nach der Teilung der wettinischen Lande 1485 versuchte das ernestinische Kursachsen, den Verkehr von der durch das albertinische Hzt. Sachsen führenden → Hohen Straße auf die nördlichere, bis dahin weniger benutzte N. S. abzuziehen, was teilweise gelang. Damit gingen die Transporte zwischen Leipzig und Breslau über Torgau–Spremberg–Muskau–Priebus (oder Triebel)–Sagan–Sprottau–Lüben–Parchwitz; bei Neumarkt oder auch bei (Deutsch) Lissa mündete die N. S. in die Hohe Straße nach Breslau ein. Gegen die Benutzung einer von Priebus

aus weiter s. durch die Heide über Neuhaus gehende Verbindung
wehrte sich Görlitz bereits 1368.   *We*

HHeller, D. Handelswege Inner-Deutschlands im 16., 17. u. 18. Jh. u.
ihre Beziehungen z. Leipzig, in: Neues Archiv f. sächs. Gesch. u. Alter-
tumskunde 5 (1884), S. 1–72. – MScholz-Babisch, Z. schles.-oberlausitz.
Verkehrsgesch., in: LV 30, 1925, Nr. 3, S. 47–55. – LV 482, S. 87–89,
117. – LV 483, Textbd., S. 548–50

Nieder Goczalkowitz (Goczałkowice Zdrój, Kr. Pleß). Unter den
in der 2. H. 13. Jh. entstandenen großen Waldhufendörfern im
fruchtbaren Hügelland des s. Plesser Landes befindet sich das am
N-Rand des Weichseltales parallel zum Strom 5 km s. Pleß angelegte Dorf (Ober) G., dessen Name auf den dt. Personennamen
Gottschalk zurückgeführt wird. Die im 15. Jh. in Oberschles. eingeführte Teichwirtschaft fand hier in der Weichselniederung bes.
starke Verbreitung. Die Urbare der Standesherrsch. Pleß verzeichnen in »Gothzakowitze« bzw. »Gottschalkowicz« 1536 zwei
»Hauptteiche«, vorgesehen für zus. 850 Schock Karpfen, und drei
kleine Teiche für zus. 214 Schock Karpfen, 1572 neben zwei
»Hauptteichen« (400 Schock) und vier kleinen Teichen (121 Schock)
66 Bauernteiche für zus. 488 Schock Karpfen. Das Dorf hatte 1572
25 Bauern-, eine Gärtner-, eine Kretschmer- und zwei Müller-
stellen. Im 17. oder 18. Jh. entstand im Anschluß an das alte Dorf
im SO um ein Rittergut eine neue, kleine Siedl., die seit etwa
1800 Nd. G. gen. wurde, während das alte Dorf dann Ober G.
hieß; sie bestand 1783 aus dem adligen Vorwerk des Georg Friedrich Rudolf v. Reisewitz und zwölf Häuslerstellen und hatte
56 Eww. Bei einem Bohrversuch nach Steinsalz wurde 1858 in
Nd. G. eine jod- und bromhaltige Quelle entdeckt, die den schnellen Ausbau des Dorfes zu einem Badeort zur Folge hatte. 1855
hatte Nd. G. 186, 1861: 210, 1905: 457 Eww. (mit Gutsbez.). Die
Bev. von Ober G. stieg langsamer: 1855: 584, 1861: 756, 1905: 944
(mit Gutsbez.) 1953–56 wurde bei Nd. G. ein 32 qkm großer
Weichselstausee gebaut, der der Wasserversorgung dient.
                                                        (IV)   *We*

LV 173. – LV 210, Bd. 1, S. 581–83. – LV 212, Bd. 2, S. 89. – ABabel,
G. u. seine jod- u. bromhaltige Soolquelle, Pleß 1863. – Bad G., in:
LV 45, 2 (1920), Nr. 28, S. 2. – LV 225

Niederlangenau → Langenau **Kr. Habelschwerdt**

Nieder Neundorf → Band Sachsen

Niederschwedeldorf (Szalejów Dolny, Kr. Glatz). Die Kirche von
Oberschwedeldorf ist 1269 bezeugt. N. (5 km sw. Glatz) gehörte
im 14. Jh. der Fam. v. Glubos, die es 1350 an den Prager Erzbf.
Arnestus von Pardubitz (1297–1364) verkaufte, der, in Glatz als
Sohn des dortigen Burggf. erzogen, in der Gfsch. Besitzungen
hatte. N. war lange Besitz des Augustinerordens (belegt seit 1. H.
15. Jh.). Nachdem 1597 das Kolleg des Jesuitenordens in Glatz er-

öffnet worden war, wurde diesem Orden mit dem gesamten Besitz der Augustiner-Chorherren auch N. übergeben. In preuß. Zeit behielt der Jesuitenorden zunächst alle Rechte, auch nach seiner Auflösung durch den Papst. 1787 jedoch übernahm der preuß. Staat mit dem gesamten jesuitischen Grundbesitz auch das Gut in N. und verkaufte es 1788 dem preuß. Staatsminister Friedrich Wilhelm Gf. v. Reden. 1815 kam es durch Erbgang an die Fam. v. Münchhausen, die es bis 1945 behielt. Ernst Frh. v. Münchhausen (1793 bis 1865) erbaute 1840 das *Schloß* und verwandelte 1850 die Kl.-Brauerei in eine Zuckerfabrik, die noch heute in Betrieb ist; sehr kunstsinnig und ein großer Sammler, trug er im Schloß große Werte zusammen. (IIa) *Web*

D. Gfsch. Glatz, hg. v. GGoebel, Teil 1, Lüdenscheid 1958, S. 21, Teil 3, ebda. 1968, S. 8, 54 f. – LV 613, Bd. 3, S. 30 f. – LV 616, S. 42 f. – JFogger, D. Glatzer Land u. Volk in d. Gesch., Bd. 2 (Gfsch. Glatzer Heimatkunde, Bd. 3, Beilagen z. Gfsch.er Boten 1956–58), Lüdenscheid (1958), S. 182–84, 277

Niedobschütz (Niedobcyce, Kr. Rybnik). Die 1945 aus den Dörfern N., Poppelau und Birkenau entstandene Gem. N. (rd. 5 km sw. Rybnik) erhielt 1954 als Bergbausiedl. Stadtrecht. Die gegen E. 18. Jh. in Niewiadom gegr. Grube »Hoym« (heute »Ignacy«, 1958: 2671 Beschäftigte) war die erste des Rybniker Kohlenreviers. In der M. 19. Jh. folgten weitere Grubenanlagen, so die »Römergrube« in N. (heute »Rymer«, 1958: 3600 Beschäftigte) und die »Beatens-Glück-Grube« in Niewiadom. In Poppelau entstanden in der 2. H. 18. Jh. zwei Frischfeuer. Eww.-Zahlen: 1784: N. 150, Niew. 153, Popp. 128, 1825: N. 282, 1905: N. 2004, 1931: N. rd. 6000, 1961: 16 500 (auf 20,36 qkm), 1970: 20 295.

(IV) *We*

LV 210, Bd. 2, S. 750–60. – LV 345. – AMrowiec, Szkice z nowszych dziejów ziemi rybnickiej (Skizzen a. d. neueren Gesch. d. Rybniker Landes), Kattowitz 1962. – LV 234, Bd. 1, S. 456. – LV 225

Niesky → Band Sachsen

Nikelsdorf (Mikuszowice Śląskie, Kr./Stadt Bielitz). N. liegt s. von Bielitz am Fuße der Beskiden. Es entstand in der 2. H. 13. Jh. im Zuge der dt. Besiedelung des s. Oberschles., 1312 ist es zum erstenmal erwähnt. Kurz darauf wurde es bei der Trennung der beiden Hztt. Teschen und Auschwitz (vor 1316) dem Fluß Biala entlang in zwei Dörfer geteilt. Das ö. fiel im 15. Jh. an Polen und wurde allmählich polonisiert (Poln. N. oder Mikuszowice). Das w. blieb schles. und dt. (Dt. N.). Zunächst Kammergut der Teschner Hzz., wurde es 1570 an die Stadt Bielitz verkauft und mit dem der Stadt Bielitz 1312 geschenkten Stadtwald vereinigt, auf dessen Boden anschließend die neue Siedl. Nieder Ohlisch entstand. Durch weiteren Ausbau ins Geb. hinein zweigte von N. das Dorf Bistrai im obersten Bialatal ab. Im 19. Jh. wurde N. in die Industrialisierung von Bielitz einbezogen; Ohlisch wurde ein Villenvorort der Bielitzer Fabrikanten. 1910 zählte N. 1484 Eww., darunter 1230 Deutsche. Bis 1961 stieg die Eww.-Zahl auf 4433. Zum 1. 1. 1969 wurde N., das seit 1958 den Status einer stadtart. Siedl. besaß, in Bielitz eingemeindet. **(IV)** *Ku*

LV 345. – LV 234, Bd. 1, S. 453. – WKuhn, Kämpfe um den Bielitzer Stadtwald, in: Mein Beskidenland 16 (Beil.: Bielitz-Bialaer Heimatbote 9 [1973], Nr. 6–10 [Juni–Okt.])

Nikolai (Mikołów, Kr. Pleß/Tichau). N. liegt auf einem aus Karbongestein bestehenden Höhenzug s. der Klodnitzniederung und gehört zu dem Teil von Oberschles., der erst um 1178 von Kleinpolen an das oberschles. Hzt. Ratibor angeschlossen wurde. 1222 bis 1260 sind Kastellane von »Miculow« überliefert, wobei umstritten ist, ob N. Mittelpunkt eines Verwaltungsbezirks (Kastellaneisitz) oder vielmehr nur eine Burg der Kastellanei Auschwitz war. Eine Urk. vom 23. 3. 1287 gibt Aufschluß über die Vorburgsiedl. und die inzwischen gegr. dtrechtl. Stadt N. Nw. der Burg, deren Lage durch zwei *Burghügel* am N-Rand der dtrechtl. Stadt im Mündungswinkel zweier Bäche gekennzeichnet ist, lag die namengebende St. Nikolaikirche, wahrsch. inmitten einer altslaw. Vorburgsiedl. (Suburbium), die 1287 angesichts der neuen Stadtgründung als »Altstadt« (»antiquum opidum«, »antiqua civitas«) bezeichnet wurde. Damals waren die Pfarrechte der Nikolaikirche bereits an die St. Adalbertkirche in der Neustadt übertragen worden, die mit der gen. Urk. vom Grundherrn, Jan de Grabie, »Erbe von N.«, und dessen Verwandten Borko de Laszka (= Lazisk, → Mittel Lazisk) mit dem einstigen Gut der Nikolaikirche und neuem Besitz, in fränk. Hufen vermessen, reich ausgestattet wurde; ein weiterer Verwandter, Jeschico, war Pfarrer von N. Die hzl. Burg N. war also aufgelassen, der Besitz in die Hand von Adligen übergegangen, die die Stadtgründung vornahmen, wahrsch. vor 1276, da die gewiß zusammen mit der Stadt errichtete Adalbertkirche 1276 (richtiger als die Lesart 1266) erwähnt wird. Es handelte sich jedoch um eine sehr kleine Stadtanlage; sie bestand aus einem rechteckigen Marktplatz und einer kurzen, n. an ihn anschließenden Straße im Zuge einer aus Krakau über Auschwitz kommenden und nach Gleiwitz führenden Landstraßenverbindung, die hier eine Straße aus Beuthen nach Ratibor und Pleß kreuzte; die neue Kircho *St. Adalbert* (heutiger Bau 16. Jh.) lag im NO außerhalb der engeren Bebauung. Nach dem Urbar von 1536 besaß das »Städtlein« N. 37 Bürgerstellen (außerdem Pfarrer, Vogt und zwei Müller), 1572 sogar nur 26 Bürger, daneben 34 Gärtner und vier Müller (dementsprechend noch 1836 26 »Großbürger« und 33 »Kleinbürger«). Die poln. Flurnamen und die poln. ON-Form »Mikolow« (1287) – neben später auch dt. »Nikolaw« u. ä. – weisen zumindest auf eine starke Beteiligung poln. Bev. aus der in altpoln. Zeit besiedelten Umgebung an der Stadtgründung hin, und noch 1910 besaß N. eine poln. Mehrheit. Trotz des Verlustes der Burg und trotz seiner geringen Ausstattung spielte N. – seit vor 1366 wieder hzl. – in diesem städtearmen ö. Teil des Hzt. Ratibor als Weichbildort eine gewisse Rolle. Rechtlich war N. dem in Ratibor geltenden Recht unterworfen, bis es 1547 – nach Begründung der Standesherrsch. → Pleß – das Stadtrecht des Vorortes Pleß verliehen bekam. Die Standesherren von Pleß führten auch die Ref. ein; von 1580 bis 1630 war die Pfarrei von N. evg. N. war Ackerbürgerstadt, in der M. 16. Jh. mit Wochenmarkt und zwei Jahrmärkten ausgestattet. Bedeutung besaß der Viehhandel. Im 19. Jh. erlebte N. durch den Steinkohlenbergbau der Umgebung einen industriellen Aufschwung. 1840 gründete L. Fröhlich eine Löffelfabrik (bis ca. 1900), 1842 H. Lamprecht die »Maria-Louisen-Hütte« (Eisenwarenfabrik, 1890 in eine chemische Fabrik umgewandelt), 1850 Eugen Mann die »Nikolai-Hütte« mit zwei Hochöfen (bis 1870), es entstanden ferner 1856 die »Walther-Hütte« (zwei Hochöfen, nach 1872 nur Gießerei, um 1910 umgewandelt in eine Herdfabrik), vor 1860 zwei Kokereien, 1863 durch K. Dittrich eine Papierfabrik, 1872 durch H. Koetz eine Dampfkesselfabrik (heute Bergbaumaschinenfabrik). 1855/56 erhielt N. durch eine Abzweigung von der Strecke Kandrzin-Ratibor Eisenbahnanschluß (Nensa [Buchenau]-Rybnik-N., Verlängerung bis Kattowitz 1858). Die Bev.-Zahl stieg im 19. Jh. stark an: 1787: 1230, 1825: 2167, 1861: 4502, 1905: 7720. 1922 fiel N. an Polen. In der Zwischenkriegszeit entstand die »Elektrobau-Bode K.G.« (heute Transformatorenfabrik). 1931: rd. 11 500, 1961: 18 767 (auf 23,92 qkm), 1970: 21 403 Eww.   (IV) *We*

LV 210, Bd. 1, S. 602–05. – LV 278 a. – KPrus, Z przeszłości Mikołowa i jego okolicy (A. d. Gesch. v. N. u. seiner Umgebung), N. 1932. – LMusiol, A. d. Siedl.-Gesch. d. Plesser Landes, in: Dt. Monatshefte, Zs. f. Gesch. u. Gegenwart d. Ostdeutschtums 7 (1940/41), S. 38–74. – LV 345. – LV 173. – LV 357, S. 85–87. – JKantyka, ATarg, Mikołów, zarys rozwoju miasta (Abriß d. Entwicklung d. Stadt N.), Kattowitz 1972. – LV 234, Bd. 1, S. 452 f.

Nikolstadt (Mikołajowice, Kr. Liegnitz). Der Goldbergbau in Schles. (→ Goldberg) erlebte durch die Entdeckung neuer Goldfelder in und um Niklasdorf (12 km sö. Liegnitz) um 1340 neuen Aufschwung. Zur Förderung des neuen Bergbauzentrums verliehen die Hzz. Wenzel I. und Ludwig I. von Liegnitz und Brieg 1345 oder kurz vorher Niklasdorf Bergfreiheiten nach dem Vorbild von Goldberg und Stadtrechte. Der alte Ortsname wurde weiterverwendet und erst zwischen 1486 und 1517 durch N. ersetzt. Den durch die Stadterhebung beeinträchtigten alten Städten des Hzt. Liegnitz wurden am 12. 4. 1345 die alten Privilegien (Markt- und Meilenrecht u. a.) bestätigt, was eine Einschränkung der Rechte von N. bedeutete. Die Stadt Liegnitz erwarb für finanzielle Hilfe an die Hzz. Rechte in N.: 1346 die Ausbeute der Bergwerke, 1352 das Markt- und Schoßrecht, dann 1464 die Vogtei, 1586 vom adligen Vorbesitzer das Gut. Der Goldbergbau von N. war aber bereits 1364 versiegt. Die Versuche 1404, 1482, im 16. und 17. Jh. und erneut in preuß. Zeit, den N.er Bergbau wieder zu beleben, hatten wenig Erfolg; 1868 wurde er endgültig eingestellt. Dafür werden im 17. und 18. Jh. die Steinbrüche von N. erwähnt. Liegnitz hatte schon 1622 kein Interesse am Gut N. und tauschte es gegen das nähergelegene Kammergut Greibnig ein. Verm. hatte N. den Stadtcharakter damals bereits verloren; 1739 erscheint es als Kirchdorf. Um 1789 waren unter den 422 Eww. von N. keinerlei städt. Berufe vertreten. Noch im 20. Jh. führte aber der Gem.-Vorsteher den Titel »Bürgermeister«. 1825: 488, 1905: 534, 1939: 440 Eww. (II) *We*

LV 178. – LV 139. – LV 273. – PPaeschke, Goldbergbau im Kr. Liegnitz, in: Heimatbuch d. beiden Liegnitzer Krr., Liegnitz 1927, S. 333 bis 336. – TDziekoński, Dawne dzieje górnictwa i przerób złota w okolicach Złotoryi i Legnicy (Alte Gesch. d. Goldbergbaus u. d. Goldverarbeitung in d. Gegend v. Goldberg u. Liegnitz), in: LV 40, 4 (1967), S. 5–23. – LV 358, S. 199, 239 f.

Nimmersath (Płonina, Kr. Jauer). In den Bergen am S-Hang des Katzbachgeb. liegen auf einer steilen Höhe (550 m) 7 km w. Bolkenhain an der Straße nach Hirschberg die *Ruinen* der Burg N. mit einem achteckigen Turm, 1432 erstm. erwähnt als Besitz des Hayn v. Czirn und Stützpunkt der Hussiten. Während die sagenumwobene Höhenburg später verfiel, entstand etwas unterhalb von ihr 1545 unter Georg v. Zedlitz, dessen Fam. von vor 1471 bis 1660 N. als Lehen des Kl. Leubus besaß, ein *Renaissanceschloß*, das der Edle v. Graeve um 1800 nach Bauverfall wieder bewohnbar machte und durch Anbau eines w. und ö. Flügels erweiterte. Umbauten nahmen die häufig wechselnden Besitzer auch um 1843, um 1871 und 1909 (damals Eberhard Gf. v. Saurma-Jeltsch) vor. Schloß und Gutsbez. N. führten seit 1873 den Namen »Wilhelmsburg«. (II) *We*

LV 211, Bd. 2, S. 47. – LV 613, Bd. 3, S. 35–37. – Heimatbuch d. schles. Kr. Jauer-Bolkenhain, hg. v. ATost, Velen i. Westf. 1955, S. 165–167. – LV 612, S. 68 f. – SJastrzębski, Jawor i okolice (Jauer u. Umgebung), Br. u. a. 1973, S. 136 f.

Nimptsch (Niemcza, Kr. Reichenbach). Angesichts der neuzeitlichen Bedeutungslosigkeit von N. überrascht die Hauptrolle, die es wiederholt in der Vor- und Frühgesch. von Schles. gespielt hat. Die ältesten Siedlungsspuren stammen aus der jüngeren Bronzezeit (ca. 1200 v. Chr.). Um 1000 und 800 v. Chr. befestigten Leute der Lausitzer Kultur den schroffen, die Völkerstraße Böhmen-Ostsee im Gebirgsvorland beherrschenden »Stadtberg« und bezogen ihn in ihr schles. Festungssystem ein. Reste vom Wallgraben zeigt die Oberflächengestalt des s. Berghanges (die vor- und frühgesch. Kulturschichten hier bis zu 8 m stark). Trotz zweckgerechter Fortifikation ging um 500 v. Chr. diese Burg wohl im Kampf ihrer Bewohner gegen Skythen unter. Kelten und Frühgermanen dürften N. nur gestreift haben. Silingische Sippen, welche die Völkerwanderung nicht mitgemacht hatten, wählten im 4. Jh. n. Chr. den Platz als befestigtes Zentrum (Gauvorort?) einer spätgerm. Sied-

lungskammer zwischen »mons Silencii« = → Zobtenberg und
»Selenza« = Lohefluß. Neben überzeugender keramischer Hinterlassenschaft – 1935/36 von der dt. Spatenforschung (Petersen,
Pescheck, Boege), 1960–65 auch von der poln. (Hołubowicz, Kaź-
mierczyk) registriert – beweisen etymologische Zusammenhänge,
daß diese einzige bekannte spätgerm. Burg Ostdeutschlands (Befestigungen von der poln. Forschung jetzt nicht mehr generell be-
stritten) noch bestand, als seit dem 6. Jh. die Slawen erschienen;
nannten sie doch die hier angetroffenen Bewohner, deren Sprache sie nicht verstanden, Němci = Stumme, Fremde, und behielten diese Bezeichnung wie viele andere germ. Traditionen für den
seit dem 7./8. Jh. bestehenden slaw. Burgort bei. In der Form
»Nemzi« mit der Erläuterung »eo quod a nostris olim sit condita,
dicta« (N. heißt so, »weil es, dem Vernehmen nach, einst von den
Unsrigen gegründet worden ist«) wird sie 1017 von Thietmar von
Merseburg erstmals bezeugt, aber in einer späteren Chronik des
Monachus Sazawensis (abgeschlossen 1162) schon zu 990 mitgeteilt: der älteste überlieferte schles. ON, mit seinen schwierigen
Lautwerten, gespiegelt in mehr als 80 ma. Varianten, bereits M.
14. Jh. mehrmals in der endgültigen Schreibform fixiert. Die Slawen, als deren Herkunftsgebiet N.er Funde aus dem 8./9. Jh. (Keramik, Wallbautechnik) den böhm.-mähr. Raum ausweisen, bauten
N. zum Hauptort des mittelschles. → Slensane-Gaues aus (1017:
»posita in pago Silensi«). N. darf mithin als Vorläuferin von Breslau bezeichnet werden.

In frühgesch. Zeit besaß N., an der Haupteinfallstraße aus Böhmen gelegen, eine Schlüsselstellung im Kampf Böhmens und Polens um Schles.: zunächst böhm. Vorort, aber seit 990 trotz auf-
wendiger Belagerung durch Ks. Heinrich II. 1017 und böhm.
Großangriff 1093 poln. Besitz, wo 1137 der Friede von → Glatz
äußerlich besiegelt wurde. Seit 1155 ist N. in der Funktion eines
piast. Kastellaneimittelpunktes belegt (Kastellane bis 1295 gen.).
Die präurbane »urbs«/»civitas« bestand aus: 1. einer Siedl. (nur?)
auf dem s. Gipfel (Suburbium), geschützt durch eindrucksvolle
Wallbauten, die ältesten (8./11. Jh.) noch in »großmähr.«, in
Schles. sonst nicht bekannter Bauweise (steinerne Außenfassade,
innerer Holz-Erde-Nebenwall); 2. der Kastellansburg mit der
1288/95 gen. Peterskapelle auf dem n. Gipfel; 3. einer w. vorgelagerten (Markt-?) Siedl. um die Adalbertkirche, eine der ältesten
Kirchen von Schles., deren Gründung wohl mit der Translation
des Hl. zusammenhängt (nach 1039). Hinzu kamen als Ausstattung
für N.er Burgmannen nahegelegene Güter, von denen sich heute
die Wasserburg Vogelgesang (1,5 km n. N., 1262: »Meznicovo« =
»Besitz eines Schwertträgers«) und Pangel (0,75 km ö. N., Spätma.: eigene Dominialjurisdiktion) durch barocke *Herrenhäuser*,
Woislowitz (1,5 km sö. N., 1366: »Wyselicz«, Besitz der Nachkommen eines Ritters namens Wojsław) durch einen international
berühmten *Rhododendronpark* auszeichnen. Der Umfang des Ka-
stellaneibezirks N. entsprach ungefähr den neuzeitlichen Landkrr.

Nimptsch im Mittelalter
(nach Schölzel))

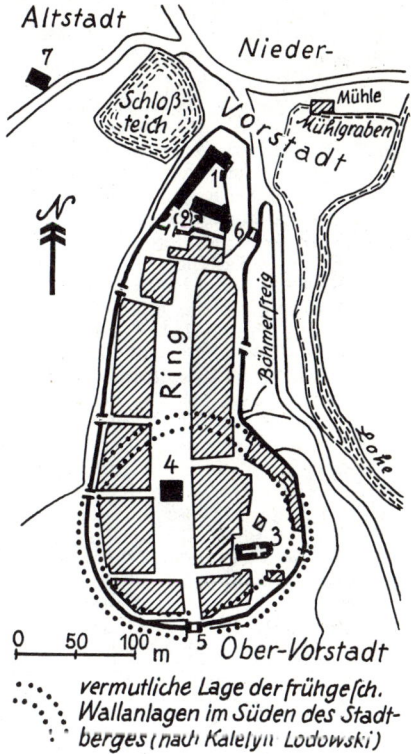

```
0   50   100   5  Ober-Vorstadt
          m
```

∴ vermutliche Lage der frühgefch.
Wallanlagen im Süden des Stadtberges (nach Kalelyn Lodowski)

1 Burg
(2) Stätte der späteren kath. (»Hedwigs«-)Kirche an der Burg
3 St. Peter-Paul-Kirche
4 Rathaus
5 Obertor
6 Niedertor
7 St. Adalbert- (seit 17. Jh. St. Georgs-)Kirche

Strehlen, Frankenstein, Reichenbach in den Grenzen von 1939 (ca. 1900 qkm; 1208: »provincia de Nemchi«).
Im 13. Jh. entwickelte sich nach frühen Vorstößen dt. Siedler ins bes. fruchtbare N.er Altsiedelland – in Kittelau bei N. 1210 zum viertenmal Deutsche in Schles. erwähnt – zögernd, weil in diesem einmaligen Fall unmittelbar auf dem Gelände der altpoln. urbs, die dt. Stadt (1282: Vogt) als beengte Zweitoranlage mit zwei Vorstädten (Häuserzahl im 18. Jh.: 104; Vorstädte: 80), während die Siedl. um St. Adalbert zu dem Waldhufen-Stadtdorf »Altstadt« umstrukturiert wurde. 1295 erfolgte in einem bemerkenswerten Rechtsakt die Gründung der Stadtkirche St. Marien (in evg. Zeit St. Peter-Paul), als Tochterkirche von St. Adalbert noch »den Polen sosehr wie den Deutschen« zu »gemeinsamem und getrenntem« Gebrauch zugewiesen (1534 evg.; Neubauten im 17. und 19. Jh.); vor 1300 im Schutze provisorischen Palisadenwerks der erste Bau einer bis heute in halber Höhe erhaltenen *Stadtmauer* mit Ober- und Niedertor (im 19. Jh. abgerissen; 1936 bauliche Rekonstruktionsversuche) und mehreren Pforten. Gleichzeitig wurde die hölzerne Kastellansburg durch ein steinernes Stadtschloß ersetzt (1369: Sitz des Hofrichters). Ein Rathaus wird 1474 erwähnt, ein Stadtsiegel ist aus 1369 bekannt.
Bei der Teilung des Fstm. Breslau 1311 fiel N. an das Fstm. Brieg. 1322 gerieten Stadt und Weichbild in Pfandbesitz von Schweidnitz, dessen Hz. Bolko II. sie als strategisches Instrument im Kampf gegen Kg. Johann von Böhmen wertvoll waren (Sperrungsmöglichkeit der Straße Prag–Glatz–Breslau im N.er Bereich). Nach 1392 wurde N. ein Bestandteil ohnmächtiger Hauspolitik der Brieger Herren, deren einen, Ludwig III., nur der Zufall vor der kläglichen Würde eines Hz. von N. bewahrte. Seit 1430 hielten die Hussiten von N. aus Mittelschles. in Schach, ehe 1434 die sechsmal vergeblich belagerte Stadt zurückgegeben und von den Schlesiern gründlich geschleift wurde. 1481 verlegte der Landesherr die Verwaltung des fiskalischen Besitzes im Weichbild von N. in das zentrale Dorf Schlottnitz (»Amt Teich«, wegen seines rotverputzten Schlosses seit 17. Jh. »Rothschloß« gen.). Derart mißliche Geschicke im anfälligen Frühstadium hat die kleine Stadt, weit unterdurchschnittlich ausgestattet, eingeschlossen von Adelsbesitz, an der Peripherie ihres Weichbildes, im äußersten W-Zipfel des Fstm. Brieg, an Verkehrswegen mit deutlich abnehmender Frequenz, in der Nachbarschaft zweier Rodungsstädte mit spürbarem wirtschl. Vorsprung (Reichenbach, Frankenstein), nie verwinden können, zumal dauerhaftes Glück sie auch in der Neuzeit mied. Den bescheidenen Aufschwung im 16. Jh., äußerlich gekennzeichnet durch Wiederherstellung der Stadtmauer, Modernisierung des Schlosses als (nie benutzte) hzl. Residenz 1585 und Neubau der Adalbertkirche als evg. Friedhofskirche St. Georg 1612, im wirtschl. Bereich durch Verleihung des Meilenrechts 1455, des Marktrechts 1513/84 und des Braumonopols 1579/1613, vernichtete der 30j. Krieg 1633. Im Schloß als einzigem erhaltenen

innerstädt. Gebäude wurde 1635 der Dichter Daniel Casper von Lohenstein geboren; sein Vater war einer der zwölf von 103 N.er Grundbesitzern, die Feuersturm und Pest überlebt hatten. Die Früchte des mühsamen Aufbaus, durch Zuzug evg. Vertriebener aus Böhmen erleichtert, verzehrten Großbrände 1735 (partielle Vernichtung des Schlosses), 1853 (Rathaus), 1859. Nach dem Aussterben der evg. Brieger Piasten 1675 erwirkte die Gegenref. in N. die spannungsreiche Neubildung einer kath. Gemeinde, die 1701 bis 1707 die Stadtkirche innehatte und 1712 mit ksl. Förderung eine eigene Kirche am Schloß errichtete (1735 abgebrannt, aber schon 1736 neu erbaut). Zur selben Zeit entfaltete in N. der evg. Kantor Johann Heinrich Quiel (1680–1768) eine bemerkenswerte Blüte der Kirchenmusik. – Bis 1932 war N. Kr.-Stadt. Seine Eww.-Zahl betrug 1740: ca. 1150, 1787: 1256, 1825: 2182, 1905: 2216, 1939: 3523 (auf 16,24 qkm), 1961: 3557 (auf 19,25 qkm), 1970: 3772. 1945 blieb N. unzerstört. Von den drei zu diesem Zeitpunkt vorhandenen historischen Bauwerken sind das Renaissance-Oktogon mit Sgraffito-Dekoration am 1830 schmucklos wiederaufgebauten Schloß und die kath. »Hedwigskirche« (Volksmund) inzwischen verfallen und abgetragen, die schlichte *Georgskirche*, in welcher der Grundriß der frühma. Kirche – 7,5 × 16 m – ergraben wurde, dem Einsturz nahe. Die spätbarocken *Wohnhäuser* am Ring werden nach Kräften gepflegt.   (II a)   *Schö*

ERauch, Gesch. d. Bergstadt N., N. 1935. – EPetersen, D. Ort N. u. seine Bedeutung f. Schlesiens Frühgesch., in: Jomsburg 1 (1937), S. 11–18. – LV 402. – LV 233, S. 837 f. – ESchwarz, N., Zobten, Lohe u. Schles., in: LV 35, 6 (1961), S. 139–149. – LV 612, S. 60 f. – LV 330, S. 104–07. – LV 234, Bd. 2, S. 576. – JSchölzel, N. in Schles., Vorzeit, Frühzeit, Ma., Marburg 1974

Oberglogau (Głogówek, Kr. Neustadt O.S.). O. (auch Klein oder Wenig Glogau gen., im Gegensatz zu Groß Glogau = Glogau a. d. Oder) liegt auf dem erhöhten r. Ufer der Hotzenplotz an einer Straßenkreuzung inmitten eines fruchtbaren, schon in vorgesch. Zeit (zahlreiche Bodenfunde) besiedelten Lößgebietes. 1212/14 wird es erstm. als Leubuser Zehntort an der mähr. Grenze urk. erwähnt. Wenig später entstanden in seiner Umgebung dt. Dörfer. Wohl noch vor der M. 13. Jh. als planmäßige Gitteranlage um einen rechteckigen Marktplatz mit Rathaus angelegt, erhielt der bald befestigte Weichbildort O. 1275 als zweite schles. Stadt nach Breslau eine Ratsverfassung, die die jährliche Wahl von zwölf Ratmannen vorsah. Für 1373 ist Magdeburger Stadtrecht bezeugt. An der Stadtpfarrkirche *St. Bartholomäus* (erwähnt 1284) mit angeschlossener Schule wurde 1379 von Hz. Heinrich von Oppeln ein Kollegiatstift mit vier Prälaturen und neun Kanonikaten eingerichtet, das bis zur Säkularisation 1810 bestand. Der aus dem E. 14. Jh. stammende Kirchbau erfuhr 1775–81 eine prachtvolle Barockisierung. O. war Sitz eines Archipresbyterates und zählte vor der Zerstörung durch die Hussiten 1428 zu den größeren und

kulturell führenden Städten von Oberschles. Die seit dem 13. Jh.
bestehende Burg war zeitweilig Residenz der piast. Hzz. von Oppeln, denen das Gebiet von O. bis zu ihrem Aussterben 1532 unmittelbar gehörte. Die habsb. Kss. verpfändeten es als heimgefallenes Lehen zunächst an den Hohenzollern Markgf. Georg von
Ansbach-Jägerndorf u. seinen Sohn (1532–51), dann an Kgn.
Isabella von Ungarn und ihren Sohn Joh. Sigismund Zapolya
(1552–57) und schließlich an Otto von Zedlitz (1558); nach dessen
Tod ging es 1562 an seinen Schwiegersohn, den ksl. Feldmarschall und Oberlandeshauptmann von Schles. Hans von Oppersdorff, Frh. von Aich und Friedstein, über. 1593 erwarben die Oppersdorff, die 1626 in den Reichsgrafenstand aufstiegen, Stadt und
Herrsch. O. als erblichen Besitz, wandelten sie 1642 in ein Majorat um und besaßen sie in der seit 1781 amtierenden böhm. Linie
bis 1945. Das alte *Piastenschloß* wurde vor ihnen seit dem 16. Jh.
in verschiedenen Etappen und Stilen zu einem weitläufigen Komplex mit Ober- und Vorschloß, Fürstensaal, Freitreppe, Kapelle,
Wall- und Parkanlagen um- und ausgebaut. Als treue Parteigänger der Habsburger und ksl. Amtsträger in Schles. führten sie die
Gegenref. in ihrem Herrsch.-Bereich zielstrebig durch, bauten Kirchen, Kapellen, Schulen und entfalteten an ihrer Residenz ein
reges kulturelles Leben (Schloßtheater, -druckerei, -bibliothek mit
wertvollen Frühdrucken, -archiv, -musikkapelle). 1806 besuchte
Ludwig van Beethoven O. und widmete Gf. Franz Joachim Wenzel v. Oppersdorff seine 4. (B-Dur-)Sinfonie. Von 1770–81 wirkten hier der bedeutende Maler Franz Anton Sebastini sowie der
Stukkateur und Bildhauer Johann Schubert. O. besaß ferner ein
Minoritenkl. (1264–1810) mit got., barockisierter Kirche, Loreto-
und Antoniuskapelle aus dem 17. Jh., Spital und Spitalkirche *St.
Nikolaus* (16./18. Jh.), *Rathaus* (1608), *Mariensäule* (1677), alte
Wasserkunst (1597), *Lehmkirchel* (18. Jh.) und barocke *Bürgerhäuser* am Ring (17./19. Jh.). »Auf der Wiese« bei O. bestand von
1388–1810 eine kleine Niederlassung der Pauliner-Eremiten. Von
1802–1923 hatte O. ein Lehrerbildungsseminar, seitdem eine
Oberschule. In der Volksabstimmung 1921 entschieden sich 96%
der Bev. für den Verbleib bei Deutschland; nach 1945 wurde sie
zum größten Teil vertrieben. Die an historischen Gebäuden entstandenen Schäden sind in den 1950er und 1960er Jahren weithin
beseitigt worden. Die Eww.-Zahlen stiegen von 1536 im Jahre
1775 auf 2117 (1787), 2506 (1825), 7010 (1905) und 7356 (1939);
1961 wohnten in O. 6455, 1971 rd. 6600 Personen.   (IIIa)   *Me*

LV 119, Bd. (5), 103–62. – HSchnurpfeil, Gesch. u. Beschreibung d.
Stadt O., O. 1860. – AWeltzel, D. Kollegiatstift z. hl. Bartholomäus in
O., in: LV 28, 30 (1896), S. 165–90. – JStrecke, Festschrift z. 700-Jahr-
feier, O. 1925. – AKosian, Führer durch d. schöne O., O. 1931. – LV 30,
1937, Nr. 3. – LV 233, S. 838. – LV 234, Bd. 2, S. 162 f. – Schermuly,
D. Lehrer-Seminar z. O., Br. 1902. – NKwasnik, O. als Musikstadt, in:
Musik d. Ostens, Bd. 5, Kassel 1968, S. 97–112. – TChrzanowski, Gło-
gówek (O.) (LV 108), Br. u. a. 1977

Oberlangenau → Langenau Kr. Habelschwerdt

Ober Lazisk (Łaziska Górne, Kr. Pleß/Tichau). Der 1287 gen. »Borko de Laszka« wird seinen Sitz in dem weiter sö. gelegenen → Mittel Lazisk gehabt haben. Von den beiden in den Plesser Urbaren von 1536 und 1572 erwähnten landesherrlichen Dörfern Nieder Lazisk (→ Mittel Lazisk) und O. L. könnte dieses, etwas höher gelegen, das jüngere sein. O. L. hatte 1536 eine Schulzen-, sieben Bauern- und zwei wiederbesetzte Wüstungsstellen, um 1800 acht Bauern-, eine Gärtner- und 38 Häuslerstellen. Von vor 1692 bis M. 18. Jh. bestand in O. L. eine Glashütte. Der E. 18. Jh. in dieser Gegend aufkommende Steinkohlenbergbau griff mit der Anlage der Augustenfreude- (1839/42–95) und Brade-Grube (1850) auf O. L. über. 1914 folgte die Prinzen-Grube, vor 1940 ein großes Kraftwerk, 1949 eine Hütte, 1954 eine Fabrik für Bauelemente, ebenso entstand in O. L. eine chemische Fabrik. Das auf diese Weise zum Industrieort umgewandelte O. L. erhielt 1951 Stadtrecht. Eww.-Zahlen: 1783: 187, 1825: 493, 1885: 1674 + Gutsbez. 434, 1905: 1948 + Gutsbez. 627, 1931: rd. 5400, 1961: 8428 (auf 10,69 qkm), 1970: 10 794.   (IV)   *We*

LV 207, T. 8, S. 22. – LV 210, Bd. 1, S. 606 f. – LV 173. – LV 345. – LV 234, Bd. 1, S. 450. – LV 225

Obernigk (Oborniki Śląskie, Kr. Trebnitz). Mit dem Bau einer Badeanlage durch den Grundherrn Carl Wolfgang Schaubert 1835 begann die Entwicklung des 10 km w. Trebnitz im Katzengeb. klimatisch günstig gelegenen Dorfes O., 1305 erstm. belegt, zum Kurort. Carl v. Holtei, der hier zeitweise lebte (Trauung 1821), besang O.; im Cholerajahr 1866 trug die Flucht vieler Breslauer nach dem seit 1856 mit der Eisenbahn (Breslau–Posen) erreichbaren O. zum Bekanntwerden des Ortes bei. Unter poln. Verwaltung erhielt O. 1945 Stadtrecht. Eww.: 1785: 312, 1825: 497, 1905: 2047, 1939: 4383 (auf 13,12 qkm), 1961: 5418 (auf 15,28 qkm), 1970: 5720.   (II)   *We*

HBanke, Gesch. d. evg. Kirchengem. O., Br. 1935. – LV 234, Bd. 2, S. 578

Ober Waldenburg (Stadtkr. Waldenburg). Die Häuser um das Schloß in Waldenburg wurden erstm. 1723 als »neue Gem.«, ein Jahr später als O. W. bezeichnet. Das *Schloß* wurde 1000–28 von Diprand v. Czettritz auf → Neuhaus im Stil der Renaissance erbaut. Mit der Herrsch. Waldenburg ging auch das Schloß 1738 in den Besitz der Gff. v. Hochberg auf → Fürstenstein über. Als 1882 der Fst. von Pleß die Gesamtverwaltung seiner Güter in das Schloß verlegte, wurde es durch einen Anbau erweitert. 1922–23 erhielt das Schloß einen weiteren Anbau. 1818 gründete J. G. Alberti in O. die erste mechanische Flachsgarnspinnerei auf dem europäischen Festland, 1883 übernahm die Methner & Frahne AG in Landeshut die Fabrik. 1921 wurde der ehem. Gutsbezirk,

1934 der Amtsbezirk O. mit ca. 5000 Eww. nach → Waldenburg
eingemeindet. (IIa) *Kö*

O du Heimat lieb u. traut! Bilder a. d. Waldenburger Berglande, hg. v.
MKleinwächter, Waldenburg 1925, S. 464. – HBartsch, Unvergessene Waldenburger Heimat, Norden (Ostfriesl.) 1969, S. 138 f. – → Waldenburg

Oels (Oleśnica). Die Stadt Oe. liegt im mittelschles. Flachland r.
der Oder am Oels-Bach, einem Zufluß der Weide. An dem günstigen Übergang über eine sumpfige Niederung bildete sie im Ma.
einen wichtigen Straßenknotenpunkt: die von Breslau über
Hundsfeld kommende Handelsstraße teilte sich hier in drei Zweige nach Kalisch-Thorn, Wieluń-Lublin und Namslau-Krzepice-
Krakau auf. 1250 ist erstm. der Zoll von Oe. überliefert.
Die Aufhellung der Frühgesch. von Oe. wird dadurch erschwert,
daß es im Ma. in Schles. mehrere Orte mit der Bezeichnung
»Olesniz« u. ä. gegeben hat, vor allem das ebenfalls alte → Klein
Öls s. Ohlau, weshalb manche ältere Zeugnisse von der Forschung
unterschiedlich auf Oe. oder einen anderen »Olesniz«-Ort bezogen werden. Die Verwirrung wird noch dadurch erhöht, daß das
Breslauer Sandstift Grundbesitz bzw. Einkünfte in zwei Orten
dieses Namens hatte. Als Ausstellungsort einer bischl. Urk. von
1189 wird neuerdings Klein Öls identifiziert, auch der 1193 erwähnte Zehntbesitz des Sandstifts wird dorthin verlegt, ebenso
die Genehmigung Hz. Heinrichs I. an das Sandstift von 1228, seinen »Gästen« (hospites) in »Olsniza« dt. Recht zu verleihen (LV
130); eine eindeutige Zuordnung der Nachrichten ist nicht möglich. Die Urk. von 1214, in der der Markt von Oe. gen. wird, ist
als Fälschung zu betrachten. So bleibt als früheste unzweifelhaft
auf Oe. bezogene Nachricht die in Oe. ausgestellte Urk. Hz. Heinrichs I. von 1230, mit der Thomas, hzl. Kanzler, Breslauer Domherr und Pfarrer in »Olesniz«, die Erlaubnis zur dtrechtl. Aussat-
zung des zu seiner Pfarre gehörigen Dorfes Leuchten sw. Oe. erhielt. Der große Umfang von mindestens 17 Orten (1288) weist
auf eine altslaw. Pfarre hin, diese wiederum läßt auf eine bes.
Stellung des Pfarrortes schließen. Vielleicht bestand in Oe. seit
langem ein hzl. Hof. 1247 ist ein »Kastellan« von Oe. belegt; da
Oe. sonst nicht als Kastellaneisitz bezeugt ist, wird es sich um den
Burggf. einer einfachen hzl. Burg gehandelt haben, die später zur
Stadtburg von Oe. wurde. Die dtrechtl. Stadt Oe. wird 1254 schon
im Aufbau begriffen gewesen sein; denn die laufend niederge-
schriebenen Großpoln. Annalen berichten zum 14. 3. 1254 von der
Plünderung der »Stadt« (civitas) Oe. durch ein großpoln. Heer.
Aber erst am 22. 2. 1255 übertrug Hz. Heinrich III. von Breslau
offiziell den Lokatoren Albert und Richolf die Lokation von Oe.
zu Neumarkter Recht auf 100 fläm. Hufen. – Das Breslauer Sandstift besaß 1250 u. a. »Dörfer, von denen jedes Olesnic heißt«,
mit Zoll, der eindeutig auf Oe. hindeutet. Der Stiftsbesitz kann
nur einen Teil und bestimmte Einkünfte von Oe. umfaßt haben;
denn schon 1247 war dort eine hzl. Burg, und auch 1256 – nach

der Stadtgründung – werden unter dem Besitz des Sandstifts zwei
Orte namens »Olesnicza« erwähnt. Über den Zoll verfügte allerdings 1288 wieder der Hz. Der (restliche?) Besitz des Sandstifts
in Oe. ist im N der Stadt anzunehmen, wo die Augustiner-Chorherren 1340 eine Propstei besaßen, die erst 1410 in die Stadtbefestigung einbezogen wurde.

Die Stadt Oe. stieg schon wenige Jahrzehnte nach ihrer Gründung
zur Residenz schles. Teilhzz. auf. Im Streit um das Erbe Hz.
Heinrichs IV. von Breslau mußte der in Gefangenschaft seiner
Gegner geratene Hz. Heinrich V. von Breslau 1294 in die Abtretung des nö. Teiles seines Hzt. mit Oe. an Hz. Heinrich III. von
Glogau einwilligen. Bei der Teilung des Hzt. Glogau und der
großpoln. Besitzungen Heinrichs III. († 1309) unter dessen fünf
Söhne 1312 wurde Oe. dem ö., den Hzz. Bolko und Konrad zugesprochenen Teilbereich zugeteilt. Diese Teilung ist als Grundlegung des Hzt. Oe. zu betrachten. Stadt und Weichbild Oe. übernahm Bolko. Nach seinem Tode 1320 wurde Konrad alleiniger
Herr des ö. Teiles des alten Glogauer Hzt.; er machte Oe. zu seiner Residenz und begründete damit endgültig das Hzt. Oe., dessen Umfang im Laufe der Zeit erheblich schrumpfte, das aber
länger als die meisten anderen schles. Fstmm. selbständig bleiben
sollte, freilich unter Einbuße der urspr. vollen Landeshoheit. Die
Piasten regierten in Oe. bis 1492. Sie führten alle den Namen
Konrad, auch die nebeneinander regierenden Brüder, die daher
unterscheidende Beinamen erhielten. Hz. Konrad I. mußte schon
1323 die Gebiete von → Namslau, → Bernstadt, → Konstadt,
→ Kreuzburg, → Pitschen und → Landsberg an Hz. Boleslaus III. von Brieg abtreten, der als Sohn Heinrichs V. Erbansprüche hatte. Dafür gelang es ihm, nach dem Tode seines Schwagers Bolko von → Beuthen und → Cosel (1355) die Hälfte dieses
Teilhzt. zu gewinnen (die andere Hälfte fiel an die Hzz. von Teschen); seine Nachkommen behielten diese Länder bis 1472. Die
Oe.er Hzz. besaßen zeitweise auch die Gebiete → Steinau und
Raudten (E. 14. Jh./1404–1459/89). Als Kg. Wladislaus von Böhmen nach Aussterben der Oe.er Piasten 1492 das heimgefallene
Hzt. 1495 gegen Schloß Podiebrad in Böhmen und 5000 Schock
Groschen an Hz. Heinrich I. d. Ä. von Münsterberg, Sohn Georgs
von Podiebrad, verlehnte, bestand dieses aus den Gebieten Oe.,
Bernstadt, Trebnitz, Hundsfeld, Wohlau, Winzig, Rützen und
Sulau und umfaßte auch die Lehnshoheit über Herrnstadt und
Konstadt. Die Grenzgebiete → (Groß) Wartenberg (1489), → Trachenberg (1492) und → Militsch (1494) waren bereits als Freie
Standesherrschsch. aus dem Verband des Hzt. ausgeschieden, →
Wohlau (mit Winzig, Rützen, Herrnstadt und den zurückerworbenen Gebieten Steinau und Raudten, 1498/1517) und → Sulau
(1595/1654) sollten folgen. – Mit Hz. Karl Friedrich starb 1647
das Haus Podiebrad in Oe. aus. Durch Heirat der Tochter Karl
Friedrichs, Elisabeth Maria, gelangte das Hzt. Oe. 1649 an Sylvius Nimrod von Württemberg-Weiltingen, allerdings nicht als

echtes Lehen, sondern unter verminderten Hoheitsrechten als Mediatfstm. Seine Söhne teilten den Besitz 1673 in die Teilherrschsch. Oe., → Bernstadt und → Juliusburg. Nach dem Übergang an Preußen wurden die Hzz. von Oe. rechtlich beinahe auf das Niveau der großen Grundherren herabgedrückt. Karl Friedrich II. verzichtete daraufhin 1744 auf die Regierung zugunsten seines Neffen Karl Christian Erdmann († 1792), der – seit 1745 alleiniger Hz. des Fstm. Oe. – nur eine Tochter hatte, Friederike Sophie Charlotte Auguste (1751–89), 1764 mit ihrem späteren Gemahl, Pz. Friedrich August von Braunschweig, auf Oe. belehnt. Da sie kinderlos blieben, fiel Oe. 1805 an einen Neffen Friedrich Augusts, Pz. Friedrich Wilhelm von Braunschweig, Sohn des preuß. Oberbefehlshabers 1806 Hz. Karl Wilhelm Ferdinand von Braunschweig. Friedrich Wilhelm (»Hz. Oe.«) wurde in den Napoleonischen Kriegen als Führer eines Freikorps, des »Schwarzen Korps«, bekannt und fiel 1815. Mit Hz. Wilhelm II. starb 1884 die Linie Braunschweig-Oe. aus. Das Hzt. Oe. wurde aufgelöst. Den Privat-(Allodial-)Besitz mit → Sibyllenort hatte der letzte Braunschweiger an den Kg. von Sachsen vererbt. Das etwas kleinere Lehensgut wurde vom preuß. Staat eingezogen und in ein Thronlehen umgewandelt, dessen Inhaber der jeweilige Kronpz. von Preußen sein sollte. Nach 1918 nahm Kronpz. Wilhelm von Preußen seinen Wohnsitz im Schloß zu Oe. Nach langen Verhandlungen erkannte ihm der preuß. Staat 1926 das Thronlehen als Privatbesitz zu (»Herrsch. Oe.«). Es umfaßte um 1930 acht Rittergüter mit rd. 8000 ha Wald und Ländereien.

Die dtrechtl. Stadt Oe. war ö. der hzl. Burg auf beinahe rundem Grundriß (Durchmesser ca. 480 m) mit schachbrettartiger Blockeinteilung und rechteckigem, vom Stadtmittelpunkt etwas nach O versetztem Ring (140 × 70 m) angelegt. Die bauliche, wirtschl. und rechtliche Entwicklung der Stadt wurde durch die Einrichtung der hzl. Residenz in Oe. gefördert. Bei der dtrechtl. Gründung von Oe. wird die ältere, nahe der Burg gelegene Pfarrkirche St. Johannes d. T. (später auch Schloßkirche gen.) in den SW-Teil der neuen Anlage einbezogen worden sein. Am anderen Ende der Stadt bestand vor Begründung der Residenz ein 1307 bezeugtes St. Georgshospital. 1340 inkorporierte der Hz. es der – damals eingerichteten? – Propstei der Augustiner-Chorherren, die wohl daraufhin eine St. Georgskirche errichteten, wie eine Altarstiftung von 1341 vermuten läßt, den einschiffigen Teil der späteren »Propstkirche«. Propstei und Hospital wurden von der hzl. Fam. im 14. Jh. mehrfach beschenkt. 1380 berief Hz. Konrad II. Benediktinermönche des Slawenkl. Emaus in Prag nach Oe. und übergab ihnen Gelände des ehem. Stadtgrabens am N-Rand der Stadt zum Bau von Kirche und Abtei; sie bauten ihre der Jungfrau Maria geweihte dreischiffige Kirche direkt an die St. Georgskirche der Augustiner an, so daß beide – durch dort selten vorkommende got. Backsteingiebel auffallende – Kirchen zu einer Doppelkirche St. Maria und St. Georg (kurz »Propstkirche«) zusammengefaßt

werden konnten, als 1505 das Slawenkl. aufgelöst und der Augustiner-Propstei einverleibt wurde (1609 Neubau der Georgskirche
und Anbau einer Renaissance-Vorhalle an die Marienkirche). Der
ganze Komplex der Augustiner-Propstei, des Georgshospitals und
des Slawenkl. lag zunächst außerhalb der Stadtmauer; die Verleihung des Stadtgrabengeländes an die Slaw. Brüder kündigte
jedoch schon eine Verlegung der Mauer an, die dann mit der
Hereinnahme der beiden Kll. in den Befestigungsring 1410 durchgeführt wurde. Die Stadtmauer hatte nach 1320 die frühere Befestigung durch Wall und Graben ersetzt. Sie hatte vier Durchlässe: im Zug der für Oe. im 13/14. Jh. wichtigsten Straße Breslau–Thorn im S das Breslauer (später Ohlauer) Tor und im N das
Marientor, ferner im O das Namslauer (später Vieh- oder Luisen-)
Tor, durch das bes. seit dem 15. Jh. der Verkehr nach Krakau
ging, und im W das Trebnitzer (später Breslauer) Tor. Außerhalb
der Stadtmauer blieb ein zweites, dem hl. Nikolaus geweihtes
Hospital vor dem w. Tor (seit dem letzten Viertel des 14. Jh. belegt), aber auch die Burg im SW. Diese erhielt wohl auch um
1320 ihren ersten massiven Bau; aus dieser Epoche stammen der
Rundturm und Teile des W-Flügels des um einen unregelmäßig
rechteckigen Innenhof gruppierten Gevierts.

Die Hzz. von Oe. statteten die Stadt mit verschiedenen Privilegien
aus, bes. am A. 15. Jh. 1403 bekam Oe. eine Oberhoffunktion für
andere Städte des Hzt. zugewiesen, 1419 wurden ihm Salz- und
Hopfenmarkt zugestanden, 1407 erwarb es die Erbvogtei. Neben
den üblichen Handwerken war die Tuchmacherei in Oe. früh vertreten; schon 1335 werden die Kammern der Tuchhändler (Gewandschneider) erwähnt. Im gesamtschles. Rahmen spielte die
Stadt jedoch eine nur mäßige Rolle.

1432 erlitt Oe. einen Rückschlag: aus Furcht vor einem Hussiten-
überfall zündeten die Bürger ihre Stadt selber an. In den Kriegen
um die böhm. Krone wurde Oe. 1475 heimgesucht. Den Hzz.
mangelte es meist an Geld. Um eine Umgehung des Zolles von
Oe. zu verhindern, verlegten sie die Zollerhebung von Oe. an
den Weideübergang in →Hundsfeld. Bes. Einnahmen verschaffte
den Hzz. die Niederlassung von Juden in der Stadt Oe., 1329 und
bei der Übernahme des Hzt. durch Heinrich I. aus dem Hause
Podiebrad 1495 gewährt. Juden richteten auch in Oe. vor 1529
eine Druckerei ein, die hebräische Schriften herstellte, bis 1535
ein Blitzschlag sie vernichtete, was die Oe.er Bürger als Gotteszei-
chen betrachteten und als Anlaß zur Vertreibung der Juden nahmen. Die got. Salvatorkirche (15. Jh.?) unweit des Trebnitzer
(Breslauer) Tores war urspr. Synagoge, nach 1535 als Arsenal genutzt, 1695 erneuert und fortan als evg. Kirche verwendet. Daß
die 2. H. 15. Jh. und das frühe 16. Jh. für die Stadt allgemein eine
Zeit des Wohlstandes war, bezeugt die Schloßkirche, die damals
ihre heutige äußere Gestalt erhielt: bis 1469 war sie zur dreischiff-
figen spätgot. Basilika mit Sternengewölbe im Mittel- und Kreuz-
gewölbe in den Seitenschiffen ausgebaut, A. 16. Jh. wurden die w.

Vorhalle, Kapellen und eine zweite Sakristei angefügt. Nach dem Tode Hz. Karls I. von Münsterberg-Oe. 1536 regierten dessen Söhne zunächst gemeinsam und teilten sich dann das Erbe. In Oe. führte Hz. Johann 1538 die Ref. ein. Er begann auch den Ausbau der Burg zu einem prachtvollen Renaissanceschloß durch Umbau der got. Teile (1548) und Neubau des viergeschossigen Vorschlosses (Wittumstock) im NO mit neuem Portalbau (1559–62). Die sandsteinerne *Grabtumba* mit den lebensgroßen Figuren Johanns und dessen Gemahlin Christina Szydłowiecka (v. Schidlowitz), 1557 nach Christinas Tod von Johannes Oslew aus Würzburg geschaffen, steht in der Schloßkirche. Johanns Neffe und Nachfolger Karl II. (1565–1617) vollendete den Schloßbau nach den Plänen von Kaspar Kuhne und Hans Luckas mit der Errichtung des O-Flügels (1585–86), des S-Flügels (1606–08), des Verbindungstrakts zwischen Hauptschloß und Vorschloß und des Verbindungsganges zwischen Vorschloß und Schloßkirche (1616); er ließ auch dem Portalbau seines Vorgängers einen weiteren voranstellen und Außenbefestigungen für das Schloß anlegen (1603). Mit dem Namen Karls II. ist auch die Gründung des »Gymnasium illustre« 1594 verbunden. Im 30j. Krieg hatte Oe. vor allem 1634 unter schwed. Truppen zu leiden. Da auch das neue Fürstenhaus, die Württemberger, evg. waren, konnte die Gegenref. im Hzt. Oe. nicht durchdringen. Unter den in überwiegender Mehrheit evg. Bewohnern der Stadt Oe. befanden sich auch Polen; poln. Gottesdienste fanden in der Propstkirche statt, in Oe. erschienen im 17. Jh. auch Bücher in poln. Sprache. Den Katholiken wurde 1727 eine sog. Josephinische Kuratie zugestanden; sie erhielten 1744 im N der Stadt die barocke, einschiffige Dreifaltigkeitskirche (Turm 1776 erhöht). Hz. Christian Ulrich, der zunächst in → Bernstadt residierte und erst 1697 auch den Anteil Oe. übernahm, war ein großer Förderer der Wissenschaft und Kunst und legte bedeutende Sammlungen an. Er ließ auch 1698 an der SO-Ecke der Schloßkirche die achteckige *Fürstengruftkapelle* anbauen.

Die günstige Entwicklung von Oe. am A. 18. Jh. beendete ein Großbrand 1730, der nur das Schloß, die Schloßkirche, die Propstkirche und 17 Häuser in Mauernähe verschonte. Die vorherige Eww.-Zahl wurde erst gegen Ende des Jh. wieder erreicht (1710: 3608, 1758: 3144, 1787: 3503, 1825: 5205 Eww.). Die Wirtschaft der Stadt wurde bis tief ins 19. Jh. hinein vor allem vom Handwerk getragen. Die Tuchmacherei – 1700 waren in Oe. noch 51 Tuchmacher – ging nach 1815 u. a. wegen der russ. Zollschranken ein. Um so bedeutender wurden das Schuhmacherhandwerk und die damit verbundene Lohgerberei; 1845 waren unter 350 Handwerkern 77 Schuhmacher, 1853 gab es sogar 97 Schuhmacher und fünf Gerber. Auch das Tischlergewerbe war stark vertreten (1845: 23 Tischler und 15 Drechsler). Dem Handel dienten vier Jahrmärkte. Hatte Hz. Sylvius Nimrod der Stadt das Bierverkaufsmonopol für 46 Dörfer verliehen, so schrumpfte dieses bis E. 18. Jh. auf sieben Dörfer zusammen.

1822 und 1823 suchten noch einmal große Brände die Stadt heim. Dabei brannte auch das Rathaus (1450 erbaut, aber schon 1535 und 1730 stark beschädigt) nieder und bekam danach die bis 1945 erhaltene Gestalt. Die abnehmende Bedeutung von Oe. als Residenzstadt wurde durch die neueren Kr.-Behörden ausgeglichen. Seit M. 19. Jh. erlebte die Wirtschaft von Oe. einen Aufschwung, gefördert durch die Garnison (seit 1850) und vor allem durch Eröffnung der Eisenbahnlinie Breslau–Oe.–Kreuzburg–Vossowska 1868; es folgten die Strecken Oe.–Groß Wartenberg–Kempen (1871/72, später bis Warschau) und Oe.–Krotoschin (1875). Die wenigen Industriebetriebe dienten vornehmlich der fabrikmäßigen Umstellung der älteren Produktion; es entstanden Sägewerke, eine (noch heute intakte) Schuhfabrik und eine Mahlmühle. Bes. Bedeutung erlangte das 1913 eingerichtete Reichsbahnausbesserungswerk, auf das die Begründung der Neustadt ö. der Altstadt in erster Linie zurückzuführen ist. Auch s. der Altstadt entstanden seit 1900 neue Stadtviertel. Die Bev.-Zahl stieg an: 1905: 10 944, 1939: 18 183 (auf 8,65 qkm). 1945 wurde Oe. durch Kriegs- und mehr noch Nachkriegseinwirkungen stark zerstört. Das *Schloß* und die *Schloßkirche* (diese nach Einsturz von 1905 in alter Form bis 1909 wieder aufgebaut) blieben erhalten, ebenso die *Stadtmauer* mit dem *Breslauer* (ehem. Trebnitzer) *Tor*. Die *Dreifaltigkeitskirche* und die *Salvatorkirche* und das bes. schwer getroffene *Rathaus* mit dem stehengebliebenen ma. *Rathausturm* wurden wieder aufgebaut. Die *Propstkirche St. Maria und St. Georg* steht als Ruine; in dem quadratischen Turm, dessen oberer Teil im neugot. Stil 1799 nach einem Entwurf von Carl Gotthard Langhans aufgesetzt wurde (Nachahmung des Turmes der Marienkirche in Berlin), hat sich 1965 eine orthodoxe Gem. eine Kapelle eingerichtet. Nach Wiederauf- und Neubau der Wohngebiete zählte Oe. 1961 auf 8,90 qkm 20 847, 1970: 27 573 Eww. (III) *We*

LV 130. – LV 138. – LV 271. – Olsnographia rediviva. Des Herrn Sinapius Beschreibung d. Oe.er Fstm. f. d. heutige Zeit überarb. v. EMesserschmidt, Oe. 1931. – LV 274. – D. niederschles. Ostmark u. d. Kr. Kreuzburg (Monogr. dt. Landschaften, Bd. 1), Berlin–Friedenau 1927, S. 195–210. – HSchönborn, Heimatbuch d. Kr. Oe., 2 Hefte, Oe. o. J. – D. Buch d. Stadt Oe. in Schles., bearb. v. Schlitzberger, Berlin–Spandau 1930. – LV 233, S. 838–40. – LV 357, S. 61 f. – LV 613, Bd. 3, S. 19 f. – LV 612, S. 63 f. – MStarzewska, Oleśnica (Oe.) (LV 108), Br. u. a. 1900. – LV 234, Bd. 2, S. 578–80. – LV 595 b, S. 107–10

Ohlau (Oława). O. liegt in der fruchtbaren Ebene am l. Oderufer zwischen Breslau und Brieg auf dem Ausläufer eines Höhenrükkens zwischen Ohle und Oder, an der Stelle, wo die vom S kommende Ohle sich der Oder auf 350 m nähert, ehe sie nach NW parallel zur Oder abschwenkt und erst kurz vor Breslau in diesen Strom einmündet. Die Lage zwischen den Flüssen bedeutete für die Stadt Schutz nach außen, aber auch Hochwassergefahr. Zur Ohle hin bestand die altslaw. Siedl. »Olava«, die der Breslauer Palatin Gf. Peter Wlast dem von ihm gestifteten Prämonstraten-

serkl. St. Vinzenz zu Breslau schenkte (Bestätigung 1149). Nach
Długosz (15. Jh.) soll Peter Wlast 1144 in O. auch eine dem hl.
Zoerad geweihte Kirche gegr. haben. Der hl. Zoerad (Zoerard,
Seohard, Swirard, Swarhard) lebte nach der Legende als Einsied-
ler in Polen am Dunajec und um 1003 bei O., danach in der Slo-
wakei; er wurde im Ma. im Bst. Breslau, bes. in O., verehrt. Eine
päpstliche Urk. von 1201 nennt die St. Blasius- und St. Zoerad-
(»Speratus«-)Kirche in O., offenbar zwei Kirchen – wie 1206 nach-
weisbar –, nicht eine Kirche mit Doppelpatrozinium. Die St.
Zoerad-Kirche ist mit der 1303 vor dem Breslauer Tor erwähnten
Hospitalkapelle »St. Swarhard« zu identifizieren. Die spätere
Stadtpfarrkirche St. Blasius – die einzige dieses Patroziniums in
Schles. – könnte auf wallonische Tuchweber aus → Breslau zurückgehen. Hinweise für eine wallonische Niederlassung in O. bieten die Wallonen (»Romani«) in Würben w. O., die 1235 dt. Recht
erhielten und dem Gericht des Vogtes von O. unterstellt wurden,
ferner die Tatsache, daß der in Deutschland nur wenig bekannte
hl. Blasius Patron der Weber war, schließlich der Hahn als Wappentier von O., der über lat. gallus = »Hahn« und zugleich »Gal-
lier, Franzose« auf Siedler aus dem französischsprachigen Raum
verweisen könnte (vgl. die Deutung des Hahns im Wappen von
Frankfurt/O.: gallus = Franzose, ›Franke‹). O. dürfte noch im
13. Jh. zum Marktort aufgestiegen sein. 1206 ertauschte Hz. Heinrich I. von Schles. den Ort mit zwei Kirchen gegen → Hundsfeld.
Der Erwerb von O. durch den Hz. mag schon im Blick auf geplante Ansetzung von Deutschen erfolgt sein. 1218 saßen dt.
Bauern in bzw. um O., dt. Recht ist hier 1221 belegt. Es ist anzunehmen, daß die dtrechtl. Stadt O. gleichzeitig mit der bäuerlichen Siedl. entstand. Belegt ist sie aber erst 1234 mit dem
»scultetus« und 1235 mit dem »advocatus« von O. Bei O. führte
die → Hohe Straße von Breslau in Richtung Krakau über die
Ohle. O. hatte auch einen günstigen Oderübergang (Fähre, 1545
bis 1629 und seit 1671 Brücke); er spielte aber keine große Rolle.
Die Lage an der wichtigen W-O-Straße brachte der jungen Stadt
die Vernichtung durch die Mongolen 1241. Die Neuanlage erfolgte wohl gleich danach. Die Stadt entfaltete sich um einen fast
quadratischen Ring mit Kaufhaus (1282) und Rathaus (vor 1353).
An der SW-Ecke des Ringes schloß sich die Pfarrkirche St. Blasius
an. Das hzl. Schloß bildete zunächst die SO-Ecke der Stadt, in
der 2. H. 14. Jh. wurde es an die N-Seite verlegt. Die fast runde
Anlage erhielt eine Stadtmauer mit zwei Toren (Breslauer im N,
Brieger im S). Vor dem Breslauer Tor lag ein Hospital mit der
gen. Zoerad-Kapelle. 1376 ist ein Servatius-Hospital erwähnt,
1385 am s. Tor eine St. Rochuskapelle. Zur Oder hin bestand im
Ma. die sog. Pfeffergasse (»platea piperis«) als Siedl. mit eigenem
Schulzen, dem Namen nach verm. urspr. auch ein Markt, nach
1648 nach O. eingemeindet (Oderstraße). O. gehörte zunächst zum
Hzt. Breslau, kam dann bei der Abtrennung des Hzt. Brieg 1311
an dieses, wurde zweite Residenz der Brieger Piasten, zeitweise

auch Witwensitz derselben und Sitz eines Teilfst. und bildete mehrmals ein Pfandobjekt. Hzn. Katharina, Witwe Hz. Boleslaus III. von Brieg, war die erste Inhaberin des Leibgedinges O. (1353–58) und nannte sich »Herrin von O.«.

Die dauernde Finanznot der Landesherren ermöglichte der Stadt den Erwerb verschiedener urspr. hzl. Rechte. 1348 kaufte sie das Recht des Salzverkaufs (Salzzurbar) und den Salzzoll, 1362 die Erbvogtei, 1364 das Marktrecht, 1370 erlangte sie das Recht zur Einrichtung weiterer Kramkammern, eines Tuchscherladens und eines Waagehauses, vor 1400 die Obergerichtsbarkeit. O. lebte von der Landwirtschaft des Weichbildes, dessen Mittelpunkt es war, dem Handwerk und dem Handel. Unter den Handwerkern waren die Tuchweber wohl von Anfang an vertreten. Ihrem Einfluß ist es wohl zuzuschreiben, daß die Zünfte schon früh Einfluß auf den Rat hatten – 1317 bei der Ersterwähnung desselben – und in ihm vertreten waren. 1361 gab es vier Zünfte: die Weber-, Bäcker-, Schuster- und Fleischerzunft. Das Recht zum stückweisen Tuchverkauf in den Kaufkammern am Ring wurde der Stadt schon 1282 erteilt. Der Handelszoll von O. ist 1309 durch die Befreiung der Breslauer von demselben bezeugt. 1310 wurde das Gebot bekräftigt, von Breslau aus in Richtung Schurgast (–Krakau) und Neisse die Straße über O.–Brieg einzuhalten.

Nach der Zerstörung durch die Hussiten 1428 und den kriegerischen Auseinandersetzungen um die böhm. Krone in den 1470er Jahren erlebte O. im 16. Jh. und A. 17. Jh. eine Blütezeit. Dies kommt zum Ausdruck im wirtschl. Bereich: in der Einführung von Jahrmärkten (einer 1513, weitere zwei 1548, 1643 folgte für einige Zeit ein Viehmarkt, 1662 ein vierter Jahrmarkt), in der Verleihung von Zunftprivilegien (1553 an die Tuchmacher, 1590 die Kürschner, 1615 die Leineweber) und der Bildung der »Kaiserzeche« 1554 als Organisation für alle, die keiner Zunft angehörten, baugesch.: in der Errichtung eines neuen Rathauses 1585, der Ersetzung des alten Langhauses der *Pfarrkirche St. Blasius* durch eine dreischiffige Hallenkirche, errichtet durch den in Brieg tätigen ital. Baumeister Bernard Niuron (1587, der frühgot. Chor von um 1300 blieb erhalten, heutiger Turm 1886), in der etwa gleichzeitigen Umgestaltung des Schlosses zu einem trapezförmigen, in die Stadtbefestigung einbezogenen Anlage (Wetterfahne 1588) – ebenfalls durch Niuron; vom got. Bau ist bis heute im N ein quadratischer *Torturm* erhalten. O. war mit 108 brauberechtigten Häusern und rd. 1500 Eww. am Vorabend des 30j. Krieges eine mittelgroße Stadt. Die Bev. hing seit 1534 unter dem Schutz der evg. Piasten der Ref. an. In der Schloßkapelle fand 1586–95 ref. Gottesdienst statt.

Der 30j. Krieg brachte Rückschläge. Hatte die Stadt von 1625 bis 1633 nur unter Einquartierung, Kontribution u. ä. zu leiden, so traf sie 1634 weitgehende Zerstörung. Nachdem Hans Ulrich v. Schaffgotsch, der sich im Nov. 1633 vor Sachsen und Schweden von Breslau nach O. abgesetzt hatte, hier als Anhänger Wallensteins am 24. 2. 1634 verhaftet worden war, ließ sein Nachf., Oberst v. Rostock, als ksl. Kommandant die Stadt beim Herannahen der Feinde anzünden; die Bev. mußte sich, soweit nicht geflüchtet, auf das Schloß zurückziehen. Nur die Pfarrkirche blieb erhalten. 1638 besetzten Schweden unter Oberst Johann Gunn († 1649 in O.) die Stadt. Sie verstärkten die Befestigungen und förderten den Wiederaufbau von O. Erst zwei Jahre nach Friedensschluß rückten die Schweden 1650 ab. Als 1653 Hz. Georg Rudolf von Liegnitz und Wohlau gestorben war, teilten sich die Söhne Johann Christians von Brieg († 1639) die piast. Länder untereinander; dabei erhielt Hz. Christian († 1672) das Hzt. Wohlau sowie außerdem das Weichbild O. Er nahm seinen Wohnsitz in O., ließ das Schloß durch den ital. Baumeister Carlo Rossi zur Residenz ausbauen (Christiansbau, 1659) und wohl auch dessen Befestigungen bastionär umgestalten. In dieser Zeit war der schles. Dichter Daniel Czepko v. Reigersfeld (1605–60) als hzl. Rat in O. tätig (1656–60). Christians Sohn Georg Wilhelm, der letzte schles. Piast, wurde 1660 im Schloß zu O. geb. Als Christian 1663/64 seine Brüder in Brieg und Liegnitz beerbte, verlor O. wieder den Residenzcharakter. Christians Gemahlin Luise von Anhalt († 1680) ließ noch einen Schloßflügel (Luisenbau, um 1675) hinzufügen; sie stiftete auch für das neu erstandene Rathaus das bekannte Uhrwerk mit der Figur des »O.er Todes« für den *Rathausturm*. Das Aussterben der Piasten in Brieg–Liegnitz–Wohlau 1675 ermöglichte der ksl. Regierung gegenref. Maßnahmen in der bislang evg. Fstmm.; in O. mußten die seit 1455 belegte Schloßkapelle (1685), das »Poln. Kirchel« auf dem Friedhof (1695) und schließlich die Pfarrkirche (1699) den Katholiken übergeben werden. Die Altranstädter Konvention von 1707 machte alles rückgängig, die Katholiken wurden auf eine sog. Josephinische Kuratie in der Schloßkapelle beschränkt.

Die Verluste des 30j. Krieges waren schnell ausgeglichen; 1670 hatte O. 1540 Eww., mehr als vor dem Krieg. Eine kurze Blüte brachte die Hofhaltung des poln. Pz. Jakob Ludwig Sobieski, ältester Sohn des poln. Kg. Johann III. Sobieski und Schwager Ks. Leopolds I., der jenem Stadt und Amt O. verpfändete (1691 bis 1737); in Sobieski, der sich lange um den poln. Thron bemühte und häufig von O. abwesend war, hatte der Katholizismus eine Stütze, in dieser Zeit wurde die heutige barocke *Rochuskapelle* vor dem Brieger Tor erbaut (1706). Im 1. Schles. Kriege ergab sich die österr. Besatzung von O. am 8. 1. 1741 den Preußen. O. hatte durch die Lage an der Oder und an wichtigen Durchgangsstraßen für die preuß. Truppen als fester Stützpunkt an der NO-Flanke große Bedeutung. Es wurde daher zum Sammelplatz von Truppen und Kriegsmaterial vor der Schlacht bei → Mollwitz (10. 4. 1741) und zum Hauptverbandsplatz danach; Friedrich d. Gr. hielt sich nach der Schlacht bis zum 22. 4. 1741 in O. auf. Auch im 7j. Krieg und in den Napoleonischen Kriegen hatte O. unter Requisitionen, Einquartierungen u. ä. zu leiden. Der Reitergen.

Friedrich Wilhelm v. Seydlitz stand 1757–73 als Inspekteur der
schles. Reiterei an der Spitze der Garnison von O.; er starb hier
1773 und wurde auf seinem Gut → Minkowsky beerdigt.
Ein neuer Wirtschaftszweig wurde in O. bereits im 17. Jh. eingeführt: O. gehörte zu den Gegenden von Schles., in denen früh
der Tabakanbau einsetzte (ebenso um Auras, Neumarkt und
Wansen). 1643 wurde in O. die erste Tabakspinnerei eingerichtet; 1845 gab es deren 32, später ging die Tabakindustrie in O.
zurück. Nicht so erfolgreich war in preuß. Zeit der Versuch, in
dem als Amtshaus benutzten Schloß Seidenraupen zu züchten
und Seidenhaspelei zu betreiben (bis 1800). Für die im 19. Jh.
entstehende Industrie war es eine gute Voraussetzung, daß O. –
nach 1742 zur Kr.-Stadt geworden – früh Eisenbahnanschluß erhielt, 1842 mit der Strecke Breslau–O.–Brieg, der ersten in
Schles. Später wurde zu dem Oder-Umschlaghafen eine Hafen-
bahn angelegt; Holz, landwirtsch. Produkte (Zuckerrüben!), In-
dustrieerzeugnisse u. a. wurden im Hafen auf Oderkähne verladen. Bedeutende Industriebetriebe von O. waren: die chemischen Fabriken Schube und Brunnquell (1862) und Loebbecke &
Co. (»Marthahütte«), deren Weißfarben (Bleiweiß, Zinkweiß,
Lithopone) weite Verbreitung – u. a. in O- und N-Europa – fanden; ein Zinkwerk des Konzerns Giesches Erben, ein Zinkwalzwerk und eine Zinkwarenfabrik; Kalksteinwerke, Zementfabriken,
Sägewerke, je eine Knochenmehl-, Leim- und Papierfabrik, die
Dt. Holzbauwerke Carl Tuchscherer AG, die Waggonfabrik Woll-
ny, die Rütgers-Werke (Imprägnieranstalt für Eisenbahnschwel-
len), eine Gänseleberfabrik. Die Bev.-Zahl stieg stark an: 1787:
2361, 1825: 3650, 1905: 9233, 1939: 13 136 (auf 20,85 qkm). Die
Bebauung weitete sich aus, bes. nachdem die Stadtmauern – bis
auf kleine stehengebliebene *Reste* – gefallen waren. Vom *Schloß*
wurde der Christiansbau wegen Baufälligkeit abgetragen, auf
seinem Platz bis 1836 die kath. Kirche *St. Peter und Paul* nach
Plänen von Schinkel errichtet (nach Brand 1927 wiederaufgebaut,
1938 Anbau eines Turmes); der anschließende Luisenbau wurde
zur Volksschule (1945 ausgebrannt). Auch das heutige *Rathaus*
von 1823 geht auf Schinkelsche Entwürfe zurück. 1945 wurde O.
erheblich zerstört, die Baudenkmäler blieben aber im wesentlichen erhalten. 1961: 12 071 (auf 22,13 qkm), 1970: 17 754 Eww.

(III) *We*

LV 130. – JMohaupt, Winter, Gesch. u. statist. Nachrichten über die
Stadt O., Brieg 1837. – GSchulz, Aus O.s Vergangenheit (Beil. z. d.
Programm d. städt. Gymnasiums z. O. 1902 bzw. Wiss. Beil. z. Jahres-
ber. d. Kgl. Gymn. z. O. 1910), 2 Tle., O. 1902/10. – PFeit, Jakob Lud-
wig Sobieski, Pz. v. Polen, Pfandherr v. O., in: LV 28, 26 (1892),
S. 164–95. – LV 233, S. 840 f. – O.er Heimatbuch, hg. v. KBuschbeck,
Goslar o. J. – LV 234, Bd. 2, S. 580 f. – LV 356, S. 87 f. – KEistert, Z.
Verehrung d. hl. Seohardus (Zoeradus) in Schles., in: LV 72, 6 (1941),
S. 56–57. – Ders., Peter Wlast, Vinzenzstift u. Wallonen in Stadt u.
Kr. Ohlau, in: LV 28, 76 (1942), S. 10–39. – Ders., Peter Wlast u. d.
O.er Blasiuskirche, in: LV 72, 13 (1955), S. 1–16. – LV 525, S. 101–03,

231–33. – LV 290. – BZientara, Walonowie na Śląsku w XII i XIII wieku (D. Wallonen in Schles. im 12. u. 13. Jh.), in: Przegląd Historyczny 66 (1975), 3, S. 349–68. – LV 612, S. 64 f.

Olschowa (1936 Erlenbusch O.S., Olszowa, Kr. Groß Strehlitz). Das Dorf, verm. von dt. Siedlern im 13. Jh. gegr., wird erstm. 1302 urk. erwähnt; es hatte den Zehnten an das Kl. Himmelwitz zu entrichten. Philipp Gf. Colonna, Besitzer der Herrsch. Groß Strehlitz, erwarb das Gut 1789. Sein Erbe, Andreas Gf. Renard, richtete 1825 in O. ein Gestüt ein, das bald über Deuschland hinaus bekannt wurde. Zeitweise standen dort 50–60 Pferde, darunter 16 Vollblutmutterstuten. Gf. Renard hatte sich auf die Zucht von Rennpferden spezialisiert. Sein Erbe, Gf. v. Tschirschky-Renard, löste das Gestüt 1903 auf. In O. ist eine der für Oberschles. typischen *Schrotholzkirchen* erhalten geblieben.　　　　　(IV)　*Str*

HFroehner, Z. Gesch. d. Gestüts O., in: LV 49, 1928, Nr. 2. – WKrause, A. d. Vergangenheit v. O., ebenda, 1928, Nr. 1. – Ders., D. Holzkirchen d. Kr. Groß Strehlitz, ebenda, 1926, Nr. 2

Opolane (Opolanie), Gau der O. Die »Opolini« bildeten nach dem Bayerischen Geographen (M. 9. Jh.) 20 »civitates«, d. h. Burgbezirke mit Burgen als Mittelpunkten. Ihre Gauhauptburg war das im Namen mit dem Stamm übereinstimmende → Oppeln. Der Gau beiderseits der oberen Oder erstreckte sich im W bis zu dem noch heute erkennbaren Grenzwald, der → Preseka, gegenüber den → Slensane (vom N-Rand des Altvater zum Neißeknie ö. Neisse, entlang dem Fluß bis zur Mündung in die Oder und dann nach NO zum Oberlauf der Prosna), im NO wohl bis an die spätere Grenze von Schles., im O bis an die W-Grenze des Gebiets von Siewierz, Beuthen und Auschwitz, das erst 1178 an das oberschles. Hzt. Ratibor kam. Die S-Grenze des O.-Gaues gegenüber dem Gebiet der → Golensize ist umstritten. Im SW könnte sie am S-Rand des Falkenberger Waldes s. der Linie Friedland–Krappitz oder vielmehr weiter s. etwa auf der Linie Zülz–Cosel verlaufen sein, im SO r. der Oder durch das Waldgebiet im Dreieck Cosel–Gleiwitz–Ratibor.　　　　　　　　　　　　　　　*We*

LV 402, bes. S. 37–53. – LV 259, Bd. 1, S. 85 ff., 96 ff., 304 ff. – LV 262, Bd. I 1, S. 125–32

Oppeln (Opole). O. liegt an der Oder nach deren Durchtritt durch den oberschles. Muschelkalkrücken in einem Becken des Flusses. Den Untergrund bilden Kalkschichten, die teilweise die diluviale Decke durchragen und die Bodengüte erhöhen. Im W wie im O aber schließen weite unfruchtbare und bis heute noch größtenteils mit Wald bedeckte Sandgebiete an. Eine Inselbildung in der Oder erleichtert den Flußübergang und machte O. zu einem zentralen Verkehrspunkt. Vom N–S-Weg dem Fluß entlang von der Ostsee zur Mähr. Pforte zweigte sich hier die Straße über den Fluß und durch den Muschelkalkrücken nach Krakau und weiter nach dem O ab.

»Opole« ist die alte slaw. Bezeichnung eines kleineren territorialen Verbandes. Bei O. ist dieser Gattungsname früh zum Eigennamen und darüber hinaus zum Stammesnamen geworden. Denn schon der sog. »Bayerische Geograph«, eine Aufzählung der slaw. Stämme aus der M. 9. Jh., nennt die »Opolini« mit 20 »civitates« (Erdburgen mit zugehörigem Gebiet). Sie bewohnten den N-Teil von Oberschles. einschl. des Muschelkalkrückens; O. war offensichtlich ihr Vorort (→ Opolane).

Schon aus dieser frühen Zeit ist uns die altpoln. Stadt O. bekannt. Bei Erdarbeiten 1930–33 auf der »Ostrówek« gen. N-Spitze der O. gegenüberliegenden Oderinsel Pascheka wurden unter den Fundamenten des alten Piastenschlosses aufsehenerregende Entdeckungen gemacht und später durch poln. Grabungen 1947–69 vermehrt. Sie zeigen den Grundriß einer altslaw. Stadt in einer bisher für ganz Schles. und Polen einzigartigen Klarheit. Die Funde umfassen die Zeit vom 9. Jh., also der Zeit des Bayerischen Geographen, bis ins 13. Jh. Sie lassen eine Bev. von Handwerkern mit weit über dörfliches Maß hinausgehenden Leistungen und von Kaufleuten erkennen, deren Handelsbeziehungen nach den aufgefundenen Gegenständen bis in die Mittelmeerländer und nach Asien reichten.

Die Stadtfläche von etwa ½ ha war von einem Holz–Erde-Wall umgeben und dicht bebaut. Die ungefähr quadratischen, fast immer einräumigen Blockhäuser hatten 3–5 m Seitenlänge und eine Wohnfläche von 15–25 qm. Sie standen eng beisammen, mit Zwischenräumen von oft nur 1 m. Die mit Brettern ausgedielten Straßen waren nur 2–4, manchmal nur 1 m breit, wenig regelmäßig und endeten meist blind. Die Stadt zählte etwa 100 Häuser. Bei einer Fam.-Stärke von fünf Köpfen bedeutet das 500 Seelen oder eine Bev.-Dichte von rd. 1000 Menschen je ha und einen Lebensraum von nur 10 qm für jeden Menschen, also eine engste Zusammendrängung der Menschen auf dem geschützten Raum.

Wohl bald nach der Einbeziehung von Schles. in den poln. Staat vor dem Jahre 1000 wurde O. Sitz einer Kastellanei, wenn diese urk. auch erstm. 1222 belegt ist. Die Lage der Kastellaneiburg ist durch die bisherigen Grabungen noch nicht sicher festgestellt worden, die poln. Forscher vermuten sie unmittelbar s. der altpoln. Stadt auf dem Ostrówek. Pfarre des Siedl.-Komplexes war wahrsch. die Adalbertkirche auf der Höhe des ö. Oderufers, eine poln. Burgpfarre mit einem sehr großen Sprengel.

O. gehörte nach 1163 zunächst zum schles. Teilstaat von Breslau, kam aber 1202 an Ratibor und wurde der namengebende Vorort dieses vergrößerten Hzt., für das später die Bezeichnung Oberschles. aufkam.

Der zweite Herrscher dieses Staates, Kasimir (1211–29), berief vor 1217 Gäste, »hospites«, nach O. und Ratibor, denen er die Schenken des Marktes und bes. Freiheitsrechte verlieh. Wenngleich die überkurze Urk. das dt. Recht nicht ausdrücklich erwähnt, so wurden doch damals in den schles. Städten als »hospites« nur Zuwanderer aus dem W bezeichnet. So geht heute die einhellige Anschauung der dt. und poln. Forschung dahin, daß es sich bei dem 1217 bezeugten Akt um die erste Lokation der dtrechtl. Stadt O. auf dem ö. Oderufer, gegenüber der altpoln. Stadt, handelt.

Stadtpfarre wurde die 1223 belegte *Kreuzkirche,* deren Geistliche seit 1230 Breslauer Archidiakone für das ganze Hzt. O. waren. Vor 1239 wurde die Kreuzkirche zu einem Kollegiatstift ausgebaut, das einen Ersatz für das Oberschles. fehlende eigene Bst. bildete.

Die Gründung einer dt. Stadt mit freien Bürgern schuf eine übermächtige Konkurrenz für die altpoln. Stadt auf dem Ostrówek und hatte deren Auflösung zur Folge. Über ihren Häusern baute Hz. Kasimir schon vor 1228 eine Burg (erhalten nur der *Rundturm*).

Die Stadtschöpfung vor 1217 stand ganz am Anfang der dt. Besiedlung des Landes. Das Ausmaß der Stadt stellte sich bald als zu klein heraus. So schuf der zweite Nachfolger Kasimirs, Hz. Wladislaus I. (1246–81), gleich am Anfang seiner Regierungszeit ein neues, größeres O.; wahrsch. hatten die Verwüstungen des Mongolensturmes Raum geschaffen. Die neue Stadt hatte einen sehr regelmäßigen Schachbrettgrundriß mit einem gedrungenrechteckigen Zentralmarkt (»Ring«) von etwa 78 × 114 m Ausmaß – das Rathaus darauf ist erstm. 1308 belegt –, von dessen Ecken je zwei zueinander senkrechte Straßenzüge ausgehen, die außen in einem Abstand von 40–50 m von einem weiteren Straßengeviert gekreuzt werden. Die gesamte Fläche innerhalb der Umwehrung betrug 16 ha, auf der nach vollzogenem Ausbau 250 Bürgerhäuser standen. Auf einen Menschen entfiel damit ein Lebensraum von rd. 120 qm, das Zwölffache des altpoln. Maßes. Diese Zahl macht an einem der wenigen voll durchschaubaren Beispiele den grundsätzlichen Unterschied zwischen altslaw. und »modernem«, dtrechtl. Städtebau deutlich.

Pfarrkirche des neuen O. blieb die Kreuzkirche, die jetzt am N-Rand der Stadt zu liegen kam. Der im SW mit einer Ecke an den Ring stoßende Baublock, der sonst in den schles. Städten meist der Stadtkirche vorbehalten ist, wurde dem *Franziskanerkl.* mit der *Franziskanerkirche* zur hl. Dreifaltigkeit (heutiger Bau 14. Jh., Turm 15., Kapellen 16./17. Jh., spätere Umbauten) eingeräumt, das also schon bei der Stadtgründung vorgesehen war. Es ist 1248 belegt. Die alte Adalbertkirche, am O-Rande der Stadt vom Mauerzug eben noch miteingeschlossen, wurde 1295 ihrer letzten Pfarrpflichten zugunsten der Kreuzkirche enthoben und den neu berufenen Dominikanern übergeben; die heutige *Dominikanerkirche* zur Himmelfahrt Mariens stammt aus dem 14./15. Jh., sie wurde im 18. Jh. barockisiert, das ehem. *Dominikanerkl.* ist seit 1846 Krankenhaus.

Der wahrsch. noch auf das 13. Jh. zurückgehende Mauerzug von O. hatte später 14 Wehrtürme und fünf Tore: das Beuthener oder Groschowitzer Tor im S, das Berg- oder Goslawitzer Tor im O, das Nikolai- oder Bischofstor im N, das Oder- oder Neissertor im NW und das Schloßtor im SW, die beiden letzteren mit anschließenden Brücken über den Mühlgraben.

Das zweite O. war wie das erste eine dt. Gründung. Die aus dem 13. und 14. Jh. überlieferten Bürgernamen sind dt., ebenso jene der Bauern aus den Dörfern der näheren Umgebung. Die Seelsorge in der großen Pfarre O. war dem Kollegiatstift zum Hl. Kreuz anvertraut, und zwar dem Archidiakon für die Deutschen und dem Dekan für die Polen. Nach den für 1447 erhaltenen Listen des Peterspfennigs – er wurde von allen zur Gnesener Metropole gehörigen Pfarren für die Kurie als ein Pfennig jährlich von jedem Erwachsenen eingehoben – zählte die Gem. des ersteren rd. 3000, die poln. nur 1000 Seelen. Am Ende des Ma. aber vollzog sich, wie in ganz Oberschles., eine weitgehende sprachliche Polonisierung. Nur in der Stadt O. selbst blieb eine dt. Minderheit bestehen.

Die Wirtschaft der ma. Stadt wurde vor allem durch die Handwerke bestimmt; dabei ist seit dem 14. Jh. die Tuchmacherei in O. belegt. Daneben spielte der Durchgangshandel eine Rolle. Mit der Verlagerung der wichtigsten Handelswege trat seit dem 16. Jh. ein wirtschl. Niedergang ein. Juden sind in O. erstm. 1349 belegt, sicher aber schon früher dagewesen. 1427 erhielten sie ein hzl. Privileg; nach ihnen hieß die spätere Adalbertgasse Judengasse. 1563 wurden sie vertrieben.

Nach dem Tode des Hz. Wladislaus I. 1281 teilten seine Söhne das Land in vier Hztt. Das n.ste davon, das nunmehrige verkleinerte Hzt. O., erhielt der dritte Sohn Boleslaus I. Nun erst wurde O. ständige Residenz, vorher hatten die Fstt. meist in Ratibor residiert. Boleslaus vollendete den Ausbau der Burg auf dem Ostrówek, 1307 wurde hier die Burgkapelle eingeweiht. Nach dem Tode des Hz. 1313 schrumpfte der Staat durch die Abspaltung des Hzt. → Falkenberg im W und des Hzt. → (Groß) Strehlitz im SO weiter zusammen. 1327 unterstellten sich alle oberschles. Territorien der Oberhoheit Böhmens und gewannen damit den Anschluß an das Dt. Reich. Im selben Jahre verlieh Boleslaus II. O. das Recht von Neumarkt in Niederschles.; es wurde damit zum Oberhof, von dem Rechtsweisungen an andere Städte, bis nach Mähr. Ostrau, ausgingen. Die Fstt. des zum Zwergstaat gewordenen Hzt. suchten anderswo Betätigungsfelder, so Wladislaus II. (1356–1401), der Sohn Boleslaus' II., als Palatin von Ungarn, Statthalter von Rotreußen und Regent von Polen und dessen Neffe Johannes »Kropidło« († 1421) als (Erz-)Bf. von Włocławek, Gnesen und Cammin.

1382 kam es sogar zu einer Zweiteilung der Stadt O. selbst zwischen Hz. Wladislaus II. und seinen vier Neffen. Der erstere erbaute darum die zweite, »neue« Burg (Bergschloß), die 1387 belegt ist. Sie beherrschte, noch in den Mauerring einbezogen, den höchsten ö. Punkt der Stadt. 1400 entstand das älteste bekannte O.er Hospital. 1421 schuf Hz.-Bf. Johannes das *Alexius-Hospital* (heutiger Bau 1865/66) neben dem Odertor und dabei die *Ale-*

Oppeln um 1450
(unter Verwendung eines Planes von WDziewulski in LV 96, NS 1)

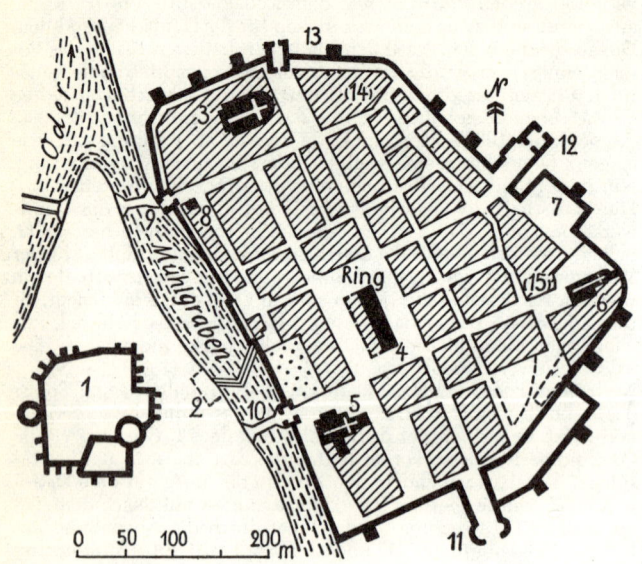

1 Burg auf dem Ostrówek (Oderinsel Pascheka); Gelände der ehem. altpoln. Stadt
2 Hzl. Mühle
3 Kollegiatkirche zum Hl. Kreuz
4 Rathaus mit Krämerbuden
5 Franziskanerkirche mit Kl.
6 St. Adalbertkirche (heute Kirche zur Schmerzhaften Muttergottes) mit
   Dominikanerkl.
7 Hzl. Stadtburg (»Neue Burg«, Bergschloß)
8 Alexiuskapelle mit Hospital
9 Oder- (Neisser) Tor
10 Schloßtor
11 Beuthener (Groschowitzer) Tor
12 Berg- (Goslawitzer) Tor
13 Nikolai- (Bischofs-) Tor
(14) Stätte der späteren Sebastianskapelle
(15) Stätte des späteren Jesuitenkollegs

xius-Kapelle (Umbau 1691). Um 1400 wurde die kleine Kreuzkirche vor dem Odertor erbaut (1824 abgerissen), 1473 ein Bernhardiner-Minoriten-Kl. in der s. Beuthener Vorstadt, dazu die Kirche der hl. Barabara. Das Kl. wurde auf päpstlichen Befehl 1516 wieder abgetragen, die Kirche 1811. Auch die Kollegiatkirche erhielt im 15. Jh. die heutige Gestalt einer dreischiffigen Hallenkirche.

Der letzte O.er Piast, Hz. Johann (1476–1532), der sein Territorium erheblich vergrößert und zuletzt auch Ratibor erworben hatte, starb kinderlos. O. fiel an die Krone zurück, die seit 1526 die Habsburger innehatten. Diese verwendeten das Land wiederholt kurzfristig als Tauschobjekt bei politischen Aktionen. So kam O. 1551–57 an die ung. Kgn. Isabella, später, 1598, für einige Monate an den siebenbürgischen Fst. Sigismund Bathory, 1622–23 an den Fst. Gabriel Bethlen von Siebenbürgen und 1645–66 als Pfand an das poln. Königshaus.

Die Ref. fand in O. früh Eingang, konnte sich aber gegenüber der kath. Obrigkeit nicht voll durchsetzen. In O. wurde evg. Gottesdienst 1557–1604 in dem von den Mönchen verlassenen Dominikanerkl. gehalten, dann, nachdem das Kl. wieder eingerichtet worden war, in einem Privathaus. 1622 erhielten die Protestanten von Gabriel Bethlen die Erlaubnis zum Bau einer eigenen Kirche, 1625 aber wurde diese auf ksl. Befehl geschlossen und abgerissen. 1629 wurde die Stadt durch den Einsatz Liechtensteinischer Dragoner wieder kath. gemacht. 1668 errichteten die nach O. berufenen Jesuiten dort eine Residenz, 1669 räumte ihnen Ks. Leopold I. die Stätte der 1615 abgebrannten Burg im O der Stadt, von der nur ein *Viereckturm* stehengeblieben ist, ein und erbaute ihnen eine Kirche (1828 abgerissen). 1670 schufen sie ein Gymnasium, und 1673 wurde die aus zwei Häusern des 16. Jh. hervorgegangene Residenz zu einem *Kollegium* erhoben (später barock umgestaltet, seit 1932 Museum). 1681 wurde die *Sebastianskapelle* auf dem Töpfermarkt gestiftet.

Im allgemeinen war dieses Jh. eine Zeit der Stagnation und des Niederganges. Die Zahl der Bürgerhäuser in der Innenstadt sank bis 1751 auf 208. Die Vorstädte, die sich seit dem Spätma. entwickelt hatten, die Beuthener im S, die Goslawitzer im O und die Odervorstadt im W jenseits des Flusses, blieben klein, 1751 hatten sie zusammen 62 Häuser. Auch der Übergang an Preußen 1742 brachte keine grundsätzliche Wandlung, obwohl O. Kr.-Stadt wurde.

Nach der Auflösung des Jesuitenordens 1773 wurde sein Gymnasium vom Staat übernommen. Der großen Ordensaufhebung in Preußen 1810 fielen das Kollegiatstift, das Dominikaner- und das Franziskanerkl. zum Opfer. Das Kollegiatstift wurde normale Stadtpfarrkirche. Die Franziskanerkirche wurde 1811 der evg. Gem. überlassen, die sich seit 1742 durch allmählichen Zuzug neu gebildet und erst 1799 einen eigenen Prediger berufen hatte.

Aus dem beschaulichen Kleinstadtdasein wurde O. nach den Befreiungskriegen durch die Neuorganisation des preuß. Staates gerissen. 1816 wurde es Sitz der Regierung für ganz Oberschles. Neue Zuwanderung ließ die Eww.-Zahl von 2802 (1787) auf 5978 (1825) und rd. 10 000 im Jahre 1860 anwachsen. Es waren vor allem Deutsche, und damit wurde O. allmählich wieder eine dt. Stadt. Auch Juden fanden sich wieder ein, die 1822 einen eigenen Begräbnisplatz und 1840 eine Synagoge errichteten.

Ab 1819 wurden die Tore der ma. Befestigung abgebrochen und die Mauer – bis auf drei *Reste* im NW und SO – niedergelegt. Auf dem freigewordenen Gelände im S wurde 1830 das Gebäude der *Regierung* errichtet, auf dem Ring bis 1824 ein neues *Rathaus*, 1829–30 auf dem Grundstück der abgebrochenen Jesuitenkirche das neue *Gymnasium* erbaut. 1824 entstand auf dem Schloßgelände der Pascheka-Insel die Kolonie Wilhelmstal. Sonst ging die Ausweitung der Stadt vor allem nach O.

In der M. 19. Jh. brachte einen neuen Anstoß. 1843 erreichte die »Oberschles. Eisenbahn« von Breslau her O. und wurde 1846 bis Myslowitz, 1847 bis Oderberg und zum Anschluß an das österr. Bahnnetz weitergeführt. 1858 folgte die Strecke O.– Tarnowitz, 1875 nach Groß Strehlitz und Gleiwitz, 1889 nach Namslau und 1898 über Kreuzburg nach Posen. O. wurde zu einem wichtigen Bahnknotenpunkt. 1902–13 wurde der Handelshafen in der Oder erbaut.

Die günstigen Verkehrsmöglichkeiten wurden die Grundlage für die industrielle Ausnützung der O.er Kalksteinlager. 1857 entstand die erste Portlandzementfabrik, 1925 waren es acht, die zeitweise den osteuropäischen Markt beherrschten. War O. bisher vor allem Beamtenstadt gewesen, so entwickelte es nun eine vielgliedrige Industrie. Doch blieben die Scharen der meist ungelernten Arbeiter als Pendler draußen auf ihren Dörfern wohnen, so daß sie die Verdeutschung der Stadt nicht aufhielten.

Die Industrialisierung beschleunigte das Stadtwachstum weiter. 1891 wurde Wilhelmstal eingemeindet, 1899 das n. angrenzende Dorf Sakrau – 1899 wurde O. Stadtkr. –, 1910 das Gutsgebiet von Kgl. Neudorf im S. Damit verdoppelte sich die Fläche von O. von 827 ha (1880) auf 1777 ha. 1905 hatte O. 30 765, 1910 38 907 Eww., darunter 27 128 oder 80% Deutschsprachige. Bei den Gem.-Wahlen 1919 aber stimmten nur 7,2% für die poln. Liste, und bei der Abstimmung am 20. 3. 1921 gaben von 21 914 Wahlbeteiligten (bei 22 930 Stimmberechtigten) 20 816 oder 95% ihr Votum für das Dt. Reich ab. So wenig war, in O. wie sonst in Oberschles., poln. Sprachzugehörigkeit ein Beweis für poln. Gesinnung. Am 14. 10. 1919 wurde O. die Hauptstadt der von Schles. abgetrennten Prov. Oberschles., doch verlor es diesen Rang bei der Wiedervereinigung mit Niederschles. am 21. 3. 1938. Im Kriege wurden die Grenzen des O.er Regierungsbezirkes 1940 nach O auf poln. Gebiet ausgeweitet, dafür mußte er im S Gebiete an den neuen Bezirk Kattowitz abgeben. 1945 kam O. an Polen, die Deutschen flüchteten oder wurden vertrieben. Die 1950 geschaffene Woj. O. umfaßt auch die früher niederschles. Krr. Brieg und

Namslau; 1975 verlor sie die Gebiete um Rosenberg und Ratibor.
In kirchlicher Hinsicht wurde O. 1945 Sitz eines Administrators
mit bischl. Funktionen für das O.er Schles.; dieser Jurisdiktions-
bezirk O. wurde 1972 vom Papst als selbständige Diözese anerkannt, Bf.-Kirche wurde die Kreuzkirche. Der Stadt O. wurde
1961 die Kolonie Goslawitz eingemeindet, 1965 das 1956 zur stadtart. Siedl. erhobene Groschowitz. 1961 zählte O. 65 794 Eww.,
1971 87 800, 1973 92 600.   (III) *Ku*

Muzeum Śląska Opolskiego, Mały Rynek 7. – LV 43–47. – LV 174. –
FIdzikowski, Gesch. d. Stadt O., O. 1863. – ASteinert, O.s Werdegang,
O. 1924. – PSteinert, O., Oberschlesiens Regierungshauptstadt, eine
stadt- u. verkehrsgeogr. Skizze, in: LV 216, S. 29–74. – LV 233, S. 841
bis 844. – LV 234, Bd. 2, S. 154–58. – SPopiołek, Opole, krótki zarys
historii (Kurzer Abriß d. Gesch. v. O.), O. 1966. – Opole, monografia
miasta (O., Monogr. d. Stadt), hg. v. WDziewulski, O. 1975. – WHołubowicz, Opole w wiekach X–XII (O. im 10.–12. Jh.), Kattowitz 1956. –
GRaschke, Bf. Entdeckung d. frühgesch. O. (LV 104, H. 10), O. 1931. –
Ders., D. frühma. O. auf d. Oderinsel (LV 104, H. 17), O. 1932. –
BGediga, Początki i rozwój wczesnośredniowiecznego ośrodka miejskie-
go na Ostrówku w Opolu (Anfänge u. Entwicklung d. frühma. städt.
Mittelpunkts auf dem Ostrówek in O.), in: Slavia Antiqua 16 (1969), S.
105–44. – WDziewulski, Miasto lokacyjne w Opolu w XIII–XV wieku
(D. Lokationsstadt O. im 13.–15. Jh.), in: LV 96, NS, 1 (1958), S. 15–85.
– WKuhn, D. zweimalige Lokation von O. u. d. Besiedlung d. nö.
Oberschles. im 13. Jh., in: LV 33, 26 (1977), S. 244–70. – ThGoerlitz,
D. Rechtsentwicklung in der Stadt O., O. 1939. – SGolachowski, Opole
w roku 1787, miasto i ludność (O. im Jahre 1787, Stadt u. Bev.), in: LV
363, S. 11–47. – ESchramek, D. Kollegiatstift z. hl. Kreuz in O., ein
Beitr. z. Breslauer Diözesangesch., Diss. Br. 1915. – LV 591, (IV 1). –
LV 593, Bd. 7, H. 11, S. 1–42

Orzesche (Orzesze, Kr. Pleß/Tichau). Das 15 km w. Tichau an der
Birawka gelegene Dorf ist seit dem 13. Jh. belegt. Um 1719 ist
dort eine Glashütte eingerichtet worden; dieser Industriezweig
wurde später erweitert und besteht noch (Flaschenglasherstellung).
Der Industrieunternehmer Franz v. Winckler kaufte 1836 das Rittergut O. und baute dort 1838 auf Grund von Toneisensteinvor-
kommen die Marien-Eisenhütte. Der Besitz ging 1899 mit dem
übrigen Tiele-Wincklerschen Montanbesitz an die Kattowitzer Aktienges. für Bergbau und Eisenhüttenbetrieb über. In O. wurden
auch Steinkohlen gewonnen. Mit dem Bau der Linie Kattowitz–
Ratibor erhielt O. 1856 Eisenbahnanschluß. Als Industriesiedl.
wurde O. 1956 stadtart. Siedl., 1962 Stadt. Eww.-Zahlen: 1783:
142, 1825: 550, 1905: 2820, 1931: rd. 5200, 1961: 8840 (auf 17,72
qkm), 1970: 9560.   (IV) *We*

LV 210, Bd. 1, S. 613 f. – LV 220. – LV 345. – LV 234, Bd. 1, S. 457. –
LV 225

Ostrog → Ratibor

Oswitz (Wrocław-Osobowice, Stadtkr./Stadtwoj. Breslau). Der
heutige Breslauer Vorort O., 5 km nw. der Innenstadt am r. Oder-

ufer gelegen, vom 13. Jh. (1257: »Ozzobowiz«) bis 1810 im Besitz des Breslauer Klarenstiftes, birgt in seiner Gemarkung auf zwei durch Dünenbildung entstandenen Hügeln, der sog. Schwedenschanze 2 km nw. und dem Kapellenberg 1 km n. des Dorfes, zwei bemerkenswerte vorgesch. Anlagen. In der Umgebung von O. sind zahlreiche Funde aus allen vor- und frühgesch. Epochen seit der Steinzeit gemacht worden, die die kontinuierliche Besiedlung der Odergegend bezeugen. Die Oder floß bis ins 13. Jh. r. an O. und → Ransern vorbei. Die Schwedenschanze lag am l. Ufer einer Stromschleife. Der trockene, nur spärlich mit Büschen und Bäumen besetzte Sandhügel inmitten der sumpfigen Oderniederung bot gute Möglichkeiten für die Anlage einer Siedl. und Schutzburg. Die älteste Siedl.-Schicht auf der 6³/₄ ha großen, ein längliches Rechteck bildenden Hochfläche stammt aus der jüngeren Bronzezeit (1200–1000 v. Chr.). In der jüngsten Bronzezeit (1000 bis 800 v. Chr.) wurde um die Siedl. eine Befestigung angelegt: eine 2 m breite, aus zwei Balkenwänden mit Lehm- und Sandfüllung dazwischen gebildete Mauer, ca. 3–4 m hoch, wahrsch. mit Rutengeflecht-Bekrönung. Außerhalb der Mauer begrenzte in 2 m Entfernung eine Palisadenwand den zum Schutz vor Angriffen steil abgeschrägten Hügelabhang. Die Formen der auf der Schwedenschanze gefundenen Bronzenadeln und -fibeln bezeugen Handel mit Mähren und dem Ostalpengebiet. Befestigungsanlage und Siedl. fanden durch Brand ein Ende. Erst im 6. Jh. v. Chr. entstand auf der Schwedenschanze eine neue Siedl., auf den Ruinen der alten Befestigung wurde auch eine neue Mauer errichtet. Auch diese eisenzeitliche Anlage wurde um 500 v. Chr. durch Brand vernichtet, wahrsch. durch einen feindlichen Einbruch; die Reste der Mauer blieben als wallartige Erhebung erhalten. In der Slawenzeit war der Hügel unbesiedelt; lediglich n. der Burganlage, auf dem Gelände, auf dem drei den Siedl.-Perioden der Schwedenschanze entsprechende Urnengräber-Gruppen freigelegt wurden, fand man die Reste von drei slaw. Häusern, die man mit dem (doch wohl jüngeren) Weinanbau auf der Schwedenschanze in Zusammenhang bringen wollte. Die Schwedenschanze erscheint jedenfalls noch auf einer Karte von 1743 als »Weinberg«; erst nachdem der Breslauer Buchhändler Johann Gottlieb Korn 1812 das Gut O. (1878 an die Stadt Breslau) und den Berg (1890 an Breslau) erworben hatte, kam 1824 die Sage von der Überwinterung einer schwed. Abteilung unter Gen. Torstenson auf dem Berg während des 30j. Krieges auf und bürgerte sich der heutige Name ein. Der s. Teil der Anlage wurde im 19. Jh. abgetragen, der O-Teil war schon durch den alten Oderlauf angenagt worden; der N-Teil des Walles, auf dem 1902 ein Aussichtsturm errichtet wurde, ist am besten erhalten (14 m über der Niederung), der W-Teil ist schwach erkennbar.

Der Kapellenberg liegt ca. 1,25 km sö. der Schwedenschanze, ebenfalls am l. Ufer des ehem. Oderlaufs, der ihn auf der W-Seite angenagt hat. Im O und N des Berges ist eine wallartige Erhebung sichtbar. Sie stammt von einer Anlage, die in ihrer Art und Zeitstellung derjenigen der Schwedenschanze sehr ähnlich ist; allerdings fehlt hier die Siedl.-Schicht der jüngeren Bronzezeit. Auch hier bestand zunächst in der jüngsten Bronzezeit eine durch eine 2 m breite Mauer gesicherte Siedl., die nach Zerstörung eine Zeitlang unbesetzt blieb, dann in der Früheisenzeit wieder Bewohner erhielt, die eine neue Mauer errichteten. Die Anlage ging wohl zur selben Zeit wie die letzte Siedl. der Schwedenschanze zugrunde. Der Berg hieß bis M. 18. Jh. »Krotkeberg«, an der W-Seite fließt der »Grotkegraben«; ein Zusammenhang mit poln. gród = »Burg« scheint nicht gegeben, da eine Besetzung des Berges in slaw. Zeit nicht nachweisbar ist, eher ist an poln. krótki = »kurz« zu denken (»kurzer, kleiner Berg« im Gegensatz zum größeren Berg mit der Schwedenschanze). Nachdem 1724 durch ein an einer Eiche am S-Rand des Berges hängendes Marienbild eine Heilung bewirkt worden sein soll, wurde dort 1725 eine Fachwerkkapelle errichtet, 1812 durch einen achteckigen Ziegelbau von Carl Ferdinand Langhans ersetzt; die Wege am Höhenrand des nunmehr nach der Kapelle benannten Berges wurden mit Kreuzwegstationen besetzt.   (II) *We*

GRaschke, Schwedenschanze u. Kapellenberg von Breslau-O. (Führer z. Urgesch., Bd. 5), Augsburg 1929. – JGottschalk, D. Kapellenberg b. O., in: LV 68, 1928, S. 18–21. – WHoffmann, D. vorgesch. Funde v. Breslau-O. u. Ransern Kr. Breslau, in: LV 67, 10 (1941), S. 7–25. – HHołubiczowa, Starożytne centrum plemienne i miejsce kultu na Osobowicach we Wrocławiu (D. altzeitliche Stammeszentrum u. d. Kultplatz in Breslau-O.), in: LV 36, 20 (1965), S. 461–71. – LV 330, S. 158–60

Ottendorf (Przecław, Kr. Sprottau). O. ist ein um 1240 gegr. Waldhufendorf am N-Rand des → Sprottebruches. Um 1305 wird es erstm. gen. Von adligen Besitzern sind zu nennen 1470–1595 die v. Braun, deren Stammreihe von hier über → Zölling und Ostpreußen bis zum Raketenforscher Wernher Frh. v. Braun führt, ab 1545 bis 1829 v. Schkopp, ab 1842 zwei Töchter des Hz. Peter von Kurland. Um 1720 wurde *Schloß* O. Absteigequartier des poln. Kg. August des Starken auf der Reise Dresden–Warschau. Die Schloßbrücke, um 1720 von Martin Frantz aus Elbsandstein in barocken Formen (m. Vasen) erbaut, wurde 1937 vom letzten Besitzer, dem Kronpz. Wilhelm v. Preußen auf Primkenau-Oels, abgebrochen.   (I) *St*

LV 119, Bd. (3), S. 180–83. – EATReiche, Blätter d. Erinnerung [an O.], 1869, abgedr. in: Sagan-Sprottauer Heimatbriefe 1961, Nr. 3, S. 11–16. – LV 587, Bd. 3, S. 114. – MvBraun, D. Frhh. v. Braun (als Ms. vervielfältigt), o. O. 1957

Ottmachau (Otmuchów, Kr. Grottkau). O. ist die einzige der drei Städte am Mittellauf der Glatzer Neiße (Neisse, O. und Patschkau), die schon in slaw. Zeit einen Marktort als Vorläufer besessen hat, der erst 1347 als Stadt unter dt. Recht gestellt wurde. Die Burg O. mit Landbesitz ist dem Bst. Breslau als Ausstattung wahrsch. schon bei dessen Begründung, sicher aber vor 1155 eigentümlich verliehen worden. In der Schutzurk. des Papstes Hadrian IV. von 1155, der ältesten Papsturk. für Schles., werden 15 Kastellaneien als zum Sprengel des Bst. Breslau gehörig namentlich aufgeführt, darunter auch die Kastellanei O. Darüber hinaus erwähnt die Urk. – als direkten bischl. Grundbesitz – »die Burg O. mit den dazugehörigen Ländereien« (»castellum Otomochov cum pertinentiis«); ob darunter schon damals die ganze Kastellanei O. als schles. Verwaltungsbezirk an der Grenze zu Böhmen zu verstehen ist oder nur ein Teil derselben, ist umstritten. In der Bestätigung des Bst.-Besitzes durch Papst Innozenz IV. in der Bulle von 1245 wird O. als Burg nebst Markt, Gütern und Zubehör angeführt. 1261 ist erstm. ein Kastellan von O. überliefert; er scheint bischl. Beamter gewesen zu sein und dennoch Befugnisse eines landesherrlichen Kastellans gehabt zu haben, so daß die Kastellanei O. als solche zumindest damals im Besitz des Bf. gewesen sein wird. Bf. Thomas I. bezeichnet in einer Urk. von 1263 O. als spezielle Kastellanei (»castelania specialis«) des Bst. Breslau, die der Bf.-Kirche bei der Christianisierung übertragen worden sei, und sein Nachfolger Thomas II. nennt 1287 O. den Spezialbesitz des Bst. Im Streit mit Hz. Heinrich IV. von Breslau suchte der Bf. 1284 nach der Flucht aus Breslau Schutz auf seiner Burg O., die aber am 16. 4. 1285 von den Mannen des Hz. erobert wurde. Es gelang dem Bf., nach → Ratibor zu entkommen. Nach der Aussöhnung von Bf. und Hz. im Jahre 1288 erhielt der Bf. 1290 die beschränkte Landeshoheit im O.er und Neisser Bst.-Land, die jura ducalia; die volle Landeshoheit errangen die Bff. von Breslau erst mit dem endgültigen Verzicht Hz. Bolkos II. von Münsterberg auf jedwede Herrsch.-Rechte im Bst.-Land 1333, die Bff. wurden als Landesherren des Bst.-Landes Fstbff. Im gen. Jahr 1290 (31. 12.) mußte die Kastellanei O. ihre Vormachtstellung im Bst.-Land an → Neisse abgeben, das Oberhof für die dtrechtl. Siedl. des Bst.-Landes und ebenso der wirtschl. Hauptort desselben wurde, obgleich gerade von O. aus unter Bf. Lorenz (1207–32) durch Vogt Witigo die dt. Besiedlung des Neisser Landes ausgegangen war (→ Ziegenhals). Erst durch die Umsetzungsurk. des Bf. Preczlaus v. Pogarell vom 24. 11. 1347 wurde angeordnet, daß die vor längst vergangenen alten Zeiten nach poln. Recht gegr. und besessene Stadt (oppidum) in dt. Recht überzuführen und umzuwandeln sei. Ein Jahr später, am 21. 11. 1348, bestimmte Bf. Preczlaus die Rechte des Vogts in O., wodurch die niedere Gerichtsbarkeit nach dt. Recht auch hier in Gang gesetzt wurde, zugleich erfolgte eine Erweiterung des Stadtgebietes und die Anordnung zum Bau einer neuen Stadtmauer, deren Errichtung durch eine Urk. vom 13. 1. 1369 bestätigt wurde. Die Stadtanlage lehnte sich an den 280 m hohen Burgberg am r. Neißeufer an und bedeckte dessen n. und ö. Hang. Sie bezog wohl den slaw. Markt – verm. um die 1235 nachweisbare Pfarrkirche (St. Johannes, später St. Nikolaus) – mit ein, wie aus dem unregelmäßigen

Straßennetz zu schließen ist. Planmäßig wurde der Ring angelegt: beinahe quadratisch, mit Rathaus und Häuserblock in der Mitte. Infolge der Zukäufe des Bf. Preczlaus (1344 → Grottkau) und seiner Nachfolger bis zum Jahre 1416 – 1348 wurde das Bst. auch Eigentümer von Schloß Jauernig, dem fstbischl. Besitz auch nach der Säkularisation von 1810 bis in unsere Tage – gelang es O. nicht, im nunmehr vergrößerten Bst.-Land seine einst führende Rolle zurückzugewinnen. Ein vermögender Gönner erwuchs O. in jener Zeit in Berthold Fulschussil, Propst von St. Ägidien in Breslau, der testamentarisch die Gründung eines Kollegiatstiftes in O. mit einem Propst, einem Dechanten und 13 Domherren anordnete und dieses Stift mit reichem Grundbesitz ausstattete. Die Stiftungsurk. hat Bf. Wenzel am 7. 6. 1386 ausgefertigt. Die Pfarrkirche wurde zur Kollegiatkirche erhoben, erster Propst wurde der Pfarrer von O. Nicolaus v. Swetaw. Das erste Generalkapitel fand 1391 statt, nachdem 1388 Papst Urban VI. die Stiftung mit sämtlichen Stiftsgütern bestätigt hatte. Der Anlauf zu neuem Aufstieg von O. wurde bald wieder gehemmt. Zum ersten Mal erschienen die Hussiten am 20. 3. 1428 vor O., sie nahmen es ein, plünderten und verbrannten große Teile der Stadt. In der Kollegiatkirche fielen ihnen alle auf Befehl von Bf. Konrad dorthin gebrachten Wertsachen in die Hände. Bei ihrem zweiten Erscheinen in O. fiel auch das Schloß am 19. 11. 1430 durch den Verrat des bischl. Burghauptmanns Nikolaus v. Alzenau in ihre Hände, der, von ihnen bestochen, es gegen freien Abzug auslieferte; am 29. 4. 1431 wurde er vor dem Breslauer Rathaus wegen Landesverrats hingerichtet. Stadt und Schloß O. blieben von 1430–35 in den Händen der Hussiten; nach Verhandlungen mit Bf. Konrad räumten sie beides schließlich gegen Zahlung von 1100 Schock böhm. Groschen. Eine der Bedingungen der Hussiten war die Schleifung der Burg; auf Befehl Ks. Sigismunds vom 3. 4. 1435 unterblieb dies jedoch. Ein drittes Mal eroberten die Hussiten das Schloß am 6. 4. 1443; der Bf. konnte es am 21. 2. 1444 durch Zahlung von 2000 Goldgulden einlösen. Stadt und Schloß wurden 1484/85 durch Bf. Johannes IV. Roth neu befestigt. Das Kollegiatstift aber war 1477, nachdem 1435 die beschädigte Kollegiatkirche St. Nikolaus abgebrochen worden war, nach Neisse verlegt worden.

Die Bff. blieben um O. auch künftig bemüht. Nach dem Neubau der Stadtmauer besaß O. drei Stadttore, nach S das Mühltor mit der Glatzer Straße, nach NO das Grottkauer Tor und nach O das Neisser Tor. Mit Ausnahme der Straße von Neisse über O. nach Glatz war O. vom Fernverkehr ausgeschlossen. Es kam nicht über die Rolle einer Ackerbürgerstadt hinaus, auch wenn die Bautätigkeit des 16. und 17. Jh. eine größere Bedeutung vermuten läßt: 1538 wurde unter Bf. Jakob ein neues Rathaus erbaut, unter Bf. Andreas Jerin (1585–96) erfolgte der umfangreiche Schloßneubau und unter Bf. Johannes v. Sitsch (1600–08, geb. 18. 8. 1552 zu Stübendorf sw. von O.) die Errichtung des Turmes von

St. Nikolaus. Nach dem 30j. Krieg, der 1646 O. eine schlimme Plünderung brachte, erlebte die Stadt am Ausgang des 17. Jh. noch einmal eine kleine Blütezeit, hervorgerufen durch die bischl. Hofhaltung, die vorübergehend O. neben Neisse bevorzugte. Es war dies unter der Regierung von Bf. Franz Ludwig, Pfalzgf. bei Rhein (1683–1732), der die baufällige Pfarrkirche St. Nikolaus 1690 niederreißen und die neue Kirche erbauen (1701 konsekriert) und sich am Fuße des Burgberges das sog. Niederschloß errichten ließ (1706/07). In O. starben drei Bff., am 6. 4. 1376 Bf. Preczlaus v. Pogarell, am 30. 12. 1419 Bf. Wenzel, Hz. von Liegnitz, und am 6. 2. 1456 Bf. Peter II. Nowak.

Am 12. 1. 1741 wurde O. von den Preußen unter Feldmarschall v. Schwerin besetzt. Das Stadtbild von O. aus jener Zeit ist in Friedrich Bernhard Werners Schles. Topographie festgehalten. In den Jahren 1756–1855 stieg die Eww.-Zahl von 1322 auf 3252 (1787: 1628, 1825: 1832). Sie stagnierte dann bis 1925, als sie nach vorausgegangenen Schwankungen 3733 betrug (1905: 3650). Das Schloß O. mit seinem umfangreichen Grundbesitz gelangte durch die Säkularisation nach dem preuß. Gesetz vom 30. 10. 1810 in Staatsbesitz. Um die Dotation von O. bemühten sich verschiedene preuß. hohe Offiziere und Minister. Ende Juni 1820 wurde die Herrsch. O. Wilhelm v. Humboldt als Dotation zugesprochen. Bis 1928 verblieb sie im Besitz der Fam. v. Humboldt. Den Landbesitz übernahm dann die Reichswasserstraßenverwaltung. Das Schloß erwarb die Stadt O. Durch den Beginn des Staubeckenbaues wurde von 1926 ab die wirtschl. Stagnation von O. mit einem Schlage überwunden. Durch das preuß. Gesetz betr. die Verbesserung der Oderwasserstraße vom 30. 6. 1913 war bereits der Gedanke des Baues eines Staubeckens bei O. aufgeworfen worden. Nachdem wegen des 1. Weltkrieges alle Pläne hierfür gestoppt worden waren, begannen 1926 die Vorarbeiten mit der Verlegung der 1874 eröffneten Bahnstrecke O.–Patschkau. Seit 1928 erfolgte der Bau des Staudamms und aller Nebenanlagen. 1933 war der Bau vollendet. Das Staubecken wurde ein begehrter Ausflugsort für die Bewohner der Umgegend, aber auch für weiter entfernt wohnende Bev.-Kreise, bes. aus Oberschles. Das Schloß verwandelte die Stadtverwaltung O. in ein Hotel. 1939 hatte O. 4964 Eww.

Der bedeutendste Industriebetrieb von O. war die Aktien-Zuckerfabrik, die größte von Oberschles., 1880 als reines Fam.-Unternehmen gegr., 1924 durch einen vollständigen Umbau modernisiert, 1934/35 auf Weißzuckererzeugung erweitert. In dem naheliegenden Giesmannsdorf-Friedenthal gründete 1837 Carl Friedenthal auf seinem landwirtschl. Betrieb eine Brennerei, aus der später eine Preßhefefabrik, die erste dieser Art im O Deutschlands entstand. Aus ihr entwickelten sich weitere einschlägige Fabriken, die »Giesmannsdorfer Fabriken, Spiritus-Preßhefe-Brauerei-GmbH«. Nachfolger von Carl Friedenthal wurde der Landrat Dr. Rudolf Friedenthal, später preuß. Staats-

minister, dem der Ort und die Fabriken ihre bes. Entwicklung
verdanken; nach der Fam. Friedenthal erhielt der Ort später den
Doppelnamen Giesmannsdorf-Friedenthal. Die Fabriken waren
in Ostdeutschland bes. bekannt und in ihrer Art führend. Sie hatten in Schles. eigene Niederlagen in Neisse, Breslau, Cosel OS
und Görlitz. Dr. Rudolf Friedenthal ist in der preuß. Gesch. als
einer der Wegbereiter für die preuß. Kr.-Ordnung vom 13. 12.
1872 bekannt geworden. Seit 1906 war Inhaber der Friedenthal-
schen Betriebe der Fideikommißbesitzer Ernst Carl Frh. v. Frie-
denthal-Falkenhausen. Die Fabrik war seit 1921 eine GmbH.
O. hat 1945 keine Schäden erlitten; so sind die alten Baudenkmäler erhalten geblieben. Auf dem Burgberg zwischen Neiße und
Stadt erhebt sich die *Burg*; der erhaltene NO-Flügel stammt aus
dem 16./17. Jh. Das 1706/07 von Michael Klein erbaute *Niederschloß* unterhalb der Burg ist ein schlichter zweigeschossiger Barockbau auf rechteckigem Grundriß. Von der Stadt und Burg umfassenden Befestigungsmauer sind *Reste* mit dem *Sperlingsturm*
neben dem ehem. Neisser Tor erhalten. Die doppeltürmige barocke *Pfarrkirche St. Nikolaus* ist ein bedeutendes Werk Johann
Peter Toblers (1690–93, Innenausstattung 1693–1701); die Ausmalung stammt von Karl Dankwart, manche Altargemälde hat Michael Willmann geschaffen. Das Renaissance-*Rathaus* wurde 1538
erbaut, der Rathausturm 1605, die *Mariensäule* auf dem Ring 1734;
den Ring umsäumen noch manche barocke *Bürgerhäuser*. Außerhalb des ehem. Mauerrings liegen die Begräbniskirche *St. Anna*
aus dem 15. Jh. und die *Hl. Kreuz-Kapelle* von 1751. Der neugot.
Baukomplex der *evg. Kirche* und *evg. Schule* wurde 1857–59 in
der NW-Ecke der alten Befestigung erbaut. – O. zählte 1961 auf
29,32 qkm 3509, 1971: rd. 4400 Eww.
Aus der Geistesgesch. des Neisser Bst.-Landes verdient Franz
Haber, humanistischer Dichter, geb. 1497 in O. als Sohn eines
Schmiedes namens Köckritz, gest. 1565 als Stadtschreiber in Breslau, Erwähnung. (III) *Web*

PIGündel, Aus Stadt u. Land O., O. 1926/27. – LBiller, Neisse, O. u.
Patschkau, d. Städte am Mittellauf d. Glatzer Neiße, Br. 1932. – LV
613, Bd. 1, S. 25 f., Bd. 3, Tf. 57–58. – [A]Kopietz, D. Pfarr- u. Col-
legiatkirche v. St. Nikolaus in O., in: LV 28, 24 (1890), S. 162–76. –
Dorn, D. Collegiatstift v. St. Nikolaus in O., in: LV 28, 26 (1892),
S. 131–63. – LV 402. – LV 346. – D. Staubeckenanlage O. a. d. Clatzer
Neiße, hg. v. Vorstand d. Staubeckenamts, O. 1933. – O., unsere Stau-
beckenstadt. Landschafts- u. kulturkundl. Bll., hg. v. FSolf (LV 45,
1934, Juni-H.). – LV 233, S. 844 f. – HBellée, O., die uralte Bf.-Stadt,
in: LV 35, 5 (1960), S. 42–48. – Ders., Wilhelm v. Humboldt u. sein
Dotationsgut O., in: LV 35, 4 (1959), S. 101–09. – LV 412, S. 62. –
LV 234, Bd. 2, S. 177–79. – LV 612, S. 66 f. – BSteinborn, Otmuchów,
Paczków (O. Patschkau) (LV 108), Br. u. a. 1961, S. 5–71

Ottmuth (Otmęt, Kr. Groß Strehlitz/Stadt u. Kr. Krappitz). O., an
der Oder gegenüber von Krappitz gelegen, ist verm. das älteste
Fischerdorf der Gegend. Die Gründung des Ortes wie der Burg

O. wird auf Grund unsicherer Überlieferung Ordensleuten (Tempelherren) zugeschrieben; eine nahe dem O. benachbarten Oberwitz gelegene alte Wallanlage hatte den Namen Tempelberg. Bei Grabungen in O. stieß man auf starke Grundmauern und eine Wehranlage aus dem 13. Jh. Von 1316 bis 1514 gehörte die Burg der Fam. Strala (Strzela). Der heutige Bau, der seit der 2. H. 19. Jh. *Ruine* ist, wurde im 16. Jh. durch Lukas Buchta v. Buchtitz († 1532) begonnen und im 17. Jh. unter der Fam. v. Oppersdorff, in deren Besitz O. 1631 gekommen war, aus- bzw. neu gebaut (letzter Ausbau E. 18. Jh.). Die *Pfarrkirche* von O., 1223 erwähnt (»Ocnant«) und 1302 besitz- und patronatsrechtlich als zum Kl. → Himmelwitz gehörig belegt, war urspr. mit der Burg verbunden. Sie ist von einer über 2 m hohen Mauer mit Schießscharten aus dem 15. Jh. umgeben; ein unterirdischer Gang führte von ihr zu dem 5 km entfernten Rogau. Teile des heutigen Kirchenbaus reichen ins 14. Jh. zurück. – O. wurde im 30j. Krieg wiederholt geplündert, die Burg zerstört. 1931 gründete der tschechische Industrielle Thomas Bata in O. eine seiner Schuhfabriken; 1944 waren in ihr rd. 2650 Personen beschäftigt, 1957 sogar 6500. Auf Grund dieser und anderer Industrie – O. hat auch Kalksteinindustrie – wurde der Ort 1954 zur stadtart. Siedl. erhoben. Die Eww.-Zahl betrug 1825 noch 378, 1905 schon 947 (zuzügl. Gutsbez. 103), 1939 rd. 3300, 1957: 3867. 1962 erfolgte die Eingemeindung von O. nach → Krappitz. (III) *Str*

EMücke, Schloßruine O., in: LV 49, 1926, Nr. 5. – Ders., O.er Erinnerungen aus d. 30j. Krieg, ebenda, 1927, Nr. 9. – Ders., D. Fam. v. Larisch in O., ebenda, 1932, Nr. 1/2. – Groß Strehlitzer Heimatkalender 1937. – LV 234, Bd. 2, S. 170 f. – LV 225

Parchwitz (Prochowice, Kr. Liegnitz). Die Stadt P. ist am S-Rand der Katzbach-Furt der Straße Glogau–Breslau 16 km nö. Liegnitz und 4 km vor der Mündung der Katzbach in die Oder entstanden. Über die Gründungszeit gibt es widersprüchliche Nachrichten. Den Herren v. Parchwitz wurde 1255 das 1217 erstm. erwähnte Dorf P. bestätigt. Daneben wurde vor 1298 (verm. auf dem Grund des Güterkomplexes derer v. Parchwitz) die Stadt »Les« gegr., die Hz. Bolko von Fürstenberg 1298 als die seine bezeichnete; ihr Name muß von dem Wald (= poln. las) und dem Dorf Alt Läst ö. P. abgeleitet sein. 1317 werden P. nebst seinem Burggf. und »dy stat zu dem Lez« nebeneinander gen. 1324 wird mit P., dessen Zollstelle damals nach Lüben verlegt wurde, verm. nur die Burg gemeint gewesen sein. Erst 1374, als die Herren v. Parchwitz das angeblich von ihren Vorfahren (1280?) verliehene Stadtrecht bestätigten, bezog sich der Name P. eindeutig auch auf die Stadt. 1383–1400, dann 1564–1568 und 1594–1675 gehörte P. den Hzz. von Liegnitz, dazwischen 1400–1554 der Fam. v. Zedlitz, anschließend bis 1564 dem Feldmarschall Hans v. Oppersdorf und 1568 bis 1594 den v. Schönaich. Beim Aussterben der Piasten 1675 zog der Ks. Stadt und Herrsch. ein.

Die in Gitterform angelegte Stadt mit rechteckigem Markt erhielt nach 1428 einen Mauerring mit drei Toren (Breslauer, Neumarkter oder Töpfertor, Liegnitzer oder Kirchtor, Glogauer oder Brückkentor), zu denen im 16. Jh. das Wohlauer (auch Winkel- oder Neues) Tor hinzukam (alle Tore 1821 abgetragen). Die urspr. Stadtpfarrkirche St. Anna wurde durch die Hussiten 1428 zerstört. Daraufhin wurde die außerhalb der Mauern nahe der Burg gelegene *St. Andreaskirche,* die um diese Zeit einen neuen, massiven Bau erhielt (später aus- und umgebaut), Pfarrkirche; seit der Ref. war sie (mit Ausnahme 1700–1707) evg. Das *Schloß* liegt im N außerhalb des Stadtkerns, von Katzbach-Armen umflossen. Otto v. Zedlitz soll die alte Holzburg 1422 durch einen Steinbau ersetzt haben; davon steht noch der wuchtige quadratische Turm am W-Rand des mittleren von drei parallel hintereinander gestaffelten, durch einen Querbau im O verbundenen Häusern. Im 16./17. Jh. wurde das Schloß ausgebaut und verschönert, wovon bedeutende Zeugnisse der Renaissance (Portale, Steinbrüstung) erhalten sind. Der Bau diente im 16./17. Jh. zeitweise Liegnitzer Hzz. als Wohnsitz. Wie die Stadt litt auch er 1642 schwer durch Kriegshandlungen. 1820 gelangte das Schloß (mit dem dazugehörigen Besitz) in Privathand, 1933 an den Kr. – P. war Ackerbürger- und Handwerkerstadt. Im 15./16 Jh. soll die Tuchmacherei bedeutsam gewesen sein. Mit dem Bau der Nebenstrecke Liegnitz–Steinau–Rawitsch 1898 erhielt P. Eisenbahnanschluß. Die 98 brauberechtigten Häuser von P. zeigen die urspr. Größe des Stadtkerns an. 1787 hatte P. bei 116 Häusern 731; 1825: 1031, 1905 (vor Eingemeindung der vorstädtischen Schloß- und Hüfnergem. 1907, die 1905 zus. 115 Eww. hatten): 2069, 1939: 2797 Eww. 1961 wohnten in P. auf 9,29 qkm 2570, 1970: 2764 Eww. – Vor der Schlacht bei → Leuthen versammelte Kg. Friedrich d. Gr. seine Truppen in und um P. und hielt am 3. 12. 1757 auf dem Schäferberg von P. die bekannte Rede an seine Offiziere.

An der Katzbachmündung besaß P. das Kämmereigut »Kohlhaus« (»P.er Häusel«), wo im 17. Jh. oderaufwärts für Liegnitz bestimmte Waren verladen wurden, was auf Verlangen der Breslauer Kaufleute 1709 verboten wurde. (II) *We*

DClemonz, Schloß u. Stadt P., in: LV 29 a, 2 (1909), S. 433–38. – Heimatbuch d. beiden Liegnitzer Krr., Liegnitz 1927, S. 104–110, 279 f., 374–376. – LV 233, S. 845 f. – LV 234, Bd. 2, S. 583. – LV 357, S. 63. – LV 613, Bd. 3, S. 20–22

Patschkau (Paczków, Kr. Neisse). Die Stadt P., am Fuße des Reichensteiner Geb. am r. Ufer der Glatzer Neiße ca. 23 km w. Neisse gelegen, wurde zusammen mit dem stadtverbundenen Waldhufendorf Bogenau 1254 von den Vögten Heinrich und Wilhelm auf einem Teil der Gemarkung des Dorfes P. (fortan, schon ab 1261, »Alt P.« gen.) und auf dem Boden des Dorfes »Bogunov« angelegt. Die Gründung geschah im Auftrag von Bf. Thomas I. von Breslau (1232–68), der sich um die Ansiedlung dt. Siedler im Bst.-

Land bes. verdient gemacht hat. Wohl gleichzeitig wurde auch die Pfarrei P. mit der Kirche St. Maria, St. Johannes Ev. und St. Johannes Bapt. nahe der s. Stadtmauer gegr., deren erster überlieferter Pfarrer in Urkk. des Bf. Thomas II. (1270-92) auftritt; Pfarrer Kosmian von P. stand im Kampf von Bf. Thomas II. mit Hz. Heinrich IV. von Breslau um Bst.-Besitz und Kirchenfreiheit auf seiten des Bf. und war mit ihm in der Verbannung. Für älter als die Pfarrkirche wird z. T. die St. Nikolaikirche in der nach ihr benannten ö. Vorstadt gehalten, urspr. angeblich Kirche einer Fischersiedl., später mit dem 1400 belegten Hospital vor dem Breslauer Tor verbunden. Die ovale Stadtanlage, seit M. 14. Jh. mit Mauer und Graben umgeben, hat Gitterstraßennetz, in der Mitte einen ca. 160 × 80 m großen Marktplatz. Die Mauer hatte zunächst drei Durchlässe: das Glatzer (Ober-), Breslauer (Nieder-) und Frankensteiner (Bader-) Tor. Gegen E. 13. Jh. umgab P. bereits ein Kranz dt. Dörfer, Ober- und Nieder Pomsdorf (1261), Liebenau (1290), Hertwigswalde (1291), → Neuhaus = Novum Castrum (1295), Glambach (1296); 1416 kam noch Herbsdorf dazu. P. brachte schon früh einen Vertreter dt. Dichtung hervor, Peter von P., der Kirchenlieder ins Deutsche übertrug, darunter die Psalmen 1340 (Hs. in der Univ.-Bibl. Breslau).

Durch die Raubritter auf → Neuhaus (Kr. Frankenstein) hatte auch P. sehr zu leiden, bes. als Sigismund v. Reichenau und sein Bruder 1438 von der Burg aus in Glatz die Tochter des Hinko Kruschina v. Lichtenburg entführt hatten und dieser daraufhin mit großer Heeresmacht vor das nur 2 km von P. entfernte Neuhaus zog. Erst 1440 konnte er die Burg erobern. In der Zwischenzeit hatte er das Neisser Bst.-Land gebrandschatzt, an erster Stelle P. Wegen neuerlichen Raubrittertums ließ Bf. Turzo Burg Neuhaus 1509 stürmen; die Bürger von P. nahmen daran teil.

Die Lage von P. hart an der Grenze des Bst.-Landes war zunächst exponiert. Die Stadt war im 14. Jh. mit der zuerst 1301 erwähnten Burg P. der Hzz. von Schweidnitz, dann derjenigen von Münsterberg konfrontiert, wohl am anderen Neißeufer nw. der Stadt gelegen und verm. von Bolko I. († 1301) zur Sicherung der Grenze zu Böhmen erbaut. Eine Besserung trat ein mit dem Verkauf der Burg P. durch Hz. Nikolaus von Münsterberg (1341–58) an den Bf. von Breslau und mit dem Anschluß von Kattersdorf (seit 1926 zu P.) und neun weiteren Dörfern an das Bst.-Land 1416. Nun entwickelte sich P. zum Zentrum des w. Gebietes des Bf. und zum wichtigen Durchgangsort der Route Neisse–Ottmachau–Reichenstein–Glatz. Das Dorf Bogenau wuchs mit der Stadt P. als Vorstadt zusammen und verlor seine Selbständigkeit. 1507 zählte P. etwas über 1300 Eww. Der vor allem südwärts gerichtete Handel blühte auf. Bezeichnenderweise wurde in die Stadtmauer 1573 ein viertes Tor gebrochen, das Neue oder Neisser Tor. Die Zahl der Jahrmärkte erhöhte sich im Laufe des 16. Jh. von einem auf vier. Unter den Handwerken spielte die Tuchmacherei eine bes. Rolle. Zeugnisse der Blütezeit im 16. Jh.

sind die Elemente der Renaissance an verschiedenen Bauten der Stadt.

Vom 17. bis zum A. 19. Jh. herrschten in P. Stagnation und sogar Rückschritt, seit 1742 bedingt durch die Grenzziehung nach dem 1. Schles. Kriege. Der Fernhandel kam zum Erliegen. Zur Vereinfachung der Akzise-Erhebung wurden im 18. Jh. das Neue- und das Badertor zugemauert. Ein neuer Aufschwung erfolgte erst im 19. Jh., gleichsam symbolisch 1819/21 auch die Wiedereröffnung der beiden zugemauerten Stadttore. Seit 1817 bestand eine tägliche Fahrpost Neisse–P.–Glatz. 1840 wurde diese Strecke chausseemäßig ausgebaut, 1847 durch die Verlängerung der Chaussee Breslau–Strehlen–Münsterberg die Verbindung mit der schles. Hauptstadt hergestellt. 1874 wurde P. Bahnstation der Strecke Königszelt–Frankenstein–Kamenz–Neisse. Die Bev. nahm zu: 1787: 1785, 1825: 2488, 1905: 6153 Eww. 1925 zählte man in P. 536 bewohnte Häuser mit 1902 Haushaltungen bei 6818 Eww., 1939 waren es 7522 Eww. 1928/29 gab es in P. 103 Betriebe, die größten davon waren die Schneidersche Fabrik für Schul- und Zeichenutensilien, eine Feuerwehrgerätefabrik, eine Kehlleisten- und eine Wachswarenfabrik. 1945 wurde P. nur wenig in Mitleidenschaft gezogen. 1961 hatte es auf 11,19 qkm 7289 Eww., 1971: rd. 8100 Eww.

In P. sind viele Baudenkmäler erhalten. Vor allem wurde im Gegensatz zu den meisten schles. Städten die *Stadtmauer* nicht niedergelegt – lediglich die Tore wurden aus Verkehrsgründen 1844 bis 1846 entfernt –, sie ist noch in fast ganzer Länge mit zahlreichen *Mauertürmen* und drei *Tortürmen* des Spätma. mit Renaissance-Bekrönungen des 16. Jh. vorhanden. Dies brachte P. den Namen »schles. Rothenburg« ein. Zu der Stadtbefestigung paßt die äußerlich burgartig gestaltete *kath. Pfarrkirche* St. Maria, St. Johannes Ev. und St. Johannes Bapt. Die heutige dreischiffige Hallenkirche ist in der 2. H. 14. Jh. entstanden, die Einwölbung und der Anbau der Marien-(Maltitz-)Kapelle und des Turmes an der N-Seite erfolgten im 15. Jh., die barocke St. Rochus-Kapelle kam 1701 dazu; außen erhielt die Kirche im 16. Jh. eine die Dächer verdeckende Renaissance-Zinnenbewehrung. Die benachbarte *Friedhofskirche* außerhalb der Mauern geht wahrsch. auf ein hölzernes Provisorium während des Baues der jetzigen Pfarrkirche im 14. Jh. zurück, 1604–06 durch einen Neubau ersetzt (heute ruinös). Das *Rathaus* wurde vor 1542 begonnen, 1550/52 beendet, 1821/22 sehr stark umgebaut und 1911/12 renoviert; den alten Stil bewahrt hat der Renaissance-Turm von 1552. Auf dem Markt sind noch einzelne *Bürgerbauten* der Renaissance und des Barock erhalten. Die *St. Nikolaikirche* wurde nach Zerstörung des alten Holzbaues im 30j. Krieg bis 1645 als Fachwerkbau neu errichtet. Die seit 1791 bestehende evg. Gem. von P. erhielt 1902/03 durch einen neugot. Bau von Bernhard Nimptsch eine eigene *evg. Kirche*.

In P. verbrachte der Zeichner und Kupferstecher Friedrich Bernhard Werner aus Reichenau (nw. P.), Schöpfer der Schles. Topographie, seine Jugendzeit gemeinsam mit dem in P. geb. Schuhmachersohn Johann Stusche, dem späteren Abt Tobias von Kamenz und Leubus und Freund Friedrichs d. Gr. (IIa) *Web*

JSchneider, Gesch. d. Stadt P., Neisse 1843. – AKopietz, Regesten d. Stadt P., P. 1874/75. – Ders., Gesch. d. kath. Pfarrei P., in: LV 28, 17 (1883), S. 94–150. – LBiller, Neisse, Ottmachau u. P., d. Städte am Mittellauf d. Glatzer Neiße, Br. 1932. – LV 233, S. 816–18. – GJahndel, P., unverlorene Heimat. Festschr. z. Feier d. 700j. Bestehens d. Stadt P., Einbeck 1954. – LV 612, S. 67. – LV 234, Bd. 2, S. 179–81. – BSteinborn, Otmuchów, Paczków (Ottmachau, P.) (LV 108), Br. u. a. 1961, S. 75–137

Peilau (Piława, Kr. Reichenbach). P. bildet den sö. Teil eines planmäßig im Vorland des Eulengeb. parallel zum Geb.-Zug im Tal des Weistritz-Nebenflusses Peile angelegten Siedl.-Bandes von ca. 4,5 km Breite und über 20 km Länge, das im Mittelteil die Stadt → Reichenbach und darüber hinaus im NW die Waldhufendörfer Ernsdorf, Neudorf und Faulbrück umfaßt. Da Hz. Heinrich I. von Schles. 1230 den Augustiner-Chorherren von → Kamenz die Ansiedlung von Deutschen zu dem Recht gestattete, »wie wir es unseren um P. (Pilaua) angesetzten Deutschen gestattet haben«, muß die Aussetzung des Waldhufendorfes P. vor 1230 erfolgt sein, wahrsch. sogar vor 1219, da das damals belegte »Pilaua superius« offenbar Ober P. ist; ein Schulze von P. ist 1239 nachweisbar. Die ungewöhnliche Größe der Gemarkung führte zur Unterteilung in mehrere Gemm. unter verschiedenen Grundherren; 1335 gab es »Pilavia inferior« und »Pilavia superior« mit eigenen Kirchen, später zerfiel P. in Ober P., Ober Mittel P., Nieder Mittel P. und Nieder P. Seit dem 16. Jh. gehörte P. zu den großen Weberdörfern um Reichenbach (→ Langenbielau). 1743 gründete Ernst Julius v. Seidlitz auf dem Boden von Ober P. die Herrnhuter Brüdergemeine → Gnadenfrei, die 1928 mit Ober P. und Ober Mittel P. zur politischen Gem. Gnadenfrei zusammengeschlossen wurde. Nieder P., das im 17. Jh. zeitweise den v. Netz gehörte, erhielt 1718 unter Wenzel Sigismund v. Seidlitz ein schönes barockes *Schlößchen* (unter Verwendung von Teilen der 1. H. 17. Jh., Turm von A. 19. Jh.) – daher hieß der Anteil Nieder P.-Schlössel; hier wohnte während der Reichenbacher Verhandlungen mit Österreich wegen eines Bündnisses gegen Napoleon im Juni 1813 der preuß. Staatskanzler Hardenberg. Im letzten Gefecht des 7j. Krieges auf schles. Boden versuchten die Österreicher unter Daun zum Entsatz der von den Preußen belagerten Festung → Schweidnitz einen Angriff auf die preuß. Truppen des Hz. von Braunschweig-Bevern bei Mittel P. unterhalb der Fischerberge; nach anfänglichem Erfolg mußten sich die Österreicher wegen eines preuß. Gegenstoßes bei Nieder P. zurückziehen. (IIa) *We*

LV 130, Bd. 1. – LV 212, Bd. 2. – LV 343. – LV 356, S. 88. – LV 340, S. 50 f. – LV 615, S. 86 f. – LV 299, Bd. 2, S. 242 ff.

Peiskretscham (Pyskowice, Kr. Tost-Gleiwitz/Gleiwitz). P. liegt in etwa 220 m Höhe auf dem oberschles. Muschelkalkrücken, an der Drama 6 km vor ihrer Mündung in die Klodnitz. Die Stadt entstand in günstiger Straßenlage an der → Hohen Straße von Breslau nach Krakau, die hier das tief eingeschnittene Dramatal überwand und zugleich die von Neisse ostwärts gerichtete »Bf.-Straße« über Cosel und entlang der Klodnitz über Ujest aufnahm. Die Bedeutung von P. als Rastort an den Handelsstraßen kommt auch in der dt. Namensform der Stadt zum Ausdruck, die zu dem im poln. ON enthaltenen Personennamen den Bestandteil »Kretscham« = Schenke hinzufügte (1327 »Peyzenchreschin«, 1355 »Peyskenkreczim«). P. ist nur 11 km von dem alten Kastellaneisitz → Tost entfernt, den es an Größe und wirtschl. Kraft noch im Ma. überflügelte, dem es aber in administrativer Hinsicht untergeordnet blieb. Zusammen mit Tost kam P. bei der Teilung des Hzt. Oppeln-Ratibor 1281 an das Teilhzt. Cosel-Beuthen und nach Aussterben der dortigen Piasten mit der einen Hälfte des Landes an die Hzz. von Teschen bzw. die von diesen abgeleiteten Hzz. von Auschwitz (1357–1484), schließlich 1497 wieder an die Hzz. von Oppeln. Nachdem das Hzt. Oppeln an die böhm. Krone heimgefallen war, wurde der landesherrliche Besitz des Toster Gebietes – bestehend aus den Städten Tost und P. sowie acht Dörfern – als Herrsch. Tost-P. verpfändet und verkauft (→ Tost); auf diese Weise wurde P. Mediatstadt.

P. war vor der Stadtgründung ein adeliges Dorf; die Kirchengründung durch die Besitzer – Lutozat und Lonek, Söhne des Pisco, der im ON verewigt ist – wurde 1256 vom Bf. von Breslau bestätigt. Die Stadtgründung muß vor 1300 erfolgt sein, da P. im Liber fundationis des Bst. Breslau (um 1300) als Gebietsmittelpunkt erscheint. 1327 war P. hzl. Stadt (civitas); wahrsch. hatte der Landesherr das adelige Dorf seit 1256 erworben und die Stadt gegr. Dabei war das Areal einschl. der w. (mit Zaolschan) und ö. Vorstadt nach Waldhufen aufgeteilt worden. Der Grundriß der Stadt war oval (400 × 350 m) mit regelmäßiger schachbrettartiger Aufgliederung und einem rechteckigen Ring. Die Stadt war zunächst von Wall und Graben umgeben, nach der Zerstörung durch die Hussiten 1430 erhielt sie eine Mauer mit zwei Toren (Toster und Tarnowitzer Tor, letzteres vor M. 16. Jh. wahrsch. Beuthener Tor gen.). Die kath. Pfarrkirche *St. Nikolaus* (bis 1412 St. Paulus) nahe der n. Mauer wurde in der 2. H. 15. Jh. massiv errichtet, nach Bränden 1622 und 1822 mit barocken und neugot. Elementen größer wiederhergestellt und mit einem Turm versehen (1827). Der Brand von 1822 vernichtete mit etwa der Hälfte der Stadt auch das *Rathaus*, das daraufhin um ein Stockwerk erhöht und 1866 im Tudorstil umgebaut wurde. Das dritte Baudenkmal von P. ist ebenfalls im 19. Jh. entstanden: die urspr. Hospital-, spätere Begräbniskirche *St. Stanislaus* in der w. Vorstadt, 1446 erstm. erwähnt, hatte einen Schrotholzbau; er wurde M. 19. Jh. baufällig und 1865–68 durch einen neugot. Steinbau ersetzt.

Die Stadt lebte im Ma. und in der frühen Neuzeit von der Landwirtschaft und dem Handwerk; unter letzterem traten zunächst die Tuchmacher hervor, die 1791 noch etwa 100 an der Zahl waren und eine Tuchwalke einrichteten, bis 1861 aber auf zehn zusammenschrumpften, wohingegen es 1861 in P. 100 Schuhmachermeister gab. An dem Aufkommen der modernen Hüttenindustrie in Oberschles. war P. beteiligt; um 1760 begründete Gf. Friedrich Wilhelm v. Posadowsky (→ Tost) einen Hochofen und ein Frischfeuer, um 1860 gab es in P. zwei Hochöfen (von 1838 und 1857) und ein Walzwerk (von 1841). Mit der Verlagerung der Industrie nach SO in das Kohlenrevier sank P.s Bedeutung als Industrieort wenig später wieder ab. Es erholte sich aber dann durch den Bau der Eisenbahnlinien Oppeln–Groß Strehlitz–P.–Beuthen (1878/79) und P.–Gleiwitz (1880) sowie eines großen Verschiebebahnhofs an ihnen in P.; in der Zwischenkriegszeit lebte 1/3 der Bev. von P. von der Arbeit bei der Reichsbahn. Eine wichtige Rolle spielte in neuerer Zeit auch die zu den Gfl. Ballestremschen Steinkohlengruben gehörige »Sandbahnges.«, die seit 1913 w. von P. große Mengen von Sand abbaggerte, der in den Gruben für Spülversatzzwecke benötigt wurde. Die Baggerfelder bildeten z. T. das Bett für die seit den 1930er Jahren geschaffenen Klodnitz-Stauseen (→ Klodnitzkanal).
Nach dem Urbar von 1534 besaß P. innerhalb der Mauern 97 Häuser, was etwa 500–600 Eww. entspricht. Durch den Ausbau der Vorstädte stieg aber die Bev. an. 1787 hatte P. 1862 Eww., mehr als Gleiwitz und Beuthen OS, 1825: 2648. Nach dem Bau der Eisenbahnanlagen entwickelte sich die »Neustadt« in Bahnhofsnähe als Beamten- und Arbeitersiedl. Nach 1922 nahm P. viele Auswanderer aus dem poln. gewordenen Teil von Oberschles. auf und erweiterte seinen Wohnsiedl.-Raum; die Arbeitsplätze der Bewohner waren vielfach in Gleiwitz (12 km entfernt) und Beuthen OS (22 km). Diese Entwicklung setzte sich nach 1945 fort (neue Wohnsiedl.). Eww.-Zahlen: 1905: 4865, 1925: 6343 (auf 19,73 qkm), 1939: 7734, 1961: 22 296 (auf 29,44 qkm), 1970: 23 106. Die Bev. von P. war zumindest seit dem Spätma. weitgehend poln. Sie nahm trotzdem (im Gegensatz zu Tost, das kath. blieb) die Ref. an; von 1560 bis zur Gegenref. 1629 hatte die Pfarrkirche evg. Prediger. Schon mit dem Bau der ersten Hüttenwerke um 1760, zunehmend im 19. Jh. setzten dt. Einwanderung und Eindeutschung der Einheimischen ein. 1905 waren 54,27% der Bevölkerung dt.-, 30,17% poln.- und 12,6% gemischtsprachig. Bei der Abstimmung 1921 waren knapp 74% für den Verbleib bei Deutschland.
Der bekannte oberschles. Landesgeschichtsforscher Dr. Johannes Chrząszcz (1857–1928) war lange Zeit Pfarrer in P., wo er auch starb.   (IV) *We*

JChrząszcz, D. Gesch. d. Städte P. u. Tost, P. 1927. – Ders., Gesch. d. Toster Burg u. d. Herrsch. Tost-P. in Oberschles. bis z. A. d. XVI. Jh., in: LV 28, 34 (1900), S. 181–96: Forts.: dass. . . . während d. XVI. Jh.,

ebenda, 35 (1901), S. 218–40. – LV 210, Bd. 1, S. 494–498. – P., Wirt-
schaftsbild d. oberschles. Kleinstadt, in: Oberschles., Verkehr, Wirtschaft u. Volkstum, Berlin–Steglitz 1935, S. 108–10. – LV 233, S. 848 f.
– LV 591, (V 1), S. 167–75. – LV 345. – LV 357, S. 92 f. – LV 234,
Bd. 1, S. 460 f.

Penzig (Pieńsk, Kr. Görlitz). Die 1241 erstm. erwähnten Herren
v. P. gehörten in der 2. H. 13. Jh. zu den bedeutenderen Lehns-
vasallen der Oberlausitz. Ihren Besitz, damals vordt. Siedll. zu beiden Seiten der Neiße um P., erweiterten sie bes. nach O. 1329
erwarben sie Wald- und Wassernutzungsrechte und ein Drittel der
Einkünfte der Neusiedll. in der großen Görlitzer Heide zwischen
Neiße und Queis, 1395 – nach dem Erwerb der Herrsch. Muskau
1390 (→ Bd. Sachsen) – das volle Grundeigentum über das Hei-
degebiet zwischen Neiße und Kleiner Tschirne (fortan »P.er Heide«). Durch Erbteilungen verloren die Herren v. P. im 15. Jh. ihre
starke Stellung. 1491/92 kaufte ihnen die Stadt Görlitz, die wohl
bereits seit dem 13. Jh. den sog. »Bürgerwald« zwischen Nieder
Bielau und → Kohlfurt besaß, die P.er Heide ab; 1499 erwarb sie
vom Landesherrn noch das volle Grundeigentum über das Waldgebiet zwischen Kleiner und Großer Tschirne. Abgesehen von der
Zeit nach dem Pönfall (1547–1553/56), behielt Görlitz diese 278,5
qkm große »Görlitzer Heide« bis ins 20. Jh. Es setzte die schon im
14. Jh. begonnene Eisenhämmersiedl. bis M. 16. Jh. fort, wohl im
Bestreben, am neuen Aufschwung des Bergbaus in Mitteleuropa
durch Ausnutzung der Raseneisenerzvorkommen in der Heide teil-
zuhaben. – Das alte Schloß am Stammsitz der Vorbesitzer, in
dem am r. Neißeufer ca. 10 km n. Görlitz an einer Straße von
Görlitz nach Sprottau–Glogau gelegenen P., brachen die Görlitzer
wegen des Interesses des Adels daran ab. Die Zahl der Zinsenden
in P. stieg von 1493: 44 auf 1553: 54 an. In der 1. H. 19. Jh. war
aber nicht P. der bedeutendste Ort der Görlitzer Heide, sondern
der um 1800 von vielen Vieh- und Pferdehändlern bewohnte
Flecken Rothwasser ca. 13 km weiter ö. (Eww.-Zahlen 1825: in P.
630, in Rothwasser 1254). Erst der Aufbau einer bedeutenden
Glasindustrie mit Hilfe der Braunkohlen dieser Gegend als Ener-
gieträger seit 1858 brachte P. einen raschen Aufstieg (1860: 988,
1905: 6368, 1939: 7305 Eww. auf 11,33 qkm). Hierzu hat auch der
Anschluß an das Eisenbahnnetz durch die Linie Kohlfurt–Görlitz
1847 beigetragen. Von den am Kriegsende stark beschädigten
Glashütten wurden drei wiederaufgebaut (außerdem wurden Betriebe zur Herstellung von Formen und Maschinen für die Glasindustrie eingerichtet), wodurch P. zu einem der größten Glas-
produktionsorte des heutigen Polens wurde. Auf Grund seiner Industrie wurde P. 1954 zur stadtart. Siedl., 1962 zur Stadt erhoben
(1961: 4900, 1970: 5302 Eww. auf 8,79 qkm). (I) *We*

LV 662, S. 568–571. – RJecht, D. wirtschl. Verhältnisse d. Stadt Görlitz
im ersten Drittel d. 19. Jh., Görlitz 1916. – D. preuß. Oberlausitz (Monogr. dt. Landschaften, Bd. 2), Berlin-Friedenau 1927, bes. S. 13 ff.,
50 ff., 64 ff. – FPietsch, D. Stadt Görlitz als Kolonisatorin (D. Besied-

lung d. Görlitzer Heide im A. d. 16. Jh.), in: LV 285, S. 134–148. – LV 293, S. 107–109. – LV 335, Bd. 2, S. 184 f. – LV 234, Bd. 2, S. 581 f.

Petersdorf (Piechowice, Kr. Hirschberg). Beim Übergang des Kleinen Zackens aus der Schlucht zwischen Iser- und Riesengeb. in das Hirschberger Tal liegt 14 km sw. Hirschberg der langgestreckte Ort P. Die Ansiedlung setzte vor 1400 ein, die Glasherstellung folgte ihr; um 1690 war die unter Ausnutzung der Wasserkraft des Zackens mechanisierte Glastiefschleiferei eingeführt. Die 1866 gegr. Glashütte Fritz Heckert entwickelte sich zu einem bedeutenden Werk für Luxusgegenstände aus Bleikristall. Seit 1923 war sie mit der Schaffgotschschen Josephinenhütte in → Schreiberhau und der Fa. Neumann & Staebe in → Hermsdorf (Kynast) zur »Josephinenhütte AG« (1928 Belegschaft von ca. 1400 Personen, heute »Zjednoczone Zakłady Szklarskie« = »Vereinigte Glaswerke«) vereinigt, ihr Sitz war P., der Standort des größten der drei Unternehmen. P., das seit 1891 Eisenbahnverbindung nach Hirschberg, seit 1902 über Schreiberhau auch nach Böhmen besaß, erhielt E. 19./20. Jh. auch Papier- (Fa. Berger & Dittrich), Kunstseiden- (1910/11 Glanzfäden AG, 1924 mit dem größten dt. Kunstseidenkonzern »Verein. Glanzstoff-Fabriken AG Elberfeld« vereinigt, 1928 Belegschaft von ca. 1400 Pers.) und Elektroindustrie. Als industrie- und volkreicher Ort (1785: 1744, 1825: 1969, 1905: 3299, 1939: 4427 Eww. auf 15,48 qkm) wurde P. 1956 zur stadtart. Siedl., 1967 zur Stadt erhoben. 1961: 4570 (auf 8,95 qkm), 1970: 4992 Eww.   (I) *We*

LV 212, Bd. 2, S. 514. – D. Riesengebirgskrr., hg. v. Salomon u. EStein (Monogr. dt. Landschaften, Bd. 3), Berlin-Friedenau 1928, bes. S. 248 bis 58. – CLiebich, Werden u. Wachsen v. P. im Riesengeb. (LV 89, Bd. 6), Würzburg 1961. – LV 234, Bd. 2, S. 581

Peterswaldau (Pieszyce, Kr. Reichenbach). P., ein Waldhufendorf am Fuße des Eulengeb. sw. Reichenbach, das zusammen mit dem zum Geb. hin anschließenden Steinkunzendorf eine Häuserzeile von 9,5 km bildete, ist erstm. 1250 belegt. Seit dem 16. Jh., vor allem aber nach dem 30j. Krieg nahm hier die Weberei eine ähnliche Entwicklung wie im benachbarten → Langenbielau. Zu den dörflichen »Freiwebern« gesellten sich nach dem 30j. Krieg auch Weber aus dem heimgesuchten → Reichenbach. 1728 verlieh der Ks. dem damaligen Besitzer von P., Gf. Erdmann v. Promnitz, auf 20 Jahre das Recht, Webwaren herstellen zu lassen; dieser berief Weber aus Sachsen, die sich z. T. in P. fest niederließen. Hingegen wurde die am 23. 3. 1743 Mitgliedern der Brüdergemeine erteilte Ansiedlungskonzession nicht ausgenützt; sie ließen sich im nahen → Gnadenfrei nieder. Seit A. 19. Jh. stand in P. die Baumwollverarbeitung im Vordergrund. 1828 gab es dort 560 Spinner und 280 Weber, 1840 670 Baumwoll-, 58 Woll-, 8 Leinwand- und 45 andere Webstühle. Der durch die Not der Weber hervorgerufene Weberaufstand, den Gerhart Hauptmann im Schauspiel »Die Weber« (1891/92) festgehalten hat, entzündete

sich in P.: Nachdem der Fabrikant Zwanziger am 3. 6. 1844 einen
der Arbeiter, die das gegen ihn und andere Textilunternehmer gerichtete Weberlied »Das Blutgericht« abgesungen hatten, der Po-
lizei übergeben hatte, wurde seine Fabrik am 4. und 5. 6. von er-
regten Massen demoliert. Die Zerstörung weiterer Fabriken in P.
wurde durch Geldverteilung verhindert. Dafür zog ein Trupp
nach → Langenbielau. Durch Militär wurde der Aufruhr unterdrückt. Die weitere industrielle Entwicklung von P. läßt sich an
der Eww.-Zahl ablesen: 1785: 2887, 1825: 4125, 1905: 6771 (einschl. Gutsbez.: 7051), 1939: 6976 Eww. (auf 25,53 qkm). Als Industrieort und Arbeitersiedl. wurde P. 1954 zur stadtart. Siedl.
und 1962 zur Stadt erhoben. 1961: 8718 (auf 23,06 qkm), 1970:
9158 Eww. Das *Schloß* von P. war urspr. ein prächtiger Renaissancebau von um 1550, von dem nur Reste erhalten sind, er wurde 1710 zu einem dreiflügligen Barockschloß umgebaut.

(IIa) *We*

LV 211, Bd. 2, S. 225 ff. – LV 212, Bd. 2. – FHoenow, Chronik v. Lan-
genbielau, Langenbielau 1931. – HSchwab-Felisch, Gerhart Hauptmann:
D. Weber. Vollst. Text d. Schauspiels, Dokumentation (Ullstein-Buch
Nr. 5001), Frankfurt/M., Berlin 1963. – LV 234, Bd. 2, S. 582

Peterwitz (Stoszowice, Kr. Frankenstein). P., 5 km nw. Frankenstein, nach dem Heinrichauer Gründungsbuch Erbgut der Fam.
Stosch, bildete urspr. eine slaw. Siedl.-Einheit mit dem ö. benachbarten Protzan und dem später zwischen beiden Dörfern entstandenen Olbersdorf; ein Teil des Areals der Stadt → Frankenstein gehörte urspr. zu Protzan. Die Besitzer von P. leisteten der
nach 1220 um P. einsetzenden dtrechtl. Siedl. zunächst Widerstand, weil sie selbst an dem zu rodenden benachbarten Wald in-
teressiert waren. »Gf. Peter, Sohn des Stosso« (»comes Petrus,
filius quondam Stossonis«), der das Gut vor dem Mongoleneinfall bewirtschaftete, entriß dem Kl. Heinrichau 100 Hufen Wald;
1244 kam es zur Aussöhnung zwischen dem Kl. und Peter v.
Stosch, aber sein Sohn Pasco eignete sich erneut das dem Kl. zu-
rückgegebene Land an und verzichtete erst 1278 darauf. P. selbst
muß bereits vor 1239 dtrechtl. umgewandelt worden sein. Einige
Gärten in P. gehörten später zum Erbgericht der Erbvogtei Frankenstein, die im 16. Jh. die damaligen Besitzer von P. innehatten.
1536 verkaufte Gregor v. Reichenbach auf P. diese Erbvogtei an
die Stadt Frankenstein. Fabian v. Reichenbach, Herr auf P., verzichtete 1579 förmlich darauf; er war von 1581 bis zu seinem Tode 1605 Landeshauptmann auf Schloß Frankenstein. 1820 kam P.
in den Besitz der Gff. Strachwitz, eines altschles., schon im Ma. in
Oberschles. ansässigen Adelsgeschlechts. 1822 wurde in P. Moritz
Gf. Strachwitz, Dichter von Sagen- und Geschichtsballaden der
Spätromantik, geb. (gest. 1847 in Wien). P. blieb bis 1945 im Besitz der Gff. Strachwitz. Das im 16. Jh. errichtete, im 17./18. Jh.
aus- und im 19. Jh. umgebaute *Schloß* wurde 1964–66 restauriert.

(IIa) *Web*

LV 211, Bd. 2, S. 239. – JAKopietz, Gesch. d. dt. Kultur u. ihrer Entwicklung in Frankenstein u. im Frankensteiner Land, Br. 1910. – WKuhn, D. Erschließung d. Frankensteiner Gebietes in Niederschles. im 13. Jh., in: Festschr. f. WSchlesinger, Bd. 1, hg. v. Beumann (Mitteldt. Forschsch., Bd. 74/I), Köln, Wien 1973, S. 159–96. – LV 561, Bd. 1. – LV 595 a. – LV 595 b, S. 161

Peterwitz (Piotrowice Świdnickie, Kr. Schweidnitz). Die Gründung von P. (11 km nw. Schweidnitz) erfolgte im 12. Jh. am Rande der → Preseka; der Name ist wahrsch. vom Gf. Peter von (Hohen-) Poseritz (Kr. Schweidnitz) abzuleiten. Nach 1241 wurde P. zu dt. Recht umgesetzt und mit dt. Bauern (wohl 24) besiedelt. Gemarkungsgröße: 887 ha. Den nötigen Acker gewann man durch Neurodung und Trockenlegung von Teichen und Sümpfen. P. erhielt eine eigene Pfarrei, die *Kirche* wurde um 1260 errichtet (zweitältestes Kirchengebäude des Kr., frühgot. Stil, Satteldach des Turmes, Grabstätte des preuß. Gen.-Feldmarschall Dietrich Wilhelm v. Buddenbrock, † 1757). P. besaß Rittergut und Erbscholtisei, die schon 1416 wegen ihrer Größe Rittersitz war. Dann wurden beide Güter um 1580 zu einem Dominium von 500 ha (1937 nur noch 396 ha) zusammengelegt, wo bis 1622 die P.er Rittergutsbesitzer wohnten. Dann verlegte Siegmund v. Nostitz seinen Wohnsitz ins Wasserschloß zu → Laasan, zu dessen seit 1806 bestehenden Majorat P. bis 1945 gehörte. Das einst prächtige, große, kubische (Achsen 27 und 29 m) *Renaissance-Wasserschloß* (vier Türmchen an den Ecken, stattliches Portal mit Wappen und Sgraffiti) wurde 1590–99 unter Jakob v. Zedlitz erbaut, diente aber ab 1622 nur Gutsleuten als Wohnung. P. wurde um 1550 luth., die Kirche jedoch 1654 den Katholiken zurückgegeben und als »Mater adjuncta« der Pfarrei → Puschkau zugeteilt. 1742 errichtete Baronin Beate Abigail v. Nostitz, in zweiter Ehe verheiratet mit Gen.-Feldmarschall v. Buddenbrock, ein evg. Bethaus, 1880–83 durch eine große evg. Kirche ersetzt, nach 1945 abgerissen. Das Schloß wurde zum größten Teil zerstört. 1939: 1226 Eww.   (II)   *Ra*

LRadler, Beitrr. z. Gesch. v. P. Kr. Schweidnitz, in: LV 72, 16 (1958), S. 265–302. – LV 616, S. 57 f.

Pilchowitz (1936 Bilchengrund, Pilchowice, Kr. Tost-Gleiwitz/ Gleiwitz). P. liegt 12 km sw. Gleiwitz am l. Ufer der Birawka und gehört zur Gruppe der um → Schönwald in der 2. H. 13. Jh. angelegten Waldhufendörfer. P. selbst muß kurz vor 1300 gegr. worden sein, da nach dem Liber fundationis des Bst. Breslau (um 1300) seine Freijahre noch nicht abgelaufen waren. Die hohe Zahl von 80 zehntpflichtigen Hufen legt die Annahme nahe, daß die mit P. eine Waldhufenzeile bildenden Dörfer Niederdorf und (Nieder und Ober) Wilcza darin enthalten waren. Vielleicht war P. bereits als Stadt ausgesetzt, zusammen mit Wilcza (einschl. Niederdorf) als Stadtdorf. Jedenfalls ist es 1360 durch die Nennung der Erbvogtei als Stadt belegt. Es blieb aber ein unbedeutender

Flecken, erhielt zwar 1578 eine Befestigung, die jedoch 1679 abbrannte, wurde in preuß. Zeit in die Gruppe der Marktflecken
(1783: 321 Eww.) hinabgestuft, verzichtete 1837 endgültig auf
das Stadtrecht und wurde Landgem. O. besitzt einen Marktplatz,
auf dem bis 1885 Laubenhäuser in Blockbauweise standen.
Gegr. wurde P. wohl von den Hzz. von Ratibor, die 1360 die
Erbvogtei vom Ritter Stossako erkauften und den Ort noch im
15. Jh. besaßen. 1415 war das Vorwerk P. im Besitz des Kl.
Czarnowanz. Seit E. 15. Jh. gehörte P. adligen Geschlechtern,
1486 bis 17. Jh. der Fam. Holy, um 1690 den v. Reiswitz und seit
1726 den Gff. Wengersky. Das *ehem. Dominalschloß* steht im S
des Ortes, 1679 und 1704 ein Blockbau, als »Burg« bezeichnet, im
18. Jh. durch den jetzigen massiven Bau ersetzt; der Burggraben
wurde 1850 zugeschüttet. Diesem Bau gegenüber errichteten die
Gff. Wengersky verm. um 1770–80 ein neues, zweiflügeliges,
dreigeschossiges *Schloß,* das ab 1858 als Strafanstalt, 1867–1921
als Lehrerseminar und seit 1922 als Kinderheim St. Hedwig genutzt wurde; seit 1945 ist es Ruine. Eine Kirche ist 1335 in P. belegt; die heutige spätbarocke kath. Pfarrkirche *St. Johannes d. T.*
ließ Gf. Anton Wengersky 1779/80 erbauen, wahrsch. durch Baumeister Christoph Worbs.
Auf Grund einer testamentarischen Verfügung des gfl. Rent-
meisters Anton Welzel von 1793 wurde 1802–14 in P. ein *Kl. der
Barmherzigen Brüder* mit Männerkrankenhaus eingerichtet, 1859
und 1879 zu einer dreiflügeligen, zweigeschossigen Anlage im Tudorstil erweitert, 1935 nochmals ausgebaut. 1911 wurde das
Frauenkrankenhaus Marienstift eingerichtet. 1939 hatte P. 2394
Eww.   (IV) *We*

LV 210, Bd. 2, S. 805 f. – LV 345. – LV 357, S. 93. – Oberschles., Verkehr, Wirtschaft u. Volkstum, Berlin–Steglitz 1935, S. 116–18. – LV
591, (V 1), S. 49–56. – JHeyne, D. Orden d. Barmherzigen Brüder in
Schles., Br. 1861, S. 141–50. – JChrząszcz, Festschr. z. hundertj. Jubiläum d. Kl. d. Barmherzigen Brüder z. P., Br. 1914. – LV 593, Bd. 6,
H. 5, S. 51–55

Pilgramsdorf (Pielgrzymka, Kr. Goldberg). P., 7 km w. Goldberg,
gehört zu den dt. Waldhufendörfern der sog. »Langen Gasse« an
der Schnellen Deichsa (→ Harpersdorf) vom A. 13. Jh. (urk. belegt 1245). Die Überlieferung, die Templer hätten sich hier um
1150 niedergelassen und eine erste Kirche erbaut, entbehrt historischer Grundlage. Der Kern der heutigen *Kirche* stammt einschl.
des schönen Sandsteinportals der n. Vorhalle wohl aus dem
2. Viertel 13. Jh. (Ausbau im 16., 18. Jh., Ausstattung und Turm-
aufsatz 18. Jh.; Zufluchtskirche). An der Straße nach Goldberg erbauten die Herren v. Knobelsdorff M. 17. Jh. ein Renaissanceschloß, das nach einem Brand unter denen v. Wiese 1721 die Form
mit reichem barocken Fassadenschmuck erhielt, die es bis zur Zerstörung 1945 besaß; heute stehen nur noch *Ruinen.* Zu den zahlreichen Quartiernehmern des Schlosses gehörten u. a. Wallenstein,
Friedrich d. Gr. und Blücher. – Der Roman »Wintergewitter« des

Ortspfarrers Dr. Kurt Ihlenfeld schildert die Ereignisse des letzten Tages in P. vor dem Einmarsch der Russen 1945. (I) *We*

Der Heimat Bild, Heimatbuch d. Kr. Goldberg–Haynau, hg. v. SKnörrlich, Liegnitz 1928, S. 409 f. – Heimatbuch d. Altkrr. Goldberg–Haynau–Schönau, 2 Folgen, hg. v. OBrandt, Braunschweig 1954/56, 1, S. 53, 2, S. 65 f. – LV 616, S. 141 f. – LV 601, S. 141–144. – LV 340, S. 32–62

Pilgramshain (Żółkiewka, Kr. Schweidnitz). P. (4 km nw. Striegau) wurde von dem 1242 erwähnten Striegauer Stadtvogt Peregrinus auf Waldboden gegr. Das Rittergut (303 ha) war Herrensitz bis 1928, das Schloß, 1838 in klassiz. Stil erbaut, wurde 1945 niedergebrannt. Besitzer von P. waren im 15. Jh. die v. Schindel, ab 1552 das Benediktinerinnenkl. in Striegau, 1591 die v. Schwobsdorff, im 17. Jh. die v. Seherr-Thoß; 1705 tauschte Carl Ferdinand v. Seherr-Thoß P. gegen → Domanze und Hohenposeritz mit dem Gf. Karl Joseph v. Oppersdorff, der aber P. schon 1708 an Joachim v. Seidlitz verkaufte. Die Fam. v. Seidlitz besaß P. bis 1884 (1742–67 Carl Sigmund v. Seidlitz Landrat des Kr. Striegau), dann die v. Jeetze. P. wurde in der Schlacht von → Hohenfriedeberg (4. 6. 1745) hart umkämpft. 1939: 690 Eww. (II) *Ra*

LV 616, S. 59 f.

Pilsnitz (Wrocław-Pilczyce, Stadtkr. Breslau). Im Schloß von P., 8 km nw. der Innenstadt Breslau am l. Oderufer gelegen, damals Besitz des Breslauer Patriziers, ksl. Rates und Landesdeputierten Ferdinand Christian Riemer von Rimberg, hatte Friedrich d. Gr. im 1. Schles. Krieg vom 28. 12. 1740 bis 1. 1. 1741 sein Hauptquartier, ehe er (nach einem Aufenthalt in der Schweidnitzer Vorstadt) am 3. 1. in Breslau einzog. Das von einem Park umgebene *Schloß* wurde 1900 abgerissen und durch ein neues ersetzt, das nach 1945 eine Taubstummenanstalt aufnahm. Der Besitz gehörte 1778–1945 der Fam. v. Woyrsch. (II) *We*

LV 299, Bd. 1, S. 75–81. – LV 616, S. 87 f.

Piltsch (Pilszcz, Kr. Leobschütz). Der 6 km n. Troppau auf altbesiedeltem Lößboden gelegene urspr. mähr., später zum Hzt. Jägerndorf gehörige Ort wurde – verm. auf der erweiterten Flur zweier slaw. Siedll. – im 13. Jh. als regelmäßiges Großangerdorf mit Gewannflur (50 Hufen) beiderseitig des Ostrabaches von dt. Bauern angelegt. Er ist nach Flur-, Dorf- und Gehöfteform ein Idealtyp des sog. Leobschützer Angerdorfes und bildete den S-Ausläufer der alten dt. Sprachinsel um → Katscher. 1255 schenkte der aus Niederösterreich zugewanderte Gf. Bothscho v. Berneck, Burggf. von Znaim, die Hälfte des Dorfes den Zisterziensern von Saar (Mähren). 1377–1420 befand sich der ganze Ort in der Hand der aus Bayern stammenden Herren von Krawarn. In der Folge fiel das offenbar nur verlehnte P. als Kammergut wieder an das Hzt. Jägerndorf zurück, dessen politisches und kirchliches Schicksal es fortan teilte, wobei seit 1742 die das Hzt. zerschneidende Grenze zwischen Preuß.- und Österr.-Schles. am S-Rand von P.

vorbeiführte, ohne daß alle Verbindungen zum S abrissen: noch im 19. Jh. besaßen die Fstt. von Liechtenstein in P. das Dominium und selbst noch im 20. Jh. das Kirchenpatronat. Die *Pfarrkirche* aus dem 16. Jh. wurde 1777 barock aus- und umgestaltet. Der Bauernbarock der stattlichen Höfe gehört zumeist dem 19. Jh. an. (IIIa) *Me*

P., ein dt. Dorf, hg. v. WMak (LV 45, 1930, Febr.-Heft). – EBednara, P. (Schriftenreihe d. Vereinigung f. oberschles. Heimatkunde 14), Oppeln 1935. – Leobschützer Heimatbuch, hg. v. EBeigel u. JKlink, München 1950, S. 83. – LV 593, Bd. 7, H. 2, S. 68–71

Pitschen (Byczyna, Kr. Kreuzburg). P. liegt in der Oels-Kreuzburger Ackerebene 16 km n. Kreuzburg, nur 4 km von der Grenze zu Großpolen entfernt. Im Ma. führte ein Seitenzweig der von Breslau über Oels ostwärts auf Lublin und Krakau gerichteten Straßen von Namslau über P. nach Wieluń; er wurde in P. von einer Straße (Posen–) Kempen–P.–Kreuzburg gekreuzt. Als Hz. Heinrich I. 1228 dem Breslauer Sandstift die Anlage eines freien Marktes in → Sarsisk gestattete, erwartete man Ausfälle bei den hzl. Schenken in »Byscina«. Es wird meist angenommen, daß dieser ON P. bezeichnete, obwohl es ca. 24 km nw. von Sarsisk liegt; man hat aber auch das (sprachlich allerdings weniger passende) nur 3 km von Sarsisk entfernte Bischdorf in Erwägung gezogen. Für eine ältere slaw. Siedl. P. spricht auch die Feststellung des päpstlichen Legaten Philipp, Bf. von Fermo, von 1282, die Zehnten von P. seien vor 40 Jahren dem Bst. Breslau geschenkt worden. Sie wird durch slaw. Grabfunde des 12. Jh. bei der Kirche unterstützt. Die dtrechtl. Besiedlung des Umlandes von P. und die Gründung der dtrechtl. Stadt wird etwa für die Zeit angenommen, als die Nachbarstädte Kreuzburg (vor 1252) und Konstadt (1261) entstanden. Die Verleihung aller bestehenden und künftigen Zehnten »im ganzen Distrikt von P.« durch den Bf. von Breslau an das Domkapitel 1268 scheint in die Zeit des Siedl.-Vorganges zu fallen. Mit »districtus« soll hier nicht das – um 1300 belegte – Weichbild gemeint sein, das die dtrechtl. Stadt bezeugen würde, sondern das Land ö. der Preseka einschl. Kreuzburg und Konstadt (so Kuhn), womit jedenfalls die herausragende Stellung von P. unter den Siedl. des Gebietes erwiesen ist. 1283 war »Ekehard de Pitchin« Ratmann von Kalisch; diese Stellung eines aus P. stammenden Bürgers erlaubt die Annahme, daß P. selbst damals bereits geraume Zeit Stadt war. P. wurde auf einem nach N abfallenden Hügel auf ovalem Grundriß mit regelmäßigem Straßennetz und rechteckigem Ring angelegt, umgeben von einer Mauer mit dem Dt. Tor im W und dem Poln. Tor im O; fast die ganze *Stadtmauer* des 15./16. Jahrhunderts mit zwei *Tortürmen* und dem *Sandturm* im S sind erhalten. Inmitten des Ringes wurde das *Rathaus* erbaut, das man nach dem Brand von 1757 in barock-klassiz. Formen wiederaufbaute, dabei aber auch ältere Teile bewahrte; 1945 wurde es zur Ruine. In der NW-

Ecke der Stadt erhebt sich die alte Pfarrkirche *St. Nikolaus,* 1283 durch seinen Pfarrer belegt; die heutige got. Basilika – seit der Ref. evg. – entstand am E. 14. Jh. und wurde 1886–88 erneuert. Ebenfalls dem 14. Jh. entstammt die *St. Hedwigskapelle* außerhalb der Mauern (spätere Umbauten).

P. gehörte urspr. zum Oppelner Land, verblieb aber 1202, als dieses an den Hz. von Ratibor fiel, beim Breslauer Schles., bis es zusammen mit dem ganzen NO des damaligen Hzt. Breslau 1294 an das Hzt. Glogau, bei dessen Teilung 1312 an das neu entstandene Hzt. Oels kam; aber schon 1323 wurde es auf Grund der Erbansprüche des Sohnes Heinrichs V. von Breslau dem Hzt. Brieg einverleibt, dem es – durch lange Pfandherrschsch. (1341–56 des Kg. von Polen, 1356–68 der Hzz. von Schweidnitz, 1434–81 und 1510 bis 1536 der Hzz. von Oppeln) unterbrochen – fortan angehörte, räumlich vom Kerngebiet des Hzt. getrennt. Unter den evg. Brieger Landesherren konnte 1544 die Ref. endgültig in P. eingeführt werden. Sie wurde erst 1694 nach dem Aussterben der Brieger Piasten (1675) bedroht, aber die gegenreformatorischen Maßnahmen mußten nach der Altranstädter Konvention 1707 rückgängig gemacht werden.

P. war stets eine kleine Handwerkerstadt; neben den gängigen Berufen waren die Leineweberei und das Brauwesen vertreten, im 19. Jh. die Schuhmacher bes. zahlreich. Die Nähe zur großpoln. Grenze förderte daneben einen lebhaften Handel; 1553 hatte P. drei, ab 1736 sechs Jahrmärkte, auf denen vor allem Flachs, Honig, Wachs und Vieh gehandelt wurden. Das eigene Hohlmaß, der »Pitschnische Scheffel« (1727), bringt die Bedeutung des Handels für P. zum Ausdruck.

Die Grenznähe führte auch zu häufigen poln. Überfällen und Plünderungen. Der Hussitenführer Dobeslaus Puchala, der 1430 bis 1434 in → Kreuzburg seinen Stützpunkt hatte, nahm auch P. ein. Im Streit um die poln. Krone zwischen dem habsb. Erzhz. Maximilian und dem Kandidaten der Gegenpartei, Pz. Sigismund Vasa von Schweden, kam es am 24. 1. 1588 am Kreuzberg vor P. zur Entscheidungsschlacht zwischen dem etwa 12 000 Mann starken Heer des poln. Kronfeldherrn und Kanzlers Jan Zamoyski und den etwa 5000 Mann zählenden Truppen Maximilians, der sich in der Hoffnung, Zamoyski würde die Grenze nach Schles. nicht überschreiten, von Polen hierher geflüchtet hatte. Maximilian wurde geschlagen, zog sich in die Stadt zurück und ergab sich am 25. 1. Zamoyski; die feindlichen Parteien schlossen unter päpstlicher Vermittlung 1589 in → Beuthen OS Frieden. Die Stadt P. wurde von den Polen geplündert und bis auf die Pfarrkirche niedergebrannt. Im 30j. Krieg hatte P. unter Polen, Dänen, Kaiserlichen und Schweden zu leiden. Zahlreiche Brände fügten der Stadt auch ohne kriegerische Handlungen Schaden zu, zuletzt am 13. 7. 1757, als 216 Häuser abbrannten; evg. Pfarrkirche, Pfarrhaus und acht weitere Häuser blieben übrig. Der Wiederaufbau erfolgte erstm. in massiver Bauweise.

P. gehörte seit Einführung der preuß. Verwaltung zum Kr. Kreuzburg und kam mit der Zuordnung dieses Kr. zum Reg.-Bez. Oppeln 1820 an das kath. bestimmte Oberschles. Aber schon damals war ¹/₃ der Bev. von P. kath. Nach der Altranstädter Konvention hatte die Stadt den kath. Eww. eine neue Kirche erbauen müssen; die heutige barocke *Dreifaltigkeitskirche* ist 1767 entstanden. Die Eww. von P. waren überwiegend dt., 1910: 82%. Bei der oberschles. Volksabstimmung vom 20. 3. 1921 sprachen sich 97% für den Verbleib bei Deutschland aus. Durch die Grenzziehung nach dem 1. Weltkrieg verlor P. einen Teil seines wirtschl. Hinterlandes. P. hat keine nennenswerte Industrie. Es liegt an der 1875 eröffneten Eisenbahnlinie Kreuzburg–P.–Posen. Eww.-Zahlen: 1787: 1313, 1825: 1593, 1905: 2306, 1939: 3021, 1961: 2206 (auf 6,14 qkm), 1971: rd. 2400.

Nach P. nannte sich der Verfasser der »Chronica principum Poloniae«, Peter von Pitschen (1328–89). Vom Stadtnamen abgeleitet ist auch der Name der Fam. Bitschen, die u. a. in Brieg (seit E. 13. Jh.) und → Liegnitz (bekannt bes. Bürgermeister Ambrosius Bitschen, † 1454) zu Ansehen kam. In P. wirkte der Arzt und Mathematiker Elias Kretschmer (Kraitschmerius), geadelt a Leonibus († 1661); durch Gelehrsamkeit bekannt war auch seine Gattin Maria Kunitia († 1664). (IV) *We*

HKoelling, Gesch. d. Stadt P., Br. 1892. – OFGlauer, Aus einer kleinen Grenzstadt, in: D. niederschles. Ostmark u. d. Kr. Kreuzburg (Monogr. dt. Landschaften, Bd. 1), Berlin–Friedenau 1927, S. 259–64. – Ders., Wie's daheim einst war. Bilder a. d. Vergangenheit d. Stadt P., Kreuzburg 1928. – LV 233, S. 849 f. – LV 345. – Gem.- u. Heimatbuch d. Kr. Kreuzburg O/S, hg. v. HMenz, Düsseldorf 1954, S. 74–88. – LV 357, S. 64 f. – LV 234, Bd. 2, S. 161 f.

Pitschen (Pyszczyn, Kr. Neumarkt). Das Dorf liegt malerisch am NW-Hange des Pitschenberges (295 m) zum Tal des Striegauer Wassers (173 m) hin. Es wird 1213 erstm. erwähnt. 1277 kam die Burg P. als fester Grenzplatz vom Hzt. Breslau an das Hzt. Liegnitz. In den neueren Jhh. war das Gut bischl. Lehen. 1727 belehnte Fstbf. Franz Ludwig von Breslau damit seinen kurtrierischen Hofkanzler H. G. v. Spaetgen. Dieser baufreudige Herr errichtete ein stattliches, weithin sichtbares *Schloß*. Seine Tochter Josepha brachte P. an die Gff. Matuschka. Gf. Heinrich Gottfried Matuschka (1734–79) verfaßte hier seine Flora Silesiaca (1776). Sein Sohn Joseph legte im Park ein Theater an, auf dem bis zur M. 19. Jh. Liebhaberaufführungen stattfanden. (II) *Mü*

LV 209, 3. Abt., 2. Aufl. 1845, S. 495. – LV 691, S. 120 f. – LV 615, S. 80 f. – HJvWitzendorff-Rehdiger, Herkunft u. Verbleib Breslauer Ratsfamm. im Ma., in: LV 34, 3 (1958), S. 113. – GMünch, D. Wiedersehen m. Breslau im Herbst 1809, in: Aurora, Eichendorff-Almanach 23 (Regensburg 1963), S. 24 f. – LV 691, S. 106 f.

Pläswitz (Pielaszkowice, Kr. Neumarkt). P. bildete im 12. Jh. den Mittelpunkt der Herrsch. eines Angehörigen Peter Wlasts. Nach einem jüngeren Peter Wlast, der in der Striegauer Gegend reich begütert war, heißt es 1193 »Wlostcovici«. Seiner frühen Bedeutung entsprechend, werden im 13. Jh. Nachbarorte wie Bertholdsdorf und Beckern als in seiner Nähe liegend bezeichnet. Im 16. Jh. errichteten die v. Mühlheim ein ansehnliches *Renaissanceschloß*, das im 17. Jh. weiter ausgebaut wurde. Nach dem Aussterben der v. Mühlheim E. 17. Jh. kam das Gut an die v. Nostitz und durch die Witwe Karl Gottlieb v. Nostitz' († 1741), Beate Abigail v. Siegroth, 1743 an deren zweiten Gemahl, den Gen. Dietrich Wilhelm v. Buddenbrock (1672–1757), dessen Kürassierregiment in Schweidnitz garnisonierte und der sich als Führer der preuß. Reiterei im 2. Schles. Kriege noch einmal auszeichnete. Nach dem Tode Beate Abigails (1770) kam P. an einen Neffen des Gen.-Feldmarschalls, Heinrich Wilhelm Jobst v. Buddenbrock. – Nach Vorverhandlungen in Gäbersdorf schlossen am 4. 6. 1813 die Genn. Gf. Emil Friedrich v. Kleist und Gf. Pavel Andreevič Šuvalov mit Gen. Gf. Armand Augustin Louis v. Caulaincourt in P. den Waffenstillstand, der für den entscheidenden Herbstfeldzug von 1813 die Voraussetzungen schuf (→ Poischwitz). Letzter Besitzer von P. war der bekannte Reiter und Pferdezüchter Erich Frh. v. Buddenbrock († 1966 in Lüdinghausen). (II) Mü

LV 209, 3. Abt., 2. Aufl. 1845, S. 495. – JJungnitz, Gesch. d. Dörfer Ober- u. Niedermois im Neumarkter Kr., Br. 1885, S. 22, 47, 51, 84. – LV 587, Bd. 2, S. 269. – GMünch, D. Landsturm d. Krr. Schweidnitz, Striegau u. Neumarkt im Jahre 1813, in: LV 28, 63 (1929), S. 303–42, bes. 310 f. – LV 691, S. 107–12. – LV 615, S. 78 f. – HJvWitzendorff-Rehdiger, Herkunft u. Verbleib Breslauer Ratsfamm. im Ma., in: LV 34, 3 (1958), S. 118. – LRadler, Hatte Gf. Peter Wlast auch im Kr. Striegau Besitz? In: LV 72, 21 (1963), S. 301–05. – Ders., Generalfeldmarschall v. Buddenbrock u. seine Schweidnitzer Kürassiere im zweiten schles. Kriege (1744/45), in: LV 34, 13 (1968), S. 61–77. – → Poischwitz

Plagwitz (Płakowice, Kr. Löwenberg). Das durch Gräberfunde sowie eine ausgedehnte vorgesch. Burg aus starken Holz-Erde-Mauern auf dem Steinberg bei P. (Mittelpunkt des illyrischen Bobergaues) als früh besiedelter Boden ausgewiesene Dorf wird urk. schon 1217 (?) erwähnt. Als Besitzer von P. sind seit 1330 und noch 1432 die v. Raußendorf belegt; Seifried v. Raußendorf schenkte 1346 einen Teil des Dorfes der Pfarrkirche zu Löwenberg zugunsten der dortigen Kommende des Johanniterordens. 1427 von den Hussiten vernichtet, erscheint P. 1475 im Besitz des Bernhard v. Talkenberg (→ Welkersdorf). Rampold v. Talkenberg begann laut einer Portalinschrift 1550 mit dem Bau des *Schlosses*, das, von einem Wallgraben umgeben, nach Lutsch das bedeutendste schles. Adelsschloß des 16. Jh. ist. Den Eingang des dreigeschossigen Baues im N schmückt ein schönes Renaissanceportal. Die drei Schloßflügel waren zum Innenhof hin urspr. durch umlaufende rundbogige Arkaden geöffnet; diese sind später an den beiden Seitenflügeln im SW und NO zugemauert worden. Durch Heirat der Magdalena v. Talkenberg († 1605) mit Caspar v. Schaffgotsch kam P. an diese Fam. Im 30j. Krieg wurde P. von fremden Truppen heimgesucht, ebenso im 7j. Krieg. Am 29. 8. 1813 mußten die Franzosen bei P. von preuß. und russ. Truppen eine empfindliche Niederlage hinnehmen. Zuvor waren aber die wertvollen Gemäldesammlungen und die Bibliothek des Schlosses – seinerzeit dem Baron Hochberg gehörig – zerstört worden. Gen. Gf. August Ludwig Ferdinand v. Nostitz, seit 1821 Besitzer von P., verkaufte das Schloß 1824 an den Staat, der dort eine Provinzial-Heil- und Pflegeanstalt einrichtete. Dies brachte dem Dorf einen ungewöhnlichen wirtschl. Aufschwung (1939: 1868 Eww.). – Ö. von P. lag die Löwenberger Zeche, eine der beiden Fundstätten von Gold um Löwenberg (→ Hohlstein). (I) Jä

BGSutorius, D. Gesch. v. Löwenberg, 2 Bde., Bunzlau 1784, Jauer 1787. – Heimatbuch d. Kr. Löwenberg i. Schl., ³Bückeburg 1959, bes. S. 108 f., 405–07. – PKleber, Bilder aus Löwenbergs Vergangenheit, Löwenberg i. Schl., o. J., S. 79–83, 104–12. – LV 587, Bd. 3, S. 533–35. – LV 402

Plawniowitz (1936 Flößingen, Pławniowice, Kr. Tost-Gleiwitz/ Gleiwitz). Das 17 km nw. Gleiwitz am l. Klodnitzufer am Rande ausgedehnter Wälder gelegene Ort P. wird 1317 erstm. erwähnt. Schon im 14. Jh. ist P. mit Marcus de Plawniowicz (1364) als Rittersitz ausgewiesen. Unter den zahlreichen folgenden Besitzern von P. befanden sich Vertreter der Fam. Seydlitz (1525, 1532), Johann Dluhomil von Birawa (1560), die Fam. v. Trach (1648–1730, → Althammer, → Kieferstädtel), Daniel Christoph Frh. v. Kottulinsky (1730), Sigismund Nikolaus v. Goerz (1732). 1737/38 erwarb der aus der Mark Brandenburg gebürtige Franz Wolfgang Frh. v. Stechow (1694–1758) das Rittergut P., dazu 1748 die Rittergüter Biskupitz und → Ruda im späteren Industrierevier um Beuthen OS. Er gehörte zu den Grundherren, die im 18. Jh. sehr früh den neuzeitlichen Berg- und Hüttenbau in Oberschles. einführten. 1739 nahm er in P. die Eisenverhüttung mit einem Hochofen und zwei Frischfeuern auf, vor 1748 ließ er bei Ruda die erste Steinkohlengrube des oberschles. Reviers muten, die spätere »Brandenburggrube«. Nach dem Tode seines Sohnes Carl Franz Frh. v. Stechow (1728–98) fiel der zur Majoratsherrsch. P. zusammengeschlossene Besitz an dessen Neffen Gf. Carl Franz v. Ballestrem (1750–1822), den Sohn von Carl Franz v. Stechows Schwester Elisabeth, die den aus Italien stammenden, seit 1742 in preuß. Diensten stehenden Gf. Giovanni Battista Angelo Ballestrem di Castellengo geheiratet hatte. Die Gff. v. Ballestrem waren um → Ruda am Aufbau des oberschles. Industriereviers beteiligt. Gf. Franz v. Ballestrem (geb. 5. 8. 1834 in P., † 23. 12. 1910 ebendort) trat auch als führender Zentrumspolitiker hervor; 1872 bis 1893 und 1898–1906 war er Abgeordneter des Reichstages, 1898–1910 zugleich Reichstagspräsident, seit 1903 erbliches Mitglied des preuß. Herrenhauses. Er ließ 1884–85 in P. an der Stelle eines älteren, von Goerz errichteten Baues, von dem die Schloßkapelle erhalten blieb, eine ausgedehnte, turm- und erkerreiche *Schloßanlage* im Stil der Neurenaissance erbauen. Die Herrsch. umfaßte um 1910 zusammen mit dem Rittergut Kostau im Kr. Kreuzburg 3583 ha. Der inmitten eines Parks gelegene Schloßbau dient heute als Nonnenkl. In der Nachkriegszeit ist in P. ein Erholungszentrum eingerichtet worden. (IV) *We*

LV 613, Bd. 1, S. 27. – JChrząszcz, Gesch. d. Parochie Groß-Rudno . . ., in: LV 43, 2 (1903/04), S. 153–77. – KHRother, Franz Gf. v. Ballestrem, in: LV 649, Bd. 1, S. 247–51. – HNeubach, Parteien u. Politiker in Oberschles. z. Bismarckzeit, in: LV 34, 13 (1968), S. 193–231. – LV 591, (V 1), S. 81–83. – LV 668, S. 50–55. – LV 593, Bd. 6, H. 5, S. 55–57

Pleß (Pszczyna). Die Stadt P. im oberschles. Vorgebirgshügelland, nur wenige Kilometer n. der Weichsel, ist im sumpfigen Niederungsgelände der Pszczinka (Plesse-Bach) an der Übergangsstelle einer von Krakau über Auschwitz und P. nach Teschen, Troppau oder Ratibor führenden Straße entstanden. Eine slaw. Vorgängersiedl. – vielleicht mit der späteren St. Hedwigskirche (1939 abgebrannt), die nach der Tradition älter als die Pfarrkirche gewesen sein soll – lag am hohen N-Ufer der Pszczinka (heute Altdorf). Die dtrechtl. Stadt wurde auf einer (künstlich noch erhöhten) Sandbank am S-Ufer des Flusses begründet; der durch die Pszczinka (im N) und den Sumpf gegebene Schutz wurde durch Palisaden, Wall und Graben im S und O (im 15. Jh. belegt) und eine Burg im W verstärkt. Die Stadt war eine kleine, längliche Anlage mit rechteckigem Marktplatz, einer Pfarrkirche im N-Teil (1326 Pfarrer erwähnt) und zwei Toren – dem Krakauer, Auschwitzer oder Poln. Tor im O und dem Troppauer, Sohrauer oder Dt. Tor im W. 1466 besaß P. 73 Bürgerstellen, daneben allerdings noch wüste Plätze; die im Urbar von 1536 gen. 82 Bürgerstellen könnten die urspr. Größe der Stadtanlage anzeigen. Die 1572 durch Erweiterung erreichte Stellenzahl von 105 galt noch im 17. Jh., 1720 war sie auf 142 angewachsen. – Die Stadt P. ist zwar erst 1327 als »civitas Plesna« bezeugt, aber schon 1303 tritt ein »Kastellan« von »Plisschyr« auf, wohl der Burggf. der Stadtburg von P., und wahrsch. ist die Stadtgründung sogar schon um 1276 erfolgt, als nach Aufgabe der hzl. Burg (Kastellanei?) von → Nikolai die dortige adlige Stadt begründet wurde, ein Vorgang, dem die Verlagerung des hzl. Zentrums noch S, nach P., folgte.

Das P.er Land gehört bis auf kleine Teile im NW und SW zu dem Gebiet von Oberschles., das erst um 1177/78 von Kleinpolen an das Hzt. Ratibor fiel; die kirchliche Zugehörigkeit zum Bst. Krakau blieb bis 1821 aufrechterhalten. Nach der Teilung des Hzt. Oppeln-Ratibor 1281 in vier Teilhztt. bildete das Land P. einen Teil des neuen Hzt. Ratibor. Dieses übernahmen nach dem Aussterben der Ratiborer Piasten (1336) die Troppauer Přemysliden. Die Absonderung des P.er Landes vom Hzt. Ratibor wurde mit der Verpfändung an Hz. Wladislaus II. von Oppeln 1375–87 eingeleitet, dann durch Hz. Johann II. den Eisernen von Ratibor vertieft, indem er 1407 die Weichbilder P., (Alt) Berun und Niko-

lai, 1412 noch die Waldhufendörfer s. Sohrau seiner Gemahlin,
der litauischen Pzn. Helena, als Leibgedinge aussetzte. Helena
regierte 1424–49 als Hzn. von P., ebenso 1452–62 die Gemahlin
ihres Sohnes Nikolaus von Jägerndorf und Rybnik, Barbara Rok-
kenberg, eine Patrizierstochter aus Krakau. Dazwischen und danach (bis 1474) teilte P. das Schicksal des Landes → Rybnik, dann
kam es über zwei Söhne Georgs von Podiebrad 1480 an Hz. Kasimir von Teschen, der 1500 die Entlassung des Landes aus dem
Lehensverhältnis zu Böhmen und die Erhebung zum Allod erreichte. Das eröffnete ihm die Möglichkeit, den Besitz ohne Einflußnahme der böhm. Krone zu veräußern, was er 1517 auch tat:
der oberung. Bergbauunternehmer Alexius Thurzo von Bethlen-
falva erwarb P. für 40 000 Goldgulden, er trat es aber schon um
1525 ab an seinen Bruder Johann Thurzo d. J., Besitzer von →
Wohlau 1517–23, dieser wiederum verkaufte es 1548 weiter an
Balthasar v. Promnitz, Fstbf. von Breslau, der P. von Kg. Ferdinand I. als Erblehen bestätigt bekam. Als Territorium nichtfürstlicher Besitzer kam für das Land P. in der 2. H. 16. Jh. die
Bezeichnung »Standesherrsch.« auf. Es blieb bis 1765 in der
Hand des Geschlechts v. Promnitz; der kinderlose Gf. Johann Erdmann v. Promnitz (Standesherr 1745–65) schenkte P. seinem Neffen Pz. Friedrich Erdmann v. Anhalt-Köthen; nach dessen Söhnen
erhielt P. 1846/47 deren Schwestersohn, Gf. Hans Heinrich X. von
Hochberg-Fürstenstein, der 1848 die Erhebung von P. zum Fstm.
erreichte; die Güter der ehem. Standesherrsch. blieben bis 1945
im Besitz dieser Fam. Residenz der Herrsch. war das *Schloß* von
P., hergegangen aus der got. Burg des 15. Jh. (Reste im Erdgeschoß und Rundturm erhalten) nach mehrfachen Zerstörungen,
Um- und Ausbauten. Die heutige dreiflügelige Anlage geht auf
den von Christian Jahne 1743–67 errichteten Bau zurück, er wurde jedoch 1847 umgebaut und unter Fst. Hans Heinrich XI. 1870
bis 1874 weitgehend neu errichtet. Nur das *Torhaus* stammt von
1687. In dem 78 ha großen, malerischen *Schloßpark* mit Teichen
steht das um 1800 von Wilhelm Pusch errichtete *Landhaus* »Lud-
wigswunsch«, ein eingeschossiger, langgestreckter klassiz. Bau, benannt nach Pz. Ludwig von Anhalt-Köthen († 1841). Während des
1. Weltkrieges verlegte Ks. Wilhelm II. sein Großes Hauptquartier im Frühjahr 1915 in das Schloß P., um dem Schwerpunkt der
damaligen Kämpfe (Gorlice Durchbruch!) und zugleich der Obersten Heeresleitung Österreich-Ungarns, die in → Teschen ein-
quartiert war, nahe zu sein. Das dt. Hauptquartier blieb bis zum
Frühjahr 1917 in P.
Die Stadt P. richtete sich in Verfassung und Recht zunächst nach
Ratibor; ausgehend vom Ratiborer Recht, gab Hz. Kasimir von
Teschen P. 1498 ein eigenes Recht, das allerdings die Selbstverwaltung der Bürger stark zugunsten des Stadtherrn beschränkte.
Die Wirtschaft der Stadt wurde durch Land- und Teichwirtschaft,
Handwerk und Handel bestimmt. Unter den Handwerken war
die Tuchmacherei bis ins 19. Jh. am bedeutendsten. 1537 erhiel-

ten die seit dem 15. Jh. bezeugten Tuchmacher ihre Zunftprivilegien bestätigt. In der preuß. Zeit stieg die Tuchproduktion zunächst stark an, sie verzwölffachte sich von 1756–1797. 1787 waren unter 338 Handwerksmeistern 124 Tuchmacher. Die Tuche wurden vornehmlich nach Polen, aber auch bis zum Balkan exportiert. Im 19. Jh. ging dieser Erwerbszweig wie überall ein; um 1860 hatte P. nur noch 13 Tuchmacher. Die Teichwirtschaft war gerade in diesem Teil von Oberschles. seit dem 15. Jh. weit verbreitet. Die Stadt P. hatte 1536 zwei Hauptteiche für einen Besatz von 600 Schock Karpfen, ferner zwei kleine Teiche für 45 Schock. Die Fische wurden vor allem nach Krakau verhandelt. In P. wird 1468 ein Jahrmarkt erwähnt, Hz. Kasimir verlieh der Stadt 1492/1512 zwei weitere Jahrmärkte. P. war auch Zollstätte. An der neuzeitlichen Bergbau- und Industrieentwicklung von Oberschles. beteiligten sich mit gutem Erfolg auch die Standesherren von P. Bei der Einführung der »revidierten Bergordnung« für Schles. 1769 konnten sie ebenso wie die Beuthener Standesherren für sich Sonderrechte durchsetzen, und mit der Grube → Emanuelssegen begründeten sie eine der ersten Steinkohlengruben von Oberschles.; ein nennenswerter Aufschwung war hier aber erst in der 2. H. 19. Jh. mit der Einführung der Eisenbahn (in P. 1868 mit der Strecke Schoppinitz–Nikolai–P.–Dzieditz) zu verzeichnen. Die Stadt P. selbst nahm an der Bergbau- und industriellen Entwicklung kaum Anteil; erwähnenswert sind die Seidenbandfabrik des Schweizers Michael Attinger (1782) und die Seiden- und Strumpffabrik der Brüder Paul und Johann Schmeck aus Sachsen (um 1785). P. war vornehmlich Residenzstadt und in seiner Berufsstruktur auf die Bedürfnisse der Herrsch. eingestellt. Seine Bewohner waren nach Ausweis der überlieferten Namen im 15. Jh. überwiegend dt., im 16. Jh. gab es hingegen nur noch wenige Deutsche, und diese gehörten wahrsch. meist zur herrschl. Hofhaltung; im 18./19. Jh. stieg der Anteil der Deutschen wieder stark an (1910: 67%). In dieser Zeit nahm die Bev.-Zahl überhaupt zu: 1787: 2267, 1825: 2063, 1905: 5190. Konfessionell bestand die Bev. in der Mehrzahl aus Katholiken. Die Evangelischen machten 1910 18,1% aus. In P. war unter Karl v. Promnitz seit 1568 die Ref. eingeführt worden; aber ab 1630, endgültig 1654 setzte sich der Katholizismus wieder durch. Erst unter preuß. Herrsch. bildete sich eine neue evg. Gem., die 1746 eine eigene Kirche erbaute (1748 abgebrannt).

Die Stadt P. wurde öfter durch Brände zerstört oder beschädigt, zuletzt 1748. Die *kath. Pfarrkirche,* die *evg. Kirche* an der NW-Ecke des Marktplatzes und das unmittelbar daran angebaute *Rathaus* haben ihre heutigen Bauten kurz danach erhalten, sie wurden jedoch im 19. und 20. Jh. mehr oder weniger stark verändert. An *Wohnhäusern* sind noch viele ältere aus dem 18. und der 1. H. 19. Jh. bewahrt worden. Die Bautätigkeit nahm im 19./20. Jh. zu, u. a. wurden Behördengebäude errichtet. Seit der Teilung von Schles. 1742 preuß. Grenzlandschaften gegenüber

Österr.–Schles., bildeten die Standesherrsch. P. und die Minder-standesherrsch. → Loslau den preuß. Kr. P., bei der Kr.-Reform 1816/18 wurde dieser auf die um die Herrsch. → Myslowitz ver-kleinerte Standesherrsch. P. reduziert (Myslowitz kam an Beu-then, Loslau an Ratibor und Rybnik). Diesen Umfang behielt der Kr. auch nach dem Anfall an Polen 1922; erst nach 1945 wurde er verändert, vor allem 1954 durch die Abtrennung des N-Teils als Kr. → Tichau (mit Alt Berun und Nikolai). Nachdem die Ver-kehrsverhältnisse sich schon 1938 durch die das Industrierevier umfahrende Eisenbahnlinie Rybnik–Sohrau–P. verbessert hatten, erhielt P. nach 1945 Industriebetriebe, u. a. für Maschinenbau. Die Eww.-Zahl stieg von 1931: rd. 7200 auf 1961: 15 340 (auf 31,36 qkm), 1970: 17 994 an.   (IV) *We*

LV 210, Bd. 1, S. 570 ff. – LV 278 a. – LMusiol Pszczyna. Monografja historyczna (P., eine hist. Monographie), Kattowitz 1936. – Ders., Aus d. Siedl.-Gesch. d. P.er Landes, in: Dt. Monatshefte, Zs. f. Gesch. u. Gegenwart d. Ostdeutschtums 7 (1940/41), S. 38–74. – (Ders.), Gesch. d. P.er Landes (Schriftenreihe »D. P.er Land«, 1: Bilder a. d. Gesch.), Vorw. VKauder, Br./Kattowitz (1941). – LV 345. – LV 357, S. 94. – LV 234, Bd. 1, S. 459 f.

Podiebrad (Gem. Mehltheuer-Podiebrad/Mehltheuer/Gościęcice, Kr. Strehlen). Nach dem 7j. Kriege setzte ein neuer Zustrom evg. Böhmen nach Schles. ein. Ein Teil von ihnen kam in der Nach-barschaft der älteren Siedl. → Hussinetz unter, wo ihnen 1764 das 1074 Morgen große Staatsgut Mehltheuer für 1315 Taler in Erb-pacht gegeben wurde. Die Böhmen legten darauf die nach dem »Ketzerkg.« Georg von Podiebrad benannte Siedl. Ober-, Mittel- und Nieder P. zu 24, 22 und 24 Stellen an. Trotz staatlicher Un-terstützung war der Anfang schwer. Fleiß und Ausdauer führten aber doch zu einem bescheidenen Wohlstand. Der Zusammen-schluß zur evg.-ref. Gem. Hussinetz erhielt den Kolonisten das böhm. Gepräge bis 1945. Bei der Vertreibung schlossen sie sich in der Mehrzahl ihren dt. Landsleuten an.   (III) *Mü*

LV 209, 3. Abt. – WSchubert, Kolonistennot in P. im Jahre 1768, in: Heimatbl. f. d. Krr. Strehlen u. Ohlau 5 (1956), Nr. 3, S. 4, Nr. 4, S. 11. – PNitschke, Gesch. v. Mehltheuer-P. (bis 1889), entnommen d. Chronik v. Mehltheuer-P., aufgest. v. Hauptlehrer Zwickirsch, ebenda, 10 (1962), Nr. 5, S. 21 f. – → Hussinetz

Poischwitz (Paszowice, Kr. Jauer). Nach dem für sie ungünstig verlaufenen Frühjahrsfeldzug 1813 gegen Napoleon schlossen die verbündeten Preußen und Russen am 4. 6. 1813 mit den Fran-zosen einen Waffenstillstand. Als Ort des Waffenstillstandsab-schlusses wird schon seit 1813/17 bis zur Gegenwart teilweise → Pläswitz nö. Striegau, teilweise das 27 km davon entfernte, 4 km sw. Jauer gelegene P. gen. Manche Autoren nehmen an, der Waf-fenstillstand sei an dem einen Ort ausgehandelt, an dem anderen unterzeichnet oder verlängert worden. Tatsache ist, daß die Abmachungen allein in Pläswitz getroffen worden sind, das nahe dem Wege zwischen den Hauptquartieren der Kriegführenden – Reichenbach und Neumarkt – lag, nicht im abgelegenen P. Der Irrtum scheint hauptsächlich auf die falsche Identifizierung von »Pleisswitz« in den franz. Dokumenten mit P. statt Pläswitz zurückzuführen zu sein. Außerdem wurden in P. immerhin am 5. 6. 1813 die Ratifikationen ausgetauscht. (II) *We*

HGranier, Wo wurde d. Waffenstillstand v. 4. Juni 1813 abgeschlossen? In: LV 28, 38 (1904), S. 362 f. – OKoischwitz, P. oder Pläswitz? In: Forschsch. z. brand. u. preuß. Gesch. 17 (1904), S. 246–253. – HLAbmeier, Schles. u. Schlesier v. 1740 bis 1844 im Spiegel dt. u. österr. Oberschulgeschichtsbücher (LV 89, Bd. 17), Würzburg 1975, S. 186–190

Polkwitz (1937 Heerwegen, Polkowice, Kr. Glogau/Lüben). Die Stadt P. ist vor 1291 neben einer slaw. Siedl. (Nieder P.) zu dt. Recht gegr. worden; das gelegentlich angeführte Gründungsjahr 1265 ist urk. nicht belegt. Die beiden Haupttore – Lübener und Glogauer Tor – kennzeichnen die Lage der Stadt an der Handelsstraße Breslau-Lüben-P.-Glogau; der Hauptverkehr führte trotz zeitweiliger Verbote unter Umgehung Glogaus von P. über Neustädtel-Freystadt-Grünberg-Crossen. Die über planmäßigem Grundriß erbaute, einst durch Mauer, Graben und Wall gesicherte Stadt besitzt einen quadratischen Hauptmarkt, daneben einen »Salzring«: P. war Salzmarkt (1422) für das bis 27 Dörfer umfassende Weichbild P. Lokator und erster Erbvogt von P. war Theodoricus von Quaritz. 1407 erwarb die Stadt die Vogtei. Sie scheint sie jedoch in der Folge wieder verloren zu haben; jedenfalls kam die Obergerichtsbarkeit erst mit dem Kauf des Pfandschillings 1598 (wieder) an die Stadt. – P. gehörte zum Fstm. Glogau; bei dessen Teilung 1319 wurde es Hz. Johann von → Steinau zugesprochen, jedoch schon 1361 mit Glogau (-Sagan) wieder vereinigt. Nachdem Glogau 1490 als erledigtes Fstm. an die böhm. Krone gefallen war, wurden Stadt und Kammergut P. mehrmals verpfändet: an die v. Biberstein (1544–1554), v. Schönaich (1554 bis 1591) und v. Kottwitz auf Kontopp (1592–1598). Am 17. 6. 1598 verkaufte Ks. Rudolf II. diesen landesherrlichen Besitz, zu dem außer der Stadt sowie Ländereien und Waldungen das Dorf Nieder P. gehörte, mit allen Gerechtsamen für 16 000 Taler an die Stadtgem.; fortan blieb P. immediate Stadt. Nachdem P. sich 1555 endgültig der Ref. angeschlossen hatte, begann 1628 die Gegenref., die sich 1654 durchsetzte. Erst in preuß. Zeit wurde seit 1741 wieder evg. Gottesdienst abgehalten (1747 Weihe eines Bethauses). P. lebte von Tuchmacherei, Leinenweberei, Kürschnerei sowie von der Handelsversorgung des Weichbildes. Brände (1547, 1564, 1572) und der 30j. Krieg verursachten einen wirtschl. Niedergang, den auch der Bau der Breslau-Berliner Chaussee über P. (1818 ff.) nur zeitweilig auffangen konnte. Die Bev.-Zahl ging seit M. 19. Jh. ständig zurück (1787: 1288, 1825: 1401, 1858: 2394, 1905: 1654, 1939: 1599 Eww.). 1945 verlor P. das Stadtrecht, erhielt es jedoch angesichts steigender Eww.-Zahl als Folge des Abbaus von Kupfererzlagern im Liegnitz-Glogauer Revier 1967 zurück. Die Kriegsschäden wurden behoben, außerhalb der Altstadt entstand eine neue Wohnsiedl. An alten Baudenkmälern sind erhalten geblieben die nach Zerstörung im 30j. Krieg 1679 ff. wiederaufgebaute kath. *St. Michaelskirche* sowie das *Rathaus*: der aus einem oktogonen Uhrturm bestehende alte Teil (nach Zerstörung im 30j. Krieg wiederaufgebaut 1687–96, dort 1934 Heimatmuseum eingrichtet) und der auf den gründlichen Ausbau von 1775 zurückgehende neue Teil (umgebaut 1852/53 im ital. Palazzostil). P. hatte 1961: um 4000, 1970: 7645, 1971: 10 597 Eww.

(II) *We*

Chronik d. Stadt P., hg. v. PBrucksch, P. 1911. – GLeitgeb, 700 Jahre Gesch. Stadt Heerwegen, Prien-Frauenwörth im Chiemsee 1958. – GSchönaich, D. Entstehung eines Weichbildes u. d. Gründungsgesch. einer schles. Stadt, P. 1927. – LV 266. – LV 404. – LV 233, S. 772. – LV 234, Bd. 2, S. 583. – LV 357, S. 65. – MPrzyłęcki, Zabytki powiatu lubińskiego (D. Kunstdenkmäler d. Kr. Lüben), in: LV 40, 8 (1974), S. 70 f. – BJałowiecki, Polkowice. Przemiany społeczności lokalnej pod wpływem uprzemysłowienia (Veränderungen in d. lokalen Gesellschaft v. P. unter d. Einfluß d. Industrialisierung) (LV 95, Bd. 14), Br. 1967

Polnisch Tarnau (1937 Tarnau, Tarnów, Kr. Glogau/Fraustadt). Poln. T. liegt 6 km sw. Schlawa inmitten eines seen-, sumpf- und waldreichen Gebietes. Im 13. Jh., als der Grenzsaum immer mehr zur Grenzlinie zusammenschrumpfte, übernahm im Bereich der alten Kastellaneien → Beuthen/Oder und → Glogau eine vorgeschobene Burg in geschützter Lage am Tarnauer See die Sicherung der Grenze gegenüber Großpolen. Bei der Ersterwähnung des Ortes 1293 wird vom Bf. von Breslau die Begründung einer Kirche in T. durch den Hz. von Glogau angekündigt. Dies ist offenbar niemals zustande gekommen, verm. wegen des Aufkommens der Stadt → Schlawa. Die (gewiß hölzerne) Burg T. ist aber von 1295 an häufig belegt (1295 »Kastellan« von T., 1296 »castellum de Tharnowo«). Nach der Teilung des Hzt. Glogau in einen kgl. und einen hzl. Teil erwarben Angehörige der Fam. v. Rechenberg 1383 den kgl., 1399 auch den hzl. Anteil der Gebiete Beuthen und T. Damals wurde der heutige Burghügel aufgeworfen und eine neue Burg – wohl wieder aus Holz – erbaut. Zeitweise war T. ganz oder teilweise verpfändet oder verkauft, aber 1508 wurde Hans v. Rechenberg der Besitz von T. wieder bestätigt. 1561 kam mit → Carolath und Beuthen/Oder auch T. an das Geschlecht derer v. Schönaich und blieb es bis ins 20. Jh. Auf dem Burghügel errichteten die v. Schönaich 1624 ein *Jagdschloß*, einen einstöckigen, fast quadratischen Bau mit Lichthof (um 1935 Jugendherberge). Hier weilte M. 19. Jh. Emanuel Geibel häufig als Gast des Fst. zu Carolath-Beuthen.

(II) *We*

LV 524, S. 318. – Söhnel, D. Kastellanei Poln. T. b. Schlawa, in: LV 68, 1922, Nr. 2/3, S. 44–46. – MHellmich, D. Jagdschloß am Tarnauer See, in: LV 68, 1936, Nr. 6, S. 191–93. – LV 612, S. 78

Prausnitz (Prusice, Kr. Militsch Trebnitz). Der an der Handelsstraße Breslau-Posen gelegene und in der Hedwigslegende gen.
Ort erscheint urk. 1253 als »forum Prusicz« in privatem Grundbesitz. Noch im 13. Jh. (vor 1287) entstand nw. anschließend an
den poln. Marktort die dtrechtl. Stadt im Bauplan der sog. schles.
Zentralanlage mit Stadtmauern und drei Stadttoren (1819 abgetragen). Aus dem Ma. sind Bürgermeister, Ratmannen, Schöffen,
Innungsmeister, Pfarrei und Schule bekannt. Vor dem Gürkwitzer
Tor bestand auf dem Boden des ehem. Marktortes eine 1312
erstm. erwähnte, mit Land- und anderem Besitz ausgestattete
Marienkapelle (in jüngerer Zeit Begräbniskapelle) mit einem vor
1350 gegr. Hospital. Landesherren waren die schles. Hzz. (von
Breslau, ab 1290 von Glogau, von 1312 an von Oels), von 1368
an waren sie auch die Grundherren. Seit 1492 gehörte P. zur
Freien Standesherrsch. (1741 preuß. Fstm.) → Trachenberg unter
deren Besitzern aus den Adelsgeschlechtern Kurzbach, Schaffgotsch, Hatzfeldt; lediglich 1674–83 bildete die Stadt mit zwölf
Dörfern eine eigene freiherrliche Nesselrodesche Herrsch. Jhh.
hindurch war P. Gewerbezentrum (1605: 144 Handwerkerfamm.),
in dem das Textilgewerbe und im 19. Jh. die Schuhmacherei do-
minierten. Die Eww.-Zahl betrug 1787: 1570, 1825: 2019, 1905:
1805, 1939: 2018. Um 1550 evg., 1654 wieder kath., hatten seit
1742 die Eww. beider Konfessionen ($^2/_3$ evg., $^1/_3$ kath.) eigene
Pfarreien, Kirchen und Schulen. Die Juden hatten, um 1680 ansässig, A. 18. Jh. eine Synagoge. Kunstdenkmäler sind das *Renais-
sance-Rathaus* aus dem 16. Jh. und die kath. *Pfarrkirche* aus dem
15. Jh. mit einem spätma. Holzkruzifix und dem Marmor-Alaba-
ster-Sarkophag des ksl. Feldmarschalls Melchior Gf. v. Hatzfeldt
(† 1658) von Achilles Kern, »Schlesiens schönstes Kriegergrab des
17. Jh.« (PBretschneider). Nach der Ausweisung der Deutschen
1945 verlor P. 1951 das Stadtrecht und kam 1958 zum Kr. Trebnitz; es zählte 1961 etwa 1400 Eww.   (II)   *Sam*

JGottschalk, Beitrr. z. Rechts-, Siedl.- u. Wirtschaftsgesch. d. Kr. Mi-
litsch bis z. Jahre 1648, Br. 1930. – D. Kr. Militsch-Trachenberg an d.
Bartsch, zus.gest. v. WGlatz, Springe/Deister 1965. – LV 233, S. 850 f. –
LV 234, Bd. 2, S. 583 f. – LV 631, S. 68 f.

Preseka. Wie allgemein in der Frühzeit, beruhte die Verteidigung
der altslaw. Stammesgebiete vornehmlich auf breiten Grenzwald-
gürteln, deren Rodung verboten war. Der Schutz wurde am Innenrand des Waldes verstärkt durch ein »Gebück« aus in Manns-
höhe eingekerbten und niedergebogenen Bäumen, deren Äste
miteinander verschlungen wurden und zwischen denen Dornen-
gestrüpp aufwuchs. Die nach auswärts führenden Straßen durch-
querten den Verhau in Toren, die in Gefahrenzeiten verschlossen
wurden. Solche Anlagen wurden dt. Hag, lat. indago, poln. preseka oder osek (von siekać = hauen) gen. Auch die Verpflichtung
der poln. Bauern, den Verhau instandzuhalten und zu verteidigen, hieß preseka. Mit der Ausweitung der Siedl. konnte die Hag-

Linie nach außen verschoben werden. An ihre wechselnden Lagen erinnern ON wie Osiek oder Ossig, Hag, Hänchen u. ä.

In Schles. ist vor allem jener Verlauf der P. wichtig, der nach dem Bericht des Heinrichauer Gründungsbuches (um 1270) »das ganze Land Schles.«, d. h. das Hzt. Breslau, umgab. Im einzelnen ist er durch urk. Belege des 13. Jh. nachzuweisen bei ⟶ Konstadt, auf der r. Oderseite ö. der Neiße-Mündung, ö. und s. der Stadt ⟶ Neisse, s. ⟶ Kamenz, auf dem Gebiet des Dorfes Schönwalde w. Frankenstein, s. Altreichenau im Kr. Waldenburg und w. ⟶ Löwenberg. An der letzteren Stelle wird der Verlauf des Hags auch aus dem Band der kleinen, nur 1 km breiten Dörfer längs der Wasserscheide zwischen Bober und Queis deutlich, die seit dem 14. Jh. auf dem Boden des alten Bannwaldes angelegt wurden: Thiergarten, Hänchen, Alt Neuland, Stöckigt, Hagendorf, Neundorf-Liebenthal. Auch die ⟶ Dreigräben im Saganer Gebiet gehören zum alten P.-System. An anderen Stellen war die Umwehrung des Breslauer Hzt. durch Flußgrenzen gesichert.

Die ma. Ostsiedl., welche die Bannwälder nicht mehr respektierte, sondern ihnen durch Rodung zu Leibe ging, machte das P.-System illusorisch. Den schles. Hzz. blieb zur Vermeidung von Gebietsverlusten nur eine Gegenkolonisation von innen heraus, eine Ersetzung des Grenzwaldes durch einen Gürtel von Bauerndörfern mit bewehrten Städten und Burgen. Diese Durchbrechung und Auflösung der P. leitete Hz. Heinrich I. im Gebiet von ⟶ Naumburg am Queis schon um 1225 ein, und bald folgten wetteifernd die adeligen und geistlichen Grundherren. Der Grenzwald bot die Möglichkeit, ohne Rücksicht auf ältere Siedll. großzügig zu planen. So ist der Raum außerhalb der P. heute das Hauptverbreitungsgebiet der Waldhufendörfer in Schles., er wurde zum Kerngebiet des schles.-dt. Neustammes. *Ku*

LV 337. – LV 340, S. 32–62

Priebus (Przewóz, Kr. Rothenburg O. L./Sorau). Für die frühe Besiedlung des Neißetales bei P. zeugt der Friedhofsberg von Podrosche = Grenzkirch, denn hier war 1688 [Kirchenbau 1690] bis 1744 die evg. Grenzkirche für P. und Umgebung) gegenüber P. auf dem w. Ufer der Neiße; als illyrischer *Ringwall* war er von 700–300 v. Chr. besiedelt. Im Ma. kreuzten sich bei P. zwei wichtige Straßen: der Neißeweg von Görlitz über P. nach Triebel Cu ben und die ⟶ Niedere Straße über Spremberg-Muskau-P. nach Sagan. Hier lag um 1200 (nw. der heutigen Stadt) die slaw. Siedl. P.; dieses »Dorff, so in der Vorstadt liegt« (1601), mit zwölf Stellen, ging im 30j. Kriege ein. Um 1210 kam das P.er Gebiet zu Schles. (vorher zur Lausitz, Diözese Meißen). An der Neiße entstand eine Burg, als deren Hauptmann 1260 Ulrich v. Pack gen. wird. Um 1280 wurde daneben die planmäßige dt. Stadt P. (Gitterform mit zwei Toren: Neiße- und Sorauer Tor) angelegt. Als Erbauer der kath. Pfarrkirche zu St. Ägidius und Nikolaus (später Marienkirche) steht Hz. Primko von Sagan-Steinau († 1289) urk.

fest, so daß man ihm die Stadtgründung zuschreiben muß (1301: zur Lausitz zählt »curia Prebuz«; 1311: »ecclesia in oppido Prebus in Slesia, Missnensis dioecesis«). Das Land P. gehörte bis 1319 zum Fstm. → Glogau, nahm dann bis 1413 eine Sonderstellung ein (1320–46 Hz. Heinrich von Jauer, um 1350 v. Pack auf Sorau, vor 1354–1413 die Herren von Hakenborn auf Triebel). Seit 1413 gehörte es zum Fstm. → Sagan und teilte dessen Geschicke (bis 1932 Kr. Sagan, 1932–45 Kr. Rothenburg O. L.). Die Stadt P. mit der P.er Heide hatte nur von 1602–1666 eigene adlige Besitzer (v. Promnitz bis 1608, dann v. Schellendorff), gehörte sonst immer zu den hzl. Kammergütern des Fstm. Sagan. Von lokaler Bedeutung ist der aus Feldsteinen erbaute Rundturm der alten Stadtfestung, in dem Hz. Balthasar von Sagan 1472 zu Tode kam (daher »*Hungerturm*« gen.). Die Ref. wurde in P. 1539 eingeführt. Die *Pfarrkirche* war evg. bis 1668; sie war um 1700 baufällig und wurde 1723 erneuert. Die *evg. Kirche* wurde 1755 errichtet und 1823 neu gebaut. Das *Rathaus* ist massiv von 1564. – 1547 hatte P. »148 beseßenner man« (ca. 900 Eww.). 1606 werden 200 bewohnte Stellen angegeben. Die Stadt hatte im Ma. bedeutende Tuchmacherei, Bierbrauerei mit Meilenrecht, dazu Eisenhandel (im Umkreis viele Eisenhämmer). P. wurde 1612 ganz eingeäschert, 1631 brannten ca. 50 Häuser mit Kirche und Burg ab. 1654 waren nur noch 42 Bürgerstellen (ca. 150 Eww.) vorhanden.
Ein totaler Stadtbrand vom 5. 6. 1719 vernichtete erneut den Aufbau. P. geriet nun in eine Verkehrsrandlage, da nach dem 30j. Kriege die Straße Görlitz-Frankfurt a. O. über Muskau ging. Bes. benachteiligt wurde P. im Eisenbahnzeitalter (Privatbahn Hansdorf-P. 1895, Rothenburg O. L.-P. 1908) und blieb daher unbedeutend. Eww.-Zahlen: 1787: 734, 1825: 901, 1905: 1394, 1939: 1262, 1960: um 1000. 1945 verlor das durch das Kriegsende stark in Mitleidenschaft gezogene P. das Stadtrecht. – In P. wirkte 1787–1833 der evg. Pastor und Superintendent Johann Gottlob Worbs (1760–1833), bedeutender Historiker für W-Schles. und die Lausitz.
Bis zur M. 16. Jh. waren viele Dörfer im w. Teil des P.er Zipfels von sorbischer Bev. (bis 65%) bewohnt. (I) *St*

LV 119, Bd. (4), S. 24–41. – AHeinrich, Gehörte P. zu Schles.? In: LV 28, 26 (1892), S. 364–86. – WLippert, Wettiner u. Wittelsbacher sowie d. Niederlausitz im 14. Jh., Dresden 1894. – AHeinrich, Gesch. Nachrichten über P., Sagan 1898. – RPohl, P. u. d. Dörfer d. ehem. Saganer Westteils, Weißwasser O. L. 1934. – LV 233, S. 851. – LV 234, Bd. 2, S. 651 f. – HASchulz, D. illyrischen Ringwälle im Gebiet d. preuß. Oberlausitz, in: LV 285, S. 1–15. – HHoffmann, D. kath. Kirchen d. Altkr. Sagan, Br. 1939, S. 98–100. – JGWorbs, Gesch. d. Hungerturms zu P., 1832, wieder abgedr. in: Sagan-Sprottauer Heimatbriefe 1955, Nr. 3 u. 4. – Sagan-Sprottauer Heimatbriefe 1961, Nr. 11, S. 13, 1965, Nr. 5, S. 149, 1965, Nr. 7, S. 206. – RLehmann, D. Herrschsch. in d. Niederlausitz, Köln/Graz 1966, S. 32. – FMětšk (= FMetschke), D. Stellung d. Sorben in d. territorialen Verwaltungsgliederung d. dt. Feudalismus, Bautzen 1968, S. 20 f. – SKowalski, Przewóz (P.), in: LV 360, Bd. 2, S. 343–52

Primkenau (Przemków, Kr. Sprottau). Die Ränder des → Sprottebruches waren schon in Stein- und Bronzezeit besiedelt. S. des Bruches war an der → »Niederen Straße« eine Abzweigung nach Glogau-Posen, an der im 13. Jh. ein slaw. Markt entstand, den Hz. Primko von Sprottau-Steinau († 1289) nach dt. Recht umsetzte. Verm. haben Hz. Primkos Brüder die neue Stadt zum Gedächtnis ihres gefallenen Bruders gen. (Ersterwähnung als civitas um 1305). Die Hauptdurchgangsstraße wurde schlauchförmig zum Marktplatz erweitert. P. blieb unbefestigt. Das urspr. Weichbild P. umfaßte zehn Dörfer und kam (verm. im 15. Jh.) zum Weichbild Sprottau. In P. wurden 1387 vier Handwerksinnungen gen.; auf 63 Bierhöfen ruhte die Braugerechtigkeit. 1561 wurden P. ein Mittwochmarkt und zwei Jahrmärkte verliehen. – P. war Sitz einer großen Grundherrsch., deren Besitzer von mindestens 1391 bis 1631 Zweige der Fam. v. Rechenberg (→ Klitschdorf, → Windischborau, → Carolath) waren, die 1596 von Ks. Rudolf II. die obere kgl. Heide nebst Petersdorf kauften. Im 18. Jh. sind die Gff. v. Redern auf → Mallmitz (1737–1752) und ein Gf. v. Reuß (1752–1781) Besitzer von P. 1853 verkaufte Baronin v. Block-Bibran P. an Hz. Christian-August zu Schleswig-Holstein († 1869), der u. a. das Sprottebruch entwässerte. Mit seinem Enkel Hz. Ernst-Günther († P. 22. 2. 1921) und dessen Vetter Hz. Albert († P. 27. 4. 1931) starb die Linie aus. Fideikommißnachfolger der Herrsch. P. war 1931–45 Kronpz. Wilhelm von Preußen auf → Oels; der größte Teil der P.er Heide (8202 ha) ging nach 1925 über die Stadt Bunzlau an den Tabak-Industriellen Reemtsma über. – Die Tochter des Hz. Friedrich von Schleswig-Holstein († 1880) auf P., Pzn. Auguste Viktoria (1858–1921), heiratete am 27. 2. 1881 den späteren Ks. Wilhelm II. So brachten Ks.- und Fstt.-Besuche im Heidestädtchen P. um 1890–1910 viel Leben. Hz. Ernst-Günther ließ 1894–97 durch Baumeister v. Ihne ein neues *Schloß* in Formen der Frührenaissance erbauen (1945 ausgebrannt). – Die Umgegend von P. war reich an Raseneisenstein, der im Ma. in Eisenhämmern in Lauterbach, Langen usw. verhüttet wurde. Aus ihnen gingen 1794 bzw. 1895 zwei Eisenhütten der Herrsch. P. hervor, die um 1925 über 1000 Arbeiter beschäftigten. P. hatte 1939 4860 Eww. (1787: 819, 1825: 1115, Schloßgem. 129, 1905: 2850). 1945 verlor P. zunächst das Stadtrecht, wurde jedoch infolge Ausbaus der Metallindustrie 1954 zur stadtart. Siedl. und 1959 wieder zur Stadt erhoben. 1961: 4459, 1970: 5055 Eww. (I) *St*

LV 119, Bd. (3), S. 107–26. – LV 613, Bd. 2, S. 43–45. – REwald, D. Gesch. P.s, P. 1923–25. – LV 233, S. 852 f. – FMatuszkiewicz, Aus P.s Vergangenheit, in: FMatuszkiewicz, GSteller, Unsere Sagan-Sprottauer Heimat, Köln 1956, S. 17–41. – LV 615, S. 48 f. – Sagan-Sprottauer Heimatbriefe 1965, Nr. 5, 1968, Nr. 2 u. 6. – KHandke, GSteller, Beschreibung d. schles. Krr. Sagan u. Sprottau, Lippstadt 1968, S. 308, 316 [Plan v. P. 1750]. – LV 234, Bd. 2, S. 651. – SSkibiński, Przemków (P.), in: LV 360, Bd. 2, S. 333–42.

Proskau (Prószków, Kr. Oppeln). Das am N-Rand eines ausgedehnten Waldgebietes 11 km sw. Oppeln gelegene Dorf P. gehörte von seinen Anfängen bis 1769 dem gleichnamigen Geschlecht v. Proskau (Pruskowsky, Prószkowski, seit 1562 Frhh., 1616 Gff.), erstm. belegt durch »Beldo de Proscow« 1311. Georg v. Proskau richtete auf dem Boden des Dorfes 1560 ein Städtel ein mit einem durch Erweiterung der Durchgangsstraße Oppeln-Neustadt gebildeten rechteckigen Marktplatz; mit 38 brauberechtigten Häusern, in denen sich seine Größe z. Zt. der Gründung spiegelt, war P. eine der kleinsten schles. Städte. Im S ließ Georg v. Proskau auf der höchsten Erhebung des Ortes ab 1563 eine vierflügelige, zweigeschossige *Schloßanlage* im Renaissancestil mit Arkaden-Innenhof und bastionsartigen Eckbauten erbauen. Während des 30j. Krieges brannten schwed. Truppen P. 1644 ab. Das Schloß wurde unter Gf. Georg Christoph v. Proskau, der seinen Besitz 1696 zum Fideikommiß machte, 1677–83 durch den ital. Architekten Johann Seregno wiederaufgebaut und teilweise barock umgestaltet (u. a. Hinzufügung zweier Türme in der Hauptfassade). Die Anlage ist ebenso wie ein Teil der inneren Ausgestaltung (Rittersaal) des 16./17. Jh. erhalten. Johann Seregno könnte auch die 1687 vollendete barocke kath. *Pfarrkirche St. Georg* am N-Rand des Marktplatzes erbaut haben (erste Kirche 1447 belegt). In preuß. Zeit sank P. zwar zum Marktflecken ab. Die günstigen und manigfaltigen Bodenverhältnisse in der Herrsch. verhalfen jedoch dem Ort dazu, Sitz verschiedener Einrichtungen zu werden. Gf. Leopold v. Proskau gründete, gestützt auf gute Tonlager, 1763 eine bedeutende Fayence-Fabrik, die sich bis 1850 hielt. Nachdem der Besitz P. beim Aussterben des Geschlechts v. Proskau 1769 zunächst durch Erbschaft an den Fst. Carl Maximilian v. Dietrichstein zu Nikolsburg gekommen und dann 1783 von dessen Sohn Gf. Johann Carl v. Dietrichstein an Kg. Friedrich d. Gr. verkauft worden war, richtete der preuß. Staat 1847 im Schloß und Gut von P. eine höhere landwirtschl. Lehranstalt ein, die später, vergrößert um ein milchwirtschl. und pomologisches Institut und entsprechende Gebäude, zur landwirtschl. Akademie erhoben wurde (*Denkmal* beim Schloß). Bei deren Verlegung nach Berlin 1881 verblieben in P. eine Lehranstalt für Obst- und Gartenbau (heute Technikum für Gartenbau) und ein milchwirtschl. Institut. Als Ersatz für die Akademie wurde 1887 das Lehrerseminar Oppeln nach P. verlegt; es wurde 1923 aufgelöst. Eww.-Zahlen: 1825: 915 (Städtel, Dorf und Schloßgem.), 1905: 2225, 1939: 2489, 1961: 2428. (III) *We*

LV 210, Bd. 1, S. 77–79. – LV 511, Sp. 255 f. – LV 212, Bd. 2, S. 176–79. – LV 233, S.853. – LV 345, S. 89, 181. – LV 234, Bd. 2, S. 181. – LV 593, Bd. 7, H. 11, S. 105–15. – LV 604. – EHintze, D. P.er

Fayence- u. Steingutfabrik, in: LV 29, NF 4 (1907), S. 124–30. – JChrząszcz, D. landwirtschl. Akademie in P., in: LV 44, 14 (1918), S. 59–71. – Ders., Zum 50j. Jubiläum d. Pomologischen Instituts in P. 1868–1918, ebenda, 14 (1918), S. 103–11, 143 f. – Goerth, D. Entwicklung d. Lehranstalt f. Obst- u. Gartenbau in P., ebenda, 15 (1919), S. 17–23. – JMadeja, Z dziejów seminarium nauczycielskiego w Opolu-Prószkowie (A. d. Gesch. d. Lehrerseminars in Oppeln-P.), in: LV 46, 18 (1972), Nr. 4, S. 7–24

Pschow (Pszów, Kr. Rybnik/Loslau). Das im Hügelland des oberschles. Vorgeb. 12 km sw. Rybnik gelegene Straßendorf P. wurde 1265 auf Anweisung Hz. Wladislaus' von Oppeln durch den Schulzen Richolf zu dt. Recht ausgesetzt. 1532 war die Mehrheit der Bewohner dem Namen nach dt. Die 1308 erstm. belegte Kirche von P. wurde Ziel von Wallfahrten, nachdem 1722 der Kaplan Johann Niemczyk eine Kopie des Gnadenbildes der Muttergottes von Tschenstochau, der durch Berührung mit dem Original Heilkraft übertragen worden sein sollte, nach P. gebracht und einige Jahre später in der dortigen Kirche aufgestellt hatte. 1774 kaufte der in Wien wohnhafte Fst. Karl v. Lichnowsky P., → Rydultau und zwei weitere Güter von Bernhard Johann v. Welczek. Um sich den materiellen Patronatsverpflichtungen gegenüber der Kirche von P. zu entziehen und dabei noch einen wirtschl. Aufschwung für seinen Besitz zu erreichen, schlug Fst. Lichnowsky 1777 dort die Einrichtung einer Propstei des nahen Zisterzienserkl. → Groß Rauden vor, erlangte aber nicht die Zustimmung des preuß. Staates und des Domkapitels zu Breslau. Die heutige spätbarocke *Pfarr- und Wallfahrtskirche* wurde 1743–46 von Friedrich Gans erbaut, die beiden Türme wurden 1847 hinzugefügt. Mit dem Bau der Kohlengrube »Anna« 1832 begann die Umwandlung von P. zur Bergarbeitersiedl. Eww.-Zahlen: 1784: 486, 1825: 709, 1905: 2045, 1931: rd. 6900. 1922 fiel der größtenteils von poln. Bev. bewohnte Ort an Polen. Die Ausweitung des Kohlenbergbaus nach 1945 (1958: 5871 Beschäftigte) und Eingemeindungen führten zur Stadterhebung von P. 1954. 1961: 11 946 (auf 17,56 qkm), 1970: 12 896 Eww.   (IV) *We*

PSkwara, AWollczyk, Chronik d. Pfarr- u. Wallfahrtsortes P. im Kr. Rybnik, Rybnik 1861. – (AWeltzel), P., in: AMüller, D. hl. Deutschland, Gesch. u. Beschreibung sämtlicher ... Wallfahrtsorte, Bd. 1, 1887, S. 219 23.   LV 210, Bd. 2, S. 709 f. – HBellée, D. geplante Erhebung d. Pfarrkirche in P., Kr. Rybnik, z. Zisterzienserpropstei, in: LV 30, 1925, Nr. 1, S. 12–15. – KKowol, Kronika Pszowa i Rydułtów (Chronik v. P. u. Rydultau), Kattowitz 1939. – LV 345. – AMrowiec, Szkice z nowszych dziejów ziemi rybnickiej (Skizzen a. d. neueren Gesch. d. Rybniker Landes), Kattowitz 1962. – LV 234, Bd. 1, S. 460. – LV 225. – LV 593, Bd. 7, H. 14

Psychod (1936 Waldfurt, Przechód, Kr. Neustadt O. S./Falkenberg). Bei dem w. des Schelitzer Forstes in einer Schneise am Flüßchen Steine gelegenen ma. Pfarrdorf P. mit barocker Pfarrkirche (1779) wurden in einem alten See- und Teichgelände steinzeitliche Siedl.- und Grabfunde gemacht. Für eine starke Siedl.-Kontinuität sprechen auch ein germ.-wandalisches Grab aus dem 3. Jh. n. Chr. sowie ein frühma. slaw. *Burgwall.* Vom 16.–18. Jh. gehörte P. als Teil der Herrsch. → Schelitz den Gff. von Proskau, dann dem Gf v. Dietrichstein und seit 1784 dem preuß. Staat.

(III) *Me*

AMaruschke, D. ur- u. frühgesch. Besiedlung d. Kr. Neustadt (LV 104, 2), Oppeln 1929. – LV 350

Puschine (1936 Erlenburg, Puszyna, Kr. Falkenberg). Das 4 km sö. Friedland O. S. im oberschles. Vorgebirgshügelland gelegene Dorf P. ist A. 14. Jh. nachweisbar. Zu den ab 1551 bekannten Besitzern des Rittergutes P. gehören Christoph v. Schaffgotsch (1551), Fam. Buchta v. Buchtitz (1592–1688), Fam. v. Donat (1695 bis 1776), die Gff. Heinrich Leopold und Ernst v. Seherr-Thoß (1776–1844) und die Gff. v. Francken-Sierstorff, die unter Verwendung des alten Schloßturmes 1855/56 ein neues Schloß errichten ließen. Letzte Besitzer waren seit 1905 die Gff. v. Ballestrem, die das Schloß 1906–08 um- und ausbauten (1945 zerstört).

(III) *We*

LV 613, Bd. 2, S. 46. – LV 615, S. 98 f. – Heimatbuch d. Kr. Falkenberg in Oberschles., Scheinfeld/Mfr. 1971, S. 155–58

Puschkau (Pastuchów, Kr. Schweidnitz). P. (7 km sö. Striegau) wurde vor 1150 im alten Siedlungsgebiet am Striegauer Wasser, wo schon in der Bronzezeit Ansiedlungen lagen, gegr. Besitzer war wohl um 1130 Gf. Peter Wlast, der die Abgaben von P. und einiger anderer Dörfer als Erstausstattung seiner Stiftung, dem Kl. der Augustiner-Chorherren am → Zobtenberg (späteres Sandstift in Breslau), schenkte. Unter dem Sandstift wurde P. vor 1259 zu dt. Recht ausgesetzt, auf P.s Gemarkung wurde vom Prior des Sandstifts ein zweites Dorf gegr. (»Priorsdorf«, Preilsdorf). P. war ein Straßendorf mit etwa 25 Bauernhöfen und einer Gemarkung von 765 ha, mit Erbscholtisei, Rittergut, eigener Pfarrei mit *Kirche,* Wassermühle. Nach 1260 ging P. in Ritterbesitz über, die Erbscholtisei wurde zum Rittergut erhoben, nach 1654 wurden beide Güter zu einem Großdominium von 473 ha zusammengelegt. Auf dem Herrenhaus des Mittelhofes wohnten die Grundherren, um 1320 die v. Puczcow, um 1350 bis E. 16. Jh. die v. Mühlheim-Puschke, dann die v. Kalkreuth, v. Seidlitz, v. Reibnitz. Die zweite Ritterfam. wohnte auf dem Niederhof (Herrenhaus der Erbscholtisei): seit 1495 die v. Kalkreuth, 1650 die v. Gafron, später die v. d. Dahm, 1733–1835 die Gff. v. Hochberg, die aber in → Rohnstock wohnten, dann Kommerzienrat v. Kramsta aus Freiburg, seine unverheiratete Tochter Marie, schließlich deren Erben v. Wietersheim-Kramsta (Wohnsitz in Schloß Muhrau). Um 1565 wurde von Caspar v. Kalkreuth das neue Schloß erbaut, ein Wasserschloß im Renaissancestil (wertvolle Deckenmalerei von 1687 mit Darstellung schles. Volkstrachten, heute verschwunden).

Der *Wohnturm* des ursprünglichen Wasserschlosses wurde 1935 restauriert. P. wurde im 16. Jh. evg., die Kirche 1653 den Katholiken zurückgegeben, die ehemals selbständige Kirche in → Peterwitz ihr als Filiale zugeteilt. 1892 ließ Marie v. Kramsta eine neue evg. Kirche bauen (1956 abgerissen). 1939: 966 Eww. 1832 wurde in P. eine Zuckerfabrik gebaut, die nach 1945 mit dem Bahnhof → Königszelt durch eine Eisenbahn verbunden wurde. (II) *Ra*

LV 616, S. 58 f. – LRadler, P., in: Tägl. Rundschau, Heimatbl. f. d. Stadt- u. Landkr. Schweidnitz 1965, Nr. 8–12, 14

Quaritz (1937 Oberquell, Gaworzyce, Kr. Glogau). Qu. ist ein Straßenangerdorf am sw. Rande des Schles. Landrückens (= Dalkauer Berge). In oder unmittelbar bei Qu. kreuzten sich zwei wichtige alte Straßen: die ö. Sprottau von der → Niederen Straße sich abzweigende Straße nach Glogau, an der Hz. Wlodko von Teschen in Qu. 1452 einen von Ks. Friedrich III. verliehenen Zoll besaß, und die Straße Frankfurt a. O.–Crossen–Breslau. Das Dorf wurde verm. um 1230 dtrechtl. umgesetzt; denn das Nachbardorf Klopschen war schon 1226 nach fläm. Hufen vermessen. 1276 wird ein Schulze in Qu. urk. gen. Vor 1291 wurde Theodoricus von Qu. Lokator und erster Vogt von → Polkwitz. Der Ort, der um 1315 44 kleine Hufen umfaßte, wechselte häufig den Besitzer. Hz. Primko von Glogau (1323–31) schenkte ihn dem Kl. → Leubus, das ihn 1334 an Johann v. Tannenberg gegen das Dorf Jästersheim bei Guhrau eintauschte. 1340 schenkte Kg. Johann von Böhmen Qu. der Stadt Glogau, im 15. und 16. Jh. gehörte es jedoch dem hzl. Amt Groß Glogau, bis Ks. Rudolf II. es 1599/1600 dem bevollmächtigten Hauptmann des Saganer Fstm. Wenzel v. Zedlitz als Erbgut verkaufte. Von den v. Loß gelangte Qu. 1694 an die Frhh. v. Tschammer, die es bis 1945 besaßen. Das *Schloß* zu Qu. hat 1706 Georg Caspar v. Tschammer bauen lassen. – Vom August 1604 bis Februar 1606 empörten sich die Qu.er Bauern gegen ihren Grundherrn Wenzel v. Zedlitz; der Aufstand wurde durch 500 ung. Soldaten, die zwölf Qu.er töteten, niedergeschlagen. Im 18. Jh. wurde Qu. durch Spukgeschichten bekannt. – Qu. hat zwei Kirchen: die ma., aus Feldsteinen erbaute *kath. Kirche* (1366 erstm. gen., im Turm eine Glocke von 1518, von ca. 1550 bis 1054 evg.) und die 1743 massiv erbaute *evg. Kirche*. – 1685 erwirkte Georg Wenzel v. Loß für sein Gut Qu. die Abhaltung von drei Roß- und Viehmärkten jährlich; sein Besitznachfolger v. Tschammer erhielt vom Ks. 1696 zwei Jahrmärkte verbrieft. 1790 wird Qu. als Marktflecken bzw. als das größte Dorf im Kr. Glogau mit 263 Feuerstellen und 1171 Eww. bezeichnet. 1939 zählte Qu. 1720 Eww. (II) *St*

LV 119, Bd. 2, S. 249–52. – LV 266, bes. S. 215–18. – LV 613, Bd. 3, S. 26. – JKlapper, Ein Großglogauer Zinsregister a. d. Zeit um 1315, in: LV 28, 74 (1940), S. 126–28, Ergänz. 75 (1941), S. 94. – LV 483, S. 573–75. – LV 358, S. 226

Queiskreis (Okręg po Kwisę, Kr. Lauban). Der etwas über 100 qkm große Qu. war der SO-Zipfel der Oberlausitz, mit dieser nur durch einen schmalen Landstrich verbunden. Er hatte im groben die Form eines gleichschenkligen Dreiecks; den einen Schenkel im SO und die Basis im N bildete der die Oberlausitz von Schles. trennende Queis bis unterhalb Marklissa, den anderen Schenkel im SW die böhm.-lausitz. Grenze im Isergeb., die Spitze im S die 1123 m hohe Tafelfichte. Der Qu. war der ö. Teil des bis 1158 meißnischen, dann böhm. Gaues Zagost und erhielt seine endgültige Grenze gegenüber Schles. nach 1241. 1346, endgültig im 16. Jh. verlor der Qu. einen Streifen bei → Friedeberg an Schles., dagegen gewann er bei Greiffenberg 1427/1. H. 16. Jh. n. des Queis → Friedersdorf. Den Schutz des böhm. bzw. 1253–1319 askanischen Qu. gegenüber Schles. übernahm zunächst die 1247 bezeugte Burg »Lesne« beim späteren → Marklissa; noch vor 1319 müssen die 1329 nachweisbaren vorgeschobenen Burgen → Schwerta und → Tzschocha begründet worden sein. Die Bezirke der drei Burgen bestimmten die Einteilung des Qu. bis 1592, als die Herrsch. Schwerta dreigeteilt wurde. Der Qu. nahm eine Sonderstellung ein: politisch, indem er nicht in die umliegenden Weichbilder eingegliedert war und seine Grundherren direkt dem Lehnhof und Hofgericht in Bautzen unterstellt waren (daher »Budissiner Qu.«), kirchlich durch die Zugehörigkeit (außer Marklissa) zu der bis 1307 unmittelbar dem Bf. von Meißen zugeordneten Sedes → Seidenberg. Beim Aussterben der Askanier 1319 gelangte der Qu. mit der O-Oberlausitz an Hz. Heinrich von Jauer; → Lauban und der Qu. wurden erst nach Heinrichs Tod 1346 wieder böhm., die übrige O-Oberlausitz bereits 1329. Durch die zeitweise Trennung der Oberlausitz von Böhmen und danach die Lehnsabhängigkeit der schles. Hztt. von der böhm. Krone verlor der Qu. seine strategische Bedeutung für Böhmen. Nach dem Übergang der Lausitzen an das evg. Sachsen (1635) wurde der Qu. zu einem Einwanderungszentrum für Exulanten aus Böhmen und Schles., die sich bes. der Leinenerzeugung zuwandten. In den 1650–1670er Jahren entstanden durch sie zahlreiche neue Siedl., darunter die Städtchen → Goldentraum und → Wigandsthal; für die Evangelischen in den schles. Grenzgebieten wurden Grenzkirchen in → Friedersdorf und Nieder Wiesa (→ Greiffenberg) und Zufluchtskirchen in → Marklissa, Rengersdorf, Ober Wiesa und → Gebhardsdorf eingerichtet. 1815 fiel die Grenze gegenüber Schles. weg. (I) *We*

Schönwälder, D. Budissiner Qu., in: LV 55, 60 (1884), S. 352–391, u. 61 (1885), S. 1–78. – RJecht, D. Qu., in: Heimatbuch d. Kr. Lauban in Schles., 2. Aufl. hg. v. WMenzel, Seyboldsdorf-Vilsbiburg 1966, S. 82–85

Radlin (Kr. Rybnik/Loslau). Die 1955 entstandene Stadt R. 3 km n. Loslau umfaßt die früheren Siedl. Ober- und Nieder R., Birtultau, Glasin und Obschory. R. und Birtultau (A. 14. Jh. »Bertholdi villa«) sind in der 2. H. 13. Jh. am N-Rand der Lößzone im Vorgebirgshügelland gegr. große Waldhufendörfer (R.: 63 Hufen), die z. T. von dt. Bauern besiedelt waren (in R. 1428 5 dt., 3 poln. Namen belegt). Im 19. Jh. kam hier Kohlenbergbau auf; die »Emma-Grube« in R. (1883, heute »Marcel«, 1958: 5851 Beschäftigte), bis 1896 in Produktionsgemeinschaft mit Kohlengruben in → Niedobschütz, war zeitweise die größte Anlage im Rybniker Kohlenrevier. Daneben entstanden eine Kokerei, eine Brikettfabrik und Ziegeleien. Eww.-Zahlen: 1783/84: R. 279, Birt. 87, 1825: R. 667, Birt. 279, 1905: R. 3789, Birt. 1908, 1931: rd. 8900, 1961: 17 462 (auf 22,73 qkm), 1970: 20 334. (IV) We

LV 210, Bd. 2, S. 756, 777 f. – LV 345. – AMrowiec, Szkice z nowszych dziejów ziemi rybnickiej (Skizzen a. d. neueren Gesch. d. Rybniker Landes), Kattowitz 1962. – LV 234, Bd. 1, S. 461 f. – LV 225

Radzionkau (Radzionków, Kr. Tarnowitz). Im ma. Bergbaugebiet um Beuthen O. S. gelegen, besaß R. 1326 eine eigene Pfarre. Seit dem 18. Jh. entwickelte sich R. im Zusammenhang mit dem Galmeiabbau durch die Erben Georg v. Giesches. Im 19. Jh. kamen hinzu der Abbau von Eisenerzen und Kalk, die Einrichtung einer Kohlengrube (1871–1877) und einer Zinkhütte (1883/84) mit einer Röstanlage für Zinkblende (E. 19. Jh.). Das Wachstum des Industrieortes spiegelt sich in der steigenden Eww.-Zahl: 1825: 690, 1855: 1348, 1885: 5031, 1905: 11 445, 1925: 13 704, 1941: 16 951, 1961: 24 981, 1970: 27 884. 1951 erhielt R. Stadtrecht. (IV) We

JNowak, Kronika miasta i powiatu Tarnowskie Góry (Chronik d. Stadt u. d. Kr. Tarnowitz), Tarnowitz 1927. – Tarnowskie Góry. Zarys rozwoju powiatu (Überblick d. Entwicklung d. Kr. Tarnowitz), hg. v. HRechowicz, Kattowitz 1969. – LV 234, Bd. 1, S. 462

Ransern (Rędzin, Landkr./Stadtwoj. Breslau). 2,5 km nnw. des Ortes fand sich 1888 auf dem Felde ein Halsring aus Gold mit einer Rosette, die in Goldstege eingelegte Granate aufweist, 708 g schwer. Der Schmuck ist ins 5. Jh. n. Chr. zu datieren und beweist, daß nach der Auswanderung der Wandalen Germanen zurückblieben. Möglicherweise ist das Stück der Rest eines zerstörten Fst.-Grabes, zumal von ehem. vorhandenen Hügeln in diesem Gelände berichtet wird. (II) Pe

WGrempler, in: LV 29, 5, 1889, S. 61 u. NF 1, 1900, S. 59 ff. – Ders., in Corr. Bl. d. Dt. Ges. f. Anthropologie, Ethnologie u. Urgesch. 20 (1889), S. 154 f. – OMertins, Wegweiser durch d. Urgesch. Schlesiens u. d. Nachbargebiete, 2. Aufl. Br. 1906, S. 124 f. u. Fig. 322. – WHoffmann, in: LV 67, 10 (1941), S. 23 u. Abb. 36. – EPetersen, Schles. v. d. Eiszeit bis ins Mittelalter, Langensalza 1935, S. 196 u. Abb. 382

Rathen, Ober-, Nieder- (Ratno Górne, Ratno Dolne, Kr. Glatz/Neurode). Am N-Rand des Heuscheuer-Geb. entstand auf einem Felsvorsprung über der der Steine zufließenden Posna bei R. verm. im 11. Jh. eine böhm. Landwehr gegen die Polen in Schles. Um sie herum bildete sich früh eine Herrsch. mit R. als Mittelpunkt. Noch vor 1290 muß die Einführung des dt. Rechts eine grundlegende Veränderung der Verhältnisse in der Gemarkung von R. herbeigeführt haben: ein Teil des Areals wurde zur Gründung der Stadt → Wünschelburg verwendet, ein weiterer mit der sicher älteren St. Bartholomäuskirche zur Vorstadt (Nachricht 1290); auf diese Umlegung wird auch das seit etwa 1414 belegte Freirichtergut von Ober R. zurückgehen, das sich als bes. Besitz bis ins 20. Jh. erhalten hat (1851–1916 in Besitz von Wünschelburg, sonst in privater Hand). Unter den zahlreichen Besitzern von R. befanden sich die v. Muschcin (1347), v. Panewitz (1368–2. H. 15. Jh.), Hz. Heinrich von Münsterberg (1494) und Ulrich Gf. von Hardeck, der 1505 die von Mauern umgebene »Veste zu R.« nebst Vorwerk Stefan Pantzinger zu Lehen gab. 1514–1613 war R. im Besitz der Fam. v. Reichenbach; in dieser Zeit (Inschrift 1563) erhielt der rechteckige *Schloßbau* mit halbkreisförmigem Renaissance-Zinnenkranz die im wesentlichen bis heute erhaltene Gestalt. 1675 kaufte Daniel Paschasius v. Osterberg († 1711, → Albendorf) Gut und Dorf Nieder R. und erweiterte das Schloß; seine Nachkommen veräußerten den Besitz (einschl. Ober R.) 1761. Woldemar v. Johnston, Besitzer von R. seit 1854, gestaltete das Schloß im Innern um und legte den Park an. – Mit dem Bau der Heuscheuerbahn Mittelsteine–Wünschelburg erhielt R. Eisenbahnanschluß (1903).   (IIa)   *Web, We*

Chronik v. Wünschelburg, 1. Teil, hg. v. JKluger, 2. Teil, hg. v. AKüssel, Anröchte 1968/72. – LV 613, Bd. 3, S. 26 f. – Guda Obend, Heimatl. Jb. f. d. Gfsch. Glatz 4 (1914), S. 25 f. – Ostdt. Heimat, Jb. d. Gfsch. Glatz, Grofschoaftersch Häämtebärmla 16 (1964), S. 21. – LV 616, S. 43 f.

Ratibor (Racibórz). Die Stadt R., an dem ersten, einem uralten Übergang über die Oder bei deren Eintritt in Schles. gelegen, hat ihren Namen von der 1108 erstm. erwähnten Wallburg auf einer Flußinsel rechts vom Hauptstrom. Die Burg sollte den Flußübergang im Zuge einer Handelsstraße von der Mähr. Pforte in Richtung Krakau schützen; sie ist seit 1155 als Mittelpunkt einer Kastellanei belegt und wurde bei der 1. Teilung des Hzt. Schles. 1163 (endgültig 1173) Sitz des Hz. Mieszko I. von R. Dieser sowie seine Nachff. machten die Burg durch Gräben, Mauern und Türme so wehrhaft, daß sie 1241 dem Mongolensturm erfolgreich Widerstand leisten konnte (Sage). Während des Streites zwischen Hz. Heinrich IV. von Breslau und Bf. Thomas II. von Breslau fand letzterer 1285 in der Burg von R. bei Hz. Primislaus Schutz. Zum Dank dafür gründete der Bf. bei der um diese Zeit erneuerten *Burgkapelle*, einer Perle frühgot. Baukunst, ein dem hl. Thomas von Canterbury geweihtes Kollegiatstift; die Kapelle blieb trotz mancher Um- und Ausbauten der Burg zu einem Schloß unberührt, wurde durch den letzten Krieg zwar schwer beschädigt, jedoch wieder instandgesetzt.

Das Hzt. R. blieb bis 1336 in der Hand der Piasten, kam dann durch Erbschaft an die Troppauer Přemysliden (bis 1521) und fiel nach der Zwischenherrsch. des Oppelner Piasten Hz. Johann 1532 als erledigtes Lehen an die böhm. Krone, deren Besitzer es in der Folgezeit häufig verpfändeten, zunächst an die Markgff. von Ansbach (bis 1551), 1645–1666 an die Krone Polens. – Die aus den Kammergütern hervorgegangene Herrsch. R. wechselte ebenfalls häufig den Besitzer. Nachdem sie zusammen mit einer Reihe säkularisierter Kirchengüter 1812 vom Kurpz. von Hessen-Kassel erworben worden war, ging der gesamte Besitz 1820 als Ersatz für Einkünfte aus den an Preußen abgetretenen Gebieten am Rhein an Landgf. Viktor Amadeus von Hessen-Rothenburg, der damals auch Fst. zu Corvey wurde, über und wurde 1821 vom preuß. Kg. zum Mediathzt. erhoben. Erbe des Landgf. wurde 1834 Pz. Viktor von Hohenlohe-Waldenburg-Schillingsfürst. Die neuen Hzz. richteten ihre Hofhaltung in → Groß Rauden ein. Das *Schloß* zu R. erfuhr keine weitere Pflege (auf dem Boden zweier abgebrannter Flügel entstand 1859 eine Brauerei); 1945 wurde es zerstört, 1949 teilweise wiederaufgebaut. Es beherbergt gegenwärtig das Kreisarchiv sowie Brauereiarbeiterwohnungen.

Schon vor der Ankunft dt. Siedler und der Gründung der Stadt R. saßen in der Vorburg auf festem Grund am O-Ufer der Oder Dienstleute der Burg. 1475 treten dort ein Vizevogt Albert, ein Schulze und Älteste als Zeugen auf. 1532 waren in dieser Siedl. Ostrog – der Name tritt damals zum erstenmal auf – 69 Personen ansässig. Die bereits 1307 gen. Holzkirche von Ostrog wurde im Laufe der Zeit immer wieder von der Schloßherrsch. erneuert. Die seelsorgerische Betreuung der Ostroger erfolgte durch das Kollegiatstift, auch nach dessen Verlegung von der Burgkapelle in die Stadtpfarrkirche. Nach 1810 wurde die Siedl. ein eigenes Dorf und erhielt 1817 eine eigene Pfarrei. Durch Erschließung und Verwendung der großen Lehmlager des Bodens wuchs der Ort rasch an (1895: 3376 Eww.); er wurde 1927 mit dem Schloß R. als R.-Nord in die Stadt R. eingemeindet.

Der Burg R. mit der Burgsiedl. Ostrog gegenüber entstand auf der l. Flußseite seit A. 13. Jh. eine weitere Siedl., die bereits 1217 mit Markt- und Schankrecht ausgestattet war; damals wurden dort ausdrücklich »Gäste« (»hospites«) erwähnt, womit dt. und fläm. Kaufleute und Ansiedler gemeint waren. Zu dieser Siedl. gehörte auch eine Dominikanerniederlassung mit einer kleinen Holzkirche auf der Oderhöhe.

Im Anschluß an die Ufersiedl. entstand, wohl geplant bereits von Hz. Mieszko I., unter Hz. Kasimir (1211–1229/30) durch Siedler aus dem W die Stadt R. Für 1235 ist ein Stadtvogt von R. namens Colin nach fläm. Recht belegt (Echtheit der Urk. umstritten). 1286 wurde R. zum Oberhof dieses Rechts für die mit fläm. Recht bewidmeten Ortschaften des Hzt. bestellt. 1299 begabte der Landesherr es mit dem inzwischen allgemein eingeführten Magdeburger Recht. – Durch zwei feindliche Überfälle wurde die junge Stadt 1255 und 1273 stark geschädigt; mit Unterstützung neuer Siedler aus dem W wurde sie aber bald wieder aufgebaut und nach S er-

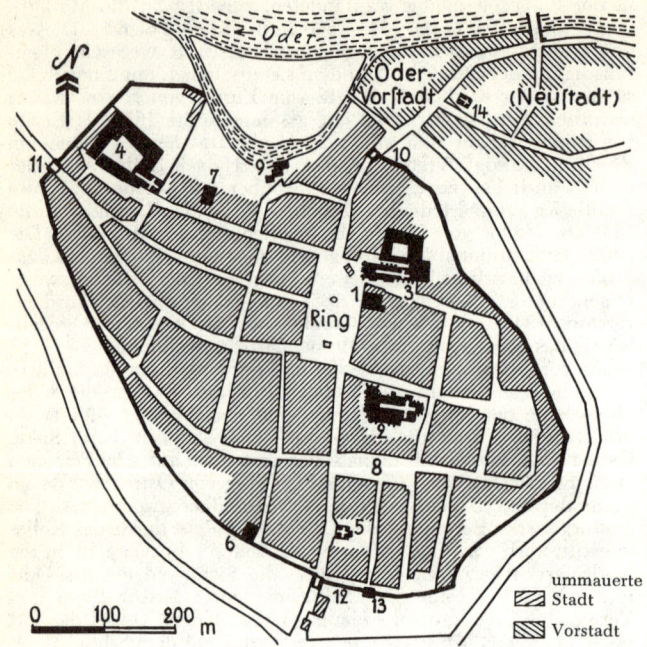

Ratibor 1812

(nach dem Plan von Wihrheim in der Bearbeitung von SGolachowski in
LV 361)

1 Rathaus
2 Liebfrauen-Pfarr- und Kollegiatkirche
3 St. Jakobikirche mit Dominikanerkl.
4 Hl. Geistkirche mit Dominikanerinnenkl.
5 Evg. Kirche
6 Städt. Hospital
7 Hospital
8 Neumarkt (Roßmarkt, Kleiner Ring)
9 Städt. Mühle
10 Odertor
11 Großes (Nikolaus-, Leobschützer) Tor
12 Neues (Benkowitzer) Tor
13 Stockhausturm
14 St. Peterskirche

weitert. Die l.-odrige Ufersiedl. wurde 1294 als Neustadt in die
Stadt R. einbezogen. Das Stadtsiegel von 1296 zeigt ein halbes
Rad und einen halben schles. Adler. – Die vom Ufer leicht anstei-
gende Odergasse führt (über die Stelle, wo einst das Odertor
stand) auf den Marktplatz (Ring) mit den an seinen Ecken in r.
Winkel zueinander einmündenden bzw. ausgehenden Straßen und
mit dem für die Pfarrkirche seitlich ausgesparten Platz gemäß der
Art der ostdt. Gründungsstädte. In der Mitte des 58 × 116 m
großen Ringes steht eine barocke *Säule* mit der Himmelfahrt Mariens von 1727, gestiftet von Gfn. Elisabeth Gaschin, wohl zur Erinnerung an die Pest von 1715, gestaltet von Joh. Melchior Österreich. Hier stand anfangs das Rathaus, das nach dem Brande von
1546 an die O-Seite des Ringes verlegt und 1826 in der klassiz.
Form erbaut wurde, wie es bis zu seiner Zerstörung 1945 bestanden hat. L. davon steht die *St. Jakobikirche,* ein frühgot. Bau mit
einem barocken Dachreiter, erbaut mit einem Dominikanerkl. auf
Grund einer Stiftung Hz. Mieszkos II. von 1246, geweiht 1258.
Ihre barocke Innenausstattung, bemerkenswert bes. in der Gruft
der Gff. Gaschin, erfolgte nach Bränden 1637. Das hinter der
Kirche errichtete Kl. wurde 1822 abgebrochen, der Platz zunächst
als Reitplatz der Garnison, später als Gemüsemarkt verwendet.
Die *Liebfrauen-Pfarrkirche* in der SO-Ecke des Ringes hebt sich
mit ihrem 68 m hohen Turm über die Häuser hinaus. Der älteste
Teil der Kirche – der Hohe Chor – ist wohl um die Zeit ihrer
ersten Erwähnung (1286) entstanden. Er enthält einen glanzvollen
barocken Hochaltar von 1656 und ein kunstvolles Chorgestühl von
1653 für die Mitglieder des 1416 von der Burgkapelle hierher
verlegten Kollegiatstiftes. Der Mittelteil ist eine Hallenkirche, errichtet nach dem Brande von 1574 (vollendet 1592?). Die St. Mar-
zelluskapelle im W von 1426, dem Schutzpatron der Stadt geweiht, hieß seit 1658 auch »Poln. Kapelle«, da sie damals dem
poln. Prediger übergeben wurde; sie diente auch dem Gedächtnis
der Äbtn. und Hz.-Tochter Eufemia, die als Selige verehrt wird. –
Die N-S-Verbindung setzte sich vom Ring in der Neuen Straße,
der ehem. Kramergasse, fort; sie führte am Neumarkt, dem zweiten alten Marktplatz der Stadt (seit 1255), und am Marzellusplatz
vorbei zur Stelle, wo einst das Neue Tor den Weg nach S freigab.
Der seitlich stehende viereckige *Stockhausturm* aus Bruchsteinen
(16. Jh.) ist ein Rest der alten Stadtbefestigung, die bereits 1299
erwähnt wird. – Während die vom Ring ostwärts führende Straße
nicht dem Durchgangsverkehr diente, liefen die drei westwärts
gehenden Straßen – die Lange Straße, die Fleischerstraße und die
Jungfernstraße – beim Großen (auch Nikolaus- oder Leobschützer)
Tor zusammen. Die letztgenannte Straße hatte ihren Namen von
dem Jungfrauenstift mit Dominikanerinnenkl., das Hz. Primislaus
1299/1306 gestiftet hatte und dessen erste Äbtn. des Hz. Tochter
Eufemia († 1359) war. Die zum Kl. gehörige frühgot. *Kirche zum
Hl. Geist* mit einem angebauten vierkantigen Glockenturm wurde
1830 vom Staate der evg. Gem. geschenkt und 1913 von dieser

(nach dem Neubau einer evg. Kirche) an die Stadt verkauft, die 1926 darin ein städt. Museum einrichtete. Das Kl. wurde 1823 zum Kgl. evg. Gymnasium umgebaut, aus dem u. a. hervorgegangen sind: der Physiker Prof. Max Berek († 1849 in Göttingen), der Pathologe und Kliniker Prof. Ludwig Traube (1818–1876), der Geh. Justizrat und bedeutende Reichstagsabgeordnete Dr. Felix Porsch (1853–1930), Arnold Mendelssohn, Erneuerer der evg. Kirchenmusik (1855–1933), Dr. Alfons Proske, Oberpräsident der Prov. Oberschles. 1923–28, und der Maler, Zeichner und Graphiker Wilhelm Toms (1868–1957). – R. war im Ma. ein bedeutender Handelsplatz; es besaß eine Salzniederlage (1332) und war auch im Getreidehandel von Schles. führend. Der erste Jahrmarkt ist 1275 angedeutet. Unter den Handwerken waren die Tuchmacherei, die Gerberei und das Brauwesen bes. entwickelt. Durch den 30j. Krieg sowie durch Brände erlitt R. seit dem 17. Jh. wirtschl. Schaden. 1749 hatte es nur 1564 Eww.; im Ma. soll die ca. 19 ha große Stadt volkreicher gewesen sein. 1787: 3272, 1825: 5641 Eww. Einen neuen Aufschwung erlebte R. nach Eröffnung der Eisenbahnlinie Berlin–Wien über R. (1846) und von Nebenlinien, welche die Errichtung wichtiger Industriebetriebe zur Folge hatten. 1903 wurde R. kreisfreie Stadt. Sein Stadtgebiet hat es seit 1800 mehrmals durch Eingemeindungen erweitert (u. a. Neugarten 1860: dazu gehört die *Wallfahrtskirche Matka Boża* = Mutter Gottes, gegr. im 15. Jh., der heutige Bau mit zwei Zwiebeltürmen von 1726; Bosatz 1900: das Dorf lehnte sich an das 1491 gegr. Franziskanerkl. an – bosaki = Barfüßer –, das nach dem Brand von 1519 erst 1686 in Brunken wiedererstand; Altendorf 1902: die St. Nikolauskirche an einer vor- und frühgesch. Straßenkreuzung soll angeblich ins 11. Jh. zurückreichen; Ostrog mit Schloß R. 1927). Dagegen verlor die Stadt durch die Grenzziehung von 1922 einen Landbesitz von 1267/90 und in wirtschl. Beziehung ein wertvolles Hinterland in O und W. 1939 hatte R. 50 004 (1905: 32 690) Eww. 1945 wurde die Stadt zu beinahe 80% zerstört (1961: 33 854, 1971: rd. 40 600 Eww.). – Joseph v. Eichendorff war in seinen Jugendtagen eng mit der Stadt R. verbunden (Denkmal von 1909 in der Bahnhofstraße). (IV) *Hy*

Ratibor-Archiv im Stadtarchiv Leverkusen, Damaschkestr. 53. – Kreisarchiv (Państw. Archiwum Powiatowe) im Schloß v. R. – Stadtmuseum (Muzeum Miejskie) in d. ehem. Dominikanerinnenkirche, ul. Gymnazjalna, u. in zwei weiteren Gebäuden, ul. Chopina 12. – JMosler, R. u. d. R.er Land im Schrifttum d. Jhh., R. 1938. – AWeltzel, Gesch. d. Stadt u. Herrsch. R., R. ²1881. – LV 233, S. 853–56. – GHyckel, Gesch. d. Stadt R., d. Ma., Augsburg 1952. – Ders., Gesch. u. Besiedlung d. R.er Landes, Würzburg 1961. – WDziewulski, SGolachowski, Racibórz (R.), in: LV 361, S. 213–24. – MKutzner, Racibórz (R.) (LV 108), Br. 1965. – Szkice z dziejów Raciborza (Skizzen a. d. Gesch. v. R.), hg. v. Instytut Śląski in Oppeln, Kattowitz 1967. – LV 234, Bd. 2, S. 182–84

Ratiborhammer (Kuźnia Raciborska, Kr. Ratibor). Ca. 15 km nö. Ratibor entstand in der 1. H. 17. Jh. auf gerodetem Waldboden

der Ratiborer Kammer an der Ruda ein Eisenhammer mit dazu-
gehöriger Siedl., lange Zeit einfach »Hammer«, dann »Ratiborer
Hammer« und R. benannt. In der 1. H. 18. Jh. standen hier ein
Hochofen und zwei Frischfeuer, in der 2. H. 18. Jh. kamen drei
Frischfeuer hinzu. Im 19. Jh. wurden die Anlagen durch neue
Hammerwerke ersetzt: 1841 bzw. 1845 entstanden die Ober- und
Niederhütte, beide hzl., 1845 legte Anton Magnus Schoenawa
(1810–88, 1883 Kommerzienrat), der vorher die hzl. Ratiborer
Industrieanlagen verwaltet hatte, mit der Einrichtung einer Na-
gelschmiede die Grundlage für die »Hoffnungshütte« (später noch
mit Puddelei, Walzwerk, Achsenschmiede und Gießerei ausgestattet, 1907 an die Maschinenfabrik Wilhelm Hegenscheidt, Ratibor, übergegangen). Die Betriebe stellten u. a. Eisenprodukte für
den Eisenbahnbedarf her. Hinter der heutigen »Ratiborer Metall-
warenfabrik« (Raciborska Fabryka Wyrobów Metalowych) ver-
bergen sich die früheren Werkzeugmaschinenwerke W. Hegenscheidt und Schondorff-Hegenscheidt GmbH (letztere 1944 begonnen), die nach Zerstörungen von 1945 wiederauf- und ausgebaut
wurden. 1956 wurde R. zu stadtart. Siedl., 1967 zur Stadt erhoben. Eww.-Zahlen: 1784: 270, 1825: 765, 1885: 2266, 1905: 2269,
1925: 2969 (auf 8,68 qkm), 1939: 3521, 1961: 3082 (auf 30,99 qkm),
1970: rd. 5200.   (IV) *We*

LV 210, Bd. 2, S. 680. – LV 345. – LV 225. – LV 234, Bd. 2, S. 171

Raudten (Rudna, Kr. Lüben). Die Umgebung von R. (13 km nö.
Lüben) ist durch bronzezeitliche Funde als altes Siedl.-Gebiet
ausgewiesen. Der frühe Abbau von Raseneisenerz ist durch den
Fund von Schmelzofenresten und den ON (poln. ruda = Erz)
wahrsch. gemacht. Bei Alt R. liegen drei offenbar slaw. *Burgwälle*:
auf dem »Schloßberg«, 300 m sö. davon in Sumpfgebiet und auf
dem »Weinberg«, auf dem auch die Kirche des slaw. Dorfes stand.
In einer Mulde des Schles. Landrückens entstand – vielleicht
schon um 1300 – 2,5 km nw. von Alt R. im Mündungswinkel
zweier Bäche die Stadt R., an drei Seiten von Sümpfen, an der
vierten durch eine hzl. Burg mit Wallgraben (erbaut 1270 durch
Hz. Konrad I. von Glogau?) geschützt. Die in Leiterform mit
rechteckigem Marktplatz angelegte Stadt hatte drei Tore (Glogauer, Steinauer, Polkwitzer), war aber vielleicht nur im W befestigt (1542 Stadtmauer erwähnt, seit 1004 als mauerlos belegt).
Die Nennung des Weichbildes R. 1339 ist der früheste Beleg für
das Bestehen der hzl. Stadt. Sie gehörte zum Hzt. Steinau und
mit ihm E. 14./A. 15. Jh.–1517 zu Oels und kam 1523 mit dem
Hzt. Wohlau an die Hzz. von Liegnitz. In preuß. Zeit war R. bis
1818 Kr.-Sitz, gehörte dann zum Kr. Steinau und fiel 1932 bei
dessen Auflösung an den Kr. Lüben. Die Wirtschaft im alten R.
wurde durch Eisenverarbeitung (1588 Sichel- und Waffenschmie-
dezunft), Tuchmacherei (1421 belegt, 1787 noch 67 Tuchmacher,
1825 nur neun Webstühle) und den Handel mit Salz und poln.
Vieh gekennzeichnet. Der 30j. Krieg führte einen Niedergang her-

bei (1642 Teilzerstörung), wie R. auch im 7j. und in den Napoleonischen Kriegen schwer zu leiden hatte. Es wurde zur Ackerbür-
ger- und Handwerkerstadt und erlebte auch nach Entstehung des
Eisenbahnknotenpunktes R.-Queißen 2,5 km nö. (Liegnitz-Qu.-
Glogau 1869, Breslau-Qu. 1874, Qu.-Polkwitz 1900) keinen wesentlichen Aufschwung. Die Eww.-Zahl veränderte sich nur wenig: 1567 ca. 1000, 1787: 1288, 1825: 1235, 1905: 1337, 1939: 1900.
Die Stadt wurde nach den letzten großen Bränden 1758 (Russen-
einfall) und 1847 massiv aufgebaut, das Rathaus und die Häuser
des Rings 1770–73 auf Kosten Kg. Friedrichs d. Gr. Die Stadtpfarrkirche *St. Katharina* aus dem 15./16. Jh., seit dem 16. Jh.
(bis 1694) und wieder seit 1707 evg., erhielt ihre letzte Form
nach dem Brand von 1642, der Turm 1793 (dient heute einer orthodoxen Gem.). Die kath. Gem. bekam 1708 das sog. »Alte Rathaus« (urspr. Vogtei ?) als *Kirchenraum* (Umbau 1862). Am E.
2. Weltkrieges erlitt R. erhebliche Zerstörungen und verlor danach
das Stadtrecht (1961: ca. 1100 Eww.). Durch den Kupferbergbau
im Glogau-Liegnitzer Gebiet erlebte es E. 1960er Jahre einen
gewissen Aufschwung. – In R. wurde 1585 der Kirchenliederdichter Johann Heermann († 1647 in Lissa/Polen), in Alt R. 1636 der
Dichter und Naturphilosoph Christian Knorr von Rosenroth
(† 1689) geb.   (II) *We*

LV 29, Bd. 6, 1886, S. 62, u. 7, 1899, S. 240. – HSöhnel, Beitrr. z. Gesch.
d. evg. Stadtpfarrkirche in R., Kr. Steinau, I. 1280–1648, Liegnitz 1905.
– LV 233, S. 856 f. – LV 270. – LV 234, Bd. 2, S. 584. – JBiliński, Przewodnik po ziemi lubińskiej (Führer durch d. Lübener Land), Br. u. a.
1971, S. 55–58. – MPrzyłęcki, Zabytki powiatu lubińskiego (D. Kunstdenkmäler d. Kr. Lüben), in: LV 40, 8 (1974), S. 72 f., 76

Reibnitz (Rybnica, Kr. Hirschberg). In der Nähe der Hofgebäude
des Rittergutes R. 9 km w. Hirschberg liegt auf einem ca. 20 m
hohen bewaldeten Hügel die *Schloßruine »Lausepelz«*, der Rest
eines zweigeschossigen, aus dem 16. oder 17. Jh. stammenden
Hochschlosses ohne bes. Kunstformen, seit A. 19. Jh. verfallen. Hier
stand schon E. 14. Jh. eine Burg. – Das langgestreckte Dorf R.
kennzeichnen zwei Kirchen, deren ältere die kath. Kirche ist; sie
wird bereits 1393 erwähnt. Der charakteristische ma. Bau aus dem
15. Jh. mit kreuzgewölbtem, zweijochigem Chor und spätgot. Rippen enthält einige Ausstattungsstücke des 17. Jh. Noch während
des 1. Schles. Krieges erhielten die evg. Eww. die Erlaubnis zum
Bau eines Bethauses, das 1747 der Zimmermeister Jeremias May-
wald aus dem benachbarten Voigtsdorf in Fachwerk errichtete.
Die innere Ausstattung fällt in jene Jahre, wo auf Hunderten von
Webstühlen in R. viel Geld verdient wurde. 1778 wurden Altar,
Taufstein und Kanzel gestiftet, 1784 die Orgel, und bis 1786 war
die Kirche fertig ausgemalt.   (I) *Gru*

LV 587, Bd. 3, S. 470 f. – LV 622. – LV 616, S. 135. – LV 612, S. 72

Reichenbach Kr. Görlitz → Band Sachsen

Reichenbach (Dzierżoniów). R. bildet den Mittelteil eines parallel zum Eulengeb.-Zug verlaufenden Siedl.-Bandes von 4,5 km Breite und 20 km Länge, das im NW mit den Waldhufendörfern Faulbrück, Neudorf und Ernsdorf (heute Niederstadt R.) beginnt und über R. sich im SO mit dem mehrfach untergliederten → Peilau fortsetzt. Die einheitliche Hufengliederung des Siedl.-Streifens bezeugt die gleichzeitige Aussetzung der auf ihm entstandenen Orte, und da Peilau bereits 1230 als Vorbild für andere Dorfgründungen gen. wird, muß die Stadt R. ebenfalls vor 1230 gegr. worden sein. Dies wird durch das Auftreten des Heinrich von R. (»de Richenbach«) als Lokator in → Brieg 1250 gestützt; er war Vertreter einer Lokatoren- und Erbvögte-Fam. (in R. und Münsterberg), der späteren Herren (Gff.) v. Reichenbach, die bezeichnenderweise dasselbe Wappen (Wolfsfalle) hatten wie Brieg und das von Wilhelm von R. (1258 Schultheiß, 1266 Vogt von R.) als Lokator 1266 ausgesetzte → Bernstadt. Das von vornherein waldfreie, fruchtbare Gebiet von R. war seit der Steinzeit besiedelt. Vermutungen über eine slaw. Vorgängersiedl. von R. sind sehr unsicher (»Hummelschloß« = slaw. »Homole« auf slaw. Burgwall erbaut und Pfarrkirche St. Georg daneben vor Stadtgründung vorhanden? Die 1376 auf der Gemarkung von Ernsdorf erwähnte »altenstad« slaw. Vorgängersiedl.?). Die dt. Stadt wurde auf einer Anhöhe (255–283 m) oberhalb des Zusammenflusses von Peile und Klinkenbach mit einem fast runden Grundriß von etwa 500 m Durchmesser begründet. Über sie verlief die mit der dt. Rodungssiedl. im Vorgeb. entstandene wichtige Verkehrsstraße am Geb.-Rand von Görlitz über Schweidnitz-R.-Frankenstein nach Neisse und Ratibor; von der N-S-Straße Breslau-Glatz zweigte in Nimptsch ein Nebenweg nach R. ab. Mittelpunkt der regelmäßig in Gitterform gegliederten, etwa 20 ha großen Anlage wurde ein großer, rechteckiger Ring (Marktplatz) von 1,43 ha, der Rathaus (1337 belegt), Tuchhalle, Kaufhaus und Handwerkerbänke in einem Baukomplex inmitten des Platzes aufnahm (Bauten des 14. Jh. im 16., 18. und 19. Jh. umgebaut oder ersetzt, *Tuchhalle* 16./18. Jh., *Rathausturm* bis 1616, *Rathaus* 1873–75). S. des Ringes erhob sich die Pfarrkirche St. Georg (1258 bezeugt); ö. anschließend erbauten sich die Johanniter eine Kommende, nachdem sie 1338 das Patronatsrecht der Pfarre übertragen bekommen hatten, und nach S zu stand, an die Stadtmauer angelehnt, das »Hummelschloß«, wohl der befestigte Sitz des Erbvogtes. Eine zweite Burg, das sog. Klinkenhaus, lag dicht neben dem Schweidnitzer Tor; sie war zunächst hzl. – als erster Burggf. von R. ist 1369 ein Ritter Wasserrabe von Zirlau nachweisbar –, dann Sitz der adligen Inhaber des Burglehens R. (1422 Franz von → Peterswaldau, 1479 Dietrich von Peterswaldau, 1532 Wolfgang Moritz von Peiskersdorf). An der n. Stadtmauer ist 1349 das Kl. der Augustiner-Eremiten bezeugt, zu dem die St. Markuskirche gehörte. Die *Stadtmauer* mit den vier Toren – Schweidnitzer im W, Frankensteiner im O, Bres-

lauer im N und Tränk- oder Peilsches Tor im S – wird verm. E.
13. Jh. entstanden sein; 1333 wurde sie schon ausgebessert, und
wahrsch. nach den Hussitenkriegen, die R. 1428 heimsuchten,
wurde die Stadtbefestigung durch eine zweite Mauer verstärkt
(die innere Mauer großenteils erhalten). Vor den Toren entstanden schon früh Vorstädte. In der Frankensteiner Vorstadt erbauten wahrsch. 1296 die Brüder vom Hl. Grabe zu Jerusalem ein
Spital und eine Kirche zu St. Barbara, ebenfalls noch E. 13. Jh.
wurde vor dem Schweidnitzer Tor ein Friedhof mit der *Begräbniskirche* zu St. Maria eingerichtet (nach Wiederherstellung
1598–1606 zur hl. Dreifaltigkeit, nach Brand von 1834 Neubau
1851/52).

Das zum Hzt. Schweidnitz-Jauer gehörige R. besaß im Ma. eine
starke wirtschl. und verfassungsmäßige Stellung. Es war Mittelpunkt eines aus etwa 30 Dörfern bestehenden Weichbildes, in
dem es nach Erwerb der Landvogtei 1350 die Gerichtsbarkeit aus-
übte. Das Stadtgericht hatte der Erbvogt bereits 1337 an den Rat
abgetreten, die übrigen Erbvogteirechte gingen 1384/92 an die
Stadt über. In das 14. Jh. fällt auch der Erwerb wirtschafts- und
handelspolitischer Privilegien: Meilenrecht für Handwerk und
Brauwesen, Salzmarkt, Recht auf Zollerhebung, Fischfang in der
Peile, Jagd in Ernsdorf. 1497 wurde ein zweiter Jahrmarkt zugelassen. Die Stärke des Handwerks kommt in der frühen Beteiligung der Handwerksmeister am Stadtregiment (1337) zum Ausdruck. Die größte Bedeutung hatte zunächst die Tuchmacherei;
1268 sind Gewandschneider erwähnt, 1326 besaßen die R.er
Tuchmacher einen Verkaufsstand in Schweidnitz, 1369 bildeten
sie mit den Gewandschneidern eine gemeinsame Zunft. Nach den
kriegerischen Unruhen und Epidemien des 15. Jh. erlebte R. im
16. und am A. 17. Jh. eine Blütezeit. In diese Periode fällt eine
Umstellung in der Produktion: Da der Tuchabsatz zurückging
(Verlust der Märkte in SO-Europa durch Vordringen der Türken,
Eigenproduktion in Polen), verlegte sich R. seit M. 16. Jh. stärker
auf Leinenherstellung. Auf diesem Gebiet entstand jedoch der
Stadt in der 1545 dem Adel erlaubten dörflichen Weberei eine
ernste Konkurrenz, die R. durch Spezialisierung auf (Baum-)Wol-
le-Leinen-Mischgewebe auffing. Nachdem die R.er Züchnerzunft
1582 das Recht zur Herstellung von Barchent verliehen bekommen hatte, stieg ihre Mitgliederzahl sprunghaft an: 1606: 178,
1616: 205, 1626: 316 Meister – eine in keiner anderen schles. Stadt
erreichte Zahl. Gleichzeitig ging die Zahl der Tuchmacher, obwohl für sie noch 1563 eine eigene Färberei eingerichtet wurde,
zurück: 1606: 53, 1626: 50 Meister. Einen Aufschwung hingegen
hatten die Kürschner zu verzeichnen: 1606: 49, 1626: 55 Meister,
und die Bierproduktion war weiterhin von Bedeutung (1564:
144 Bierhöfe), wenn auch ihr auf dem Lande Konkurrenz erstand.
Auch im Handel konnte sich die Stadt noch behaupten, sie erlangte 1549 zwei neue Jahrmärkte und 1632 ein Meilenprivileg
für den Leinenhandel.

Seit etwa 1525 verbreitete sich die luth. Lehre in R. Das Augustiner-Eremitenkl. wurde schon 1525 verlassen, der Propst der Brüder vom Hl. Grab und der Malteser-Kommendator wurden in den 1570er Jahren evg. Während des 30j. Krieges setzte 1628 die Gegenref. ein; sie wurde unterbrochen durch zeitweilige sächs. Besatzung, dann 1643 endgültig durchgeführt. Die Propstei wurde nach 1660 wieder eingerichtet, das Augustinerkl. dagegen blieb leer, die Kirche allerdings 1713 mit dem Patrozinium zur *Unbefleckten Empfängnis Mariens* wieder hergestellt. Trotz der Gegenref. waren 1666/67 noch etwa ³/₄ der Bev. evg.

Die günstige Entwicklung der Stadt R. im 16./A. 17. Jh. spiegelt sich in Umfang der städt. Bebauung und in den Baudenkmälern wider. Innerhalb der Mauern wuchs die Häuserzahl von 240 im Jahre 1528 auf 358 (1570) und 439 (1626), in den Vorstädten von 102 (1570) auf 396 (1626). Die insgesamt 835 Häuser von 1626 wurden von 1300 Bürgern bewohnt (darunter 756 Zunfthandwerker); das entspricht einer Eww.-Zahl von 6–7000. Zeugnisse dieser Epoche sind die *Pfarrkirche St. Georg,* die zwischen 1555 und 1612 in spätgot. und Renaissanceformen entscheidend ausgebaut wurde (Erhöhung des Mittelschiffs, Netzsterngewölbe, zweites S-Schiff, Erhöhung und Bekrönung des Turmes, Dachreiter, S-Portal, Einbau von Emporen unter Einfluß der Ref.; ältere Teile vorhanden), der Rathausturm (Erneuerung 1616) und *Renaissanceportale* an Häusern des Ringes.

Der 30j. Krieg warf die Stadt in ihrer wirtschl. Stellung und ihrem Wohlstand weit zurück. Kontributionen, Einquartierungen, Zerstörungen, Epidemien und rel. Verfolgung entvölkerten R. 1671 hatte die Züchnerzunft nur noch 24 Mitglieder, ein Jh. nach Kriegsende zählte die Stadt erst wieder ¹/₃ der Vorkriegsbev. (1750: 2155). Manche Bürger, die R. verlassen hatten, waren in die ländliche Umgebung, etwa nach → Langenbielau und → Peterswaldau, ausgewichen, wo nicht nur die Weberei sich immer ungestörter und frei von städt. Lasten ausbreiten konnte, sondern jetzt auch der Leinenhandel aufgenommen wurde. Ein gewisser Aufschwung der Wirtschaft trat A. 18. Jh. ein, und zwar beruhte er vornehmlich auf der gesteigerten Herstellung baumwollener Stoffe (Barchent, Kanevas), die zunächst nur in der Stadt produziert wurden, gegen E. 18. Jh. aber auch auf dem Lande, worauf das städt. Züchnergewerbe fast ganz einging. Die Stadt blieb aber Sitz der sich auf die Baumwollspinner und Weber auf dem Lande stützenden Kaufleute. Der erfolgreichste von ihnen in R. war Friedrich Sadebeck (1741–1819), der über Wien und Triest mazedonische Baumwolle einführte und in der näheren und weiteren Umgebung von R. verspinnen und auf etwa 850 Webstühlen zu Kattun, Cottonaden (baumwollene Leinwand) u. a. verweben ließ. Als die einheimische Baumwollspinnerei den Bedarf nicht mehr decken konnte, führte er engl. Maschinengarne ein, die schließlich den Niedergang der Baumwollspinnerei am Eulengeb. herbeiführte. Die Napoleonischen Kriege schließlich sperrten die Zufuhr von Baumwolle und verhinderten den Absatz der Kattune im Ausland; die Zahl der für Sadebeck in Betrieb befindlichen Webstühle sank von 900 (1805) auf 400 (1806). – Die übrigen Gewerbe der Stadt hatten schon vorher an Bedeutung verloren; die Tuchmacher waren 1747 mit vier Meistern, 1799 mit nur einem vertreten, die Kürschner 1749 mit 17, 1799 mit zwölfen.

Der Übergang von R. an Preußen 1742 hatte keine grundsätzliche Änderung der wirtschl. Verhältnisse herbeigeführt. Im konfessionellen Bereich ermöglichte er die Bildung einer evg. Gem., die zunächst ein Wohnhaus am Ring zum Bethaus umbauen ließ, dann 1795–98 auf dem Gelände der seit dem 16./17. Jh. verfallenen Burg »Klinkenhaus«, von der ein Gebäude noch bis 1896 als Schule diente, nach Plänen von Carl Gotthard Langhans eine stattliche *evg. Kirche* errichtete. Friedrich Sadebeck stiftete der evg. Gem. 1805 einen nach seinen Vorstellungen künstlerisch gestalteten und nach ihm benannten Friedhof. Durch die Säkularisation von 1810 büßte die kath. Kirche Einrichtungen ein, sie waren allerdings z. T. nicht mehr intakt: die seit 1576 nicht mehr bewohnte Malteserkommende wurde endgültig aufgelöst; das unbesetzte Augustiner-Eremitenkl. wurde 1826 z. T. abgetragen, die seit 1813 geschlossene Kirche immerhin 1845 wieder der gottesdienstlichen Nutzung zugeführt; die Propsteikirche St. Barbara verlor 1811 ihren Turm, 1817 wurde auf ihren Grundmauern ein Behörden-Neubau errichtet.

Der 7j. Krieg fügte R. Schäden zu. Unweit ö. von R. fand die letzte Schlacht des 7j. Krieges statt: Als die Preußen nach dem Gefecht von → Burkersdorf die Festung → Schweidnitz eingeschlossen hatten, versuchten die Österreicher unter Feldmarschall Daun deren Entsatz; sie griffen am 16. 8. 1762 die Preußen unter dem Hz. von Bevern auf dem Fischerberg bei → Gnadenfrei an, wurden aber nach anfänglichem Erfolg mit Hilfe herbeigeeilter preuß. Kavallerie zurückgeworfen. – Im folgenden halben Jh. war R. zweimal Schauplatz internationaler diplomatischer Aktivitäten. Anlaß zur Konvention von R. vom 27. 7. 1790 waren folgende Frontstellungen und Spannungsherde in Europa: Rußland und Österreich führten Krieg gegen die Türkei, Österreich kämpfte gleichzeitig im Landesinneren gegen die von Preußen geförderten Unabhängigkeitsbestrebungen in den Österr. Niederlanden (Belgien) und in Ungarn an; Preußens Minister Hertzberg zielte auf Begradigung der preuß. O-Grenze durch Erwerb von Danzig, Thorn und Teilen Großpolens mit Posen und Kalisch ab, er wollte Polen durch das österr. Galizien, Österreich wiederum durch die unter türkischer Oberhoheit stehenden rumänischen Fstmm. Moldau und Walachei entschädigen lassen. Das mit England, Holland und der Türkei verbündete Preußen hatte in Schles. seine Armee gegen Österreich aufgestellt, um seinen politischen Forderungen Nachdruck zu verleihen. Entgegen den Plänen und Ratschlägen ihrer Minister (Hertzberg bzw. Kaunitz) stimmten der preuß. Kg. Friedrich Wilhelm II. und der Nachf. des am 20. 2. 1790 verstorbenen Ks. Joseph II., Leopold II., der unter engl. Vermittlung ausgearbeiteten Konvention von R. zu, die den Status quo ante wiederherstellte: Preußen verzichtete auf seine territorialen Forderungen gegenüber Polen, Österreich räumte die eroberten türkischen Gebiete, der von England, Holland und Preußen bereits anerkannte unabhängige belgische Staat kam gegen Wiedereinführung der alten Landesverfassung erneut unter österr. Botmäßigkeit. – Zu Beginn der Befreiungskriege wurden während des in → Pläswitz vereinbarten Waffenstillstandes im Juni 1813 im Hauptquartier der verbündeten Preußen und Russen zu R. Verhandlungen zur Erweiterung der Koalition gegen Napoleon geführt und entsprechende Konventionen abgeschlossen. Am 14. 6. schloß Preußen, am 15. 6. Rußland einen Subsidienvertrag mit England ab. Österreich, das sich noch um einen allgemeinen Frieden bemühte, versprach in einem am 27. 6. 1813 zu R. von Staatskanzler Hardenberg für Preußen, Gf. Johann Philipp v. Stadion für Österreich und Gf. Karl Robert v. Nesselrode für Rußland unterzeichneten Vertrag, der Koalition gegen Frankreich beizutreten, falls Napoleon die österr. Friedensbedingungen (u. a. Aufteilung des Hzt. Warschau unter Rußland, Preußen und Österreich, Rückgabe der illyrischen Provinzen an Österreich, Wiederherstellung der Selbständigkeit vom Hamburg und Lübeck) nicht bis zum Ablauf des Waffenstillstandes am 20. 7. (danach verlängert bis zum 10. 8.) annähme. Da Napoleon auf diese Forderungen nicht einging, trat der im R.er Vertrag vereinbarte Bündnisfall ein. Den ersten Sieg der erweiterten Koalition, aber noch nicht unter Beteiligung österr. Verbände, errang Blücher in der Schlacht an der Katzbach bei → Eichholz.

Bei der Neuordnung des preuß. Staates 1815/16 wurde R. Sitz eines der vier schles. Reg.-Bezz., bestehend aus den Geb.-Krr. Bolkenhain, Hirschberg, Jauer, Landeshut, Schönau, Frankenstein, Glatz, Habelschwerdt, Münsterberg, Nimptsch, R., Schweidnitz, Striegau, Waldenburg. Aus Sparsamkeitsgründen wurde der Reg.-Bez. R. aber schon 1820 wieder aufgelöst; die ersten fünf gen. Krr. wurden dem Reg.-Bez. Liegnitz, die restlichen dem Reg.-Boz. Breslau zugeordnet. Immerhin blieb R. Sitz eines volk- und industriereichen Kr. Von den aufkommenden Textilfabriken wurden die größten außerhalb von R. eingerichtet, in → Peterswaldau und → Langenbielau, ebenso in dem 1890 nach R. eingemeindeten Ernsdorf, manche allerdings auch in R. Darüber hinaus entstanden im 19./20. Jh. in R. Betriebe der Zellwollverarbeitung, der Elektroindustrie (heute Rundfunkgerätefabrik »Diora«), eine Webstuhl- und eine Laktosefabrik sowie eine Mühle mit Großsiloanlagen. Den ersten Eisenbahnanschluß erhielt R. 1855 mit der Linie Schweidnitz-R., über R. hinaus verlängert bis Frankenstein 1858, es folgten Verbindungen nach Langenbielau (1891) und Silberberg-Wünschelburg (Eulengeb.-Bahn, 1900–03). Die Eww.-Zahl stieg im 19. Jh. stark an: 1787:

3031, 1825: 3894, 1905: 15 984, 1939: 17 253 (auf 19,82 qkm). 1945
blieb R. von Kriegszerstörungen verschont, es wurde aber in den
folgenden Jahren arg vernachlässigt. Es hieß auf Poln. zunächst
Rychbach, 1946 wurde es nach dem bekannten Bienenforscher
Pfarrer Dr. Johannes Dzierzon (→ Karlsmarkt) in Dzierżoniów
umbenannt. 1961: 28 181 (auf 19,79 qkm), 1970: 32 895. – Der
Germanist Prof. Dr. Karl Weinhold (1823–1901) wurde in R. geb.
(IIa) *We*

APaul, Gesch. d. Stadt R. in Schles., R. 1889. – EHasse, Chronik d.
Stadt R. im Eulengeb., R. 1929. – LV 233, S. 857–59. – WDziewulski,
Rozwój Dzierżoniowa do początków XIX w. (Entwicklung v. R. bis z.
A. 19. Jh.), in: Przegląd Zachodni X (1954), Bd. 3, S. 463–500. – LV
234, Bd. 2, S. 555 f. – LV 356, S. 88. – KWutke, Ursprung u. Bedeu-
tung d. Brieger Stadtwappens, in: LV 28, 70 (1936), S. 152–84. –
Aderle, D. Burglehn zu R., in: LV 28, 12,2 (1875), S. 433–35. – LV
460. – LV 30, 1932, Nr. 3. – HBunzel, R. im Eulengeb. (Gem.- u. Hei-
matbuch d. evg. Schlesier, T. 2), Goslar 1950. – LV 595 b, S. 39–41. –
→ Langenbielau.

Reichenstein (Złoty Stok, Kr. Frankenstein). Die Bergstadt R. entstand an der SO-Grenze des späteren Hzt. Münsterberg zum
Neisser Bst.-Land und zur Gfsch. Glatz in etwa 350 m Höhe an
den N-Hängen des R.er Geb. Um das wegen des erz-, bes. gold-
haltigen Bodens wertvolle Gebiet bemühten sich Kirche, Adel und
Landesherr, wie aus dem schnellen Besitzwechsel in der 2. H.
13. Jh. zu schließen ist. 1273 verlieh Hz. Heinrich IV. von Breslau dem Kl. → Kamenz Bergbaufreiheit in seinen Besitzungen
und erlaubte ihm die Verleihung böhm. (Iglauer) Rechts an die
Bergleute; dieses Privileg muß sich auf die R.er Erzfunde bezogen haben, reichte doch der Besitz des Kl. Kamenz 1260 bis in
diese Gegend. 1291 war R. schon gegr.: in einer Urk. des Kl. Kamenz vom 8. 7. 1291 tritt »Heidenricus de Richinstein« als Zeuge
auf, und daß R. gleich als Stadt entstanden war, bezeugt eine
Urk. von 1293, mit der ein Landstück in Dörndorf bei R. dem
Vogt Hermann von »Luterbach« verliehen wurde; er war zweifellos Vogt von R., das aber nicht mehr dem Kl. Kamenz, sondern
dem Adligen Moyko (Moycho) v. Baitzen gehörte, der das gen.
Land »seinem« Vogt vergab. Inzwischen war das Gebiet an den
energischen Hz. Bolko I. von Löwenberg-Jauer gekommen, und
dieser zwang anscheinend Moyko schon 1295 zur Abtretung von
R.; 1296 vergab Bolko einem »Eberhard von R.« – offenbar neuer
Vogt von R. – Ländereien bei R., die vorher zwei aus Ungarn
stammenden Brüdern gehört hatten – möglicherweise ein Hinweis
auf Beteiligung von Deutschen aus Oberungarn am Bergbau um
R. – Daß der Ort schon vor 1331 eine Pfarrkirche besaß, ergibt
die Nennung des Pfarrers von R. in einer Urk. Bf. Nankers von
Breslau vom 30. 8. 1331. Als »oppidum aurifodiorum« wird R.
in einer Urk. des Hz. Nikolaus von Münsterberg am 20. 3. 1344
erwähnt, 1427 und 1465 sprechen Urkk. vom »statichen« R.

Die Krise des Bergbaues in Mitteleuropa seit dem ausgehenden 14. Jh. führte auch in R. zu einem starken Niedergang. Ebenso wurde aber der Ort auch von der neuen Bergbauwelle erfaßt, die Schles. in den 1470er Jahren erreichte. Der Bergbau von R. wurde durch mehrere Privilegien der 1480er Jahre neu belebt, am 17. 2. 1491 erneuerte Hz. Heinrich d. Ä. von Münsterberg R. das Stadtrecht, erhob es dabei zur freien Bergstadt und verlieh ihm ein Stadtwappen. Die Bergleute durften seit 1484 einen Bergmeister und vier Geschworene wählen, die vom Hz. bestätigt werden mußten. Obergerichtsbarkeit und Blutbann waren 1541 städt. 1502 wurde die Frankensteiner Münze nach R. verlegt, 1520 ein Münzhaus erbaut. R. war meist landesherrlich, hatte aber zeitweise auch andere Grundherren: 1356 ff. Hz. Bolko II. von Schweidnitz, 1465–1502 das Kl. Kamenz, seit 1581 Fst. Wilhelm Ursinus v. Rosenberg, von 1599 bis zum Tode des letzten schles. Piasten 1675 die Hzz. von Liegnitz, dann wurde R. ein Kammergut der Krone Böhmens und blieb es bis zum Übergang in preuß. Besitz 1742. Die bekannten Kaufherren und Bergbauunternehmer Welser, Imhof, Thurzo und vor allem Fugger waren an dem R.er Bergbau beteiligt. 1529 waren 145 Schächte, Stollen und Gruben in R. in Betrieb. Fast die Hälfte der Zechen (1545–59: acht) und Schmelzhütten waren damals im Besitz der Fugger. Die kurze Blüte des R.er Bergbaus war nur durch Raubbau möglich, der einen raschen Niedergang schon in den 1560er Jahren herbeiführte; die Fugger verkauften daher ihren Anteil 1568 an ihren Faktor Hans Kirchpauer. 1699 wurde der 1675 eingestellte Bergbau von dem ehem. Feldapotheker Johannes v. Scharffenberg neu organisiert und eine Arsenikhütte errichtet. 1711 gingen die Bergwerke in das Eigentum der Stadt über. 1769 wurde in R. ein kgl.-preuß. Oberbergamt eingerichtet, das aber 1778 nach → Reichenbach verlegt wurde. Statt dessen erhielt R. eine Bergdeputation, seit 1793 Bergamt gen. (bis 1854). Die Arsenikgewinnung wurde bis 1961 betrieben, seit 1895 nach dem sog. Chlorationsverfahren von Hermann Güttler; die Goldgewinnung war seit E. 17. Jh. Nebenprodukt. – In neuerer Zeit entstanden in R. noch Kalkwerke, eine Streichholz- und eine Sprengstoffabrik. 1900 erhielt R. durch eine Kleinbahn nach Kamenz Eisenbahnanschluß.

R. hat einen rechteckigen Marktplatz als Mittelpunkt, ist ansonsten wegen des bergigen Geländes eine unregelmäßige Anlage. Es besaß keine Stadtmauer. Durch Brände (1638, 1796, 1836) hat R. die meisten alten Bauten verloren. Aus der Blütezeit des 16. Jh. stammen die *Stadtpfarrkirche St. Salvator* (urspr. St. Corpus Christi), erbaut 1517, 1530–1687 und seit 1708 evg., und einige *Wohnhäuser*. Die Katholiken benutzten seit 1708 die Dreifaltigkeitskapelle von 1583 (später Begräbniskirche) und erhielten 1875–77 eine neue Pfarrkirche zur Unbefleckten Empfängnis Mariens. Eww.-Zahlen: 1787: 1098, 1825: 1420, 1905: 2064, 1939: 2609 (auf 6 qkm), 1961: 2835 (auf 7,58 qkm), 1970: 3088.   IIa) *Web*

LV 178. – CBHeintze, Sammlung v. Nachrichten über d. kgl. freie

Bergstadt R. . . ., Br. 1817. – JAKopietz, Gesch. d. dt. Kultur u. ihrer
Entwicklung in Frankenstein u. im Frankensteiner Lande, Br. 1910. –
CFaulhaber, Beitr. z. Gesch. d. R.er Goldproduktion, in: LV 28, 31
(1897), S. 195–218. – JKrebs, Beitrr. z. Gesch. d. Stadt R. (1540–1740),
in: LV 28, 49 (1915), S. 223–75. – Ders., D. Fam. v. Scharffenberg. Ein
Beitr. z. Gesch. d. R.er Bergbaus, in: LV 28, 50 (1916), S. 165–96. –
Ders., A. d. Vergangenheit d. R.er Bergbaus (1540–1811), in: LV 28, 51
(1917), S. 297–344, u. 52 (1918), S. 103–50. – LV 233, S. 860–62. –
LV 610, Bd. 5. – LV 335, Bd. 1, S. 186 ff. – WKuhn, D. Erschließung
d. Frankensteiner Gebietes in Niederschles. im 13. Jh., in: Festschr. f.
WSchlesinger, Bd. 1, hg. v. HBeumann, Köln/Wien 1973, S. 159–96,
bes. S. 185 f. – LV 234, Bd. 2, S. 608 f.

Reichthal (Rychtal, Kr. Kempen/Kępno, Woj. Posen). 1222
schenkte Hz. Heinrich I. von Breslau dem Dt. Ritterorden das Gebiet von »Lasucici« an der O-Grenze seines Landes gegen Polen,
im späteren Kr. Namslau. Das war der erste Landerwerb des Ordens im NO Mitteleuropas. Auf einem Teil davon ließ Hermann
Balke, der spätere preuß. Landmeister des Ordens, 1233 zwei
dtrechtl. Dörfer aussetzen, das dt. Schadegur und das wallonische
Kreuzendorf. 1245 erwarb der Breslauer Bf. den Ordensbesitz,
machte ihn zum Mittelpunkt eines bischl. Haltes und führte dessen dtrechtl. Erschließung mit dt., rom. und poln. Siedlern zwischen 1251 und 1270 zu Ende. In dieser Zeit dürfte als Mittelpunkt des Haltes die Stadt R. entstanden sein, wenn sie auch erst
1294 belegt ist. Die erste Stadtgründung mißlang; sie mußte 1386
wiederholt werden. Der voll ausgebaute Halt bestand aus Stadt
und Burg R., dem bischl. Gut Skorischau, nach dem der Halt
auch der Skorischauer hieß, und den Dörfern Sgorsellitz, Kreuzendorf, Schadegur, Proschau, Butschkau, Wallendorf, Dziedzitz und
Bachwitz.
Im Verlauf des Spätma. nahmen die dt. und rom. Siedler des
R.er Haltes die poln. Sprache an. In der Ref.-Zeit blieb der Halt
als geistlicher Besitz kath., während die w. angrenzenden Dörfer
evg. wurden und es überwiegend bis 1945 blieben. 1787 hatte die
Stadt R. 112 Innenstadthäuser und 930 Eww., 1825: 1105 Eww.
1810 wurde bei der großen preuß. Säkularisation auch der R.er
Halt enteignet.
1905 zählte R. unter 1083 Eww. 1026 Deutsche und 50 Polen.
Trotzdem wurde es im Versailler Vertrag als einzige schles. Stadt
ohne Abstimmung Polen zugeteilt und hier dem Kr. Kempen der
Woj. Posen angeschlossen. Eine private Listenabstimmung, die
95% für den Verbleib beim Dt. Reich ergab, blieb erfolglos. Der
Staatenwechsel und die Herauslösung aus den alten wirtschl. Beziehungen besiegelten den Niedergang der Stadt. 1921 hatte R.
nur noch 928 Eww., 1934 verlor es das Stadtrecht. Auch der n.
Teil des R.er Haltes kam 1919/20 an Polen. 1905 hatten seine
Landgemm. unter 1960 Bewohnern 563 dt.- und 1385 poln.-spra-
chige gehabt; 1921 aber bekannten sich von 1994 Eww. 1570 zur
dt. Nationalität, legten also ein ihrer Haussprache widersprechen-

des Bekenntnis zum Deutschtum und zum Dt. Reiche ab. 1961
hatte das Dorf R. 1081 Eww. (III) *Ku*

LV 340, S. 79–105. – LV 234, Bd. 2, S. 292

Ritschen (Ryczyn, Gem. Peisterwitz/Bystrzyca, Kr. Ohlau). Zwischen Brieg und Ohlau sind ca. 900 m vom r. Oderufer entfernt in einem ausgedehnten Waldgebiet 4 km sö. Peisterwitz auf dem Ritscheberg (ca. 120 m) zwei slaw. *Burgwälle* erhalten. Der eine erweist sich durch seine Größe und Stärke als wichtiger frühgesch. Stützpunkt. Die fast runde Anlage bedeckt bei einem Durchmesser von 154 × 146 m eine Fläche von rd. 20 000 qm (zus. mit dem im SO gut erhaltenen Graben 24 000 qm), wovon 15 000 qm auf den Wall und 5000 qm auf den freien Innenraum entfallen. Der Wall ist an der Basis 36–42 m, an der Krone bis zu 12 m breit und hat eine Höhe bis zu 5 m; eine Lücke von 14 m Länge im SO weist auf ein Tor hin. Am Innenrand des Walles waren die Gebäude kreisförmig angeordnet. 95 m sw. dieses großen Ringwalles befindet sich ein kleiner, rechteckiger Burgwall mit abgerundeten Ecken, mit einem Durchmesser von 28 m, einem freien Innenraum von 143 qm (darin stand nur ein Gebäude) und einer Gesamtgröße von 1200 qm einschl. des umlaufenden Grabens; er wird zur Beobachtung des Oderstroms gedient haben. In einem Umkreis bis zu 120 m um den großen Burgwall wurden durch Grabungen außerdem drei frühgesch. Siedll. und ein Friedhof festgestellt. Zum Siedl.-Komplex von R. könnten noch gehört haben der Burgwall von Linden am l. Oderufer gegenüber von R., der R. vielleicht als militärischer Vorposten, als Sammelstelle für die landwirtschl. Produkte der Umgebung und als Lieferant von selbsterzeugten Eisenwaren (Funde!) gedient hat, ferner u. U. auch die Burgwälle von Liednitz (2,5 km ö. R.) und Neu Limburg (4 km nö. R.) im Kr. Brieg, die allerdings – ebenso wie die beiden Siedll. nw. und w. R. – erst der M. 13. Jh. angehören, während der große Burgwall von R., die Siedl. 120 m nö. davon und der Lindener Burgwall auf 10. – E. 13. Jh. datiert werden, der kleine R.er Burgwall auf 11.–14. Jh.
Die meisten Forscher identifizieren den Burgwall von R. mit der in der Chronik des Cosmas von Prag († 1125) gen. Burg »Recen«: 1093 verwüstete Hz. Břetislav II. von Böhmen in Schles. das Gebiet zwischen R. und Glogau, 1109 drang im dt.-poln. Krieg das Heer Kg. Heinrichs V. vom Lande Lebus aus bis R. vor (→ Rützen). Auch die in der Papstbulle von 1155 gen. Burg »Trecen« ist nach R. zu verlegen, obwohl sie nicht – wie die übrigen dort erwähnten Burgen – Grenzburg war. Ihre Berücksichtigung mag auf ihr Ansehen als zeitweilige Residenz der Bff. von Breslau zurückzuführen sein: nach der 1382–85 am hzl. Hof zu Brieg entstandenen »Chronica principum Poloniae« (danach auch bei Długosz und Hartmann Schedel) waren zunächst → Schmograu und R. (»Riczin Bregensis districtus«) und erst dann Breslau Bf.-Sitz,

und Hz. Ludwig I. von Brieg ließ 1390 im nahen R. nach Bf.-Grä-
bern suchen; dies deutet auf ein Ausweichen des Bf. von Breslau
nach R. in der Zeit des heidnischen Aufstandes und der böhm.
Besetzung 1037/38–50/51 hin. Sicherlich hatte R. früh eine (Burg-)
Kirche; belegt ist sie 1294. In der Zeit der Kastellaneiverfassung
wurde R. Sitz einer Kastellanei; Kastellane von R. sind 1203–84
nachweisbar. Mit der Einführung dt. Rechts und den nachfolgenden Veränderungen in Siedl., Wirtschaft und Verfassung verlor
die Burg R. ihre Funktionen, sie und die Siedll. um sie herum
gingen allmählich ein und wurden vom Wald überwuchert. Die
Kirche von R. wird 1464 zuletzt erwähnt, die Karte von Schles.
des Martin Helwig von 1561 enthält noch den Ort »Ritzen«, die
Karte des Hzt. Brieg von 1736 nur den »Ritscher Waldt«. Der
Burgwall von R. gab Anlaß zu Legendenbildungen.

(III) We

LV 524, S. 260. – LV 402. – LV 522, S. 27–31. – LV 330, S. 126–28. –
JKramarek, Wczesnośredniowieczne grodziska ryczyńskie na Śląsku (D.
frühgesch. Burgwälle v. R. in Schles.), Br. u. a. 1969

Röchlitz (Rokitnica, Kr. Goldberg). 0,8 km ö. des am r. Katzbachufer gelegenen Dorfes R. (5 km nö. Goldberg) ist am Talrand in
205 m Höhe ein ovaler *Burgwall* von 40 × 35 m in einer Länge
von 40 m und einer Höhe von 3–6 m erhalten. Er gehört dem
11.–13. Jh. an und wird von der steinernen, A. 13. Jh. erbauten
hzl. Burg abgelöst worden sein, deren *Ruinen* – fälschlich als
»Hedwigskapelle« bezeichnet – und *Wallreste* sw. des Dorfes erhalten sind. 1204 tritt ein »Radon de Rochitnica« auf. Hz. Heinrich I. von Schles. und seine Gattin, die hl. Hedwig, die zeitweise
im nahen → Liegnitz residierten, weilten hier häufig (Urkk.-Aus-
stellungen 1211, 1217, 1228). Die Burgkapelle von R., 1318 eindeutig belegt, scheint als frühe slaw. Kirche der Gegend mit der
1217 gen. Marienkapelle identisch zu sein, der bis dahin die Nikolaikirche von → Goldberg unterstanden hatte. R. war auch Sitz
eines hzl. Hofverwalters (»claviger«) und ist 1320 als Zollstätte an
der → Hohen Straße belegt. Die letzten, unbestätigten und teils
widersprüchlichen Nachrichten über die Burg besagen, daß 1428
die Hussiten sie verwüstet, 1451/52 die Breslauer und Schweidnitzer Bürger sie als Raubritternest zerstört hätten, 1464 oder
1484 Ulrich v. Bock dort als ihr Besitzer verstorben sei. – Die
rom. Pfarrkirche *St. Bartholomäus* von R. ist für 1272 durch Inschrift, 1304 urk. nachweisbar; wie die Burg soll sie 1451/52 gelitten haben (danach got. Turmbau).

(II) We

Der Heimat Bild, Heimatbuch d. Kr. Goldberg-Haynau, hg. v. SKnörrlich, Liegnitz 1928, S. 139–141. – LV 130. – LV 402. – LV 330, S. 123
bis 125. – LV 612, S. 71. – LV 601, S. 152–54. – LV 483, S. 548

Rogau-Rosenau (Rogów Sobocki, Kr. Breslau). Der 1307 erstm.
gen. Ort (»Rogow«) ist durch das Lützowsche Freikorps bekannt
geworden. Die im Ortsteil Rosenau gelegene *evg. Pfarrkirche,*

1795 hell und schlicht im klassiz. Stil erbaut (1945 teilw. zerstört), enthielt in großen Eisernen Kreuzen an den Emporenbrüstungen zu beiden Seiten des weiß-goldenen Kanzelaltars und in einem großen Gemälde von Max Weese Erinnerungen an die Einsegnung des Freikorps am 27. 3. 1813. Diese fand in der bescheidenen Dorfkirche statt, weil das benachbarte → Zobten zum Sammelplatz bestimmt worden war. – Als Besitzer von Rogau sind 1450 bis 1554/55 die v. Reichenbach belegt. Auf ihre Nachfolger v. Gellhorn werden die ältesten Teile des *Schlosses* (1945 ausgebrannt) – eine ehem. Wasserburg, deren Graben erhalten ist – zurückgehen (2. H. 16. Jh.), das um 1760/80 innen ausgebaut und um 1860 erweitert wurde, nachdem es 1852 an die Gff. Pückler gekommen war.   (II) *Bi*

WGerhard, D. hist. Rogau, Br. ³1937. – Ders., D. Zobtenlandschaft, ²Ulm 1958, bes. S. 45–48. – WRosteutscher, D. Einsegnung d. Lützowschen Freicorps in d. Kirche zu Rogau, in: LV 29a, 5 (1911/12), S. 223–28. – LV 592, S. 237–46

Rohnstock (Roztoka, Kr. Jauer). Das am Rande des Geb. 11 km sö. Jauer an der Wütenden Neiße gelegene Dorf R. war 1305 schon zu dt. Recht ausgesetzt und umfaßte auch ritterlichen Besitz; 1318 ist die Kirche von R. belegt. 200 m. ö des Dorfes befindet sich ein frühma. *Burghügel*. R. kam 1497 von den v. Reibnitz an die Herren (später Gff.) v. Ho(ch)berg, die es bis 1945 besaßen. Ihr *Schloß* (mit umgebenden Parkanlagen und Wirtschaftsgebäuden des 18. Jh.), eine fast quadratische Vierflügelanlage mit Innenhof und Turm in der SW-Fassade, ist in der heutigen Form durch den tiefgreifenden Umbau im Barockstil von um 1720 bestimmt (weiterer, unwesentlicher Umbau 1870), doch wird es im Kern wohl noch einen Bau des 16. Jh. enthalten. – Am Abend nach dem Sieg bei → Hohenfriedeberg (4. 6. 1745) kehrte Kg. Friedrich d. Gr. im Schloß R. ein, nachdem am Tage zuvor seine Gegner, Pz. Karl von Lothringen und der Hz. von Sachsen-Weißenfels, Gäste des Gf. Hochberg gewesen waren.   (II) *We*

LV 524, S. 263. – LV 613, Bd. 1, S. 28 f. – HSchubert, Landschlösser in Schles., ihre Gesch. u. Bedeutung f. d. schles. Barock, in: LV 39, 14 (1932/33), S 4–20. – LV 616, S. 127. – SJastrzębski, Jawor i okolice (Jauer u. Umgebung), Br. u. a. 1970, S. 141 f. – LV 299, Bd. 1, S. 274–286

Rosenberg O. S. (Olesno). Die Altstadt von R. liegt auf einer sich 2–4 m über dem Stobertal erhebenden Talterrasse (Keuper), die jetzt fast eingeebnet ist, in 242 m Höhe 1 km nnö. der Stoberquelle. Im Altstadtgebiet wurden bronze- und früheisenzeitliche sowie wandalische Funde der ersten nachchristlichen Jhh. beobachtet, jedoch allem Anschein nach bisher keine slaw.
Wahrsch. schon vor 1200 war hier (oder in Alt R.?) im Verlauf einer von Mähren nach Kujawien führenden Handelsstraße eine Grenz- und Zollstation namens »Olesno« entstanden, deren »alte«

Zollsatzung Bf. Lorenz von Breslau 1226 anläßlich der Einweihung einer Kirche daselbst auf Bitten Hz. Kasimirs von Oppeln beurkundete. Der in dieser Urk. erwähnte Zoll von Siewierz weist auf einen Nebenweg der Verbindung Breslau-Kreuzburg-Krakau hin, der in R. die gen. S-N-Straße kreuzte. Durch die Erwähnung eines »Vincentius castellanus de Olesno« in der auf Akten des Kanonisationsprozesses von 1267 beruhenden Hedwigsvita kann die Gründung der dtrechtl. Stadt vermutungsweise in die Zeit vor 1267 verlegt werden; denn da in R. wohl keine altpoln. Kastellanei bestand, ist der »Kastellan« als Burggf. der Stadtburg zu betrachten. 1292 ist mit dem »Distrikt Olesno« das dtrechtl. Weichbild, 1297 die Stadt »Olesno« belegt, im Liber fundationis des Bst. Breslau (um 1300) wird beides nochmals erwähnt. 1310 erscheint die Stadt erstm. unter dem dt. Namen R.; der Name Olesno schwand seither. – Das siedlungsgesch. Verhältnis der dtrechtl. Stadt zu dem rd. 6 km flußabwärts am Stober gelegenen Dorf Alt R. ist nicht geklärt (dort ältere Anfangssiedl.? Verlagerung von dort schon vor 1226?).

1310 verkaufte Hz. Boleslaus von Oppeln den Bürgern von Breslau den Fußgängerzoll in den Städten seines Hzt., darunter auch in R. In der 1327 ausgestellten Urk. über die Anerkennung der Lehnshoheit des Kg. von Böhmen durch den Hz. von Oppeln wird R. neben Oppeln als einzige Stadt des Hzt. namentlich gen. Fast gleichzeitig (1329) taucht »R.« in Krakau auch als Herkunftsname von dortigen Bürgern auf. 1353 schenkte Hz. Bolko II. von Oppeln dem Augustiner-Chorherrenstift auf dem Sande zu Breslau das bisherige Burggebiet als Baugelände für ein Kl. Von der damit begründeten Propstei aus wurde der umfangreiche Landbesitz des Sandstifts in der Umgebung von R. (z. B. → Sarsisk) verwaltet. Das dt. Stadtrecht erneuerte Hz. Bernhard von Oppeln 1450. 1450/52 werden erstm. Ratmannen, 1486 ein Bürgermeister gen. Das Stadtsiegel zeigt einen halben Adler und eine halbe Rose (14. Jh.). Die Amtssprache war zunächst lat. und dt., nach dem Übergang des Hzt. Oppeln an Böhmen (1532) zunehmend tschech., hin und wieder auch poln.; ab 1742 wurde nur noch dt. geschrieben. Seit dem E. 14. Jh. war R. Mediatstadt. Als Mediatsherren bezeugt sind die Fam. Bes von Wirchles (etwa 1400–1609), die Reichsgff. v. Gaschin (1609–1801) und die Gff. v. Bethusy-Huc (1802–26).

Der regelmäßige schachbrettartige Grundriß der Altstadt entspricht den auch sonst in der 2. H. 13. Jh. im Hzt. Oppeln entstehenden dtrechtl. Städten. Die unter Berücksichtigung des Geländes oberhalb des Stobers für Defensivzwecke recht günstig angelegte Stadtfläche hat einen unregelmäßig trapezförmigen Grundriß (Maße rd. 350 : 230 : 260 : 480 m = etwa 8,8 ha). Nach den Brauberechtigungen von 1783 wird die Zahl der urspr. Bürgerhäuser auf 157 geschätzt. Der in der Mitte gelegene Markt (Ring) ist verhältnismäßig groß (65 × 70 m). Zuerst mitten auf ihm, seit 1640 als Massivbau in der SO-Ecke steht das *Rathaus*, jetzt als Neubau (1820), auf älteren Fundamenten des 1722 abgebrannten Rathauses, mit »dorischen« Säulen an der Vorderfront (1880). Die hzl. Burg lag in der N-Ecke des Rings und wurde 1374 der Propstei voll überlassen; hier befindet sich jetzt – nach vielfachen Bränden der älteren Gebäude – die kath. Pfarrei. Die 1226 geweihte, zunächst im Burggelände gelegene St. Michaelskirche wurde 1353 Propsteikirche. Sie hat durch zahlreiche Brände viele Umbauten erfahren; die letzte bauliche Ausgestaltung erfolgte im 19. Jh., der Turm entstand 1856. Die zuerst sämtlich aus Holz erbauten Bürgerhäuser boten Anlaß zu zahlreichen Stadtbränden (1395, 1450 mit Archivverlust, 1590, 1624, 1642, 1722, 1745, 1846 sowie 1849).

Für die außerhalb der Altstadt seit 1450 entstandenen Straßenzüge Kleine und Große Vorstadt hatte Hz. Bernhard von Oppeln das Gelände geschenkt. Die am O-Ende der Kleinen Vorstadt vor 1486 errichtete hölzerne Corpus-Christi-Kirche brannte 1642 ab, wurde 1645 als Schrotholzkirche erneuert und 1909 zugunsten eines steinernen Neubaues fast unverändert nach Grunowitz übertragen. 1779 gab Kg. Friedrich II. die durch zwei Tore unterbrochenen Befestigungsanlagen für private Bauzwecke frei.

Die bereits 1226 zu erkennende Bedeutung von R. für Handel und Wirtschaft blieb in den folgenden Jhh. erhalten. Einfuhrwaren aus Polen waren Wolle, Talg, Honig, Leder und Pferde, ausgeführt wurden Weberei-, Tuch- und Hutmacherwaren sowie Erzeugnisse der städt. Handwerksbetriebe. Wegen häufiger Grenzsperren und politischer Konflikte ging schließlich der Anteil der poln. Händler stark zurück, dagegen stieg der Anteil der innerschles. 1939 wurden noch drei Kram- und fünf Viehmärkte abgehalten. Das reiche gewerbliche Leben der Stadt wurde seit dem 19. Jh. durch zahlreiche Manufakturen und Industriebetriebe bestimmt (Lederfabriken, Kürschnerei, Brauerei, Brennerei, Glockengießerei, Druckerei seit 1845, Mühlen, Holzsägewerke, Kalkofen, Ziegelei, Gärtnereien, Maschinen- und Zementfabriken). Von großer Bedeutung für das Wirschaftsleben der Stadt war das umgebende Kr.-Gebiet, das im Ma. von zahlreichen (meist Waldhufen-)Dörfern besetzt worden war. Später wandelte sich die Wirtschaftsstruktur des Landes durch das Aufkommen von Gärtnereien und von Kleinbetrieben der Eisenverhüttung; diese gingen zumeist bis E. 19 Jh. wieder ein. Um 1800 wurden im Kr.-Gebiet, das vorwiegend mit Häuslern und Gärtnern besiedelt ist, nur 21,5 Personen je qkm gezählt. Von erheblich negativer Bedeutung für die Landwirtschaft war die große Viehseuche des Jahres 1765. Die Rosenberger Propstei mußte wegen ihres völligen wirtschl. Zusammenbruchs von 1770 ab ihre Dörfer und Liegenschaften durch Zwangsverkauf abstoßen, die Chorherren wurden 1785 Weltpriester. Verheerend für die Bev. waren die Auswirkungen der Pest und anderer epidemisch auftretender Krankheiten (1348, 1405, 1603). Vor der Pest von 1708 betrug die Bev. der Stadt etwa 1000 Menschen, von denen nach Abklingen der Pest nur

noch 94 aus 24 Famm. gezählt wurden. Trotz weiterer Krankheits-
wellen (1679, 1689/90, 1765, 1847, 1852 und 1866 – darunter auch
Typhus und Cholera) stieg die Bev. der Stadt im 19. Jh. stetig
an: 1787: 1326, 1825: 2074, 1905: 5222. 1939 wurden 7263 Eww.
gezählt.
Wegen des geringen Einflusses der Ref. entstand erst 1847 eine
eigene evg. Gem., die bis dahin seelsorgerisch von den Pastoraten
in Kreuzburg und Bischdorf betreut worden war; die evg. Pfarrkirche wurde 1852/53 erbaut. 1905 waren 84,6% der Bev. von R.
kath., 12,6% evg. Sprachlich entfielen 56% auf Personen mit dt.,
34,76% mit poln. Muttersprache, 6,3% waren gemischtsprachig. –
Bereits 1226 sind durchziehende jüd. Händler bezeugt; die späteren jüd. Bewohner schwanden im 16. und 17. Jh. durch Ausweisung. Nach Aufhebung der Zuzugsbeschränkungen bildete sich
bald eine jüd. Gem. im 18. Jh., die im 19. Jh. einen starken per-
sonellen und wirtschl. Aufschwung erzielte (1900 236 Personen).
Sie stellte eine zwar kleine, aber finanziell starke Gruppe in der
städt. Wirtschaft. Die erste Synagoge wurde in Holz 1814 gebaut,
1889 in Stein in der Großen Vorstadt erneuert (1938 abgebrannt).
An das Verkehrsnetz des 19. Jh. wurde R. durch die »Kunst-
straße« nach Oppeln 1852 und die Eisenbahnstrecke Breslau-
Beuthen 1884 angeschlossen; eine Kleinbahnstrecke nach Landsberg entstand 1895. Durch Eingemeindungen wuchs das Stadtgebiet auf (1939) 25,85 qkm. Bei der Volksabstimmung am 20. 3.
1921 stimmten 68,1% der Bev. von R. für das Verbleiben beim
Dt. Reich, 16,4% für Polen. Die Stadt R. verlor 1945 etwa ¹/₃
ihrer Häuser durch Zerstörung. Die Eww.-Zahl betrug 1961 auf
47,56 qkm rd. 8000, 1971: rd. 9100. Der in preuß. Zeit nach 1742
begründete Kr. R. gehörte seit der Verwaltungsreform von
1816/18 zum Reg.-Bez. Oppeln, nach 1945 zur Woj. Oppeln; im
Zuge der poln. Verwaltungsreform von 1975 (Aufhebung der
Krr.) wurde das Gebiet um R. der neu geschaffenen Woj. Tschenstochau angegliedert.
Von den außerhalb der eigentlichen Stadt gelegenen Kirchen sind
die Wallfahrtskirchen *St. Anna* (1518, bedeutender Anbau auf
sternförmigem Grundriß 1668) und *St. Rochus* (1710) sowie die
Dorfkirche von Alt R. (1680), sämtlich Schrotholzkirchen, bes. zu
nennen.
In R. wurden geb. Gf. Carl Ludwig v. Ballestrem (1755–1829), der
mit dem Ausbau der Carls-Zinkhütte in → Ruda 1812 die moderne oberschles. Zinkindustrie begründete; der Pädagoge (Schüler Pestalozzis) Felix Rendschmidt (1787–1883); der poln. eingestellte Pädagoge und Heimathistoriker Josef Peter Lompa (1797
bis 1863), Verfasser von »Gesch. Darstellung der merkwürdigsten
Ereignisse in der Kgl. Kreisstadt R.« (1856); der Gleiwitzer Musikpädagoge Heinrich Wolff (1799–1861); der Musikpädagoge
und -wissenschaftler Adolf Weißmann (1873–1929).   (IV) *Ngb*

Aus d. R.er Lande 1 (1924) – 3 (1926). – Heimatkalender d. Kr. R.,

1926 ff. − Głos Olesna (Stimme v. R.), 1 (1966) ff. − PWonschik, HDwucet, Heimatkunde d. Kr. R., 1928. − A. d. R.er Stadtarchiv, 1. T.: ZKurzeja, D. ältesten dt. u. lat. Urkk., in: Beitrr. z. Heimatkunde Oberschlesiens, Bd. III, Leobschütz 1936, S. 136−84. − HBellée, D. Propstei R. OS. u. d. Breslauer Sandstift, in: LV 30, 1924, Nr. 2/3, S. 42−44. − LV 233, S. 863−65. − 650 Jahre R., hg. v. PStrodhoff, Arnsberg/Westf. 1960 (darin u. a. WNeugebauer, Z. ältesten Stadtgesch. v. R., S. 7−19). − LV 345. − LV 357, S. 95 f. − LV 482, S. 56, 110 f. − LV 234, Bd. 2, S. 176 f. − Szkice i materiały z ziemi oleskiej (Skizzen u. Materialien a. d. R.er Land), Oppeln 1966

Rothenbach (Gorce, Kr. Waldenburg). Durch einen Verwaltungsakt, der der industriellen Entwicklung Rechnung trug, kam R. mit Gaablau (erstm. 1305 erwähnt) und Liebersdorf (1285 erstm. erwähnt) als ein Amtsbezirk 1934 vom Kr. Landeshut zum Kr. Waldenburg. 1954 wurde R. zur stadtart. Siedl., 1962 zur Stadt erhoben. R. ist eine späte Gründung und wird 1550 unter den Besitzungen der Fam. v. Hochberg auf → Fürstenstein erstm. erwähnt. An Bedeutung gewann der Ort erst, als die »Gustavgrube« in → Schwarzwaldau (1856) und die »Abendröthegrube« in Kohlau (1869−70) ihre Hauptbetriebe nach R. verlegten. Der Anschluß an die Geb.-Bahn 1867 begünstigte diese Entwicklung. R. hatte 1825: 140, 1871: 461, 1900: 2503, 1905: 4269, 1910: 4951, 1925: 5537, 1939: 4532, 1950: 3850, 1961: 4908, 1970: 4618 Eww. R. erhielt 1929 eine kath. Kirche. 1934 wurde der evg. Betsaal zur Kirche ausgebaut. 1952−53 wurden zwei stillgelegte Schächte (Witold- und Clara-Schacht) wieder in Betrieb genommen.

(II a) Kö

HBartsch, A. d. Gesch. unseres Waldenburger Berglandes, Sonderdr. aus: Waldenburger Heimatbote 1962−1969, Norden (Ostfriesl.) 1969, S. 148−152. − Ders., Unvergessene Waldenburger Heimat, Norden (Ostfriesl.) 1969, S. 353. − LV 234, Bd. 2, S. 556

Rothenburg/Oberlausitz → Band Sachsen

Rothenburg/Oder (Czerwieńsk, Kr. Grünberg). Mit dem 1305 belegten, 9 Hufen großen Dorf »Necka« kann sowohl Deutsch Nettkow am r. als auch Poln. (zuletzt Schles.) Nettkow am l. Oderufer gemeint sein, ebenso mit »Netka«, 1329 Lehen der Herren v. Rothenburg. Seit 1398 ist eindeutig Poln. Nettkow belegt, bis 1788 ununterbrochen in der Hand der Herren (seit 1736 Gff.) v. Rothenburg. 1788 erwarb die Herrsch. R.-Poln. Nettkow Hz. Peter von Kurland und → Sagan, von dem sie 1800 an dessen Tochter Fstn. Pauline Marie Louise von Hohenzollern-Hechingen und 1838 an deren Sohn Friedrich Wilhelm Constantin kam, den letzten Fst. von Hohenzollern-Hechingen, der 1849 auf sein Stammland zugunsten Preußens verzichtete und sich auf seinen schles. Besitz zurückzog († 1869 Poln. Nettkow, → Löwenberg); sein Sohn nahm den Namen eines Gf. von Rothenburg an. − Mit dem Hzt. Crossen fiel Poln. Nettkow 1482 an Brand. Fortan grenzte es

im O, S und W an Schles., im N an die Oder. Diese Lage machte
den Ort nach der Durchsetzung der Gegenref. im benachbarten
Hzt. Glogau bes. geeignet für die Errichtung einer Grenzkirche
(»zur hl. Dreifaltigkeit«) 1654, der frühesten an den Grenzen von
Schles. Gefördert durch den starken Kirchenbesuch aus Schles.,
entwickelte sich die seit ca. 1559 um das Jagdschloß von Sebastian
v. Rothenburg (erbaut um 1550) entstandene Ansiedlung von
Tuchmachern, Lohgerbern, Pantoffelmachern und Weinbauern zu
einem Flecken, der Neu Nettkow gen. wurde. Nach einem vergeblichen frühen Versuch von 1654 erlangte Hans Christoph v. Rothenburg 1690 von Kfst. Friedrich III. von Brand. für ihn Stadt-
und Marktrechte; der Name wurde gleichzeitig nach dem Grundherrn in R. umgeändert. Die Stadt weitete sich von wenigen
Häusern um den Markt s. vom Jagdschloß bis 1785 auf 64 Häuser mit 419 Eww. aus. Außerhalb der von Palisaden umgebenen
und mit drei Toren versehenen Anlage entstanden nach 1690 neue
Ansiedlungen (Neu Nettkau, Anteil Plothow, Anteil Woitscheke),
die 1903 nach R. eingemeindet wurden. Der wichtigste Erwerbszweig von R. wurde die Tuchmacherei (Zunftstatut von 1693,
1800: 100 Tuchmachermeister). Sie ging jedoch seit ca. 1820, nachdem R. mit Poln. Nettkow und Drehnow 1816 in das inzwischen
preuß. gewordene Schles. eingegliedert war, durch die Konkurrenz des 10 km sö. von R. gelegenen → Grünberg zurück; viele
Meister wanderten in das Textilrevier von Lodz/Polen aus, R. verzeichnete 1890 nur noch neun selbständige Meister. Dafür entstanden später eine Wollwäscherei und eine Mützenfabrik. Seit
1871 besaß R. Eisenbahnanschluß (Liegnitz–R., Fortsetzung bis
Stettin 1876). Das Ackerbürger- und Handwerkerstädtchen hatte
1825: 626, 1905: 1104 auf 2,09 qkm, 1939: 1396 Eww. 1945 sank
der nur unwesentlich vom Krieg betroffene Ort zum Dorf ab, er
wurde aber 1957 zur stadtart. Siedl. und 1969 wieder zur Stadt
angehoben. 1961 lebten dort auf 19,2 qkm 2240 Personen, 1970
auf 15,7 qkm 2632.   (I)   *We*

LV 119, Bd. 1. – AFoerster, Geschichtliches v. d. Dörfern d. Grünberger
Kr., Grünberg 1905, S. 108–115. – LV 233, S. 865. – LV 234, Bd. 2, S.
624

Rothkirch (Czerwony Kościół, Kr. Liegnitz), Das Chronicon Polono-Silesiacum vom E. 13. Jh. setzt zwischen 1201–1227 einen
Bruderzwist an zwischen dem späteren Hz. Heinrich II. von
Schles., der vom Vater, Heinrich I. (Gemahl der hl. Hedwig), begünstigt worden sei, und seinem älteren Bruder Konrad (Kraushaar, † vor 1214?), einem angeblichen Gegner der dt. Einwanderung und Anführer gleichgesinnter poln. Adliger. Heinrich soll mit
seinen dt. Bauern und Rittern zwischen Liegnitz und Goldberg
bei »Studnica seu Ruffa Ecclesia«, also R. (8 km sw. Liegnitz),
Konrad und seinen poln. Anhang besiegt haben. Dieses sonst nicht
überlieferte Ereignis wurde früher gelegentlich hoch eingeschätzt,
auf dt. Seite als entscheidender Durchbruch des Deutschtums in

Schles., auf poln. Seite als Verteidigungskampf des Polentums gegen die Germanisierung. Die moderne Forschung hält die Erzählung für unwahr, u. a. weil nationale Auseinandersetzungen erst zu den Verhältnissen der 2. H. 13. Jh. passen. Die Legende könnte Nachrichten einerseits über einen möglichen Zusammenstoß zwischen vielleicht auf die hzl. Residenz Liegnitz vorrükkenden dt. Bergleuten aus → Goldberg und hzl. Truppen bei R. (Aufstand von Goldberger Bergleuten 1220 belegt) und andererseits über den Streit zwischen den Enkeln Heinrichs I. M. 13. Jh. aufgenommen haben. – Der Ort R. gehörte bis ins 14. Jh. und erneut 1776–1945 dem nach ihm benannten Geschlecht v. Rothkirch, das teilweise auf eine mit der hl. Hedwig nach Schles. eingewanderte Fam. von Tauer zurückgeführt wird, nach anderer Auffassung einheimisch-schles. war (Busewoy?), was angesichts des 1302 bezeugten »Woycech de Rufa ecclesia« für wahrscheinlicher zu halten ist. (II) *We*

JGottschalk, D. »Bruderzwist« unter d. Söhnen d. hl. Hedwig, in: LV 72, 9 (1951), S. 45–58. – BZientara, Jak powstają legendy. Tragedia Konrada Kędzierzawego i jej losy pod piórem dziejopisów (Wie Legenden entstehen. D. Tragödie d. Konrad Kraushaar u. ihre Schicksale unter d. Feder d. Geschichtsschreiber), in: Mówią wieki 15 (1972), Nr. 8, S. 13–17, u. Nr. 9, S. 14–17. – LV 290, S. 193 f. – LV 613, Bd. 2, S. 48. – LV 615, S. 45

Rothsürben (1937 Rothbach, Zórawina, Kr. Breslau). Im 12./13. Jh. wird kirchlicher Besitz von »Sorawin« u. ä. gen. Ob es sich dabei allgemein um ein Siedl.-Gebiet an der Sarofke (Moosbach, Nebenfluß der Lohe) um R., um Tschauchelwitz oder – wie früher angenommen – direkt um R. handelt, ist unklar. Jedenfalls werden sich die Aussetzung des Breslauer Domkapitelguts »Sorawina« nach dt. Recht 1251, die geplante Kirchengründung auf dem hzl. Gut »Zerawin« 1278 und die Erwähnung der Kirche von »Soravina« 1335 verm. auf R. 15 km s. Breslau beziehen. Die Kirche von R. liegt inmitten des Ortes auf einer durch die Sarofke und einen künstlichen Graben gebildeten, mit einem Wall gesicherten Insel, auf der sich außer Kirche und Friedhof eine Burg, der Sitz des Burglehens R., befand. Die Burg soll angeblich im letzten Drittel des 13. Jh. entstanden sein; im 19. Jh. bestand sie aus einem schlichten zweigeschossigen Bau nw. der Kirche, bevor sie nach Verwendung als Brauerei 1880 abgebrochen wurde. Der Burglehensinhaber Adam v. Haniwaldt erbat 1606 vom Ks. Stadtrechte für Gut und Dorf R.; die Stadtrechtsverleihung soll 1608 erfolgt, jedoch nicht weiter beansprucht worden sein. Dafür verewigte sich v. Haniwaldt durch den Ausbau und die Ausschmückung der spätma., 1564–1654 evg. *Kirche* von R. im Stil der Renaissance 1597–1607; hervorstechendstes Kunstwerk war die Bronzefigur des Christus an der Staupsäule des bekannten niederländischen Bildhauers Adrian de Vries vom Epitaph für Haniwaldts Eltern (heute in Warschau). (II) *We*

LV 130. – LV 524, S. 267. – HHoffmann, D. kath. Kirchen in R. u.
Thauer, Br. 1935. – LV 592, S. 250–262, 397 f. – LV 620, S. 175. – LV
631, S. 65–67

Ruda (Ruda Śląska, Kr. Schwientochlowitz/Stadtkr. R.). Der heutige Stadtkr. R., auf dem oberschles. Muschelkalkrücken im Zentrum des Industriereviers gelegen, im W an Hindenburg, im N an
Beuthen O.S., im O an Königshütte grenzend, im S etwas über
die Klodnitz reichend, stellt die Zusammenfassung einer Anzahl
von Industriesiedll. dar, in denen z. T. schon im Spätma. Bergbau
und Erzverhüttung getrieben wurden. Die 76,72 qkm des Stadtkr.
gehörten – bis auf den Plesser Althammer – urspr. zu der aus dem
Hzt. Oppeln hervorgegangenen Standesherrsch. → Beuthen (O.S.)
und verteilten sich vor dem 1. Weltkrieg auf die Krr. Kattowitz
(Friedrichsdorf [Friedr.], → Halemba [Hal.], Klodnitz [Klod.],
Kochlowitz [Kochl.], Neudorf [Neud.], Gutsbez. Bärenhof [Bär.]
und Antonienhütte [Ant.]), Zabrze/Hindenburg (Bielschowitz
[Biel.], R.), Beuthen O.S. (Orzegow [Orz.], aus dessen Gutsbez.
unter Einbeziehung von Morgenroth später die Gem. Godulla-
hütte [God.] entstand, und der Beuthener Schwarzwald [Schw.],
der 1922 mit der Siedl. Eintrachthütte zur Gem. Nowy Bytom/
Friedenshütte erhoben wurde) und Pleß (Gutsbez. Althammer
[Alth.]). Nach der Teilung von Oberschles. 1922 lag der heutige
Bereich von R. an der Grenze auf poln. Seite; nach der Auflösung der aus den poln. gewordenen Teilen der Krr. Hindenburg
und Beuthen O.S. gebildeten Krr. R. (bis 1924) und Schwientochlowitz (bis A. 1939) wurden deren heute zu R. gehörende Orte
in den Landkr. Kattowitz eingegliedert, und als 1951 auch dieser aufgeteilt wurde, entstanden aus den inzwischen zu Städten
erhobenen Orten R., Nowy Bytom/Friedenshütte (beide 1945) und
Antonienhütte (mit Neud., 1949) sowie sieben Landgemm. die
beiden kreisfreien Städte R. (R., Orz., God., 16,10 qkm) und Nowy
Bytom (N. B., Ant. mit Neud., Biel., Chebzie, Friedr., Hal. mit
Alth. und Klod., Kochl., 60,62 qkm), die schließlich 1959 zum heutigen Stadtkr. R. vereinigt wurden. Er hatte 1961: 134 823, 1970:
142 600 Eww. (1930: 120 500).
Das Gebiet von R. gehörte im Frühma. zum Grenzwald zwischen
dem Opolanen- und Wislanengau. Einzelne Siedll. entstanden hier
um 1300 (R., Orz., Kochl.), es folgte seit E. 14. Jh. die Gründung
von Eisenhämmern (Alth., → Halemba); um 1400 befand sich in
R. eine Bleihütte. 1540 erwarb Johann Gieraltowski R. und Orz.
und richtete auf seinen Besitzungen mit einem Bergbauprivileg
von Markgf. Georg von Brand. einen Eisenhammer ein; 1612 gab
es einen solchen auch in Biel. Seit A. 18. Jh. übernahmen Hochöfen die Erzverhüttung. Die Suche nach Erzen führte zur Entdeckung der Steinkohle, in R., wo die Flöze bis zur Oberfläche
reichen, bekannt zumindest seit 1670. E. 18. Jh. gab es im Bereich
R. drei Hochöfen (zweitältester Hochofen von Schles. in Hal., ferner in Alth., R.), vier Frischfeuer und fünf Kohlengruben (dar-

unter in R. die älteste von Oberschles., vor 1748, seit 1752 »Brandenburggrube« gen., seit 1931 »Wawel«, und die Kg.-David-Grube, vor 1768). Der Kohlenabbau führte zum Auf- bzw. Ausbau der Zink- und Eisenindustrie, diese wiederum erforderten eine Steigerung der Kohlenförderung. – Im wesentlichen haben drei Famm. oder Einzelunternehmer die Montanindustrie um R. aufgebaut. Nach dem Tode von Carl Franz v. Stechow 1798 fiel dessen Besitz → Plawniowitz, Biskupitz (Biskupice) und R. mit der Brandenburggrube an seinem Neffen Gf. Carl Franz Ballestrem († 1822). Er und seine Nachfolger Carl Ludwig († 1829) und Carl Wolfgang († 1879) errichteten mit Unterstützung ihrer Verwalter Karl Godulla (1781–1848) und Anton Klausa (1805 bis 1870) in R. die Katharina- (1819, später an die Wolfganggrube) und Wolfganggrube (1841, seit 1936 »Walenty«) und andere Kohlengruben, die Bertha-Eisenhütte (1856–1870er Jahre) und die Carls-Zinkhütte (1812–1908). Außerdem übernahm die von Carl Wolfgang Gf. Ballestrem gegr. »Oberschles. Eisenbahn-Bedarfs-AG« 1871 den großen Besitz der eingegangenen Minerva-Ges., vor allem im Beuthener Schw. (ganz oder teilweise die Lythandra-, Belowsegen-, Eintracht-, Friedrich-Wilhelm- und Vorsichtgrube sowie die Friedenshütte). – Godulla schuf sich auch selbst einen Besitz: ihm gehörten ganz oder teilweise einige Kohlengruben (die 1882 zur großen »Paulus-Hohenzollern«-Grube zusammengefaßten in Orz. sowie die Lythandra-Grube [seit 1936 »Wanda«] in Schw.), ferner die Gutenhoffnungs- (1820–1871) und Morgenroth-Zinkhütte (1823–1871) in Orz.; nach seinem Tode gründeten seine Vermögensverwalter dort die Godulla-Zinkhütte (1854–1919). Durch die Heirat von Godullas Adoptivtochter und Erbin Johanna Gryczik (Grzyzik) mit Gf. Hans Ulrich Schaffgotsch 1858 gelangte der Godulla-Besitz in die Hand dieser Fam., die ihn erweiterte. – Die Siemianowitzer Linie der Gff. Henckel von Donnersmarck waren im R.er Gebiet in Wyrrek, Hal. und Kochl. begütert. Abgesehen von ihren frühen Gründungen (u. a. Hochofen in Hal. 1718), gehen auf sie u. a. die Kohlengruben »Gottessegen« (1802–1931) und »Carl« (1808, später an »Gottessegen«) in Wyrrek, »Hugo« in Kochl. und »Zwang« in Bär. (1824 bzw. 1828 bis 1933, vereinigt 1849 zu »Hugo-Zwang«, seit 1928 »Wirok«), die Antonien-Eisenhütte (1801/05–E. 19. Jh.), nach dem Wyrrek den dt. Namen Antonienhütte bekam, die Thurzo-Eisenhütte in Hal. (1836–1860er Jahre) sowie die Zinkhütte »Hugo« (1812–1932) in Wyrrek und ein Zinkblechwalzwerk (1902) zurück; 1843 kauften sie die Zinkhütte »Liebe« und »Hoffnung« in Wyrrek und vereinigten sie. – Von den übrigen Gründungen im Bereich R. sind hervorzuheben die 1840 durch Beuthener und Breslauer Kaufleute gegr. »Friedenshütte« im Schw. (später zur Minerva-Ges., s. o.), neben der 1899/1902 die Friedens-Kohlengrube entstand, und die Zinkhütten »Beuthener Hütte« (1845–1919), »Rosamunde« (1838–1931), »Klara« (1820/21–1914, seit 1824 Besitz der Fam. Henckel v. Donnersmarck auf Neudeck) im Schw., »Dt. Hütte« in Biel. (1821–1882) sowie »Thurzo« (bis 1853 Henckel-Besitz, 1919 geschlossen) und »Franz« in Bykowine/Friedr. (1876–1914). – Erweiterungen, Zusammenlegungen und Schrumpfungen (in der Wirtschaftskrise der 1870er Jahre) veränderten häufig die Zusammensetzung der Industrieanlagen. Vor Ausbruch des 1. Weltkrieges bestanden auf dem Boden des heutigen R. neun Kohlengruben, zwei Kokereien, die Friedens-Eisenhütte mit Stahlwerk, drei Blenderösthütten, sieben Zinkhütten und ein Zinkblechwalzwerk.

Mit der Erweiterung der Industrieanlagen vergrößerten und vermehrten sich die Wohnsiedll. und entwickelten sich Geschäftszentren. Orz. war ein Hauptort des Schaffgotsch-Besitzes; seine Bev. stieg von 1855: 1081 (ohne Gutsbez.) über 1871: 4726, 1885: 6523 auf 1905: 12 370 Eww. an. Ant. (Henckel-Besitz) hatte 1855: 919, 1885: 5116, 1905: 8380 Eww. R. (Ballestrem-Besitz) erhöhte seine Bev.-Zahl von 1991 (1855) über 6434 (1885) auf 13 089 (1905).

Der 1. Weltkrieg brachte eine Vermehrung der Kohlenförderung; dabei wurde die »Paulus-Hohenzollern«-Grube in die vier selbständigen Gruben »Godulla« (heute »Paweł«) in Morgenroth, »Gotthard« (s. 1936 »Karol«) in Orz., »Gfn. Johanna« (heute »Bobrek«) in Bobrek und »Hohenzollern« (heute »Szombierki«) in Schomberg aufgeteilt, die Kokerei »Wolfgang« (seit 1936 »Walenty«) in R. wurde 1916 in Betrieb genommen. Hingegen wurden einige Zinkhütten geschlossen. Die Weltwirtschaftskrise A. 1930er Jahre ließ weitere große Industrieanlagen eingehen. Manche von ihnen wurde im 2. Weltkrieg aus kriegswirtschl. Notwendigkeit wieder in Betrieb genommen, so die »Hugo-Zwang«-Kohlengrube (1942). Auch die seit 1946 ausgebaute und 1957 (wieder-) eröffnete »Halemba«-Kohlengrube ist im Krieg durch die Schaffgotsch-Werke GmbH in Gleiwitz begonnen worden. Nach dem Krieg erfolgte der Ausbau der Kohlengruben, die Grube »Nowy Wirek« entstand neu (1955), ebenso ein Elektrizitätswerk in Hal. (1962/63). Daneben wurden neue Wohnsiedll. geschaffen. Gegenwärtig steht in R. die Kohlenindustrie im Vordergrund (acht Gruben, zwei Kokereien, zwei Elektrizitätswerke); die größte Anlage bildet jedoch die Friedenshütte.   (IV) *We*

Ruda Śląska, zarys rozwoju miasta (Überblick der Entwicklung der Stadt R.), hg. v. ASzefer, Kattowitz 1970. – LV 210, Bd. 1. – LV 668. –LV 234, Bd. 1, S. 462–64. – LV 225

Rudelstadt (Ciechanowice, Kr. Landeshut). Im nö. Vorland des Landeshuter Kammes, 11 km nw. Landeshut, unweit der Bergstadt Kupferberg, liegt R., urspr. Rudelsdorf gen. (1278 »Rudolphi villa«). Während des Aufschwungs im schles. Bergbau im 18. Jh. richtete Hans Friedrich Frh. v. Schweinitz auf Rudelsdorf, um die in den Schles. Kriegen erlittenen Verluste auszugleichen, 1747 in der Gemarkung des Ortes mit 40 Bergleuten (u. a. aus Sachsen) vier Gruben zur Förderung von kupfer- und arsenhaltigen Erzen ein und gründete 1,5 km sw. von R. die Bergmannskolonie Adlers-

ruh mit 45 Häusern, für die er verschiedene Freiheiten durchsetzte. 1754 erreichte er für Rudelsdorf die Erhebung zur Bergstadt
und die Umbenennung in R. Aber schon 1760 waren zwei Gruben, 1769 eine dritte wegen geringer Ausbeute eingegangen, der
7j. Krieg fügte weitere Verluste zu. Nach dem Tod des Gründers
1768 erklärte dessen Sohn den Konkurs; der Bergbaubesitz wurde
aufgeteilt, einen Anteil erwarb 1781/83 Gf. Friedrich Wilhelm v.
Reden. Der Ort kam über den Frh. v. Seherr-Thoß 1778 für ca.
ein Jh. an die v. Prittwitz. Als unakzisbare Stadt zählte R. zu den
Marktflecken und sank nach 1809, da es die Steinsche Städteordnung nicht erhielt, wieder zur Landgem. ab, ohne städt. Aussehen
erlangt zu haben. Bergbau und Hüttenwesen blieben in stark
eingeschränktem Umfang bestehen; zeitweise wurden in R. lokale Garn- und Leinwand-Wochenmärkte abgehalten. Eww.: 1785:
1159, 1825: 1035 (mit Prittwitzdorf und Schönbach 1337), 1905:
1479, 1939: 1512, 1961: 1369. R. besitzt eine im 14. Jh. er- und
1577 umgebaute *Pfarrkirche* und ein *Schloß* auf künstlicher Insel,
in der jetzigen Form 1846 entstanden.   (II)   *We*

LV 206, Bd. 5, S. 117 f. – LV 207, T. 1, S. 153 f. – LV 212, Bd. 2, S.
505–07. – LV 511, Sp. 278 f. – LV 466. – LV 429, S. 554 ff. – Henke,
Beitrr. z. Gesch. v. R., in: LV 41, 31 (1911), S. 5–7, 22–24, 38–40, 58–60.
– Heimatbuch d. schles. Kr. Jauer-Bolkenhain, hg. v. ATost, Velen i.
Westf. 1955, S. 193–96. – LV 358, S. 235 f. – LV 615, S. 39. – LV 234,
Bd. 2, S. 553

Rückers (Szczytna, Kr. Glatz). In dem von waldigen Höhen umgebenen Kessel von R. am w. Eingang des Höllentales, 20 km sw.
Glatz, treffen sieben Täler zusammen. R. an der Mündung des
Steinbachs in die Weistritz war schon 1351 urk. bekannt, damals
zur Herrsch. Hummel gehörig (→ Hummelschloß). Der Glatzer
Landeshauptmann Wellnitz erbaute 1545 das Schloß. 1580 war R.
im Besitz des Crato v. Krafftheim († 1585, bedeutendes Epitaph
in der Elisabeth-Kirche zu Breslau), des Leibarztes dreier Kss. und
Freundes Luthers und Melanchthons, der in R. 1581 die erste ref.
Kirche von Schles. errichten ließ. 1627 wurde das Schloß von ksl.
Truppen ausgeplündert und angezündet, danach größer wieder
aufgebaut.
Während der Kriegsgefahr wurde 1790 auf einer Anhöhe bei R.
ein Fort errichtet, auf dessen Ruinen 1832–38 Karl Leopold Moritz v. Hochberg, seit 1827 Besitzer von R., die Burg Waldstein
erbaute. 1836–40 errichtete er daneben eine Glashütte, um sie herum entstand eine Siedl., der Gutsbez. Waldstein. Ab 1842 wechselten die Besitzer in rascher Folge. 1860 erwarben die Brüder
Franz und Ferdinand Rohrbach Waldstein; durch diese Fam. erlangte die Glasindustrie in und um R. Bedeutung. Franz Rohrbach († 1880), später Alleinbesitzer, besaß auch in Friedrichsgrund
n. R., wo sich eine 1770 durch Thüringer gegr. Glashütte befand,
eine Fabrik, ebenso entstanden in Hartau und Gläsendorf bei R.
Glasveredelungsbetriebe, die auf die Waldsteiner Glashütte zu-

rückgingen. Diese ging um 1930 ein. Die Burg Waldstein erwarben 1929 die Missionare der Hl. Fam. und unterhielten dort bis 1940 eine Missionsschule.

In R. selbst entwickelte sich aus einer Glasschleiferei ein Unternehmen mit eigener Glashütte (eine zweite kam 1933 hinzu), das unter dem Namen »Kristallglas-Hüttenwerke Rückers F. Rohrbach und Karl Böhme KG« (seit 1897) im In- und Ausland Ansehen genoß. Es ging 1912 teilweise, 1930 ganz auf die Breslauer Kaufmannsfam. Knittel über. Die Bedeutung der Glasindustrie von R. führte nach 1945 zur Einrichtung einer Glasfachschule am Ort. Eine Rolle spielt dort auch die Holzindustrie. Transportmöglichkeiten bietet die Bahnlinie Glatz–Bad Kudowa (1902/05). 1960 wurde R. zur stadtart. Siedl. erhoben. Eww.: 1796: 505, 1825: 495, 1905: 2127 (+ Gutsbez. 71), 1939: 4503 (auf 20,59 qkm), 1961: 4978 (auf 80,48 qkm), 1970: 5100.   (IIa) *Web*

AOtto, Glatzer Wanderbuch, Mittelwalde 1923, ²Leimen/Heidelberg 1971, S. 200 f. – LV 430, S. 159–165. – D. Gfsch. Glatz, hg. v. GGoebel, T. 1, Lüdenscheid 1958, S. 23 f. – Burgen u. Schlösser in d. Gfsch. Glatz, 1. Teil (Gfsch. Glatzer Buchring, 25. Bd.), Leimen/Heidelberg 1963, S. 28–31. – LV 631, S. 81 f. – LV 224. – LV 234, Bd. 2, S. 590

Rützen (Ryczeń, Kr. Guhrau). R. an der Bartsch, 7 km sw. Guhrau, 1262 erstm. nachweisbar, besaß in der 1. H. 13. Jh. ein festes Haus und wurde 1375 durch Abspaltung vom Weichbild Guhrau selbst Weichbildvorort – das Weichbild umfaßte das Gebiet zwischen Unterlauf der Bartsch und Oder, die sog. »Meseritz« –, wozu in der Regel nur Städte erhoben wurden; 1385 werden zwar »Riczen stat, haus und man« erwähnt, aber R. war tatsächlich nur Marktort (1475 Salz- und Wochenmarkt belegt). Nach einer Darstellung der 1. H. 18. Jh. war damals am l. Bartschufer auf einer von einem Graben und der Bartsch gebildeten Insel auf künstlich erhöhtem Untergrund das »Schlössel« (die vormalige Burg), ihm gegenüber am r. Ufer ein großer Marktplatz mit Tuchmacher- und Gewandschneiderhäusern (Tuchmacherinnung seit 1732), ö. davon das herrschl. Schloß. Die Meinung, das in der Cosmas-Chronik zu 1109 gen. »castrum Recen« sei in R. zu suchen, ist irrig, vielmehr war dieses in → Ritschen; die Burg von R. war nach archäologischen Untersuchungen eine kleine konische Anlage von ca. 25 m Seitenlänge, frühestens M. 13. Jh. entstanden. R. gehörte urspr. zum Hzt. Glogau, dann zu dessen Teilgebiet Steinau und kam 1397 – zunächst wohl pfandweise – an das Hzt. Oels, von dem es 1512 an die Standesherren von Trachenberg und Militsch, die Frhh. v. Kurzbach, veräußert wurde, die es ihrerseits 1525 an die Liegnitz-Brieg-Wohlauer Piasten verkauften. Nach Durchsetzung der Gegenref. im Erbfstm. Glogau wurde 1662 in R., Hauptort eines Kr. im Hzt. Wohlau, für die Evangelischen des benachbarten Guhrauer Gebiets eine Grenzkirche errichtet. Grundherren von R. waren 1345 Heinrich v. Biberstein, 1475–1580 die v. Haugwitz, anschließend Abraham v. Stosch, 1615 Hans v. Dyhrn, seit 1675 die Frhh. v. Roth. Nach Heirat mit einer Freiin v. Roth 1762 wurde der schles. und später preuß. Justizminister und preuß. Großkanzler (Gf.) Johann Heinrich Kasimir v. Carmer (geb. 1721 in Kreuznach, gest. 1801 in R.) 1771 Besitzer von R., das bis 1945 im Besitz seiner Fam. blieb.   (II) *We*

LV 131. – MRunge, Kirchenchronik von R., R. 1912. – JKramarek, Wyniki badań w Ryczeniu, pow. Góra Śląska, i zagadnienie lokalizacji grodu Recen w wojnie 1109 roku (Forschungsergebnisse in R. Kr. Guhrau u. d. Frage d. Lokalisierung d. Burg Recen im Feldzug d. Jahres 1109), in: LV 70, 6 (1964), S. 142–157. – LV 28, 14 (1878/79), S. 509 f. – LV 270, bes. S. 149–51. – FHeinze, Heimatbuch d. Kr. Guhrau/Schles., Scheinfeld 1973, S. 68, 140, 322–24, 376. – LV 511, Sp. 281 f. – LV 631, S. 198

Ruhberg (Ciszyca, Kr. Hirschberg). Nw. von Schmiedeberg liegt inmitten eines von dem schles. Minister Carl Georg Heinrich Gf. v. Hoym († 1807) angelegten Parkes das kleine klassiz. *Schlößchen* R. Der Besitz hieß nach den früheren Besitzern Gürtlerbzw. Ministerberg, ehe er 1824 in den Besitz der Fstn. Luise v. Radziwill († 1836), geb. Pzn. von Preußen und Gemahlin des Fst. Anton v. Radziwill, überging. Ihre Tochter Elisa hieß allgemein im Hirschberger Tal »der Engel von R.« Sie war die Jugendliebe des Pz. Wilhelm von Preußen, des späteren Ks. Wilhelm I. Diese zwischen Hoffen und Verzagen zehn Jahre währende Jugendliebe fand jedoch nicht die Zustimmung der kgl. Eltern und wurde durch die Vermählung des Pz. mit der Pzn. Auguste von Sachsen-Weimar 1829 beendet. Elisa starb 31 Jahre alt 1834 an der Schwindsucht. R. erbte Elisas jüngere Schwester Wanda, verheiratete Fstn. Czartoryska († 1845), dann ihr Sohn Fst. Adam Czartoryski. Das Schlößchen barg im Inneren manchen Schatz an Gemälden, Merkwürdigkeiten und häuslicher Ausstattung.   (I) *Gru*

ThEisenmänger, Gesch. d. Stadt Schmiedeberg im Riesengeb., Br. 1900, S. 212 f. – KJagow, Wilhelm u. Elisa, d. Jugendliebe d. alten Kaisers, Leipzig 1930. – LV 643

Ruhland → Band Sachsen

Rummelsberg (Romanów, Gem. Krummendorf/Krzywina, Kr. Strehlen). Der R., die höchste Erhebung der Strehlener Berge zwischen Strehlen und Münsterberg, 393 m, beherrscht weithin das Land. Auf dem Gipfel stand eine frühgesch. Befestigung, von der noch ein doppelter *Wallring* (Durchmesser 100 × 80 m) zu sehen ist, und danach eine ma. Burg. von der ebenfalls *Reste* erhalten sind. Über die Deutung des Namens R. besteht keine Einigkeit (von Ruhm, Rummel oder eher Rom = Rabe – daher auch Romsberg – abzuleiten?). Er kann auch auf die Brüder Razlaus und Myslebor, gen. Rabynswalde von Thopperdorph (Töppendorf Kr. Strehlen), oder auf Heinrich Rabe von Schiltberg aus der Fam. v. Tschammer (1322) zurückgehen. Zuerst urk. erwähnt wird der R. 1427 als Besitz derer v. Tschirn (Czirn, Tschirne), eines der ältesten schles. Adelsgeschlechter. Ihnen gehörten die Dörfer Prieborn, Siebenhufen, Habendorf, Krummendorf und Türpitz. Sie erklärten sich 1439 der Hzn. Elisabeth von Liegnitz und Brieg gegenüber bereit, »den Berg zu bauen und zu festen und dem Lande zugute zu besetzen«. Der Chronist Eschenloer nennt die v. Tschirn, die in ganz Schles. Burgen besaßen, die übelsten Raubkumpane. Im Sommer 1443 wurde der R. daher von den Breslauern erobert. 1446 erbauten die v. Tschirn wieder die feste Burg. Der Besitz wechselte in der Folgezeit zwischen den Hzz. von Brieg und Liegnitz einerseits und den v. Tschirn anderseits. Als letztere 1493 den R. wieder erwarben, war die Burg anscheinend eingerissen, und die v. Tschirn ließen sich in den Dörfern ihrer Herrsch. nieder. 1675 kam der R. mit dem Hzt. Brieg an die Krone Böhmens. Das ganze Gebiet rund um den R. wurde 1687 an den Wiener Bankier Ludwig Frh. v. Waffenberg verkauft. Friedrich d. Gr. löste 1743 die Herrsch. Prieborn mit dem R. ein und gab sie der Charité zu Berlin, die bis ins 20. Jh. Besitzer blieb. Rund um den R. waren die Altlutheraner stark vertreten.

(III) *Web*

Bunte Bilder aus d. Schlesierlande, hg. v. Schles. Pestalozzi-Verein, Bd. 2, Br. 1903, S. 337–40. – APelke, Aus. d. Gesch. d. R., in: Münsterberger Land, hg. v. Kretschmer, Münsterberg 1930, S. 106–110. – GNagel, Rund um d. R., Bilder a. d. Vor- u. Frühgesch. d. Strehlener Landes, Kassel 1936. – LV 402, bes. S. 13. – LV 330, S. 125

Rybnik. R. liegt an der Grenze des oberschles. Vorgebirgshügellandes zu den diluvialen Sandgebieten im Bereich altpoln. Siedl. unweit der Ruda. In dem Ort R., dessen Name »Fischteich« bedeutet (im Ma. häufig angedeutscht »Reibnik«, »Reimnik«), stand die älteste überlieferte Kirche von Oberschles. (geweiht vor 1198) und wurde von Hz. Mieszko von Ratibor (1163–1211) und seiner Gemahlin Ludmilla das erste Kl. des Hzt. Oppeln-Ratibor begründet. 1228 wurde das Prämonstratenserinnenkl. nach → Czarnowanz verlegt; die Nonnen behielten aber das Patronat über die R.er Pfarrkirche St. Marien und die Einnahmen aus den Schenken von R. Die Ausstattung des Ortes mit zwei Kirchen und mit Schenken läßt ihn als slaw. Marktort erscheinen. Seine Umwandlung in eine dtrechtl. Stadt muß zwischen 1288 und 1300 erfolgt sein: 1288 zogen die Hzz. Mieszko I. von Teschen und Primislaus von Ratibor die dem Kl. Czarnowanz in R. verbliebenen Rechte wieder an sich – wohl in Vorbereitung der Stadtgründung –, und um 1300 erscheint R. im Liber fundationis des Bst. Breslau als Stadt; 1308 ist der Vogt von R. belegt, bei der Unterstellung des Hzt. Ratibor unter böhm. Lehnshoheit 1327 werden Burg und Stadt »Ribinek« (»castro cum oppido«) gen. Über R. verlief die Handelsstraße von Ratibor über R., Sohrau, Pleß und Auschwitz nach Krakau. Mit 33 Innenstadthäusern gehörte R. zu den kleinsten Städten von Schles. Es blieb auch unbefestigt, was den an sich planmäßigen Grundriß mit rechteckigem Ring als

Mittelpunkt etwas unscharf auslaufen ließ. Die Bewohner waren nach Aussage der überlieferten Bürgernamen zunächst mehrheitlich dt., seit dem E. 14. Jh. ging aber das Deutschtum ein. Politisch gehörte R. zum Hzt. Ratibor, das nach Aussterben der dortigen Piasten 1336 an die Troppauer Přemysliden fiel, 1377 an deren Jägerndorfer Linie. Abgesehen von der Besetzung durch Hussiten 1430–33, führten Erbteilungen und Verpfändungen zu wechselnder Zugehörigkeit von R. 1437 kam R. zusammen mit Sohrau an Nikolaus von Jägerndorf († 1452 in R.), während dessen Bruder Wenzel Ratibor behielt; Nikolaus' Sohn Wenzel († 1479) übernahm 1464 R. mit Sohrau und Pleß (sein Bruder Johann erhielt Jägerndorf und Loslau) und nannte sich Hz. von R. In den kriegerischen Auseinandersetzungen um die böhm. Krone war R. 1474–79 im Besitz des Matthias-Corvinus-Anhängers Viktorin von Münsterberg (Sohn Georgs von Podiebrad). Danach fiel R. (mit Sohrau und Loslau) an Johann von Jägerndorf († 1483), 1483 (mit Sohrau) an Johann von Ratibor († 1493), nach dem Tode der drei Söhne dieses Hz. an Johann von Oppeln, mit dem 1532 die Oppelner Linie der Piasten ausstarb; das Territorium fiel an die böhm. Krone. Diese, seit 1526 im Besitz der Habsburger, verpfändete nicht nur die Fürstenrechte in den neu erworbenen Fstmm., sondern auch den unmittelbaren hzl. Besitz. Die landesherrlichen Güter um R. – fortan Herrsch. R. – wechselten zwischen 1532 und 1575 mehrmals den Besitzer. 1575 erwarb sie Ladislaus (Lasslow) d. Ä. Popel v. Lobkowitz (1502–84); bis 1638 blieb die um 1600 aus der Stadt R. und 13 Dörfern bestehende Herrsch. R. im Besitz seiner Fam. Nach Jahrzehnten wieder häufigeren Besitzerwechsels erwarben 1682 die Gff. Wengerski die (inzwischen auf 16 Dörfer angewachsene) Herrsch. und behielten sie bis in die preuß. Zeit hinein, bis 1788, als Kg. Friedrich Wilhelm II. sie kaufte und mit den Einnahmen aus ihr im Schloß von R. ein Invalidenhaus einrichten und unterhalten ließ. Die Herrsch. umfaßte damals 24 Dörfer.

R. war bis A. 19. Jh. ein unbedeutendes Ackerbürgerstädtchen. Eine bes. Einnahmequelle bildete die Teichwirtschaft, und neben den üblichen Handwerkern beherbergte es eine Anzahl Leineweber (1784: 18). Den ersten Jahrmarkt erhielt R. 1538; 1575 folgte ein zweiter, 1624 kamen zwei weitere hinzu. Die Eww. Zahl war klein: 1559: etwa 340, 1657: etwa 560, 1725: etwa 680, 1787: 1240. Brachte schon der Übergang an die preuß. Krone mit der Erhebung von R. zur kgl. Immediatstadt (1789) eine Besserung der Lage, so leitete die Bildung des Kr. R. 1817/18 aus Teilen der Krr. Ratibor, Pleß und Tost-Gleiwitz einen stetigen Aufschwung der Stadt ein. Wichtig war, daß das Kr.-Gebiet auch aufstrebende Industrieorte umfaßte. Das aus Holzhäusern bestehende Städtchen war häufig von Bränden heimgesucht worden. Nach den beiden letzten großen Bränden 1794 und 1796 veränderte die einsetzende massive Bauweise das Stadtbild. Auf dem Ring wurde das alte Rathaus 1823 abgerissen; das neue klassiz. (heute: *Alte*)

Rathaus wurde an der W-Seite des Ringes errichtet. N. vom Ring entstand 1798–1801 nach Plänen von Franz Ilgner die neue barock-klassiz. *Pfarrkirche zur Schmerzhaften Muttergottes,* nachdem die alte, im 12. Jh. begründete Pfarrkirche zur Himmelfahrt Mariens am N-Rand der Stadt 1797 wegen Baufälligkeit abgetragen worden war; nur der Chor des Baues aus der 2. H. 15. Jh. blieb als *Friedhofskapelle* erhalten. Das hufeisenförmige *Schloß* (seit 1842/57 Gerichtsgebäude) lag im S, wohl an der Stätte des ehem. Nonnenkl. nebst Erlöserkirche. Den alten massiven Hauptteil sollen die Gff. v. Oppersdorff erbaut haben, die zwischen etwa 1650 und 1682 die Herrsch. mit Unterbrechung besaßen. Bei der Umwandlung des Schlosses in ein Invalidenhaus 1789 wurde dieser Mitteltrakt durch einen barock-klassiz. Neubau von Franz Ilgner ersetzt; die erst 1776–78 hinzugefügten beiden eingeschossigen Seitenflügel wurden damals nur erneuert. Für die 1788 gebildete evg. Gem. wurde 1791 das Netzhaus des Schlosses in eine *evg.-Kirche* umgewandelt (nach Bränden von 1796 und 1853 erneuert, neurom. Turm 1875).

Neue wirtschl. Impulse gingen von der Eröffnung der Eisenbahnlinie (Ratibor-) Nendza-R.-Nikolai-Kattowitz 1855/56/58 aus. Schon im 18. Jh. waren in der Nähe von R. an der Ruda zur Eisenverhüttung Frischfeuer und ein Hochofen errichtet worden. Der 1753 von Gf. Emanuel Wengerski am Stadtrand in Paruschowitz begründete Holzkohlehochofen bildete den Ausgangspunkt für ein später weltbekanntes Eisenwerk. 1795 wurde er durch einen modernen Hochofen ersetzt, unter Hüttenmeister Heinrich Abt gelang hier bis 1820 die Erzeugung von Stahl und Stahlblech in einem Kokshochofen, die Hütte wurde zu einem Walzwerk ausgebaut. Bis 1864 staatlich, wechselte das Werk danach mehrmals den Besitzer, 1891 kam es an den Konzern von Oscar Caro und Wilhelm Hegenscheidt, seit 1904 führte es den Namen »Eisenhütte Silesia AG«. Die Produkte des Werkes verfeinerten sich von Stabeisen über Feinblech bis zu hochwertigen Haus- und Küchengeräten aus emailliertem Blech. Das der Paruschowitzer Hütte angeschlossene Nickelwerk wurde A. 20. Jh. von der Verein. Dt. Nickelwerke AG in Schwerte übernommen. Direkt in R. gründete Karl Strzoda aus Gleiwitz 1899 die »R.er Hütte« (Eisengießerei und Maschinenfabrik, später Tochterges. der DEMAG AG in Duisburg). Auch andere Industriebetriebe entstanden in R.: eine Leder-, eine Zuckerwaren-, eine Möbel-, zwei Blaudruckfabriken. S. von R. entstand ab 1885 ein Kohlenrevier, dessen städt. Mittelpunkt R. war. Die Bev.-Zahl stieg seit der M. 19. Jh. rapide an: 1825: 1844, 1861: 3169, 1905: 10 445, 1931: rd. 22 600. Dabei wuchs auch der Anteil der Deutschen stark an, vor allem durch die Beamtenschaft und die Führungsschicht in der Industrie. M. 19. Jh. war etwa $1/3$ der R.er Eww. dt., 1910 56%. Im Zeichen des Aufschwungs erbaute Ludwig Schneider 1903–06 die große doppeltürmige neugot. *St. Antoniuskirche.* Der spätere Oberpräsident von Oberschles. Dr. Hans Lukaschek war 1916–19

Oberbürgermeister, 1919–20 Landrat von R. Bei der Teilung von Oberschles. 1922 fiel der größte Teil des Kr. R. mit der Stadt R. an Polen. 1945 erlitt R. einige Schäden. 1951 wurde es Stadtkr. 1961 hatte es rd. 35 200, 1970 rd. 43 500 Eww.   (IV) *We*

LV 210, Bd. 2, S. 733 ff. – FIdzikowski, Gesch. d. Stadt u. ehem. Herrsch. R. in Oberschles., Br. 1861. – LV 345. – LV 357, S. 96. – Chronik v. R. O/S, hg. v. d. Bundesheimatgr. R. m. Unterstützung d. Patenstadt Dorsten, o. O., o. J. (um 1973). – AMrowiec, Szkice z nowszych dziejów ziemi rybnickiej (Skizzen a. d. neueren Gesch. d. R.er Landes), T. 1 (bis 1914), Kattowitz 1962. – LV 234, Bd. 1, S. 464 f. – LV 593, Bd. 6, H. 11, S. 22–29. – ATrunkhardt, Gesch. d. Stadt u. ehem. Herrsch. R. OS, R. 1926

Rydultau (Rydułtowy, Kr. Rybnik). In der heutigen Stadt R. 9 km sw. Rybnik ist eine Anzahl urspr. selbständiger Ortschaften eingeschlossen. R. gehört zu den zwischen 1260 und 1300 im oberschles. Vorgebirgshügelland r. der Oder entstandenen großen Waldhufendörfern, es liegt genau an dem etwa von Ratibor über Sohrau nach Pleß verlaufenden N-Rand dieser Dörfergruppe. Um 1300 erscheint es als »Rudolphi villa« mit 30 zehntenden Hufen, M. 14. Jh. erhielt »Rudosdorf« den Schulzenbrief erneuert, 1628 hatte es 32 Bauernstellen. Kammergut des Hzt. Ratibor, wurde R. nach dem Aussterben der Piasten von Oppeln-Ratibor (1532) von den Habsburgern als Teil der Herrsch. (»Pfandschilling«) → Rybnik an verschiedene Adlige vergeben. 1635 schied es aus dieser Herrsch. aus und kam mit Bunczowietz und → Pschow an Christoph v. Sedlnicky, dann gehörte es lange Zeit bis 1769 der Fam. v. Niewiadomsky. 1811 wurden Groß R., Bunczowietz (Oberdorf) und die Kolonie Podlesie zu Nieder R., Gastrzowska und Dudowska (Niederdorf) zu Ober R. vereinigt; letzteres wurde 1902 um die Kolonie Orlowietz erweitert und 1916 in Charlottegrube umbenannt.

R. liegt hart jenseits der N-Grenze der oberschles. Lößzone. Sein Reichtum bestand daher nicht aus fruchtbarem Boden, sondern aus Bodenschätzen, deren Abbau aber erst spät einsetzte: Steinkohle, Sandstein, Lehm und Gips. Der Kohlenbergbau von R. reicht zwar bis 1785 zurück, 1806 entstand die Grube »Charlotte« (heute »Rydułtowy«), 1820 der Leo-Schacht. Aber er kam im ersten Jh. nicht recht in Gang, so daß der Bau des 727 m langen R.er Eisenbahntunnels durch den über R. ziehenden Höhenrücken (1851–56) eine willkommene Linderung der Arbeitslosigkeit brachte; die Ratibor mit Nikolai verbindende Bahnstrecke Nendza-R.-Rybnik-Orzesche wurde 1855/56 eröffnet. Erst mit der Bildung eines überwiegend aus Österreichern bestehenden Aktionärskonsortiums (1884, seit 1890 »Steinkohlengewerkschaft Charlotte«), das die Steinkohlengruben der Umgebung aufkaufte und modernisierte, begann ein rascher Aufschwung. 1890/92 entstanden zwei Ziegeleien, R. hatte auch eine Gipsgrube, 1899 wurde ein Wochenmarkt eingerichtet. Nach dem Anfall an Polen 1922 wurde die Kohlengrube während der Weltwirtschaftskrise

1932 geschlossen, später wieder eröffnet (1958: 3882 Beschäftigte).
Schon 1926 waren Ober- und Nieder R. sowie Radoschau zur
Gem. R. zusammengefaßt worden; nach 1945 wurde diese noch
um Peterkowitz erweitert und zur Stadt erhoben (1951). Eww.-
Zahlen: 1784: 222, 1825: Ob. R. 115, Nd. R. 350, 1905: Ob. R.
1715, Nd. R. 3054, 1931: rd. 13 200, 1937: 14 696, 1961: 16 662
(auf 15 qkm), 1970: 19 410.   (IV) *We*

LV 210, Bd. 2, S. 751, 771. – KKowol, Kronika Pszowa i Rydultów
(Chronik von Pschow u. R.), Kattowitz 1939. – LWalla, Chronik v. R.,
bearb. v. UBecke (Veröff. d. Ostdt. Forschungsstelle im Lande Nordrh.-
Westf., Reihe B, Nr. 19), Dortmund 1971. – FIdzikowski, Gesch. d.
Stadt u. ehem. Herrsch. Rybnik in Oberschles., Br. 1861. – Chronik v.
RybnikO/S, hg. v. d. Bundesheimatgr. Rybnik m. Unterstützung d. Pa-
tenstadt Dorsten, o. O., o. J. – LV 345. – AMrowiec, Szkice z nowszych
dziejów ziemi rybnickiej (Skizzen a. d. neueren Gesch. d. Rybniker
Landes), T. 1 (bis 1914), Kattowitz 1962. – LV 234, Bd. 1, S. 465 f.

Saabor (1936 Fürsteneich, Zabór, Kr. Grünberg). Die Herrsch. S.,
zu der 1728 die Orte S., Droschkau, Ober und Nieder Hammer,
Loos, Milzig und Zahn gehörten, war nacheinander im Besitz
zahlreicher schles. Famm., u. a. derer v. Kottwitz (15. Jh.), v.
Tschammer (2. H. 15. Jh./16. Jh.), v. Dyhrn (1588–1651), der Gff.
v. Dünnewald (1677–1720). Das am l. Oderufer nahe der brand.
Grenze gelegene Gut S. erhielt im Zusammenhang mit den Bestrebungen, See- und anderes Salz aus dem W nach Schles. ein-
zuführen, 1556 Marktrecht. Mathes v. Tschammer und der Dan-
ziger Georg v. Dorn durften auf Grund einer ksl. Erlaubnis von
1559 zwölf Jahre lang Salz nach Niederschles. und Oberschles. ein-
führen und verkaufen; in S. entstand bei der Milziger Fähre das
Salzsiedewerk »Neusalzburg«. Aber 1562 nahm der Ks. den See-
salzhandel selbst in die Hand und errichtete einen Salzsiedebe-
trieb auf dem Kammergut beim späteren → Neusalz. Das Marktrecht von S. blieb wohl ungenutzt, bis die Gff. v. Dünnewald für
S. 1681 ein neues Marktrechtsprivileg und offenbar gleichzeitig
auch Stadtrechte erwarben (Stadtsiegel mit der Jahreszahl 1681,
Ratsprotokolle ab 1688, 1721 Bestätigung der Stadtgerechtig-
keiten). Unter preuß. Herrsch. sank S. nach 1742 zum Marktflek-
ken, im 19. Jh. wieder zur Landgem. ab. Um 1790 hatte der
Marktflecken 248 Eww., das alte Dorf 479, 1825: M. 421, D. 492,
1905: M. 378, D. 396, Gutsbez. 150, 1939: 1052 Eww. – Gf. Heinrich Johann v. Dünnewald baute von der durch seine Teilnahme an
der Entsetzung von Wien 1683 gemachten Beute das von einem
Wassergraben umgebene feste Haus von S. aus. Als nach den
Gff. Sinzendorf und Pachta 1744 Gf. Cosel, ein Sohn Augusts des
Starken, den Besitz kaufte, erfolgte ein großzügiger Umbau im
Stil des Barock. Dem hufeisenförmigen *Schloßbau* mit einem
asymmetrisch gestellten Turm wurde ein niedrigerer Eingangs-
flügel vorgelegt, auf den die über den Wassergraben führende
Brücke ausgerichtet war. Der Charakter des Bauwerkes und seiner
Innenräume, insbes. der des Musiksaales, unterscheidet sich in

mancherlei Hinsicht von gleichzeitigen Barockisierungen schles. Schlösser; hier darf man von einem starken sächs. Einfluß sprechen. Dagegen entsprechen die Gesamtanlage mit dem kreisrunden Vorplatz, der von sechs Kavalierhäusern umgeben ist, und die *Parkanlage* mit der Blickschneise vom Schloß zum S.-See mehr dem Typus der großen schles. Schloßanlagen. Der Besitz ging 1783 an Fst. Friedrich Johann Carl zu → Carolath-Beuthen über und blieb bis 1945 in der jüngeren Linie der Pzz. v. Schönaich-Carolath. Letzte Besitzerin war die Witwe des Pz. Johann Georg v. Schönaich-Carolath, Hermine, nachmals zweite Gemahlin Ks. Wilhelms II., eine geb. Pzn. Reuß. Nach 1945 wurde im Schloß ein Kinderheim eingerichtet. – 1743 wurde in S. ein Bethaus für die evg. Eww. errichtet, an dessen Stelle ein Neubau in der 2. H. 18. Jh. erfolgte, dem 1789 ein Kanzelaltar als letzter Rest des Ursprungsbaues nach einer Modernisierung erhalten blieb. Das Äußere fügte sich mit seiner Anspruchslosigkeit dem schlichten Ortsbild ein.   (I)   *Gru, We*

LV 119, Bd. 1, S. 61–68. – AFoerster, Geschichtliches v. d. Dörfern d. Grünberger Kr., Grünberg 1905, S. 199–215. – LV 587, Bd. 3, S. 128 bis 130. – LV 623. – LV 616, S. 101–03. – LV 358, S. 227 f.

Saarau (Żarów, Kr. Schweidnitz). Als beim Bau der Eisenbahnlinie Breslau–Freiburg 1843 im Hügelland zwischen Zobtengeb. und Striegauer Bergen Braunkohlen- und Rohkaolinvorkommen entdeckt wurden, entstand um das kleine, 1290 erstm. gen. Dorf S. 12 km n. Schweidnitz durch die günstige Rohstoff- und Verkehrslage eine beachtliche Industrie (→ Königszelt), bes. eingeleitet durch Carl Friedrich Kulmiz (1809–74). Der Abbau der Braunkohlenlager ab 1847 war unergiebig und wurde in den 1860er Jahren eingestellt, allerdings 1902 auf Grund verbesserter Technik und der Entdeckung reicherer Lager wieder aufgenommen. 1850 wurde die Fabrikation von Schamottewaren in der Ida- und Marienhütte, damals zu → Laasan, seit 1939 zu S. gehörig, begonnen. Größte Bedeutung erlangte die 1858 eingerichtete chemische Fabrik, die seit 1872 den Kernbetrieb der »Silesia AG« bildete. Die Bev.-Zahl von S. nahm sprunghaft zu: 1787: 95, 1825: 133, 1843: 170, 1885: 1501, 1905: 3380, 1939: 3573 Eww. (auf 3,19 qkm). Bei gleicher Wirtschl. Ausrichtung nach 1945 erhielt S. 1954 Stadtrecht. Bei einer Größe von 3,62 qkm hatte es 1961: 6048, 1970: 6098 Eww.   (II)   *We*

LV 212, Bd. 2, S. 342 f. – LV 224. – LV 234, Bd. 2, S. 609

Sächsisch Haugsdorf (Nawojów Łużycki, Kr. Lauban). Die Stadt → Lauban kaufte 1503 eine Hälfte des 8 km nö. von ihr am l. Queisufer gelegenen, seit 1346 belegten Dorfes S. H. mit dem Gut, verlor sie aber wieder im Pönfall 1547. Nach häufigem Besitzerwechsel erwarb 1756 das Jungfrauenkl. St. Maria-Magdalena zu Lauban das Gut, dessen »*Festes Haus*«, ein 1570/71 von Christoph Friedrich v. Tschirnhaus erbautes Schlößchen, ein bedeutendes, reich geschmücktes Werk der Renaissance darstellt. Die seit 1525 evg. Kirche von S. H. diente im 17./18. Jh. schles. Protestanten als Zufluchtskirche. (I) *We*

Heimatbuch d. Kr. Lauban in Schles., 2. Aufl. hg. v. WMenzel, Seyboldsdorf–Vilsbiburg 1966. – LV 662, S. 639. – LV 664, Bd. 3, S. 531 f.

Sagan (Żagań, Kr. Sprottau/Sagan). 1202 wird in einer Leubuser Urk. als Zeuge »Stephanus de Sagan castellanus« gen. Das ist der Burghauptmann der Kastellanei S., dessen Sitz auf dem späteren »Galgenberg« (beim Bismarckturm) nö. der Stadt war und verm. in der 2. H. 12. Jh. errichtet wurde. Zur Kastellanei S. gehörten um 1250 noch Teile der späteren Weichbilder von Sprottau und Freystadt. Nw. der Kastellaneiburg lag am Boberterrassenrand – bei einer Furtstelle der → Niederen Straße – das slaw. Dörfchen S. (bis nach 1400 urk. »Alden-Sagan«, dann Altkirch) mit einer Kirche von 1145 unter hzl. Patronat. Um 1210/20 wurden die Grenzwälder nö. S. gerodet und dt. Waldhufendörfer angelegt. Als Marktort entstand um 1230 die dt. Stadt S. r. vom Bober an einem Mühlgraben mit rechteckigem Ring und Gitterform (erste Anlage Durchmesser 370 × 400 m). Die Stadtgründung ist urk. gesichert vor 1260, da Sprottau nach S.er Muster vor 1260 gegr. wurde (S. civitas 1280 und 1284). Nach 1270 ging die alte Kastellanei ein. Unter Hz. Primko von S.-Sprottau-Steinau († 1289) wurde S. Residenz von Teil-Hzz., und kurz vor 1284 wurde die Stadt nach O zu mit »neuem Ring« (= Ludwigsplatz) erweitert. 1284 wurde das Augustiner-Chorherrenstift von → Naumburg a. Bober nach S. verlegt, nachdem kurz vorher Franziskaner der sächs. Provinz gegen bischl. Protest von den Bürgern aufgenommen worden waren.

Ab 1252 war S. ein Teil des Fstm. Groß → Glogau. Nach 1312 war es bis 1319 an die Markgff. von Brandenburg verpfändet. Das damalige Gebiet S. deckte sich mit dem späteren Fstm. S., das 1413 endgültig vom Fstm. Groß Glogau abgetrennt wurde. 1413 kam auch der Priebuser Zipfel, der von ca. 1320 bis 1413 der Niederlausitz angehörte und dessen Besitzer (v. Hakenborn) unmittelbar dem Kg. vom Böhmen unterstanden, wieder zum Fstm. S. zurück. Unter den Fstt. von S. sind zu nennen Hans I. († 1439) und dessen Söhne Balthasar († 1472) und Hans II. († 1504). Alle drei waren Söldnerführer des Dt. Ordens; die bekannte Sage vom Schuster Hans von S. in der Schlacht bei Rudau/Ostpreußen 1370 dürfte auf Hans I. von S. hinweisen. Hans II. spielte eine schwankende Rolle in den böhm. Wirren und im Glogauer Erbfolgestreit 1476/88. Zu seinen Lasten gehen der Tod des Bruders Balthasar im sog. Hungerturm zu → Priebus 1472 und der Hungertod von sieben Ratsleuten in Glogau 1488. Am 12. Dez. 1472 verkaufte Hz. Hans II. das Fstm. S. an die Wettiner. Von diesen war Hz. Georg der Bärtige (1504–1539) ein Gegner Luthers, während Georgs Bruder Heinrich der Fromme (1539–1541) der Ref. in S. zum Siege verhalf. Hz. (ab 1547 Kurfst.) Moritz von Sachsen trat 1549 das Fstm. S. an die Habsburger ab. Mittelbar unterstand das Fstm. S. bis 1741 den Habsburgern (Krone Böhmens), ab 1741 Preußen (zuerst Kriegs- u. Domänenkammer Glogau, nach 1810 Reg.-Bez. Liegnitz). Der 1741 eingerichtete Kr. S. wurde im Okt. 1932 aufgelöst; der Mittelteil wurde dem Kr. Sprottau angegliedert, N- u. S-Zipfel kamen zu dem Kr. Freystadt bzw. Kr. Rothenburg/Oberlausitz. – Ab 1553 bis 1602 waren die Kammergüter des Fstm. S. verpfändet, darunter 1558–1602 an die Frhh. v. Promnitz auf Sorau. 1628 belehnte Ks. Ferdinand II. seinen General Wallenstein mit dem Fstm. S. Am 22. 2. 1628 erhob der Ks. das Fstm. S. zu einem Hzt. und verlieh dem Lehnsträger den Titel »Hz. von S.«. Mit Wallensteins Tod 1634 fiel S. an den Ks. zurück. Die kurze Besitzzeit von Wallenstein war nur eine Episode; nur der Schloßbau, das Herbeirufen der Jesuiten 1628 und Keplers Aufenthalt in S. 1628–30 sind hervorzuheben. Am 2. 7. 1646 überließ Ks. Ferdinand III. das Fstm. S. dem Fst. Wenzel Eusebius v. Lobkowitz auf Raudnitz/Elbe (1646–1677). Dieser erwarb zielstrebig die 1602 (an die Stadt S.) verkauften ksl. Kammergüter zurück, zog erledigte Lehnsgüter ein und schuf somit den großen Grundbesitz der Herrsch. S. (1937: hzl. Gesamtbesitz 23 004 ha, davon 20 215 ha Forsten), vornehmlich zwischen Priebus und Queis. Bis 1786 war S. im Besitz der v. Lobkowitz; ihnen folgte am 29. 3. 1786 Hz. Peter Biron von Kurland († 1800), dann drei seiner vier Töchter: Hzn. Wilhelmine von S. (†1839), Pauline von Hohenzollern-Hechingen 1839–42 und Pzn. Dorothea von Tayllerand-Perigord, Hzn. von Dino, 1842–62. Die alternde Hzn. Dorothea von S., eine der reichsten Frauen ihrer Zeit, hat viel für S. getan (Schloß, Park 1847–60, Gymnasium 1846). Die »Amouren« und politische Tätigkeit (vor allem 1810–15) von Wilhelmine mit Fst. Metternich und von Dorothea mit ihrem Onkel Fst. von Tayllerand haben den Namen S. über das rein Örtliche hinaus in der unterhaltenden Literatur populär gemacht. Das 1844 geschaffene »Preuß. Thronlehen Fstm. S.« war das letzte preuß. Thronlehen. Am 1. 4. 1935 erlosch die Lehnseigenschaft der 1923 gegr. »Herrsch. Waldgut S.«, deren Besitzer in Paris lebten (der Hz.-Titel ist 1929 erloschen, zuletzt nur Hz. von Valençay).

Mit der Erweiterung der Stadt um 1284 wurde im SO anschließend an die Stadtbefestigung eine neue Burganlage geschaffen. Nach dem Schloßbrand im 1495 erbaute Hz. Georg von Sachsen 1510 das Schloß in Rechtecksform mit Innenhof. Es wurde um 1580 durch den Pfandesherrn Seifried v. Promnitz erneuert. Wallenstein ließ 1631 das neue *Schloß* unter Einbeziehung zweier alter Flügel mit Innenhof und drei Ecktürmen durch den ital. Baumeister Boccacci im Renaissancestil erbauen. Bei seinem Tode 1634 waren erst Kellergeschoß und die Fensterreihen des 1. Stocks fertig. Fst. Wenzel Eusebius v. Lobkowitz ließ 1674 durch den ital. Architekten Porta den Bau fortsetzen. Er wurde um 1695 als stattliche Anlage in Hufeisenform beendet (Mittelflügel 77 m, Seitenflügel 62 m lang, Tiefe der Flügel 20–22,5 m).

Hz. Peter von Kurland vollendete den Innenausbau, Hzn. Dorothea stattete das Schloß mit franz. Möbeln im klassiz. Stil aus. Sie
gestaltete 1847–60 den Park S. im engl. Stil unter Beratung des
Fst. Pückler auf Muskau. Die kostbare Inneneinrichtung wurde
1945 verschleppt, das Schloß ausgebrannt. Wiederaufbauarbeiten
wurden nach 1960 aufgenommen.
Das 1284 nach S. (an die Stelle der ersten hzl. Burganlage) verlegte Augustiner-Kl. wurde im 15. Jh. durch seine reiche Bibliothek zu einem kulturellen und gelehrten Mittelpunkt. Abt Ludolf
(1394–1422) war sehr bedeutend zur Hussitenzeit; aus späterer
Zeit ist hervorzuheben Ignaz (v.) Felbiger (geb. Glogau 1724, gest.
Preßburg 1788, in S. 1746–74), der als preuß. und österr. Schulreformer den Unterricht der kath. Volksschulen verbesserte. Um
1800 war das kath. Schullehrer-Seminar in S. führend für ganz
Schles. – Eine erste Ref. wurde im Kl. unter Abt Paul Lemberg
1524 eingeführt. Am E. der sächs. Zeit (1539–49) und unter der
Pfandesherrsch. des Markgf. Georg Friedrich von Brandenburg
(1556–58) hatte das Kl. schwer zu leiden; aber durch die Fürsorge
der Habsburger überstand es in der völlig evg. gewordenen Stadt
S. bis zur Säkularisation 1810. – Die *kath. Stadtpfarrkirche,* die
der Jungfrau Maria geweihte ehem. Augustinerkirche, ist eine
große Hallenkirche aus dem 14. Jh. mit ma. Gewölben (vor 1486),
dreischiffigem Langhaus und einschiffigem Presbyterium; im Äußeren fällt sie durch den spätgot. Treppengiebel im W auf. Der
Turm aus Backstein erhielt nach dem Stadtbrand von 1730 eine
Nothaube. 1732–38 schuf der Liegnitzer Martin Frantz die barok-
ke Innenausstattung. In der Kirche befinden sich die Grabsteine
des Glogauer Hz. Heinrich IV. († 1342) und von Äbten des Kl.
Evg. Gottesdienst wurde in ihr 1539–51, 1557–60 und 1620–21 abgehalten. Die *Kl.-Gebäude* wurden nach 1810 als Pfarrhaus und
Amtsgericht benutzt. Bemerkenswert ist der barocke Bibliothekssaal des Kl. (um 1700). – Die kath. *Bergelkirche* w. des Bobers,
1404 aus Holz, 1444 aus Stein erbaut, wurde im 17. Jh. erweitert.
Das hl. Grab daneben, 1598 als Quaderbau aus Sandstein erbaut,
ist eine Nachbildung der 1485–90 erbauten Emmerichschen Grab-

---

1 Augustiner-Chorherrenstift mit Pfarrkirche St. Maria; Gelände der ersten
  Burganlage
2 Rathausturm
3 Schloß
4 Jesuitenkirche und -kolleg (vormals Franziskanerkirche St. Peter-Paul und
  Stätte des Franziskanerkl.)
5 Eckertsches Tor
6 Sorauer Tor
7 Spittel- (Freystädter) Tor
8 Hl. Geistkirche mit Friedhof
9 Evg. Gnadenkirche mit Pfarrhaus und Schule

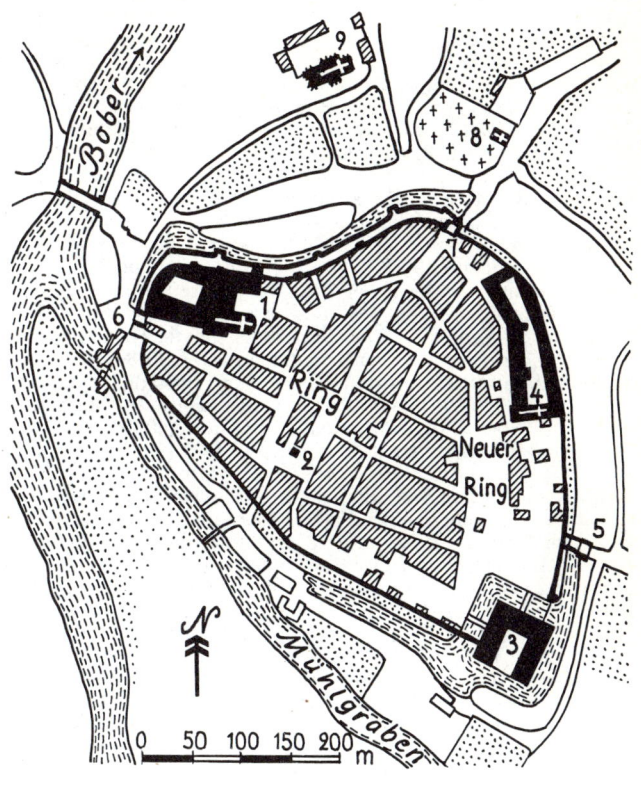

Sagan um 1750

(nach den Kriegskarten v. Wredes, vgl. GSteller, Westschles. Stadtpläne 1751, in: LV 35, 19 [1969], S. 82–86)

kapelle in Görlitz. – Die kath. *Propsteikirche zum Hl. Geist* vor dem Spitteltor (= Freystädter Tor), schon 1284 den Augustinern unterstellt, wurde 1701–02 als Putzbau in Barock erbaut (seit 1876 altkath.). – Das Franziskaner-Kl. wurde 1539 von den Bettelmönchen verlassen und 1541 mit der Kirche den evg. Bürgern übergeben. Die Kirche *St. Peter–Paul* (später Jesuitenkirche), erbaut 1495 nach dem Stadtbrand von 1486, diente 1558–1628 dem evg. Gottesdienst, wurde 1583 erweitert und 1604 mit einem Turm versehen. 1628 übergab Wallenstein Kirche und Kl.-Gebäude den Jesuiten, die 1653 bzw. (nach dem verheerenden Stadtbrand von 1688) 1689–97 nach Plänen des ital. Architekten Porta dort ihre *Kolleg-, Seminar-* und *Schulgebäude* in barocken Formen erbauten. Ab 1776 waren in den Anlagen ein kgl.-preuß. Schulinstitut und die kath. Gymnasialkirche. Das Seminargebäude wurde 1822 an Privat verkauft, war 1838–1928 Strafanstalt für weibliche Gefangene und diente 1928–45 als Heimatmuseum und Behördenhaus des Landratsamtes. Die Schule war seit 1804 nur Progymnasium mit vier Klassen, ab 1840 auch mit Realklassen, und wurde 1846 wieder Vollgymnasium (bis 1945: staatl. Hz.-Friedland-Schule). – Die Evangelischen benutzten nach dem 30j. Krieg bis 1668 die *Kreuzkirche* in der ö. Eckertschen Vorstadt (schon 1284 hier ein Aussätzigen-Hospital) zum Gottesdienst. Im März 1668 wurde im Fstm. S. die Kirchenreduktion durchgeführt. Dicht bei S. entstand darauf an der sächs. Grenze in Jeschkendorf Kr. Sorau eine Grenzkirche, die 1709 abgebrochen wurde. S. erhielt 1709 gemäß dem Vertrag von Altranstädt n. der Stadt eine der sechs schles. Gnadenkirchen: einen Fachwerkbau mit drei Emporen und barockem Altar von 1712; um 1840 wurde er ummauert und 1843 bis 1845 ihm ein neugot. Turm vorgesetzt. 1965 wurde das 1945 nur wenig beschädigte Kirchengebäude gesprengt.

Die Stadt S. besaß drei Tore: Sorauer, Freystädter (= Spitteltor) und Eckertsches Tor, dazu die Wasserpforte am Parchen mit Mühlgraben. Am alten Ring gab es stattliche *Bürgerhäuser* mit Renaissanceportalen von 1544–1619 (z. T. 1945 zerstört, manche wieder hergestellt). Der *Rathausturm* steht seit ca. 1340 mitten auf dem Ring, seit 1869 mit Loggia nach florentinischem Muster. Das Rathaus wurde nach dem Stadtbrand von 1486 an der Ecke Ring–Sorauer Straße erbaut. – Bereits 1305 wird mit dem früheren Schulrektor Johannes eine Schule in S. bezeugt. 1310 gab es in S. eine hzl. Münze. Im Ma. war in S. eine bedeutende Tuchmacherei, ferner blühten Eisenhandel und Bierbrauerei. S. hatte um 1620 683 bewohnte Häuser, davon 457 innerhalb der Mauer (= ca. 4000 Personen). Um 1650 waren nur noch 111 Bürgerstellen bewohnt (ca. 500 Eww.). 1681 wurden wieder 397 bewohnte Bürgerhäuser gezählt (ca. 2000 Eww.), aber dann vernichtete 1688 ein Brand die Stadt bis auf 93 Häuser. Noch verheerender war der Stadtbrand von 1730. 1756: 2868, 1787: 3710, 1825: 5449, 1905: 14 208 Eww. – 1846 erhielt S. Eisenbahnanschluß; 1875 wurde die Linie Liegnitz–S.–Sommerfeld (Breslau–Berlin) eingerichtet. Seit 1906 gingen sieben Eisenbahnlinien vom Bahnhof S. aus, der wegen der großen Boberschleife im S weit von der Altstadt entfernt war. Nach 1820 entstanden in S. große Textilbetriebe, die 1944 in vier Werken über 2300 Leute beschäftigten. Die alte (bis um 1860 städt.) Papierfabrik an der Tschirne (sw. von S.), erbaut um 1600, arbeitete 1944 mit 230 Beschäftigten. S. hatte 1939 22 770 Eww. (1961: 19 199, 1970: 21 535). – Berühmte Saganer: Heinrich Räthel (1529–1594), S.er Bürgermeister und Notar, schrieb Dramen, Komödien und übersetzte und erweiterte 1585 die 1571 erschienene schles. Chronik des Glogauer Arztes Joachim Curaeus. Johannes Kepler, Mathematiker (1571–1630), lebte vom Juli 1628 bis Nov. 1630 in S.; er richtete 1629 in S. die erste Druckerei ein, dagegen gehören Nachrichten über Fernrohrbeobachtungen auf dem Hospitalturm in S. der Legende an.

(I) *St*

LV 119, Bd. (4). – LV 267. – LV 268. – ALorenz, HEnge, Heimatbüchlein d. Kr. S., S. 1930. – LV 233, S. 867–69. – KHandke, GSteller, Beschreibung d. schles. Krr. S. u. Sprottau, Lippstadt 1968. – KKleikamp, D. letzte Jh. d. Hzt. S., in: LV 35, 14 (1969), S. 204 ff. – LV 234, Bd. 2, S. 670–72. – LV 613, Bd. 1, S. 30 f. – GSteller, Wallenstein baut am S.er Schloß, in: FMatuszkiewicz, GSteller, Unsere S.-Sprottauer Heimat, Köln 1956, S. 50–92. – LV 615, S. 50–52. – LV 659. – MvBunsen, Talleyrands Nichte, d. Hzn. v. S., Stuttgart 1935. – CBrühl, Die Sagan. D. Leben d. Hzn. Wilhelmine v. S., Berlin ⁴1942. – MUllrichova, Clemenz Metternich – Wilhelmine v. S., ein Briefwechsel 1813–15, Graz/ Köln 1966. – KLiebig, Erinnerungen an S., Köln 1953. – GSteller, Kastellanei u. Stadt S., in: LV 28, 72 (1938), S. 136–60. – KEngelbert, D. Anfänge d. luth. Bewegung im Fstm. S., in: LV 72, 22 (1964), S. 237 bis 48. – HHoffmann, D. S.er Jesuiten u. ihr Gymnasium, S. 1928. – LV 623, Abb. 69. – LV 620, S. 58 f. – GSteller, D. schles. Vorfahren v. C. G. Langhans, in: LV 35, 15 (1970), S. 27–33. – HSzczególa, Żagań (S.), in: LV 360, Bd. 2, S. 505–28

Sakrau (Zakrzów, Kr. Oels). In S. 10 km nö. Breslau wurden 1886 und 1887 insgesamt drei als wandalisch angesehene Fstt.-Gräber der jüngeren Ks.-Zeit, und zwar der 1. H. 4. Jh. n. Chr., entdeckt und freigelegt. Es handelte sich um Grabkammern, deren Wände mit Feldsteinen ausgekleidet, die urspr. wahrsch. mit Holz bedeckt und in denen Körperbestattungen vorgenommen worden waren. In einem Grab (200 × 300 cm) waren wohl ein Mann und eine Frau, in den beiden anderen Gräbern (300 × 175 cm und 250 × 225 cm) je eine Frau bestattet. Die Gräber waren reich mit Beigaben ausgestattet, Gold- und Silberschmuck (Fibeln, Finger- und Halsringe, Anhänger, Schnallen), bronzenem und silbernem Tafelgeschirr, Geräten, Keramik, Schalen und Brettspielsteinen aus Glas, einem Holzeimer mit Messingbeschlägen u. a. Die Beigaben waren z. T. römische Importwaren – es fanden sich darunter auch römische Münzen –, z. T. germ. Erzeugnisse.

(III) *We*

[W]Grempler, D. Fund v. S., Brandenburg/Berlin 1887. – Ders., D. II. u. III. Fund v. S., Berlin 1888. – LV 29, IV (1888), S. 562 f., 635–41,

641 f. – HSchönborn, Heimatbuch d. Kr. Oels, H. 1, Oels o. J. (um
1930), S. 32 f. – LV 327, bes. S. 25. – Vorgesch. d. dt. Stämme, hg. v.
HReinerth, 3. Bd.: Ostgermanen u. Nordgermanen, Leipzig/Berlin
1940, S. 1000 ff. – HJEggers, D. römische Import im freien Germa-
nien, 2 Bde., (Hamburg) 1951. – Enzyklopädisches Handbuch z. Ur- u.
Frühgesch. Europas, hg. v. JFilip, Bd. 2 (L–Z), Stuttgart u. a. (1969),
S. 1657 f.

Sandewalde (Sądowel, Gem. Tschistey/Lechitów, Kr. Guhrau). In
der Papsturk. von 1155 wird die Lage von Alt Guhrau nach »San-
doul« bestimmt, so daß S. damals bereits Kastellaneisitz gewesen
sein wird, während im ersten, verm. auf älteren Zuständen beruhenden Teil der Urk. zwischen Militsch und Glogau die Burg
»Sezezko« (? → Seitsch) gen. wird. Kastellane von S. sind 1202 bis
1288 nachweisbar. Zwischen 1216 und 1218 fand in S. unter Vermittlung der Bff. von Posen, Breslau und Lebus eine Zusammen-
kunft zur Schlichtung von Streitigkeiten zwischen Schles. und
Großpolen statt. 1294 wurde Hz. Heinrich V. von Breslau als Ge-
fangener in S. Hz. Heinrich III. von Glogau ausgeliefert. Um diese Zeit ging jedoch schon die zentralörtliche Funktion von S. auf
die neuen dtrechtl. Städte → Guhrau und → Herrnstadt über. Die
Erwähnung von S. im Chronicon Polono-Silesiacum (E. 13. Jh.)
zum Jahre 1103 ist kein sicherer Beleg. Die strategisch wichtige
Lage der sonst unbedeutenden Burg in der sumpfigen Bartschniederung im Grenzbereich zwischen Schles. und Großpolen könnte nur in der slaw. Stammeszeit und während der böhm. Herrsch.
in Schles. zum Tragen gekommen sein. Der zuletzt als Stätte der
ehem. Kastellaneiburg angenommene *Ringwall* von 120 m Durchmesser und 1–3 m Höhe am r. Bartschufer (6 km nw. Herrnstadt)
wird jedoch erst in die M. oder 2. H. 11. Jh. datiert; auf dem
l.-ufrigen flachen Hügel 250 m sw. davon, teilweise als Burgstätte betrachtet und seit dem 5./6. Jh. besiedelt, wird die erste
Burgsiedl. vermutet. Der Ort S. gehörte 1251– vor 1260 und 1290
bis 1312 zum Hzt. Glogau, dazwischen zu Breslau, seit 1312 zu
Oels und nach manchem Wechsel seit 1525 zum Hzt. Wohlau. Die
der hl. Agathe geweihte Kirche von S. wird die früheste der Kastellanei gewesen sein (1260 Pfarrer von S. belegt); sie war bis ins
14. Jh. Sitz eines Erzpriesters, ihr Besitz wurde zur Ausstattung
des 1307/08 eingerichteten 10. Kanonikats des Glogauer Kollegiatstifts verwendet. – Das Dorf S. am r. Bartschufer, 600 m w.
des Ringwalls, inmitten eines slaw. Altsiedelgebiets, ist verm.
spätestens M. 13. Jh. entstanden. Die Überlieferung, S. sei einst
Stadt gewesen, und die Bezeichnung »Ring« für den Kirchplatz
lassen Ansätze zu einer Marktentwicklung in S. vor dem Verfall der
Burg (letzte Erwähnung 1329) vermuten. Der Ort verlor jedoch
durch die dtrechtl. Aussetzung des Dorfes Tschistey (Zeitpunkt unbekannt, 1532 Umwandlung der dortigen Scholtisei in ein Rittergut) fast seine ganze Gemarkung (9 Hufen) und sank im 19. Jh.
zum Wohnplatz dieses Dorfes ab (1787: 9 Häuslerstellen, 60
Eww., evg. Kirche, Pfarrhaus, Schule; 1885: 12 Gebäude, 66 Eww.;

1905: 9 Häuser, 45 Eww.). 1936 wurde der Name S. auf Tschistey (1 km nö. S.) übertragen, worauf dieses nach 1945 zunächst Sądowel, später aber Lechitów benannt wurde. – Der Philosoph Prof. Dr. Kuno Fischer (1824–1907) wurde in S. geb.   (II) *We*

HSchuch, Die Kastellanei S. und ihre Germanisierung, in: LV 28, 14, H. 2 (1879), S. 486–520. – LV 402. – LV 270, bes. S. 48–50. – LV 330, S. 129–132. – JLodowski, Sądowel we wczesnym średniowieczu (S. im Frühmittelalter), Br. u. a. 1972

Sankt Annaberg (1941 Annaberg, Góra Świętej Anny, Kr. Groß Strehlitz). Mit seinen 410 m Höhe überragt der aus schwarzem Basalt bestehende A. die Äcker und Wälder im weiten Umkreis. Er ist im Laufe der Gesch. zum religiösen wie politischen Wahrzeichen von Oberschles. geworden.
In der Kirche des urspr. Chelm gen. Berges wird eine schlichte, aus Holz geschnitzte Figur der hl. Anna verehrt, die aus dem E. 15. Jh. stammt und in der bekannten Form der Anna selbdritt gestaltet ist. Schon 1516 wird eine Kapelle als Filiale der alten Dreifaltigkeitskirche des am S-Fuß gelegenen Städtchens → Leschnitz erwähnt. Von dieser aus wurde einige Male im Jahre der Gottesdienst in der Bergkapelle versehen. Als der Zustrom der Pilger wuchs, gründete Gf. Melchior v. Gaschin auf Zyrowa 1656 ein Franziskanerkl. auf dem Berge, das 22 Ordensleute aufnehmen konnte. Die barocke *Wallfahrtskirche* ist nach 1665 errichtet und 1781 umgebaut, die sie umschließenden *Kl.-Gebäude* sind 1733–1749 erbaut worden. Am anziehendsten für das Volk wurden die 33 kleinen *Kapellen*, in denen vor allem das Leiden Christi (Kalvarie) dargestellt ist und die 1700–1709, durch den Gf. Georg Adam v. Gaschin gestiftet, von Domenico Signo erbaut worden sind. Dreimal wurden die Franziskaner von dem Berg vertrieben. Das erste Mal erfolgte dies bei der Säkularisation 1810. Durch einen Vertrag mit dem preuß. Staat vom 31. 3. 1832 wurde der A. mit Kirche, Kl. und Kalvarie dem bischl. Stuhl zu Breslau zur freien Verfügung überlassen und 1856 in dessen Eigentum überführt, so daß diese Stätten wie keine andere Diözesanheiligtum geworden sind. 1852 bezogen wieder Patres das Kl. Die zweite Ausweisung der Franziskaner geschah 1875 im Kulturkampf. 1887 konnten sie zurückkehren; aber sie wurden ein drittes Mal 1941 vertrieben; das große neue Pilgerheim wurde beschlagnahmt. – Die kath. Arbeiterbewegung richtete 1928 eine bes. Männerwallfahrt E. Juni ein, an der noch 1942 etwa 120 000 Männer und Jungmänner unter Führung von Geistlichkeit und Adel von Oberschles. teilgenommen haben. In ganz Deutschland gab es kein Bst., in dem eine gleich hohe Zahl an einem einzigen Tag Jahr für Jahr ihren Glauben öffentlich bekannt hat.
Zum politischen Wahrzeichen von Oberschles. ist der A. nach dem 1. Weltkrieg geworden, als er im 3. poln. Aufstand umkämpft war, aber am 21. 5. 1921 von dt. Freiwilligen erobert worden konnte.

Ein 1934 erbautes Ehrenmal mit Feierstätte, einem antiken Frei-
lichttheater nachgebildet, sollte an den oberschles. Selbstschutz,
an alle im Kampf um Oberschles. Gefallenen und an die am
20. 3. 1921 erfolgte Volksabstimmung erinnern, bei der sich fast
60% für das Verbleiben bei Deutschland ausgesprochen haben.
Dieses Denkmal wurde nach 1945 von den Polen gesprengt. Die
Wallfahrtskirche ist 1958 restauriert worden; die Zahl der Kal-
varienkapellen beträgt jetzt 40, und die Wallfahrt wird weiterhin von Franziskanern betreut.
Die Gem. St. A., deren Gewerbetreibende vornehmlich vom Pil-
gerverkehr lebten, besaß 1939 2198 Eww.   (IV) *Go*

ChReisch, Gesch. d. St. A. in Oberschles., Br. 1910. – CBolczyk, St. A.,
Gesch. d. berühmten Wallfahrtsortes im Herzen Oberschlesiens, Br.-
Carlowitz (1926). – HHoffmann, Kl. u. Kalvarie, in: D. A. O/S, hg. v.
HRogier, St. A. 1938, S. 31–58. – AHayduck, D. Schelmengf. Gaschin,
eine heitere Chronik, München 1953. – LV 593, Bd. 7, H. 14, S. 3–12. –
Seydel, A.-Rosenberg, in: Von Mollwitz bis A., zus.gest. v. GSchwan-
tes, Br. 1935, S. 116–27

Sarsisk (Zarzysk, Ortsteil von Skronskau/Skrońsko, Gem. Bischdorf/
Biskupice, Kr. Rosenberg). 1193 bestätigte Papst Cölestin III.
dem Augustiner-Chorherrenstift auf dem Sande zu Breslau u. a.
den Besitz des Dorfes »Zarist« mit Kirche. Möglicherweise ist das
10 km nö. Rosenberg in dem einst östlichsten Zipfel des Hzt.
Breslau in Grenznähe zu Groß- und Kleinpolen gelegene, seit
1368 dem Hzt. Oppeln zugehörige S. eine Schenkung des Hz. Boleslaus des Langen von Schles. (1163–1201) an das Sandstift, das
dann die Kirche erbaut hätte. Ältere Behauptungen, die Kirche zu
S. sei auf früheres Betreiben des hl. Adalbert 1004 errichtet worden und es habe dort bereits im 11. Jh. ein Kl. bestanden, sind
nach Lage der urk. Überlieferung nicht haltbar. 1228 gestattete
Hz. Heinrich I. von Schles. dem Abt Witoslaus des Breslauer
Sandstiftes, in »Sarisck« einen freien Markt nach dem dt. Recht
von Neumarkt auszusetzen; zum Ausgleich für den zu erwarten-
den Einnahmeausfall der hzl. Schenken in → Pitschen verzichtete
der Abt auf die der Kirche von S. zustehenden Zolleinnahmen,
woraus zu schließen ist, daß die Handelsstraße, die Mähren über
Leobschütz, Oppeln, Rosenberg, Wieluń und Sieradz mit Thorn
verband, über S. verlief. Ferner gestattete der Hz. dem Sandstift,
in der Umgebung von S. auf Kl.- oder Hz.-Land mit dt. oder
poln. Siedlern Dörfer nach dt. Recht zu gründen. Dieser Plan des
Hz., den Grenzwinkel großzügig zu erschließen, ist offensichtlich
nie verwirklicht worden. S. blieb ein Dorf. Beim kriegerischen
Einfall der Hzz. Boleslaus von Krakau und Konrad von Masowien 1271 litt es schwer. 1353 wurde es der damals vom Sandstift
in → Rosenberg gegr. Propstei zugeschlagen, der es bis 1766 angehörte. Als die Propstei wegen ihres wirtschl. Niederganges die
Dörfer zwangsweise verkaufen mußte, gelangte S. in adlige Hand.
Die *Kirche* von S., 1664 von sechs Adelsfamm. renoviert (Holz-

tafel in der Kirche!), verlor 1756 den Status einer selbständigen Pfarrkirche. Das Dorf selbst, 1885 noch selbständige Gem. von nur 106 Eww., wurde später zu Skronskau (1936 Buchental) geschlagen, mit diesem vor 1939 zu Bischdorf. (IV) *Ngb (–K)*

APitlok, D. kath. Filialkirche in Zarzisk-Skronskau (b. Rosenberg OS), in: LV 29a, 5 (1911/12), S. 344 f., auch Heimatkalender d. Kr. Rosenberg OS 1926, S. 92–94. – HKrahmer, Z. Gesch. d. Dorfes u. d. Kirche S. Kr. Rosenberg OS, in: Heimatkalender d. Kr. Rosenberg OS 1933, S. 19–28. – LV 345, S. 74 f. – LV 356, S. 89 f. – LV 482, S. 11 ff.

Scharfeneck (Sarny, Gem. Obersteine/Ścinawka Górna, Kr. Glatz/Neurode). An der Mündung der Waldiz in die Steine steht auf beherrschender Höhe nahe der böhm. Grenze 5 km sw. Neurode das Schloß Sch. Es ist A. 15. Jh. zusammen mit dem zum Dorf Obersteine gehörigen Vorwerk Sch. als Besitz der Fam. Pradel (Predel) belegt, von der er 1565 über die v. Stillfried an Gregor v. Reichenbach aus → Peterwitz Kr. Frankenstein kam. Dessen Neffe Fabian v. Reichenbach, später Landeshauptmann von Münsterberg, erbaute um 1590 das heutige Schloß, einen mehrstöckigen Stein- und Ziegelbau mit flankierendem Turm. Obwohl die Sch.er Linie derer v. Reichenbach nicht am böhm. Aufstand beteiligt war, verlor sie 1625 den Besitz. Der Ks. verlieh ihn 1661 dem Landeshauptmann von Glatz Johann Georg v. Götzen, der, Sohn des ksl. Gen. v. Götz(en), 1663 auch → Eckersdorf Kr. Glatz erwarb. Mit Johann Joseph v. Götzen starb 1771 die kath. Linie der Fam. aus, und Friedrich d. Gr. schenkte den erledigten Besitz seinem Gen.-Adjutanten Gen.-Lt. Friedrich Wilhelm v. Götzen, Gouverneur der Gfsch. Glatz, aus der evg. Linie derer v. Götzen, Vater des bekannten gleichnamigen preuß. Gen. und Verteidigers der Gfsch. und Festung Glatz 1806/07 (1767–1820) und Urgroßvater des auf Sch. geb. Afrikareisenden Gf. Gustav Adolf v. Götzen (1866–1910). Sch. blieb bis 1875 im Besitz der Fam.

(IIa) *We*

Guda Obend, Heimatl. Jb. f. d. Gfsch. Glatz 4 (1914), S. 25 f. – Burgen u. Schlösser in d. Gfsch. Glatz, 1. Teil (Gfsch. Glatzer Buchring, 25. Bd.), Leimen/Heidelberg 1963, S. 19–23. – Ostdt. Heimat, Jb. d. Gfsch. Glatz, Grofschoaftersch Häämtebärnla 16 (1964), S. 23

Schawoine (1936 Blüchertal, Zawonia, Kr. Trebnitz). Sch. n. Breslau im fruchtbaren Löß des Katzengeb. ist erstm. 1208 als Besitz des Hz. Heinrich I. von Breslau belegt. Er schenkte das Gebiet seiner Gemahlin Hedwig, die dieses Witwengut in ihrem Testament 1242 dem Zisterzienserinnenkl. → Trebnitz vermachte; die darüber ausgestellte Urk. ist die einzige von der hl. Hedwig erhaltene. Das Kl. erwirkte 1250 von Hz. Heinrich III. die Erlaubnis zur dtrechtl. Aussetzung des ganzen Sch.er Gebietes und 1252 zur Erhebung von Sch. zur Stadt. Diese sollte den Mittelpunkt des großen Besitzes im NO-Teil des Katzengeb. bilden. Doch scheint die Stadterhebung nicht durchgeführt worden zu sein;

1293 wird Sch. wieder als Dorf gen. – 1810 wurde der Besitz des Trebnitzer Kl. säkularisiert; Sch. erhielt 1814 Feldmarschall Blücher als Dotation (→ Krieblowitz). Danach wurde es 1936 in Blüchertal umbenannt. 1905 besaß der Ort 871 Eww.   (III)   *Ku*

LV 291. – LV 356, S. 90

Schedlau (Szydłowiec, Kr. Falkenberg). Sch. liegt am N-Rand einer erst im 14. Jh. siedlungsmäßig erschlossenen Hügelgruppe um Falkenberg inmitten von diluvialen Sandern; Dorf und Kirche Sch. an der Steinau sind 1379 belegt. Das Gut Sch. erwarb 1533 Niklas Pückler von Groditz; ebenso wie der Altbesitz der Fam., Groditz und Heidersdorf, und die wenig später erworbenen Güter Mullwitz und Guhrau blieb es bis 1945 im Besitz der später in den Grafenstand erhobenen Fam. Pückler. Hans Pückler ließ nach Abbruch der alten Holzkirche 1616/17 von dem Italiener Antonio Rusco die heutige wertvolle *Kirche* als evg. Gotteshaus mit spätgot. und Renaissance-Elementen erbauen und vom Bildhauer Hermann Fischer und Maler Konrad Winkler ausstatten; durch die Gegenref. kam sie an die Katholiken. Der urspr., um 1570 errichtete Schloßbau wurde im 17. und 18. Jh. umgebaut und erweitert und schließlich durch einen 1854 vollendeten neugot. Neubau ersetzt; er wurde 1945 zerstört.   (III)   *We*

LV 212, Bd. 2, S. 10, 182 f. – LV 524, S. 275. – LV 613, Bd. 3, S. 28. – LV 615, S. 96. – Heimatbuch d. Kr. Falkenberg in Oberschles., Scheinfeld/Mfr. 1971, S. 231–33. – LV 604

Schelitz (Chrzelice, Kr. Neustadt O. S.). Die s. des Sch.er Forstes in einem alten Teich- und Sumpfgebiet von den Oppelner Piasten angelegte *Wasserburg* Sch. (14./15. Jh., umgebaut 1694 und im 18. Jh.) kam nach deren Aussterben (Hz. Johann, † 1532) mit dem zugehörigen Herrsch.-Gebiet als verpfändetes kgl. Kammergut 1559 in die Hände Wenzel Posadowskis, danach an die Gff. von → Proskau (bis zu ihrem Erlöschen 1769) und über deren Erben Fst. Carl Maximilian v. Dietrichstein durch Verkauf 1784 an die preuß. Krone. Diese veräußerte Teile der Herrsch, u. a. Kujau. Die verkleinerte Staatsdomäne Sch. gelangte 1816 für mehr als 100 Jahre in den Pachtbesitz der Fam. Heller. In das benachbarte Moschen kaufte sich der oberschles. Industriemagnat Gf. Tiele-Winckler ein.   (III)   *Me*

KBimler, D. Wasserburg Sch., in: LV 45, 17 (1935), S. 212–14

Schildau (Wojanów, Kr. Hirschberg). Die Herren von Sch. sind seit 1281 belegt, ein Schulze des kleinen, am Bober gelegenen Dorfes wird 1299 urk. gen. Bis 1727 war das Rittergut im Besitz der Fam. v. Zedlitz. Der Chronist Naso berichtet im 17. Jh., daß Nikolaus v. Zedlitz 1603 das *Schloß* neu erbaut, Christoph v. Zedlitz es nach der Zerstörung im 30j. Krieg 1667 erneuert habe. Von 1727 an waren die Gff. v. Garwarth, seit 1747 die Gfn. Frankenberg und 1755–1817 der Hirschberger Handelsherr Daniel v.

Buchs Besitzer. 1817 erkauften die Herren v. Rothkirch Sch., und 1831 verkauften sie das Gut wiederum an den Geh. Justizrat Ike, der es bereits 1839 an Kg. Friedrich Wilhelm III. weiter veräußerte. Der Kaufvertrag wurde auf den Namen der Tochter des Kg., Pzn. Luise der Niederlande, eingetragen, deren Fam. Sch. bis 1908 behielt (zuletzt Fstn. Marie zu Wied, geb. Pzn. der Niederlande). Aus dem Vertrag geht hervor, daß schon vorher (1832/33) ein Umbau des Äußeren des Schlosses im ma. Zinnenstil ausgeführt sein muß, den nach 1839 August Stüler durch weitere bauliche Maßnahmen noch unterstrichen haben dürfte. Charakteristisch ist der bis auf den Ausgangsbau der Renaissance zurückreichende Typus eines kastellartigen Gebäudevierecks mit Rundtürmen an den Ecken. – Der Sch.er Park stieß an denjenigen von → Lomnitz an und bildete in der wahrsch. von Lenné gestalteten Anlage den Anfang der romantischen Landschaftsparks im ö. Teil des Hirschberger Tales. (I) *Gru*

LV 613, Bd. 3, S. 28 f. – GGrundmann, Schlesien, in: Karl Friedrich Schinkel, Lebenswerk, hg. v. d. Akad. d. Bauwesens, Berlin 1941. – LV 616, S. 130 f.

Schlanz (Wierzbice, Kr. Breslau). Das 18 km sw. Breslau gelegene Straßendorf Sch. ist seit A. 14. Jh. belegt, zunächst auch unter dem Namen »Wenig Wirbitz zum Schlantz« u. ä. Eine befestigte Anlage in Form eines (Wohn-) Turmes gab es hier schon 1346. Eine Beschreibung des 16. Jh., als Sch. denen v. Saurma gehörte (seit 1496 bis in die 1. H. 18. Jh.), läßt eine ausgedehnte Anlage mit Wohnhaus, Turm, Torhaus und Wallgraben erkennen. Von ihr sind der *Inselwall* und Reste des *Wohnturms* n. des heutigen Schlosses und weitere Mauerreste s. des Grabens erhalten. Das verfallende Renaissanceschloß wurde im 18. Jh. durch ein *Barockschloß* sö. des alten ersetzt, bestehend aus einem s. Haupttrakt und einem ö. Seitenflügel, dem im W ein Gesindehaus entsprach, das 1854 dem O-Flügel angeglichen und durch einen neugot. Turm dem Mitteltrakt (nach Brand 1891 ausgebaut und mit Portalvorbau versehen) verbunden wurde. Berühmt ist Sch. durch den schönen, unverändert erhaltenen *franz. Heckengarten* der l. H. 18. Jh. (im 19. Jh. nach S erweitert), der aus dem alten Renaissancepark hervorgegangen und daher noch auf das alte Schloß ausgerichtet ist. Besitzer von Sch. waren in der 2. H. 18. Jh. die v. Reichell, von denen es über weibliche Mitglieder der Fam. 1838 an die v. Tschirschky-Reichell und 1908 an die Gff. v. Eulenburg kam. Das vom Krieg verschonte Gut mit Schloß wurde 1946 durch die poln. Behörden zum Lehr- und Versuchsgut der landwirtschl. Fakultät der Universität Breslau. (II) *We*

LV 616, S. 90 f. – LV 592, S. 275–277

Schlause (Służejów, Kr. Frankenstein). Sch. 5 km sw. Münsterberg reicht in die altslaw. Zeit zurück. Es gehörte zur Zehntausstattung der Kirche von → Wartha, die 1189 den Johannitern,

1210 dann dem neu gegr. Augustiner-Chorherrenkl. → Kamenz
geschenkt wurde. Seit 1290 ist Sch. als Rittersitz belegt, 1318 erhielt es dt. Recht. 1483 war es wieder in hzl. Hand; Hz. Heinrich
d. Ä. von Münsterberg schenkte es damals an Hans v. Pannwitz.
Später wechselten die Inhaber der aus Sch., Reindörfel und Neu
Altmannsdorf bestehenden Herrsch. oft: v. Zischwitz, Hans v. Czirn
(1599), Christoph v. Gellhorn (ab 1622), v. Landskron, v. Netz
(ab etwa 1660 bis M. 18. Jh.), Gen.-Lt. v. Rothkirch (1785), v.
Schlabrendorf, durch Heirat dann die Gff. Chamaré, die Sch. bis
ins 20. Jh. behielten. Das Schloß liegt abseits von der Straße, ein
wuchtiger Bau mit einem 50 m hohen Turm über dem Haup.tein-
gang mit Türschmuck im Stil der Renaissance.   (IIa) *We*

LV 130, Bd. 1. – AKnoblich, Burgen u. Schlösser, in: Münsterberger
Land, hg. v. Kretschmer, Münsterberg 1930, S. 104–06

Schlawa (1937 Schlesiersee, Sława, Kr. Glogau/Fraustadt). Sch. am
O-Zipfel des gleichnamigen Sees, rd. 25 km n. Glogau und 4 km
von der großpoln. Grenze entfernt, erscheint erstm. 1312 bei der
Teilung des Hzt. Glogau als Stadt und Weichbildvorort (letzteres
auch noch 1418). 1468 erwarb Melchior v. Rechenberg die Herrsch.
Sch. Seine Nachkommen – unter ihnen Hans v. Rechenberg (seit
1534 Frh., † 1537), Freund Luthers – behielten den Besitz bis M.
17. Jh., als sie auch ihre anderen nordschles. Besitzungen verloren.
Sch. kam an die v. Barwitz, Frhh. (seit 1730 Gff.) v. Fernemont,
nach deren Aussterben (1884) die Herrsch. 1886 der mähr. Linie
der Gff. v. Haugwitz zugesprochen wurde. Die offene, aber mit
drei Toren versehene Stadt lebte außer von Ackerbau und Fische-
rei von der Tuchmacherei (1499 Zunft belegt) und dem Handel
mit dem nahen Polen (Vieh, Getreide, Flachs, Hanf). Seit dem
17./18. Jh. ging die Tuchherstellung zurück (1787: 28 Tuchmacher), manche Tuchmacher wanderten um 1820/30 nach Lodz/
Kongreßpolen aus. Die Staatsgrenze zum neuen poln. Staat nach
1918 schwächte die Wirtschaft von Sch. weiter. Die Stadt lebte
von kleinen Handwerksbetrieben und vom Ausflugsverkehr. Sch.
ist mehrmals von großen Bränden heimgesucht worden, so 1721
und 1765. Erhalten sind das 1735 neu erbaute *Schloß,* daneben
die kath. Pfarrkirche *St. Michael* (14. Jh., spätere Umbauten) und
auf dem Markt der Neubau der *evg. Kirche* von 1834–36. Bev.-
Zahlen: 1787: 543, 1825: 632, 1905: 766, 1939 (nach Eingemeindung von Dorf und Gut Sch. 1921 bzw. 1928): 1803 Eww. auf
18,79 qkm. Nach Kriegsende wurden wegen der starken Zerstörung von Glogau die Kr.-Behörden und ein Gymnasium für kurze
Zeit in Sch. untergebracht. 1961: 2433 (auf 24,27 qkm), 1970:
2617 Eww.   (II) *We*

LV 212, Bd. 2, S. 649–51. – LV 119, Bd. 1, bes. S. 155–58. – LV 511,
Sp. 291 f. – HHBvRechenberg, Beiträge z. einer Gesch. d. Fam. Rechenberg, Dresden 1903. – Heimatbuch d. Kr. Freystadt Ndr. Schl., hg.
v. ASchiller, Beuthen a. O. ²1925, S. 374–78. – LV 233, S. 869 f. – LV
234, Bd. 2, S. 654 f.

Schlegel (Słupiec, Kr. Glatz/Neurode). In dem 1335 erstm. nachweisbaren, 5 km sö. Neurode gelegenen Dorf Sch. ist 1641 Stein-
kohlenförderung erwähnt. Die auf dem Gut Sch., seit 1708 im
Besitz der aus Italien stammenden Fam. Pilati v. Thassul zu Dax-
berg (seit 1710 Frhh., 1795 Gff.), sich entwickelnde nachmalige
»Johann-Baptista-Grube«, gegr. vor 1742, wurde 1765 von einem
Kohlenmesser und acht Hauern, 1799 von 40 Mann betrieben.
1901 wurde sie – nachdem im letzten Viertel 19. Jh. auch die
Förderung feuerfesten Schiefertons eingesetzt hatte – mit anderen
Gruben der Umgebung zur »Gewerkschaft Neuroder Kohlen- und
Tonwerke« vereinigt (→ Neurode). Durch den Bau der Eulen-
geb.-Bahn Silberberg–Sch.–Mittelsteine 1902 erhielt Sch. Eisenbahnverbindung; wegen Unwirtschaftlichkeit wurde der Verkehr
auf dem Abschnitt Silberberg–Sch. 1931 eingestellt; die Strecke
Sch.–Mittelsteine blieb zum Kohlentransport aus Sch. in Betrieb.
Der Bergbau zog Menschen an: Sch. hatte 1789: 1261, 1825: 1263,
1905: 3699, 1939: 3701 Eww. (auf 15,18 qkm). Nach Entdeckung
neuer Kohlenvorkommen begann 1962 ein starker Ausbau der
jetzt »Jan« gen. Grube. Als Bergbau- und Arbeitersiedl. wurde
Sch. 1959 zur stadtart. Siedl., 1967 zur Stadt erhoben. 1961: 6270
(auf 16,77 qkm), 1970: 7781 Eww. – Das Schloß von Sch. wurde
1685, als das Gut noch im Besitz der Frhh. v. Morgante war, erbaut. Unter den Gff. Pilati, Verwandte der Morgante, wurde es
im 19. Jh. vor allem äußerlich stark verändert. Nach 1945 ist es
verfallen, es steht nur noch als *Ruine*.   (IIa) *We*

FZenker, Urk. Nachrichten über d. Dorf Sch., Kr. Neurode, bis z. Jahre
1870, in: LV 51, 10 (1890/91), S. 51–67, 133–51, 344–62. – LV 429. –
LV 212, bes. Bd. 2, S. 269 f. – LV 430, S. 31–57. – LV 613, Bd. 3, S. 30.
– LV 670, S.303–07. – LV 224. – LV 234, Bd. 2, S. 584 f.

Schlichtingsheim (Szlichtyngowa, Kr. Fraustadt). Sch. liegt auf
halbem Wege zwischen Glogau und Fraustadt etwa 1,5 km jenseits der alten schles.-großpoln. Grenze und verdankt seine Entstehung prot. Auswanderern aus den schles. Grenzgebieten, die
während des 30j. Krieges nach Polen geflüchtet waren. 1644 erhielt der Grundherr Johann Georg v. Schlichting vom poln. Kg.
Władysław IV. die Erlaubnis, auf dem Boden seines Gutes Gur-
schen eine Stadt zu gründen und nach seinem Fam.-Namen
»Schlichtinkowo« zu nennen; seit der Gründung war aber ebenso
der dt. Name Sch. gebräuchlich. Der Grundherr setzte 1645 die
Rechte und Pflichten der Bürger fest und erteilte gleichzeitig und
in den folgenden Jahren Innungsstatuten für Schuhmacher, Bäk-
ker, Fleischer, Tuchmacher, Schneider, Tischler, Böttcher, Schlos-
ser, Schmiede, Leineweber u. a. 1653 verlieh der poln. Kg. der
Stadt das Niederlagsrecht für aus Schles. ein- oder nach Schles.
ausgeführte Leinen und Leinenwaren. Sch. blieb eine kleine
Handwerkerstadt; seine Bev.-Zahl änderte sich kaum: 1793: 748,
1816: 810, 1905: 748, 1939: 1038 (nach Erweiterung des Stadt-
gebiets auf 54 ha). Die Bewohner von Sch. waren bis 1945 fast

ausschließlich Deutsche, und zwar erhielten sie stets Zuwanderung aus dem benachbarten Schles.: von den Neubürgern der Jahre 1799–1851, die nicht aus Sch. stammten, kam über die Hälfte aus Schles. Mit der Strecke Glogau–Sch.–Guhrau wurde Sch. 1906 an das Eisenbahnnetz angeschlossen. Mittelpunkt der urspr. 14 ha umfassenden Stadt ist ein rechteckiger Marktplatz, um den sich ein gitterförmiges Straßennetz entwickelt hat. Aus der Gründungszeit hat sich die *evg. Fachwerkkirche* erhalten (heute kath.). Einen *Rathausbau* hat Sch. erst 1926/27 erhalten. Politisch hat Sch. dieselben Veränderungen mitgemacht wie die Kr.-Stadt Fraustadt: 1793–1806 und seit 1815 preuß., und zwar bis 1920 zur Prov. Posen gehörig, 1920/22–38 zur Prov. Grenzmark Posen-Westpreußen und seit 1. 10. 1938 zu Schles. 1961: 1017 (auf 1,47 qkm), 1970: 1220 Eww. (II) *We*

GÜberfeld, Nachrichten über d. evg. Kirche in Sch., 1895. – AWarschauer, D. städt. Archive in d. Prov. Posen, Leipzig 1901, S. 230 f. – Ein Bürgerbuch d. Stadt Sch. (Kr. Fraustadt) 1799–1851, hg. v. Schober, in: Quellen u. Forschsch. z. Heimatkunde d. Fraustädter Ländchens, H. 2, Fraustadt 1936, S. 5–43. – LV 233, S. 870. – LV 234, Bd. 2, S. 660 f.

Schmiedeberg (Kowary, Kr. Hirschberg). Die aus einer langgestreckten ma. Bergarbeitersiedl. im Eglitz-Tal an der Straße Görlitz–Hirschberg–Sch.–Landeshut hervorgegangene Riesengeb.-Stadt verdankt ihre Entstehung den Bodenschätzen der Gegend, vor allem dem Magneteisenstein des ö. angrenzenden Landeshuter Kammes. Die Sage vom Beginn des Bergbaues im Jahre 1148 entspricht nicht der Wahrheit. Der erste sichere Beleg für Sch. ist von 1355 überliefert; damals sicherten Hz. Bolko II. von Schweidnitz und seine Gemahlin Agnes der Stadt Hirschberg zu, daß der bei Sch. geförderte Eisenstein nur im Weichbild Hirschberg verhüttet werden sollte. Die Rechte des Weichbildmittelpunktes Hirschberg gaben seit A. 15. Jh. öfter den Anlaß zu Streitigkeiten mit Sch. ab. Die Grundherren von Sch. – seit 1401 Gotsche Schoff und seine Nachkommen, nachdem schon vorher Mitglieder der Fam. Schoff (Schaffgotsch) Anteile in Sch. besessen hatten – billigten der Bergbausiedl. Rechte zu, die das Weichbildrecht Dörfern nicht einräumte, so die Unterhaltung städt. Handwerke und Warenverkauf. Auch das Auftreten eines Erbvogtes in Sch. seit 1368 weist auf bestimmte städt. Elemente hin. Der 1454 zwischen Hirschberg und Sch. vereinbarte Vergleich hob Sch. deutlich über den Status eines Dorfes hinaus, wahrte aber auch die Interessen Hirschbergs. Erst 1513 erlangte Caspar Schoff (Schaffgotsch) von Kg. Wladislaus von Böhmen für Sch. das volle Stadtrecht, das es trotz Protest Hirschbergs behielt. Bergbau, Eisenverhüttung und -verarbeitung blühten bis in den 30j. Krieg hinein. Nach Zerstörungen 1633 traten in der Wirtschaft von Sch. die bereits vor dem 30j. Krieg eingeführte Leinenproduktion und der Leinenhandel in den Vordergrund. Sch. stieg – gestützt auch auf die Produktion der ländlichen Umgebung – in die Gruppe der wichtigsten Leinenhandelsstädte von Schles. auf. Das 1. Viertel des 18. Jh. zeitigte die größte Blüte; Sch.er Leinen wurde nach Böhmen, Italien, Spanien, Rußland, über Hamburg und Triest auch nach Amerika ausgeführt. Der Anfall an Preußen 1742 leitete durch den Verlust s. Absatzgebiete, das Aufhören böhm. Garneinfuhr und das Aufkommen böhm. Konkurrenz einen wirtschl. Niedergang ein. Die Förderung durch den preuß. Kg. – Ansiedlung sächs. Damastweber – konnte den alten Wohlstand nicht wiederherstellen. Die allgemeine Krise der Handweberei seit A. 19. Jh. verstärkte die Not und führte zur Abwanderung von Eww. Erst seit der M. 19. Jh. ist mit der Errichtung von Fabriken wieder ein Aufschwung zu verzeichnen. Es entstanden u. a. eine Plüschfabrik (1846), ein Fournierschneidewerk (1846), eine später sehr bekannte Teppichfabrik (seit 1894 »Vereinigte Smyrna-Teppichfabriken«, Hauptsitz Berlin), die Porzellanfabrik der Gebr. Pohl (1871), ferner je eine Metallwaren-, Filztuch-, Leder-, Wachsfabrik, eine Teppichgarnspinnerei, Bleich- und Appreturanstalten und eine Seidenweberei. Eine Förderung der Wirtschaft erfolgte durch die Eisenbahn Hirschberg–Sch. (1882, Verlängerung bis Landeshut 1905). Versuche, den Bergbau und das Hüttenwesen wieder zu beleben (E. 18./A. 19. Jh.), zeitigten keinen großen Erfolg. Seit den 1880er Jahren förderte die oberschles. »Vereinigte Königs- und Laurahütte AG« Erze in Sch. und ließ sie in Oberschles. verhütten.

Sch. – zum Erbfstm. Schweidnitz-Jauer gehörig – blieb bis 1634 in der Hand der Fam. Schaffgotsch. Unter ihr nahm die Bev. von Sch. M. 16. Jh. die Ref. an. Nachdem Hans Ulrich v. Schaffgotsch im Febr. 1634 als Anhänger Wallensteins verhaftet worden war (hingerichtet 1635), wurde schon im April 1634 die Stadt Sch. mit zugehörigem Gebiet in ksl. Verwaltung genommen. 1639 verkaufte der Ks. die Herrsch. Sch. an den böhm. Gf. Hermann (Prokop) v. Czernin, dessen Fam. sie bis in die preuß. Zeit behielt; Sitz der Grundherrsch. war Schloß → Neuhof. Nach dem Westfälischen Frieden wurde 1654 die Rekatholisierung durchgeführt. Die Evangelischen hielten sich fortan an die Friedenskirche in Jauer und nach 1707 an die Gnadenkirchen in Hirschberg und Landeshut. Nach der Besitzergreifung durch Preußen erhielten sie 1743 eine eigene Bethauskirche. Die Schwierigkeiten der Grundherrsch. mit der neuen Landesherrsch. führten 1747 zum Verkauf der Herrsch. Sch. durch die Fam. Czernin an Kg. Friedrich II., der sie aber sofort an die Stadt Sch. weiter veräußerte, so daß diese kgl. Immediatstadt wurde. Die 1837 aus Tirol nach Schles. ausgewanderten Zillertaler fanden zunächst in Sch. Aufnahme, ehe sie beim nahen → (Zillerthal-)Erdmannsdorf angesiedelt wurden Die Bev.-Zahl von Sch. stieg seit dem 18. Jh. stetig an: 1702: 2210, 1787: 3124, 1825: 3745, 1905: 5675, 1939: 6638 (auf 30 qkm). Der langgezogene Ort zerfiel urspr. in die Teile Ober-, Mittel- und Unter Sch., gebildet aus einer durchgehenden Straße, nur im Mittelteil mit einer Parallelstraße und einem durch Erweiterung der Hauptstraße entstandenen Marktplatz. Von der ma. Bebauung zeugen infolge großer Brände – zuletzt 1792 – nur noch Bauteile der *kath. Pfarrkirche*; die Kirche, angeblich auf eine Kapelle von 1225 zurückgehend, aber erst 1401 erwähnt – gehört als Bau mit ihren Fundamenten im Chor dem 13. Jh. an, alles übrige jedoch stammt aus der Zeit um 1500, Erweiterungen erfolgten in der Ref.-Zeit, Wiederherstellungen nach Bränden des 17. Jh.; interessante got. Gewölbe- und Wandmalereireste befinden sich in der Turmhalle. Aus der Zeit vor 1792 stammen die an die kath. Kirche angebauten barocken *Gruftkapellen* und einige barocke *Bürgerhäuser.* Erhalten blieb 1792 auch die jenseits des Flusses Eglitz gelegene evg. Kirche von 1743 mit den beiderseits des Kirchplatzes angeordneten *Pfarr-* und *Schulgebäuden,* die 1753 und 1789 erbaut worden waren. Die Ausstattung des in Weißgold gehaltenen Kirchenraumes ging mit den Schnitzereien von Kanzel und Orgel auf die Grüssauer Bildhauerwerkstatt des Anton Dorazill und Marianus Lachel zurück; 1959 ist die evg. Kirche abgebrannt. Überdauert hat den Brand von 1792 auch das von dem Baukondukteur Neumann unter Leitung des Kgl. Baurats Schultze 1786–88 erbaute *Rathaus,* das wie so manches nach 1792 erbaute Bürgerhaus der Langhans-Schule angehört. – Das Gesamtbild des Geb.-Städtchens vervollständigen die barocke *Annakapelle* auf einem Hügel am Beginn der Paßstraße zum Landeshuter Kamm (vielleicht im 14. Jh. entstanden, nach Verfall 1727 neu erbaut) sowie zwei Schlösser: das Renaissanceschloß → Neuhof und das Schlößchen → Ruhberg.

Nach 1945 wurde der Abbau von Magneteisenstein nach Trockenlegung des überfluteten Bergwerks 1946 wieder aufgenommen, auch die früheren Industriezweige arbeiten weiter. 1961: 11 716 (auf 33,66 qkm), 1970: 11 341 Eww.   (I) *Gru, We*

ThEisenmänger, Gesch. d. Stadt Sch. im Riesengeb., Br. 1900. – LV 587, Bd. 3. – LV 622. – LV 233, S. 871 f. – LV 234, Bd. 2, S. 565. – JBittermann, Chronik d. evg. Kirchengem. Sch. im Riesengeb., Erlangen (1970)

Schmograu (Smogorzów, Kr. Namslau). In der »Chronica principum Poloniae« des Brieger Kanonikers Peter von Pitschen, entstanden 1382–85, heißt es, Breslau sei der dritte Sitz der schles. Bf.-Kirche; der erste sei in »Smogerow« (= Sch.) im Distrikt Namslau, der zweite in → Ritschen im Distrikt Brieg gewesen. Długosz (15. Jh.) hat diese Überlieferung ausgeschmückt und nennt fünf Bff., die zwischen 965 und 1051 in Sch. residiert haben sollen; der fünfte habe seinen Sitz nach Ritschen verlegt, wo auch sein Nachf. noch gewohnt habe (bis 1051). Diese Angaben müssen als falsch betrachtet werden; das schles. Bst. (1000) hat von vornherein Breslau als Sitz gehabt. Die Tradition von den drei Bf.-Sitzen ist gewiß darauf zurückzuführen, daß nach Ausbruch des heidnischen Volksaufstandes von 1037/38, der die militärische Besetzung von Schles. durch Hz. Břetislav I. von Böhmen nach sich zog, der Bf. von Breslau aus seiner Residenz flüchten mußte und sich dann zeitweise offenbar in Sch. und Ritschen aufhielt; erst nachdem die Polen um 1050 Schles. wieder erobert hatten, setzte Hz. Kasimir I. von Polen 1051 wieder einen Bf. (Hieronymus) in Breslau ein. Die frühere kirchliche Organisation war wohl inzwischen zerstört und auch die Erinnerung an den urspr. Bf.-Sitz Breslau ausgelöscht, so daß der vorübergehende Aufenthalt der Bff. in Sch. und Ritschen mit den Anfängen des Bst. identifiziert werden konnte. – Während Ritschen Burgort und Kastellaneisitz war, ist nicht ersichtlich, weshalb der Bf. Sch. zum Aufenthaltsort erwählt hatte; vielleicht war es eine Stätte der frühen Mission (so Heyne), vielleicht wurde es wegen seiner Abgeschiedenheit unweit der großpoln. und Oppelner Grenze (10 km n. Namslau) aufgesucht. Urk. belegt ist Sch. erstm. 1288 mit der Nennung des Schulzen von »Smogorwicz«. Eine Pfarrkirche von Sch. ist 1400 bezeugt (heutiger Bau von 1861–63 nach Brand der älteren Schrotholzkirche). Das Dorf gehörte bis zur Säkularisation 1810 den Bff. von Breslau. (III) *We*

LV 135, Bd. 1, S. 157. – LV 516, Bd. 1. – LSchulte OFM, Dlugossiana. D. Breslauer Bf.-Wahlen bis 1200, in: LV 28, 49 (1915), S. 126–43. – LV 522. – LV 591, (II 1), S. 180–84

Schnallenstein, Burgruine (Szczerba, Gem. Rosenthal/Różanka, Kr. Habelschwerdt). Im Habelschwerdter Geb. liegt s. von Seitendorf die ein Oval von 40 × 16 m bildende *Ruine* Sch. Der Erbauer der Burg ist unbekannt. 1360 wird sie als Besitz von drei Brüdern der Gfsch.er Fam. v. Glubos (Glaubitz) erwähnt; als letzter Besitzer aus diesem Geschlecht wird Bernhard v. Glubos, bis 1424 Landeshauptmann von Glatz, gen. Die Burg sicherte die Grenze der Gfsch. Glatz gegenüber Böhmen an einer alten Handelsstraße Prag–Königgrätz–Senftenberg, weiter von Marienthal in der Gfsch. Glatz durch das Höllental, an dessen Ausgang Sch. liegt, in das Neißetal und nach Glatz. 1428 eroberten und zerstörten die Hussiten die Burg; die Fam. v. Glubos verließ die Gfsch., die Burg wurde nicht wieder aufgebaut (1770 Teil der Ringmauer abgebrochen). Die Herrsch. Sch. fiel an den Kg. von Böhmen zurück, 1538 gehörte sie der Fam. v. Tschirnhaus, 1684 kaufte sie Reichsgf. Michael Wenzel v. Althann auf Mittelwalde, Landeshauptmann von Glatz. Später war sie im Besitz des Frh. Michael v. Stillfried auf Neurode, vorübergehend der Gff. v. Magnis, und schließlich erwarb sie 1838 (ebenso wie die Herrsch. → Seitenberg) Pzn. Marianne der Niederlande, Gattin des Pz. Albrecht von Preußen; diese Nebenlinie der Hohenzollern besaß die Herrsch. bis 1945. (IIa) *Ge*

LV 119, Bd. (6), bes. S. 138–46. – JKögler, Hist. u. topogr. Beschreibung d. Herrsch. Rosenthal oder Schnellenstein, in: LV 51, 3 (1883/84), S. 89–138. – AOtto, Glatzer Wanderbuch, Mittelwalde 1923, 2. Aufl. Leimen/Heidelberg 1971. – FAlbert, Die vorurk. Gesch. d. Kr. Habelschwerdt, 1. Bd., Habelschwerdt 1938, S. 272–279. – Burgen u. Schlös-

ser d. Gfsch. Glatz, Teil 1 (Gfsch. Glatzer Buchring, Bd. 25), Leimen/
Heidelberg 1963, S. 12–14

Schneekoppe (Śnieżka, Kr. Hirschberg). Die Sch. ist die höchste
Erhebung des Riesengeb., sie erreicht mit 1605 m eine für diesen
Breitenkreis ungewöhnliche Höhe. Der Granitkegel mit Schiefer-
haube, über den die schles.-böhm. Grenze verläuft, ragt etwa
260 m steil aus dem Riesenkamm des Geb. heraus und eignet sich
daher gut als Wetterstation – seit 1880/1900 – und als Fixpunkt
bei geodätischer Arbeit; er hat schon 1805 bei der Längenbestim-
mung von schles. Orten mit Hilfe von Lichtblitzen von der Sch.
aus, später bei der Landestriangulation gedient. Das 55 × 43 m
große Gipfelplateau krönt eine *Kapelle*. Sie geht auf eine Stiftung des Gf. Leopold Schaffgotsch zurück. 1668–81 wurde sie als
zylindrischer Rundbau mit einem schindelgedeckten Zeltdach erbaut und seinerzeit durch den Grüssauer Abt Bernardus Rosa unter das Patronat des hl. Laurentius gestellt. Die Weihe war zugleich eine kirchliche Manifestation gegenüber dem Dämonen-
und Geisterglauben der Geb.-Bev. und fiel in eine Zeit, als der
Besuch der Sch. von dem als Badeort aufkommenden → (Bad)
Warmbrunn aus zunahm und auch Schriftsteller sich häufiger mit
dem Riesengeb. befaßten. Nach der Säkularisation (1810) wurde
die Kapelle 1824 als Gaststätte profaniert, aber 1850 dem kirchlichen Gebrauch mit einem einmaligen Gottesdienst am Namens-
tage des Hl. in jedem Jahre zugeführt.   (I)   *Gru*, *We*

LV 211, Bd. 1, S. 273 ff., 303 ff. – LV 212, bes. Bd. 1, S. 96–98. –
HNentwig, Schaffgotsch'sche Gotteshäuser u. Denkmäler, Warmbrunn
1898. – WRoesch, D. Gesch. d. Kapelle auf d. Sch. im Riesengeb. u.
ihre Beziehungen z. d. reichsgfl. Hause Schaffgotsch, in: LV 72, 8
(1950), S. 105–16. – WPatschovsky, D. Entstehung d. Wohnstätten auf
d. Kamme d. Riesengeb., in: Bunte Bilder a. d. Schlesierlande, hg. v.
Schles. Pestalozzi-Verein, (Bd. 1), Br. 1903, S. 165–72. – Nentwig, Entstehungsgesch. d. meteorologischen Station auf d. Sch., ebenda, S.
293–98

Schömberg (Chełmsko Ślaskie, Kr. Landeshut). Die Überlieferung,
Hz. Heinrich I. von Schles. habe an der Stelle des späteren Sch.
nahe der böhm. Grenze eine (1426 von den Hussiten zerstörte)
Burg erbaut und einem dt. Ritter namens v. Schönenberg oder
Schömberg übergeben, entbehrt historischer Belege. Vielmehr
kam das Land im Quellgebiet von Bober und Zieder mit der Stadt
Sch. (»opidum Shonenberch«) und den Dörfern Kindelsdorf,
Trautliebersdorf, Michelsdorf und Königshan (dieses im 14. Jh.
wieder an Böhmen) erst 1289 an Schles., als Geschenk Kg. Wenzels II. von Böhmen an Hz. Bolko I. von Löwenberg-Jauer. Kirchlich gehörte Sch. noch bis um 1500 zum Erzbst. Prag. Die unbefestigte Stadt, 508–600 m hoch am Zusammenfluß der Meta und
des Voigtsdorfer Wassers zum Zieder bach gelegen, 14 km s. Landeshut, soll von dem um 1275 verstorbenen mähr. Adligen Egi-
dius von Upa und Schwabenitz gegr. worden sein. In der 1. H. 14.

Jh. waren Grundherren von Sch. verschiedene Adlige, 1343–60 der Ritter Konrad v. Tschirn und das Zisterzienserkl. → Grüssau gemeinsam, anschließend bis zur Säkularisation 1810 allein das Kl. Grüssau. Sch. blieb ein kleines Ackerbürgerstädtchen und scheint zeitweise sogar den Stadtcharakter verloren zu haben. Jedenfalls wurde es 1580 vom Ks. erneut mit Stadtrechts- sowie Wochen- und Jahrmarktsprivilegien bedacht, offenbar als Folge der M. 16. Jh. in und um Sch. einsetzenden Leineweberei. Die Ermordung des Grüssauer Abtes Martin Clavaei in Sch. 1620 führte zum Entzug des Stadtrechts 1621–29. Unter Abt Bernardus Rosa erhielt Sch. schöne Barockbauten: die kath. Pfarrkirche *St. Joseph* (1670 bis 1691) und das Rathaus (1687 ff.). Auch die steinernen *Laubenhäuser* am Markt entstammen der Barockzeit. 1707 wurde Sch. im Zeichen der Blüte der Leineweberei, die Sch. 1698 auch den vorher mehrmals verweigerten Leinenmarkt einbrachte, um die Webersiedl. (Holzlaubenhäuser) *»Zwölf Apostel«* (heute nur 11 Häuser) und *»Sieben Brüder«* (von diesen 1952 drei abgebrannt) erweitert. Die Schles. Kriege, der Anschluß an Preußen 1742 und die böhm. Konkurrenz brachten dem vornehmlich nach Österreich exportierenden Leinwandhandel Einbußen. Die schles. Weberunruhen 1793 wirkten sich auch hier aus. Trotz der Schwierigkeiten und Wandlungen des 19. Jh. gab es in Sch. 1913 noch 149, 1927: 47 Hausweberfamm. Inzwischen waren seit 1874 drei Textilfabriken entstanden, darunter ein Betrieb der bekannten Schles. Textilwerke Methner & Frahne aus Landeshut. 1899 erhielt Sch. mit der Ziedertalbahn Landeshut-Sch.-Albendorf Eisenbahnanschluß. Bev.-Zahlen: 1787: 1671, 1825: 1703, 1905: 1716, 1939: 2099 Eww. (auf 11,88 qkm). Der am Kriegsende unzerstört gebliebene, aber danach vernachlässigte Ort verlor 1945 den Stadtstatus, wurde aber 1957 zur stadtart. Siedl. erhoben. 1961: 1708 (auf 26,31 qkm), 1970: 1790 Eww.   (IIa)   *We*

LV 131, Bd. 1. – LV 343. – Heimatbuch d. Kr. Landeshut i. Schl., hg. v. EKunick, 2 Bde., Landeshut i. Schl. 1929, bes. Bd. 2, S. 603–07. – LV 233, S. 872 f. – ARose, Abt Bernardus Rosa v. Grüssau, Stuttgart 1960. – LV 612, S. 40. – LV 234, Bd. 2, S. 550 f.

Schönau (Kromolin, Kr. Glogau). Als Besitzer von Sch. sind im Ma. die v. Zabeltitz, 1518·1683 die v. Zedlitz urk. gen., die seit 1599 in → Quaritz saßen. Der älteste Teil des Schler Schlosses – es stehen nur noch seine *Ruinen* – war eine Wasserburg mit Turm aus der Zeit um 1550. Der Bau des anderen Flügels und die einheitliche Angleichung beider Teile in barocken Formen geschah 1725 durch Gf. Joh. Christoph v. Churschwandt. Von 1840 bis 1945 gehörte das Gut der Fam. v. Jordan. 1790 hatte Sch. zwei Kirchen, zwei Schulen, ein Schloß mit Vorwerk, 18 Bauern, insges. 102 Feuerstellen mit 621 (1939: 638) Eww. – Zu Sch. gehörte kirchlich die St. Anna-Kapelle auf dem Berge, 2,3 km sw. von Sch., 2,5 km nw. von → Dalkau.   (I)   *St*

LV 615, S. 57. – LV 218, Bd. 1, S. 20

Schönau (Świerzawa, Kr. Goldberg). Die Entstehungsgesch. der im oberen Katzbachtal im s. Mündungswinkel des Steinbaches gelegenen Stadt Sch. ist umstritten. Angeblich soll bei Sch. eine slaw. Siedl. bestanden haben. Die nach ihren spätrom. Formen im 2. Viertel 13. Jh. entstandene *St. Johanniskirche* zwischen Sch. und Röversdorf nw. der Stadt (einschiffiger Raum aus Bruchsteinen, rechteckiger Chor mit halbrunder Apsis, rom. Portal mit frühgot. Tympanon; nicht mehr genutzt, Ausstattung teilweise in Museen) könnte, wenn man die chronikalische Nachricht über ihre Begründung 1159 ernst nähme, einen für die slaw. Siedl. geschaffenen Vorgängerbau gehabt haben. Wahrscheinlicher ist, daß St. Johannis erst als gemeinsame Pfarrkirche der benachbarten dt. Waldhufendörfer Röversdorf, Alt Sch. (sö. Sch.) und Reichwaldau (nö. Sch.) entstanden ist, von denen mindestens die ersten beiden im 1. Jahrzehnt 13. Jh. anzusetzen sind. Für die frühe Gründung der Stadt Sch. kurz nach diesen Dörfern als Mittelpunkt des s. Teils der hzl. Waldsiedll. s. und w. von Goldberg spricht der langgestreckte, durch angerförmige Erweiterung der Durchgangsstraße gebildete Markt (so WKuhn). Es ist aber auch möglich, daß Sch. erst von Hz. Bolko I. von Löwenberg-Jauer (1278–1301) gegr. wurde – nach der Sage tat er dies 1296 –, der damit für die seit der Teilung des Hzt. Liegnitz (1278) vom Weichbild Goldberg getrennten Dörfer des oberen Katzbachtales einen neuen Mittelpunkt geschaffen hätte. Die Verwendung des ON »Sonove« 1268 für das Dorf Alt Sch. könnte andeuten, daß die Stadt Sch. damals noch nicht bestand. 1295 stellte Bolko I. in Sch. (»Scenowe«) eine Urk. aus, um 1300 ist Sch. als Weichbildzentrum, 1321 ausdrücklich als Stadt belegt. Sch. blieb unbefestigt, besaß aber an der Durchgangsstraße zwei Tore, das Ober-(Hirschberger) Tor im SO, das Nieder- (Neustädter) Tor im NW am Steinbach. Kirchlich gehörte Sch. noch bis 1381/82 zur außerhalb gelegenen Johanniskirche, als in Sch. nahe dem Markt die Kirche zu *Mariä Himmelfahrt*, zunächst als Filial von St. Johannis, erbaut wurde (Kirchenschiff 1. H. 15. Jh.). Die auf einer Anhöhe gelegene, von einem Friedhof und urspr. einer Verteidigungsmauer umgebene Johannis-(Nieder-)Kirche sank zur Begräbniskirche ab. – Sch. war ein bescheidenes Handwerker- und Ackerbürgerstädtchen mit geringer Textilherstellung. Die Erbvogtei kam 1321 an Titze und Bernhard v. Zedlitz, 1534 an die Stadt selbst. Die 84 brauberechtigten Häuser zeigen die urspr. Größe der Stadt an; 1543 waren es 97, 1786: 101 (+ 57 in den Vororten) Häuser, meist noch im 19. Jh. aus Holz. Die Erhebung zum Kr.-Sitz (1818) und der Eisenbahnanschluß (1896 Goldberg–Sch.–Merzdorf) bewirkten wegen der Bedeutung von Goldberg und Hirschberg keinen wesentlichen Aufschwung (1787: 808, 1825: 1012, 1905: 1706 Eww.), die Auflösung des Kr. Sch. 1932 zeitigte einen geringen Bev.-Verlust (1930: 1864, 1938: 1672, 1939: auf 6,35 qkm 1911, aber nur 1693 ständige Eww.). Unter poln. Verwaltung verlor Sch. das Stadt-

recht, 1957 wurde es aber wieder zur stadtart. Siedl. aufgewertet (1961: 2167 Eww. auf 7,8 qkm, 1970: 2098 Eww.).
In und um Sch. gab es mehrere frühgesch. und ma. Befestigungsanlagen: Auf dem 369 m hohen Hauptgipfel des Willenberges am r. Katzbachufer (3 km nw. Sch.) ist das unregelmäßige Rechteck (60 × 80 m) eines dem 12./13. Jh. zugeschriebenen *Burgwalles* erhalten, in dessen Mitte später eine kleine, zwar nicht urk., aber durch eine *Ruine* nachweisbare steinerne Burg entstand (auf sie wird die Sage von Dietrich v. Wiltberg bezogen); sie wurde vielleicht im 15. Jh. als Raubritternest zerstört. Die letzten Reste der im 14. Jh. erwähnten Burg von Sch. sind E. 18. Jh. verschwunden. In Röversdorf steht ein ma. *Wohnturm* (Bekrönung 19. Jh.), von Wall und Graben umgeben; in der Renaissancezeit wurden um ihn herum drei Wohnflügel erbaut. Das *Renaissanceschloß* von Alt Sch. war urspr. größer als heute; M. 17. Jh. gehörte es denen v. Schweinichen. (I) *We*

CAKettner, Sch.s Stadt- u. Kirchengesch., Hirschberg 1841. – CGrünhagen, BvPrittwitz, Historisches u. Antiquarisches v. einer Reise nach Goldberg u. Sch., in: LV 28, 12, 2 (1875), S. 337–358. – Seidel, Kurzgefaßte urk. Gesch. d. Stadt Sch., in: KUrban, D. Hexe v. Sch., Sch. 1927. – HUhtenwoldt, Sch. a. d. Katzbach, in: LV 41, 61 (1941), S. 41 f. – LV 233, S. 873 f. – LV 234, Bd. 2, S. 551–553. – LV 330, S. 148 f. – LV 612, S. 72, 77, 80 f. – LV 601, S. 95–111, 157–60, 165–67

Schönberg OL (Sulików, Kr. Lauban). Auf dem SO-Ausläufer des Schönberges sö. Görlitz ist in 230 m Höhe ein hufeisenförmiger *Wall* einer urspr. wahrsch. ovalen Anlage erhalten, die in das 9./11. Jh. verlegt wird. Um 1230 wurde am w. Hang des Schönberges im Rahmen der dt. Kolonisation die Stadt Sch. vielleicht von den Herren v. Schönburg aus der Mark Meißen gegr., gleichzeitig wohl nw. anschließend am Rotwasser auch das Waldhufendorf (Nieder) Halbendorf, das sich schon durch seinen Namen als »Stadtdorf« erweist, während das weiter im SO gelegene Ober Halbendorf bis 1570 Kuhzagel (-zahl) hieß; beide Dörfer hatten zeitweise dieselben Grundherren wie Sch. 1234 ist ein Pfarrer von Sch. belegt; da die Kirche im Kolonisationsschema des Stadtgrundrisses die übliche Lage einnimmt, wird damals verm. auch schon die Stadt bestanden haben (1268 als civitas bezeugt). Unter den zahlreichen Besitzern von Sch. befanden sich neben Adelsfamm. wie den v. Gersdorff, v. Salza, v. Nostitz und v. Rechenberg 1467–1564 die Görlitzer Patrizierfamm. Uthmann, Emmerich und Frenzel. Im Ma. scheint sich die offene Stadt Sch., die an einer Straße von Görlitz nach Friedland/Böhmen gelegen war, nur schwach entwickelt zu haben. 1572 erhielt das »Städtchen« seine Stadtrechte bestätigt und den Jahrmarkt anerkannt, 1586 wurden die ersten Handwerksinnungen gegr. Bei der Einwanderung böhm. und schles. Exulanten in die Oberlausitz nach dem 30j. Krieg erhielt auch Sch. Zuzug; es entstand eine Neustadt mit eigenem Markt (dieser nach dem 1. Weltkrieg mit Siedl.-Häusern besetzt), zunächst nach dem Grundherrn Wolf Albrecht v. Loeben (1636–1696) »Neuloeben« gen. Die Herstellung von Missolan, einem gröberen Gewebe aus Leinen und Wolle, das als »Sch.er Zeug« über Hamburg nach Übersee ausgeführt wurde, brachte Sch. im 18. Jh. einen wirtschl. Aufschwung (um 1700: 25, 1766: 64, 1796: 83 Leineweber). Im 19. Jh. spielten Teppich- und Baumwollweberei, Kürschnerei, Schuhmacherei und Zigarrenproduktion eine Rolle. Sch. zählte 1600 ca. 450, 1650 nur 200–250, 1785: 800, 1825: 1035, 1905: 1302, 1939: 1935 Eww. (auf 9,26 qkm – nach Eingemeindung eines Teils von Nieder Halbendorf 1921). Eine Abzweigung von der Strecke Görlitz-Lauban von Nikolausdorf aus verband Sch. seit 1927 mit dem Eisenbahnnetz; diese Lokalbahn wurde 1948 bis → Seidenberg verlängert. 1945 hat Sch. seine Stadtrechte verloren. Auf dem 94 × 53 m großen Marktplatz sind die *Holzlaubenhäuser* mit Fachwerk (E. 17. Jh. und jünger) erhalten, wohl auch die nach dem Brand von 1688 erneuerte (seit 1524 evg.) Pfarrkirche mit der reichen Barockausstattung. 1961: ca. 2000 Eww. (I) *We*

ASchulze-Schönberg, Gesch. d. Stadt Sch./OL 1234–1934, Sch. 1934. – Heimatbuch d. Kr. Lauban in Schles., 2. Aufl. hg. v. WMenzel, Seyboldsdorf-Vilsbiburg 1966. – WJecht, Neue Untersuchungen z. Gründungsgesch. d. Stadt Görlitz u. z. Entstehung d. Städtewesens in d. Oberlausitz, in: LV 55, 95 (1919), S. 45 f. – LV 662, S. 614 f. – LV 293, S. 75 f. – LV 233, S. 874 f. – LV 234, Bd. 2, S. 589

Schönjohnsdorf (Witostowice, Kr. Strehlen). Knapp 2 km nö. und ö. von Sch. (12 km s. Strehlen) liegen in einem Waldgebiet dicht beieinander zwei ovale *Burgwälle,* der eine auf dem Kellerberg (über 260 m), ca. 250 × 150 m groß, ziemlich stark zerstört, vielleicht schon aus vorgesch. Zeit stammend (Funde!), der andere ca. 400 m weiter sö. auf dem Burgberg, nur 48 × 120 m groß, als frühgesch. angesehen. Das im Heinrichauer Gründungsbuch für die Zeit vor 1227 bezeugte »castellum« des Bauern Colacs in der Nähe des Kl. Heinrichau, auf dessen einst bewaldetem und ödem Territorium in der 2. H. 13. Jh. bereits die Dörfer »Withostowizi« (später Sch.), Rätsch, »Scalizci« (später Reumen) und »Iaurowizi« standen, wird mit dem kleineren Burgwall identifiziert, obwohl er auf Grund archäologischer Untersuchungen auf 9./10. Jh. datiert wird, der größere Burgwall hingegen auf 10./11.–12. Jh. Bei der Gründung des Kl. → Heinrichau 1227 besaßen die Erben des Colacs noch die Burg; mit der Schenkung des Landes an das Kl. scheint sie eingegangen zu sein. Als Rittersitz trat später die Burg Sch. die Nachfolge des »castellum« des Colacs an. *We*

Sch. besitzt eine der schönsten und besterhaltenen ma. *Wasserburgen* von Schles. mit Turm, Schloßkapelle, Kasematten und Wehrgang, mit innerem und äußerem Wassergraben, mit Wirtschaftshof und Wehrmauer. Sie ist 1351 belegt und wurde im 16. und 17. Jh. ausgebaut. Als Besitzer von Sch., das das Kl. Heinrichau irgendwann veräußert haben muß, erscheint 1328 Witzko von Johnsdorf, hzl. Dienstmann, 1333 Jasko von Johnsdorf, 1351 Peter von Domantz, 1374 Ritter Wenzel v. Haugwitz, 1413 Bernhard v. Donyn, von 1463 über drei Jahrzehnte die Herren v. Stosch, 1497 Peter v. Sebottendorf und 1516 Przibislaus v. Zierotin. 1578 als erledigtes Lehen an den Ks. gefallen, kam Sch. für über ein Jh. in den Besitz der Fam. v. Burghaus, die durch Ankauf umliegender Dörfer und Güter Sch. zum Mittelpunkt einer Herrsch. machte, zeitweilig auch in den der Fam. v. Zedlitz und Neukirch. Im 30j. Krieg war die Wasserburg oft Zuflucht der Fam. v. Burghaus. 1707 erscheint als Besitzerin Anna Karolina Gfn. Gallas, geb. von Mansfeld. Das Kl. Heinrichau erwarb 1739 durch Abt Gerhard die gesamte Herrsch. Sch. Mit dem 1810 säkularisierten Kl. kam die Wasserburg an das Haus Oranien, dann an den Großhz. von Sachsen-Weimar. (IIa) *Web*

LV 167, Bd. 2, S. 99–103. – LV 402, bes. S. 13. – LV 330, S. 151–54. – AKnoblich, Burgen u. Schlösser, in: Münsterberger Land, hg. v. [A] Kretschmer, Münsterberg 1930, S. 100–102. – LV 612, S. 81

Schönwald (Bojków, Kr. Tost-Gleiwitz/Gleiwitz). 1263 beauftragte der Abt des Zisterzienserkl. → (Groß)Rauden den Mrocko v. Pogarell, der sich auch anderwärts als Großlokationsunternehmer betätigte, mit der Besiedlung eines 100 Hufen großen Waldes bei »Boycou«. Mrocko wieder betraute 1269 einen Schulzen Heinrich mit der Anlegung eines Dorfes von 50 fränk. Hufen dieses Waldes. So entstand Sch. s. Gleiwitz, ein vollkommen reines Waldhufendorf von regelmäßig-reckteckigem Umriß. Seine Gemarkung von 2349 ha entspricht genau 100 fränk. Hufen; der Siedl.-Auftrag muß also nachträglich erweitert worden sein. – Sch. gehörte damals zu einer größeren dt. Siedl.-Gruppe um Gleiwitz. Noch 1532 waren nach den Bauernnamen Sch., Richtersdorf, Trynek und Ostroppa dt., Koslow hatte eine dt. Minderheit. Auch für das benachbarte Deutsch Zernitz belegt der Name urspr. Deutschtum. Sch. hat als einziges Dorf dieser Gruppe die sprachliche Polonisierung abgewehrt und blieb jahrhundertelang als isolierte dt. Sprachinsel mit altertümlicher schles. Mundart bestehen. Im 19. Jh. wurden die Sch.er in der Gleiwitzer Industrie tätig, das Dorf gewann durch Teilung der Hausstellen und seine Bauweise ein städt. Gepräge und wuchs erheblich an Eww.-Zahl (1905: 3618). Dabei bewahrte es aber das alte Volksgut, vor allem in der Frauentracht. (IV) *Ku*

KGusinde, Sch., Betrr. z. Volkskunde u. Gesch. eines dt. Dorfes im poln. Oberschles., Br. 1912

Schöps → Band Sachsen

Schomberg (Chruszczów, Kr. Beuthen-Tarnowitz/Stadtkr. Beuthen). Das 2 km sw. Beuthen OS gelegene Dorf Sch. ist wahrsch. gleichzeitig mit der Anlage der Stadt Beuthen (1254) ausgesetzt worden (1315 »Schonenberk«). 1826 kaufte der Industrieunternehmer Karl Godulla (1781–1848) das Rittergut Sch. und erbaute dort 1841–45 ein Schloß; seine Gebeine ruhen seit 1906 in der Kirche von Sch. Die von Godulla als Erbin eingesetzte Johanna Gryczik (1842–1910) wurde von Kg. Friedrich Wilhelm IV. als »von Sch.-Godulla« geadelt. Durch ihre Heirat mit Gf. Hans Ulrich Schaffgotsch (1831–1915) 1858 fiel der von Sch. aus verwaltete einstige Godulla-Besitz 1904 an die Gfl. Schaffgotschen Werke GmbH. Die 1869 gegr. Hohenzollern-Grube (heute »Szombierki«) zu Sch. sowie die derselben Ges. gehörige Gfn. Johanna-Schachtanlage in Bobrek-Karf waren nach der Teilung von Oberschles. 1922 die größten Steinkohlengruben im dt. Teil von Oberschles. (1933: zusammen 5400 Beschäftigte, »Szombierki« 1958: 5804). Das Kraftwerk »Oberschles.« in Sch. hatte 1940 eine Leistung von 84 Megawatt. Eww.-Zahlen: 1783: 104, 1825: 228, 1905: 3837 (+ Gutsbez. 347), 1939: 7437. 1951 wurde Sch. in den Stadtkr. Beuthen eingemeindet.   (IV) *We*

LV 210, Bd. 1, S. 334 f. – PFranzke, Einige Daten aus Sch.s Vergangenheit, in: LV 48, H. 11/12 (1929), S. 204 f. – Oberschles., Verkehr, Wirtschaft, Volkstum, Berlin-Steglitz 1935, S. 135. – LV 220. – LV 668. – LV 345

Schräbsdorf (Bobolice, Kr. Frankenstein). Sch., 5 km nö. Frankenstein, in alten Urkk. auch »Schrepirsdorf« u. ä. gen., wurde 1493 von Hans v. Domancz aus dem schles. Uradelsgeschlecht derer v. Domanze aus dem gleichnamigen Dorf im Kr. Schweidnitz gekauft; er nannte sich seitdem Schrepirsdorf und war von 1494 an Landeshauptmann auf Burg Frankenstein. Der Frankensteiner Landeshauptmann 1605–17, Hans v. Mettich († 1621), Herr auf Sch., ließ 1615 das jetzige *Schloß* erbauen. Später bildeten die Güter Sch., Klein Belmsdorf, Gläsendorf, Kaubitz, Rocksdorf und Schodelwitz eine Majoratsherrsch. Sch. gehörte in österr. Zeit einem Gf. Sporch, dann der Fam. Ehrmanns v. Slug, im 7j. Krieg den Frhh. v. Vogtau. Durch Heirat kam der Besitz an die Frhh. v. Saurma, dann an Gf. Hans Strachwitz auf → Peterwitz. In dieser Fam. blieb Sch. bis 1945.   (IIa) *Web*

JAKopietz, Gesch. d. dt. Kultur u. ihre Entwicklung in Frankenstein u. im Frankensteiner Lande, Br. 1910. – LV 615, S. 87 f.

Schreckendorf (Strachocin, Kr. Habelschwerdt). Das an der Landecker Biele am N-Abhang des Glatzer Schneegeb. gelegene Dorf wird 1264 in einer Urk. des Kg. Ottokar II. von Böhmen gen. Darin werden 2 Hufen Land »dem Priester Daniel und seinen Nachfolgern der Kirche Schreckers« übertragen. Die gleichzeitig mit der Anlage des Dorfes erbaute, dem hl. Maternus geweihte Kirche ist seit 1325 als *Pfarrkirche* belegt. Sch. ist das erste urk. bezeugte Dorf der Gfsch. Glatz. Es gehörte zur Herrsch. → Karpenstein und wurde nach der Zerstörung dieser Burg 1443 kgl. Kammerdorf der Krone Böhmen. Im Jahre 1740 erwarb Sch. der ksl. Feldmarschall Georg Olivier Reichsgf. von Wallis zur Abrundung der von ihm gekauften Herrsch. → Seitenberg, 1838 kam es zusammen mit dieser Herrsch. in den Besitz der Pzn. Marianne der Niederlande, verheiratet mit Pz. Albrecht von Preußen, einem Bruder Ks. Wilhelms I. Schon 1756 war in Sch. von der Verwaltung der Gff. von Wallis eine Glashütte eröffnet worden, die 1795 aber bereits wieder einging. Nach dem gescheiterten Versuch, die einstige Eisenerzeugung dieser Gegend (u. a. 1520 Bergwerk und Hammer in Sch. erwähnt) durch den Erzabbau in Heudorf und Johannisberg sw. Sch. und durch einen Hochofen in Sch. (1843 bis 1864) wieder zu beleben, errichtete Franz Losky, der vorher 10 Jahre die Glashütte Waldstein (Kr. Glatz, → Rückers) gepachtet hatte, 1864 in Sch. mit starker Unterstützung durch die Pzn. Marianne die »Oranienhütte«. Das Werk wurde bald ein führendes Unternehmen der Glasindustrie und setzte trotz der durch die Wirtschaftskrise 1931 erzwungenen Einstellung der Glaserzeugung die Glasschleiferei und den Handel mit Glaswaren bis 1945 fort. Unter poln. Regie fand ab 1959 ein Ausbau des nunmehr »Niederschles. Kristallwerke« gen. Betriebs statt. – Sch., das 1885 1108 und 1939 1454 Eww. besaß, ging 1960 zum größten Teil in → Seitenberg auf. (IIa) *Ge*

FAlbert, D. vorurk. Gesch. d. Kr. Habelschwerdt, Bd. 1, Habelschwerdt 1938, S. 399–408. – LV 430. – JFogger, D. Siedl.-Gesch. d. ehem. »Landecker Kr.« in d. Gfsch. Glatz, I. Sch. a. d. Landecker Biele 1264 bis 1964, hg. v. d. Heimatgruppe Gfsch. Glatz, Bielefeld 1964

Schreiberhau (Szklarska Poręba, Kr. Hirschberg). Sch. ist einer der weitest verzweigten Orte in Schles. Die Ausdehnung mißt 20 km in der Länge und 9 km in der Breite bei einem Flächenraum von rd. 4300 ha. Der ON geht auf die ma. Rodung zurück. Die ältesten urk. Daten von 1366 und 1372 beziehen sich auf die Glashütte von »Schribirshau« bzw. »Schreibershow«, die Vorläuferin der Josephinenhütte.
Im Niederdorf ist die malerisch gelegene *kath. Kapelle* 1652 erbaut worden. Auf dem Friedhof befindet sich das *Grab* des Dichters Carl Hauptmann (1858–1921), ein Stein in Jugendstilformen nach einem Entwurf von Marlene Poelzig. Das *Wohnhaus* des Dichters in Mittelsch. hatte 1890 Gerhart Hauptmann gekauft, und er bewohnte es gemeinsam mit seinem Bruder Carl, bis sein Haus in Agnetendorf 1900 fertig geworden war. Von da an lebte Carl Hauptmann mit seiner zweiten Frau allein in dem schönen, später als Gedenkstätte eingerichteten Gebäude. Im Niederdorf steht auch die 1755 eingeweihte *evg. Kirche*. Sie wurde 1820/21 durch den Schaffgotschschen Bauinspektor Mallickh mit einem Turm versehen.
Der Ortsteil Mariental hat seinen Namen von einer Flüchtlingsfrau Marie Pluch erhalten, die zu den böhm. Famm. gehörte, die z. Zt. Ks. Rudolfs II. aus konfessionellen Gründen nach Schles. geflüchtet waren.
Im Ortsteil Weißbachtal befindet sich die 1841 durch Gf. Leopold Schaffgotsch erbaute *Josephinenhütte*. Die seit 1366 in Sch. nach-

weisbare Glashütte wanderte im Laufe der Jhh. tiefer in das Geb. hinein. 1617 war von der böhm. Seite des Geb. die Fam. Preußler nach Schles. gewandert und hatte von der Schaffgotschschen Grundherrsch. die Erlaubnis zum Bau und Betrieb einer Glashütte erhalten. Über 200 Jahre lag das wechselvolle Schicksal der Wanderhütten der Preußler zwischen Karlstal und Sch. in der Hand dieser berühmten Glasmacherfam., bis es dem Schwiegersohn des letzten Preußler, Franz Pohl, gelang, die Grundherrsch. zum Bau der Josephinenhütte zu bewegen. Vater und Sohn Pohl ist die künstlerische Bedeutung dieser Hütte zu verdanken, die 1923/25 mit der Heckertschen Glashütte in → Petersdorf und der Firma Neumann & Staebe in → Hermsdorf (Kynast) zur »Josephinenhütte A. G.« bis 1945 umfirmiert wurde. Die Nachfolgerin dieser Hütte befindet sich heute in Schwäbisch Gmünd unter Leitung des Reichsgf. Gotthard Schaffgotsch, während der alte Betrieb unter poln. Verwaltung unter dem Namen »Julia-Hütte« (seit 1956) weiterarbeitet. – Hatten die Schaffgotsch 1545 vergeblich versucht, ihren Besitz Sch. zu einer Bergstadt zu machen, so wurde der Ort 1954 zur stadtart. Siedl. und 1959 zur Stadt erhoben. Eww.-Zahlen: 1787:1596, 1825:2144, 1905:4993 (+ Gutsbez. 229), 1939:7601 (auf 14,63 qkm), 1961:7037 (auf 77,23 qkm), 1970:7220.   (I) *Gru*

WWinkler, Sch., Sch. [3]1894. – LV 622. – GGrundmann, D. Gesch. d. Glasmacherkunst im Hirschberger Tal, in: LV 599, S. 211–28. – WTrznadel, Huta szkła kryształowego »Julia« w Szklarskiej Porębie w latach 1841–1963 (D. Kristallglashütte »Julia« in Sch. in den Jahren 1841–1963) (LV 95, Bd. 13), Br. u. a. 1966. – LV 234, Bd. 2, S. 590 f.

Schurgast (Skorogoszcz, Kr. Falkenberg). Sch. liegt am r. Ufer der Glatzer Neiße 6,5 km vor deren Mündung in die Oder, an der ehem. Grenze des Hzt. Oppeln zum Hzt. Breslau bzw. seit 1311 Hzt. Brieg. Bei Sch. überquerte die → Hohe Straße die Neiße mittels einer Brücke, die bei der Ersterwähnung von Sch. im Namen des Ortes bezeugt ist: 1223 weihte Bf. Lorenz von Breslau die Kirche in »Skorogostov Most« (most = Brücke) ein. Die Stellung als Brücken- und (seit dem Anfall des Landes Oppeln an das Hzt. Ratibor 1202) Grenzort hob Sch. unter den Dörfern der Gegend hervor; es besaß schon 1223 ein Hospital, war seit vor 1310 Zollstätte und ist seit 1248 mehrmals als Tagungsort von Fstt. und Adel belegt. 1228 erscheint Sch. als Besitz des Prämonstratenserinnenkl. → Czarnowanz auf Grund einer Schenkung der Gemahlin des Hz. Mieszko I. von Ratibor-Oppeln, Ludmilla. Das Kl. Czarnowanz erhob dann Sch. vor 1271 zur Stadt; denn 1271 wurde »Wigandus de Schurgast« beauftragt, das bei der civitas Sch. gelegene Weißdorf dtrechtl. umzusetzen. 1328 oder kurz davor brachte Hz. Boleslaus von Oppeln-Falkenberg den Ort an sich, um ihn – nach eigener Aussage – zu befestigen und zu einem Schutz des Landes zu machen. Sch. blieb aber ein unbedeutendes Ackerbürgerstädtchen, in seinen wirtschl. Möglichkeiten schon durch das nahe briegische → Löwen eingeengt. Es wurde auch häufig durch Brände und Überschwemmungen der Neiße heimgesucht. Die kleine Stadt war beiderseits der Handelsstraße angelegt, mit einem Marktplatz als Mittelpunkt und der Pfarrkirche nahe dem Neiße-Fluß. Sie lebte vom Durchgangshandel, vom Handwerk und von der Landwirtschaft. Im 17. Jh. hatten neben den Schuhmachern und Schneidern die Weber eine eigene Innung. Im 18. Jh. hielt Sch. drei, im 19. Jh. vier Jahrmärkte ab. Wegen des Durchgangshandels wurde Sch. unter preuß. Herrsch. nach 1742, obwohl nur wenig über 300 Eww. zählend, als akzisbare Stadt eingestuft und blieb damit Vollstadt. Dagegen hatte der Plan des preuß. Feldmarschall Gf. Schwerin und seines Generalstabschefs Schmettau, Sch. statt → Neisse zu einer Festung zu machen, um von hier aus Oberschles. beiderseits der Neiße und die Oderschiffahrt zu beherrschen, keine nachhaltigen Folgen. Friedrich d. Gr. hieß zwar im Dez. 1741 die Befestigung von Sch. gut, und so wurden 1743–45 auf den beiden Neißeufern und auf dem r. Oderufer je ein Fort gebaut. Nach Beendigung des 2. Schles. Krieges wurden jedoch die Sch.er Festungspläne nicht weiter verfolgt. In das moderne Verkehrsnetz der Eisenbahn wurde Sch. zum Schaden der Stadt nicht einbezogen; die Strecke Breslau–Oppeln verlief 3,5 km weiter s. über Arnsdorf. – Die Stadt Sch. bildete seit 1557 mit einigen Dörfern der Umgebung die Herrsch. Sch., deren Besitzer häufig wechselten. Sitz der Herrsch. war die bis 1928 selbständige Schloßgem. Sch., die aus dem Rittergut Sch. und einer Anzahl von Häuslerstellen bestand. Das 1910 von Elisabeth Gfn. v. Kerssenbrock erbaute »Neue Schloß« wurde nach 1918 Missionshaus der Marianhiller Missionare. – Die Bev. von Sch. wurde im 16. Jh. mehrheitlich evg., durch die Gegenref. dann teilweise rekatholisiert. Die in preuß. Zeit wieder größer werdende evg. Gem. erbaute sich 1802–06 auf dem Marktplatz eine eigene Kirche; sie wurde 1945 beschädigt und danach abgetragen. Die heutige kath. Kirche St. Jakob ist 1852 entstanden. Eww.-Zahlen: 1787: 341, 1825: 540 (mit Schloßgem.; Dorf Sch.: 341) 1905: 949 (mit Dorf; Gutsbez.: 173), 1939 (nach Eingemeindung des Gutsbez. Sch.): 1224. Nach Zerstörungen 1945 verlor Sch. das Stadtrecht. 1961 hatte es 752 Eww – Der Franziskanerpater Dominicus Germanus de Silesia, der als Übersetzer des Korans und Herausgeber eines arabisch-ital.-lat. Lexikons bekannt geworden ist, wurde 1588 in Sch. geb. († 1670 in El Escorial). (III) *We*

LV 210, Bd. 2, S. 1156–58. – LV 233, S. 875 f. – LV 357, S. 24 f. – WSchelenz, D. Stadt Sch., in: Heimatbuch d. Kr. Falkenberg in Oberschles., Scheinfeld/Mfr. 1971, S. 121–26. – LV 482. – LV 299, Bd. 1, S. 180, 414. – PKretzschmar, Sch. OS, eine wieder aufgegebene Festung Friedrichs d. Gr., in: LV 45, 14 (1932), S. 271 f. – LV 234, Bd. 2, S. 184

Schwarzbach (Czarne, Kr. Hirschberg). Sch. 3 km sö. Hirschberg war im 16. Jh. Sitz einer Linie der Fam. v. Schaffgotsch. »Caspar Schaffgotsch gen. von Kynast und Fischbach auf Sch.« erbaute

dort 1559 ein zweigeschossiges *Renaissanceschloß* mit einem viergeschossigen Turm und schönem Portal, umschlossen vom
Schwarzbach und einem künstlichen Wassergraben. 1623 erwarb
den Besitz ein Herr v. Nimptsch, 1679 die Stadt Hirschberg, die
das Schloß verpachtete.   (I) *We*

LV 587, Bd. 3. – LV 616, S. 135. – TSteć, Sudety Zachodnie, przewodnik turystyczny (D. Westsudeten, ein tour. Führer), Warschau 1954, S. 61

Schwarzwaldau (Czarny Bór, Kr. Landeshut). Am NW-Rand des
Dorfes Sch. 9 km sö. Landeshut befinden sich am Lässigbach die
Ruinen der kleinen Burg Liebenau, auch Sch. gen., ein geborste-
ner Turm und ein Wallgraben. Diese Anlage sollte wohl wie die
weiter s. gelegene Burg → Vogelgesang den aus dem Gebiet von
Politz/Böhmen über Friedland oder Schömberg durch das Lässigtal in die schles. Ebene führenden Weg sperren. Sie tritt 1355 als
von Hz. Bolko II. von Schweidnitz-Jauer erstürmtes Raubritternest ins Licht der Gesch., kam damals an die Brüder v. Hakenborn (v. Honkenberg), gehörte nach 1400 drei Brüdern v. Seydlitz und ging 1437 mit Sch. an Hermann v. Czettritz d. J. über,
der bereits Konradswaldau mit Burg Vogelgesang besaß. 1437
wegen der hussitischen Verbindungen ihres Besitzers durch ein
Breslauer Söldnerheer stark angeschlagen, wurde Burg Liebenau
1509, als die v. Czettritz sich erneut des Friedensbruches schuldig
gemacht hatten, zerstört und blieb seither Ruine. Die v. Czettritz
verkauften die Herrsch. Sch.-(Mittel-)Konradswaldau 1830 an
Otto Frh. v. Zedlitz-Neukirch, 1851 kam sie an dessen Schwiegersohn Bernhard v. Portatius und blieb im Besitz seiner Fam. bis
1945. Nachdem das alte Schloß von Sch. 1775 abgebrannt war, entstand bis 1784 der noch heute vorhandene *Neubau*. – Sch. gehört
zum Waldenburger Steinkohlenrevier (→ Rothenbach). – Karl
Abraham Frh. v. Zedlitz (1731–93), Minister unter Friedrich d.
Gr., ist in Sch. geb.; seine Mutter war eine geb. v. Czettritz.

                                                            (IIa) *We*

LV 343. – FVöcks, D. Ruine Liebenau in Sch. u. Ruine Conradiswaldau, in: LV 41, 33 (1913). – Heimatbuch d. Kr. Landeshut i. Schl., hg. v.
EKunick, 2 Bde., Landeshut i. Schl. 1929, bes. Bd. 2, S. 614–18. – LV
612, S. 45. – LV 615, S. 40

Schwarzwasser (Strumień, Kr. Bielitz/Teschen). Sch. liegt im Ge-
fälle des Plesser Hügellandes gegen den breiten Niederungstrich-
ter, den die Weichsel bei der Wendung aus ihrem urspr. n. Lauf
nach O bildet, an der Mündung eines von N kommenden Bäch-
leins, das unter dem dt. Namen »Schwarzes Wasser« schon 1293
belegt ist. Die nassen Schotterböden des Weichseltrichters bildeten lange eine siedlungsleere Waldschranke zwischen den Hztt.
Ratibor und Teschen. Sie gewannen erst im 15. Jh. Wert, als mit
der schnellen Ausbreitung der Karpfenzucht die meisten Niede-
rungsgebiete von Oberschles. in große Teichlandschaften umgewandelt wurden.

In Ausnützung dieser Konjunktur erwarb der Adlige Nikolaus Brodecki von Brodek (sw. Sohrau), Marschall der Hztt. Teschen und Pleß, die damals unter dem Piasten Kasimir von Teschen vereinigt waren, einen großen Besitz rings um Sch. und legte in der Niederung Teiche und Siedll. an. 1482 erreichte er von Hz. Kasimir die Erhebung des Dorfes Sch. zur Stadt und 1491 das im Hzt. Teschen geltende Stadtrecht. Sch., das bisher zu Pleß gehört hatte, kam damit an das Hzt. Teschen. Als Kg. Wladislaus 1503 die Stadterhebung bestätigte, war dieser Wechsel vollzogen. Sch. wurde zu einem Mittelpunkt der Karpfenzucht und des Fischhandels im s. Oberschles.; der Verf. eines 1573 erschienenen Lehrbuches der Teichwirtschaft, Strumieński, stammte seinem Namen nach aus Sch. Seit 1561 gehörte Sch. – mit einer Unterbrechung von 1573 bis 1592 – zu den Teschner Kammergütern. – Der Rückgang der Teichwirtschaft seit dem 18. Jh. beseitigte die Gunstlage von Sch. Die 1742 gezogene öster.-preuß. Grenze umschloß die Stadt von drei Seiten und nahm ihr das n. Hinterland. Der Ausbau der österr. Nordbahn 1855 ließ sie abseits liegen. War Sch. von Beginn an eine der kleinsten Städte des Landes gewesen, so stagnierte seine Entwicklung nun vollkommen. Um 1800 betrug die Eww.-Zahl 1252, von 1880 bis 1910 sank sie von 1731 auf 1579, während der dt. Anteil von 15,4 auf 54,5% stieg. Erst 1925 erhielt Sch. Bahnanschluß. 1961 hatte es 2044, 1970 2216 Eww.

(IV) *Ku*

OZawisza, Dzieje Strumienia (Gesch. v. Sch.), Teschen 1909. – LV 234, Bd. 1, S. 472 f. – WKuhn, Aus d. älteren Gesch. v. Sch., in: Mein Beskidenland, 15. Jg. (Beil. »Bielitz-Bialaer Heimatbote«, 8. Jg.), Nr. 5 v. 1. 5. 1972, S. 17 f., Nr. 6 v. 1. 6. 1972, S. 17 f., Nr. 7 v. 1. 7. 1972, S. 17–19

Schweidnitz (Świdnica). Die Stadt Sch. ist 1243 erstm. belegt. 1250 wird ein Pfarrer, 1274 ein Vogt von Sch. erwähnt; frühere Nachrichten für die Pfarrkirche (1239) und das Franziskanerkl. (1220) sind überholt. Der ON ist von der »Swidnica«, dem alten Namen für das Bögenwasser, abgeleitet. Sch. entstand wie → Striegau und → Reichenbach an der neu angelegten Straße entlang der → Preseka als Rastort für Kauf- und Fuhrleute und übernahm die militärischen Aufgaben der bisherigen Kastellanei »Gramolin« = → Gräditz, u. a. Schutz des Weges, der durch das Schlesiertal nach Böhmen führte. Die Stadtgründung erfolgte nach dt. Recht mit Weichbild und Meilenrecht. Sch. wurde Hauptstadt des Hzt. Sch. (1291–1392) und neben dem → Fürstenstein Residenz der »Bolkonen«, der Sch.er Hz.-Linie der Piasten (Bolko I., Bernhard, Bolko II., Agnes); ihre Burg im NW, später verlehnt (zuletzt an die v. Nostitz), ist 1295 als »curia«, 1326 als »castrum« belegt. Nach dem Tode der Hzn. Agnes (1392) kam das Hzt. zur böhm. Krone und wurde durch Landeshauptleute verwaltet. Der Rat der Stadt (1293 erwähnt) bestand aus fünf Ratsherren, ab 1355 aus sechs infolge einer neuen Wahlordnung.

Die Wahl der Ratsherren – seit 1389/1407 auch aus dem Handwerkerstand – nahm der Rat vor, sie wurde bestätigt vom Hz., ab 1407 vom Landeshauptmann. 1580 gewährte Ks. Rudolf II. endgültig freie Ratswahl; 1629–1741 durften dem Rat nur Katholiken angehören, ab 1742 mußten zwei Ratsherren evg. sein. 1809 wurde die preuß. Städteordnung eingeführt. 1899 wurde Sch. kreisfrei. Die niedere und höhere Gerichtsbarkeit lagen beim Erbvogt (erste Erwähnung 1274) und sieben Schöffen. 1370 erwarb die Stadt die Erbvogtei, 1434 auch die Landvogtei. 1769 trennte man Gerichtsbarkeit und Stadtverwaltung, 1793 hob man die städt. Gerichtsbarkeit auf. Sch. wurde dann Sitz eines Amts- und eines Landgerichts. Schon 1290 besaß Sch. ein eigenes Münzrecht und eine Münzstätte, die 1528 geschlossen wurde. Ältestes Wappentier im Siegel war der schreitende Greif (1284), dann ein sich aufbäumender Greif, dazu im 14. Jh. ein Schwein. 1452 wurden beide Wappen vereint und an einer (Hz.-)Krone befestigt. Seit etwa 1550 hatte Sch. einen Wappenschild mit vier Feldern: Greif, Schwein, zwei Kronen, Stadtfarben: weiß und rot.

Der Markt oder Ring war zunächst rechteckig, dann quadratisch, die Straßenanlage in Gitterform. Auf dem Ring stand ein Kaufhaus, 1291 erwähnt, zugleich Rathaus. Mehrere Brände suchten Sch. heim, von denen der größte 1716 das Rathaus vernichtete; das wertvolle Archiv konnte gerettet werden. 1717/20 erfolgte der Neubau des *Rathauses* in der heutigen Form, der Rathausturm stürzte im Januar 1967 ein. Sch. ernährte sich – außer von der Landwirtschaft in den Vorstädten – von Handel und Gewerbe. Der Aufschwung zum Handelsplatz begann A. 14. Jh. Der Handel ging bis Polen, Rußland, Ungarn, Italien, Flandern. Sch. war bedeutender Markt für Vieh und Getreide aus Polen, Holz und Felle aus Rußland, Tuche aus Flandern, Wein aus Ungarn und Italien, Hopfen aus Böhmen. Es war ein Zentrum der Bierbrauerei und führte sein Bier nach Polen, Preußen, Böhmen, Süddeutschland, Ungarn und Rußland aus (»Schweidnitzer Keller« in Breslau). Durch den 30j. Krieg kam die Bierbrauerei zum Erliegen. Sch. war mit 5000 Eww. um 1550 fast ebenso groß wie Breslau und stand an wirtschl. Bedeutung in Schles. hinter Breslau an zweiter Stelle. Juden sind bereits 1285 in Sch. bezeugt; sie wohnten bis zu ihrer Vertreibung 1453 in der Judengasse und hatten eine Synagoge. Den Wohlstand zerstörte der 30j. Krieg; nur 200 Eww. sollen übrig geblieben sein. Im 18. Jh. war Sch. nur noch Marktplatz für das Weichbild, den Neuaufschwung behinderte der Ausbau zur Festung. Im 19. Jh. erfolgte wieder eine Zunahme von Handel und Verkehr, bes. nach dem Schleifen der Festungswerke ab 1867. 1844 erhielt Sch. mit der Nebenstrecke Königszelt–Sch. Anschluß an die Breslau–Freiburger Eisenbahn, es folgten die durchgehenden Linien Liegnitz–Königszelt–Sch.–Kamenz (1856) und Breslau–Sch.–Bad Charlottenbrunn (bis 1904). In der Stadt entstanden seit den 1840er Jahren bedeutende Industrien, Maschinen-, Elektro- und Rundfunkindustrie, eine Wag-

gonfabrik, Handschuhfabriken. Möbel-, Spielzeug- und Majoli-
kafabriken usw. Eww.-Zahlen: 1745: rd. 7000, 1762: rd. 4900,
1787: 5494, 1825: 11 515, 1905: 30 540, 1939: 39 052 (auf
17,73 qkm).
Die Stadtpfarrkirche *St. Stanislai und St. Wenceslai* mit dem
höchsten Kirchturm von Schles. (104 m) wurde 1325–1488 als Basilika in got. Stil erbaut, um 1700 innen barockisiert. Das Patronat über sie hatte im Ma. das Klarenstift in Breslau; nach Ref.
(M. 16. Jh.) und Gegenref. (1629) wurde sie an die Jesuiten übergeben (1637/60), die daneben ein Kollegiatgebäude errichteten
(1664–68). Dazu besaß die Stadt Kll. der Franziskaner mit der
Liebfrauenkirche (1249 Ablaß für den Bau), der Dominikaner
mit der Hl. Kreuz-Kirche (um 1311 in die Stadt verlegt), der Kapuziner (1676) auf dem Gelände der alten hzl. Burg, der Ursulinen (1700, Kirchbau 1754–72), ferner eine Reihe weiterer Kirchen
und Kapellen, darunter die an den sechs Toren, von denen vier
dem Festungsbau M. 18. Jh. zum Opfer fielen, die Lorenzkirche
M. 19. Jh. abgetragen, die got. *Barbarakirche* – seit 1741 evg.
Garnisonkirche – 1818 in ein Landwehrzeughaus umgewandelt
wurde. In der »Niederstadt« (im Ma. »Neustadt« gen.) außerhalb
des Mauerrings, vielleicht entstanden aus der alten slaw. Vorgängersiedl. und durch Palisaden und Graben geschützt, bestanden ein Michaelishospital seit 1267, 1283 den Kreuzherren mit
dem roten Stern übergeben, die hier 1340 eine Kommende errichteten (die heutige *Hl. Kreuz-Kirche* und *Kommende* von 1720,
Umbau 1865–68) sowie zwei Aussätzigenhospitäler: zum Hl. Geist
für Frauen (1299) und St. Johannes für Männer (1323, beide 1633
abgebrannt). Die Ref. drang seit 1522 in Sch. ein und hatte sich
1561 durchgesetzt; die Kirchen waren bis auf die Nikolaikirche
evg., die Kll. verlassen. Mit der Rekatholisierung kehrten die Orden zurück, Dominikaner 1622/24, Franziskaner 1628. Nach der
Säkularisation 1810 wurden die Kll. zu weltlichen Zwecken verwendet bzw. abgerissen – verschont blieben nur *Kl.* und *Kirche
der Ursulinen,* da diese ein Lyzeum unterhielten. Auf dem Platz
des Dominikanerkl. entstanden Amts- und Landgericht (1879–85),
des Franziskanerkl. das Gymnasium (1852–54), ab 1936 Komman-
dantur, das Kapuzinerkl. wurde städt. Versorgungshaus (1812,
dort *Renaissanceportal* der hzl. Burg von 1537), seine Kirche *St.
Antonius,* erbaut 1682–88, 1818 evg. Garnisonkirche. Außerhalb
der Stadtmauern liegt die evg. *Friedenskirche zur Dreifaltigkeit*
(1652), eine der drei evg. Kirchen, die der Westfälische Friede
den Fstmm. Sch., Jauer und Glogau gestattete. Die Sch.er Friedenskirche ist ein Fachwerkbau mit wertvoller barocker Innenausstattung.
Sch. ist seit 1640 Garnisonstadt (Schweden, österr. Infanterie,
Kürassiere und Dragoner, preuß. Infanterie, Artillerie und Pio-
niere, 1742/46 ein Kürassierregiment, 1807/08 franz. Infanterie
und Dragoner, 1898–1920 1. Schles. Gren.Rgt.Nr. 10 und 2. Schles.
Feldart.Rgt.Nr.42, nach dem 1. Weltkriege 2 Bat.Inf.Rgt.7 und

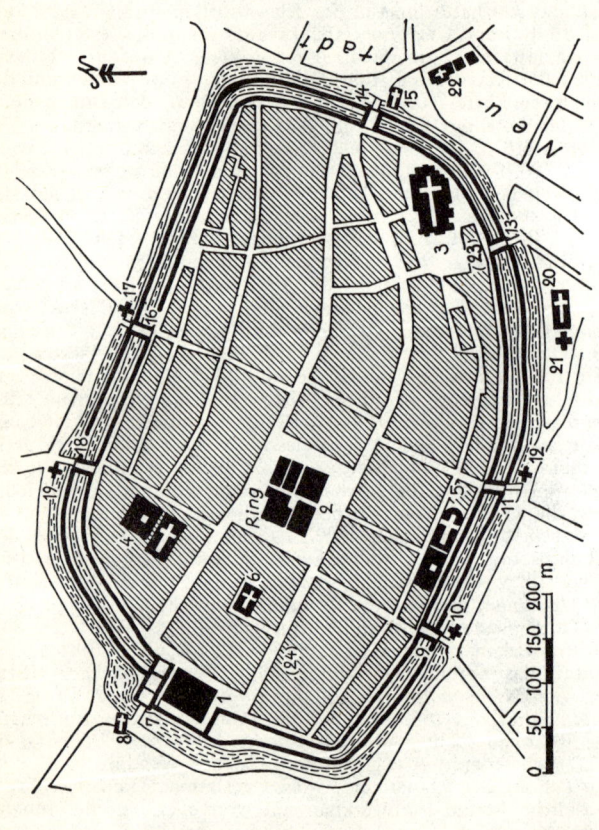

Schweidnitz um 1500

(nach W Dziewulski in LV 361)

Art.Rgt.28, ab 1945 russ. Garnison). Im Ma. umgab Sch. eine starke Mauer mit sechs, später sieben Toren; seit 1345 wurde eine starke Steinmauer erbaut, zu der dann zwei weitere kamen. 1747–54 ließ Friedrich II. Sch. zur starken Festung ausbauen, mit innerem Wallgürtel und äußerem Fortssystem. Doch konnte dies eine viermalige Eroberung der Festung im 7j. Kriege nicht verhindern: In der ersten Phase des Krieges wurde die preuß. Besatzung nach starker Beschießung seit 31. 10. 1757 am 12. 11. zur Kapitulation gezwungen. Nach dem Sieg bei → Leuthen erstrebte der preuß. Kg. auch die Wiedergewinnung der Festung Sch. an, was ihm nach 17tägiger Belagerung am 17. 4. 1758 gelang. Als er drei Jahre später das Lager von → Bunzelwitz in Richtung Neisse verlassen hatte, nützte Gen. Laudon die Situation, um die Preußen aus Sch. zu vertreiben; die Stadt wurde in der Nacht zum 1. 10. 1761 erstürmt und geplündert. Schließlich zogen die Preußen – nach Verdrängung der Österreicher aus ihrer Stellung bei → Burkersdorf und nach zweimonatiger Belagerung – am 11. 10. 1762 endgültig in Sch. ein. Die Festung wurde danach bis 1773 durch Anlage eines dritten Festungsgürtels verstärkt. 1807 begannen die Franzosen den Abbruch der Befestigungen, 1867 wurden sie endgültig geschleift und in Promenaden rings um die Stadt verwandelt. Daraufhin dehnte die Stadt sich um

---

  1 Burg (nach 1676 Kapuzinerkirche und -kl.)
  2 Rathaus, Kaufhaus, Verkaufsbuden
  3 Pfarrkirche St. Stanislai und St. Wenceslai
  4 Liebfrauenkirche mit Franziskanerkl.
  5 Hl. Kreuzkirche mit Dominikanerkl.
  6 Corporis-Christi-Kirche
  7 Striegauer Tor
  8 Barbarakirche
  9 Bögentor
10 Johanniskapelle
11 Kroischtor
12 Margaretenkapelle
13 Nikolaitor oder Schulpforte
14 Reichenbacher oder Niedertor
15 Lorenzkirche
16 Züchner-, später Peterstor
17 Peterskapelle
18 Köppentor
19 Wolfgangkapelle
20 Nikolaikirche
21 Jerusalemskapelle
22 Michaeliskapelle mit Kommende der Kreuzherren mit dem roten Stern und Michaelis-Hospital
(23) Stätte des späteren Jesuitenkollegs
(24) Stätte des späteren Ursulinenkl.

mehr als das Doppelte aus, Schreibendorf (1757) und Kletschkau (1850) wurden eingemeindet. Schon im 13.Jh. erwarb die Stadt Grund- und Forstbesitz (Stadtwald bei Bögendorf, Forsten bei Ober Weistritz, Hohgiersdorf, Leutmannsdorf, insges. etwa 1600 ha). Die Grundherrsch. der Stadt umfaßte über 13 Dörfer mit 232 Bauernhöfen. Der Verkauf oder die Ablösung der Grundherrsch. erfolgte im 19. Jh.

Eine Ratsschule ist schon 1284 erwähnt, auch eine Lateinschule gab es schon im Ma., 1664 ein Jesuitenkolleg, 1708 wurde eine evg. Lateinschule errichtet, 1811 zum Gymnasium erweitert, abgebaut seit 1937. Die städt. Realschule von 1910 wurde zur Oberrealschule ausgebaut, seit 1937 Oberschule für Jungen. 1865 entstand eine höhere Töchterschule, später zum Lyzeum ausgebaut. Die Jähnerschen Anstalten (Lehrerinnenseminar) wurden 1922 mit dem Lyzeum zusammengelegt zur staatl. Friedrichsschule (Oberlyzeum). Sch. hatte ein staatl. evg. Lehrerseminar (1907–28), eine private Lehrerpräparandie, an der 1894 Paul Keller unterrichtete, und eine höhere Lehranstalt für Landwirte, aus einer landwirtschl. Winterschule hervorgegangen. – Von den vielen berühmten Schweidnitzern seien genannt: Mag. Johann Hoffmann (um 1375 bis 1451), Prof. der Philosophie in Prag, Mitbegründer und Rektor (1413) der Universität Leipzig, seit 1427 Bf. von Meißen; Dr. Sigismund Hahn (1664–1742), Begründer der Wasserheilkunde; Geh. Oberjustizrat Gottlieb Svarez (1746–98), Schöpfer des Allg. Preuß. Landrechts, der preuß. Finanzminister Adolf von Scholz (1833–1924) und der preuß. Kultusminister Konrad von Studt (1838–1921), der erfolgreichste Jagdflieger des 1. Weltkrieges Manfred v. Richthofen.

1945 ist Sch. nur wenig zerstört worden. Die Baudenkmäler sind erhalten geblieben, die industrielle Ausrichtung ist dieselbe wie vorher. 1961: 40 873 (auf 19,29 qkm), 1970: 47 570 Eww.

(II) Ra

LV 135, Bd. 11. – LV 170. – FJSchmidt, Gesch. d. Stadt Sch., 2 Bde., Sch. 1846/48. – WSchirrmann, Chronik d. Stadt Sch., Sch. (1908). – HSchubert, Bilder a. d. Gesch. d. Stadt Sch., Sch. (1911). – GSchönaich, D. alte Fstm.-Hauptstadt Sch., Sch. 1935. – LV 299. – LV 233, S. 876 bis 879. – LV 356, S. 90 f. – LRadler, Z. Gründung d. Stadt Sch., in: LV 71, 45 (1966), S. 7–44. – Ders., D. Franziskanerkl. in Sch. im Ma., in: LV 72, 27 (1969), S. 53–74. – WDziewulski, Świdnica (Sch.), in: LV 361, S. 255–77. – LV 234, Bd. 2, S. 592–95. – DHanulanka, Świdnica (Sch.) (LV 108), ²Br. u. a. 1973. – LRadler, Sch. als Garnisonstadt (1620 bis 1920), Br. 1937

Schweinhaus (Świny, Kr. Jauer). Im Vorland des Riesengeb. stehen 2 km nö. von Bolkenhain auf dem Rücken des Steinberges hoch über dem Dorf Sch. die *Ruinen* der Burg Sch. Seit E. 13. Jh. ist Sch. als Stammsitz des nach dieser Burg benannten Geschlechts v. Schweinichen (zunächst de Swyn, Zuini, Swein u. ä., seit E. 15. Jh. v. Schweinichen) nachweisbar, das gemäß Fam.-Tradition aus Böhmen eingewandert sein soll. Dazu könnte die Erwähnung der

Burg Sch. (»Zvini in Polonia«) in der Cosmas-Chronik zum Jahre 1108 im Zusammenhang mit böhm. Thronstreitigkeiten passen; möglicherweise haben die v. Schweinichen Sch. schon in der 1. H. 12. Jh. als Magnatensitz innegehabt und nach Einführung der Kastellaneiverfassung in Schles. – Sch. ist 1155 als Kastellanei bezeugt – auch die Kastellane von Sch. gestellt. Sch. war ein vorgeschobener Posten der slaw. Siedl. und piast. Verwaltung im s. Grenzwald von Schles. Die *St. Nikolauskirche* unterhalb der Burg – in der heutigen Form um 1570 entstanden – könnte, obwohl erst 1318 urk. belegt, die einzige Kirche slaw. Rechts im Geb.-Vorland zwischen Jauer und Landeshut gewesen sein. Die Vergabe von zu Sch. gehörigen Landstücken 1252 mag ein zeitlicher Hinweis für die Auflösung der Kastellanei Sch. sein; die Nachfolge als Gebietsmittelpunkt traten Stadt und hzl. Burg → Bolkenhain an. Die v. Schweinichen, von denen viele Grabmäler in der St. Nikolauskirche erhalten sind, erbauten und erweiterten die ruinös noch erhaltene steinerne Burg Sch. vom 14. (E. 13. ?) bis 17. Jh. Den ältesten Teil bildet der wuchtige mehrstöckige Wohnturm in der Oberburg. Wahrsch. im 15. Jh. unter Günzel v. Schweinichen (1420–1503) folgte die Errichtung des w. anschließenden Gebäudes; im 16. Jh. wurde im wesentlichen die got. Burg im Stil der Renaissance umgebaut. Die letzten, tiefgreifenden Veränderungen ließ der vielgereiste Johann Sigismund v. Schweinichen (1591 bis 1664) um 1620 durchführen; damals wurde Sch. zu einer stattlichen Schloßanlage und mächtigen Festung umgebaut und erweitert (Bau der Niederburg, Anlage der Vorburgen unter Einbeziehung der Kirche). Nach dem Tode Johann Sigismunds fiel Sch. an eine Seitenlinie der Fam. v. Schweinichen, sodann 1713 an die v. Schweinitz (darunter seit 1735 Hans Friedrich v. Schweinitz auf → Rudelstadt), 1769 an den preuß. Staatsminister Johann Heinrich Gf. v. Churschwand und 1803 über dessen Gattin und deren Tochter aus zweiter Ehe, Maria Theresia Gfn. v. Schlabrendorf, durch Heirat an die österr. Reichsgff. v. Hoyos-Sprinzenstein (bis 1945). Die in den großen Kriegen stets verschonte Burg Sch. wurde aber schon seit M. 18. Jh. nicht mehr bewohnt, sie verfiel und erlitt im 19. Jh. Zerstörungen durch Sturm und Brand; seit E. 19. Jh. wurden Sicherungsarbeiten durchgeführt.   (II) *We*

LV 130, Bd. 1. – WSchulte, D. Kastellanei Suini, in: LV 28, 28 (1894), S. 421–32. – LV 613, Bd. 2, S. 50 f. – GMüller, Im Lande d. drei Burgen, Bolkenhain 1925, S. 59–63. – LV 402. – HUhtenwoldt, Sch. u. Bolkoburg im Zeitalter d. Wiedereindeutschung Schlesiens, in: LV 68, 15 (1940), S. 76–78. – LV 330, S. 142 f. – BvWinckler, Sch., Hirschberg o. J. – LV 612, S. 77 f. – LV 616, S. 124–26. – Heimatbuch d. schles. Kr. Jauer-Bolkenhain, hg. v. ATost, Velen i. Westf. 1955, S. 168–71. – OCzerner, JRozpędowski, Bolków – Zamek w Świnach (Bolkenhain – Burg Sch.) (LV 108), Br. 1960, S. 11–13, 89–121. – SJastrzębski, Jawor i okolice (Jauer u. Umgebung), Br. u. a. 1973, S. 150–52. – CvSchweinichen, Z. Gesch. d. Geschlechts derer v. Schweinichen, 3 Bde., Br. 1904 bis 1907

Schwerta (1937 Schwertburg, Świecie, Kr. Lauban). Die 1329
erstm. gen. Burg Sch. (»Sweta«) im oberlausitz. → Queiskreis wird
die von Böhmen nach → Marklissa (5 km nw. Sch.) führende Straße geschützt haben. Sie könnte aber auf eine schles. Anlage aus
der Zeit vor der Festlegung der Queisgrenze (nach 1241) mit dem
Ziel der Begradigung des Grenzverlaufs im Bereich des Queisknies
zurückgehen. Zu der Burg gehörten etwa ²/₅ (= ca. 40 qkm) des
oberlausitz. Queiskr., der s. Teil mit den ma. Dörfern und Rittergütern Sch., Gebhardsdorf und Meffersdorf sowie das 1550 angelegte (Alt-) Scheibe. Als Inhaber dieses Besitzes ist seit 1385 die
Fam. v. Uechtritz belegt. Beim Aussterben der Sch.er Linie 1592
zerfiel die Herrsch. in die Teile Sch. (ca. 13 qkm), → Gebhardsdorf
(ca. 15 qkm) und Meffersdorf (→ Wigandsthal) (ca. 12 qkm). Nieder Sch., 1615–53 wieder mit Meffersdorf vereinigt, blieb bis 1638
in der Hand der Fam. v. Uechtritz. 1654 entstand auf dem Boden
von Nieder Sch. die Exulantensiedl. Volkersdorf. Ober Sch. fiel
nach Zugehörigkeit zur Herrsch. Gebhardsdorf (seit 1598) 1690 an
Nieder Sch. zurück. Die Burg Sch. brannte 1527 und dann wieder
1820 nieder, ihre *Ruinen* stehen noch.   (I)   *We*

Schönwälder, D. Budissiner Queißkr., in: LV 55, 60 (1884), S. 352–391,
und 61 (1885), S. 1–78. – Heimatbuch d. Kr. Lauban in Schles., 2. Aufl.
hg. v. WMenzel, Seyboldsdorf-Vilsbiburg 1966. – LV 662, S. 580. – LV
664, Bd. 3, S. 645–647. – LV 612, S. 77. – KPieradzka, Historyczny rozwój granicy Dolnego Śląska do początku czasów nowożytnych (D. hist.
Entwicklung d. Grenze v. Niederschles. bis z. A. d. Neuzeit), in: Przegląd Zachodni 4 (1948), Nr. 7/8, S. 40–71, hier S. 55–57

Schwientochlowitz (Świętochłowice). Der seit der Auflösung des
Landkr. Kattowitz 1951 bestehende Stadtkr. Sch. setzt sich aus
drei Orten im dichtest besiedelten oberschles. Industriegebiet nw.
Kattowitz zusammen, die schon seit dem 19. Jh. besitzlich und
wirtschl. miteinander verbunden waren: Sch., Chropaczow (Chr.)
und Lipine (L.). Das A. 14. Jh. bezeugte Sch., im 18. Jh. in Ober,
Nieder und Mittel Sch. und unter verschiedene Besitzer aufgeteilt,
kam 1828 an Gf. Carl Lazarus Henckel v. Donnersmarck auf Neudeck. Schon zwei Jahre vorher hatte dieser das 1295 erstm. erwähnte Dorf Chr. und die A. 19. Jh. auf der Gemarkung desselben entstandene Siedl. L. gekauft. In L., das an der neuen Chaussee Gleiwitz-Königshütte (»Kronprinzenweg«, 1824–1826) lag,
hatten Georg v. Giesches Erben 1825 die Kohlengrube »Saul« und
daneben die Zinkhütte »David« gegr. Auch die Gff. Henckel schufen Kohlengruben (in L. »Quintoforo« 1826, »Mathilde« 1826, in
Sch. »Faust« 1827, »Gefäll« 1857), eine Eisenhütte (»Bethlen-
Falva« in Sch. 1830, seit 1936 »Florian« gen.) und Zinkhütten (in
L. »Gabor« 1847 und »Constantia« 1852). In der Folgezeit wurde
die von Gf. Guido Henckel v. Donnersmarck unter franz. und bel-
gischer Beteiligung 1853 gegr. »Schles. Aktienges. für Bergbau
und Zinkhüttenbetrieb« (Sitz: L.) für den Ausbau der Industrie
um Sch. bestimmend. Sie kaufte Anteile an den Kohlengruben in

Sch. und L. sowie die Zinkhütten »Gabor« und »Constantia«, richtete weitere Zinkhütten und das größte Zinkwalzwerk im damaligen Europa (1858) ein und faßte alle Werke zur »Silesia«-Hütte zusammen. Im Zuge dieses Aufschwungs trennte sich L. 1879 von Chr. und wurde selbständige Gem.; es war zeitweise bedeutender als das seit 1845 an die Eisenbahnlinie Berlin–Breslau–Oberschles. angeschlossene Sch., das 1873 durch Zusammenfassung mehrerer Kohlenfelder die große »Deutschland«-Grube erhielt (seit 1937 »Polska« = ›Polen‹). Das etwas abgelegenere Chr. entwickelte sich erst in den 1880er Jahren (1883–1885 Kohlengrube »Schlesien«, 1887 Zinkhütte »Guidotto«, Henckel-Besitz); nach der Kohlengrube am Ort führte es 1909–22 und 1939–45 den Namen Schlesiengrube. Straßenbahnen verbanden Sch. und L. mit den benachbarten Städten (1894: Gleiwitz-Zabrze-L.-Königshütte; 1900: Kattowitz-Sch.-Beuthen). Die Bev.-Zahl stieg steil an: Sch. 1783: 151, 1825: 300, 1855: 2006, 1861: 3508, 1885: 5605, 1905: 14 612 (ohne Gutsbez.); Chr. 1783: 141, 1825: 292, 1855 (mit L.): 1777, 1861: 1398, 1885: 3899, 1905: 6651 (ohne Gutsbez.); L. 1861: 2909, 1885: 10 454, 1905: 17 242 Eww. 1913 hatten die drei Orte 42 143 Eww., in den Gruben und Hütten waren etwa 13 000 Arbeiter beschäftigt. Die oberschles. Teilungsgrenze von 1922 verlief unweit w. von ihnen. Urspr. zum Kr. Beuthen O. S. gehörig, wurden sie unter poln. Herrsch. zusammen mit den anderen poln. gewordenen Orten des Kr. (seit 1924 zuzüglich des Kr. → Ruda) zum Kr. Sch. zusammengefaßt; dieser wurde A. 1939 zum Landkr. Kattowitz geschlagen. Die Eww.-Zahl von Sch. wuchs nach der Eingemeindung von Eintrachthütte (1929) auf 59 656 (1931) an, sank aber dann durch Abwanderung infolge der Weltwirtschaftskrise auf 56 626 (1939) ab. Obwohl in mancher Hinsicht schon vorher den Städten gleichgestellt, wurde die Stadterhebung von Sch. erst 1939 beschlossen, wegen des Kriegsausbruchs sogar erst 1947 durchgeführt. Die Angliederung von Chr. und L. erfolgte bei der Einrichtung des Stadtkr. 1951. Das heutige Sch. beherbergt etwa 20 große und mittlere Industriebetriebe; im Vordergrund stehen die Kohlengruben »Polska«, »Šlask« (= ›Schlesien‹) und »Matylda« (= ›Mathilde‹) (letztere beiden seit 1967 vereinigt), die Eisenhütten »Florian« und »Zgoda« und die Zinkhütte »Silesia«. Auf 13,35 qkm wohnten 1961 in Sch. 58 000, 1970 57 600 Personen. (IV) *Wo*

HMoecke, Chronik d. Industriegem. Lipine OS, Kr. Kattowitz, Oppeln 1941. – Świętochłowice, zarys rozwoju miasta (Überblick d. Entwicklung d. Stadt Sch.), hg. v. ASzefer, Kattowitz 1970. – LV 234, Bd. 1, S. 474 f.

Seidenberg (Zawidów, Kr. Lauban). Der Bf. von Meißen besaß 1188 in dem urspr. meißnischen, seit 1158 böhm. Gau Zagost Güter um einen »Syden« gen. Berg. Er ist wahrsch. mit dem Michels- oder Burgberg etwa 0,5 km sö. der Stadt S. identisch, auf dem es einen ovalen, etwa 110 × 40 m großen, dem 10./11. Jh. zugeschriebenen *Wall* gibt. Auf dem Berg stand auch die Michaeliskirche, die zweitälteste Missionskirche der Oberlausitz, Mittelpunkt der 1307 belegten Sedes S. des Bst. Meißen (zerstört durch die Hussiten im 15. Jh., als Pfarrkirche abgelöst durch die um 1380 entstandene Frauenkirche in der Stadt S., seit 1534 evg., Neubau 1776–78). Der Grundbesitz S. reichte (entsprechend der Ausdehnung des Bst. Meißen) über die seit M. 13. Jh. an S. vorbeiführende Grenze zwischen der Oberlausitz und Böhmen hinaus bis um Friedland/Böhmen. Kurz nach 1241 gelangte er wieder an den Kg. von Böhmen, der ihn zunächst an die Herren v. Michelsberg, dann 1278 als Herrsch. Friedland an die Herren v. Bieberstein vergab. Nach deren Aussterben 1551 kaufte Frh. Friedrich v. Redern (Roedern, Rädern) die Standesherrsch. Friedland-S. Wegen Beteiligung am böhm. Aufstand verlor sein Enkel Christoph v. Redern sie. Ks. Ferdinand II. verkaufte die Güter auf böhm. Seite 1622 an Gf. Albrecht von Wallenstein, Kfst. Johann Georg I. von Sachsen den oberlausitz. Anteil 1626 als Herrsch. S. an die v. Nostitz (bis 1694); ihnen folgten die Gff. v. Einsiedel. – Mittelpunkt der Herrsch. S. waren zunächst Wallburg und Kirche auf dem Michelsberg mit dem Dorf S. (später Alt S.) ö. davon, dann die Stadt S. am w. Hang des Michelsberges, gegr. vielleicht zwischen 1253 und 1278 durch den böhm. Kg. Ottokar II. (Verwandtschaft des Stadtplanes mit demjenigen von Zittau, damals ausgebildet), obwohl nachweisbar erst 1396. Die Anlage in unregelmäßiger Leiterform erfuhr durch den Zuzug von Exulanten aus Böhmen im und nach dem 30j. Krieg eine Erweiterung. S., das bereits 1463 eine Tuchmacherinnung besaß, wurde durch sie zu der nach Görlitz bedeutendsten Tuchmacherstadt der Oberlausitz (1720: 97 Tuchmacher). M. 19. Jh. ging die handwerkliche Produktion in die Fabrikation über (Maue-Wollgarnspinnerei 1849, Weberei 1862; »Gloria-Weberei« 1865, 1927 rd. 1500 Webstühle). Eisenbahnanschluß erhielt S. durch die Linie Görlitz – S. – Friedland – Reichenberg/Böhmen (1875); da diese nach der Grenzziehung von 1945 für den Verkehr mit dem schles. Kerngebiet ausfiel, wurde 1948 eine Eisenbahnverbindung nach Schönberg geschaffen. Trotz weiteren Industrieaufbaus (u. a. Drahtwarenfabrik 1919, Maschinenfabrik 1936) blieb die Bev.-Entwicklung mäßig: 1825: 1053, 1861: 1502, 1905: 2707, 1939: 2645 Eww., und unter poln. Verwaltung verlor S. 1945 die Stadtrechte, stieg allerdings 1957 zur stadtart. Siedl. auf (1961: 3081, 1970: 3378 Eww. auf – wie vor 1945 – knapp 4 qkm). – Kurz vor dem Münchner Abkommen wurde am 20. 9. 1938 das tschechoslowakische Zollamt im benachbarten Ebersdorf von dt. Seite angegriffen; Berichte über einen tschech. Überfall auf S. waren nur Propaganda. – Jakob Böhme wurde 1575 in Alt S. geb., in S. verbrachte er seine Lehrzeit.

(I) *We*

Heimatbuch d. Kr. Lauban in Schles., 2. Aufl. hg. v. WMenzel, Seyboldsdorf-Vilsbiburg 1966. – LV 662, 572–576. – LV 359, S. 46 f. – RJecht, Neues z. Oberlausitzer Grenzurkunde, in: LV 55, 95 (1919), S. 63–94. – LV 330, S. 165 f. – LV 234, Bd. 2, S. 604 f.

Seidorf (Sosnówka, Kr. Hirschberg). Das 1305 erstm. erwähnte Geb.-Dorf S. 10 km sö. Hirschberg war bis in das 20. Jh. hinein berühmt durch seine Damast-Gebildweberei. Sie war der letzte Ausläufer der Handweberei, von der früher das ganze Dorf lebte. S. zieht sich als langes Straßendorf bis in die Vorberge hinein. Es besaß zwei Kirchen. Die *kath. Pfarrkirche St. Martini* ist ein Neubau, den anstelle eines ma. Vorläufers – seit 1318 nachweisbar – 1796/97 der Oppelner Baumeister Joh. George Rudolf ausgeführt hatte, ein spätbarocker Raum mit saalartigem Schiff und Halbkreisapsis, in der sich ein reicher geschnitzter Barockaltar mit einer Anna selbdritt befand, wahrsch. eine Grüssauer Arbeit. 1745 erhielten die evg. Dorfbewohner ein erstes hölzernes Bethaus, das 1816 durch einen massiven *Neubau* nach einem Entwurf des Kgl. Bauinspektors Kannegießer aus Landeshut ersetzt wurde. 1820 war der Bau mit dem wohlproportionierten Turm vollendet, erhielt aber erst zwischen 1835 und 1845 mit Kanzel und Taufstein seine einfache Ausstattung.

Etwa 2,5 km sö. des Dorfes befindet sich w. unterhalb vom Gipfel des Kräberberges in 668 m Höhe die *St. Anna-Kapelle.* Ihre bezeugte Gesch. reicht bis 1366 zurück, als zur Unterhaltung des »hl. Borns« ein Seelgerät gestiftet wurde. Aber Funde der Jungstein-, Bronze-, frühen Eisen- und Germanenzeit, die an dieser seinerzeit nur wenig begangenen Stelle als Weihe- und Dankesgaben zu betrachten sind, sowie alte Geländenamen wie »Heidentilke (Tilke = Bodenvertiefung) und »Hexentreppe« lassen den »Guten Born« als eine seit alters bis in jüngere Zeit für heilkräftig angesehene Quelle (radioaktiv!) und den Platz der Kapelle schon als vorchristliche Kultstätte erscheinen. Der spätere, über einem einfachen Ovalgrundriß errichtete Kapellenbau ist das Werk des Hirschberger Stadtbaumeisters Caspar Jentsch, dem 1718 Gf. Hans Schaffgotsch den Bauauftrag erteilte. 1719 konnte der Neubau nach Entfernung der Rudera der alten Kapelle geweiht werden. Das auf Kupfer gemalte Altarbild schuf der Liegnitzer Maler Knechtel. (I) *Gru*

LV 524, S. 296. – LV 587, Bd. 3, S. 476. – LV 622. – HNentwig, Schaffgotsche Gotteshäuser und Denkmäler, Warmbrunn 1898. – FGeschwendt, D. Gute Born. Eine vorgesch. Kult- und Heilquelle im Riesengeb., in: Studien aus Alteuropa, T. 1, hg. v. RvUslar, KJNarr, Köln/Graz 1964, S. 16–29

Seitenberg (Stronie Śląskie, Kr. Habelschwerdt). Im ö. Winkel der Gfsch. Glatz liegen zwischen dem Bielengeb. im O und dem Glatzer Schneegeb. im SW an der Mündung von Mohre und Heudorfer Wasser in die Biele die zusammenhängenden »Grunddörfer« S. (erwähnt 1344), → Schreckendorf und Gompersdorf (erwähnt 1347). S. war Mittelpunkt des seit M. 14. Jh. belegten Eisenerzbergbaus dieser Gegend; 1492 besaß es eine Eisenhütte, und 1505 war es Sitz eines Bergrichters. Die aus neun Ortschaften (darunter → Wilhelmsthal) bestehende Herrsch. S. erwarb 1684 Reichsgf. Michael Wenzel v. Althann, Landeshauptmann der

Gfsch. Glatz. Später gelangte sie u. a. in den Besitz des ksl. Feldmarschalls Georg Olivier Gf. von Wallis (1733) und schließlich der
Pzn. Marianne der Niederlande (1838), Gemahlin des Pz. Albrecht
von Preußen, und ihrer Nachkommen; das gesamte Nassau-
Oranien–Niederländische Fideikommiß (Herrschsch. → Kamenz,
→ Schnallenstein und S., Rittergut Schönau bei Landeck) umfaßte
um 1910 207 qkm, von denen etwa 130 qkm auf die Herrsch. S.
entfielen. Nach dem Niedergang des Bergbaues spielte seit dem
18. Jh. die Glasindustrie eine Rolle, für die Rohstoffe in der Gegend vorhanden waren (→ Schreckendorf). Auch der Marmorbruch
bei S. war und ist von Bedeutung (u. a. für den Bau des Schlosses in Kamenz). Der Anschluß an das Eisenbahnnetz durch die
Bieletalbahn Glatz–Bad Landeck–S. 1897 förderte die wirtschl.
Erschließung. 1825 besaß S. 566 Eww., 1905: 1098, 1939: 973.
Nach dem Krieg wurde S. unter Einschluß von Teilen von
Schreckendorf und Gompersdorf (zus. 2,34 qkm) 1960 zur »stadtart. Siedl.« und 1967 zur Stadt erhoben. Die 5450 Eww. von S.
des Jahres 1970 (1961: 5081) lebten von der Glasfabrikation und
einem Sägewerk, vom Erholungs- und Kurbetrieb.   (IIa) *We*

LV 119, Bd. (6), bes. S. 146–53. – FAlbert, D. vorurk. Gesch. d. Kr.
Habelschwerdt, Bd. 1, Habelschwerdt 1938, S. 412–420. – LV 430. –
LV 234, Bd. 2, S. 586 f.

Seitsch (Siciny, Kr. Guhrau). Die gelegentliche Identifizierung
der 1155 erwähnten Kastellaneiburg »Sezezko« (= Schiedlo w.
Crossen?) mit dem 11 km nw. Guhrau unweit der schles. Grenze
gelegenen Ort S. hat keine archäologische Stütze gefunden. 1289
ist ein Pfarrer von S. belegt. Nachdem Hz. Johann von Steinau
1326 dem Kl. Leubus den Besitz S. und auch die benachbarten
Dörfer Braunau, Weschkau und Seiffersdorf bestätigt hatte, richtete dieses in S. eine Propstei ein und setzte 1349 das dortige
Gut nach dt. Recht um. An der Stelle eines älteren Baues errich-
tete der bekannte Baumeister Martin Frantz 1736–40 eine neue
St. Martinuskirche nach dem Vorbild der St. Nikolauskirche in der
Prager Altstadt; das Deckengemälde in der schönen, reich ausge-
statteten Barockkirche schufen Johann Anton Felder und Ignaz
Axter aus Böhmen, der Turm wurde 1777 vollendet. Mit der
Säkularisation 1810 fiel der Leubuser Besitz an den preuß. Staat.
(II) *We*

FHeinze, Heimatbuch d. Kr. Guhrau/Schles., Scheinfeld 1973, S. 306–12.
– LV 402, S. 82. – GGrundmann, D. Baumeisterfam. Frantz, Br. 1937,
S. 77 ff., 114–16. – LV 621, S. 158 f. – LV 597

Sibyllenort (Szczodre, Kr. Oels). Der 1245 gen. Ort »Palici«, um
1305 »Paulowitzi«, soll mit dem seit 1398 nachweisbaren Dorf
Rastelwitz identisch sein, benannt angeblich nach den Besitzern
1315–1398, den v. Rastelwitz. M. 15. Jh. siedelte der damalige
Besitzer des Ortes, wahrsch. der Breslauer Ratmann Georg Stein-
keller, einen Teil zweier Vorwerke auf, wodurch der Ortsteil

Neudorf (1516 belegt) entstand. Im 30j. Krieg wurden 1643 Rastelwitz und Neudorf verwüstet; letzteres erstand nach 1653 am
alten Platz neu, die Bewohner von Rastelwitz ließen sich sw. von
Neudorf nieder, der Name Rastelwitz verschwand. 1685 kaufte
Hz. Christian Ulrich von Württemberg-Oels, der 1673–97 in
→ Bernstadt, dann bis 1704 in Oels residierte, Neudorf von Balthasar Wilhelm v. Gaffron, er erbaute dort auf kargem Boden
1685–92 ein Lustschloß im Renaissancestil, legte darum einen
Ziergarten an und gab 1691 Schloß und Dorf zu Ehren seiner
zweiten Gemahlin Sibylla Maria, geb. Pzn. von Sachsen-Merse-
burg, den Namen S. Nachdem das alte Schloß schon 1792 und
1805 umgebaut und erweitert (Rundtürme, Nebengebäude) worden war, ließ Hz. Wilhelm II. von Braunschweig-Lüneburg, seit
1824 Hz. von Oels, 1852–67 unter Einbeziehung und Umgestaltung des alten Schlosses als Mitteltrakt eine ausgedehnte Schloßanlage im Tudorstil unter Verwendung von Motiven des Wind-
sor-Schlosses mit Theater, Bibliothek, Bildergalerie u. a. errichten, umgeben von einem weiten Park im engl. Stil (ca. 300 ha).
Beim Tode Hz. Wilhelms II., des letzten Braunschweiger Besitzers von Oels, 1884 in dem von ihm bevorzugten S. fiel sein lehns-
rechtlicher Besitz an die preuß. Krone (→ Oels), seinen Oelser
Allodialbesitz (zunächst rd. 31 000 ha, 1918 – nach Verkauf der
Herrsch. → Neumittelwalde – ca. 22 000 ha in den Krr. Oels,
Trebnitz und Lublinitz/Guttentag, in den folgenden Jahren durch
Abtretung von Siedlungsland auf ca. 15 000 ha zusammenge-
schrumpft) vererbte er als Herrsch. S. seinem Vetter Kg. Albert
von Sachsen, der 1902 in S. starb. Dessen Neffe und Nachfolger,
der letzte sächs. Kg., Friedrich August III., wählte 1918 S. zu
seinem ständigen Wohnsitz; hier verstarb er 1932. Der Besitz
blieb bei seiner Fam. bis 1945. (III) *We*

GRRolle, Gesch. d. Dörfer Domatschine u. S., Kr. Oels in Schles., Oels
1884. – Ders., Z. Entstehungsgesch. v. S., in: LV 28, 40 (1906), S.
302–13. – LV 613, Bd. 2, S. 51–53. – D. Buch d. Stadt Oels in Schles.,
bearb. v. ESchlitzberger, Berlin-Spandau 1930, S. 110–12. – LV 615,
S. 73 f.

Siegersdorf (Zebrzydowa, Kr. Bunzlau). S. liegt am w. (l.) Ufer
des Queis und gehörte bis 1815 zum Weichbild Lauban (Oberlausitz). 1346 wird die Kirche zu »Segehardsdorf« in der »Sedes
Lawben« in der Meißner Matrikel gen. (Neubauten der Kirche
1470 und 1746, Ref. 1524, 1654–1741 Zufluchtskirche für evg. Schlesier). 1538 wurde hier Kg. Ferdinand I. auf der Reise von Görlitz
nach Schles. empfangen. Die Besitzer von S. waren: v. Nostitz 1500,
v. Roedern 1507 (sie erbauten das älteste Schloß), die Stadt Lauban 1542 (Verlust durch Pönfall 1547), der Kg. von Böhmen
1547–1558, Dr. Mehl v. Stroehlitz 1558, v. Schoenaich 1564, v.
Nostitz 1632, v. Gersdorff 1650 (sie erlangten 1702 das Recht, in S.
zwei Jahrmärkte und einen Viehmarkt abzuhalten), v. Wobeser
1740, Frh. v. Braun 1744, v. Lindenau 1746, Gf. v. Solms-Teck-

lenburg (Klitschdorf) 1805, v. Dallwitz 1836, Frh. v. Bistram 1852, Gf. zu Stolberg-Stolberg 1861, der preuß. Kg. bzw. der Domänenfiskus 1868–1945 (zwei Vorwerke, 1884: 594 ha, 1940: 330 ha). – Bei S. kreuzen sich die Bahnstrecken Kohlfurt–Liegnitz (1846, Queis-Viadukt) und Hirschberg-Sagan (1906). Diese gute Verkehrslage und hochwertige tertiäre Tonlager begünstigten die keramische Industrie. 1872 wurden die S.er Tonwerke für baukeramische Waren gegr. Sie hatten 1939 neun große Ringöfen und beschäftigten um 1200 Arbeiter. 1884: 1612 Eww. (17 Bauern, 18 Gärtner-, 181 Häuslerstellen), 1905: 2298, 1939: 2654.   (I) *St*

EWernicke, Chronik d. Stadt Bunzlau, 1884. – EDewitz, Gesch. d. Kr. Bunzlau, Bunzlau 1885, S. 273–82. – LV 664, Bd. 3, S. 652 f. – DBonfils, D. S.er Tonwerke, in: D. Bunzlauer Kr. an Bober u. Queis, bearb. v. AZobel u. KSpringer, ²Siegburg 1964, S. 417–19

Siemianowitz/Laurahütte (Siemianowice Śląskie, Kr. Kattowitz/ Stadtkr. S.). Nach Teilung der Herrsch → Beuthen O.S. der Gff. Henckel v. Donnersmarck in zwei Fideikommisse 1671 erwarben die Gff. der kath. Linie 1718 S. durch Kauf und bestimmten es 1768 zu ihrer Residenz. S., 1515 erstm. mit diesem Namen nachweisbar (1334 »Sancoviz« [?], 1451 »Seymanovicze«) und fast das ganze 17. Jh. im Besitz der Fam. v. Mieroszowski, liegt ö. von Beuthen etwa in gleicher Entfernung wie nö. davon → Neudeck, wo die Gff. der evg. Linie ihre Residenz aufgeschlagen hatten. Gf. Lazarus III. († 1805) erbaute 1789 das *Schloß* S. (im 19. Jh. von Karl Friedrich Schinkel ausgebaut) und errichtete hier 1787 das Steinkohlenbergwerk »Glücksgrube« (seit 1871 »Lauragrube«), eines der ersten in Oberschles. Der 1841 beginnende Bau der oberschles. Eisenbahn und der hierdurch sprunghaft angestiegene Eisenbedarf veranlaßten Gf. Carl Hugo († 1890) zum Bau der »Laurahütte« (gen. nach seiner Gemahlin Gfn. Laura von Hardenberg). Die Erbauer rüsteten die Eisenhütte mit Puddlings- und Walzwerken nach dem damals modernsten Verfahren der Eisenverhüttung aus. Von 1839 (Abstich des 1. Hochofens) bis 1876 wuchs die L. auf 75 Öfen, 8 Dampfhämmer und 21 Dampfmaschinen mit 1210 Arbeitern an und stellte 1876 27 300 t Eisenbahnschienen her. 1869 erwarb Gf. Carl Hugo vom preuß. Fiskus die bereits 1802 entstandene → Königshütte, zwei Jahre später verkaufte er seine Eisenhütten an die »Vereinigte Königs- und Laurahütte AG«. Etwa zur gleichen Zeit übertrug er sein Eigentum an den Kohlengruben und Eisenerzfeldern in S. an die »Oberschles. Eisen- und Kohlenwerke AG«. Als die bestehenden herrschl. Güter und Dörfer den Personalbedarf der L. und der Zulieferungsbetriebe nicht mehr deckten, gründeten die Gff. Henckel v. Donnersmarck bei S. mehrere sog. Kolonien (Srokowietz, Johannahütte, Georgshütte, Wanda, Sadzawka). Die hier angesiedelten Häusler setzten sich z. T. aus poln. Zuwanderern zusammen, die die Grenze an der Brinitza ö. S.-L. illegal überschritten hatten. Der Polenführer Adalbert (Wojciech) Korfanty wurde 1873 in Sadzawka geb., wo sein Großvater als poln. Zuwanderer angesiedelt worden war. Das gehobene technische Personal der L. und der anderen Werke war indessen dt. wie auch die Handwerker, Kaufleute und Beamten, die in S.-L. ihren Wohnsitz nahmen. Namhafter Vertreter dieser Zuwanderer war (1855) der Kesselschmied Wilhelm Fitzner, dessen Söhne Wilhelm († 1905) und Richard († 1895) nach Schulbesuch in Breslau und Lehre bei Borsig in Berlin in S. eine Kesselfabrik (1870) sowie eine Nietenfabrik (1874) betrieben. Da die L. auf Ödland des herrschl. Gutes S. lag, blieb die hier entstandene neue Wohnsiedl., die mit ihrer Eww.-Zahl bald das Dorf S. übertraf, für die preuß. Verwaltung lange Zeit nicht existent. 1873 schied der S.er Rittergutsanteil L. als eigener Gutsbezirk aus dem Ortskommunalverband S. aus; 1890 wurde L. Landgem. Bei der Volkszählung 1875 zählten S. und L. zusammen 13 193 Eww. (gegenüber 175 Eww. 1783, 388 Eww. 1825 in S. vor der Gründung der L.). Bis 1901 verdoppelte sich die Eww.-Zahl auf 26 883, von der 13 139 auf L. und 12 887 auf S. entfielen. Bei der letzten Volkszählung vor dem 1. Weltkrieg 1910 war die Eww.-Zahl auf 36 085 angestiegen, von der 16 750 auf L. und 19 335 auf S. entfielen. Der Schwerpunkt der Besiedlung hatte sich auf S. verlagert, nachdem in L. wegen laufender Erweiterungen des Hüttengeländes Platznot für den Wohnungsbau entstanden war. Nach der Teilung von Oberschles. wurden 1922 S. und L. zu einer Gem. mit Namen S. zusammengelegt und 1932 zur Stadt erhoben. 1940 nach Ausbruch des 2. Weltkrieges zählte die Stadt, die sich nunmehr den Namen L. zulegte, 38 100 Eww. und wies somit nur 2000 Eww. mehr als 1910 auf. Wegen der ungünstigen wirtschl. Entwicklung Polens in der Zwischenkriegszeit schloß sich die »Vereinigte Königs- und Laurahütte AG« mit der »Kattowitzer AG für Bergbau und Eisenhüttenbetrieb« zu einer »Interessengemeinschaft« zusammen, die der poln. Staat durch steuerliche Maßnahmen bis 1938 in seinen Besitz brachte. Der letzte Bewohner des Schlosses S., Gf. Edgar Henckel v. Donnersmarck (geb. 1859), starb 1939 in Schloß Krawarn bei Ratibor. – Nach dem 2. Weltkrieg wurde S. 1951 durch Eingemeindungen auf eine Fläche von 25,5 qkm vergrößert, auf der 1961 64 052, 1970 rd. 67 300 Menschen wohnten; gleichzeitig erhielt es den Status eines Stadtkr. (IV) *Rei*

WKönig, Chronik v. S.-L., Fannygrube u. Georghütte, L. 1902. – LV 668. – LV 234, Bd. 1, S. 466 f. – Siemianowice, zarys rozwoju miasta (Überblick d. Entwicklung d. Stadt S.), bearb. v. HRechowicz, Kattowitz 1969. – KRepetzki, Oberschles., Industrie u. Wirtschaft, Bonn 1971

Silberberg/Eulengeb. (Srebrna Góra, Kr. Frankenstein). S. liegt an einem Paß im s. Eulengeb., dem S.er Paß, in einem Tal, durch das ein Nebenzweig der Straße Breslau–Nimptsch–Glatz führte. Der Ort hat durch die Öffnung des Tales nach O Dreiecksgrundriß, ein leiterförmiges Straßennetz und zieht sich entlang dem S.er Wasser von etwa 400 m bis zu etwa 650 m Höhe aufwärts.

Den Berg bei dem Dorfe Schönwalde im Kr. Frankenstein, der S. gen. wurde, verkaufte Hz. Bolko II. von Münsterberg am 24. 10. 1331 an Kunad von Schönwalde. S. wird weiter in Urkk. von 1417 und 1419 erwähnt. Schon seit etwa 1370 jedoch gruben hier Meißensche und Reichensteiner Bergleute nach silberhaltigem Erz. Der »S.« wurde im 15. Jh. in einer Beschreibung des Weges von der Oberlausitz nach Schles. von dem in Breslau ansässigen Florentiner Richard Wales gen. Der Bergbau, durch die Hussitenkriege unterbrochen, wurde 1527 unter Beteiligung von Fürsten, Adligen, Geistlichen und 53 Kaufleuten aus Breslau, Glatz und Dresden wieder aufgenommen. Am 24. 6. 1536 unterzeichneten die Hzz. Joachim, Heinrich, Johann und Georg von Münsterberg eine Urk., durch die S. die Rechte einer freien Bergstadt verliehen wurden, und 1540 erhielt S. ein Stadtwappen (ein halber Adler auf drei Querbalken, von Hammer und Schlegel umgeben). 1581–99 waren Fst. Wilhelm Ursinus v. Rosenberg und Peter Wock v. Rosenberg Grundherren von S., anschließend bis 1675 die Hzz. von Liegnitz, dann die Krone Böhmens. 1592 erbauten die Bergleute die erste evg. Kirche St. Michael (3. Neubau 1816). 1602 hatte S. bereits 802 Eww. Am 1. 6. 1633 errichtete Wallenstein sein Heerlager in der Nähe von S. Die 130 Häuser wurden bis auf wenige niedergebrannt. 1642–48 wurde die fast vernichtete Stadt abwechselnd von den Schweden und den Kaiserlichen geplündert, 1670 war sie neu aufgebaut. Zur Zeit der Gegenref. war S. ein Zufluchtsort bedrängter Evangelischer, bis 1685 die evg. Kirche geschlossen und der Pastor vertrieben wurde. Die Stadt und das angrenzende Gebiet kamen nun in den Besitz des Kl. → Heinrichau. 1707 wurde die Kirche den Evangelischen zurückgegeben; das Patronatsrecht verblieb beim Kl. Heinrichau. Die Katholiken erhielten 1709 eine Kuratialkirche (erweiterte Kirche St. Petrus und Paulus mit Turm 1729–31, Neubau 1808). Der Bergbau, der nach dem 30j. Krieg eingegangen war, wurde 1713 vom Ks. an die Brüder Johann Leopold und Gottfried Bernhard v. Scharffenberg, Söhne Johannes v. Scharffenbergs (→ Reichenstein), verliehen, die allerdings keinen großen Erfolg erzielten. Als Ersatz für den Bergbau wurden zeitweise Weberei und Tuchhandel betrieben.

Am 27. 2. 1741 war Friedrich d. Gr. zum ersten Mal auf dem Kamm zwischen Schles. und der Gfsch. Glatz bei seinen Vorposten. Im 2. Schles. Krieg lag das Hauptquartier Friedrichs 15 km vom Paß von S. entfernt im Kl. → Kamenz. Im 7j. Krieg blieb der Paß von S. in der Hand der Österreicher, die hier ein verschanztes Lager hatten. Nach dem Frieden von Hubertusburg ordnete Friedrich d. Gr. den Bau einer *Festung* auf den Höhen von S. als Mittelglied zwischen den Festungen Schweidnitz und Glatz an. 1764–72 besuchte er fast jedes Jahr S., um sich des Fortgangs der Arbeiten zu vergewissern. 1765–68 wurde der Donjon (in 685 m Höhe), 1768–71 wurden die Bollwerke Hornwerk, Hohenstein und Spitzberg, 1770–77 die Strohhaubenfront, die kasemattierte

Batterie mit der Brunnenkasematte und die Flügelredoute gebaut.
In der gleichen Zeit erfolgte auf halber Höhe der Bau der Kaser-
nenoberstadt. 1778 war S. einsatzbereit. Für den Bau der Festung
war Major Ludwig Wilhelm v. Regeler (1726–92) verantwortlich.
Am 17. 2. 1779 zog der Kg. mit seinen Truppen über S. nach der
Gfsch. Glatz und von dort bis Braunau. In der Zeit vom 26. bis
30. 6. 1807 wurde die Festung S. durch Oberst Gf. v. Schwerin
und Major v. Massow erfolgreich gegen Franzosen, Bayern und
Württemberger verteidigt, wobei die Stadt weitgehend zerstört
wurde. Von 1834–37 war hier Fritz Reuter in Haft; das Todes-
urteil wurde ihm am 28. 1. 1837 verkündet, gleichzeitig wurde er
zu 30 Jahren Festungshaft begnadigt und im selben Jahr noch
wegen schwerer Erkrankung nach → Glogau gebracht (»Ut mine
Festungstid«) Nach einer Kabinettsordre vom 5. 4. 1860 sollte
die Festung aufgelöst werden. Sie wurde jedoch 1866 nochmals
instandgesetzt und erst nach dem 28. 9. 1867 endgültig geschleift.
Die Kasernenbauten übernahm die Uhrenfabrik Fritz Eppner
(1872), die bis 1945 arbeitete. Außerdem besaß S. eine Haar-
garnspinnerei und eine Wolldeckenfabrik und lebte daneben von
der Touristik. 1900 erhielt S. mit der privaten »Eulengeb.-Bahn«
Reichenbach–S.–Mittelsteine (Strecke S.–Mittelsteine in der Zwischenkriegszeit stillgelegt), 1908 mit der Verbindung S.–Frankenstein–Heinrichau Eisenbahnanschluß. Eww.-Zahlen: 1787:
1497, 1825: 1028, 1905: 1125, 1939: 1154 (auf 1,85 qkm). Auf
Grund der niedrigen Eww.-Zahl ging S. 1945 des Stadtrechtes
verlustig; es hatte 1961 etwa 750 Eww. – Der S.er Stadtschreiber
Zacharias Max Liebholdt (1552–1626) trat als »Theaterdichter«
hervor. (II a) *Web*

LV 178. – HvWiese u. Kaiserswaldau, Stadt u. Festung S., S. 1903. –
AAumann, S. u. d. »schles. Gibraltar«, S. 1903. – GLessmann, Stadt u.
Festung S., in: Bunte Bilder a. d. Schlesierlande, hg. v. Schles. Pestalozzi-Verein, Bd. 2, Br. 1903, S. 316–23. – JKrebs, D. Fam. v. Scharffenberg. Ein Beitr. z. Gesch. d. Reichensteiner Bergbaus, in: LV 28, 50
(1916), S. 165–96. – ENeugebauer, S.s Vergangenheit . . . 1370–1934, S.
(1934). – WBleyl, S., d. Paßfestung Schlesiens, Diss. Techn. Hochschule
Berlin, Br. 1938. – LV 233, S. 880 f. – LV 234, Bd. 2, S. 586. – LV 610,
Bd. 5

Silbitz (Żelowice, Kr. Strehlen). S. kam, nach Aussterben frühe-
rer Besitzer als erledigtes Lehen von der fstl. Kammer zu Brieg
verwaltet, 1706 an Franz Weighard Frh. v. Hoffmann und Grün-
züchl, der bereits die Güter Strachau und Gaumitz besaß. Sein
Sohn Franz Ludwig Xaver, in den Grafenstand erhoben, erbaute
das Schloß in der Absicht, dort eine Zisterzienserniederlassung
zu gründen. 1744 verkaufte er jedoch S. und Strachau. 1794 wurde
ein Frh. v. Saurma-Jeltsch Besitzer, nach seinem Tode seine Tochter Gfn. Mettich. Als 1853 der letzte Gf. Mettich starb, erhielt eine
Nichte seiner Frau den Besitz; sie durfte den Namen Mettich
weiterführen. Das Schloß wurde in dieser Zeit neu gebaut. Nach
dem Tode ihres ersten Mannes vermählte sie sich 1859 mit dem

kgl. preuß. Oberzeremonienmeister Rudolf Gf. v. Stillfried-Alcantara († 1882). 1865 wurden S. und Strachau Fideikommißbesitz der Gff. v. Stillfried-Mettich, die bis 1945 dort blieben. Pia Gfn. v. Stillfried-Mettich heiratete Michael Gf. v. Matuschka, der 1944 als Widerstandskämpfer gegen Hitler zum Tode verurteilt und am 14. 9. 1944 hingerichtet wurde.   (IIa) *Web*

LV 211, Bd. 2, S. 268 f. – LV 615, S. 88 f. – HLAbmeier, Michael Gf. v. Matuschka, hingerichtet 1944, in: LV 72, 30 (1972), S. 124–56

Skotschau (Skoczów, Kr. Teschen). S. liegt am Austritt der Weichsel aus den Beskiden inmitten eines altslaw. Siedl.-Gebietes. Seinen Vorläufer bildet ein guterhaltener slaw. *Ringwall* auf dem Gebiet des angrenzenden Dorfes Miendziswietz. Die dt.-rechtl. Stadt S. entstand wohl vor 1300, wenn sie auch erst 1327 belegt ist. Mit etwa 70 Häusern gehörte sie zu den kleineren Städten des Beskidenlandes; sie blieb auch in der Folgezeit unbedeutend. Im 15. Jh. wurde sie sprachlich polonisiert. S. und die umgebenden Dörfer gehörten stets zum Kameralbesitz der Teschner Hzz., mit Ausnahme der Jahre 1573–92, wo sie an Gottfried v. Logau verkauft waren. In S. wurde 1576 Johannes Sarkander geb., der 1621 als Opfer des böhm. Aufstandes umkam und 1860 seliggesprochen wurde. Im 16. Jh. wurde S. evg., im 17. Jh. rekatholisiert; erst 1862 entstand wieder eine evg. Gem. Im 19. Jh. entwickelte sich S. etwas stärker. 1888 gewann es durch den Bau der Bahnlinie Kojetein–Bielitz Verkehrsanschluß. Die Eww.-Zahl, um 1800: 1416, stieg 1888–1910 von 3081 auf 3705, der Anteil der Deutschen gleichzeitig von 29,5 auf 50,3%. Vor dem 1. Weltkrieg war S. ein geistiges Zentrum des Schlonsakentums, das sich trotz poln. Umgangssprache dem dt. Kulturkreis zurechnete. 1909 gründete hier Lehrer Josef Kożdon als politische Organisationsform die Schles. Volkspartei. Nach dem Zerfall der habsb. Monarchie wurde 1919 in S. der Waffenstillstand zwischen Polen und Tschechen abgeschlossen, der die Teilung des Teschner Landes einleitete. Im poln. Staat blieb S. ein kleines Landstädtchen. 1961 hatte es 6638, 1970: 7831 Eww. Der Bau eines großen Karosseriewerks 1968 soll eine Industrialisierung der Stadt einleiten.   (IV) *Ku*

APeter, Urk. Nachrichten z. Gesch. d. Stadt S., in: LV 28, 14, 1 (1878), S. 96–106. – Atlas grodzisk i zamczysk śląskich (Atlas der schles. Burgen u. Schlösser), bearb. v. JZurowski u. RJakimowicz, H. 1, Krakau 1939, Taf. 6–10. – FPopiołek, Z przeszłości miasta Skoczowa (A. d. Vergangenheit d. Stadt S.), in: LV 59, 23 (1960), H. 2, S. 232–41. – Pamiętnik Skoczowski (S.er Erinnerungsbuch), hg. v. LBrożek u. a., S. 1967. – LV 234, Bd. 1, S. 468 f.

Slawentzitz (1936 Ehrenforst, Sławięcice, Kr. Cosel). In der Talniederung der Klodnitz, am N-Rand des ausgedehnten Klein-Althammer Forstes, liegt der Ort S., der als Sitz einer oberschles. Herrsch. von Bedeutung gewesen ist. In der M. 13. Jh. von Hz. Wladislaus von Oppeln als Stadt gegr., wurde diese Grün-

dung schon 1260 wegen der Nähe der bischl. Stadt → Ujest gegen
Zugeständnisse des Breslauer Bf. rückgängig gemacht. S. blieb
jedoch Marktort und wird noch gegenwärtig mundartlich Miasteczko = »Städtchen« gen. Im Ma. ein Kammergut der Piastenhzz. und der böhm. Krone, in der frühen Neuzeit in der Hand
adeliger Pfandbesitzer und Eigentümer, begann unter Heinrich
Jakob Reichsgf. v. Flemming, der die Herrsch. im Jahre 1702
kaufte, der eigentliche Aufstieg des Ortes; denn Flemming ist der
Begründer der Eisen- und Messinghämmer in und um S., vor allem 1709 in → Jakobswalde und Blechhammer sw. S. (dieses galt
damals als Musterhüttenwerk von Oberschles.). Im späteren
»alten Hofgarten« – vom alten, aus dem 15. Jh. stammenden
Schloß durch die Klodnitz getrennt – entstand 1716–20 ein Gar-
tenschloß im Versailler Stil, das aber bald abbrannte; über den
im Park liegenden zweistöckigen *Pavillon* mit vier Seitentürmchen
entstanden Sagen. 1714 vertauschte Gf. Flemming S. an Gf. Adolf
Magnus v. Hoym, der die Industrie weiter ausbaute. 1723 hinterließ dieser die Herrsch. seinem Neffen Julius Gebhard v. Hoym.
Dessen Tochter und Erbin Amalie vermählte sich 1782 mit dem
Erbpz. und späteren Fst. Friedrich Ludwig von Hohenlohe-
Ingelfingen. S. kam so an das Haus Hohenlohe. Friedrich Ludwig, ein bewährter Gen., wurde 1806 bei Jena von Napoleon
geschlagen und zudem für die Kapitulation von Prenzlau verantwortlich gemacht; er fiel in Ungnade. Verbittert starb er am 15. 2.
1818 in S.; sein mächtiges eisernes Grabmal im Schloßpark trug
den Hohenloheschen Wahlspruch: Ex flammis orior. S. fiel an Fst.
Friedrich August von Hohenlohe-Oehringen, den ältesten Sohn
Friedrich Ludwigs. Er erbaute um 1830 das dreistöckige Schloß
mit 45 Wohngelassen und einem Festsaal (seit 1945/48 *Ruine*),
nachdem das alte ma. Schloß 1827 durch Blitzschlag zerstört worden war. Fst. Hugo von Hohenlohe-Oehringen, der 1849 die
Herrsch. antrat, erlangte 1861 anläßlich der Königskrönung Wilhelms I. die Erhebung aller seiner Fideikommisse (darunter S.-
Birawa, um 1910 175 qkm) zum »Hzt. Ujest«. Unter Fst. Hugo
und seinen Nachfolgern wurde das Haus Hohenlohe-Oehringen
zu einem der großen Industriemagnatengeschlechter von Oberschles., das in der Zinkproduktion eine Spitzenstellung in der
Welt einnahm. S. blieb ihre Residenz und der Sitz ihrer Haupt-
verwaltung.
Die Bev.-Zahl stieg von 384 E. 18. Jh. auf über 2000 um 1860 und
betrug 1939 2549. Die flächenmäßig beinahe dreimal so große
poln. »stadtart. Siedl.« (seit 1959, 28,58 qkm gegenüber 1931:
10,76 qkm), in der hauptsächlich Arbeiter der Industrie von →
Kandrzin und Blechhammer wohnen, hatte 1961 2703, 1971 rd.
3700 Eww. – Auf dem Friedhof von S. befand sich eine zerbro-
chene Säule, unter der nach dem Volksglauben Luther gelegen
haben soll.   (IV)   *En*

LV 345. – LV 613, Bd. 1, S. 33. – GWlodarczyk, D. abgebrannte Versailler Schloß in S. Oberschles., in: Schles. Musenalmanach 7 (1920),

Nr. 2, S. 80–85. – BRademacher, Ein alter Fürstensitz, in: Oberschles.
Heimat, Beil. z. Coseler Ztg. Jg. 1, 1925, Nr. 3. – LV 668, S. 44–48. –
LV 234, Bd. 2, S. 184. – LV 593, Bd. 7, H. 5, S. 57–60. – LV 631,
S. 190 f. – KJonca, Dzieje społeczno-gospodarcze Sławięcic (do 1945
roku) (Wirtschafts- u. Sozialgesch. von S. bis 1945), in: Ziemia Koziel-
ska, Bd. 3, Red. JKroszel, Oppeln 1974, S. 225–339

Slensane (Ślężanie). Der S.-Gau war der größte und zentral gelegene der schles. Slawengaue. Nach dem Bayerischen Geographen (M. 9. Jh.) umfaßte er 15 »civitates«, d. h. Burgen und dazugehörige Burgbezirke. Thietmar von Merseburg nennt zu 1017
als zum »pago Silensi« gehörig die Burg → Nimptsch (daher z. T.
als Hauptburg des S.-Gaues betrachtet) und einen sehr hohen
und weitläufigen Berg, der in der heidnischen Zeit verehrt worden sei und dem S.-Gau seinen Namen gegeben habe; es handelt
sich um den → Zobtenberg, den »mons Silencii«, »Slenz«, dessen
Name seinerseits ebenso wie derjenige des den S.-Gau durchflie-
ßenden Lohe-Flusses (ehem. »Sclenza«, »Slenza« u. ä.) wahrsch.
von den Silingen abzuleiten ist, einem wandalischen Stamm, dessen alte Wohnsitze l. der Oder in der fruchtbaren Ebene um den
Zobten angenommen werden. Der S.-Gau erstreckte sich hingegen
auch auf dem r. Oderufer, im N wahrsch. bis an die Grenze des
späteren Bst. Breslau, also unter Einschluß der jüngeren Kastellanei → Militsch sowie der Gebiete von Schildberg und Kempen
(später zu Großpolen). Im W grenzte der S.-Gau im N-Abschnitt
an die → Dedosize, von ihnen getrennt durch die Oder und einen
n. anschließend an Guhrau vorbeiführenden Waldgürtel, im s.
Abschnitt l. der Oder wahrsch. an die → Trebowane, von denen
ihn ebenfalls eine urspr. Waldzone der Neumarkter Platte und im
W-Teil des späteren Kr. Schweidnitz trennten. Im O und S wurde
der S.-Gau durch die → Preseka gegenüber den → Opolane und
im Geb.-Land gegenüber Böhmen begrenzt. Mittelpunkt des
Gaues wurde zumindest in der jüngeren Stammeszeit → Breslau,
das schließlich Hauptort des ganzen schles. Landes wurde, wie
auch die S. dem Land ihren Namen gaben.   *We*

LV 130, Bd. 1, Nr. 5. – Thietmari Merseburgensis Episcopi Chronicon,
bearb. v. RHoltzmann u. WTrillmich, übertr. v. WTrillmich, Darmstadt
1957, VI 57, VII 59. – LV 402, bes. S. 37–53. – LV 259, Bd. 1, S. 85 ff.,
96 ff., 304 ff. – LV 262, Bd. I 1, S. 125–132

Sohrau (Żory, Kr. Rybnik). Die Gründung der Stadt S. am N-Rand
des oberschles. Vorgebirgshügellandes zu den Sandgebieten r.
der Oder hin ist ein typisches Beispiel für die Städtegründungspolitik der schles. Piasten im 13. Jh.: Hz. Wladislaus von Oppeln
tauschte 1272 vom Kleinadligen Chwalisius gegen einen Besitz
nö. Pleß das Gut »Sari« ein, um darauf eine Stadt zu gründen in
dem Bestreben, das Land durch Städte zu schützen, wie die Urk.
besagt. Der Platz am Oberlauf des Ruda-Flusses lag verkehrs-
günstig an einer Handelsstraße, die von Polen und Ungarn über
Krakau, Auschwitz, Pleß und S. nach Ratibor, Neisse bzw. Op-

peln und Breslau führte. Der ovale Stadtgrundriß mit gitterförmigem Straßennetz hat als Mittelpunkt einen rechteckigen Marktplatz, auf dem bis zum Brand von 1807 das Rathaus stand. N. davon liegt die den Aposteln Philippus und Jakobus geweihte *Pfarrkirche,* seit 1. H. 14. Jh. Sitz eines Archipresbyterats, eine nach Bränden und Zerstörungen mehrfach, bes. 1662–68 und nach 1945 wiederaufgebaute dreischiffige got. Halle, der Chor wohl noch vom E. 13. Jh., mit einem Turm im SW (der zweite Turm im NW nicht ausgeführt) und einer an das S-Schiff angebauten, vom Bürgermeister Sigismund Link gestifteten Barockkapelle vom E. 17. Jh. Das Marienkirchlein an der Innenseite der sö. Stadtmauer, 1393 erstm. belegt, soll nach der Überlieferung früher entstanden sein als die Pfarrkirche und vor deren Bau als Pfarrkirche gedient haben; vielleicht gehörte sie zur alten Siedl. S. Nachdem das seit 1562 belegte St. Nikolaus-Hospital 1661 abgebrannt war, übernahm das ebenfalls vom Brand heimgesuchte, aber wieder hergestellte Marienkirchlein die Funktion einer Hospitalkirche. Die *Stadtmauer,* die nach dem großen Stadtbrand von 1807 teilweise abgebrochen wurde, im S und NO aber erhalten ist, hatte urspr. nur zwei Durchlässe, im W das Obertor nach Loslau, im O das Niedertor nach Pleß; nach 1807 wurden zwei weitere Ausfallstraßen in Richtung Rybnik und Schwarzwasser geschaffen. S. fiel bei der Teilung des Hzt. Oppeln an das Teilgebiet Ratibor. In den politischen Auseinandersetzungen der 2. H. 15. Jh. verband sich Hz. Wenzel von Ratibor mit dem poln. Kanzler Jakob von Dubna gegen Kg. Matthias Corvinus von Ungarn, wobei Dubna für einige Zeit S. als Pfand erhielt. Während der anchließenden Erbstreitigkeiten gehörte S. zeitweise Hz. Kasimir von Zator, 1521 wurde es wieder mit dem Hzt. Oppeln vereinigt. Markgf. Georg von Brandenburg und Kgn. Isabella von Ungarn, die die Fstmm. Oppeln und Ratibor nach 1532 zeitweise als Pfand besaßen, förderten den Protestantismus in S.; die Pfarrkirche war 1569–1629 evg. Die landesherrliche Stadt, mit Magdeburger Recht ausgestattet, erwarb 1603 vom Ks. die höhere Gerichtsbarkeit und das Kammergut neben der Stadt, die ehem. hzl. Schloßherrsch. Dies bezeugt eine wirtschl. Potenz von S.; es war die bedeutendste Stadt der weiteren Umgebung (einschl. Loslau und Rybnik). Seit 1361 besaßen die Wollenweber von S. ein Privileg, seit 15. Jh. ist die Leineweberei belegt; diese wurde später durch die Baumwollweberei abgelöst. Wolle und Flachs lieferte die Umgebung; in S., wo urspr. zwei, seit 1577 vier, im 18. Jh. sogar fünf Jahrmärkte stattfanden, gab es einen bes. Wollenmarkt. Durch die Teilung von Schles. 1742 geriet S. in eine verkehrsungünstige Lage. Trotzdem erlebten die Tuchmacherei (1786: 72, 1816: 80 Meister) und die Leineweberei (1833: 80 Meister), deren Produkte weit ins Ausland exportiert wurden, in den ersten Jahrzehnten des 19. Jh. ihre Blütezeit, ehe sie in der 2. H. 19. Jh. eingingen. Diese Wirtschaftszweige wurden durch moderne Industrie ersetzt: 1842 wurde die Paulshütte gegr. (Eisengießerei, Emaillierwerk, Maschinenfabrik), 1849 eine Dampfmühle, ferner entstanden eine Wagenfabrik und Ziegeleien. Kohlenfunde in der Umgebung führten 1872 zur Begründung einer Aktienges. zu deren Ausbeutung. Dagegen war der Erschließung von Solquellen kein Dauererfolg beschieden. 1884 erhielt S. Eisenbahnanschluß nach Orzesche, 1910 nach Pawlowitz, 1913 verlängert nach Loslau; 1938 kam die Strecke Rybnik-S.-Pleß hinzu. Die Bevölkerung – S. hatte 1787: 1618, 1825: 2234, 1905: 4642 Eww. – war bis zum E. des Ma. wohl fast ganz dt., nach dem folgenden Sprachausgleich M. 19. Jh. nur noch etwa zu einem Drittel dt.; durch Zuzug aus dem W und Eindeutschung nahm die Zahl der Deutschsprachigen dann bis 1910 wieder auf 51,7% zu (35,3% Polen, 13% Zweisprachige). 1922 kam S. an Polen. 1931: rd. 5900 Eww. Im 2. Weltkrieg gründete das Dortmunder Eisenwerk »Rote Erde« in S. ein Tochterwerk (1942). 1945 erlitt S. starke Zerstörungen. Beim Wiederaufbau wurde die Industrie noch verstärkt. 1961: 7053 (auf 19,06 qkm), 1970: 8739 Eww.   (IV) *We*

AWeltzel, Gesch. d. Stadt S. in Oberschles., S. 1888. – A. d. Gesch. d. Stadt S. OS, bearb. v. ENerlich (Veröff. d. Ostdt. Forschungsstelle im Lande Nordrh.-Westf., Reihe B, Nr. 20), Dortmund 1972. – LV 345. – Chronik v. Rybnik O/S, hg. v. d. Bundesheimatgruppe Rybnik, (um 1972). – AMrowiec, Szkice z nowszych dziejów ziemi rybnickiej (Skizzen a. d. neueren Gesch. d. Rybniker Landes), Teil 1 (bis 1914), Kattowitz 1962. – LV 234, Bd. 1, S. 487 f. – LV 593, Bd. 6, H. 11, S. 33–39

Spahlitz (Spalice, Kr. Oels). Während der Vorbereitung der Befreiungskriege, nach dem Vertrag zwischen Preußen und Rußland vom 27./28. 2. 1813 und unmittelbar vor der Kriegserklärung Preußens an Frankreich (16. 3. 1813), kamen russ. Truppen nach Schles., mit ihnen Zar Alexander I.; der preuß. Kg. Friedrich Wilhelm III. reiste ihm von Breslau aus entgegen und erwartete ihn am 15. 3. 1813 in Sp. 2 km nö. Oels und geleitete ihn nach kurzer Besprechung nach Oels und weiter nach Breslau. Zur Erinnerung an diese Begegnung wurde in Sp. 1840 ein Sandsteinwürfel aufgestellt.   (III) *We*

D. Buch d. Stadt Oels in Schles., bearb. v. ESchlitzberger, Berlin-Spandau 1930, S. 22. – HSchönborn, Heimatbuch d. Kr. Oels, H. 2, Oels (nach 1931), S. 35

Sprottau (Szprotawa). Das Mündungsdreieck zwischen Sprotte und Bober war schon frühzeitig besiedelt (Funde der jüngeren Steinzeit, der frühgerm. und slaw. Zeit). A. 13. Jh. entstand hier am Boberübergang ein slaw. Marktflecken mit Kirche und Zollburg, die an der → Niederen Straße die alte Landesburg bei → Eulau ablöste. Dicht bei diesem langgestreckten slaw. Marktplatz (mit Übernahme der alten Kirche) wurde um 1254 die dt. Stadt Sp. mit rechteckigem Ring in Gitterform als Wirtschafts- und Verwaltungszentrum für die dt. Rodungsdörfer n. des Sprottebruches

gegr.; als civitas wird sie 1260 urk. gen. Sie besaß eine Grundfläche von 440 : 300 m, zwei Stadttore in Richtung der alten Zollstraße (im SW das Saganer, im O das Glogauer Tor) und drei
Pforten. Bei der Gründung wurde sie mit Bürgerwald, Viehweide
und 30 fränk. Hufen sowie Meilenrecht ausgestattet. Hinzu kamen 1299 Zollfreiheit, 1304 Salzmarkt mit Eichrecht, 1407 und
1419 Münzrecht, 1499 ein bes. Zollprivileg für durchziehendes
Vieh aus Polen. Neben Ackerbau und Handwerk gab es hier eine
bedeutende Tuchmacherzunft, die ihre Tuche in die Ostseeländer
ausführte, Getreidehandel und vor allem Handel mit Eisenwaren
(Eisenschienen, Sicheln). Ein altes Hammerwerk an der Sprotte
dicht bei der Stadt wird schon 1381 gen.; dann hatte die Stadt Sp.
zwei eigene Hammerwerke in Ober Leschen (vor 1408 bis 1884)
und in Dittersdorf (1639 bis 1850). Zu dem alten Hochwald,
einem jahrhundertealten Buchenhain inmitten der Nadelholzheide
(Naturschutzpark), erwarb Sp. ab 1405 viele Dörfer, vor allem am
Bober aufwärts (Mückendorf, Boberwitz, Zirkau, Ober Leschen,
Dittersdorf, Anteil Ebersdorf), kaufte 1597/1613 die w. Heide des
Sp.er Pfandschillings von Ks. Rudolf II., die sie trotz Konkurs
1666–82 zu erhalten verstand. Hinzu kam 1732 die Herrsch. Hert-
wigswaldau im Fstm. Sagan mit großen Rittergütern (→ Wittgendorf) und Wäldern. So zählte Sp. zu den preuß. Städten mit
größtem Grundbesitz, der 10 290 ha umfaßte (davon rund 7500 ha
Forsten). Sp. hatte 1473 ca. 2500 Eww., deren Zahl bis 1622 auf
etwa 3000 anstieg, aber am Ende des 30j. Krieges nur noch 450
betrug. 1787 hatte die Stadt 2187, 1825: 2914, 1905: 7900 Eww.,
deren Zahl nach zahlreichen Eingemeindungen, darunter 1925
→ Eulau, bis 1939 auf 12 578 anwuchs (1961: 9675, 1970: 11 252
Eww.) Das Stadtgebiet umfaßte 7019 ha. Relativ zeitig, 1846, erhielt Sp. Anschluß an die Zweigbahn Hansdorf-Sagan-Glogau.
Die kath. *Pfarrkirche,* im ältesten Teil einschiffig aus Feldsteinen,
hat im Turm den ältesten datierten schles. Grabstein von 1316; sie
wurde 1416/24 zur dreischiffigen Hallenkirche erweitert. 1314
wurde das um 1290 gegr. Magdalenerinnenkl. von → Beuthen a.
Oder nach Sp. verlegt. Das Kl. erwarb ab 1318 viel Grundbesitz
um Sp., z. B. → Eulau, Hirtendorf, Nieder Leschen, Kortnitz.
Nach der Säkularisation 1810 wurden die *Kl.-Gebäude* (erbaut
14. bis E. 18. Jh.) als Amtsgericht, Hospital und Heimatmuseum
bis 1945 benutzt. – Die Ref. fand in Sp. schon 1524 Eingang,
durch das Jungfrauenkl. vergeblich behindert. Bis 1563 wurde
evg. Gottesdienst in der Georgenkirche (1299) vor dem Glogauer
Tor, 1563–1628 in der Pfarrkirche abgehalten. Die letzte evg.
Kirche wurde 1651 geschlossen; bis 1668 besuchten die Evangelischen die evg. Dorfkirchen im Fstm. Sagan, dann die Grenzkirchen → Dohms und → Kriegheide, ab 1708 die Gnadenkirche in
→ Freystadt. Ab 1741 gab es wieder evg. Gottesdienste in Sp.
Das alte Piastenschloß, von dem um 1600 noch ein Wohnturm
mit steinernem Unterbau und Fachwerkgeschossen bestand und
das später nach der Zerstörung 1642/43 als Malzhaus benutzt

wurde, wurde mit seinen Basteien 1747 zur *evg. Kirche* »Zur Burg Gottes« umgebaut (Turm erst 1821/22). Auf dem viereckigen Marktplatz (»Ring«, im Ma. mit Staupsäule) steht das *Rathaus* mit zwei Türmen, der größere ö. 1536–92, der kleinere Uhrturm 1730–32 in Barockstil von Martin Frantz erbaut. In der ö. Vorstadt wurde 1729/40 im guten Barock die Corpus-Christi-Kirche erbaut.

Der Distrikt Sp. gehörte vor 1250 zur Kastellanei Sagan, seit 1253 zum Fst. Glogau. Sp. war zeitweise Residenz von Teil-Hzz. 1296 bis 1311 ist ein »Kastellan« (Zaudenrichter) in Sp. urk. erwähnt. 1488 wurde die Stadt im Glogauer Erbfolgekrieg durch Kg. Matthias Corvinus belagert und eingenommen. Seit 1489 war Sp. mit dem Fstm. Glogau dem Kg. von Böhmen (ab 1526 den Habsburgern) unterstellt. In der 2. H. 16. Jh. gab es Streitigkeiten mit der Pfandesherrsch. v. Schönaich wegen der Ratskur. 1741 kam Sp. zu Preußen, und der Kr. Sp. wurde gebildet. Die Kr.-Reform von 1818 schuf den (Alt-)Kr. Sp., der im Okt. 1932 mit dem Mittelstück des früheren Kr. Sagan vereinigt wurde. Mit 100 000 Eww. (1939) und 1464 qkm war er der größte Landkr. im Reg.-Bez. Liegnitz. Sitz des Landrates des vergrößerten Kr. Sp. wurde Sagan. Der s. Kr.-Teil bis zum Bober sowie von diesem bis zur Linie Sp.-Primkenau wurde meist forstwirtschl., der n. Kr.-Teil meist landwirtschl. genutzt.

In Sp. wurden geb.: Nickel Jacob, Altmeister der schles. Bienenkunde (um 1505–76); Heinrich Laube, Dramaturg und Theaterschriftsteller, berühmt als Direktor des Wiener Burgtheaters (1806–84); Heinrich Robert Göppert, Begründer der Paläontologie, Prof. der Medizin und Botanik an der Univ. Breslau (1800 bis 1884). Der Kirchenliederdichter Christoph Knoll (geb. in Bunzlau 1563) wirkte in Sp. 1586 bis zum Tode 1630. Der Mundartdichter Robert Rößler starb 45j. 1883 als Direktor der städt. Realschule (1866 gegr., seit 1922 Reformrealgymnasium »Laubeschule«).

(I) *St*

LV 119, Bd. (3), S. 14–107. – FMatuszkiewicz, Gesch. d. Stadt Sp., Sp. 1908. – Ders., D. ma. Sp. als Marktplatz (1932), in: Sagan-Sp.er Heimatbriefe 1963, Nr. 4, S. 22. – Ders., Sp. u. sein Land (1935), in: KHandke, GSteller, Beschreibung d. schles. Krr. Sagan u. Sp., Lippstadt 1968, S. 226–32. – Ders., Eisenindustrie u. Eisenhandel in Alt-Sp., in: FMatuszkiewicz, GSteller, Unsere Sagan-Sp.er Heimat, Köln 1956, S. 5–17. – LV 233, S. 881–84. – LV 234, Bd. 2, S. 661–63. – LV 620, 1. Aufl., S. 64, 68, 73. – JGrünewald, Ein Beitr. z. Ref. u. Gegenref. in Sp., in: LV 72, 21 (1963), S. 310–15. – KEngelbert, D. Anfänge d. luth. Bewegung in Sp., in: LV 72, 22 (1964), S. 225–27. – EKręglewska-Foksowicz, Szprotawa (Sp.), in: LV 360, Bd. 2, S. 375–95

Sprottebruch. Die Sprotte (slaw. = widerlicher Bach) entspringt im Kr. Lüben und mündet bei Sprottau in den Bober. Sie bildet n. Primkenau ein eiszeitliches Staubecken mit Niederungsmoor, in das Ks. Heinrich II. im Polenfeldzug Sept. 1015 geriet und dort eine Niederlage erlitt. Seit 1746 wurden Teile des Bruches entwässert, dann ab 1853 erneute Trockenlegung durch den Hz. von Schleswig-Holstein auf → Primkenau, zuletzt nach 1934 durch Arbeitsdienst mit Schaffung des Neubauerndorfes Hierlshagen (Gem. Langen). (I) *St*

FMatuszkiewicz-GSteller, Unsere Sagan-Sprottauer Heimat, Köln 1956, S. 17. – Wirtschaftskunde d. schles. Erbhöfe V, Br. 1940/41, S. 101–56. – LV 218, Bd. 2, S. 286

Städtel (Miejsce, Kr. Namslau). 1294 trat Hz. Heinrich V. von Breslau seinem Vetter Heinrich III. von Glogau u. a. Oels, Bernstadt, Konstadt, Namslau, Kreuzburg, Pitschen, Landsberg und »Swirschow« = (St.) Schwirz ab. Die Nennung innerhalb einer Städtereihe läßt vermuten, daß auch mit Schwirz eine Stadt gemeint war. Dies findet seine Bestätigung im Liber fundationis des Bst. Breslau (um 1300), der zwischen »Swoyrzow« (Dorf Schwirz 1,5 km nw. St.) und dem »opidum Swirczow« = St. unterscheidet. Die Entrichtung von Feldzehnten durch St. um 1300 könnte auf einen polnrechtl. Marktort hindeuten; für 1394 ist jedoch neben »Haus« (= Burg) und Städtchen auch die dt. Recht voraussetzende Vogtei von »Schwirtschaw« überliefert, und 1497 bestätigte Kg. Wladislaus von Böhmen dem Grundherrn die Aussetzung von St. und der zur Herrsch. St. gehörigen Dörfer zu demselben Recht wie Namslau, also zu dt. Recht. In der Folgezeit sank das schwach entwickelte, unmittelbar an der Grenze des Weichbildes Namslau gegen das Hzt. Oppeln am Rande ausgedehnter Waldgebiete gelegene St. zum Dorf ab, vor allem auf Druck von Namslau (15 km nw. St.), das sich durch St. beeinträchtigt fühlte. Merian zitierte 1650 nach älteren Quellen noch unter den Städten den Ort »Städlin« (der Zusatz »Schwirz« fiel nach 1615 weg), später erscheint St. als einfaches Kirchdorf. Nach Zerstörung im 30j. Krieg hatte St. 1654 erst wieder 18 Häuser. 1811 besaß es noch einen Krammarkt (von früher angeblich vieren), und bis 1813 galt St. als »Städtel« (Marktflecken). Die Bev.-Zahl nahm in der Folgezeit ab: 1825: 636 (davon waren 246 Juden, die eine Kolonie mit Synagoge besaßen), 1885: 573 (mit Gutsbez.), 1939: 499. Hingegen wurde Schwirz größer: 1825: 566, 1885: 825 (mit Gutsbez.), 1939: 869 Eww. Im Grundriß von St. sind nur noch der rechteckige Ring und die äußere runde Umgrenzung der Stadtanlage sowie im O die Burgstelle zu erkennen.

1497 gehörte die Herrsch. St., bestehend aus Städtel Schwirz (= St.) und Dorf Schwirz, Eckersdorf, Dammer, Hönigern und Gülchen, dem Nickel Kottulinsky v. d. Jeltsch, dessen Fam. dort bis ins 17. Jh. belegt ist; 1719 ging der Besitz (um 1910: 2863 ha) zusammen mit dem benachbarten, aber schon zum Hzt. Oppeln gehörigen → Carlsruhe durch Erbschaft von den Gff. v. Redern auf die Hzz. von Württemberg-Oels und nach deren Aussterben 1792 auf eine Seitenlinie der Stuttgarter Württemberger über. (III) *We*

LV 131, Bd. 2, Nr. 3. – LV 149, B 241 f u. g. – LV 209, 3. Abt., S. 742. – LV 511, Sp. 309, 319 f. – LV 591, (II 1), S. 184 f., 193–95. – LV 357, S. 67 f. – LV 358, S. 240

Stahlhammer (Kalety, Kr. Lublinitz). Der 1951 zur Stadt erhobene Industrieort St. liegt im Gebiet der spätma. Eisenhämmer an der oberen Malapane, wo auch in den folgenden Jhh. Eisen verhüttet wurde. Johann Friedrich Koulhaas († 1808), Fachmann beim Aufbau des oberschles. Hüttenwesens nach 1742, versuchte in Kutschau n. Tarnowitz das Verkoken der Kohle; 1789 gelang ihm in dem in der Gemarkung dieses Dorfes kurz nach 1777 errichteten Stahlhammer – dem ersten Frischfeuer in Oberschles. zur Herstellung von Stahl –, Stahl mit Steinkohle zu raffinieren. Der Stahlerzeugung folgte die Stahlwarenfabrikation. Neben diesen Anlagen entstand E. 18. Jh. die Kolonie St. Mit der Verlagerung der Eisenerzeugung in das Steinkohlenrevier im S ging das Hüttenwesen um St. zurück. Dafür entwickelte sich der Ort zum Mittelpunkt für die Verarbeitung des Holzes aus den Waldungen im N der Henckel-v.-Donnersmarckischen Besitzungen. Die Hütte wurde zum Sägewerk umgebaut, vor allem aber begründete Guido Gf. Henckel von Donnersmarck eine Zellulose- (1882–84), E. 19. Jh. auch eine Papierfabrik, welche mit ihren starken Belegschaften (1930: 900, 1968: 1800 Arbeiter) den Kern für die Entstehung der modernen Industriesiedl. bildeten. Die Eisenbahnlinie Lublinitz–St.–Tarnowitz–Beuthen (1884) war eine wichtige Voraussetzung für den wirtschl. Aufschwung; seit 1926 zweigte hier die S-N-Linie Kattowitz–Gdingen ab. Nach Kutschau wurden 1933 Jendryssek und Truschütz (Kr. Tarnowitz) sowie Drathhammer (Kr. Lublinitz) nach St. eingemeindet. 1961 hatte St. bei einer Ausdehnung von 52,37 qkm (davon über 80% Wälder) 6760, 1970: 7403 Eww. (1905: 453, 1910: 1528, 1930: 1780).   (IV)   *We*

Lubliniec, zarys rozwoju powiatu (Überblick d. Entwicklung d. Kr. Lublinitz), hg. v. JJaros, Kattowitz 1972, bes. S. 415 f. – LV 668, S. 74 f. – LV 234, Bd. 1, S. 442

Steinau (Ścinawa Mała, Kr. Neustadt O. S./Neisse). 1236 schenkte Gf. Sbroslaus von St.-Schmitsch, Kastellan von Oppeln, seinen an der SO-Grenze des Neisser Bst.-Landes am Übergang der Straße Cosel-Neisse über die Steine gelegenen Markt St., den er aus hzl. Verleihung besaß, an die Breslauer Domkirche. 1241 gewährte Hz. Mieszko II. von Oppeln dem Bf. für den Ort weitgehende immunitäre Freiheiten sowie 1243 das Recht der freien Vogteinsetzung. Für 1260 ist St. als bischl. Stadt mit dt. Recht bezeugt. Der Bf. konnte jedoch auf die Dauer nur die Pfarrkirche behaupten, die 1335 dem Archipresbyterat Neisse angegliedert erscheint. Ab 1268 tritt urk. ein Ritter Simon von St., Kastellan von Oppeln, auf. Im 14. und 15. Jh. befand sich St. wieder in der Hand der Oppelner Hzz. Ihre Rechtsnachfolge traten 1532 die Habsburger an. 1562 verlieh Ks. Ferdinand I. der Stadt St., die kein nennens-

wertes Weichbild ausbilden konnte und stets ein einfaches Acker-
bürgerstädtchen blieb, zwei Jahrmärkte und einen Wochenmarkt.
Neben der Stadt mit eigenem Rathaus am langgestreckten Markt-
platz bestand eine Dorfgem. und ein Dominium. 1784 wurden die
Dominialäcker an die Stadt und Bauern verkauft. Seit der M. 18.
Jh. »unakzisbares Städtel«, war St. zuletzt Marktflecken (ohne
Stadtrecht) mit 1939 1337 Eww. (E. 18. Jh. 75 Häuser, 1825: 550,
1905: 1611 Eww.). (III) *Me*

LV 119, Bd. (5), S. 19 f. – BLungmus, 700 Jahre St. O.S., in: Heimatbll. d. Neissegaues 5 (1929), S. 84 f.

Steinau a. O. (Śinawa, Kr. Wohlau). In der Niederung des Durch-
bruchtales der Oder durch den Schles. Landrücken auf der l. Flußseite gelegen, wird der Ort »Stinay« erstm. 1202 in einer Zehntbestätigung für das Kl. Trebnitz gen.; jedoch deuten Siedl.-Funde
aus vorgesch. und frühgesch.-slaw. Zeit darauf hin, daß die spätere Stadt St. auf altbesiedeltem Grund entstanden ist. Am Oderübergang wurde eine hzl. Burg errichtet – 1251 belegt – und M.
13. Jh. in deren und der älteren slaw. Siedl. unmittelbarer Nähe
die Stadt St. zu dt. Recht ausgesetzt: ein Pfarrer von »Stinaw«
ist 1248 nachweisbar, die Stadt mit dem 1259 erwähnten Vogt
von »Stinavia« belegt. Noch heute läßt der Stadtgrundriß mit
rechteckigem Markt (Ring) und gitterförmigem Straßennetz den
Ort als planmäßige Marktgründung der ma. dt. Besiedlung von
Schles. erkennen, dessen Bedeutung durch die Lage an einem
wichtigen Oderübergang und durch die Verbindung zu der bei
Lüben vorbeiführenden alten Handelsstraße von Frankfurt a. O.
nach Breslau bestimmt wurde. Außer dem bereits 1274 verliehenen Oderzoll und der Fährgerechtsame erhielt die Stadt 1348
durch Hz. Johann von Steinau das Recht zum Bau einer Brücke,
die bis zu ihrer Zerstörung während des 30j. Krieges im Jahre
1632 bestand. Seitdem wurde an ihrer Stelle wieder eine Fähre
betrieben, die erst 1858 durch eine Straßenbrücke, an der noch bis
1924 Brückenzoll erhoben wurde, ersetzt wurde und zu der 1873
eine Eisenbahnbrücke im Zuge der Breslau-Stettiner Bahn trat.
Zu Beginn der Befreiungskriege wurde für vorübergehende Dauer
eine Schiffsbrücke errichtet, die den Übergang größerer russ.
Truppenverbände diente und an der am 14. 4. 1813 Kg. Friedrich
Wilhelm III. von Preußen, von Breslau kommend, Zar Alexander I. von Rußland empfing.
Nur kurze Zeit im ausgehenden 13. und in der 1. H. 14. Jh. selbständig und währenddessen Sitz schles. Piastenhzz., gehörte St.
urspr. zum Hzt. Glogau, nach 1365 zum Hzt. Oels und seit E. 15.
Jh. zu dem damals entstandenen Fstm. Wohlau. Mit dem Übertritt des Liegnitzer Piasten Friedrich II., der seit 1523 auch Herr
des Fstm. Wohlau war, zur luth. Kirche fand die Ref. frühzeitig
auch Eingang in dieses Fstm. Bereits 1525 traten in St. der Prior
und der Ordenspfarrer des Ordens der Brüder vom Hl. Geist,
dem in St. das älteste, bereits Ausgang des 13. Jh. erwähnte Hos-

pital im Fstm. Wohlau gehörte, zu der neuen Lehre über. Mit
der Auflösung des Ordens wurde auch die ihm seit 1477 gehörende *Stadtpfarrkirche* evg. Diese um 1450 an Stelle einer älteren
erbaute got. Hallenkirche ist bis jetzt erhalten geblieben, obwohl
sie 1945 schwere Beschädigungen erlitten hatte, die aber inzwischen zum größten Teil beseitigt sind. Die außerhalb der Stadtmauern gelegenen, ebenfalls aus dem Ma. stammenden weiteren
Kirchen der Stadt sind bereits in früheren Jhh. abgebrochen worden: die Hospitalkirche um 1648, die St. Georgskirche 1819 und
die Marienkirche 1832. Mit dem Aussterben der Liegnitz-Brieger
Piasten 1675 fiel das Fstm. Wohlau an das Haus Habsburg. Die
seitdem auch hier einsetzende Gegenref. führte in St. verhältnismäßig spät, 1701, zur Schließung und Rekatholisierung der Stadtpfarrkirche, die jedoch auf Grund der Altranstädter Konvention
1707 an die Evangelischen zurückfiel, während für die geringe
Zahl der Katholiken durch Ks. Joseph I. eine Pfarrstelle, eine josephinische Kuratie, eingerichtet wurde.
Bei der Neuordnung von Schles. durch Kg. Friedrich II. nach der
Übernahme durch Preußen kam das Fstm. Wohlau, das in die
beiden Krr. Wohlau und St. aufgegliedert wurde, an die Kriegs-
und Domänenkammer Glogau. Die im Verfolg der Steinschen Reformen durchgeführte Verwaltungsreform führte 1816 zur Auflösung des Fstm. und zur Bildung des Kr. Wohlau und des Kr. St.,
der bis zur Zusammenlegung der beiden Krr. 1932, bei der St.
seine Funktion als Kr.-Stadt verlor, Bestand hatte.
Die Wirtschaftsstruktur von St. war seit Gründung der Stadt weitgehend durch die Lage an die Oder bestimmt. Neben der Fische-
rei bildeten seit 1375 bis 1747 die zunächst hzl., später städt.
Odermühlwerke eine wesentliche Erwerbsgrundlage, zu denen
neben einer Mehlmühle u. a. eine Papiermühle und insbesondere
eine Tuchwalke gehörten, letztere Grundlage für die Entwicklung
des Tuchmachergewerbes, das im 18. Jh. seine Blütezeit erlebte
(1749 118 Tuchmachermeister). Der Bau einer Oderbrücke, der
Anschluß an das Eisenbahnnetz (an die Strecken Breslau-Stettin
und Liegnitz-Rawitsch) und der Ausbau des Oderhafens führten
zu Ausgang des 19. Jh. zu einer wirtschl. Belebung der Stadt, u. a.
der Errichtung einer Seifen- und einer Zuckerfabrik, die sie 1932
auch den Verlust der Funktion als Kr.-Stadt überwinden ließ. Bei
den schweren Kämpfen um den Oderübergang im Jan. 1945 wurde die Stadt, wie schon mehrmals in ihrer Gesch., zum größten
Teil zerstört. Die beiden Oderbrücken sind inzwischen wieder
hergestellt, während ein Wiederaufbau in der zur Bedeutungslosigkeit herabgesunkenen Stadt, in der zwei große *russ. Sieges-
denkmäler* an der Oderbrücke und auf dem Ring an die Kämpfe
des Jahres 1945 erinnern, lange Zeit kaum erfolgt ist. An Baudenkmälern sind außer der Pfarrkirche der *Rathausturm* und kleine *Reste* der Stadtmauer erhalten. Eww.-Zahlen: 1787: 1800, 1825:
2395, 1905: 4337, 1939: 6529 (auf 17,79 qkm), 1961: 3701 (auf
12,51 qkm), 1970: 4242.   (II)   *Gra*

HSchubert, Urk. Gesch. d. Stadt St. a. d. Oder, Br. 1885. – LBöer, Kleine Chronik d. Stadt St. (Oder), Glogau 1940. – LV 233, S. 884–86. – LV 218. – LV 270. – LV 234, Bd. 2, S. 591. – LV 402, S. 85. – LV 356, S. 91

Stollarzowitz (1936 Stillersfeld, Stolarzowice, Kr. Beuthen-Tarno-witz/Tarnowitz). Für das auf dem oberschles. Muschelkalkrücken nw. Beuthen O. S. gelegene Dorf ist im Ma. der dt. Name Stiller-dorf belegt. Ertragreicher als die im 16. und 18. Jh. eingeleitete Silber- und Bleierzförderung war (nach anfänglichen Grabungen durch David Stylarski nach 1660) im 18./19. Jh. der Galmeiabbau. Die im letzten Viertel 18. Jh. mit kleinen Häuslerstellen ausge-setzte Kolonie Friedrichswille nw. St. stellte Arbeitskräfte für den Bergbau um St. bereit. Der in der Zwischenkriegszeit stark ange-wachsene Ort (1825: 288, 1905: 1326, 1925: 1781, 1939: 6820 Eww.) stieg 1958 zur stadtart. Siedl. auf (1961: 5796, 1970: 5440 Eww.), nachdem 1954 die Arbeitersiedl. Helenenhof zu Hinden-burg geschlagen worden war.   (IV) *We*

LV 345. – Tarnowskie Góry. Zarys rozwoju powiatu (Überblick d. Ent-wicklung d. Kr. Tarnowitz), hg. v. HRechowicz, Kattowitz 1969. – LV 234, Bd. 1, S. 472

Stonsdorf (Staniszów, Kr. Hirschberg). Am Fuße des Prudelber-ges im Hirschberger Tal gelegen, wird das langgestreckte, A. 14. Jh. erstm. gen. Dorf von dem eigenartigen Felskegel überragt, auf dem der Hirschberger Bildhauer Dähmel einen Bismarckturm in schles. Granit errichtet hatte. Der langgestreckte Dorfplatz wurde von einem schönen Gasthof im Biedermeierstil und einer gegen-überliegenden Brauerei eingefaßt, in der seinerzeit die Herstel-lung des bekannten Stonsdorfer Bitter der Firma Körner betrie-ben wurde. Oberhalb dieses Platzes liegt die malerische Simultan-*Pfarrkirche*. Bereits 1388 erwähnt, besitzt sie einen kreuzgewölb-ten ma. Chor. Das etwas abseits vom Dorf gelegene Schloß der Pzz. Reuß jüngere Linie lag in einem weiten Park und war ein schlichter Barockbau ländlicher Prägung; es enthielt eine bedeu-tende Gemäldesammlung. In den zum Gut gehörigen Wäldern wurde 1841 als Jagdschlößchen eine künstliche Ruine erbaut, die Heinrichsburg.   (I) *Gru*

LV 587, Bd. 3, S. 477

Strehlen (Strzelin). Die Gegend von St. ist nach Aussage von Funden früh besiedelt gewesen. 1909 wurden auf dem Galgen-berg bei Ottwitz n. St. Hockergräber aus der Bronzezeit freige-legt; w. Ottwitz wurde ein Bronzeeimer gefunden, an der Ohle s. St. 1861 ein Feuersteinmesser, am Rummelsberg gegen E. 19. Jh. ein Kupferbeil, bei Ottwitz eine kupferne Hammeraxt, in St. eine kupferne Lochaxt, im Ohletale zwei kostbare Fingerringe aus rundgehämmertem Golddraht mit großen, sattelförmig ge-wölbten Spiralscheiben. In der Frühzeit von Schles. war das Gebiet um St. Besitz der schon 1228 auftretenden Gff. von St., deren Fam. auch die Bff. Thomas I. und Thomas II. von Breslau entstammten. Ein Zweig des Geschlechts gründete vor 1288 in Prieborn 13 km sö. St., wo es einst einen slaw. Ringwall gab, eine Stadt. Am Stammsitz der Gff., St., bestand vor der Stadtgründung am r. Ohleufer ein altslaw. Dorf, das nach der Gründung der dtrechtl. Stadt »Altstadt« gen. wurde (1316 »antiqua civitas«), am l. Ufer des Flusses wahrsch. schon eine Burg der Gff. von St., wohl an der Stelle der späteren hzl. Burg beim Wassertor (belegt 1292, 1820 abgerissen). Dies legen auch die nach 1945 unter der St. Gotthard-(Godehard-)Kirche entdeckten Fundamente einer rom. Rundkirche (Rotunde), die auf das 12. oder die 1. H. 13. Jh., jedenfalls die Zeit vor der Stadtgründung datiert werden, sehr nahe. Die Rundkirche könnte zu einer Burgsiedl. gehört haben; sie (weniger die 1316 namentlich gen. Marienkirche von Altstadt) ist wahrsch. mit der 1264 erwähnten Pfarrkirche von St. zu identifizieren. Eine erste Stadtgründung am l. Ohleufer war 1291 bereits durch die Gff. von St. erfolgt, als Hz. Bolko I. von Löwenberg-Jauer das bis dahin zum Hzt. Breslau gehörige Gebiet an sich brachte. Bolko erwarb den Besitz der Gff. von St., löste die Stadt Prieborn auf – der Ort wurde zum Dorf – und faßte sie mit St. zusammen, das neu loziert wurde. Am 30. 11. 1292 erteilte er dem Vogt Siegfried »in unserer neuen Stadt Strelyn« ein Privileg über die Vogteirechte »anläßlich der erneuerten Lokation« der Stadt St. Eine Urk. von 1297 spricht ausdrücklich von der Vereinigung der beiden Städte Prieborn und St. und bestätigt dem Kl. Heinrichau den Besitz von Fleisch- und Brotbänken in St. als Ersatz für die, die es in der ehem. Stadt Prieborn (»in antiquo Preworn«) und im alten St. besessen hat; ehem. Bewohner von Prieborn sind in dieser Urk. und später als Bürger von St. bezeugt.

Die neue Stadt war eine ovale bis quadratische, planmäßige Anlage mit gitterförmigem Straßennetz und einem fast quadratischen Ring als Mittelpunkt, umgeben von Mauer und Graben (belegt 1328) mit drei Toren, von denen zwei (Breslauer und Münsterberger Tor) den Durchgangsverkehr auf der Straße Bresla–St.–Münsterberg–Patschkau–Glatz vermittelten, das dritte (Wassertor) zur Ohle führte. Stadtpfarrkirche war nunmehr die St. Michaeliskirche; die St. Gotthardkirche in ihrer Nähe – 1300 nachweisbar, später auch Poln. Kirche gen. – wurde im 14./15. Jh. in der Weise erweitert, daß der Rundbau zum W-Turm aus- und ein zweischiffiges Langhaus angebaut wurde. Das Patronatsrecht über die Pfarrkirche erhielt das von Hz. Bolko I. 1295 gegr. Klarenkl. an der sw. Stadtmauer. Der Häuserblock inmitten des Ringes war mit dem Kauf- und Rathaus das wirtschl. und Verwaltungszentrum der Stadt (1362 12 Tuch- und 6 Kaufkammern erlaubt). Der 1307 bezeugte Rat erwarb 1344 die hzl. Rechte in St. und 1349 die Erbvogtei. St. war Weichbildvorort und besaß seit dem 14. Jh. entsprechende Privilegien (u. a. Salzmarkt, Waagerecht, Meilenrecht, Braugerechtigkeit für 145 Häuser). St. war A. 14. Jh. Zollstätte, es hielt später zwei Jahrmärkte ab, auf denen der Getreide-, Hopfen- und Wollhandel im Vordergrund stand. Seit M. 17. Jh. spielte in St. die Tabakfabrikation eine Rolle, im 18. Jh. auch die Strumpf- und Handschuhstrickerei und die Tuchmacherei. Kurz nach M. 19. Jh. kam der Abbau von Granit nw. der Stadt auf. Unter den städt. Gewerben war in dieser Zeit die Schuhfabrikation führend. St. erhielt 1871–75 mit der Strecke Breslau–St.–Mitelsteine-Prag Eisenbahnanschluß; später folgten mehrere Nebenstrecken.

Bei der Aufteilung des Erbes von Hz Bolko I. fiel St. 1321 an das Hzt. Münsterberg, nach zwischenzeitlicher Herrsch. der Hzz. von Teschen (-Auschwitz) 1427 an das Hzt. Brieg. Die Ritter v. Tschirn, die lange auf dem → Rummelsberg saßen, waren zeitweilig auch Pfandherren von Stadt und Land St. Zur Zeit des Hussiteneinfalls leisteten sie Widerstand, konnten aber nicht verhindern, daß St. 1429 das erste Mal geplündert und Ostern 1430 niedergebrannt wurde. 1437 verteidigte Opitz v. Tschirn als Hauptmann von St. die Stadt; 1445 wurde er Pfandherr von Stadt und Land St. Seit 1532 fand die Ref. Eingang in der Stadt; das Klarenkl. wurde 1540 geschlossen. Die nach dem Aussterben der Brieger Piasten (1675) gegen E. 17. Jh. einsetzende Gegenref. (Gotthardkirche seit 1698 kath.) wurde durch die Altranstädter Konvention rückgängig gemacht. Die Betreuung der Katholiken erfolgte durch Augustiner, die 1700 das 1648 abgebrannte Klarenkl. übernahmen und dort die einzige Niederlassung der unbeschuhten Augustiner-Eremiten in Schles. einrichteten; die ma. Kl.-Kirche Hl. Kreuz wurde 1703 im Inneren barockisiert. Nachdem St. 1741 preuß. geworden war, wurde es Sitz eines Kr. (1932 wurden dem Kr. St. Teile der Krr. Nimptsch und Münsterberg zugeschlagen). 1749 ließen sich tschech. Protestanten in der »Altstadt« (inzwischen nach St. eingemeindet) nieder; sie erhielten 1750 die vorher als Begräbniskirche verwendete Marienkirche von Altstadt als ref. Gotteshaus zugewiesen, zu der sich auch die in der Nähe von St. entstehenden tschech. Kolonien → Hussinetz und → Podiebrad hielten. In den Napoleonischen Kriegen wurde die Stadt nach den Kämpfen um St. am 24. 12. 1806 von den mit den Franzosen verbündeten Bayern und Württembergern geplündert. St. wurde mehrmals von Epidemien und Bränden (1430, 1548, 1706) heimgesucht; nach dem Brand von 1548 wurden Veränderungen im Stadtgrundriß vorgenommen (Durchbruch der Münsterberger und Breslauer Straße von der Mitte der w. bzw. n. Ringseite). Nach 1871 entstand das Bahnhofsviertel, in der Zwischenkriegszeit ein Wohnviertel in NW. Eww.-Zahlen: 1787: 2516, 1825: 3200,1905: 8999, 1939: 12 337 (auf 6,49 qkm). Im Jan. 1945 fanden in St. schwere Kämpfe statt; die Stadt wurde mindestens zur Hälfte zerstört. Die nach Brand 1707 barock wiederaufgebaute Pfarrkirche St. Michael ist weitgehend eingestürzt; es stehen nur noch *Ruinen*. Als Pfarrkirche dient nach Beseitigung der

Kriegsschäden die *Hl. Kreuzkirche* des ehem. Klarenkl.; auch die *Kl.-Gebäude* des 18. Jh. sind erhalten. In der *St. Gotthardkirche* wurden konservatorische Arbeiten durchgeführt (u. a. Sicherung des Rotunden-Fundaments). Erhalten sind auch Reste der *Stadtmauer* mit dem *Pulverturm* und das nach 1706 erbaute barocke *Hospital* (begründet vor 1346) mit der got. *St. Georgskapelle.* Vom Rathaus (zuletzt nach Brand von 1706 wiederhergestellt) steht nur das Untergeschoß des *Rathausturmes.* Wirtschl. Bedeutung haben in St. weiterhin die Granitsteinbrüche, ferner Möbel-, Zucker- und Konservenfarbiken. St. hatte 1961: 8696 (auf 10,45 qkm), 1970: 9764 Eww. – In St. wurde am 14. 3. 1854 der Serumforscher Nobelpreisträger Prof. Dr. Paul Ehrlich als Sohn eines Kaufmannes und Lotterieeinnehmers geb. (III) *Web, We*

Heimat-Bll. f. d. Kr. St. 1 (1923) – 19 (1941). – FXGoerlich, Gesch. d. Stadt St., Br. 1853. – BvWinkler, D. Romsberg u. d. Czirne. Bilder a. Schlesiens Vorzeit, Hirschberg 1874. – CASchimmelpfennig, St. u. d. Rummelsberg, St. 1878. – Chronik d. Stadt St. Eine Wiedergabe d. v. EIlling hg. »St.er Stadtgeschsch.« bis auf d. Gegenwart fortgef. . . . . v. KDrescher, St. 1889. – GNagel, Rund um d. Rummelsberg. Bilder a. d. Vorgesch. u. Frühgesch. d. St.er Landes, Kassel 1936. – EGünter, D. Heimat grüßt, 1. Bilder a. d. St.er Lande, St. 1940. – LV 233, S. 886 bis 888. – Chronik d. mittelschles. Kr.-Stadt St., bearb., erw. u. hg. v. JAHoffmann, 4 Hefte, Velen i. Westf. 1962–68. – LV 224. – LV 234, Bd. 2, S. 588 f. – Strzelin. Monografia geograficzno-historyczna miasta i powiatu (Geogr.-hist. Monographie d. Stadt u. d. Kr. St.), Red. EMaleczyńska (†) u. SMichalkiewicz, Br. u. a. 1974. – LV 327 a. – LV 330, S. 120 (Art. Przeworno/Prieborn). – LV 357, S. 32–36. – KEistert, D. Anfänge d. Klarenkl. in St., in: LV 72, 15 (1957), S. 98–123. – HHoffmann, D. Kreuzkirche in St. (LV 107, Nr. 52), Br. 1939. – LV 525, S. 115, 189. – TKozaczewski, Rotunda w Strzelinie (D. Rotunde in St.) (LV 37, 1955, Beilage 7), Br. 1955. – LV 595 b, S. 115–17. – LV 612, S. 74. – JŠKubín, České emigrantské osady v pruském Slezsku. Čechové Štrálští (Tschech. Emigrantensiedll. in Preuß.-Schles. D. Tschechen v. St.), Prag 1931

Streitberg (Góra Swarna, auch Góra Zwycięstwa, Gem. Oberstreit/Graniczna, Kr. Schweidnitz). 5 km nö. Striegau liegt der St., ein im Grundriß ovales Massiv, das nach drei Seiten steil abfällt, im O aber auf einem Bergrücken flach ausläuft. Auf der Höhe des Berges befanden sich zwei *Ringwälle,* die durch den Granitabbau seit dem 19. Jh. teilweise zerstört worden sind. Der innere Wall war aus Steinen, Balken und Lehm auf dem gewachsenen Felsen errichtet; das Terrain vor ihm war durch Herausbildung von Stufenabsätzen, im zugänglichen O auch durch einen Graben gegen einen Angriff sicherer gemacht. Der äußere Ringwall, auch er im O verstärkt, zeigt im SO eine Toranlage. Ob die beiden Wälle aus derselben Zeit stammen oder der äußere vielleicht älter ist, konnte bisher nicht festgestellt werden. Die in der inneren Burganlage gefundenen Gefäßscherben wurden etwa auf das 10./11. Jh. datiert. Die Anlage mit einem Gesamtdurchmesser von 400 × 110 m enthielt aber auch eine vorgesch. befestigte Siedl. Es ist möglich, daß in slaw. Zeit die Funktion des St. im 11./12. Jh. auf den → Breiten Berg übergegangen ist. (II) *We*

GRaschke, D. Striegauer Berge, d. St. u. ihre vorgesch. Burgen, in: LV 68, 1927, Nr. 5, S. 65–68. – LV 328, S. 42. – LV 329, S. 31. – LV 402, S. 14. – LV 330, S. 60 f.

Striegau (Strzegom, Kr. Schweidnitz). Die Stadt St. ist vor 1239 von den Hzz. von Schles. unter Beteiligung der Grundherren, der Gff. von Poseritz/Striegau, und des Johanniterordens gegr. worden. 1239 wurde in »Ztregom« eine Kirche geweiht und dabei von Gf. Paul von Poseritz/St. den Johannitern – wahrsch. als Kirchenausstattung – das Dorf Zedlitz 6 km sö. St. geschenkt; es handelte sich wahrsch. um die zwischen 1149 und 1169 entstandene Peterskirche der Suburbiums-Siedl. »Ztregom« (später Alt St.) s. der Kastellaneiburg am → Breiten Berg, deren Patronat 1202/03 vom Vater des Gf. Paul, Gf. Hemramm, dem Johanniterorden übertragen worden war und die im Zusammenhang mit der Gründung der dtrechtl. Stadt St. in diese verlegt worden sein wird. Die Stadt ist 1242 als »civitas Stregom Teuthonico iure . . . locata« bezeugt; damals entschädigte Hzn. Anna von Schles. die Johanniter für das in St. (offenbar für die Stadtgründung) abgetretene Land durch Zuteilung hzl. Besitzes. Die Johanniter werden als Patronatsherren die neue Peterskirche erbaut haben; sie errichteten aber im Auftrage Hz. Heinrichs III. von Breslau († 1266) auch die Stadtmauer von St.

Mit Jauer und Schweidnitz war St. als Sperrfestung gegen die Geb.-Pässe gedacht, zugleich als Schutz der nun wichtig werdenden Straße an den Sudeten entlang. Die Stadt übernahm die Aufgaben der alten Kastellanei »Ztrigoni« auf dem Breiten Berg – die Hzz. erbauten vor 1305 in St. eine Stadtburg (im 30j. Krieg zerstört) – und bekam ein Weichbild von etwa 70 Dörfern zugeteilt; zur Pfarrei gehörten urspr. 15 Dörfer. St. erhielt einen rechteckigen Marktplatz (Ring), gitterförmig angelegte Gassen an der Hauptverkehrsstraße Neisse–Schweidnitz–Jauer–Löwenberg, zwei Stadtmauern (E. 13. und 2. H. 15. Jh.) mit fünf Toren: Jauer- und Schweidnitzer Tor, Gräben-, Wittig- und Neutor. An kirchlichen Einrichtungen entstanden außer der stattlichen Stadtpfarrkirche St. Peter (und Paul) fünf Kirchen und Kapellen: die Kirche des von der Witwe Bolkos I. Hzn. Beatrix von Schweidnitz 1307 begründeten Benediktinerinnenkl. (nach Brand Wiederaufbau 1720–25, nach Säkularisation zeitweise Zuchthaus, seit 1929 kath. Missionsordenshaus, 1945 stark zerstört, Reste nach 1961 abgebrochen); die Kirche zu St. Maria des 1384 gegr. Karmeliterkl. (nach 1428 verlegt); die St. Nikolaikapelle des 1327 bezeugten Aussätzigenspitals (später Begräbniskirche, abgebrochen nach 1862); die aus der Synagoge des 14. Jh. 1453/54 entstandene St. Barbarakirche; die wahrsch. um 1500 am Neutor in der Stadtbefestigung eingerichtete Antoniuskapelle. Die Johanniter ließen sich

neben der Pfarrkirche nieder; der Komtur war zugleich Stadtpfarrer.

Haupterwerbszweig der Eww. war die Tuchmacherei – der Export der Tuche erfolgte bis nach Venedig und ans Schwarze
Meer –, die Leinwandweberei (»Striegsche Leinwand«) und die
Bierbrauerei. Die Heilerde (Bol, Terra sigillata) war weit verbreitet. – M. 16. Jh. wurde die Ref. eingeführt, 1629 die Gegenref. durchgesetzt. Die Evangelischen hielten sich nun zu den Friedenskirchen Schweidnitz und Jauer; unter preuß. Herrsch. wurde
dann 1741 evg. Gottesdienst im Rathaus abgehalten, 1742 erfolgte
der Bau eines Bethauses, 1813 – nach der Säkularisation der Kll. –
wurde die Karmeliterkirche der evg. Gem. übergeben.

Im 30j. Krieg erlebte die Stadt einen völligen Niedergang (»die
ganze Total-Ruin«), 1633 wurde sie von der Pest, 1718 von einem
großen Brand heimgesucht. Der Haupterwerb nach dem Kriege
war die Landwirtschaft. Nach 1713 wurden Militärinvaliden angesiedelt ($^1/_4$ der Einwohnerschaft). Im 19. Jh. setzte ein langsamer Wiederanstieg ein. Haupterwerbszweig wurde nun die Gewinnung von Granit, daneben entstand eine Reihe von Fabriken.
Der industrielle Aufschwung wurde durch die Eisenbahnen Frankenstein–St.–Liegnitz (1856), St.–Bolkenhain (1890) und St.-
Maltsch (1895) gefördert. Eww.-Zahlen: 1787: 1757, 1825: 3387,
1905: 13 427, 1939: 15 918 auf 13,72 qkm. 1932 wurde der St.er
Kr. aufgelöst und unter die Nachbarkrr. Jauer, Schweidnitz und
Neumarkt aufgeteilt. St. selbst kam zum Kr. Schweidnitz und
verlor fast alle Kr.-Behörden. Von 1747–1816, 1912–18 und 1935
bis 1945 war St. Garnisonstadt.

1385 wird ein Zins für »arme Schüler« erwähnt. Die Schule war
seit 1537 evg., dann wurde sie durch die Gegenref. wieder kath.
1741 entstand eine neue evg. Schule, 1908–28 bestand in St. eine
evg., 1912–28 auch eine kath. Lehrerpräparandie. St. hatte eine
höhere Mädchenschule – ab 1939 Oberschule für Mädchen – und
ein Reformrealgymnasium (ab 1939 Oberschule für Jungen). St.
ist Geburtsort des Dichters Johann Christian Günther (1695 bis
1723).

Am 13. 2. 1945 marschierten russ. Truppen in St. ein, das nicht
rechtzeitig geräumt worden war. Nach Plünderung und Gewalt-
tätigkeiten der Russen, Verschleppung und Vertreibung der Bewohner wurde die Stadt von 9.–11. 3. 1945 von dt. Truppen zurückerobert; dabei wurden 60% der Häuser zerstört. Am 7. 5.
1945 erfolgte der abermalige Einmarsch der Russen. St. wurde
Sammellager von etwa 80 000 fremdvölkischen Arbeitern. Nach
Übergabe der Stadt in poln. Verwaltung (E. Juni 1945) begann
im Juli 1946 die Vertreibung der etwa 7000 Deutschen. Die Baudenkmäler von St. haben durch die Kampfhandlungen am Kriegsende stark gelitten, manche sind völlig zerstört und abgetragen
worden. Erhalten sind – wenn auch z. T. in schlechtem Zustand –
die *Stadtpfarrkirche St. Peter und Paul* (heutiger got. Bau – mit
einem 26 m hohen Dach und zwei nicht vollendeten Türmen – im

14. Jh. errichtet, vollendet im 16. Jh.), daneben der *kath. Pfarrhof* (ehem. Johanniterkommende, zuletzt 1704 errichtet), die *St. Barbarakirche,* die *Antoniuskapelle,* die *evg. Kirche* (ehem. Karmeliterkirche, Neubau 1704–20 und 1818/19), das (alte) *Rathaus* von 1828/29 mit dem barocken *Rathausturm* von nach 1672 und *Reste* der Stadtbefestigung. In dem 1873 nach St. eingemeindeten Alt St. steht die *St. Hedwigskirche* (Neubau um 1460, seit 1816 Friedhofskirche). 1961 hatte St. 12 390 (auf 20,52 qkm), 1970: 14 083 Eww. (II) *Ra*

JFilla, Chronik d. Stadt St., St. 1889. – GGünzel, Österr. u. preuß. Städteverwaltung in Schles. während d. Zeit v. 1648–1809, dargest. am Beispiel d. Stadt St. (LV 81, Bd. 14), Br. 1911. – GSchoenaich, St., d. Stadt d. drei Berge, 1934. – JFromm, Studien z. Gesch. d Zünfte in St., Diss. Br. 1938. – LV 233, S. 888–90. – MBojanowski, EBosdorf, St., Schicksale einer schles. Stadt (nach 1950). – WDziewulski, Problem genezy miasta Strzegomia (D. Problem d. Stadtentstehung v. St.), in: Kwartalnik Historii Kultury Materialnej 4 (1956), S. 240–61. – Ders., Strzegom (St.), in: LV 361, S. 225–35. – LV 234, Bd. 2, S. 587 f. – LV 357, S. 14–16. – LV 595 b, S. 133 f.

Striese (Strzeszów, Kr. Trebnitz). Mit dem 9 km sw. Trebnitz unfern der alten Straße Trebnitz-Breslau gelegenen Dorf St. könnte der 1204 gen. Ort »Streseuic«, aus dem ein »Zehnschafter« (»decimus«) kam, identifiziert werden. Seit 1321 ist St. eindeutig belegt; die *St. Hedwigskirche* stammt aus dem 14. Jh. (Umbau um 1500). Bei seiner Umsetzung zu dt. Recht ist neben dem Dorf ein Rittergut verblieben, das die Hzz. von Oels als Lehen vergaben. Niklas v. Rehdiger, Landeshauptmann von Oels, erwarb St. 1559 als Pfand, 1567 als Eigentum und machte es 1585 zusammen mit Schebitz zum Fideikommiß. St. blieb bis 1904 im Besitz der Fam. v. Rehdiger, fiel dann an einen Neffen des letzten Vertreters dieses Geschlechts, Oberst Hans v. Witzendorff, der 1913 Namen (Witzendorff-Rehdiger) und Wappen seiner Vorgänger übernehmen durfte. Niklas v. Rehdiger erbaute E. 16. Jh. ein *Schloß* mit Wallgraben, es wurde im 7j. Krieg von Russen zerstört, so daß ein Neubau erforderlich wurde: zwei im r. Winkel angeordnete, ungleich lange Flügel, zweistöckig, im Winkel zwischen beiden Flügeln ein Rundturm mit barockem Heim. Am E. des letzten Krieges wurde das Schloß Hauptquartier eines sowjetruss. Armeekommandos und Sammelplatz für die in Breslau in Gefangenschaft geratenen dt. Offiziere. (II) *We*

LV 274. – LV 616, S. 79 f. – OKossmann, D. Decimi d. poln. Ma., in: LV 33, 18 (1969), S. 201–39

Stroppen (Strupina, Kr. Trebnitz). Die Entstehungsgesch. des 20 km nw. Trebnitz im poln. Altsiedelgebiet unweit der Bartschniederung gelegenen kleinen Ackerbürgerstädtchens St. liegt im Dunkeln. 1253 versprach Heinrich III. von Breslau, die Wochenmärkte von → Prausnitz und St. (1249 erstm. belegt) als Konkurrenten der neuen, dtrechtl. Stadt → Trachenberg auszuschalten.

Offenbar ist St. aber slaw. Marktort mit Dorfcharakter geblieben (1301 als Dorf bezeichnet). St. befand sich – soweit nachweisbar – stets in adligem Besitz; durch Heirat kam es 1492 von den v. Sternberg an die v. Frankenberg, E. 16./A. 17. Jh. gehörte es den v. Zedlitz, danach wechselten die Besitzer häufig. Der Grundherr soll um 1500 den »Stadtvogt« und die Schöffen von St. ernannt haben. Um 1540 soll die Stadt neu angelegt worden sein, mit einem rechteckigen Marktplatz und der evg. Kirche auf dessen n. Teil. Wahrsch. stand damit die Verleihung dt. Rechts in Zusammenhang; jedenfalls sind A. 16. Jh. Bürgermeister und Ratsherren und 1570 die Bäckerzunft bezeugt. War St. am E. des Ma. kath. Wallfahrtsort, so wurde seine Kirche nach Durchsetzung der Gegenref. in den schles. Erbfstmm. und Standesherrschsch. 1654 zur Zufluchtskirche für die Evangelischen in der Umgebung jenseits der Grenze des Hzt. Oels, zu dem St. gehörte. Das brachte dem Ort einen gewissen Aufschwung. 1727 erhielt er ein Hospital, 1736 soll er die Bestätigung als vollgültige Stadt bekommen haben. Die Eww.-Zahl von St. war stets klein: 1787: 593, 1825: 701, 1905: 631, 1939: 711 (auf 3,54 qkm). Dies führte 1945 nach Zerstörungen zum Verlust des Stadtrechts. 1961: um 500 Eww.   (II) *We*

LV 274, S. 158, 350. – LV 511, Sp. 331–34. – JRademacher, Gesch. d. Stadt St., St. 1914. – Ders., Z. Gründung v. St., in: LV 30, 1919, S. 59–61. – Ders., Gesch. d. evg. Kirchengem. St., Diesdorf 1902, ²1930. – LV 233, S. 891. – LV 234, Bd. 2, S. 587. – LV 358, S. 219 f.

Sulau (Sułów, Kr. Militsch). Den Übergang über die Bartsch schützte hier eine durch zwei Flußarme gesicherte Burg, die 1351 von den Hzz. von Oels erworben wurde und von der *Mauerreste* erhalten sind. N. davon entstand eine Siedl., die im Laufe der Zeit gewissen städt. Charakter annahm – 1474 erscheinen S.er unter Vertretern schles. Städte, im 17. Jh. wird S. als Städtlein gen. –, bes. nachdem sie Mittelpunkt einer Minderstandesherrsch. geworden war. 1751 wurde S. von einem Brand heimgesucht. Erst danach erhielt es 1755 die vom Standesherrn bereits 1694 beantragten Stadtrechte, zählte jedoch 1787 nur 614, 1825 643 (die Schloßgem. daneben 641), 1905 1085 Eww. Die beiden Pfarrkirchen sind Fachwerkbauten, die sich gut in die Umgebung einfügen. Die *evg. Kirche* wurde 1765 als Rundbau, die *kath. Kirche* 1731 errichtet. Beide blieben erhalten.
Die Grundherrsch. S. mit mehreren Dörfern, die 1595 an Burggf. Otto v. Dohna übergegangen war, wurde 1654 im Rang einer Freien Minderstandesherrsch. anerkannt. In einem großen Park liegt das 1680 errichtete *Schloß*, ein rechteckiger zweigeschossiger Barockbau, zu dem eine breite Freitreppe emporführt. Die letzten Besitzer waren die Gff. v. Schweinitz. In der Nacht zum 22. 1. 1945 wurde das Städtlein, das 1939 1176 Eww. gezählt hatte, von der sowjetruss. Armee besetzt, ohne daß größerer Schaden entstand. In der Folge verlor S. die Stadtrechte. 1961 hatte es etwa 1100 Eww.

Auf dem Schlachtenberg standen Erinnerungskreuze aus dem 30j. Krieg (1643); das Schwedenkreuz soll das Grab eines schwed. Gen. bedeckt haben. Eine Kleinbahn verband S. mit Militsch und Trachenberg. (III) *Go*

JGottschalk, Abriß einer Gesch. d. Kr. Militisch, in: LV 30, 1938, S. 49 f. – KBimler, Schlösser d. Kr. Militisch, ebenda, S. 57–59. – LV 233, S. 891 f. – LV 234, Bd. 2, S. 589. – LV 358, S. 224 f.

Tabor, Groß und **Klein** (Tabor Wielki, Tabor Mały, Gem. Bralin, Kr. Kempen/Kępno, Woj. Posen). Von den während des 1. Schles. Krieges aus Böhmen nach Schles. eingewanderten evg. Tschechen (»Hussiten«, → Friedrichsgrätz) ging eine Anzahl in die Minderstandesherrsch. → Goschütz, zog aber wegen schlechter Ansiedlungsbedingungen bald weiter, u. a. ins nahe Polen auf die Güter der Grundbesitzerin Jadwiga v. Trepka in Mielęcin. Infolge des Widerstandes der kath. Geistlichkeit gegen ihre Niederlassung wechselten die Tschechen jedoch 1748 wieder auf schles. Gebiet über und gründeten 1749 in der Baldowitzer Heide am S-Hang der sich von Groß Wartenberg in Richtung Schildberg hinziehenden Höhen die Kolonie Gr. T., auch Gr. Friedrichstabor gen. Die Gründung erfolgte auf Domänengrund der Standesherrsch. → (Groß) Wartenberg durch die preuß. Regierung, die damals (bis 1764) die Standesherrsch. verwaltete; die Kolonisten erhielten 10j. Abgabenfreiheit, Bauholz und Geldhilfen. Bis 1752 hatten sich in Gr. T. 58 Famm. mit 254 Personen niedergelassen, um 1825 waren es 336 Eww. 14 Famm. gründeten 1752 nw. Bralin nahe der poln. Grenze Kl. T., auch Klein Friedrichstabor oder Ziska gen., wo um 1825 23 Häuser standen und 113 Personen wohnten. Da die Kolonie Gr. T. der standesherrlichen Forstverwaltung im Wege stand, wurde sie 1877 ca. 3 km weiter nach SO in die Ebene auf das Vorwerk Gohle nahe dem Bahnhof Bralin verlegt; die alte Siedl. wurde aufgelassen und aufgeforstet, ihr Name haftete 1885 nur noch an einem Wohnplatz von Baldowitz, bestehend aus einem Haus und vier Personen, während das neue Gr. T. damals 650, Kl. T. 180 Eww. besaß. Mit einem Teil des Kr. Groß Wartenberg fiel T. 1920 an Polen und wurde in das ebenfalls abgetretene nahe → Bralin eingemeindet. (III) *We*

LV 209, 3. Abt., S. 700 f. – LV 212, Bd. 2, S. 443. – LV 429, S. 125–30. – LV 272. – LV 299, Bd. 1, S. 516–18. – LV 191

Talkenstein, Burg → Welkersdorf

Tarnowitz (Tarnowskie Góry). Die Bergbauwelle des 15./16. Jh. führte auch im Beuthener Bergbaurevier auf dem oberschles. Muschelkalkrücken zu einer neuen Blüte, vor allem durch die Tätigkeit der hohenzollerschen Markgff. Georg und Georg Friedrich von Ansbach, die seit 1526 die Herrsch. → Beuthen in Oberschles. innehatten. 1526 führten Hz. Johann von Oppeln und Markgf. Georg von Ansbach eine neue, vom fränk. Recht beeinflußte Berg-

ordnung ein. In den folgenden Jahren muß die Bergstadt T. an der Straße Beuthen–Lublinitz 12 km nw. Beuthen allmählich gewachsen sein. In den Ausführungsbestimmungen zur gen. Bergordnung ist in Art. 49 die Rede von Bürgermeister und Ratmannen, von denen die Kenntnis der dt. und tschech. oder poln. Sprache erwartet wurde (1528). Ob diese Bestimmung bereits auf die Stadt T. Bezug nahm, ist ungewiß. 1529 wurden die Ansprüche des Grundbesitzers von (Alt) T. geregelt und den Gewerken und Bergleuten der »T.er Berge« zwölf Freijahre und das Recht zum Gebrauch eines Bergsiegels gewährt. 1533 wird dann eindeutig die Bergstadt T. mit dem Vogteigericht gen., und 1537 spricht Markgf. Georg von »unserer Bergstadt T.« T. besaß mit 246 brauberechtigten Häusern einen der größten Stadtkerne von Oberschles. Seine Bürger waren großenteils Deutsche, bes. aus dem übrigen Schles. und Böhmen, daneben auch Slawen aus dem nahen Polen und aus Böhmen-Mähren. Die im 16. Jh. 1200–1800 Eww. zählende Stadt, auf einer Anhöhe angelegt, hatte einen ovalen, nicht sehr regelmäßigen Grundriß; sie hatte keine Stadtmauer, aber drei Stadttore (Breslauer, Lublinitzer, Krakauer). S. vom Marktplatz mit dem 1537 belegten Rathaus entstand 1529 eine hölzerne Kirche; sie wurde nach einem Brand 1531–62 durch einen massiven Bau ersetzt (Umbau 1848–51, außen neurom.). Diese *Pfarrkirche St. Peter-Paul* war gemäß der Konfession der Hohenzollern zunächst evg.; sie wurde im Zuge der Gegenref. 1630 den Katholiken übergeben. Die Nachff. der Hohenzollern als Stadtherren von T., die Gff. Henckel v. Donnersmarck, waren ebenfalls evg. und blieben es in der T.-Neudecker Linie auch (→ Neudeck). Aber erst unter preuß. Herrsch. entstand 1742 eine neue *evg. Kirche,* die allerdings 1746 abbrannte; der heutige Bau stammt von Christoph Worbs von 1780 (neurom. Umgestaltung 1900). Die Friedhofskirche *St. Anna* (urspr. St. Jakob) auf dem Weg nach Alt T. ist 1559 mit dem Friedhof entstanden; der heutige Bau stammt von 1612, 1846–47 erweitert. Aus dem 16. Jh. sind noch zahlreiche *Bürgerhäuser* erhalten – teilweise mit Lauben –, allerdings vielfach im 19. Jh. im klassiz. Sinne umgebaut. Das *Haus Ring Nr. 1* (1. H. 16. Jh., umgebaut im 17./18. Jh.) war der erste Sitz der Hauptleute der Herrsch. Beuthen-T.; später schenkte August der Starke es der Gfn. Cosel, hier waren Kg. Johann III. Sobieski, Kg. August III. von Polen und Goethe zu Gast (im Parterre heute Museum). Das *Haus Ring Nr. 13* war im 16. Jh. Rathaus (1930 umgestaltet). Das *alte Verwaltungsgebäude* der Henckel-Donnermarckschen Güter stammt aus dem 17. Jh. (Umbau 19. Jh.). Gegenüber der kath. Pfarrkirche steht (hier seit 1953) ein Holztürmchen mit einer *Bergmannsglocke* aus dem 16. Jh.
In und um T. wurden blei- und silberhaltige Erze abgebaut. Der Bergbau blühte bis in das frühe 17. Jh. und verfiel dann, teilweise durch Rückschläge im 30j. Krieg (Zug des Gf. Mansfeld, Durchführung der Gegenref. durch die Kaiserlichen, daraufhin Abwan-

derung prot. Bergleute). Ein neuer Aufschwung setzte unter preuß. Herrsch. in der 2. H. 18. Jh. ein. Hauptförderer des Bergbaues im T.er Revier wurde (Gf.) Friedrich Wilhelm v. Reden (1752–1815), 1779–1802 Direktor des schles. Oberbergamtes in Breslau, 1803–07 preuß. Bergwerksminister. 1784 setzte er unter Heranziehung von Bergleuten aus dem Erzgeb. und dem Mansfeldischen den Bau der Friedrichsgrube bei T. durch, 1786 den der → Friedrichshütte nw. T. 1788 wurde in der Friedrichsgrube zur Wasserhaltung die erste (engl. Dampfmaschine des Kontinents eingesetzt – damals eine Sehenswürdigkeit, die 1790 auch Goethe besichtigte. T. wurde 1780 auch Sitz einer eigenen oberschles. Bergdeputation, später in ein Bergamt umgewandelt. Die Bev.-Zahlen von T. stiegen an: um 1700: etwa 1000, 1787: 1596, 1825: 2370, 1849: 4304, 1861: 5534, 1905: 12 721, 1931: rd. 15 800. Der Anteil der Deutschen an der Gesamtbev. nahm ebenfalls zu; sie machten M. 19. Jh. etwa ¹/₃, 1910 über ³/₄ der Eww. aus. Die Evangelischen bildeten 1910 15,1% der Bev. T. war bis gegen M. 19. Jh. Zentrum der oberschles. Industrie. Mit der Verlagerung des Industriegebietes ins Steinkohlenrevier im S und dann A. 20. Jh. mit der Erschöpfung der Bodenschätze verlor T. an Bedeutung. Das Bergamt wurde 1861 aufgelöst, seine Funktionen übernahm das Oberbergamt in Breslau; T. behielt nur eine Berginspektion. Bestehen blieb die 1838 gegr. Bergschule (in der Zwischenkriegszeit allerdings nach Kattowitz verlegt), und 1858–1902 war in T. eine Eisenhütte in Betrieb. Eine gevisse Aufwertung erfuhr die Stadt auch als Sitz des vom Kr. Beuthen 1873 abgetrennten Kr. T. 1854–59 erhielt T. mit der Strecke Oppeln–T.–Beuthen ersten Eisenbahnanschluß. Bei der Teilung von Oberschles. 1922 fiel der größere Teil des Kr. T. (240,9 qkm) mit der Kr.-Stadt an Polen; der bei Deutschland verbliebene Rest (86,69 qkm) wurde mit dem Restkr. Beuthen zum Kr. Beuthen-T. vereinigt (1922/27). 1945/46 wurden das seit A. 14. Jh. belegte Alt T. sowie die 1608–1779 im Besitz der Stadt T. gewesenen Dörfer Lassowitz und Sowitz nach T. eingemeindet. 1961: 29 343 (auf 36,29 qkm), 1970: 34 328 Eww. T. besitzt u. a. Fabriken für Rettungsgeräte, Bergbauzubehör und Elektrogeräte, chemische Betriebe und solche der Bekleidungsindustrie.   (IV)   We

Muzeum Miejskie (Stadtmuseum), Rynek Nr. 1. – LV 178. – LV 210, Bd. 1, S. 386 ff. – JNowak, Kronika miasta i powiatu Tarnowskie Góry (Chronik d. Stadt u. d. Kr. T.), T. 1927 – Tarnowskie Góry. Zarys rozwoju powiatu (Überblick d. Entwicklung d. Kr. T.), hg. v. HRechowicz Kattowitz 1969. – WKrause, D. Anteil d. Deutschtums a. d. Entstehung d. Bergstadt T. in Oberschlesien., in: Dt. Monatshefte in Polen 2 (1935/36), S. 505–26. – PSchondorff, D. dt. Anteil a. d. ma. Bergwerks- u. Hüttenunternehmungen Ostschlesiens, in: Dt. Monatshefte 8 (1941/42), S. 476–516. – LV 345. – LV 668. – LV 358, S. 216 f. – LV 234, Bd. 1, S. 475–77. – LV 593, Bd. 6, H. 12, S. 19–28

Tepliwoda (1936 Lauenbrunn, Ciepłowody, Kr. Frankenstein). T. 12 km nö. Frankenstein war nach dem Heinrichauer Gründungs-

buch 1222 Sitz des Ritters Albert gen. Lyka, der die Siedl. 1242
dtrechtl. umsetzte. Im 14. Jh. war es im Besitz der Fam. Seckel(in)
– Verwandte des Erbrichtergeschlechts von Reichenbach –, die
im Dienst der Hzz. von Münsterberg stand. 1442 zerstörte der
Landesherr von Münsterberg die Burg von T. als Raubritternest.
1464 gehörte sie einem Ulrich Schaffgotsch, 1476 kam sie als Lehen an die Brüder Heinrich und Konrad v. Seidlitz; deren Nachkommen erreichten 1502 die Umwandlung des Besitzes in ein
Erbgut und die Verleihung von Braugerechtigkeit, Handwerks-
gerechtsamen, Salz- und Wochenmarkt. Die v. Seidlitz verkauften
die Herrsch. 1577 an die v. Rothkirch auf Panten, erwarben sie
1683 durch Einheirat in die Fam. v. Rothkirch erneut, mußten
sie aber 1722 wegen Schulden wieder abstoßen. Vom Breslauer
Karl Anton v. Schreyvogel kam T. durch Heirat 1757 an die
Fam. v. Schweinichen, 1839 an den Pz. Wilhelm von Oranien
(den späteren Kg. Wilhelm II. der Niederlande), dessen Haus
schon die Herrschsch. → Heinrichau und → Kamenz besaß. Über
Wilhelms Tochter Sophie, die mit Großhz. Karl Alexander von
Sachsen-Weimar verheiratet war, wurde T. 1863 Sachsen-Wei-
marer Besitz. – Die Burg T. ist vielleicht um 1400 entstanden; aus
dieser Zeit stammen wohl der *Wohnturm* im W und die erhaltenen Teile der *Umfassungsmauer* im O. M. 16. Jh. fand der Ausbau zu einem Schloß statt; die starken Außenbefestigungen –
zwei *Gräben* mit einem *Wall* dazwischen, bastionäre Anlagen –
gehen wohl ebenfalls auf diese Zeit zurück. Ein Brand zerstörte
1841 einen Teil des Schlosses; die Wiedererrichtung wurde mit
einem weitgehenden Umbau zu einem schlichten Gebäude verbunden. – Das Dorf T. hatte 1785 zwei Vorwerke, 46 ganze
Bauernstellen, 46 Dreschgärtner, 37 Häusler, eine Wassermühle,
zus. 897 Eww. Nachdem es zwischen 1850–70 etwa 1800 Eww.
gezählt hatte, ging die Bev.-Zahl bis 1905 auf 1300 (einschl.
Sackerau) zurück; 1939: 1529 Eww.　　　　　　　　(IIa) *We*

ASeibt, Aus T.s Vergangenheit, T. (1907). – AKnoblich, Burgen u.
Schlösser, in: Münsterberger Land, hg. v. Kretschmer, Münsterberg
1930, S. 97–100. – LV 587, Bd. 2, S. 102 f. – LV 612, S. 44

Teschen (Cieszyn, tschech. Těšín). T. liegt n. des Austrittes der
Olsa aus den Beskiden in das fruchtbare Vorgebirgshügelland.
Die vorgesch. Funde auf dem Schloßberg reichen ins 9. Jh. zurück,
die hier stehende *Nikolauskirche*, eine vorrom. Rundkapelle des
frühen 11. Jh., ist das älteste erhaltene Bauwerk von Schles. überhaupt. 1155 ist die Kastellanei T. als s.ster Grenzbezirk des Bst.
Breslau belegt – sie umfaßte das spätere T.er Schles. samt den
Gebieten von Loslau und Sohrau –, 1223 das unter der Burg liegende Suburbium, die altpoln. Stadt T.
1163 kam T. an das neubegründete Hzt. → Ratibor (später →
Oppeln). Nach 1281 wurde es bei dessen Vierteilung zu einem
selbständigen Hzt., zunächst noch mit größerem Gebiet, nach der
Abtrennung von Auschwitz um 1315 im endgültigen Umfang ei-

nes Landquadrats vom Beskidenkamm im S bis zur Olsamündung
und Weichsel im N, von der Ostrawitza im W bis zur Biala im O;
T. lag genau in der Mitte. Residenz der T.er Piasten wurde die
große Burganlage auf dem Schloßberg, von der noch heute der
Bergfried in den Formen des ausgehenden 13. Jh. erhalten ist.
1327 unterstellten sich die Hzz. der böhm. Oberhoheit. Die T.er
Piastenlinie spielte im Ma. eine bedeutende Rolle in der schles.
Gesch. und erwarb größeren Streubesitz bis Glogau. Sie starb erst
1625 in der männlichen Linie und 1653 mit der letzten Fstn.
aus.
Unter der Burg legte der Oppelner Hz. Wladislaus I. (1246–81)
die dt. Stadt T. an. Den ältesten Anhaltspunkt für sie ergibt das
Bestehen eines Dominikanerkl. vor 1263; die »civitas Tessin« ist
1284 belegt, Bürger werden 1290 gen. Die Stadt mit den beiden
anschließenden Waldhufendörfern Bobertal (ma. Boberdorf) und
Punzau wurde inmitten einer altslaw. besiedelten Landschaft und
mit Eingriffen in ältere Besitzverhältnisse, vor allem in die Rechte des Prämonstratenserinnenkl. → Rybnik bzw. → Czarnowanz,
angelegt. T. bildete den Ausgangspunkt der dt. Besiedlung des
Beskidenvorlandes. Das der Stadt verliehene Recht des niederschles. Löwenberg, das auf die Herkunft der Bürger hinweist,
verbreitete sich von T. aus im ganzen Hzt. T.-Auschwitz und bis
nach Oberungarn (Sillein, Priwitz). T. zählte auf den 21 ha Fläche der Innenstadt 162 Bürgerhäuser, gehörte also zu den größeren Gründungen jener Zeit.
Die Stadt schloß in ssö. Richtung an die Burg an und war mit ihr
durch den gleichen Mauerzug – Reste der *Stadtmauer* sind im SW
gegen die Olsa zu erhalten – verbunden. Von den drei großen
Stadttoren lagen das Freistädter und das zur Olsa führende Wassertor im NW an der Tiefenlinie zwischen Stadt und Burg, das
Obertor im SO. Die bis zum E. 14. Jh. überlieferten Bürgernamen
sind rein dt. Auch Bobertal und Punzau waren bis ins 16. Jh. dt.
In der Stadt gewann am Ausgang des Ma. die poln. Sprache das
Übergewicht. Eine starke dt. Minderheit, vor allem in der Führungsschicht, blieb aber bestehen. Es gab einen slaw. und einen
dt. Prediger. Daß sich Sprache und Gesinnung nicht deckten, zeigen die Statuten der T.er Bäcker von 1583, nach denen keine Polen oder Böhmen in die Innung aufgenommen werden sollten,
sondern nur Personen von dt. Art und Geburt; doch sollten dadurch die des Deutschen nicht wohl kundigen T.er nicht ausgeschlossen sein.
1374 erhielt T. Magdeburger Recht und wurde für dieses der
Oberhof des Hzt. 1380 brachte der Hz. die Vogtei an sich. Ab
1416 baute die Stadt ihre Rechtstellung durch eine Reihe von Privilegien aus, die anschließend auch auf die übrigen Städte des
Landes übertragen wurden. Einen starken wirtschl. Impuls für die
Stadt bedeutete es, als der 1495 begründete Fugger-Thurzo-Kon-
zern, der »Gemeine Ungarische Handel«, in Zusammenwirken mit
dem T.er Hz. die Straße über den Jablunkapaß für den Transport

des Neusohler Kupfers an die Oder ausbaute und bei T. eine Sai-
gerhütte anlegte. Ab 1494 erhielten die T.er Innungen ihre Urkk.,
darunter 1541 die Tuchmacher, die 1624 mit 56 unter 262 Meistern
die stärkste Zunft waren. Durch bes. Handwerksleistungen waren
im 16. und 17. Jh. die T.er Büchsenmacher und Büchsenschäfter
ausgezeichnet. Sie stellten eine bes. Art von kleinkalibrigen Jagd-
gewehren mit reicher Einlegearbeit aus Bein her, die als Ge-
schenke für hohe Herrschaften weithin gesucht waren und nach
dem Entstehungsort Teschinken gen. wurden.
Die Ref. wurde im T.er Land bis 1545 durchgeführt; damals war
die evg. Landeskirche unter einem Dekan in T. organisiert. 1578
erließ Hz. Wenzel II. eine Kirchenordnung. 1610 aber trat sein
Sohn Adam Wenzel zum Katholizismus über; er war nun neben
dem Breslauer Bf. der einzige Katholik im schles. Fürstentage.
Nach der Schlacht am Weißen Berge 1620 und den Liechtenstein-
ischen Dragonaden erklärte 1629 das »Religionsstatut« der Hzn.
Elisabeth Lukretia für T., daß Rat und Bürgerschaft freiwillig den
kath. Glauben angenommen hätten und fortan kein Andersgläubi-
ger in der Stadt und den Vorstädten als Bewohner oder als Zunft-
mitglied zugelassen werden solle. Durchgeführt wurden diese Bestimmungen erst, nachdem 1670 die Jesuiten in T. eine Residenz
begründet hatten. Sie errichteten die *Hl. Kreuz-Kirche* und 1675
ein Gymnasium. 1683 war die Stadt wieder rein kath. Ein Teil
der Evangelischen wanderte aus, die Eww.-Zahl und wirtschl.
Bedeutung der Stadt sanken. Nach dem Brande von 1720 wurden
1734 nur noch 171 Handwerker gezählt, darunter drei Tuchmacher.
Zur Verschärfung der Gegenref. trug bei, daß das Hzt. T. 1653
als erledigtes Lehen an die Habsburger als Inhaber der böhm.
Krone fiel. Es bildete fortan mehrfach eine habsb. Sekundogeni-
tur. Die staatliche Verwaltung und die der Kammergüter brachten
in verstärktem Maße dt. Menschen in die Stadt. Anderseits mußte
T. seine Stellung als kgl. Freistadt gegen die Ansprüche des ksl.
»Oberregenten« verteidigen, bis es im 18. Jh. doch zur Kameralstadt herabgedrückt wurde.
In dieser Lage bedeutete es eine geistige Wende, daß T. 1709
eine der sechs nach der Altranstädter Konvention bewilligten
Gnadenkirchen erhielt (Steinbau der *Gnadenkirche* ab 1710 errichtet). Sie war bis 1740 die einzige evg. Pfarre von Oberschles.,
für fast 40 000 Protestanten und mit fünf Pastoren. Träger der
Gem. waren nicht die Bürger der rein kath. Stadt, sondern die
evg. Stände des Hzt. T. Unter den Geistlichen war eine Reihe von
Schülern Hermann Franckes in Halle. Ihr Wirken im Sinne des
Pietismus (bis zu ihrer Ausweisung 1730) löste u. a. die Auswanderung ostmähr. Protestanten nach der Lausitz aus, die dort zur
Entstehung des Herrnhutertums führte. Der Kirche wurde 1711
ein evg. Gymnasium angeschlossen. Nach 1742 war T. die einzige
organisierte prot. Gem. Österreichs. Folgerichtig wurde es nach
dem Toleranzpatent von 1781 der Sitz des evg. Konsistoriums für

den Kaiserstaat, bis dieses 1784 nach Wien übertragen wurde. Das evg. Gymnasium in T., das einzige seiner Art in Österreich, wurde 1810 in ein »theologisches Gymnasium« umgewandelt, das Pastoren für kleinere Gemm. heranbilden oder ihnen wenigstens die Vorbildung für die Universität geben sollte. Es wurde damit der Vorläufer der 1821 gegr. evg.-theologischen Fakultät Wien.

Das 18. Jh. hat das bauliche Bild von T. stark geprägt. Die 1697 bis 1706 errichtete *Kirche der Barmherzigen Brüder,* eines neu eingeführten Spitalordens, ist ein schöner Barockbau. Die *Dominikanerkirche,* die nach der Auflassung des Kl. 1790 Pfarrkirche der Stadt wurde, wurde barockisiert. Um 1790 wurde die *»Alte Münze«* auf dem Theaterplatz vom Frh. Bludowski zu einem Stadtpalais umgebaut, 1796 ebenso das *Haus der Gff. Larisch* am Ring, das heute das Stadtmuseum beherbergt. Dem klassiz. Stil gehört das von Karl Frh. Cselesta errichtete *Stift* für adlige Schüler (erbaut 1820) an.

1722 war T. als Lehen an Hz. Leopold von Lothringen gekommen, 1731 an dessen Sohn, den Gemahl Ksn. Maria Theresias und Dt. Ks. Franz I., 1766 an die Tochter der Ksn. Maria Christine und ihren Gatten Albert, den Sohn des Kg. von Sachsen und Polen, der danach den Titel eines Hz. von Sachsen-T. erhielt. 1822 folgte ihm sein Adoptivsohn Karl, der Sieger von Aspern – der 1837 auf dem Schloßberg durch den Wiener Architekten Kornhäusel das *neue Schloß* erbauen ließ, während die Reste des alten beseitigt wurden –, und 1847 dessen Sohn Albrecht, der Sieger von Custozza. Die nahen Beziehungen zum Ks.-Haus brachten T. wiederholt in Verbindung mit der hohen Politik. 1779 beendete der T.er Friede den Bayerischen Erbfolgekrieg, die letzte Auseinandersetzung Kg. Friedrichs II. mit Ksn. Maria Theresia. Nach der Schlacht bei Austerlitz war T. 1805 Sitz der geflohenen österr. Regierung, und noch im 1. Weltkrieg lag hier bis 1916 das österr. Hauptquartier.

Im 19. Jh. wurde T. zum Mittelpunkt der nationalen Auseinandersetzungen. Während 1848 die Bürger ihre Abgeordneten in die Frankfurter Paulskirche sandten, besuchte gleichzeitig der T.er Pole Stalmach den Prager Slawenkongreß und begann mit der Herausgabe nationalpoln. Zeitungen, denen erst später dt. in T. nachfolgten. 1866 75 wurde der Warschauer Otto, Vorkämpfer eines poln.-nationalen Protestantismus, Pfarrer der evg. Gem. T. und bemühte sich, von diesem Mittelpunkt aus die poln.-sprechenden, aber dt.-gesinnten »Schlonsaken« des T.er Landes zu bewußten Polen zu erziehen. Sein Nachfolger Theodor Haase setzte sich dagegen mit größerem Erfolge für ein Zusammengehen der Schlonsaken mit den Deutschen und für eine Abwehr der radikal-poln. Bestrebungen ein.

Die Stadt nahm in dieser Zeit einen schnellen Aufschwung, zu dem auch der 1869 durch die Oderberg-Kaschauer Bahn gewonnene Anschluß an das große Verkehrsnetz beitrug. Die Eww.-Zahl, die um 1800 bei 4000 lag, betrug 1880 13 004 und 1910

22 489. Der Anteil der Deutschen wuchs in diesen 30 Jahren von 49,5 auf 65,3%. Das kulturelle Bild der Stadt, die Schulen, vor allem das 1873 aus der Zusammenlegung des kath. und evg. Gymnasiums entstandene Staatsgymnasium, die Realschule und Lehrerbildungsanstalt, das bedeutende Museum, dessen Anfänge noch in das 18. Jh. zurückreichen, das 1910 erbaute *Theater,* das große, 1892 von Pfarrer Haase geschaffene *evg. Krankenhaus* usw. waren dt. Daneben war T. aber auch ein Mittelpunkt des poln. Kulturlebens. Seit 1895 hatte es ein privates poln. Gymnasium, dann eine Lehrerbildungsanstalt, poln. Zeitungen und Vereine usw.

Nach dem Zusammenbruch Österreichs teilten die Siegermächte 1920 Stadt und Land T. an der Olsa. Polen erhielt den historischen Burgberg und die Altstadt, die Tschechoslowakei den Bahnhof, der die Verbindung zur Slowakei sicherte. Seither gibt es zwei Städte T. In »Poln.-T.« ö. der Olsa (1921: 15 268 Eww.) brach die Schlonsakenbewegung zusammen, die Deutschen wurden z. T. verdrängt, die dt. Kultureinrichtungen größtenteils polonisiert. Die zentrale Lage und politische Bedeutung der Stadt waren beseitigt. Die Stadtteile w. der Olsa (1930: 9746 Eww.) wurden zur neuen Stadt »Tschech.-T.« erhoben, die sich wirtschl. schnell entwickelte und bis 1938 eine dt.-schlonsakische Mehrheit hatte.

Die Besetzung des Olsagebietes durch Polen im Okt. 1938 brachte noch einmal eine kurzfristige Vereinigung der beiden Städte bis 1945. Seither stagniert die Entwicklung der rein poln. gewordenen, durch die Lage unmittelbar an der Staatsgrenze beengten Stadt Poln.-T. 1961 hatte sie 23 045, 1970 rd. 25 300 Eww. Am 31. 5. 1951 wurde die Stadt kreisfrei. Tschesch.-T. wurde 1947 durch die Eingemeindung von Schibitz, 1960 von Nieder Zukau auf 1276 ha vergrößert und zählte 1961 15 563 und 1970 15 738 Eww.   (IV)   *Ku*

LV 282. – APeter, Gesch. d. Stadt T., T. 1888. – FPopiołek, Dzieje Cieszyna (Gesch. v. T.), T. 1916. – Ders., Szkice z dziejów Cieszyna (Skizzen a. d. Gesch. v. T.), Kattowitz 1957. – LV 234, Bd. 1, S. 428–30. – LV 555. – WKuhn, Kastellaneigrenzen u. Zehntgrenzen in Schles., in: LV 33, 21 (1972), S. 201–47. – Cieszyn, zarys rozwoju miasta i powiatu (Abriß d. Entwicklung v. Stadt u. Kr. T.), hg. v. JChlebowczyk, Kattowitz 1973. – Český Těšín 50 let městem (Tschech.-T. 50 Jahre Stadt), hg. v. AGrobelný u. Čepelak, Ostrau 1973. – MLandwehr v. Pragenau (†), WKuhn, Gesch. d. Stadt T., Würzburg 1976

Tichau (Tychy, Kr. Pleß/T.). T. war im Spätma. ein an der Straße Gleiwitz–Auschwitz–Krakau auf halbem Wege zwischen Nikolai und (Alt) Berun gelegenes Straßendorf, im N und S an weite Wälder grenzend. Es hatte eine für die Sandgebiete im NO des Plesser Landes beachtliche Größe. 1467 ist das Dorf, 1529 die Pfarre T. erstm. belegt. Das Plesser Urbar von 1536 verzeichnet in T. einen Pfarrer, 20 Bauern, vier Gärtner, einen Kretschmer, einen Müller, zusammen 27 Stellen, außerdem acht wiederbesetzte wüste Höfe sowie ein Vorwerk als Eigenbetrieb der Ples-

ser Standesherrsch. und zwei kleine Fischteiche. Später wurden
im S und N von T. Siedll. vieler Kleinstellen angelegt. Um 1860
gehörten zur Gem. T. Monkolowietz, Glinka, Zwakow, Zawisc,
Wartoglowietz, Czulow und → Emanuelssegen. Die ganze Gem.
T. umfaßte damals neben 20 Bauern, sechs »Freischolzen« und
15 Gärtnern 190 Häusler. Die Standesherren von Pleß richteten
in T. früh eine Brauerei ein (1613 belegt), die heute zu den
größten und bekanntesten des Landes gehört. 1892 wurde eine
zweite, die »Bürgerliche Brauerei« eröffnet. Weitere Wirtschaftsbetriebe entstanden: schon M. 18. Jh. eine Ziegelei, eine Brennerei und 1887 in Czulow eine Zellulose- und Papierfabrik. 1870
erhielt T. Eisenbahnanschluß, 1875 wurde ein Wochenmarkt eingerichtet. Zu der A. 17. Jh. vorhandenen kath. Schule kam 1889
eine evg. Schule, die in der Zwischenkriegszeit dt. Minderheiten-
schule war. Die Eww. Zahl wuchs an: 1758: 509, 1825: 1632, 1913:
6453, 1931: rd. 9200. 1933 erhielt T. städt. Verfassung, nach 1945
wurde es allerdings wieder als Dorf eingestuft; erst 1951 wurde
der Ort – bei gleichzeitiger Eingemeindung von Paprotzan und
Wilkowy – endgültig zur Stadt erhoben, schon 1954 stieg er dann
zum Sitz eines neuen, vom Kr. Pleß abgetrennten Kr. und 1956
zum selbständigen Stadtkr. auf. Dieser Aufwärtsentwicklung von
T. lag zunächst der Plan zugrunde, T. und Umgebung in ein
Wohn- und Erholungsgebiet für das s. oberschles. Industrierevier zu verwandeln. Im Stadtgebiet, das mehrmals erweitert wurde (1956: 37,5, 1959: 56, 1968: 59, 1973: 83 qkm), setzte A. 1950er
Jahre der Bau großer Wohnsiedll. ein. Später entschloß man sich
auch zur Einrichtung von Dienstleistungs- und Ergänzungsbe-
trieben für das Industrierevier. 1971 waren die Siedll. im N fertiggestellt, 1972 wurden weitere im S begonnen. Mit der Flächenerweiterung und dem Bau neuer Wohnsiedll. stieg die Bev.-
Zahl rapide an: 1939: etwa 11 000, 1946: 12 055, 1953: 17 206,
1955: 26 251, 1961: 53 939, 1970: 71 384, 1973: rd. 80 000. Neben
den beiden Brauereien und der Zellulose- und Papierfabrik besitzt T. inzwischen eine Reihe weiterer Industriebetriebe; u. a.
wurde 1971 mit dem Bau eines Personenauto-Montagewerkes begonnen. – Das zweiflügelige *Barockschloß* im ehem. standesherrlichen Dominium von T. hat Pz. Friedrich Erdmann von Anhalt-
Köthen 1775 erbauen lassen. In dieser Zeit ist auch die *Pfarrkirche* entstanden (1780/82, Umbau A. 20. Jh.).   (JV) We

LV 173. – LV 210, Bd. 1, S. 609. – LMusiol, Aus d. Siedl.-Gesch. d.
Plesser Landes, in: Dt. Monatshefte 7 (1940/41), S. 38–74. – LV 345. –
LV 225. – LV 234, Bd. 1, S. 478 f. – LV 595 c, S. 95. – Tychy. Zarys
rozwoju miasta i powiatu (Abriß d. Entwicklung d. Stadt u. d. Kr. T.),
Red. JKantyka, Kattowitz 1975

Tiefenfurt (Parowa, Kr. Bunzlau). T. war ein oberlausitz. Heideort zu beiden Seiten der Großen Tschirne (Hammerbach). Der
Ortsteil w. (l.) der Tschirne entstand nach 1492 als städt. Zinsdorf
in der Görlitzer Heide (1502: sieben Zinsgeber, darunter ein Kretschmer) und gehörte bis 1938 zum Kr. Görlitz. Der ö. Teil lag in

der Herrsch. → Wehrau. Zur Ausnutzung der Heidewälder legten die v. Rechenberg auf → Klitschdorf bald nach 1406 an der Gro-ßen Tschirne vier Eisenhämmer an, darunter vor 1418 den »ham-mer, der Tieffefort genannt«, vor 1499 »die zwei Hammer in Tyf-fenfort«. In Wittenberg studierten 1515 und 1518 zwei Söhne des Hammermeisters v. Ziegelheim aus »Tyffenfort apud Bolisla-viam«. Neben den Hämmern entstand das Dorf T. (Kirche mit Glocke von 1498, Ref. 1530), das 1620–90 Wohnsitz der Besitzer der Herrsch. Wehrau war. – Gute Tonlager wurden hier im 18. Jh. durch Töpfereien genutzt. 1808 gründete F. N. Matthiesen eine Steingutfabrik, 1865 zur Porzellanfabrik erweitert; sein Sohn er-baute 1832 eine zweite Fabrik, die seit 1872 von der »T.er Por-zellan- und Chamottfabriken A. G.« weiter geführt wurde. 1840 entstand im Görlitzer Ortsteil eine dritte Steinzeug-, später Por-zellanfabrik. Alle drei Betriebe beschäftigten um 1940 zusammen 500 Arbeiter(innen). 1825: 453 Eww., 1884: 1036 (eine Scholtisei, sechs Bauern, fünf Gärtner, 107 Häusler), 1939: 1346.   (I) *St*

EWernicke, Chronik d. Stadt Bunzlau, Bunzlau 1884. – EDewitz, Gesch. d. Kr. Bunzlau, Bunzlau 1885, S. 303–06, – FPietsch, D. Stadt Görlitz als Kolonisatorin, in: LV 285, S. 134–48. – MBöhmelt, D. Porzellanindu-strie in T., in: D. Bunzlauer Kr. am Bober u. Queis, bearb. v. AZobel, KSpringer, ²Siegburg 1964, S. 429–31

Tiefensee (Jamna, Kr. Grottkau). In T. (8 km sö. Grottkau) stand im Ma. an der Neiße eine hzl. Wasserburg, 1272 mit »comes Deczko de Tyfense«, 1331 erstm. direkt belegt. Sie gehörte bis 1311 zum Hzt. Breslau, dann zu dem neu begründeten Hzt. Brieg und seit 1344 mit → Grottkau zum Breslauer Bst.-Land. 1430 wurde die Burg T. von Hussiten erobert, 1474 durch Truppen des Kg. Matthias Corvinus zerstört. Die Ruinen wurden im 18. Jh. z. T. abgetragen; E. 19. Jh. waren noch Reste sichtbar, übrig ge-blieben ist ein 5 m hoher *Wallrest* (»Altes Schloß«) im Wald.

(III) *We*

LV 402, S. 85. – LV 612, S. 50. – GWilczek, Heimatbuch d. Kr. Grott-kau in Oberschles., Scheinfeld/Mainfr. 1967, S. 236

Tiefhartmannsdorf (Podgórki, Kr. Goldberg). Am Rande des alten Grenzhags im Katzbachgeb. liegt 6 km sw. Schönau a. Katzbach das um 1300 belegte T. (»Hartmanni villa«). Es war bis 1871 Be-sitz der Fam. v. Zedlitz. An sie erinnern noch Grabmäler vom A. 17. Jh. an der ma. *Kirchenruine* von T. Das von ihr erbaute, in einem schönen Park gelegene barocke *Schloß* wurde nach 1871 vom neuen Besitzer, dem Maler Gf. Ferdinand v. Harrach, umge-baut und erweitert (1961 teilweise abgebrannt?). T. wurde 1959 nach → Kauffung eingemeindet.   (I) *We*

LV 616, S. 127 f. – LV 601, S. 144 f. – LV 595 b, S. 171 f.

Tillendorf (Bolesławice, Kr. Bunzlau). Auf der Gemarkung des am l. Boberufer gelegenen Dorfes T., das 1264 »Bolezlavicz nunc

Tilonis villa« gen. wird, ist der Burgort Alt Bunzlau zu suchen, in dem die Hauptburg des Gaues → Boborane angenommen wird. Die in der Papsturk. von 1155 erwähnte Burg »Szobolezke« ist verm. mit Alt Bunzlau zu identifizieren (vgl. auch → Zöbelwitz), das schon 1202 einen Kastellan besaß und auch 1245 als Sitz einer Kastellanei belegt ist. Mit der Gründung der dtrechtl. Stadt → Bunzlau am r. Flußufer und der dtrechtl. Umsetzung des alten Burgortes verlor T. seine vorherige Bedeutung. Die Kapelle von T. – offenbar die alte Burgortkirche – überließ Konrad I. von Glogau 1270 dem Hospital zum Hl. Geist in Bunzlau. Der Nachfolgebau, die kath. *Pfarrkirche* von T., ist eine got. Kirche, deren Chor mit Strebepfeilern besetzt und kreuzgewölbt ist. Er weist noch ein schönes Dreipaßmaßwerk-Fenster auf und gehört somit noch dem 14. Jh. an. In der Kirche befinden sich zahlreiche Grabsteine der v. Raußendorff auf T. und deren Anverwandten aus dem 15. und 16. Jh. Das 1741 errichtete evg. Bethaus ging 1813 bei den Rückzugsgefechten der an der Katzbach geschlagenen Franzosen (→ Eichholz) in Flammen auf. An einer geeigneteren Stelle wurde 1824/25 eine neue klassiz. evg. Kirche errichtet, dessen strenge Fassade auf Karl Friedrich Schinkel zurückgeht. Im Dorf erinnert ein Denkmal an den Tod des russ. Gen.-Feldmarschalls Fst. Kutuzov, der bei den Nachhutkämpfen in T. verwundet wurde und am 17. 4. 1813 in Bunzlau verstarb. Über dem Sockel mit der kurzen Inschrift erhebt sich eine geborstene Säule, über deren Stumpf ein Lorbeerkranz hängt – eine im Klassizismus beliebte Allegorie für ein jäh unterbrochenes Leben.

(I) *Gru*

LV 402. – LV 587, Bd. 3. – GGrundmann, Schlesien, in: Karl Friedrich Schinkel, Lebenswerk, hg. v. d. Akad. d. Bauwesens, Berlin 1941. – LV 631, S. 180 f.

Tillowitz (Tułowice, Kr. Falkenberg). T. liegt 6 km sö. Falkenberg an der Steinau, am Rande eines ausgedehnten Waldgebietes, des T.er Forstes. Dorf und Pfarrkirche sind erst 1447 belegt. T. gehörte urspr. den Oppelner Piasten; nach deren Aussterben 1532 gelangte es, ab 1604 Teil der Herrsch. → Falkenberg, an verschiedene Adelsfamm., an die Frhh. v. Promnitz und die Frhh. v. Zierotin, schließlich an Gf. Johann Carl Praschma. Nach dessen Tod (1822) teilten seine beiden Söhne den Besitz untereinander, T. wurde 1824 selbständige Herrsch. (um 1910: 8340 ha) unter Gf. Ludwig Praschma. Dieser erbaute 1826/27 nach den Plänen eines ital. Architekten auf alten Fundamenten ein dreiflügeliges, in Hufeisenform angeordnetes *Schloß* und umgab es mit weiten Parkanlagen. Dabei übernahm er sich finanziell, der Besitz wurde 1835 von Gf. Ernst v. Frankenberg-Ludwigsdorf ersteigert. Dessen Fam. veräußerte die Herrsch. 1929 an die Oberschles. Landges., die die Aufsiedlung der Güter durchführte. Das Schloß nahm 1937 eine Waldarbeitsschule auf.
In Asche bei T. wurde auf der Grundlage des örtlichen Rasen-

eisenerzes von vor 1700 bis 1732 ein Eisenhammer betrieben. 1783 eröffnete Gf. Johann Carl Praschma ein neues Eisenwerk, bestehend aus einem Hochofen und zwei Frischfeuern; nach diesem Werk wurde Asche 1823 in Theresienhütte umbenannt. Wegen der Konkurrenz des oberschles. Industriereviers seit M. 19. Jh. stellte sich die Theresienhütte in der 2. H. 19. Jh. auf Eisenguß, Maschinen-, Drahtwaren- und Blechwarenfabrikation um (um 1910 ca. 200 Beschäftigte). Der Begründer der Hütte richtete 1800 in T. auch eine Tonwarenfabrik ein. Sie ging 1905 an die Fa. Erhard Schlegelmilch über, die seit 1889 in T. eine Porzellanfabrik betrieb und sich auch im Ausland einen guten Ruf erwarb (bis zu 800 Beschäftigte). Beide Industriebetriebe arbeiten noch heute. T., an der Bahnlinie Oppeln-Neisse gelegen, hatte 1939 1768 Eww. (1825: 634, 1905: 1696, Gutsbez. 370) und war damit die größte Landgem. des Kr.   (III) *We*

FGfvFrankenberg, Chronik d. Herrsch. T. u. d. Geschlechtes ihrer Besitzer, d. Gff. v. Frankenberg-Ludwigsdorf, Frhh. v. Schellendorf, v. 1835–1885, T. 1885. – KWutke, Aus d. Fam.-gesch. d. Geschlechts v. Franckenberg, in: LV 30, 1915, S. 40–42, 1916, S. 11–16, 37–47. – LV 212, Bd. 2, S. 10, 178–83. – KBimler, Drei oberschles. Fayence- u. Steingutfabriken, in: LV 48, H. 2, 1912, S. 1–20. – OBloch, Alt-T.er Keramik, in: LV 31, 8 (1931), S. 67–72. – LV 615, S. 97 f. – Heimatbuch d. Kr. Falkenberg in Oberschles., Scheinfeld/Mfr. 1971, S. 56–62, 126–31

Tost (Toszek, Kr. Tost-Gleiwitz/Gleiwitz). Die Burg T., auf einem nach drei Seiten steil abfallenden, 250 m hohen Berg des oberschles. Muschelkalkrückens gelegen, ist verm. von Hz. Boleslaus I. von Schles. (1163–1201) als Sitz einer Kastellanei gegr. worden. Der erste Kastellan von T. ist zwar erst 1222 und die Kastellanei 1245 bezeugt. Aber schon 1201 bestätigte Papst Innozenz III. dem Prämonstratenserstift St. Vinzenz zu Breslau u. a. die Peterskirche in T.; die Burg wird damals gewiß bereits vorhanden gewesen sein, die Peterskirche zu ihr gehört haben (innerhalb der Burg oder im Suburbium an der Stelle der heutigen Pfarrkirche?). Mit dem Oppelner Land fiel die Kastellanei T. 1202 an Hz. Mieszko I. von Ratibor. Hz. Mieszko II. († 1246) bestimmte die Burg zum Witwensitz seiner Gemahlin Judith (Jutta). 1264 trat das Vinzenzstift das Patronat über die baufällig gewordene Kirche von T. an den Bf. von Breslau ab. Damals wird neben der Burg wahrsch. nur eine polnrechtl. Burgsiedl. bestanden haben. Erst um die Jh.-Wende ist die dtrechtl. Stadt mit der Erwähnung von T. als Gebietsmittelpunkt (im Liber fundationis) im neuen System der dtrechtl. Weichbildverfassung anzunehmen; 1309 ist sie mit dem Vogt von T. sicher belegt. Die urspr. von einer Mauer umgebene Stadt schloß sich ö. an die Burg an, von dieser durch einen Graben getrennt, eine kleine, planmäßige Anlage mit gitterförmigem Straßennetz und einem rechteckigem Ring in der Mitte. Die Pfarrkirche St. Katharina (das Patrozinium seit 1452 belegt) lag w. des Ringes zur Burg hin.
Bei der Teilung des Hzt. Oppeln fiel T. an Hz. Kasimir II. von

Cosel-Beuthen († 1312). Sein Sohn Boleslaus residierte als Herr eines Teilgebietes schon zu Lebzeiten seines Vaters in T.; von 1304 bis zu seiner Ernennung zum Erzbf. von Gran 1321 ist er als Hz. von T. bezeugt († 1328). Als das Teilhzt. Cosel-Beuthen nach Aussterben seiner Piastenlinie (1355) unter Konrad I. von Oels und Kasimir von Teschen aufgeteilt wurde, besetzte zunächst Konrad T.; aber von Dez. 1357 bis 1484 gehörte das Land T. den Teschener bzw. Auschwitzer Hzz. Bolko von Teschen residierte zeitweise (1404, 1407) in T. Bei der Teilung der Teschener Länder 1414 kam T. an Bolkos Neffen Kasimir von Auschwitz; dessen Sohn Primislaus (Przemko) bekam 1445 T. zugewiesen und residierte dort bis zu seinem Tode 1484. Zwischen 1484 und 1497 wechselte das »Hzt. T.« mehrmals den Besitzer, es kam dann an die Hzz. von Oppeln und fiel nach deren Aussterben 1532 an die Krone von Böhmen heim. Seit 1557/58 wurden T. und Peiskretscham mit den acht dazugehörigen Dörfern als Herrsch. T.-Peiskretscham verpfändet und verkauft; 1557/58–84 waren Friedrich Frh. v. Redern und dessen Sohn Hans Georg Pfandinhaber, 1586–1637 deren auf → Groß Strehlitz sitzende Verwandte Georg I. und Georg II. v. Redern. 1638–1707 und dann wieder 1752–59 besaßen die Gff. Colonna die Herrsch.; zu ihnen gehörte der am Aufbau der oberschles. Montanindustrie beteiligte Gf. Philipp Colonna, geb. 1755 in T., Besitzer der Herrsch. Groß Strehlitz († 1807). Unter den weiteren Besitzern waren Gf. Franz Kottulinsky (1718–52), die Gff. Friedrich Wilhelm und August Wilhelm Sigismund v. Posadowsky (1759–91) und nach ihnen Adolph Frh. v. Eichendorff, der Vater des Dichters Joseph v. Eichendorff, der in Gedichten, im Tagebuch und im Entwurf zum »Bilderbuch aus meiner Jugend« T. gedenkt. Adolf v. Eichendorff mußte die Herrsch. schon 1797 an die Gff. Gaschin veräußern, denen 1841 die Fam. (v.) Guradze folgte (bis 1945).

Die Burg T. wurde 1430 und 1433 durch die Hussiten wahrsch. völlig zerstört und danach wohl unter Hz. Primislaus (Przemko) von T. (1445–84) wieder aufgebaut. 1570 durch Brand erneut stark in Mitleidenschaft gezogen, wurde die alte Burg unter Gf. Caspar Colonna (1648–66) durch eine großzügige, um einen weiten Innenhof angeordnete Schloßanlage ersetzt, erbaut unter der Leitung oder zumindest Mitwirkung von Johann Seregni. Diese Anlage brannte 1811 ab und verfiel danach, als *Ruine* erhalten sind aus dem Spätma. im SO ein Wohnblock und die Zwingmauer sowie der NW-Turm auf quadratischem Grundriß, aus dem 17. Jh. stammen die s. und w. Außenmauer, Teile des NW-Turmes, der n. Saalbau, im O die beiden Türme, das Torhaus und die Portaldurchbrüche der vorderen Zwingmauer.

Die → Hohe Straße von Breslau über Oppeln–Groß Strehlitz–T. nach Krakau lief am S-Fuß des T.er Burg- und Stadtberges vorbei; die erst mit der Gründung von → Tarnowitz bedeutender gewordene Abzweigung nach O führte durch das (Groß) Strehlitzer Tor in die Stadt T. hinein und verließ sie durch das Tarno-

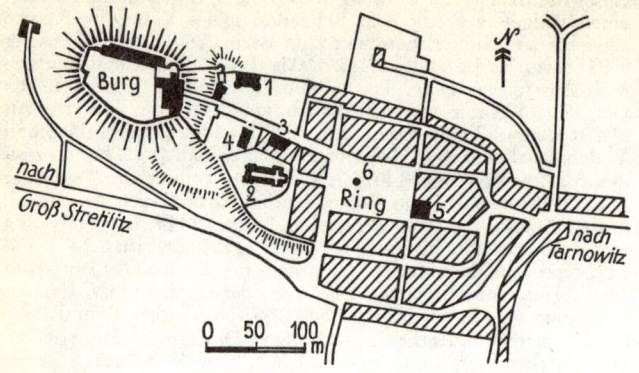

Tost

(nach einem Plan von 1833, abgedruckt bei ThEffenberger, Alte Stadtbau-
kunst in Oberschles., in: LV 35, 9 [1964], nach S. 206)

1 Schloß (Oberes Herrenhaus)
2 Kath. Pfarrkirche St. Katharina
3 Pfarrhaus
4 Schule
5 Rathaus
6 Johann-Nepomuk-Säule

witzer Tor. T. war eine unbedeutende Ackerbürger- und Handwerkerstadt; innerhalb der Herrsch. war → Peiskretscham sogar
etwas bedeutender. Nach dem Urbar von 1536 – in diesem Jahr
bekam T. vom Ks. das Stadtrecht erneuert – gab es in T. 86
Bürger; unter den Handwerkern waren damals 26 Schuhmacher
und vier Leineweber. 1764 entstand in T. eine Papierfabrik, später eine Glashütte. In neuerer Zeit hatte T. eine Brauerei und
eine große Brennerei, Mälzerei, Sägewerk und Mühle. 1878/80
erhielt T. mit der Strecke Oppeln–T.–Beuthen Eisenbahnanschluß. Eww.-Zahlen: 1787: 717, 1825: 1028, 1905: 2414, 1939:
3625.
T. ist mehrmals durch Brände vernichtet worden, zuletzt 1833,
als nur wenige Gebäude – so die wohl M. 15. Jh. errichtete,
1713–15 umgebaute *kath. Pfarrkirche St. Katharina* – vom Feuer
verschont blieben. Das neue *Rathaus* (wie schon der Vorgänger-

bau von 1767 an der O-Seite des Ringes) wurde 1836 vollendet. Die *Johann-Nepomuk-Säule* von 1725 auf dem Ring konnte wiederhergestellt werden, ebenso 1849 die in der 1. H. 18. Jh. s. der Stadt entstandene Begräbniskirche *St. Barbara*. Das »Obere Herrenhaus« zwischen Stadt und Burgruine, die Wohnung des Herrsch.-Inhabers in neuerer Zeit, soll nach dem Schloßbrand von 1811 errichtet worden sein (neugot. Umbau und Anbau von zwei Flügeln um 1880). Das »Untere Herrenhaus« s. des Burghügels wurde angeblich ebenfalls nach 1811 als erster Wohnsitz der Besitzer von T. erbaut (um 1880 verändert). 1945 wurde T. erheblich zerstört. 1961 hatte es auf 8,93 qkm 3648, 1970: 4686 Eww. (IV) *We*

JChrząszcz, Gesch. d. Städte Peiskretscham u. T. sowie d. T.er Kr. in Ober-Schles., Peiskretscham 1900, ²1927. – Ders., Gesch. d. T.er Burg u. d. Herrsch. T.-Peiskretscham in Oberschles. bis z. A. d. XVI. Jh., in: LV 28, 34 (1900), S. 181–96; dass ... während d. XVI. Jh, ebenda, 35 (1901), S. 218–40 – KBimler, Burg T., in: LV 45, 7 (1925), S. 273–80. – Oberschles., Verkehr, Wirtschaft u. Volkstum, Berlin-Steglitz 1935, S. 105–07. – LV 233, S. 892. – LV 402. – LV 591, (V 1), S. 224–44. – LV 612, 78 f. – LV 234, Bd. 1, S. 477 f. – LV 595 c, S. 103 f. – DStutzer, D. Güter d. Herren v. Eichendorff in Oberschles. u. Mähren (Aurora-Buchreihe 1), Würzburg 1974, S. 128–35

Trachenberg (Żmigród, Kr. Militsch). Um sich in seinem NO-Gebiet angesichts in Kirchenbesitz befindlicher Furten einen eigenen Flußübergang zu sichern und um ein dt. Zentrum im Bartschland zu schaffen, ließ Hz. Heinrich III. von Schles. mit Gründungsurk. vom 15. 5. 1253 bei der Mündung der Schätzke in die Bartsch durch »Tydricus dictus Deysenberc« eine Stadt nach dt. (Goldberg-Löwenberger) Recht mit 50 fränk. Hufen und Bannmeilenprivilegien neu anlegen. In Längsplatzanlage des Doppelstraßensystems errichtet, erscheint der Ort urk. seit 1287 unter dem Namen »Trachinburg«, der dt. Namensform des auf dem anderen Bartschufer gelegenen, bereits 1155 nachweisbaren bischl. Dorfes »Zunigrod« (1228 »Smigrod«, Schmiegrode; = »Ottern-«, »Drachenburg«). Jhh. hindurch waren Stadt und Burg dt. Mittelpunkt und Bollwerk in den schles.-poln. Grenzfehden. Bereits im Ma. weist die Stadt von ca. 1200 Eww. Stadtvögte, Bürgermeister, Ratmannen, Schöffen, Pfarrei, Schule, Armenpflege und ein Hospital auf. Besitz der schles. Hzz. (von Breslau, ab 1290 derjenigen von Glogau, 1312 an Oels), wurden T. und sein Bezirk (einschl. der Stadt → Prausnitz) 1492 Freie Standesherrsch. in Schles. (1741 preuß. Fstm., Umfang 1937: 15 941 ha, seit 1742 Teil des Kr. Militsch). Besitzer waren zunächst die Frhh. v. Kurzbach, 1592–1635 die Frhh. v. Schaffgotsch (zuletzt der 1635 hingerichtete Wallenstein-Anhänger Hans Ulrich) und seit 1641 die Gff. v. Hatzfeldt (als erster der ksl. Feldmarschall Gf. Melchior, † 1658), die 1741 gefürstet und 1900 Hzz. zu T. wurden. Förderung seitens der Grundherren mit deren umfangreicher Land-, Forst- und Teichwirtschaft, Jahrmärkte und Zünfte (1605: 141

Zechenmitglieder), unter denen die Züchner, Schneider und Tuch-macher hervortraten, machten T. zu einer blühenden Ackerbür-ger- und Handwerkerstadt. Auch vom 18. Jh. bis 1945 bildete es, mit Eisenbahnanschluß von drei Linien, mit einer großen Zucker-fabrik, Mittel- und Landwirtschaftsschulen, den wirtschl. und kul-turellen Mittelpunkt der Umgebung. Die Eww.-Zahl betrug 1787: 1774, 1825: 1993, 1905: 3361, 1939: 4570 (1961: 4461, 1970: 4785 Eww.). Um 1555 evg., 1654 wieder kath., hatte T. seit 1741 für beide Konfessionen (²/₃ evg., ¹/₃ kath.) Pfarreien, Kirchen und Schulen. Juden sind bereits im 16./17. Jh. nachweisbar, Synagoge seit 1861. Die in der evg. Zeit erbaute *kath. Stadtpfarrkirche* wurde 1706/23 durch Christoph Hackner neugestaltet; für sie schuf Felix Anton Scheffler mehrere Bilder. – Aus T. stammten der evg. Pastor und Barocklyriker Johann Siegmund Suschke (1673–1754) und die Schriftsteller Hermann Goedsche (1815–1878, Pseudonym: Sir John Retcliffe) und Gerhart Pohl (1902–1966).
Die Burg, 1375 erwähnt, war noch im 30j. Krieg eine stark um-kämpfte Wasserfestung zwischen zwei Armen der Bartsch. Von ihr ist noch ein *Wohnturm* aus der 2. H. 16. Jh. erhalten. Das 1683 bis 1765 von Carlo Rossi, Christoph Hackner und Carl Gotthard Langhans erbaute Schloß wurde 1945 zerstört; in ihm wurde am 12. 7. 1813 von Kg. Friedrich Wilhelm III. von Preußen, Ks. Alex-ander I. von Rußland und Kronpz. Karl Johan Bernadotte von Schweden das »T.er Protokoll«, ein Feldzugsplan gegen Napo-leon, unterzeichnet. Auf Schloß T. wurden geb. der Breslauer Dompropst Gf. Gotthard v. Schaffgotsch (1629–68); der Breslauer Domherr Gf. Anton Lothar v. Hatzfeldt-Gleichen (1682–1727); Fst. Hermann v. Hatzfeldt, Hz. zu T. (1848–1933), Politiker und Diplomat, 1894–1903 Oberpräsident von Schles. Kinder von Schloßangehörigen waren der Weimarer Schauspieler Anton Ge-nast (urspr. Kynast, 1765–1831, geb. in Radziunz) und der Bres-lauer Biedermeiermaler Amand Augustin Zausig (1804–1847, geb. in Heidchen). (II) *Sam*

JGottschalk, Beitr. z. Rechts-, Siedlungs- u. Wirtschaftsgesch. d. Kr. Militsch bis z. Jahre 1648, Br. 1930. – T. in Schles., 700 Jahre dt. Stadt, zus.gest. v. RSamulski, Springe/Deister 1962. – D. Kr. Militsch-T. an d. Bartsch, zus.gest. v. WGlatz, Springe/Deister 1965. – LV 233, S. 893. – LV 234, Bd. 2, S. 609 f. – LV 612, S. 88. – LV 613, Bd. 1, S. 34 f.

Trebnitz (Trzebnica). Zahlreiche vorgesch. Funde, bes. im nahen Massel, zeigen, daß die Gegend um T. schon früh besiedelt war. Im Ort T. hatten das Breslauer Vinzenzstift und der hzl. Palatin Peter Wlast Besitzanteile, bis Hz. Wladislaus II. von Krakau und Schles. (1138–1146) in den Besitz von ganz T. gelangte, das damals bereits Marktort war, das Marktrecht allerdings bald darauf noch unter Hz. Wladislaus II. an das benachbarte → Zirkwitz verlor und erst 1203 wiederhergestellt bekam. Auch die 1203 erwähnte Pfarrkirche zum hl. Petrus wird damals schon vorhanden gewe-sen sein. In diesem Gebiet begann Hz. Boleslaus I. von Schles.

eine rege Siedl.-Tätigkeit. In T. stiftete sein Sohn Heinrich I., der mit Hedwig von Andechs verheiratet war, im Jahre 1202 auf Bitten seiner Gemahlin das erste Frauenkl. von Schles., das er reich ausstattete und mit Zisterzienserinnen aus Bamberg besetzte. Erste Äbtn. wurde Petrissa, die einstige Lehrerin Hedwigs in Kitzingen am Main. Die Stiftungsurk. wurde am 23. 6. 1203 ausgestellt, als Hedwigs Bruder Ekbert, zum Bf. von Bamberg erwählt, und ihr Onkel Dompropst Poppo das schles. Hz.-Paar besuchten. Dieses errichtete die noch heute stehende dreischiffige *Basilika*, deren Krypta 1214 und deren Hochchor 1219 eingeweiht wurden. 1224 waren Dach und Glockenturm fertiggestellt. Das Tympanon am Westportal (David vor Kgn. Bethsabee) aus der Zeit um 1230 deutet auf Verbindungen zu Burgund, wo Hedwigs Bruder Otto Pfalzgf. war. In ihrer Witwenzeit wohnte Hedwig auf dem Kl.-Gelände und wurde nach ihrem Tode (14. 10. 1243) in der Kl.-Kirche begraben. Weil sie sich dem ganzen Volke als wahre Landesmutter erwiesen und sich durch bes. tiefe Frömmigkeit ausgezeichnet hatte, wurde ihr Grab – das einzige Heiligengrab von Schles. – bald von Pilgern aus Schles., Polen, Preußen und Mähren besucht. Ihre Heiligsprechungsurk. ist am 26. 3. 1267 zu Viterbo ausgestellt worden; daraufhin erfolgte die Übertragung ihrer Gebeine in das neu hergerichtete Grab in der Südapsis der Kirche, die bald darauf zu einer geräumigen Kapelle erweitert wurde, dem ersten hochgot. Bau in Schles. Er zeigt Anklänge an die hessische Schule. 1679/80 erhielt das Hedwigsgrab, zu dessen Füßen die letzte schles. Piastin Charlotte von Brieg († 1707) begraben wurde, seine heutige prunkvolle Gestalt. Das aus schwarzem Marmor bestehende Doppelgrab Hz. Heinrichs I. und des Hochmeisters des Dt. Ordens Konrad von Feuchtwangen († 1296) steht vor dem Hochaltar und stammt aus der 2. H. 17. Jh. Von den alten Ausstattungsstücken der Kirche ist nur ein silbernes Rauchfaß erhalten geblieben. Das kostbare Reliquiar mit Teilen vom Haupte Hedwigs ist 1553 gefertigt worden. Die heutigen *Kl.-Gebäude* wurden 1697–1726 errichtet, der heutige Westturm wurde erst 1789 erbaut, während die Innenausstattung der Kirche mit ihren vielen Altären aus den Jahren 1741–1747 stammt. Nach der Säkularisation 1810 war die Kl.-Kirche nur noch kath. Pfarrkirche. Einen Teil der Kl.-Gebäude zeitweise als Fabrik benutzt – erwarben 1870 die schles. Malteser, den Rest 1899 die schles. Borromäerinnen, die hier ihr Generalmutterhaus einrichteten. Kirche wie Kl. blieben am Kriegsende unversehrt; im Kl. befindet sich heute ein Siechenkrankenhaus.

Die Siedl. neben dem Kl. erhielt 1250 dt. Stadtrecht. Sie gehörte zur Ausstattung des Kl., war aber der Hochgerichtsbarkeit der Hzz. – seit 1323 derjenigen von Oels – unterstellt. Das Kl. strebte danach, sämtliche hzl. Rechte über seine Besitzungen rechtmäßig zu erwerben bzw. sich anzueignen; 1480 übertrug Hz. Konrad v. Oels ihm alle oberen Rechte in der Stadt T. Die Grundherrsch. in T. verlor das Kl. erst bei der Säkularisation 1810. Die Stadt T.

spielte nur als Mittelpunkt der Kl.-Besitzungen eine Rolle und
nahm erst im 19. Jh., nachdem sie beim Übergang von Schles. an
Preußen Kr.-Stadt geworden war, einigen Aufschwung. – In der
Mitte des Ringes steht das *Rathaus,* dessen heutiger Bau von
1868/69 stammt. Von der sö. anschließenden alten *Peterskirche,*
später evg. Pfarrkirche, blieb nur der massige got. Turm in der
Ecke zwischen Chor und Langhaus erhalten, desgleichen der wertvolle Taufstein von 1505, während die übrigen Teile 1853–55 errichtet worden sind. Nw. vom Ring liegt der ovale *Burghügel,*
auf dem die in der 1. H. 14. Jh. bezeugte hzl. Burg gestanden hat.
Die Stadt zählte 1787: 2731 Eww., 1825: 3423, 1905: 6853, 1939:
8500 (1961: 6471, 1970: 7705 Eww.). – E. Januar 1945 wurde T.
kampflos besetzt; aber nachher brannte etwa die halbe Stadt ab.
Langsam setzte der Wiederaufbau ein, während die Wallfahrten
bald weitergegangen sind. – Gern besucht wurde die *Einsiedelei*
im Buchenwalde sö. der Stadt, deren Kapelle bereits 1496 gen.
wird.
In T. wurde 1828 Colmar Grünhagen geb., der 1911 als Staats-
archivdirektor in Breslau gestorben ist und dem die Geschichtsforschung sehr viel verdankt.   (III)   *Go*

LV 114. – HJoachim, Chronik d. Stadt T., T. 1914 (nachgedruckt 1968
durch Landratsamt Goslar). – LV 233, S. 893 f. – AZinkler †, DFrey,
GGrundmann, D. Kl.-Kirche in T., Br. 1940. – TBroniewski, Trzebnica
(T.) (LV 108), Br. 1959, ²1973. – LV 291, bes. S. 119–30, 135–41, 219–26,
279–87. – LV 234, Bd. 2, S. 597–99

Trebowane (Trzebowianie). Der schles. Slawenstamm der T. erscheint ebenso wie die Boborane erst in der umstrittenen, hinsichtlich ihrer Angaben über die schles. Stämme aber für die Verhältnisse E. 10. Jh. als zuverlässig erachteten Bestätigungsurk.
Ks. Heinrichs IV. für das Bst. Prag von 1086; vielleicht hatten
sich beide Stämme erst in jüngerer Zeit von den → Dedosize abgespalten und werden daher nicht beim Bayerischen Geographen
gen. Die Lokalisierung des Gaues der T. kann nur auf Grund der
frühgesch. Siedlungsräume von Schles., der ermittelten Wohnsitze der übrigen Stämme und nach deren Reihenfolge in der gen.
Urk. erfolgen, vorausgesetzt, daß diese Reihenfolge der geographischen Lage der Stammesgaue entspricht. Danach müßten die
T. zwischen den → Boborane im W und → Slensane im O, im N
begrenzt durch die Niederschles.-Lausitzer Heide, im Einzugsbereich der Katzbach gesessen haben, mit Liegnitz als Mittelpunkt
und auch das Striegauer Land einschließend, im Gebiet des Oder-
knies um Leubus wahrsch. auch auf das r. Flußufer übergreifend.
Manche Forscher wollten die T. mit dem ON Trebnitz (n. Breslau) in Verbindung bringen. Größere Wahrscheinlichkeit besitzt
die Hypothese, bei den T. handele es sich um einen tschech.
Stamm aus dem böhm.-mähr. Grenzgebiet um Böhm. und Mähr.
Trübau, tschech. České Třebová und Moravská Třebová (ca. 60 km
sw. bzw. 75 km s. Glatz). Dann wäre aber die Reihenfolge der

Stämme in der Urk. von 1086: Chrowaten (in N-Böhmen einschl. der Gfsch. Glatz), Slensane, T., Boborane, Dedosize, bedeutungs-los. *We*

LV 130, Bd. 1, Nr. 5. – LV 402, bes. S. 37–53. – LV 259, Bd. 1, bes. S. 85 ff., 96 ff., 304 ff. – LV 262, Bd. I 1, S. 125–32

Troplowitz (Opawica, tschech. Opavice, Kr. Leobschütz). Das Waldhufendorf T. beiderseits der Goldoppa 17 km sw. Leobschütz wird 1256 erstm. gen. Es gehörte zu dem urspr. mähr. Land Troppau, das sich im 14. Jh. zu einem selbständigen Hzt. innerhalb von Schles. herausbildete. Bei der Abtrennung des Hzt. Jägerndorf 1377 fiel T. an dieses, 1410 unterstand es aber wieder dem Troppauer Hz. Das Städtchen T. muß um 1400 s. anschließend an das gleichnamige Dorf entstanden sein; denn 1377 wird nur das Dorf erwähnt, 1410 hingegen bestätigte Hz. Primislaus I. von Troppau bereits der Stadt den Wochenmarkt. Den Anlaß zur Stadtgründung wird verm. der 1377 belegte Zoll von T. (»Oppawicz«) geboten haben. 1410 erwarben Mitglieder der Fam. v. Bladen T. sowie die Herrsch. Geppersdorf, zu der T. fortan gehörte. Das Städtchen konnte sich nicht recht entwickeln, zumal da ihm die unmittelbar n. an das Dorf T. anschließende Stadt Olbersdorf (gegr. 1492) Konkurrenz machte. M. 16. Jh. evg. geworden, wurde T. um 1630 unter den Herren v. Haugwitz als Besitzer von Geppersdorf rekatholisiert. Seit dem 18. Jh. waren die Gff. Sedlnicky v. Choltitz Inhaber der Herrsch.. Geppersdorf mit T. Gf. Joseph Sedlnicky (1778–1855), hoher österr. Staats-beamter, wurde in T. geb. Sein Bruder Gf. Leopold Sedlnicky (1787–1871), geb. in Geppersdorf, war seit 1835/36 Fstbf. von Breslau, er resignierte 1840, da er in der Mischehenfrage für die staatliche Gesetzgebung eintrat, und konvertierte 1863 zum Pro-testantismus. – Die Grenze zwischen Preuß.- und Österr.-Schles. von 1742 an der Goldoppa teilte Stadt und Dorf T. in zwei Teile: der größere Teil mit dem Hauptplatz und der Kirche (zu der urspr. auch Geppersdorf und Olbersdorf eingepfarrt waren) fiel an Preu-ßen. Das ohnehin wirtschl. schwache Städtchen wurde durch die Teilung noch bedeutungsloser, es wurde zu den Marktflecken, seit dem 19. Jh. zu den Landgemm. gerechnet. Eine gewisse Rolle spielte die Damastweberei: um 1860 waren 147 Webstühle in Be-trieb; die Produkte wurden z. T. durch Hausierer innerhalb Preu-ßens verkauft. Preuß.-T. hatte 1784 bei 34 Bürgerhäusern 177 Eww. und hielt drei Jahrmärkte ab. Die Eww.-Zahl nahm im 19. Jh. zu, sank aber dann wieder ab, bes. im urspr. städt. Teil: preuß. Flecken: 1825: 274, 1885: 683, 1905: 430, 1925: 383; preuß. Dorf: 1825: 209, 1885: 293, 1905: 255, 1925: 223, beides 1939: 555 Eww. Der österr. Teil hatte 1880 409, 1910: rd. 300, 1939: 243 Eww. (III a) *We*

LV 131, Bd. 2, S. 484–93. – LV 210, Bd. 2, S. 868 f. – HSchulig, Ein Heimatbuch f. d. Bezz. Jägerndorf u. Olbersdorf, Troppau 1923, S. 639 bis 643.

Tschirnau (1937 Lesten, Czernina, Kr. Guhrau). Das um 1300 nach dt. Recht umgesetzte Waldhufendorf Tsch. (»Czirnina«) im Hzt. Glogau nahe der Grenze zu Großpolen, 9 km nö. Guhrau, kaufte 1492 Burggf. Heinrich v. Dohna; er erhielt 1515 die Erlaubnis zu einer Stadtgründung, verstarb aber vor Verwirklichung derselben. 1538 erwarben die Brüder Alexander und Balthasar (I.) v. Stosch den Besitz und ließen sich 1540 vom Ks. das Stadtgründungsprivileg bestätigen, ebenso 1583 Balthasar II. v. Stosch, der tatsächlich 1584 zwischen Ober und Nieder Tsch. eine planmäßige Stadtsiedl. in Rechteckform (Länge 320 m) mit gitterförmigem Straßennetz, Marktplatz und Stadtteich anlegte, gesichert durch Wall – im O Mauer – und Graben und mit vier Toren versehen (beseitigt bis 1830). 1600 besaß die Groß Tschirn, später bis ins 19. Jh. Groß Tsch. gen. Stadt 100 Häuser. Die Bewohner waren vielfach Weiterwanderer aus der nahen großpoln. Stadt Lissa, die 1547 mit dt. Handwerkern, vor allem Tuchmachern, begründet worden war. Auch in Tsch., das als Gegenstück von Lissa betrachtet werden kann, spielten die Tuchmacher neben Handwerkern und Bauern eine große Rolle. Im 30j. Krieg erlitt die Stadt durch häufige militärische Einfälle, finanzielle Bedrückung, Flucht nach Polen u. a. schwere Verluste. Die mindestens seit 1568 evg. *Pfarrkirche St. Laurentius* – als Kirche des Dorfes Tsch. 1376 belegt, heutiger Bau aus dem 15. Jh. – und die Begräbniskirche von 1610/13 mußten 1654 den wenigen Katholiken übergeben werden; die evg. Mehrheit erhielt erst 1742 eine Fachwerkkirche, dann auch wieder die Begräbniskirche. Aus Lissa eingewanderte Anhänger der Brüdergemeine gründeten 1656 in Tsch. eine Niederlassung. – Die Tuchmacherei entfaltete sich erneut A. 18. Jh. (1787: 62 Tuchmacher) und erreichte A. 19. Jh. ihre größte Blüte, ging dann aber durch russ. Einfuhrsperre und das Aufkommen von Fabriken ein; die Tuchmacher wanderten in die neu entstehenden Textilzentren Kongreßpolens ab (1840: je drei Tuchmacher und Leineweber). Nach dem 1. Weltkrieg wurde die wirtschl. Lage von Tsch. durch die nahe Staatsgrenze zu Polen noch schwieriger. Der Niedergang spiegelt sich in den Eww.-Zahlen: 1757: 922, 1787: 844, 1825: 919, 1905: 686, 1939: 840 (auf 0,83 qkm). Dies führte zum Stadtrechtsverlust durch die poln. Behörden 1945. 1961: ca. 800 Eww. – 1713 erwarb Tsch. der Schwiegersohn der letzten Vertreterin der Fam. v. Stosch am Ort, Melchior v. Lestwitz. Karl Rudolf v. Lestwitz, letzter Sproß seines Stammes († 1803), bestimmte seinen Besitz zur Stiftung eines adligen Fräuleinstiftes; es wurde 1815 im alten Schloß aus dem 17./18. Jh. an der Grenze von Ober Tsch. zur Stadt eröffnet (heute *Ruine*). Nach der letzten Besitzerfam. v. Lestwitz wurde Tsch. 1937 in Lesten umbenannt. – In Tsch. wurde der Bildhauer Paul Schulz (1875–1945) geb. (II) *We*

FHeinze, Heimatbuch d. Kr. Guhrau/Schles., Scheinfeld 1973, bes. S. 69–71, 119–22, 313 f., 341–47. – LV 233, S. 803 f. – LV 234, Bd. 2, S. 554. – LV 209, 3. Abt., S. 1033 f.

Turawa (Kr. Oppeln). Der Herrsch.-Sitz T. 14 km nö. Oppeln soll aus einem Jagdschloß der piast. Hzz. von Oppeln inmitten der Wälder an der Malapane hervorgegangen sein. Nach deren Aussterben 1532 erwarben den Besitz u. a. die Kochtitz v. Kochtitzki (1596–1638) und die Frhh. v. Blankowski (1638–1712). 1712 kaufte Martin v. Löwenkron T. und ließ 1728–30 den barocken Kern des jetzigen *Schlosses* errichten; 1760/61 wurde ein N-Flügel erbaut und das ganze Schloß mit Rokokoschmuck versehen. Über die kinderlose Gemahlin Anton v. Löwenkrons, Anna Barbara, geb. v. Garnier, in 2. Ehe verheiratet mit Gf. Franz v. Gaschin, kam die Majoratsherrsch. T. (83 qkm) an die v. Garnier (seit 1840 Grafentitel für den jeweiligen Majoratsherrn). Sie bauten das Schloß im 3. Viertel des 19. Jh. nochmals aus und um. – 1934 wurde ö. von T. im Tal der Malapane ein Stausee mit einem Fassungsvermögen von 90 Mill. cbm Zuschußwasser begonnen; das Wasserkraftwerk des Stausees hatte 1940 eine Leistung von 1,44 Megawatt. (III) *We*

LV 210, Bd. 1, S. 105–08. – LV 613, Bd. 1, S. 35 f. – Oberschles., Verkehr, Wirtschaft u. Volkstum, Berlin-Steglitz 1935, S. 23 f. -- LV 225. – LV 593, Bd. 7, H. 11, S. 124–27. – LV 604

Tworkau (1936 Tunskirch, Tworków, Kr. Ratibor). Das 1258 belegte dt. Angerdorf T. liegt auf der Anhöhe des Urstromtales der Oder. Die erste Kirche, 1339 mit einem Pfarrer Laurentius gen., war wohl dem hl. Urban geweiht; auf ihn weisen heute noch eine Kapelle (18. Jh.) im W neben einem alten Opferstein (Sage) und manches Brauchtum. Die neue, 1691/97 erbaute *Peter-Paul-Kirche* ist neben der Kirche von → Groß Rauden der wertvollste Barockkirchenbau des Kr. Ratibor. An ihr wirkte 1857–97 als Pfarrer Dr. Augustin Weltzel, der große Geschichtsschreiber, dem viele Orte in Oberschles ihre Chroniken verdanken. – Das niedriger, vor dem Dorf gelegene Schloß T. dürfte urspr. auf die Fam. Krawarn (Cravar) zurückgehen, jenes bayerische Geschlecht, das über Böhmen sich durch Heirat und Ankauf nach O verbreitet hat und das nach seinem Besitz Deutsch Krawarn bei Hultschin unter diesem Namen bekannt geworden ist; 1305 und noch im 15. Jh. war es in T. ansässig. Der 1567–85 entstandene neue Renaissancebau (der O Flügel wurde 1685 angefügt) hat Hufeisenform; zum offenen Hofe hin umlaufen zweistöckige, auf Pfeiler gestützte Arkaden die drei Schloßflügel. 1945 wurde das Schloß vollständig zur *Ruine*. Zu den öfter wechselnden Schloßbesitzern zählten die Gff. Gaschin, die, aus Böhmen stammend, 1557 hier eingeheiratet hatten, ferner seit 1752 die Fam. v. Eichendorff. Bei Johann Frh. v. Eichendorff, einem Vetter seines Vaters, war Joseph v. Eichendorff in Jugendjahren hier öfter zu Besuch. Die letzten Besitzer waren seit 1841 die Gff. Saurma-Jeltsch. (IV) *Hy*

AWeltzel, Gesch. d. Ratiborer Archipresbyterats, Br. 1896. – GHyckel, Gesch. u. Besiedlung d. Ratiborer Landes, Würzburg 1961. – LV 613, Bd. 2, S. 53 f.

Tworog (1936 Horneck, Tworóg, Kr. Tost-Gleiwitz/Tarnowitz). Die Eisenverhüttung im waldreichen Gebiet um T. reicht bis ins Ma. zurück. Im 16. Jh. gab es am Rybna-Fluß (seit E. 16. Jh. wegen der ihm zufließenden Stollenabwässer aus den Beuthen-Tarnowitzer Gruben Stollenwasser gen.) zahlreiche Eisenhämmer (Piassetzna-, Kleineberger- [seit 1417, in jüngerer Zeit Hanussek-], Brynnek-, Kotten- und T.-Hammer). T. wurde Mittelpunkt einer ausgedehnten Grundherrsch., die sich um 1860 aus den Orten T., Potempa, Kotten, Neudorf, Wessolla, Mikoleska und Schwinowitz zusammensetzte. Als ihr frühester Besitzer ist im 17. Jh. Gf. Georg Leonhard Colonna nachweisbar, von dem sie durch Erbschaft über die Gff. von Verdugo und die Tiroler Linie der Colonna 1783 an Gf. Philipp Colonna (1755–1807) fiel, der auch → Groß Strehlitz besaß und als früher Förderer der oberschles. Eisenindustrie (mittleres Malapanegebiet) bekannt geworden ist. Auch in der Herrsch. T. gründete er Frischfeuer und Hochöfen. Nach seinem Tode gelangte der Besitz T. zunächst an Verwandte (v. Gastheimb, Gf. Andreas Renard), schließlich 1826 an die Fstt. zu Hohenlohe-Ingelfingen auf → Koschentin. Die Inhaber der Grundherrsch. residierten in T. in einem 1679 erstm. belegten *Schloß*. Der heutige stattliche klassiz. Bau wurde verm. in der 2. H. 18. Jh. errichtet und A. 19. Jh. von Friedrich Wilhelm Wegner umgebaut. – Die Gem. T., einst durch seine Sägewerke wichtig für die Forsten von Koschentin, umfaßt seit 1954/61 auch die Orte Brynnek, Kotten, Neudorf und Schwinowitz; sie bedeckt 81,26 qkm und hatte 1968 5012 Eww. – Das Rittergut Brynnek bildete einst zusammen mit den Gütern Hanussek und Pohlom eine Herrsch., die in der 2. H. 19. Jh. die Fam. Henckel v. Donnersmarck erwarb; das 1829 erbaute, 1872 erweiterte und 1905 umgebaute *Schloß Brynnek* beherbergt heute eine Forstfachschule.

(IV) *We*

PSchondorff, D. dt. Anteil an d. ma. Bergwerks- u. Hüttenunternehmungen Ostschlesiens, in: Dt. Monatshefte [in Polen] 8 (1941/42), S. 476–516. – LV 345. – Tarnowskie Góry. Zarys rozwoju powiatu (Überblick d. Entwicklung d. Kr. Tarnowitz), hg. v. HRechowicz, Kattowitz 1969

Tzschocha (Sucha, Gem. Rengersdorf/Stankowice, Kr. Lauban). T. 4 km ö. Marklissa ist eine der drei ma. Burgen des oberlausitz. → Queiskreises. Ihre Erbauung wird von böhm. bzw. askanischer Seite aus zum Schutze der Oberlausitz gegenüber Schles. nach der Festlegung der Queisgrenze (nach 1241) erfolgt sein, worauf ihre Unzugänglichkeit von der schles. Seite hinweist. Belegt ist sie erstm. 1329 (als »Caychow«). Ihre Besitzer waren seit dem 3. Viertel des 14. Jh. Mitglieder der Fam. Dohna, 1417–1419 Heinrich Renker, 1419–1451 die v. Klüx, 1451–1703 die v. Nostitz und 1703 bis 1910 die v. Uechtritz. Die Herrsch. T. umfaßte einen breiten Landstreifen s. des Queis zwischen Greiffenberg und Marklissa; 1427–1651 gehörte auch → Friedersdorf am n. Queisufer dazu. In der 2. H. 17. Jh. flüchteten viele böhm. und schles. Exulanten in die Herrsch. T. Mit ihnen gründete Christoph v. Nostitz (1607 bis 1691) das Städtchen → Goldentraum sowie weitere neue Ansiedlungen. Von den um 1700 zur Herrsch. T. gehörigen Orten Rengersdorf, Hartha, Wiesa (→ Greiffenberg), Hagendorf, Goldentraum, Goldbach, Scholzendorf, Karlsberg mit insges. ca. 27 qkm waren die letzten fünf Exulantengründungen. – Die *Burg* T., auf einem vorspringenden Felsen am l. Queisufer gelegen, auf drei Seiten vom Fluß (seit 1905 z. T. vom Stausee → Marklissa) umgeben, hat wie kaum eine andere in Schles. die Zeiten gut überstanden, auch die Besetzung durch Hussiten (1433) und Schweden (1643 ff.). 1793 brannten zwar manche Teile ab, sie wurden jedoch schon 1798 wieder hergestellt. Die damals eingetretenen Stilwidrigkeiten wurden nach der Erwerbung der Burg durch den Dresdner Zigarettenfabrikanten Ernst F. Gütschow 1910 bei der Rekonstruktion durch den bekannten Burgenbauer Bodo Ebhardt beseitigt. Die ma. Hangburg wird im 16. Jh. den entscheidenden Ausbau zur heutigen ausgedehnten Anlage mit Graben, Wirtschaftshof, Zwinger, Bergfried usw. (bemerkenswerte Sgraffiti an Torbogen und Scheunen) erhalten haben. Sie hat den letzten Krieg überdauert, einschl. der auf Gütschow zurückgehenden künstlerischen Ausstattung. (I) *We*

Schönwälder, D. Budissiner Queißkr., in: LV 55, 60 (1884), S. 352–391, u. 61 (1885), S. 1–78. – Heimatbuch d. Kr. Lauban in Schles., 2. Aufl. hg. v. MWenzel, Seyboldsdorf-Vilsbiburg 1966. – LV 662, S. 579 f. – LV 664, Bd. 3, S. 664. – LV 612, S. 45. – KPieradzka, Historyczny rozwój granicy Dolnego Śląska do początku czasów nowożytnych (D. hist. Entwicklung d. Grenze Niederschlesiens bis z. A. d. Neuzeit), in: Przegląd Zachodni 4 (1948), Nr. 7/8, S. 40–71, hier S. 55–57

Ujest (1937 Bischofstal, Ujazd, Kr. Groß Strehlitz). U. liegt an der Klodnitz, am S-Hange des oberschles. Muschelkalkrückens. Es war seit ältester Zeit Eigentum des Breslauer Bst., schon 1155 als »circuitio iuxta Cozli« belegt. 1223 ließ Bf. Lorenz den Kirchenbesitz durch den Neisser Vogt Walter zu einer Stadt und den Dörfern Alt U., Niesdrowitz, Jarischau und Kaltwasser nach Neumarkter Recht aussetzen. Die Urk. ist das älteste Schriftzeugnis für die Siedl. Tätigkeit der Breslauer Bff. und für die systematische Erschließung eines größeren Gebietes in Schles. überhaupt. Auch das Neumarkter Recht und viele andere Einzelheiten der schles. Siedl. sind hier zum ersten Mal belegt. Das nw. angrenzende Klutschau erwarb der Bf. 1235 und besiedelte es 1239 dtrechtl. Zum »U.er Halt«, dem Breslauer Bst.-Besitz im Hzt. Oppeln, gehörten noch weitere Dörfer im O. Darüber hinaus war der Prokurator in U. Verwalter sämtlicher bischl. Einkünfte, namentlich der Zehnten, im Hzt. Oppeln. Der landesherrliche Versuch, U. durch Erhebung des w. unmittelbar angrenzenden → Slawentzitz zur Stadt Konkurrenz zu machen, mißlang; 1260 mußte Hz. Wladislaus I. von Oppeln sich dazu verstehen, Slawentzitz das Stadtrecht wieder zu entziehen. Trotz seiner kirchlichen Bedeutung war U. nie ein starker Aufschwung beschieden. 1787 zählte es 125 Innenstadthäuser und 960 Eww., 1825: 1718 Eww. Seit die Bff. 1443 den U.er Halt verkauft hatten, war er meist in Adelshand. 1837 erwarben ihn die Fstt. von Hohenlohe-Öhringen, die für ihren großen Gesamtbesitz an der unteren Klodnitz und Birawka (um 1910: 416 qkm, darunter Fideikomisse U., → Slawentzitz, Bitschin) 1861 den Titel »Hzz. von U.« erhielten. 1905 hatte U. 2214, 1939: 2196, 1961: 3192, 1971 rd. 2600 Eww.   (IV) *Ku*

VLoewe, Gesch. d. Stadt U., Oppeln 1923. – LV 233, S. 709. – LV 234, Bd. 2, S. 185

Ullersdorf a. Queis (Ołdrzychów, Kr. Bunzlau). U. gehörte bis 1816 zum oberlausitz. Weichbild Lauban. Es liegt am l. (w.) Queisufer, 1,7 km nw. → Naumburg a. Queis, am N-Rand der Löwenberg-Bunzlauer Kreidemulde, und hat gute Tonlager. Hier wurden zahlreiche Funde der jüngeren Steinzeit, Bronze- und Eisenzeit gemacht. Die dtrechtl. Umsetzung eines slaw. Fleckens erfolgte um 1230. 1305: Ulrichsdorf, 1310: »Conradus plebanus in Ulrici villa«. Heinze v. Seibersdorf verkaufte 1411 U. an das Kl. in → Naumburg a. Queis, dem es bis zur Säkularisation 1810 gehörte. E. 18. Jh. und A. 19. Jh. wurde U. als Marktflecken geführt (1825: 577 Eww.). 1858 wurde in U. ein Tonbergwerk für Porzellanerde, 1862 ein Steinkohlenbergwerk und 1864 die erste Tonwarenfabrik errichtet, die um 1880 über 200 Arbeiter beschäftigte. Um 1900 waren hier acht Brauntöpfereien mit je vier bis sechs Beschäftigten, aber 1938 nur noch vier. 1939 hatte U. 970 Eww. 1959 wurde der Ort nach Naumburg am Queis eingemeindet.   (I) *St*

EDewitz, Gesch. d. Kr. Bunzlau, Bunzlau 1885, S. 318–20, 505. – LV 664, Bd. 3, S. 258 f.

Ullersdorf (Ołdrzychowice Kłodzkie, Kr. Glatz). Das schön gelegene U. an der Biele 10 km sö. Glatz gehörte M. 14. Jh. den v. Knobelsdorf, im 15. Jh. erwarb die nach dem Ort benannte Freirichterfam. Ullersdorf einige der insges. acht Gutsanteile von U., bis sie sie 1625 wegen Teilnahme am böhm. Aufstand verlor. Der Niederhof war eine Zeitlang in der Hand der Fam. Klinkowsky (daher Klinkerhof), bis ihn 1699 die Besitzer des Schloßhofes seit 1666, v. Schenkendorf, erwarben; zum Niederhof gehörte ein mit Sgraffitoputz in Quaderform versehenes Wirtschaftsgebäude. Nach mehrmaligem Besitzerwechsel kaufte 1793 Reichsgf. Anton Alexander v. Magnis auf → Eckersdorf Kr. Glatz die Herrsch. U. und kam damit auch in den Besitz des zum Schloßhof (Mittel U.) gehörigen Renaissance-Schlosses aus der M. 16. Jh. Aus Anlaß des Besuches der Kgn. Luise von Preußen und ihres Gemahls Kg. Friedrich Wilhelm III. in U. (22. 8. 1800) wurde am Eingang des bedeutenden Schloßparks ein griechischer Tempel erbaut (»Luisenhalle«). Ihm gegenüber wurde auf dem freien Platz vor dem Schloß in der Nähe der Pfarrkirche zur Erinnerung an den kgl. Besuch ein schön proportionierter klassiz. gußeiserner Obelisk von fast 23 m Höhe und einem Gewicht von 12 500 kg errichtet, der im Hüttenwerk → Malapane gegossen worden war (1802). Bei der aus dem E. des Ma. stammenden kath. Kirche St. Johannes d. T. hat die Fam. v. Magnis sich ein prachtvolles Mausoleum erbauen lassen. An der Kirche wirkte 1807–17 der bekannte Geschichtsforscher der Gfsch. Glatz Josef Kögler (1765–1817) als Pfarrer. (IIa) *Gru*

LV 587, Bd. 2, S. 34 f. – LV 211, Bd. 1, S. 83 f. – LV 613, Bd. 2, S. 54 f. – Guda Obend, Heimatl. Jb. f. d. Gfsch. Glatz, 4 (1914), S. 11 f. – LV 631, S. 173 f. – D. Gfsch. Glatz, Bd. 5, hg. v. GGoebel, Lüdenscheid 1968, S. 72

Ustron (Ustroń, Kr. Teschen). U. im Weichseltal nahe dem Ursprung des Flusses, um 1300 zum erstenmal gen., lag lange am Rande der schles. Siedl.-Fläche gegen den Geb.-Wald der Beskiden. Seit dem A. 16. Jh. griff die Siedl. weiter flußaufwärts, sowohl durch die Bemühungen der adligen Grundherren wie der Hzz. von Teschen als Regalherren der Geb.-Wälder. Es entstand das mehrteilige Ober U. Das Adelsdorf Nieder U. kam durch Kauf bis 1738 an die Teschner Kammergüter, die damals Hz. Franz Stephan von Lothringen, der Gemahl der späteren Ksn. Maria Theresia, besaß. Damit wurde U. ein großes einheitliches Dorf von 43,5 qkm Umfang. Es gehörte zu den Zentren des Teschner Protestantismus; sogleich nach dem Toleranzpatent von 1781 entstand hier eine evg. Gem.
Nach Auffindung von Eisenerzen errichtete Hz. Albert von Sachsen-Teschen, der Schwiegersohn Maria Theresias, 1772 einen Hochofen und einen Eisenhammer. 1815 kam eine Glockengießerei dazu, 1846 ein Walzwerk, auch mehrere Maschinenfabriken. Führend war der erzhzl. Gewerkdirektor Ludwig Hohenegger (1807–64, Dir. seit 1839). In U. wurde der erste Dampfpflug des europäischen Kontinents gebaut. Die Verkehrsferne des Ortes führte ab 1872 zur Verlegung eines Großteils der Betriebe; der Bahnanschluß 1888 kam zu spät. Bewahrt blieb dagegen die Bedeutung von U. als Badeort (Schlacken- und Moorbäder), die gleichfalls ins 18. Jh. zurückreicht und der Initiative der Kameralverwaltung zu danken ist. In den letzten Jahrzehnten kam dazu die wachsende Touristik. Zur Stadt erhoben wurde U. 1957. 1961 hatte es 7548, 1970: 9216 Eww. (1931: rd. 4500). (IV) *Ku*

FPopiołek, Historia osadnictwa w Beskidzie Śląskim (Siedl.-Gesch. d. schles. Beskiden), Kattowitz 1939, S. 221–28. – LV 668, S. 178, 277. – LV 234, Bd. 1, S. 479–81. – HMachanek, U., die Wiege d. Eisenindustrie im Beskidenland, in: Beskidenkalender 18 (1972), S. 85–93

Vogelgesang, Burgruine (Wojaczów, Gem. Mittelkonradswaldau/ Grzędy, Kr. Landeshut). Ö. von dem um 1300 vorhandenen Dorf

(Mittel-) Konradswaldau ca. 10 km sö. Landeshut ist im Rodungsgebiet dt. Siedler nahe der böhm. Grenze 1324 die Wasserburg »Conradiswalde«, später auch V., als Besitz des Heidenreich v. Predil urk. belegt. Sie sollte wahrsch. den aus dem Gebiet von Politz/Böhmen über Friedland oder Schömberg durch das Lässigtal in die schles. Ebene führenden Weg sperren, ähnlich wie n. von ihr die Burg Liebenau in → Schwarzwaldau. Als Raubrittersitz wurde sie 1355 von Hz. Bolko II. von Schweidnitz-Jauer erstürmt und den Brüdern v. Hakenborn (v. Honkenberg) übergeben. 1379 erwarb sie Hermann v. Czettritz d. Ä., der Hofmeister der Hzn. Agnes von Schweidnitz. Sein gleichnamiger Enkel Hermann v. Czettritz d. J. († 1454) wurde Anhänger der Hussiten, weshalb ein Breslauer Söldnerheer 1437 seine Burg V. teilweise zerstörte; erhalten sind *Mauer-*, *Wall-* und *Grabenreste.* Das Rittergut (Mittel-) Konradswaldau ging zusammen mit Schwarzwaldau 1830 von der Fam. v. Czettritz an die v. Zedlitz-Neukirch und durch Heirat 1851 an die v. Portatius über (bis 1945).   (II a)   *We*

LV 343. – FVöcks, D. Ruine Liebenau in Schwarzwaldau u. Ruine Conradiswaldau, in: LV 41, 33 (1913). – Heimatbuch d. Kr. Landeshut i. Schl., hg. v. EKunick, 2 Bde., Landeshut i. Schl. 1929, bes. Bd. 2, S. 614–18. – LV 612, S. 82

Vorhaus (Jaroszówka, Kr. Goldberg). V. im sumpfigen Gelände des Schwarzwassers 5 km nö. Haynau – in Paßlage zwischen den Vorgebirgs- und Odergegenden – soll nach quellenmäßig nicht begründeter Überlieferung Tempelritterbesitz gewesen sein. Beim Übergang von V. an die Fam. v. Zedlitz 1392 (bis 1531 im Besitz der Fam. belegt) wird das auf einer künstlichen Insel gelegene »feste Haus« erwähnt. Unter den v. Kanitz (seit 1582) wurde es 1596 ausgebaut und 1734 unter Reichsgf. Otto Leopold v. Beeß in ein Barockschloß umgewandelt; nach der Zerstörung von 1945 stehen heute von ihm nur noch *Ruinen.*   (II)   *We*

Der Heimat Bild, Heimatbuch d. Kr. Goldberg-Haynau, hg. v. SKnörrlich, Liegnitz 1928, S. 138 f. – LV 615, S. 43 f. – LV 601, S. 124

Wahlstatt (Legnickie Pole, Kr. Liegnitz). Auf der Höhenschwelle über der Niederung der Katzbach und Weidelache im SW seiner festen Stadt Liegnitz trat Hz. Heinrich II. am 9. 4. 1241 mit seinen dt. und poln. Rittern dem mongolischen Reiterheer entgegen, das zur Absicherung des mongolischen Hauptstoßes gegen Ungarn im Frühjahr 1241 über Krakau und Breslau unaufhaltsam nordwestwärts gezogen war. Der Hz. erlag der dreifachen Übermacht und fiel; aber der Sieger verzichtete auf ein weiteres Vordringen und schloß sich dem Haupttheer, am schles. Geb. entlang nach Mähren ziehend, wieder an. Im Bewußtsein der Schlesier aber lebte der Heldentod des Hz. auf der Walstatt als die große Wende ihrer Gesch. fort. Als Seelgerät für die Gefallenen stifteten die Hznn. Hedwig und Anna auf dem Schlachtfeld eine Propstei, die sie mit

Benediktinern aus Opatowitz bei Königgrätz besetzten. Opatowit-
zer Benediktiner gründeten auch die Propstei vor den Toren von
→ Neumarkt; hier residierten die Äbte von Opatowitz noch bis
1535, nachdem das Mutterkl. in Böhmen in den Hussitenstürmen
zugrunde gegangen war. Als Abt Gregor II. Rüdiger 1535 keinen
Nachfolger mehr erhielt, zog Hz. Friedrich II. von Liegnitz die
Propstei W. ein und verkaufte sie seinem Rat Hans v. Leyningen.
1592 kam das Gut an die Herren v. Braun. Auch in evg. Zeit
wurde die Erinnerung an die Tatarenschlacht durch den festlich
begangenen »Kriegssonntag« wachgehalten.
Auch das Gedächtnis der alten Benediktinerpropstei erlosch nicht.
Es lebte auf, als der Ks. 1675 durch das Aussterben der Piasten
unmittelbarer Herr der Fstmm. Liegnitz, Brieg und Wohlau wurde. In → Liegnitz hatten die Benediktinerinnen die Stürme der
Ref. überstanden. Ihr Propst Christoph Mayer machte Abt Othmar Zinke von Braunau in Böhmen (1700–38) auf die verschulde-
te Lage der Herren v. Braun aufmerksam, und mit nachdrückli-
cher Förderung Ks. Leopolds I. und des schles. Oberamts gingen
Kirche und Gut W. zum Leidwesen des eingepfarrten Adels am
13. 12. 1703 an die Benediktiner über. Die Errichtung der neuen
Propstei von Braunau aus zog sich allerdings noch zwei Jahrzehnte hin. Die Kirche mußte nach dem Altranstädter Vertrag (1707)
den Evangelischen zurückgegeben werden. 1723 konnte der Bau
endlich beginnen. Er wurde dem jungen Kilian Ignaz Dientzenhofer anvertraut, der seit 1721 Stiftsbaumeister war. Er konnte in
W. einen seiner schönsten Pläne unbehindert durch ältere Archi-
tekturen verwirklichen. 1723–29 wurden die nur zweigeschossigen,
mit freundlichen Walmdächern gedeckten *Kl.-Trakte* errichtet. Sie
bilden ein Geviert von 112 m Länge und 72 m Tiefe und um-
schließen den oval schwingenden und in die Höhe strebenden
Baukörper der *Kl.-Kirche St. Hedwig,* der 1727–31 als Mittelachse
in die Gesamtkomposition eingefügt wurde. Die zweitürmige Fassade mit den kraftvoll gewölbten Turmhelmen und Hz.-Kronen
von der Hand des Schweidnitzer Kupferschmieds Weiß grüßt
weit ins Land hinaus. Alle Bildwerke aus Stein und Holz schuf
der Prager Karl Joseph Hiernle, die Bilder der vier Seitenaltäre
Wenzel Lorenz Reiner (gleichfalls aus Prag), die herrlichen Dek-
kengemälde im Sommer 1733 der Bayer Cosmas Damian Asam
und das Hochaltarbild, das die Auffindung der Leiche Heinrichs II.
durch die beiden Hznn. zeigt, der Hofmaler des Fstbf. Franz
Ludwig, Franz de Backer. Am 7. 10. 1731 gab Weihbf. Elias v.
Sommerfeld der Kirche die Weihe.
Unter Abt Othmars Nachfolger Benno Löbel wurde Schles. preuß.
Die neue Grenze trennte W. von seinem böhm. Mutterkl., und
der Verkehr unterlag bes. in Kriegszeiten argwöhnischer Überwachung. M. August 1761 hatte Kg. Friedrich II. einige Tage sein
Hauptquartier in W. Im Frieden lagen eine schwere Steuerlast
und der Zwang zu unwirtschl. Unternehmungen auf der Propstei.
Dennoch bedeutete die Säkularisation von 1810 den Abbruch

einer wertvollen Entwicklung. Für seinen Sieg an der Katzbach am 26. 8. 1813 wurde Blücher zum Fst. von W. erhoben. Das Gut kam erst 1847 in den Besitz seiner Fam. Für die Kl.-Gebäude fand sich Verwendung, als in den 1830er Jahren im Zug der Heeresreform das Kadettenkorps verstärkt wurde. Der Staat erwarb 1836 eine Parzelle von 13 Morgen mit dem Kl. von seinem derzeitigen Besitzer v. Knorr zurück und ließ bis 1840 die Räumlichkeiten für 40, später für 80 und 120 und schließlich für 200 Kadetten und das erforderliche Personal herrichten. An die alte zweigeschossige Rückfront des Kl. wurden in den Garten hinein dreigeschossige Flügel gefügt, die den neuen weiten Kasernenhof in die Mitte nahmen. Erster Kommandeur des Kadettenhauses wurde Wilhelm v. Chappuis, ein Neffe Holteis und Dichter vieler historischer Balladen († 1859). Der berühmteste W.er Kadett war Paul v. Hindenburg, der hier 1859 als Knabe von elf Jahren eintrat. Dem Vertrag von Versailles entsprechend, wurde das Kadettenhaus am 9. 3. 1920 aufgelöst. Die Kadetten blieben zum größten Teil Schüler der neuen Staatlichen Bildungsanstalt, in der viel militärische Tradition weiterlebte und die doch unter tüchtigen Leitern mit gutem Erfolg den Weg in die neue Zeit beschritt. Der Nationalsozialismus stürzte diese blühende Schul- und Lebensgemeinschaft in eine Reihe fragwürdiger Experimente. Der Kriegsausgang fügte der W.er Kirche schweren Schaden zu. Ihr Verfall konnte aber durch die Tatkraft des am Orte ausharrenden Pfarrers verhindert werden. Die ma., zuletzt evg. *Pfarrkirche* von W. beherbergt seit 1961 ein Museum mit einer Ausstellung über die Schlacht von 1241.   (II) *Mü*

LV 209, 3. Abt., ²1845, S. 713 f. – LV 259, Bd. 1, S. 140–43. – LV 31, 1931, Okt.-H. (Sonderh. W.). – FTaubitz, D. Mongolenschlacht b. W. am 9. April 1241, in: LV 30, 1931, Nr. 3, S. 57–68. – GMünch, Kl. u. Kirche W. (LV 107, Nr. 18), Br. 1936. – Ders., W., Schlesiens barockes Ehrenmal, in: LV 72, 14 (1956), S. 174–90. – LV 621. – LV 597. – LV 620. – PBFMenzel, Ein Blick in d. barocke Welt d. Äbte Othmar Zinke u. Benno Löbl. Břevnov-Braunau 1700–1751, in: Stifter-Jb. 8 (1964), S. 87–124, bes. 101–06, 117–20. – FTaubitz, D. Kadettenhaus W. (1836–1920), in: LV 30, 1931, Nr. 3, S. 78–80. – JWrabec, Legnickie Pole (W.) (LV 108), Br. u. a. 1974. – LPetry, 1241. Schles. u. d. Mongolensturm (LV 84, Nr. 11), Br. 1938

Waldenburg (Wałbrzych). Das heutige W. (seit 1924 Stadtkr.) ist im Zuge der Industrialisierung durch Eingemeindungen, die erst 1950 ihren Abschluß gefunden haben, zum Hauptort des niederschles. Kohlenbergbaugebietes geworden. Bis 1934 wurden nach W. eingemeindet: W.-Neustadt (1902), Gut Reimswaldau (1914), → Altwasser (1919), Gut Altwasser (1920), Teile von Gut Seitendorf (1920), Gut Ober W. (1921), Neu Weißstein (1923), Hartebusch-Siedlung (1923), Gf.-Hochberg-Schacht Fellhammer (1923), Gut Seitendorf (Rest, 1925), → Ober W. (1934), → Dittersbach mit Bärengrund (1934). 1950 wurden eingemeindet: Weißstein, Seitendorf, Reußendorf sowie Teile der Orte → Bad Salzbrunn,

Hartau, Großhain, → Fellhammer, Hermsdorf, Konradsthal und Nieder Salzbrunn.

Vorgesch. Funde innerhalb des Stadtgebietes sind spärlich und in der Deutung zweifelhaft, so daß eine frühe Dauersiedl. nicht angenommen werden kann. Auch der »Grenzwald« spricht dagegen. Erste urk. Erwähnung findet W. 1305 (»Waldenberc«). Die Behauptung, die »Waldenburg« sei 1191 erbaut worden (Naso), ist nicht haltbar. Für die Existenz der »Waldenburg« im Bereich der Altstadt gibt es keinerlei Anhaltspunkte. 1394 sind die »Waldenburg« und das »newe haus« (→ Neuhaus) identisch. Die Lokation des Dorfes W. (zusammen mit Dittersbach, Hermsdorf und Weißstein) muß im Zusammenhang mit der Rodung des Grenzwaldes von N her zwischen 1290–93 gesehen werden. Der Ort darf mit Recht mit der »Waldenburg« erwähnt werden, da die Herren von Neuhaus fast immer Herren von W. waren. Nach der Erbteilung von 1682 ging W. an die Nebenlinie der Fam. v. Czettritz (v. Bibran-Modlau und v. Stolberg-Wernigerode) über. 1738 erwarb Gf. Konrad Ernst Maximilian v. Hochberg auf → Fürstenstein W. (mit Ober W.). Im Zuge der Steinschen Reform von 1808 wurde das Erbuntertänigkeitsverhältnis gelöst. Die Stadt erhielt eine kommunale Selbstverwaltung. Die Hochbergsche Fam. (seit 1847 unter dem Titel der Fstt. von Pleß) behielt als Grundbesitzer Einfluß auf die Geschicke der Stadt.

Als »stätichen« wird W. erstm. 1426 erwähnt, jedoch blieb es lange Zeit ohne Marktrecht und andere grundlegende Privilegien. Die landespolitische Bedeutungslosigkeit der Grundherren und die Konkurrenz der Nachbarstädte (Freiburg, Schweidnitz, Gottesberg und Landeshut) haben das Aufblühen der Stadt verhindert. 1545 erwirkte Sigismund v. Czettritz von Kg. Ferdinand I. die wichtigsten Handwerksrechte und das Brauprivileg. Unter Diprand v. Czettritz wurden am A. 17. Jh. diese Rechte erweitert. Erst 1696 gewährte Ks. Leopold I. auf Ansuchen der Grundherrin Maria Katharina v. Bibran-Modlau einen Wochen- und zwei Jahrmärkte. Die Fa. Christoph Friedrich Treutler & Sohn (gegr. 1707) nahm Einfluß auf den Leinenhandel und die wirtschl. Entwicklung der Stadt. 1845 war die Zahl der Leinenhandlungen auf elf gestiegen (neben Treutler Reiß, Pohsner, Leuckert, Wittwer, Kitzig, Schulze, Hoffmann, Püschel, Geisler, Wähner). Der Verlust der österr. Absatzmärkte wurde ausgeglichen durch Handelsbeziehungen nach Hamburg, Spanien und Holland. Der Export konnte trotz des 7j. Krieges gesteigert werden, vor allem durch die Firmen A. L. Töpfer & Co. (gegr. 1764) und J. G. Alberti (gegr. 1784). Die Exportsteigerung wurde auf dem Rücken der Weber ausgetragen, die in den »Weberaufständen« ihren sozialen Notstand demonstrierten und die soziale Ungerechtigkeit der Unternehmer anklagten (→ Langenbielau). Durch die Mechanisierung der Textilindustrie (→ Ober W.) konnte sich W. als Mittelpunkt des Leinenhandels weiterhin behaupten. 1788 wurde W. »Kommerzialstadt«. Mit dem Ausbau kohleverarbeitender Betriebe am

A. 19. Jh. und durch den Anschluß an das Eisenbahnnetz 1853 bzw. 1868 wurde aus der Handelsstadt eine Industriestadt. Durch Ankauf der Porzellanfabriken E. Rauch (gegr. 1820) und T. Hayn (gegr. 1829) schuf Karl Krister 1831–1836 die spätere Krister-Porzellanindustrie AG, die 1921 eine Interessengemeinschaft mit der Ph. Rosenthal & Co. AG in Selb einging und nach 1945 als Fabrik »Krzysztof« weiterexistiert (weitere Firmen s. → Altwasser, → Ober W., → Bad Salzbrunn[-Sandberg]). Durch die Eingemeindungen vor und nach dem 2. Weltkrieg liegen die meisten Grubenbetriebe des Berglandes auf W.er Stadtgebiet: Steinkohlenbergwerk Vereinigte Glückhilf-Friedenshoffnung mit Kokerei (jetzt »Victoria«), Cons. Fuchsgrube mit Kokerei in Weißstein, zu der auch die Cons. Davidsgrube bei Konradsthal und die Cons. Segen Gottesgrube bei Altwasser gehören (jetzt »Maurice Thorez«), Steinkohlenbergwerke v. Kulmiz: Melchior-Grube in Dittersbach mit Kokerei (jetzt »Mieszko«), und Cons. Fürstensteiner Gruben: Bahnschacht mit Kokerei, Hans-Heinrich-Schacht mit Brikettfabrik (jetzt »Bolesław Chrobry«). Der Abbau der Kohlepfeiler unter der Stadt hat zur Folge, daß sich das Wohngebiet auf die umliegenden Ortschaften, die inzwischen eingemeindet wurden, verlagert hat. Bodeneinbrüche an Bahnanlagen und Straßen behindern z. T. den Verkehr. Die Bev.-Entwicklung stellt sich folgendermaßen dar: 1787: 974, 1799: 1540, 1825: 2000, 1890: 13 393, 1900: 15 106, 1905: 16 435, 1910: 19 681, 1919: 43 854, 1925: 44 111, 1939: 64 136 (auf 21,56 qkm), 1946: 72 967, 1950: 94 000, 1961: 119 784 (auf 62 qkm), 1970: 125 144. Am 1. 6. 1975 wurde W. Sitz einer neu geschaffenen Woj.

1372 ist eine Pfarrkirche in W. bezeugt, möglicherweise stand diese an der Stelle der heutigen *Marienkirche*. Sie gilt als älteste Kirche. In ihrer heutigen Form wurde sie anstelle der hölzernen Kirche 1714 erbaut. Das Äußere ist schlicht gehalten, die Inneneinrichtung ist barock. 1440 soll die St. Michaelskirche erbaut worden sein; 1549–1654 war sie evg. Diese Kirche wurde 1899 abgerissen und an ihrer Stelle 1900–04 von Alexis Langer die neugot. *Schutzengelkirche* als kath. Pfarrkirche erbaut. Die evg. Gem. erhielt 1742 ein Bethaus. 1785–88 wurde nach den Plänen von Carl Gotthard Langhans im klassiz. Stil die *evg. Kirche* erbaut. Der massive Turm wurde anstelle der schadhaft gewordenen Laternenkonstruktion 1863 errichtet. Das *Rathaus* im neugot. Stil wurde 1855–56 von Hermann Friedrich Wäsemann (1813–1879) errichtet, 1903 durch den Anbau zweier Flügel erweitert. Das alte Rathaus, 1731 in der Mitte des Rings erbaut, wurde 1856 abgerissen. Bürgerhäuser des 18. Jh. säumen heute noch den Ring: *Drei Rosen* (1777), Hammer-Haus (1793, bekannt als *Tageblatt-Haus*), Ankerhaus (1799). Im Tageblatt-Haus (Ring 9) wurde der Literarkritiker, Dichter und Geschichtsschreiber Wolfgang Menzel (1798–1873) geb.　　　　　　　　　　　　　　　(IIa) *Kö*

KPflug, Regesten z. Gesch. d. Stadt W., W. 1878. – Ders., Chronik d. Stadt W. in Schles., W. 1908. – W. in Schles. (Monogr. dt. Städte,

Bd. 16), Berlin-Friedenau 1925. – O du Heimat lieb u. traut! Bilder a. d. W.er Berglande, hg. v. MKleinwächter, W. 1925, S. 429–33. – LHäufler, D. Gesch. d. Grundherrsch. W.-Neuhaus unter bes. Berücksichtigung d. Industriegem. Dittersbach (Forschsch. z. Gesch. d. W.er Berglandes, Bd. 1), Br. 1932. – Ders., Urkk. u. andere Quellen z. Gesch. d. W.er Berglandes (dass., Bd. 2), Br. 1932. – LV 233, S. 895–97. – LV 234, S. 2, S. 600 f. – HBartsch, A. d. Gesch. unseres W.er Berglandes, Sonderdr. aus: W.er Heimatbote 1962–69, Norden (Ostfriesl.) 1969, S. 233–95. – Ders., Unvergessene W.er Heimat, Norden Ostfriesl.) 1969

Waldenburger Bergland (Góry Wałbrzyskie). Die Gebirgslandschaft zwischen Eulen- und Riesengeb. gehört zu den interessantesten geologischen Landschaften von Schles. Als Stufenlandschaft ist sie Teil der innersudetischen Mulde und repräsentiert in ihren höchsten Erhebungen Zeugen vulkanischer Tätigkeit während des Paläozoikums (Heidelberg, Wildberge, Hochwald, Dittersbacher Berge), der Buntsandsteinwüste des Mesozoikums (Zwergstuben-Felsen bei Rosenau) und der Ablagerungen der jüngeren Kreidezeit (im S des W. B.). In der Tertiärzeit wurde aus ehem. Sedimentationsgebiet ein Abtragungsgebiet – ein Prozeß, in dem die Schichten des Paläozoikums zu den beherrschenden des Berglandes wurden. Der nö. Teil des W. B. bildet den Übergang zur schles. Mulde.

W. B. und Kr. Waldenburg sind nicht identisch. Im O sind in den 1818 entstandenen Verwaltungsbezirk Teile des Eulengeb. aufgenommen (→ Wüstewaltersdorf). Im W wurden 1934 Teile des Kr. Landeshut (→ Rothenbach, Gaablau und Liebersdorf) und des Kr. Bolkenhain (Altreichenau und Quolsdorf) zum Kr. Waldenburg geschlagen, was nicht nur den geographischen Gegebenheiten entsprach, sondern auch der industriellen Entwicklung Rechnung trug, die sich in Waldenburg, dem Zentrum des W. B., konzentrierte und dieses erst zu einer Einheit machte.

Vor- und frühgesch. Siedll. sind für das W. B. nicht nachweisbar. Die Siedl.-Gesch. ist im Zusammenhang mit der Rodung des Grenzwaldes zu sehen. Erste Spuren einer Besiedlung finden wir in der Schlußphase der slaw. Siedlungstätigkeit E. 12. Jh. in den nach N sich öffnenden Flußtälern (Weistritz, Polsnitz, Liebichau). Ein slaw. Rundwall bei der Marienkirche in Waldenburg, wie M. Treblin behauptet, ist nicht nachweisbar, aber auch unwahrsch., da dieser inmitten des Grenzwaldes anzunehmen wäre. Durch die Rodung des Grenzwaldes E. 13. Jh., die von dt. Siedlern ebenfalls von N her betrieben wurde, war es notwendig, die natürliche Grenze gegen Böhmen durch Festungsanlagen zu ersetzen. Hz. Bolko I. von Schweidnitz (1291–1301), der nach dem Tod Hz. Heinrichs IV. den s. Teil des Hzt. Breslau in seine Gewalt bringen konnte, mußte seine Länder gegenüber den Erbansprüchen des böhm. Kg. Wenzel II. verteidigen. Die Burgbezirke → Fürstenstein, → Neuhaus, → Kynsburg, → Hornschloß waren ein Teil des Verteidigungsgürtels, den Bolko I. entlang der Grenze anlegte. In diesen Burgbezirken mit den dazugehörigen Dörfern wird das W.

B. als Einheit erstm. faßbar. Durch die Heirat der Anna von Schweidnitz mit dem böhm. Kg. (und späteren Ks.) Karl IV. verloren die Grenzbefestigungen an Bedeutung. Die ehem. böhm. Grenzfeste → Freudenburg mit der Herrsch. → Friedland (Kr. Waldenburg) wurde dem Hzt. Schweidnitz ca. 1359 einverleibt. 1392 fiel das Hzt. an die böhm. Krone. Verwaltungsmäßig blieb das W. B. in die Burgbezirke aufgeteilt. Aus dem hzl. Besitz wurde kgl. Pfandbesitz, der an böhm. und schles. Adel vergeben wurde und allmählich in erblichen Besitz des Adels überging. Auf den Herrsch.-Gebieten der Herren v. Czettritz auf Neuhaus und v. Ho[ch]berg auf Fürstenstein kam es in der 1. H. 16. Jh. in einer neuen Siedl.-Phase zu zahlreichen Ortsgründungen. Von der Grundherrsch. gefördert, fand die Ref. im W. B. ihren Eingang. Wesentliche Veränderungen der Konfessionsverhältnisse zugunsten der Katholiken stellten sich erst in der 2. H. 19. Jh. im Zuge der Industrialisierung durch Zugang aus der Gfsch. Glatz und aus Böhmen ein.

Die wirtschl. Entwicklung des W. B. zeigt sich im Erzbergbau, in der Textilindustrie und dem Kohlenbergbau. Der Abbau von Erzen (bes. Silber, in geringem Maße Gold und Kupfer) ist im W. B. seit dem Spätma. belegt. Nach einer Zeit relativ günstiger Entwicklung im 16. Jh. erlitt dieser Wirtschaftsbereich durch den 30j. Krieg einen schweren Schlag; um die M. 18. Jh. war die Blütezeit des Erzbergbaus endgültig vorbei. Spätere Versuche, diesen Erwerbszweig wieder zu beleben, waren nur von geringem Erfolg (→ Gottesberg). Die Handweberei der Gebirgsdörfer stand im Schatten der Zünfte der Städte (vor allem Schweidnitz). Die Weberzunft in Waldenburg hat nie größere Bedeutung gehabt. Anschluß an den Weltmarkt erhielten die Gebirgsweber durch die Handelshäuser Treutler und Alberti (→ Waldenburg), ein Prozeß, der aber ausschließlich auf dem Rücken der Weber ausgetragen wurde (Weberaufstände). Mit der Mechanisierung dieses Erwerbszweiges wurden gleichzeitig die Zentren der Produktion in die Randgebiete des W. B. abgedrängt (→ Wüstegiersdorf, → Wüstewaltersdorf). Seit der M. 19. Jh. gewann der Kohlenbergbau – in ersten Ansätzen seit der 2. H. 16 Jh. betrieben – im Zentrum des W. B. immer mehr an Bedeutung. Kohleverarbeitende Betriebe (Hüttenwerke, Porzellanindustrie) und der Ausbau der Verkehrswege förderten die Entwicklung zum Industriegebiet. Wie die tatsächliche Entwicklung zeigt, wurde der Trend zum größten Industriebezirk in Niederschles. auch durch den 2. Weltkrieg und die nachfolgenden Jahre nicht unterbrochen. Wiederinbetriebnahme stillgelegter Gruben, Erweiterungsinvestitionen und die Entscheidung zum Abbau der Kohlenpfeiler unter der Stadt Waldenburg (deshalb Erweiterung des Wohnbaugebietes auf umliegende Orte) sind Stationen dieser Entwicklung.

Seit Waldenburg 1924 zum Stadtkr. erhoben wurde, setzte sich der Urbanisierungsprozeß im Zentrum des W. B. fort. 1939 hatte der Stadtkr. 21,56 qkm mit 64 136 Eww. (das sind 2974,8 Eww. je qkm). Durch Eingemeindungen (→ Waldenburg) war der Stadtkr. 1961 auf 62,00 qkm mit 119 784 Eww. (das sind 1939 Eww. je qkm) angewachsen. Demgegenüber hatte der Landkr. 1939 415,57 qkm mit 117 918 Eww. (das sind 283,8 Eww. je qkm) und 1961 386 qkm mit 70 400 Eww. (das sind 183 Eww. je qkm). Die Aufbauarbeiten nach dem 2. Weltkrieg wurden zum Teil von dt. Arbeitskräften geleistet. Die Minderheit der Deutschen, die im W. B. zurückblieb, entfaltete eine rege dt.-sprachige Tätigkeit auf schulischem, kulturellem und kirchlichem Gebiet. Mit der Spätaussiedlung der Deutschen E. 1950er und A. 1960er Jahre versiegten dt. Sprache und dt. Kultur. *Kö*

LV 343. – D. Waldenburg-Neuroder Industriebez. (D. Bergbau im Osten d. Kgr. Preußen, Festschr. z. XII. Allg. Dt. Bergmannstage in Breslau 1913, Bd. 3), Waldenburg 1313. – O du Heimat lieb u. traut! Bilder a. d. W. B., hg. v. MKleinwächter, Waldenburg 1925. – Waldenburg in Schles. (Monogr. dt. Städte, Bd. 16), Berlin-Friedenau 1925. – LHäufler, D. Gesch. d. Grundherrsch. Waldenburg-Neuhaus unter bes. Berücksichtigung d.. Industriegem. Dittersbach (Forschsch. z. Gesch. d. W. B., Bd. 1), Br. 1932. – Ders., Urkk. u. andere Quellen z. Gesch. d. W. B. (dass., Bd. 2), Br. 1932. – Waldenburger Heimatbote, hg. v. HSchal, Norden (Ostfriesl.) 1949 ff. – HBartsch, A. d. Gesch. unseres W. B., Sonderdr. aus: Waldenburger Heimatbote 1962–69, Norden (Ostfriesl.) 1969. – Ders., Unvergessene Waldenburger Heimat, Norden (Ostfriesl.) 1969

Waltersdorf (Nielestno, Kr. Löwenberg). W. fand erste urk. Erwähnung im Jahre 1217 als »Nelezino«. Auf dem nahen »Burgberg« soll einst eine Burg gestanden haben. E. 14. Jh. besaß Bernhard v. Zedlitz einen Teil von W. 1428 verlegte die Fam. v. Reder ihren Stammsitz von Probsthain (Kr. Goldberg) nach W. Auf sie gehen verm. die ältesten Teile des *Schlosses* zurück, das 1603 von dem damaligen Besitzer Adam v. Giersdorf ausgebaut und in den 1860er Jahren vergrößert wurde. 1709–1791 gehörte W. den Gff. v. Kottulinsky. (I) *Scho*

LV 613, Bd. 1, S. 36. – Heimatbuch d. Kr. Löwenberg in Schles., 3. Aufl. (Bückeburg) 1959, S. 418 f.

Wansen (Wiązów, Kr. Strehlen). Das Gebiet um W. nö. Strehlen, der spätere, etwa 20 qkm große sog. W.er Halt (Stadt W. und sechs Dörfer), gehört zu den ältesten Besitzungen des Bst. Breslau; das Dorf »Venzouici« ist schon in der Papsturk. für das Bst. Breslau von 1155 belegt. 1250 erteilte Hz. Heinrich III. von Schles. (Breslau) dem Bf. Thomas I. von Breslau die Erlaubnis, bei seinem Dorfe »Wanzow« (heute Alt W. s. der Stadt) eine Stadt und einen Markt zu dt. Recht anzulegen. 1252 erklärte Bf. Thomas I. in einer bes. Urk., daß er bei dem Dorfe W. eine Stadt nach dt., Neisser Recht erbaue. Am 14. 1. 1256 verlieh er dem Vogt und Schultheiß Johannes, der nach Aussage der Urk. die Stadt und das umliegende Land loziert hatte, die Ausstattung als Vogt. Die auf einer Anhöhe am r. Ohleufer zwischen den Dörfern Alt W.

und Bischwitz ö. anschließend an einen slaw. Burgwall angelegte
Stadt war als Halbwegstation zwischen dem Bf.-Sitz Breslau und
dem Neisser Bst.-Land gedacht (1310 Zollstätte an der Straße
Breslau–Neisse). Ihr Grundriß bildete ein Rechteck von etwa 500
× 300 m mit großem rechteckigen Marktplatz in der Mitte; sie
war von Wall und Graben umgeben und hatte drei Tore als Zu-
gänge. Die *Pfarrkirche* der Stadt trat die Nachfolge der Kirche
von Alt W. an; sie wurde 1420 dem Kollegiatstift in → Ottmachau
(später Neisse) inkorporiert. Ihr heutiger Bau entstand in der
2. H. 15. Jh. (Turm 1826–33, Erweiterung 1914–17). Das Hospital
wurde von Bf. Balthasar v. Promnitz (1540–62) neu dotiert. Das
Rathaus wurde mehrmals zerstört und umgebaut; der heutige Bau
entstand 1665–68 und wurde 1871–72 durch Aufstockung stark
verändert. Die ältesten namentlich bekannten Bürger von W.
trugen dt. Namen. Die wirtschl. Struktur von W. wurde stets
durch die gewerbliche Erzeugung und durch Markt und Handel
mit dem Hinterland bestimmt. Die älteste Handwerksordnung
besaß die Schneiderzeche, die 1446 eine Zechenordnung erhielt;
diese wurde später vom Bf. bestätigt, der als Landesherr (seit
1350 unbestritten) bis 1778, bis zum Amtsantritt des ersten von
Preußen eingesetzten Bürgermeisters, jeweils den von der Bürgerschaft gewählten Bürgermeister im Amte bestätigte. Die Erbvogtei war seit 1501 im Besitz der Stadt. Als bischl. Stadt wurde
W. von der Ref. kaum berührt. Nach dem 30j. Kriege hatte W.
nur noch 13 Handwerker, während nach einem Verzeichnis von
1580 es 65 waren. Trotzdem ging man rasch an den Wiederaufbau. Um 1660 herum begann man den Tabakanbau. 1765 brachte
das preuß. Tabakmonopol einen Rückgang des Tabakanbaues. Als
Ersatz verlegten sich die Ackerbürger auf den Anbau von Ge-
müse, bes. von Gurken, dazu ab 1786 von Kartoffeln. 1810 wurde
W. im Zuge der Säkularisation eine kgl. preuß. Stadt. Der Staat
wurde Patron der kath. Kirche. 1862 und 1870 wurden Zigarrenfabriken erbaut. 1879 brachte das Tabaksteuergesetz den Tabakanbau zum Erliegen. Die Zigarrenfabrikation wurde mit auswärtigem Tabak fortgesetzt. 1906–08 wurden neue, moderne Zigarrenfabriken erbaut. Eisenbahnanschluß erhielt W. 1894 nach
Strehlen, 1910 nach Brieg. Die A. 1945 vorübergehend nach dem
Kr. Habelschwerdt evakuierte Bev. wurde am 7. 8. 1946 ausgewiesen. Bev.-Zahlen: 1787: 656, 1825: 1087, 1905: 2355 .(darunter
ca. ¼ Evangelische), 1939: 3153 (auf 9,31 qkm), 1961: 2162 (auf
8,91 qkm), 1970: 2253.   (III) *Web*

KEngelbert, Gesch. d. Stadt W. u. d. W.er Haltes, 2 Tle., Ohlau 1927
bis 1935. – LV 233, S. 897 f. – HHoffmann, D. kath. Kirchen d. Pfarrei
W. (LV 107, Nr. 50), Br. 1939. – (HBaumgart), W.er Heimatbuch. Festschr. z. 700-Jahr-Feier 1252–1952, (Bielefeld 1952). – LV 234, Bd. 2, S.
602. – LV 330, S. 146 f.

Wartha (Bardo Śląskie, Kr. Frankenstein). Die alte Straße von
Prag über Glatz, W., Nimptsch und Breslau nach Gnesen hat
schon Bf. Otto von Bamberg im Mai 1124 benutzt, als er auf dem

Wege zur Christianisierung der Pommern durch Schles. zog. Sie war durch feste Burgen gesichert. Die Burg von W. spielte eine bes. Rolle, weil sie den W.-Paß und den Durchbruch der Glatzer Neiße aus dem Geb. nach der schles. Seite hin sicherte. Ihre genaue Lage ist nicht eindeutig geklärt: die urspr. der alten slaw. Burg zugerechneten *Überreste einer Burganlage* (Gräben, Wälle, Mauerwerk) am Hange des Kapellenberges wurden – nachdem in W. selbst im Garten des kath. Waisenhauses am hohen Ufer der Neiße ein *Halbkreiswall* entdeckt worden war, welcher der alten Burg angehört haben könnte – zuletzt für eine »frühdt. ma. Ritterburg« gehalten. Hz. Břetislav von Böhmen hat 1096 die Burg W. zerstört und zur Sicherung seines Landes die Burg → Kamenz erbaut. 1128 war das im 11. und 12. Jh. zwischen Böhmen und Polen umstrittene W. noch in böhm. Besitz; 1155 war es bereits Sitz eines poln. Kastellans und blieb späterhin im Verband der schles. Hztt. (Hzt. Breslau, etwa 1321–1569 Hzt. Münsterberg-Frankenstein, danach mit diesem habsb.). Die Grundherrsch. teilten sich bis 1810 das Kl. Kamenz und (zu einem kleinen Teil) die Stadt → Frankenstein. – Die Kirche von W. samt dem gleichnamigen Dorf schenkte Bf. Siroslaus von Breslau 1189 den Johannitern; aber 1210 übergab Bf. Laurentius sie dem neugegr. Augustinerchorherrenkl. Kamenz, das samt seinem Besitz 1247 von Zisterziensern übernommen wurde. Das Marienpatrozinium für die W.er Kapelle ist 1299 bezeugt; das noch heute dort verehrte Gnadenbild, eine 42 cm hohe Sitzmadonna aus Lindenholz, stammt bereits aus dem A. 13. Jh. W. wurde zu einer Propstei erhoben; die Zisterzienser betreuten die Marienwallfahrt, die in der M. 15. Jh. erwähnt wird. Die heutige große *Wallfahrtskirche* mit der zweitürmigen Front, die die kleine Stadt – 1334 als solche erwähnt – überragt, wurde 1686–1704 erbaut. Ihr Architekt war Michael Klein, der aus Ungarn stammte und dann in Neisse ansässig war. Ein großer Brand vernichtete W. im Jahre 1711; aber die herrliche Barockkirche blieb bis heute unversehrt. Der wertvollste Schmuck des Hochaltars ist das 1705 von Michael Willmann geschaffene Gemälde Mariä Heimsuchung. Bemerkenswert ist das 1759 fertiggestellte Orgelwerk mit Rokokoprospekten. – Nicht nur die Bewohner des Kamenzer Stiftslandes pilgerten regelmäßig nach W., sondern viele aus Schles. und Böhmen, so daß die Zahl der jährlichen Wallfahrer um 170 000 lag. Seit 1900 wird die Wallfahrt bis heute durch Redemptoristen betreut. Bes. Bedeutung besaß die nach dem 1. Weltkriege eingerichtete Wallfahrt der kath. Jugend aus Mittelschles. Bequem zu erreichen war der Rosenkranzberg, auf dem seit 1905 viele *Kapellen* mit Darstellungen der einzelnen Szenen, die im »Rosenkranz« betrachtet werden, erbaut worden sind. Ein steiler Weg führt zur kleinen *Marienkapelle* auf dem Gipfel des W.-Berges (584 m), die 1617–19 errichtet worden ist. 1916 wurde in W. das Ursulinen-Kl. St. Angela eingerichtet, 1935–38 auf einem Hügel oberhalb der Stadt das mächtige Gebäude des Noviziats der Breslauer Ma-

rienschwestern (*Klosterneubau*) erbaut, das während des Krieges
zunächst als Umsiedlerlager, dann als »Adolf-Hitler-Schule« diente, heute ein poln. Kinderheim beherbergt. In der Stadt W., die
1939 1736 Eww. zählte (auf 6,05 qkm; 1787: 602, 1825: 905, 1905:
1312 Eww.), genossen die Bäcker und Pfefferküchler einen guten
Ruf. Wegen seiner landschaftlich reizvollen Lage wurde W. viel
als Sommerfrische besucht. Die Blicke von der Stadt über die alte
steinerne *Neißebrücke* aus dem 15. Jh. in die mit Hochwald be-
standenen Berge und die vom »Bergsturz« (1598 geschehen) auf
das Neißetal und die Stadt sind eindrucksvoll. Nach dem Verlust
des Stadtrechts 1945 wurde W. 1954 zur stadtart. Siedl., 1969
wieder zur Stadt erhoben; die hohe Eww.-Zahl (1961: 4662 Eww.
auf 20,6 qkm, 1970 allerdings nur noch 2736 Eww.) ist auf die
nach dem 2. Weltkriege gegen Frankenberg hin eingerichteten
Zellulose- und Papierfabriken zurückzuführen.   (IIa) *Go*

JSchweter, W., Gesch. dieses Wallfahrtsortes u. d. Wallfahrt dahin,
Schweidnitz 1922. – KLangenheim, Historiker an die Front, in: LV 68,
9 (1934), Nr. 5, S. 80 f. – PKlemenz. Eine alte tschech.-poln. Grenzzone
b. Brido-Bardo (W.), in: LV 30, 1935, Nr. 2, S. 20–26. – BPatzak, D.
Pfarr- u. Wallfahrtskirche zu W. in Schles. in: LV 28, 50 (1916), S.
197–212. – D. Gfsch. Glatz, Bd. 5, hg. v. ABartsch, LChristoph, (Lüdenscheid) 1968, S. 13. – LV 233, S. 900 f. – LV 234, Bd. 2, S. 545. –
LV 330, S. 29–31

Wehrau (Osiecznica, Kr. Bunzlau). W. am l. (w.) Ufer des Queis
kam erst 1815 zu Schles. Die »Herrsch. W.« (seit 1690) hieß im
Ma. »Herrsch. Klitschdorf oberlausitz. Anteils«. 1393 verpfände-
te Hz. Johann zu Görlitz (Sohn Ks. Karls IV.) den ö. Teil der landesherrlichen Heide im Görlitzer Weichbild zwischen Großer
Tschirne und Queis an Nicol und Günther v. Rechenberg auf
→ Klitschdorf. 1579 erhielten die v. Rechenberg die Heide von
Ks. Rudolph II. als Lehnsgut. Im Lehnsbrief vom 13. 12. 1590
werden gen. die Orte Thommendorf, W., Prinzdorf, Schöndorf
und die vier (schon 1502 erwähnten) Eisenhämmer zu Mühlbock,
Tiefenfurt, Schnellenfurt und Heiligensee. 1595 kamen die Güter
Lipschau- → Tiefenfurt hinzu (noch 1945, außer 1687–89 und 1723–
1851). 1612/31 wurde die Herrsch. W. von der Herrsch. Klitschdorf getrennt; Wohnsitz der Besitzer war seit 1620 → Tiefenfurt.
Frh. v. Rechenberg verkaufte den Besitz 1690 an Balthasar Erd-
man Gf. v. Promnitz auf Sorau-Triebel, → Halbau, Burau und
→ Freiwaldau, der 1690 durch den ital. Baumeister Jul. Simonetti
ein Schloß in W. erbauen ließ. Die Herrsch. W. wurde 1725 in ein
Erbgut verwandelt und 1747 (bis 1945) mit der Herrsch. Klitschdorf vereinigt. Sie umfaßte 1936 10 288 ha, davon 9614 ha Hol-
zung, 411 ha Wiesen, 149 ha Acker. – Das Dorf W. erhielt 1904
Eisenbahnanschluß (Strecke Hirschberg–Sagan) und hatte 1939
1393 Eww. – Industrie in W.: a) Glashütte mit drei Öfen, 1842/
46/59 zur Holzverwertung errichtet, 1936 Glasschleiferei »Andreashütte« gen.; b) Papierfabrik, vor 1585, dann 1786 zwei Pa-

piermühlen gen., ging bald nach 1885 ein; c) Eisenhammer: Gf. v. Promnitz ließ 1690 einen Hochofen bauen, 1786 waren hier zwei Hochöfen für das Raseneisenerz aus Heiligensee, 1861 zwei Frischherde und zwei Stahlhämmer, wurde 1869 kassiert und mit dem Eisenhütten- und Emaillierwerk Lorenzdorf vereinigt. – Abr. Gottlob Werner (geb. in W. 25. 9. 1750, gest. in Dresden 30. 6. 1817) war Prof. der Bergakademie Freiberg und wiss. Begründer der Mineralogie und Geologie. (I) *St*

LV 26, 8 (1788), S. 133 f. [Reisebericht über W., Aug. 1786]. – EDewitz, Gesch. d. Kr. Bunzlau, Bunzlau 1885, S. 342–51. – LV 664, Bd.. 3, S. 552 f. – W., in: Neuer Görlitzer Anzeiger, Heimat, Nr. 39, 1928

Weichau (Wichów, Kr. Freystadt/Sagan). Ein Findlingsstein in W., mit 62 Näpfchen bedeckt und als Opferstein der Vorzeit gedeutet, bezeugt die alte Besiedlung des Gebietes um W. Um 1200 war hier die Grenzwaldzone mit den → Dreigräben. Etwa 2 km ö. der Dreigräben wurde um 1220 W. nach dt. Recht als Waldhufendorf angelegt. Die ersten Besitzer des Rittergutes W., ca. 1250 bis 1602, waren die Herren v. Promnitz, die im Zeitraum 1560 bis 1750 zu einem der größten Grundbesitzer von Schles. und der Lausitz wurden (u. a. Standesherrsch. → Pleß, Herrschsch. Sorau-Triebel, → Naumburg a. Bober, → Halbau, → Klitschdorf); unter ihnen war der Breslauer Bf. Balthasar v. Promnitz (1539–62). Beim Einmarsch in Schles. übernachtete Kg. Friedrich II. am 17. und 18. 12. 1740 im Gutshause W. 1794 mußte eine Rebellion der Bauern in W. und Nachbardörfern durch Soldaten niedergeschlagen werden. W. hatte 1925 678 (Gem. 441, zwei Gutsbezz. 237), 1939 560 Eww. (I) *St*

FGeschwendt, Ein schles. Opferstein, in: LV 68, 14 (1939), S. 138 f., 144. – ASchiller, Heimatbuch d. Kr. Freystadt, Beuthen a. O. 1925, S. 196 f. – LV 659, S. 74–82. – LV 438, S. 236–41

Weichsel (Wisła, Kr. Teschen). W. an der Quelle des Weichselstromes war mit 110 qkm das flächengrößte Dorf von Schles. Das Gebiet, früher ein Teil der großen, Schles., Polen und Ungarn trennenden Gebirgswälder, wurde erst seit dem A. 17. Jh. allmählich von evg. Siedlern erschlossen, die in den abgelegenen Beskidentälern Schutz vor der Gegenref. suchten. Ihre Wirtschaftsform war hirtenbäuerlich, wie sie damals in den inneren Karpaten durch walachische (rumänische) Einflüsse herrschend wurde, mit Vorwiegen der Schafzucht auf den Bergweiden. W. wurde ein Zentrum der Almwirtschaft und Sitz eines »walachischen Woiwoden«. Bis heute bewahren die W.er »Goralen« (= Bergbewohner) eine Fülle ältester Formen in Hausbau, Tracht, Wirtschaftsgeräten und seelischem Volksgut. Nach dem Toleranzpatent Ks. Josephs II. erhielt das rein evg. Dorf 1782 eine evg. Kirche (1910: 4450 Evangelische unter 4599 Eww.). Gegen E. 19. Jh. entwickelte sich W. zum Sommerfrischenort und Sitz der Touristik. 1933 erhielt es Bahnanschluß, 1962 wurde es zur Stadt erhoben. 1961 hatte W. 8692, 1970: 9684 Eww. (IV) *Ku*

FPopiołek, Historia osadnictwa w Beskidzie Śląskim (Siedl.-Gesch. d. schles. Beskiden), Kattowitz 1939. – LV 234, Bd. 1, S. 480 f.

Weigelsdorf (Ostroszowice, Kr. Reichenbach). W. am Fuße des Eulengeb., 10 km s. Reichenbach, das mit Lampersdorf Kr. Frankenstein eine Waldhufenzeile bildet, könnte mit der 1260 zusammen mit der »villa Lamberti« erwähnten »villa Burcardi« (Burkhardsdorf) identisch sein, die 1316 zuletzt auftaucht, während W. um 1366 erstm. belegt ist (»Wigandisdorf«). Unter den früheren Besitzern von W. waren die v. Netz (zeitweise 16. Jh., dann seit 1668). 1757 erbte Adam Heinrich v. Netz' Enkel Heinrich Leopold v. Seherr-Thoß (seit 1775 Gf.) den Besitz, der bis 1945 bei dieser Fam. blieb. Das alte Schloß wurde 1715–18 umund ausgebaut, ebenso 1861–63. (IIa) *We*

LV 343. – LV 615, S. 86. – WKuhn, D. Erschließung d. Frankensteiner Gebietes in Niederschles. im 13. Jh., in: Festschrift f. WSchlesinger, Bd. 1, hg. v. HBeumann (Mitteldt. Forschsch., Bd. 74/I), Köln, Wien 1973, S. 159–196

Weißwasser → Band Sachsen

Welkersdorf (Rząsiny, Kr. Löwenberg). Das Dorf W. wird erstm. 1305 unter dem Namen »Wolfkersdorf« nachgewiesen. Die 2,5 km nö. davon auf einer felsigen Höhe gelegene ehem. Burg Talkenstein, von der noch eine *Ruine* steht, tritt 1367 in Erscheinung, als Reintsch und Nickel v. Talkenberg von ihren Frauen Anna und Katherlin in W. Grundbesitz erwarben. Um 1430 war die Burg ein Tummelplatz von Raubrittern, die von hier aus die Gegend unsicher machten. Als Bernhard v. Talkenberg um 1475 immer dreister wurde, ließ Kg. Matthias Corvinus mit Unterstützung schles. und oberlausitz. Städte 1479 die Burg erobern und von Handwerkern aus Löwenberg abbrechen. Die Stadt Löwenberg bekam die Burg und das Dorf W.; elf Jahre später gab Kg. Wladislaus von Böhmen jedoch beides der Fam. v. Talkenberg, namentlich Christoph v. Talkenberg, Herr auf Dewin in Böhmen, zurück. Dieser erbaute am Mitteldorf das Schloß. Um 1600 fiel die Herrsch. W. an die Fam. v. Hohberg, wechselte aber noch im 17. Jh. die Besitzer. Nach 1815 gehörte sie zeitweise dem russ. Gen. Diebitsch. (I) *Scho*

LV 611, S. 371–74. – EWernicke, Gesch. Nachrichten vom Talkenstein u. seinen Herren, in: LV 41, 1887. – PKleber, Bilder aus Löwenbergs Vergangenheit, Löwenberg i. Schl. o. J., S. 79–83. – LV 612, S. 69

Wessolla (Wesoła, Kr. Pleß/Tichau). Inmitten eines ausgedehnten Waldgebietes im N der Standesherrsch. Pleß entstand vor 1740 im Zusammenhang mit der Glashüttenausbreitung in Oberschles. seit E. 17. Jh. die standesherrschl. Glashütte W. An sie wurde 1782 der aus Ilsenburg stammende Chemiker und Bergfachmann Kammerassessor Johann Christian Ruberg (1751–1807) als Betriebsfaktor und Rendant berufen, nachdem er zwei Jahre im benachbarten → Emanuelssegen als Steiger tätig gewesen war. Er verbesserte die Glasfabrikation unter Verwendung von – seit 1786 am Ort selbst geförderter – Steinkohle. Vor allem aber erfand er 1798/99 ein Verfahren zur Gewinnung von metallischem Zink aus Ofenbruch, einem Abfallprodukt der Eisenverhüttung, und gilt daher als Begründer der oberschles. Zinkindustrie. Er kam aber nicht zur großen Ausnutzung seiner Erfindung; der Chemiker Karsten baute auf der Grundlage von Galmei Rubergs Verfahren in der → Friedrichshütte weiter aus, worauf bei der → Königshütte die erste Zinkhütte Deutschlands entstand. In W. wurde aber im 19. Jh. ebenfalls Zink produziert. Bis heute geblieben ist W. die Steinkohlenförderung. Neben die alte »Fürstengrube« (Wesoła I, seit 1967 »Lenin«) trat 1952 eine bereits 1942 begonnene zweite Kohlengrube (Wesoła II). Die Ansiedlung wurde erweitert, sie wurde 1954 zur stadtart. Siedl., 1962 zur Stadt erhoben. Wohnten in W. 1825 erst 307 und auch 1905 nur 757 Personen, so besaß der Ort 1931 schon rd. 1600, 1961 dann 4182 und 1970 5216 Eww. Die Kohlengruben von W. beschäftigten 1958 5700 Personen. (IV) *We*

LV 210, Bd. 1, S. 602. – LV 668, S. 182. – LV 345, S. 190, 240. – LV 234, Bd. 1, S. 480. – LV 225

Wieschowa (1935 Randsdorf, Wieszowa, Kr. Beuthen-Tarnowitz/Tarnowitz). W. ö. Peiskretscham gehört zu den letzten Dorfgründungen und -ausbauten der 2. H. 13. Jh. auf dem oberschles. Muschelkalkrücken; um 1300 hatte es noch Freijahre. Im 16. Jh. wurden um W. Bleierze abgebaut, im 19. Jh. gab es hier eine Galmei- und eine Eisenerzgrube. Etwa M. 17. Jh. ließ die Fam. Grotowski bei W. ein Schloß errichten; seit 1839 war es im Besitz der Gff. Henckel v. Donnersmarck auf Neudeck, die es umbauen ließen. Der schon in der Zwischenkriegszeit volkreiche Ort (1905: 2260, Gutsbez. 154 Eww., 1939: rd. 3897 Eww.) wurde 1958 zur stadtart. Siedl. erklärt (1961: 3113, 1970: 3112 Eww.). (IV) *We*

Tarnowskie Góry. Zarys rozwoju powiatu (Überblick d. Entwicklung d. Kr. Tarnowitz), hg. v. HRechowicz, Kattowitz 1969. – LV 234, Bd. 1, S. 480

Wiesenthal (Bystrzyca, Kr. Löwenberg). Die Identifizierung des 1217 gen. »Biztric« mit W. hat sich als falsch erwiesen (→ Neukirch). 1388 besaß Otto v. Zedlitz W., und um 1600 ist der letzte Grundherr dieses Namens feststellbar. Weitere Besitzer waren u. a. 1654 Sigismund v. Festenberg gen. Packisch, ferner die Fam. v. Tschammer, 1769 die v. Schweinichen. Letzter Besitzer von Ober W. war Staatsminister a. D. Magnus Frh. v. Braun, Vater des Raketenforschers Wernher v. Braun. (I) *Scho*

JHRingk, Jubelbüchlein f. d. evg. Gem. zu W., Süßenbach u. Mühl-

waldau, Hirschberg 1842. – Heimatbuch d. Kr. Löwenberg i. Schl.,
³(Bückeburg) 1959, S. 421 f. – HAppelt, Z. Siedl.-Gesch. d. Kastellanei
Lähn, in: LV 28, 73 (1939), S. 1–10

Wigandsthal (Pobiedna, Kr. Lauban). Die bei der Teilung der
Herrsch. → Schwerta im oberlausitz. Queiskreis 1592 entstandene
Herrsch. Meffersdorf, bestehend aus dem gleichnamigen ma. Dorf
und Gut am Fuße der Tafelfichte (ca. 12 qkm), kam nach dem
Aussterben der Besitzer v. Uechtritz (1638) an die Fam. v. Gersdorf (1638–1823). Durch die Ansiedlung böhm. und später auch
schles. Exulanten entstanden auf dem Boden von Meffersdorf unter Wigand v. Gersdorf (1620–1686) 1659–1670 sechs neue Orte,
darunter 1666 zwischen dem herrschl. Gut und der Kirche ein
Marktort, gen. »Meffersdorfer Städtel«, seit 1679 W., bestehend
zunächst nur aus einem rechteckigen Maktplatz und einer Straße.
Die ersten Siedler waren Messerschmiede aus dem benachbarten
Neustadt/Böhmen, 1686–1689 wanderten auch Schlesier hinzu.
1667 verschaffte sich der Herrsch.-Inhaber von Kfst. Johann
Georg II. von Sachsen Stadt-, Markt- und Berggerechtigkeit und
wandte sie in W. an, ohne den Bewohnern volle bürgerliche Freiheit zu gewähren, was zu Mißhelligkeiten führte. Das Bergrecht
erwarb er in der Hoffnung auf Wiederbelebung eines älteren
Zinnbergwerks. Dies mißlang, wie auch sonstigen wirtschl. Bemühungen – neben Weberei, Schwarz- und Schönfärberei, im 18.
Jh. Edelsteinimitationen aus Glas – kein großer Erfolg beschieden war. Dementsprechend stagnierte die Bev.-Entwicklung:
1694: 404, 1794: 402, 1825: 430 Eww. Erst seit der 2. H. 19. Jh.
stieg die Eww.-Zahl etwas an: 1861: 664, 1905: 550, 1928: 699
Eww. Eine Taschentuchweberei (1887) und eine Plüschfabrik
(1888, noch gegenwärtig in Betrieb) stärkten die Wirtschaft. Die
Stadtrechte hatte W. jedoch schon beim Übergang an Preußen
1815 verloren. – Meffersdorf, noch volkreicher als W. (1694: 569,
1794: beinahe 500 Eww.), blieb Sitz der Herrsch. und auch Kirchort für W. (Zufluchtskirche). Adolf Traugott v. Gersdorf (1744 bis
1807), seit 1756 Besitzer von Meffersdorf und Schwerta, erbaute
in ersterem ein neues, dreiflügeliges Schloß (1767) und eine Stern-
warte (1804, zuletzt Kaiser-Wilhelm-Turm) und legte eine wertvolle Bibliothek und Mineraliensammlung an; er wurde als Ge-
lehrter und Mitbegründer der Oberlausitz. Ges. der Wiss. bekannt, in seinen Besitzungen war er sozialreformerisch tätig. 1823
bis 1830 war Landgf. Viktor Amadeus von Hessen-Rotenburg,
Hz. von Ratibor, 1830–1856 Gf. Ernst v. Seherr-Thoß Besitzer der
Herrsch. Meffersdorf. 1930 wurde Meffersdorf mit W. vereinigt
(1939 zus. 1299 Eww., um 1965 ca. 1200).   (I) *We*

ORühle, Gesch. v. Meffersdorf, 1885. – Schönwälder, D. Budissiner
Queißkr., in: LV 55, 60 (1884), S. 352–391, u. 61 (1885), S. 1–78. –
Heimatbuch d. Kr. Lauban in Schles., 2. Aufl. hg. v. WMenzel, Seyboldsdorf-Vilsbiburg 1966. – LV 664, Bd. 1, S. 585–595, u. Bd. 3, S.
1–11, 590–592. – LV 286, S. 143–155 u. 193–228. – LV 234, Bd. 2, S. 582

Wilhelmsthal (Bolesławów, Kr. Habelschwerdt). Der Ort liegt n. des Glatzer Schneeberges. Er wurde im Jahre 1581 auf Grund der Bergordnung Ks. Rudolfs II. von 1578 für die Gfsch. Glatz von dem Obermünzmeister von Böhmen, Wilhelm Frh. v. Oppersdorff, als freie Bergstadt gegr., wegen des aufblühenden Eisenbergbaues und der in der Nähe von W. gemachten Silberfunde. Die an diese Gründung geknüpften Hoffnungen erfüllten sich jedoch nicht. Im 30j. Kriege kam der Silberbergbau zum Erliegen, da das Vorkommen nicht ergiebig genug war. 1598 gab es für die Bergleute eine kleine, dem hl. Joseph geweihte Kirche. Sie wurde 1672 wegen Baufälligkeit abgerissen und durch eine neue Kirche ersetzt. Die zur Herrsch. → Seitenberg gehörige Gem., die damals die kleinste Stadt Preußens war, verzichtete 1882 auf ihre Stadtrechte, wurde jedoch in der Umgebung noch bis in die jüngste Zeit als »das Neustädtel« bezeichnet. Sie zählte 1787: 414, 1825: 406, 1905: 552 und 1939: 573 Eww.; um 1967 wohnten in W. lediglich etwa 86 Personen. (IIa) *Ge*

JKögler, CSietz, Dokumentierte Gesch. u. Beschreibung d. Stadt u. Pfarrei W., in: LV 51, 1 (1881/82), S. 193–215. – AOtto, Glatzer Wanderbuch, Mittelwalde 1923, ²Leimen/Heidelberg 1971. – FAlbert, D. vorurk. Gesch. d. Kr. Habelschwerdt, dargestellt an seinen Ortsbezeichnungen, 1. Bd., Habelschwerdt 1938, S. 427–431. – LV 430, S. 106. – D. Gfsch. Glatz, Bd. 5, hg. v. ABartsch, LChristoph, (Lüdenscheid) 1968, S. 76. – LV 233, S. 903. – LV 234, Bd. 2, S. 548

Windischborau (Borów Polski, Kr. Freystadt/Neusalz). W. zahlte bereits um 1220 seinen Zehnten an die Kirche in → Zölling und wurde 1295 als »Borow polonicale« urk. gen. Das kleine Dorf (um 1790 nur 139, 1920 mit 90 evg. und 60 kath. Eww.) war seit M. 14. Jh. ein alter Stammsitz der Fam. v. Rechenberg, die im nw. Schles. eine wichtige Rolle spielte (→ Freystadt, → Neustädtel, → Primkenau, → Klitschdorf). Mit Helene v. Rechenberg († 1628), vermählt mit dem kath. Gf. v. Sprintzenstein, kam W. um 1650 an die Jesuiten in → (Deutsch) Wartenberg. Auf die v. Rechenberg gehen in W. zwei bemerkenswerte Bauwerke zurück: die 1414 gestiftete kath. (aber 1559–1654 evg.) *Kirche,* auf deren Turm bis 1917 eine Glocke von 1510 hing, und das gemäß Inschrift 1548–50 von »Georg v. Rechenberg auf Wartemberck und Windischemboraw« erbaute Schloß, von dem nur der n. Teil erhalten blieb und um 1925 als *Getreidespeicher* diente; der zugehörige Turm stürzte 1800 ein. (I) *St*

EKolbe, Gesch. d. Stadt Neustädtel, Neustädtel 1925, S. 162–167, 301–305

Winzig (Wińsko, Kr. Wohlau). Anstelle einer bereits 1218 unter dem Namen »Vin« bezeugten, im alten slaw. Siedl.-Land der W.er Höhen, eines Teiles des Schles. Landrückens, gelegenen Dorfsiedl. wurde 1285 durch Hz. Primko von Steinau die Stadt W. zu dt. Recht ausgesetzt, zunächst nach Steinauer Recht, das

1404 in Magdeburger Recht umgewandelt wurde. Der rechteckige Ring (Markt) und das gitterförmige Straßennetz lassen die Stadt noch heute als eine planmäßige Marktgründung der ma. dt. Besiedlung von Schles. erkennen. Die bereits 1272 erwähnte, 1354 als Mauerbau errichtete Kirche wurde 1514 ebenso wie das Rathaus bei einem der zahlreichen Brände, die mehrmals die Stadt heimsuchten und zum großen Teil zerstörten, vernichtet. An ihrer Stelle entstand M. 16. Jh. eine dreischiffige got. *Hallenkirche,* die auch nach dem 2. Weltkrieg erhalten geblieben bzw. wieder restauriert worden ist. Mit der Einführung der Ref. in W. durch den W.er Melanchthon-Schüler Balthasar Gebhardt im Jahre 1523 wurde die Kirche evg. und blieb es bis zur Rekatholisierung 1696 im Zuge der Durchführung der Gegenref. in dem 1675 an das Haus Habsburg gefallenen Fstm. Wohlau. Nachdem auf Grund der Altranstädter Konvention von 1707 die Rückgabe der Kirche an die evg. Gem. erfolgt war, wurde durch Ks. Joseph I. in W. wie in den übrigen Städten des Fstm. Wohlau für die kleine kath. Gem. eine Kuratie (Pfarrstelle) eingerichtet und später auch eine kath. Pfarrkirche erbaut. – Im wesentlichen eine Ackerbürgerstadt, hatte W. als Zentrum eines relativ wohlhabenden landwirtschl. Umlandes doch eine gewisse wirtschl. Bedeutung, zunächst bis ins 18. Jh. hinein durch einen starken Getreidehandel mit Polen, später durch seine großen Viehmärkte und die Errichtung landwirtschl. Industrien. Zu Ausgang des 2. Weltkrieges zum großen Teil zerstört und bis 1967 kaum wieder aufgebaut, ist W. zur Bedeutungslosigkeit herabgesunken und des Stadtrechts verlustig gegangen. Eww.–Zahlen: 1787: 1488, 1825: 1710, 1905: 1814, 1939: 2078, 1961: ca. 1200. (II) *Gra*

LV 218, T. 2. – LV 344. – LV 233, S. 903–05. – LV 270. – LV 234, Bd. 2, S. 602 f.

Wittgendorf (Witków, Kr. Sprottau). Auf der w. Dorfseite von W., einem um 1220 gegr. dt. Waldhufendorfe, wurden um 1870 und 1938 vier Gräber der Frühgermanenzeit mit Gesichtsurnen (500–300 v. Chr.) gefunden. Im sumpfigen Gelände des Girbigsbaches steht ein ma. *Wohnturm* (14. Jh.) aus Findlingssteinen, dessen 1. Stock über äußere Holztreppe zugänglich ist. Bis 1945 war er vom Gutsgesinde bewohnt. – Die *kath. Kirche* in W. wurde um 1400 aus Granitfindlingen und Raseneisenstein erbaut.

(I) *St*

LV 587, Bd. 3, S. 120. – KLangenheim, Neue Frühgermanengräber aus W., Kr. Sprottau, in: LV 68, 13 (1938), S. 129–31

Wittichenau → Band Sachsen

Wölfelsdorf (Wilkanów, Kr. Habelschwerdt). W. liegt an der vom Glatzer Schneegeb. der Glatzer Neiße zuströmenden Wölfel. Das stattliche Bauerndorf wird erstm. 1341 als »Wolfilsdorf« gen. Die dem hl. Georg geweihte *Pfarrkirche* wird zuerst 1381 urk. erwähnt. Der urspr. Holzbau wurde 1516 durch einen Steinbau ersetzt, der 1701 umgebaut wurde. Die Kirche besitzt wertvolle Arbeiten des Bildschnitzers Michael Klahr d. Ä. Zur Pfarrei gehört auch das Bergkirchlein Maria Schnee auf dem Spitzigen Berg (→ Wölfelsgrund).

Die Herrsch. W., die auch Schönfeld umfaßte, gehörte nacheinander den Herren v. Glubos (Glaubitz) auf Mittelwalde, v. Tschischwitz (etwa 1430–1531), Georg Primster v. Kammerstein (1552), v. Gellhorn (1560) und wurde in der 2. H. 17. Jh. von dem Geschlecht der Reichsgff. v. Althann, dem die Herrschsch. → Mittelwalde und Grulich (auf der böhm. Seite) gehörten, erworben. Gf. Michael Wenzel II. v. Althann erbaute 1681–86 (teilweiser Ausbau im 18. Jh.) das viergeschossige *Schloß* und schuf den Park im franz. Stil. Schloß und Herrsch. blieben bis 1945 im Besitz der Gff. v. Althann. (IIa) *Ge*

»Guda Obend«, »Grofschoaftersch Feieroabend«, Heimatl. Jb. f. d. Gfsch. Glatz, hg. v. RKarger, 1939. – LV 616, S. 39. – D. Gfsch. Glatz, Bd. 5, hg. v. ABartsch, LChristoph, (Lüdenscheid) 1968, S. 77. – LV 595 a. – LV 595 b, S. 38

Wölfelsgrund (Międzygórze, Kr. Habelschwerdt). W. liegt am Fuße des Glatzer Schneeberges. Die geschützte Lage begründete seinen Ruhm als Luftkurort und Wintersportplatz. Mitten im Ort liegt der in einer engen Schlucht 28 m herabstürzende Wölfelsfall, der Preußens größter natürlicher Wasserfall war. W. ist erst in der 2. H. 16. Jh. inmitten alter Wälder als Holzfäller- und Köhlerdorf angelegt worden. – Viel besucht ist die *Bergkapelle Maria Schnee* am Spitzigen Berge (847 m). Im Jahre 1750 brachte der Grafschafter Christoph Veit von Maria Zell in der Steiermark ein dem dortigen Gnadenbilde getreu nachgeschnitztes Marienbildnis mit in die Heimat. Dessen Bruder stellte es auf seinem Grund und Boden auf dem Spitzigen Berge auf. Die daraufhin errichtete hölzerne Kapelle wurde durch einen 1781 begonnenen Steinbau ersetzt, der den Titel »Maria Schnee« trägt (Fest am 5. 8.). Im Umgang um die Kapelle ist auf vielen Bildern mit Unterschriften die legendenhaft ausgeschmückte Gesch. dieses kleinen Gnadenortes erzählt. In einem kleinen Haus daneben wohnte ein Einsiedler, der die Kapelle betreute, während die Geistlichen von → Wölfelsdorf den Gottesdienst hielten. (IIa) *Go*

ChvRadecke, W. in alter u. neuer Zeit, Habelschwerdt 1926. – AHeinke, D. Gfsch. Glatz, 1941. – D. Gfsch. Glatz, Bd. 5, hg. v. ABartsch, LChristoph, (Lüdenscheid) 1968, S. 12. – RKarger, Maria Schnee, 1932

Wohlau (Wołów). Am S-Rand des Schles. Landrückens und im O eines sich zum s. Durchbruchstal der Oder öffnenden Talzuges liegt W. an dem schmalen Übergang durch ein früheres weites Sumpfgebiet. Zahlreiche Funde aus vorgesch. und frühgesch.-slaw. Zeit weisen diesen Raum um W. als altbesiedeltes Gebiet aus, durch das auch frühe Handelswege liefen. Darauf deutet u. a.

der in der W.er Gemarkung 1899 gemachte größte bronzezeitliche Goldschatzfund von Deutschland, der Goldschmuck im Gewicht von etwa 2 kg enthielt.

Obwohl das genaue Gründungsdatum von W. nicht bekannt ist, kann angenommen werden, daß die Stadt in der 2. H. 13. Jh. in unmittelbarer Nähe des bereits 1202 in einer Zehntbestätigung des Kl. Leubus gen. slaw. Dorfes »Wolovo« (Krummwohlau) und auf einem Teil der Ackerflur eines weiteren slaw. Dorfes (Polnisch-dorf) zu dt. Recht ausgesetzt worden ist. Das geht aus der von Hz. Heinrich III. von Glogau 1292 als Ersatz für die verloren ge-gangene Gründungsurk. ausgestellten Urk. hervor, wie auch dar-aus, daß bei der Aussetzung des Dorfes Altwohlau zu dt. Recht 1288 ein Vogt von W. erwähnt wird. W. gehörte zu dieser Zeit zum Hzt. Glogau, bei dessen Teilung 1312 es an das Hzt. Oels fiel. Gegen E. 15. Jh. bereits als Fstm. bezeichnet, kam W. 1517 an den Adligen Johann Thurzo, 1523 an die Hzz. von Liegnitz, bei denen es bis zum Aussterben dieser Linie der schles. Piasten, der Hzz. von Liegnitz, Brieg und W., 1675 verblieb; dann fiel es an das Haus Habsburg.

Der ovale Grundriß der zwischen Niederungslandschaft und Tei-chen eingeengten Altstadt von W. mit fast quadratischem Ring und lanzettförmig auf die beiden Stadttore zulaufendem Straßen-netz läßt den Ort noch heute als Stadtgründung der ma. dt. Be-siedlung von Schles. erkennen. Von der *Stadtmauer* sind nur noch Reste vorhanden, während die Stadttore nach der Zerstörung der Tortürme im 30j. Krieg 1782 bzw. 1855 abgerissen worden sind. Schon in den Jahren 1465 und 1689 durch große Brände fast völ-lig zerstört, erhielt die Stadt nach einem weiteren großen Brande 1781 durch den von Kg. Friedrich II. geförderten Wiederaufbau mit massiven zweistöckigen Häusern, deren First abweichend von der früheren Giebelstellung der urspr. mit Lauben verselhe-nen Häuser in einer Höhe parallel zur Straße verlief, den Cha-rakter einer friderizianischen Stadt, der das Bild der Altstadt bis 1945 prägte. Das frei auf dem Ring stehende *Rathaus* wurde an Stelle eines älteren 1654 als Renaissancebau neu errichtet, der nach Teilzerstörungen während der großen Brände und darauf folgenden Umbauten 1945 wieder schwere Zerstörungen erlitt, aber zu Beginn der 1960er Jahre in der urspr. Form von 1689 – unter Erhaltung des Erweiterungsbaus von 1915 – wieder aufge-baut worden ist.

Um 1300 wurde unmittelbar an die Stadt angrenzend eine 1323 erstm. erwähnte hzl. Burg errichtet, die in der Regel Sitz der Lan-deshauptleute und jeweils nur vorübergehend auch Wohnsitz der Hzz. war. 1579 erbaute Hz. Georg II. von Brieg und Wohlau an-stelle der alten Burg das hzl. *Schloß*, das nach erheblichen Be-schädigungen im 30j. Krieg unter Hz. Christian von W. 1653–1672 durch Umbauten im Stil der Renaissance seine bis heute im we-sentlichen erhalten gebliebene Gestalt bekam. Diese ist auch bei dem Wiederaufbau nach einem Brand 1922, bei dem der 1782 abgerissene Turm wiederhergestellt wurde, und bei den Restaurierungsarbeiten nach den Beschädigungen im Jahre 1945 gewahrt worden.

Der got. Hallenbau der *Stadtpfarrkirche St. Laurentius* wurde, 1393 beginnend, im Ausgang des 14. und zu Beginn des 15. Jh. errichtet, nachdem bereits 1288 ein Pfarrer von W. und 1298 eine Pfarrkirche erwähnt worden war. Mit der Einführung der Ref. durch Hz. Friedrich II. von Liegnitz, Brieg und W. diente die Stadtpfarrkirche dem evg. Bekenntnis, nachdem bereits 1522 in ihr die erste luth. Predigt gehalten worden war. Die nach dem 1675 erfolgten Aussterben der schles. Piasten und der Übernahme des Fstm. W. durch das Haus Habsburg einsetzende Gegenref. führte 1682 zur Schließung der Stadtpfarrkirche und später zu ihrer Übergabe an die Katholiken. Auf Grund der Altranstädter Konvention 1707 den Protestanten zurückgegeben, blieb die Kirche Pfarrkirche der evg. Gem. bis 1945. Seitdem ist sie – in ihrem Inneren mit schweren Beschädigungen, die bis 1975 noch nicht beseitigt waren – geschlossen und wird nur gelegentlich für Gottesdienste der poln. evg. Kirche genutzt.

Für die zahlenmäßig kleine kath. Gem. in W. wurde nach Rückgabe der Stadtpfarrkirche an die Protestanten eine josephinische Kuratie, eine eigene Pfarrstelle, geschaffen. Als Kirche diente eine Kapelle im hzl. Schloß, die dort bereits 1678 eingerichtet worden war. 1709 wurde in W. ein Filialkl. des 1676 von Frh. v. Garnier in → Groß Strenz im Fstm. W. gestifteten Karmeliterkl. gegr., dessen Bau 1724 vollendet war. Nach Aufhebung des Kl. 1810 im Rahmen der Säkularisierung wurde die im Stil des Barock erbaute *Kl.-Kirche* der kath. Gem. zur Verfügung gestellt. Sie ist auch nach 1945 kath. Pfarrkirche in W. geblieben.

Nach dem Übergang von Schles. an Preußen wurde das Fstm. W. in zwei Krr. aufgegliedert. W. blieb Kr.-Stadt des einen Kr. und behielt diese Funktion sowohl bei der Verwaltungsreform 1816 wie den Kr.-Zusammenlegungen 1932. Neben dem Handwerk, dessen Schwergewicht bis in das ausgehende 16. Jh. bei den Tuchmachern lag, und dem Kleingewerbe bestimmte die Verwaltungsfunktion zunächst als Hauptstadt des Fstm. und später des Kr. die Struktur der Stadt, die überdies seit 1742 bis 1920 und wieder seit 1930 Garnisonstadt war. Die E. 19. Jh. einsetzende Industrialisierung beschränkte sich im wesentlichen auf kleinere Betriebe der Landwirtschaftsindustrie sowie der Holzverarbeitung. Die Eww.-Zahl stieg von 1304 im Jahre 1787 über 1825: 1623, 1905: 5311 auf 7402 auf 14,82 qkm 1939. 1945 erlitt W. ausgedehnte Zerstörungen, jedoch ist die Stadt seit Beginn der 1960er Jahre als Wohnstadt für Arbeitskräfte der chemischen Industrie in → Dyhernfurth zum größten Teil wieder aufgebaut worden. 1961: 9060 (auf 25,34 qkm), 1970: 10 380 Eww.　　　　(II) *Gra*

LV 218, T. 2. – LV 344. – LV 269. – LV 270. – LV 233, S. 906 f. – LV 234, Bd. 2, S. 603 f.

Wohnwitz (Wojnowice, Kr. Neumarkt). Kg. Karl IV. verlieh das Rittergut W. 1351 an einen Gefolgsmann Hz. Heinrichs VI. von Breslau: Johann Skopp. Das Gut wechselte oft seinen Besitzer und gewann keine überörtliche Bedeutung. An Stelle einer ma. Burg begann Nikolaus Schebitz, später Landeshauptmann des Breslauischen Fstm., 1513 einen Neubau noch got. Charakters. Nach Schebitz' Tode erwarb Lukretia Boner das Gut. Ihr erster Mann, der in Breslau ansässige Vlame Jakob Boner, führte den Bau 1545/46 fort, und ihr zweiter Mann, Andreas v. Hertwig, scheint ihn 1560 (Datum des Wappens über dem Portal) vollendet zu haben. Von 1652 bis 1825 blieb das Schloß im Besitz der Famm. v. Mudrach und – durch Erbgang – v. Maltzahn; zuletzt befand es sich im Eigentum der Fam. v. Johnston.

Das *Schloß* ist eine Vierflügelanlage, davon der im O-Teil von 1513 stammende N-Flügel drei-, die anderen Flügel zweige-schossig. Die hohen Satteldächer schließen mit Staffelgiebeln, ein Türmchen (mit mehrfach veränderter Bekrönung) sitzt nahe der O-Ecke des N-Flügels. Die reicheren Formen von Portal und Fenstern, die Loggia im Brunnenhof und die Arkadenhalle im Hauptflügel entstammen der Renaissance-Periode. Bis auf einen teilweisen Verfall der Wassergräben blieb das Schloß, auch über 1945 hinaus, erhalten. (II) *Gro*

ASchultz, Schles. Kulturdenkmale, Bd. 3, Br. 1875. – LV 587, Bd. 2, S. 490–94. – LV 613, Bd. 3, S. 37 f. – HSeifert, Wasserburg W., in: LV 31, 3 (1926), S. 490–97. – LV 612, S. 82. – LV 617, S. 116 f.

Woischnik (Woźniki, Kr. Lublinitz). W. liegt an einer 1226 beleg-ten Nebenstrecke der ma. Handelsverbindung Breslau–Krakau, die über Oels und auf dem Höhenzug n. des Malapane-Tales über Lublinitz–W.–Siewierz nach Krakau führte. Die später sog. »Altstadt« besaß zum Schutz der Straße eine Befestigung mit Wall und Graben, von der noch der sog. »Hügel« zeugt. Das Breslauer Vinzenzstift bekam 1206 vom Krakauer Bf. im Tausch den Zehnten der »Villa Uoznici« verliehen. Verm. noch im 13. Jh. wird daneben die dtrechtl. Stadt entstanden sein. 1310 erscheint W. unter städt. Zollstätten. es war gewiß ebenfalls schon Stadt. 1375 als oppidum belegt, gingen 1386 die Vogtei der Stadt sowie die »Altstadt« mit der Burg in adligen Besitz über. Nach dem Verlust der Stadtrechtsurk. in den Hussitenkriegen erneuerte Hz. Bernhard von Oppeln-Groß Strehlitz 1454 W. die Privilegien. Das Deutschtum spielte in der nach 1442 nur etwa 3 km von der kleinpoln. Grenze entfernten Stadt wohl niemals eine Rolle. Das erhaltene Stadtbuch von 1483–1598 enthält lat., tschech. (ab 1488) und poln. Eintragungen (ab 1521), nicht aber dt. Die Handwerke von W. besaßen zeitweise einige Bedeutung, gingen doch Söhne von Gleiwitzern und Beuthenern zur Ausbildung nach W. In der frühen Neuzeit sank der Ort zu einem Ackerbürgerstädtchen her-ab, u. a. durch Veränderung der Handelsrouten; in preuß. Zeit rangierte er unter den Marktflecken (1780: 527 Eww., 1798 erhebliche Zerstörung durch Brand, 1825: 972 Eww.). Erst 1858 erhielt W. wieder Stadtrechte, allerdings ohne daß sich die wirtschl. Situation wesentlich verbesserte: noch 1961 waren 59% der Berufstätigen in der Landwirtschaft beschäftigt. Immerhin führte der Bahnanschluß 1932 (Abzweigung Strzebin–W. der Linie Stahlhammer–→ Herby) zum Abbau von Eisenerzen um W. 1961 wohnten in W. auf einer Fläche von 46,26 qkm 2634, 1970: 2909 Personen (1905: 1411, mit dem Gut: 1579, 1931: rd. 2300). – Die kath. *Pfarrkirche St. Katharina* mit got. und Renaissance-Teilen erhielt im wesentlichen 1607/08 ihr heutiges Aussehen; von 1696 stammt die hölzerne *Friedhofskirche St. Valentin.* – Die Herrsch. W. mit Stadt und Gut W., Ellguth-W. (Ligota Woźnicka) und Zielonna (Zielona) gehörte im 17. Jh. den Gff. Gaschin und seit 1859 den Gff. Henckel v. Donnersmarck auf Neudeck. (IV) *We*

LMusioł, Woźniki. Dzieje miasta od czasów najdawniejszych do połączenia z Macierzą w roku 1922 (Gesch. d. Stadt W. v. d. ältesten Zeiten bis z. Vereinigung m. d. Mutterland im Jahre 1922), bearb. u. ergänzt v. WDziewulski, Oppeln 1971. – Protokolarz miasta Woźnik (Stadtbuch d. Stadt W.), bearb. v. LMusiol (†) u. SRospond, Br. 1972. – Lubliniec, zarys rozwoju powiatu (Überblick d. Entwicklung d. Kr. Lublinitz), hg. v. JJaros, Kattowitz 1972, bes. S. 425–27. – LV 234, Bd. 1, S. 483. – LV 357, S. 105 f.

Wolfsdorf (Wilków, Kr. Goldberg). Kurz vor 1939 wurde im Zuge der Erschließung neuer Kupfererzvorkommen um Goldberg zwischen W. (4 km sö. Goldberg) und Haasel (ö. W.) eine Grube eingerichtet und daneben eine Arbeitersiedl. begründet. Die Grube »Lena« wurde 1950 wieder in Betrieb genommen, die Arbeitersiedl. ausgebaut, 1951 durch eine neue Eisenbahnstrecke mit Goldberg verbunden und 1954 zur stadtart. Siedl. erhoben (1961 auf 0,6 qkm 1591, 1970: 1634 Eww.; W. 1905: 623 + Gutsbez. 63, 1939: 827 Eww. auf 20,56 qkm). (II) *We*

LV 234, Bd. 2, S. 602. – LV 224

Wünschelburg (Radków, Kr. Glatz/Neurode). Die Stadt W. am N-Rand des Heuscheuer-Geb. nahe der böhm. Grenze im NW der Gfsch. Glatz ist offenbar durch Umlegung der Gemarkung von → Rathen entstanden, verm. vor 1290, da damals die St. Bartholomäuskirche in der »Vorstadt« erwähnt wird, die vorher wahrsch. die Pfarrkirche von Rathen gewesen war und seither auch der städt. Gem. als Gotteshaus diente; um das Anrecht auf die Kirche stritten noch 1460 der Besitzer von Rathen, die Stadt W. und die Vorstädter. Die Stadt selbst ist eindeutig belegt durch ihren Vogt 1328 und die Bezeichnung als civitas 1341. 1418 erhielt die Bürgerschaft von W., nachdem sie die ovale Stadtanlage mit Mauer (Tore: Glatzer, Böhm. oder Braunauer, Breslauer Tor) und Graben befestigt hatte, von Kg. Wenzel IV. von Böhmen ein Privileg, mit dem W. dasselbe Stadtrecht als Immediatstadt verliehen wurde, wie es Glatz besaß, wodurch die vorherige gewisse

Abhängigkeit von Glatz abgeschafft wurde. Einen Entwicklungs-
rückschlag brachte der Hussiteneinfall 1425; neue Schäden verursachten 1469 die Truppen des ung. Kg. Matthias Corvinus. Beim
Wiederaufbau der städt. Wirtschaft spielten wie schon vorher
die Tuchmacher eine große Rolle; 1490 ließen sich die Tuchmacher und Leineweber ihre Zunftartikel bestätigen, in der 1. H.
16. Jh. wird vom Tuchabsatz der W.er in Italien berichtet. Nachdem um 1550 in W. die Ref. eingeführt worden war, errichtete
die evg. Bürgerschaft 1571–80 innerhalb der Mauern eine Pfarrkirche, angeblich am Platz eines 1465 belegten, aber wohl beim
Ungarneinfall 1469 zerstörten und nicht wieder aufgebauten (Jo-
hanniter-?)Kl.; die Bartholomäuskirche vor den Toren der Stadt
sank zur Begräbniskirche ab und wurde nach dem Brand von
1738 abgetragen. Die neue Pfarrkirche wurde nach Durchsetzung
der Gegenref. schon in den 1620er Jahren den Katholiken übergeben. Im 30j. Krieg und in den Schles. Kriegen des 18. Jh. hatte
W., obwohl nicht an einer Hauptstraße gelegen, durch Plünderung, Einquartierung u. ä. zu leiden. 1680 raffte die Pest angeblich 500 Eww. dahin; sie gab den Anlaß zur Errichtung einer
Mariensäule auf dem Ring (1680; Hörspiel »Der schwarze Tod
von W. 1680« von Anny Mayer-Knoop im Sender Breslau vor
1939). 1738 vernichtete ein Brand fast die ganze Stadt; das *Rathaus* von um 1600 blieb erhalten, die *kath. Pfarrkirche* wurde
wiederaufgebaut. Die Wirtschaft erholte sich nach allem nur
schwach. Die Tuchmacherei und Leineweberei (E. 18. Jh. 16 Tuchmacher, 35 Leineweber) gingen um 1830 ein, es kam aber die
Wollweberei auf. Bes. Bedeutung gewann seit 1893, vor allem mit
der Schaffung der Eisenbahnverbindung Mittelsteine–W. 1903,
die Sandsteinindustrie; u. a. wurden das Reichstagsgebäude und
andere Berliner Bauten – bes. durch die Initiative des Berliner
Steinmetzmeisters Carl Schilling, der bei W. Steinbrüche anlegte –
z. T. aus W.er Sandstein errichtet. Eww.: 1787: 863, 1825: 1111,
1905: 2769, 1939: 2556 (auf 15,06 qkm), 1961: 2542 (auf 14,97
qkm), 1970: 2548. – Angesichts der Kriegsgefahr zwischen Preußen und Österreich erbaute der preuß. Ing.-Major v. Rauch 1790
unweit von W. an der Heuscheuer das »Fort Carl« und ließ dabei
auch einen Fußweg zu dem damals unzugänglichen Berg (920 m),
den er selbst bestieg, sichern; im selben Jahr besuchte auch Goethe die später vielbesuchte »Felsenstadt« der Heuscheuer.

(IIa) *Web, We*

Chronik v. W., 1. Teil hg. v. JKluger, 2. Teil hg. v. AKüssel, Anröchte
i. Westf. 1968/72. – LV 233, S. 908. – LV 234, Bd. 2, S. 584

Würben (Wierzbna, Kr. Schweidnitz). Der 8 km n. Schweidnitz
gelegene Ort war im 13./14. Jh. Stammsitz der Gff. von Würben
(1214: »comes Johannes de Werbno« und sein Bruder Nikolaus),
die bei der Gründung von Schweidnitz und bei der Besiedlung
der Umgegend durch Deutsche beteiligt waren. Prominentestes
Mitglied des Geschlechts war Bf. Heinrich von Würben in Bres-

lau (1302–19). Die Gff. zogen im 15. Jh. nach Mähren und ins Hzt.
Troppau-Jägerndorf, wurden dort zu Reichsgff. ernannt, 1945 enteignet und leben als Gff. von Wrbna und Freudenthal in der
Bundesrepublik Deutschland. Ihr Stammsitz W. kam im 14./15.
Jh. in den Besitz der Kll. → Kamenz und → Grüssau, von 1586
bis 1810 gehörte er dem Kl. Grüssau allein. Während die Gff.
von Würben ihre Burg auf dem heutigen Burgsberg am Unter-
dorf hatten (1403–63 belegt, dann verfallen), errichteten die Mönche von Grüssau ihre Niederlassung bei der Kirche von W.; nach
der Einrichtung eines Priorats des Kl. Grüssau 1683, zunächst als
Erholungsort für die Mönche bestimmt, entstanden ab 1696 und
1729/30 entsprechende Bauten. Die *Kirche,* 1283 bezeugt, nach
den Stilelementen aber wohl um 1240 (bei Świechowski: um 1230,
wohl zu früh) anzusetzen, ist die älteste Dorfkirche im Schweidnitzer Lande, Eigenkirche der Gff., urspr. rom., später im got. und
und Renaissancestil umgebaut; das Wohnhaus der Mönche wurde
1730 als Hauptschiff der Kirche im Barockstil ausgebaut. Diese
kath. Kirche besitzt wertvolle Kunstschätze aus der Kl.-Zeit, darunter ein Altarbild von Michael Willmann. Nach der Säkularisation wurde das Priorat *Herrensitz,* das Kl.-Gut Rittergut (504 ha).
Besitzer wurden u. a. die v. d. Goltz (1810), ab 1859 bis 1945 die
v. Waldenburg (Nachkommen des Pz. August Ferdinand von
Preußen). Die Orangerie des Priorats wurde als *evg. Kirche* und
Schule ausgebaut. Bei W. befindet sich die *»Würbenschanze«,*
von den Schweden 1633 angelegt, im Lager von → Bunzelwitz
1761 Zitadelle, heute sind noch Erdschanzen vorhanden. – Der
Ort W., A. 14 Jh. dtrechtl. umgesetzt, 1667 als Flecken (oppidu-
lum) bezeichnet, besaß 1939 1060 Eww. Er war früher Wallfahrtsort, später gern aufgesuchtes Wanderziel wegen seiner Natur-
schönheiten (Würbenschanze, Schloßpark, Teichenauer Grund,
»Hohes Ufer« an der Weistritz). (II) *Ra*

LV 613, Bd. 2, S. 57 f. – LRadler, Beitrr. z. Gesch. d. Gff. v. Würben,
in: LV 72, 17 (1959), S. 84–117, 18 (1960), S. 36–69. – Ders., Beitrr. z.
Gesch. v. W. Kr. Schweidnitz, ebda., 23 (1965), S. 13–48, 24 (1966), S.
182–200. – LV 608, S. 73 f.

Wüstegiersdorf (Głuszyca, Kr. Waldenburg). 1929 wurden W.,
der größere Teil von Tannhausen (→ Bad Charlottenbrunn), Blumenau (gegr. ca. 1600) und Kaltwasser (1688 erstm. erwähnt) zusammengeschlossen. 1954 wurde die Gem. zur stadtart. Siedl.,
1961 zur Stadt erhoben. Als »Neu-Gerhardisdorf« wird W. 1305
erstm. erwähnt und gehörte zum Burgbezirk → Hornschloß. Mit
diesem ging W. 1509 in den Besitz der Fam. v. Hochberg auf
→ Fürstenstein über. Nach den Zerstörungen der Hussitenzeit
gewann W. an Bedeutung durch die Wiederbesiedlung in der
M. 16. Jh. durch sächs. Bergleute. 1586 wurde der Bergbau eingestellt. Um diese Zeit setzte die Leineweberei ein. 1838 errichtete die Fa. A. Großmann die erste mechanische Baumwollweberei (seit 1845 N. Reichenheim). 1854 verlegte die Fa.-Meyer-Kauff-

mann ihren Betrieb von → Wüstewaltersdorf nach Blumenau. Die Fa. Websky (später Websky, Hartmann und Wiesen) gründete 1862 in Tannhausen eine Flachsgarnspinnerei. W. hatte in drei Anteilen 1825: 1927 und 1905: 5009 Eww., 1939: 6952 (auf 20,88 qkm), 1950: 5248, 1961: 6633 (auf 16,01 qkm), 1970: 6985 Eww.

(IIa) *Kö*

OVogt, Aus vergangenen Tagen. Gesch. Mitteilungen v. W. u. sämtl. Ortschaften d. Umgebung, W. 1895. – VKlose, Unsere Heimat. Ein heimatl. Gang durch W., W. 1939. – O du Heimat lieb u. traut! Bilder a. d. Waldenburger Berglande, hg. v. MKleinwächter, Waldenburg 1925, S. 474. – HBartsch, A. d. Gesch. unseres Waldenburger Berglandes, Sonderdr. aus: Waldenburger Heimatbote 1962–69, Norden (Ostfriesl.) 1969, S. 192–210. – Ders., Unvergessene Waldenburger Heimat, Norden (Ostfriesl.) 1969, S. 357 f. – LV 234, Bd. 2, S. 556

Wüstewaltersdorf (Walim, Kr. Waldenburg). W. ist der natürliche Mittelpunkt der Kr.-Gemm. im Eulengeb. Die Verwaltungseinheit aus dem ehem. Herrsch.-Gebiet W. wurde 1957 zur stadtart. Siedl. erhoben. Waltersdorf (seit ca. 1600 W.) wurde verm. um 1220 von W her besiedelt. 1305 ist es erstm. erwähnt. Als Gründung des Adels wechselte es oft den Besitzer (v. Haugwitz, Beyer, v. Peterswaldau). Da der Bergbau (vgl. »Silberloch«) sich nicht rentierte, blieb 1497 nur noch der Flurname »die Walterspach« übrig. In der M. 16. Jh. entstand unter Melchior v. Seydlitz eine neue Siedl. für Protestanten aus Böhmen, Mähren und der Gfsch. Glatz. Die *Barbarkirche* wurde 1548 erbaut und ist seit 1654 kath. 1742 wurde ein evg. Bethaus errichtet, das 1751 zur *Barockkirche* ausgebaut und nach der Zerstörung (1945) wieder aufgebaut wurde. Nach mehrfachem Wechsel gelangte W. 1653 in den Besitz der Fam. v. Zedlitz, deren bekanntester Vertreter der preuß. Staatsminister Karl Abraham v. Zedlitz († 1793) war. Bei ihm weilte mehrmals Kg. Friedrich II. von Preußen. 1808 veräußerte die Fam. v. Zedlitz ihre Güter mit Ausnahme der *Familiengruft*. Nach mehrfachem Besitzerwechsel wurden die Güter Stück für Stück verkauft. W. war inzwischen zu einem Mittelpunkt der Textilindustrie geworden. Seit 1765 fanden wöchentlich Leinenmärkte statt. 1843 wurde die erste Textilfabrik Meyer-Kauffmann errichtet, seit 1848 Jacquardweberei, 1854 nach Blumenau verlegt (→ Wüstegiersdorf). Egmont Websky (1827–1905) machte W. zum Zentrum der Baumwollverarbeitung (Fa. Websky, Hartmann und Wiesen). Durch den Bau der Geb.-Bahn 1914 (»Eule-Expreß«) wurde W. auch Erholungs- und Wintersportzentrum. W. hatte 1785: 1102, 1825: 1349, 1905: 2409, 1939: 2826 (auf 8,86 qkm), 1950: 2775, 1961: 3442 (auf 26,95 qkm), 1970: 3206 Eww.

(IIa) *Kö*

RGottwald, D. alte W. Ein Beitr. z. Gesch. d. Eulengeb., 2 Bde., Br. 1926. – O du Heimat lieb u. traut! Bilder a. d. Waldenburger Berglande, hg. v. MKleinwächter, Waldenburg 1925, S. 474 f. – HBartsch, A. d. Gesch. unseres Waldenburger Berglandes, Sonderdr. aus: Waldenburger Heimatbote 1962–69, Norden (Ostfriesl.) 1969, S. 210–32. –

Ders., Unvergessene Waldenburger Heimat, Norden (Ostfriesl.) 1969, S. 358. – JGreiff, Egmont Websky, in: LV 649, Bd. 3, S. 321–28. – FWiedemann, Karl Abraham v. Zedlitz, in: LV 649, Bd. 2, S. 38–44

Zauditz (tschech. Sudice, Hultschiner Ländchen, Tschechoslowakei). Das 1919/20 der Tschechoslowakei zugesprochene → Hultschiner Ländchen umfaßte neben mährischsprachigen Ortschaften im N-Zipfel auch zwei über den spätma. Slawisierungsprozeß hinweg dt. gebliebene Dörfer, Thröm und Z. Der an der Bilawoda gelegene, urspr. zum Hzt. Troppau und nach dessen Teilung 1377 zum Hzt. Jägerndorf gehörige Ort ist als solcher seit der 1. H. 14. Jh. nachweisbar; der früheste Beleg für Z. als Städtchen stammt von 1533, die städt. Privilegierung wird aber weiter zurückliegen. Z. war ein unbedeutendes Mediatstädtchen; der erste überlieferte Grundherr ist Peter Oderski v. Liderau († 1571). Nach häufigem Besitzerwechsel kam Z. im 18. Jh. an die Frhh. v. Henneberg, durch Heirat 1816 an Frh. Ludwig v. Bibran, durch Kauf für wenige Jahre (1833–39) an Fst. Eduard v. Lichnowsky, anschließend an die belgischen Bankiers v. Lejeune und dann 1856 an den Wiener Bankier Anselm Frh. v. Rothschild. Inzwischen war Z., seit der Teilung von Schles. 1742 in Grenzlage, unter preuß. Herrsch. zunächst zum Marktflecken und schließlich zur Landgem. herabgesunken; es gehörte erst zum Kr. Leobschütz, seit der Kr.-Reform von 1816/18 zum Kr. Ratibor. Eww.-Zahlen: E. 18. Jh.: 767, 1825: 927, 1905: 1142, 1939: 869 Eww.

(IIIa) We

LV 210, Bd. 2, S. 697 f. – LV 511, Sp. 384 f. – LV 524, S. 354. – LV 345. – LV 373, Bd. 2, S. 349. – LV 358, S. 211

Zawadzki (1936 Andreashütte, Zawadzkie, Kr. Groß Strehlitz). Der Besitzer der Herrsch. Groß Strehlitz, Gf. Andreas Renard, gründete 1836 in seinen Wäldern an der Malapane ein Eisenwerk, benannt nach dem damaligen gfl. Generalbevollmächtigten Franz v. Zawadzki zunächst Z.-Werk, seit 1857 einfach Z.; zuerst nur eine Frischhütte, wurde es bald weiter ausgebaut (Stahlwerk 1841). 1855 verkaufte Gf. Renard das Werk an die Berg- und Hüttenges. Minerva; 1871 erwarb es die Oberschles. Eisenbahnbedarfs-AG. Inzwischen war Z. 1856 Bahnstation geworden. Im Polenaufstand 1921 hatte Z. schwer unter Unruhen zu leiden. Die Teilung von Oberschles. 1922 traf das Werk hart. Durch die im 19. Jh. aus dem W nach Z. geholten Facharbeiter war dort (wie in → Kolonnowska und → Kruppamühle) eine evg. Diaspora entstanden mit eigener Kirche und eigenem Geistlichen. 1944 beschäftigte das Werk rd. 4700 Personen. Der Ort besaß 1905: 2989, 1939: 4500, 1961: 5446, 1971: rd. 7700 Eww. 1962 wurde Z. zur Stadt erhoben.

(IV) Str

LV 210, Bd. 1, S. 282. – MRadlik, Z., Entstehen u. Entwicklung, in: LV 49, 1931, Nr. 4–5. – GSchepky, Z., Ulm 1961. – LV 234, Bd. 2, S. 186. – JLubas, Zawadzkie – miasto w rozwoju (Z. – Stadt in der Entwicklung), Kattowitz 1969. – LV 225

Zeisburg (Cisów, Gem. Fröhlichsdorf/Cieszów, Kr. Waldenburg). Auf einem dichtbewaldeten Kalksteingrat oberhalb des Zeisbaches w. Freiburg liegt die einst zum Rittergut Adelsbach gehörende *Ruine* einer charakteristischen Burganlage des 13. Jh., der Z., auch Zeiskenschloß gen. Sie wird erstm. 1242 mit Peczco v. Czettritz auf »Cziskenberg« erwähnt. Ihre Funktion war der Schutz der wichtigen Handelsstraße Breslau – Schweidnitz – an der Z. vorbei – Landeshut – Trautenau – Königgrätz – Prag. Der Verkehr auf dieser Straße lockte in der 1. H. 14. Jh. Raubritter an, die sich hier festsetzten, bis 1355 Hz. Bolko II. von Schweidnitz die Burg einnahm. Er übergab sie 1357 Nickel v. Bolcze zu Lehen, der unter Bolkos Witwe Hzn. Agnes (1368–92) im Hzt. eine führende Rolle einnahm und damit auch die Bedeutung der Z. erhöhte. Nach mehrmaligem Besitzwechsel gelangte die Z. wieder in die Hand der Fam. Czettritz, die sie bis A. 18. Jh. besaß. Der Ausbau der Z. zu der heute erschließbaren Schloßanlage soll in der 2. H. 16. Jh. erfolgt sein. 1655 war Susanne v. Sauermann geb. v. Czettritz Burgherrin. Seit A. 18 Jh. verfiel die Z. – Die Anlage besteht aus einer ö. und einer w. Vorburg und aus der Hauptburg. Die NO-Seite schützt eine doppelte Mauer. Den Kern bildet ein fast quadratischer Hof, den der ehem., runde Bergfried aus dem E. 13. Jh. im SO und das die NW-Ecke ausfüllende Wohngebäude beherrschen. Die im Laufe der Zeiten wildverwachsene Anlage wurde 1935–37 weitgehend freigelegt, der Bergfried ergänzt. Torhaus und Zugbrücke wurden rekonstruiert.

(II)   *Gru, We*

LV 587, Bd. 2, S. 260. – O du Heimat lieb u. traut! Bilder a. d. Waldenburger Berglande, hg. v. MKleinwächter, Waldenburg 1925, S. 62 bis 65. – WBremer, D. Ergebnisse d. Freilegungs- u. Instandsetzungsarbeiten auf d. Z., in: Kunst u. Denkmalpflege in Schles., Br. 1939, S. 9–19. – LV 612, S. 45

Ziegenhals (Głuchołazy, Kr. Neisse). Zwischen 1220 und 1232 haben dt. Siedler auf Veranlassung des Bf. Lorenz von Breslau unter Vogt Witigo von Ottmachau Z. 18 km sö. Neisse (als Stadt 1263 erstm. belegt) und zugleich die umliegenden Dörfer gegr. und damit das Weichbild geschaffen; die Besiedlung dieser Gegend diente zum Schutze des Neisser Bst.-Landes gegen den im Grenzwald vordringenden mähr. Markgf. Das alte Portal der *kath. Pfarrkirche St. Lorenz,* das bei dem Kirchenneubau unter Fstbf. Franz Ludwig 1729 beibehalten wurde, weist durch seine Formen auf die Zeit um 1250 hin, als die rom. Kunst in die got. überging. Die westdt. Siedler mag die Hoffnung auf Gold gelockt haben, das in den Bergen rd. um Z. lagern sollte. Bergbau auf Gold wurde in den in der Umgegend vorhandenen Stollen betrieben. Der Name »Goldeneckstein« war im 16. und 17. Jh. noch als Bergwerksname bekannt. In dieser Zeit wurde in der Gegend von Z. unter Einfluß der Thurzo und Fugger Eisenbergbau betrieben. Außer Bergbau wurde auch Goldwäscherei im

Flußsand der Biele unternommen. Z. ist eine planmäßige, schachbrettartige Stadtanlage mit rechteckigem Marktplatz und ovalem Mauerring; *Reste* der Befestigung, die 1460 und 1632 wiedererrichtet bzw. ausgebaut worden ist, sind (nebst einem *Torturm* des 15. Jh.) noch vorhanden. 1445 und 1499 wird auch eine Burg Z. erwähnt. Am 20. 3. 1428 fiel Z. in die Hände der Hussiten, welche die Stadt plünderten und in Brand steckten. 1472 überschwemmte die Biele Stadt und Umgebung; darauf geht das Gelübde einer alljährlichen Prozession am Feste Mariä Heimsuchung zurück. Als Stadt des Bst.-Landes blieb Z. in der Ref. kath. Es wurde 1622 zuerst von den Sachsen besetzt, im Herbst dieses Jahres von Wallensteins Truppen. 1627 erbaute der als Kirchenliederdichter bekannte Stadtpfarrer Elias Born die *St. Rochuskirche* zur Erinnerung an die große Pest in Z. Die bis 1945 durchgeführte Pestprozession ging auf jene Zeit zurück. Im 1. Schles. Kriege zogen wiederholt Preußen und Österreicher durch Z. Die Stadt war wegen der Nähe der Festung Neisse gefährdet. 1742 wollte Kg. Friedrich d. Gr. nicht auf Z. und Zuckmantel verzichten, da sie »entrée in Oberschles. und gleichsam die Vorposten von Neisse, mithin des Königs Majestät unumgänglich nötig sein«. Er begnügte sich schließlich mit Z. Kg. Friedrich d. Gr. führte den Flachsanbau ein. Dadurch wurde Z., das durch die Lostrennung von Österreich zunächst wirtschl. Einbußen zu verzeichnen hatte, eine Weberstadt, nachdem Anfänge der Weberei schon im Ma. zu verzeichnen waren. 1807 mußte die Stadt bei der Belagerung Neisses durch die Franzosen hohe Kontributionen zahlen. 1874 wurde Z. Bahnstation, worauf Holzstoff-, Zellulose- und Papierfabriken entstanden. Bereits seit E. 19. Jh. als Bad bekannt, nahm Z. als Kurort im 20. Jh. starken Aufschwung. Der Aufstieg der Stadt vom 19. Jh. ab drückt sich in den Eww.-Zahlen aus: 1787: 1506, 1825: 2256, 1905: 8673, 1939: 9772, 1961: 11 727, 1970: rd. 13 400 Eww. (IIIa) *Web*

AKopietz, Beitrr. z. ältesten Gesch. d. Neisser Landes u. d. Stadt Z., Z. 1898. – Neisse m. Anhang Stadt u. Bad Z. (Monogr. dt. Städte, Bd. 14), Berlin-Friedenau 1925, S. 202–229. – PKutzer, Aus einer kleinen Fürstenstadt. Hist. Rückblick auf d. Vergangenheit v. Z., Z. 1928. – LV 233, S. 908–10. – LV 356, S. 92 f. – LV 234, Bd. 2, S. 163 f. – PKutzer, Pfarrer Elias Born, ein Kirchenliederdichter aus Z., in: LV 43, 18 (1919/20), S. 171–80.

Zillerthal-Erdmannsdorf (Mysłakowice, Kr. Hirschberg). E. wird erstm. 1385 urk. erwähnt; damals gehörte es den Herren v. Mollberg. Es folgten sich im Besitz die v. Zedlitz, v. Stange, v. Reibnitz, v. Thomagnini, v. Richthofen und v. Kottwitz. 1816 kam das Gut E. im Tausch gegen das Rittergut Mittel → Kauffung von Gf. Friedrich Wilhelm v. Kalckreuth an Gen. August Neithardt v. Gneisenau. Von den Gneisenauschen Erben kaufte 1832 Kg. Friedrich Wilhelm III. E. Der urspr. Barockbau des *Schlosses* erfuhr in der Gneisenau-Zeit einen Umbau im schles. Landhausstil

des Biedermeier durch den Maler und Architekten Josef Raabe.
Unter kgl. Besitz wurden von Karl Friedrich Schinkel und vor allem (unter Kg. Friedrich Wilhelm IV.) von August Stüler 1832–37
und 1841–43 so weitgehende Änderungen und Erweiterungen vorgenommen, daß sie dem Schloß den Charakter eines engl.-got.
Landschlosses gaben. Den *Park* gestaltete Lenné im gleichen engl.-
romantischen Stil um.

Als 1837 Friedrich Wilhelm III. durch Vermittlung der Gfn. Reden den um ihres Glaubens willen aus ihrer Tiroler Heimat ausgewanderten Zillertalern – über 400 Personen – zur Neuansiedlung
einen erheblichen Teil des E.er Gutsbesitzes zur Verfügung gestellt hatte, entstanden unter Anleitung des Bauinspektors Hamann mehrere Kolonien mit Häusern im Alpencharakter, die sehr
wesentlich das Bild des nunmehr in die selbständigen Gemm. E.
und Z. geteilten Ortes beeinflußten. Auch das von Kg. Friedrich
Wilhelm IV. für die Fstn. von Liegnitz (die zweite Gemahlin
Friedrich Wilhelms III.) im E.er Park erbaute Haus sowie das
Haus auf dem Zölfelberg, das sich der Staatsminister v. Rother
erbaute, waren im Tiroler Stil gehalten. Nur die *evg. Kirche,* deren
Entwurf von 1836 Schinkel Friedrich Wilhelm III. vorgelegt hatte
und die – nachdem E. durch Abtrennung von → Lomnitz ein eigenes evg. Kirchensystem erhalten hatte – 1837–40 erbaut wurde,
ist im Stil einer ital. Kirche gehalten, gekennzeichnet durch den
hohen Campanile. Vor der Kirche wurde nach dem Entwurf von
Christian Rauch ein Kreuz errichtet, an dessen Fuß ein schles.
und ein Tiroler Bauernbub eine ovale Tafel mit dem Porträt des
Kg. halten.

In E. war urspr. die Hausweberei neben dem Ackerbau die entscheidende Einnahmequelle. Deshalb wurde für den Ort die
1840 durch die preuß. Seehandlung erfolgte Gründung der E.er
Flachsgarnspinnerei mit ihrem maschinellen Betrieb von großer
Bedeutung. Sie trug wesentlich dazu bei, daß sich die Sozialstruktur des ländlichen Ortes änderte. Auch der Verkauf des Krongutes
E. 1909 bedeutete eine tiefgreifende Wandlung in der Gesch. des
Ortes. Schloß und Park erkaufte als erster Amtsrat Richter, nach
ihm Fabrikbesitzer Rudolph. Die Gem. E. hatte 1905 1212 Eww.,
der Gutsbez. E. 112, die Gem. Z. 1107. 1937 wurden E. und Z.
wieder zu einer Gem. vereinigt; sie hatte 1939 auf 12,8 qkm
2966 Eww. 1957 wurde Z.-E. zur stadtart. Siedl., um 1968/69 zur
Stadt erhoben. Die Bev. stieg auf 1961: 4087 (auf 12,3 qkm), 1970:
4211 Eww. an.   (I)   *Gru*

ThDonath, Schloß E., in: LV 41, 1885, Nr. 9, 10, u. 1886, Nr. 1, 2. –
Ders., E., seine Sehenswürdigkeiten u. Gesch., Hirschberg 1887. –
GHahn, D. Zillerthaler im Riesengeb., Schmiedeberg 1887. – Bll. d.
Erinnerung an d. 50j. Jubiläum d. preuß. Kol. Z. im Jahre 1887, Schmie-
deberg 1937. – GGrundmann, Schles., in: Karl Friedrich Schinkel, Le-
benswerk, Berlin 1941. – LV 615, S. 37 f. – LV 631, S. 208. – KSchumm,
Gf. Neidhardt v. Gneisenau als schles. Landwirt u. Landmann, in: LV
39, 14/1932/33 (1934), S. 311–28. – LV 234, Bd. 2, S. 576. – AGlatz in:
LV 71, 52 (1973), S. 127–56

Zirkwitz (Cerekwica, Kr. Trebnitz). Z. n. von Breslau ist heute ein Dorf inmitten der fruchtbaren Lößlandschaft des Katzengeb. Es ist schon 1155 urk. als Besitz des Breslauer Domkapitels bezeugt. 1155 wird auch der Markt erwähnt, den Hz. Wladislaus (vertrieben 1146) von → Trebnitz nach Z. verlegt hatte. Das hohe Alter der Z.er Kirche wird durch den ON (von cerkiew = Kirche), durch die spätere Überlieferung und durch den großen Sprengelumfang beglaubigt. 1252 gestattete Hz. Heinrich III. von Breslau dem Bf. Thomas I. die Umsetzung von Z. zur dtrechtl. Stadt; 1264 war sie vollendet. Z. bildete den Mittelpunkt eines bischl. Haltes mit neun Dörfern im Katzengeb. Trotzdem kam es nicht zur Entfaltung, vor allem durch die Konkurrenz des allzu nahe gelegenen Trebnitz. Noch 1666 wird Z. oppidum gen.; nach 1740 sank es zum Marktflecken, dann wieder zum Dorfe ab. 1905 hatte es 344 (+ Gutsbez. 149) Eww., ähnlich E. 18. Jh.: 338 Eww. – Das Schloß auf dem Rittergut Z., das seit 1900 den Gff. v. Ballestrem gehörte, wurde 1864 erbaut. (III) *Ku*

LV 356, S. 93. – LV 613, Bd. 2, S. 58

Zobten (Sobótka, Kr. Breslau). Die Stadt Z. liegt etwa 4,5 km nö. vom Gipfel des → Zobtenberges entfernt am N-Fuß des Mittelberges. An der großen Bedeutung, die der Zobtenberg seit vorgesch. Zeit besaß, hatte das Gebiet von Z. Anteil. Das zwischen 1121 und 1138 (1128/34?) auf dem Zobten begründete Augustiner-Chorherrenstift erhielt 1148 von Papst Eugen III. seine Besitzungen bestätigt, darunter den »Markt unter dem Berge« (»forum sub monte«). Damit ist Z. der älteste belegte Marktort von Schles. Eine jüngere päpstl. Urk. von 1193 nennt ihn »forum in Sabat«; der Name, der später auch auf den Zobtenberg übertragen wurde, ist von dem am Sonnabend (poln. sobota) abgehaltenen Markt abgeleitet, wie der poln. Name von → Neumarkt vom dortigen Mittwochmarkt. Um 1221 wird der Zobten-Besitz des inzwischen auf die Sandinsel von → Breslau verlegten Augustinerstiftes unter Beteiligung von Deutschen und bei starker Erweiterung des Siedl.-Landes dtrechtl. umgesetzt worden sein. Zwar ist die entsprechende Urk. zum Jahre 1221 gefälscht, aber in ihrer siedlungsgesch. Aussage als wahrheitsgetreu anzusehen, wird die Entstehung der Fälschung doch schon M. 13. Jh. angesetzt und ist anderer stiftischer Besitz 1221 tatsächlich dtrechtl. umgesetzt worden. Daß Z. noch 1250 als »Dorf … mit freiem Markt« bezeichnet wird und erst 1318 als civitas, 1344 als oppidum nachweisbar ist, braucht in dieser Frühzeit des schles. Städtewesens nicht ein zeitweiliges Absinken des Marktortes zum Dorf anzuzeigen. Der Grundriß von Z. spricht vielmehr für eine Stadtgründung in der 1. H. 13. Jh.: er bestand lediglich aus dem etwa 400 m langen, für die Frühzeit typischen Langmarkt, der im N etwa 75 m breit war, nach S. zu sich verengte und schließlich in einer Straße nach Reichenbach auslief (Oberstadt), und aus einer am N-Rand des Marktplatzes entlangführenden Querstraße im

Zuge einer Verbindung von Schweidnitz nach Strehlen (Unterstadt). Z. gehörte zunächst zum Hzt. Breslau, fiel beim Tode Heinrichs V. 1296 an das Hzt. Schweidnitz und verblieb bei diesem — abgesehen davon, daß es seit 1321 dem Hzt. Münsterberg zugeteilt war, schon 1343 aber wieder an Schweidnitz verkauft wurde. Bolko II. von Schweidnitz († 1368) errichtete in Z. ein Kaufhaus und griff damit in die Rechte der Grundherrsch., des Breslauer Sandstifts, ein. Bolkos Witwe Agnes machte dies 1391 rückgängig; die Neuverleihung des Stadtrechts an Z. 1399 durch Kg. Wenzel IV. von Böhmen, den neuen Landesherrn von Schweidnitz seit 1392, kann als Wiederherstellung der alten Rechtsverhältnisse betrachtet werden.

Z. war verkehrsmäßig durch die Lage am Zobtengeb. etwas abgelegen. Die Hauptstraßen (Breslau–Schweidnitz, Breslau–Nimptsch) liefen w. und ö. an Z. vorbei; die W–O-Straße Schweidnitz–Strehlen, die im NW durch das Schweidnitzer Tor in die Unterstadt hineinführte und diese im NO durch das Strehlener Tor wieder verließ, spielte ebenso eine untergeordnete Rolle wie die N–S-Verbindung Breslau–Reichenbach, die sich beim Schweidnitzer Tor mit der aus Schweidnitz kommenden Straße vereinigte, dann aber zum Marktplatz abbog und durch das Reichenbacher Tor (Bergpforte) nach S ging. Z. war vornehmlich Ackerbürger- und Handwerkerstadt, die Tuchmacherei ist in ihm seit dem 14. Jh. belegt; in der Umgebung wurden Mühlsteine hergestellt. Die Propstei → Gorkau des Sandstifts wurde 1439 nach Z. verlegt und mit der Stadtpfarrkirche St. Jakobus d. Ä. verbunden. Nachdem das Sandstift 1494 auch die Dörfer im SO des Zobtenberges erworben hatte, bildete Z. bis zur Säkularisation 1810 das Zentrum des stiftischen Besitzes um den Zobten, des »Z.er Haltes«. Z. wurde 1428 von den Hussiten, 200 Jahre später im 30j. Krieg von verschiedenen Truppen geplündert; bis ins 19. Jh. hinein wurde es häufig von Bränden heimgesucht, bes. vernichtend 1730. Das 19./20. Jh. brachte Z. keinen entscheidenden Wandel; in der Stadt entstanden ein Sägewerk, eine Kistenfabrik und eine Lederhandschuhfabrik, in ihrer Nähe ein Magnesitwerk. Der Ausflugsverkehr wuchs stark an, bes. nach Einrichtung der Eisenbahnverbindung nach Breslau (1885) und nach Schweidnitz (1898). Eww.-Zahlen: 1787: 1506, 1825: 1267, 1905: 2280, 1939: 3524 (auf 34,93 qkm). Bei den Kämpfen am E. des 2. Weltkrieges wurde die Stadt stark beschädigt. Auf dem im Laufe der Jhh. immer dichter bebauten Marktplatz steht die kath. *Stadtpfarrkirche St. Jakobus d. Ä.*, 1250 urk. belegt. Grabungen 1948/49 haben unter der jetzigen Kirche Reste eines rom. Baues aus der Zeit um 1200 zutage gefördert, ebenso Mauern des zweiten, got. Baues (A. 15. Jh.), der 1633 beschädigt, 1730 bis auf den Turm zerstört wurde. Bis 1739 entstand dann unter Einbeziehung stehengebliebener ma. Teile eine barocke Basilika, die nach schwerer Beschädigung 1945 wieder hergestellt wurde. Am sw. Strebepfeiler des Turmes ist ein granitener *rom. Portallöwe* lombardischen Typs aus der 1. H.

12. Jh. eingemauert; ob er von der ersten Z.er Kirche stammt, ist unbekannt (→ Zobtenberg). – N. der Pfarrkirche, auf dem nördlichsten Teil des langgestreckten Marktplatzes – als eigentlicher »Ring« bezeichnet – stand das alte Rathaus, 1878–79 im Stil der engl. Gotik stark umgebaut und erweitert, 1933 noch einmal verändert. Die Gebäude der ehem. Propstei lagen an der W-Seite des Marktplatzes (Bergstraße). Von ihnen sind erhalten das ehem. Wirtschaftsgebäude von 1735, später als *kath. Pfarrhaus* verwendet, und das Wohngebäude des ehem. Hospitals von 1568, seit 1926 als *Heimatmuseum* eingerichtet. Z. besaß keine Stadtbefestigung, obwohl ihm in der Stadtrechtsbestätigung von 1399 eine solche zugestanden worden war; das engere Stadtgebiet war aber zumindest im W, N und O durch eine die Gärten nach außen abschließende *Begrenzungsmauer* umgeben, wie sie im W noch erhalten ist. Auf dem Platz vor dem ehem. Schweidnitzer Tor steht die wohl als Wallfahrtskapelle im 14. Jh. (Chor) entstandene kath. *St. Annakirche,* nach Erweiterung um 1500 (Langhaus) auch als Begräbniskirche benutzt, um 1700 barock umgebaut und ausgestattet; 1876–92 diente sie den Altkatholiken als Gotteshaus. In der Nähe von St. Anna wurde 1954 ein *rom. Portallöwe* aus Marxdorf aufgestellt. – Z. hatte 1961 auf 37 qkm 5459, 1970: 5578 Eww. (II) *We*

LV 130, Bd. 1. – PFiedler, Festschr. z. 500j. Jubiläum d. Stadt Z. am Berge, 1899. – HHanke, Chronik d. Stadt Z. am Berge, Z. 1939. – LV 233, S. 910. – LV 592, S. 351–72, 398–401. – WGerhard, D. Zobtenlandschaft, ²Ulm 1958. – LV 340, S. 63–78. – LV 356, bes. S. 37, 93. – LV 234, Bd. 2, S. 585 f. – AKrzywańska, Sobótka i okolice (Z. u. Umgebung) (LV 108), Br. u. a. 1972, S. 39–132. – → Zobtenberg

Zobten a. Bober (Sobota, Kr. Löwenberg). 1268 wird Z. erstm. eindeutig urk. erwähnt (»Sobot«); frühere Belege sind unsicher. Nach Uhtenwoldt könnte Z. der wirtschl. Mittelpunkt der Kastellanei → Lehnhaus gewesen sein. Jedenfalls gehört Z. – wie der ON zeigt – zu den slaw. Altsiedll. an der Innenseite des Löwenberger Hags. 1318 schenkte Hz. Heinrich I. von Jauer das Patronatsrecht der Pfarrkirche von Z. dem Nonnenkl. in → Naumburg a. Queis, das dieses Recht 1540 an die Stadt Löwenberg weiterveräußerte. Von 1328–1575 gehörte Z. dem Geschlecht derer v. Ryme, deren letzte Tochter Sabine einen Frh. Czettritz ehelichte. Dessen Tochter Magdalene brachte Z. durch Heirat 1591 in den Besitz der Fam. v. Braun, die es 1622–1719 besaß; dann folgte bis 1770 die Fam. v. Hohberg (in diese Zeit fallen die von der Sekte der »Schwenckfelder« angestifteten Unruhen, 1719–1738), der sich bis 1792 ein Frh. v. Zedlitz als Besitzer anschloß. Durch Erbschaft fiel Z. 1792 an Gf. August Ludwig Ferd. v. Nostitz, der später als Blüchers Adjutant und Lebensretter in der Schlacht bei Ligny (1815) sowie als Gen. bekannt geworden ist; er ist 1866 im Schloßpark von Z. in einem Mausoleum beigesetzt worden. Z. blieb bis 1945 im Besitz dieser Fam. – Über die älteren Teile des schmucklosen *Schlosses* von Z. fehlen sichere Angaben. Den N-

Flügel hat Sigismund Frh. v. Braun 1646 errichten lassen. 1945 ist das Schloß seiner Innenausstattung beraubt worden. (I) *Scho*

LV 616, S. 137–39. – Heimatbuch d. Kr. Löwenberg in Schles., [3](Bückeburg) 1959, S. 423–25. – HUhtenwoldt, Schles. Burgenfragen im Lichte d. Gesch. d. Burg Lehnhaus, in: Schles. Heimat 1938, S. 17 ff. – LV 340, S. 32–62

Zobtenberg (Ślęża, Kr. Breslau). Ca. 30 km sw. Breslau erhebt sich zwischen den Flüssen Lohe und Weistritz der aus Eruptivgesteinen (im O-Teil einschl. des Gipfels Gabbro, im W-Teil Granit) zusammengesetzte höchste Berg der mittelschles. Ebene, der 718 m hohe Z. Seine beherrschende Lage hat ihm schon in vorgesch. Zeit zu lokaler Bedeutung verholfen, die sich später ausweitete, bis der Z. zum Wahrzeichen von Schles. aufstieg und dem ganzen Lande seinen Namen gab. Die archäologische Forschung hat auf dem Z. und in seiner Umgebung zahlreiche Funde zutage gefördert, deren zeitliche Einordnung und Deutung jedoch vielfach umstritten sind. Die Umgebung des Berges war bereits seit der Steinzeit besiedelt. Auf dem Gipfel selbst existierte verm. schon in der Bronze- und frühen Eisenzeit eine Kultstätte. Die entscheidende Gestaltung des Heiligtums auf dem Z. wird jedoch auf Grund ähnlicher Anlagen im W (W- und S-Deutschland, Frankreich, Spanien) den um 400 v. Chr. von Böhmen aus nach Schles. einwandernden Kelten zugeschrieben. Zu dessen Merkmalen gehören: 1. *Steinerne Kultkreise* zur Abgrenzung des geheiligten Raumes, wie sie nö. des Z.-Gipfels an drei Stellen quer zum Weg nach Zobten erhalten sind; gegenüber dieser jüngsten Deutung der Steinmauern seitens poln. Archäologen hielt die frühere dt. Forschung sie für Verteidigungseinrichtungen zum Schutze der Kultstätte (Tempelburg) aus der Zeit verstärkter Bedrohung von außen um die Jahrtausendmitte v. Chr. 2. Die Zuordnung benachbarter Berge mit gleichen kultischen Anlagen zum Hauptberg; hier ist es der 573 m hohe Geiersberg 3 km s. des Z., von einer ovalen, 2000 m langen *Mauer* bekrönt, und der nur durch einen flachen Sattel vom Z. getrennte Mittelberg (3 km nö. vom Z.), der einen kleineren, schlechter erhaltenen *Ringwall* trägt. 3. *Figürliche Bildwerke* aus Granit auf dem Z. und in seiner Umgebung, die kaum an ihren urspr. Standorten gefunden und inzwischen z. T. wieder versetzt worden sind; die eingemeißelten Schrägkreuze weisen, da auch an nicht sichtbaren Unterseiten angebracht, nicht auf spätere Benutzung als ma. Grenzsteine – wie früher angenommen – hin, sondern sie sind Symbole des auf dem Z. ausgeübten Sonnenkults (im Volksmund »Heidenkreuze« gen.). Zu den Figuren gehören »Bär I« oder »Sau« neben der Kapelle am Z. (früher in der Nähe von Striegelmühle, 3 km nö. vom Z., daher »Str.er Sau«), »Bär II« und »Gestalt mit Fisch« (auch als »Jungfrau« oder Hl. Petrus gedeutet, daher z. T. »Peterstein« gen. und mit dem »lapis . . . Petrey« von 1209 identifiziert) am NO-Abhang des Z. neben dem keltischen Steinkreis, der »Mönch« (früher bei

Kiefendorf Kr. Schweidnitz 8 km nw. von Z., daher »K.er Mönch«)
und der »Pilz« (Fragment einer menschlichen Gestalt) in → Zobten.

Nach den Kelten (und der Vorbev.?) haben auch die germ. Wandalen (ca. 100 v.–400 n. Chr.) und die Slawen (seit 6 Jh.) den Z.
als Kultplatz benutzt: das Heiligtum des von Tacitus überlieferten Alken-Kults der wandalischen Kultgemeinschaft der Naharnavalen wird auf dem Z. vermutet, und der Chronist Thietmar von
Merseburg († 1018) weiß von einem großen Berg, der z. Zt. des
Heidentums von allen hoch verehrt wurde und von dem der Gau
der → Slensane seinen Namen habe. Dieser urspr. Name des Z. –
»mons Silencii« (1148), »Slenz« (1245) u. ä., ab 1294 vom Namen
der Stadt Zobten allmählich verdrängt – ist wahrsch. vom Namen
des wandalischen Stammes der Silingen abzuleiten (daher seit
1926 vielfach auch die Bezeichnung »Siling« für den Z.), der sich
auch in der alten Bezeichnung für den Lohe-Fluß (»Sclenza«,
»Slenze« u. ä.) erhalten hat; über den den politischen Kernraum
von Schles. einnehmenden slaw. Stamm der Slensane hat sich der
Bergname auf das ganze schles. Land übertragen.

An die Stelle des heidnischen Heiligtums berief der Palatin von
Breslau Peter Wlast zwischen 1121 und 1138 (1128/34?) Augustiner-Chorherren aus Arrouaise in Flandern, die hier ein Kl. einrichten sollten. 1148 bestätigte Papst Eugen III. dem »Abt Arnulf
der St. Marienkirche« »in monte Silencii« die Besitzungen der
Kirche. Die Forschung ist sich nicht einig, ob die Kl.-Kirche auf
dem Gipfel des Z., am Fuße des Berges (lat. »in« auch = »an«)
in → Gorkau oder gar (was weniger wahrsch.) in → Zobten errichtet wurde. Eine mögliche Kl.-Kirche auf dem Z. wird kaum
vollendet worden sein; denn schon 1149/50 besaßen die Augustiner neben der Marienkirche »in monte Silencii« eine weitere auf
der Sandinsel in → Breslau, an die das Stift verlegt wurde. Für
eine Z.-Kl.-Kirche (und andere Kirchen?) können neben kleineren
architektonischen Überresten die in der Umgebung erhaltenen
granitenen rom. *Portallöwen* lombardischen Typs in liegender
Stellung aus der 1. H. 12. Jh. geschaffen worden sein: je zwei in
→ Gorkau und → Zobten (einer davon bis 1954 in Marxdorf,
6 km nw. vom Z.) und drei bzw. vier in der Kirche von Queitsch
(11 km nö. vom Z.) Eine Gipfelkirche ist in der Folgezeit jedenfalls nicht belegt. Der Zobten-Besitz des nunmehr Breslauer
Augustiner-Chorherrenstifts, der die Dörfer sw., w. und n. des Z.
in einer Entfernung von 7–8 km umfaßte, erhielt in der Propstei
von → Gorkau ein Zentrum.

Die Grenze zwischen dem stiftischen und hzl. Besitz am Z. verlief über den Gipfel. Dort, wo vielleicht schon der später gestürzte
Palatin und Kl.-Gründer Peter Wlast eine Befestigungsanlage gehabt hatte, entstand eine – wohl kurzlebige – hzl. Landesburg:
1242 und 1247 stellte Hz. Boleslaus II. von Schles. »in monte
Slenz« Urkk. aus, 1247 sind auch ein »procurator montis Zlenz«
und ein Kastellan »de Slenz« (ohne daß die Burg eine echte Ka-

stellaneiburg war) belegt. E. 13. Jh. war die Burg ein Raubritternest und wurde als solches von Hz. Bolko I. von Schweidnitz-Jauer, dem sie nach dem Tode Hz. Heinrichs V. von Breslau-Liegnitz (1296) zugefallen war, zerstört. Vor 1353 wurde an der Stelle der alten Anlage eine kleine steinerne Burg errichtet, die Kg. Wenzel IV. von Böhmen als Erbe der Schweidnitzer Hzz. 1397 an die Brüder Daniel und Dietrich Dorning verlehnte; deren Räubereien zogen erneut teilweise Zerstörung der Burg nach sich. 1428 setzten sich die Hussiten auf ihr fest, worauf sie von den Breslauern und Schweidnitzern eingenommen wurde. Weitere Raubzüge vom Z. aus führten 1471 zur endgültigen Zerstörung der Burg durch die Breslauer; ein offenbar dazugehöriger Turm stand noch bis 1543. *Reste* der ma. Anlagen wurden unter der Gipfelkapelle des 18. Jh. entdeckt, am s. Abhang ist von der Umwehrung der Burg eine starke *Mauer* aus Feldsteinen erhalten, auf einem vorchr. Steinkreis errichtet.

Inzwischen hatte das Sandstift 1494 den einst hzl. SO-Teil des Z. hinzugekauft und auf dem Gipfel eine Wallfahrtskapelle errichtet, die aber wohl nicht von langem Bestand war; 1698–1702 erfolgte ein Neubau, der 1834 durch Blitzschlag ausbrannte. Statt Schinkels Entwurf für den Wiederaufbau der *Kapelle* Mariä Heimsuchung wurde ein Plan von A. Gericke 1851/52 verwirklicht (Teil der N-Wand 1949 durch Blitzschlag zerstört). (II) *We*

LV 130. – FGeschwendt, Siling, d. Schlesierberg, Augsburg 1928. – FGeschwendt, D. Siling (LV 84, Nr. 10), Br.-Dt. Lissa 1938. – LV 402. – AMoepert, Peter Wlast u. d. Stiftung d. Augustinerkl. auf dem Zobten, in: LV 72, 4 (1939), S. 1–45. – LV 592, S. 372–78, 401–06. – LV 330, S. 141 f. – LV 612, S. 75. – AKrzywańska, Sobótka i okolice (Zobten u. Umgebung) (LV 108), Br. u. a. 1972, S. 7–35. – RSchück, Ein Beitrag z. d. Ringwällen, Steinwällen u. Heidenkirchhöfen in Schles., in: LV 26, NF 5 (1866), S. 89–91. – JRosen-Przeworska, Les sculptures de Ślęża et le problème celtique en Pologne, Warschau 1962. – LV 262, Bd. 1, Teil 1. – ESchwarz, Nimptsch, Zobten, Lohe u. Schles., in: LV 35, 6 (1961), S. 139–149. – LV 340, S. 63–78

Zöbelwitz (1937 Zöbeln, Sobolice, Gem. Bösau/Friedrichslager/Bodzów, Kr. Glogau). In Z. soll im 12. Jh. eine Kastellaneiburg gestanden haben. So wird der Name »Szobolezke« in der Papstbulle von 1155 (in der Aufzählung der Landesburgen zwischen → Gröditzberg und → Glogau) als Z. gedeutet. Man hat dabei die Burg Z. mit der benachbarten, bereits 1109 erwähnten Burg bei → Beuthen a. O. gleichgesetzt. Diese Deutung ist nicht mehr aufrecht zu erhalten. Verm. war »Szobolezke« der alte Name für die Gauburg des Bobergaues Boborane bei → Tillendorf w. Bunzlau. – Das Augustinerstift → Naumburg a. Bober besaß Z. seit 1257 und setzte es 1283 dtrechtl. um. Das zum Rittergut Z. gehörige Schloß hat seine heutige Gestalt 1863/83 erhalten.

(I) *St*

LV 130, Bd. 1. – LV 402, bes. S. 76. – LV 259, Bd. 1, S. 308. – LV 613, Bd. 3, S. 39

Zölling (Solniki, Kr. Freystadt/Neusalz). Das slaw. altbesiedelte Gebiet w. der Kastellaneiburg → Beuthen a. Oder reichte bis an die nordschles. Grenzwaldzone. Für diese Orte, meist Allode mit Hörigen, entstand vor 1200 die Kirche in Z., der Legende nach auf einer Opferstätte der Vorzeit. Als um 1220 die dt. Kolonisation von → Sagan her in den Parochialbezirk Z. vordrang, bewilligte Bf. Lorenz von Breslau († 1232) dem Pfarrer von Z. die bisherigen Garbenzehnten, wie eine Urk. von 1295 aussagt. Die dem hl. Martin geweihte *Kirche* ist aus Feldsteinen verm. im 13. Jh. erbaut, ist einschiffig im rom. Stil und hat viele Grabsteine der Gutsherren. Im Ma. galt sie als Wallfahrtskirche. Seit 1767 ist sie der kath. Pfarrei Großenborau unterstellt. Das Dorf Z., 1787 mit 445 Eww. (1939: 348), gehörte vor 1438 bis um 1540 den v. Kottwitz, 1520–1796 (in weiblicher Linie bis 1836) den v. Braun aus → Ottendorf, 1836–1945 der Familie Gleim. (I) *St*

LV 28, 5 (1863), S. 384–87 [z. Urk. v. 1295]. – ESchumacher, D. St. Martinskirche zu Z., Br. 1874. – EKolbe, Gesch. d. Stadt Neustädtel, Neustädtel 1924, S. 305–07. – MvBraun, D. Frhh. v. Braun, o. O. 1957, S. 26–29

Zülz (Biała, Kr. Neustadt O. S.). Bei der im sw. Zipfel des Hzt. Oppeln zwischen Mähren und Niederschles. auf einem Hügel am gleichnamigen Flüßchen (Biala = Zülzer Wasser) gelegenen Kastellaneiburg »Bela« bestand bereits 1225 ein dt. Dorf. Im gen. Jahre diente es als Rechtsvorbild für das 27 km entfernte → Kostenthal, um 1240 auch für → Kasimir (20 km sö. Z.) und war wohl als Mittelpunkt für die Besiedlung des waldigen Grenzgebietes gedacht. In der 2. H. 13. Jh., vielleicht 1270, wurde zwischen Dorf und Burg »Bela« die planmäßige dtrechtl. Stadt Z. als Zwei-Tor-Anlage in Gitterform um einen rechteckigen Marktplatz angelegt. Nach einigem Schwanken (»Bela alias Czolz«) setzte sich für sie der Name des 5 km entfernten Dorfes »Zolez« durch, das seinerseits nun Alt Z. gen. wurde, während das Dorf »Bela« den Namen Altstadt (zuletzt nach Z. eingemeindet) erhielt. 1311 wird erstm. ein Vogt, 1327 die civitas Z. erwähnt. Spätestens 1335 war Z. Sitz eines Archipresbyterates. Die alte Pfarrkirche in »Bela«/Altstadt sank bei der Stadtgründung zur Filialkirche herab, ihre Zweihufen-Widmut ging an die neue Stadtpfarrkirche über. Der Stadtvogt behielt ebenfalls seinen früheren Altstädter Grundbesitz. Bis 1532 gehörte das stets bescheidene Ackerbürger- und Weichbildstädtchen den Oppelner Piastenhzz.; es fiel bei deren Aussterben an die Habsburger und wurde von diesen verschiedentlich verpfändet. 1565 erwarben die Frhh. (ab 1678 Gff.) von Proskau (Proskowsky) den Pfandbesitz, 1602 den erblichen Besitz der Kammerherrsch. Z. mit neun umliegenden Dörfern. 1633 erlagen angeblich alle Bewohner bis auf zwei der Pest (Bau der Pestkapelle). Die Proskowsky taten sich bes. als Schützer und Nutznießer der seit 200 Jahren, zuerst in der Neisser Vorstadt, dann in der Juden- (= Langen) Gasse ansässigen

Zülzer Judenschaft hervor, die – dank deren Eintretens – von der allgemeinen böhm.-schles. Judenvertreibung des ausgehenden 16. Jh. ausgenommen blieb (außer in Z. nur noch in Glogau), 1601 ein ksl. Schutzprivileg und 1699 ein vorteilhaftes Handelsprivileg erhielt, das die Z.er Juden den christlichen Kaufleuten gleichstellte und Handel über ganz Schles. bis nach Böhmen und Polen ermöglichte. Dies hatte ein starkes Anwachsen der Z.er Judengem. zur Folge, die zeitweilig die Christen an Zahl übertraf (1782: 961 Christen, 1061 Juden; 1787: 1252 Christen, 1156 Juden), nach der Judenemanzipation 1812 aber schnell wieder zusammenschmolz und sich 1914 ganz auflöste. Im Volksmund hieß Z. daher auch »Judenzülz«, hebräisch »Makom Zadik« (Ort des Gerechten). Auf die Proskowsky folgten als Herren von Z. 1748 bis 1756 Bartholomäus von Oderfeld, 1756–1841 die Gff. Matuschka. Ab 1841 wurde die Herrsch. dismembriert. Das *Schloß*, um 1727 neu ausgebaut, erwarb die Stadt Z. Es beherbergte 1874–1923 eine Präparandenanstalt und 1875–1925 ein Lehrerbildungsseminar, danach 1926–34 eine Mädchen-Aufbauschule. Das Rathaus stammte aus der 2. H. 18. Jh., die *Pfarrkirche* aus dem 14./16. Jh. Die Kleinbahn nach Neustadt und Gogolin wurde nach 1895, die Zuckerfabrik 1898 gebaut. Die Eww.-Zahlen entwickelten sich folgendermaßen: 1825: 2462 (davon 1109 Juden), 1905: 2816, 1939: 3744, 1961: 2832, 1971: rd. 3100 Eww.   (IIIa) *Me*

LV 119, Bd. (5), S. 163–71. – JChrząszcz, Gesch. d. Stadt Z. in Oberschles., Z. 1926. – LV 233, S. 911. – LV 234, Bd. 2, S. 158 f.

Zyrowa (1936 Buchenhöh, Żyrowa, Kr. Groß Strehlitz). Am Fuße des Annaberges liegt 14 km sw. Groß Strehlitz Z., urspr. Besitz der Hzz. von Oppeln, 1280 bei der Gründung des Kl. → Himmelwitz den dortigen Zisterziensern geschenkt, später Adelssitz, und zwar 1447–1631 der nach dem Gut benannten Fam. v. Zyrowski. Georg Friedrich v. Zyrowski verlor als Anhänger des böhm. »Winterkg.« seinen Besitz. Ihn kaufte 1631 Frh. Melchior Ferdinand v. Gaschin, Landeshauptmann der Hztt. Oppeln und Ratibor, kurz danach zum Gf., 1653 in die erbliche Reichsgrafenwürde erhoben; er faßte die ihm gehörigen Herrschsch. Z., → Rosenberg, → Woischnik und Poln. Neukirch Kr. Cosel zu einem Majorat zusammen und gründete das Franziskanerkl. von → Sankt Annaberg. Z. wurde Residenz der Gff. Gaschin. 1808 wurde die Majoratsherrsch. aufgelöst und 1852 verkaufte Gf. Ferdinand v. Gaschin Z. 1899 erwarb die damals aus fünf Rittergütern und einigen Vorwerken bestehende Herrsch. Z. Gf. Johannes v. Francken-Sierstorpff. Die heutige barocke *Schloßanlage* zu Z. errichtete Gf. Melchior Ferdinand v. Gaschin (Inschrift 1644); sie wurde nach 1899 in den alten Formen erneuert.   (III) *We*

LV 613, Bd. 1, S. 38 f. – CBolczyk OFM, St. Annaberg, Gesch. d. berühmten Wallfahrtsortes im Herzen Oberschlesiens, Carlowitz-Br. X (o. J.), bes. S. 62 f. – LV 595 c, S. 163

STAMMTAFELN

Vorbemerkung

In die Stammtafeln aufgenommen worden sind das seit dem 10./12. Jh. in Schlesien heimische Geschlecht der Piasten mit seinen verschiedenen Zweigen, die Troppauer Přemysliden, die ihr Land in den schlesischen Territorialverband eingeführt und auch im alten Schlesien Fuß gefaßt haben, und das von einem Sohn Georgs von Podiebrad in Münsterberg und Oels begründete Fürstenhaus, das in Oels über weibliche Glieder der Familien zunächst in einer Württemberger, dann in einer Braunschweiger Linie bis gegen Ende des 19. Jh. eine Kontinuität gefunden hat. Die Könige von Böhmen und Preußen als Oberherren von Schlesien bleiben wegen ihrer Bekanntheit ebenso unberücksichtigt wie die nur vorübergehend in den Besitz schlesischer Fürstentümer gelangten Fürstenhäuser und die jüngeren Mediatfürsten und Standesherren. Auch von den ausgewählten Fürstenhäusern werden nur die in Schlesien regierenden Glieder aufgeführt. Dementsprechend sind (mit Ausnahme der hl. Hedwig) allein die Ehefrauen und Töchter von Fürsten aufgenommen worden, die als Regentinnen hervorgetreten sind oder durch die eine Fürstenlinie in weiblicher Nachkommenschaft fortgesetzt worden ist. Die Jahreszahlen geben die Regierungsjahre an; die Geburtsjahre (*) sind nur angegeben, wenn sie eine besondere Situation kennzeichnen (z. B. kindliches Alter), die Sterbejahre (†) dann, wenn das Regierungsende nicht mit dem Tode zusammenfiel. Schrägstriche grenzen ein nicht fest datierbares Ereignis zwischen zwei gegebenen Jahresangaben ein. Jahreszahlen vor Regierungsjahren in Klammern weisen auf den Beginn unvollkommener Regierung hin (z. B. wegen Unmündigkeit).

Quellen: LV 653–656, LV 292, S. 197 ff.; LV 266–278, 281, 282, 284

Abkürzungen: gem. = gemeinsam; reg. = regierend; s. = seit; T. = Tochter; v. = von

1. Die Piastenherzöge von Schlesien (allg.), Breslau, Liegnitz, Brieg und Wohlau

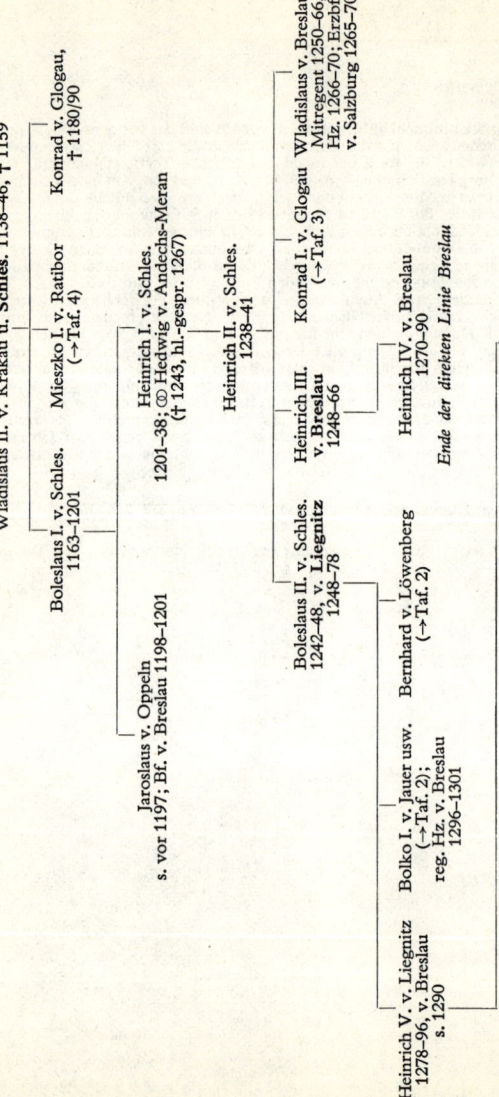

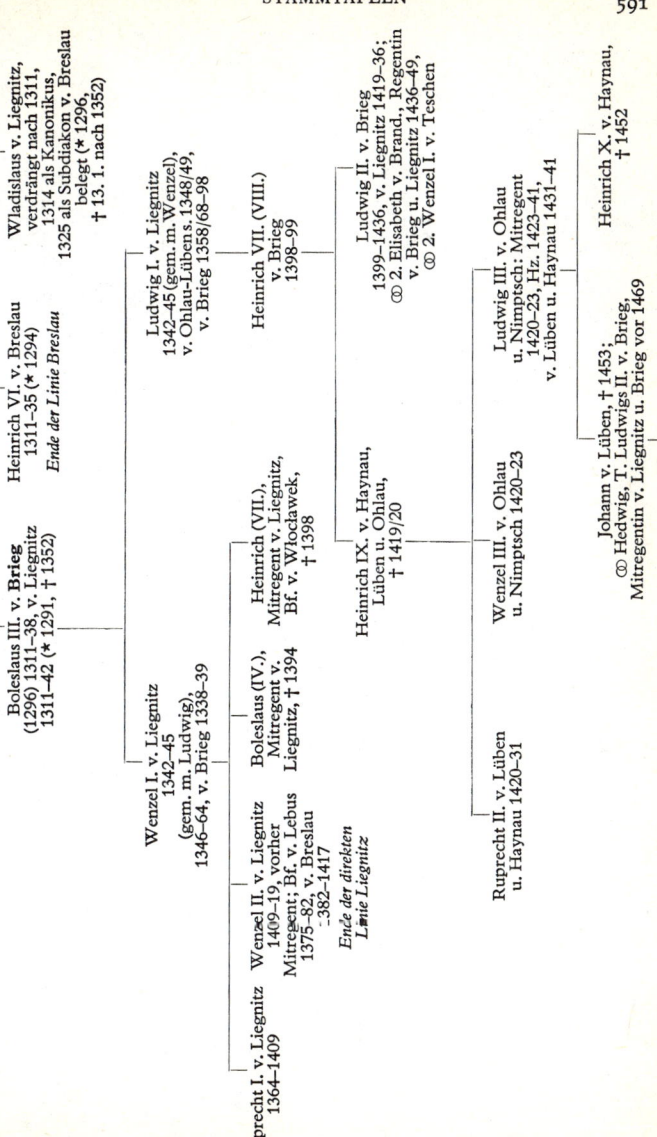

Wladislaus v. Liegnitz,
verdrängt nach 1311,
1314 als Kanonikus,
1325 als Subdiakon v. Breslau
belegt (* 1296,
† 13. 1. nach 1352)

Heinrich VI. v. Breslau
1311–35 (* 1294)
Ende der Linie Breslau

Boleslaus III. v. Brieg
(1296) 1311–38, v. Liegnitz
1311–42 (* 1291, † 1352)

Ludwig I. v. Liegnitz
1342–45 (gem. m. Wenzel),
v. Ohlau-Lübens.1348/49,
v. Brieg 1358/68–98

Heinrich VII. (VIII.)
v. Brieg
1398–99

Ludwig II. v. Brieg
1399–1436, v. Liegnitz 1419–36;
⚭ 2. Elisabeth v. Brand., Regentin
v. Brieg u. Liegnitz 1436–49,
⚭ 2. Wenzel I. v. Teschen

Heinrich X. v. Haynau,
† 1452

Ludwig III. v. Ohlau
u. Nimptsch: Mitregent
1420–23, Hz. 1423–41,
v. Lüben u. Haynau 1431–41

Johann v. Lüben, † 1453;
⚭ Hedwig, T. Ludwigs II. v. Brieg,
Mitregentin v. Liegnitz u. Brieg vor 1469

Wenzel I. v. Liegnitz
1342–45
(gem. m. Ludwig),
1346–64, v. Brieg 1338–39

Heinrich (VII.),
Mitregent v. Liegnitz,
Bf. v. Włocławek,
† 1398

Boleslaus (IV.),
Mitregent v.
Liegnitz, † 1394

Heinrich IX. v. Haynau,
Lüben u. Ohlau,
† 1419/20

Wenzel III. v. Ohlau
u. Nimptsch 1420–23

Ruprecht II. v. Lüben
u. Haynau 1420–31

Ruprecht I. v. Liegnitz
1364–1409

Wenzel II. v. Liegnitz
1409–19, vorher
Mitregent; Bf. v. Lebus
1375–82, v. Breslau
1382–1417
Ende der direkten
Linie Liegnitz

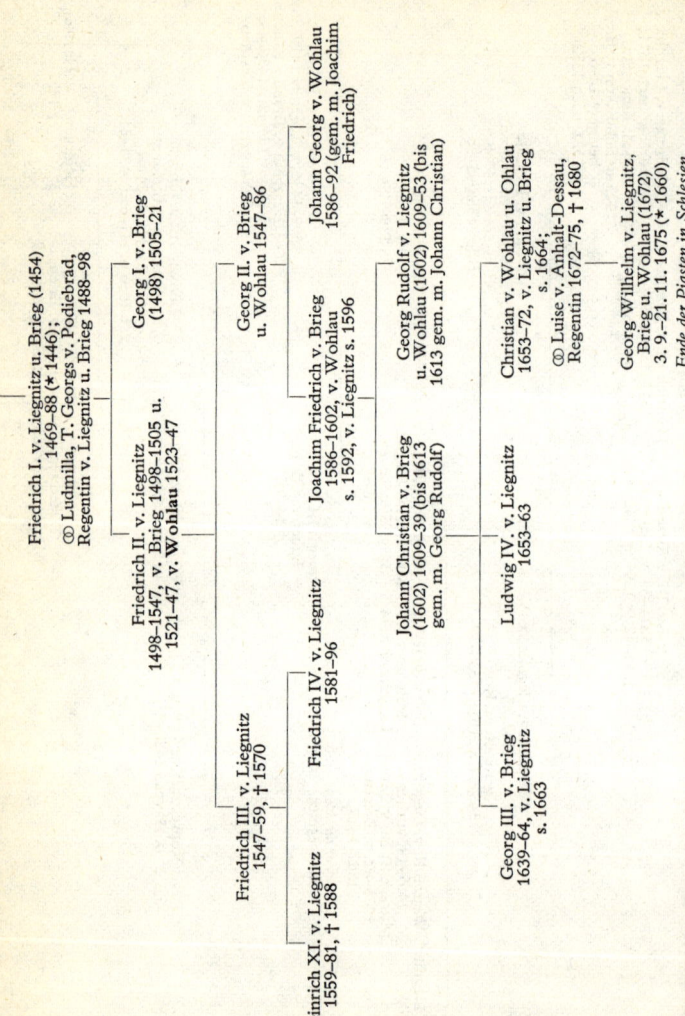

Friedrich I. v. Liegnitz u. Brieg (1454)
1469–88 (∗ 1446);
⚭ Ludmilla, T. Georgs v. Podiebrad,
Regentin v. Liegnitz u. Brieg 1488–98

Friedrich II. v. Liegnitz
1498–1547, v. Brieg 1498–1505 u.
1521–47, v. **Wohlau** 1523–47

Georg I. v. Brieg
(1498) 1505–21

Friedrich III. v. Liegnitz
1547–59, † 1570

Friedrich IV. v. Liegnitz
1581–96

Heinrich XI. v. Liegnitz
1559–81, v. Liegnitz
† 1588

Georg II. v. Brieg
u. Wohlau 1547–86

Joachim Friedrich v. Brieg
1586–1602, v. Wohlau
s. 1592, v. Liegnitz s. 1596

Johann Georg v. Wohlau
1586–92 (gem. m. Joachim
Friedrich)

Johann Christian v. Brieg
(1602) 1609–39 (bis 1613
gem. m. Georg Rudolf)

Georg Rudolf v. Liegnitz
u. Wohlau (1602) 1609–53 (bis
1613 gem. m. Johann Christian)

Georg III. v. Brieg
1639–64, v. Liegnitz
s. 1663

Ludwig IV. v. Liegnitz
1653–63

Christian v. Wohlau u. Ohlau
1653–72, v. Liegnitz u. Brieg
s. 1664;
⚭ Luise v. Anhalt-Dessau,
Regentin 1672–75, † 1680

Georg Wilhelm v. Liegnitz,
Brieg u. Wohlau (1672)
3. 9.–21. 11. 1675 (∗ 1660)
Ende der Piasten in Schlesien

2. Die Piastenherzöge von Jauer, Schweidnitz und Münsterberg

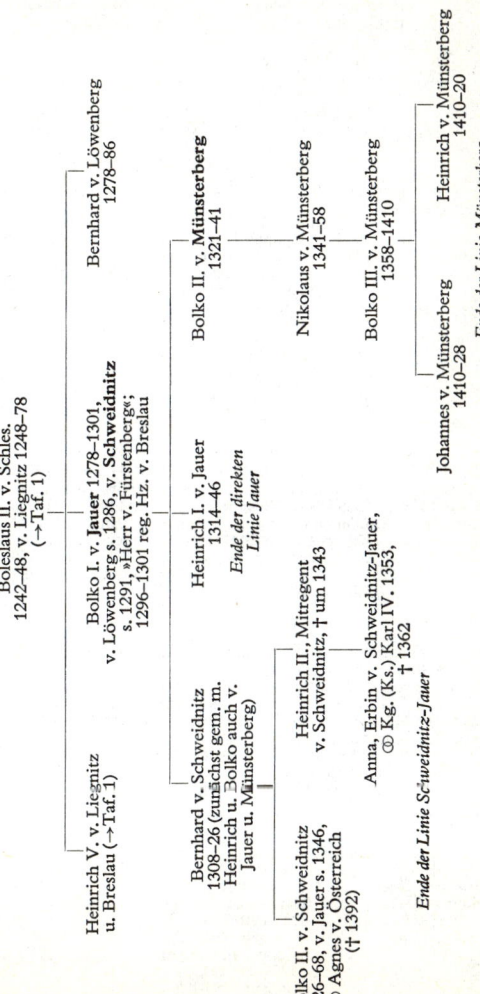

Boleslaus II. v. Schles.
1242–48, v. Liegnitz 1248–78
(→Taf. 1)

Heinrich V. v. Liegnitz
u. Breslau (→Taf. 1)

Bolko I. v. **Jauer** 1278–1301,
v. Löwenberg s. 1286, v. **Schweidnitz**
s. 1291, »Herr v. Fürstenberg«;
1296–1301 reg. Hz. v. Breslau

Bernhard v. Löwenberg
1278–86

Bernhard v. Schweidnitz
1308–26 (zunächst gem. m.
Heinrich u. Bolko auch v.
Jauer u. Münsterberg)

Heinrich I. v. Jauer
1314–46
*Ende der direkten
Linie Jauer*

Bolko II. v. **Münsterberg**
1321–41

Bolko II. v. Schweidnitz
1326–68, v. Jauer s. 1346,
⊕ Agnes v. Österreich
(† 1392)

Heinrich II., Mitregent
v. Schweidnitz, † um 1343

Anna, Erbin v. Schweidnitz-Jauer,
⊕ Kg. (Ks.) Karl IV. 1353,
† 1362

Ende der Linie Schweidnitz-Jauer

Nikolaus v. Münsterberg
1341–58

Bolko III. v. Münsterberg
1358–1410

Johannes v. Münsterberg
1410–28

Heinrich v. Münsterberg
1410–20
Ende der Linie Münsterberg

3. Die Piastenherzöge von Glogau, Sagan und Oels

Heinrich II. v. Schles. (→Taf. 1)

Boleslaus II. v. Schles.
u. Liegnitz (→ Taf. 1)

Heinrich III. v. Breslau
(→Taf. 1)

Konrad II. Köberlein
v. **Sagan** 1273/74–1304

Heinrich IV. (II.)
v. Glogau (1309) 1312–23
(gem. m. Johann bis ca.
1319, m. Primko bis ca.
1323), v. Sagan 1319–42,
v. Steinau 1342

Konrad I. v. Namslau
(u. a.) 1312–20,
v. **Oels** 1320–66,
v. (halb) Cosel-Beuthen
s. 1357

Heinrich V., d. Eiserne,
v. Sagan 1342–69, v.
(hzl.) Glogau s. 1344,
v. Steinau s. 1358
(Hälfte) u. 1361

Heinrich VI., d. Ä.,
v. Sagan u. (hzl.)
Glogau 1369– ca. 1378
(gem. m. d. Brüdern),
v. Sagan u. Crossen ca.
1378–93

Heinrich VII. Rampold
v. Sagan u. (hzl.) Glogau
1369– ca. 1378 (gem. m. d.
Brüdern), v. Glogau (Teil: halb
Glogau, Guhrau, Steinau)
ca. 1378–94

Heinrich VIII., d. Sperling,
v. Sagan u. (hzl.) Glogau
1369– ca. 1378 (gem. m. d.
Brüdern), v. Glogau (Teil:
Freystadt, Grünberg, Sprottau)
ca. 1378–97,
v. Sagan u. (hzl.) Glogau (Rest)
s. 1394

Johann I. v.
Sagan u.
(hzl.) Glogau
1403–13,
v. Sagan
1413–39

Heinrich IX., d. Ä., v.
(hzl.) Glogau 1413–18
(gem. m. Heinrich X.
u. Wenzel),
v. Freystadt, (hzl.)
Glogau u. a. 1418–67
(bis 1423 gem. m.
Heinrich X.),
v. Crossen s. 1430/31

Heinrich X. Rumpold
v. (hzl.) Glogau
1413–18 (gem. m.
Heinrich IX. u.
Wenzel), v. Freystadt,
(hzl.) Glogau u. a.
1418–23 (gem. m.
Heinrich IX.)

Wenzel v. (hzl.)
Glogau 1413–18
(gem. m. Heinrich IX.
u. X.), v. Crossen u.
Schwiebus 1418–30/31

Balthasar v. Sagan
(1439) 1450–61,
1467–72

Johann II.
(Hans d. Grausame)
v. Priebus 1450–72,
v. Sagan 1461–67,
1472, v. hzl. Glogau
1477–88, v. kgl.
Glogau 1480–88,
† 1504

Heinrich XI. v.
(hzl.) Glogau u.
Crossen
1467–76

Ende der Linie Glogau

Ende der Linie Sagan

Konrad I. v. **Glogau**
u. Beuthen/O.
1249/51–73/74, v.
Crossen s. 1251

Wladislaus v. Breslau
(→Taf. 1)

Primislaus (Primko, Przemko)
v. Steinau u. Sprottau
1273/74–89

Heinrich III. (I.) v. Glogau
1273/74–1309,
v. Steinau 1289–97, v. Sprottau
s. 1289, v. Sagan s. 1304

Boleslaus (Bolko)
v. **Oels** (u. a.)
1312–20

Johann v. Glogau
1312– ca. 1319
(gem. m. Heinrich u.
Primko), v. Steinau ca.
1323– ca. 1336,
† 1361/65

Primko (Przemko) v.
Glogau 1312–31
(gem. m. Johann bis ca.
1319, m. Heinrich
bis ca. 1323)

*1331 Teilung v. Glogau
in hzl. u. kgl. Teil*

Konrad II. v. Oels
u. (halb) Cosel-Beuthen
1366–1403, v. Steinau
s. 1397

Konrad III. v. Oels,
(halb) Cosel-Beuthen
u. Steinau 1403–12/13

Konrad d. Junge
v. Oels (Teile – u. a.
nach 1427 Steinau –,
gem. m. Brüdern)
1421–44/47,
Deutschordensbruder

Konrad IV. Senior v.
Oels (Teile – u. a.
Bernstadt –, gem.
m. Brüdern)
(1412/13) 1416–47,
Bf. v. Breslau
1417–44 u. 1446–47

Konrad V. Kanthner
v. Oels u. (halb)
Cosel-Beuthen
(Teile – u. a.
Gebiet v. Oels –,
gem. m. Brüdern)
(1412/13) 1416–39

Konrad VI.
›Dechant‹ v. Oels
(Teile – u. a.
Steinau –, gem.
m. Brüdern)
1416–27

Konrad d. Weiße
v. Oels u. (halb)
Cosel-Beuthen
(Teile – u. a. halb
Cosel-Beuthen,
Wohlau –, gem.
m. Brüdern)
1416–50, †1452

Konrad d. Schwarze
v. Oels (Teile) u.
(halb) Cosel-Beuthen
1439–71

Konrad d. junge
Weiße v. Oels:
Teile 1439–71,
alle den Oelser Piasten
verbliebenen Gebiete
des Hzt. 1471–92;
v. (halb) Cosel-
Beuthen 1471–72

Ende der Piastenlinie Oels

4. Die Piastenherzöge von Ratibor, Oppeln (mit Falkenberg und Strehlitz) und Cosel-Beuthen

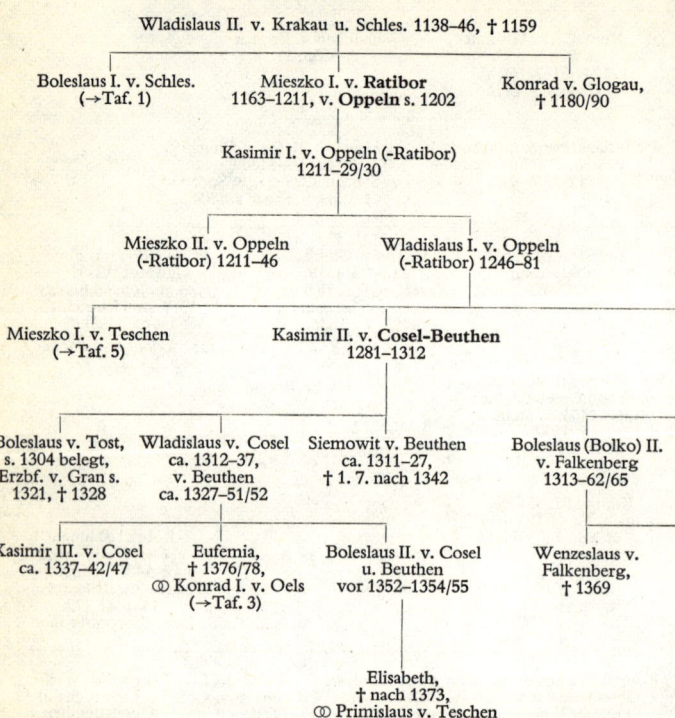

Wladislaus II. v. Krakau u. Schles. 1138–46, † 1159

Boleslaus I. v. Schles.
(→Taf. 1)

Mieszko I. v. **Ratibor**
1163–1211, v. **Oppeln** s. 1202

Konrad v. Glogau,
† 1180/90

Kasimir I. v. Oppeln (-Ratibor)
1211–29/30

Mieszko II. v. Oppeln
(-Ratibor) 1211–46

Wladislaus I. v. Oppeln
(-Ratibor) 1246–81

Mieszko I. v. Teschen
(→Taf. 5)

Kasimir II. v. **Cosel-Beuthen**
1281–1312

Boleslaus v. Tost,
s. 1304 belegt,
Erzbf. v. Gran s.
1321, † 1328

Wladislaus v. Cosel
ca. 1312–37,
v. Beuthen
ca. 1327–51/52

Siemowit v. Beuthen
ca. 1311–27,
† 1. 7. nach 1342

Boleslaus (Bolko) II.
v. Falkenberg
1313–62/65

Kasimir III. v. Cosel
ca. 1337–42/47

Eufemia,
† 1376/78,
∞ Konrad I. v. Oels
(→Taf. 3)

Boleslaus II. v. Cosel
u. Beuthen
vor 1352–1354/55

Wenzeslaus v.
Falkenberg,
† 1369

Elisabeth,
† nach 1373,
∞ Primislaus v. Teschen
(→Taf. 5)
Ende der Linie Cosel-Beuthen

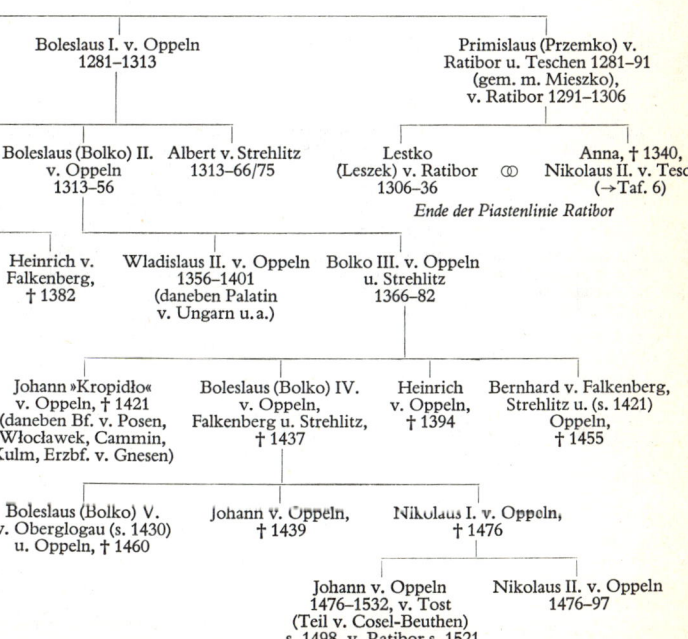

Boleslaus I. v. Oppeln
1281–1313

Primislaus (Przemko) v.
Ratibor u. Teschen 1281–91
(gem. m. Mieszko),
v. Ratibor 1291–1306

Boleslaus (Bolko) II.
v. Oppeln
1313–56

Albert v. Strehlitz
1313–66/75

Lestko
(Leszek) v. Ratibor
1306–36

∞

Anna, † 1340,
Nikolaus II. v. Teschen
(→Taf. 6)

Ende der Piastenlinie Ratibor

Heinrich v.
Falkenberg,
† 1382

Wladislaus II. v. Oppeln
1356–1401
(daneben Palatin
v. Ungarn u. a.)

Bolko III. v. Oppeln
u. Strehlitz
1366–82

Johann »Kropidło«
v. Oppeln, † 1421
(daneben Bf. v. Posen,
Włocławek, Cammin,
Kulm, Erzbf. v. Gnesen)

Boleslaus (Bolko) IV.
v. Oppeln,
Falkenberg u. Strehlitz,
† 1437

Heinrich
v. Oppeln,
† 1394

Bernhard v. Falkenberg,
Strehlitz u. (s. 1421)
Oppeln,
† 1455

Boleslaus (Bolko) V.
v. Oberglogau (s. 1430)
u. Oppeln, † 1460

Johann v. Oppeln,
† 1439

Nikolaus I. v. Oppeln,
† 1476

Johann v. Oppeln
1476–1532, v. Tost
(Teil v. Cosel-Beuthen)
s. 1498, v. Ratibor s. 1521
Ende der Linie Oppeln

Nikolaus II. v. Oppeln
1476–97

5. Die Piastenherzöge von Teschen und Auschwitz (-Zator)

Wladislaus I. v. Oppeln (-Ratibor) 1246–81

Mieszko v. **Teschen** u. Ratibor
1281–91 (gem. m. Primislaus),
v. Teschen 1291–1314/15

Kasimir v. Cosel-Beuthen
(→Taf. 4)

Wladislaus v. **Auschwitz**
1314/15–21/22

Kasimir I. v. Teschen
1314/15–58

Johann I. v. Auschwitz
1321/22–72

Primislaus (Primko) I. v. Teschen 1358–1410,
v. Cosel-Beuthen (Hälfte m. Tost, Peiskretscham,
Gleiwitz) s. um 1366, v. Glogau (kgl. Hälfte)
s. 1384, v. Auschwitz s. 1407;
⚭ Elisabeth v. Cosel-Beuthen (→Taf. 4)

Johann II. v. Auschwitz
1372–76

Primislaus II. v.
Auschwitz 1405–06?

Johann III v. Auschwitz
1376–1405
Ende der 1. Linie Auschwitz

Kasimir v. Auschwitz,
Tost u. (halb) Gleiwitz
1414–33/34

Wenzel v. Teschen (1431),
v. (Teschen-)Bielitz 1442–74,
v. Sewerien 1442, v. (halb)
Beuthen (OS) vor 1452,
Vormund Kasimirs II. bis 1474

Wenzel v. Auschwitz
u. Tost 1433/34–45,
v. Zator 1445–65
(unter poln. Oberhoheit)

Primislaus (Przemko)
v. Tost 1445–84

Johann IV. v. Auschwitz 1445–57
(s. 1453 unter poln. Oberhoheit,
1457 Verkauf d. Hzt.
an d. Kg. v. Polen),
† 1495/97
Ende der Linie Auschwitz

Kasimir v. Zator
1465–90

Wenzel v. Zator
(Teil) 1477–84/87

Johann V. v. Zator
(zunächst Teil) 1477–1513
(Verkauf d. Hzt. an d. Kg. v.
Polen 1494,
Nutznießung durch
Johann bis z. Tod 1513)
Ende der Linie Zator

Wladislaus
v. Zator (Teil)
1477–94

Boleslaus I. v. Oppeln
(→Taf. 4)

Primislaus (Przemko) v. Ratibor
(→Taf. 4)

Boleslaus (Bolko) I. v. Teschen 1410–31, v. Auschwitz 1410–14,
v. Glogau (kgl. Hälfte) s. um 1410(?)–31;
⚭ Eufemia, Regentin 1431–42, z. T. m. d. älteren Söhnen, † 1447

Wladislaus (Wlodko)
v. (Teschen u.) Glogau
(kgl. Hälfte m. Guhrau,
Köben, Hälfte Beuthen/O.)
1442–60; ⚭ Margarete v. Cilly,
Regentin v. (kgl.) Glogau
1460–80

Primislaus II. v.
Teschen (Teil)
1442–77

Boleslaus II. v. Teschen
(Teil) 1442–52, v. (halb)
Beuthen (OS) 1452

Kasimir II. v. Teschen
s. 1474 (Teil), 1477(?)–1528
(vollst.), Herr v. Pleß
1480–1517

Wenzel (II.) v. Teschen,
† 1524

Wenzel II. (III.) Adam
v. Teschen (1528) 1545–79

Friedrich Kasimir
v. Freistadt, Friedek u. Bielitz,
† 1571

Adam Wenzel v. Teschen
(1579) 1595–1617

Elisabeth Lukretia,
reg. Hzn. v. Teschen
(1625) 1638–53

Friedrich Wilhelm
v. Teschen 1617–25

Ende der Linie Teschen

6. Die Přemysliden-Herzöge von Troppau, Jägerndorf und Ratibor

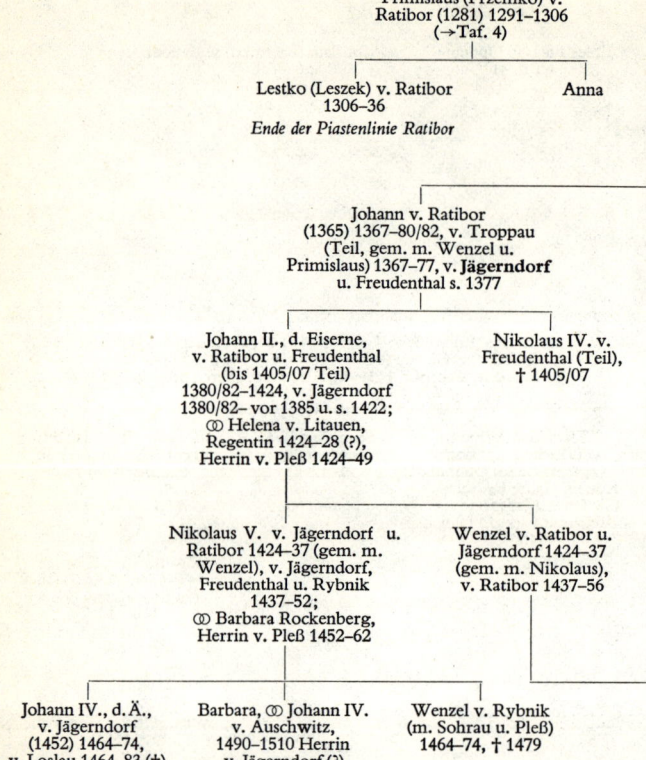

Primislaus (Przemko) v.
Ratibor (1281) 1291–1306
(→Taf. 4)

Lestko (Leszek) v. Ratibor   Anna   ⚭
1306–36
Ende der Piastenlinie Ratibor

Johann v. Ratibor
(1365) 1367–80/82, v. Troppau
(Teil, gem. m. Wenzel u.
Primislaus) 1367–77, v. **Jägerndorf**
u. Freudenthal s. 1377

Johann II., d. Eiserne,   Nikolaus IV. v.
v. Ratibor u. Freudenthal   Freudenthal (Teil),
(bis 1405/07 Teil)   † 1405/07
1380/82–1424, v. Jägerndorf
1380/82– vor 1385 u. s. 1422;
⚭ Helena v. Litauen,
Regentin 1424–28 (?),
Herrin v. Pleß 1424–49

Nikolaus V. v. Jägerndorf u.   Wenzel v. Ratibor u.
Ratibor 1424–37 (gem. m.   Jägerndorf 1424–37
Wenzel), v. Jägerndorf,   (gem. m. Nikolaus),
Freudenthal u. Rybnik   v. Ratibor 1437–56
1437–52;
⚭ Barbara Rockenberg,
Herrin v. Pleß 1452–62

Johann IV., d. Ä.,   Barbara, ⚭ Johann IV.   Wenzel v. Rybnik
v. Jägerndorf   v. Auschwitz,   (m. Sohrau u. Pleß)
(1452) 1464–74,   1490–1510 Herrin   1464–74, † 1479
v. Loslau 1464–83 (†)   v. Jägerndorf (?)
Ende der Linie Jägerndorf

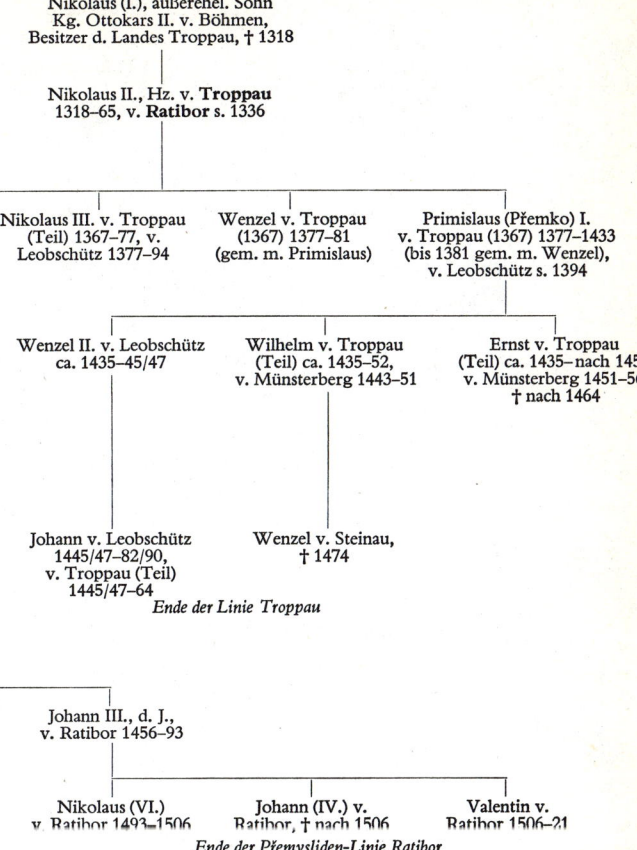

Nikolaus (I.), außerehel. Sohn
Kg. Ottokars II. v. Böhmen,
Besitzer d. Landes Troppau, † 1318

Nikolaus II., Hz. v. **Troppau**
1318–65, v. **Ratibor** s. 1336

Nikolaus III. v. Troppau
(Teil) 1367–77, v.
Leobschütz 1377–94

Wenzel v. Troppau
(1367) 1377–81
(gem. m. Primislaus)

Primislaus (Přemko) I.
v. Troppau (1367) 1377–1433
(bis 1381 gem. m. Wenzel),
v. Leobschütz s. 1394

Wenzel II. v. Leobschütz
ca. 1435–45/47

Wilhelm v. Troppau
(Teil) ca. 1435–52,
v. Münsterberg 1443–51

Ernst v. Troppau
(Teil) ca. 1435– nach 1454,
v. Münsterberg 1451–56,
† nach 1464

Johann v. Leobschütz
1445/47–82/90,
v. Troppau (Teil)
1445/47–64

Wenzel v. Steinau,
† 1474

Ende der Linie Troppau

Johann III., d. J.,
v. Ratibor 1456–93

Nikolaus (VI.)
v. Ratibor 1493–1506

Johann (IV.) v.
Ratibor, † nach 1506

Valentin v.
Ratibor 1506–21

Ende der Přemysliden-Linie Ratibor

7. Die Herzöge von Münsterberg und Oels aus dem Hause Podiebrad

Georg v. Podiebrad,
s. 1456 Inhaber d. Hzt. Münsterberg

Viktorin v. Münsterberg
(1462) 1465–72 (gem. m. d. Brüdern),
v. Troppau (1465) 1472–85

Heinrich I., d. Ä., v. **Münsterberg**
(1459, 1462) 1465–72 (gem. m. d. Brüdern)
u. 1472–98 (allein),
v. **Oels** (einschl. Wohlau) s. 1495

Albrecht v. Münsterberg-Oels
1498–1511
(gem. m. d. Brüdern)

Georg v. Münsterberg-Oels
1498–1502
(gem. m. d. Brüdern)

Joachim v. Münsterberg-Oels
1536–42
(gem. m. d. Brüdern), † 1562

Heinrich II. v. Münsterberg-Oels
1536–42 (gem. m. d. Brüdern),
v. Bernstadt 1542–48

Heinrich III.
v. Bernstadt
1565–74, † 1587

Karl II. v. Oels
1565–1617,
v. Bernstadt
s. 1604

Heinrich Wenzel v. Bernstadt
1617–39

Sylvius Friedrich v. Württemberg-
Oels 1664–73
(gem. m. d. Brüdern),
1673–97 (Teilbereich Oels)

Karl v. Braunschweig-
Wolfenbüttel

Karl Wilhelm Ferdinand
v. Braunschweig-Lüneburg

Friedrich August
v. Braunschweig,
mitbelehnt auf Oels
1764, Hz. v. Oels
1792–1805

Friedrich Wilhelm v.
Braunschweig-Lüneburg,
mitbelehnt auf Oels 1785,
Hz. v. Oels 1805–15

Karl v. Braunschweig,
Miterbe v. Oels,
verzichtet 1824

(August) Wilhelm (Maximilian Friedrich Ludwig)
v. Braunschweig-Lüneburg,
Hz. v. Oels (1815) 1824–84

Ende der Linie Braunschweig-Oels und des Fstm. Oels

und die Herzöge von Württemberg-Oels und Braunschweig-Oels

Heinrich d. J. (Hinko)
v. Münsterberg (1462) 1465–72
(gem. m. d. Brüdern)

Karl I. v. Münsterberg-Oels
1498–1536
(bis 1502/11 gem. m. d. Brüdern)

Johann v. Münsterberg-Oels   Georg v. Münsterberg-Oels
1536–42 (gem. m. d. Brüdern),   1536–42
v. Oels 1542–65, v. Bernstadt   (gem. m. d. Brüdern), † 1553
s. 1548, v. Münsterberg s. 1559

Karl Christoph v.
Münsterberg 1565–69
Ende des Hauses Podiebrad in Münsterberg

Karl Friedrich I. v. Oels
1617–47, v. Bernstadt s. 1639

Elisabeth Maria, † 1686   *Ende des Hauses Podiebrad in Oels*
⚭ Sylvius Nimrod v.
Württemberg-Weiltingen,
Hz. v. Oels 1649–64

Christian Ulrich I. v. Württemberg-   Julius Siegmund v. Württemberg-
Oels 1664–73   Oels 1664–73
(gem. m. d. Brüdern),   (gem. m. d. Brüdern),
v. Bernstadt 1673–1704,   v. (Trebnitz-)Juliusburg 1673–84
v. Oels s. 1697

Karl Friedrich II.   Christian Ulrich   Karl v. Juliusburg
v. Oels   (II.)   1684–1745,
1704–44, † 1761   † 1734   v. Bernstadt s. 1704

Karl Christian Erdmann
v. Oels 1744–92,
v. Bernstadt-Juliusburg s. 1745

⚭ 1768   Friederike Sophie Charlotte Auguste,
* 1751, belehnt auf d. Fstm. Oels
1764, † 1789
Ende der Linie Württemberg-Oels

BISCHOFSLISTEN

Diözesanverwalter, die nicht ordentliche, bestätigte Bischöfe waren, stehen in eckigen Klammern

1. Die Bischöfe von Breslau bis 1945

Johann	um 1000
Hieronymus (Weihe 1046)	1051–1062
Johann I.	1062–1072
Peter I.	1074–1111
Siroslaus I.	1112–1120
Heimo	1120–1126
Robert I.	1127–1142
Robert II.	1142–1146
Johann II.	1146–1149
Walter	1149–1169
Siroslaus II.	1170–1198
Jaroslaus, Hz. von Schlesien	1198–1201
Cyprian	1201–1207
Lorenz	1207–1232
Thomas I.	1232–1268
[Wladislaus, Hz. von Breslau: Administrator	1268–1270]
Thomas II.	1270–1292
Johann III. Romka	1292–1301
Heinrich I. v. Würben	1302–1319
[*Sedisvakanz*	1319–1326][1]
Nanker	1326–1341
Preczlaus v. Pogarell	1342–1376
[*Sedisvakanz*	1376–1382][2]
Wenzel, Hz. von Liegnitz	1382–1417[3]
Konrad, Hz. von Oels	1417–1447
Peter II. Nowak	1447–1456
Jodok v. Rosenberg	1456–1467

[1] 1319 Doppelwahl: Vitus (bestätigt und geweiht durch den Erzbf. von Gnesen zwischen 1319 und 1321, vom Papst zur Resignation gezwungen vor 1321 April 13, † vor 1323 Mai 6) und Lut(h)old von Kremsier (nach Vitus' Tod ebenfalls zur Resignation gezwungen).

[2] 1376 Doppelwahl: Dietrich von Klattau (1378 von Papst Klemens VII. [Avignoner Obedienz] bestätigt, im Bst., das sich an Urban VI. [römische Obedienz] hielt, nicht anerkannt und Johann von Neumarkt († 1380 vor päpstlicher Bestätigung).

[3] Bf. von Lebus 1375–1382, Administrator in Breslau 1381, Resignation 1417.

Rudolf v. Rüdesheim		1468–1482
Johann IV. Roth		1482–1506
Johann V. Turzo		1506–1520
Jakob v. Salza		1520–1539
Balthasar v. Promnitz	(Wahl 1539)	1540–1562
Kaspar v. Logau		1562–1574
Martin v. Gerstmann		1574–1585
Andreas v. Jerin		1585–1596
[Bonaventura Hahn		1596–1599][4]
Paul Albert		1599–1600[5]
Johann VI. v. Sitsch		1600–1608
Karl, Erzh. von Österreich		1608–1624
Karl Ferdinand, Pz. von Polen		1625–1655
Leopold Wilhelm, Erzh. von Österreich		1656–1662
Karl Joseph, Erzh. von Österreich		1663–1664
Sebastian v. Rostock	(Wahl 1664)	1665–1671
Friedrich, Landgf. von Hessen, Kardinal (s. 1652)		1671–1682
[Karl Gf. Liechtenstein		1682–1683][6]
Franz Ludwig, Pfalzgf. zu Neuburg		1683–1732
Philipp Gf. Sinzendorf, Kardinal (s. 1727)		1732–1747[7]
Philipp Gotthard Fst. Schaffgotsch		1748–1795[8]
Joseph Christian Fst. Hohenlohe-Bartenstein		1795–1817
[Emanuel v. Schimonsky: Kapitularvikar und Apost. Administrator		1817–1824]
Emanuel v. Schimonsky	(Wahl 1823)	1824–1832
[Leopold Gf. Sedlnitzky: Kapitularvikar		1832–1836]
Leopold Gf. Sedlnicky	(Wahl 1835)	1836–1840[9]
[Ignaz Ritter: Kapitularvikar		1840–1843]
Joseph Knauer	(Wahl 1841)	1843–1844
[Daniel Latussek, Weihbf. (s. 1838): Kapitularvikar		1844–1845]
Melchior Frh. v. Diepenbrock, Kardinal (s. 1850)		1845–1853
Heinrich II. Förster		1853–1881[10]

[4] Wahl 1596, vom Kaiser nicht bestätigt, vom Papst zur Resignation gezwungen 1599.

[5] Stirbt vor der Weihe.

[6] Wahl 1682, vom Papst zur Resignation gezwungen 1683. Der Kandidat des Kaisers, Wolfgang Georg Pfalzgf. zu Neuburg, stirbt vor Neuwahl 1683.

[7] 1744–1747 Philipp Gotthard Fst. Schaffgotsch von Kg. Friedrich II. von Preußen ernannter Koadjutor.

[8] Nach der Flucht des Bf. in den österr. Anteil des Bst. 1757 provisorische Verwaltung des preuß. Anteils durch das Domkapitel bzw. Domdechant Johann Moriz v. Strachwitz, seit 1760 Weihbf., 1766 bis 1781 Apost. Vikar für den preuß. Anteil; 1781–1795 Anton Ferdinand v. Rothkirch und Panten Weihbf. und Apost. Vikar für den preuß. Anteil; daneben 1787–1795 Joseph Christian Fst. Hohenlohe-Bartenstein Koadjutor.

[9] Resignation.

[10] 1853 zunächst Kapitularvikar.

[Hermann Gleich, Weihbf. (s. 1875): Kapitularvikar	1881–1882]
Robert III. Herzog	1882–1886
Georg Kopp, Kardinal (s. 1893)	1887–1914
Adolf Bertram, Kardinal (s. 1916): Erzbf. s. 1930	1914–1945

2. Die Verwalter des Gebietes der Erzdiözese Breslau seit 1945

a) Jurisdiktionsbezirk Breslau

[Karol Milik: »Administrator«	1945–1951]
[Kazimierz Lagosz, Archipresbyter: Kapitularvikar	1951–1956]
[Bolesław Kominek, Tit.-Bf. (s. 1951/54) u. -Erzbf. (s. 1962): Generalvikar, Bf. in Breslau (ernannt 1951, eingesetzt 1956), Apost. Administrator (s. 1967)	1956–1972]
Bolesław Kominek, Kardinal (s. 1974): Erzbf. von Breslau	1972–1974
Henryk Gulbinowicz: Erzbf. von Breslau	1976–

b) Jurisdiktionsbezirk Oppeln

[Bolesław Kominek: »Administrator«	1945–1951]
[Emil Kubierzycki, Dekan: Kapitularvikar	1951–1956]
[Franciszek Jop, Tit.-Bf. (s. 1945/46): Generalvikar, Bf. in Oppeln (ernannt 1951, eingesetzt 1956), Apost. Administrator (s. 1967)	1956–1972]
Franciszek Jop: Bf .von Oppeln	1972–1976
Alfons Nossol: Bf. von Oppeln	1977–

c) Jurisdiktionsbezirk Landsberg/Warthe

[Edmund Nowicki: »Administrator«	1945–1951]
[T. Zaluczowski, Dekan: Kapitularvikar	1951–1956]
[Teodor Bensch, Tit.-Bf. (s. 1951): Generalvikar, Bf. in Landsberg/Warthe (ernannt 1951, eingesetzt 1956)	1956–1958]
[Wilhelm Pluta, Tit.-Bf. (s. 1958): Generalvikar, Bf. in Landsberg/Warthe, Apost. Administrator (s. 1967)	1958–1972]
Wilhelm Pluta: Bf. von Landsberg/Warthe	1972–

d) Görlitzer Anteil

[Ferdinand Piontek, Tit.-Bf. (s. 1959): Kapitularvikar, s. 1947 in Görlitz	1945–1963]
[Gerhard Schaffran, Tit.-Bf. (s. 1963), Bf. von Meißen (s. 1970): Kapitularvikar	1963–1972]
[Bernhard Huhn, Tit.-Bf. (s. 1971): Apost. Administrator	1972–]

3. Die Bischöfe von Kattowitz (Suffragane der Kirchenprovinz Krakau)

[Johannes Kapitzka, Prälat in Tichau: Bischl. Delegat	1922]
[Augustin Hlond, Provinzial der Salesianer: Apost. Administrator	1922–1925]
Augustin Hlond	1925–1926
Arkadius Lisiecki	1926–1930
Stanisław Adamski	1930–1967[11]
Herbert Bednorz	1967–

[11] Ausweisung aus der Diözese 1941–1945; Verzicht 1950 vom Papst nicht angenommen, dafür Herbert Bednorz, Tit.-Bf., als Koadjutor (1950–1967); Ausweisung von Bf. und Koadjutor aus der Diözese 1952–1956, dafür Philipp Bednorz (1952–1953) und Jan Pikorz (1953 bis 1956) als Kapitularvikare.

Quellen: LV 653, S. 60. – JJungnitz, Verz. d. Breslauer Bff., in: LV 654. – LV 517, S. 127 f. u. passim. – LV 522. – LV 519, S. 170 ff. – HHoffmann, D. Breslauer Bf.-Wahlen in preuß. Zeit, in: LV 28, 75 (1941), S. 157–224. – LV 532 a. – FWosnitza, Bff. aus d. Raum d. Kattowitzer Bst., in: LV 521, S. 214–32. – JKaps, D. kath. Kirchenverwaltung in d. dt. Diözesen ö. d. Oder/Neiße, in: LV 72, 13 (1955), S. 280 bis 289. – Ders., D. kath. Kirchenverwaltung in Ostdeutschland, in: LV 34, 2 (1957), S. 7–39. – Nasza Przeszłość. Studia z dziejów kościoła i kultury katolickiej w Polsce (Unsere Vergangenheit. Studien aus d. Gesch. d. kath. Kirche u. Kultur in Polen), hg. v. ASchletz, Bd. 22, Krakau 1965. – Herrn Dr. Joachim Köhler, Tübingen, verdanke ich wertvolle Auskünfte und Ergänzungen.

LITERATUR

Der Erscheinungsort Breslau wird hier und in den Stichwortartikeln mit »Br.«
abgekürzt

Bibliographien, Forschungsberichte

1 Schles. Bibliographie, hg. v. d. Hist. Komm. f. Schles., 6 Bde., Br.
  1927–1934. 1. VLoewe, Bibliogr. d. schles. Gesch., 1927. – 2. EBoehlich,
  Bibliogr. d. schles. Vor- u. Frühgesch., 1929. – 3., 1. 2. EBoelich, Bibliogr. d. schles. Volkskunde, 1929–1930. – 4. FPax, Bibliogr. d.
  schles. Botanik, 1929. – 5. FPax, HTischbierek, Bibliogr. d. schles.
  Zoologie, 1930. – 6, 1. HGruhn, Bibliogr. d. schles. Kunstgesch., 1933. –
  6, 2. JHübner, Bibliogr. d. schles. Musik- u. Theaterwesens, 1934
2 Schles. Ein Bücherverz. u. Führer z. Schlesiens Volk, Land u. Leben, hg.
  v. AKloss, Br. 1933
3 Oberschles. Bibliographie. U. Zugrundelegung d. Bibliogr. »Dt. Grenzland
  Oberschles.« v. KKaisig †, HBellée u. LVogt neu bearb. u. fortgeführt
  v. HBellée u. LBellée-Vogt, 2 Bde., Leipzig/Oppeln 1938
4 HJilek, HRister, HWeiss, Bücherkunde Ostdeutschlands u. d. Deutschtums
  in Ostmitteleuropa (Osteuropa in Verg. u. Gegenw., 8), Köln/Graz 1963
  [Schles.: S. 154–217]
5 HJessen, Literatur z. schles. Gesch. f. d. Jahre 1926 u. 1927, Br. 1928
6 HJessen, KWillner, ARüffler, EHaertel, Literatur z. schles. Gesch. f. d.
  Jahr ... [1935–1941], in: LV 28, 70 (1936), S. 345–410; 71 (1937),
  S. 420–87; 72 (1938), S. 399–468; 73 (1939), S. 368–431; 74 (1940),
  S. 255–323; 75 (1941), S. 285–348; 76 (1942), S. 143–94. – ESchieche,
  Ergänzungsber. über d. tschech. Literatur z. schles. Gesch. f. d. Jahr ...
  [1935–1937], ebenda, 70 (1936), S. 411–13; 71 (1937), S. 488–89; 72
  (1938), S. 469–71
7 HRister, Schles. Bibliogr. 1928–1934, Teile A–C (Wiss. Beitrr. z. Gesch.
  u. Landeskunde Ostmitteleuropas, Nr. 56, 60, 65, zugl. Einzelschrr. d.
  Hist. Komm. f. Schles., Bde. 6–8), Marburg/Lahn 1961–63. – Dass.
  1942–1951 (dass., Nr. 5 bzw. Bd. 1), ebenda 1953. – Dass. 1952–1953
  (dass., Nr. 18 bzw. Bd. 2), ebenda 1954. – Dass. 1954–1955 (dass., Nr. 24
  bzw. Bd. 3), ebenda 1956. – Dass. 1956–1957 (dass., Nr. 43 bzw.
  Bd. 4), ebenda 1959. – Dass. 1961–1963 (dass., Nr. 97/I–II bzw.
  Bd. X/I–II), ebenda 1975/77
8 HRister, Schrifttum über Schles., in: LV 33, 1952: 2 (1953), S. 625–640;
  1953: 3 (1954), S. 145–160; 1956: 6 (1957), S. 465–480, und 7 (1958),
  S. 145–160; 1958–1959: 9 (1960), S. 449–464; 1960–1961: 11 (1962),
  S. 585–600. – Ders. Schrifttum über Schles. ... in Auswahl, ebenda.
  1962–1963: 14 (1965), S. 585–600; 1964–1965: 16 (1967), S. 385–400;
  1966–1967: 18 (1969), S. 385–400; 1968–1969: 20 (1971), S. 382–397;
  1970: 21 (1972), S. 383–398; 1971: 22 (1973), S. 582–597; 1972: 24
  (1975), S. 365–380; 1973: 26 (1977), S. 365–380
9 EBirke, Dt. Schrifttum d. letzten zehn Jahre d. schles. Landesforsch., in:
  Bll. f. dt. Landesgesch. 95 (1959), S. 646–696. – Ders., Dt. Schrifttum d. schles. Landesforsch. 1959 bis 1962, ebenda, 98 (1962), S. 541 bis
  580. – Dass. ... z. schles. Landesforsch. aus d. Jahren 1963 bis 1968,
  ebenda, 104 (1968), S. 461–514. – Dass. ... aus d. Jahren 1969 bis 1973,
  ebenda, 111 (1975), S. 485–508
10 Bibliografia historii Polski (Bibliogr. d. Gesch. Polens), hg. v. HMaduro-

wicz-Urbańska, Bd. I: bis 1795, 3 Teile, Warschau 1965; Bd. 2: 1795–1918, 2 Teile, Warschau 1967

11 Bibliografia Śląska (Schles. Bibliogr.), Bde. 1–14 f. d. Jahre 1960–1972 (Śląski Instytut Naukowy, Prace Biblioteki Śląskiej), Kattowitz 1963–70, Krakau 1971, Warschau 1972–75, Warschau/Krakau 1976

12 Bibliografia historii Śląska za r. ... [bzw.] za lata ... (Bibliogr. d. Gesch. v. Schles. f. d. Jahr ... [bzw.] f. d. Jahre ...). 1939–46: bearb. v. KMaleczyński, Br. 1954. – 1948–55: bearb. v. KMaleczyński, Br. 1961. – 1957–58: bearb. v. HPabisz u. JPabisz, Br. 1964. – 1964: bearb. v. JPabisz, Br. 1966. – 1966–67: bearb. v. RGelles u. JPabisz, Br. 1969. – 1968, 1969, 1970–71, 1972–73, 1974, 1975: bearb. v. RGelles, Br. 1970–76

13 Bibliografia historii Śląska za rok ... (Bibliogr. d. Gesch. v. Schles. f. d. Jahr ...), bearb. v. BKocowski, KMaleczyński, JPabisz, RGelles: in: LV 36. 1947: 5 (1950), S. 1–30; 1956: 12 (1957), S. 401–434; 1959: 15 (1960), S. 585–616; 1960: 16 (1961), H. 3, S. 425–471; 1961: 17 (1962), H. 3/4, S. 453–498; 1962: 18 (1963), H. 3, S. 321–368; 1963: 19 (1964), S. 445–506; 1965: 23 (1968), H. 1, S. 134–174, H. 2, S. 295–334

14 AMazur, Padezát let slezské historiografie. Výběrová pracovní bibliografie (50 Jahre schles. Geschichtsschreibung. Arbeitsbibliogr. in Auswahl), Troppau 1968

15 HRister, Schles. Periodica u. Serien, 2 Bde., Wiesbaden 1975

16 MPrzywecka-Samecka, JReiter, Bibliografia polskich czasopism śląskich (do 1939 roku) (Bibliogr. d. poln. Zeitschrr. v. Schles. bis 1939), Br. 1960

17 APilch, Czasopiśmiennictwo na Śląska Cieszyńskim w I. 1848–1920 (Materiały do bibliografii) (D. Zeitschriftenwesen im Teschener Schles. in d. Jahren 1848–1920. Beitrr. z. einer Bibliographie), in: LV 100, 3 (1960), S. 451–492

18 TJędruszczak, Historiografia polska o powstaniach śląskich (D. poln. Geschichtsschreibung über d. Aufstände in Schles.), in: Najnowsze dzieje Polski 1 (1958), S. 5–34

19 Bibliogr. z. Städtegesch. Deutschlands, hg. v. EKeyser (Acta Collegii Historiae Urbanae Societatis Historicorum Internationalis), Köln/ Wien 1969 [Schles.: S. 319–333]

20 HRister, Bibliogr. z. Sozial- u. Wirtschaftsgesch. d. gesamtoberschles. Industriegebietes 1935–1951, Waldbröl 1952

21 JGębczak, Bibliografia historii sztuki na Śląsku za l. 1945–1963 (Bibliogr. z. Kunstgesch. v. Schles. f. d. Jahre 1945–63) (= LV 74, 5), Br. 1967. – Dass. 1964–67, in: LV 74, 7 (1970), S. 171–242. – Dass. 1968–69, ebenda, 8 (1971), S. 135–82

22 MGładysz, Bibliografia etnografii Śląska w zarysie. An outline of the bibliography of the ethnography of Silesia (LV 101, Nr. 61), Kattowitz 1966

23 WDersch, Vierzig Jahre Geschichtsforschung, in: LV 28, 65 (1931), S. 1–53

24 LPetry, HSchlenger †, Fünfzig Jahre Hist. Kommision f. Schles., in: LV 34, 17 (1972), S. 385–416

25 Stosunki polsko-niemieckie w historiografii (Dt.-poln. Beziehungen in d. Historiographie), Teil 1, Posen 1975

Zeitschriften, Jahrbücher

26 Schles. Provinzialbll., Bde. 1–130, Br. 1785–1849. N. F. Glogau bzw. Br. 1 (1862)–6 (1867). – Forts.: Rübezahl. Der Schles. Provinzialbll. 72. - 79. Jg., der N.F. 7.–14. Jg., Br. bzw. Liegnitz 1868–75

27 Correspondenzbl. d. Schles. Ges. f. vaterländische Cultur, Br. 1 (1810)–6 (1815). – Fortss.: Correspondenz d. Schles. Ges. f. vaterländische Cultur, 2 Bde., Br. 1819–20. – Übersicht d. Arbeiten u. Veränderungen d. Schles. Ges. f. vaterländische Cultur, Jgg. 1824–1849, Br. 1825–50. – Jahresber. d. Schles. Ges. f. vaterländische Kultur Br. 28 (1850) – 114 (1941)

28 Zs. d. Vereins f. Gesch. [bis Bd. 39: u. Alterthum] Schlesiens, Br. 1 (1855) – 77 (1943)

29 Schlesiens Vorzeit in Bild u. Schrift. Zs. d. Vereins f. d. Museum Schles. Altertümer, Br. 1 (1859) – 7 (1899). N.F. (auch u. d. T.: Jb. d. Schles. Museum f. Kunstgewerbe u. Altertümer) Br. 1 (1900) – 10 (1933). – Forts.: D. Hohe Straße. Schles. Jbb. f. dt. Art u. Kunst im Ostraum, Br. 1 (1938)

29a Schlesien. Illustr. Zs. f. d. Pflege heimatlicher Kultur, Br. u. Kattowitz 1 (1907) – 7 (1913/14)

30 Schles. Geschichtsbll. [ab 1939 = Schles. Bll., Ausg. A]. Mitt. d. Vereins f. Gesch. Schlesiens, Br. 1 (1908) – 34 (1943)

31 Schles. Monatshefte, Br. 1 (1924) – 15 (1938). – Forts.: Schlesien. Zs. f. d. gesamtschles. Raum, Br. 1 (1939) – 5 (1943)

32 Schles. Jb. f. dt. Kulturarbeit im gesamtschles. Raume, hg. v. Ausschuß d. Schles. Kulturwochen [ab Bd. 2] bzw. [ab Bd. 4] v. Arbeitskr. f. gesamtschles. Stammeskultur, Br. 1 (1928) – 13 (1941)

33 Zeitschr. f. Ostforschung. Länder v. Völker im ö. Mitteleuropa, hg. i. A. d. J. G. Herder-Forschungsrates, Marburg/Lahn 1 (1952) ff.

34 Jb. d. Schles. Friedrich-Wilhelm-Universität z. Breslau, Würzburg 1 (1955) ff.

35 Schlesien. Eine Vierteljahresschr. f. Kunst, Wiss. u. Volkstum. Organ d. Kulturwerks Schles. e. V. u. seiner Freunde, Neumarkt/Opf. [bis Jg. 4], Würzburg bzw. Regensburg [bis Jg. 10], Nürnberg 1 (1956) ff.

36 Śląski Kwartalnik historyczny Sobótka (Schles. hist. Vierte'jahresschr. »Zobten«), bis 12 [1957]: Sobótka, Hg. Wrocławskie Towarzystwo Miłośników Historii, Br. 1 (1946) ff.

37 Sprawozdania Wrocławskiego Towarzystwa Naukowego (Berr. d. Breslauer Gelehrten Ges.), Br. 1 (1946/47) ff.

38 Annales Silesiae, Hg. Wrocławskie Towarzystwo Naukowe, Br. 1 (1960) ff.

39 Mitteilungen d. Geschichts- u. Altertumsvereins f. d. Stadt u. d. Fstm. Liegnitz, Liegnitz 1 (1904) – 17 (1940)

40 Szkice Legnickie (Liegnitzer Skizzen), Hg. Towarzystwo Przyjaciół Nauk w Legnicy, Br. 1 (1962) ff.

41 D. Wanderer im Riesengebirge, hg. v. Riesen- u. Isergebirgsverein, Br. 1 (1881) – 63 (1943)

42 Rocznik Świdnicki (Schweidnitzer Jb.), Hg. Towarzystwo Regionalne Ziemi Świdnickiej, Schweidnitz [1] (1973) ff.

43 Oberschlesien. Zs. z. Pflege d. Kenntnis u. Vertretung d. Interessen Oberschlesiens, Kattowitz 1 (1902) – 18 (1920)

44 Oberschles. Heimat. Zs. d. oberschles. Geschichtsvereins, Oppeln 1 (1905) – 16 (1920). – Forts.: Oberschles. Jb. f. Heimatgesch. u. Volkskunde, Neisse–Neuland 1 (1924) – 3 (1926)

45 D. Oberschlesier. Monatsschr. f. d. heimatl. [bis 1925: ges. heimische] Kulturleben [Jgg. 22–23: Schles. Stimme]. Organ d. Arbeitsgem. f. Heimatpflege u. Volksbildung, Oppeln [zeitweise Gleiwitz, Kolonnowska, Br.] 1 (1919) – 24 (1942)

46 Kwartalnik Opolski (Oppelner Vierteljahrsschr.), Hg. Opolskie Towarzystwo Przyjaciół Nauk, Oppeln 1 (1955) ff.

47 Opolski Rocznik Muzealny (Oppelner Museumsjb.), Hg. Muzeum Śląska Opolskiego, Oppeln, Oppeln 1/1963 (1964) ff.

48 Mitteilungen d. Beuthener Geschichts- u. Museumsvereins, Beuthen OS 1 (1911) – 14 (1931), Dortmund 15/16 (1954/55) ff.

49 Aus d. Chelmer Lande. Mitteilungsbl. d. Arbeitsgem. f. Heimatkunde im Kr. Gr. Stehlitz u. d. Chelmgebirgs-Vereins m. d. Sitz in Leschnitz. Monatsbeil. z. Gr. Strehlitzer Zeitung, Gr. Strehlitz 1 (1925) – 8 (1932). – Forts.: Aus d. Annaberger Lande, Gr. Strehlitz 1933–1935

50 Jahresber. d. Kunst- u. Altertums-Vereins Neisse, Neisse 1 (1897) – 15 (1939/41) [= Nr. 1–42]

51 Vierteljahressschr. f. Gesch. u. Heimatkunde d. Gfsch. Glatz, Habelschwerdt 1 (1881/82) – 10 (1890/91)

52 Bll. f. Gesch. u. Heimatkunde d. Gfsch. Glatz, hg. v. Glatzer Gebirgsverein, Glatz, Bd. 1: 1906–1910, Bd. 2: 1911–1920

53 Glatzer Heimatbll. Zs. d. Vereins f. Glatzer Heimatkunde, Glatz 1 (1916) – 29 (1943)

54 Rocznik Ziemi Kłodzkiej (Jb. d. Glatzer Landes), Hg. Towarzystwo Miłośników Ziemi Kłodzkiej [Bde. 1/1948 u. 2/1949 u. d. T.: Rocznik Kłodzki; neuer T. ab 3/1958], Glatz, später Br. 1 (1948) ff.

55 Lausitzisches Magazin, Görlitz 1 (1768) – 25 (1792). – Fortss.: Lausitzische Monatsschr., Görlitz 1793–1799. – Neue lausitzische Monatsschr., Görlitz 1800–1808. – Neues Lausitzisches Magazin, Görlitz 1 (1822) – 117 (1941)

56 Jahreshefte d. Ges. f. Anthropologie u. Urgesch. d. preuß. Oberlausitz, Görlitz 1 (1890) – 6, H. 1–2 (1940)

57 Schaffen u. Schauen. Mitteilungsbl. f. Kunst- u. Bildungspflege in d. Woj. Schles. Organ d. Dt. Kulturbundes u. d. Verbandes Dt. Volksbüchereien, Kattowitz 1 (1924/25) – 10 (1933/34). – Forts.: Dt. Monatshefte (bis 1939: in Polen), Kattowitz 1 (1934) – 9 (1942/43)

58 Roczniki Towarzystwa Przyjaciół Nauk na Śląsku (Jbb. d. Ges. d. Freunde d. Wiss. in Schles.), Kattowitz 1 (1929) – 7 (1939)

59 Zaranie Śląskie (Schles. Morgenrot), Teschen 1 (1907/08) – 4 (1911/12), Kattowitz, Teschen 5 (1929) – 15 (1939), Kattowitz 16 (1945) – 19 (1948), 20 (1957) ff.

60 Cieczyński Rocznik Muzealny (Teschener Museumsjb.), Hg. Prezydium MRN, Referat Kultury, Teschen, u. d. Museum in Teschen, (Poln.) Teschen 1 (1969) ff.

61 D. Treudt. Hultschiner, hg. v. Reichsverb. Heimatliebender Hultschiner, Ratibor 1 (1924) – 11 (1933)

62 Notizen-Blatt d. hist.-statist. Section d. k. k. mähr.-schles. Ges. z. Beförderung d. Ackerbaues [seit 1893: d. Landwirtschaft], d. Natur- u. Landeskunde, Brünn 1855–1896

63 Zs. d. Vereins [seit Jg. 4: dt. Vereins] f. d. Gesch. Mährens u. Schlesiens, Brünn 1 (1897) – 43 (1941). – Forts.: Zs. f. Gesch. u. Landeskunde Mährens, Brünn 44 (1942) – 46 (1944)

64 Věstnik Matice Opavské (Anzeiger d. Troppauer Heimatkundevereins), Troppau 1 (1902) – 40 (1935). – Forts. d. d. T.: Slezský Sborník. Acta Silesiaca, Troppau 1 = 41 (1936) ff.

65 Zs. f. Gesch. u. Kulturgesch. Österreich-Schlesiens [ab 13: Schlesiens], Troppau 1 (1905/06) – 20 (1930/1933)

66 Časopis Slezského Muzea. Acta Musei Silesiae, Series A, B, Troppau 1 (1951) ff.

67 Altschlesien. Mitteilungen d. Schles. Alterstumsvereins, Br. 1 (1922) – 10 (1941)

68 Altschles. Bll. [ab 1939 = Schles. Bll., Ausg. B], Mitteilungen d. Landesamtes f. Vorgesch. u. d. Schles. Altertumsvereins, Br. 1 (1926) – 19 (1944)

69 Śląskie Sprawozdania Archeologiczne (Schles. archäol. Berr.), Hg. Katedra Archeologii Polski Uniw. Wrocł., Br. 1958 ff.

70   Silesia Antiqua, hg. v. Muzeum Archeologiczne [bis 5 (1963): Muzeum Śląskie, Dział Archeologiczny] in Breslau, Br. 1 (1959) ff.

71   Correspondenzbl. d. Vereins f. Gesch. d. Evg. Kirche Schlesiens, Liegnitz 1 (1882) – 20 (1929). – Fortss.: Jb. d. Vereins f. Schles. Kirchengesch., Liegnitz 21 (1930) – 31 (1941). – Jb. f. Schles. [bis 38 (1959): Kirche u.] Kirchengesch., Düsseldorf 32 (1953) – 34 (1955), Ulm/D. 35 (1956) ff.

72   Archiv f. schles. Kirchengesch., Br. 1 (1936) – 6 (1941), Hildesheim 7 (1949) ff.

73   Archiv f. Kirchengesch. v. Böhmen-Mähren-Schles., Königstein/Taunus 1 (1967) ff.

74   Roczniki Sztuki Śląskiej (Jbb. f. schles. Kunst), Hg. Muzeum Śląskie in Breslau, Br. 1 (1959) ff.

75   D. Schles. Familienforscher, Br. 1930/31 – 1943/44

76   Schles. Flurnamen-Sammler, hg. im Namen d. Hist. Komm. f. Schles., Nr. 1–16, Br. 1925–1939

77   Mitteilungen d. Schles. Ges. f. Volkskunde, Br. 1 1894/96) – 37 (1938). – Fortss.: Schles. Bll. f. Volkskunde [Schles. Bll., Ausg. C], Mitteilungen d. Schles. Ges. f. Volkskunde, Br. 1 (1939) – 5 (1943)

78   Roczniki etnografii śląskiej (Jb. f. schles. Volkskunde), Hg. Muzeum Etnograficzne, Oddział Muzeum Narodowego we Wrocławiu, Br. 1 (1961) ff.

79   Jbb. f. Volkskunde d. Heimatvertriebenen, Salzburg 1 (1955) – 6 (1960); ab 7 (1961) u. d. T.: Jb. f. ostdt. Volkskunde, Marburg/Lahn

Schriftenreihen

Die wichtigsten Einzeltitel werden unter den Sachgruppen bzw. in den Ortsartikeln genannt

80   Codex Diplomaticus Silesiae, hg. v. Verein f. Gesch. [u. Alterthum] Schlesiens, 36 [38] Bde., Br. 1857–1933; II. Reihe, 1. Abt., 1. Bd., 1. Lief., Br. 1940

81   Darstellungen u. Quellen z. schles. Gesch., hg. v. Verein f. Gesch. Schle-siens, 39 Bde., Br. 1906–1941

82   Einzelschrr. z. Schles. Gesch., hg. v. d. Hist. Komm. f. Schles., 14 Bde., Br. 1922–1935

83   Veröffentlichungen d. Hist. Komm. f. Schles. – I. Reihe: Dt. Rechtsalter-tümer aus Schles., Bd. 1, Br. 1939. – II. Reihe: Forschsch. z. Schles. Urkundenbuch, 2 Bde., Br. 1939–1940. – III. Reihe: Forschsch. z. schles. Wirtschaftsgesch., Bd. 1, Br. 1941

84   Schlesien-Bändchen, hg. v. GGrundmann, 16 Bändchen, Br. 1936–1942

85   Breslauer Hist. Forschsch., 18 Bde., Br. 1938–1941

86   Schriftenreihe d. Vereinigung f. Heimatkunde in Oberschles. [1–18: f. oberschles. Heimatkunde, 19: d. Vereins f. Heimatkunde in Ober- u. Südschles.], hg. in Verb. m. d. Monatsschr. »D. Oberschlesier«, 23 Bde., Oppeln, später Br., 1932–1941

87   Schriften d. hist.-statist. Section d. k.k. mähr.-schles. Ges. d. Ackerbaues, d. Natur- u. Landeskunde, 31 Bde., Brünn 1851–1898

88   Veröffentlichungen d. Schles. Ges. f. Erdkunde [u. d. Geogr. Instituts d. Univ. Breslau], 30 Bde., Br. 1922–1941

89   Quellen u. Darstellungen z. schles. Gesch., hg. v. d. Hist. Komm. f. Schles., Bde. 1–4 Kitzingen/M. 1951–1953, Bde. 5 ff. Würzburg 1961 ff. [bis 1977 19 Bde., Bde. 8 u. 9 noch nicht erschienen]

90 Einzelschriften d. Hist. Komm. f. Schles. [außer Nr. 9 zugleich »Wiss. Beitrr. z. Gesch. u. Landeskunde Ostmitteleuropas«, hg. v. J. G. Herder-Institut Marburg/Lahn], Marburg/Lahn 1953 ff. [Nr. 9 Neustadt/ Aisch 1965] [bis 1976 10 Nrr. in 11 Bdn.]

91 Veröffentlichungen d. Oberschles. Studienhilfe e. V., Bde. 1–2 Waldbröl 1952, Bd. 3 Kitzingen/Main 1953, Bde. 4 ff. Würzburg 1954 ff. [bis 1975 40 Bde.]

92 Silesia. Publikationen d. Kulturwerks Schlesiens e. V., München 1968 ff. [bis 1976 17 Bde.]

93 Sobótka, Seria B [Schriftenreihe d. Zs. »Sobótka«], Br. 1951 ff. [bis 1966 8 Bde.]

94 Documenta Silesiae, Hg. Wrocławskie Towarzystwo Miłośników Historii, Br. 1959 ff. [bis 1970 6 Bde.]

95 Monografie Śląskie Ossolineum (Schles. Monographien d. Ossolineums), Br. 1960 ff. [bis 1976 28 Bde.]

96 Studia Śląskie (Schles. Studien), Posen 1952 (= Przegląd Zachodni 8, Suppl.-Bd.). – Studia Śląskie, Nowa Seria, Hg. Instytut Śląski in Oppeln, Oppeln 1958 ff. [bis 1975 28 Bde.] [Sammelbde.]

97 Śląsk. Ziemia i ludzie (Schles., Land u. Leute), Hg. Instytut Śląski, 7 Bde., Kattowitz 1936–1939

98 Pamiętnik Instytutu Śląskiego (Denkschrift d. Schles. Instituts), [Serie 1:] 13 Bde., Kattowitz 1936–1939. – Serie 2: 15 Bde., Kattowitz, Br. 1946–1948

99 Biblioteka Zarania Śląskiego (Bibliothek d. Zs. »Zaranie Śląskie«), 14 Bde., Kattowitz 1946–1948

100 Studia i Materiały z Dziejów Śląska (Studien u. Materialien aus d. Gesch. Schlesiens), Hg. Śląski Instytut Naukowy in Kattowitz [1–2: PAN, Instytut Historii, Zakład Historii Śląska], Br. 1957 ff. [bis 1972 12 Bde.] [Sammelbde.]

101 Śląski Instytut Naukowy – Biuletyn (Bulletin d. Schles. Wiss. Instituts), 89 Hefte, Kattowitz 1957–67

102 Rocznik Muzeum Górnośląskiego (Jb. d. Oberschles. Museums), Beuthen OS 1962 ff. Unterreihen: Archeologia (Archäologie), 1962 ff. [bis 1974 11 Bde.]; Historia (Gesch.), 1963 ff. [bis 1965 2 Bde.]; Sztuka (Kunst), 1964 ff. [bis 1974 7 Bde.]; Przyroda (Naturwiss.), 1962 ff. [bis 1974 8 Bde.]; Etnografia (Ethnographie), 1966 ff. [bis 1973 6 Bde.]

103 Quellenschriften z. ostdt. Vor- u. Frühgesch., hg. v. HSeger u. MJahn, 6 Bde., Leipzig 1931–40

104 Aus Oberschlesiens Urzeit, 20 Hefte, Oppeln 1929–1933

105 Z. Schles. Kirchengesch., hg. v. HHoffmann, 45 Bde., Br. 1926–1941

106 D. Evg. Schles., Goslar u. a. 1952 ff. [bis 1975 6 Bde.]

107 Führer z. schles. Kirchen, 53 Hefte, Br. [1933]–1940

108 Śląsk w zabytkach sztuki (Schles. in Kunstdenkmälern), hg. v. TBroniewski, MZlat, Br. u. a. 1955 ff. [bis 1977 22 Bändchen; Einzeltitel in den Ortsartikeln]

109 Bau- u. Kunstdenkmäler d. Dt. Ostens, hg. i. A. d. J. G. Herder-Forschungsrates v. GGrundmann, Reihe C: Schles., Frankfurt/M. 1965 ff. [bis 1977 6 Bde.]

110 Wort u. Brauch. Volkskundl. Archiv, hg. v. TSiebs, 26 Bde., Br. 1908 bis 1939

111 Schles. Volkstum. Quellen u. Arbeiten d. Schles. Ges. f. Volkskunde, 4 Bde., Br. 1925–1932

*Quellenkunde, Archiv- und Bibliotheks-
inventare, Regestenwerke, Quellenausgaben
(bis zum 18. Jh.)*

Quellenausgaben für einzelne Orte und Einrichtungen stehen – soweit ihr Inhalt nicht wesentlich über den Ort hinausgreift – unter den Ortsartikeln, Quellen des 18.–20. Jh. in den Sachabschnitten.

112 KKlettke, D. Quellenschriftsteller z. Gesch. d. Preuß. Staats, Berlin 1858 [Prov. Schles.: S. 270–306]
113 CGrünhagen, Wegweiser durch d. schles. Geschichtsquellen bis z. Jahre 1550, Br. [1]1876, [2]1889
114 HAppelt, D. Urkundenfälschungen d. Kl. Trebnitz (LV 83, R. II, Bd. 2), Br. 1940
115 WSchulte, D. politische Tendenz d. Chronica principum Polonie (LV 81, Bd. 1), Br. 1906
116 WKorta, Średniowieczna annalistyka Śląska (D. ma. Annalistik v. Schles.), Br. 1966
117 KWutke, Über schles. Formelbücher d. Ma. (LV 81, Bd. 26), Br. 1919
118 D. Formelbuch d. Domherrn Arnold v. Protzan, hg. v. WWattenbach (LV 80, Bd. 5), Br. 1862
118a JMularczyk, Dobór i rola świadków w dokumentach śląskich do końca XIII wieku (D. Auswahl u. d. Rolle d. Zeugen in d. schles. Urkk. bis z. E. 13. Jh.) (Prace Wrocł. Tow. Nauk., Ser. A, Nr. 189), Br. 1977
119 D. Inventare d. nichtstaatl. Archive Schlesiens, hg. v. KWutke (1, 2), EGraber (3–5, 7, 8.1), ULincke (6), 8 Bde. (LV 80, Bde. 24, 28, 31, 32, 33, 34, 35, 36.1), Br. 1908–33
     1. D. Krr. Grünberg u. Freystadt, 1908
     2. Kr. u. Stadt Glogau, 1915
     (3.) Kr. Sprottau, 1925
     (4.) Kr. Sagan, 1927
     (5.) Kr. Neustadt, 1928
     (6.) Kr. Habelschwerdt, 1929
     (7.) Kr. Jauer, 1930
     (8.) Kr. Neisse, 1. Stadt Neisse, 1933
120 KWieser, D. Bedeutung d. Zentralarchivs d. Dt. Ordens f. d. Gesch. Schlesiens u. Mährens. Ein Findbehelf z. schles.-mähr. Aktenbestand d. Archivs (LV 89, Bd. 13), Würzburg 1967
121 WUrban, Katalog Archiwum Archidiecezjalnego we Wrocławiu. Rękopisy. Catalogus Archivi Archidioecesani Vratislaviae. Manuscripta, in: Archiwa, biblioteki i muzea kościelne, Lublin, Bde. 10 (1965), S. 5–32, 11 (1965), S. 5–108, 12 (1966), S. 5–74, 13 (1966), S. 5–89, 14 (1967), S. 5–131, 15 (1967), S. 91–248, 16 (1968), S. 19–242
122 Katalog dokumentów Archiwum Archidiecezjalnego we Wrocławiu. Część I: Dokumenty oznaczone sygnaturami alfabetycznymi (Urkundenkatalog d. Erzdiözesanarchivs in Breslau. T. 1: Urkk. d. alphabetischen Signaturen), bearb. v. WUrban, Rom 1970
123 WUrban, Wykaz regestów dokumentów Archiwum Archidiecezjalnego we Wrocławiu (Regestenverzeichnis v. Urkk. d. Erzdiösesanarchivs in Breslau), Warschau 1970. – Forts. in: Rocznik Teologiczny Śląska Opolskiego 2 (1970, ersch. 1971), S. 285–421
124 Regesten z. schles. Gesch., bearb. v. CGrünhagen, KWutke, ERandt, HBellée, 6 (8) Bde. (LV 80, Bde. 7. I–III, 16, 18, 22, 29, 30), Br. 1875–1930. – 1. Bis 1300 (3 Teile), 1875–1886; 2. 1301–1315, 1892; 3. 1316–1326, 1898; 4. 1327–1333, 1903; 5. 1334–1337, 1923; 6. 1338 bis 1342, 1930

125 Regesty Śląskie 1343–1348 (Schles. Regesten 1343–1348), Bd. 1, bearb. v. KBobowski, JGilewska-Dubis, WKorta, BTuroń, Br. u. a. 1975

126 CGrünhagen, GKorn, Regesta episcopatus Vratislaviensis. Urkk. d. Bst. Breslau in Auszügen, T. 1 (–1302), Br. 1864

127 FKopetzky, Regesten z. Gesch. d. Hzt. Troppau (1061–1464), in: Archiv f. österr. Gesch. 45 (1871), S. 97–276

128 Codex Diplomaticus Poloniae quo continentur Privilegia Regum Poloniae . . . nec non Privilegia Ducum Silesiae . . ., Bd. 4: Res Silesiacae, hg. v. MBoniecki, Warschau 1887

129 Codex diplomaticus nec non epistolaris Silesiae. Kodeks dyplomatyczny Śląska. Zbiór dokumentów i listów dotyczących Śląska, hg. v. KMaleczyński, ASkowrońska, Bde. 1–3: 971–1227, Br. 1951–64

130 Schles. Urkundenbuch, hg. v. d. Hist. Komm. f. Schles. Bd. 1: 971–1230, bearb. v. HAppelt, Bd. 2: 1231–1250, bearb. v. WIrgang, Wien/Köln/Graz 1963–71, 1977

131 CGrünhagen, HMarkgraf, Lehns- u. Besitzurkk. Schlesiens u. seiner einzelnen Fstmm. im Ma., 2 Bde. (Publikationen a. d. K. Preuß. Staatsarchiven, Bde. 7, 16), Leipzig 1881/83, Neudruck Osnabrück 1965

132 Acta publica. Verhandlungen u. Correspondenzen d. schles. Fstt. u. Stände [1618–29], hg. v. HPalm u. (ab Bd. 5) JKrebs, 8 Bde., Br. 1865–1906

133 D. landständische Verfassung v. Schweidnitz-Jauer. Z. Gesch. d. Ständewesens in Schles., hg. v. GCroon (LV 80, Bd. 27), Br. 1912

134 FWdeSommersberg, Silesiacarum rerum scriptores aliquot adhuc inediti . . . 3 Bde., Leipzig 1729–32

135 Scriptores rerum Silesiacarum, 17 Bde., Br. 1835–1902

    1., 2. [ohne eigenen Titel] hg. v. GAStenzel, 1835, 1839

    3. Samuel Benjamin Kloses Darstellung d. inneren Verhältnisse d. Stadt Breslau v. Jahre 1458 bis z. Jahre 1526, hg. v. GAStenzel, 1847

    4. Hz. Hans d. Grausame v. Sagan im Jahre 1488, hg. v. GAStenzel, 1850

    5. Actenstücke, Berichte u. a. Beitrr. z. Gesch. Schlesiens seit d. Jahre 1740, hg. v. GAStenzel, 1851

    6. Geschichtsquellen d. Hussitenkriege, hg. v. CGrünhagen, 1871

    7. PEschenloer, Historia Wratislaviensis, hg. v. HMarkgraf, 1872

    8., 9. Politische Correspondenz Breslaus im Zeitalter Georgs v. Podiebrad, herausgeg. v. HMarkgraf, T. 1: 1454–63, 1873, T. 2: 1463–69, 1874

    10. Annales Glogovienses bis z. Jahre 1493, nebst urk. Beilagen, hg. v. HMarkgraf, 1877

    11. Schweidnitzer Chronisten d. XVI. Jh., hg. v. Schimmelpfennig u. Schönborn, 1878

    12. Geschichtsschreiber Schlesiens d. XV. Jh., hg. v. FWachter, 1883

    13., 14. Politische Correspondenz Breslaus im Zeitalter d. Kg. Matthias Corvinus, hg. v. BKronthal u. HWendt, T. 1: 1469–79, 1893, T. 2: 1479–90, 1894

    15. Akten d. Kriegsgerichts v. 1758 wegen d. Kapitulation v. Breslau am 24. Nov. 1757, hg. v. CGrünhagen u. FWachter, 1895

    16. Akten d. Kriegsgerichts v. 1763 wegen d. Eroberung v. Glatz 1760 u. Schweidnitz 1761, hg. v. FWachter, 1897

    17. Descriptio tocius Silesie et civitatis regie Vratislaviensis per M. Bartholomeum Stenum. Barthel Steins Beschreibung v. Schles. u. seiner Hauptstadt Breslau, hg. v. HMarkgraf, 1902

136 Annales Silesiae et Poloniae, hg. v. WArndt, RRoepell, Hannover 1865

137 Registrum St. Wenceslai. Urkk. vorzüglich z. Gesch. Oberschlesiens nach

einem Copialbuch Hz. Johanns v. Oppeln u. Ratibor in Auszügen mitgeteilt, hg. v. WWattenbach, CGrünhagen (LV 80, Bd. 6), Br. 1865

138 WHaeusler, Urkundensammlung z. Gesch. d. Fürstenthums Oels bis z. Aussterben d. Piast. Herzogslinie, Br. 1883

139 Urkunden-Buch d. Stadt Liegnitz u. ihres Weichbildes bis z. Jahre 1455, hg. v. FWSchirrmacher, Liegnitz 1866

140 LHäufler, Urkk. u. andere Quellen z. Gesch. d. Waldenburger Berglandes (Forschsch. z. Gesch. d. Waldenburger Berglandes, Bd. 2), Br. 1932

141 KEngelbert, Quellen z. Gesch. d. Neisser Bistumslandes auf Grund d. drei ältesten Neisser Lagerbücher (LV 89, Bd. 10), Würzburg 1964

142 Listinář těšinska. Codex diplomaticus ducatus Tessinensis. hg. v. ENemec, 4 Teile (1155–1526), Tschech.-Teschen 1955–61

143 Opavský listinář. Litterae fundationum ... altarium Oppaviae, bearb. v. FŠigut, 2 Bde., Troppau 1961–62

144 Codex diplomaticus Lusatiae superioris, hg. v. GKöhler (1), RJecht (2–4, 6), EWentscher (5), 6 Tle. in 8 Bdn., Görlitz 1851–1931
  1. Sammlung d. Urkk. f. d. Gesch. d. Markgrafthums Ober-Lausitz, Bd. 1: Bis 1345, 1851, ²1856
  2. Urkk. d. Oberlausitzer Hussittenkrieges u. d. gleichzeitigen d. Sechslande angehenden Fehden 1419–1437, 2 Bde., 1896–1903
  3. D. ältesten Görlitzer Ratsrechnungen bis 1419, 1905–10
  4. D. Oberlausitzer Urkk. unter Kg. Albrecht II. u. Ladislaus Posthumus 1437–1457, 1911–27
  5. D. ältesten Görlitzer Bürgerrechtslisten 1379–1600, 1928
  6. D. Oberlausitzer Urkk. unter Kg. Georg Podiebrad, Bd. 1: 1458–1463, 1931

145 Scriptores rerum Lusaticarum. Sammlung Ober- u. Niederlausitzischer Geschichtsschreiber, 4 Bde., Görlitz 1839–70

146 FVolkmer, WHohaus, Geschichtsquellen d. Gfsch. Glatz, 5 Bde., Habelschwerdt 1883–91. Bd. 6: D. Handschrr. z. Gesch. d. Gfsch. Glatz, H. 1: Beschreibung d. Handschrr. im Glatzer Ratsarchiv, bearb. v. BBretholz, Glatz 1926

147 JKögler, Chroniken d. Gfsch. Glatz, hg. v. FAPompejus, Glatz 1841

148 Urkk. z. Gesch. d. Bst. Breslau im Ma., hg. v. GAStenzel, Br. 1845

149 Liber fundationis Episcopatus Vratislaviensis, hg. v. HMarkgraf, JWSchulte (LV 80, Bd. 14), Br. 1889

150 LSantifaller, Liebentals Copialbücher d. Prämonstratenserstiftes z. Hl. Vinzenz in Breslau (Mitt. d. Inst. f. Österr. Gesch.-Forsch., Erg.-Bd. 15), Innsbruck 1947

151 Acta Nicolai Gramis. Urkk. u. Aktenstücke betreffend d. Beziehungen Schlesiens z. Baseler Konzile, hg. v. WAltmann (LV 80, Bd. 15), Br. 1890

152 LSantifaller, Quellen z. Gesch. d. Ablaß- u. Reliquienwesens am Ausgang d. Ma. aus schles. Archiven, in: Mitt. d. Österr. Staatsarchivs 1 (1948), 1, S. 20–136

153 Acta Capituli Wratislaviensis 1500–1562. D. Sitzungsprotokolle d. Breslauer Domkapitels in d. ersten H. d. 16. Jh. Bd. 1, 2 Teile: 1500–1516, bearb. v. ASabisch (Forschsch. u. Quellen z. Kirchen- u. Kulturgesch. Ostdeutschlands, Bd. 10/I–II), Köln/Wien 1972

154 Visitationsberichte der Diözese Breslau, hg. v. JJungnitz. Archidiakonate Breslau, Oppeln, Glogau, Liegnitz, jeweils 1. Teil (Veröff. a. d. Fstbischl. Diözesan-Archive z. Breslau, Bde. 1–4), Br. 1902–08

155 JGBüsching, D. Urkk. d. Kl. Leubus, Br. 1821

156 WWattenbach, Monumenta Lubensia, Br. 1861

157 GAHStenzel (Hg.), Liber fundationis claustri Sanctae Mariae virginis in Heinrichau oder Gründungsbuch d. Kl. Heinrichau, Br. 1854

158 D. Gründungsbuch d. Kl. Heinrichau. A. d. Lat. übertragen u. m. Einführung u. Erläuterungen versehen v. PBretschneider (LV 81, Bd. 29), Br. 1927
159 Księga Henrykowska (D. Heinrichauer Gründungsbuch). A. d. Lat. übersetzt u. m. einer Einleitung versehen v. RGrodecki, Posen 1949
160 Urkk. d. Kl. Czarnowanz, hg. v. WWattenbach (LV 80, Bd. 1), Br. 1857
161 Urkk. d. Kll. Rauden u. Himmelwitz, d. Dominicaner u. Dominicanerinnen in d. Stadt Ratibor, hg. v. WWattenbach (LV 80, Bd. 2), Br. 1859
162 Urkk. d. Kl. Kamenz, hg. v. PPfotenhauer (LV 80, Bd. 10), Br. 1881
163 Urkunden-Sammlung z. Gesch. d. evg. Kirche Schlesiens, hg. v. GEberlein, 2 Bde., Liegnitz 1905/17
164 Schles. Kirchen- u. Schulordnungen v. d. Ref. bis ins 18. Jh., hg. v. HJessen, WSchwarz (Quellen z. Schles. Kirchengesch., Bd. 1), Görlitz 1938
165 Urkundensammlung z. Gesch. d. Ursprungs d. Städte u. d. Einführung u. Verbreitung dt. Kolonisten u. Rechte in Schles. u. d. Ober-Lausitz, hg. v. GATzschoppe, GAStenzel, Hamburg 1832
166 Urkk. schles. Dörfer . . ., hg. v. AMeitzen (LV 80, Bd. 4), Br. 1863
167 Urkk. u. erzählende Quellen z. dt. Ostsiedl. im Ma., ges. u. hg. v. HHelbig LWeinrich, 2. Teil (Ausgew. Quellen z. dt. Gesch. d. Ma. Frh. vom Stein-Gedächtnisausg., Bd. XXVI b), Darmstadt 1970 [Schles.: S. 68–205]
    vgl. auch LV 408 a
168 Sammlung dt. Rechtsquellen, hg. v. HWasserschleben, Bd. 1, Gießen 1860 [darin u. a. Glogauer Rechtsbuch]
169 OMeinardus, D. Neumarkter Rechtsbuch u. a. Neumarkter Rechtsquellen (LV 81, Bd. 2), Br. 1906
170 Rechtsdenkmäler d. Stadt Schweidnitz einschl. d. Magdeburger Rechtsmitteilungen u. d. Magdeburger u. Leipziger Schöffensprüche f. Schweidnitz, bearb. v. ThGoerlitz, PGantzer (LV 83, R. I, Bd. 1), Br. 1939
171 GAHStenzel, D. Landbuch d. Fstm. Breslau, Br. 1842
172 Soudní knihy osvětimské a zátorské z. r. 1440–1562 (Ausschwitzer u. Zatorer Gerichtsbücher a. d. Jahren 1440–1562), hg. v. RRauscher, Preßburg 1931
173 Vier oberschles. Urbare d. 16. Jh., hg. u. erläutert v. WKuhn (LV 89, Bd. 16), Würzburg 1973
174 Urbarze śląskie (Schles. Urbare), 3 Bde., Br. 1956–1963
    1. Urbarze dóbr zamkowych opolsko-raciborskich z lat 1566 i 1567 (Urbare d. Schloßgüter v. Oppeln-Ratibor a. d. Jahren 1566 u. 1567), bearb. v. RHeck, JLeszczyński, 1956
    2. Urbarze śląskie z końca XVIII wieku (Schles. Urbare v. E. d. 18. Jh.), ausgew u. z. Druck vorber. v. KOrzechowski, ZSzkurlatowski, Red. SInglot, 1961
    3. Urbarze dóbr zamkowych G. Śląska z l. 1571–1640 (Urbare v. Schloßgütern in Oberschles. a. d. Jahren 1571–1640), bearb. u. z. Druck vorber. v. RHeck, JLeszczyński, JPetráň, 1963
175 Urbář těšínské komory z r. 1647 (Urbar d. Teschener Kammer a. d. Jahre 1647), hg. v. AGrobelný, BPitranová, Troppau 1960
176 Karolínský katastr slezský (D. Karolinische Kataster f. Schles. [A. 18. Jh.]), bearb. v. JBrzobohatý, SDrkal, 2 Bde. (Edice berních katastrů českých, moravských, slezských, 5, 6), Prag 1972/73
177 Schles. Urkk. z. Gesch. d. Gewerberechts, insbes. d. Innungswesens a. d. Zeit vor 1400, hg. v. GKorn (LV 80, Bd. 8), Br. 1867
178 Schlesiens Bergbau u. Hüttenwesen, hg. v. KWutke, 1. Urkunden (1136 bis

1528), 2. Urkunden und Akten (1529–1740) (LV 80, Bde. 20, 21), Br. 1900–01

179 EZivier, Akten u. Urkk. z. Gesch. d. Schles. Bergwesens. Österr. Zeit, Kattowitz 1900

180 Quellen z. schles. Handelsgesch. bis 1526, 1. Bd., 1. Lief., bearb. v. MScholz-Babisch, HWendt (LV 80, II. R., 1. Abt.), Br. 1940

181 D. schles. Oderschiffahrt in vorpreuß. Zeit, hg. v. KWutke (LV 80, Bd. 17), Br. 1896

Kartenwerke

182 AHeyer, Gesch. d. Kartographie Schlesiens bis z. preuß. Besitzergreifung, Diss. Br. 1891

183 HKot, Historia nowożytnej kartografii Śląska 1800–1939 (poza kartografią urzędową) (Gesch. d. nichtamtlichen neuzeitlichen Kartographie Schlesiens 1800–1939), Kattowitz 1970

184 JDomański, Katalog planów miast i osiedli śląskich z XVI–XIX w. w zbiorach Archiwum Państwowego we Wrocławiu (Katalog d. Pläne schles. Städte u. stadtart. Siedll. aus d. 16.–19. Jh. in den Sammlungen d. Staatsarchivs Breslau), Warschau 1973

185 JWWieland, MvSchubarth, Atlas Silesiae, Nürnberg (Homann) 1750

186 Kreiskarten v. Schles., hg. nach d. Reymannschen Spezialkarte v. Schles., 55 Bll. 1:200 000, Glogau [um 1865]

187 Übersichtskarte d. schles. Gemarkungsgrenzen, [nach amtl. Unterlagen v. Jahre 1909] entw. v. MHellmich, 3 Bll. 1:300 000 (Liegnitz 1928)

188 Atlas Östliches Mitteleuropa, hg. v. ThKraus, EMeynen, HMortensen, HSchlenger, Bielefeld u. a. 1959

189 WGeisler, Oberschlesien-Atlas, Br. 1938

190 Sudetendeutscher Atlas, hg. v. EMeynen, München 1954, ²1955

191 Gesch. Atlas v. Schles., hg. v. d. Hist. Komm. f. Schles., 1. Stück: Friderizianische Siedll. r. d. Oder bis 1800, bearb. v. HSchlenger, 1:100 000. Bl. 1: Kreuzburg, Bl. 2: Oppeln, Bl. 3: Pleß, Beiheft, Br. 1933

192 Atlas z. Gesch. d. dt. Ostsiedl., bearb. v. WKrallert u. Mitwirkung v. WKuhn, ESchwarz, Bielefeld u. a. 1958

193 KOrzechowski, Terytorialne podziałe na Śląsku (Territorialgliederungen in Schles.), in: LV 46, 17 (1971), Nr. 2, S. 52–69; Nr. 3, S. 74–91; Nr. 4, 83–105; 18 (1972), Nr. 1, S. 5–21; Nr. 2, S. 28–44; Nr. 3, S. 5–22

194 Nationalitätenkarte d. Prov. Schles., auf Grund amtl. Angaben entw. v. PLanghans, 1:500 000, in: Dt. Erde 5 (1906), Beil. 1

195 Sprachenatlas d. Grenzgebiete d. Dt. Reiches nach d. Ergebnissen d. Volkszählung v. 16. Juni 1925, bearb. v. Preuß. Statist. Landesamt, hg. v. d. Reichszentrale f. Heimatdienst, 10 Bll. [nebst Begleitschr.: KKeller, D. fremdsprachige Bev. in d. Grenzgebieten d. Dt. Reiches], Berlin 1929

196 WGeisler, Wirtschafts- u. verkehrsgeogr. Atlas v. Schles., Br. 1932

197 Industriekarten v. Dt.- u. Poln.-Oberschles., bearb. bei d. Preuß. Oberbergamt Breslau durch [E]Jahr, 3 Ktn. 1:100 000. Dazu Verz. d. Steinkohlengrubenfelder in Dt.- u. Poln.-Oberschles., bearb. durch [E]Jahr, Berlin 1928

198 Industrieanlagen in Oberschles., hg. v. d. Markscheiderei d. Oberschles. Berg- u. Hüttenmännischen Vereins, 1:100 000, 1. Ausg. Okt. 1942

199 FGEAnders, Tabellarisch-chartographische Übersicht sämmtlicher Kirchensysteme in Schles., Br. 1861

200 FGEAnders, Hist. Atlas d. evg. Kirchen in Schles., Glogau ³1856

201 Diözesan-Karte d. Bst. Breslau, entw. v. Hübner, 1:740 000, Br. 1829

202 Atlas d. Erzbst. Breslau (Preuß. Anteil), Br. 1937

203 Schles. Sprachatlas, hg. v. LESchmitt, Bd. 1: GBellmann unter Mitarb. v. WPutschke u. WVeith, Laut- u. Formenatlas, Marburg/L. 1967; Bd. 2: GBellmann, Wortatlas, Marburg/L. 1965

204 AZaręba, Atlas językowy Śląska (Sprachatlas v. Schles.), bisher 4 Bde. in 7 Teilbdn., Krakau (ab Bd. 3,1 auch Warschau) 1969–74

Landeskunde, Statistik, Ortsverzeichnisse

205 MMerian, Topographia Bohemiae, Moraviae et Silesiae, Frankfurt/M. 1650, neue Ausg. Kassel/Basel 1960

206 FAZimmermann, Beyträge z. Beschreibung v. Schles., 13 Bde., Brieg 1783 bis 1796

207 JAVWeigel, Geogr., naturhist. u. technologische Beschreibung d. souverainen Herzogthums Schles., 10 Teile, Berlin 1800–06

208 RKneifel, Topographie d. ksl. kgl. Antheils v. Schles., 4 Bde., Brünn 1804 bis 1806

209 Geogr. Beschreibung v. Schles. preuß. Antheils, d. Gfsch. Glatz u. d. preuß. Markgfsch. Ober-Lausitz, hg. v. JGKnie, JLMMelcher, 6 Bde., Br. 1827–35

    1. Abt. Beschreibung v. Breslau, 1827

    2. Abt. Beschreibung sämmtlicher Städte u. Marktflecken, 4 Teile [bis Nimptsch], 1828–35

    3. Abt. JGKnie, Alphab.-Statist.-Topograph. Übersicht aller Dörfer, Flecken, Städte u. andern Orte d. Kgl. Preuß. Prov. Schles., 1830, [2]1845 [zitiert wird – wenn nicht anders vermerkt – die 1. Aufl.]

210 Topograph. Handbuch v. Oberschles., hg. v. FTriest, 2 Bde., Br. 1864/65

211 FSchroller, Schlesien. Eine Schilderung d. Schlesierlandes, 3 Bde., Glogau (1885–89)

212 JPartsch, Schlesien. Eine Landeskunde f. d. dt. Volk, 2 Bde., Br. 1896/1911

213 Schles. Landeskunde, hg. v. FFrech, FKampers, 2 Bde., Leipzig 1913

214 KOlbricht, Schlesien, Grundriß einer Landeskunde, Br. 1933

215 HRoensch, D. Landesnatur Schlesiens (Veröff. d. Ostdt. Forschungsstelle d. Landes Nordrh.-Westf., R. A, Nr. 19), Dortmund 1971

216 Beitrr. z. schles. Landeskunde, hg. v. MFriederichsen, Br. 1925

217 Beitrr. z. Landeskunde Schlesiens (Osteuropa u. d. Dt. Osten, R. II, H. 3), Köln-Braunsfeld 1955

218 WCzajka, D. Schles. Landrücken. Eine Landeskunde Nordschlesiens, 2 Teile, [2]Wiesbaden 1964

219 WWalczak, Dolny Śląsk (Niederschles.). Bd. 1: Sudety (D. Sudeten), Bd. 2: Obszar przedsudecki (D. Sudetenvorland), Warschau 1968/70

220 Landeskunde d. oberschles. Industriegebietes, hg. v. APerlick, Br. 1943

221 Dolny Śląsk (Niederschles.). Sammelwerk, hg. v. KSosnowski, MSuchocki, 2 Tle. (Ziemie Staropolski, Bd. 1), Posen 1948 [dt. nur z. Unterrichtung d. Empfängers: Wiss. Übersetzungen, hg. v. J. G. Herder-Institut Marburg/L., Nr. 22, Marburg/L. 1954]

222 Górny Śląsk (Oberschles.). Sammelwerk, hg. v. KPopiołek u. a., 2 Tle. (Ziemie Staropolski, Bd. 5), Posen 1959

223 RBreyer, Ostbrandenburg unter poln. Verwaltung, Frankfurt/M. 1959

224 EBahr, KKönig u. a., Niederschles. unter poln. Verwaltung, Frankfurt/M./ Berlin 1967

225 EBahr, RBreyer, EBuchhofer, Oberschles. nach d. Zweiten Weltkrieg. Verwaltung – Bevölkerung – Wirtschaft, Marburg/L. 1975

226 WGeisler, Schles. als Raumorganismus, Br. 1932

227 HSchlenger, Formen ländlicher Siedll. in Schles. Beitrr. z. Morphologie d. schles. Kulturlandschaft (LV 88, Bd. 10), Br. 1930

228 BWalter, D. Waldhufendorf in Schles. Ein Beitr. z. Siedlungsgeographie Schlesiens (LV 88, Bd. 12), Br. 1931

229 RKrüger, Typologie d. Waldhufendorfes nach Einzelformen u. deren Verbreitungsmustern, Göttingen 1967

230 HSzulc, Typy wsi Śląska Opolskiego na początku XIX w. i ich geneza (D. Typen d. Dorfes im Oppelner Schles. am A. 19. Jh. u. ihre Entstehung) (Prace geogr. Nr. 66 – Inst. Geogr. PAN), Warschau 1968

231 JTkocz, Rozłogi województwa opolskiego. Studium genezy i oceny (D. Flurformen in d. Woj. Oppeln. Untersuchung über deren Entstehung u. Bewertung), Br./Oppeln 1971

232 Struktury i procesy osadnicze (Siedlungsstrukturen u. -prozesse), hg. v. SGolachowski (Region Opolski, Bd. 2), Oppeln/Br. 1971

233 Deutsches Städtebuch. Handbuch städt. Gesch., hg. v. EKeyser. Bd. 1: Nordostdeutschland, Stuttgart/Berlin 1939 [Schles.: S. 689–911]

234 Miasta polskie w tysiącleciu [D. poln. Städte in einem Jahrtausend], hg. v. SPazyra u. a., 2 Bde., Br. u. a. 1965/67

234a HBartsch, D. Städte Schlesiens, Dortmund 1977

235 TSzarota, Osadnictwo miejskie na Dolnym Śląsku w latach 1945–1948 (D. städt. Siedlungswesen in Niederschles. in d. Jahren 1945–1948), Br. u. a. 1969

236 PDriske, D. Wirtschaftsorganismus Groß-Breslau, Br. 1936

237 WKlett, D. Wirtschafts- u. Verkehrsgeogr. d. oberschles. Industriegebietes nach d. Teilung, Diss. Königsberg 1929

238 LStraszewicz, Śląsk Opolski. Zarys geografii gospodarczej (D. Oppelner Schles. Überblick d. Wirtschaftsgeogr.), Kattowitz 1962, ²1970

239 GvGeldern-Crispendorf, D. wirtschaftsgeogr. Struktur d. Landwirtschaft Schlesiens, Br. 1934

240 EAust, D. Verbreitung, Zusammensetzung u. Nutzung d. schles. Waldungen, Br. 1937

241 Generalne tabele statystyczne Śląska 1787 roku (D. statist. Generaltabellen Schlesiens d. Jahres 1787), hg. v. TŁadogórski, Br. 1954

242 ZKwaśny, Śląskie tabele generalne z 1809 r. (D. schles. Generaltabellen a. d. Jahre 1809), in: Acta Universitatis Wratislaviensis Nr. 97 (= Historia Nr. 15), 1969, S. 105–156

243 Gemeindelexikon f. d. Kgr. Preußen. H. 6: Prov. Schles. U. a.: Auf Grund d. Volkszählung v. 1. Dez. 1885 u. a. amtlicher Quellen bearb. v. Kgl. statist. Bureau, Berlin 1887. – Dass.: Auf Grund d. Materialien d. Volkszählung v. 1. Dez. 1905 u. a. amtl. Quellen bearb. v. Kgl. Preuß. Statist. Landesamte, Berlin 1908

244 Gemeindelexikon f. d. Freistaat Preußen. Bd. 6: Prov. Niederschles. Nach d. endgültigen Ergebnis d. Volkszählung v. 16. Juni 1925 u. a. amtl. Quellen unter Zugrundelegung d. Gebietsstandes v. 1. Febr. 1933 bearb. v. Preuß. Statist. Landesamt, Berlin 1933. Bd. 7: Prov. Oberschles. U. Zugrundelegung d. Gebietsstandes v. 1. März 1932 . . . Berlin 1932

245 Amtliches Gemeindeverzeichnis f. d. Großdt. Reich auf Grund d. Volkszählung 1939, hg. v. Statist. Reichsamt (Statistik d. Dt. Reiches, Bd. 550), Berlin ²1944

246 Gemeindestatistik. Ergebnisse d. Volks-, Berufs- u. landwirtschl. Betriebszählung 1939 in d. Gemm., bearb. im Statist. Reichsamt, 4. Prov. Schles. (Statistik d. Dt. Reiches, Bd. 559, 4), Berlin 1943

247 D. Schlesienbuch. Handbuch f. d. Provv. Niederschles. u. Oberschles., Dresden (1942)

248 Alphabet. Verzeichnis d. Stadt- u. Landgemm. im Gau Niederschles.-Dass. Gau Oberschles. Dresden (1942)

249 Schles. Güter-Adreßbuch, hg. v. MPastorff, Br. 1876. – Weitere Ausgaben: [u. a.] 7. Ausg. 1902, 10. Ausg. 1912, 13. Ausg. 1926, 15. Ausg. 1937

250 Amtliches Industrie- u. Handels-Adreßbuch d. Prov. Niederschles., Teile 1–4, (Berlin) 1925

251 Handbuch d. oberschles. Industriebezirkes, hg. v. Oberschles. Berg- u. Hüttenmännischen Verein, 3 Tle. (Festschr. z. 12. Allg. Dt. Bergmannstag in Breslau 1913, Bd. 2), Kattowitz 1913

252 Schles. Ortschaftsverzeichnis. Auf Grund amtl. Unterlagen neu bearb., Br. ¹²1934

253 JKamińska, Najnowszy skorowidz wszystkich miejscowości polskiego Górnego Śląska (Neuestes Verz. aller Orte in Poln.-Oberschles.), Kattowitz 1927

254 SRospond, Słownik nazw geograficznych Polski Zachodniej i Północnej (Wörterbuch d. geogr. Namen West- u. Nordpolens), 2 Bde., Br./Warschau 1951

255 Amtliches Gemeinde- u. Ortsnamenverzeichnis d. Dt. Ostgebiete unter fremder Verwaltung nach d. Gebietsstand am 1. 9. 1939, bearb. u. hg. v. d. Bundesanstalt f. Landeskunde, 3 Bde., Remagen 1953–1955

256 Sudetendeutsches Ortsnamenverzeichnis, bearb. v. Sudetendeutschen Archiv u. Institut f. Landeskunde, Bad Godesberg 1963, ²1965

Allgemeine und politische Geschichte

257 GAHStenzel, Gesch. Schlesiens, T. 1 [bis 1355], Br. 1853

258 CGrünhagen, Gesch. Schlesiens, 2 Bde., Gotha 1884/86 [bis 1740]

259 Gesch. Schlesiens, hg. v. d. Hist. Komm. f. Schles. Bd. 1 [bis 1526] hg. v. HAubin, LPetry, HSchlenger, ¹·²Br. 1938, ³Stuttgart 1961. Bd. 2 [1526–1740] hg. v. LPetry, JJMenzel, Darmstadt 1973

260 EBirke, Schlesien, in: Gesch. d. dt. Länder, »Territorien-Ploetz«, hg. v. GWSante, AGPloetz-Verlag, 2 Bde., Würzburg 1964/71, hier: Bd. 1, S. 582–619, Bd. 2, S. 186–244

261 Historja Śląska od najdawniejszych czasów do roku 1400 (Gesch. v. Schles. v. d. ältesten Zeiten bis 1400). Bd. 1 hg. v. SKutrzeba, Bd. 2, T. 1, verf. v. TSilnicki (vgl. auch LV 522), Bd. 3 hg. v. WSemkowicz, Krakau 1933/39/36

262 Historia Śląska (Gesch. v. Schles.), Bd. 1 (in 4 Tln.): Bis 1763, hg. v. KMaleczyński, Br. u. a. 1960–64. Bd. 2 (in 2 Tln.): 1763–1850, hg. v. WDługoborski (T. 1), SMichalkiewicz (T. 2), Br. u. a. 1966/70. Bd. 3, T. 1: 1850–1890, hg. v. SMichalkiewicz, Br. u. a. 1976

263 KPopiołek, Historia Śląska od pradziejów do 1945 roku (Gesch. v. Schles. v. d. Vorzeit bis z. Jahre 1945), Kattowitz 1972

264 Szkice z dziejów Śląska, hg. v. EMaleczyńska, (Warschau). Bd. 1: 1953, ²1955, Bd. 2: 1956. Dt. Übers. v. Bd. 1: Beiträge z. Gesch. Schlesiens, Berlin (-Ost) 1957

265 HWendt, Schles. u. d. Orient (LV 81, Bd. 21), Br. 1916

266 JBlaschke, Gesch. d. Stadt Glogau u. d. Glogauer Landes, Glogau 1913

267 JGWorbs, Gesch. d. Hzt. Sagan, Züllichau 1795. Neu hg. v. GFeilhauer u. NKrüger, Sagan 1930

268 AHeinrich, Gesch. d. Fstm. Sagan, Bd. 1 [bis 1549], Sagan 1911

269 JHeyne, Urk. Gesch. d. Stadt u. d. Fstm. Wohlau v. d. ältesten Zeiten bis auf d. Gegenwart, Wohlau 1867

270 RJuhnke, Wohlau. Gesch. d. Fstm. u. d. Kr. (Ostdt. Beitrr., Bd. 35), Würzburg 1965

271 JSinapius, Olsnographia oder eigentl. Beschreibung d. Oelßnischen Fürstenthums in Niederschles., Haupt-T. 1–2, Leipzig/Frankfurt 1706–07

272 JFranzkowski, Gesch. d. Freien Standesherrsch., d. Stadt u. d. landrätlichen Kr. Gr. Wartenberg, Gr. Wartenberg 1912

273 ASammter (Tle. I, II.1), AHKraffert, Chronik v. Liegnitz, 3 Tle., Liegnitz 1861–72. T. 4: Beiträge z. Gesch. v. Liegnitz, hg. v. AHKraffert, Liegnitz 1873

274 WHaeusler, Gesch. d. Fürstenthums Oels bis z. Aussterben d. Piast. Herzogslinie, Br. 1883

275 HSchoenborn, Gesch. d. Stadt u. d. Fstm. Brieg, Brieg 1907

276 PKnötel, Gesch. Oberschlesiens, Kattowitz 1906

277 AWeltzel, Gesch. d. Stadt u. Herrsch. Ratibor, Ratibor 1861, [2]1881

278 AWeltzel, Gesch. d. Stadt., Herrsch. u. ehem. Festung Kosel, Ratibor 1866, [2]1888

278a EZivier, Gesch. d. Fstm. Pleß, 1. T. (bis 1517), Kattowitz 1906

279 Handbuch d. Gesch. d. böhm. Länder, hg. v. KBosl, 4 Bde., Stuttgart 1967–74

280 JKutzen, D. Gfsch. Glatz, ihre Natur u. Gesch., Glogau 1873

281 GBiermann, Gesch. d. Herzogthümer Troppau u. Jägerndorf, Teschen 1874

282 GBiermann, Gesch. d. Herzogthums Teschen, Teschen 1863, [2]1894

283 FPopiołek, Studia z dziejów Śląska Cieszyńskiego (Untersuchungen a. d. Gesch. d. Teschener Schles.), Kattowitz 1958

284 GBiermann, Z. Gesch. d. Hztt. Zator u. Auschwitz, in: Sitzungsberr. d. ksl. Akad. d. Wiss., Phil.-histor. Kl., Bd. 40, H. 1, Wien 1862, S. 594–631

285 Oberlausitzer Beiträge, Festschr. f. RJecht, hg. v. FPietsch, Görlitz 1938

286 Oberlausitzer Forschungen. Beiträge z. Landesgesch., hg. v. MReuther, Leipzig 1961

287 PBogdanowicz, Przynależność polityczna Śląska w X w. (D. politische Zugehörigkeit v. Schles. im 10. Jh.) (LV 95, Bd. 15), Br. 1968

288 WLatzke, Schlesiens Südgrenze bis z. A. d. 13. Jh., in: LV 28, 71 (1937), S. 57–101

289 GPAHausdorf, D. Piasten Schlesiens, Br. 1933

290 BZientara, Henryk Brodaty i jego czasy (Heinrich d. Bärtige u. seine Zeit), Warschau 1975

291 JGottschalk, St. Hedwig, Hzn. v. Schles. (Forschsch. u. Quellen z. Kirchen- u. Kulturgesch. Ostdeutschlands, Bd. 2), Köln/Graz 1964

292 OPustejovsky, Schlesiens Übergang an d. böhm. Krone (Forschsch. u. Quellen z. Kirchen- u. Kulturgesch. Ostdeutschlands, Bd. 13), Köln/Wien 1975

293 HHelbig, D. Oberlausitz im 13. Jh., in: Jb. f. Gesch. Mittel- u. Ostdeutschlands 5 (1956), S. 59–128

294 HSeeliger, D. Bund d. Sechsstädte in d. Oberlausitz während d. Zeit v. 1346–1437, in: LV 55, 72 (1896), S. 1–98

295 CGrünhagen, D. Hussitenkämpfe d. Schlesier 1420–1435, Br. 1872

296 EMaleczyńska, Ruch husycki w Czechach i w Polsce (D. hussitische Bewegung in Böhmen u. in Polen), Warschau 1959

297 RJecht, D. Oberlausitzer Hussitenkrieg u. d. Land d. Sechsstädte unter Ks. Sigmund, Görlitz 1911

298 HNeufert, D. schles. Erwerbungen d. Markgf. Georg v. Brand., Diss. Br. 1883

299 CGrünhagen, Schles. unter Friedrich d. Gr., 2 Bde., Br. 1890/92

300 VLoewe, Oberschles. u. d. preuß. Staat, T. 1: 1740–1815, Br. (1930)

301 MPater, Katolicki ruch polityczny na Śląsku w latach 1848–1871 (D. pol. Bewegung d. Katholiken in Schles. in d. Jahren 1848–71), Br. 1967

302 MOrzechowski, JPabisz, ZSurman, Wyniki wyborów parlamentarnych na Śląsku (D. Ergebnisse d. Reichstags- u. Landtagswahlen in Schles.) (LV 100, Bd. 7), Br. 1966

303 EBirke, Schlesien, in: D. dt. Ostgebiete z. Zt. d. Weimarer Republik, Köln 1966, S. 150–186

304 HOOlbrich, D. Leidensweg d. oberschles. Volkes, zugleich seine Gesch. v. Jahre 1919 bis 1922, Br./Oppeln (1929)

305 KHoefer, Oberschles. in d. Aufstandszeit 1918–1921. Erinnerungen u. Dokumente, Berlin 1938

306 Źródła do dziejów powstań śląskich (Quellen z. Gesch. d. schles. Aufstände [Okt. 1918 – Mai 1921]), hg. v. KPopiołek, 3 Bde., Br. 1963–74

307 MWrzosek, Powstania śląskie, 1919–1921. Zarys działań bojowych (D. schles. Aufstände, 1919–1921. Abriß d. Kampfhandlungen), Warschau 1971

308 WRecke, D. hist.-politischen Grundlagen d. Genfer Konvention v. 15. Mai 1922 (Wiss. Beitrr. z. Gesch. u. Landeskunde Ostmitteleuropas, Nr. 86), Marburg/L. 1969

309 GKaeckenbeeck, The international experiment of Upper Silesia. A study in the working of Upper Silesian settlement, 1922–1937, London 1942

310 HRechowicz, Sejm Śląski 1922–1939 (D. schles. Sejm 1922–39), ²Kattowitz 1971

311 HvAhlfen, D. Kampf um Schles. Ein authent. Dokumentarber., München (1961)

Vor- und Frühgeschichte

312 OMertins, Wegweiser durch d. Urgesch. Schlesiens, hg. v. Ver. f. d. Museum schles. Altertümer, Br. 1906

313 FNitschke, Aus Schlesiens Urgesch., Br. (1925)

314 MHellmich, D. Besiedlung Schlesiens in vor- u. frühgesch. Zeit, Br. ²1923

315 EPetersen, Schles. v. d. Eiszeit bis ins Ma., Langensalza 1935

316 JKostrzewski, Pradzieje Śląska (Vorgesch. v. Schles.), Br. u. a. 1970

317 Arndt, Oberschles. Vor- u. Frühgesch., Dortmund 1925

318 RJamka, Pradzieje i wczesne średniowiecze Górnego Śląska z szczególnym uwzględnieniem obszaru przemysłowego (Vorgesch. u. frühes Ma. v. Oberschles. unter bes. Berücksichtigung d. Industriegebiets), Kattowitz 1960

319 LFZotz, D. Altsteinzeit in Niederschles., Leipzig 1939

320 BvRichthofen, D. ältere Bronzezeit in Schles., Berlin 1926

321 SGollub, Endbronzezeitl. Gräber in Mittel- u. Oberschles. Ein Beitrag z. Gliederung d. Lausitzer Kultur, Bonn 1960

322 BGediga, Plemiona kultury łużyckiej w epoce brązu na Śląsku środkowym (D. Volksstämme d. Lausitzer Kultur in d. Bronzezeit in Mittelschles.), Br. u. a. 1967

323 ZDurczewski, Grupa górnośląsko-małopolska kultury łużyckiej w Polsce (D. oberschles.-kleinpoln. Gruppe d. Lausitzer Kultur in Polen), 2 Bde., Krakau 1939–1948

324 KGudłowski, Kultura przeworska na Górnym Śląsku (D. Przeworsker Kultur in Oberschles.), Kattowitz 1969

325 MJahn, D. Kelten in Schles. (LV 103, Bd. 1), Leipzig 1931

326 EPetersen, D. frühgerm. Kultur in Ostdeutschland u. Polen, Berlin 1929

327 EPetersen, Germanen in Schles. (LV 84, 5), Br. 1937

327a ChPescheck, D. frühwandal. Kultur in Mittelschles., Leipzig 1939

328 MHellmich, Schles. Wehranlagen, in: LV 67, 3 (1930), S. 37–47

329 FGeschwendt, Vorgesch. Burgen in Schles., in: LV 67, 7 (1937), S. 28–33

330 M. u. TKaletyn, JLodowski, Grodziska wczesnośredniowieczne województwa wrocławskiego (Frühma. Burgwälle in d. Woj. Breslau), Br. u. a. 1968

331 Archeologia Śląska (Archäologie v. Schles.), hg. v. WHołubowicz, 2 Bde. (Uniwersytet Wrocławski im. B. Bieruta, Zeszyty Naukowe, Ser. A, Nr. 8, 19), Br./Warschau 1957/59

332   25 lat archeologii na Dolnym Śląsku, 1945–1970 (25 Jahre Archäologie in Niederschles., 1945–70), Red. WSarnowska, Br. 1971

332a Rozwój górnośląskiej archeologii w okreise powojennym. Post-war developments in Upper Silesian archeological research (Śląski Instytut Naukowy, Zeszyty Naukowe, Nr. 14), Kattowitz 1969

Siedlungsgeschichte, Städtewesen

333   WKuhn, Vergleichende Untersuchungen z. ma. Ostsiedl. (Ostmitteleuropa in Verg. u. Gegenwart, Bd. 16), Köln/Wien 1973

334   D. dt. Ostsiedl. d. Ma. als Problem d. eur. Gesch. Reichenau – Vorträge 1970–1972, hg. v. WSchlesinger (Vorträge u. Forschsch., Bd. 18), Sigmaringen 1975

335   WKuhn, Gesch. d. dt. Ostsiedl. in d. Neuzeit, 2 Bde., Ktn.-Mappe (Ostmitteleuropa in Verg. u. Gegenwart, 1), Köln 1955/57

336   HSchlenger, Wald- u. Siedlungsflächen im gesamtschles. Raum um 1200, in: LV 32, 4 (1937), S. 9–20

337   WCzajka, Schlesiens Grenzwälder, in: LV 28, 68 (1934), S. 1–35

338   VSeidel, D. Beginn d. dt. Besiedlung Schlesiens (LV 81, Bd. 17), Br. 1913

339   FSchilling, Ursprung u. Frühzeit d. Deutschtums in Schles. u. im Land Lebus, 2 Bde. (Ostdt. Forschsch., Bde. 4/5), Leipzig 1938

340   WKuhn, Beiträge z. schles. Siedlungsgesch. (LV 92, Folge 8), München 1971

341   WTrillmich, Siedl. u. Wirtschaft im Isergebirgslande bis an d. Schwelle d. Industriezeitalters (LV 85, H. 11), Br. 1939

342   ZWielgosz, Rozwój osadnictwa na Pogórzu Kaczawskim w średniowieczu (Entwicklung d. Siedl. im Bober-Katzbach-Geb. im Ma.), Posen 1962

343   MTreblin, Beiträge z. Siedlungskunde im ehem. Fstm. Schweidnitz (LV 81, Bd. 6), Br. 1908

344   GGranicky, D. Kulturlandschaft d. Wohlauer Altkreises (LV 88, Bd. 27), Br. 1939

345   WKuhn, Siedlungsgesch. Oberschlesiens (LV 91, Bd. 4), Würzburg 1954

346   JPfitzner, Besiedlungs-, Verfassungs- u. Verwaltungsgesch. d. Breslauer Bistumslandes, Reichenberg i. B. 1926

347   FStumpe, D. Gang d. Besiedlung im Kr. Oppeln (LV 86, Bd. 1), Oppeln 1932

348   GHyckel, D. dt. Besiedlung d. Ratiborer Landes, Gleiwitz 1939

349   AWeltzel, Besiedelungen d. n. d. Oppa gelegenen Landes, Tle. 1–2, Leobschütz 1890–1891

350   HFrohloff, D. Besiedlung d. Kr. Neustadt OS v. d. Anfängen bis z. Entwicklung d. Gutsherrsch. (Hist. Studien, Bd. 345), Berlin 1938

351   WLatzke, D. Besiedlung d. Oppalandes im 12. u. 13. Jh., in: LV 28, 72 (1938), S. 44–135

352   ZWielgosz, Wielka własność cysterska w osadnictwie progranicza Śląska i Wielkopolski (Zisterziensischer Großgrundbesitz in d. Besiedlung des Grenzgebiets zwischen Schles. u. Großpolen), Posen 1964

353   JUrbanczyk, Ziele u. Erfolge d. ländlichen Siedl. in Oberschles. seit Friedrich d. Gr. bis z. Gegenwart, Staatswiss. Diss. Berlin 1930, (Kattowitz 1930)

354   JRajman, Uprzemysłowienie a przemiany ludnościowo-osadnicze województwa opolskiego (Industrialisierung und Bev.- u. Siedlungsveränderungen in der Woj. Oppeln), Kattowitz 1965

355   JZiekursch, D. innere Kolonisation im altpreuß. Schles., in: LV 28, 48 (1914), S. 113–43

356   WKuhn, D. dtrechtl. Städte in Schles. u. Polen in d. 1. H. d. 13. Jh., Marburg/L. 1968 (Zusammendruck aus LV 33, 15, 1966, H. 2–4)

357 WKuhn, D. Städtegründungspolitik d. schles. (Piasten im 13. Jh., vor allem gegenüber Kirche u. Adel, Hildesheim 1974 (Zusammendruck aus LV 72, 29–32, 1971–74)

358 HWeczerka, Stadt- u. Marktgründungen u. Stadtabgänge in Schles. 1450 bis 1800, in: LV 33, 23 (1974), S. 193–261

359 WJecht, Neue Untersuchungen z. Gründungsgesch. d. Stadt Görlitz u. z. Entstehung d. Städtewesens in d. Oberlausitz, in: LV 55, 95 (1919), S. 1–62

360 Studia nad początkami i rozplanowaniem miast nad środkową Odrą i dolną Wartą (Województwo Zielonogórskie) (Untersuchungen z. d. Anfängen u. z. Entwicklung d. Städte an d. mittleren Oder u. unteren Warthe [Woj. Grünberg]), hg. v. ZKaczmarczyk, AWędzki, 2 Bde., Grünberg 1967/70

361 Studia z historii budowy miast polskich (Studien aus d. Baugesch. poln. Städte) (Prace Instytutu urbanistyki i architektury, Jg. 6, H. 2/17), Warschau 1957

362 JZiekursch, D. Ergebnis d. friderizianischen Städteverwaltung u. d. Städteordnung Steins. Am Beispiel d. schles. Städte dargestellt, Jena 1908

363 SGolachowski, Studia nad miastami i wsiami śląskimi (Untersuchungen über schles. Städte u. Dörfer), Br. 1969

Bevölkerungsgeschichte, Nationalitätenfragen

364 HRogmann, Grundlinien d. Bev.-Entwicklung Schlesiens. I. Bis z. Beginn d. 19. Jh., in: Dt. Archiv f. Landes- u. Volksforschung 3 (1939), S. 419–52

365 GRoesler, D. Bev.-Entwicklung Schlesiens, in: Jbb. f. Nationalökonomie u. Statist. 150 (1939), S. 303–32

366 TŁadogórski, Studia nad zaludnieniem Polski XIV w. (Untersuchungen z. Bev. Polens im 14. Jh.), Br. 1958

367 WDziewulski, Zaludnienie Śląska w końcu XVI i początku XVII w. (D. Bev. v. Schles. am E. 16. u. A. 17. Jh.), in: LV 96, 1 (1952), S. 419 bis 492

368 ABrożek, Robotnicy spoza zaboru pruskiego w przemyśle na Górnym Śląsku (1870–1914) (D. nicht aus dem preuß. Teilgebiet [Polens] stammenden Arbeiter in der Industrie von Oberschles., 1870–1914) (LV 99, Nr. 12), Br. u. a. 1966

369 ABrożek, Ostflucht na Śląsku (D. sog. Ostflucht in Schles.), Kattowitz 1966

370 PSchaffranek, Wanderung u. Gebürtigkeit d. oberschles. Bev., Diss. Br. 1927

371 EBuchhofer, D. Bev.-Entwicklung in d. poln. verwalteten dt. Ostgebieten v 1956–1965, Kiel 1967

372 WKrause, Z. Volkstums- u. Herkunftsfrage d. oberschles. Bauern d. Ma., in: LV 28, 71 (1937), S. 131–83

373 ESchwarz, Volkstumsgesch. d. Sudetenländer, 2 Bde. (Handbuch d. sudetendt. Kulturgesch., Bde. 3/4), München 1965/66

374 WUrban, Materiały do dziejów polskości na Śląsku w wizytacjach diecezji wrocławskiej (do początków XVII wieku) (Materialien z. Gesch. d. Polentums in Schles. in d. Visitationen d. Bst. Breslau bis z. A. 18. Jh.), in: LV 36, 14 (1959), Nr. 2, S. 149–95

375 ESawatzki, D. Vorkommen d. poln. Sprache in Mittel- u. Niederschles. im 17. u. 18. Jh. unter bes. Berücksichtigung d. Visitationsberichte d. Diözese Breslau, Phil. Diss. Mainz 1970, Aachen 1973

376 ABrożek, Problematyka narodowościowa Ostfluchtu na Śląsku (Volkstumsprobleme d. sog. Ostflucht in Schles.), Br. 1969

377 WDziewulski, Dzieje ludności polskiej na Śląsku Opolskim od czasów najdawniejszych do wiosny ludów (Gesch. d. poln. Bev. im Oppelner Schles. v. d. ältesten Zeiten bis z. Völkerfrühling), Oppeln 1972

378 CvKoschützki, Verhandlungen u. authentische Aktenstücke betreffend d. Sprachenfrage in Preuß.-Oberschles. aus d. Jahren 1839 bis incl. 1859, Tarnowitz (1859)

379 JByczkowski, Ludność polska na pograniczu Śląska Opolskiego i Dolnego (1848–1914) (D. poln. Bev. im Grenzgebiet v. Oppelner Schles. u. Niederschles., 1848–1914), Kattowitz 1969

380 Polacy-ewangelicy na Dolnym Śląsku w XIX w., ich postawa narodowo-społeczna (D. evg. Polen in Niederschles. im 19. Jh., ihre nationale u. gesellsch. Stellung), bearb. v. TBratus, SGolachowski, WRoszkowska, BSamitowska, 2 Bde., Posen/Br. 1950/51

381 ABrożek, Wysiedlenia Polaków z Górnego Śląska przez Bismarcka 1885 bis 1887 (D. Aussiedlung v. Polen aus Oberschles. durch Bismarck 1885 bis 1887), Kattowitz 1963

382 HNeubach, D. Ausweisungen v. Polen u. Juden aus Preußen 1885/86 (Marburger Ostforschsch., Bd. 27), Wiesbaden 1967

383 WGeisler, D. Sprachen- u. Nationalitätenverhältnisse an d. dt. Ostgrenze u. ihre Darstellung. Kritik u. Richtigstellung d. Spettschen Karte, Gotha 1933

384 SGolachowski, Materiały do statystyki narodowościowej Śląska Opolskiego z lat 1910–1939 (Materialien z. Volkstumsstatistik im Oppelner Schles. 1910–39), Posen 1950

385 JPWarderholt, D. Minderheitenrecht in Oberschles. D. Stellungnahmen d. Präs. d. Gemischten Komm. in d. Zeit v. Juni 1922 bis Juni 1929, Berlin 1930

386 MSKorowicz, Górnośląska ochrona mniejszości 1922–1937 na tle stosunków narodowościowych (D. oberschles. Minderheitenschutz 1922–37 auf d. Hintergrund d. Nationalitätenverhältnisse), Kattowitz 1938 [dt. Übers. f. d. Dienstgebr.]

387 D. Deutschtum in Poln.-Schles. Ein Handbuch über Land u. Leute, hg. v. VKauder (Dt. Gaue im Osten, Bd. 4), Plauen i. Vogtl. 1932

388 RStaniewicz, Mniejszość niemiecka w województwie śląskim w latach 1922–1933 (D. dt. Minderheit in d. Woj. Schles. 1922–33) (LV 101, Nr. 26), Kattowitz 1965

389 KJonca, Polityka narodowościowa Trzeciej Rzeszy na Śląsku Opolskim 1933–1940. Studium politycznoprawne (D. Nationalitätenpolitik d. Dritten Reiches im Oppelner Schles. 1933–1940. Eine pol.-jur. Unters.), Kattowitz 1970

390 Dokumentation d. Vertreibung d. Deutschen aus Ost-Mitteleuropa, hg. v. Bundesmin. f. Vertriebene, Bde. I/1, I/2, Bonn o. J.

391 MBrann, D. Gesch. d. Juden in Schles., Tle. 1–6, Br. 1896–1917 (= Beil. z. Jahresberr. d. jüd. theol. Seminars. . . . 1896, 1897, 1901, 1907, 1910, 1916)

392 Gesch. d. Juden in Böhmen, Mähren u. Schles. v. 960 bis 1620, hg. v. GBondy, z. Herausgabe vorber. u. ergänzt v. FDworsky, 2 Bde., Prag 1906

393 BBrilling, D. jüd. Gemm. Mittelschlesiens, Entstehung u. Gesch., Stuttgart 1973

Rechts-, Verfassungs- und Verwaltungsgeschichte

394 BBellerode, Beiträge z. Schlesiens Rechtsgesch., H. 1–5, Br. 1897–1902

395 EZivier, Rechtsverhältnisse d. »Freien Standesherrsch.« Fstm. Pleß, Kattowitz 1898 [Entgegnung auf LV Nr. 394]

396 HvLoesch, Beiträge z. schles. Rechts- u. Verfassungsgesch., hg. v. HThieme (Schrr. d. Kopernikuskreises, Bd. 6), Konstanz/Stuttgart 1964

397 HKnothe, Urk. Grundlagen z. einer Rechtsgesch. d. Oberlausitz v. ältester Zeit bis z. M. d. 16. Jh., in: LV 55, 53 (1877), S. 161–420

398 SŠreniowski, Historia ustroju Śląska (Verfassungsgesch. v. Schles.), Kattowitz/Br. 1948

399 GvGrawert-May, D. staatsrechtl. Verhältnis Schlesiens z. Polen, Böhmen u. d. Reich während d. Ma., Diss. Freiburg/Br., Aalen 1971

400 FRachfahl, D. Organisation d. Gesamtstaatsverwaltung Schlesiens vor d. 30j. Kriege, Leipzig 1894

401 HHübner, D. Gesamtstaatsverfassung Schlesiens in d. Zeit d. 30j. Krieges, Diss. Frankfurt/M. 1922

402 HUhtenwoldt, D. Burgverfassung in d. Vorgesch. u. Gesch. Schlesiens (LV 85, H. 10), Br. 1938

403 DNeß, Studien z. landständischen Verfassung d. schles. Hztt. Breslau, Liegnitz–Brieg–Wohlau u. Münsterberg–Frankenstein, Magisterarbeit Münster 1971 (Masch.-Schrift)

404 FMatuszkiewicz, D. ma. Gerichtsverfassung d. Fstm. Glogau (LV 81, Bd. 13), Br. 1911

405 PDiels, RKoebner, D. Zaudengericht in Böhmen, Mähren u. Schles., Br. 1935

406 ThGoerlitz, D. Oberhöfe in Schles., Weimar 1938

407 OMeinardus, D. Halle-Neumarkter Recht v. 1181 (LV 81, Bd. 8), Br. 1909

408 ESandow, D. Halle-Neumarktsche Recht, Stuttgart 1932

408a JJMenzel, D. schles. Lokationsurk. d. 13. Jh. Studien z. Urkundenwesen, z. Siedl.-, Rechts- u. Wirtschaftsgesch. einer ostdt. Landschaft im Ma. (LV 89, Bd. 19), Würzburg 1977

409 WKüchler, D. Bannmeilenrecht (Marburger Ostforschsch., Bd. 24), Würzburg 1964

410 GDeßmann, Gesch. d. schles. Agrarverfassung, Straßburg 1904

411 EOpitz, D. Arten d. Rustikalbesitzes u. d. Laudemien u. Markgroschen in Schles., Br. 1904

412 JJMenzel, Jura Ducalia. D. ma. Grundlagen d. Dominialverfassung in Schles. (LV 89, Bd. 11), Würzburg 1964

413 WMeyer, Gem., Erbherrsch. u. Staat im Rechtsleben d. schles. Dorfes v. 16. bis 19. Jh. (LV 89, Bd. 12), Würzburg 1967

414 FRachfahl, Z. Gesch. d. Grundherrsch. in Schles., in: Zs. d. Savigny-Stift. f. Rechtsgesch., Germ.Abt., 16 (1895), S. 108–99

415 KOrzechowski, Chłopskie posiadanie ziemi na Górnym Śląsku u schyłku epoki feudalnej (Posiadanie lassyckie) (D. bäuerliche Landbesitz in Oberschlesien am Ende der Feudalzeit [D. lassitische Besitz]), Oppeln 1959

416 KWutke, Studien über d. Entwicklung d. Bergregals in Schles., Berlin 1897

417 JFreitag, D. schles. Behördenwesen am E. d. österr. u. z. Beginn d. preuß. Zeit, Diss. Br. 1937

418 HNave, D. preuß. Behördenorganisation in Schles. bis z. J. 1756, Diss. Br. 1923

419 Dorf-Policey-Ordnung u. Instruction f. d. Dorf-Scholzen f. d. Hzt. Schles. u. d. Gfsch. Glatz v. 1. May 1804, hg. u. erläutert v. GWacke (LV 89, Bd. 15), Würzburg 1971

420 RKamionka, D. Reorganisation d. Kreiseinteilung Schlesiens in d. Stein-Hardenbergschen Periode (LV 82, Bd. 11), Br. 1934

421 Grundriß z. dt. Verwaltungsgesch. 1815–1945, Reihe A: Preußen, hg. v. WHubatsch, Bd. 4: Schlesien, bearb. v. DStüttgen, HNeubach, WHubatsch, Marburg/L. 1976

422 GWebersinn, D. Prov. Oberschles., in: LV 34, 14 (1969), S. 275–329

423 FCSeifarth, D. Autonomie d. Woj. Schles. u. ihre Garantie nach d. poln. Verfassung, Diss. Br. 1930, Glogau 1930

424 ChThStoll, D. Rechtsstellung d. dt. Staatsangehörigen in d. poln. verwalteten Gebieten, Frankfurt/M. 1968

Wirtschafts-, Verkehrs- und Sozialgeschichte

425 ThSchönborn, D. Wirtschaftspolitik Österreichs in Schles. im 17. u. A. d. 18. Jh., in: Jbb. f. Nationalökon. u. Statist. N. F. 9 (1884), S. 295 bis 340

426 STschierschky, D. Wirtschaftspolitik d. Schles. Kommerzkollegs 1716–1740, Gotha 1902

427 JRWolf, Steuerpolitik im schles. Ständestaat. Untersuchungen z. Sozial- u. Wirtschaftsstruktur Schlesiens im 17. u. 18. Jh. (Wiss. Beitrr. z. Gesch. u. Landeskunde Ostmitteleuropas, Nr. 108), Marburg/L. (im Druck)

428 JKokot, Polityka gospodarcza Prus i Niemiec na Śląsku 1740–1945 (D. Wirtschaftspolitik Preußens u. Deutschlands in Schles. 1740–1945), Posen 1948

429 HFechner, Wirtschaftsgesch. d. preuß. Prov. Schles. in d. Zeit ihrer provinziellen Selbständigkeit 1741–1806, Br. 1907

430 JFogger, Beiträge z. Wirtschaftskunde d. Gfsch. Glatz, Kierspe-Bahnhof i. Westf. 1952

431 HOBorcke, D. Entwicklung d. wirtschl. u. sozialen Verhältnisse in Westoberschles. nach d. Teilung, Berlin 1937

432 AJelitto, Gesch. d. oberschles. Landwirtschaft, Berlin/Br./Kattowitz (1910)

433 WKorta, Rozwój wielkiej własności feudalnej na Śląsku do połowy XIII w. (Entwicklung d. feudalen Großgrundbesitzes in Schles. bis z. M. 13. Jh.) (LV 95, Bd. 8), Br. u. a. 1964

434 STrawkowski, Gospodarka wielkiej własności cysterskiej na Dolnym Śląsku w XIII wieku (D. Bewirtschaftung d. Großgrundbesitzes d. Zisterzienser in Niederschles. im 13. Jh.), Warschau 1959

435 RHeck, Studia nad położeniem ekonomicznym ludności wiejskiej na Śląsku w XVI wieku (Studien z. Wirtschaftslage d. Dorfbev. in Schles. im 16. Jh.), Br. 1959

436 LWiatrowski, Gospodarstwo wiejskie w dobach pszczyńskich od połowy XVII do początku XIX wieku (D. ländliche Wirtschaft auf d. Plesser Gütern v. d. M. d. 17. bis A. d. 19. Jh.) (Acta Univ. Wratisl., Nr. 38), Br. 1965

437 EEKlotz, D. schles. Gutsherrsch. d. ausgehenden 18. Jh. (LV 81, Bd. 33), Br. 1932

438 JZiekursch, Hundert Jahre schles. Agrargesch., Br. ²1927

439 KReis, Agrarfrage u. Agrarbewegung in Schles. im Jahre 1848 (LV 81, Bd. 12), Br. 1910

440 HBleiber, Zwischen Reform u. Revolution. Lage u. Kämpfe d. schles. Bauern u. Landarbeiter im Vormärz 1840–1847 (Dt. Akad. d. Wiss. zu Berlin, Schriftenreihe d. Inst. f. Gesch., Reihe II, Bd. 9), Berlin (-Ost) 1966

441 SWysłouch, Studia nad koncentracją w rolnictwie śląskim w latach 1850–1914 (Untersuchungen z. Konzentration in d. schles. Landwirtschaft in d. Jahren 1850–1914), Br. 1956

442 HJRichter, D. Entwicklung d. Großgrundbesitzes in Schles. seit 1891, Br. 1938

443 JvdHardt, D. Lage d. schles. Landwirtschaft in d. Nachkriegszeit, Diss. Br. 1935

444 ANyrek, Gospodarka rybna na Górnym Śląsku od połowy XVI do połowy

XIX w. (D. Fischwirtschaft in Oberschles. v. d. M. d. 16. bis z. M. d. 19. Jh.), Br. 1966

445 EClauß, D. schles. Weinland, Frankfurt/M. 1961

446 BKres, Zarys dziejów winiarstwa zielonogórskiego (Abriß d. Gesch. d. Grünberger Weinbaus) (Bibl. Lubuska, H. 8), (Posen 1966)

447 KFuchs, Schlesiens Industrie (LV 92, Folge 2), München 1968

448 GKeil, D. niederschles. Industriegebiet, Berlin 1935

449 KJeżowski, Rozwój i rozmieszczenie przemysłu na Dolnym Śląsku w okresie kapitalizmu (Entwicklung u. Verteilung d. Industrie in Niederschles. im Zeitalter d. Kapitalismus) (LV 95, Bd. 3), Br. 1961

450 NJGPounds, The Upper Silesian Industrial Region, Indiana 1958

451 Pescheck, Gesch. d. Industrie u. d. Handels in d. Oberlausitz, in: LV 55, 27 (1850), S. 169–207; 28 (1851), S. 1–61; 29 (1852), S. 1–65, 119–54, 201–39

452 CFrahne, D. Textilindustrie im wirtschl. Leben Schlesiens, Tübingen 1905

453 HJecht, Beiträge z. Gesch. d. ostdt. Waidhandels u. Tuchmachergewerbes, in: LV 55, 99 (1923), S. 55–98, u. 100 (1924), S. 57–134

454 ASchodrok, D. schles. Tuchweberei u. -handlung v. d. Anfängen bis 1526, Diss. Freiburg i. Br. 1948 (Masch.-Schrift)

455 FFrhvSchroetter, D. schles. Wollindustrie im 18. Jh., in: Forschsch. z. brand. u. preuß. Gesch. 10 (1898), S. 129–273, 11 (1898), S. 375–492, 14 (1901), S. 531–630

456 AGalos, Przemysł tekstylny w rejonie kłodzkim na tle przemysłu Śląska (1849–1914) (D. Textilindustrie d. Glatzer Gebietes auf d. Hintergrund d. Industrie v. Schles., 1849–1914), in: LV 100, 3 (1960), S. 151–264

457 GAubin, AKunze, Leinenerzeugung u. Leinenabsatz im ö. Mitteldeutschland z. Zt. d. Zunftkäufe, Stuttgart 1940

458 HAubin, D. Anfänge d. großen schles. Leineweberei u. -handlung, in: Vierteljahrschr. f. Sozial- u. Wirtschaftsgesch. 35 (1943), S. 105–178

459 AZimmermann, Blüthe u. Verfall d. Leinengewerbes in Schles., Br. 1885

460 HRoemer, D. Baumwollspinnerei in Schles. bis z. preuß. Zollgesetz v. 1818 (LV 81, Bd. 19), Br. 1914

461 HGrabig, D. ma. Eisenhüttenindustrie d. Niederschles.-Lausitzer Heide u. ihre Wasserhämmer, Br. 1937

462 TDziekoński, Wydobywanie i metalurgia kruszców na Dolnym Śląsku od XIII do połowy XX wieku (Gewinnung u. Metallurgie d. Erze in Niederschles. v. 13. bis z. M. d. 20. Jh.), Br. u. a. 1972

463 WZaleski, Dzieje górnictwa i hutnictwa na Górnym Śląsku do roku 1806 Gesch. d. Bergbaus u. Hüttenwesens in Oberschles. bis z. Jahre 1806), Madrid 1967

464 DMolenda, Górnictwo kruszcowe na terenie złóż śląsko-krakowskich do połowy XVI wieku (D. Bergbau auf Nichteisenmetalle in d. schles.-Krakauer Revieren bis z. M. d. 16. Jh.), Br. u. a. 1963. – Forts.: Dies., Kopalnie rud ołowiu na terenie złóż śląsko-krakowskich w XVI–XVIII wieku (D. Bleierzgruben in d. schles.-Krakauer Revieren im 16 –18 Jh.), Br. u. a. 1972

465 HFechner, Gesch. d. schles. Berg- u. Hüttenwesens in d. Zeit Friedrichs d. Gr., Friedrich Wilhelms II. und Friedrich Wilhelms III. 1741–1806, Berlin 1903

466 KWutke, Aus d. Vergangenheit d. Schles. Berg- u. Hüttenlebens (Festschr. z. XII. Allg. dt. Bergmannstage in Breslau 1913), Br. 1913

467 KFuchs, Vom Dirigismus zum Liberalismus. D. Entwicklung Oberschlesiens als preuß. Berg- u. Hüttenrevier, Wiesbaden 1970

468 ZKwaśny, Hutnictwo żelaza na Górnym Śląsku w pierwszej połowie XIX wieku (D. Eisenhüttenwesen in Oberschles. in d. 1. H. 19. Jh.), Br. 1968

469 KPopiołek, Górnośląski przemysł górniczo-hutniczy w drugiej połowie

XIX wieku (D. oberschles. Bergbau- u. Hüttenindustrie in d. 2. H. d. 19. Jh.), Kattowitz 1965

470 GGothein, D. Oberschles. Berg- u. Hüttenmännische Verein. Ein Rückblick auf seine 25j. Thätigkeit als Interessenvertretung d. oberschles. Montanindustrie, Beuthen 1886

471 FBiały, Górnośląski Związek Przemysłowców Górniczo-Hutniczych 1854–1914 (D. Oberschles. Berg- u. Hüttenmännische Verein 1854–1914), Kattowitz 1963. – Ders., dass. 1914–1932, Br. u. a. 1967

472 JJaros, Historia górnictwa węglowego w Zagłębiu Górnośląskim do 1914 roku (Gesch. d. Kohlenbergbaus im Oberschles. Rev. bis z. Jahre 1914), Br. u. a. 1965. – Ders., dass. 1914–45, Kattowitz/Krakau 1969

473 BKnochenhauer, D. oberschles. Montanindustrie. Gotha 1927

474 Deutschlands verlorene Montanwirtschaft. D. Eisen- u. Stahlindustrie Oberschlesiens, hg. v. PHSeraphim, Stuttgart/Köln 1955

475 SMichalkiewicz, Górnictwo węglowe i położenie robotników w Zagłębiu wałbrzysko-noworudzkim w pierwszej połowie XIX wieku (D. Kohlenbergbau u. d. Lage d. Arbeiter im Waldenburg-Neuroder Revier in d. 1. H. 19. Jh.), Br. 1965

476 WKehn, D. Handel im Oderraum im 13. u. 14. Jh., Köln/Graz 1968

477 KFKlöden, Beiträge z. Gesch. d. Oderhandels (Programme d. Gewerbeschule z. Berlin), 8 St., Berlin 1845–52

478 FCRRiese, Entwicklung d. Oder-Schiffahrt, Phil. Diss. Erlangen 1913, Borna–Leipzig 1914

479 KWutke, D. Versorgung Schlesiens m. Salz während d. Ma., in: LV 28, 27 (1893), S. 238–90

480 MWolański, Statystyka handlu Śląska z Rzecząpospolitą w XVII wieku. Tablice i materiały statystyczne (Statistik d. Handels Schlesiens m. Polen im 17. Jh. Statist. Tabellen u. Materialien), Br. 1963

481 MWolański, Związki handlowe Śląska z Rzecząpospolitą w XVII wieku ze szczególnym uwzględnieniem Wrocławia (Handelsverbindungen Schlesiens m. d. Adelsrep. Polen im 17. Jh. unter bes. Berücksichtigung Breslaus (Prace Wrocł. Tow. Nauk., Ser., A, Nr. 77), Br. 1961

482 JNowakowa, Rozmieszczenie komór celnych i przebieg dróg handlowych na Śląsku do końca XIV wieku (D. Verteilung d. Zollstätten u. d. Verlauf d. Handelsstraßen in Schles. bis z. E. d. 14. Jh.) (Prace Wrocł. Tow. Nauk., Ser. A, Nr. 43), Br. 1951

483 FBruns, HWeczerka, Hansische Handelsstraßen. Atlas, Textbd., Reg. (Quellen u. Darst. z. hans. Gesch., N. F. Bd. XIII, 1–3), Köln/Weimar 1962–68

484 EKutsche, Postgesch. v. Schles. bis z. Jahre 1766, Br. 1936

485 EWerner, Schlesiens Kunststraßen vor d. Eröffnung d. Eisenbahn, in: LV 28, 73 (1939), S. 268–99

486 EObst, HFreymark, D. Grundlagen d. Verkehrsentwicklung Schlesiens u. d. Entstehung d. schles. Eisenbahnnetzes, Br. 1942

487 SBufe, GJKlaer, Eisenbahnen in Schles., Düsseldorf 1971

488 HNeubach, 125 Jahre Eisenbahnen in Schles., in: LV 35, 17 (1967), H. 2, S. 110–18

489 AHornig, Komunikacja na Górnym Śląsku (D. Verkehr in Oberschles.), Kattowitz 1963

490 KFranzke, D. oberschles. Industriearbeiter v. 1740–1886, Br. 1936

491 HWBüchsel, Rechts- u. Sozialgesch. d. oberschles. Berg- u. Hüttenwesens 1740 bis 1806 (LV 83, III. Reihe, Bd. 1), Br. 1941

492 JRaba, Robotnicy śląscy 1850–1870. Praca i byt (D. schles. Arbeiter 1850 bis 1870. Arbeit u. Existenz), London 1970

493 LSchofer, The formation of a modern labor force. Upper Silesia, 1865–1914, Berkeley/Los Angeles/London 1975

494 KJonca, Polityka socjalna Niemiec w przemyśle ciężkim Górnego Śląska (1871–1914) (D. Sozialpolitik Deutschlands in d. Schwerindustrie v. Oberschles., 1871–1914), Kattowitz 1966

495 KJonca, Położenie robotników w przemyśle górniczo-hutniczym na Śląsku w latach 1889–1914 (D. Lage d. Arbeiter in d. Bergbau- u. Hüttenindustrie v. Schles. in d. Jahren 1889–1914), Br. 1960

496 ESkoczowski, D. Lage d. oberschles. Bergarbeiters insbes. während d. Jahre 1914–19, Diss. Br. 1922

Münzen und Medaillen, Siegel, Wappen, Inschriften

497 HvSaurma-Jeltsch, Schles. Münzen u. Medaillen, 2 Tle., Br. 1883

498 FFriedensburg, Schlesiens Münzen u. Münzwesen vor d. Jahre 1220, Berlin 1886

499 Schlesiens Münzgesch. im Ma., hg. v. FFriedensburg, 3Bde. (LV 80, Bde. 12, 13, 23), Br. 1887, 1888, 1904

500 FFriedensburg, D. schles. Münzen d. Ma., Br. 1931. – Poln. Ausg.: Monety śląskie średniowiecza, hg. v. MHaisig, Warschau 1968

501 FFriedensburg, Schlesiens neuere Münzgesch. (LV 80, Bd. 19), Br. 1899

502 FFriedensburg, HSeger, Schlesiens Münzen u. Medaillen d. neueren Zeit, Br. 1901

503 AWięcek, Medale Piastów śląskich (Medaillen d. schles. Piasten), Warschau 1958

504 MvBahrfeldt, D. geprägte amtl. Notgeld d. Prov. Schles. 1917–1921 (LV 82, H. 14), Br. 1935

505 D. schles. Siegel bis 1250, hg. v. ASchultz, Br. 1871

506 D. schles. Siegel v. 1250 bis 1300 bzw. 1327, hg. v. PPfotenhauer, Br. 1879

507 HNehmiz, Untersuchungen über d. Besiegelung d. schles. Herzogsurkk. im 13. Jh. (LV 83, II. R., Bd. 1), Br. 1939

508 ERoehl, Über d. Bildnissiegel d. schles. Fstt. im 13. u. 14. Jh., in: LV 28, 26 (1892), S. 282–318

508a AFudalej, Pieczęcie księstw głogowskiego i żagańskiego (D. Siegel d. Hztt. Glogau u. Sagan), Neusalz 1973

509 AvKrane, Wappen- u. Handbuch d. in Schles. landgesessenen Adels, Görlitz 1901–04

510 ASchellenberg, Schles. Wappenbuch, T. 1, Görlitz 1938

511 HvSaurma-Jeltsch, Wappenbuch d. schles. Städte u. Städtel, Berlin 1870

512 HLuchs, Schles. Landes- u. Städtewappen, in: LV 29, 4 (1888), S. 1–24

513 OHupp, D. Wappen u. Siegel d. dt. Städte, Flecken u. Dörfer, Bd. 1: Kgr. Preußen, H. 2: Pommern, Posen, Schles., Frankfurt/M. 1898

514 MGumowski, Herby i pieczęcie miejscowości województwa śląskiego (Wappen u. Siegel d. Orte in d. Woj. Schles.), Kattowitz 1939

515 PKnötel, D. schles. Inschriften d. Ma., in: LV 77, 31/32 (1931), S. 229–53

Kirchengeschichte

516 JHeyne, Dokumentirte Gesch. d. Bst. u. Hochstifts Breslau, 3 Bde. [1648], Br. 1860–68

517 FXSeppelt, Gesch. d. Bst. Breslau, Br. 1929

518 HEberlein, Schles. Kirchengesch., Br. 1932, ⁴Ulm/Donau 1962

519 WUrban, Zarys dziejów diecezji wrocławskiej (Abriß d. Gesch. d. Bst. Breslau), Br. 1962

520 Studien z. schles. Kirchengesch. (LV 81, Bd. 3), Br. 1907

521 Beiträge z. schles. Kirchengesch. Gedenkschrift f. KEngelbert, hg. v. BStasiewski (Forschsch. u. Quellen z. Kirchen- u. Kulturgesch. Ostdeutschlands, Bd. 6), Köln/Wien 1969

522 TSilnicki, Dzieje i ustrój kościoła katolickiego na Śląsku do końca w. XIV (Gesch. u. Verfassung d. kath. Kirche in Schles. bis z. E. d. 14. Jh.), Warschau 1953

523 WUrban, Studia nad dziejami wrocławskiej diecezji w pierwszej połowie XV wieku (Untersuchungen z. Gesch. d. Bst. Breslau in d. 1. H. d. 15. Jh.), Br. 1959

524 Schlesiens Kirchorte u. ihre kirchlichen Stiftungen bis z. Ausgang d. Ma., hg. v. HNeuling, Br. ²1902

525 WMarschall, Alte Kirchenpatrozinien d. Archidiakonats Breslau (Forschsch. u. Quellen z. Kirchen- u. Kulturgesch. Ostdeutschlands, Bd. 3), Köln/Graz 1966

525a HTukay, Oberschles. im Spannungsfeld zwischen Deutschland, Polen u. Böhmen-Mähren. Eine Untersuchung d. Kirchenpatrozinien im ma. Archidiakonat Oppeln, Köln/Wien 1976

526 BPanzram, Gesch. Grundlagen d. ältesten schles. Pfarrorganisation, Br. 1939

527 HFSchmid, D. rechtl. Grundlagen d. Pfarrorganisation auf westslav. Boden u. ihre Entwicklung während d. Ma., Weimar 1938

528 EMichael, D. schles. Patronat. Beitrr. z. Gesch. d. schles. Kirche u. ihres Patronats, Weigwitz Kr. Ohlau 1923

529 EMichael, D. schles. Kirche u. ihr Patronat im Ma. unter poln. Recht, Görlitz 1926

530 BPanzram, D. schles. Archidiakonate u. Archipresbyterate bis z. M. d. 14. Jh., Br. 1937

531 KKastner, Breslauer Bff., Br. (1929)

532 JJungnitz, D. Breslauer Weihbff., Br. 1914

532a KEngelbert, Gesch. d. Breslauer Domkapitels 1800–1945, Hildesheim 1964

533 EBrzoska, D. Breslauer Diözesansynoden bis z. Ref., ihre Gesch. u. ihr Recht (LV 81, Bd. 38), Br. 1939

534 JSawicki, Synody diecezji wrocławskiej i jej statuty. Na podstawie materiałów przysposobionych przy udziale ASabischa (D. Synoden d. Bst. Breslau u. ihre Statuten. Auf d. Grundlage d. unter Mitarbeit v. ASabisch vorbereiteten Materialien) (Concilia Poloniae, Bd. 10), Br. 1963

535 ASabisch, D. Bff. v. Breslau u. d. Ref. in Schles. Jakob v. Salza († 1539) u. Balthasar v. Promnitz († 1562) in ihrer glaubensmäßigen u. kirchenpol. Auseinandersetzung mit d. Anhängern d. Ref., Münster/Westf. 1975

536 JKöhler, D. Ringen um d. Tridentinische Erneuerung im Bst. Breslau ... 1564–1620 (Forschsch. u. Quellen z. Kirchen- u. Kulturgesch. Ostdeutschlands, Bd. 12), Köln/Wien 1973

537 HZiegler, D. Gegenref. in Schles. (Schrr. d. Ver. f. Ref.-Gesch., H. 24), Halle 1888

538 GLoesche, Z. Gegenref. in Schles., Troppau, Jägerndorf, Leobschütz, 2 Tle. (Schrr. d. Ver. f. Ref.-Gesch., Jg. 32, Stück 1–2, Nr. 117/18, u. Jg. 33, Stück 3, Nr. 123), Leipzig 1915/16

539 DvVelsen, D. Gegenref. in d. Fstmm. Liegnitz-Brieg-Wohlau (Quellen u. Forschsch. z. Ref.-Gesch., Bd. 15), Leipzig 1931, Nachdr. New York/London 1971

540 ANowack, Schles. Wallfahrtsorte älterer u. neuerer Zeit im Erzbst. Breslau (LV 105, Bd. 25), Br. 1937

541 Almanach sämmtlicher Kloster- u. Ritterorden m. ausführlicher Chronologie d. schles Kll. u. Stifter, Abt. 1, 2, Br. 1845

542 CzCBaran, Sprawy narodowościowe u franciszkanów śląskich w XIII w.

(Volkstumsangelegenheiten bei d. schles. Franziskanern im 13. Jh.), Warschau 1954

543 LTeichmann, D. Franziskaner-Observanten in Schles. vor d. Ref., Diss. Br. 1934

544 ChReisch, D. Franziskaner im heutigen Schles. v. A. d. 17. Jh. bis z. Säkularisation, in: LV 28, 47 (1913), S. 276–300

545 JKłoczowski, Dominikanie polscy na Śląsku w XIII–XIV wieku (Poln. Dominikaner in Schles. im 13.–14. Jh.), Lublin 1956

546 WLorenz, D. Kreuzherren m. d. roten Stern, Königstein/Ts. 1964

547 HHoffmann, D. Jesuiten in Schweidnitz; dass. ... in Brieg; dass. ... in Deutsch Wartenberg; dass. ... in Hirschberg; dass. ... in Oppeln (LV 105, Bde. 3, 4, 5, 7, 8), Br. 1930/31/31/34/34

548 FGEAnders, Gesch. d. evg. Kirche Schlesiens, Br. ²1886

549 FGEAnders, Hist. Statistik d. evg. Kirche in Schles. nebst einer Kirchen-Charte, Br. 1867

550 Silesia sacra. Hist.-statist. Handbuch über d. evg. Schles., hg. v. Evg. Pfarrerverein d. Prov. Schles., Görlitz 1927

551 GHultsch, Silesia sacra. Kirchenstatist. Handbuch v. Schles. nach d. Stande v. 1945 (D. evg. Schles., Bd. 2), Düsseldorf 1953

552 JSoffner, Gesch. d. Ref. in Schles., Br. 1887

553 GEberlein, D. schles. Grenzkirchen im XVII. Jh., in: Schrr. d. Ver. f. Ref.-Gesch. 19. Jg., 1. Stück, Nr. 70, Halle 1901, S. 31–64

554 NConrads, D. Durchführung d. Altranstädter Konvention in Schles. 1707 bis 1709 (Forschsch. u. Quellen z. Kirchen- u. Kulturgesch. Ostdeutschlands, Bd. 8), Köln/Wien 1971

555 HPatzelt, D. Pietismus im Teschener Schles. 1709–1730 (Kirche im Osten, Bd. 9), Göttingen 1969

556 FHanus, Church and State in Silesia under Frederick II., Washington D. C. 1944

557 FSchwenker, Friedrich d. Gr. u. d. schles. Brüdergemeinen (Hefte z. Brüdergesch., H. 1), Herrnhut 1937

558 GEhrenforth, D. schles. Kirche im Kirchenkampf 1932–1945, Göttingen 1968

558a EHornig, D. Bekennende Kirche in Schles. 1933–1945, Göttingen 1977

Literatur-, Bildungs-, Musik- und Theatergeschichte

559 HHeckel, Gesch. d. dt. Literatur in Schles., Bd. 1: V. d. Anfängen bis z. Ausgang d. Barock (LV 82, Bd. 2), Br. 1929

560 JNadler, Literaturgesch. d. dt. Volkes. Dichtung u. Schrifttum d. dt. Stämme u. Landschaften, 4 Bde., Berlin 1938–41

561 ALubos, Gesch. d. Literatur Schlesiens, 3 Bde., München 1960–74

562 D. schles. Kunstdrama, hg. v. WFlemming, Leipzig 1930

563 ALubos, D. schles. Romantik (Ostdt. Beiträge, Bd. 1), Würzburg 1956

564 ALubos, D. schles. Dichtung im 20. Jh., München 1961

565 KWagner, Schlesiens mundartliche Dichtung v. Holtei bis auf d. Gegenwart (LV 110, Bd. 14), Br. 1917

566 WOgrodziński, Dzieje piśmiennictwa śląskiego (Gesch. d. schles. Schrifttums), Bd. 1, Kattowitz 1946

567 JZaremba, Polska Literatura na Śląsku (D. poln. Literatur in Schles.), T. 1, Kattowitz 1971

568 LSturm, D. Volksschulwesen Schlesiens in seiner gesch. Entwicklung, Br. 1881

569 ABurda, Untersuchungen z. ma. Schulgesch. im Bst. Breslau, Br. 1916

570 Gesch. d. Breslauer Schulwesens vor d. Ref., hg. v. GBauch (LV 80, Bd. 25), Br. 1909

571 Gesch. d. Breslauer Schulwesens in d. Zeit d. Ref., hg. v. GBauch (LV 80, Bd. 26), Br. 1911

572 AMKosler, D. preuß. Volksschulpolitik in Oberschles. 1742–1848 (LV 82, Bd. 3), Br. 1929

573 ARombowski, Z historii szkolnictwa polskiego na Śląsku XVI–XVII w. (Aus d. Gesch. d. poln. Schulwesens in Schles. im 16.–17. Jh.), Kattowitz 1960

574 Materialy do dziejów szkolnictwa polskiego na Śląsku Opolskim w międzywojennym dwudziestoleciu (Materialien z. Gesch. d. poln. Schulwesens im Oppelner Schles. in d. zwei Jahrzehnten d. Zwischenkriegszeit), bearb. v. KOrzechowski (LV 94, H. 3), Br. 1965

575 TMusiol, Szkolnictwo polskie w rejencji opolskiej 1919–1939 (D. poln. Schulwesen im Reg.-Bez. Oppeln 1919–1939), Kattowitz 1964

576 TFalęcki, Niemieckie szkolnictwo mniejszościowe na Górnym Śląsku w l. 1922–1939 (D. dt. Minderheiten-Schulwesen in Oberschles. in d. Jahren 1922–1939), Krakau 1970

577 RMRitscher, Versuch einer Gesch. d. Aufklärung in Schles. während d. 18. Jh., Liegnitz 1912

578 GKliesch, D. Einfluß d. Universität Frankfurt (Oder) auf d. schles. Bildungsgesch., dargestellt an d. Breslauer Immatrikulierten v. 1506–1648 (LV 89, Bd. 5), Würzburg 1961

579 OBardong, D. Breslauer an d. Universität Frankfurt (Oder). Ein Beitr. z. schles. Bildungsgesch. 1648–1811 (LV 89, Bd. 14), Würzburg 1970

580 Festschrift z. Feier d. 100j. Bestehens d. Universität Breslau, hg. v. GKaufmann, 2 Bde., Br. 1911

581 A. d. Leben d. Universität Breslau. D. Schles. Friedrich-Wilhelms-Universität z. 125. Gedenktag ihrer Gründung gewidmet v. Univ.-Bund Breslau, Br. 1936

582 MBrann, Gesch. d. Jüdisch-theol. Seminars (Fraenckelsche Stiftung) in Breslau, Br. 1904

583 FFeldmann, Musik u. Musikpflege im ma. Schles. (LV 81, Bd. 37), Br. 1938

584 FFeldmann, Breslau u. d. musikalische Romantik im Spiegelbild ihrer führenden Musiker, in: LV 33, 2 (1953), S. 332–70

585 MSchlesinger, Gesch. d. Breslauer Theaters, T. 1: 1522–1841, Berlin 1898

586 LSittenfeld, Gesch. d. Breslauer Theaters v. 1841 bis 1900, Br. 1909

Kunstgeschichte

587 Verzeichnis d. Kunstdenkmäler d. Prov. Schles., bearb v. HLutsch, 5 Bde., Br. 1886–1903
   1. Stadt Breslau, 1886
   2. Landkrr. d. Reg.-Bez. Breslau, 1889
   3. Reg.-Bez. Liegnitz, 1891
   4. Reg.-Bez. Oppeln, 1894
   5. Register, 1903
   6. Denkmäler-Karten, 3 Bll., 1:500 000, 1902

588 Bilderwerk schles. Kunstdenkmäler, bearb. v. HLutsch, 3 Mappen, 1 Textbd., Br. 1903

589 GDehio, Handbuch d. dt. Kunstdenkmäler, Bd. 2: Nordostdeutschland, Berlin ³1926

590 D. Kunstdenkmäler d. Prov. Niederschles., Bd. 1: D. Kunstdenkmäler d. Stadt Breslau, T. 1: D. kirchl. Denkmäler d. Dominsel u. d. Sandinsel, hg. v. LBurgemeister, T. 2 u. 3: D. kirchl. Denkmäler d. Altstadt u. d. erweit. Stadtgebietes, hg. v. LBurgemeister, GGrundmann, Br. 1930–1934

591 D. Bau- u. Kunstdenkmäler Schlesiens, 3 Bde., Br. 1939–43
     (II) Reg.-Bez. Breslau. (1) D. Bau- u. Kunstdenkmäler d. Kr. Nams-
     lau, bearb. v. KDegen, WBleyl, VWerbik, FFocke, 1939
     (IV) Reg.-Bez. Oppeln. (1) D. Bau- u. Kunstdenkmäler d. Stadtkr. Op-
     peln, bearb. v. GSchiedlausky, RHartmann, HEberle, 1939
     (V) Reg.-Bez. Kattowitz. (1) D. Bau- u. Kunstdenkmäler d. Kr.
     Tost-Gleiwitz, bearb. v. EKloss, HRode, WStepf †, HEberle, 1943

592 KDegen, D. Bau- u. Kunstdenkmäler d. Landkr. Breslau (LV 109, Bd. 1),
     Frankfurt/M. 1965

593 Katalog zabytków sztuki w Polsce (Katalog d. Kunstdenkmäler in Polen).
     Bd. 6: Województwo katowickie (Woj. Kattowitz), Red. IRejduch-
     Samkowa, JSamek, bisher 13 Hefte, Warschau 1960–74 [es fehlen
     H. 4, 6]. – Bd. 7: Województwo opolskie (Woj. Oppeln), Red.
     TChrzanowski, MKornecki, 14 Hefte, Warschau 1960–68

594 Zabytki Dolnego Śląska (D. Kunstdenkmäler v. Niederschles.), bearb. v.
     K. u. JPilch, Br. u. a. 1962

595 JZŁoziński, AMiłobędzki, Atlas zabytków architektury w Polsce, War-
     schau 1967. Engl. Ausg.: Guide to architecture in Poland, Warschau 1967

595a Mapa zabytków województwa katowickiego (Karte d. Kunstdenkmäler
     d. Woj. Kattowitz), bearb. v. BSołoduszkiewicz, Warschau 1970, ²1974.
     – Dass. ... opolskiego (... Oppeln), bearb. v. KWicher-Jesionowska,
     Warschau 1969. – Dass. ... wrocławskiego (... Breslau), bearb. v.
     MPrzyłęcki, Warschau 1967, ²1973. – Dass. ... zielonogórskiego
     (... Grünberg), bearb. v. SKowalski, Warschau 1969

595b Prace konserwatorskie na terenie województwa wrocławskiego w latach
     1945–1968 (Denkmalpflegerische Arbeiten im Gebiet d. Woj. Breslau
     1945–68), Red. JPilch, Br. u. a. 1970

595c CzThullie, Zabytki architektoniczne województw katowickiego i opolskie-
     go. Przewodnik (Führer z. d. Architekturdenkmälern d. Wojj. Katto-
     witz u. Oppeln), Kattowitz 1969

596 AGriesebach, GGrundmann, FLandsberger, MLaubert, KMasner, HSeger,
     EWiese, D. Kunst in Schles., Berlin 1927

597 GGrundmann, WSchadendorf, Schlesien, München 1962

598 GGrundmann, Kunstwanderungen in Schles. Ges. Aufsätze ... 1917–1945,
     München 1966

599 GGrundmann, Kunstwanderungen im Riesengeb., München 1969

600 TDobrowolski, Sztuka na Śląsku (Kunst in Schles.), Br. 1948

601 BSteinborn, Złotoryja – Chojnów – Świerzawa, Br. 1959. 2. verbess. u.
     vervollst. Aufl.: BSteinborn, SKozak, Złotoryja – Chojnów – Świe-
     rzawa. Zabytki sztuki regionu (D. Kunstdenkmäler d. Region Gold-
     berg-Haynau-Schönau), Br. u. a. 1971 (zit. wird d. 2. Aufl.)

602 Dt. Kulturdenkmäler in Oberschles. Jb. d. oberschles. Denkmalpflege, hg.
     v. AHadelt, Br. 1934

603 EKöniger, Kunst in Oberschles., Br. 1938

604 TChrzanowski, MKornecki, Sztuka Śląska Opolskiego. Od średniowiecza
     do końca w. XIX (D. Kunst d. Oppelner Schles. Vom Ma. bis z. E.
     d. 19. Jh.), Krakau 1974

605 TDobrowolski, Sztuka województwa śląskiego (D. Kunst d. Woj. Schles.),
     Kattowitz 1933

606 GGrundmann, Dt. Kunst im befreiten Schles., Br. 1941, ²1944

607 HTintelnot, D. ma. Baukunst Schlesiens (LV 89, Bd. 1), Kitzingen 1951

608 ZŚwiechowski, Architektura na Śląsku do połowy XIII wieku (D. Archi-
     tektur in Schles. bis z. M. d. 13 Jh.), Warschau 1955 (dt. Übers. d. J.
     G. Herder-Instituts Marburg nur z. Unterrichtung d. Empfängers 1957)

609 KBimler, D. neuklassische Bauschule in Schles., 4 Hefte, Br. 1929–35

610 KBimler, D. schles. massiven Wehrbauten, 5 Bde., Br. 1940–44

1. Fstm. Breslau: Krr. Breslau, Neumarkt, Namslau, 1940
2. Fstm. Brieg: Krr. Brieg, Ohlau, Strehlen, 1941
3. Fstm. Üls: Krr. Üls, Gr. Wartenberg, Militsch, Trebnitz, Wohlau, Steinau, 1942
4. Fstm. Liegnitz: Krr. Liegnitz, Goldberg, Lüben, 1943
5. Fstm. Münsterberg: Kr. Frankenstein (Münsterberg), 1944

611 KAMüller, D. Burgfesten u. Ritterschlösser Schlesiens (beider Antheile) sowie d. Gfsch. Glatz, Glogau 1837
612 BGuerquin, Zamki śląskie (Schles. Burgen), Warschau 1957
613 Schles. Schlösser, hg. v. RWeber, 3 Bde., Dresden/Br. (1909–13)
614 VSchaetzke, Schles. Burgen u. Schlösser, Schweidnitz ²·³1927
615 HSieber, Schlösser u. Herrensitze in Schles., Frankfurt/M. 1957
616 HSieber, Burgen u. Schlösser in Schles., Frankfurt/M. 1962
617 HSieber, Schlösser in Schlesien, Frankfurt/M. 1971
618 GGrundmann, Burgen u. Schlösser in Schles. (vorauss. 3 Bde., noch unveröff.)
619 WKlawitter, Gesch. d. schles. Festungen in vorpreuß. Zeit (LV 81, Bd. 39), Br. 1941
620 GGrundmann, Dome, Kirchen u. Kll. in Schles., Frankfurt/M. 1963
621 GGrundmann, Schles. Barockkirchen u. Kll., Lindau/Konstanz 1958. 2., verm. Aufl.: Barocke Kirchen u. Kll. in Schles., München 1971
622 GGrundmann, D. Bethäuser u. Bethauskirchen d. Kr. Hirschberg, Br. 1922
623 AWiesenhütter, D. evg. Kirchbau Schlesiens v. d. Ref. bis z. Gegenwart, 2. Aufl. neubearb. u. hg. v. GHultsch, Düsseldorf 1954
624 GGrundmann, D. evg. Kirchenbau in Schles. (LV 109, Bd. 4), Frankfurt/M. 1970
625 WMarx, D. Saalkirchen d. dt. Brüdergemeine im 18. Jh. (Studien über christl. Denkmäler, N. F. H. 22), Leipzig 1931
626 GGrundmann, Gruftkapellen in Niederschles. u. d. Oberlausitz, Straßburg 1916
627 HDienwiebel, Oberschles. Schrotholzkirchen, Br. 1938
628 LLoewe, Schles. Holzbauten, Düsseldorf (1969)
629 HJHelmigk, Oberschles. Landbaukunst um 1800, Berlin 1937
630 RStein, D. Bürgerhaus in Schles., Tübingen 1966
631 GGrundmann, Stätten d. Erinnerung in Schles. Grabmale u. Denkmäler aus acht Jhh., Konstanz/Stuttgart 1964. 2., erw. Aufl. u. d. T.: Stätten d. Erinnerung. Denkmäler erzählen schles., München 1975
632 JKębłowski, Pomniki Piastów śląskich w dobie średniowiecza (Denkmäler d. schles. Piasten d. Ma.) (LV 95, Bd. 20), Br. 1971
633 EWiese, Schles. Plastik v. Beginn d. 14. bis z. M. d. 15. Jh., Leipzig 1923
634 HBraune, EWiese, Schles. Malerei u. Plastik d. Ma. Kritischer Katalog d. Ausstellung in Breslau 1926, Leipzig (1929)
635 TDobrowolski, Rzeźba i malarstwo gotyckie w województwie śląskim (Got. Plastik u. Malerei in d. Woj. Schles.), Kattowitz 1937
636 EKloss, D. schles. Buchmalerei d. Ma., Berlin 1942
637 KBimler, D. schles. Renaissance-Plastik, 3 Lief., Br. 1934/37
638 JKębłowski, Renesansowa rzeźba na Śląsku 1500–1560 (Renaissanceplastik in Schles. 1500–1560), Posen 1967
639 Malarstwo śląskie 1520–1620 (Schles. Malerei 1520–1620), bearb. v. BSteinborn, Br. 1966
640 KJHeyer, D. barocke Chorgestühl in Schles. (LV 109, Bd. 6), Frankfurt/M. 1977
641 GGrundmann, Barockfresken in Breslau (LV 109, Bd. 3), Frankfurt/M. 1967
642 EScheyer, Schles. Malerei d. Biedermeierzeit (LV 109, Bd. 2), Frankfurt/M. 1965

643 EWiese, Biedermeierreise durch Schles., (Darmstadt 1966)

644 GGrundmann, D. Riesengeb. in d. Malerei d. Romantik, Br. 1931,
³München 1965

645 LBurgemeister, D. Orgelbau in Schles., Br. 1925. 2., erw. Aufl. bearb. v.
HJBusch, DGroßmann, RWalter (LV 109, Bd. 5), Frankfurt/M. 1973

646 EHintze, KMasner, Schles. Goldschmiede, in: LV 29, N. F. 6 (1912),
7 (1919)

647 EHintze, Schles. Zinngießer (D. dt. Zinngießer u. ihre Marken, Bd. 4),
Leipzig 1926

648 KStrauß, Schles. Keramik, Straßburg 1928

Genealogie, Personengeschichte

649 Schles. Lebensbilder, Bde. 1–4 hg. v. FAndreae u. a., Br. 1922–31, Bd. 5
hg. v. HNeubach, LPetry, Würzburg 1968

650 Große Deutsche aus Schles., hg. v. HHupka, München (1969)

651 Große Schlesier, hg. v. AHayduk, München ²1971

652 Schles. Fürstenbilder d. Ma. Nach Originalaufn. v. ThBlätterbauer hg. v.
HLuchs, Br. 1872

653 HGrotefend, Stammtafeln d. Schles. Fstt. bis z. Jahre 1740, Br. 1875,
²1889

654 Stamm- u. Übersichtstafeln d. schles. Piasten. Auf Grund v. HGrotefends
Stammtafeln d. Schles. Fstt. bis z. Jahre 1740 (2. Aufl.) hg. v.
KWutke. Nebst einem Verz. d. Breslauer Bff. v. JJungnitz,Br.
1910/11

655 W. K. Pz. v. Isenburg, FFreytag v. Loringhoven, Stammtafeln z. Gesch. d.
eur. Staaten, Bd. 2, Marburg 1960

656 KJasiński, Rodowód Piastów śląskich (Genealogie d. schles. Piasten).
Bd. 1: Piastowie wrocławscy i legnicko-brzescy (D. Piasten v. Breslau
u. Liegnitz-Brieg); Bd. 2: Piastowie świdniccy ... (D. Piasten v.
Schweidnitz ...); Bd. 3: Piastowie opolscy, cieszyńscy i oświęcimscy
(D. Piasten v. Oppeln, Teschen u. Auschwitz) (Prace Wrocł. Tow.
Nauk., Ser. A, Nr. 154, 167, 183), Br.1973/75/77

657 JSiebmacher, Großes u. allg. Wappenbuch. Bd. 4, Abt. 11: KBlažek, D.
Adel v. Österr.-Schles., Nürnberg 1885. – Bd. 6, Abt. 8: KBlažek, D.
abgestorbene Adel d. Prov. Schles. u. d. Oberlausitz, 3 Tle., Nürnberg
1887–94

658 HFEhrenbrook, Stammfolgen schles. Adelsgeschlechter, Görlitz 1941

659 GSteller, Grund- u. Gutsherren im Fstm. Sagan (1400 bis 1940), Sagan
1940

660 GSteller, Lehnsbriefe d. Fstm. Sagan v. 1508/09. Ein Beitr. z. Gesch. d.
Saganer Adels, in: LV 34, 12 (1967), S. 89–125

661 GSteller, D. Adel d. Fstm. Sagan 1440–1714, in: LV 34, 13 (1968), S. 7–60

662 HKnothe, Gesch. d. Oberlausitzer Adels u. seiner Güter v. XIII. bis
gegen E. d. XVI. Jh., Leipzig 1879

663 HKnothe, Gesch. d. Oberlausitzer Adels u. seiner Güter v. M. d. 16. Jh.
bis 1620, in: LV 55, 63 (1888), S. 1–174

664 WvBoetticher, Gesch. d. Oberlausitz. Adels u. seiner Güter 1635–1815,
4 Bde., Görlitz 1912–23

665 Schles. Geschlechterbuch, hg. v. BKoerner, bearb. in Gem. m. EvHoffmann,
HSteinbock, Bde. 1, 2 (Dt. Geschlechterbuch, Bde. 73, 112), Görlitz
1931/41

666 KPuschmann, Schles. Geschlechterbuch, Bd. 3 (Dt. Geschlechterbuch, Bd.
153), Limburg/L. 1970

667 WKrause, Grundriß eines Lexikons bildender Künstler u. Kunsthandwer-
ker in Oberschles., 2 Bde., Oppeln 1933

668 APerlick, Oberschles. Berg- u. Hüttenleute (LV 91, Bd. 3), Kitzingen/M. 1953

669 GBender, Heimat u. Volkstum d. Fam. Koppernigk (Coppernicus) (LV 81, Bd. 27), Br. 1920

670 GGrundmann, Erlebter Jahre Widerschein. V. schönen Häusern, guten Freunden u. alten Famm. in Schles., München 1972

Sprachgeschichte, Namenkunde

671 WMitzka, Grundzüge nordostdt. Sprachgesch., Halle/S. 1937

672 WMitzka, Schles. Wörterbuch, 3 Bde., Berlin 1963–65

673 WHVeith, D. lexikalische Stellung d. Nordschles. in ostmittel- u. gesamtdt. Bezügen (Mitteldt. Forschsch., Bd. 66), Köln/Wien 1971

674 HRückert, Entwurf einer system. Darstellung d. schles. Mundart im Ma., Neudruck d. Ausg. 1878, hg. v. PPietsch, (Niederalluf b. Wiesbaden 1971)

675 WJungandreas, Beitrr. z. Erforschung d. Besiedlung u. z. Entwicklungsgesch. d. schles. Mundart (LV 110, Bd. 17), Br. 1928

676 WJungandreas, Z. Gesch. d. Schles. Mundart im Ma., Br. 1937

677 ESchwarz, Sudetendt. Sprachräume (2. Aufl.: Handbuch d. sudetendt. Kulturgesch., Bd. 2), München 1935, [2]1962

678 GBellmann, Slavoteutonica. Lexikalische Untersuchungen z. slaw.-dt. Sprachkontakt im Ostmitteldeutschen (Studia linguistica Germanica, Bd. 4), Berlin/New York 1971

679 AZaręba, Śląsk w świetle geografii językowej (Schles. im Lichte d. Sprachgeographie), Br. u.a. 1974

680 ROlesch, D. slav. Dialekte Oberschlesiens, Leipzig 1937

681 ROlesch, D. Wortschatz d. poln. Mundart v. Sankt Annaberg, 2 Bde., Wiesbaden 1958/59

682 SRospond, Zabytki języka polskiego na Śląsku (Poln. Sprachdenkmäler in Schles.), Br. 1948

683 SRospond, Dzieje polszczyzny śląskiej (Gesch. d. poln. Sprache in Schles.), Kattowitz 1959

684 SRospond, Polszczyzna śląska (D. poln. Sprache in Schles.), Br. u. a. 1970

685 JLubojański, D. poln. Sprache in Westoberschles., Warschau 1958

686 ABrożek, Język polski na Opolszczyźnie w początkach II wojny światowej (D. poln. Sprache am A. d. 2. Weltkrieges), Oppeln 1965

687 SBąk, Mowa polska na Śląsku (D. poln. Sprache in Schles.), Br. u. a. 1974

688 HAdamy, D. schles. ON, ihre Entstehung u. Bedeutung, [2]Br. 1888

689 KDamroth, D. älteren ON Schlesiens, ihre Entstehung u. Bedeutung, Beuthen 1896

690 PKlemenz, D. ON d. Gfsch. Glatz, sprachlich u. gesch. erklärt (LV 82, Bd. 10), Br. 1932

691 AMoepert, D. ON d. Kr. Neumarkt in Gesch. u. Sprache (LV 82, Bd. 13), Br. 1935

692 ESchwarz, D. ON d. Sudetenländer als Geschichtsquelle (2. Aufl.: Handbuch d. sudetendt. Kulturgesch., Bd. 1), München 1931, [2]1961

693 JMycielski, Pierwotne słowiańskie nazwiska miejscowości na Śląsku pruskim (D. urspr. slaw. ON in Preuß.-Schles.), Posen 1900

694 WTaszycki, Śląskie nazwy miejscowe (Schles. ON), Kattowitz 1935

695 SRospond, Słownik etymologiczny nazw geograficznych Śląska (Etymologisches Wörterbuch d. geogr. Namen v. Schles.), Bd. 1: A–B, Warschau 1970

696 HBorek, Opolszczyzna w świetle nazw miejscowych (D. Oppelner Schles. im Lichte d. ON), Oppeln 1972

697 HReichert, D. dt. Famm.-Namen nach Breslauer Quellen d. 13. u. 14. Jh.
     (LV 110, Bd. 1), Br. 1908
698 HBahlow, Studien z. ältesten Gesch. d. Liegnitzer Famm.-Namen, in:
     LV 39, 10 (1926), S. 102–62
699 HBahlow, Schles. Namenbuch (LV 89, Bd. 3), Kitzingen/M. 1953
700 HBahlow, Mittelhochdt. Namenbuch nach schles. Quellen, Neustadt/Aisch
     1975
701 FGraebisch, D. Glatzer Taufnamen im Ma., in: LV 77, 35 (1935),
     S. 125–87
702 ESchwarz, Sudetendt. Familiennamen aus vorhussitischer Zeit (Ostmittel-
     europa in Vergangenheit und Gegenwart, 3), Köln 1957
703 SRospond, Nazwiska Ślązaków (D. Namen d. Schlesier), Br. 1960
704 SRospond, Słownik nazwisk śląskich (Wörterbuch d. schles. Famm.-Na-
     men), T. 1: A–F, T. 2: G–K, Br. u. a. 1967/73

                         Volkskunde

705 JKlapper, Schles. Volkskunde auf kulturgesch. Grundlage (LV 111, Bd. 1),
     Br. 1925, ²Stuttgart 1952
706 WEPeuckert, Schles. Volkskunde, Leipzig 1928
707 WSchremmer, Schles. Volkskunde, Br. 1928
708 Grundzüge einer oberschles. Heimat- u. Volkskunde, Tle. 1–3, Br. 1936
709 JKlapper, Rel. Volkskunde im gesamtschles. Raum, Aschaffenburg 1953
710 Bäuerliches Volkstum in Oberschles., hg. v. APerlick, Oppeln 1934
711 PDrechsler, Sitte, Brauch u. Volksglaube in Oberschles., 2 Bde., Leipzig
     1903–06

ERLÄUTERUNGEN VERFASSUNGS-, WIRTSCHAFTS-, SOZIAL- UND KIRCHENGESCHICHTLICHER AUSDRÜCKE

Allod, das: Lehnsfreier Grundbesitz, Freigut.

Archidiakonat, das: Größerer Aufsichtsbezirk eines Bst.; das Bst. Breslau war in die A.e Breslau, Glogau, Liegnitz und Oppeln untergliedert.

Archipresbyterat, das: Erzpriestersprengel, Aufsichtsbezirk für eine Reihe von Pfarren, hier: im Bst. Breslau (im Bst. Meißen entsprechend → Sedes, anderswo auch Dekanat.)

Bethäuser, Bethauskirchen: Nach Gewährung der freien Religionsausübung in Preuß.-Schles. ab 1741 mit Genehmigung des preuß. Kg. meist in Fachwerk oder auch aus Brettern errichtete provisorische evg. Gotteshäuser, vielfach schon nach kurzer Zeit durch massive Bauten ersetzt.

Brauurbar, das: Braugerechtigkeit, das (meist den Städten vorbehaltene) Recht, Bier zu brauen und zu verkaufen.

civitas: In Schles. seit dem 13. Jh. lat. »Stadt«.

Erbfürstentum: Durch Aussterben des eingesessenen Fürstenhauses der Piasten an den Kg. von Böhmen als obersten Lehnsherrn heimgefallenes und ihm fortan unmittelbar unterstelltes schles. Fstm.

Erbvogtei (Stadtvogtei): Im ma. Schles. das mit der Niedergerichtsbarkeit ausgestattete Stadtrichteramt in der dtrechtl. Stadt (lat. advocatia), in der Regel dem → Lokator mit bestimmten Privilegien und Besitzungen übertragen, später häufig von der Stadtgem. erworben.

Exulanten: (Glaubens-) Vertriebene, hier: Protestanten, die seit dem 30j. Krieg zunächst aus Böhmen (u. a. nach Schles.), dann auch aus den habsb. → Erbfürstentümern in Schles. unter dem Druck der Gegenref. in Nachbarländer – Lausitzen, Brand., Polen – ausgewandert sind.

Fideikommiß, das: Famm.-(Grund-) Besitz, durch Begründung eines F. unveräußerlich und unteilbar gemacht und einer vom Stifter des F. festgelegten Erbfolge unterworfen, eine vom Adel bes. seit dem 16./17. Jh. zur Sicherung des Fam.-Gutes eingeführte Vermögensform (→ Majorat).

Filial, das, **Filialkirche:** Tochterkirche.

Friedenskirchen: Die im Westfälischen Frieden (daher »F.«) 1648 den Evangelischen in den schles. → Erbfürstentümern der Habsburger zugestandenen drei evg. Gotteshäuser vor den Toren von Glogau, Jauer und Schweidnitz (→ Gnadenkirchen).

Frischfeuer: Bei der ma. und frühneuzeitlichen Eisenverhüttung Herd zur Umwandlung von Roheisen in Stahl oder Schmiedeeisen.

Fürstentumslandschaften: Die einzelnen Landschaftsverbände der → Schlesischen Landschaft.

Gnadenkirchen: Die in der Altranstädter Konvention von 1707 auf Druck des schwed. Kg. Karl XII. und durch die »Gnade« Ks. Josephs I. in den schles. → Erbfürstentümern und Standesherrschsch. zusätzlich zu den → Friedenskirchen bewilligten sechs evg. Gotteshäuser in Freystadt, Hirschberg, Landeshut, Militsch, Sagan und Teschen.

Grangie, die: Klösterlicher Wirtschaftshof, insbes. des Zisterzienserordens.

Grenzkirchen: Im 17./18. Jh. evg. Kirchen an der damaligen W- und N-Grenze von Schles. auf lausitz. (sächs.), brand. und poln. Boden sowie in den durch ihre evg. Landesherren vor der Gegenref. geschützten schles. Fstmm. (Brieg, Liegnitz, Wohlau, Oels), nach der Durchführung der Gegenref. in Schles. seit 1653 eigens für die evg. Gläubigen der von der gegenreformatorischen Kirchenreduktion betroffenen schles. Gebiete erbaut; die Bedeutung der G. erlosch nach 1741 mit der Besetzung von fast ganz Schles. durch Preußen, das den Evangelischen die freie Religionsausübung zusicherte und den Bau eigener Kirchen gestattete (→ Bethäuser).

Halt, der: Mit landesherrlichen Rechten ausgestattete bischl. Grundherrsch.

Hufe, die: Flächenmaß der ma. Ostsiedl.: die kleine, fläm. H., vornehmlich im Altsiedelland verbreitet, war 16,8 ha. groß; die große, fränk. H., in der Regel in Rodungsgebieten angewandt, maß rd. 25 ha.

Kastellanei, die: In der poln. Landesverfassung bis zum E. 13. Jh. Burgbezirk mit einem mit administrativen, militärischen und Gerichtsfunktionen ausgestatteten Kastellan an der Spitze; auch die Burg mit Burgsiedl. als Sitz des Kastellans wird z. T. als K. bezeichnet. Mit der Einführung des dt. Rechts wurde die K. durch das → Weichbild ersetzt; die Bezeichnung »Kastellan« wurde noch eine Zeitlang für die Burggff. der Stadtburgen verwendet.

Kretscham, der: Gasthaus (poln. karczma); **Kretschmer:** Gastwirt.

Kuratien, Josephinische: Die unter Ks. Joseph I. nach der Altranstädter Konvention von 1707 in den → Erbfürstentümern Brieg, Liegnitz und Wohlau für die Katholiken, die auf Grund der Konvention ihre Kirchen an die Evangelischen zurückgeben mußten, geschaffenen Pfarrstellen; J. K. entstanden auch in den Fstmm. Oels und Münsterberg.

Landvogtei: Im ma. Schles. Richteramt, mit der höheren Gerichtsbarkeit in einem dtrechtl. Stadt-Land-Bezirk, einem → Weichbild, ausgestattet, anfangs häufig in Personalunion mit der städt. → Erbvogtei, später gelegentlich auch im Besitz der zugehörigen Weichbildstadt; durch die Immunitätsbestrebungen von Kirche und Adel wurde die Einrichtung der L. schon seit dem E. 13. Jh. allmählich ausgehöhlt.

Leibgedinge, das: Der vom Ehemann – hier meist Fst. – zur lebenslänglichen Versorgung der überlebenden Witwe bestimmte Besitz.

Lokator: In der ma. Ostsiedl. Gründungsunternehmer, vom Landes- oder Grundherrn mit der Aussetzung eines Dorfes oder einer Stadt beauftragt, danach in dem neuen Ort in der Regel als erblicher → Schultheiß bzw. Erbvogt (Stadtvogt, → Erbvogtei) eingesetzt.

Majorat, das: Die Erbberechtigung des Ältesten bei der Vererbung von Stammgütern oder → Fideikommissen, hier vor allem die Güter selbst, bei denen die Erbfolge des Ältesten gilt.

Meilenrecht: Das Städten eingeräumte Recht, im Umkreis von einer Meile das Monopol für bestimmte wirtschl. Aktivitäten durchzusetzen: das Brau- und Schankrecht, das Recht, (bestimmte) Handwerke auszuüben und Handel zu treiben. Das Gebiet der Bannmeile entsprach nicht immer dem Umkreis von einer Meile um die M.-Stadt; es konnte auf Grund geographischer oder siedlungsmäßiger Verhältnisse und rechtlicher Entwicklungen kleiner oder größer sein.

Minderstandesherrschaften → Standesherrschaften

oppidum: Lat. »(Klein-)Stadt«.

Pfandschilling: Ersatzgeld für gepfändeten Besitz, hier: Ablösesumme zur

Übernahme landesherrlicher Rechte an und Einkünfte aus einem Besitz, im weiteren Sinne die Rechte und Einkünfte sowie der Besitz selbst.

Ring: Marktplatz in den schles.-ostdt. Stadtanlagen.

Säkularisation: Umwandlung geistlichen Gutes in weltliches, hier vor allem: die Aufhebung der Klöster und Stifte und die Einziehung des Kirchen- und Ordensbesitzes durch den preuß. Staat auf Grund des S.-Edikts vom 30. 10. 1810.

Salzurbar, das, **Salzmarkt:** Das Recht, mit Salz zu handeln.

Schlesische Landschaft: Krediteinrichtung des Adels in Preuß.-Schles., 1770 von Kg. Friedrich d. Gr. zur Stützung des verschuldeten adeligen Grundbesitzes eingeführt; sie gliederte sich auf der Grundlage der alten territorialen Einteilung von Schles. in acht Landschaftsverbände, die → Fürstentumslandschaften.

Schultheiß, Schulz: Mit der Niedergerichtsbarkeit ausgestatteter Richter im dtrechtl. Dorf (lat. scultetus), in der Frühzeit des schles. Städtewesens gelegentlich auch Bezeichnung für den Stadtrichter (→ Erbvogtei).

Sedes, die: Erzpriestersprengel, Aufsichtsbezirk für eine Reihe von Pfarren, hier: des Bst. Meißen (ihm entspricht im Bst. Breslau das → Archipresbyterat, anderswo auch das Dekanat).

Stadtartige Siedlungen (poln. osiedla): Die seit 1954 in Polen mit einer der städt. Verfassung ähnlichen Gem.-Ordnung ausgestatteten Industrie- und Arbeitersiedl. sowie Kur- und Fischereiorte; Voraussetzungen für die Erhebung zur stadtart. Siedl. sind: städt. Bebauungsweise, eine Bev.-Zahl von mehr als 1000 Eww. und nichtlandwirtschl. Existenzgrundlage bei mehr als zwei Dritteln der Bev.

Stadtdorf: In Verwaltungs-, Gerichts- und Leistungsgemeinschaft mit der unmittelbar benachbarten Stadt befindliches, in der Regel gleichzeitig mit der Stadt gegr. Dorf.

Stadtvogtei → Erbvogtei

Standesherrschaften, Freie: Seit E. 15. Jh. von schles. Fstmm. abgetrennte, mit landesherrlichen Rechten ausgestattete Territorien im Besitz nichtfürstlicher Personen und Famm. Die **Minderstandesherrschaften** nahmen eine Mittelstellung zwischen den selbständigen Territorien (Fstmm., Fr. St.) und den Grundherrschsch. ein; im Gegensatz zu letzteren waren sie direkt dem ksl. Oberamt in Breslau unterstellt.

Urbar, das: Besitz- und Ertragsverzeichnis von Grundherrschsch.

villa: lat. »Dorf«.

Vogtei → Erbvogtei, → Landvogtei

Waldhufendorf: Der in der ma. dtrechtl. Ostsiedl. auf Rodungsboden vornehmlich im Geb. und Vorgeb.-Land übliche Dorftyp, eine Art Reihendorf, bei dem die Gehöfte zu beiden Seiten des Talweges im Abstand von ca. 100 m aufgereiht sind, die zu einem Gehöft gehörigen Felder – eine fränk. → Hufe – als schmaler Streifen von ca. 100 m Breite und 2500 m Länge quer zur Dorfstraße im Anschluß an das Gehöft den Berghang hinauf bis zur Gemarkungsgrenze reichen.

Weichbild: Der Begriff hatte je nach Zeit und Raum unterschiedliche Bedeutung: er bezeichnete im W bestimmte Bereiche des Stadtrechts, das Stadtrecht insgesamt, dessen Geltungsbereich, schließlich auch den Typ einer kleinen städt. Siedl. In Schles. war das W. (lat. meist districtus, seltener territorium und terra) siedlungsgesch. ein – in bewußter Planung wirtschl. aufeinander abgestimmter Stadt-Land-Siedl. – in Besiedlung genommener Bezirk mit einer Stadt als Mittelpunkt und einer Anzahl umliegender Dörfer (in der Regel 15–20); rechtshistorisch der aus dieser Art der Stadt-Land-Siedl. abgeleitete Gerichtsbezirk einer → Landvogtei, der urspr. wohl mit der die wirtschl. Zuordnung von

Dörfern zu einer Stadt regelnden Bannmeile (→ Meilenrecht) übereinstimmen sollte (W.-Verfassung). Als administrative Gebietseinheit blieb das W. bis ins 18. Jh. erhalten.

Wojewodschaft (poln. województwo): Verwaltungseinheit Polens vom Ma. bis zu den Teilungen E. 18. Jh., dann wieder in Kongreßpolen 1815 bis 1836 und im neubegründeten poln. Staat seit 1918, die poln. W.en des 20. Jh. etwa den preuß. Regierungsbezirken vergleichbar. Das 1945 poln. gewordene Schles. war von 1950 bis 1975 in die W.en Breslau, Oppeln, Grünberg und Kattowitz gegliedert, die beiden letzteren unter Einschluß nichtschles. Gebiete; das Stadtgebiet von Breslau wurde 1957 zu einer selbständigen Stadt-W. erhoben. Die zum 1.6.1975 in Kraft getretene Verwaltungsreform hat – bei gleichzeitiger Aufhebung der Kreise (powiaty) – den Umfang der einzelnen W.en verkleinert und dabei deren Anzahl vermehrt. Auf schles. Boden sind nunmehr W.-Sitze die Städte Bielitz (-Biala), Breslau, Grünberg, Hirschberg, Kattowitz, Liegnitz, Oppeln und Waldenburg, Teile des ehem. Schles. sind außerdem den W.en Lissa (Leszno), Kalisch (Kalisz) und Tschenstochau (Częstochowa) unterstellt.

Zufluchtskirchen: Im 17./18. Jh. evg. Kirchen an der damaligen W- und N-Grenze von Schles. auf lausitz. (sächs.), brand. und poln. Boden sowie in den durch ihre evg. Landesherren vor der Gegenref. geschützten schles. Fstmm. (Brieg, Liegnitz, Wohlau, Oels), den evg. Gläubigen der von der Kirchenreduktion seit 1653 betroffenen schles. Gebiete zur Mitbenutzung zur Verfügung gestellt, vielfach hierzu umgebaut und stark erweitert (→ Grenzkirchen).

ORTSNAMEN-KONKORDANZ

Verzeichnis der nach 1933 eingeführten deutschen sowie der polnischen bzw. tschechischen Namen sämtlicher historischen Stätten des Bandes (Artikelorte). Die Kreisangabe (Stand: Ende 1938) erfolgt nur bei Namengleichheit innerhalb des Verzeichnisses.

Altstett = Deutsch Neukirch
Andreashütte = Zawadzki

Baborów = Bauerwitz
Bardo = Wartha
Benešov (tschech.) = Beneschau
Bergen = Borganie
Bergstadt = Leschnitz
Biała = Zülz
Biechów = Bechau
Biedrzychowice = Friedersdorf a. Queis
Bielawa = Langenbielau
Bielsko = Bielitz
Bieruń Stary = Alt Berun
Bierutów = Bernstadt
Bierutowice = Brückenberg
Biestrzyków = Eckersdorf Kr. Breslau
Bilchengrund = Pilchowitz
Bischofstal = Ujest
Blüchersruh = Krieblowitz
Blüchertal = Schawoine
Bobolice = Schräbsdorf
Bobrzanie = Boborane
Boguszów = Gottesberg
Boguszowice = Boguschowitz
Bojadła = Boyadel
Bojków = Schönwald
Bolesławice Kr. Bunzlau = Tillendorf
Bolesławice Kr. Schweidnitz = Bunzelwitz
Bolesławiec = Bunzlau
Bolesławów = Wilhelmsthal
Bolków = Bolkenhain
Borek Strzeliński = Großburg
Borów = Markt Bohrau
Borzygniew = Borganie
Borzysławice = Borislawitz
Bożków = Eckersdorf Kr. Glatz
Branice = Branitz
Brochów = Brockau

Brzeg = Brieg
Brzeg Dolny = Dyhernfurth
Brzezinka = Briese
Brzeziny Śląskie = Birkenhain
Brzozowice-Kamień = Brzezowitz-Kamin
Buchenhöh = Zyrowa
Bukowiec = Buchwald
Burgwasser = Dobrau
Burkatów = Burkersdorf
Byczyna = Pitschen Kr. Kreuzburg O. S.
Bystrzyca Kr. Löwenberg = Wiesenthal
Bystrzyca Kłodzka = Habelschwerdt
Bytom = Beuthen O. S.
Bytom Odrzański = Beuthen a. Oder, Kr. Glogau

Cerekwica = Zirkwitz
Chałupki = Neuhaus Kr. Frankenstein
Chełmsko Śląskie =Schömberg
Chobienia = Köben a. Oder
Chocianów = Kotzenau
Chocianowiec = Groß Kotzenau
Chojnów = Haynau
Chorzów = Königshütte
Chróstnik = Brauchitschdorf
Chruszczów = Schomberg
Chrzelice = Schelitz
Chudów = Chudow
Chwałowice = Chwallowitz
Ciechanowice = Rudelstadt
Cieplice Śląskie Zdrój = Bad Warmbrunn
Ciepłowody = Tepliwoda
Cieszków = Freyhan
Cieszyn = Teschen
Cisów = Zeisburg
Ciszyca = Ruhberg
Czarne = Schwarzbach
Czarnowąsy = Czarnowanz

Czarny Bór = Schwarzwaldau
Czechowice-Dziedzice = Czecho-
  witz-Dzieditz
Czernica = Langenau, Ober u. Nie-
  der, Kr. Löwenberg
Czernina = Tschirnau
Czerwieńsk = Rothenburg a. Oder
Czerwionka = Czerwionka
Czerwony Kościół = Rothkirch
Czeszów = Deutsch Hammer

Dąbrowa = Dambrau
Dąbrówka Wielka = Groß Dom-
  browka
Dalków = Dalkau
Długopole Górne, Dolne, Zdrój =
  Langenau, Ober, Nieder, Bad, Kr.
  Habelschwerdt
Dobra = Dobrau
Dobrodzień = Guttentag
Dobromierz = Hohenfriedeberg
Dobroszyce = Juliusburg
Domanice = Domanze
Domasław = Domslau
Dramatal = Broslawitz
Duszniki Zdrój = Bad Reinerz
Dziadoszanie = Dedosize
Dzierżoniów = Reichenbach (Eulen-
  geb.)
Dzietrzychowice = Dittersbach
Dziewin = Dieban

Ehrenforst = Slawentzitz
Erlenburg = Puschine
Erlenbusch O. S. = Olschowa

Flößingen = Plawniowitz
Friedrichstein N. S. = Hussinetz
Fürsteneich = Saabor

Gaworzyce = Quaritz
Gęsiniec = Hussinetz
Giebułtów = Gebhardsdorf
Gliwice = Gleiwitz
Głogów = Glogau
Głogówek = Oberglogau
Głubczyce = Leobschütz
Głuchołazy = Ziegenhals
Głuszyca = Wüstegiersdorf
Goczałkowice Zdrój = Nieder Go-
  czalkowitz
Godnów = Gnadenberg
Gołęszyce = Golensize
Góra = Guhrau
Góra Bazaltowa = Breiter Berg
Góra Swarna = Streitberg

Góra Świętej Anny = Sankt An. a-
  berg
Góra Zwycięstwa = Streitberg
Gorce = Rothenbach
Górka = Gorkau
Góry Wałbrzyskie = Waldenburger
  Bergland
Gorzanów = Grafenort
Gorzów Śląski = Landsberg O. S.
Gościęcin = Kostenthal
Gościszów = Gießmannsdorf
Goszcz = Goschütz
Gozdnica = Freiwaldau
Grafenweiler = Kolonnowska
Gręboszów = Grambschütz
Grobniki = Gröbnig
Grodków = Grottkau
Grodno, Zamek = Kynsburg
Grodziec Kr. Goldberg = Gröditz-
  berg
Grodziec Kr. Oppeln = Friedrichs-
  grätz
Grodziszcze = Gräditz
Grodztwo = Kreppelhof
Gryf = Greiffenstein
Gryfów Śląski = Greiffenberg

Halemba = Halemba
Heerwegen = Polkwitz
Henryków Kr. Frankenstein =
  Heinrichau
Henryków Lubański = Kath. Hen-
  nersdorf
Herby = Herby
Heydebreck = Kandrzin
Hlučin (tschech.) = Hultschin
Hlučinsko = Hultschiner Ländchen
Hohenschanz = Laßwitz
Hołdunów = Anhalt
Horneck = Tworog
Hummelstadt = Lewin

Iława = Eulau
Iłowa = Halbau
Imielin = Imielin

Jagielno = Deutsch Jägel
Jagniątków = Agnetendorf
Jakubów = Jakobskirch
Jamna = Tiefensee
Janowice Wielkie = Jannowitz
Janowiec = Johnsdorf
Jaroszówka = Vorhaus
Jastrzębie Zdrój = Königsdorff-
  Jastrzemb
Jawor = Jauer

Jaworzna Śląska = Königszelt
Jedlina Zdrój = Bad Charlotten-
  brunn
Jędrzychów = Groß Heinzendorf
Jelcz = Jeltsch
Jelenia Góra = Hirschberg
Jelenin = Hirschfeldau
Jemielnica = Himmelwitz
Jordanów Śląski = Jordansmühl

Kalety = Stahlhammer
Kamień Śląski = Groß Stein
Kamieniec Ząbkowicki = Kamenz
Kamienna Góra = Landeshut
Kanał Kłodnicki = Klodnitzkanal
Karłowice = Karlsmarkt
Karpacz = Krummhübel
Karpień = Karpenstein, Burgruine
Karpniki = Fischbach
Katowice = Kattowitz
Kąty Wrocławskie = Kanth
Kazimierz = Kasimir
Kędzierzyn = Kandrzin
Kiefernwalde = Laskowitz
Kietrz = Katscher
Kłaczyna = Kauder
Klenica = Kleinitz
Kliczków = Klitschdorf
Kłodnica = Klodnitz
Kłodzko = Glatz
Klosterbrück = Czarnowanz
Kluczbork = Kreuzburg O. S.
Knurów = Knurow
Kolonowskie = Kolonnowska
Konary = Kunern
Konotop = Kontopp
Koperniki = Köppernig
Kopice = Koppitz
Korfantów = Friedland O. S., Kr.
  Falkenberg
Kostomłoty = Kostenblut
Kostuchna = Kostuchna
Koszęcin = Koschentin
Kotlarnia = Jakobswalde
Kowary = Schmiedeberg
Koziniec = Löwenstein
Koźle = Cosel
Kożuchów = Freystadt i. Niederschl.
Kranstädt = Kranowitz
Krapkowice = Krappitz
Krasków = Kratzkau
Krobielowice = Krieblowitz
Kromolin = Schönau Kr. Glogau
Krośnice = Kraschnitz
Krupski Młyn = Kruppamühle
Krzanowice = Kranowitz

Krzeszów = Grüssau
Krzyżowa = Kreisau
Książ = Fürstenstein
Kudowa Zdrój = Bad Kudowa
Kuźnia Raciborska = Ratiborham-
  mer
Kuźnice Świdnickie = Fellhammer

Łabędy = Laband
Lądek Zdrój = Bad Landeck i. Schl.
Laskowice Kr. Neustadt O. S. =
  Laßwitz
Laskowice Oławskie = Laskowitz
Lauenbrunn = Tepliwoda
Łażany = Laasan
Łaziska Górne = Ober Lazisk
Łaziska Średnie = Mittel Lazisk
Łazy = Lahse
Lędziny = Lendzin
Legnica = Liegnitz
Legnickie Pole = Wahlstatt
Łęknica = Lugknitz
Leśna = Marklissa
Leśnica Stadtkr. Breslau = Deutsch
  Lissa
Leśnica Kr. Groß Strehlitz = Lesch-
  nitz
Lesten = Tschirnau
Leszczyny = Leschczin
Lewin Brzeski = Löwen
Lewin Kłodzki = Lewin
Lewiński Zamek = Hummelschloß
Lipa = Leipe
Loben = Lublinitz
Łomnica = Lomnitz
Łosiów = Lossen
Lubań = Lauban
Lubawka = Liebau
Lubiąż = Leubus
Lubin = Lüben
Lubliniec = Lublinitz
Lubomierz = Liebenthal
Luboszów = (Lipschau-) Dohms
Łubowice = Lubowitz
Lutynia = Leuthen
Lwówek Śląski = Löwenberg i. Schl.

Maciejowiec = Matzdorf
Maków = Makau
Malczyce = Maltsch
Małomice = Mallmitz
Malujowice = Mollwitz
Markstädt = Laskowitz
Mechtal = Miechowitz
Miasteczko Śląskie = Georgenberg
Miechowice = Miechowitz

Miedzianka = Kupferberg
Międzybórz = Neumittelwalde
Międzygórze = Wölfelsgrund
Międzylesie = Mittelwalde
Miejsce = Städtel
Mierczyce = Mertschütz
Mieroszów = Friedland Kr. Waldenburg
Mikołajowice = Nikolstadt
Mikołów = Nikolai
Mikuszowice Śląskie = Nikelsdorf
Miłaków = Milkau
Milicz = Militsch
Milin = Fürstenau
Minkowskie = Minkowsky
Mirsk = Friedeberg a. Queis
Modła = Modlau
Murcki = Emanuelssegen
Mysłakowice = Zillerthal-Erdmannsdorf
Mysłowice = Myslowitz

Nakło = Naklo
Namysłów = Namslau
Nawojów Łużycki = Sächsisch Haugsdorf
Niedobczyce = Niedobschütz
Nielestno = Waltersdorf
Niemcza = Nimptsch
Niemodlin = Falkenberg
Nowa Cerekwia = Deutsch Neukirch
Nowa Ruda = Neurode
Nowa Sól = Neusalz
Nowe Grodzisko = Neuschloß
Nowe Miasteczko = Neustädtel
Nowogród Bobrzański = Naumburg a. Bober, Kr. Freystadt
Nowogrodziec = Naumburg a. Queis, Kr. Bunzlau
Nowy Dwór = Neuhaus Stadtkr. Waldenburg
Nowy Kościół = Neukirch
Nysa = Neisse

Oberquell = Quaritz
Oborniki Śląskie = Obernigk
Odertal O. S. = Deschowitz
Okręg po Kwisę = Queiskreis
Oława = Ohlau
Ołdrzychów = Ullersdorf a. Queis, Kr. Bunzlau
Ołdrzychowice Kłodzkie = Ullersdorf Kr. Glatz
Oleśnica = Oels
Oleśnica Mała = Klein Öls

Olesno = Rosenberg O. S.
Olszowa = Olschowa
Olszyna = Langenöls Bez. Liegnitz
Opavice (tschech.) = Troplowitz
Opawica = Troplowitz
Opolanie = Opolane
Opole = Oppeln
Orzesze = Orzesche
Osiecznica = Wehrau
Ostroszowice = Weigelsdorf
Otmuchów = Ottmachau
Otyń = Deutsch Wartenberg
Owiesno = Habendorf
Ozimek = Malapane

Paczków = Patschkau
Parowa = Tiefenfurt
Pastuchów = Puschkau
Paszowice = Poischwitz
Pawłowiczki = Gnadenfeld
Piechowice = Petersdorf
Piekary Śląskie = Deutsch Piekar
Pielaszkowice = Pläswitz
Pielgrzymka = Pilgramsdorf
Pieńsk = Penzig
Pieszyce = Peterswaldau
Piława = Peilau
Piława Górna = Gnadenfrei
Pilchowice Kr. Löwenberg = Mauer
Pilchowice Kr. Tost-Gleiwitz = Pilchowitz
Pilszcz = Piltsch
Piotrkowice = Groß Peterwitz
Piotrowice Świdnickie = Peterwitz Kr. Schweidnitz
Płakowice = Plagwitz
Pławniowice = Plawniowitz
Płonina = Nimmersath
Pobiedna = Wigandsthal
Podgórki = Tiefhartmannsdorf
Podgórze = Dittersbach
Pogorzeliska = Kriegheide
Pokój = Carlsruhe O. S.
Polanica Zdrój = Bad Altheide
Połkowice = Polkwitz
Prochowice = Parchwitz
Prószków = Proskau
Prudnik = Neustadt O. S.
Prusice = Prausnitz
Przechód = Psychod
Przecław = Ottendorf
Przemków = Primkenau
Przewóz = Priebus i. Schl.
Przydroże Małe = Klein Schnellendorf
Przyłęk = Frankenberg

Psary = Hünern
Pszczyna = Pleß
Pszów = Pschow
Puszyna = Puschine
Pyskowice = Peiskretscham
Pyszczyn = Pitschen Kr. Neumarkt

Racibórz = Ratibor
Racibórz Ostróg = Ostrog
Radków = Wünschelburg
Radlin = Radlin
Radociny = Neuhof
Radosno = Freudenburg
Radzionków = Radzionkau
Rakowice Wielkie = Groß Rackwitz
Randsdorf = Wieschowa
Ratno Górne, Dolne = Rathen, Ober, Nieder
Rędzin = Ransern
Repty Stare = Alt Repten
Rogów Sobocki = Rogau
Rogoźnica = Groß Rosen
Romanów = Rummelsberg
Rothbach = Rothsürben
Roztoka = Rohnstock
Ruda Śląska = Ruda
Rudna = Raudten
Rudy = Groß Rauden
Rybnica = Reibnitz
Rybnik = Rybnik
Rychtal = Reichthal
Ryczeń = Rützen
Ryczyn = Ritschen
Rydułtowy = Rydultau
Rząsiny = Welkersdorf

Sądowel = Sandewalde
Sarny = Scharfeneck
Saßstädt = Borislawitz
Schlesiersee = Schlawa
Schwarzengrund = Koppitz
Schwertburg = Schwerta
Ścinawa = Steinau a. Oder, Kr. Wohlau
Ścinawa Mała = Steinau O. S., Kr. Neustadt O. S.
Seydlitzruh = Minkowsky
Siciny = Seitsch
Siedlęcin = Boberröhrsdorf
Siedlisko = Carolath
Siemianowice Śląskie = Siemianowitz/Laurahütte
Skała = Hohlstein
Skoczów = Skotschau
Skorogoszcz = Schurgast
Sława = Schlawa

Sławięcice = Slawentzitz
Ślęza = Lohe
Ślęża = Zobtenberg
Ślężanie = Slensane
Słupiec = Schlegel
Służejów = Schlause
Smogorzów = Schmograu
Śnieżka = Schneekoppe
Sobieszów = Hermsdorf (Kynast)
Sobolice = Zöbelwitz
Sobota = Zobten a. Bober, Kr. Löwenberg
Sobótka = Zobten, Kr. Breslau
Sokołowsko = Görbersdorf
Solniki = Zölling
Sośnicowice = Kieferstädtel
Sosnówka = Seidorf
Spalice = Spahlitz
Śrebrna Góra = Silberberg (Eulengeb.)
Środa Śląska = Neumarkt
Staniszów = Stonsdorf
Stara Kamienica = Altkemnitz
Stare Bielsko = Altbielitz
Stary Zdrój = Altwasser
Stillersfeld = Stollarzowitz
Stolarzowice = Stollarzowitz
Stoszowice = Peterwitz Kr. Frankenstein
Strachocin = Schreckendorf
Stronie Śląskie = Seitenberg
Strumień = Schwarzwasser
Strupina = Stroppen
Strzegom = Striegau
Strzelce Opolskie = Groß Strehlitz
Strzeleczki = Klein Strehlitz
Strzelin = Strehlen
Strzeszów = Striese
Strzybnica = Friedrichshütte
Sucha = Tzschocha
Sudice (tschech.) = Zauditz
Sulików = Schönberg OL
Sułów = Sulau
Świdnica = Schweidnitz
Świebodzice = Freiburg i. Schl.
Świecie = Schwerta
Świeradów Zdrój = Bad Flinsberg
Świerzawa = Schönau a. Katzbach, Kr. Goldberg
Świętoszów = Neuhammer
Świny = Schweinhaus
Syców = Groß Wartenberg
Szalejów Dolny = Niederschwedeldorf
Szczawno Zdrój = Bad Salzbrunn
Szczerba = Schnallenstein

Szczodre = Sibyllenort
Szczytna = Rückers
Szklarska Poręba = Schreiberhau
Szlichtyngowa = Schlichtingsheim
Szprotawa = Sprottau
Szydłowiec = Schedlau
Świerklaniec = Neudeck
Świętochłowice = Schwientochlowitz

Tabor Wielki, Mały = Tabor, Groß, Klein
Tarnau = Polnisch Tarnau
Tarnów = Polnisch Tarnau
Tarnowskie Góry = Tarnowitz
Těšín (tschech.) = Teschen
Toszek = Tost
Trachy = Althammer
Trzebień = Kittlitztreben
Trzebina = Kunzendorf
Trzebnica = Trebnitz
Trzebowianie = Trebowane
Tułowice = Tillowitz
Tunskirch = Tworkau
Turawa = Turawa
Twardocice = Harpersdorf
Twardogóra = Festenberg
Tworków = Tworkau
Tworóg = Tworog
Tychy = Tichau
Tyniec nad Ślęzą = Groß Tinz a. d. Lohe

Ujazd = Ujest
Uraz = Auras
Ustroń = Ustron
Wałbrzych = Waldenburg
Waldfurt = Psychod

Walim = Wüstewaltersdorf
Wały śląskie = Dreigräben
Wambierzyce = Albendorf
Warmątowice = Eichholz
Warta Bolesławiecka = Alt Warthau
Wąsosz = Herrnstadt
Węgliniec = Kohlfurt
Wesoła = Wessolla
Wiązów = Wansen
Wichów = Weichau
Wierzbice = Schlanz
Wierzbna = Würben
Wieszowa = Wieschowa
Wilcze Gardło = Glaubensstatt
Wilkanów = Wölfelsdorf
Wilków Kr. Goldberg = Wolfsdorf

Wilków Wielki = Groß Wilkau
Wińsko = Winzig
Wisła = Weichsel
Witków = Wittgendorf
Witostowice = Schönjohnsdorf
Wleń = Lähn
Wleński Gródek = Lehnhaus
Wodzisław = Loslau
Wojaczów = Vogelgesang
Wojanów = Schildau
Wojcieszów = Kauffung
Wojnowice = Wohnwitz
Wołczyn = Konstadt
Wołów = Wohlau
Woźniki = Woischnik
Wrocław = Breslau
Wrocław-Osobowice = Oswitz
Wrocław-Pilczyce = Pilsnitz
Wrocław-Psie Pole = Hundsfeld
Wschowa = Fraustadt
Wysoka Cerekiew = Hochkirch

Ząbkowice Śląskie = Frankenstein
Zabór = Saabor
Zabrze = Hindenburg
Żagań = Sagan
Zakrzów = Sakrau
Zaręba Dolna = Nieder Lichtenau
Żarów = Saarau
Zarzyska = Sarsisk
Zawadzkie = Zawadzki
Zawidów = Seidenberg
Zawonia = Schawoine
Zbrosławice = Broslawitz
Zdzieszowice = Deschowitz
Zebrzydowa = Siegersdorf
Żelowice = Silbitz
Żerniki Wielkie = Groß Sürding
Zgorzelec = Görlitz-Ost
Zgorzelec-Ujazd = Moys
Ziębice = Münsterberg i. Schl.
Zielona Góra = Grünberg
Ziethen-Hennersdorf = Kath. Hennersdorf
Złotniki Lubańskie = Guldentraum
Złotoryja = Goldberg
Złoty Stok = Reichenstein
Żmigród = Trachenberg
Zöbeln = Zöbelwitz
Żółkiewka = Pilgramshain
Żory = Sohrau O. S.
Żukowice = Herrndorf
Żurawina = Rothsürben
Żyrowa = Zyrowa

REGISTER DER SCHLESISCHEN ORTE
OHNE EIGENEN STICHWORTARTIKEL

Das Verzeichnis enthält sämtliche in den Stichwortartikeln genannten Namen von Ansiedlungen jeglicher Art (Dörfer, Güter, Burgen), gelegentlich auch von mit Befestigungen und Kultstätten besetzten Bergen, innerhalb des im Handbuch bearbeiteten Gebietes. Die Namen aufgelassener Orte sind aufgenommen, soweit diese lokalisierbar sind, nicht jedoch die Namen in Quellen überlieferter, aber nicht identifizierter Siedlungen, auch nicht frühere Namen von Orten mit eigenem Artikel. Mit einem Zusatz (Ober-, Mittel-, Nieder-, Alt-, Neu- u. ä.) versehene Namen sind je nach üblichem Gebrauch fallweise unter dem Grundnamen oder dem Zusatz eingeordnet. Die Klammer hinter der um 1930 im deutschen Sprachgebrauch üblichen Namensform enthält 1. den in wenigen Fällen zwischen 1800 und um 1930 durch einen neuen ersetzten Ortsnamen (als »urspr.« bezeichnet, im Alphabet mit einem Verweis auf den neuen ON berücksichtigt), 2. den eventuell nach 1933 eingeführten verdeutschten Ortsnamen, 3. den polnischen bzw. tschechischen Namen (wo dieser fehlt, sind der deutsche und der fremde ON identisch oder der fremde Name ist unbekannt, meist bei Ortsteilen), 4. die Kreiszugehörigkeit Ende 1938.

Abkürzungen der Kreisbezeichnungen

B-T	= Beuthen-Tarnowitz		Lau	= Lauban
Beu	= Stadtkr. Beuthen O. S.		Leo	= Leobschütz
Bie	= Bielitz		Lie	= Liegnitz
Bre	= Breslau		Löw	= Löwenberg
Bri	= Brieg		Lub	= Lublinitz
Bun	= Bunzlau		Lüb	= Lüben
Cos	= Cosel		Mil	= Militsch
Fal	= Falkenberg		Nam	= Namslau
Fra	= Frankenstein		Nei	= Neisse
Frau	= Fraustadt		Nkt	= Neumarkt
Frey	= Freystadt		Nst	= Neustadt O. S.
Gla	= Glatz		Oel	= Oels
Glei	= Stadtkr. Gleiwitz		Ohl	= Ohlau
Glo	= Glogau		Opp	= Oppeln
Gör	= Görlitz		Ple	= Pleß
Gol	= Goldberg		Rat	= Ratibor
Gro	= Grottkau		Rei	= Reichenbach
Gr S	= Groß Strehlitz		Ros	= Rosenberg O. S.
Grü	= Grünberg		Rot	= Rothenburg OL
Gr W	= Groß Wartenberg		Ryb	= Rybnik
Guh	= Guhrau		Schw	= Schweidnitz
Gut	= Guttentag		Spr	= Sprottau
Hab	= Habelschwerdt		Str	= Strehlen
Hin	= Stadtkr. Hindenburg		Swt	= Schwientochlowitz
Hir	= Hirschberg		T-G	= Tost-Gleiwitz
Jau	= Jauer		Tar	= Tarnowitz
Kat	= Kattowitz		Tes	= Teschen
Kön	= Stadtkr. Königshütte		Tre	= Trebnitz
Kreu	= Kreuzburg O. S.		Wal	= Waldenburg
Lan	= Landeshut		Woh	= Wohlau

PERSONENREGISTER

Das Register enthält sämtliche in der Geschichtlichen Einführung und in den Stichwortartikeln vorkommenden Personennamen und von solchen abgeleiteten Firmennamen. Jahreszahlen in runden Klammern ( ) bezeichnen Lebenszeiten, in eckigen Klammern [ ] Regierungsjahre weltlicher und geistlicher Regenten (unter Vernachlässigung unterschiedlicher Regierungsdauer in den einzelnen Herrschaftsgebieten) sowie Amtszeiten hoher Beamter. Die in runde Klammern ( ) gesetzten Vornamen und einzelnen Buchstaben innerhalb von Namen fehlen in manchen Überlieferungen. Adelstitel in runden Klammern ( ) zeigen an a) bei Familien, daß nicht alle Glieder der Familie diesen Titel besessen haben, b) bei Einzelpersonen, daß der Titel vererbt, sondern im Laufe des Lebens erworben worden ist. Von der verwendeten Namensform abweichende Schreibweisen werden in eckigen Klammern [ ] angegeben. Frauen fürstlichen Geblüts werden unter ihrem Vor- und Herkunftsnamen bei gleichzeitiger Nennung ihres Gemahls eingeordnet. Beim Auftreten mehrerer Namen für eine Person – z. B. bei verheirateten Frauen – sind Verweise eingefügt. Bischöfe und Äbte werden unter ihrem Familiennamen (soweit vorhanden) geführt. Bei gleichnamigen Regenten bestimmen Rang, Landesbezeichnung und Chronologie die Reihenfolge.

Rothenbch.
WALDENBURG
Schwarzwaldau
Vogelgesang
Gottes-bg.
Ober Wlbg.
Dittersbach
Kynsburg
Grüssau
Fellhammer
Neuhaus
Liebau
Hornschloß
Bd. Charlottenbrunn
Peterswaldau
Schömbg.
Görbersdf.
Wüstewaltersdf.
Friedland
Freudenbg.
Wüstegiersdf.
Gr. Wilkau
REICHENBACH
Nd. P.
Schlottei
Nimptsch
Mitt. P.
Nd.
Ob. P.
Peilau
Gnadenfrei
Silbitz
Schönjohnsdf.
Tepliwoda
Langenbielau
Habendf.
Heinrichau
Weigelsdf.
Löwenstein
Schräbsdf.
Peterwitz
Münsterbg.
Neurode
FRANKENSTEIN
Scharfeneck
Silberberg
Schlause
Schlegel
Eckersdf.
Frankenberg
Kamenz
Wünschelbg.
Rathen
Albendf.
Wartha
Neuhaus
Neiße
Bd. Kudowa
Reichenstein
GLATZ
Patschkau
Lewin
Hummelschl.
Rückers
Niederschwedeldf.
Bad Reinerz
Bd. Altheide
Ullersdf.
Landeck
Grafenort
Karpenstein
HABELSCHWERDT
Schreckendf.
Seitenbg.
Nd. Langenau
Bd.
Ob.
Wölfelsdf.
Wilhelmsthal
Wölfelsgrund
Schnallenstein
Mittelwalde
IIa

Zülz
Oberglogau
Ziegenhals
NEUSTADT O/S
Laßwitz
COSEL
Kostenthal
Kunzendorf
Kasimir
Borislawitz
IIIa
Gnadenfeld
LEOBSCHÜTZ
Gröbnig
Bauerwitz
Troplowitz
Makau
Dt. Neukirch
Katscher
Branitz
Zauditz
Kranowitz
Piltsch
Beneschau
Stadt
Landgemeinde, Ortsteil
Bodendenkmal, Ruine
historisch bedeutsamer Geländepunkt
Grenze des bearbeiteten Gebietes
Staatsgrenze
Provinzgrenze
Regierungsbezirksgrenze
Kreisgrenze
Stand: 1.10.1938
0 5 10 15 km

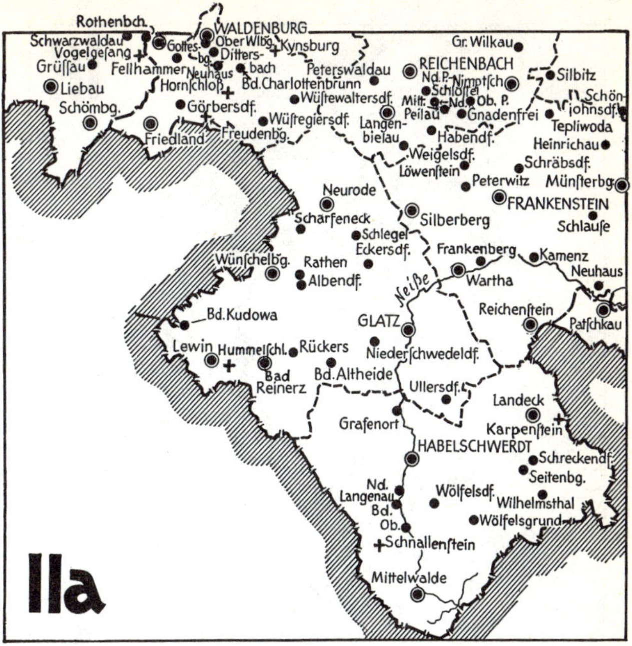

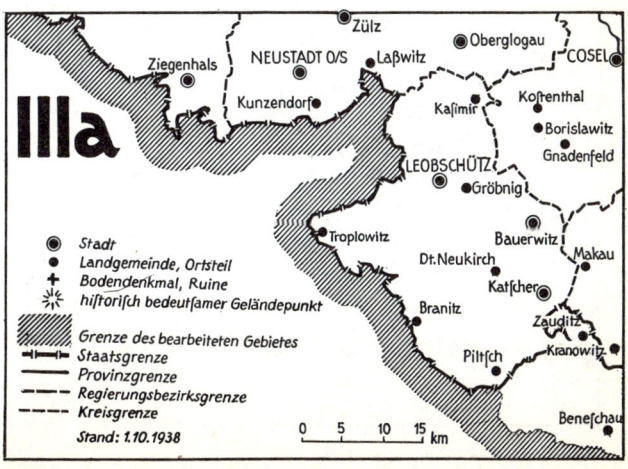

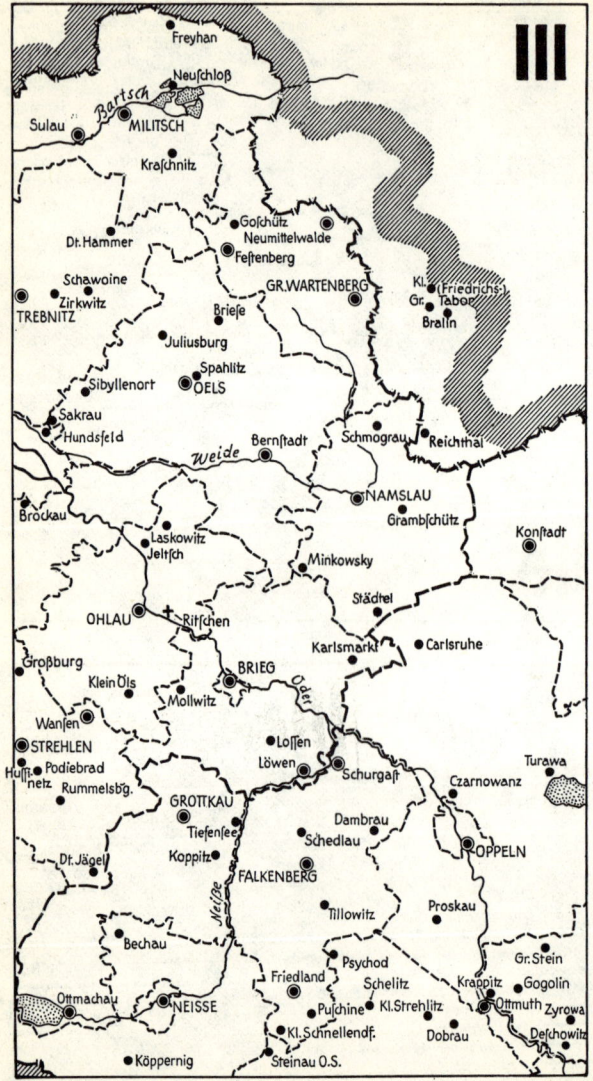

III

Freyhan
Neuſchloß
Bartſch
Sulau
MILITSCH
Kraſchnitz
Dt. Hammer
Goſchütz
Neumittelwalde
Feſtenberg
Schawoine
GR.WARTENBERG
Kl. Friedrichs-
Zirkwitz
Brieſe
Gr. Tabor
TREBNITZ
Bralln
Juliusburg
Spahlitz
Sibyllenort
OELS
Sakrau
Hundsfeld
Weide
Bernſtadt
Schmograu
Reichthal
NAMSLAU
Brockau
Grambſchütz
Konſtadt
Laskowitz
Jeltſch
Minkowsky
Städtel
OHLAU
Ritſchen
Karlsmarkt
Carlsruhe
Großburg
BRIEG
Oder
Klein Öls
Mollwitz
Wanſen
Loſſen
STREHLEN
Löwen
Turawa
Huff-
Podiebrad
Schurgaſt
Czarnowanz
netz
Rummelsbg.
GROTTKAU
Dambrau
Tiefenſee
Schedlau
OPPELN
Dt. Jägel
Koppitz
FALKENBERG
Neiße
Tillowitz
Proskau
Bechau
Gr. Stein
Ottmachau
Friedland
Pſychod
Krappitz
Gogolin
NEISSE
Schelitz
Ottmuth
Zyrowa
Puſchine
Kl.Strehlitz
Kl.Schnellendf.
Dobrau
Deſchowitz
Köppernig
Steinau O.S.

Zeichenerklärung ſiehe Karte IIIa

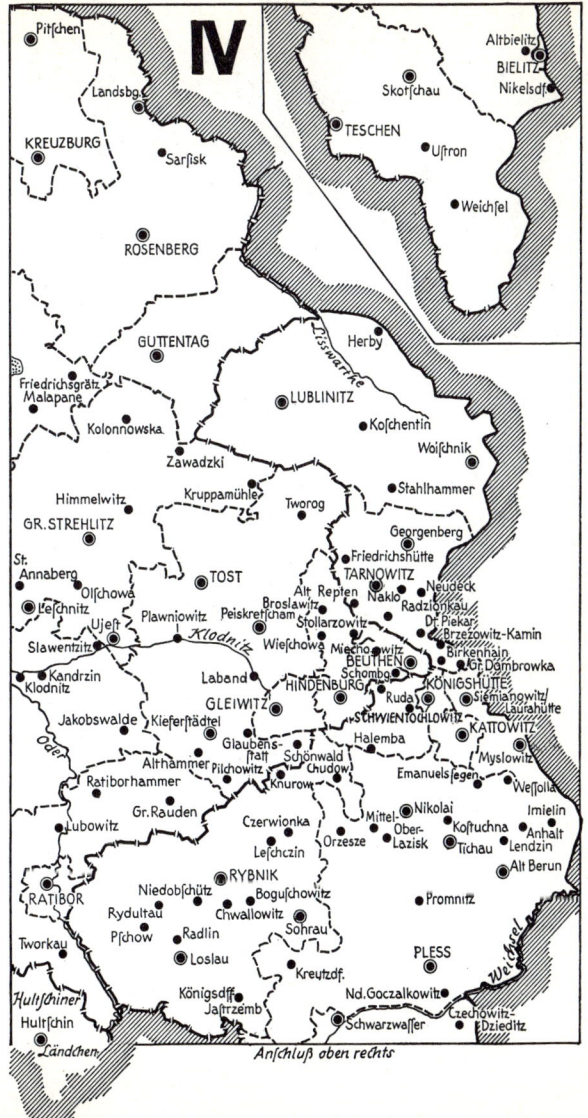

Zeichenerklärung siehe Karte IIIa